CODICE DELL'AMBIENTE

Questa versione è completamente priva di commenti in modo da poter essere utilizzata nelle prove concorsuali laddove fosse concesso.
Testo normativo aggiornato al 03 marzo 2023.
Seconda edizione, marzo 2023
a cura di

Antonio Buononato

CODICE DELL'AMBIENTE
(DECRETO LEGISLATIVO 3 aprile 2006, n. 152)

PARTE PRIMA
((DISPOSIZIONI COMUNI E PRINCIPI GENERALI))

ART. 1
(ambito di applicazione)

1. Il presente decreto legislativo disciplina, in attuazione della legge 15 dicembre 2004, n. 308, le materie seguenti:
   a) nella parte seconda, le procedure per la valutazione ambientale strategica (VAS), per la valutazione d'impatto ambientale (VIA) e per l'autorizzazione ambientale integrata (IPPC);
   b) nella parte terza, la difesa del suolo e la lotta alla desertificazione, la tutela delle acque dall'inquinamento e la gestione delle risorse idriche;
   c) nella parte quarta, la gestione dei rifiuti e la bonifica dei siti contaminati;
   d) nella parte quinta, la tutela dell'aria e la riduzione delle emissioni in atmosfera;
   e) nella parte sesta, la tutela risarcitoria contro i danni all'ambiente.

ART. 2
(finalita')

1. Il presente decreto legislativo ha come obiettivo primario la promozione dei livelli di qualita' della vita umana, da realizzare attraverso la salvaguardia ed il miglioramento delle condizioni dell'ambiente e l'utilizzazione accorta e razionale delle risorse naturali.
2. Per le finalita' di cui al comma 1, il presente decreto provvede al riordino, al coordinamento e all'integrazione delle disposizioni legislative nelle materie di cui all'articolo 1, in conformita' ai principi e criteri direttivi di cui ai commi 8 e 9 dell'articolo 1 della legge 15 dicembre 2004, n. 308, e nel rispetto ((degli obblighi internazionali,)) dell'ordinamento comunitario, delle attribuzioni delle regioni e degli enti locali.
3. Le disposizioni di cui al presente decreto sono attuate nell'ambito delle risorse umane, strumentali e finanziarie previste a legislazione vigente e senza nuovi o maggiori oneri a carico della finanza pubblica.

ART. 3
(criteri per l'adozione dei provvedimenti successivi)

1. ((COMMA SOPPRESSO DAL D.LGS. 29 GIUGNO 2010, N. 128)).
2. ((COMMA SOPPRESSO DAL D.LGS. 29 GIUGNO 2010, N. 128)).
((3. Per la modifica e l'integrazione dei regolamenti di attuazione ed esecuzione in materia ambientale, il Ministro dell'ambiente e della tutela del territorio acquisisce, entro 30 giorni dalla richiesta, il parere delle rappresentanze qualificate degli interessi economici e sociali presenti nel Consiglio economico e sociale per le politiche ambientali (CESPA), senza nuovi o maggiori oneri a carico della finanza pubblica.))
4. ((COMMA SOPPRESSO DAL D.LGS. 29 GIUGNO 2010, N. 128)).
5. ((COMMA SOPPRESSO DAL D.LGS. 29 GIUGNO 2010, N. 128)).

ART. 3-bis
Principi sulla produzione del diritto ambientale

1. I principi posti ((dalla presente Parte prima)) e dagli articoli seguenti costituiscono i principi generali in tema di tutela dell'ambiente, adottati in attuazione degli articoli 2, 3, 9, 32, 41, 42 e 44, 117 commi 1 e 3 della Costituzione e nel rispetto ((degli obblighi internazionali e del diritto comunitario)).
2. I principi previsti dalla presente Parte Prima costituiscono regole generali della materia ambientale nell'adozione degli atti normativi, di indirizzo e di coordinamento e nell'emanazione dei provvedimenti di natura contingibile ed urgente.
((3. Le norme di cui al presente decreto possono essere derogate, modificate o abrogate solo per dichiarazione espressa da successive leggi della Repubblica, purche' sia comunque sempre garantito il rispetto del diritto europeo, degli obblighi internazionali e delle competenze delle Regioni e degli Enti locali.))

ART. 3-ter
((Principio dell'azione ambientale))

((1. La tutela dell'ambiente e degli ecosistemi naturali e del patrimonio culturale deve essere garantita da tutti gli enti pubblici e privati e dalle persone fisiche e giuridiche pubbliche o private, mediante una adeguata azione che sia informata ai principi della precauzione, dell'azione preventiva, della correzione, in via prioritaria alla fonte, dei danni causati all'ambiente, nonche' al principio "chi inquina paga" che, ai sensi dell'articolo 174, comma 2, del Trattato delle unioni europee, regolano la politica della comunita' in materia ambientale.))

ART. 3-quater
((Principio dello sviluppo sostenibile))

((1. Ogni attivita' umana giuridicamente rilevante ai sensi del presente codice deve conformarsi al principio dello sviluppo sostenibile, al fine di garantire che il soddisfacimento dei bisogni delle generazioni attuali non possa compromettere la qualita' della vita e le possibilita' delle generazioni future.
2. Anche l'attivita' della pubblica amministrazione deve essere finalizzata a consentire la migliore attuazione possibile del principio dello sviluppo sostenibile, per cui nell'ambito della scelta comparativa di interessi pubblici e privati connotata da discrezionalita' gli interessi alla tutela dell'ambiente e del patrimonio culturale devono essere oggetto di prioritaria considerazione.
3. Data la complessita' delle relazioni e delle interferenze tra natura e attivita' umane, il principio dello sviluppo sostenibile deve consentire di individuare un equilibrato rapporto, nell'ambito delle risorse ereditate, tra quelle da risparmiare e quelle da trasmettere, affinche' nell'ambito delle dinamiche della produzione e del consumo si inserisca altresi' il principio di solidarieta' per salvaguardare e per migliorare la qualita' dell'ambiente anche futuro.
4. La risoluzione delle questioni che involgono aspetti ambientali deve essere cercata e trovata nella prospettiva di garanzia dello sviluppo sostenibile, in modo da salvaguardare il corretto funzionamento e l'evoluzione degli ecosistemi naturali dalle modificazioni negative che possono essere prodotte dalle attivita' umane.))

ART. 3-quinquies
Principi di sussidiarieta' e di leale collaborazione

1. I principi ((contenuti nel presente)) decreto legislativo

costituiscono le condizioni minime ed essenziali per assicurare la tutela dell'ambiente su tutto il territorio nazionale;

2. Le regioni e le province autonome di Trento e di Bolzano possono adottare forme di tutela giuridica dell'ambiente piu' restrittive, qualora lo richiedano situazioni particolari del loro territorio, purche' cio' non comporti un'arbitraria discriminazione, anche attraverso ingiustificati aggravi procedimentali.

3. Lo Stato interviene in questioni involgenti interessi ambientali ove gli obiettivi dell'azione prevista, in considerazione delle dimensioni di essa e dell'entita' dei relativi effetti, non possano essere sufficientemente realizzati dai livelli territoriali inferiori di governo o non siano stati comunque effettivamente realizzati.

4. Il principio di sussidiarieta' di cui al comma 3 opera anche nei rapporti tra regioni ed enti locali minori. ((Qualora sussistano i presupposti per l'esercizio del potere sostitutivo del Governo nei confronti di un ente locale, nelle materie di propria competenza la Regione puo' esercitare il suo potere sostitutivo)).

ART. 3-sexies
Diritto di accesso alle informazioni ambientali e di partecipazione a scopo collaborativo

1. In attuazione della legge 7 agosto 1990, n. 241, e successive modificazioni, e delle previsioni della Convenzione di Aarhus, ratificata dall'Italia con la legge 16 marzo 2001, n. 108, e ai sensi del decreto legislativo 19 agosto 2005, n. 195, chiunque, senza essere tenuto a dimostrare la sussistenza di un interesse giuridicamente rilevante, puo' accedere alle informazioni relative allo stato dell'ambiente e del paesaggio nel territorio nazionale.

((1-bis. Nel caso di piani o programmi da elaborare a norma delle disposizioni di cui all'allegato 1 alla direttiva 2003/35/CE del Parlamento europeo e del Consiglio, del 26 maggio 2003, qualora agli stessi non si applichi l'articolo 6, comma 2, del presente decreto, l'autorita' competente all'elaborazione e all'approvazione dei predetti piani o programmi assicura la partecipazione del pubblico nel procedimento di elaborazione, di modifica e di riesame delle proposte degli stessi piani o programmi prima che vengano adottate decisioni sui medesimi piani o programmi.

1-ter. Delle proposte dei piani e programmi di cui al comma 1-bis l'autorita' procedente da' avviso mediante pubblicazione nel proprio sito web. La pubblicazione deve contenere l'indicazione del titolo del piano o del programma, dell'autorita' competente, delle sedi ove puo' essere presa visione del piano o programma e delle modalita' dettagliate per la loro consultazione.

1-quater. L'autorita' competente mette altresi' a disposizione del pubblico il piano o programma mediante il deposito presso i propri uffici e la pubblicazione nel proprio sito web.

1-quinquies. Entro il termine di sessanta giorni dalla data di pubblicazione dell'avviso di cui al comma 1-ter, chiunque puo' prendere visione del piano o programma ed estrarne copia, anche in formato digitale, e presentare all'autorita' competente proprie osservazioni o pareri in forma scritta.

1-sexies. L'autorita' procedente tiene adeguatamente conto delle osservazioni del pubblico presentate nei termini di cui al comma 1-quinquies nell'adozione del piano o programma.

1-septies. Il piano o programma, dopo che e' stato adottato, e' pubblicato nel sito web dell'autorita' competente unitamente ad una dichiarazione di sintesi nella quale l'autorita' stessa da' conto delle considerazioni che sono state alla base della decisione. La dichiarazione contiene altresi' informazioni sulla partecipazione del pubblico)).

ART. 3-septies
(Interpello in materia ambientale)

1. Le regioni, le Province autonome di Trento e Bolzano, le province, le citta' metropolitane, i comuni, le associazioni di categoria rappresentate nel Consiglio nazionale dell'economia e del lavoro, le associazioni di protezione ambientale a carattere nazionale e quelle presenti in almeno cinque regioni o province autonome di Trento e Bolzano, possono ((inviare)) al Ministero della transizione ecologica istanze di ordine generale sull'applicazione della normativa statale in materia ambientale. ((La risposta alle istanze deve essere data entro novanta giorni dalla data della loro presentazione)). Le indicazioni fornite nelle risposte alle istanze di cui al presente comma costituiscono criteri interpretativi per l'esercizio delle attivita' di competenza delle pubbliche amministrazioni in materia ambientale, ((salva rettifica)) della soluzione interpretativa da parte dell'amministrazione con ((efficacia)) limitata ai comportamenti futuri dell'istante. Resta salvo l'obbligo di ottenere gli atti di consenso, comunque denominati, prescritti dalla vigente normativa. Nel caso in cui l'istanza sia formulata da piu' soggetti e riguardi la stessa questione o questioni analoghe tra loro, il Ministero della transizione ecologica puo' fornire un'unica risposta.
2. Il Ministero della transizione ecologica, in conformita' all'articolo 3-sexies del presente decreto e al decreto legislativo 19 agosto 2005, n. 195, pubblica senza indugio le risposte fornite alle istanze di cui al presente articolo nell'ambito della sezione "Informazioni ambientali" del proprio sito ((internet)) istituzionale di cui all'articolo 40 del decreto legislativo 14 marzo 2013, n. 33, previo oscuramento dei dati comunque coperti da riservatezza, nel rispetto del decreto legislativo 30 giugno 2003, n. 196.
3. La presentazione delle istanze di cui al comma 1 non ha effetto sulle scadenze previste dalle norme ambientali, ne' sulla decorrenza dei termini di decadenza e non comporta interruzione o sospensione dei termini di prescrizione.

PARTE SECONDA
PROCEDURE PER LA VALUTAZIONE AMBIENTALE STRATEGICA (VAS), PER LA VALUTAZIONE DELL'IMPATTO AMBIENTALE (VIA) E PER L'AUTORIZZAZIONE INTEGRATA AMBIENTALE (IPPC)

TITOLO I
PRINCIPI GENERALI PER LE PROCEDURE DI VIA, DI VAS E PER LA VALUTAZIONE D'INCIDENZA E L'AUTORIZZAZIONE INTEGRATA AMBIENTALE (AIA).

ART. 4
Finalita'

1. Le norme del presente decreto costituiscono recepimento ed attuazione:
    a) della direttiva 2001/42/CE del Parlamento europeo e del Consiglio, del 27 giugno 2001, concernente la valutazione degli impatti di determinati piani e programmi sull'ambiente;
    ((b) della direttiva 2014/52/UE del Parlamento europeo e del Consiglio, del 16 aprile 2014, che modifica la direttiva 2011/92/UE concernente la valutazione di impatto ambientale di determinati progetti pubblici e privati));
    c) della direttiva 2008/1/CE del Parlamento Europeo e del Consiglio del 15 gennaio 2008, concernente la prevenzione e la riduzione integrate dell'inquinamento.

2. ((COMMA ABROGATO DAL D.LGS. 16 GIUGNO 2017, N. 104)).

3. La valutazione ambientale di piani, programmi e progetti ha la finalita' di assicurare che l'attivita' antropica sia compatibile con le condizioni per uno sviluppo sostenibile, e quindi nel rispetto della capacita' rigenerativa degli ecosistemi e delle risorse, della salvaguardia della biodiversita' e di un'equa distribuzione dei vantaggi connessi all'attivita' economica. Per mezzo della stessa si affronta la determinazione della valutazione preventiva integrata degli impatti ambientali nello svolgimento delle attivita' normative e amministrative, di informazione ambientale, di pianificazione e programmazione.

4. In tale ambito:

a) la valutazione ambientale di piani e programmi che possono avere un impatto significativo sull'ambiente ha la finalita' di garantire un elevato livello di protezione dell'ambiente e contribuire all'integrazione di considerazioni ambientali all'atto dell'elaborazione, dell'adozione e approvazione di detti piani e programmi assicurando che siano coerenti e contribuiscano alle condizioni per uno sviluppo sostenibile.

((b) la valutazione ambientale dei progetti ha la finalita' di proteggere la salute umana, contribuire con un miglior ambiente alla qualita' della vita, provvedere al mantenimento delle specie e conservare la capacita' di riproduzione degli ecosistemi in quanto risorse essenziali per la vita. A questo scopo essa individua, descrive e valuta, in modo appropriato, per ciascun caso particolare e secondo le disposizioni del presente decreto, gli impatti ambientali di un progetto come definiti all'articolo 5, comma 1, lettera c).))

c) l'autorizzazione integrata ambientale ha per oggetto la prevenzione e la riduzione integrate dell'inquinamento proveniente dalle attivita' di cui all'allegato VIII e prevede misure intese a evitare, ove possibile, o a ridurre le emissioni nell'aria, nell'acqua e nel suolo, comprese le misure relative ai rifiuti, per conseguire un livello elevato di protezione dell'ambiente salve le disposizioni sulla valutazione di impatto ambientale.

ART. 5
Definizioni

1. Ai fini del presente decreto si intende per:

a) valutazione ambientale di piani e programmi, nel seguito valutazione ambientale strategica, di seguito VAS: il processo che comprende, secondo le disposizioni di cui al titolo II della seconda parte del presente decreto, lo svolgimento di una verifica di assoggettabilita', l'elaborazione del rapporto ambientale, lo svolgimento di consultazioni, la valutazione del piano o del programma, del rapporto e degli esiti delle consultazioni, l'espressione di un parere motivato, l'informazione sulla decisione ed il monitoraggio;

b) valutazione d'impatto ambientale, di seguito VIA: il processo che comprende, secondo le disposizioni di cui al Titolo III della parte seconda del presente decreto, l'elaborazione e la presentazione dello studio d'impatto ambientale da parte del proponente, lo svolgimento delle consultazioni, la valutazione dello studio d'impatto ambientale, delle eventuali informazioni supplementari fornite dal proponente e degli esiti delle consultazioni, l'adozione del provvedimento di VIA in merito agli impatti ambientali del progetto, l'integrazione del provvedimento di VIA nel provvedimento di approvazione o autorizzazione del progetto;

b-bis) valutazione di impatto sanitario, di seguito VIS: elaborato predisposto dal proponente sulla base delle linee guida adottate con decreto del Ministro della salute, che si avvale dell'Istituto superiore di sanita', al fine di stimare gli impatti complessivi, diretti e indiretti, che la realizzazione e l'esercizio del progetto puo' procurare sulla salute della popolazione;

b-ter) valutazione d'incidenza: procedimento di carattere preventivo al quale e' necessario sottoporre qualsiasi piano o progetto che possa avere incidenze significative su un sito o su un'area geografica proposta come sito della rete Natura 2000, singolarmente o congiuntamente ad altri piani e progetti e tenuto conto degli obiettivi di conservazione del sito stesso;

c) impatti ambientali: effetti significativi, diretti e indiretti, di un piano, di un programma o di un progetto, sui seguenti fattori:

popolazione e salute umana;

biodiversita', con particolare attenzione alle specie e agli habitat protetti in virtu' della direttiva 92/43/CEE e della direttiva 2009/147/CE;

territorio, suolo, acqua, aria e clima;

beni materiali, patrimonio culturale, paesaggio;

interazione tra i fattori sopra elencati.

Negli impatti ambientali rientrano gli effetti derivanti dalla vulnerabilita' del progetto a rischio di gravi incidenti o calamita' pertinenti il progetto medesimo.

d) patrimonio culturale: l'insieme costituito dai beni culturali e dai beni paesaggistici in conformita' al disposto di cui all'articolo 2, comma 1, del decreto legislativo 22 gennaio 2004, n. 42;

e) piani e programmi: gli atti e provvedimenti di pianificazione e di programmazione comunque denominati, compresi quelli cofinanziati dalla Comunita' europea, nonche' le loro modifiche:

1) che sono elaborati e/o adottati da un'autorita' a livello nazionale, regionale o locale oppure predisposti da un'autorita' per essere approvati, mediante una procedura legislativa, amministrativa o negoziale e

2) che sono previsti da disposizioni legislative, regolamentari o amministrative;

f) rapporto ambientale: il documento del piano o del programma redatto in conformita' alle previsioni di cui all'articolo 13;

g) progetto: la realizzazione di lavori di costruzione o di altri impianti od opere e di altri interventi sull'ambiente naturale o sul paesaggio, compresi quelli destinati allo sfruttamento delle risorse del suolo. ((Ai fini del rilascio del provvedimento di VIA il proponente presenta il progetto di fattibilita' come definito dall'articolo 23, commi 5 e 6, del decreto legislativo 18 aprile 2016, n. 50, o, ove disponibile, il progetto definitivo come definito dall'articolo 23, comma 7, del decreto legislativo n. 50 del 2016, ed in ogni caso tale da consentire la compiuta valutazione dei contenuti dello studio di impatto ambientale ai sensi dell'allegato IV della direttiva 2011/92/UE;))

g-bis) studio preliminare ambientale: documento da presentare per l'avvio del procedimento di verifica di assoggettabilita' a VIA, contenente le informazioni sulle caratteristiche del progetto e sui suoi probabili effetti significativi sull'ambiente, redatto in conformita' alle indicazioni contenute nell'allegato IV-bis alla parte seconda del presente decreto;

h) LETTERA ABROGATA DAL D.L. 24 GIUGNO 2014, N. 91, CONVERTITO, CON MODIFICAZIONI, DALLA L. 11 AGOSTO 2014, N. 116;

i) studio di impatto ambientale: documento che integra ((i progetti)) ai fini del procedimento di VIA, redatto in conformita' alle disposizioni di cui all'articolo 22 e alle indicazioni contenute nell'allegato VII alla parte seconda del presente decreto;

i-bis) sostanze: gli elementi chimici e loro composti, escluse le sostanze radioattive di cui al decreto legislativo 17 marzo 1995, n. 230, e gli organismi geneticamente modificati di cui ali decreti legislativi del 3 marzo 1993, n. 91 e n. 92;

i-ter) inquinamento: l'introduzione diretta o indiretta, a seguito di attivita' umana, di sostanze, vibrazioni, calore o rumore o piu' in generale di agenti fisici o chimici, nell'aria, nell'acqua o nel suolo, che potrebbero nuocere alla salute umana o alla qualita' dell'ambiente, causare il deterioramento dei beni materiali, oppure danni o perturbazioni a valori ricreativi dell'ambiente o ad altri suoi legittimi usi;

i-quater) 'installazione': unita' tecnica permanente, in cui sono svolte una o piu' attivita' elencate all'allegato VIII alla Parte Seconda e qualsiasi altra attivita' accessoria, che sia tecnicamente connessa con le attivita' svolte nel luogo suddetto e possa influire sulle emissioni e sull'inquinamento. E' considerata accessoria l'attivita' tecnicamente connessa anche quando condotta da diverso gestore;

i-quinquies) 'installazione esistente': ai fini dell'applicazione del Titolo III-bis alla Parte Seconda una installazione che, al 6 gennaio 2013, ha ottenuto tutte le autorizzazioni ambientali necessarie all'esercizio o il provvedimento positivo di compatibilita' ambientale o per la quale, a tale data, sono state presentate richieste complete per tutte le autorizzazioni ambientali necessarie per il suo esercizio, a condizione che essa entri in funzione entro il 6 gennaio 2014. Le installazioni esistenti si qualificano come 'non gia' soggette ad AIA' se in esse non si svolgono attivita' gia' ricomprese nelle categorie di cui all'Allegato VIII alla Parte Seconda del decreto legislativo 3 aprile 2006, n. 152, come introdotto dal decreto legislativo 29 giugno 2010, n. 128;

i-sexies) 'nuova installazione': una installazione che non ricade nella definizione di installazione esistente;

i-septies) emissione: lo scarico diretto o indiretto, da fonti puntiformi o diffuse dell'impianto, opera o infrastruttura , di sostanze, vibrazioni, calore o rumore, agenti fisici o chimici, radiazioni, nell'aria, nell'acqua ovvero nel suolo;

i-octies) valori limite di emissione: la massa espressa in rapporto a determinati parametri specifici, la concentrazione ovvero il livello di un'emissione che non possono essere superati in uno o piu' periodi di tempo. I valori limite di emissione possono essere fissati anche per determinati gruppi, famiglie o categorie di sostanze, indicate nel allegato X. I valori limite di emissione delle sostanze si applicano, tranne i casi diversamente previsti dalla legge, nel punto di fuoriuscita delle emissioni dell'impianto; nella loro determinazione non devono essere considerate eventuali diluizioni. Per quanto concerne gli scarichi indiretti in acqua, l'effetto di una stazione di depurazione puo' essere preso in considerazione nella determinazione dei valori limite di emissione dall'impianto, a condizione di garantire un livello equivalente di protezione dell'ambiente nel suo insieme e di non portare a carichi inquinanti maggiori nell'ambiente, fatto salvo il rispetto delle disposizioni di cui alla parte terza del presente decreto;

i-nonies) norma di qualita' ambientale: la serie di requisiti, inclusi gli obiettivi di qualita', che sussistono in un dato momento in un determinato ambiente o in una specifica parte di esso, come stabilito nella normativa vigente in materia ambientale;

l) modifica: la variazione di un piano, programma, impianto o progetto approvato, compresi, nel caso degli impianti e dei progetti, le variazioni delle loro caratteristiche o del loro funzionamento, ovvero un loro potenziamento, che possano produrre effetti sull'ambiente;

l-bis) modifica sostanziale di un progetto, opera o di un impianto: la variazione delle caratteristiche o del funzionamento ovvero un potenziamento dell'impianto, dell'opera o dell'infrastruttura o del progetto che, secondo l'autorita' competente, producano effetti negativi e significativi sull'ambiente o sulla salute umana. In particolare, con riferimento alla disciplina dell'autorizzazione integrata ambientale, per ciascuna attivita' per la quale l'allegato VIII indica valori di soglia, e' sostanziale una modifica all'installazione che dia luogo ad un incremento del valore di una delle grandezze, oggetto della soglia, pari o superiore al valore della soglia stessa;

l-ter) migliori tecniche disponibili (best available techniques - BAT): la piu' efficiente e avanzata fase di sviluppo di attivita' e relativi metodi di esercizio indicanti l'idoneita' pratica di determinate tecniche a costituire, in linea di massima, la base dei valori limite di emissione e delle altre condizioni di autorizzazione intesi ad evitare oppure, ove cio' si riveli impossibile, a ridurre in modo generale le emissioni e l'impatto sull'ambiente nel suo complesso. Nel determinare le migliori tecniche disponibili, occorre tenere conto in particolare degli elementi di cui all'allegato XI. Si intende per:

1) tecniche: sia le tecniche impiegate sia le modalita' di progettazione, costruzione, manutenzione, esercizio e chiusura dell'impianto;

2) disponibili: le tecniche sviluppate su una scala che ne consenta l'applicazione in condizioni economicamente e tecnicamente idonee nell'ambito del relativo comparto industriale, prendendo in considerazione i costi e i vantaggi, indipendentemente dal fatto che siano o meno applicate o prodotte in ambito nazionale, purche' il gestore possa utilizzarle a condizioni ragionevoli;

3) migliori: le tecniche piu' efficaci per ottenere un elevato livello di protezione dell'ambiente nel suo complesso;

l-ter.1) 'documento di riferimento sulle BAT' o 'BREF': documento pubblicato dalla Commissione europea ai sensi dell'articolo 13, paragrafo 6, della direttiva 2010/75/UE ;

l-ter.2) 'conclusioni sulle BAT': un documento adottato secondo quanto specificato all'articolo 13, paragrafo 5, della direttiva 2010/75/UE, e pubblicato in italiano nella Gazzetta Ufficiale dell'Unione europea, contenente le parti di un BREF riguardanti le conclusioni sulle migliori tecniche disponibili, la loro descrizione, le informazioni per valutarne l'applicabilita', i livelli di emissione associati alle migliori tecniche disponibili, il monitoraggio associato, i livelli di consumo associati e, se del caso, le pertinenti misure di bonifica del sito;

l-ter.4) 'livelli di emissione associati alle migliori tecniche disponibili' o 'BAT-AEL': intervalli di livelli di emissione ottenuti in condizioni di esercizio normali utilizzando una migliore tecnica disponibile o una combinazione di migliori tecniche disponibili, come indicato nelle conclusioni sulle BAT, espressi come media in un determinato arco di tempo e nell'ambito di condizioni di riferimento specifiche;

l-ter.5) 'tecnica emergente': una tecnica innovativa per un'attivita' industriale che, se sviluppata commercialmente, potrebbe assicurare un piu' elevato livello di protezione dell'ambiente nel suo complesso o almeno lo stesso livello di protezione dell'ambiente e maggiori risparmi di spesa rispetto alle migliori tecniche disponibili esistenti;

m) verifica di assoggettabilita' a VIA di un progetto: la verifica attivata allo scopo di valutare, ove previsto, se un progetto determina potenziali impatti ambientali significativi e negativi e deve essere quindi sottoposto al procedimento di VIA secondo le disposizioni di cui al Titolo III della parte seconda del presente decreto;

m-bis) verifica di assoggettabilita' di un piano o programma: la verifica attivata allo scopo di valutare, ove previsto, se piani, programmi ovvero le loro modifiche, possano aver effetti significativi sull'ambiente e devono essere sottoposti alla fase di valutazione secondo le disposizioni del presente decreto considerato il diverso livello di sensibilita' ambientale delle aree interessate;

m-ter) parere motivato: il provvedimento obbligatorio con eventuali osservazioni e condizioni che conclude la fase di valutazione di VAS, espresso dall'autorita' competente sulla base dell'istruttoria svolta e degli esiti delle consultazioni;

n) provvedimento di verifica di assoggettabilita' a VIA: il provvedimento motivato, obbligatorio e vincolante dell'autorita' competente che conclude il procedimento di verifica di assoggettabilita' a VIA;

o) provvedimento di VIA: il provvedimento motivato, obbligatorio e vincolante, che esprime la conclusione dell'autorita' competente in merito agli impatti ambientali significativi e negativi del progetto, adottato sulla base dell'istruttoria svolta, degli esiti delle consultazioni pubbliche e delle eventuali consultazioni transfrontaliere;

o-bis) autorizzazione integrata ambientale: il provvedimento che autorizza l'esercizio di una installazione rientrante fra quelle di cui all'articolo 4, comma 4, lettera c), o di parte di essa a determinate condizioni che devono garantire che l'installazione sia conforme ai requisiti di cui al Titolo III-bis ai fini dell'individuazione delle soluzioni piu' idonee al perseguimento degli obiettivi di cui all'articolo 4, comma 4, lettera c). Un'autorizzazione integrata ambientale puo' valere per una o piu' installazioni o parti di esse che siano localizzate sullo stesso sito e gestite dal medesimo gestore. Nel caso in cui diverse parti di una installazione siano gestite da gestori differenti, le relative autorizzazioni integrate ambientali sono opportunamente coordinate a livello istruttorio;

o-ter) condizione ambientale del provvedimento di verifica di assoggettabilita' a VIA: prescrizione vincolante, se richiesta dal proponente, relativa alle caratteristiche del progetto ovvero alle misure previste per evitare o prevenire impatti ambientali significativi e negativi, eventualmente associata al provvedimento negativo di verifica di assoggettabilita' a VIA;

o-quater) condizione ambientale del provvedimento di VIA: prescrizione vincolante eventualmente associata al provvedimento di VIA che definisce ((le linee di indirizzo da seguire nelle successive fasi di sviluppo progettuale delle opere per garantire l'applicazione di criteri ambientali atti a contenere e limitare gli impatti ambientali significativi e negativi o incrementare le prestazioni ambientali del progetto, nonche')) i requisiti per la realizzazione del progetto o l'esercizio delle relative attivita', ovvero le misure previste per evitare, prevenire, ridurre e, se possibile, compensare gli impatti ambientali significativi e negativi nonche', ove opportuno, le misure di monitoraggio;

o-quinquies) autorizzazione: il provvedimento che abilita il proponente a realizzare il progetto;

p) autorita' competente: la pubblica amministrazione cui compete l'adozione del provvedimento di verifica di assoggettabilita' a VIA, l'elaborazione del parere motivato, nel caso di valutazione di piani e programmi, e l'adozione dei provvedimenti di VIA, nel caso di progetti ovvero il rilascio dell'autorizzazione integrata ambientale o del provvedimento comunque denominato che autorizza l'esercizio;

q) autorita' procedente: la pubblica amministrazione che elabora il piano, programma soggetto alle disposizioni del presente decreto, ovvero nel caso in cui il soggetto che predispone il piano, programma sia un diverso soggetto pubblico o privato, la pubblica amministrazione che recepisce, adotta o approva il piano, programma;

r) proponente: il soggetto pubblico o privato che elabora il piano, programma o progetto soggetto alle disposizioni del presente decreto;

r-bis) gestore: qualsiasi persona fisica o giuridica che detiene o gestisce, nella sua totalita' o in parte, l'installazione o l'impianto oppure che dispone di un potere economico determinante sull'esercizio tecnico dei medesimi;

s) soggetti competenti in materia ambientale: le pubbliche amministrazioni e gli enti pubblici che, per le loro specifiche competenze o responsabilita' in campo ambientale, possono essere interessate agli impatti sull'ambiente dovuti all'attuazione dei piani, programmi o progetti;

t) consultazione: l'insieme delle forme di informazione e partecipazione, anche diretta, delle amministrazioni, del pubblico e del pubblico interessato nella raccolta dei dati e nella valutazione dei piani, programmi e progetti;

u) pubblico: una o piu' persone fisiche o giuridiche nonche', ai sensi della legislazione vigente, le associazioni, le organizzazioni o i gruppi di tali persone;

v) pubblico interessato: il pubblico che subisce o puo' subire gli effetti delle procedure decisionali in materia ambientale o che ha un interesse in tali procedure; ai fini della presente definizione le organizzazioni non governative che promuovono la protezione dell'ambiente e che soddisfano i requisiti previsti dalla normativa statale vigente, nonche' le organizzazioni sindacali maggiormente rappresentative, sono considerate come aventi interesse;

v-bis) 'relazione di riferimento': informazioni sullo stato di qualita' del suolo e delle acque sotterranee, con riferimento alla presenza di sostanze pericolose pertinenti, necessarie al fine di effettuare un raffronto in termini quantitativi con lo stato al momento della cessazione definitiva delle attivita'. Tali informazioni riguardano almeno: l'uso attuale e, se possibile, gli usi passati del sito, nonche', se disponibili, le misurazioni effettuate sul suolo e sulle acque sotterranee che ne illustrino lo stato al momento dell'elaborazione della relazione o, in alternativa, relative a nuove misurazioni effettuate sul suolo e sulle acque sotterranee tenendo conto della possibilita' di una contaminazione del suolo e delle acque sotterranee da parte delle sostanze pericolose usate, prodotte o rilasciate dall'installazione interessata. Le informazioni definite in virtu' di altra normativa che soddisfano i requisiti di cui alla presente lettera possono essere incluse o allegate alla relazione di riferimento. Nella redazione della relazione di riferimento si terra' conto delle linee guida eventualmente emanate dalla Commissione europea ai sensi dell'articolo 22, paragrafo 2, della direttiva 2010/75/UE;

v-ter) 'acque sotterranee': acque sotterranee quali definite all'articolo 74, comma 1, lettera l);

v-quater) 'suolo': lo strato piu' superficiale della crosta terrestre situato tra il substrato roccioso e la superficie. Il suolo e' costituito da componenti minerali, materia organica, acqua, aria e organismi viventi. Ai soli fini dell'applicazione della Parte Terza, l'accezione del termine comprende, oltre al suolo come precedentemente definito, anche il territorio, il sottosuolo, gli abitati e le opere infrastrutturali;

v-quinquies) 'ispezione ambientale': tutte le azioni, ivi compresi visite in loco, controllo delle emissioni e controlli delle relazioni interne e dei documenti di follow-up, verifica dell'autocontrollo, controllo delle tecniche utilizzate e adeguatezza della gestione ambientale dell'installazione, intraprese dall'autorita' competente o per suo conto al fine di verificare e promuovere il rispetto delle condizioni di autorizzazione da parte delle installazioni, nonche', se del caso, monitorare l'impatto ambientale di queste ultime;

v-sexies) 'pollame': il pollame quale definito all'articolo 2, comma 2, lettera a), del decreto del Presidente della Repubblica 3 marzo 1993, n. 587;

v-septies) 'combustibile': qualsiasi materia combustibile solida, liquida o gassosa, che la norma ammette possa essere combusta per utilizzare l'energia liberata dal processo;

v-octies) 'sostanze pericolose': le sostanze o miscele, come definite all'articolo 2, punti 7 e 8, del regolamento (CE) n. 1272/2008, del Parlamento europeo e del Consiglio, del 16 dicembre 2008, pericolose ai sensi dell'articolo 3 del medesimo regolamento. Ai fini della Parte Terza si applica la definizione di cui all'articolo 74, comma 2, lettera ee).

1-bis. Ai fini del della presente Parte Seconda si applicano inoltre le definizioni di 'impianto di incenerimento dei rifiuti' e di 'impianto di coincenerimento dei rifiuti' di cui alle lettere b) e c) del comma 1 dell'articolo 237-ter.

ART. 6
Oggetto della disciplina

1. La valutazione ambientale strategica riguarda i piani e i programmi che possono avere impatti significativi sull'ambiente e sul patrimonio culturale.

2. Fatto salvo quanto disposto al comma 3, viene effettuata una valutazione per tutti i piani e i programmi:

    a) che sono elaborati per la valutazione e gestione della qualita' dell'aria ambiente, per i settori agricolo, forestale, della pesca, energetico, industriale, dei trasporti, della gestione dei rifiuti e delle acque, delle telecomunicazioni, turistico, della pianificazione territoriale o della destinazione dei suoli, e che definiscono il quadro di riferimento per l'approvazione, l'autorizzazione, l'area di localizzazione o comunque la realizzazione dei progetti elencati negli allegati II, II-bis, III e IV del presente decreto;

    b) per i quali, in considerazione dei possibili impatti sulle finalita' di conservazione dei siti designati come zone di protezione speciale per la conservazione degli uccelli selvatici e quelli classificati come siti di importanza comunitaria per la protezione degli habitat naturali e della flora e della fauna selvatica, si ritiene necessaria una valutazione d'incidenza ai sensi dell'articolo 5 del decreto del Presidente della Repubblica 8 settembre 1997, n. 357, e successive modificazioni.

3. Per i piani e i programmi di cui al comma 2 che determinano l'uso di piccole aree a livello locale e per le modifiche minori dei piani e dei programmi di cui al comma 2, la valutazione ambientale e' necessaria qualora l'autorita' competente valuti che producano impatti significativi sull'ambiente, secondo le disposizioni di cui all'articolo 12 e tenuto conto del diverso livello di sensibilita' ambientale dell'area oggetto di intervento.

3-bis. L'autorita' competente valuta, secondo le disposizioni di cui all'articolo 12, se i piani e i programmi, diversi da quelli di cui al comma 2, che definiscono il quadro di riferimento per l'autorizzazione dei progetti, producano impatti significativi sull'ambiente.

3-ter. Per progetti di opere e interventi da realizzarsi nell'ambito del Piano regolatore portuale o del Piano di sviluppo aeroportuale, gia' sottoposti ad una valutazione ambientale strategica, e che rientrano tra le categorie per le quali e' prevista la Valutazione di impatto ambientale, costituiscono dati acquisiti tutti gli elementi valutati in sede di VAS o comunque desumibili dal Piano regolatore portuale o dal Piano di sviluppo aeroportuale. Qualora il Piano regolatore Portuale, il Piano di sviluppo aeroportuale ovvero le rispettive varianti abbiano contenuti tali da essere sottoposti a valutazione di impatto ambientale nella loro interezza secondo le norme comunitarie, tale valutazione e' effettuata secondo le modalita' e le competenze previste dalla Parte Seconda del presente decreto ed e' integrata dalla valutazione ambientale strategica per gli eventuali contenuti di pianificazione del Piano e si conclude con un unico provvedimento.

4. Sono comunque esclusi dal campo di applicazione del presente decreto:

    a) i piani e i programmi destinati esclusivamente a scopi di difesa nazionale caratterizzati da somma urgenza o ricadenti nella disciplina di cui all'articolo 17 del decreto legislativo 12 aprile 2006, n. 163, e successive modificazioni;

    b) i piani e i programmi finanziari o di bilancio;

    c) i piani di protezione civile in caso di pericolo per l'incolumita' pubblica;

    c-bis) i piani di gestione forestale o strumenti equivalenti, riferiti ad un ambito aziendale o sovraziendale di livello locale, redatti secondo i criteri della gestione forestale sostenibile e approvati dalle regioni o dagli organismi dalle stesse individuati.

c-ter) i piani, i programmi e i provvedimenti di difesa fitosanitaria adottati dal Servizio fitosanitario nazionale che danno applicazione a misure fitosanitarie di emergenza.

5. La valutazione d'impatto ambientale si applica ai progetti che possono avere impatti ambientali significativi e negativi, come definiti all'articolo 5, comma 1, lettera c).

6. La verifica di assoggettabilita' a VIA e' effettuata per:
   a) i progetti elencati nell'allegato II alla parte seconda del presente decreto, che servono esclusivamente o essenzialmente per lo sviluppo ed il collaudo di nuovi metodi o prodotti e non sono utilizzati per piu' di due anni;
   b) le modifiche o le estensioni dei progetti elencati nell'allegato II, II-bis, III e IV alla parte seconda del presente decreto, la cui realizzazione potenzialmente possa produrre impatti ambientali significativi e negativi, ad eccezione delle modifiche o estensioni che risultino conformi agli eventuali valori limite stabiliti nei medesimi allegati II e III;
   c) i progetti elencati nell'allegato II-bis alla parte seconda del presente decreto, in applicazione dei criteri e delle soglie definiti dal decreto del Ministro dell'ambiente e della tutela del territorio e del mare del 30 marzo 2015, pubblicato nella Gazzetta Ufficiale n. 84 dell'11 aprile 2015;
   d) i progetti elencati nell'allegato IV alla parte seconda del presente decreto, in applicazione dei criteri e delle soglie definiti dal decreto del Ministro dell'ambiente e della tutela del territorio e del mare del 30 marzo 2015, pubblicato nella Gazzetta Ufficiale n. 84 dell'11 aprile 2015.

6-bis. Qualora nei procedimenti di VIA di competenza statale l'autorita' competente coincida con l'autorita' che autorizza il progetto, la valutazione di impatto ambientale viene rilasciata dall'autorita' competente nell'ambito del procedimento autorizzatorio. Resta fermo che la decisione di autorizzare il progetto e' assunta sulla base del provvedimento di VIA.

7. La VIA e' effettuata per:
   a) i progetti di cui agli allegati II e III alla parte seconda del presente decreto;
   b) i progetti di cui agli allegati II-bis e IV alla parte seconda del presente decreto, relativi ad opere o interventi di nuova realizzazione, che ricadono, anche parzialmente, all'interno di aree naturali protette come definite dalla legge 6 dicembre 1991, n. 394, ovvero all'interno di siti della rete Natura 2000;
   c) i progetti elencati nell'allegato II alla parte seconda del presente decreto, che servono esclusivamente o essenzialmente per lo sviluppo ed il collaudo di nuovi metodi o prodotti e non sono utilizzati per piu' di due anni, qualora, all'esito dello svolgimento della verifica di assoggettabilita' a VIA, l'autorita' competente valuti che possano produrre impatti ambientali significativi;
   d) le modifiche o estensioni dei progetti elencati negli allegati II e III che comportano il superamento degli eventuali valori limite ivi stabiliti;
   e) le modifiche o estensioni dei progetti elencati nell'allegato II, II-bis, III e IV alla parte seconda del presente decreto, qualora, all'esito dello svolgimento della verifica di assoggettabilita' a VIA, l'autorita' competente valuti che possano produrre impatti ambientali significativi e negativi;
   f) i progetti di cui agli allegati II-bis e IV alla parte seconda del presente decreto, qualora all'esito dello svolgimento della verifica di assoggettabilita' a VIA, in applicazione dei criteri e delle soglie definiti dal decreto del Ministro dell'ambiente e della tutela del territorio e del mare del 30 marzo 2015, pubblicato nella Gazzetta Ufficiale n. 84 dell'11 aprile 2015, l'autorita' competente valuti che possano produrre impatti ambientali significativi e negativi.

8. COMMA SOPPRESSO DAL D.LGS. 16 GIUGNO 2017, N. 104.

9. Per le modifiche, le estensioni o gli adeguamenti tecnici

finalizzati a migliorare il rendimento e le prestazioni ambientali dei progetti elencati negli allegati II, II-bis, III e IV alla parte seconda del presente decreto, fatta eccezione per le modifiche o estensioni di cui al comma 7, lettera d), il proponente, in ragione della presunta assenza di potenziali impatti ambientali significativi e negativi, ha la facolta' di richiedere all'autorita' competente, trasmettendo adeguati elementi informativi tramite apposite liste di controllo, una valutazione preliminare al fine di individuare l'eventuale procedura da avviare. L'autorita' competente, entro trenta giorni dalla presentazione della richiesta di valutazione preliminare, comunica al proponente l'esito delle proprie valutazioni, indicando se le modifiche, le estensioni o gli adeguamenti tecnici devono essere assoggettati a verifica di assoggettabilita' a VIA, a VIA, ovvero non rientrano nelle categorie di cui ai commi 6 o 7. L'esito della valutazione preliminare e la documentazione trasmessa dal proponente sono tempestivamente pubblicati dall'autorita' competente sul proprio sito internet istituzionale.

9-bis. Nell'ambito dei progetti gia' autorizzati, per le varianti progettuali legate a modifiche, estensioni e adeguamenti tecnici non sostanziali che non comportino impatti ambientali significativi e negativi si applica la procedura di cui al comma 9.

10. Per i progetti o parti di progetti aventi quale unico obiettivo la difesa nazionale e per i progetti aventi quali unico obiettivo la risposta alle emergenze che riguardano la protezione civile, il Ministro dell'ambiente e della tutela del territorio e del mare, di concerto con il Ministro dei beni e delle attivita' culturali e del turismo, dopo una valutazione caso per caso, puo' disporre, con decreto, l'esclusione di tali progetti dal campo di applicazione delle norme di cui al titolo III della parte seconda del presente decreto, qualora ritenga che tale applicazione possa pregiudicare i suddetti obiettivi.

10-bis. Ai procedimenti di cui ai commi 6, 7 e 9 del presente articolo, nonche' all'articolo 28, non si applica quanto previsto dall'articolo 10-bis della legge 7 agosto 1990, n. 241.

11. Fatto salvo quanto previsto dall'articolo 32, il Ministro dell'ambiente e della tutela del territorio e del mare puo', in casi eccezionali, previo parere del Ministro dei beni e delle attivita' culturali e del turismo, esentare in tutto o in parte un progetto specifico dalle disposizioni di cui al titolo III della parte seconda del presente decreto, qualora l'applicazione di tali disposizioni incida negativamente sulla finalita' del progetto, a condizione che siano rispettati gli obiettivi della normativa nazionale ed europea in materia di valutazione di impatto ambientale. In tali casi il Ministro dell'ambiente e della tutela del territorio e del mare:
 a) esamina se sia opportuna un'altra forma di valutazione;
 b) mette a disposizione del pubblico coinvolto le informazioni raccolte con le altre forme di valutazione di cui alla lettera a), le informazioni relative alla decisione di esenzione e le ragioni per cui e' stata concessa;
 c) informa la Commissione europea, prima del rilascio dell'autorizzazione, dei motivi che giustificano l'esenzione accordata fornendo tutte le informazioni acquisite.

12. Per le modifiche dei piani e dei programmi elaborati per la pianificazione territoriale, urbanistica o della destinazione dei suoli conseguenti all'approvazione dei piani di cui al comma 3-ter, nonche' a provvedimenti di autorizzazione di opere singole che hanno per legge l'effetto di variante ai suddetti piani e programmi, ferma restando l'applicazione della disciplina in materia di VIA, la valutazione ambientale strategica non e' necessaria per la localizzazione delle singole opere.

13. L'autorizzazione integrata ambientale e' necessaria per:
 a) le installazioni che svolgono attivita' di cui all'Allegato VIII alla Parte Seconda;
 b) le modifiche sostanziali degli impianti di cui alla lettera a)

del presente comma;

14. Per le attivita' di smaltimento o di recupero di rifiuti svolte nelle installazioni di cui all'articolo 6, comma 13, anche qualora costituiscano solo una parte delle attivita' svolte nell'installazione, l'autorizzazione integrata ambientale, ai sensi di quanto disposto dall'articolo 29-quater, comma 11, costituisce anche autorizzazione alla realizzazione o alla modifica, come disciplinato dall'articolo 208.

15. Per le installazioni di cui alla lettera a) del comma 13, nonche' per le loro modifiche sostanziali, l'autorizzazione integrata ambientale e' rilasciata nel rispetto della disciplina di cui al presente decreto e dei termini di cui all'articolo 29-quater, comma 10.

16. L'autorita' competente, nel determinare le condizioni per l'autorizzazione integrata ambientale, fermo restando il rispetto delle norme di qualita' ambientale, tiene conto dei seguenti principi generali:
   a) devono essere prese le opportune misure di prevenzione dell'inquinamento, applicando in particolare le migliori tecniche disponibili;
   b) non si devono verificare fenomeni di inquinamento significativi;
   c) e' prevenuta la produzione dei rifiuti, a norma della parte quarta del presente decreto; i rifiuti la cui produzione non e' prevenibile sono in ordine di priorita' e conformemente alla parte quarta del presente decreto, riutilizzati, riciclati, ricuperati o, ove cio' sia tecnicamente ed economicamente impossibile, sono smaltiti evitando e riducendo ogni loro impatto sull'ambiente;
   d) l'energia deve essere utilizzata in modo efficace ed efficiente;
   e) devono essere prese le misure necessarie per prevenire gli incidenti e limitarne le conseguenze;
   f) deve essere evitato qualsiasi rischio di inquinamento al momento della cessazione definitiva delle attivita' e il sito stesso deve essere ripristinato conformemente a quanto previsto all'articolo 29-sexies, comma 9-quinquies.

17. Ai fini di tutela dell'ambiente e dell'ecosistema, all'interno del perimetro delle aree marine e costiere a qualsiasi titolo protette per scopi di tutela ambientale, in virtu' di leggi nazionali, regionali o in attuazione di atti e convenzioni dell'Unione europea e internazionali sono vietate le attivita' di ricerca, di prospezione nonche' di coltivazione di idrocarburi liquidi e gassosi in mare, di cui agli articoli 4, 6 e 9 della legge 9 gennaio 1991, n. 9. Il divieto e' altresi' stabilito nelle zone di mare poste entro dodici miglia dalle linee di costa lungo l'intero perimetro costiero nazionale e dal perimetro esterno delle suddette aree marine e costiere protette. I titoli abilitativi gia' rilasciati sono fatti salvi per la durata di vita utile del giacimento, nel rispetto degli standard di sicurezza e di salvaguardia ambientale. Sono sempre assicurate le attivita' di manutenzione finalizzate all'adeguamento tecnologico necessario alla sicurezza degli impianti e alla tutela dell'ambiente, nonche' le operazioni finali di ripristino ambientale. Dall'entrata in vigore delle disposizioni di cui al presente comma e' abrogato il comma 81 dell'articolo 1 della legge 23 agosto 2004, n. 239. A decorrere dalla data di entrata in vigore della presente disposizione, i titolari delle concessioni di coltivazione in mare sono tenuti a corrispondere annualmente l'aliquota di prodotto di cui all'articolo 19, comma 1 del decreto legislativo 25 novembre 1996, n. 625, elevata dal 7% al 10% per il gas e dal 4% al 7% per l'olio. Il titolare unico o contitolare di ciascuna concessione e' tenuto a versare le somme corrispondenti al valore dell'incremento dell'aliquota ad apposito capitolo dell'entrata del bilancio dello Stato, per essere interamente riassegnate, in parti uguali, ad appositi capitoli istituiti nello stato di previsione,rispettivamente, del Ministero dello sviluppo

economico, per lo svolgimento delle attivita' di vigilanza e controllo della sicurezza anche ambientale degli impianti di ricerca e coltivazione in mare, e del Ministero dell'ambiente e della tutela del territorio e del mare, per assicurare il pieno svolgimento delle azioni di monitoraggio, ivi compresi gli adempimenti connessi alle valutazioni ambientali in ambito costiero e marino, anche mediante l'impiego dell'Istituto superiore per la protezione e la ricerca ambientale (ISPRA), delle Agenzie regionali per l'ambiente e delle strutture tecniche dei corpi dello Stato preposti alla vigilanza ambientale, e di contrasto dell'inquinamento marino.

ART. 7
((Competenze in materia di VAS e di AIA))

1. Sono sottoposti a VAS in sede statale i piani e programmi di cui all'articolo 6, commi da 1 a 4, la cui approvazione compete ad organi dello Stato.
2. Sono sottoposti a VAS secondo le disposizioni delle leggi regionali, i piani e programmi di cui all'articolo 6, commi da 1 a 4, la cui approvazione compete alle regioni e province autonome o agli enti locali.
3. ((COMMA ABROGATO DAL D.LGS. 16 GIUGNO 2017, N. 104)).
4. ((COMMA ABROGATO DAL D.LGS. 16 GIUGNO 2017, N. 104)).
4-bis. Sono sottoposti ad AIA in sede statale i progetti relativi alle attivita' di cui all'allegato XII al presente decreto e loro modifiche sostanziali.
4-ter. Sono sottoposti ad AIA secondo le disposizioni delle leggi regionali e provinciali i progetti di cui all'allegato VIII che non risultano ricompresi anche nell'allegato XII al presente decreto e loro modifiche sostanziali.
((5. In sede statale, l'autorita' competente ai fini della VAS e dell'AIA e' il Ministero dell'ambiente e della tutela del territorio e del mare. Il parere motivato in sede di VAS e' espresso dal Ministro dell'ambiente e della tutela del territorio e del mare di concerto con il Ministro dei beni e delle attivita' culturali e del turismo, che collabora alla relativa attivita' istruttoria. Il provvedimento di AIA e' rilasciato dal Ministro dell'ambiente e della tutela del territorio e del mare.))
((6. In sede regionale, l'autorita' competente ai fini della VAS e dell'AIA e' la pubblica amministrazione con compiti di tutela, protezione e valorizzazione ambientale individuata secondo le disposizioni delle leggi regionali o delle Province autonome.))
((7. Le Regioni e le Province autonome di Trento e di Bolzano disciplinano con proprie leggi e regolamenti le competenze proprie e quelle degli altri enti locali in materia di VAS e di AIA. Disciplinano inoltre:
   a) i criteri per la individuazione degli enti locali territoriali interessati;
   b) i criteri specifici per l'individuazione dei soggetti competenti in materia ambientale;
   c) fermo il rispetto della legislazione europea, eventuali ulteriori modalita', rispetto a quelle indicate nel presente decreto, purche' con questo compatibili, per l'individuazione dei piani e programmi o progetti o installazioni da sottoporre a VAS ed AIA e per lo svolgimento della relativa consultazione;
   d) le modalita' di partecipazione delle regioni e province autonome confinanti al processo di VAS, in coerenza con quanto stabilito dalle disposizioni nazionali in materia;
   e) le regole procedurali per il rilascio dei provvedimenti di AIA e dei pareri motivati in sede di VAS di propria competenza, fermo restando il rispetto dei limiti generali di cui al presente decreto ed all'articolo 29 della legge 7 agosto 1990, n. 241, e successive modificazioni.))
8. Le regioni e le province autonome di Trento e di Bolzano informano, ogni dodici mesi, il Ministero dell'ambiente e della

tutela del territorio e del mare circa i provvedimenti adottati e i procedimenti di valutazione in corso.

9. Le Regioni e le Province Autonome esercitano la competenza ad esse assegnata dai commi 2, 4 e 7 nel rispetto dei principi fondamentali dettati dal presente Titolo.

ART. 7-bis
(Competenze in materia di VIA e di verifica di assoggettabilita' a VIA).

1. La verifica di assoggettabilita' a VIA e la VIA vengono effettuate ai diversi livelli istituzionali, tenendo conto dell'esigenza di razionalizzare i procedimenti ed evitare duplicazioni nelle valutazioni.

2. Sono sottoposti a VIA in sede statale i progetti di cui all'allegato II alla parte seconda del presente decreto. Sono sottoposti a verifica di assoggettabilita' a VIA in sede statale i progetti di cui all'allegato II-bis alla parte seconda del presente decreto.

2-bis. Le opere, gli impianti e le infrastrutture necessari alla realizzazione dei progetti strategici per la transizione energetica del Paese inclusi nel Piano nazionale di ripresa e resilienza (PNRR) e al raggiungimento degli obiettivi fissati dal Piano nazionale integrato per l'energia e il clima (PNIEC), predisposto in attuazione del Regolamento (UE) 2018/1999, come individuati nell'Allegato I-bis, e le opere ad essi connesse costituiscono interventi di pubblica utilita', indifferibili e urgenti.

2-ter. COMMA ABROGATO DAL D.L. 31 MAGGIO 2021, N. 77, CONVERTITO CON MODIFICAZIONI DALLA L. 29 LUGLIO 2021, N. 108.

2-quater. Per la realizzazione delle opere di cui al comma 2-bis occorre privilegiare, ove possibile, l'utilizzo di superfici di strutture edificate, comprese le piattaforme petrolifere in disuso.

3. Fatto salvo quanto previsto dal comma 2-bis, sono sottoposti a VIA in sede regionale, i progetti di cui all'allegato III alla parte seconda del presente decreto. Sono sottoposti a verifica di assoggettabilita' a VIA in sede regionale i progetti di cui all'allegato IV alla parte seconda del presente decreto.

4. In sede statale, l'autorita' competente e' il Ministero dell'ambiente e della tutela del territorio e del mare, che esercita le proprie competenze in collaborazione con il Ministero dei beni e delle attivita' culturali e del turismo per le attivita' istruttorie relative al procedimento di VIA. Il provvedimento di verifica di assoggettabilita' a VIA e' adottato dal Ministero dell'ambiente e della tutela del territorio e del mare. Il provvedimento di VIA e' adottato nelle forme e con le modalita' di cui all'articolo 25, comma 2, e all'articolo 27, comma 8.

4-bis. Nel caso di opere o interventi caratterizzati da piu' elementi progettuali corrispondenti a diverse tipologie soggette a VIA ovvero a verifica di assoggettabilita' a VIA rientranti in parte nella competenza statale e in parte in quella regionale, il proponente, con riferimento alle voci elencate negli allegati II, II-bis, III e IV alla parte seconda del presente decreto, invia in formato elettronico al Ministero della transizione ecologica e alla Regione o Provincia autonoma interessata una comunicazione contenente:
    a) oggetto/titolo del progetto o intervento proposto;
    b) tipologia progettuale individuata come principale;
    c) altre tipologie progettuali coinvolte;
    d) ((LETTERA SOPPRESSA DAL D.L. 31 MAGGIO 2021, N. 77, CONVERTITO CON MODIFICAZIONI DALLA L. 29 LUGLIO 2021, N. 108)).

4-ter. Entro trenta giorni dal ricevimento della comunicazione, la Regione o la Provincia autonoma ((trasmette al Ministero le valutazioni di competenza, anche in merito all'individuazione dell'autorita' competente allo svolgimento della procedura di VIA o alla verifica di assoggettabilita' a VIA,)) dandone contestualmente comunicazione al proponente. Entro i successivi trenta giorni, in base ai criteri di cui agli allegati II, II-bis, III e IV alla parte seconda del presente decreto, il competente ufficio del Ministero comunica al proponente e alla Regione o Provincia autonoma la determinazione in merito all'autorita' competente, alla quale il proponente stesso dovra' presentare l'istanza per l'avvio del procedimento. Decorso tale termine, si considera acquisito l'assenso del Ministero sulla posizione formulata dalla Regione o Provincia autonoma.

5. In sede regionale, l'autorita' competente e' la pubblica amministrazione con compiti di tutela, protezione e valorizzazione ambientale individuata secondo le disposizioni delle leggi regionali o delle Province autonome.

6. Qualora nei procedimenti di VIA o di verifica di assoggettabilita' a VIA l'autorita' competente coincida con l'autorita' proponente di un progetto, le autorita' medesime provvedono a separare in maniera appropriata, nell'ambito della propria organizzazione delle competenze amministrative, le funzioni confliggenti in relazione all'assolvimento dei compiti derivanti dal presente decreto. Le autorita' competenti evitano l'insorgenza di situazioni che diano origine a un conflitto di interessi e provvedono a segnalare ogni situazione di conflitto, anche potenziale, alle competenti autorita'.

7. Qualora un progetto sia sottoposto a verifica di assoggettabilita' a VIA o a VIA di competenza regionale, le Regioni e le Province autonome di Trento e Bolzano assicurano che le procedure siano svolte in conformita' agli articoli da 19 a 26 e da 27-bis a 29 del presente decreto. Il procedimento di VIA di competenza regionale si svolge con le modalita' di cui all'articolo 27-bis.

8. Le Regioni e le Province autonome di Trento e di Bolzano disciplinano con proprie leggi o regolamenti l'organizzazione e le modalita' di esercizio delle funzioni amministrative ad esse attribuite in materia di VIA, nonche' l'eventuale conferimento di tali funzioni o di compiti specifici agli altri enti territoriali sub-regionali. La potesta' normativa di cui al presente comma e' esercitata in conformita' alla legislazione europea e nel rispetto di quanto previsto nel presente decreto, fatto salvo il potere di stabilire regole particolari ed ulteriori per la semplificazione dei procedimenti, per le modalita' della consultazione del pubblico e di tutti i soggetti pubblici potenzialmente interessati, per il coordinamento dei provvedimenti e delle autorizzazioni di competenza regionale e locale, nonche' per la destinazione alle finalita' di cui all'articolo 29, comma 8, dei proventi derivanti dall'applicazione delle sanzioni amministrative pecuniarie. In ogni caso non sono derogabili i termini procedimentali massimi di cui agli articoli 19 e 27-bis.

8-bis. Limitatamente agli interventi necessari per il superamento di sentenze di condanna della Corte di Giustizia dell'Unione Europea, in caso di inerzia regionale per i progetti sottoposti a verifica di assoggettabilita' a VIA o a VIA ai sensi del comma 3, lo Stato esercita i poteri sostitutivi di cui all'articolo 41 della legge 24 dicembre 2012 n. 234.

9. A decorrere dal 31 dicembre 2017, e con cadenza biennale, le Regioni e le Province autonome di Trento e di Bolzano informano il Ministero dell'ambiente e della tutela del territorio e del mare circa i provvedimenti adottati e i procedimenti di verifica di assoggettabilita' a VIA e di VIA, fornendo:
    a) il numero di progetti di cui agli allegati III e IV sottoposti ad una valutazione dell'impatto ambientale;
    b) la ripartizione delle valutazioni dell'impatto ambientale secondo le categorie dei progetti di cui agli allegati III e IV;
    c) il numero di progetti di cui all'allegato IV sottoposti a verifica di assoggettabilita' a VIA;
    d) la durata media delle procedure di valutazione dell'impatto ambientale;

e) stime generali dei costi medi diretti delle valutazioni dell'impatto ambientale, incluse le stime degli effetti sulle piccole e medie imprese.

10. A decorrere dal 16 maggio 2017, ed ogni 6 anni, il Ministero dell'ambiente e della tutela del territorio e del mare informa la Commissione europea circa lo stato di attuazione della direttiva 2014/52/UE del Parlamento europeo e del Consiglio, del 16 aprile 2014, che modifica la direttiva 2011/92/UE concernente la valutazione di impatto ambientale di determinati progetti pubblici e privati.

ART. 8
(Commissione tecnica di verifica dell'impatto ambientale - VIA e VAS).

1. Il supporto tecnico-scientifico all'autorita' competente per l'attuazione delle norme di cui ai Titoli II e III della presente parte nel caso di piani, programmi e progetti per i quali le valutazioni ambientali VIA e VAS spettano allo Stato e' assicurato dalla Commissione tecnica di verifica dell'impatto ambientale VIA e VAS, composta da un numero massimo di cinquanta commissari, inclusi il Presidente e il Segretario, posta alle dipendenze funzionali del Ministero dell'ambiente e della tutela del territorio e del mare. Per lo svolgimento delle istruttorie tecniche la Commissione puo' avvalersi, tramite appositi protocolli d'intesa, del Sistema nazionale a rete per la protezione dell'ambiente, a norma della legge 28 giugno 2016, n. 132 e, senza nuovi o maggiori oneri a carico della finanza pubblica, degli altri enti pubblici di ricerca. Per i procedimenti per i quali sia riconosciuto un concorrente interesse regionale, all'attivita' istruttoria partecipa un esperto designato dalle Regioni e dalle Province autonome interessate, individuato tra i soggetti in possesso di adeguata professionalita' ed esperienza nel settore della valutazione dell'impatto ambientale e del diritto ambientale. Nella trattazione dei procedimenti di sua competenza ai sensi della normativa vigente, la Commissione di cui al presente comma nonche' la Commissione di cui al comma 2-bis danno precedenza ai progetti aventi un comprovato valore economico superiore a 5 milioni di euro ovvero una ricaduta in termini di maggiore occupazione attesa superiore a quindici unita' di personale, nonche' ai progetti cui si correlano scadenze non superiori a dodici mesi, fissate con termine perentorio dalla legge o comunque da enti terzi, e ai progetti relativi ad impianti gia' autorizzati la cui autorizzazione scade entro dodici mesi dalla presentazione dell'istanza. Con riferimento alle procedure di valutazione ambientale di competenza statale relative ai progetti attuativi del Piano nazionale integrato per l'energia e il clima, individuati dall'allegato I-bis alla parte seconda del presente decreto tra quelli a cui, ai sensi del periodo precedente, deve essere data precedenza, hanno in ogni caso priorita', in ordine decrescente, i progetti che hanno maggior valore di potenza installata o trasportata prevista ((, nonche' i progetti concernenti impianti di produzione di idrogeno verde ovvero rinnovabile di cui al punto 6-bis) dell'allegato II alla parte seconda e i connessi impianti di fonti rinnovabili, ove previsti)). La Commissione puo' derogare all'ordine di priorita' di cui al quarto e al quinto periodo in caso di deliberazione dello stato di emergenza da parte del Consiglio dei ministri ai sensi del codice della protezione civile, di cui al decreto legislativo 2 gennaio 2018, n. 1; in tal caso, la Commissione di cui al presente comma ovvero la Commissione di cui al comma 2-bis del presente articolo da' precedenza ai progetti connessi alle misure relative allo stato di emergenza.

2. I commissari di cui al comma 1 sono scelti tra professori o ricercatori universitari, tra il personale di cui agli articoli 2 e 3 del decreto legislativo del 30 marzo 2001, n. 165, ivi compreso quello appartenente ad enti di ricerca, al Sistema nazionale a rete per la protezione dell'ambiente di cui alla legge 28 giugno 2016, n.

132, all'Istituto superiore di sanita' ovvero tra soggetti anche estranei alla pubblica amministrazione, provvisti del diploma di laurea di vecchio ordinamento, di laurea specialistica o magistrale, con adeguata esperienza professionale di almeno cinque anni, all'atto della nomina; il loro incarico dura quattro anni ed e' rinnovabile una sola volta. I commissari sono nominati dal Ministro dell'ambiente e della tutela del territorio e del mare, senza obbligo di procedura concorsuale e con determinazione motivata esclusivamente in ordine al possesso da parte dei prescelti dei necessari requisiti di comprovata professionalita' e competenza nelle materie ambientali, economiche, giuridiche e di sanita' pubblica, garantendo il rispetto del principio dell'equilibrio di genere. Ai commissari, qualora provenienti dalle amministrazioni pubbliche di cui all'articolo 1, comma 2, del decreto legislativo 30 marzo 2001, n. 165, nonche' se personale di cui all'articolo 3 del medesimo decreto legislativo, si applica quanto previsto dall'articolo 53 del decreto legislativo 30 marzo 2001, n. 165, e, per il personale in regime di diritto pubblico, quanto stabilito dai rispettivi ordinamenti. Ai commissari spetta il compenso definito con le modalita' di cui al comma 5 esclusivamente in ragione dei compiti istruttori effettivamente svolti e solo a seguito dell'adozione del relativo parere finale.

2-bis. Per lo svolgimento delle procedure di valutazione ambientale di competenza statale dei progetti compresi nel Piano nazionale di ripresa e resilienza (PNRR), di quelli finanziati a valere sul fondo complementare nonche' dei progetti attuativi del Piano nazionale integrato per l'energia e il clima, individuati nell'allegato I-bis al presente decreto, e' istituita la Commissione Tecnica PNRR-PNIEC, posta alle dipendenze funzionali del Ministero della transizione ecologica, e formata da un numero massimo di quaranta unita', inclusi il presidente e il segretario, in possesso di diploma di laurea o laurea magistrale, con almeno cinque anni di esperienza professionale e con competenze adeguate alla valutazione tecnica, ambientale e paesaggistica dei predetti progetti, individuate tra il personale di ruolo delle amministrazioni statali e regionali, delle istituzioni universitarie, del Consiglio nazionale delle ricerche (CNR), del Sistema nazionale a rete per la protezione dell'ambiente di cui alla legge 28 giugno 2016, n. 132, dell'Agenzia nazionale per le nuove tecnologie, l'energia e lo sviluppo economico sostenibile (ENEA) e dell'Istituto superiore di sanita' (ISS), secondo le modalita' di cui al comma 2, secondo periodo, ad esclusione del personale docente, fatta eccezione per quanto previsto dal quinto periodo, nonche' di quello, educativo, amministrativo, tecnico ed ausiliario delle istituzioni scolastiche. Il personale delle pubbliche amministrazioni e' collocato d'ufficio in posizione di fuori ruolo, comando, distacco, aspettativa o altra analoga posizione, secondo i rispettivi ordinamenti, alla data di adozione del decreto di nomina di cui al ottavo periodo del presente comma. Nel caso in cui al presidente della Commissione di cui al comma 1 sia attribuita anche la presidenza della Commissione di cui al comma 2-bis, si applica l'articolo 9, comma 5-bis, del decreto legislativo 30 luglio 1999, n. 303 , anche per evitare qualsiasi effetto decadenziale. I componenti nominati nella Commissione Tecnica PNRR-PNIEC svolgono tale attivita' a tempo pieno ad eccezione dei componenti nominati ai sensi del quinto periodo, salvo che il tempo pieno non sia previsto nei singoli decreti di cui al medesimo quinto periodo. Con decreto del Ministro della transizione ecologica, su proposta del presidente della Commissione di cui al comma 1, i componenti della predetta Commissione, fino a un massimo di sei, possono essere nominati anche componenti della Commissione di cui al presente comma, ivi incluso il personale dipendente di societa' in house dello Stato. Nelle more del perfezionamento del decreto di nomina, il commissario in esso individuato e' autorizzato a partecipare, con diritto di voto, alle riunioni della Commissione Tecnica PNRR-PNIEC. Nella nomina dei membri e' garantito il rispetto dell'equilibrio di genere. I componenti della Commissione Tecnica PNRR-PNIEC sono nominati con decreto del Ministro della transizione ecologica entro sessanta giorni dalla data di entrata in vigore della presente disposizione, anche attingendo dall'elenco utilizzato per la nomina dei componenti della Commissione tecnica di verifica di cui al comma 1 del presente articolo in possesso dei medesimi requisiti di cui al presente comma. I componenti della Commissione Tecnica PNRR-PNIEC restano in carica cinque anni e sono rinnovabili per una sola volta. Con le medesime modalita' previste per le unita' di cui al primo periodo, possono essere nominati componenti aggregati della Commissione di cui al presente comma, nel numero massimo di trenta unita', che restano in carica tre anni e il cui trattamento giuridico ed economico e' equiparato a ogni effetto a quello previsto per le unita' di cui al primo periodo. Alle riunioni della commissione partecipa, con diritto di voto, anche un rappresentante del Ministero della cultura. Per lo svolgimento delle istruttorie tecniche la Commissione si avvale, tramite appositi protocolli d'intesa, del Sistema nazionale a rete per la protezione dell'ambiente a norma della legge 28 giugno 2016, n. 132, e degli altri enti pubblici di ricerca; ai fini della designazione e della conseguente partecipazione alle riunioni della Commissione tecnica PNRR-PNIEC, e' in ogni caso sufficiente la comunicazione o la conferma da parte della regione o della provincia autonoma del nominativo dell'interessato. Per i procedimenti per i quali sia riconosciuto da specifiche disposizioni o intese un concorrente interesse regionale, all'attivita' istruttoria partecipa con diritto di voto un esperto designato dalle Regioni e dalle Province autonome interessate, individuato tra i soggetti in possesso di adeguata professionalita' ed esperienza nel settore della valutazione dell'impatto ambientale e del diritto ambientale. La Commissione opera con le modalita' previste dall'articolo 20, dall'articolo 21, dall'articolo 23, dall'articolo 24, dall'articolo 25, commi 1, 2-bis, 2-ter, 3, 4, 5, 6 e 7, e dall'articolo 27, del presente decreto. I commissari, laddove collocati in quiescenza nel corso dello svolgimento dell'incarico, restano in carica fino al termine dello stesso e non possono essere rinnovati; in tal caso, i suddetti commissari percepiscono soltanto, oltre al trattamento di quiescenza, il compenso di cui al comma 5. Quanto previsto dall'articolo 73, comma 2, del decreto-legge 17 marzo 2020, n. 18, convertito, con modificazioni, dalla legge 24 aprile 2020, n. 27, si applica anche ai compiti istruttori svolti dai Commissari nell'ambito delle Sottocommissioni e dei Gruppi istruttori, sino al ((31 dicembre 2024)).

2-ter. Al fine di garantire univocita' di indirizzo, i presidenti della Commissione tecnica di cui al comma 1 e della Commissione tecnica di cui al comma 2-bis, coadiuvati da un numero massimo di due commissari per ciascuna Commissione, individuati dal Ministro della transizione ecologica, provvedono all'elaborazione di criteri tecnici e procedurali preordinati all'attuazione coordinata e omogenea delle disposizioni di cui alla parte seconda del presente decreto.

2-quater. Il Ministro della transizione ecologica puo' attribuire, al presidente di una delle Commissioni di cui ai commi 1 o 2-bis, anche la presidenza dell'altra. Nel caso in cui la presidenza di entrambe le Commissioni sia attribuita al presidente della Commissione di cui al comma 1, quest'ultimo e' collocato fuori ruolo o in posizione di comando, distacco, aspettativa o altra analoga posizione entro dieci giorni dall'assunzione dell'incarico e per l'intera durata del medesimo.

2-quinquies. In relazione a quanto previsto dai commi 2-ter e 2-quater, resta fermo che dagli incarichi ivi indicati e' escluso il personale docente, educativo, amministrativo, tecnico e ausiliario delle istituzioni scolastiche.

2-sexies. La denominazione "Commissione tecnica PNRR-PNIEC" sostituisce, ad ogni effetto e ovunque presente, la denominazione "Commissione tecnica PNIEC".

2-septies. Qualora lo richieda almeno una delle Commissioni parlamentari competenti a maggioranza dei due terzi dei suoi componenti, le tipologie dei progetti attuativi del PNIEC individuati nell'allegato I-bis al presente decreto possono essere modificate, con decreto del Ministro della transizione ecologica, previo parere delle Commissioni parlamentari competenti da rendere entro quarantacinque giorni dalla richiesta, decorsi i quali il decreto puo' essere comunque adottato.

2-octies. Il presidente della Commissione di cui al comma 1 si avvale altresi' di una struttura di supporto composta da quattro unita' di personale dell'Arma dei carabinieri, appartenenti all'organizzazione per la tutela forestale, ambientale e agroalimentare di cui all'articolo 174-bis del codice dell'ordinamento militare, di cui al decreto legislativo 15 marzo 2010, n. 66, o comunque con comprovata esperienza nel settore della tutela ambientale o nel coordinamento di unita' complesse o nella gestione di fondi. I componenti della struttura di supporto sono individuati dal Comando generale dell'Arma dei carabinieri, di cui all'articolo 170 del codice di cui al decreto legislativo n. 66 del 2010, e posti in posizione di comando, con oneri rientranti nei costi di funzionamento di cui al comma 5 del presente articolo. La struttura di supporto cessa al rinnovo della Commissione.

3. COMMA ABROGATO DAL D.L. 19 MAGGIO 2020, N. 34, CONVERTITO CON MODIFICAZIONI DALLA L. 17 LUGLIO 2020, N. 77.

4. Con uno o piu' decreti del Ministro dell'ambiente e della tutela del territorio e del mare, sentiti il Ministro dell'economia e delle finanze e il Ministro della salute, sono stabilite per i profili di rispettiva competenza l'articolazione, l'organizzazione, le modalita' di funzionamento e la disciplina delle situazioni di inconferibilita', incompatibilita' e conflitto di interessi anche potenziale della Commissione e della Commissione tecnica PNIEC.

5. A decorrere dall'anno 2017, con decreto annuale del Ministro dell'ambiente e della tutela del territorio e del mare, di concerto con il Ministro dell'economia e delle finanze, sono definiti i costi di funzionamento della Commissione tecnica di verifica dell'impatto ambientale e della Commissione tecnica PNRR-PNIEC, comprensivi dei compensi per i relativi componenti, in misura complessivamente non superiore all'ammontare delle tariffe di cui all'articolo 33 del presente decreto, versate all'entrata del bilancio dello Stato nell'anno precedente, senza che ne derivino nuovi o maggiori oneri per la finanza pubblica. I compensi sono stabiliti proporzionalmente alle responsabilita' di ciascun membro della Commissione e della Commissione tecnica PNRR-PNIEC, esclusivamente in ragione dei compiti istruttori effettivamente svolti e solo a seguito dell'adozione del parere finale, fermo restando che gli oneri relativi al trattamento economico fondamentale del personale di cui al comma 2-bis restano in carico all'amministrazione di appartenenza. Per i componenti della Commissione tecnica PNRR-PNIEC si applicano i compensi previsti per i membri della Commissione tecnica di verifica dell'impatto ambientale, nelle more dell'adozione del nuovo decreto ai sensi del presente comma.

6. Resta in ogni caso fermo, per i commissari, quanto stabilito dall'articolo 6-bis della legge 7 agosto 1990, n. 241, e dal decreto legislativo 8 aprile 2013, n. 39. In caso di accertata violazione delle prescrizioni del decreto legislativo n. 39 del 2013, fermo restando ogni altro profilo di responsabilita', il componente responsabile decade dall'incarico con effetto dalla data dell'accertamento. Per gli iscritti agli ordini professionali la violazione viene segnalata dall'autorita' competente.

7. Nel caso di progetti per i quali la VIA spetta alle Regioni e alle Province Autonome, queste ultime assicurano che l'autorita' competente disponga di adeguate competenze tecnico-scientifiche o, se necessario, si avvalga di adeguate figure di comprovata professionalita', competenza ed esperienza per l'attuazione delle norme di cui ai Titoli II e III della presente parte.

ART. 8-bis
((Commissione istruttoria per l'autorizzazione
integrata ambientale - IPPC

1. La Commissione istruttoria per l'IPPC, di cui all'articolo 28, commi 7, 8 e 9, del decreto legge 25 giugno 2008, n. 112, convertito, con modifiche, dalla legge 6 agosto 2008, n. 133, svolge l'attivita' di supporto scientifico per il Ministero dell'ambiente e della tutela del territorio e del mare con specifico riguardo alle norme di cui al titolo III-bis del presente decreto. La Commissione svolge i compiti di cui all'articolo 10, comma 2, del decreto del Presidente della Repubblica 14 maggio 2007, n. 90.
2. I componenti della Commissione sono nominati nel rispetto dell'articolo 28, commi 7, 8 e 9, del decreto-legge 25 giugno 2008, n. 112, convertito, con modifiche, dalla legge 6 agosto 2008, n. 133. Si applicano i commi 2 e 3 dell'articolo 8 del presente decreto.))

ART. 9
Norme procedurali generali

1. Alle procedure di verifica e autorizzazione disciplinate dal presente decreto si applicano, in quanto compatibili, le norme della legge 7 agosto 1990, n. 241, e successive modificazioni, concernente norme in materia di procedimento amministrativo e di diritto di accesso ai documenti amministrativi
2. L'autorita' competente, ove ritenuto utile indice, cosi' come disciplinato dagli articoli che seguono, una o piu' conferenze di servizi ai sensi dell'articolo 14 della legge n. 241 del 1990 al fine di acquisire elementi informativi e le valutazioni delle altre autorita' pubbliche interessate.
3. Nel rispetto dei tempi minimi definiti per la consultazione del pubblico, nell'ambito delle procedure di seguito disciplinate, l'autorita' competente puo' concludere con il proponente o l'autorita' procedente e le altre amministrazioni pubbliche interessate accordi per disciplinare lo svolgimento delle attivita' di interesse comune ai fini della semplificazione e della maggiore efficacia dei procedimenti.
4. Per ragioni di segreto industriale o commerciale e' facolta' del proponente presentare all'autorita' competente motivata richiesta di non rendere pubblica parte della documentazione relativa al progetto, allo studio preliminare ambientale o allo studio di impatto ambientale. L'autorita' competente, verificate le ragioni del proponente, accoglie o respinge motivatamente la richiesta soppesando l'interesse alla riservatezza con l'interesse pubblico all'accesso alle informazioni. L'autorita' competente dispone comunque della documentazione riservata, con l'obbligo di rispettare le disposizioni vigenti in materia.L'invio di informazioni a un altro Stato membro e il ricevimento di informazioni da un altro Stato membro sono soggetti alle restrizioni vigenti nello Stato membro in cui il progetto e' proposto.
4-bis. L'autorita' competente provvede a mettere a disposizione del pubblico, mediante il proprio sito internet istituzionale, le informazioni pratiche sull'accesso alle procedure di ricorso amministrativo e giurisdizionale. Ai sensi dell'articolo 3, comma 4, della legge 7 agosto 1990 n. 241, in ogni atto notificato al destinatario ((sono indicati l'autorita' cui e' possibile ricorrere e il relativo termine)).

ART. 10
(((Coordinamento delle procedure di VAS, VIA, Verifica di assoggettabilita' a VIA, Valutazione di incidenza e Autorizzazione integrata ambientale)))

((1. Nel caso di progetti per i quali e' prevista la procedura di verifica di assoggettabilita' a VIA, l'autorizzazione integrata

ambientale puo' essere rilasciata solo dopo che, ad esito della predetta procedura di verifica, l'autorita' competente abbia valutato di non assoggettare i progetti a VIA.))
1-bis.((COMMA ABROGATO DAL D.LGS. 16 GIUGNO 2017, N. 104)).
1-ter.((COMMA ABROGATO DAL D.LGS. 16 GIUGNO 2017, N. 104)).
2.((COMMA ABROGATO DAL D.LGS. 16 GIUGNO 2017, N. 104)).
3. La VAS e la VIA comprendono le procedure di valutazione d'incidenza di cui all'articolo 5 del decreto n. 357 del 1997; a tal fine, il rapporto ambientale, lo studio preliminare ambientale o lo studio di impatto ambientale contengono gli elementi di cui all'allegato G dello stesso decreto n. 357 del 1997 e la valutazione dell'autorita' competente si estende alle finalita' di conservazione proprie della valutazione d'incidenza oppure dovra' dare atto degli esiti della valutazione di incidenza. Le modalita' di informazione del pubblico danno specifica evidenza della integrazione procedurale.
4. La verifica di assoggettabilita' di cui all'((articolo 19)) puo' essere condotta, nel rispetto delle disposizioni contenute nel presente decreto, nell'ambito della VAS. In tal caso le modalita' di informazione del pubblico danno specifica evidenza della integrazione procedurale.
5. Nella redazione dello studio di impatto ambientale di cui all'articolo 22, relativo a progetti previsti da piani o programmi gia' sottoposti a valutazione ambientale, possono essere utilizzate le informazioni e le analisi contenute nel rapporto ambientale. Nel corso della redazione dei progetti e nella fase della loro valutazione, sono tenute in considerazione la documentazione e le conclusioni della VAS.

TITOLO II
LA VALUTAZIONE AMBIENTALE STRATEGICA

ART. 11
Modalita' di svolgimento

1. La valutazione ambientale strategica e' avviata dall'autorita' procedente contestualmente al processo di formazione del piano o programma e comprende, secondo le disposizioni di cui agli articoli da 12 a 18:
    a) lo svolgimento di una verifica di assoggettabilita' ((limitatamente ai piani e ai programmi di cui all'articolo 6, commi 3 e 3 bis));
    b) l'elaborazione del rapporto ambientale;
    c) lo svolgimento di consultazioni;
    d) la valutazione del rapporto ambientale e gli esiti delle consultazioni;
    e) la decisione;
    f) l'informazione sulla decisione;
    g) il monitoraggio.
2. L'autorita' competente, al fine di promuovere l'integrazione degli obiettivi di sostenibilita' ambientale nelle politiche settoriali ed il rispetto degli obiettivi, dei piani e dei programmi ambientali, nazionali ed europei:
    a) esprime il proprio parere sull'assoggettabilita' delle proposte di piano o di programma alla valutazione ambientale strategica nei casi previsti dal comma 3 dell'articolo 6;
    b) collabora con l'autorita' proponente al fine di definire le forme ed i soggetti della consultazione pubblica, nonche' l'impostazione ed i contenuti del Rapporto ambientale e le modalita' di monitoraggio di cui all'articolo 18;.
    c) esprime, tenendo conto della consultazione pubblica, dei

pareri dei soggetti competenti in materia ambientale, un proprio parere motivato sulla proposta di piano e di programma e sul rapporto ambientale nonche' sull'adeguatezza del piano di monitoraggio e con riferimento alla sussistenza delle risorse finanziarie.

((3. La fase di valutazione e' effettuata anteriormente all'approvazione del piano o del programma, ovvero all'avvio della relativa procedura legislativa, e comunque durante la fase di predisposizione dello stesso. Essa e' preordinata a garantire che gli impatti significativi sull'ambiente derivanti dall'attuazione di detti piani e programmi siano presi in considerazione durante la loro elaborazione e prima della loro approvazione.))

4. La VAS viene effettuata ai vari livelli istituzionali tenendo conto dell'esigenza di razionalizzare i procedimenti ed evitare duplicazioni nelle valutazioni.

5. La VAS costituisce per i piani e programmi a cui si applicano le disposizioni del presente decreto, parte integrante del procedimento di adozione ed approvazione. I provvedimenti amministrativi di approvazione adottati senza la previa valutazione ambientale strategica, ove prescritta, sono annullabili per violazione di legge.

ART. 12
Verifica di assoggettabilita

1. Nel caso di piani e programmi di cui all'articolo 6, commi 3 e 3-bis, l'autorita' procedente trasmette all'autorita' competente, su supporto informatico, un rapporto preliminare di assoggettabilita' a VAS comprendente una descrizione del piano o programma e le informazioni e i dati necessari alla verifica degli impatti significativi sull'ambiente dell'attuazione del piano o programma, facendo riferimento ai criteri dell'allegato I del presente decreto.

2. L'autorita' competente in collaborazione con l'autorita' procedente, individua i soggetti competenti in materia ambientale da consultare e trasmette loro il rapporto preliminare di assoggettabilita' a VAS per acquisirne il parere. Il parere e' inviato entro trenta giorni all'autorita' competente ed all'autorita' procedente.

3. Salvo quanto diversamente concordato dall'autorita' competente con l'autorita' procedente, l'autorita' competente, sulla base degli elementi di cui all'allegato I del presente decreto e tenuto conto delle osservazioni pervenute, verifica se il piano o programma possa avere impatti significativi sull'ambiente.

((3-bis. Qualora l'autorita' competente stabilisca di non assoggettare il piano o programma al procedimento di VAS, specifica i motivi principali di tale decisione in relazione ai criteri pertinenti elencati nell'allegato I alla presente parte e, tenendo conto delle eventuali osservazioni dei soggetti competenti in materia ambientale pervenute ai sensi dei commi 2 e 3, specifica le eventuali raccomandazioni per evitare o prevenire effetti significativi e negativi sull'ambiente)).

4. L'autorita' competente, sentita l'autorita' procedente, tenuto conto dei contributi pervenuti, entro novanta giorni dalla trasmissione di cui al comma 1, emette il provvedimento di verifica assoggettando o escludendo il piano o il programma dalla valutazione di cui agli articoli da 13 a 18.

5. Il risultato della verifica di assoggettabilita', comprese le motivazioni, e' pubblicato integralmente nel sito web dell'autorita' competente.

6. La verifica di assoggettabilita' a VAS ovvero la VAS relative a modifiche a piani e programmi ovvero a strumenti attuativi di piani o programmi gia' sottoposti positivamente alla verifica di assoggettabilita' di cui all'art. 12 o alla VAS di cui agli artt. da 12 a 17, si limita ai soli effetti significativi sull'ambiente che non siano stati precedentemente considerati dagli strumenti normativamente sovraordinati.

ART. 13
Redazione del rapporto ambientale

1. Sulla base di un rapporto preliminare sui possibili impatti ambientali significativi ((anche transfrontalieri,)) dell'attuazione del piano o programma, il proponente e/o l'autorita' procedente entrano in consultazione, sin dai momenti preliminari dell'attivita' di elaborazione di piani e programmi, con l'autorita' competente e gli altri soggetti competenti in materia ambientale, al fine di definire la portata ed il livello di dettaglio delle informazioni da includere nel rapporto ambientale. L'autorita' competente, in collaborazione con l'autorita' procedente, individua i soggetti competenti in materia ambientale da consultare e trasmette loro il rapporto preliminare per acquisire i contributi. I contributi sono inviati all'autorita' competente ed all'autorita' procedente entro trenta giorni dall'avvio della consultazione.

2. La consultazione, salvo quanto diversamente ((comunicato dall'autorita' competente)), si conclude entro ((quarantacinque giorni)) dall'invio del rapporto preliminare di cui al comma 1 del presente articolo.

3. La redazione del rapporto ambientale spetta al proponente o all'autorita' procedente, senza nuovi o maggiori oneri a carico della finanza pubblica. Il rapporto ambientale costituisce parte integrante del piano o del programma e ne accompagna l'intero processo di elaborazione ed approvazione.

4. Nel rapporto ambientale debbono essere individuati, descritti e valutati gli impatti significativi che l'attuazione del piano o del programma proposto potrebbe avere sull'ambiente e sul patrimonio culturale, nonche' le ragionevoli alternative che possono adottarsi in considerazione degli obiettivi e dell'ambito territoriale del piano o del programma stesso. L'allegato VI al presente decreto riporta le informazioni da fornire nel rapporto ambientale a tale scopo, nei limiti in cui possono essere ragionevolmente richieste, tenuto conto del livello delle conoscenze e dei metodi di valutazione correnti, dei contenuti e del livello di dettaglio del piano o del programma. Il Rapporto ambientale da' atto della consultazione di cui al comma 1 ed evidenzia come sono stati presi in considerazione i contributi pervenuti. Per evitare duplicazioni della valutazione, possono essere utilizzati, se pertinenti, approfondimenti gia' effettuati ed informazioni ottenute nell'ambito di altri livelli decisionali o altrimenti acquisite in attuazione di altre disposizioni normative.

5. L'autorita' procedente trasmette all'autorita' competente in formato elettronico:
   a) la proposta di piano o di programma;
   b) il rapporto ambientale;
   c) la sintesi non tecnica;
   d) le informazioni sugli eventuali impatti transfrontalieri del piano/programma ai sensi dell'articolo 32;
   e) l'avviso al pubblico, con i contenuti indicati all'articolo 14 comma 1;
   f) ((LETTERA ABROGATA DAL D.L. 6 NOVEMBRE 2021, N. 152)).

5-bis. La documentazione di cui al comma 5 e' immediatamente pubblicata e resa accessibile nel sito web dell'autorita' competente e dell'autorita' procedente. La proposta di piano o programma e il rapporto ambientale sono altresi' messi a disposizione dei soggetti competenti in materia ambientale e del pubblico interessato affinche' questi abbiano l'opportunita' di esprimersi.

6. La documentazione e' depositata presso gli uffici dell'autorita' competente e presso gli uffici delle regioni e delle province il cui territorio risulti anche solo parzialmente interessato dal piano o programma o dagli impatti della sua attuazione.

ART. 14
(Consultazione)

1. L'avviso al pubblico di cui all'articolo 13, comma 5, lettera e), contiene almeno:
   a) la denominazione del piano o del programma proposto, il proponente, l'autorita' procedente;
   b) la data dell'avvenuta presentazione dell'istanza di VAS e l'eventuale applicazione delle disposizioni di cui all'articolo 32;
   c) una breve descrizione del piano e del programma e dei suoi possibili effetti ambientali;
   d) l'indirizzo web e le modalita' per la consultazione della documentazione e degli atti predisposti dal proponente o dall'autorita' procedente nella loro interezza;
   e) i termini e le specifiche modalita' per la partecipazione del pubblico;
   f) l'eventuale necessita' della valutazione di incidenza a norma dell'articolo 10, comma 3.
2. Entro il termine di ((quarantacinque giorni)) dalla pubblicazione dell'avviso di cui al comma 1, chiunque puo' prendere visione della proposta di piano o programma e del relativo rapporto ambientale e presentare proprie osservazioni in forma scritta, in formato elettronico, anche fornendo nuovi o ulteriori elementi conoscitivi e valutativi.
3. In attuazione dei principi di economicita' e di semplificazione, le procedure di deposito, pubblicita' e partecipazione, eventualmente previste dalle vigenti disposizioni anche regionali per specifici piani e programmi, si coordinano con quelle di cui al presente articolo, in modo da evitare duplicazioni ed assicurare il rispetto dei termini previsti dal presente articolo e dal comma 1 dell'articolo 15. Tali forme di pubblicita' tengono luogo delle comunicazioni di cui all'articolo 7 e all'articolo 8 commi 3 e 4, della legge 7 agosto 1990, n. 241.

ART. 15
((Valutazione del rapporto ambientale e degli esiti della consultazione))

1. L'autorita' competente, in collaborazione con l'autorita' procedente, svolge le attivita' tecnico-istruttorie, acquisisce e valuta tutta la documentazione presentata, nonche' le osservazioni, obiezioni e suggerimenti inoltrati ai sensi dell'articolo 14 e dell'articolo 32, nonche' i risultati delle consultazioni transfrontaliere di cui al medesimo articolo 32 ed esprime il proprio parere motivato entro il termine di ((quarantacinque giorni)) a decorrere dalla scadenza di tutti i termini di cui all'articolo 14. La tutela avverso il silenzio dell'Amministrazione e' disciplinata dalle disposizioni generali del processo amministrativo)).
2. L'autorita' procedente, in collaborazione con l'autorita' competente, provvede, prima della presentazione del piano o programma per l'approvazione e tenendo conto delle risultanze del parere motivato di cui al comma 1 e dei risultati delle consultazioni transfrontaliere, alle opportune revisioni del piano o programma.

ART. 16
Decisione

1. Il piano o programma ed il rapporto ambientale, insieme con il parere motivato e la documentazione acquisita nell'ambito della consultazione, ((sono trasmessi)) all'organo competente all'adozione o approvazione del piano o programma.

ART. 17
Informazione sulla decisione

1. ((La decisione finale e' pubblicata nei siti web delle autorita' interessate con indicazione del luogo in cui e' possibile prendere visione del piano o programma adottato e di tutta la documentazione oggetto dell'istruttoria)). Sono inoltre rese pubbliche attraverso la pubblicazione sui siti web della autorita' interessate:
    a) il parere motivato espresso dall'autorita' competente;
    b) una dichiarazione di sintesi in cui si illustra in che modo le considerazioni ambientali sono state integrate nel piano o programma e come si e' tenuto conto del rapporto ambientale e degli esiti delle consultazioni, nonche' le ragioni per le quali e' stato scelto il piano o il programma adottato, alla luce delle alternative possibili che erano state individuate;
    c) le misure adottate in merito al monitoraggio di cui all'articolo 18.

ART. 18
Monitoraggio

1. Il monitoraggio assicura il controllo sugli impatti significativi sull'ambiente derivanti dall'attuazione dei piani e dei programmi approvati e la verifica del raggiungimento degli obiettivi di sostenibilita' prefissati, cosi' da individuare tempestivamente gli impatti negativi imprevisti e da adottare le opportune misure correttive. Il monitoraggio e' effettuato dall'Autorita' procedente in collaborazione con l'Autorita' competente anche avvalendosi del sistema delle Agenzie ambientali e dell'Istituto Superiore per la Protezione e la Ricerca Ambientale.
2. Il piano o programma individua le responsabilita' e la sussistenza delle le risorse necessarie per la realizzazione e gestione del monitoraggio.
    ((2-bis. L'autorita' procedente trasmette all'autorita' competente i risultati del monitoraggio ambientale e le eventuali misure correttive adottate secondo le indicazioni di cui alla lettera i), dell'Allegato VI alla parte seconda.
    2-ter. L'autorita' competente si esprime entro trenta giorni sui risultati del monitoraggio ambientale e sulle eventuali misure correttive adottate da parte dell'autorita' procedente.))
3. Delle modalita' di svolgimento del monitoraggio, dei risultati e delle eventuali misure correttive adottate ai sensi del comma 1 e' data adeguata informazione attraverso i siti web dell'autorita' competente e dell'autorita' procedente .
    ((3-bis. L'autorita' competente verifica lo stato di attuazione del piano o programma, gli effetti prodotti e il contributo del medesimo al raggiungimento degli obiettivi di sostenibilita' ambientale definiti dalle strategie di sviluppo sostenibile nazionale e regionali di cui all'articolo 34.))
4. Le informazioni raccolte attraverso il monitoraggio sono tenute in conto nel caso di eventuali modifiche al piano o programma e comunque sempre incluse nel quadro conoscitivo dei successivi atti di pianificazione o programmazione.

TITOLO III
((LA VALUTAZIONE DI IMPATTO AMBIENTALE))

ART. 19
(Modalita' di svolgimento del procedimento di verifica di assoggettabilita' a VIA)

1. Il proponente trasmette all'autorita' competente lo studio

preliminare ambientale in formato elettronico, redatto in conformita' a quanto contenuto nell'allegato IV-bis alla parte seconda del presente decreto, nonche' copia dell'avvenuto pagamento del contributo di cui all'articolo 33.

2. Entro cinque giorni dalla ricezione dello studio preliminare ambientale, l'autorita' competente verifica la completezza e l'adeguatezza della documentazione e, qualora necessario, puo' richiedere per una sola volta chiarimenti e integrazioni al proponente. In tal caso, il proponente provvede a trasmettere i chiarimenti e le integrazioni richiesti, inderogabilmente entro i successivi quindici giorni. Qualora il proponente non trasmetta la documentazione richiesta entro il termine stabilito, la domanda si intende respinta ed e' fatto obbligo all'autorita' competente di procedere all'archiviazione.

3. Contestualmente alla ricezione della documentazione, ove ritenuta completa, ovvero dei chiarimenti e delle integrazioni richiesti ai sensi del comma 2, l'autorita' competente provvede a pubblicare lo studio preliminare nel proprio sito internet istituzionale, con modalita' tali da garantire la tutela della riservatezza di eventuali informazioni industriali o commerciali indicate dal proponente, in conformita' a quanto previsto dalla disciplina sull'accesso del pubblico all'informazione ambientale. PERIODO SOPPRESSO DALLA L. 11 SETTEMBRE 2020, N. 120. Contestualmente, l'autorita' competente comunica per via telematica a tutte le Amministrazioni e a tutti gli enti territoriali potenzialmente interessati l'avvenuta pubblicazione della documentazione nel proprio sito internet.

4. Entro e non oltre trenta giorni dalla comunicazione di cui al comma 3 e dall'avvenuta pubblicazione sul sito internet della relativa documentazione, chiunque abbia interesse puo' presentare le proprie osservazioni all'autorita' competente in merito allo studio preliminare ambientale e alla documentazione allegata.

5. L'autorita' competente, sulla base dei criteri di cui all'allegato V alla parte seconda del presente decreto, tenuto conto delle osservazioni pervenute e, se del caso, dei risultati di eventuali altre valutazioni degli effetti sull'ambiente effettuate in base ad altre pertinenti normative europee, nazionali o regionali, verifica se il progetto ha possibili ulteriori impatti ambientali significativi.

6. L'autorita' competente adotta il provvedimento di verifica di assoggettabilita' a VIA entro i successivi quarantacinque giorni dalla scadenza del termine di cui al comma 4. In casi eccezionali, relativi alla natura, alla complessita', all'ubicazione o alle dimensioni del progetto, l'autorita' competente puo' prorogare, per una sola volta e per un periodo non superiore a venti giorni, il termine per l'adozione del provvedimento di verifica; in tal caso, l'autorita' competente comunica tempestivamente per iscritto al proponente le ragioni che giustificano la proroga e la data entro la quale e' prevista l'adozione del provvedimento. La presente comunicazione e', altresi', pubblicata nel sito internet istituzionale dell'autorita' competente. Nel medesimo termine l'autorita' competente puo' richiedere chiarimenti e integrazioni al proponente finalizzati alla non assoggettabilita' del progetto al procedimento di VIA. In tal caso, il proponente puo' richiedere, per una sola volta, la sospensione dei termini, per un periodo non superiore a ((quarantacinque)) giorni, per la presentazione delle integrazioni e dei chiarimenti richiesti. Qualora il proponente non trasmetta la documentazione richiesta entro il termine stabilito, la domanda si intende respinta ed e' fatto obbligo all'autorita' competente di procedere all'archiviazione.

7. Qualora l'autorita' competente stabilisca di non assoggettare il progetto al procedimento di VIA, specifica i motivi principali alla base della mancata richiesta di tale valutazione in relazione ai criteri pertinenti elencati nell'allegato V alla parte seconda, e, ove richiesto dal proponente, tenendo conto delle eventuali

osservazioni del Ministero per i beni e le attivita' culturali e per il turismo, per i profili di competenza, specifica le condizioni ambientali necessarie per evitare o prevenire quelli che potrebbero altrimenti rappresentare impatti ambientali significativi e negativi. Ai fini di cui al primo periodo l'autorita' competente si pronuncia sulla richiesta di condizioni ambientali formulata dal proponente entro il termine di trenta giorni con determinazione positiva o negativa, esclusa ogni ulteriore interlocuzione o proposta di modifica.

8. Qualora l'autorita' competente stabilisca che il progetto debba essere assoggettato al procedimento di VIA, specifica i motivi principali alla base della richiesta di VIA in relazione ai criteri pertinenti elencati nell'allegato V alla parte seconda.

9. Per i progetti elencati nell'allegato II-bis e nell'allegato IV alla parte seconda del presente decreto la verifica di assoggettabilita' a VIA e' effettuata applicando i criteri e le soglie definiti dal decreto del Ministro dell'ambiente e della tutela del territorio e del mare del 30 marzo 2015, pubblicato nella Gazzetta Ufficiale n. 84 dell'11 aprile 2015.

10. Il provvedimento di verifica di assoggettabilita' a VIA, comprese le motivazioni, e' pubblicato integralmente nel sito internet istituzionale dell'autorita' competente.

11. I termini per il rilascio del provvedimento di verifica di assoggettabilita' a VIA si considerano perentori ai sensi e per gli effetti di cui agli articoli 2, commi da 9 a 9-quater, e 2-bis, della legge 7 agosto 1990, n. 241. In caso di inerzia nella conclusione del procedimento, il titolare del potere sostitutivo, nominato ai sensi dell'articolo 2 della legge 7 agosto 1990 n. 241, acquisito, qualora la competente Commissione di cui all'articolo 8 non si sia pronunciata, il parere dell'ISPRA entro il termine di trenta giorni, provvede al rilascio del provvedimento entro i successivi trenta giorni.

12. Tutta la documentazione afferente al procedimento, nonche' i risultati delle consultazioni svolte, le informazioni raccolte, le osservazioni e i pareri, e, comunque, qualsiasi informazione raccolta nell'esercizio di tale attivita' da parte dell'autorita' competente, sono tempestivamente pubblicati dall'autorita' competente sul proprio sito internet istituzionale e sono accessibili a chiunque.

ART. 20
(Consultazione preventiva)

1. Il proponente ha la facolta' di richiedere, prima di presentare il progetto di cui all'articolo 5, comma 1, lettera g), una fase di confronto con l'autorita' competente al fine di definire la portata e il livello di dettaglio delle informazioni necessarie da considerare per la redazione dello studio di impatto ambientale. A tal fine, il proponente trasmette, in formato elettronico, una proposta di elaborati progettuali. Sulla base della documentazione trasmessa dal proponente, l'autorita' competente trasmette al proponente il proprio parere ((entro trenta giorni dalla presentazione della proposta. Le disposizioni di cui al presente articolo si applicano anche ai progetti di cui all'articolo 8, comma 2-bis.)).

ART. 21
(Definizione dei contenuti dello studio di impatto ambientale).

1. Il proponente ha la facolta' di richiedere una fase di consultazione con l'autorita' competente e i soggetti competenti in materia ambientale al fine di definire la portata delle informazioni, il relativo livello di dettaglio e le metodologie da adottare per la predisposizione dello studio di impatto ambientale. A tal fine, trasmette all'autorita' competente, in formato elettronico, ((il progetto di cui all'articolo 5, comma 1, lettera g))), lo studio preliminare ambientale, nonche' una relazione che, sulla base degli

impatti ambientali attesi, illustra il piano di lavoro per l'elaborazione dello studio di impatto ambientale.
   2. ((Entro cinque giorni dalla relativa trasmissione la documentazione di cui al comma 1)), e' pubblicata e resa accessibile, con modalita' tali da garantire la tutela della riservatezza di eventuali informazioni industriali o commerciali indicate dal proponente, in conformita' a quanto previsto dalla disciplina sull'accesso del pubblico all'informazione ambientale, nel sito web dell'autorita' competente che comunica ((contestualmente)) per via telematica a tutte le Amministrazioni e a tutti gli enti territoriali potenzialmente interessati l'avvenuta pubblicazione della documentazione nel proprio sito web.
   3. Sulla base della documentazione trasmessa dal proponente e della consultazione con i soggetti di cui al comma 2, entro ((quarantacinque giorni)) dalla messa a disposizione della documentazione nel proprio sito web, l'autorita' competente esprime un parere sulla portata e sul livello di dettaglio delle informazioni da includere nello studio di impatto ambientale. Il parere e' pubblicato sul sito web dell'autorita' competente.
   4. L'avvio della procedura di cui al presente articolo puo', altresi', essere richiesto dall'autorita' competente sulla base delle valutazioni di cui all'articolo 6, comma 9, ovvero di quelle di cui all'articolo 20.

                           ART. 22
                (((Studio di impatto ambientale).))
   ((1. Lo studio di impatto ambientale e' predisposto dal proponente secondo le indicazioni e i contenuti di cui all'allegato VII alla parte seconda del presente decreto, sulla base del parere espresso dall'autorita' competente a seguito della fase di consultazione sulla definizione dei contenuti di cui all'articolo 21, qualora attivata.
   2. Sono a carico del proponente i costi per la redazione dello studio di impatto ambientale e di tutti i documenti elaborati nelle varie fasi del procedimento.
   3. Lo studio di impatto ambientale contiene almeno le seguenti informazioni:
     a) una descrizione del progetto, comprendente informazioni relative alla sua ubicazione e concezione, alle sue dimensioni e ad altre sue caratteristiche pertinenti;
     b) una descrizione dei probabili effetti significativi del progetto sull'ambiente, sia in fase di realizzazione che in fase di esercizio e di dismissione;
     c) una descrizione delle misure previste per evitare, prevenire o ridurre e, possibilmente, compensare i probabili impatti ambientali significativi e negativi;
     d) una descrizione delle alternative ragionevoli prese in esame dal proponente, adeguate al progetto ed alle sue caratteristiche specifiche, compresa l'alternativa zero, con indicazione delle ragioni principali alla base dell'opzione scelta, prendendo in considerazione gli impatti ambientali;
     e) il progetto di monitoraggio dei potenziali impatti ambientali significativi e negativi derivanti dalla realizzazione e dall'esercizio del progetto, che include le responsabilita' e le risorse necessarie per la realizzazione e la gestione del monitoraggio;
     f) qualsiasi informazione supplementare di cui all'allegato VII relativa alle caratteristiche peculiari di un progetto specifico o di una tipologia di progetto e dei fattori ambientali che possono subire un pregiudizio.
   4. Allo studio di impatto ambientale deve essere allegata una sintesi non tecnica delle informazioni di cui al comma 3, predisposta al fine di consentirne un'agevole comprensione da parte del pubblico ed un'agevole riproduzione.
   5. Per garantire la completezza e la qualita' dello studio di impatto ambientale e degli altri elaborati necessari per

l'espletamento della fase di valutazione, il proponente:
  a) tiene conto delle conoscenze e dei metodi di valutazione disponibili derivanti da altre valutazioni pertinenti effettuate in conformita' della legislazione europea, nazionale o regionale, anche al fine di evitare duplicazioni di valutazioni;
  b) ha facolta' di accedere ai dati e alle pertinenti informazioni disponibili presso le pubbliche amministrazioni, secondo quanto disposto dalle normative vigenti in materia;
  c) cura che la documentazione sia elaborata da esperti con competenze e professionalita' specifiche nelle materie afferenti alla valutazione ambientale, e che l'esattezza complessiva della stessa sia attestata da professionisti iscritti agli albi professionali.))

ART. 23
(Presentazione dell'istanza, avvio del procedimento di VIA e pubblicazione degli atti).

  1. Il proponente presenta l'istanza di VIA trasmettendo all'autorita' competente in formato elettronico:
  a) il progetto di cui all'articolo 5, comma 1, lettera g);
  b) lo studio di impatto ambientale;
  c) la sintesi non tecnica;
  d) le informazioni sugli eventuali impatti transfrontalieri del progetto ai sensi dell'articolo 32;
  e) l'avviso al pubblico, con i contenuti indicati all'articolo 24, comma 2;
  f) copia della ricevuta di avvenuto pagamento del contributo di cui all'articolo 33;
  g) i risultati della procedura di dibattito pubblico eventualmente svolta ai sensi dell'articolo 22 del decreto legislativo 18 aprile 2016, n. 50.
  g-bis) la relazione paesaggistica prevista dal decreto del Presidente del Consiglio dei ministri 12 dicembre 2005, pubblicato nella Gazzetta Ufficiale n. 25 del 31 gennaio 2006, o la relazione paesaggistica semplificata prevista dal regolamento di cui al decreto del Presidente della Repubblica 13 febbraio 2017, n. 31;
  g-ter) ((LETTERA SOPPRESSA DAL D.L. 24 FEBBRAIO 2023, N. 13)).
  2. Per i progetti di cui al punto 1) dell'allegato II alla presente parte e per i progetti riguardanti le centrali termiche e altri impianti di combustione con potenza termica superiore a 300 MW, di cui al punto 2) del medesimo allegato II, il proponente trasmette, oltre alla documentazione di cui al comma 1, la valutazione di impatto sanitario predisposta in conformita' alle linee guida adottate con decreto del Ministro della salute, che si avvale dell'Istituto superiore di sanita'.
  3. Entro quindici giorni dalla presentazione dell'istanza di VIA l'autorita' competente verifica la completezza della documentazione, con riferimento a quanto previsto dal comma 1 del presente articolo, l'eventuale ricorrere della fattispecie di cui all'articolo 32, comma 1, nonche' l'avvenuto pagamento del contributo dovuto ai sensi dell'articolo 33. Qualora la documentazione risulti incompleta, l'autorita' competente richiede al proponente la documentazione integrativa, assegnando per la presentazione un termine perentorio non superiore a trenta giorni. Qualora entro il termine assegnato il proponente non depositi la documentazione integrativa, ovvero qualora all'esito della nuova verifica, da effettuarsi da parte dell'autorita' competente nel termine di quindici giorni, la documentazione risulti ancora incompleta, l'istanza si intende ritirata ed e' fatto obbligo all'autorita' competente di procedere all'archiviazione. I termini di cui al presente comma sono perentori.
  4. La documentazione di cui al comma 1 e' immediatamente pubblicata e resa accessibile, con modalita' tali da garantire la tutela della riservatezza di eventuali informazioni industriali o commerciali indicate dal proponente, in conformita' a quanto previsto dalla disciplina sull'accesso del pubblico all'informazione

ambientale, nel sito web dell'autorita' competente all'esito delle verifiche di cui al comma 3. L'autorita' competente comunica contestualmente per via telematica a tutte le Amministrazioni e a tutti gli enti territoriali potenzialmente interessati e comunque competenti ad esprimersi sulla realizzazione del progetto, l'avvenuta pubblicazione della documentazione nel proprio sito web. Per i progetti di cui all'articolo 8, comma 2-bis, contestualmente alla pubblicazione della documentazione di cui al comma 1, la Commissione di cui all'articolo 8, comma 2-bis, avvia la propria attivita' istruttoria. La medesima comunicazione e' effettuata in sede di notifica ad altro Stato ai sensi dell'articolo 32, comma 1.

ART. 24
(Consultazione del pubblico, acquisizione dei pareri e consultazioni transfrontaliere).

1. Della presentazione dell'istanza, della pubblicazione della documentazione, nonche' delle comunicazioni di cui all'articolo 23 deve essere dato contestualmente specifico avviso al pubblico sul sito web dell'autorita' competente. Tale forma di pubblicita' tiene luogo delle comunicazioni di cui agli articoli 7 e 8, commi 3 e 4, della legge 7 agosto 1990, n. 241. Dalla data di pubblicazione sul sito web dell'avviso al pubblico decorrono i termini per la consultazione, la valutazione e l'adozione del provvedimento di VIA.
2. L'avviso al pubblico, predisposto dal proponente, e' pubblicato a cura dell'autorita' competente ai sensi e per gli effetti di cui al comma 1, e ne e' data comunque informazione nell'albo pretorio informatico delle amministrazioni comunali territorialmente interessate. L'avviso al pubblico deve indicare almeno:
    a) il proponente, la denominazione del progetto e la tipologia di procedura autorizzativa necessaria ai fini della realizzazione del progetto;
    b) l'avvenuta presentazione dell'istanza di VIA e l'eventuale applicazione delle disposizioni di cui all'articolo 32;
    c) la localizzazione e una breve descrizione del progetto e dei suoi possibili principali impatti ambientali;
    d) l'indirizzo web e le modalita' per la consultazione della documentazione e degli atti predisposti dal proponente nella loro interezza;
    e) i termini e le specifiche modalita' per la partecipazione del pubblico;
    f) l'eventuale necessita' della valutazione di incidenza a norma dell'articolo 10, comma 3.
3. Entro il termine di sessanta giorni, ovvero trenta giorni per i progetti di cui all'articolo 8, comma 2-bis, dalla pubblicazione dell'avviso al pubblico di cui al comma 2, chiunque abbia interesse puo' prendere visione, sul sito web, del progetto e della relativa documentazione e presentare le proprie osservazioni all'autorita' competente, anche fornendo nuovi o ulteriori elementi conoscitivi e valutativi. Entro il medesimo termine sono acquisiti per via telematica i pareri delle Amministrazioni e degli enti pubblici che hanno ricevuto la comunicazione di cui all'articolo 23, comma 4. Entro i quindici giorni successivi alla scadenza del termine di cui ai periodi precedenti, il proponente ha facolta' di presentare all'autorita' competente le proprie controdeduzioni alle osservazioni e ai pareri pervenuti.
4. Qualora all'esito della consultazione ovvero della presentazione delle controdeduzioni da parte del proponente si renda necessaria la modifica o l'integrazione degli elaborati progettuali o della documentazione acquisita, ((la Commissione di cui all'articolo 8, comma 1, ovvero la Commissione di cui all'articolo 8, comma 2-bis,)) entro i venti giorni successivi, ovvero entro i dieci giorni successivi per i progetti di cui all'articolo 8, comma 2-bis puo', per una sola volta, stabilire un termine non superiore ad ulteriori venti giorni, per la trasmissione, in formato elettronico, degli

elaborati progettuali o della documentazione modificati o integrati. Su richiesta motivata del proponente ((la Commissione di cui all'articolo 8, comma 1, ovvero la Commissione di cui all'articolo 8, comma 2-bis,)) puo' concedere, per una sola volta, la sospensione dei termini per la presentazione della documentazione integrativa per un periodo non superiore a sessanta giorni ovvero a centoventi giorni nei casi di integrazioni che richiedono maggiori approfondimenti su motivata richiesta del proponente in ragione della particolare complessita' tecnica del progetto o delle indagini richieste. Nel caso in cui il proponente non ottemperi alla richiesta entro il termine perentorio stabilito, l'istanza si intende respinta ed e' fatto obbligo ((alla Commissione di cui all'articolo 8, comma 1, ovvero alla Commissione di cui all'articolo 8, comma 2-bis,)) di procedere all'archiviazione.

5. L'autorita' competente, ricevuta la documentazione integrativa, la pubblica immediatamente sul proprio sito web e, tramite proprio apposito avviso, avvia una nuova consultazione del pubblico. In relazione alle sole modifiche o integrazioni apportate agli elaborati progettuali e alla documentazione si applica il termine di trenta giorni ovvero quindici giorni per i progetti di cui all'articolo 8, comma 2-bis per la presentazione delle osservazioni e la trasmissione dei pareri delle Amministrazioni e degli enti pubblici che hanno ricevuto la comunicazione di cui all'articolo 23, comma 4. Entro i dieci giorni successivi il proponente ha facolta' di presentare all'autorita' competente le proprie controdeduzioni alle osservazioni e ai pareri pervenuti.

6. Nel caso di progetti cui si applica la disciplina di cui all'articolo 32, i termini per le consultazioni e l'acquisizione di tutti pareri di cui al presente articolo decorrono dalla comunicazione della dichiarazione di interesse alla partecipazione alla procedura da parte degli Stati consultati e coincidono con quelli previsti dal medesimo articolo 32.

7. Tutta la documentazione afferente al procedimento, nonche' i risultati delle consultazioni svolte, qualsiasi informazione raccolta, le osservazioni e i pareri comunque espressi, compresi quelli di cui agli articoli 20 e 32, sono tempestivamente resi disponibili al pubblico interessato mediante pubblicazione, a cura dell'autorita' competente, sul proprio sito internet istituzionale.

ART. 24-bis
(((Inchiesta pubblica).))

((1. L'autorita' competente puo' disporre che la consultazione del pubblico di cui all'articolo 24, comma 3, primo periodo, si svolga nelle forme dell'inchiesta pubblica, con oneri a carico del proponente, nel rispetto del termine massimo di novanta giorni. L'inchiesta si conclude con una relazione sui lavori svolti ed un giudizio sui risultati emersi, predisposti dall'autorita' competente.

2. Per i progetti di cui all'allegato II, e nell'ipotesi in cui non sia stata svolta la procedura di dibattito pubblico di cui all'articolo 22 del decreto legislativo 18 aprile 2016, n. 50, l'autorita' competente si esprime con decisione motivata, sentito il proponente, qualora la richiesta di svolgimento dell'inchiesta pubblica sia presentata dal consiglio regionale della Regione territorialmente interessata, ovvero da un numero di consigli comunali rappresentativi di almeno cinquantamila residenti nei territori interessati, ovvero da un numero di associazioni riconosciute ai sensi dell'articolo 18 della legge 8 luglio 1986, n. 349, rappresentativo di almeno cinquantamila iscritti.

3. La richiesta di cui al comma 2, motivata specificamente in relazione ai potenziali impatti ambientali del progetto, e' presentata entro il quarantesimo giorno dalla pubblicazione dell'avviso al pubblico di cui all'articolo 24, comma 1.))

ART. 25
(Valutazione degli impatti ambientali e provvedimento di VIA).

1. L'autorita' competente valuta la documentazione acquisita tenendo debitamente conto dello studio di impatto ambientale, delle eventuali informazioni supplementari fornite dal proponente, nonche' dai risultati delle consultazioni svolte, delle informazioni raccolte e delle osservazioni e dei pareri ricevuti a norma degli articoli 24 e 32. Qualora tali pareri non siano resi nei termini ivi previsti ovvero esprimano valutazioni negative o elementi di dissenso sul progetto, l'autorita' competente procede comunque alla valutazione a norma del presente articolo.

2. Nel caso di progetti di competenza statale, ad esclusione di quelli di cui all'articolo 8, comma 2-bis, l'autorita' competente, entro il termine di sessanta giorni dalla conclusione della fase di consultazione di cui all'articolo 24, adotta il provvedimento di VIA previa acquisizione del concerto del competente direttore generale del Ministero della cultura entro il termine di trenta giorni. Nei casi di cui al precedente periodo, qualora sia necessario procedere ad accertamenti e indagini di particolare complessita', l'autorita' competente, con atto motivato, dispone il prolungamento della fase di valutazione sino a un massimo di ulteriori trenta giorni, dando tempestivamente comunicazione per via telematica al proponente delle ragioni che giustificano la proroga e del termine entro cui sara' emanato il provvedimento. Nel caso di consultazioni transfrontaliere l'adozione del provvedimento di VIA e' proposta al Ministro entro il termine di cui all'articolo 32, comma 5-bis.

2-bis. Per i progetti di cui all'articolo 8, comma 2-bis, la Commissione di cui al medesimo comma 2-bis si esprime entro il termine di trenta giorni dalla conclusione della fase di consultazione di cui all'articolo 24 e comunque entro il termine di centotrenta giorni dalla data di pubblicazione della documentazione di cui all'articolo 23 predisponendo lo schema di provvedimento di VIA. Nei successivi trenta giorni, il direttore generale del Ministero della transizione ecologica adotta il provvedimento di VIA, previa acquisizione del concerto del competente direttore generale del Ministero della cultura entro il termine di venti giorni. Nel caso di consultazioni transfrontaliere il provvedimento di VIA e' adottato entro il termine di cui all'articolo 32, comma 5-bis.

2-ter. Nei casi in cui i termini per la conclusione del procedimento di cui al comma 2-bis, primo e secondo periodo, non siano rispettati e' rimborsato al proponente il cinquanta per cento dei diritti di istruttoria di cui all'articolo 33, mediante utilizzazione delle risorse iscritte in apposito capitolo a tal fine istituito nello stato di previsione del Ministero della transizione ecologica con uno stanziamento di euro 840.000 per l'anno 2021, di euro 1.640.000 per l'anno 2022 ed euro 1.260.000 per l'anno 2023. In sede di prima applicazione, i termini indicati al primo periodo del presente comma ai fini dell'eventuale rimborso al proponente del 50 per cento dei diritti di istruttoria decorrono dalla data della prima riunione della Commissione di cui all'articolo 8, comma 2-bis.

2-quater. In caso di inerzia nella conclusione del procedimento da parte delle Commissioni di cui all'articolo 8, commi 1 e 2-bis, il titolare del potere sostitutivo, nominato ai sensi dell'articolo 2 della legge 7 agosto 1990, n. 241, acquisito, qualora la competente commissione di cui all'articolo 8 non si sia pronunciata, il parere dell'ISPRA entro il termine di trenta giorni, provvede all'adozione dell'atto omesso entro i successivi trenta giorni. In caso di inerzia nella conclusione del procedimento da parte del direttore generale del Ministero della transizione ecologica ovvero in caso di ritardo nel rilascio del concerto da parte del direttore generale competente del Ministero della cultura, il titolare del potere sostitutivo, nominato ai sensi dell'articolo 2 della legge n. 241 del 1990, provvede al rilascio degli atti di relativa competenza entro i successivi trenta giorni.

2-quinquies. Il concerto del competente direttore generale del Ministero della cultura comprende l'autorizzazione di cui all'articolo 146 del decreto legislativo 22 gennaio 2004, n. 42, ove gli elaborati progettuali siano sviluppati a un livello che consenta la compiuta redazione della relazione paesaggistica.

((2-sexies. In ogni caso l'adozione del parere e del provvedimento di VIA non e' subordinata alla conclusione delle attivita' di verifica preventiva dell'interesse archeologico ai sensi dell'articolo 25 del decreto legislativo 18 aprile 2016, n. 50 o all'esecuzione dei saggi archeologici preventivi prevista dal decreto legislativo 22 gennaio 2004, n. 42.))

3. Il provvedimento di VIA contiene le motivazioni e le considerazioni su cui si fonda la decisione dell'autorita' competente, incluse le informazioni relative al processo di partecipazione del pubblico, la sintesi dei risultati delle consultazioni e delle informazioni raccolte ai sensi degli articoli 23, 24 e 24-bis, e, ove applicabile, ai sensi dell'articolo 32, nonche' l'indicazione di come tali risultati siano stati integrati o altrimenti presi in considerazione.

4. Il provvedimento di VIA contiene altresi' le eventuali e motivate condizioni ambientali che definiscono:

 a) le condizioni per la realizzazione, l'esercizio e la dismissione del progetto, nonche' quelle relative ad eventuali malfunzionamenti;

 a-bis) le linee di indirizzo da seguire nelle successive fasi di sviluppo progettuale delle opere per garantire l'applicazione di criteri ambientali atti a contenere e limitare gli impatti ambientali significativi e negativi o incrementare le prestazioni ambientali del progetto;

 b) le misure previste per evitare, prevenire, ridurre e, se possibile, compensare gli impatti ambientali significativi e negativi;

 c) le misure per il monitoraggio degli impatti ambientali significativi e negativi, anche tenendo conto dei contenuti del progetto di monitoraggio ambientale predisposto dal proponente ai sensi dell'articolo 22, comma 3, lettera e). La tipologia dei parametri da monitorare e la durata del monitoraggio sono proporzionati alla natura, all'ubicazione, alle dimensioni del progetto ed alla significativita' dei suoi effetti sull'ambiente. Al fine di evitare una duplicazione del monitoraggio, e' possibile ricorrere, se del caso, a meccanismi di controllo esistenti derivanti dall'attuazione di altre pertinenti normative europee, nazionali o regionali.

5. Il provvedimento di VIA e' immediatamente pubblicato sul sito web dell'autorita' competente e ha l'efficacia temporale, comunque non inferiore a cinque anni, definita nel provvedimento stesso, tenuto conto dei tempi previsti per la realizzazione del progetto, dei procedimenti autorizzatori necessari, nonche' dell'eventuale proposta formulata dal proponente e inserita nella documentazione a corredo dell'istanza di VIA. Decorsa l'efficacia temporale indicata nel provvedimento di VIA senza che il progetto sia stato realizzato, il procedimento di VIA deve essere reiterato, fatta salva la concessione, su istanza del proponente corredata di una relazione esplicativa aggiornata che contenga i pertinenti riscontri in merito al contesto ambientale di riferimento e alle eventuali modifiche, anche progettuali, intervenute, di specifica proroga da parte dell'autorita' competente. Fatto salvo il caso di mutamento del contesto ambientale di riferimento, il provvedimento con cui e' disposta la proroga ai sensi del secondo periodo non contiene prescrizioni diverse e ulteriori rispetto a quelle gia' previste nel provvedimento di VIA originario.

6. Nel caso di consultazioni transfrontaliere, l'autorita' competente informa l'altro Stato e il Ministero degli affari esteri e della cooperazione internazionale dell'avvenuta pubblicazione del provvedimento di VIA sul sito web.

7. Tutti i termini del procedimento di VIA si considerano perentori ai sensi e per gli effetti di cui agli articoli 2, commi da 9 a 9-quater, e 2-bis, della legge 7 agosto 1990, n. 241.

ART. 26

(Integrazione del provvedimento di VIA negli atti autorizzatori).

((1. Il provvedimento di VIA e' sempre integrato nell'autorizzazione e in ogni altro titolo abilitativo alla realizzazione dei progetti sottoposti a VIA, nonche' nell'autorizzazione integrata ambientale, ove prevista.
2. L'autorizzazione recepisce ed esplicita almeno le seguenti informazioni:
    a) il provvedimento di VIA;
    b) le eventuali condizioni ambientali del provvedimento di VIA, una descrizione delle caratteristiche del progetto e delle eventuali misure previste per evitare, prevenire o ridurre e se possibile compensare gli impatti ambientali negativi e significativi, nonche', ove opportuno, una descrizione delle misure di monitoraggio.
3. Della decisione in merito alla concessione o al rigetto dell'autorizzazione, e' data prontamente informazione al pubblico, nonche' alle Amministrazioni e agli enti pubblici che hanno ricevuto la comunicazione di cui all'articolo 23, comma 4, mediante pubblicazione sul sito web dell'autorita' che ha adottato l'atto, consentendo altresi' l'accesso almeno alle seguenti informazioni:
    a) il contenuto della decisione e le condizioni che eventualmente l'accompagnano;
    b) le motivazioni e le considerazioni su cui si fonda la decisione, incluse le informazioni relative al processo di partecipazione del pubblico nel procedimento di VIA, la sintesi dei risultati delle consultazioni e delle informazioni raccolte ai sensi degli articoli 23, 24 e 24-bis, e, ove applicabile, ai sensi dell'articolo 32, nonche' l'indicazione di come tali risultati siano stati integrati o altrimenti presi in considerazione.))

ART. 26-bis
(Fase preliminare al provvedimento autorizzatorio unico regionale)

1. Per i progetti sottoposti a valutazione di impatto ambientale di competenza regionale, il proponente puo' richiedere, prima della presentazione dell'istanza di cui all'articolo 27-bis, l'avvio di una fase preliminare finalizzata alla definizione delle informazioni da inserire nello studio di impatto ambientale, del relativo livello di dettaglio e delle metodologie da adottare per la predisposizione dello stesso nonche' alla definizione delle condizioni per ottenere le autorizzazioni, intese, concessioni, licenze, pareri, concerti, nulla osta e assensi, comunque denominati, necessari alla realizzazione e all'esercizio del progetto. Il proponente trasmette all'autorita' competente, in formato elettronico, i seguenti documenti:
    a) studio preliminare ambientale ovvero una relazione che, sulla base degli impatti ambientali attesi, illustra il piano di lavoro per l'elaborazione dello studio di impatto ambientale;
    b) progetto avente un livello di dettaglio equivalente al progetto di fattibilita' ((tecnica ed economica)) di cui all'articolo 23 del decreto legislativo 18 aprile 2016, n. 50.
2. Entro cinque giorni dalla trasmissione, la documentazione di cui al comma 1 e' pubblicata e resa accessibile, con modalita' tali da garantire la tutela della riservatezza di eventuali informazioni industriali o commerciali indicate dal proponente, nel sito web dell'autorita' competente che comunica, per via telematica, a tutte le amministrazioni ed enti potenzialmente interessati e comunque competenti a esprimersi sulla realizzazione e sull'esercizio del progetto, l'avvenuta pubblicazione. Contestualmente l'autorita'

competente indice una conferenza di servizi preliminare ai sensi della legge 7 agosto 1990, n. 241, con le medesime amministrazioni ed enti.

3. La conferenza di servizi preliminare di cui all'articolo 14, comma 3, della legge 7 agosto 1990, n. 241, si svolge con le modalita' di cui all'articolo 14-bis della medesima legge e i termini ((possono essere ridotti fino alla meta')). Le amministrazioni e gli enti coinvolti ai sensi del comma 2 si esprimono in sede di conferenza, sulla base della documentazione prodotta dal proponente, relativamente alla definizione delle informazioni da inserire nello studio preliminare ambientale, del relativo livello di dettaglio, del rispetto dei requisiti di legge ove sia richiesta anche la variante urbanistica e delle metodologie da adottare per la predisposizione dello studio nonche' alla definizione delle condizioni per ottenere gli atti di assenso, comunque denominati, necessari alla realizzazione e all'esercizio del medesimo progetto. Entro cinque giorni dal termine dei lavori della conferenza preliminare, l'autorita' competente trasmette al proponente le determinazioni acquisite.

4. L'autorita' competente, in accordo con tutte le amministrazioni ed enti potenzialmente interessati e competenti a esprimersi sulla realizzazione e sull'esercizio del progetto, puo' stabilire una riduzione dei termini della conferenza di servizi di cui al comma 7 dell'articolo 27-bis ((, fornendo congrua motivazione dei presupposti che determinano tale decisione in relazione alle risultanze emerse)). ((Le determinazioni espresse in sede di conferenza preliminare possono essere motivatamente modificate o integrate solo in presenza di significativi elementi emersi nel successivo procedimento anche a seguito delle osservazioni degli interessati di cui al comma 4 dell'articolo 27-bis)). Le amministrazioni e gli enti che non si esprimono nella conferenza di servizi preliminare non possono porre condizioni, formulare osservazioni o evidenziare motivi ostativi alla realizzazione dell'intervento nel corso del procedimento di cui all'articolo 27-bis, ((salvo che in presenza di significativi elementi nuovi, emersi nel corso di tale procedimento anche a seguito delle osservazioni degli interessati)).

ART. 27
(Provvedimento unico in materia ambientale).

1. Nel caso di procedimenti di VIA di competenza statale, il proponente puo' richiedere all'autorita' competente che il provvedimento di VIA sia rilasciato nell'ambito di un provvedimento unico comprensivo delle autorizzazioni ambientali tra quelle elencate al comma 2 richieste dalla normativa vigente per la realizzazione e l'esercizio del progetto. A tal fine, il proponente presenta un'istanza ai sensi dell'articolo 23, avendo cura che l'avviso al pubblico di cui all'articolo 24, comma 2, rechi altresi' specifica indicazione delle autorizzazioni di cui al comma 2, nonche' la documentazione e gli elaborati progettuali previsti dalle normative di settore per consentire la compiuta istruttoria tecnico-amministrativa finalizzata al rilascio di tutti i titoli ambientali di cui al comma 2. A tale istanza, laddove necessario, si applica l'articolo 93 del decreto del Presidente della Repubblica 6 giugno 2001, n. 380.

2. E' facolta' del proponente richiedere l'esclusione dal presente procedimento dell'acquisizione di autorizzazioni, intese, concessioni, licenze, pareri, concerti, nulla osta e assensi comunque denominati, nel caso in cui le relative normative di settore richiedano, per consentire una compiuta istruttoria tecnicoamministrativa, un livello di progettazione esecutivo. Il provvedimento unico di cui al comma 1 comprende il rilascio dei seguenti titoli laddove necessario:
   a) autorizzazione integrata ambientale ai sensi del Titolo III-bis della Parte II del presente decreto;

b) autorizzazione riguardante la disciplina degli scarichi nel sottosuolo e nelle acque sotterranee di cui all'articolo 104 del presente decreto;

c) autorizzazione riguardante la disciplina dell'immersione in mare di materiale derivante da attivita' di escavo e attivita' di posa in mare di cavi e condotte di cui all'articolo 109 del presente decreto;

d) autorizzazione paesaggistica di cui all'articolo 146 del Codice dei beni culturali e del paesaggio di cui al decreto legislativo 22 gennaio 2004, n. 42;

e) autorizzazione culturale di cui all'articolo 21 del Codice dei beni culturali e del paesaggio di cui al decreto legislativo 22 gennaio 2004, n. 42;

f) autorizzazione riguardante il vincolo idrogeologico di cui al regio decreto 30 dicembre 1923, n. 3267, e al decreto del Presidente della Repubblica 24 luglio 1977, n. 616;

g) nulla osta di fattibilita' di cui all'articolo 17, comma 2, del decreto legislativo 26 giugno 2015, n. 105;

h) autorizzazione antisismica di cui all'articolo 94 del decreto del Presidente della Repubblica 6 giugno 2001, n. 380.

3. Nel caso di cui al comma 2, lettera a), lo studio di impatto ambientale e gli elaborati progettuali contengono anche le informazioni previste ai commi 1, 2 e 3 dell'articolo 29-ter e il provvedimento finale contiene le condizioni e le misure supplementari previste dagli articoli 29-sexies e 29-septies.

4. Entro dieci giorni dalla presentazione dell'istanza l'autorita' competente verifica l'avvenuto pagamento del contributo dovuto ai sensi dell'articolo 33, nonche' l'eventuale ricorrere della fattispecie di cui all'articolo 32, comma 1, e comunica per via telematica a tutte le amministrazioni competenti al rilascio delle autorizzazioni ambientali di cui al comma 2 richieste dal proponente l'avvenuta pubblicazione della documentazione nel proprio sito web con modalita' tali da garantire la tutela della riservatezza di eventuali informazioni industriali o commerciali indicate dal proponente, in conformita' a quanto previsto dalla disciplina sull'accesso del pubblico all'informazione ambientale. La medesima comunicazione e' effettuata in sede di notifica ad altro Stato ai sensi dell'articolo 32, comma 1.

5. Entro trenta giorni dalla pubblicazione della documentazione nel sito web dell'autorita' competente, quest'ultima, nonche' le amministrazioni e gli enti di cui al comma 4, per i profili di rispettiva competenza, verificano l'adeguatezza e la completezza della documentazione, assegnando al proponente un termine perentorio non superiore a trenta giorni per le eventuali integrazioni.

6. Entro dieci giorni dalla verifica della completezza documentale, ovvero, in caso di richieste di integrazioni, dalla data di ricevimento delle stesse l'autorita' competente pubblica l'avviso di cui all'articolo 23, comma 1, lettera e), di cui e' data comunque informazione nell'albo pretorio informatico delle amministrazioni comunali territorialmente interessate. Tale forma di pubblicita' tiene luogo delle comunicazioni di cui agli articoli 7 e 8, commi 3 e 4, della legge n. 241 del 1990. PERIODO SOPPRESSO DALLA L. 11 SETTEMBRE 2020, N. 120. Dalla data della pubblicazione della suddetta documentazione, e per la durata di sessanta giorni, il pubblico interessato puo' presentare osservazioni concernenti la valutazione di impatto ambientale, la valutazione di incidenza ove necessaria e l'autorizzazione integrata ambientale nonche' gli altri titoli autorizzativi inclusi nel provvedimento unico ambientale.

7. Entro i successivi quindici giorni l'autorita' competente indice la conferenza di servizi decisoria di cui all'articolo 14-ter della legge 7 agosto 1990, n. 241, che opera secondo quanto disposto dal comma 8. Contestualmente puo' chiedere al proponente ((, anche sulla base di quanto indicato dalla competente direzione generale del Ministero della cultura,)) eventuali integrazioni assegnando allo stesso un termine perentorio non superiore a quindici giorni. Su

richiesta motivata del proponente l'autorita' competente puo' concedere, per una sola volta, la sospensione dei termini per la presentazione della documentazione integrativa per un periodo non superiore a novanta giorni. Qualora entro il termine stabilito il proponente non depositi la documentazione integrativa, l'istanza si intende ritirata ed e' fatto obbligo all'autorita' competente di procedere all'archiviazione. L'autorita' competente procede immediatamente alla pubblicazione delle integrazioni sul sito internet istituzionale e dispone, entro cinque giorni dalla ricezione della documentazione integrativa, che il proponente trasmetta, entro i successivi dieci giorni, un nuovo avviso al pubblico, predisposto in conformita' all'articolo 24, comma 2, del presente decreto, da pubblicare a cura della medesima autorita' competente sul proprio sito internet e di cui e' data comunque informazione nell'albo pretorio informatico delle amministrazioni comunali territorialmente interessate. PERIODO SOPPRESSO DALLA L. 11 SETTEMBRE 2020, N. 120. In relazione alle modifiche o integrazioni apportate al progetto e alla documentazione, i termini di cui al comma 6 per l'ulteriore consultazione del pubblico sono ridotti alla meta'.

8. Fatto salvo il rispetto dei termini previsti dall'articolo 32, comma 2, per il caso di consultazioni transfrontaliere, al fine di acquisire il provvedimento di VIA e dei titoli abilitativi in materia ambientale richiesti dal proponente, l'autorita' competente convoca nel termine di cui al primo periodo del comma 6, una conferenza di servizi decisoria che opera in modalita' simultanea secondo quanto stabilito dall'articolo 14-ter della legge 7 agosto 1990, n. 241. Alla conferenza partecipano il proponente e tutte le amministrazioni competenti o comunque potenzialmente interessate al rilascio del provvedimento di VIA e i titoli abilitativi ambientali richiesti dal proponente. Per i progetti di cui all'articolo 8, comma 2-bis, alla conferenza partecipano in ogni caso il direttore generale del Ministero dell'ambiente e della tutela del territorio e del mare o un suo delegato e il direttore generale del Ministero per i beni e le attivita' culturali e per il turismo o un suo delegato. La conferenza, nell'ambito della propria attivita', prende in considerazione le osservazioni e le informazioni raccolte in sede di consultazione ai sensi dei commi 6 e 7, e conclude i propri lavori nel termine di duecentodieci giorni. La determinazione motivata di conclusione della conferenza di servizi, che costituisce il provvedimento unico in materia ambientale, reca l'indicazione espressa del provvedimento di VIA ed elenca, altresi', i titoli abilitativi compresi nel provvedimento unico. Fatto salvo quanto previsto per i progetti di cui all'articolo 8, comma 2-bis, la decisione di rilasciare i titoli di cui al comma 2 e' assunta sulla base del provvedimento di VIA, adottato dal Ministro dell'ambiente e della tutela del territorio e del mare, di concerto con il Ministro per i beni e le attivita' culturali e per il turismo, ai sensi dell'articolo 25. I termini previsti dall'articolo 25, comma 2, quarto periodo, sono ridotti alla meta' e, in caso di rimessione alla deliberazione del Consiglio dei ministri, la conferenza di servizi e' sospesa per il termine di cui all'articolo 25, comma 2, quinto periodo. Tutti i termini del procedimento si considerano perentori ai sensi e per gli effetti di cui agli articoli 2, commi da 9 a 9-quater, e 2-bis della legge n. 241 del 1990.

9. Le condizioni e le misure supplementari relative all'autorizzazione integrata ambientale di cui al comma 2, lettera a), e contenute nel provvedimento unico, sono rinnovate e riesaminate, controllate e sanzionate con le modalita' di cui agli articoli 29-octies, 29-decies e 29-quattuordecies. Le condizioni e le misure supplementari relative agli altri titoli abilitativi in materia ambientale di cui al comma 2, sono rinnovate e riesaminate, controllate e sanzionate con le modalita' previste dalle relative disposizioni di settore da parte delle amministrazioni competenti per materia.

10. Le disposizioni contenute nel presente articolo si applicano in

deroga alle disposizioni che disciplinano i procedimenti riguardanti il solo primo rilascio dei titoli abilitativi in materia ambientale di cui al comma 2.

ART. 27-bis
(Provvedimento autorizzatorio unico regionale).

1. Nel caso di procedimenti di VIA di competenza regionale il proponente presenta all'autorita' competente un'istanza ai sensi dell'articolo 23, comma 1, allegando la documentazione e gli elaborati progettuali previsti dalle normative di settore per consentire la compiuta istruttoria tecnico-amministrativa finalizzata al rilascio di tutte le autorizzazioni, intese, concessioni, licenze, pareri, concerti, nulla osta e assensi comunque denominati, necessari alla realizzazione e all'esercizio del medesimo progetto e indicati puntualmente in apposito elenco predisposto dal proponente stesso. L'avviso al pubblico di cui all'articolo 24, comma 2, reca altresi' specifica indicazione di ogni autorizzazione, intesa, parere, concerto, nulla osta, o atti di assenso richiesti.
2. Entro dieci giorni dalla presentazione dell'istanza l'autorita' competente verifica l'avvenuto pagamento del contributo dovuto ai sensi dell'articolo 33, nonche' l'eventuale ricorrere della fattispecie di cui all'articolo 32, comma 1, e comunica per via telematica a tutte le amministrazioni ed enti potenzialmente interessati, e comunque competenti ad esprimersi sulla realizzazione e sull'esercizio del progetto, l'avvenuta pubblicazione della documentazione nel proprio sito web con modalita' tali da garantire la tutela della riservatezza di eventuali informazioni industriali o commerciali indicate dal proponente, in conformita' a quanto previsto dalla disciplina sull'accesso del pubblico all'informazione ambientale. In caso di progetti che possano avere impatti rilevanti sull'ambiente di un altro Stato, la pubblicazione e' notificata al medesimo con le modalita' di cui all'articolo 32.
3. Entro trenta giorni dalla pubblicazione della documentazione nel sito web dell'autorita' competente, quest'ultima, nonche' le amministrazioni e gli enti di cui al comma 2, per i profili di rispettiva competenza, verificano la completezza della documentazione, assegnando al proponente un termine perentorio non superiore a trenta giorni per le eventuali integrazioni. Nei casi in cui sia richiesta anche la variante urbanistica di cui all'articolo 8 del decreto del Presidente della Repubblica 7 settembre 2010, n. 160, nel termine di cui al primo periodo l'amministrazione competente effettua la verifica del rispetto dei requisiti per la procedibilita'.
4. Successivamente alla verifica della completezza documentale, ovvero, in caso di richieste di integrazioni, dalla data di ricevimento delle stesse, l'autorita' competente pubblica l'avviso di cui all'articolo 23, comma 1, lettera e), di cui e' data comunque informazione nell'albo pretorio informatico delle amministrazioni comunali territorialmente interessate. Tale forma di pubblicita' tiene luogo delle comunicazioni di cui agli articoli 7 e 8, commi 3 e 4, della legge 7 agosto 1990, n. 241. Dalla data della pubblicazione del suddetto avviso, e per la durata di trenta giorni, il pubblico interessato puo' presentare osservazioni. Ove il progetto comporti la variazione dello strumento urbanistico, le osservazioni del pubblico interessato riguardano anche tale variazione e, ove necessario, la valutazione ambientale strategica.
5. Entro i successivi trenta giorni l'autorita' competente puo' chiedere al proponente eventuali integrazioni, anche concernenti i titoli abilitativi compresi nel provvedimento autorizzatorio unico, come indicate dagli enti e amministrazioni competenti al loro rilascio, assegnando un termine non superiore a trenta giorni. Su richiesta motivata del proponente l'autorita' competente puo' concedere, per una sola volta, la sospensione dei termini per la presentazione della documentazione integrativa per un periodo non

superiore a centottanta giorni. Qualora entro il termine stabilito il proponente non depositi la documentazione integrativa, l'istanza si intende ritirata ed e' fatto obbligo all'autorita' competente di procedere all'archiviazione. L'autorita' competente, ricevuta la documentazione integrativa, la pubblica sul proprio sito web e, tramite proprio apposito avviso, avvia una nuova consultazione del pubblico la cui durata e' ridotta della meta' rispetto a quella di cui al comma 4.

6. L'autorita' competente puo' disporre che la consultazione del pubblico si svolga ai sensi dell'articolo 24-bis, comma 1, con le forme e le modalita' disciplinate dalle regioni e dalle province autonome ai sensi dell'articolo 7-bis, comma 8.

7. Fatto salvo il rispetto dei termini previsti dall'articolo 32 per il caso di consultazioni transfrontaliere, entro dieci giorni dalla scadenza del termine per richiedere integrazioni di cui al comma 5 ovvero dalla data di ricevimento delle eventuali integrazioni documentali, l'autorita' competente convoca una conferenza di servizi alla quale partecipano il proponente e tutte le Amministrazioni competenti o comunque potenzialmente interessate per il rilascio del provvedimento di VIA e dei titoli abilitativi necessari alla realizzazione e all'esercizio del progetto richiesti dal proponente. La conferenza di servizi e' convocata in modalita' sincrona e si svolge ai sensi dell'articolo 14-ter della legge 7 agosto 1990, n. 241. Il termine di conclusione della conferenza di servizi e' di novanta giorni decorrenti ((dalla data della prima riunione)). La determinazione motivata di conclusione della conferenza di servizi costituisce il provvedimento autorizzatorio unico regionale e comprende, recandone l'indicazione esplicita, il provvedimento di VIA e i titoli abilitativi rilasciati per la realizzazione e l'esercizio del progetto. Nel caso in cui il rilascio di titoli abilitativi settoriali sia compreso nell'ambito di un'autorizzazione unica, le amministrazioni competenti per i singoli atti di assenso partecipano alla conferenza e l'autorizzazione unica confluisce nel provvedimento autorizzatorio unico regionale.

7-bis. Qualora in base alla normativa di settore per il rilascio di uno o piu' titoli abilitativi sia richiesto un livello progettuale esecutivo, oppure laddove la messa in esercizio dell'impianto o l'avvio dell'attivita' necessiti di verifiche, riesami o nulla osta successivi alla realizzazione dell'opera stessa, la amministrazione competente indica in conferenza le condizioni da verificare, secondo un cronoprogramma stabilito nella conferenza stessa, per il rilascio del titolo definitivo. Le condizioni indicate dalla conferenza possono essere motivatamente modificate o integrate solo in presenza di significativi elementi emersi nel corso del successivo procedimento per il rilascio del titolo definitivo.

7-ter. Laddove uno o piu' titoli compresi nella determinazione motivata di conclusione della conferenza di cui al comma 7 attribuiscano carattere di pubblica utilita', indifferibilita' e urgenza, costituiscano variante agli ((strumenti urbanistici)) e vincolo preordinato all'esproprio, la determinazione conclusiva della conferenza ne da' atto.

8. Tutti i termini del procedimento si considerano perentori ai sensi e per gli effetti di cui agli articoli 2, commi da 9 a 9-quater, e 2-bis della legge 7 agosto 1990, n. 241.

9. Le condizioni e le misure supplementari relative all'autorizzazione integrata ambientale e contenute nel provvedimento autorizzatorio unico regionale, sono rinnovate e riesaminate, controllate e sanzionate con le modalita' di cui agli articoli 29-octies, 29-decies e 29-quattuordecies. Le condizioni e le misure supplementari relative agli altri titoli abilitativi di cui al comma 7, sono rinnovate e riesaminate, controllate e sanzionate con le modalita' previste dalle relative disposizioni di settore da parte delle amministrazioni competenti per materia.

ART. 27-ter
(Procedimento autorizzatorio unico accelerato regionale per settori di rilevanza strategica).

1. Nell'ambito delle aree di interesse strategico nazionale per la realizzazione di piani o programmi comunque denominati che prevedano investimenti pubblici o privati anche cumulativamente pari a un importo non inferiore ad euro 400.000.000,00 relativi ai settori ritenuti di rilevanza strategica, caratterizzati da piu' elementi progettuali corrispondenti a diverse tipologie soggette a VIA o a verifica di assoggettabilita' a VIA o, laddove necessario, a VAS, rientranti in parte nella competenza statale e in parte nella competenza regionale, l'autorita' ambientale competente e' la regione e tutte le autorizzazioni sono rilasciate, se il proponente ne fa richiesta nell'istanza di cui al comma 5, nell'ambito di un procedimento volto al rilascio di un provvedimento autorizzatorio unico accelerato regionale (PAUAR), come disciplinato secondo quanto previsto dai commi 5, 6, 7, 8, 9, 10, 11, 12, 13 e 14.

2. Per i piani e i programmi di cui all'articolo 6, commi 3 e 3-bis, il procedimento autorizzatorio unico accelerato di cui al presente articolo e' preceduto dalla verifica di assoggettabilita' disciplinata dall'articolo 12, secondo le diverse tempistiche rese necessarie dell'urgenza della realizzazione dei piani e dei programmi di cui al comma 1. In ragione di cio', il parere di cui all'articolo 12, comma 2, e' inviato all'autorita' competente ed all'autorita' procedente entro venti giorni dall'invio del rapporto preliminare di assoggettabilita' a VAS di cui all'articolo 12, comma 1. Il provvedimento di verifica di cui all'articolo 12, comma 4, e' emesso entro quarantacinque giorni dalla trasmissione del predetto parere.

3. Per i piani e i programmi afferenti ai settori di cui al comma 1, considerati assoggettabili a valutazione ambientale strategica ai sensi del comma 2, la valutazione ambientale strategica e' integrata nel procedimento autorizzatorio unico accelerato di cui al presente articolo. Per i piani e i programmi di cui all'articolo 6, comma 2, ove coincidenti con quelli di cui al comma 1 del presente articolo, la valutazione ambientale strategica e' in ogni caso integrata nel procedimento autorizzatorio unico accelerato.

4. Il procedimento autorizzatorio unico accelerato di cui al presente articolo si applica a tutte le opere necessarie per la realizzazione dei piani e dei programmi di cui al comma 1, da individuare secondo le modalita' indicate dai commi 5 e 6.

5. Il proponente, nelle ipotesi individuate dal comma 1, presenta all'autorita' competente e alle altre amministrazioni interessate un'istanza ai sensi dell'articolo 23, comma 1, allegando la documentazione e gli elaborati progettuali previsti dalle normative di settore per consentire la compiuta istruttoria tecnico-amministrativa finalizzata al rilascio ((di tutte le autorizzazioni, le intese, le concessioni, le licenze e di tutti i pareri, i concerti, i nulla osta e gli assensi,)) comunque denominati, necessari alla realizzazione e all'esercizio del medesimo progetto e indicati puntualmente in apposito elenco predisposto dal proponente stesso. In tale elenco sono indicate le opere necessarie alla realizzazione dei piani e dei programmi di cui al comma 1 per cui si richiede altresi' l'applicazione del procedimento autorizzatorio unico accelerato. L'istanza deve contenere anche l'avviso al pubblico di cui all'articolo 24, comma 2, indicando ogni autorizzazione, intesa, parere, concerto, nulla osta, o atti di assenso richiesti.

6. Entro cinque giorni dalla presentazione dell'istanza l'autorita' competente verifica l'avvenuto pagamento del contributo dovuto ai sensi dell'articolo 33 e, qualora l'istanza non sia stata inviata a tutte le amministrazioni ((e gli enti)) potenzialmente interessati, la trasmette loro per via telematica e pubblica sul proprio sito web istituzionale l'avviso di cui all'articolo 24, comma 2, di cui e' data informazione nell'albo pretorio informatico delle

amministrazioni comunali territorialmente interessate. In caso di progetti che possono avere impatti rilevanti sull'ambiente di un altro Stato, la pubblicazione e' notificata al medesimo con le modalita' di cui all'articolo 32.

7. ((Entro)) trenta giorni dalla pubblicazione di cui al comma 6, l'autorita' competente, nonche' le amministrazioni e gli enti cui sono pervenute l'istanza di cui al comma 5 e le comunicazioni di cui al comma 6, per i profili di rispettiva competenza, verificano la completezza della documentazione e valutano altresi' l'istanza di estensione del presente procedimento alle opere eventualmente indicate dal proponente, ai sensi del comma 5, come necessarie alla realizzazione dei piani e dei programmi. Entro il medesimo termine, il pubblico interessato puo' contemporaneamente presentare le proprie osservazioni.

8. Entro venti giorni dal termine delle attivita' di cui al comma 7, verificata la completezza della documentazione e viste le osservazioni del pubblico, l'amministrazione competente assegna al proponente un termine perentorio non superiore a trenta giorni per le eventuali integrazioni. Nei casi in cui sia richiesta anche la variante urbanistica di cui all'articolo 8 del ((regolamento di cui al)) decreto del Presidente della Repubblica 7 settembre 2010, n. 160, nel termine di cui al primo periodo l'amministrazione competente effettua la verifica del rispetto dei requisiti per la procedibilita'. Ricevute le integrazioni da parte del proponente, l'amministrazione competente procede ad una nuova pubblicazione sul proprio sito web istituzionale, a seguito della quale il pubblico interessato puo' far pervenire ulteriori osservazioni entro un termine non superiore a dieci giorni.

9. Fatto salvo il rispetto dei termini previsti dall'articolo 32 per il caso di consultazioni transfrontaliere, entro dieci giorni dalla scadenza del termine per richiedere integrazioni di cui al comma 8 ovvero dalla data di ricevimento delle eventuali integrazioni documentali, l'autorita' competente convoca una conferenza di servizi alla quale partecipano il proponente e tutte le Amministrazioni competenti o comunque potenzialmente interessate per il rilascio del provvedimento di VIA e dei titoli abilitativi necessari alla realizzazione e all'esercizio del progetto richiesti dal proponente. La conferenza di servizi e' convocata in modalita' sincrona e si svolge ai sensi dell'articolo 14-ter della legge 7 agosto 1990, n. 241. Il termine di conclusione della conferenza di servizi e' di sessanta giorni decorrenti dalla data della prima riunione.

10. Ove siano richieste varianti al piano paesaggistico, necessarie per la realizzazione dei piani o dei programmi di cui al comma 1 e solo se il piano e' stato elaborato d'intesa con lo Stato ai sensi degli articoli 135 e 143 del ((codice dei beni culturali e del paesaggio, di cui al)) decreto legislativo 22 gennaio 2004, n. 42, l'Amministrazione procedente, contestualmente alla convocazione della conferenza di servizi di cui al comma 9, invia al Ministero della cultura una richiesta di approvazione delle predette varianti. Il Ministero si esprime entro trenta giorni dalla richiesta. In caso di silenzio, l'approvazione e' rimessa alla decisione del Consiglio dei ministri, che delibera entro il termine di venti giorni e comunica immediatamente le sue deliberazioni all'Amministrazione procedente. In caso di dissenso, si applica l'articolo 5, comma 2, lettera c-bis), della legge ((23 agosto 1988, n. 400)). In presenza di autorizzazione, l'amministrazione procedente dispone le conseguenti varianti agli strumenti di pianificazione nell'ambito del provvedimento di cui al comma 11.

11. La determinazione motivata di conclusione della conferenza di servizi costituisce il provvedimento autorizzatorio unico accelerato regionale e comprende, recandone l'indicazione esplicita, i provvedimenti di VIA e tutti i titoli abilitativi rilasciati per la realizzazione e l'esercizio del progetto, nonche' l'indicazione se uno o piu' titoli costituiscono variante agli strumenti di pianificazione e urbanistici e vincolo preordinato all'esproprio. Nel

caso in cui il rilascio di titoli abilitativi settoriali sia compreso nell'ambito di un'autorizzazione unica, le amministrazioni competenti per i singoli atti di assenso partecipano alla conferenza e l'autorizzazione unica confluisce nel provvedimento autorizzatorio unico accelerato regionale.

12. Per i procedimenti per i quali sia riconosciuto da specifiche disposizioni o intese un concorrente interesse statale, al procedimento disciplinato dal presente articolo partecipa con diritto di voto, senza nuovi o maggiori oneri per la finanza pubblica, un esperto designato dallo Stato, nominato con decreto del Presidente del Consiglio dei ministri e individuato tra i soggetti in possesso di adeguata professionalita' ed esperienza nel settore della valutazione dell'impatto ambientale e del diritto ambientale. Si applica in ogni caso l'articolo 14-quinquies della legge 7 agosto 1990, n. 241. All'esperto di cui al primo periodo non spettano compensi, indennita', rimborsi ((di)) spese, gettoni di presenza o altri emolumenti comunque denominati.

13. Si applicano, in quanto compatibili e senza aggravi ai fini del celere rilascio del provvedimento, le disposizioni di cui all'articolo 27-bis, commi 7-bis e 9.

14. Tutti i termini del procedimento si considerano perentori ai sensi e per gli effetti di cui agli articoli 2, commi da 9 a 9-quater, e 2-bis della legge 7 agosto 1990, n. 241.

ART. 28
(Monitoraggio).

1. Il proponente e' tenuto a ottemperare alle condizioni ambientali contenute nel provvedimento di verifica di assoggettabilita' a VIA o nel provvedimento di VIA.

2. L'autorita' competente, in collaborazione con il Ministero dei beni e delle attivita' culturali e del turismo per i profili di competenza, verifica l'ottemperanza delle condizioni ambientali di cui al comma 1 al fine di identificare tempestivamente gli impatti ambientali significativi e negativi imprevisti e di adottare le opportune misure correttive. Per tali attivita', l'autorita' competente puo' avvalersi, tramite appositi protocolli d'intesa, del Sistema nazionale a rete per la protezione dell'ambiente di cui alla legge 28 giugno 2016, n. 132, dell'Istituto superiore di sanita' per i profili concernenti la sanita' pubblica, ovvero di altri soggetti pubblici, i quali informano tempestivamente la stessa autorita' competente degli esiti della verifica. Per il supporto alle medesime attivita', nel caso di progetti di competenza statale particolarmente rilevanti per natura, complessita', ubicazione e dimensioni delle opere o degli interventi, l'autorita' competente puo' istituire, ((sentito il proponente)) e con oneri a carico di quest'ultimo, appositi osservatori ambientali finalizzati a garantire la trasparenza e la diffusione delle informazioni concernenti le verifiche di ottemperanza, che operano secondo le modalita' definite da uno o piu' decreti del Ministro dell'ambiente e della tutela del territorio e del mare adottati sulla base dei seguenti criteri:

   a) designazione dei componenti dell'Osservatorio da parte di ciascuna delle Amministrazioni e degli Enti individuati nel decreto di Valutazione di Impatto Ambientale;
   ((b) nomina del 50 per cento dei rappresentanti del Ministero della transizione ecologica tra soggetti estranei all'amministrazione del Ministero e dotati di significativa competenza e professionalita' per l'esercizio delle funzioni;))
   c) previsioni di cause di incandidabilita', incompatibilita' e conflitto di interessi;
   d) temporaneita' dell'incarico, non superiore a quattro anni, non rinnovabile e non cumulabile con incarichi in altri Osservatori;
   e) individuazione degli oneri a carico del proponente, fissando un limite massimo per i compensi dei componenti dell'Osservatorio. All'esito positivo della verifica l'autorita' competente attesta

l'avvenuta ottemperanza pubblicando sul proprio sito web la relativa documentazione, entro quindici giorni dal ricevimento dell'esito della verifica.

3. Per la verifica dell'ottemperanza delle condizioni ambientali, il proponente, nel rispetto dei tempi e delle specifiche modalita' di attuazione stabilite nel provvedimento di verifica di assoggettabilita' a VIA o nel provvedimento di VIA, trasmette in formato elettronico all'autorita' competente, o al soggetto eventualmente individuato per la verifica, la documentazione contenente gli elementi necessari alla verifica dell'ottemperanza. L'attivita' di verifica si conclude entro il termine di trenta giorni dal ricevimento della documentazione trasmessa dal proponente.

4. Qualora i soggetti individuati per la verifica di ottemperanza ai sensi del comma 2 non provvedano entro il termine stabilito dal comma 3, le attivita' di verifica sono svolte direttamente dall'autorita' competente.

5. Nel caso in cui la verifica di ottemperanza dia esito negativo, l'autorita' competente diffida il proponente ad adempiere entro un congruo termine, trascorso inutilmente il quale si applicano le sanzioni di cui all'articolo 29.

6. Qualora all'esito dei risultati delle attivita' di verifica di cui ai commi da 1 a 5, ovvero successivamente all'autorizzazione del progetto, dall'esecuzione dei lavori di costruzione ovvero dall'esercizio dell'opera, si accerti la sussistenza di impatti ambientali negativi, imprevisti, ulteriori o diversi, ovvero di entita' significativamente superiore a quelli valutati nell'ambito del procedimento di VIA, comunque non imputabili al mancato adempimento delle condizioni ambientali da parte del proponente, l'autorita' competente, acquisite ulteriori informazioni dal proponente o da altri soggetti competenti in materia ambientale, puo' ordinare la sospensione dei lavori o delle attivita' autorizzate e disporre l'adozione di opportune misure correttive.

7. Nei casi in cui, al verificarsi delle fattispecie di cui al comma 6, emerga l'esigenza di modificare il provvedimento di VIA o di stabilire condizioni ambientali ulteriori rispetto a quelle del provvedimento originario, l'autorita' competente, ai fini della riedizione del procedimento di VIA, dispone l'aggiornamento dello studio di impatto ambientale e la nuova pubblicazione dello stesso, assegnando al proponente un termine non superiore a novanta giorni.

7-bis. Il proponente, entro i termini di validita' disposti dal provvedimento di verifica di assoggettabilita' a VIA o di VIA, trasmette all'autorita' competente la documentazione riguardante il collaudo delle opere o la certificazione di regolare esecuzione delle stesse, comprensiva di specifiche indicazioni circa la conformita' delle opere rispetto al progetto depositato e alle condizioni ambientali prescritte. La documentazione e' pubblicata tempestivamente nel sito internet dell'autorita' competente.

8. Delle modalita' di svolgimento delle attivita' di monitoraggio, dei risultati delle verifiche, dei controlli e delle eventuali misure correttive adottate dall'autorita' competente, nonche' dei dati derivanti dall'attuazione dei monitoraggi ambientali da parte del proponente e' data adeguata informazione attraverso il sito web dell'autorita' competente.

ART. 29
(((Sistema sanzionatorio).))

((1. I provvedimenti di autorizzazione di un progetto adottati senza la verifica di assoggettabilita' a VIA o senza la VIA, ove prescritte, sono annullabili per violazione di legge.

2. Qualora siano accertati inadempimenti o violazioni delle condizioni ambientali di cui all'articolo 28, ovvero in caso di modifiche progettuali che rendano il progetto difforme da quello sottoposto al procedimento di verifica di assoggettabilita' a VIA, al procedimento di VIA, ovvero al procedimento unico di cui all'articolo

27 o di cui all'articolo 27-bis, l'autorita' competente procede secondo la gravita' delle infrazioni:

   a) alla diffida, assegnando un termine entro il quale devono essere eliminate le inosservanze;

   b) alla diffida con contestuale sospensione dell'attivita' per un tempo determinato, ove si manifesti il rischio di impatti ambientali significativi e negativi;

   c) alla revoca del provvedimento di verifica di assoggettabilita' a VIA, del provvedimento di VIA, in caso di mancato adeguamento alle prescrizioni imposte con la diffida e in caso di reiterate violazioni che determinino situazioni di pericolo o di danno per l'ambiente.

3. Nel caso di progetti a cui si applicano le disposizioni del presente decreto realizzati senza la previa sottoposizione al procedimento di verifica di assoggettabilita' a VIA, al procedimento di VIA ovvero al procedimento unico di cui all'articolo 27 o di cui all'articolo 27-bis, in violazione delle disposizioni di cui al presente Titolo III, ovvero in caso di annullamento in sede giurisdizionale o in autotutela dei provvedimenti di verifica di assoggettabilita' a VIA o dei provvedimenti di VIA relativi a un progetto gia' realizzato o in corso di realizzazione, l'autorita' competente assegna un termine all'interessato entro il quale avviare un nuovo procedimento e puo' consentire la prosecuzione dei lavori o delle attivita' a condizione che tale prosecuzione avvenga in termini di sicurezza con riguardo agli eventuali rischi sanitari, ambientali o per il patrimonio culturale. Scaduto inutilmente il termine assegnato all'interessato, ovvero nel caso in cui il nuovo provvedimento di VIA, adottato ai sensi degli articoli 25, 27 o 27-bis, abbia contenuto negativo, l'autorita' competente dispone la demolizione delle opere realizzate e il ripristino dello stato dei luoghi e della situazione ambientale a cura e spese del responsabile, definendone i termini e le modalita'. In caso di inottemperanza, l'autorita' competente provvede d'ufficio a spese dell'inadempiente. Il recupero di tali spese e' effettuato con le modalita' e gli effetti previsti dal testo unico delle disposizioni di legge relative alla riscossione delle entrate patrimoniali dello Stato approvato con regio decreto 14 aprile 1910, n. 639.

4. Salvo che il fatto costituisca reato, chiunque realizza un progetto o parte di esso, senza la previa VIA o senza la verifica di assoggettabilita' a VIA, ove prescritte, e' punito con una sanzione amministrativa da 35.000 euro a 100.000 euro.

5. Salvo che il fatto costituisca reato, si applica la sanzione amministrativa pecuniaria da 20.000 euro a 80.000 euro nei confronti di colui che, pur essendo in possesso del provvedimento di verifica di assoggettabilita' o di valutazione di impatto ambientale, non ne osserva le condizioni ambientali.

6. Le sanzioni sono irrogate dall'autorita' competente.

7. Alle sanzioni amministrative pecuniarie previste dal presente articolo non si applica il pagamento in misura ridotta di cui all'articolo 16 della legge 24 novembre 1981, n. 689.

8. I proventi derivanti dall'applicazione delle sanzioni amministrative pecuniarie di competenza statale per le violazioni previste dal presente articolo, sono versati all'entrata del bilancio dello Stato e sono successivamente riassegnati ai pertinenti capitoli di spesa del Ministero dell'ambiente e della tutela del territorio e del mare per essere destinati al miglioramento delle attivita' di vigilanza, prevenzione e monitoraggio ambientale, alle attivita' di cui all'articolo 28 del presente decreto per la verifica dell'ottemperanza delle condizioni ambientali contenute nel provvedimento di verifica di assoggettabilita' a VIA o nel provvedimento di VIA, nonche' alla predisposizione di misure per la protezione sanitaria della popolazione in caso di incidenti o calamita' naturali.))

TITOLO III-BIS
L'AUTORIZZAZIONE INTEGRATA AMBIENTALE

ART. 29-bis
Individuazione e utilizzo delle migliori tecniche disponibili

((1. L'autorizzazione integrata ambientale e' rilasciata tenendo conto di quanto indicato all'Allegato XI alla Parte Seconda e le relative condizioni sono definite avendo a riferimento le Conclusioni sulle BAT, salvo quanto previsto all'articolo 29-sexies, comma 9-bis, e all'articolo 29-octies. Nelle more della emanazione delle conclusioni sulle BAT l'autorita' competente utilizza quale riferimento per stabilire le condizioni dell'autorizzazione le pertinenti conclusioni sulle migliori tecniche disponibili, tratte dai documenti pubblicati dalla Commissione europea in attuazione dell'articolo 16, paragrafo 2, della direttiva 96/61/CE o dell'articolo 16, paragrafo 2, della direttiva 2008/01/CE.

2. Con decreto del Ministro dell'ambiente e della tutela del territorio e del mare, di concerto con il Ministro dello sviluppo economico, il Ministro del lavoro e delle politiche sociali, il Ministro della salute e d'intesa con la Conferenza permanente per i rapporti tra lo Stato, le regioni e le province autonome di Trento e di Bolzano, previa consultazione delle associazioni maggiormente rappresentative a livello nazionale degli operatori delle installazioni interessate, possono essere determinati requisiti generali, per talune categorie di installazioni, che tengano luogo dei corrispondenti requisiti fissati per ogni singola autorizzazione, purche' siano garantiti un approccio integrato ed una elevata protezione equivalente dell'ambiente nel suo complesso. I requisiti generali si basano sulle migliori tecniche disponibili, senza prescrivere l'utilizzo di alcuna tecnica o tecnologia specifica, al fine di garantire la conformita' con l'articolo 29-sexies. Per le categorie interessate, salva l'applicazione dell'articolo 29-septies, l'autorita' competente rilascia l'autorizzazione in base ad una semplice verifica di conformita' dell'istanza con i requisiti generali.))

((2-bis. I decreti di cui al comma 2 sono aggiornati entro sei mesi dall'emanazione delle pertinenti conclusioni sulle BAT da parte della Commissione europea, al fine di tener conto dei progressi delle migliori tecniche disponibili e garantire la conformita' con l'articolo 29-octies, ed inoltre contengono un esplicito riferimento alla direttiva 2010/75/UE all'atto della pubblicazione ufficiale. Decorso inutilmente tale termine e fino al loro aggiornamento, i decreti gia' emanati ai sensi del comma 2 assumono, per installazioni pertinenti a tali conclusioni sulle BAT, una mera valenza informativa e conseguentemente non trova piu' applicazione l'ultimo periodo del comma 2.))

3. Per le discariche di rifiuti da autorizzare ai sensi del presente titolo, si considerano soddisfatti i requisiti tecnici di cui al presente titolo se sono soddisfatti i requisiti tecnici di cui al decreto legislativo 13 gennaio 2003, n. 36 ((fino all'emanazione delle relative conclusioni sulle BAT)).

ART. 29-ter
Domanda di autorizzazione integrata ambientale

1. Ai fini dell'esercizio delle nuove installazioni di nuovi impianti, della modifica sostanziale e dell'adeguamento del funzionamento degli impianti delle installazioni esistenti alle disposizioni del presente decreto, si provvede al rilascio dell'autorizzazione integrata ambientale di cui all'articolo 29-sexies. Fatto salvo quanto disposto al comma 4 e ferme restando le

informazioni richieste dalla normativa concernente aria, acqua, suolo e rumore, la domanda deve contenere le seguenti informazioni:

   a) descrizione dell'installazione e delle sue attivita', specificandone tipo e portata;
   b) descrizione delle materie prime e ausiliarie, delle sostanze e dell'energia usate o prodotte dall'installazione;
   c) descrizione delle fonti di emissione dell'installazione;
   d) descrizione dello stato del sito di ubicazione dell'installazione;
   e) descrizione del tipo e dell'entita' delle prevedibili emissioni dell'installazione in ogni comparto ambientale nonche' un'identificazione degli effetti significativi delle emissioni sull'ambiente;
   f) descrizione della tecnologia e delle altre tecniche di cui si prevede l'uso per prevenire le emissioni dall'installazione oppure, qualora cio' non fosse possibile, per ridurle;
   g) descrizione delle misure di prevenzione, di preparazione per il riutilizzo, di riciclaggio e di recupero dei rifiuti prodotti dall'installazione;
   h) descrizione delle misure previste per controllare le emissioni nell'ambiente nonche' le attivita' di autocontrollo e di controllo programmato che richiedono l'intervento dell'ente responsabile degli accertamenti di cui all'articolo 29-decies, comma 3;
   i) descrizione delle principali alternative alla tecnologia, alle tecniche e alle misure proposte, prese in esame dal gestore in forma sommaria;
   l) descrizione delle altre misure previste per ottemperare ai principi di cui all'articolo 6, comma 16;
   m) se l'attivita' comporta l'utilizzo, la produzione o lo scarico di sostanze pericolose e, tenuto conto della possibilita' di contaminazione del suolo e delle acque sotterrane nel sito dell'installazione, una relazione di riferimento elaborata dal gestore prima della messa in esercizio dell'installazione o prima del primo aggiornamento dell'autorizzazione rilasciata, per la quale l'istanza costituisce richiesta di validazione. L'autorita' competente esamina la relazione disponendo nell'autorizzazione o nell'atto di aggiornamento, ove ritenuto necessario ai fini della sua validazione, ulteriori e specifici approfondimenti.

  2. La domanda di autorizzazione integrata ambientale deve contenere anche una ((sintesi non tecnica dei dati di cui alle lettere da a) a m) del comma 1)) e l'indicazione delle informazioni che ad avviso del gestore non devono essere diffuse per ragioni di riservatezza industriale, commerciale o personale, di tutela della proprieta' intellettuale e, tenendo conto delle indicazioni contenute nell'articolo 39 della legge 3 agosto 2007, n. 124, di pubblica sicurezza o di difesa nazionale. In tale caso il richiedente fornisce all'autorita' competente anche una versione della domanda priva delle informazioni riservate, ai fini dell'accessibilita' al pubblico.
  3. Qualora le informazioni e le descrizioni fornite secondo un rapporto di sicurezza, elaborato conformemente alle norme previste sui rischi di incidente rilevante connessi a determinate attivita' industriali, o secondo la norma UNI EN ISO 14001, ovvero i dati prodotti per i siti registrati ai sensi del regolamento (CE) n. 761/2001 e successive modifiche, nonche' altre informazioni fornite secondo qualunque altra normativa, rispettino uno o piu' requisiti di cui al comma 1 del presente articolo, tali dati possono essere utilizzati ai fini della presentazione della domanda e possono essere inclusi nella domanda o essere ad essa allegati.
  4. Entro trenta giorni dalla presentazione della domanda, l'autorita' competente verifica la completezza della stessa e della documentazione allegata. Qualora queste risultino incomplete, l'autorita' competente ovvero, nel caso di impianti di competenza statale, la Commissione di cui all'art. 8-bis potra' chiedere apposite integrazioni, indicando un termine non inferiore a trenta giorni per la presentazione della documentazione integrativa. In tal

caso i termini del procedimento si intendono interrotti fino alla presentazione della documentazione integrativa. Qualora entro il termine indicato il proponente non depositi la documentazione completa degli elementi mancanti, l'istanza si intende ritirata. E' fatta salva la facolta' per il proponente di richiedere una proroga del termine per la presentazione della documentazione integrativa in ragione della complessita' della documentazione da presentare.

ART. 29-quater
Procedura per il rilascio dell'autorizzazione integrata ambientale

1. Per le installazioni di competenza statale la domanda e' presentata all'autorita' competente per mezzo di procedure telematiche, con il formato e le modalita' stabiliti con il decreto di cui all'articolo 29-duodecies, comma 2.
2. L'autorita' competente individua gli uffici presso i quali sono depositati i documenti e gli atti inerenti il procedimento, al fine della consultazione del pubblico. Tale consultazione e' garantita anche mediante pubblicazione sul sito internet dell'autorita' competente ((, non appena sia ragionevolmente possibile, del progetto di decisione, compreso il verbale conclusivo della conferenza di servizi di cui al comma 5, del contenuto della decisione)), compresa una copia dell'autorizzazione e degli eventuali successivi aggiornamenti, e ((con particolare riferimento agli elementi)) di cui alle lettere b), e), f) e g) del comma 13 ((, nonche' delle proposte di riesame pervenute dalle autorita' competenti in materia ambientale ai sensi dell'articolo 29-octies, comma 4, ovvero dal sindaco ai sensi del comma 7, del presente articolo)).
3. L'autorita' competente, entro trenta giorni dal ricevimento della domanda ovvero, in caso di riesame ai sensi dell'articolo 29-octies, comma 4, contestualmente all'avvio del relativo procedimento, comunica al gestore la data di avvio del procedimento ai sensi dell'art. 7 della legge 7 agosto 1990, n. 241, e la sede degli uffici di cui al comma 2. Entro il termine di quindici giorni dalla data di avvio del procedimento, l'autorita' competente pubblica nel proprio sito web l'indicazione della localizzazione dell'installazione e il nominativo del gestore, nonche' gli uffici individuati ai sensi del comma 2 ove e' possibile prendere visione degli atti e trasmettere le osservazioni. Tali forme di pubblicita' tengono luogo delle comunicazioni di cui all'articolo 7 ed ai commi 3 e 4 dell'articolo 8 della legge 7 agosto 1990, n. 241. Le informazioni pubblicate dal gestore ai sensi del presente comma sono altresi' pubblicate dall'autorita' competente nel proprio sito web. E' in ogni caso garantita l'unicita' della pubblicazione per gli impianti di cui al titolo III della parte seconda del presente decreto.
4. Entro trenta giorni dalla data di pubblicazione dell'annuncio di cui al comma 3, i soggetti interessati possono presentare in forma scritta, all'autorita' competente, osservazioni sulla domanda.
5. La convocazione da parte dell'autorita' competente, ai fini del rilascio dell'autorizzazione integrata ambientale, di apposita Conferenza di servizi, alla quale sono invitate le amministrazioni competenti in materia ambientale e comunque, nel caso di impianti di competenza statale, i Ministeri dell'interno, del lavoro e delle politiche sociali, della salute e dello sviluppo economico, oltre al soggetto richiedente l'autorizzazione, nonche', per le installazioni di competenza regionale, le altre amministrazioni competenti per il rilascio dei titoli abilitativi richiesti contestualmente al rilascio dell'AIA, ha luogo ai sensi degli articoli 14 e 14-ter della legge 7 agosto 1990, n. 241, e successive modificazioni. Per le installazioni soggette alle disposizioni di cui al decreto legislativo 17 agosto 1999, n. 334, ferme restando le relative disposizioni, al fine di acquisire gli elementi di valutazione ai sensi dell'articolo 29-sexies, comma 8, e di concordare preliminarmente le condizioni di

funzionamento dell'installazione, alla conferenza e' invitato un rappresentante della rispettiva autorita' competente.

6. Nell'ambito della Conferenza dei servizi di cui al comma 5, vengono acquisite le prescrizioni del sindaco di cui agli articoli 216 e 217 del regio decreto 27 luglio 1934, n. 1265, nonche' la proposta dell'Istituto superiore per la protezione e la ricerca ambientale, per le installazioni di competenza statale, o il parere delle Agenzie regionali e provinciali per la protezione dell'ambiente, per le altre installazioni, per quanto riguarda le modalita' di monitoraggio e controllo degli impianti e delle emissioni nell'ambiente.

7. In presenza di circostanze intervenute successivamente al rilascio dell'autorizzazione di cui al presente titolo, il sindaco, qualora lo ritenga necessario nell'interesse della salute pubblica, puo', con proprio motivato provvedimento, corredato dalla relativa documentazione istruttoria e da puntuali proposte di modifica dell'autorizzazione, chiedere all'autorita' competente di riesaminare l'autorizzazione rilasciata ai sensi dell'articolo 29-octies.

8. Nell'ambito della Conferenza dei servizi, l'autorita' competente puo' richiedere integrazioni alla documentazione, anche al fine di valutare la applicabilita' di specifiche misure alternative o aggiuntive, indicando il termine massimo non superiore a novanta giorni per la presentazione della documentazione integrativa. In tal caso, il termine di cui al comma 10 resta sospeso fino alla presentazione della documentazione integrativa.

9. COMMA SOPPRESSO DAL D.LGS. 4 MARZO 2014, N. 46.

10. L'autorita' competente esprime le proprie determinazioni sulla domanda di autorizzazione integrata ambientale entro centocinquanta giorni dalla presentazione della domanda.

11. Le autorizzazioni integrate ambientali rilasciate ai sensi del presente decreto, sostituiscono ad ogni effetto le autorizzazioni riportate nell'elenco dell'Allegato IX alla Parte Seconda del presente decreto. A tal fine il provvedimento di autorizzazione integrata ambientale richiama esplicitamente le eventuali condizioni, gia' definite nelle autorizzazioni sostituite, la cui necessita' permane. Inoltre le autorizzazioni integrate ambientali sostituiscono la comunicazione di cui all'articolo 216.

12. Ogni autorizzazione integrata ambientale deve includere le modalita' previste dal presente decreto per la protezione dell'ambiente, nonche', la data entro la quale le prescrizioni debbono essere attuate.

13. Copia dell'autorizzazione integrata ambientale e di qualsiasi suo successivo aggiornamento, e' messa tempestivamente a disposizione del pubblico, presso l'ufficio di cui al comma 2. Presso il medesimo ufficio sono inoltre rese disponibili:

   a) informazioni relative alla partecipazione del pubblico al procedimento;
   b) i motivi su cui e' basata la decisione;
   c) i risultati delle consultazioni condotte ((, anche coinvolgendo altri Stati ai sensi dell'articolo 32-bis,)) prima dell'adozione della decisione e una spiegazione della modalita' con cui se ne e' tenuto conto nella decisione;
   d) il titolo dei documenti di riferimento sulle BAT pertinenti per l'installazione o l'attivita' interessati;
   e) il metodo utilizzato per determinare le condizioni di autorizzazione di cui all'articolo 29-sexies, ivi compresi i valori limite di emissione, in relazione alle migliori tecniche disponibili e ai livelli di emissione ivi associati;
   f) se e' concessa una deroga ai sensi dell'articolo 29-sexies, comma 10, i motivi specifici della deroga sulla base dei criteri indicati in detto comma e le condizioni imposte;
   g) le informazioni pertinenti sulle misure adottate dal gestore, in applicazione dell'articolo 29-sexies, comma 13, al momento della cessazione definitiva delle attivita';
   h) i risultati del controllo delle emissioni, richiesti dalle

condizioni di autorizzazione e in possesso dell'autorita' competente.

14. L'autorita' competente puo' sottrarre all'accesso le informazioni, in particolare quelle relative agli impianti militari di produzione di esplosivi di cui al punto 4.6 dell'allegato VIII, qualora cio' si renda necessario per l'esigenza di salvaguardare ai sensi dell'articolo 24, comma 6, lettera a), della legge 7 agosto 1990, n. 241, e relative norme di attuazione, la sicurezza pubblica o la difesa nazionale. L'autorita' competente puo' inoltre sottrarre all'accesso informazioni non riguardanti le emissioni dell'impianto nell'ambiente, per ragioni di tutela della proprieta' intellettuale o di riservatezza industriale, commerciale o personale.

15. In considerazione del particolare e rilevante impatto ambientale, della complessita' e del preminente interesse nazionale dell'impianto, nel rispetto delle disposizioni del presente decreto, possono essere conclusi, d'intesa tra lo Stato, le regioni, le province e i comuni territorialmente competenti e i gestori, specifici accordi, al fine di garantire, in conformita' con gli interessi fondamentali della collettivita', l'armonizzazione tra lo sviluppo del sistema produttivo nazionale, le politiche del territorio e le strategie aziendali. In tali casi l'autorita' competente, fatto comunque salvo quanto previsto al comma 12, assicura il necessario coordinamento tra l'attuazione dell'accordo e la procedura di rilascio dell'autorizzazione integrata ambientale. Nei casi disciplinati dal presente comma i termini di cui al comma 10 sono raddoppiati.

ART. 29-quinquies
(((Coordinamento per l'uniforme applicazione sul territorio nazionale).))

((1. E' istituito, presso il Ministero dell'ambiente e della tutela del territorio e del mare, un Coordinamento tra i rappresentanti di tale Ministero, di ogni regione e provincia autonoma e dell'Unione delle province italiane (UPI). Partecipano al Coordinamento rappresentanti dell'ISPRA, nonche', su indicazione della regione o provincia autonoma di appartenenza, rappresentanti delle agenzie regionali e provinciali per la protezione dell'ambiente. Il Coordinamento opera attraverso l'indizione di riunioni periodiche e la creazione di una rete di referenti per lo scambio di dati e di informazioni.

2. Il Coordinamento previsto dal comma 1 assicura, anche mediante gruppi di lavoro, l'elaborazione di indirizzi e di linee guida in relazione ad aspetti di comune interesse e permette un esame congiunto di temi connessi all'applicazione del presente Titolo, anche al fine di garantire un'attuazione coordinata e omogenea delle nuove norme e di prevenire le situazioni di inadempimento e le relative conseguenze.

3. Ai soggetti che partecipano, a qualsiasi titolo, al Coordinamento previsto al comma 1 non sono corrisposti gettoni, compensi, rimborsi spese o altri emolumenti comunque denominati.))

ART. 29-sexies
Autorizzazione integrata ambientale

1. L'autorizzazione integrata ambientale rilasciata ai sensi del presente decreto, deve includere tutte le misure necessarie a soddisfare i requisiti di cui ai seguenti commi del presente articolo nonche' di cui agli articoli 6, comma 16, e 29-septies, al fine di conseguire un livello elevato di protezione dell'ambiente nel suo complesso. L'autorizzazione integrata ambientale di attivita' regolamentate dal decreto legislativo 4 aprile 2006, n. 216, contiene valori limite per le emissioni dirette di gas serra, di cui all'allegato B del medesimo decreto, solo quando cio' risulti indispensabile per evitare un rilevante inquinamento locale.

2. COMMA SOPPRESSO DAL D.LGS. 4 MARZO 2014, N. 46.

3. L'autorizzazione integrata ambientale deve includere valori limite di emissione fissati per le sostanze inquinanti, in particolare quelle dell'allegato X alla Parte Seconda, che possono essere emesse dall'installazione interessata in quantita' significativa, in considerazione della loro natura e delle loro potenzialita' di trasferimento dell'inquinamento da un elemento ambientale all'altro, acqua, aria e suolo, nonche' i valori limite ai sensi della vigente normativa in materia di inquinamento acustico. I valori limite di emissione fissati nelle autorizzazioni integrate ambientali non possono comunque essere meno rigorosi di quelli fissati dalla normativa vigente nel territorio in cui e' ubicata l'installazione. Se del caso i valori limite di emissione possono essere integrati o sostituiti con parametri o misure tecniche equivalenti.

3-bis. L'autorizzazione integrata ambientale contiene le ulteriori disposizioni che garantiscono la protezione del suolo e delle acque sotterranee, le opportune disposizioni per la gestione dei rifiuti prodotti dall'impianto e per la riduzione dell'impatto acustico, nonche' disposizioni adeguate per la manutenzione e la verifica periodiche delle misure adottate per prevenire le emissioni nel suolo e nelle acque sotterranee e disposizioni adeguate relative al controllo periodico del suolo e delle acque sotterranee in relazione alle sostanze pericolose che possono essere presenti nel sito e tenuto conto della possibilita' di contaminazione del suolo e delle acque sotterranee presso il sito dell'installazione.

4. Fatto salvo l'articolo 29-septies, i valori limite di emissione, i parametri e le misure tecniche equivalenti di cui ai commi precedenti fanno riferimento all'applicazione delle migliori tecniche disponibili, senza l'obbligo di utilizzare una tecnica o una tecnologia specifica, tenendo conto delle caratteristiche tecniche dell'impianto in questione, della sua ubicazione geografica e delle condizioni locali dell'ambiente. In tutti i casi, le condizioni di autorizzazione prevedono disposizioni per ridurre al minimo l'inquinamento a grande distanza o attraverso le frontiere e garantiscono un elevato livello di protezione dell'ambiente nel suo complesso.

4-bis. L'autorita' competente fissa valori limite di emissione che garantiscono che, in condizioni di esercizio normali, le emissioni non superino i livelli di emissione associati alle migliori tecniche disponibili (BAT-AEL) di cui all'articolo 5, comma 1, lettera l-ter.4), attraverso una delle due opzioni seguenti:

    a) fissando valori limite di emissione, in condizioni di esercizio normali, che non superano i BAT-AEL, adottino le stesse condizioni di riferimento dei BAT-AEL e tempi di riferimento non maggiori di quelli dei BAT-AEL;

    b) fissando valori limite di emissione diversi da quelli di cui alla lettera a) in termini di valori, tempi di riferimento e condizioni, a patto che l'autorita' competente stessa valuti almeno annualmente i risultati del controllo delle emissioni al fine di verificare che le emissioni, in condizioni di esercizio normali, non superino i livelli di emissione associati alle migliori tecniche disponibili.

4-ter. L'autorita' competente puo' fissare valori limite di emissione piu' rigorosi di quelli di cui al comma 4-bis, se pertinenti, nei seguenti casi:

    a) quando previsto dall'articolo 29-septies;

    b) quando lo richiede il rispetto della normativa vigente nel territorio in cui e' ubicata l'installazione o il rispetto dei provvedimenti relativi all'installazione non sostituiti dall'autorizzazione integrata ambientale.

4-quater. I valori limite di emissione delle sostanze inquinanti si applicano nel punto di fuoriuscita delle emissioni dall'installazione e la determinazione di tali valori e' effettuata al netto di ogni eventuale diluizione che avvenga prima di quel punto, tenendo se del caso esplicitamente conto dell'eventuale presenza di fondo della sostanza nell'ambiente per motivi non antropici. Per quanto concerne gli scarichi indiretti di sostanze inquinanti nell'acqua, l'effetto di una stazione di depurazione puo' essere preso in considerazione nella determinazione dei valori limite di emissione dell'installazione interessata, a condizione di garantire un livello equivalente di protezione dell'ambiente nel suo insieme e di non portare a carichi inquinanti maggiori nell'ambiente.

5. L'autorita' competente rilascia l'autorizzazione integrata ambientale osservando quanto specificato nell'articolo 29-bis, commi 1, 2 e 3. In mancanza delle conclusioni sulle BAT l'autorita' competente rilascia comunque l'autorizzazione integrata ambientale secondo quanto indicato al comma 5-ter, tenendo conto di quanto previsto nell'Allegato XI alla Parte Seconda.

5-bis. Se l'autorita' competente stabilisce condizioni di autorizzazione sulla base di una migliore tecnica disponibile non descritta in alcuna delle pertinenti conclusioni sulle BAT, essa verifica che tale tecnica sia determinata prestando particolare attenzione ai criteri di cui all'Allegato XI alla Parte Seconda, e:

    a) qualora le conclusioni sulle BAT applicabili contengano BAT-AEL verifica il rispetto degli obblighi di cui ai commi 4-bis e 9-bis, ovvero

    b) qualora le conclusioni sulle BAT applicabili non contengano BAT-AEL verifica che la tecnica garantisca un livello di protezione dell'ambiente non inferiore a quello garantito dalle migliori tecniche disponibili descritte nelle conclusioni sulle BAT.

5-ter. Se un'attivita', o un tipo di processo di produzione svolto all'interno di un'installazione non e' previsto, ne' da alcuna delle conclusioni sulle BAT, ne' dalle conclusioni sulle migliori tecniche disponibili, tratte dai documenti pubblicati dalla Commissione europea in attuazione dell'articolo 16, paragrafo 2, della direttiva 96/61/CE o dell'articolo 16, paragrafo 2, della direttiva 2008/01/CE o, se queste conclusioni non prendono in considerazione tutti gli effetti potenziali dell'attivita' o del processo sull'ambiente, l'autorita' competente, consultato il gestore, stabilisce le condizioni dell'autorizzazione tenendo conto dei criteri di cui all'Allegato XI.

6. L'autorizzazione integrata ambientale contiene gli opportuni requisiti di controllo delle emissioni, che specificano, in conformita' a quanto disposto dalla vigente normativa in materia ambientale e basandosi sulle conclusioni sulle BAT applicabili, la metodologia e la frequenza di misurazione, le condizioni per valutare la conformita', la relativa procedura di valutazione, nonche' l'obbligo di comunicare all'autorita' competente periodicamente, ed almeno una volta all'anno, i dati necessari per verificarne la conformita' alle condizioni di autorizzazione ambientale integrata nonche', quando si applica il comma 4-bis, lettera b), una sintesi di detti risultati espressi in un formato che consenta un confronto con i livelli di emissione associati alle migliori tecniche disponibili, rendendo disponibili, a tal fine, anche i risultati del controllo delle emissioni per gli stessi periodi e alle stesse condizioni di riferimento dei livelli di emissione associati alle migliori tecniche disponibili. L'autorizzazione contiene altresi' l'obbligo di comunicare all'autorita' competente e ai comuni interessati, nonche' all'ente responsabile degli accertamenti di cui all'articolo 29-decies, comma 3, i dati relativi ai controlli delle emissioni richiesti dall'autorizzazione integrata ambientale. Tra i requisiti di controllo, l'autorizzazione stabilisce in particolare, nel rispetto del decreto di cui all'articolo 33, comma 3-bis, le modalita' e la frequenza dei controlli programmati di cui all'articolo 29-decies, comma 3. Per gli impianti di competenza statale le comunicazioni di cui al presente comma sono trasmesse per il tramite dell'Istituto superiore per la protezione e la ricerca ambientale. L'autorita' competente in sede di aggiornamento dell'autorizzazione, per fissare i nuovi requisiti di controllo delle emissioni, su richiesta del gestore, tiene conto dei dati di

controllo sull'installazione trasmessi per verificarne la conformita' all'autorizzazione e dei dati relativi ai controlli delle emissioni, nonche' dei dati reperiti durante le attivita' di cui all'articolo 29-octies, commi 3 e 4.

6-bis. Fatto salvo quanto specificato nelle conclusioni sulle BAT applicabili, l'autorizzazione integrata ambientale programma specifici controlli almeno una volta ogni cinque anni per le acque sotterranee e almeno una volta ogni dieci anni per il suolo, a meno che sulla base di una valutazione sistematica del rischio di contaminazione non siano state fissate diverse modalita' o piu' ampie frequenze per tali controlli.

6-ter. Nell'ambito dei controlli di cui al comma 6 e' espressamente prevista un'attivita' ispettiva presso le installazioni svolta con oneri a carico del gestore dall'autorita' di controllo di cui all'articolo 29-decies, comma 3, e che preveda l'esame di tutta la gamma degli effetti ambientali indotti dalle installazioni interessate. Le Regioni possono prevedere il coordinamento delle attivita' ispettive in materia di autorizzazione integrata ambientale con quelle previste in materia di valutazione di impatto ambientale e in materia di incidenti rilevanti, nel rispetto delle relative normative.

7. L'autorizzazione integrata ambientale contiene le misure relative alle condizioni diverse da quelle di esercizio normali, in particolare per le fasi di avvio e di arresto dell'installazione, per le emissioni fuggitive, per i malfunzionamenti, e per l'arresto definitivo dell'installazione. L'autorizzazione puo', tra l'altro, ferme restando le diverse competenze in materia di autorizzazione alla demolizione e alla bonifica dei suoli, disciplinare la pulizia, la protezione passiva e la messa in sicurezza di parti dell'installazione per le quali il gestore dichiari non essere previsto il funzionamento o l'utilizzo durante la durata dell'autorizzazione stessa. Gli spazi liberabili con la rimozione di tali parti di impianto sono considerati disponibili alla realizzazione delle migliori tecniche disponibili negli stretti tempi tecnici e amministrativi necessari alla demolizione e, se del caso, alla bonifica.

7-bis. Fermo restando quanto prescritto agli articoli 237-sexies, comma 1, lettera e), e 237-octiedecies per gli impianti di incenerimento o coincenerimento, e' facolta' dell'autorita' competente, considerata la stabilita' d'esercizio delle tecniche adottate, l'affidabilita' dei controlli e la mancata contestazione al gestore, nel periodo di validita' della precedente autorizzazione, di violazioni relative agli obblighi di comunicazione, indicare preventivamente nell'autorizzazione il numero massimo, la massima durata e la massima intensita' (comunque non eccedente il 20 per cento) di superamenti dei valori limite di emissione di cui al comma 4-bis, dovuti ad una medesima causa, che possono essere considerati, nel corso di validita' dell'autorizzazione stessa, situazioni diverse dal normale esercizio e nel contempo non rientrare tra le situazioni di incidente o imprevisti, disciplinate dall'articolo 29-undecies.

8. Per le installazioni assoggettate al decreto legislativo del 17 agosto 1999, n. 334, l'autorita' competente ai sensi di tale decreto trasmette all'autorita' competente per il rilascio dell'autorizzazione integrata ambientale le piu' recenti valutazioni assunte e i provvedimenti adottati, alle cui prescrizioni ai fini della sicurezza e della prevenzione dei rischi di incidenti rilevanti, citate nella autorizzazione, sono armonizzate le condizioni dell'autorizzazione integrata ambientale.

((8-bis. Per le pratiche assoggettate al decreto legislativo del 31 luglio 2020, n. 101, il Prefetto trasmette i provvedimenti adottati all'autorita' competente per il rilascio dell'autorizzazione integrata ambientale. Le relative prescrizioni sono espressamente riportate nell'autorizzazione e ad esse sono armonizzate le condizioni ivi previste.))

9. L'autorizzazione integrata ambientale puo' contenere ulteriori

condizioni specifiche ai fini del presente decreto, giudicate opportune dell'autorita' competente. Ad esempio, fermo restando l'obbligo di immediato rispetto dei precedenti commi e in particolare del comma 4-bis, l'autorizzazione puo' disporre la redazione di progetti migliorativi, da presentare ai sensi del successivo articolo 29-nonies, ovvero il raggiungimento di determinate ulteriori prestazioni ambientali in tempi fissati, impegnando il gestore ad individuare le tecniche da implementare a tal fine. In tale ultimo caso, fermo restando l'obbligo di comunicare i miglioramenti progettati, le disposizioni di cui all'articolo 29-nonies non si applicano alle modifiche strettamente necessarie ad adeguare la funzionalita' degli impianti alle prescrizioni dell'autorizzazione integrata ambientale.

9-bis. In casi specifici l'autorita' competente puo' fissare valori limite di emissione meno severi di quelli discendenti dall'applicazione del comma 4-bis, a condizione che una valutazione dimostri che porre limiti di emissione corrispondenti ai 'livelli di emissione associati alle migliori tecniche disponibili' comporterebbe una maggiorazione sproporzionata dei costi rispetto ai benefici ambientali, in ragione dell'ubicazione geografica e delle condizioni ambientali locali dell'istallazione interessata e delle caratteristiche tecniche dell'istallazione interessata. In tali casi l'autorita' competente documenta, in uno specifico allegato all'autorizzazione, le ragioni di tali scelta, illustrando il risultato della valutazione e la giustificazione delle condizioni imposte. I valori limite di emissione cosi' fissati non superano, in ogni caso, i valori limite di emissione di cui agli allegati del presente decreto, laddove applicabili. Ai fini della predisposizione di tale allegato si fa riferimento alle linee guida di cui all'Allegato XII-bis alla Parte Seconda. Tale Allegato e' aggiornato con decreto del Ministro dell'ambiente e della tutela del territorio e del mare entro sei mesi dall'emanazione, da parte della Commissione europea, di eventuali linee guida comunitarie in materia, per garantire la coerenza con tali linee guida comunitarie. L'autorita' competente verifica comunque l'applicazione dei principi di cui all'articolo 6, comma 16, e in particolare che non si verifichino eventi inquinanti di rilievo e che si realizzi nel complesso un elevato grado di tutela ambientale. L'applicazione del presente comma deve essere espressamente riverificata e riconfermata in occasione di ciascun pertinente riesame dell'autorizzazione.

9-ter. L'autorita' competente puo' accordare deroghe temporanee alle disposizioni del comma 4-bis e 5-bis e dell'articolo 6, comma 16, lettera a), in caso di sperimentazione e di utilizzo di tecniche emergenti per un periodo complessivo non superiore a nove mesi, a condizione che dopo il periodo specificato tale tecnica sia sospesa o che le emissioni dell'attivita' raggiungano almeno i livelli di emissione associati alle migliori tecniche disponibili.

9-quater. Nel caso delle installazioni di cui al punto 6.6 dell'Allegato VIII alla Parte Seconda, il presente articolo si applica fatta salva la normativa in materia di benessere degli animali.

9-quinquies. Fatto salvo quanto disposto alla Parte Terza ed al Titolo V della Parte Quarta del presente decreto, l'autorita' competente stabilisce condizioni di autorizzazione volte a garantire che il gestore:

a) quando l'attivita' comporta l'utilizzo, la produzione o lo scarico di sostanze pericolose, tenuto conto della possibilita' di contaminazione del suolo e delle acque sotterranee nel sito dell'installazione, elabori e trasmetta per validazione all'autorita' competente la relazione di riferimento di cui all'articolo 5, comma 1, lettera v-bis), prima della messa in servizio della nuova installazione o prima dell'aggiornamento dell'autorizzazione rilasciata per l'installazione esistente;

b) al momento della cessazione definitiva delle attivita', valuti lo stato di contaminazione del suolo e delle acque sotterranee da

parte di sostanze pericolose pertinenti usate, prodotte o rilasciate dall'installazione;
  c) qualora dalla valutazione di cui alla lettera b) risulti che l'installazione ha provocato un inquinamento significativo del suolo o delle acque sotterranee con sostanze pericolose pertinenti, rispetto allo stato constatato nella relazione di riferimento di cui alla lettera a), adotti le misure necessarie per rimediare a tale inquinamento in modo da riportare il sito a tale stato, tenendo conto della fattibilita' tecnica di dette misure;
  d) fatta salva la lettera c), se, tenendo conto dello stato del sito indicato nell'istanza, al momento della cessazione definitiva delle attivita' la contaminazione del suolo e delle acque sotterranee nel sito comporta un rischio significativo per la salute umana o per l'ambiente in conseguenza delle attivita' autorizzate svolte dal gestore anteriormente al primo aggiornamento dell'autorizzazione per l'installazione esistente, esegua gli interventi necessari ad eliminare, controllare, contenere o ridurre le sostanze pericolose pertinenti in modo che il sito, tenuto conto dell'uso attuale o dell'uso futuro approvato, cessi di comportare detto rischio;
  e) se non e' tenuto ad elaborare la relazione di riferimento di cui alla lettera a), al momento della cessazione definitiva delle attivita' esegua gli interventi necessari ad eliminare, controllare, contenere o ridurre le sostanze pericolose pertinenti in modo che il sito, tenuto conto dell'uso attuale o dell'uso futuro approvato del medesimo non comporti un rischio significativo per la salute umana o per l'ambiente a causa della contaminazione del suolo o delle acque sotterranee in conseguenza delle attivita' autorizzate, tenendo conto dello stato del sito di ubicazione dell'installazione indicato nell'istanza.
  9-sexies. Con uno o piu' decreti del Ministro dell'ambiente e della tutela del territorio e del mare sono stabilite le modalita' per la redazione della relazione di riferimento di cui all'articolo 5, comma 1, lettera v-bis), con particolare riguardo alle metodiche di indagine ed alle sostanze pericolose da ricercare con riferimento alle attivita' di cui all'Allegato VIII alla Parte Seconda.
  9-septies. A garanzia degli obblighi di cui alla lettera c del comma 9-quinquies, l'autorizzazione integrata ambientale prevede adeguate garanzie finanziarie, da prestare entro 12 mesi dal rilascio in favore della regione o della provincia autonoma territorialmente competente. Con uno o piu' decreti del Ministro dell'ambiente e della tutela del territorio e del mare sono stabiliti criteri che l'autorita' competente dovra' tenere in conto nel determinare l'importo di tali garanzie finanziarie.

ART. 29-septies
(((Migliori tecniche disponibili e norme di qualita' ambientale).))

((1. Nel caso in cui uno strumento di programmazione o di pianificazione ambientale, quali ad esempio il piano di tutela delle acque, o la pianificazione in materia di emissioni in atmosfera, considerate tutte le sorgenti emissive coinvolte, riconosca la necessita' di applicare ad impianti, localizzati in una determinata area, misure piu' rigorose di quelle ottenibili con le migliori tecniche disponibili, al fine di assicurare in tale area il rispetto delle norme di qualita' ambientale, l'amministrazione ambientale competente, per installazioni di competenza statale, o la stessa autorita' competente, per le altre installazioni, lo rappresenta in sede di conferenza di servizi di cui all'articolo 29-quater, comma 5.
  2. Nei casi di cui al comma 1 l'autorita' competente prescrive nelle autorizzazioni integrate ambientali degli impianti nell'area interessata, tutte le misure supplementari particolari piu' rigorose di cui al comma 1 fatte salve le altre misure che possono essere adottate per rispettare le norme di qualita' ambientale.))

ART. 29-octies
(((Rinnovo e riesame).))

((1. L'autorita' competente riesamina periodicamente l'autorizzazione integrata ambientale, confermando o aggiornando le relative condizioni.

2. Il riesame tiene conto di tutte le conclusioni sulle BAT, nuove o aggiornate, applicabili all'installazione e adottate da quando l'autorizzazione e' stata concessa o da ultimo riesaminata, nonche' di eventuali nuovi elementi che possano condizionare l'esercizio dell'installazione. Nel caso di installazioni complesse, in cui siano applicabili piu' conclusioni sulle BAT, il riferimento va fatto, per ciascuna attivita', prevalentemente alle conclusioni sulle BAT pertinenti al relativo settore industriale.

3. Il riesame con valenza, anche in termini tariffari, di rinnovo dell'autorizzazione e' disposto sull'installazione nel suo complesso:
    a) entro quattro anni dalla data di pubblicazione nella Gazzetta Ufficiale dell'Unione europea delle decisioni relative alle conclusioni sulle BAT riferite all'attivita' principale di un'installazione;
    b) quando sono trascorsi 10 anni dal rilascio dell'autorizzazione integrata ambientale o dall'ultimo riesame effettuato sull'intera installazione.

4. Il riesame e' inoltre disposto, sull'intera installazione o su parti di essa, dall'autorita' competente, anche su proposta delle amministrazioni competenti in materia ambientale, comunque quando:
    a) a giudizio dell'autorita' competente ovvero, in caso di installazioni di competenza statale, a giudizio dell'amministrazione competente in materia di qualita' della specifica matrice ambientale interessata, l'inquinamento provocato dall'installazione e' tale da rendere necessaria la revisione dei valori limite di emissione fissati nell'autorizzazione o l'inserimento in quest'ultima di nuovi valori limite, in particolare quando e' accertato che le prescrizioni stabilite nell'autorizzazione non garantiscono il conseguimento degli obiettivi di qualita' ambientale stabiliti dagli strumenti di pianificazione e programmazione di settore;
    b) le migliori tecniche disponibili hanno subito modifiche sostanziali, che consentono una notevole riduzione delle emissioni;
    c) a giudizio di una amministrazione competente in materia di igiene e sicurezza del lavoro, ovvero in materia di sicurezza o di tutela dal rischio di incidente rilevante, la sicurezza di esercizio del processo o dell'attivita' richiede l'impiego di altre tecniche;
    d) sviluppi delle norme di qualita' ambientali o nuove disposizioni legislative comunitarie, nazionali o regionali lo esigono;
    e) una verifica di cui all'articolo 29-sexies, comma 4-bis, lettera b), ha dato esito negativo senza evidenziare violazioni delle prescrizioni autorizzative, indicando conseguentemente la necessita' di aggiornare l'autorizzazione per garantire che, in condizioni di esercizio normali, le emissioni corrispondano ai "livelli di emissione associati alle migliori tecniche disponibili.".

5. A seguito della comunicazione di avvio del riesame da parte dell'autorita' competente, il gestore presenta, entro il termine determinato dall'autorita' competente in base alla prevista complessita' della documentazione, e compreso tra 30 e 180 giorni, ovvero, nel caso in cui la necessita' di avviare il riesame interessi numerose autorizzazioni, in base ad un apposito calendario annuale, tutte le informazioni necessarie ai fini del riesame delle condizioni di autorizzazione, ivi compresi, in particolare, i risultati del controllo delle emissioni e altri dati, che consentano un confronto tra il funzionamento dell'installazione, le tecniche descritte nelle conclusioni sulle BAT applicabili e i livelli di emissione associati alle migliori tecniche disponibili nonche', nel caso di riesami relativi all'intera installazione, l'aggiornamento di tutte le informazioni di cui all'articolo 29-ter, comma 1. Nei casi di cui al

comma 3, lettera b), la domanda di riesame e' comunque presentata entro il termine ivi indicato. Nel caso di inosservanza del predetto termine l'autorizzazione si intende scaduta. La mancata presentazione nei tempi indicati di tale documentazione, completa dell'attestazione del pagamento della tariffa, comporta la sanzione amministrativa da 10.000 euro a 60.000 euro, con l'obbligo di provvedere entro i successivi 90 giorni. Al permanere dell'inadempimento la validita' dell'autorizzazione, previa diffida, e' sospesa. In occasione del riesame l'autorita' competente utilizza anche tutte le informazioni provenienti dai controlli o dalle ispezioni.

6. Entro quattro anni dalla data di pubblicazione nella Gazzetta Ufficiale della Unione europea delle decisioni sulle conclusioni sulle BAT riferite all'attivita' principale di un'installazione, l'autorita' competente verifica che:
    a) tutte le condizioni di autorizzazione per l'installazione interessata siano riesaminate e, se necessario, aggiornate per assicurare il rispetto del presente decreto in particolare, se applicabile, dell'articolo 29-sexies, commi 3, 4 e 4-bis;
    b) l'installazione sia conforme a tali condizioni di autorizzazione.

7. Il ritardo nella presentazione della istanza di riesame, nel caso disciplinato al comma 3, lettera a), non puo' in alcun modo essere tenuto in conto per dilazionare i tempi fissati per l'adeguamento dell'esercizio delle installazioni alle condizioni dell'autorizzazione.

8. Nel caso di un'installazione che, all'atto del rilascio dell'autorizzazione di cui all'articolo 29-quater, risulti registrata ai sensi del regolamento (CE) n. 1221/2009, il termine di cui al comma 3, lettera b), e' esteso a sedici anni. Se la registrazione ai sensi del predetto regolamento e' successiva all'autorizzazione di cui all'articolo 29-quater, il riesame di detta autorizzazione e' effettuato almeno ogni sedici anni, a partire dal primo successivo riesame.

9. Nel caso di un'installazione che, all'atto del rilascio dell'autorizzazione di cui all'articolo 29-quater, risulti certificato secondo la norma UNI EN ISO 14001, il termine di cui al comma 3, lettera b), e' esteso a dodici anni. Se la certificazione ai sensi della predetta norma e' successiva all'autorizzazione di cui all'articolo 29-quater, il riesame di detta autorizzazione e' effettuato almeno ogni dodici anni, a partire dal primo successivo riesame.

10. Il procedimento di riesame e' condotto con le modalita' di cui agli articoli 29-ter, comma 4, e 29-quater. In alternativa alle modalita' di cui all'articolo 29-quater, comma 3, la partecipazione del pubblico alle decisioni puo' essere assicurata attraverso la pubblicazione nel sito web istituzionale dell'autorita' competente.

11. Fino alla pronuncia dell'autorita' competente in merito al riesame, il gestore continua l'attivita' sulla base dell'autorizzazione in suo possesso.))

ART. 29-nonies
Modifica degli impianti o variazione del gestore

1. Il gestore comunica all'autorita' competente le modifiche progettate dell'impianto, come definite dall'articolo 5, comma 1, lettera l). L'autorita' competente, ove lo ritenga necessario, aggiorna l'autorizzazione integrata ambientale o le relative condizioni, ovvero, se rileva che le modifiche progettate sono sostanziali ai sensi dell'articolo 5, comma 1, lettera l-bis), ne da' notizia al gestore entro sessanta giorni dal ricevimento della comunicazione ai fini degli adempimenti di cui al comma 2 del presente articolo. Decorso tale termine, il gestore puo' procedere alla realizzazione delle modifiche comunicate.

2. Nel caso in cui le modifiche progettate, ad avviso del gestore o a seguito della comunicazione di cui al comma 1, risultino

sostanziali, il gestore invia all'autorita' competente una nuova domanda di autorizzazione corredata da una relazione contenente un aggiornamento delle informazioni di cui all'articolo 29-ter, commi 1 e 2. Si applica quanto previsto dagli articoli 29-ter e 29-quater in quanto compatibile.

((3. Il gestore, esclusi i casi disciplinati ai commi 1 e 2, informa l'autorita' competente e l'autorita' di controllo di cui all'articolo 29-decies, comma 3, in merito ad ogni nuova istanza presentata per l'installazione ai sensi della normativa in materia di prevenzione dai rischi di incidente rilevante, ai sensi della normativa in materia di valutazione di impatto ambientale o ai sensi della normativa in materia urbanistica. La comunicazione, da effettuare prima di realizzare gli interventi, specifica gli elementi in base ai quali il gestore ritiene che gli interventi previsti non comportino ne' effetti sull'ambiente, ne' contrasto con le prescrizioni esplicitamente gia' fissate nell'autorizzazione integrata ambientale.))

4. Nel caso in cui intervengano variazioni nella titolarita' della gestione dell'impianto, il vecchio gestore e il nuovo gestore ne danno comunicazione entro trenta giorni all'autorita' competente, anche nelle forme dell'autocertificazione ((ai fini della volturazione dell'autorizzazione integrata ambientale.)).

ART. 29-decies
Rispetto delle condizioni dell'autorizzazione integrata ambientale

1. Il gestore, prima di dare attuazione a quanto previsto dall'autorizzazione integrata ambientale, ne da' comunicazione all'autorita' competente. Per gli impianti localizzati in mare, l'Istituto superiore per la protezione e la ricerca ambientale esegue i controlli di cui al comma 3, coordinandosi con gli uffici di vigilanza del Ministero dello sviluppo economico.

2. A far data dall'invio della comunicazione di cui al comma 1, il gestore trasmette all'autorita' competente e ai comuni interessati, nonche' all'ente responsabile degli accertamenti di cui al comma 3, i dati relativi ai controlli delle emissioni richiesti dall'autorizzazione integrata ambientale, secondo modalita' e frequenze stabilite nell'autorizzazione stessa. L'autorita' competente provvede a mettere tali dati a disposizione del pubblico tramite gli uffici individuati ai sensi dell'articolo 29-quater, comma 3, ovvero mediante pubblicazione sul sito internet dell'autorita' competente ai sensi dell'articolo 29-quater, comma 2. Il gestore provvede, altresi', ad informare immediatamente i medesimi soggetti in caso di violazione delle condizioni dell'autorizzazione, adottando nel contempo le misure necessarie a ripristinare nel piu' breve tempo possibile la conformita'.

3. L'Istituto Superiore per la Protezione e la Ricerca Ambientale, per impianti di competenza statale, o, negli altri casi, l'autorita' competente, avvalendosi delle agenzie regionali e provinciali per la protezione dell'ambiente, accertano, secondo quanto previsto e programmato nell'autorizzazione ai sensi dell'articolo 29-sexies, comma 6 e con oneri a carico del gestore:
    a) il rispetto delle condizioni dell'autorizzazione integrata ambientale;
    b) la regolarita' dei controlli a carico del gestore, con particolare riferimento alla regolarita' delle misure e dei dispositivi di prevenzione dell'inquinamento nonche' al rispetto dei valori limite di emissione;
    c) che il gestore abbia ottemperato ai propri obblighi di comunicazione e in particolare che abbia informato l'autorita' competente regolarmente e, in caso di inconvenienti o incidenti che influiscano in modo significativo sull'ambiente, tempestivamente dei risultati della sorveglianza delle emissioni del proprio impianto.

4. Ferme restando le misure di controllo di cui al comma 3, l'autorita' competente, nell'ambito delle disponibilita' finanziarie

del proprio bilancio destinate allo scopo, puo' disporre ispezioni straordinarie sugli impianti autorizzati ai sensi del presente decreto.

5. Al fine di consentire le attivita' di cui ai commi 3 e 4, il gestore deve fornire tutta l'assistenza necessaria per lo svolgimento di qualsiasi verifica tecnica relativa all'impianto, per prelevare campioni e per raccogliere qualsiasi informazione necessaria ai fini del presente decreto. A tal fine, almeno dopo ogni visita in loco, il soggetto che effettua gli accertamenti redige una relazione che contiene i pertinenti riscontri in merito alla conformita' dell'installazione alle condizioni di autorizzazione e le conclusioni riguardanti eventuali azioni da intraprendere. La relazione e' notificata al gestore interessato e all'autorita' competente entro due mesi dalla visita in loco ed e' resa disponibile al pubblico, conformemente al comma 8, entro quattro mesi dalla visita in loco. Fatto salvo il comma 9, l'autorita' competente provvede affinche' il gestore, entro un termine ragionevole, adotti tutte le ulteriori misure che ritiene necessarie, tenendo in particolare considerazione quelle proposte nella relazione.

6. Gli esiti dei controlli e delle ispezioni sono comunicati all'autorita' competente ed al gestore indicando le situazioni di mancato rispetto delle prescrizioni di cui al comma 3, lettere a), b) e c), e proponendo le misure da adottare.

7. Ogni organo che svolge attivita' di vigilanza, controllo, ispezione e monitoraggio su impianti che svolgono attivita' di cui agli allegati VIII e XII, e che abbia acquisito informazioni in materia ambientale rilevanti ai fini dell'applicazione del presente decreto, comunica tali informazioni, ivi comprese le eventuali notizie di reato, anche all'autorita' competente.

8. I risultati del controllo delle emissioni, richiesti dalle condizioni dell'autorizzazione integrata ambientale e in possesso dell'autorita' competente, devono essere messi a disposizione del pubblico, tramite l'ufficio individuato all'articolo 29-quater, comma 3, nel rispetto di quanto previsto dal decreto legislativo 19 agosto 2005, n. 195.

9. In caso di inosservanza delle prescrizioni autorizzatorie o di esercizio in assenza di autorizzazione, ferma restando l'applicazione delle sanzioni e delle misure di sicurezza di cui all'articolo 29-quattuordecies, l'autorita' competente procede secondo la gravita' delle infrazioni:

    a) alla diffida, assegnando un termine entro il quale devono essere eliminate le inosservanze, nonche' un termine entro cui, fermi restando gli obblighi del gestore in materia di autonoma adozione di misure di salvaguardia, devono essere applicate tutte le appropriate misure provvisorie o complementari che l'autorita' competente ritenga necessarie per ripristinare o garantire provvisoriamente la conformita';

    ((b) alla diffida e contestuale sospensione dell'attivita' per un tempo determinato, ove si manifestino situazioni che costituiscano un pericolo immediato per la salute umana o per l'ambiente o nel caso in cui le violazioni siano comunque reiterate piu' di due volte in un anno. Decorso il tempo determinato contestualmente alla diffida, la sospensione e' automaticamente prorogata, finche' il gestore non dichiara di aver individuato e risolto il problema che ha causato l'inottemperanza. La sospensione e' inoltre automaticamente rinnovata a cura dell'autorita' di controllo di cui al comma 3, alle medesime condizioni e durata individuate contestualmente alla diffida, se i controlli sul successivo esercizio non confermano che e' stata ripristinata la conformita', almeno in relazione alle situazioni che, costituendo un pericolo immediato per la salute umana o per l'ambiente, avevano determinato la precedente sospensione));

    c) alla revoca dell'autorizzazione e alla chiusura dell'installazione, in caso di mancato adeguamento alle prescrizioni imposte con la diffida e in caso di reiterate violazioni che determinino situazioni di pericolo o di danno per l'ambiente;

d) alla chiusura dell'installazione, nel caso in cui l'infrazione abbia determinato esercizio in assenza di autorizzazione.

10. In caso di inosservanza delle prescrizioni autorizzatorie, l'autorita' competente, ove si manifestino situazioni di pericolo o di danno per la salute, ne da' comunicazione al sindaco ai fini dell'assunzione delle eventuali misure ai sensi dell'articolo 217 del regio decreto 27 luglio 1934, n. 1265.

11. L'Istituto Superiore per la Protezione e la Ricerca ambientale esegue i controlli di cui al comma 3 anche avvalendosi delle agenzie regionali e provinciali per la protezione dell'ambiente territorialmente competenti, nel rispetto di quanto disposto all'articolo 03, comma 5, del decreto-legge 4 dicembre 1993, n. 496, convertito, con modificazioni, dalla legge 21 gennaio 1994, n. 61.

11-bis. Le attivita' ispettive in sito di cui all'articolo 29-sexies, comma 6-ter, e di cui al comma 4 sono definite in un piano d'ispezione ambientale a livello regionale, periodicamente aggiornato a cura della Regione o della Provincia autonoma, sentito il Ministero dell'ambiente e della tutela del territorio e del mare, per garantire il coordinamento con quanto previsto nelle autorizzazioni integrate statali ricadenti nel territorio, e caratterizzato dai seguenti elementi:

a) un'analisi generale dei principali problemi ambientali pertinenti;
b) la identificazione della zona geografica coperta dal piano d'ispezione;
c) un registro delle installazioni coperte dal piano;
d) le procedure per l'elaborazione dei programmi per le ispezioni ambientali ordinarie;
e) le procedure per le ispezioni straordinarie, effettuate per indagare nel piu' breve tempo possibile e, se necessario, prima del rilascio, del riesame o dell'aggiornamento di un'autorizzazione, le denunce ed i casi gravi di incidenti, di guasti e di infrazione in materia ambientale;
f) se necessario, le disposizioni riguardanti la cooperazione tra le varie autorita' d'ispezione.

11-ter. Il periodo tra due visite in loco non supera un anno per le installazioni che presentano i rischi piu' elevati, tre anni per le installazioni che presentano i rischi meno elevati, sei mesi per installazioni per le quali la precedente ispezione ha evidenziato una grave inosservanza delle condizioni di autorizzazione. Tale periodo e' determinato, tenendo conto delle procedure di cui al comma 11-bis, lettera d), sulla base di una valutazione sistematica effettuata dalla Regione o dalla Provincia autonoma sui rischi ambientali delle installazioni interessate, che considera almeno:

a) gli impatti potenziali e reali delle installazioni interessate sulla salute umana e sull'ambiente, tenendo conto dei livelli e dei tipi di emissioni, della sensibilita' dell'ambiente locale e del rischio di incidenti;
b) il livello di osservanza delle condizioni di autorizzazione;
c) la partecipazione del gestore al sistema dell'Unione di ecogestione e audit (EMAS) (a norma del regolamento (CE) n. 1221/2009).

ART. 29-undecies
(((Incidenti o imprevisti).))

((1. Fatta salva la disciplina relativa alla responsabilita' ambientale in materia di prevenzione e riparazione del danno ambientale, in caso di incidenti o eventi imprevisti che incidano in modo significativo sull'ambiente, il gestore informa immediatamente l'autorita' competente e l'ente responsabile degli accertamenti di cui all'articolo 29-decies, comma 3, e adotta immediatamente le misure per limitare le conseguenze ambientali e a prevenire ulteriori eventuali incidenti o eventi imprevisti, informandone l'autorita' competente.

2. In esito alle informative di cui al comma 1, l'autorita' competente puo' diffidare il gestore affinche' adotti ogni misura complementare appropriata che l'autorita' stessa, anche su proposta dell'ente responsabile degli accertamenti o delle amministrazioni competenti in materia ambientale territorialmente competenti, ritenga necessaria per limitare le conseguenze ambientali e prevenire ulteriori eventuali incidenti o imprevisti. La mancata adozione di tali misure complementari da parte del gestore nei tempi stabiliti dall'autorita' competente e' sanzionata ai sensi dell'articolo 29-quattuordecies, commi 1 o 2.
    3. L'autorizzazione puo' meglio specificare tempi, modalita' e destinatari delle informative di cui al comma 1, fermo restando il termine massimo di otto ore, di cui all'articolo 271, comma 14, nel caso in cui un guasto non permetta di garantire il rispetto dei valori limite di emissione in aria.))

ART. 29-duodecies
Comunicazioni

    ((1. Le autorita' competenti comunicano al Ministero dell'ambiente e della tutela del territorio e del mare, con cadenza almeno annuale, i dati di sintesi concernenti le domande ricevute, copia informatizzata delle autorizzazioni rilasciate e dei successivi aggiornamenti, nonche' un rapporto sulle situazioni di mancato rispetto delle prescrizioni della autorizzazione integrata ambientale. L'obbligo si intende ottemperato nel caso in cui tali informazioni siano rese disponibili telematicamente ed almeno annualmente l'autorita' competente comunichi al Ministero dell'ambiente e della tutela del territorio e del mare le modalita' per acquisire in remoto tali informazioni.))
    ((1-bis. In ogni caso in cui e' concessa una deroga ai sensi dell'articolo 29-sexies, comma 9-bis, le autorita' competenti comunicano al Ministero dell'ambiente e della tutela del territorio e del mare, entro 120 giorni dall'emanazione del provvedimento di autorizzazione integrata ambientale, i motivi specifici della deroga e le relative condizioni imposte.))
    2. Le domande relative agli impianti di competenza statale di cui all'articolo 29-quater, comma 1, i dati di cui al comma 1 del presente articolo e quelli di cui ai commi 6 e 7 dell'articolo 29-decies, sono trasmessi al Ministero dell'ambiente e della tutela del territorio e del mare, per il tramite dell'Istituto Superiore per la Protezione e la Ricerca Ambientale, secondo il formato e le modalita' di cui al decreto dello stesso Ministro 7 febbraio 2007.

ART. 29-terdecies
Scambio di informazioni

    ((1. Le autorita' competenti trasmettono periodicamente al Ministero dell'ambiente e della tutela del territorio e del mare, per il tramite dell'Istituto superiore per la protezione e la ricerca ambientale , una comunicazione relativa all'applicazione del presente titolo, ed in particolare sui dati rappresentativi circa le emissioni e altre forme di inquinamento e sui valori limite di emissione applicati in relazione agli impianti di cui all'Allegato VIII nonche' sulle migliori tecniche disponibili su cui detti valori si basano, segnalando eventuali progressi rilevati nello sviluppo ed applicazione di tecniche emergenti. La frequenza delle comunicazioni, il tipo e il formato delle informazioni che devono essere messe a disposizione, nonche' l'eventuale individuazione di attivita' e inquinanti specifici a cui limitare le informazioni stesse, sono stabiliti con uno o piu' decreti del Ministro dell'ambiente e della tutela del territorio e del mare sulla base delle decisioni in merito emanate dalla Commissione europea. Nelle more della definizione di tale provvedimento le informazioni di cui al presente comma sono trasmesse annualmente, entro il 30 giugno 2014, con riferimento al biennio 2012-2013; entro il 30 aprile 2017, con riferimento al triennio 2014-2016, e successivamente con frequenza triennale, facendo riferimento a tipi e formati definiti nel formulario adottato con decreto del Ministro dell'ambiente e della tutela del territorio e del mare del 15 marzo 2012.

2. Il Ministero dell'ambiente e della tutela del territorio e del mare predispone e invia alla Commissione europea una relazione in formato elettronico sull'attuazione del Capo II della direttiva 2010/75/UE e sulla sua efficacia rispetto ad altri strumenti comunitari di protezione dell'ambiente, sulla base delle informazioni pervenute ai sensi dell'articolo 29-duodecies e del comma 1, rispettando periodicita', contenuti e formati stabiliti nelle specifiche decisioni assunte in merito in sede comunitaria.

2.bis. Il Ministero dell'ambiente e della tutela del territorio e del mare garantisce la partecipazione dell'Italia al Comitato di cui all'articolo 75 della direttiva 2010/75/UE e al Forum di cui all'articolo 13, paragrafo 3, della stessa direttiva, sulla base delle intese di cui al comma 3.))

3. Il Ministero dell'ambiente e della tutela del territorio e del mare, di intesa con il Ministero dello sviluppo economico, con il Ministero del lavoro e delle politiche sociali, con il Ministero della salute e con la Conferenza unificata di cui all'articolo 8 del decreto legislativo 28 agosto 1997, n. 281, provvede ad assicurare la partecipazione dell'Italia allo scambio di informazioni organizzato dalla Commissione europea relativamente alle migliori tecniche disponibili e al loro sviluppo, nonche' alle relative prescrizioni in materia di controllo, e a rendere accessibili i risultati di tale scambio di informazioni. Le modalita' di tale partecipazione, in particolare, dovranno consentire il coinvolgimento delle autorita' competenti in tutte le fasi ascendenti dello scambio di informazioni. Le attivita' di cui al presente comma sono svolte di intesa con il Ministero delle politiche agricole, alimentari e forestali limitatamente alle attivita' di cui al punto 6.6 dell'allegato VIII.

4. Il Ministero dell'ambiente e della tutela del territorio e del mare, provvede a garantire la sistematica informazione del pubblico sullo stato di avanzamento dei lavori relativi allo scambio di informazioni di cui al comma 3 e adotta d'intesa con la Conferenza unificata di cui all'articolo 8 del decreto legislativo 28 agosto 1997, n. 281 modalita' di scambio di informazioni tra le autorita' competenti, al fine di promuovere una piu' ampia conoscenza sulle migliori tecniche disponibili e sul loro sviluppo.

ART. 29-quattuordecies
(((Sanzioni).))

((1. Chiunque esercita una delle attivita' di cui all'Allegato VIII alla Parte Seconda senza essere in possesso dell'autorizzazione integrata ambientale, o dopo che la stessa sia stata sospesa o revocata e' punito con la pena dell'arresto fino ad un anno o con l'ammenda da 2.500 euro a 26.000 euro. Nel caso in cui l'esercizio non autorizzato comporti lo scarico di sostanze pericolose comprese nelle famiglie e nei gruppi di sostanze indicate nelle tabelle 5 e 3/A dell'Allegato 5 alla Parte Terza, ovvero la raccolta, o il trasporto, o il recupero, o lo smaltimento di rifiuti pericolosi, nonche' nel caso in cui l'esercizio sia effettuato dopo l'ordine di chiusura dell'installazione, la pena e' quella dell'arresto da sei mesi a due anni e dell'ammenda da 5.000 euro a 52.000 euro. Se l'esercizio non autorizzato riguarda una discarica, alla sentenza di condanna o alla sentenza emessa ai sensi dell'articolo 444 del codice di procedura penale, consegue la confisca dell'area sulla quale e' realizzata la discarica abusiva, se di proprieta' dell'autore o del compartecipe al reato, fatti salvi gli obblighi di bonifica o di ripristino dello stato dei luoghi.

2. Salvo che il fatto costituisca reato, si applica la sanzione amministrativa pecuniaria da 1.500 euro a 15.000 euro nei confronti

di colui che pur essendo in possesso dell'autorizzazione integrata ambientale non ne osserva le prescrizioni o quelle imposte dall'autorita' competente.

3. Salvo che il fatto costituisca piu' grave reato, si applica la sola pena dell'ammenda da 5.000 euro a 26.000 euro nei confronti di colui che pur essendo in possesso dell'autorizzazione integrata ambientale non ne osserva le prescrizioni o quelle imposte dall'autorita' competente nel caso in cui l'inosservanza:

    a) sia costituita da violazione dei valori limite di emissione, rilevata durante i controlli previsti nell'autorizzazione o nel corso di ispezioni di cui all'articolo 29-decies, commi 4 e 7, a meno che tale violazione non sia contenuta in margini di tolleranza, in termini di frequenza ed entita', fissati nell'autorizzazione stessa;

    b) sia relativa alla gestione di rifiuti;

    c) sia relativa a scarichi recapitanti nelle aree di salvaguardia delle risorse idriche destinate al consumo umano di cui all'articolo 94, oppure in corpi idrici posti nelle aree protette di cui alla vigente normativa.

4. Nei casi previsti al comma 3 e salvo che il fatto costituisca piu' grave reato, si applica la pena dell'ammenda da 5.000 euro a 26.000 euro e la pena dell'arresto fino a due anni qualora l'inosservanza sia relativa:

    a) alla gestione di rifiuti pericolosi non autorizzati;

    b) allo scarico di sostanze pericolose di cui alle tabelle 5 e 3/A dell'Allegato 5 alla Parte Terza;

    c) a casi in cui il superamento dei valori limite di emissione determina anche il superamento dei valori limite di qualita' dell'aria previsti dalla vigente normativa;

    d) all'utilizzo di combustibili non autorizzati.

5. Chiunque sottopone una installazione ad una modifica sostanziale senza l'autorizzazione prevista e' punito con la pena dell'arresto fino ad un anno o con l'ammenda da 2.500 euro a 26.000 euro.

6. Ferma restando l'applicazione del comma 3, nel caso in cui per l'esercizio dell'impianto modificato e' necessario l'aggiornamento del provvedimento autorizzativo, colui il quale sottopone una installazione ad una modifica non sostanziale senza aver effettuato le previste comunicazioni o senza avere atteso il termine di cui all'articolo 29-nonies, comma 1, e' punito con la sanzione amministrativa pecuniaria da 1.500 euro a 15.000 euro..

7. E' punito con la sanzione amministrativa pecuniaria da 5.000 euro a 52.000 euro il gestore che omette di trasmettere all'autorita' competente la comunicazione prevista all'articolo 29-decies, comma 1, nonche' il gestore che omette di effettuare le comunicazioni di cui all'articolo 29-undecies, comma 1, nei termini di cui al comma 3 del medesimo articolo 29-undecies.

8. E' punito con la sanzione amministrativa pecuniaria da 2.500 euro a 11.000 euro il gestore che omette di comunicare all'autorita' competente, all'ente responsabile degli accertamenti di cui all'articolo 29-decies, comma 3, e ai comuni interessati i dati relativi alle misurazioni delle emissioni di cui all'articolo 29-decies, comma 2. Nel caso in cui il mancato adempimento riguardi informazioni inerenti la gestione di rifiuti pericolosi la sanzione amministrativa pecuniaria e' sestuplicata. La sanzione amministrativa pecuniaria e' ridotta ad un decimo se il gestore effettua tali comunicazioni con un ritardo minore di 60 giorni ovvero le effettua formalmente incomplete o inesatte ma, comunque, con tutti gli elementi informativi essenziali a caratterizzare i dati di esercizio dell'impianto.

9. Si applica la pena di cui all'articolo 483 del codice penale a chi nell'effettuare le comunicazioni di cui al comma 8 fornisce dati falsificati o alterati.

10. E' punito con la sanzione amministrativa pecuniaria da 5.000 euro a 26.000 euro il gestore che, senza giustificato e documentato motivo, omette di presentare, nel termine stabilito dall'autorita' competente, la documentazione integrativa prevista all'articolo

29-quater, comma 8, o la documentazione ad altro titolo richiesta dall'autorita' competente per perfezionare un'istanza del gestore o per consentire l'avvio di un procedimento di riesame.

11. Alle sanzioni amministrative pecuniarie previste dal presente articolo non si applica il pagamento in misura ridotta di cui all'articolo 16 della legge 24 novembre 1981, n. 689.

12. Le sanzioni sono irrogate dal prefetto per gli impianti di competenza statale e dall'autorita' competente per gli altri impianti.

13. I proventi derivanti dall'applicazione delle sanzioni amministrative pecuniarie di competenza statale, per le violazioni previste dal presente decreto, sono versati all'entrata del bilancio dello Stato. I soli proventi derivanti dall'applicazione delle sanzioni amministrative pecuniarie di cui al comma 2, al comma 6, al comma 7, limitatamente alla violazione dell'articolo 29-undecies, comma 1, e al comma 10, con esclusione della violazione di cui all'articolo 29-quater, comma 8, del presente articolo, nonche' di cui all'articolo 29-octies, commi 5 e 5-ter, sono successivamente riassegnati ai pertinenti capitoli di spesa del Ministero dell'ambiente e della tutela del territorio e del mare e sono destinati a potenziare le ispezioni ambientali straordinarie previste dal presente decreto, in particolare all'articolo 29-decies, comma 4, nonche' le ispezioni finalizzate a verificare il rispetto degli obblighi ambientali per impianti ancora privi di autorizzazione.

14. Per gli impianti autorizzati ai sensi della Parte Seconda, dalla data della prima comunicazione di cui all'articolo 29-decies, comma 1, non si applicano le sanzioni, previste da norme di settore o speciali, relative a fattispecie oggetto del presente articolo, a meno che esse non configurino anche un piu' grave reato.))

TITOLO IV
((VALUTAZIONI AMBIENTALI INTERREGIONALI E TRANSFRONTALIERE))

ART. 30
Impatti ambientali interregionali

1. Nel caso di piani e programmi soggetti a VAS, di progetti di interventi e di opere sottoposti a procedura di VIA di competenza regionale, i quali risultino localizzati anche sul territorio di regioni confinanti, le procedure di valutazione e autorizzazione ambientale sono effettuate d'intesa tra le autorita' competenti.

2. Nel caso di piani e programmi soggetti a VAS, di progetti di interventi e di opere sottoposti a VIA di competenza regionale nonche' di impianti o parti di essi le cui modalita' di esercizio necessitano del provvedimento di autorizzazione integrata ambientale con esclusione di quelli previsti dall'allegato XII, i quali possano avere impatti ambientali rilevanti ovvero effetti ambientali negativi e significativi su regioni confinanti, l'autorita' competente e' tenuta a darne informazione e ad acquisire i pareri delle autorita' competenti di tali regioni, nonche' degli enti locali territoriali interessati dagli impatti.

((2-bis. Nei casi di cui al comma 2, ai fini dell'espressione dei rispettivi pareri, l'autorita' competente mette a disposizione nel proprio sito web tutta la documentazione pervenuta affinche' i soggetti di cui al comma 2 rendano le proprie determinazioni.))

ART. 31
((Attribuzione competenze))

((1. In caso di piani, programmi o progetti la cui valutazione ambientale e' rimessa alla regione, qualora siano interessati territori di piu' regioni e si manifesti un conflitto tra le autorita' competenti di tali regioni circa gli impatti ambientali di un piano, programma o progetto localizzato sul territorio di una delle regioni, il Presidente del Consiglio dei Ministri, su conforme parere della Conferenza permanente per i rapporti tra lo Stato, le regioni e le province autonome di Trento e di Bolzano, puo' disporre che si applichino le procedure previste dal presente decreto per i piani, programmi e progetti di competenza statale.))

ART. 32
Consultazioni transfrontaliere

1. In caso di piani, programmi, progetti e impianti che possono avere impatti rilevanti sull'ambiente di un altro Stato, o qualora un altro Stato cosi' richieda, il Ministero dell'ambiente e della tutela del territorio e del mare, d'intesa con il Ministero per i beni e le attivita' culturali e con il Ministero degli affari esteri e per suo tramite, ai sensi della Convenzione sulla valutazione dell'impatto ambientale in un contesto transfrontaliero, fatta a Espoo il 25 febbraio 1991, ratificata ai sensi della legge 3 novembre 1994, n. 640, nell'ambito delle fasi previste dalle procedure di cui ai titoli II, III e III-bis, provvede quanto prima e comunque contestualmente alla informativa resa al pubblico interessato alla notifica dei progetti e di tutta la documentazione concernente il piano, programma, progetto o impianto e delle informazioni sulla natura della decisione che puo' essere adottata. Nell'ambito della notifica e' fissato il termine, non superiore ai sessanta giorni, per esprimere il proprio interesse alla partecipazione alla procedura. Della notifica e' data evidenza pubblica attraverso il sito web dell'autorita' competente.
2. Qualora sia espresso l'interesse a partecipare alla procedura, gli Stati consultati trasmettono all'autorita' competente i pareri e le osservazioni delle autorita' pubbliche e del pubblico entro novanta giorni dalla comunicazione della dichiarazione di interesse alla partecipazione alla procedura ovvero secondo le modalita' ed i termini concordati dagli Stati membri interessati, in modo da consentire comunque che le autorita' pubbliche ed il pubblico degli Stati consultati siano informati ed abbiano l'opportunita' di esprimere il loro parere entro termini ragionevoli. L'Autorita' competente ha l'obbligo di trasmettere agli Stati membri consultati le decisioni finali e tutte le informazioni gia' stabilite dagli articoli 17, 25, 27 27-bis, e 29-quater del presente decreto.
3. Fatto salvo quanto previsto dagli accordi internazionali, le regioni o le province autonome nel caso in cui i piani, i programmi, i progetti od anche le modalita' di esercizio di un impianto o di parte di esso, con esclusione di quelli previsti dall'allegato XII, possano avere effetti transfrontalieri informano immediatamente il Ministero dell'ambiente e della tutela del territorio e del mare e collaborano per lo svolgimento delle fasi procedurali di applicazione della convenzione.
4. La predisposizione e la distribuzione della documentazione necessaria sono a cura del proponente o del gestore o dell'autorita' procedente, senza nuovi o maggiori oneri a carico della finanza pubblica, che deve provvedervi su richiesta dell'autorita' competente secondo le modalita' previste dai titoli II, III o III-bis del presente decreto ovvero concordate dall'autorita' competente e gli Stati consultati.
5. Il Ministero dell'ambiente e della tutela del territorio e del mare, il Ministero per i beni e le attivita' culturali e il Ministero degli affari esteri, d'intesa con le regioni interessate, stipulano con i Paesi aderenti alla Convenzione accordi per disciplinare le varie fasi al fine di semplificare e rendere piu' efficace l'attuazione della convenzione.
5-bis. Nel caso in cui si provveda ai sensi dei commi 1 e 2, il termine per l'emissione del provvedimento finale di cui all'art. 25, comma 2, e' prorogato di 90 giorni o del diverso termine concordato ai sensi del comma 2.

5-ter. Gli Stati membri interessati che partecipano alle consultazioni ai sensi del presente articolo ne fissano preventivamente la durata in tempi ragionevoli.

5-quater. In caso di progetti proposti da altri Stati membri che possono avere effetti significativi sull'ambiente italiano le informazioni ricevute dall'altro Stato membro sono tempestivamente rese disponibili alle pertinenti autorita' italiane e al pubblico interessato italiano che entro ((sessanta)) giorni esprimono le proprie osservazioni. Il Ministero dell'ambiente e della tutela del territorio e del mare entro sessanta giorni redige il proprio parere e lo trasmette unitamente alle osservazioni ricevute all'autorita' competente nell'altro Stato membro.

ART. 32-bis
Effetti transfrontalieri

1. Nel caso in cui il funzionamento di un impianto possa avere effetti negativi e significativi sull'ambiente di un altro Stato dell'Unione europea, il Ministero dell'ambiente e della tutela del territorio, d'intesa con il Ministero degli affari esteri, comunica a tale Stato membro i dati forniti ai sensi degli articoli 29-ter, 29-quater e 29-octies, nel momento stesso in cui sono messi a disposizione del pubblico. Comunque tali dati devono essere forniti ad uno Stato dell'Unione europea che ne faccia richiesta, qualora ritenga di poter subire effetti negativi e significativi sull'ambiente nel proprio territorio. Nel caso in cui l'impianto non ricada nell'ambito delle competenze statali, l'autorita' competente, qualora constati che il funzionamento di un impianto possa avere effetti negativi e significativi sull'ambiente di un altro Stato dell'Unione europea, informa il Ministero dell'ambiente e della tutela del territorio che provvede ai predetti adempimenti.

2. Il Ministero dell'ambiente e della tutela del territorio provvede, d'intesa con il Ministero degli affari esteri, nel quadro dei rapporti bilaterali fra Stati, affinche', nei casi di cui al comma 1, le domande siano accessibili anche ai cittadini dello Stato eventualmente interessato per un periodo di tempo adeguato che consenta una presa di posizione prima della decisione dell'autorita' competente.

((2-bis. Il Ministero dell'ambiente e della tutela del territorio e del mare provvede, attraverso il proprio sito internet istituzionale, a rendere disponibili al pubblico in modo appropriato le informazioni ricevute da altri Stati dell'Unione europea, in attuazione degli obblighi recati dall'articolo 26, paragrafo 1, della direttiva 2010/75/UE del Parlamento europeo e del Consiglio, del 24 novembre 2010, circa le decisioni adottate in tali Stati su domande presentate per l'esercizio di attivita' di cui all'allegato VIII alla parte seconda del presente decreto)).

TITOLO V
NORME TRANSITORIE E FINALI

ART. 33
Oneri istruttori

((1. Le tariffe da applicare ai proponenti, determinate sulla base del costo effettivo del servizio, per la copertura dei costi sopportati dall'autorita' competente per l'organizzazione e lo svolgimento delle attivita' istruttorie, di monitoraggio e controllo delle procedure di verifica di assoggettabilita' a VIA, di VIA e di VAS sono definite con decreto del Ministro dell'ambiente e della tutela del territorio e del mare, di concerto con il Ministro dell'economia e delle finanze.))

2. Per le finalita' di cui al comma 1, le regioni e le province autonome di Trento e di Bolzano possono definire proprie modalita' di quantificazione e corresponsione degli oneri da porre in capo ai proponenti.

3. Nelle more dei provvedimenti di cui ai commi 1 e 2, si continuano ad applicare le norme vigenti in materia.

3-bis. Le spese occorrenti per effettuare i rilievi, gli accertamenti ed i sopralluoghi necessari per l'istruttoria delle domande di autorizzazione integrata ambientale o delle domande di modifica di cui all'articolo 29-nonies o del riesame di cui all'articolo 29-octies e per i successivi controlli previsti dall'articolo 29-decies sono a carico del gestore. Con decreto del Ministro dell'ambiente e della tutela del territorio e del mare, di concerto con il Ministro dello sviluppo economico e con il Ministro dell'economia e delle finanze, d'intesa con la Conferenza permanente per i rapporti tra lo Stato, le regioni e le province autonome di Trento e di Bolzano, sono disciplinate le modalita', anche contabili, e le tariffe da applicare in relazione alle istruttorie e ai controlli previsti al Titolo III-bis della Parte Seconda, nonche' i compensi spettanti ai membri della Commissione istruttoria di cui all'articolo 8-bis. Il predetto decreto stabilisce altresi' le modalita' volte a garantire l'allineamento temporale tra gli introiti derivanti dalle tariffe e gli oneri derivanti dalle attivita' istruttorie e di controllo. Gli oneri per l'istruttoria e per i controlli sono quantificati in relazione alla complessita' delle attivita' svolte dall'autorita' competente e dall'ente responsabile degli accertamenti di cui all'articolo 29-decies, comma 3, sulla base delle categorie di attivita' condotte nell'installazione, del numero e della tipologia delle emissioni e delle componenti ambientali interessate, nonche' della eventuale presenza di sistemi di gestione ambientale registrati o certificati e delle spese di funzionamento della commissione di cui all'articolo 8-bis. Gli introiti derivanti dalle tariffe corrispondenti a tali oneri, posti a carico del gestore, sono utilizzati esclusivamente per le predette spese. A tale fine gli importi delle tariffe istruttorie vengono versati, per installazioni di cui all'Allegato XII alla Parte Seconda, all'entrata del bilancio dello Stato per essere integralmente riassegnati allo stato di previsione del Ministero dell'ambiente e della tutela del territorio e del mare. Con gli stessi criteri e modalita' di emanazione, le tariffe sono aggiornate almeno ogni due anni.

3-ter. Nelle more del decreto di cui al comma 3-bis, resta fermo quanto stabilito dal decreto 24 aprile 2008, pubblicato nella Gazzetta Ufficiale del 22 settembre 2008.

4. Al fine di garantire l'operativita' della Commissione di cui all'articolo 8-bis, nelle more dell'adozione del decreto di cui al comma 3-bis, e fino all'entrata in vigore del decreto di determinazione delle tariffe di cui al comma 1 del presente articolo, per le spese di funzionamento nonche' per il pagamento dei compensi spettanti ai componenti della predetta Commissione e' posto a carico del richiedente il versamento all'entrata del bilancio dello Stato di una somma forfetaria pari ad euro venticinquemila per ogni richiesta di autorizzazione integrata ambientale per impianti di competenza statale; la predetta somma e' riassegnata entro sessanta giorni, con decreto del Ministro dell'economia e delle finanze, ad apposito capitolo dello stato di previsione del Ministero dell'ambiente e della tutela del territorio e del mare. Le somme di cui al presente comma si intendono versate a titolo di acconto, fermo restando l'obbligo del richiedente di corrispondere conguaglio in relazione all'eventuale differenza risultante a quanto stabilito dal decreto di determinazione delle tariffe, fissate per la copertura integrale del costo effettivo del servizio reso.

ART. 34
Norme tecniche, organizzative e integrative

1. COMMA ABROGATO DAL D.LGS. 16 GIUGNO 2017, N. 104.
2. COMMA ABROGATO DAL D.LGS. 16 GIUGNO 2017, N. 104.
3. Il Governo, con apposita delibera del ((Comitato interministeriale per la transizione ecologica, su proposta del Ministro della transizione ecologica)), sentita la Conferenza permanente per i rapporti tra lo Stato le regioni e le province autonome, ed acquisito il parere delle associazioni ambientali munite di requisiti sostanziali omologhi a quelli previsti dall'articolo 13 della legge 8 luglio 1986, n. 349, provvede, con cadenza almeno triennale, all'aggiornamento della Strategia nazionale per lo sviluppo sostenibile di cui alla delibera del Comitato interministeriale per la programmazione economica del 2 agosto 2002.
4. Entro dodici mesi dalla delibera di aggiornamento della strategia nazionale di cui al comma 3, le regioni si dotano, attraverso adeguati processi informativi e partecipativi, senza oneri aggiuntivi a carico dei bilanci regionali, di una complessiva strategia di sviluppo sostenibile che sia coerente e definisca il contributo alla realizzazione degli obiettivi della strategia nazionale. Le strategie regionali indicano insieme al contributo della regione agli obiettivi nazionali, la strumentazione, le priorita', le azioni che si intendono intraprendere. In tale ambito le regioni assicurano unitarieta' all'attivita' di pianificazione. Le regioni promuovono l'attivita' delle amministrazioni locali che, anche attraverso i processi di Agenda 21 locale, si dotano di strumenti strategici coerenti e capaci di portare un contributo alla realizzazione degli obiettivi della strategia regionale.
5. Le strategie di sviluppo sostenibile definiscono il quadro di riferimento per le valutazioni ambientali di cui al presente decreto. Dette strategie, definite coerentemente ai diversi livelli territoriali, attraverso la partecipazione dei cittadini e delle loro associazioni, in rappresentanza delle diverse istanze, assicurano la dissociazione fra la crescita economica ed il suo impatto sull'ambiente, il rispetto delle condizioni di stabilita' ecologica, la salvaguardia della biodiversita' ed il soddisfacimento dei requisiti sociali connessi allo sviluppo delle potenzialita' individuali quali presupposti necessari per la crescita della competitivita' e dell'occupazione.
6. Il Ministero dell'ambiente e della tutela del territorio e del mare, le regioni e le province autonome cooperano per assicurare assetti organizzativi, anche mediante la costituzione di apposite unita' operative, senza aggravio per la finanza pubblica, e risorse atti a garantire le condizioni per lo svolgimento di funzioni finalizzate a:
   a) determinare, nell'ottica della strategia di sviluppo sostenibile, i requisiti per una piena integrazione della dimensione ambientale nella definizione e valutazione di politiche, piani, programmi e progetti;
   b) garantire le funzioni di orientamento, valutazione, sorveglianza e controllo nei processi decisionali della pubblica amministrazione;
   c) assicurare lo scambio e la condivisione di esperienze e contenuti tecnico-scientifici in materia di valutazione ambientale;
   d) favorire la promozione e diffusione della cultura della sostenibilita' dell'integrazione ambientale;
   e) agevolare la partecipazione delle autorita' interessate e del pubblico ai processi decisionali ed assicurare un'ampia diffusione delle informazioni ambientali.
7. Le norme tecniche assicurano la semplificazione delle procedure di valutazione. In particolare, assicurano che la valutazione ambientale strategica e la valutazione d'impatto ambientale si riferiscano al livello strategico pertinente analizzando la coerenza ed il contributo di piani, programmi e progetti alla realizzazione degli obiettivi e delle azioni di livello superiore. Il processo di valutazione nella sua interezza deve anche assicurare che piani,

programmi e progetti riducano il flusso di materia ed energia che attraversa il sistema economico e la connessa produzione di rifiuti.

8. Il sistema di monitoraggio, effettuato anche avvalendosi delle Agenzie ambientali e dell'Istituto superiore per la protezione e la ricerca ambientale (ISPRA), garantisce la raccolta dei dati concernenti gli indicatori strutturali comunitari o altri appositamente scelti dall'autorita' competente.

9. Salvo quanto disposto dai commi 9-bis e 9-ter le modifiche agli allegati alla parte seconda del presente decreto sono apportate con regolamenti da emanarsi, previo parere della Conferenza permanente per i rapporti tra lo Stato, le regioni e le province autonome, ai sensi dell'articolo 17, comma 2, della legge 23 agosto 1988, n. 400, su proposta del Ministro dell'ambiente e della tutela del territorio e del mare.

9-bis. L'elenco riportato nell'allegato IX, ove necessario, e' modificato con decreto del Ministro dell'ambiente e della tutela del territorio e del mare, di concerto con i Ministri dello sviluppo economico e del lavoro, della salute e delle politiche sociali, d'intesa con la Conferenza unificata istituita ai sensi del decreto legislativo 28 agosto 1997, n. 281. Con le stesse modalita', possono essere introdotte modifiche all'allegato XII, anche per assicurare il coordinamento tra le procedure di rilascio dell'autorizzazione integrata ambientale e quelle in materia di valutazione d'impatto ambientale.

9-ter. Con decreto del Ministro dell'ambiente e della tutela del territorio e del mare, previa comunicazione ai Ministri dello sviluppo economico, del lavoro e delle politiche sociali, della salute e delle politiche agricole, alimentari e forestali, si provvede al recepimento di direttive tecniche di modifica degli allegati VIII, X e XI e XII emanate dalla Commissione europea.

ART. 35
Disposizioni transitorie e finali

1. Le regioni ove necessario adeguano il proprio ordinamento alle disposizioni del presente decreto, entro dodici mesi dall'entrata in vigore. In mancanza di norme vigenti regionali trovano diretta applicazione le norme di cui al presente decreto.

2. Trascorso il termine di cui al comma 1, trovano diretta applicazione le disposizioni del presente decreto, ovvero le disposizioni regionali vigenti in quanto compatibili.

2-bis. Le regioni a statuto speciale e le province autonome di Trento e Bolzano provvedono alle finalita' del presente decreto ai sensi dei relativi statuti.

2-ter. Le procedure di VAS, VIA ed AIA avviate precedentemente all'entrata in vigore del presente decreto sono concluse ai sensi delle norme vigenti al momento dell'avvio del procedimento.

((2-quater. Fino alla data di invio della comunicazione di cui all'articolo 29-decies, comma 1, relativa alla prima autorizzazione integrata ambientale rilasciata all'installazione, le installazioni esistenti per le quali sia stata presentata nei termini previsti la relativa domanda, possono proseguire la propria attivita', nel rispetto della normativa vigente e delle prescrizioni stabilite nelle autorizzazioni ambientali di settore rilasciate per l'esercizio e per le modifiche non sostanziali delle installazioni medesime; tali autorizzazioni restano valide ed efficaci fino alla data di cui all'articolo 29-quater, comma 12, specificata nell'autorizzazione integrata ambientale, ovvero fino alla conclusione del procedimento, ove esso non porti al rilascio dell'autorizzazione integrata ambientale.))

((2-quinquies. Nei casi di cui al comma 2-quater non si applica la sanzione di cui di cui all'articolo 29-quattuordecies, comma 1)).

2-sexies. Le amministrazioni statali, gli enti territoriali e locali, gli enti pubblici, ivi compresi le universita' e gli istituti di ricerca, le societa' per azioni a prevalente partecipazione pubblica, comunicano alle autorita' competenti un elenco dei piani e un riepilogo dei dati storici e conoscitivi del territorio e dell'ambiente in loro possesso, utili ai fini delle istruttorie per il rilascio di autorizzazioni integrate ambientali, segnalando quelli riservati e rendono disponibili tali dati alle stesse autorita' competenti in forma riproducibile e senza altri oneri oltre quelli di copia, anche attraverso le procedure e gli standard di cui all'articolo 6-quater del decreto-legge 12 ottobre 2000, n. 279, convertito, con modificazioni, dalla legge 11 dicembre 2000, n. 365. I dati relativi agli impianti di competenza statale sono comunicati, per il tramite dell'Istituto Superiore per la Protezione e la Ricerca Ambientale, nell'ambito dei compiti istituzionali allo stesso demandati.

2-septies. L'autorita' competente rende accessibili ai gestori i dati storici e conoscitivi del territorio e dell'ambiente in proprio possesso, di interesse ai fini dell'applicazione del presente decreto, ove non ritenuti riservati, ed in particolare quelli di cui al comma 2-sexies, anche attraverso le procedure e gli standard di cui all'articolo 6-quater del decreto-legge 12 ottobre 2000, n. 279, convertito, con modificazioni, dalla legge 11 dicembre 2000, n. 365. A tale fine l'autorita' competente puo' avvalersi dell'Istituto superiore per la Protezione e la Ricerca ambientale, nell'ambito dei compiti istituzionali allo stesso demandati.

2-octies. Con decreto del Presidente del Consiglio dei Ministri, su proposta del Ministro dell'ambiente e della tutela del territorio e del mare, di concerto con il Ministro dello sviluppo economico e con il Ministro del lavoro e delle politiche sociali, della salute e d'intesa con la Conferenza permanente per i rapporti tra lo Stato, le regioni e le province autonome di Trento e di Bolzano, sono disciplinate le modalita' di autorizzazione nel caso in cui piu' impianti o parti di essi siano localizzati sullo stesso sito, gestiti dal medesimo gestore, e soggetti ad autorizzazione integrata ambientale da rilasciare da piu' di una autorita' competente.

2-nonies. Il rilascio dell'autorizzazione di cui al presente decreto non esime i gestori dalla responsabilita' in relazione alle eventuali sanzioni per il mancato raggiungimento degli obiettivi di riduzione delle emissioni di cui al decreto legislativo 4 luglio 2006, n. 216 e successive modifiche ed integrazioni.

ART. 36
(Abrogazioni e modifiche)

1. Gli articoli da 4 a 52 del decreto legislativo 3 aprile 2006, n. 152, sono abrogati.
2. Gli allegati da I a V della Parte II del decreto legislativo 3 aprile 2006, n. 152, sono sostituiti dagli allegati al presente decreto.
3. Fatto salvo quanto previsto dal successivo comma 4, a decorrere dalla data di entrata in vigore della parte seconda del presente decreto sono inoltre abrogati:
   a) l'articolo 6 della legge 8 luglio 1986, n. 349;
   b) l'articolo 18, comma 5, della legge 11 marzo 1988, n. 67;
   c) il decreto del Presidente del Consiglio dei Ministri 10 agosto 1988, n. 377;
   d) l'articolo 7 della legge 2 maggio 1990, n. 102;
   e) il comma 2, dell'articolo 4, ed il comma 2, dell'articolo 5, della legge 4 agosto 1990, n. 240;
   f) il comma 2, dell'articolo 1, della legge 29 novembre 1990, n. 366;
   g) l'articolo 3 della legge 29 novembre 1990, n. 380;
   h) l'articolo 2 della legge 9 gennaio 1991, n. 9;
   i) il decreto del Presidente della Repubblica 5 ottobre 1991, n. 460;
   l) l'articolo 3 della legge 30 dicembre 1991, n. 412;

m) articolo 6 del decreto legislativo 27 gennaio 1992, n. 100;
n) articolo 1 della legge 28 febbraio 1992, n. 220;
o) il decreto del Presidente della Repubblica 27 aprile 1992;
p) il comma 6, dell'articolo 17, della legge 5 gennaio 1994, n. 36;
q) il decreto del Presidente della Repubblica 18 aprile 1994, n. 526;
r) il comma 1, dell'articolo 2-bis, della legge 31 maggio 1995, n. 206 (decreto-legge 29 marzo 1995, n. 96);
s) il decreto del Presidente della Repubblica 12 aprile 1996 pubblicato nella Gazzetta Ufficiale n. 210 del 7 settembre 1996;
t) il decreto del Presidente della Repubblica 11 febbraio 1998;
u) il decreto del Presidente della Repubblica 3 luglio 1998;
v) la Direttiva del Presidente del Consiglio dei Ministri 4 agosto 1999;
z) il decreto del Presidente della Repubblica 2 settembre 1999, n. 348;
aa) il decreto del Presidente del Consiglio dei Ministri 3 settembre 1999, pubblicato nella Gazzetta Ufficiale del 27 dicembre 1999, n. 302;
bb) il decreto del Presidente del Consiglio dei Ministri 1° settembre 2000, pubblicato nella Gazzetta Ufficiale n. 238 dell'11 ottobre 2000;
cc) l'articolo 6 della legge 23 marzo 2001, n. 93;
dd) l'articolo 77, commi 1 e 2, della legge 27 dicembre 2002, n. 289;
ee) gli articoli 1 e 2 del decreto-legge 14 novembre 2003, n. 315, convertito, con modificazioni, dalla legge 16 gennaio 2004, n. 5;
ff) l'articolo 5, comma 9, del decreto legislativo 18 febbraio 2005, n. 59;
gg) l'articolo 30 della legge 18 aprile 2005, n. 62.
4. ((COMMA ABROGATO DAL D.LGS. 4 MARZO 2014, N. 46)).
5. Sono fatte salve le disposizioni contenute nel presente articolo, nel caso in cui dalla loro abrogazione o modifica derivino effetti diretti o indiretti a carico della finanza pubblica.

ART. 37.
((ARTICOLO ABROGATO DAL D.LGS. 16 GENNAIO 2008, N.4))

ART. 38.
((ARTICOLO ABROGATO DAL D.LGS. 16 GENNAIO 2008, N.4))

ART. 39.
((ARTICOLO ABROGATO DAL D.LGS. 16 GENNAIO 2008, N.4))

ART. 40.
((ARTICOLO ABROGATO DAL D.LGS. 16 GENNAIO 2008, N.4))

ART. 41.
((ARTICOLO ABROGATO DAL D.LGS. 16 GENNAIO 2008, N.4))

ART. 42.
((ARTICOLO ABROGATO DAL D.LGS. 16 GENNAIO 2008, N.4))

ART. 43.
((ARTICOLO ABROGATO DAL D.LGS. 16 GENNAIO 2008, N.4))

ART. 44.
((ARTICOLO ABROGATO DAL D.LGS. 16 GENNAIO 2008, N.4))

ART. 45.
((ARTICOLO ABROGATO DAL D.LGS. 16 GENNAIO 2008, N.4))
ART. 46.
((ARTICOLO ABROGATO DAL D.LGS. 16 GENNAIO 2008, N.4))

ART. 47.
((ARTICOLO ABROGATO DAL D.LGS. 16 GENNAIO 2008, N.4))

ART. 48.
((ARTICOLO ABROGATO DAL D.LGS. 16 GENNAIO 2008, N.4))

ART. 49.
((IL D.LGS. 16 GENNAIO 2008, N.4 HA CONFERMATO L'ABROGAZIONE DEL PRESENTE ARTICOLO))

ART. 50.
((ARTICOLO ABROGATO DAL D.LGS. 16 GENNAIO 2008, N.4))

ART. 51.
((ARTICOLO ABROGATO DAL D.LGS. 16 GENNAIO 2008, N.4))

ART. 52.
((ARTICOLO ABROGATO DAL D.LGS. 16 GENNAIO 2008, N.4))

PARTE TERZA
NORME IN MATERIA DI DIFESA DEL SUOLO E LOTTA ALLA DESERTIFICAZIONE, DI TUTELA DELLE ACQUE DALL'INQUINAMENTO E DI GESTIONE DELLE RISORSE IDRICHE

SEZIONE I
NORME IN MATERIA DI DIFESA DEL SUOLO E LOTTA ALLA DESERTIFICAZIONE

TITOLO I
PRINCIPI GENERALI E COMPETENZE

CAPO I
PRINCIPI GENERALI

ART. 53
(finalita)

1. Le disposizioni di cui alla presente sezione sono volte ad assicurare la tutela ed il risanamento del suolo e del sottosuolo, il risanamento idrogeologico del territorio tramite la prevenzione dei fenomeni di dissesto, la messa in sicurezza delle situazioni a rischio e la lotta alla desertificazione.
2. Per il conseguimento delle finalita' di cui al comma 1, la pubblica amministrazione svolge ogni opportuna azione di carattere conoscitivo, di programmazione e pianificazione degli interventi, nonche' preordinata alla loro esecuzione, in conformita' alle disposizioni che seguono.
3. Alla realizzazione delle attivita' previste al comma 1 concorrono, secondo le rispettive competenze, lo Stato, le regioni a statuto speciale ed ordinario, le province autonome di Trento e di Bolzano, le province, i comuni e le comunita' montane e i consorzi di bonifica e di irrigazione.

ART. 54
(definizioni)

1. Ai fini della presente sezione si intende per:
  a) LETTERA ABROGATA DAL D.LGS. 4 MARZO 2014, N. 46;
  b) acque: le acque meteoriche e le acque superficiali e sotterranee come di seguito specificate;
  c) acque superficiali: le acque interne, ad eccezione delle sole acque sotterranee, le acque di transizione e le acque costiere, tranne per quanto riguarda lo stato chimico, in relazione al quale

sono incluse anche le acque territoriali;

d) acque sotterranee: tutte le acque che si trovano sotto la superficie del suolo nella zona di saturazione e a contatto diretto con il suolo o il sottosuolo;

e) acque interne: tutte le acque superficiali correnti o stagnanti e tutte le acque sotterranee all'interno della linea di base che serve da riferimento per definire il limite delle acque territoriali;

f) fiume: un corpo idrico interno che scorre prevalentemente in superficie, ma che puo' essere parzialmente sotterraneo;

g) lago: un corpo idrico superficiale interno fermo;

h) acque di transizione: i corpi idrici superficiali in prossimita' della foce di un fiume, che sono parzialmente di natura salina a causa della loro vicinanza alle acque costiere, ma sostanzialmente influenzati dai flussi di acqua dolce;

i) acque costiere: le acque superficiali situate all'interno rispetto a una retta immaginaria distante, in ogni suo punto, un miglio nautico sul lato esterno dal punto piu' vicino della linea di base che serve da riferimento per definire il limite delle acque territoriali, e che si estendono eventualmente fino al limite esterno delle acque di transizione;

l) corpo idrico superficiale: un elemento distinto e significativo di acque superficiali, quale un lago, un bacino artificiale, un torrente, un fiume o canale, parte di un torrente, fiume o canale, nonche' di acque di transizione o un tratto di acque costiere;

m) corpo idrico artificiale: un corpo idrico superficiale creato da un'attivita' umana;

n) corpo idrico fortemente modificato: un corpo idrico superficiale la cui natura, a seguito di alterazioni fisiche dovute a un'attivita' umana, e' sostanzialmente modificata;

o) corpo idrico sotterraneo: un volume distinto di acque sotterranee contenute da una o piu' falde acquifere;

p) falda acquifera: uno o piu' strati sotterranei di roccia o altri strati geologici di porosita' e permeabilita' sufficiente da consentire un flusso significativo di acque sotterranee o l'estrazione di quantita' significative di acque sotterranee;

q) reticolo idrografico: l'insieme degli elementi che costituiscono il sistema drenante alveato del bacino idrografico;

r) bacino idrografico: il territorio nel quale scorrono tutte le acque superficiali attraverso una serie di torrenti, fiumi ed eventualmente laghi per sfociare al mare in un'unica foce, a estuario o delta;

s) sottobacino o sub-bacino: il territorio nel quale scorrono tutte le acque superficiali attraverso una serie di torrenti, fiumi ed eventualmente laghi per sfociare in un punto specifico di un corso d'acqua, di solito un lago o la confluenza di un fiume;

t) distretto idrografico: area di terra e di mare, costituita da uno o piu' bacini idrografici limitrofi e dalle rispettive acque sotterranee e costiere che costituisce la principale unita' per la gestione dei bacini idrografici;

u) difesa del suolo: il complesso delle azioni ed attivita' riferibili alla tutela e salvaguardia del territorio, dei fiumi, dei canali e collettori, degli specchi lacuali, delle lagune, della fascia costiera, delle acque sotterranee, nonche' del territorio a questi connessi, aventi le finalita' di ridurre il rischio idraulico, stabilizzare i fenomeni di dissesto geologico, ottimizzare l'uso e la gestione del patrimonio idrico, valorizzare le caratteristiche ambientali e paesaggistiche collegate;

v) dissesto idrogeologico: la condizione che caratterizza aree ove processi naturali o antropici, relativi alla dinamica dei corpi idrici, del suolo o dei versanti, determinano condizioni di rischio sul territorio;

z) opera idraulica: l'insieme degli elementi che costituiscono il sistema drenante alveato del bacino idrografico;

((z-bis) Autorita' di bacino distrettuale o Autorita' di bacino: l'autorita' competente ai sensi dell'articolo 3 della direttiva 2000/60/CE del Parlamento europeo e del Consiglio, del 23 ottobre 2000, e dell'articolo 3 del decreto legislativo 23 febbraio 2010, n. 49;

z-ter) Piano di bacino distrettuale o Piano di bacino: il Piano di distretto)).

ART. 55
(attivita' conoscitiva)

1. Nell'attivita' conoscitiva, svolta per le finalita' di cui all'articolo 53 e riferita all'intero territorio nazionale, si intendono comprese le azioni di:
   a) raccolta, elaborazione, archiviazione e diffusione dei dati;
   b) accertamento, sperimentazione, ricerca e studio degli elementi dell'ambiente fisico e delle condizioni generali di rischio;
   c) formazione ed aggiornamento delle carte tematiche del territorio;
   d) valutazione e studio degli effetti conseguenti alla esecuzione dei piani, dei programmi e dei progetti di opere previsti dalla presente sezione;
   e) attuazione di ogni iniziativa a carattere conoscitivo ritenuta necessaria per il conseguimento delle finalita' di cui all'articolo 53.
2. L'attivita' conoscitiva di cui al presente articolo e' svolta, sulla base delle deliberazioni di cui all'articolo 57, comma 1, secondo criteri, metodi e standard di raccolta, elaborazione e consultazione, nonche' modalita' di coordinamento e di collaborazione tra i soggetti pubblici comunque operanti nel settore, che garantiscano la possibilita' di omogenea elaborazione ed analisi e la costituzione e gestione, ad opera del Servizio geologico d'Italia - Dipartimento difesa del suolo dell'((Istituto superiore per la protezione e la ricerca ambientale)) (((ISPRA))) di cui all'articolo 38 del decreto legislativo 30 luglio 1999, n. 300, di un unico sistema informativo, cui vanno raccordati i sistemi informativi regionali e quelli delle province autonome.
3. E' fatto obbligo alle Amministrazioni dello Stato, anche ad ordinamento autonomo, nonche' alle istituzioni ed agli enti pubblici, anche economici, che comunque raccolgano dati nel settore della difesa del suolo, di trasmetterli alla regione territorialmente interessata ed al Servizio geologico d'Italia - Dipartimento difesa del suolo dell' ((Istituto superiore per la protezione e la ricerca ambientale)) (((ISPRA))), secondo le modalita' definite ai sensi del comma 2 del presente articolo.
4. L'Associazione nazionale Comuni italiani (ANCI) contribuisce allo svolgimento dell'attivita' conoscitiva di cui al presente articolo, in particolare ai fini dell'attuazione delle iniziative di cui al comma 1, lettera e), nonche' ai fini della diffusione dell'informazione ambientale di cui agli articoli 8 e 9 del decreto legislativo 19 agosto 2005, n. 195, di recepimento della direttiva 2003/4/CE del Parlamento europeo e del Consiglio del 28 gennaio 2003, e in attuazione di quanto previsto dall'articolo 1 della legge 17 maggio 1999, n. 144, e altresi' con riguardo a:
   a) inquinamento dell'aria;
   b) inquinamento delle acque, riqualificazione fluviale e ciclo idrico integrato;
   c) inquinamento acustico, elettromagnetico e luminoso;
   d) tutela del territorio;
   e) sviluppo sostenibile;
   f) ciclo integrato dei rifiuti;
   g) energie da fonti energetiche rinnovabili;
   h) parchi e aree protette.
5. L'ANCI provvede all'esercizio delle attivita' di cui al comma 4 attraverso la raccolta e l'elaborazione dei dati necessari al

monitoraggio della spesa ambientale sul territorio nazionale in regime di convenzione con il ((Ministero dell'ambiente e della tutela del territorio e del mare)). Con decreto del ((Ministro dell'ambiente e della tutela del territorio e del mare)) sono definiti i criteri e le modalita' di esercizio delle suddette attivita'. Per lo svolgimento di queste ultime viene destinata, nei limiti delle previsioni di spesa di cui alla convenzione in essere, una somma non inferiore all'uno e cinquanta per cento dell'ammontare della massa spendibile annualmente delle spese d'investimento previste per il ((Ministero dell'ambiente e della tutela del territorio e del mare)). Per l'esercizio finanziario 2006, all'onere di cui sopra si provvede a valere sul fondo da ripartire per la difesa del suolo e la tutela ambientale.

ART. 56
(attivita' di pianificazione, di programmazione e di attuazione)

1. Le attivita' di programmazione, di pianificazione e di attuazione degli interventi destinati a realizzare le finalita' di cui all'articolo 53 riguardano, ferme restando le competenze e le attivita' istituzionali proprie del Servizio nazionale di protezione civile, in particolare:
    a) la sistemazione, la conservazione ed il recupero del suolo nei bacini idrografici, con interventi idrogeologici, idraulici, idraulico-forestali, idraulico-agrari, silvo-pastorali, di forestazione e di bonifica, anche attraverso processi di recupero naturalistico, botanico e faunistico;
    b) la difesa, la sistemazione e la regolazione dei corsi d'acqua, dei rami terminali dei fiumi e delle loro foci nel mare, nonche' delle zone umide;
    c) la moderazione delle piene, anche mediante serbatoi di invaso, vasche di laminazione, casse di espansione, scaricatori, scolmatori, diversivi o altro, per la difesa dalle inondazioni e dagli allagamenti;
    d) la disciplina delle attivita' estrattive nei corsi d'acqua, nei laghi, nelle lagune ed in mare, al fine di prevenire il dissesto del territorio, inclusi erosione ed abbassamento degli alvei e delle coste; e) la difesa e il consolidamento dei versanti e delle aree instabili, nonche' la difesa degli abitati e delle infrastrutture contro i movimenti franosi, le valanghe e altri fenomeni di dissesto;
    f) il contenimento dei fenomeni di subsidenza dei suoli e di risalita delle acque marine lungo i fiumi e nelle falde idriche, anche mediante operazioni di ristabilimento delle preesistenti condizioni di equilibrio e delle falde sotterranee;
    g) la protezione delle coste e degli abitati dall'invasione e dall'erosione delle acque marine ed il ripascimento degli arenili, anche mediante opere di ricostituzione dei cordoni dunosi;
    h) la razionale utilizzazione delle risorse idriche superficiali e profonde, con una efficiente rete idraulica, irrigua ed idrica, garantendo, comunque, che l'insieme delle derivazioni non pregiudichi il minimo deflusso vitale negli alvei sottesi nonche' la polizia delle acque;
    i) lo svolgimento funzionale dei servizi di polizia idraulica, di navigazione interna, nonche' della gestione dei relativi impianti;
    l) la manutenzione ordinaria e straordinaria delle opere e degli impianti nel settore e la conservazione dei beni;
    m) la regolamentazione dei territori interessati dagli interventi di cui alle lettere precedenti ai fini della loro tutela ambientale, anche mediante la determinazione di criteri per la salvaguardia e la conservazione delle aree demaniali e la costituzione di parchi fluviali e lacuali e di aree protette;
    n) il riordino del vincolo idrogeologico.
2. Le attivita' di cui al comma 1 sono svolte secondo criteri, metodi e standard, nonche' modalita' di coordinamento e di collaborazione tra i soggetti pubblici comunque competenti,

preordinati, tra l'altro, a garantire omogeneita' di:
   a) condizioni di salvaguardia della vita umana e del territorio, ivi compresi gli abitati ed i beni;
   b) modalita' di utilizzazione delle risorse e dei beni, e di gestione dei servizi connessi.

CAPO II
COMPETENZE

ART. 57
(Presidente del Consiglio dei Ministri, Comitato dei Ministri per gli interventi nel settore della difesa del suolo)

1. Il Presidente del Consiglio dei Ministri, previa deliberazione del Consiglio dei Ministri, approva con proprio decreto:
   a) su proposta del Ministro dell'ambiente e della tutela del territorio e del mare:
      1) le deliberazioni concernenti i metodi ed i criteri, anche tecnici, per lo svolgimento delle attivita' di cui agli articoli 55 e 56, nonche' per la verifica ed il controllo dei piani di bacino e dei programmi di intervento;
      2) i piani di bacino, sentita la Conferenza Stato-regioni ((che si pronuncia entro trenta giorni dalla richiesta di parere, decorsi i quali si procede anche in mancanza del parere));
      3) gli atti volti a provvedere in via sostitutiva, previa diffida, in caso di persistente inattivita' dei soggetti ai quali sono demandate le funzioni previste dalla presente sezione;
      4) ogni altro atto di indirizzo e coordinamento nel settore disciplinato dalla presente sezione;
   b) su proposta del Comitato dei Ministri di cui al comma 2, il programma nazionale di intervento.
2. Il Comitato dei Ministri per gli interventi nel settore della difesa del suolo opera presso la Presidenza del Consiglio dei Ministri. Il Comitato presieduto dal Presidente del Consiglio dei Ministri o, su sua delega, dal Ministro dell'ambiente e della tutela del territorio e del mare, e' composto da quest'ultimo e dai Ministri delle infrastrutture e dei trasporti, delle attivita' produttive, delle politiche agricole e forestali, per gli affari regionali e per i beni e le attivita' culturali, nonche' dal delegato del Presidente del Consiglio dei Ministri in materia di protezione civile.
3. Il Comitato dei Ministri ha funzioni di alta vigilanza ed adotta gli atti di indirizzo e di coordinamento delle attivita'. Propone al Presidente del Consiglio dei Ministri lo schema di programma nazionale di intervento, che coordina con quelli delle regioni e degli altri enti pubblici a carattere nazionale, verificandone l'attuazione.
4. Al fine di assicurare il necessario coordinamento tra le diverse amministrazioni interessate, il Comitato dei Ministri propone gli indirizzi delle politiche settoriali direttamente o indirettamente connesse con gli obiettivi e i contenuti della pianificazione di distretto e ne verifica la coerenza nella fase di approvazione dei relativi atti.
5. Per lo svolgimento delle funzioni di segreteria tecnica, il Comitato dei Ministri si avvale delle strutture delle Amministrazioni statali competenti.
6. I principi degli atti di indirizzo e coordinamento di cui al presente articolo sono definiti sentita la Conferenza permanente per i rapporti tra lo Stato, le regioni e le province autonome di Trento e di Bolzano.

ART. 57-bis
(Comitato interministeriale per la transizione ecologica).

1. E' istituito, presso la Presidenza del Consiglio dei ministri,

il Comitato interministeriale per la transizione ecologica (CITE) con il compito di assicurare il coordinamento delle politiche nazionali per la transizione ecologica e la relativa programmazione, ferme restando le competenze del Comitato interministeriale per la programmazione economica e lo sviluppo sostenibile.

2. Il CITE e' presieduto dal Presidente del Consiglio dei ministri, che puo' delegare il Ministro dell'ambiente e della sicurezza energetica ovvero, qualora si tratti di materia concernente la politica industriale, il Ministro delle imprese e del made in Italy. Il Comitato e' composto dai Ministri dell'ambiente e della sicurezza energetica, delle imprese e del made in Italy, dell'economia e delle finanze, delle infrastrutture e dei trasporti, del lavoro e delle politiche sociali e dell'agricoltura, della sovranita' alimentare e delle foreste. ((Alle riunioni del Comitato)) partecipano, altresi', gli altri Ministri ((, o loro delegati,)) aventi competenza nelle materie oggetto dei provvedimenti e delle tematiche poste all'ordine del giorno.

3. Il CITE approva il Piano per la transizione ecologica e per la sicurezza energetica, al fine di coordinare le politiche e le misure di incentivazione ((nazionali ed europee)) in materia di:
 a) riduzione delle emissioni di gas climalteranti;
 b) mobilita' sostenibile;
 c) contrasto del dissesto idrogeologico e del consumo del suolo;
 c-bis) mitigazione e adattamento ai cambiamenti climatici;
 d) risorse idriche e relative infrastrutture;
 e) qualita' dell'aria;
 f) economia circolare.
 f-bis) bioeconomia circolare e fiscalita' ambientale, ivi compresi i sussidi ambientali e la finanza climatica e sostenibile.
 f-ter) sostegno e sviluppo delle imprese in materia di produzione energetica;
 f-quater) utilizzo delle fonti rinnovabili e dell'idrogeno;
 f-quinquies) sicurezza energetica.

4. Il Piano individua le azioni, le misure, il relativo cronoprogramma, nonche' le amministrazioni competenti all'attuazione delle singole misure e indica altresi' le relative fonti di finanziamento gia' previste dalla normativa e dagli atti vigenti. Sulla proposta di Piano predisposta dal CITE e' acquisito il parere della Conferenza unificata di cui all'articolo 8 del decreto legislativo 28 agosto 1997, n. 281, che e' reso nel termine di venti giorni dalla data di trasmissione. La proposta di Piano e' contestualmente trasmessa alle Camere per l'espressione dei pareri delle Commissioni parlamentari competenti per materia, che si pronunciano nel termine di trenta giorni dalla data di trasmissione. Il Piano e' approvato in via definitiva dal CITE entro trenta giorni dall'espressione dei pareri ovvero dall'inutile decorso dei termini di cui al secondo e al terzo periodo.

4-bis. Dopo l'approvazione definitiva del Piano da parte del CITE, il Presidente del Consiglio dei ministri o un Ministro da lui delegato trasmette alle Camere, entro il 31 maggio di ogni anno, una relazione annuale sullo stato di attuazione del Piano, dando conto delle azioni, delle misure e delle fonti di finanziamento adottate.

5. Il CITE delibera sulla rimodulazione dei sussidi ambientalmente dannosi di cui all'articolo 68 della legge 28 dicembre 2015, n. 221.

5-bis. La Commissione per lo studio e l'elaborazione di proposte per la transizione ecologica e per la riduzione dei sussidi ambientalmente dannosi, di cui al comma 98 dell'articolo 1 della legge 27 dicembre 2019, n. 160, e' soppressa e i relativi compiti sono attribuiti al Comitato tecnico di supporto di cui al comma 7 del presente articolo.

5-ter. All'articolo 68, comma 2, della legge 28 dicembre 2015, n. 221, il secondo periodo e' sostituito dal seguente: "Il Ministro della transizione ecologica invia alle Camere e al Comitato interministeriale per la transizione ecologica, entro il 15 luglio di ogni anno, una relazione concernente gli esiti dell'aggiornamento del

Catalogo e le proposte per la progressiva eliminazione dei sussidi ambientalmente dannosi e per la promozione dei sussidi ambientalmente favorevoli, anche al fine di contribuire alla realizzazione del Piano per la transizione ecologica".

6. Il CITE monitora l'attuazione del Piano, lo aggiorna in funzione degli obiettivi conseguiti e delle priorita' indicate anche in sede europea e adotta le iniziative idonee a superare eventuali ostacoli e ritardi.

7. Con decreto del Presidente del Consiglio dei ministri e' istituito un Comitato tecnico di supporto del CITE, composto da due rappresentanti della Presidenza del Consiglio dei ministri, di cui uno nominato dal Ministro per gli affari regionali e le autonomie, e da un rappresentante per ciascuno dei Ministeri di cui al comma 2, designati dai rispettivi Ministri, con il compito di istruire le questioni all'ordine del giorno del CITE. Ai componenti del Comitato tecnico di supporto del CITE non spettano compensi, gettoni di presenza, rimborsi di spese o altri emolumenti comunque denominati.

8. Con decreto del Presidente del Consiglio dei ministri, su proposta del Ministro dell'ambiente e della sicurezza energetica e del Ministro delle imprese e del made in Italy, e' adottato il regolamento interno del CITE, che ne disciplina il funzionamento. ((Le deliberazioni del CITE sono pubblicate nel sito internet istituzionale del Ministero dell'ambiente e della sicurezza energetica)).

9. La Presidenza del Consiglio dei ministri assicura il supporto tecnico e organizzativo alle attivita' del CITE nell'ambito delle risorse finanziarie, umane e strumentali disponibili a legislazione vigente.

10. Le attivita' di cui al presente articolo sono svolte nell'ambito delle risorse umane, strumentali e finanziarie disponibili a legislazione vigente, senza nuovi o maggiori oneri per la finanza pubblica.

ART. 58
(competenze del ((Ministro dell'ambiente
e della tutela del territorio e del mare)))

1. Il ((Ministro dell'ambiente e della tutela del territorio e del mare)) esercita le funzioni e i compiti spettanti allo Stato nelle materie disciplinate dalla presente sezione, ferme restando le competenze istituzionali del Servizio nazionale di protezione civile.

2. In particolare, il ((Ministro dell'ambiente e della tutela del territorio e del mare)):
  a) formula proposte, sentita la Conferenza Stato-regioni, ai fini dell'adozione, ai sensi dell'articolo 57, degli indirizzi e dei criteri per lo svolgimento del servizio di polizia idraulica, di navigazione interna e per la realizzazione, gestione e manutenzione delle opere e degli impianti e la conservazione dei beni;
  b) predispone la relazione sull'uso del suolo e sulle condizioni dell'assetto idrogeologico, da allegare alla relazione sullo stato dell'ambiente di cui all'articolo 1, comma 6, della legge 8 luglio 1986, n. 349, nonche' la relazione sullo stato di attuazione dei programmi triennali di intervento per la difesa del suolo, di cui all'articolo 69, da allegare alla relazione previsionale e programmatica. La relazione sull'uso del suolo e sulle condizioni dell'assetto idrogeologico e la relazione sullo stato dell'ambiente sono redatte avvalendosi del Servizio geologico d'Italia - Dipartimento difesa del suolo dell' ((Istituto superiore per la protezione e la ricerca ambientale)) (((ISPRA)));
  c) opera, ai sensi dell'articolo 2, commi 5 e 6, della legge 8 luglio 1986, n. 349, per assicurare il coordinamento, ad ogni livello di pianificazione, delle funzioni di difesa del suolo con gli interventi per la tutela e l'utilizzazione delle acque e per la tutela dell'ambiente.

3. Ai fini di cui al comma 2, il ((Ministero dell'ambiente e della

tutela del territorio e del mare))svolge le seguenti funzioni:
   a) programmazione, finanziamento e controllo degli interventi in materia di difesa del suolo;
   b) previsione, prevenzione e difesa del suolo da frane, alluvioni e altri fenomeni di dissesto idrogeologico, nel medio e nel lungo termine al fine di garantire condizioni ambientali permanenti ed omogenee, ferme restando le competenze del Dipartimento della protezione civile in merito agli interventi di somma urgenza;
   c) indirizzo e coordinamento dell'attivita' dei rappresentanti del Ministero in seno alle Autorita' di bacino distrettuale di cui all'articolo 63;
   d) identificazione delle linee fondamentali dell'assetto del territorio nazionale con riferimento ai valori naturali e ambientali e alla difesa del suolo, nonche' con riguardo all'impatto ambientale dell'articolazione territoriale delle reti infrastrutturali, delle opere di competenza statale e delle trasformazioni territoriali;
   e) determinazione di criteri, metodi e standard di raccolta, elaborazione, da parte del Servizio geologico d'Italia - Dipartimento difesa del suolo dell' ((Istituto superiore per la protezione e la ricerca ambientale)) (((ISPRA))), e di consultazione dei dati, definizione di modalita' di coordinamento e di collaborazione tra i soggetti pubblici operanti nel settore, nonche' definizione degli indirizzi per l'accertamento e lo studio degli elementi dell'ambiente fisico e delle condizioni generali di rischio;
   f) valutazione degli effetti conseguenti all'esecuzione dei piani, dei programmi e dei progetti su scala nazionale di opere nel settore della difesa del suolo;
   g) coordinamento dei sistemi cartografici.

ART. 59
(competenze della Conferenza Stato-regioni)

1. La Conferenza Stato-regioni formula pareri, proposte ed osservazioni, anche ai fini dell'esercizio delle funzioni di indirizzo e coordinamento di cui all'articolo 57, in ordine alle attivita' ed alle finalita' di cui alla presente sezione, ed ogni qualvolta ne e' richiesta dal ((Ministro dell'ambiente e della tutela del territorio e del mare)). In particolare:
   a) formula proposte per l'adozione degli indirizzi, dei metodi e dei criteri di cui al predetto articolo 57;
   b) formula proposte per il costante adeguamento scientifico ed organizzativo del Servizio geologico d'Italia - Dipartimento difesa del suolo dell' ((Istituto superiore per la protezione e la ricerca ambientale)) (((ISPRA))) e per il suo coordinamento con i servizi, gli istituti, gli uffici e gli enti pubblici e privati che svolgono attivita' di rilevazione, studio e ricerca in materie riguardanti, direttamente o indirettamente, il settore della difesa del suolo;
   c) formula osservazioni sui piani di bacino, ai fini della loro conformita' agli indirizzi e ai criteri di cui all'articolo 57;
   d) esprime pareri sulla ripartizione degli stanziamenti autorizzati da ciascun programma triennale tra i soggetti preposti all'attuazione delle opere e degli interventi individuati dai piani di bacino;
   e) esprime pareri sui programmi di intervento di competenza statale.

ART. 60
(competenze dell' ((Istituto superiore
per la protezione e la ricerca ambientale)) - ((ISPRA)))

1. Ferme restando le competenze e le attivita' istituzionali proprie del Servizio nazionale di protezione civile, l' ((Istituto superiore per la protezione e la ricerca ambientale)) (((ISPAR))) esercita, mediante il Servizio geologico d'Italia Dipartimento difesa del suolo, le seguenti funzioni:

a) svolgere l'attivita' conoscitiva, qual e' definita all'articolo 55;
b) realizzare il sistema informativo unico e la rete nazionale integrati di rilevamento e sorveglianza;
c) fornire, a chiunque ne formuli richiesta, dati, pareri e consulenze, secondo un tariffario fissato ogni biennio con decreto del Presidente del Consiglio dei Ministri, su proposta del ((Ministro dell'ambiente e della tutela del territorio e del mare)) di concerto con il Ministro dell'economia e delle finanze. Le tariffe sono stabilite in base al principio della partecipazione al costo delle prestazioni da parte di chi ne usufruisca.

ART. 61
(competenze delle regioni)

1. Le regioni, ferme restando le attivita' da queste svolte nell'ambito delle competenze del Servizio nazionale di protezione civile, ove occorra d'intesa tra loro, esercitano le funzioni e i compiti ad esse spettanti nel quadro delle competenze costituzionalmente determinate e nel rispetto delle attribuzioni statali, ed in particolare:
a) collaborano nel rilevamento e nell'elaborazione dei piani di bacino dei distretti idrografici secondo le direttive assunte dalla Conferenza istituzionale permanente di cui all'articolo 63, comma 4, ed adottano gli atti di competenza;
b) formulano proposte per la formazione dei programmi e per la redazione di studi e di progetti relativi ai distretti idrografici;
c) provvedono alla elaborazione, adozione, approvazione ed attuazione dei piani di tutela di cui all'articolo 121;
d) per la parte di propria competenza, dispongono la redazione e provvedono all'approvazione e all'esecuzione dei progetti, degli interventi e delle opere da realizzare nei distretti idrografici, istituendo, ove occorra, gestioni comuni;
e) provvedono, per la parte di propria competenza, all'organizzazione e al funzionamento del servizio di polizia idraulica ed a quelli per la gestione e la manutenzione delle opere e degli impianti e la conservazione dei beni;
f) provvedono all'organizzazione e al funzionamento della navigazione interna, ferme restando le residue competenze spettanti al Ministero delle infrastrutture e dei trasporti;
g) predispongono annualmente la relazione sull'uso del suolo e sulle condizioni dell'assetto idrogeologico del territorio di competenza e sullo stato di attuazione del programma triennale in corso e la trasmettono al ((Ministro dell'ambiente e della tutela del territorio e del mare)) entro il mese di dicembre;
h) assumono ogni altra iniziativa ritenuta necessaria in materia di conservazione e difesa del territorio, del suolo e del sottosuolo e di tutela ed uso delle acque nei bacini idrografici di competenza ed esercitano ogni altra funzione prevista dalla presente sezione.
2. Il Registro italiano dighe (RID) provvede in via esclusiva, anche nelle zone sismiche, alla identificazione e al controllo dei progetti delle opere di sbarramento, delle dighe di ritenuta o traverse che superano 15 metri di altezza o che determinano un volume di invaso superiore a 1.000.000 di metri cubi. Restano di competenza del Ministero delle attivita' produttive tutte le opere di sbarramento che determinano invasi adibiti esclusivamente a deposito o decantazione o lavaggio di residui industriali.
3. Rientrano nella competenza delle regioni e delle province autonome di Trento e di Bolzano le attribuzioni di cui al decreto del Presidente della Repubblica 1° novembre 1959, n. 1363, per gli sbarramenti che non superano i 15 metri di altezza e che determinano un invaso non superiore a 1.000.000 di metri cubi. Per tali sbarramenti, ove posti al servizio di grandi derivazioni di acqua di competenza statale, restano ferme le attribuzioni del Ministero delle infrastrutture e dei trasporti. Il Registro italiano dighe (RID)

fornisce alle regioni il supporto tecnico richiesto.
   4. Resta di competenza statale la normativa tecnica relativa alla progettazione e costruzione delle dighe di sbarramento di qualsiasi altezza e capacita' di invaso.
   5. Le funzioni relative al vincolo idrogeologico di cui al regio decreto-legge 30 dicembre 1923, n. 3267, sono interamente esercitate dalle regioni.
   6. Restano ferme tutte le altre funzioni amministrative gia' trasferite o delegate alle regioni.

ART. 62
(competenze degli enti locali e di altri soggetti)

   1. I comuni, le province, i loro consorzi o associazioni, le comunita' montane, i consorzi di bonifica e di irrigazione, i consorzi di bacino imbrifero montano e gli altri enti pubblici e di diritto pubblico con sede nel distretto idrografico partecipano all'esercizio delle funzioni regionali in materia di difesa del suolo nei modi e nelle forme stabilite dalle regioni singolarmente o d'intesa tra loro, nell'ambito delle competenze del sistema delle autonomie locali.
   2. Gli enti di cui al comma 1 possono avvalersi, sulla base di apposite convenzioni, del Servizio geologico d'Italia - Dipartimento difesa del suolo dell'((Istituto superiore per la protezione e la ricerca ambientale)) (((ISPRA))) e sono tenuti a collaborare con la stessa.

ART. 63
(((Autorita' di bacino distrettuale).))

   ((1. In ciascun distretto idrografico di cui all'articolo 64 e' istituita l'Autorita' di bacino distrettuale, di seguito denominata "Autorita' di bacino", ente pubblico non economico che opera in conformita' agli obiettivi della presente sezione e uniforma la propria attivita' a criteri di efficienza, efficacia, economicita' e pubblicita'.
   2. Nel rispetto dei principi di sussidiarieta', differenziazione e adeguatezza nonche' di efficienza e riduzione della spesa, nei distretti idrografici il cui territorio coincide con il territorio regionale, le regioni, al fine di adeguare il proprio ordinamento ai principi del presente decreto, istituiscono l'Autorita' di bacino distrettuale, che esercita i compiti e le funzioni previsti nel presente articolo; alla medesima Autorita' di bacino distrettuale sono altresi' attribuite le competenze delle regioni di cui alla presente parte. Il Ministero dell'ambiente e della tutela del territorio e del mare, anche avvalendosi dell'ISPRA, assume le funzioni di indirizzo dell'Autorita' di bacino distrettuale e di coordinamento con le altre Autorita' di bacino distrettuali.
   3. Sono organi dell'Autorita' di bacino: la conferenza istituzionale permanente, il segretario generale, la conferenza operativa, la segreteria tecnica operativa e il collegio dei revisori dei conti, quest'ultimo in conformita' alle previsioni della normativa vigente. Agli oneri connessi al funzionamento degli organi dell'Autorita' di bacino si provvede con le risorse finanziarie disponibili a legislazione vigente, nel rispetto dei principi di differenziazione delle funzioni, di adeguatezza delle risorse per l'espletamento delle stesse e di sussidiarieta'. Con decreto del Ministro dell'ambiente e della tutela del territorio e del mare, di concerto con il Ministro dell'economia e delle finanze e con il Ministro per la semplificazione e la pubblica amministrazione, sentita la Conferenza permanente per i rapporti tra lo Stato, le regioni e le province autonome di Trento e di Bolzano, sono disciplinati l'attribuzione e il trasferimento alle Autorita' di bacino di cui al comma 1 del presente articolo del personale e delle risorse strumentali, ivi comprese le sedi, e finanziarie delle

Autorita' di bacino di cui alla legge 18 maggio 1989, n. 183, salvaguardando l'attuale organizzazione e i livelli occupazionali, previa consultazione delle organizzazioni sindacali, senza oneri aggiuntivi a carico della finanza pubblica e nell'ambito dei contingenti numerici da ultimo determinati dai provvedimenti attuativi delle disposizioni di cui all'articolo 2 del decreto-legge 6 luglio 2012, n. 95, convertito, con modificazioni, dalla legge 7 agosto 2012, n. 135, e successive modificazioni. Al fine di garantire un piu' efficiente esercizio delle funzioni delle Autorita' di bacino di cui al comma 1 del presente articolo, il decreto di cui al periodo precedente puo' prevederne un'articolazione territoriale a livello regionale, utilizzando le strutture delle soppresse Autorita' di bacino regionali e interregionali.

4. Entro novanta giorni dalla data di entrata in vigore del decreto di cui al comma 3, con uno o piu' decreti del Presidente del Consiglio dei ministri, su proposta del Ministro dell'ambiente e della tutela del territorio e del mare, d'intesa con le regioni e le province autonome il cui territorio e' interessato dal distretto idrografico, sono individuate le unita' di personale trasferite alle Autorita' di bacino e sono determinate le dotazioni organiche delle medesime Autorita'. I dipendenti trasferiti mantengono l'inquadramento previdenziale di provenienza e il trattamento economico fondamentale e accessorio, limitatamente alle voci fisse e continuative, corrisposto al momento dell'inquadramento; nel caso in cui tale trattamento risulti piu' elevato rispetto a quello previsto per il personale dell'ente incorporante, e' attribuito, per la differenza, un assegno ad personam riassorbibile con i successivi miglioramenti economici a qualsiasi titolo conseguiti. Con il decreto di cui al primo periodo sono, altresi', individuate e trasferite le inerenti risorse strumentali e finanziarie. Il Ministro dell'economia e delle finanze e' autorizzato ad apportare, con propri decreti, le occorrenti variazioni di bilancio.

5. Gli atti di indirizzo, coordinamento e pianificazione delle Autorita' di bacino di cui al comma 1 sono adottati in sede di conferenza istituzionale permanente, convocata, anche su proposta delle amministrazioni partecipanti o del Ministro dell'ambiente e della tutela del territorio e del mare, dal segretario generale, che vi partecipa senza diritto di voto. Alla conferenza istituzionale permanente partecipano i Presidenti delle regioni e delle province autonome il cui territorio e' interessato dal distretto idrografico o gli assessori dai medesimi delegati, nonche' il Ministro dell'ambiente e della tutela del territorio e del mare e il Ministro delle infrastrutture e dei trasporti, o i Sottosegretari di Stato dagli stessi delegati, il Capo del Dipartimento della protezione civile della Presidenza del Consiglio dei ministri e, nei casi in cui siano coinvolti i rispettivi ambiti di competenza, il Ministro delle politiche agricole alimentari e forestali e il Ministro dei beni e delle attivita' culturali e del turismo, o i Sottosegretari di Stato dagli stessi delegati. Possono essere invitati, in funzione consultiva, due rappresentanti delle organizzazioni agricole maggiormente rappresentative a livello nazionale e un rappresentante dell'ANBI-Associazione nazionale consorzi di gestione e tutela del territorio e acque irrigue, per i problemi legati alla difesa del suolo e alla gestione delle acque irrigue. Per la partecipazione alla conferenza sono esclusi emolumenti, compensi, gettoni di presenza o rimborsi comunque denominati. La conferenza istituzionale permanente e' validamente costituita con la presenza di almeno tre membri, tra i quali necessariamente il Ministro dell'ambiente e della tutela del territorio e del mare, e delibera a maggioranza dei presenti. Le delibere della conferenza istituzionale permanente sono approvate dal Ministro dell'ambiente e della tutela del territorio e del mare, fatta salva la procedura di adozione e approvazione dei Piani di bacino. Gli atti di pianificazione tengono conto delle risorse finanziarie previste a legislazione vigente.

6. La conferenza istituzionale permanente:

a) adotta criteri e metodi per l'elaborazione del Piano di bacino in conformita' agli indirizzi e ai criteri di cui all'articolo 57;

b) individua tempi e modalita' per l'adozione del Piano di bacino, che puo' articolarsi in piani riferiti a sotto-bacini o sub-distretti;

c) determina quali componenti del Piano di bacino costituiscono interesse esclusivo delle singole regioni e quali costituiscono interessi comuni a piu' regioni;

d) adotta i provvedimenti necessari per garantire comunque l'elaborazione del Piano di bacino;

e) adotta il Piano di bacino e i suoi stralci;

f) controlla l'attuazione dei programmi di intervento sulla base delle relazioni regionali sui progressi realizzati nell'attuazione degli interventi stessi e, in caso di grave ritardo nell'esecuzione di interventi non di competenza statale rispetto ai tempi fissati nel programma, diffida l'amministrazione inadempiente, fissando il termine massimo per l'inizio dei lavori. Decorso infruttuosamente tale termine, all'adozione delle misure necessarie ad assicurare l'avvio dei lavori provvede, in via sostitutiva, il Presidente della regione interessata che, a tal fine, puo' avvalersi degli organi decentrati e periferici del Ministero delle infrastrutture e dei trasporti;

g) delibera, nel rispetto dei principi di differenziazione delle funzioni, di adeguatezza delle risorse per l'espletamento delle funzioni stesse e di sussidiarieta', lo statuto dell'Autorita' di bacino in relazione alle specifiche condizioni ed esigenze rappresentate dalle amministrazioni interessate, nonche' i bilanci preventivi, i conti consuntivi e le variazioni di bilancio, il regolamento di amministrazione e contabilita', la pianta organica, il piano del fabbisogno del personale e gli atti regolamentari generali, trasmettendoli per l'approvazione al Ministro dell'ambiente e della tutela del territorio e del mare e al Ministro dell'economia e delle finanze. Lo statuto e' approvato con decreto del Ministro dell'ambiente e della tutela del territorio e del mare, di concerto con il Ministro dell'economia e delle finanze.

7. Il segretario generale e' nominato con decreto del Presidente del Consiglio dei ministri, su proposta del Ministro dell'ambiente e della tutela del territorio e del mare.

8. Il segretario generale, la cui carica ha durata quinquennale:

a) provvede agli adempimenti necessari al funzionamento dell'Autorita' di bacino;

b) cura l'istruttoria degli atti di competenza della conferenza istituzionale permanente, cui formula proposte;

c) promuove la collaborazione tra le amministrazioni statali, regionali e locali, ai fini del coordinamento delle rispettive attivita';

d) cura l'attuazione delle direttive della conferenza operativa;

e) riferisce semestralmente alla conferenza istituzionale permanente sullo stato di attuazione del Piano di bacino;

f) cura la raccolta dei dati relativi agli interventi programmati e attuati nonche' alle risorse stanziate per le finalita' del Piano di bacino da parte dello Stato, delle regioni e degli enti locali e comunque agli interventi da attuare nell'ambito del distretto, qualora abbiano attinenza con le finalita' del Piano medesimo, rendendoli accessibili alla libera consultazione nel sito internet dell'Autorita'.

9. La conferenza operativa e' composta dai rappresentanti delle amministrazioni presenti nella conferenza istituzionale permanente; e' convocata dal segretario generale che la presiede. Possono essere invitati, in funzione consultiva, due rappresentanti delle organizzazioni agricole maggiormente rappresentative a livello nazionale e un rappresentante dell'ANBI-Associazione nazionale consorzi di gestione e tutela del territorio e acque irrigue, per i problemi legati alla difesa del suolo e alla gestione delle acque irrigue. Per la partecipazione alla conferenza sono esclusi

emolumenti, compensi, gettoni di presenza o rimborsi comunque denominati. La conferenza operativa delibera a maggioranza dei tre quinti dei presenti e puo' essere integrata, per le attivita' istruttorie, da esperti appartenenti a enti, istituti e societa' pubbliche, designati dalla conferenza istituzionale permanente e nominati con decreto del Ministro dell'ambiente e della tutela del territorio e del mare, senza diritto di voto e senza oneri aggiuntivi per la finanza pubblica e nel rispetto del principio di invarianza della spesa. La conferenza operativa esprime parere sugli atti di cui al comma 10, lettera a), ed emana direttive, anche tecniche qualora pertinenti, per lo svolgimento delle attivita' di cui al comma 10, lettera b).

10. Le Autorita' di bacino provvedono, tenuto conto delle risorse finanziarie previste a legislazione vigente:

a) a elaborare il Piano di bacino distrettuale e i relativi stralci, tra cui il piano di gestione del bacino idrografico, previsto dall'articolo 13 della direttiva 2000/60/CE del Parlamento europeo e del Consiglio, del 23 ottobre 2000, e successive modificazioni, e il piano di gestione del rischio di alluvioni, previsto dall'articolo 7 della direttiva 2007/60/CE del Parlamento europeo e del Consiglio, del 23 ottobre 2007, nonche' i programmi di intervento;

b) a esprimere parere sulla coerenza con gli obiettivi del Piano di bacino dei piani e programmi dell'Unione europea, nazionali, regionali e locali relativi alla difesa del suolo, alla lotta alla desertificazione, alla tutela delle acque e alla gestione delle risorse idriche.

11. Fatte salve le discipline adottate dalle regioni ai sensi dell'articolo 62 del presente decreto, le Autorita' di bacino coordinano e sovrintendono le attivita' e le funzioni di titolarita' dei consorzi di bonifica integrale di cui al regio decreto 13 febbraio 1933, n. 215, nonche' del Consorzio del Ticino - Ente autonomo per la costruzione, manutenzione ed esercizio dell'opera regolatrice del Lago Maggiore, del Consorzio dell'Oglio - Ente autonomo per la costruzione, manutenzione ed esercizio dell'opera regolatrice del Lago d'Iseo e del Consorzio dell'Adda - Ente autonomo per la costruzione, manutenzione ed esercizio dell'opera regolatrice del Lago di Como, con particolare riguardo all'esecuzione, manutenzione ed esercizio delle opere idrauliche e di bonifica, alla realizzazione di azioni di salvaguardia ambientale e di risanamento delle acque, anche al fine della loro utilizzazione irrigua, alla rinaturalizzazione dei corsi d'acqua e alla fitodepurazione)).

TITOLO II
I DISTRETTI IDROGRAFICI, GLI STRUMENTI, GLI INTERVENTI

CAPO I
I DISTRETTI IDROGRAFICI

ART. 64
(((Distretti idrografici).))

((1. L'intero territorio nazionale, ivi comprese le isole minori, e' ripartito nei seguenti distretti idrografici:

a) distretto idrografico delle Alpi orientali, comprendente i seguenti bacini idrografici:

1) Adige, gia' bacino nazionale ai sensi della legge 18 maggio 1989, n. 183;

2) Alto Adriatico, gia' bacino nazionale ai sensi della legge 18 maggio 1989, n. 183;

3) bacini del Friuli Venezia Giulia e del Veneto, gia' bacini regionali ai sensi della legge 18 maggio 1989, n. 183;

4) Lemene, gia' bacino interregionale ai sensi della legge 18 maggio 1989, n. 183;
    b) distretto idrografico del Fiume Po, comprendente i seguenti bacini idrografici:
        1) Po, gia' bacino nazionale ai sensi della legge 18 maggio 1989, n. 183;
        2) Reno, gia' bacino interregionale ai sensi della legge 18 maggio 1989, n. 183;
        3) Fissero Tartaro Canalbianco, gia' bacini interregionali ai sensi della legge 18 maggio 1989, n. 183;
        4) Conca Marecchia, gia' bacino interregionale ai sensi della legge 18 maggio 1989, n. 183;
        5) Lamone, gia' bacino regionale ai sensi della legge 18 maggio 1989, n. 183;
        6) Fiumi Uniti (Montone, Ronco), Savio, Rubicone e Uso, gia' bacini regionali ai sensi della legge 18 maggio 1989, n. 183;
        7) bacini minori afferenti alla costa romagnola, gia' bacini regionali ai sensi della legge 18 maggio 1989, n. 183;
    c) distretto idrografico dell'Appennino settentrionale, comprendente i seguenti bacini idrografici:
        1) Arno, gia' bacino nazionale ai sensi della legge 18 maggio 1989, n. 183;
        2) Serchio, gia' bacino pilota ai sensi della legge 18 maggio 1989, n. 183;
        3) Magra, gia' bacino interregionale ai sensi della legge 18 maggio 1989, n. 183;
        4) bacini della Liguria, gia' bacini regionali ai sensi della legge 18 maggio 1989, n. 183;
        5) bacini della Toscana, gia' bacini regionali ai sensi della legge 18 maggio 1989, n. 183;
    d) distretto idrografico dell'Appennino centrale, comprendente i seguenti bacini idrografici:
        1) Tevere, gia' bacino nazionale ai sensi della legge 18 maggio 1989, n. 183;
        2) Tronto, gia' bacino interregionale ai sensi della legge 18 maggio 1989, n. 183;
        3) Sangro, gia' bacino interregionale ai sensi della legge 18 maggio 1989, n. 183;
        4) bacini dell'Abruzzo, gia' bacini regionali ai sensi della legge 18 maggio 1989, n. 183;
        5) bacini del Lazio, gia' bacini regionali ai sensi della legge 18 maggio 1989, n. 183;
        6) Potenza, Chienti, Tenna, Ete, Aso, Menocchia, Tesino e bacini minori delle Marche, gia' bacini regionali ai sensi della legge 18 maggio 1989, n. 183;
        7) Fiora, gia' bacino interregionale ai sensi della legge 18 maggio 1989, n. 183;
        8) Foglia, Arzilla, Metauro, Cesano, Misa, Esino, Musone e altri bacini minori, gia' bacini regionali ai sensi della legge 18 maggio 1989, n. 183;
    e) distretto idrografico dell'Appennino meridionale, comprendente i seguenti bacini idrografici:
        1) Liri-Garigliano, gia' bacino nazionale ai sensi della legge 18 maggio 1989, n. 183;
        2) Volturno, gia' bacino nazionale ai sensi della legge 18 maggio 1989, n. 183;
        3) Sele, gia' bacino interregionale ai sensi della legge 18 maggio 1989, n. 183;
        4) Sinni e Noce, gia' bacini interregionali ai sensi della legge 18 maggio 1989, n. 183;
        5) Bradano, gia' bacino interregionale ai sensi della legge 18 maggio 1989, n. 183;
        6) Saccione, Fortore e Biferno, gia' bacini interregionali ai sensi della legge 18 maggio 1989, n. 183;
        7) Ofanto, gia' bacino interregionale ai sensi della legge 18

maggio 1989, n. 183;
    8) Lao, gia' bacino interregionale ai sensi della legge 18 maggio 1989, n. 183;
    9) Trigno, gia' bacino interregionale ai sensi della legge 18 maggio 1989, n. 183;
    10) bacini della Campania, gia' bacini regionali ai sensi della legge 18 maggio 1989, n. 183;
    11) bacini della Puglia, gia' bacini regionali ai sensi della legge 18 maggio 1989, n. 183;
    12) bacini della Basilicata, gia' bacini regionali ai sensi della legge 18 maggio 1989, n. 183;
    13) bacini della Calabria, gia' bacini regionali ai sensi della legge 18 maggio 1989, n. 183;
    14) bacini del Molise, gia' bacini regionali ai sensi della legge 18 maggio 1989, n. 183;
  f) distretto idrografico della Sardegna, comprendente i bacini della Sardegna, gia' bacini regionali ai sensi della legge 18 maggio 1989, n. 183;
  g) distretto idrografico della Sicilia, comprendente i bacini della Sicilia, gia' bacini regionali ai sensi della legge 18 maggio 1989, n. 183)).

CAPO II
GLI STRUMENTI

ART. 65
(valore, finalita' e contenuti del piano di bacino distrettuale)

1. Il Piano di bacino distrettuale, di seguito Piano di bacino, ha valore di piano territoriale di settore ed e' lo strumento conoscitivo, normativo e tecnico-operativo mediante il quale sono pianificate e programmate le azioni e le norme d'uso finalizzate alla conservazione, alla difesa e alla valorizzazione del suolo ed alla corretta utilizzazione della acque, sulla base delle caratteristiche fisiche ed ambientali del territorio interessato.
2. Il Piano di bacino e' redatto dall'Autorita' di bacino in base agli indirizzi, metodi e criteri fissati ai sensi del comma 3. Studi ed interventi sono condotti con particolare riferimento ai bacini montani, ai torrenti di alta valle ed ai corsi d'acqua di fondo-valle.
3. Il Piano di bacino, in conformita' agli indirizzi, ai metodi e ai criteri stabiliti dalla Conferenza istituzionale permanente di cui all'articolo 63, comma 4, realizza le finalita' indicate all'articolo 56 e, in particolare, contiene, unitamente agli elementi di cui all'Allegato 4 alla parte terza del presente decreto:
  a) il quadro conoscitivo organizzato ed aggiornato del sistema fisico, delle utilizzazioni del territorio previste dagli strumenti urbanistici comunali ed intercomunali, nonche' dei vincoli, relativi al distretto, di cui al decreto legislativo 22 gennaio 2004, n. 42;
  b) la individuazione e la quantificazione delle situazioni, in atto e potenziali, di degrado del sistema fisico, nonche' delle relative cause;
  c) le direttive alle quali devono uniformarsi la difesa del suolo, la sistemazione idrogeologica ed idraulica e l'utilizzazione delle acque e dei suoli;
  d) l'indicazione delle opere necessarie distinte in funzione:
    1) dei pericoli di inondazione e della gravita' ed estensione del dissesto;
    2) dei pericoli di siccita';
    3) dei pericoli di frane, smottamenti e simili;
    4) del perseguimento degli obiettivi di sviluppo sociale ed economico o di riequilibrio territoriale nonche' del tempo necessario per assicurare l'efficacia degli interventi;
  e) la programmazione e l'utilizzazione delle risorse idriche,

agrarie, forestali ed estrattive;

f) la individuazione delle prescrizioni, dei vincoli e delle opere idrauliche, idraulico-agrarie, idraulico-forestali, di forestazione, di bonifica idraulica, di stabilizzazione e consolidamento dei terreni e di ogni altra azione o norma d'uso o vincolo finalizzati alla conservazione del suolo ed alla tutela dell'ambiente;

g) il proseguimento ed il completamento delle opere indicate alla lettera f), qualora siano gia' state intraprese con stanziamenti disposti da leggi speciali, da leggi ordinarie, oppure a seguito dell'approvazione dei relativi atti di programmazione;

h) le opere di protezione, consolidamento e sistemazione dei litorali marini che sottendono il distretto idrografico;

i) i meccanismi premiali a favore dei proprietari delle zone agricole e boschive che attuano interventi idonei a prevenire fenomeni di dissesto idrogeologico;

l) la valutazione preventiva, anche al fine di scegliere tra ipotesi di governo e gestione tra loro diverse, del rapporto costi-benefici, dell'impatto ambientale e delle risorse finanziarie per i principali interventi previsti;

m) la normativa e gli interventi rivolti a regolare l'estrazione dei materiali litoidi dal demanio fluviale, lacuale e marittimo e le relative fasce di rispetto, specificatamente individuate in funzione del buon regime delle acque e della tutela dell'equilibrio geostatico e geomorfologico dei terreni e dei litorali;

n) l'indicazione delle zone da assoggettare a speciali vincoli e prescrizioni in rapporto alle specifiche condizioni idrogeologiche, ai fini della conservazione del suolo, della tutela dell'ambiente e della prevenzione contro presumibili effetti dannosi di interventi antropici;

o) le misure per contrastare i fenomeni di subsidenza e di desertificazione, anche mediante programmi ed interventi utili a garantire maggiore disponibilita' della risorsa idrica ed il riuso della stessa;

p) il rilievo conoscitivo delle derivazioni in atto con specificazione degli scopi energetici, idropotabili, irrigui od altri e delle portate;

q) il rilievo delle utilizzazioni diverse per la pesca, la navigazione od altre;

r) il piano delle possibili utilizzazioni future sia per le derivazioni che per altri scopi, distinte per tipologie d'impiego e secondo le quantita';

s) le priorita' degli interventi ed il loro organico sviluppo nel tempo, in relazione alla gravita' del dissesto;

t) l'indicazione delle risorse finanziarie previste a legislazione vigente.

4. Le disposizioni del Piano di bacino approvato hanno carattere immediatamente vincolante per le amministrazioni ed enti pubblici, nonche' per i soggetti privati, ove trattasi di prescrizioni dichiarate di tale efficacia dallo stesso Piano di bacino. In particolare, i piani e programmi di sviluppo socio-economico e di assetto ed uso del territorio devono essere coordinati, o comunque non in contrasto, con il Piano di bacino approvato.

5. Ai fini di cui al comma 4, entro dodici mesi dall'approvazione del Piano di bacino le autorita' competenti provvedono ad adeguare i rispettivi piani territoriali e programmi regionali quali, in particolare, quelli relativi alle attivita' agricole, zootecniche ed agroforestali, alla tutela della qualita' delle acque, alla gestione dei rifiuti, alla tutela dei beni ambientali ed alla bonifica.

6. Fermo il disposto del comma 4, le regioni, entro novanta giorni dalla data di pubblicazione del Piano di bacino sui rispettivi Bollettini Ufficiali regionali, emanano ove necessario le disposizioni concernenti l'attuazione del piano stesso nel settore urbanistico. Decorso tale termine, gli enti territorialmente interessati dal Piano di bacino sono comunque tenuti a rispettarne le

prescrizioni nel settore urbanistico. Qualora gli enti predetti non provvedano ad adottare i necessari adempimenti relativi ai propri strumenti urbanistici entro sei mesi dalla data di comunicazione delle predette disposizioni, e comunque entro nove mesi dalla pubblicazione dell'approvazione del Piano di bacino, all'adeguamento provvedono d'ufficio le regioni.

7. In attesa dell'approvazione del Piano di bacino, le Autorita' di bacino adottano misure di salvaguardia con particolare riferimento ai bacini montani, ai torrenti di alta valle ed ai corsi d'acqua di fondo valle ed ai contenuti di cui alle lettere b), e), f), m) ed n) del comma 3. Le misure di salvaguardia sono immediatamente vincolanti e restano in vigore sino all'approvazione del Piano di bacino e comunque per un periodo non superiore a tre anni. In caso di mancata attuazione o di inosservanza, da parte delle regioni, delle province e dei comuni, delle misure di salvaguardia, e qualora da cio' possa derivare un grave danno al territorio, il ((Ministro dell'ambiente e della tutela del territorio e del mare)), previa diffida ad adempiere entro congruo termine da indicarsi nella diffida medesima, adotta con ordinanza cautelare le necessarie misure provvisorie di salvaguardia, anche con efficacia inibitoria di opere, di lavori o di attivita' antropiche, dandone comunicazione preventiva alle amministrazioni competenti. Se la m ancata attuazione o l'inosservanza di cui al presente comma riguarda un ufficio periferico dello Stato, il ((Ministro dell'ambiente e della tutela del territorio e del mare)) informa senza indugio il Ministro competente da cui l'ufficio dipende, il quale assume le misure necessarie per assicurare l'adempimento. Se permane la necessita' di un intervento cautelare per evitare un grave danno al territorio, il Ministro competente, di concerto con il ((Ministro dell'ambiente e della tutela del territorio e del mare)), adotta l'ordinanza cautelare di cui al presente comma.

8. I piani di bacino possono essere redatti ed approvati anche per sottobacini o per stralci relativi a settori funzionali, che, in ogni caso, devono costituire fasi sequenziali e interrelate rispetto ai contenuti di cui al comma 3. Deve comunque essere garantita la considerazione sistemica del territorio e devono essere disposte, ai sensi del comma 7, le opportune misure inibitorie e cautelari in relazione agli aspetti non ancora compiutamente disciplinati.

9. Dall'attuazione del presente articolo non devono derivare nuovi o maggiori oneri per la finanza pubblica.

ART. 66
(adozione ed approvazione dei piani di bacino)

1. I piani di bacino, prima della loro approvazione, sono sottoposti ((alla verifica di assoggettabilita' alla valutazione ambientale strategica (VAS), di cui all'articolo 12, qualora definiscano il quadro di riferimento per la realizzazione dei progetti elencati negli allegati II, III e IV alla parte seconda del presente decreto, oppure possano comportare un qualsiasi impatto ambientale sui siti designati come zone di protezione speciale per la conservazione degli uccelli selvatici e su quelli classificati come siti di importanza comunitaria per la protezione degli habitat naturali e della flora e della fauna selvatica)) a valutazione ambientale strategica (VAS) in sede statale, secondo la procedura prevista dalla parte seconda del presente decreto.

2. Il Piano di bacino, corredato dal relativo rapporto ambientale ai fini di cui al comma 1, e' adottato a maggioranza dalla Conferenza istituzionale permanente di cui all'articolo 63, comma 4 che, con propria deliberazione, contestualmente stabilisce:
   a) i termini per l'adozione da parte delle regioni dei provvedimenti conseguenti;
   b) quali componenti del piano costituiscono interesse esclusivo delle singole regioni e quali costituiscono interessi comuni a due o

piu' regioni.

3. Il Piano di bacino, corredato dal relativo rapporto ambientale di cui al comma 2, e' inviato ai componenti della Conferenza istituzionale permanente almeno venti giorni prima della data fissata per la conferenza; in caso di decisione a maggioranza, la delibera di adozione deve fornire una adeguata ed analitica motivazione rispetto alle opinioni dissenzienti espresse nel corso della conferenza.

4. In caso di inerzia in ordine agli adempimenti regionali, il Presidente del Consiglio dei Ministri, su proposta del Ministro dell'ambiente e della tutela del territorio e del mare, previa diffida ad adempiere entro un congruo termine e sentita la regione interessata, assume i provvedimenti necessari, ivi compresa la nomina di un commissario "ad acta", per garantire comunque lo svolgimento delle procedure e l'adozione degli atti necessari per la formazione del piano.

5. Dell'adozione del piano e' data notizia secondo le forme e con le modalita' previste dalla parte seconda del presente decreto ai fini dell'esperimento della procedura di valutazione ambientale strategica (VAS) in sede statale.

6. Conclusa la procedura di valutazione ambientale strategica (VAS), sulla base del giudizio di compatibilita' ambientale espresso dall'autorita' competente, i piani di bacino sono approvati con decreto del Presidente del Consiglio dei Ministri, con le modalita' di cui all'articolo 57, comma 1, lettera a), numero 2), e sono poi pubblicati nella Gazzetta Ufficiale e nei Bollettini Ufficiali delle regioni territorialmente competenti.

7. Le Autorita' di bacino promuovono la partecipazione attiva di tutte le parti interessate all'elaborazione, al riesame e all'aggiornamento dei piani di bacino, provvedendo affinche', per ciascun distretto idrografico, siano pubblicati e resi disponibili per eventuali osservazioni del pubblico, inclusi gli utenti, concedendo un periodo minimo di sei mesi per la presentazione di osservazioni scritte, i seguenti documenti:

a) il calendario e il programma di lavoro per la presentazione del piano, inclusa una dichiarazione delle misure consultive che devono essere prese almeno tre anni prima dell'inizio del periodo cui il piano si riferisce;

b) una valutazione globale provvisoria dei principali problemi di gestione delle acque, identificati nel bacino idrografico almeno due anni prima dell'inizio del periodo cui si riferisce il piano;

c) copie del progetto del piano di bacino, almeno un anno prima dell'inizio del periodo cui il piano si riferisce.

ART. 67
(i piani stralcio per la tutela dal rischio idrogeologico e le misure di prevenzione per le aree a rischio)

1. Nelle more dell'approvazione dei piani di bacino, le Autorita' di bacino adottano, ai sensi dell'articolo 65, comma 8, piani stralcio di distretto per l'assetto idrogeologico (PAI), che contengano in particolare l'individuazione delle aree a rischio idrogeologico, la perimetrazione delle aree da sottoporre a misure di salvaguardia e la determinazione delle misure medesime.

2. Le Autorita' di bacino, anche in deroga alle procedure di cui all'articolo 66, approvano altresi' piani straordinari diretti a rimuovere le situazioni a piu' elevato rischio idrogeologico, redatti anche sulla base delle proposte delle regioni e degli enti locali. I piani straordinari devono ricomprendere prioritariamente le aree a rischio idrogeologico per le quali e' stato dichiarato lo stato di emergenza, ai sensi dell'articolo 5 della legge 24 febbraio 1992, n. 225. I piani straordinari contengono in particolare l'individuazione e la perimetrazione delle aree a rischio idrogeologico molto elevato per l'incolumita' delle persone e per la sicurezza delle infrastrutture e del patrimonio ambientale e culturale. Per tali aree sono adottate le misure di salvaguardia ai sensi dell'articolo 65,

comma 7, anche con riferimento ai contenuti di cui al comma 3, lettera d), del medesimo articolo 65. In caso di inerzia da parte delle Autorita' di bacino, il Presidente del Consiglio dei Ministri, su proposta del Comitato dei Ministri, di cui all'articolo 57, comma 2, adotta gli atti relativi all'individuazione, alla perimetrazione e alla salvaguardia delle predette aree. Qualora le misure di salvaguardia siano adottate in assenza dei piani stralcio di cui al comma 1, esse rimangono in vigore sino all'approvazione di detti piani. I piani straordinari approvati possono essere integrati e modificati con le stesse modalita' di cui al presente comma, in particolare con riferimento agli interventi realizzati ai fini della messa in sicurezza delle aree interessate.

3. Il Comitato dei Ministri di cui all'articolo 57, comma 2, tenendo conto dei programmi gia' adottati da parte delle Autorita' di bacino e dei piani straordinari di cui al comma 2 del presente articolo, definisce, d'intesa con la Conferenza Stato-regioni, programmi di interventi urgenti, anche attraverso azioni di manutenzione dei distretti idrografici, per la riduzione del rischio idrogeologico nelle zone in cui la maggiore vulnerabilita' del territorio e' connessa con piu' elevati pericoli per le persone, le cose ed il patrimonio ambientale, con priorita' per le aree ove e' stato dichiarato lo stato di emergenza, ai sensi dell'articolo 5 della legge 24 febbraio 1992, n. 225. Per la realizzazione degli interventi possono essere adottate, su proposta del Ministro dell'ambiente e della tutela del territorio e del mare e del Ministro delle infrastrutture e dei trasporti, e d'intesa con le regioni interessate, le ordinanze di cui all'articolo 5, comma 2, della legge 24 febbraio 1992, n. 225.

4. Per l'attivita' istruttoria relativa agli adempimenti di cui ai commi 1, 2 e 3, i Ministri competenti si avvalgono, senza nuovi o maggiori oneri per la finanza pubblica, del Dipartimento della protezione civile, nonche' della collaborazione del Corpo forestale dello Stato, delle regioni, delle Autorita' di bacino, del Gruppo nazionale per la difesa dalle catastrofi idrogeologiche del Consiglio nazionale delle ricerche e, per gli aspetti ambientali, del Servizio geologico d'Italia - Dipartimento difesa del suolo dell'Istituto superiore per la protezione e la ricerca ambientale (ISPRA), per quanto di rispettiva competenza.

5. Entro sei mesi dall'adozione dei provvedimenti di cui ai commi 1, 2, 3 e 4, gli organi di protezione civile provvedono a predisporre, per le aree a rischio idrogeologico, con priorita' assegnata a quelle in cui la maggiore vulnerabilita' del territorio e' connessa con piu' elevati pericoli per le persone, le cose e il patrimonio ambientale, piani urgenti di emergenza contenenti le misure per la salvaguardia dell'incolumita' delle popolazioni interessate, compreso il preallertamento, l'allarme e la messa in salvo preventiva.

6. Nei piani stralcio di cui al comma 1 sono individuati le infrastrutture e i manufatti che determinano il rischio idrogeologico. Sulla base di tali individuazioni, le regioni stabiliscono le misure di incentivazione a cui i soggetti proprietari possono accedere al fine di adeguare le infrastrutture e di rilocalizzare fuori dall'area a rischio le attivita' produttive e le abitazioni private. A tale fine le regioni, acquisito il parere degli enti locali interessati, predispongono, con criteri di priorita' connessi al livello di rischio, un piano per l'adeguamento delle infrastrutture, determinandone altresi' un congruo termine, e per la concessione di incentivi finanziari per la rilocalizzazione delle attivita' produttive e delle abitazioni private realizzate in conformita' alla normativa urbanistica edilizia o condonate. Gli incentivi sono attivati nei limiti della quota dei fondi introitati ai sensi dell'articolo 86, comma 2, del decreto legislativo 31 marzo 1998, n. 112, e riguardano anche gli oneri per la demo lizione dei manufatti; il terreno di risulta viene acquisito al patrimonio indisponibile dei comuni. All'abbattimento dei manufatti si provvede

con le modalita' previste dalla normativa vigente. Ove i soggetti interessati non si avvalgano della facolta' di usufruire delle predette incentivazioni, essi decadono da eventuali benefici connessi ai danni derivanti agli insediamenti di loro proprieta' in conseguenza del verificarsi di calamita' naturali.

7. Gli atti di cui ai commi 1, 2 e 3 del presente articolo devono contenere l'indicazione dei mezzi per la loro realizzazione e della relativa copertura finanziaria.

ART. 68
(procedura per l'adozione dei progetti di piani stralcio)

1. I progetti di piano stralcio per la tutela dal rischio idrogeologico, di cui al comma 1 del articolo 67, non sono sottoposti a valutazione ambientale strategica (VAS) e sono adottati con le modalita' di cui all'articolo 66.

2. L'adozione dei piani stralcio per l'assetto idrogeologico deve avvenire, sulla base degli atti e dei pareri disponibili, entro e non oltre sei mesi dalla data di adozione del relativo progetto di piano.

3. Ai fini dell'adozione ed attuazione dei piani stralcio e della necessaria coerenza tra pianificazione di distretto e pianificazione territoriale, le regioni convocano una conferenza programmatica, articolata per sezioni provinciali, o per altro ambito territoriale deliberato dalle regioni stesse, alla quale partecipano le province ed i comuni interessati, unitamente alla regione e ad un rappresentante dell'Autorita' di bacino.

4. La conferenza di cui al comma 3 esprime un parere sul progetto di piano con particolare riferimento alla integrazione su scala provinciale e comunale dei contenuti del piano, prevedendo le necessarie prescrizioni idrogeologiche ed urbanistiche.

4-bis. ((Nelle more dell'adozione dei piani e dei relativi stralci, di cui agli articoli 65 e 67, comma 1, ovvero dei loro aggiornamenti)), le modifiche della perimetrazione e/o classificazione delle aree a pericolosita' e rischio dei piani stralcio relativi all'assetto idrogeologico emanati dalle soppresse Autorita' di bacino di cui alla legge 18 maggio 1989, n. 183, derivanti dalla realizzazione di interventi ((collaudati)) per la mitigazione del rischio, dal verificarsi di nuovi eventi di dissesto idrogeologico o da approfondimenti puntuali del quadro conoscitivo, sono approvate ((con proprio atto dal Segretario generale dell'Autorita' di bacino distrettuale)), d'intesa con la Regione territorialmente competente e previo parere della Conferenza Operativa. Le modifiche di cui al presente comma costituiscono parte integrante degli aggiornamenti dei Piani di cui all'articolo 67, comma 1.

4-ter. Gli aggiornamenti di piano di cui al comma 4-bis sono effettuati nel rispetto delle procedure di partecipazione previste dalle norme tecniche di attuazione dei piani di bacino vigenti nel territorio distrettuale e, comunque, garantendo adeguate forme di consultazione e osservazione sulle proposte di modifica. Nelle more dell'espletamento delle procedure di aggiornamento, ((il Segretario generale dell'Autorita' di bacino distrettuale puo' adottare)), sulla base del parere della Conferenza Operativa, misure di salvaguardia che sono immediatamente vincolanti e restano in vigore sino all'approvazione dell'aggiornamento del piano di cui al comma 4-bis.

ART. 68-bis
(((Contratti di fiume).))

((1. I contratti di fiume concorrono alla definizione e all'attuazione degli strumenti di pianificazione di distretto a livello di bacino e sottobacino idrografico, quali strumenti volontari di programmazione strategica e negoziata che perseguono la tutela, la corretta gestione delle risorse idriche e la valorizzazione dei territori fluviali, unitamente alla salvaguardia dal rischio idraulico, contribuendo allo sviluppo locale di tali aree)).

CAPO III
GLI INTERVENTI

ART. 69
(programmi di intervento)

1. I piani di bacino sono attuati attraverso programmi triennali di intervento che sono redatti tenendo conto degli indirizzi e delle finalita' dei piani medesimi e contengono l'indicazione dei mezzi per farvi fronte e della relativa copertura finanziaria.
2. I programmi triennali debbono destinare una quota non inferiore al quindici per cento degli stanziamenti complessivamente a:
   a) interventi di manutenzione ordinaria delle opere, degli impianti e dei beni, compresi mezzi, attrezzature e materiali dei cantieri-officina e dei magazzini idraulici;
   b) svolgimento del servizio di polizia idraulica, di navigazione interna, di piena e di pronto intervento idraulico;
   c) compilazione ed aggiornamento dei piani di bacino, svolgimento di studi, rilevazioni o altro nelle materie riguardanti la difesa del suolo, redazione dei progetti generali, degli studi di fattibilita', dei progetti di opere e degli studi di valutazione dell'impatto ambientale delle opere principali.
3. Le regioni, conseguito il parere favorevole della Conferenza istituzionale permanente di cui all'articolo 63, comma 4, possono provvedere con propri stanziamenti alla realizzazione di opere e di interventi previsti dai piani di bacino, sotto il controllo della predetta conferenza.
4. Le province, i comuni, le comunita' montane e gli altri enti pubblici, previa autorizzazione della Conferenza istituzionale permanente di cui all'articolo 63, comma 4, possono concorrere con propri stanziamenti alla realizzazione di opere e interventi previsti dai piani di bacino.

ART. 70
(adozione dei programmi)

1. I programmi di intervento sono adottati dalla Conferenza istituzionale permanente di cui all'articolo 63, comma 4; tali programmi sono inviati ai componenti della conferenza stessa almeno venti giorni prima della data fissata per la conferenza; in caso di decisione a maggioranza, la delibera di adozione deve fornire una adeguata ed analitica motivazione rispetto alle opinioni dissenzienti espresse in seno alla conferenza.
2. La scadenza di ogni programma triennale e' stabilita al 31 dicembre dell'ultimo anno del triennio e le somme autorizzate per l'attuazione del programma per la parte eventualmente non ancora impegnata alla predetta data sono destinate ad incrementare il fondo del programma triennale successivo per l'attuazione degli interventi previsti dal programma triennale in corso o dalla sua revisione.
3. Entro il 31 dicembre del penultimo anno del programma triennale in corso, i nuovi programmi di intervento relativi al triennio successivo, adottati secondo le modalita' di cui al comma 1, sono trasmessi al ((Ministro dell'ambiente e della tutela del territorio e del mare)), affinche', entro il successivo 3 giugno, sulla base delle previsioni contenute nei programmi e sentita la Conferenza Stato-regioni, trasmetta al Ministro dell'economia e delle finanze l'indicazione del fabbisogno finanziario per il successivo triennio, ai fini della predisposizione del disegno di legge finanziaria.
4. Gli interventi previsti dai programmi triennali sono di norma attuati in forma integrata e coordinata dai soggetti competenti, in base ad accordi di programma ai sensi dell'articolo 34 del decreto

legislativo 18 agosto 2000, n. 267.

ART. 71
(attuazione degli interventi)

1. Le funzioni di studio e di progettazione e tecnico-organizzative attribuite alle Autorita' di bacino possono essere esercitate anche mediante affidamento di incarichi ad istituzioni universitarie, liberi professionisti o organizzazioni tecnico-professionali specializzate, in conformita' ad apposite direttive impartite dalla Conferenza istituzionale permanente di cui all'articolo 63, comma 4.
2. L'esecuzione di opere di pronto intervento puo' avere carattere definitivo quando l'urgenza del caso lo richiede.
3. Tutti gli atti di concessione per l'attuazione di interventi ai sensi della presente sezione sono soggetti a registrazione a tassa fissa.

ART. 72
(finanziamento)

1. Ferme restando le entrate connesse alle attivita' di manutenzione ed esercizio delle opere idrauliche, di bonifica e di miglioria fondiaria, gli interventi previsti dalla presente sezione sono a totale carico dello Stato e si attuano mediante i programmi triennali di cui all'articolo 69.
2. Per le finalita' di cui al comma 1, si provvede ai sensi dell'articolo 11, comma 3, lettera d), della legge 5 agosto 1978, n. 468. I predetti stanziamenti sono iscritti nello stato di previsione del Ministero dell'economia e delle finanze fino all'espletamento della procedura di ripartizione di cui ai commi 3 e 4 del presente articolo sulla cui base il Ministro dell'economia e delle finanze apporta, con proprio decreto, le occorrenti variazioni di bilancio.
3. Il Comitato dei Ministri di cui all'articolo 57, sentita la Conferenza Stato-regioni, predispone lo schema di programma nazionale di intervento per il triennio e la ripartizione degli stanziamenti tra le Amministrazioni dello Stato e le regioni, tenendo conto delle priorita' indicate nei singoli programmi ed assicurando, ove necessario, il coordinamento degli interventi. A valere sullo stanziamento complessivo autorizzato, lo stesso Comitato dei Ministri propone l'ammontare di una quota di riserva da destinare al finanziamento dei programmi per l'adeguamento ed il potenziamento funzionale, tecnico e scientifico dell' ((Istituto superiore per la protezione e la ricerca ambientale)) (((ISPRA))).
4. Il programma nazionale di intervento e la ripartizione degli stanziamenti, ivi inclusa la quota di riserva a favore dell' ((Istituto superiore per la protezione e la ricerca ambientale (ISPRA))), sono approvati dal Presidente del Consiglio dei Ministri, ai sensi dell'articolo 57.
5. Il ((Ministro dell'ambiente e della tutela del territorio e del mare)), entro trenta giorni dall'approvazione del programma triennale nazionale, su proposta della Conferenza Stato-regioni, individua con proprio decreto le opere di competenza regionale, che rivestono grande rilevanza tecnico-idraulica per la modifica del reticolo idrografico principale e del demanio idrico, i cui progetti devono essere sottoposti al parere del Consiglio superiore dei lavori pubblici, da esprimere entro novanta giorni dalla richiesta.

ART. 72-bis
(((Disposizioni per il finanziamento degli interventi di rimozione o di demolizione di immobili abusivi realizzati in aree soggette a rischio idrogeologico elevato o molto elevato ovvero esposti a rischio idrogeologico).))

((1. Nello stato di previsione della spesa del Ministero

dell'ambiente e della tutela del territorio e del mare e' istituito un capitolo per il finanziamento di interventi di rimozione o di demolizione, da parte dei comuni, di opere e immobili realizzati, in aree soggette a rischio idrogeologico elevato o molto elevato, ovvero di opere e immobili dei quali viene comprovata l'esposizione a rischio idrogeologico, in assenza o in totale difformita' del permesso di costruire.

2. Ai fini del comma 1 e' autorizzata la spesa di 10 milioni di euro per l'anno finanziario 2016. Al relativo onere si provvede mediante corrispondente riduzione, per l'anno 2016, dell'autorizzazione di spesa di cui all'articolo 1, comma 432, della legge 23 dicembre 2005, n. 266. Il Ministro dell'economia e delle finanze e' autorizzato ad apportare, con propri decreti, le occorrenti variazioni di bilancio.

3. Ferme restando le disposizioni in materia di acquisizione dell'area di sedime ai sensi dell'articolo 31, comma 3, del testo unico delle disposizioni legislative e regolamentari in materia edilizia, di cui al decreto del Presidente della Repubblica 6 giugno 2001, n. 380, i comuni beneficiari dei finanziamenti di cui al comma 1 del presente articolo sono tenuti ad agire nei confronti dei destinatari di provvedimenti esecutivi di rimozione o di demolizione non eseguiti nei termini stabiliti, per la ripetizione delle relative spese, comprensive di rivalutazioni e interessi. Il comune, entro trenta giorni dalla riscossione, provvede al versamento delle somme di cui al primo periodo ad apposito capitolo dell'entrata del bilancio dello Stato, trasmettendone la quietanza di versamento al Ministero dell'ambiente e della tutela del territorio e del mare, affinche' le stesse siano integralmente riassegnate, con decreto del Ministro dell'economia e delle finanze, su proposta del Ministro dell'ambiente e della tutela del territorio e del mare, al capitolo di cui al comma 1 del presente articolo.

4. Fatto salvo quanto disposto dagli articoli 6, 13, 29 e 30 della legge 6 dicembre 1991, n. 394, e successive modificazioni, sono ammessi a finanziamento, sino a concorrenza delle somme disponibili nel capitolo di cui al comma 1 del presente articolo, gli interventi su opere e immobili per i quali sono stati adottati provvedimenti definitivi di rimozione o di demolizione non eseguiti nei termini stabiliti, con priorita' per gli interventi in aree classificate a rischio molto elevato, sulla base di apposito elenco elaborato su base trimestrale dal Ministero dell'ambiente e della tutela del territorio e del mare e adottato ogni dodici mesi dalla Conferenza Stato-citta' ed autonomie locali.

5. Per accedere ai finanziamenti di cui al comma 1, i comuni presentano al Ministero dell'ambiente e della tutela del territorio e del mare apposita domanda di concessione, corredata di una relazione contenente il progetto delle attivita' di rimozione o di demolizione, l'elenco dettagliato dei relativi costi, l'elenco delle opere e degli immobili ubicati nel proprio territorio per i quali sono stati adottati provvedimenti definitivi di rimozione o di demolizione non eseguiti e la documentazione attestante l'inottemperanza a tali provvedimenti da parte dei destinatari dei medesimi. Con decreto del Ministro dell'ambiente e della tutela del territorio e del mare, entro novanta giorni dalla data di entrata in vigore della presente disposizione, sentita la Conferenza Stato-citta' ed autonomie locali, sono adottati i modelli e le linee guida relativi alla procedura per la presentazione della domanda di concessione.

6. I finanziamenti concessi ai sensi del comma 5 del presente articolo sono aggiuntivi rispetto alle somme eventualmente percepite ai sensi dell'articolo 32, comma 12, del decreto-legge 30 settembre 2003, n. 269, convertito, con modificazioni, dalla legge 24 novembre 2003, n. 326. Resta ferma la disciplina delle modalita' di finanziamento e di realizzazione degli interventi di demolizione o di rimozione di opere e immobili abusivi contenuta in altre disposizioni.

7. Nei casi di mancata realizzazione degli interventi di rimozione

o di demolizione di cui al comma 4, nel termine di centoventi giorni dall'erogazione dei finanziamenti concessi, i finanziamenti stessi devono essere restituiti, con le modalita' di cui al secondo periodo del comma 3, al Ministero dell'ambiente e della tutela del territorio e del mare.

8. Il Ministro dell'ambiente e della tutela del territorio e del mare presenta alle Camere una relazione sull'attuazione del presente articolo, in cui sono indicati i finanziamenti utilizzati e gli interventi realizzati)).

SEZIONE II
TUTELA DELLE ACQUE DALL'INQUINAMENTO

TITOLO I
PRINCIPI GENERALI E COMPETENZE

ART. 73
(finalita)

1. Le disposizioni di cui alla presente sezione definiscono la disciplina generale per la tutela delle acque superficiali, marine e sotterranee perseguendo i seguenti obiettivi:
    a) prevenire e ridurre l'inquinamento e attuare il risanamento dei corpi idrici inquinati;
    b) conseguire il miglioramento dello stato delle acque ed adeguate protezioni di quelle destinate a particolari usi;
    c) perseguire usi sostenibili e durevoli delle risorse idriche, con priorita' per quelle potabili;
    d) mantenere la capacita' naturale di autodepurazione dei corpi idrici, nonche' la capacita' di sostenere comunita' animali e vegetali ampie e ben diversificate;
    e) mitigare gli effetti delle inondazioni e della siccita' contribuendo quindi a:
        1) garantire una fornitura sufficiente di acque superficiali e sotterranee di buona qualita' per un utilizzo idrico sostenibile, equilibrato ed equo;
        2) ridurre in modo significativo l'inquinamento delle acque sotterranee;
        3) proteggere le acque territoriali e marine e realizzare gli obiettivi degliaccordi internazionali in materia, compresi quelli miranti a impedire ed eliminare l'inquinamento dell'ambiente marino, allo scopo di arrestare o eliminare gradualmente gli scarichi, le emissioni e le perdite di sostanze pericolose prioritarie al fine ultimo di pervenire a concentrazioni, nell'ambiente marino, vicine ai valori del fondo naturale per le sostanze presenti in natura e vicine allo zero per le sostanze sintetiche antropogeniche;
    f) impedire un ulteriore deterioramento, proteggere e migliorare lo stato degli ecosistemi acquatici, degli ecosistemi terrestri e delle zone umide direttamente dipendenti dagli ecosistemi acquatici sotto il profilo del fabbisogno idrico.
2. Il raggiungimento degli obiettivi indicati al comma 1 si realizza attraverso i seguenti strumenti:
    a) l'individuazione di obiettivi di qualita' ambientale e per specifica destinazione dei corpi idrici;
    b) la tutela integrata degli aspetti qualitativi e quantitativi nell'ambito di ciascun distretto idrografico ed un adeguato sistema di controlli e di sanzioni;
    c) il rispetto dei valori limite agli scarichi fissati dallo Stato, nonche' la definizione di valori limite in relazione agli obiettivi di qualita' del corpo recettore;
    d) l'adeguamento dei sistemi di fognatura, collettamento e depurazione degli scarichi idrici, nell'ambito del servizio idrico

integrato;
    e) l'individuazione di misure per la prevenzione e la riduzione dell'inquinamento nelle zone vulnerabili e nelle aree sensibili;
    f) l'individuazione di misure tese alla conservazione, al risparmio, al riutilizzo ed al riciclo delle risorse idriche;
    g) l'adozione di misure per la graduale riduzione degli scarichi, delle emissioni e di ogni altra fonte di inquinamento diffuso contenente sostanze pericolose o per la graduale eliminazione degli stessi allorche' contenenti sostanze pericolose prioritarie, contribuendo a raggiungere nell'ambiente marino concentrazioni vicine ai valori del fondo naturale per le sostanze presenti in natura e vicine allo zero per le sostanze sintetiche antropogeniche;
    h) l'adozione delle misure volte al controllo degli scarichi e delle emissioni nelle acque superficiali secondo un approccio combinato.
    3. Il perseguimento delle finalita' e l'utilizzo degli strumenti di cui ai commi 1 e 2, nell'ambito delle risorse finanziarie previste dalla legislazione vigente, contribuiscono a proteggere le acque territoriali e marine e a realizzare gli obiettivi degli accordi internazionali in materia.

ART. 74
Definizioni

1. Ai fini della presente sezione si intende per:
    a) abitante equivalente: il carico organico biodegradabile avente una richiesta biochimica di ossigeno a 5 giorni (BOD5) pari a 60 grammi di ossigeno al giorno;
    b) acque ciprinicole: le acque in cui vivono o possono vivere pesci appartenenti ai ciprinidi (Cyprinidae) o a specie come i lucci, i pesci persici e le anguille;
    c) acque costiere: le acque superficiali situate all'interno rispetto a una retta immaginaria distante, in ogni suo punto, un miglio nautico sul lato esterno dal punto piu' vicino della linea di base che serve da riferimento per definire il limite delle acque territoriali e che si estendono eventualmente fino al limite esterno delle acque di transizione;
    d) acque salmonicole: le acque in cui vivono o possono vivere pesci appartenenti a specie come le trote, i temoli e i coregoni;
    e) estuario: l'area di transizione tra le acque dolci e le acque costiere alla foce di un fiume, i cui limiti esterni verso il mare sono definiti con decreto del Ministro dell'ambiente e della tutela del territorio e del mare; in via transitoria tali limiti sono fissati a cinquecento metri dalla linea di costa;
    f) acque dolci: le acque che si presentano in natura con una concentrazione di sali tale da essere considerate appropriate per l'estrazione e il trattamento al fine di produrre acqua potabile;
    g) acque reflue domestiche: acque reflue provenienti da insediamenti di tipo residenziale e da servizi e derivanti prevalentemente dal metabolismo umano e da attivita' domestiche;
    h) "acque reflue industriali": qualsiasi tipo di acque reflue scaricate da edifici od impianti in cui si svolgono attivita' commerciali o di produzione di beni, diverse dalle acque reflue domestiche e dalle acque meteoriche di dilavamento;
    i) "acque reflue urbane": acque reflue domestiche o il miscuglio di acque reflue domestiche, di acque reflue industriali ovvero meteoriche di dilavamento convogliate in reti fognarie, anche separate, e provenienti da agglomerato;
    l) acque sotterranee: tutte le acque che si trovano al di sotto della superficie del suolo, nella zona di saturazione e in diretto contatto con il suolo e il sottosuolo;
    m) acque termali: le acque minerali naturali di cui all'articolo 2, comma 1, lettera a), della legge 24 ottobre 2000, n. 323, utilizzate per le finalita' consentite dalla stessa legge;
    n) agglomerato: l'area in cui la popolazione, ovvero le attivita'

produttive, sono concentrate in misura tale da rendere ammissibile, sia tecnicamente che economicamente in rapporto anche ai benefici ambientali conseguibili, la raccolta e il convogliamento delle acque reflue urbane verso un sistema di trattamento o verso un punto di recapito finale;

o) applicazione al terreno: l'apporto di materiale al terreno mediante spandimento e/o mescolamento con gli strati superficiali, iniezione, interramento;

p) utilizzazione agronomica: la gestione di effluenti di allevamento, acque di vegetazione residuate dalla lavorazione delle olive, acque reflue provenienti da aziende agricole e piccole aziende agro-alimentari, dalla loro produzione fino all'applicazione al terreno ovvero al loro utilizzo irriguo o fertirriguo, finalizzati all'utilizzo delle sostanze nutritive e ammendanti nei medesimi contenute;

q) ente di governo dell'ambito: la forma di cooperazione tra comuni e province per l'organizzazione del servizio idrico integrato;

r) gestore del servizio idrico integrato: il soggetto che gestisce il servizio idrico integrato in un ambito territoriale ottimale ovvero il gestore esistente del servizio pubblico soltanto fino alla piena operativita' del servizio idrico integrato;

s) bestiame: tutti gli animali allevati per uso o profitto;

t) composto azotato: qualsiasi sostanza contenente azoto, escluso quello allo stato molecolare gassoso;

u) concimi chimici: qualsiasi fertilizzante prodotto mediante procedimento industriale;

v) effluente di allevamento: le deiezioni del bestiame o una miscela di lettiera e di deiezione di bestiame, anche sotto forma di prodotto trasformato, ivi compresi i reflui provenienti da attivita' di piscicoltura;

z) eutrofizzazione: arricchimento delle acque di nutrienti, in particolare modo di composti dell'azoto e/o del fosforo, che provoca una abnorme proliferazione di alghe e/o di forme superiori di vita vegetale, producendo la perturbazione dell'equilibrio degli organismi presenti nell'acqua e della qualita' delle acque interessate;

aa) fertilizzante: fermo restando quanto disposto dalla legge 19 ottobre 1984, n. 748, le sostanze contenenti uno o piu' composti azotati, compresi gli effluenti di allevamento, i residui degli allevamenti ittici e i fanghi, sparse sul terreno per stimolare la crescita della vegetazione;

bb) fanghi: i fanghi residui, trattati o non trattati, provenienti dagli impianti di trattamento delle acque reflue urbane;

cc) inquinamento: l'introduzione diretta o indiretta, a seguito di attivita' umana, di sostanze o di calore nell'aria, nell'acqua o nel terreno che possono nuocere alla salute umana o alla qualita' degli ecosistemi acquatici o degli ecosistemi terrestri che dipendono direttamente da ecosistemi acquatici, perturbando, deturpando o deteriorando i valori ricreativi o altri legittimi usi dell'ambiente;

dd) "rete fognaria": un sistema di condotte per la raccolta e il convogliamento delle acque reflue urbane;

ee) fognatura separata: la rete fognaria costituita da due canalizzazioni, la prima delle quali adibita alla raccolta ed al convogliamento delle sole acque meteoriche di dilavamento, e dotata o meno di dispositivi per la raccolta e la separazione delle acque di prima pioggia, e la seconda adibita alla raccolta ed al convogliamento delle acque reflue urbane unitamente alle eventuali acque di prima pioggia;

ff) scarico: qualsiasi immissione effettuata esclusivamente tramite un sistema stabile di collettamento che collega senza soluzione di continuita' il ciclo di produzione del refluo con il corpo ricettore acque superficiali, sul suolo, nel sottosuolo e in rete fognaria, indipendentemente dalla loro natura inquinante, anche sottoposte a preventivo trattamento di depurazione. Sono esclusi i rilasci di acque previsti all'articolo 114;

gg) acque di scarico: tutte le acque reflue provenienti da uno scarico;

hh) scarichi esistenti: gli scarichi di acque reflue urbane che alla data del 13 giugno 1999 erano in esercizio e conformi al regime autorizzativo previgente e gli scarichi di impianti di trattamento di acque reflue urbane per i quali alla stessa data erano gia' state completate tutte le procedure relative alle gare di appalto e all'affidamento dei lavori, nonche' gli scarichi di acque reflue domestiche che alla data del 13 giugno 1999 erano in esercizio e conformi al previgente regime autorizzativo e gli scarichi di acque reflue industriali che alla data del 13 giugno 1999 erano in esercizio e gia' autorizzati;

ii) trattamento appropriato: il trattamento delle acque reflue urbane mediante un processo ovvero un sistema di smaltimento che, dopo lo scarico, garantisca la conformita' dei corpi idrici recettori ai relativi obiettivi di qualita' ovvero sia conforme alle disposizioni della parte terza del presente decreto;

ll) trattamento primario: il trattamento delle acque reflue che comporti la sedimentazione dei solidi sospesi mediante processi fisici e/o chimico-fisici e/o altri, a seguito dei quali prima dello scarico il BOD5 delle acque in trattamento sia ridotto almeno del 20 per cento ed i solidi sospesi totali almeno del 50 per cento;

mm) trattamento secondario: il trattamento delle acque reflue mediante un processo che in genere comporta il trattamento biologico con sedimentazione secondaria, o mediante altro processo in cui vengano comunque rispettati i requisiti di cui alla tabella 1 dell'Allegato 5 alla parte terza del presente decreto;

nn) stabilimento industriale, stabilimento: tutta l'area sottoposta al controllo di un unico gestore, nella quale si svolgono attivita' commerciali o industriali che comportano la produzione, la trasformazione e/o l'utilizzazione delle sostanze di cui all'Allegato 8 alla parte terza del presente decreto, ovvero qualsiasi altro processo produttivo che comporti la presenza di tali sostanze nello scarico;

oo) valore limite di emissione: limite di accettabilita' di una sostanza inquinante contenuta in uno scarico, misurata in concentrazione, oppure in massa per unita' di prodotto o di materia prima lavorata, o in massa per unita' di tempo. I valori limite di emissione possono essere fissati anche per determinati gruppi, famiglie o categorie di sostanze. I valori limite di emissione delle sostanze si applicano di norma nel punto di fuoriuscita delle emissioni dall'impianto, senza tener conto dell'eventuale diluizione; l'effetto di una stazione di depurazione di acque reflue puo' essere preso in considerazione nella determinazione dei valori limite di emissione dell'impianto, a condizione di garantire un livello equivalente di protezione dell'ambiente nel suo insieme e di non portare carichi inquinanti maggiori nell'ambiente;

pp) zone vulnerabili: zone di territorio che scaricano direttamente o indirettamente composti azotati di origine agricola o zootecnica in acque gia' inquinate o che potrebbero esserlo in conseguenza di tali tipi di scarichi.

2. Ai fini della presente sezione si intende inoltre per:

a) acque superficiali: le acque interne ad eccezione di quelle sotterranee, le acque di transizione e le acque costiere, tranne per quanto riguarda lo stato chimico, in relazione al quale sono incluse anche le acque territoriali;

b) acque interne: tutte le acque superficiali correnti o stagnanti, e tutte le acque sotterranee all'interno della linea di base che serve da riferimento per definire il limite delle acque territoriali;

c) fiume: un corpo idrico interno che scorre prevalentemente in superficie ma che puo' essere parzialmente sotterraneo;

d) lago: un corpo idrico superficiale interno fermo;

e) acque di transizione: i corpi idrici superficiali in prossimita' della foce di un fiume, che sono parzialmente di natura salina a causa della loro vicinanza alle acque costiere, ma sostanzialmente influenzate dai flussi di acqua dolce;

f) corpo idrico artificiale: un corpo idrico superficiale creato da un'attivita' umana;

g) corpo idrico fortemente modificato: un corpo idrico superficiale la cui natura, a seguito di alterazioni fisiche dovute a un'attivita' umana, e' sostanzialmente modificata, come risulta dalla designazione fattane dall'autorita' competente in base alle disposizioni degli articoli 118 e 120;

h) corpo idrico superficiale: un elemento distinto e significativo di acque superficiali, quale un lago, un bacino artificiale, un torrente, fiume o canale, parte di un torrente, fiume o canale, acque di transizione o un tratto di acque costiere;

i) falda acquifera: uno o piu' strati sotterranei di roccia o altri strati geologici di porosita' e permeabilita' sufficiente da consentire un flusso significativo di acque sotterranee o l'estrazione di quantita' significative di acque sotterranee;

l) corpo idrico sotterraneo: un volume distinto di acque sotterranee contenute da una o piu' falde acquifere;

m) bacino idrografico: il territorio nel quale scorrono tutte le acque superficiali attraverso una serie di torrenti, fiumi ed eventualmente laghi per sfociare al mare in un'unica foce, a estuario o delta;

n) sotto-bacino idrografico: il territorio nel quale scorrono tutte le acque superficiali attraverso una serie di torrenti, fiumi e laghi per sfociare in un punto specifico di un corso d'acqua, di solito un lago o la confluenza di un fiume;

o) distretto idrografico: l'area di terra e di mare, costituita da uno o piu' bacini idrografici limitrofi e dalle rispettive acque sotterranee e costiere che costituisce la principale unita' per la gestione dei bacini idrografici;

p) stato delle acque superficiali: l'espressione complessiva dello stato di un corpo idrico superficiale, determinato dal valore piu' basso del suo stato ecologico e chimico;

q) buono stato delle acque superficiali: lo stato raggiunto da un corpo idrico superficiale qualora il suo stato, tanto sotto il profilo ecologico quanto sotto quello chimico, possa essere definito almeno "buono";

r) stato delle acque sotterranee: l'espressione complessiva dello stato di un corpo idrico sotterraneo, determinato dal valore piu' basso del suo stato quantitativo e chimico;

s) buono stato delle acque sotterranee: lo stato raggiunto da un corpo idrico sotterraneo qualora il suo stato, tanto sotto il profilo quantitativo quanto sotto quello chimico, possa essere definito almeno "buono";

t) stato ecologico: l'espressione della qualita' della struttura e del funzionamento degli ecosistemi acquatici associati alle acque superficiali, classificato a norma dell'Allegato 1 alla parte terza del presente decreto;

u) buono stato ecologico: lo stato di un corpo idrico superficiale classificato in base all'Allegato 1 alla parte terza del presente decreto;

v) buon potenziale ecologico: lo stato di un corpo idrico artificiale o fortemente modificato, cosi' classificato in base alle disposizioni pertinenti dell'Allegato 1 alla parte terza del presente decreto;

((z) buono stato chimico delle acque superficiali: lo stato chimico richiesto per conseguire gli obiettivi ambientali per le acque superficiali fissati dalla presente sezione secondo le modalita' previste all'articolo 78, comma 2, lettere a) e b), ossia lo stato raggiunto da un corpo idrico superficiale nel quale la concentrazione degli inquinanti non superi gli standard di qualita' ambientali fissati per le sostanze dell'elenco di priorita' di cui alle tabelle 1/A e 2/A del paragrafo A.2.6 dell'allegato 1 alla parte terza;))

aa) buono stato chimico delle acque sotterranee: lo stato chimico di un corpo idrico sotterraneo che risponde a tutte le condizioni di cui alla tabella B.3.2 dell'Allegato 1 alla parte terza del presente decreto;

bb) stato quantitativo: l'espressione del grado in cui un corpo idrico sotterraneo e' modificato da estrazioni dirette e indirette;

cc) risorse idriche sotterranee disponibili: il risultato della velocita' annua media di ravvenamento globale a lungo termine del corpo idrico sotterraneo meno la velocita' annua media a lungo termine del flusso necessario per raggiungere gli obiettivi di qualita' ecologica per le acque superficiali connesse, di cui all'articolo 76, al fine di evitare un impoverimento significativo dello stato ecologico di tali acque, nonche' danni rilevanti agli ecosistemi terrestri connessi;

dd) buono stato quantitativo: stato definito nella tabella B.1.2 dell'Allegato 1 alla parte terza del presente decreto;

ee) sostanze pericolose: le sostanze o gruppi di sostanze tossiche, persistenti e bio-accumulabili e altre sostanze o gruppi di sostanze che danno adito a preoccupazioni analoghe;

ff) sostanze prioritarie e sostanze pericolose prioritarie: le sostanze individuate con disposizioni comunitarie ai sensi dell'articolo 16 della direttiva 2000/60/CE;

gg) inquinante: qualsiasi sostanza che possa inquinare, in particolare quelle elencate nell'Allegato 8 alla parte terza del presente decreto;

hh) immissione diretta nelle acque sotterranee: l'immissione di inquinanti nelle acque sotterranee senza infiltrazione attraverso il suolo o il sottosuolo;

ii) obiettivi ambientali: gli obiettivi fissati dal titolo II della parte terza del presente decreto;

ll) standard di qualita' ambientale ((, denominati anche "SQA";)): la concentrazione di un particolare inquinante o gruppo di inquinanti nelle acque, nei sedimenti e nel biota che non deve essere superata per tutelare la salute umana e l'ambiente;

mm) approccio combinato: l'insieme dei controlli, da istituire o realizzare, salvo diversa indicazione delle normative di seguito citate, entro il 22 dicembre 2012, riguardanti tutti gli scarichi nelle acque superficiali, comprendenti i controlli sulle emissioni basati sulle migliori tecniche disponibili, quelli sui pertinenti valori limite di emissione e, in caso di impatti diffusi, e quelli comprendenti, eventualmente, le migliori prassi ambientali; tali controlli sono quelli stabiliti:

1) nel decreto legislativo 18 febbraio 2005, n. 59, sulla prevenzione e la riduzione integrate dell'inquinamento;

2) nella parte terza del presente decreto in materia di acque reflue urbane, nitrati provenienti da fonti agricole, sostanze che presentano rischi significativi per l'ambiente acquatico o attraverso l'ambiente acquatico, inclusi i rischi per le acque destinate alla produzione di acqua potabile e di scarichi di Hg, Cd, HCH, DDT, PCP, aldrin, dieldrin, endrin, HCB, HCBD, cloroformio, tetracloruro di carbonio, EDC, tricloroetilene, TCB e percloroetilene;

nn) acque destinate al consumo umano: le acque disciplinate dal decreto legislativo 2 febbraio 2001, n. 31;

oo) servizi idrici: tutti i servizi che forniscono alle famiglie, agli enti pubblici o a qualsiasi attivita' economica:

1) estrazione, arginamento, stoccaggio, trattamento e distribuzione, di acque superficiali o sotterranee,

2) strutture per la raccolta e il trattamento delle acque reflue, che successivamente scaricano nelle acque superficiali;

pp) utilizzo delle acque: i servizi idrici unitamente agli altri usi risultanti dall'attivita' conoscitiva di cui all'articolo 118 che incidono in modo significativo sullo stato delle acque. Tale nozione si applica ai fini dell'analisi economica di cui all'Allegato 10 alla parte terza del presente decreto;

qq) LETTERA ABROGATA DAL D.LGS. 16 GENNAIO 2008, N. 4;

rr) controlli delle emissioni: i controlli che comportano una limitazione specifica delle emissioni, ad esempio un valore limite delle emissioni, oppure che definiscono altrimenti limiti o condizioni in merito agli effetti, alla natura o ad altre caratteristiche di un'emissione o condizioni operative che influiscono sulle emissioni;

ss) costi ambientali: i costi legati ai danni che l'utilizzo stesso delle risorse idriche causa all'ambiente, agli ecosistemi e a coloro che usano l'ambiente;

tt) costi della risorsa: i costi delle mancate opportunita' imposte ad altri utenti in conseguenza dello sfruttamento intensivo delle risorse al di la' del loro livello di ripristino e ricambio naturale;

uu) impianto: l'unita' tecnica permanente in cui sono svolte una o piu' attivita' di cui all'Allegato I del Titolo III-bis della parte seconda del presente decreto, e qualsiasi altra attivita' accessoria, che siano tecnicamente connesse con le attivita' svolte in uno stabilimento e possano influire sulle emissioni e sull'inquinamento; nel caso di attivita' non rientranti nel campo di applicazione del Titolo III-bis della parte seconda del presente decreto, l'impianto si identifica nello stabilimento. Nel caso di attivita' di cui all'Allegato I del predetto decreto, l'impianto si identifica con il complesso assoggettato alla disciplina della prevenzione e controllo integrati dell'inquinamento.

uu-bis) limite di rivelabilita': il segnale in uscita o il valore di concentrazione al di sopra del quale si puo' affermare, con un livello di fiducia dichiarato, che un dato campione e' diverso da un bianco che non contiene l'analita;

uu-ter) limite di quantificazione: un multiplo dichiarato del limite di rivelabilita' a una concentrazione dell'analita che puo' ragionevolmente essere determinata con accettabile accuratezza e precisione. Il limite di quantificazione puo' essere calcolato servendosi di un materiale di riferimento o di un campione adeguato e puo' essere ottenuto dal punto di taratura piu' basso sulla curva di taratura, dopo la sottrazione del bianco;

uu-quater) incertezza di misura: un parametro non negativo che caratterizza la dispersione dei valori quantitativi attribuiti a un misurando sulla base delle informazioni utilizzate;

uu-quinquies) materiale di riferimento: materiale sufficientemente omogeneo e stabile rispetto a proprieta' specificate, che si e' stabilito essere idonee per un determinato utilizzo in una misurazione o nell'esame di proprieta' nominali.

((uu-sexies) matrice: un comparto dell'ambiente acquatico, vale a dire acqua, sedimenti, biota;

uu-septies) taxon del biota: un particolare taxon acquatico all'interno del rango tassonomico o "sub phylum", "classe" o un loro equivalente.))

ART. 75
(competenze)

1 Nelle materie disciplinate dalle disposizioni della presente sezione:

a) lo Stato esercita le competenze ad esso spettanti per la tutela dell'ambiente e dell'ecosistema attraverso il ((Ministro dell'ambiente e della tutela del territorio e del mare)), fatte salve le competenze in materia igienico-sanitaria spettanti al Ministro della salute;

b) le regioni e gli enti locali esercitano le funzioni e i compiti ad essi spettanti nel quadro delle competenze costituzionalmente determinate e nel rispetto delle attribuzioni statali.

2. Con riferimento alle funzioni e ai compiti spettanti alle regioni e agli enti locali, in caso di accertata inattivita' che comporti inadempimento agli obblighi derivanti dall'appartenenza all'Unione europea, pericolo di grave pregiudizio alla salute o

all'ambiente oppure inottemperanza ad obblighi di informazione, il Presidente del Consiglio dei Ministri, su proposta del ((Ministro dell'ambiente e della tutela del territorio e del mare))per materia, assegna all'ente inadempiente un congruo termine per provvedere, decorso inutilmente il quale il Consiglio dei Ministri, sentito il soggetto inadempiente, nomina un commissario che provvede in via sostitutiva. Gli oneri economici connessi all'attivita' di sostituzione sono a carico dell'ente inadempiente. Restano fermi i poteri di ordinanza previsti dall'ordinamento in caso di urgente necessita' e le disposizioni in materia di poteri sostitutivi previste dalla legislazione vigente, nonche' quanto disposto dall'articolo 132.

3. Le prescrizioni tecniche necessarie all'attuazione della parte terza del presente decreto sono stabilite negli Allegati al decreto stesso e con uno o piu' regolamenti adottati ai sensi dell'articolo 17, comma 3, della legge 23 agosto 1988, n. 400, su proposta del ((Ministro dell'ambiente e della tutela del territorio e del mare))previa intesa con la Conferenza Stato-regioni; attraverso i medesimi regolamenti possono altresi' essere modificati gli Allegati alla parte terza del presente decreto per adeguarli a sopravvenute esigenze o a nuove acquisizioni scientifiche o tecnologiche.

4. Con decreto dei Ministri competenti per materia si provvede alla modifica degli Allegati alla parte terza del presente decreto per dare attuazione alle direttive che saranno emanate dall'Unione europea, per le parti in cui queste modifichino modalita' esecutive e caratteristiche di ordine tecnico delle direttive dell'Unione europea recepite dalla parte terza del presente decreto, secondo quanto previsto dall'articolo 13 della legge 4 febbraio 2005, n. 11.

5. Le regioni assicurano la piu' ampia divulgazione delle informazioni sullo stato di qualita' delle acque e trasmettono al Dipartimento tutela delle acque interne e marine dell' ((Istituto superiore per la protezione e la ricerca ambientale)) (((ISPRA))) i dati conoscitivi e le informazioni relative all'attuazione della parte terza del presente decreto, nonche' quelli prescritti dalla disciplina comunitaria, secondo le modalita' indicate con decreto del ((Ministro dell'ambiente e della tutela del territorio e del mare)), di concerto con i Ministri competenti, d'intesa con la Conferenza permanente per i rapporti tra lo Stato, le regioni e le province autonome di Trento e di Bolzano. Il Dipartimento tutela delle acque interne e marine dell' ((Istituto superiore per la protezione e la ricerca ambientale)) (((ISPRA))) elabora a livello nazionale, nell'ambito del Sistema informativo nazionale dell'ambiente (SINA), le informazioni ricevute e le trasmette ai Ministeri interessati e al ((Ministero dell'ambiente e della tutela del territorio e del mare)) anche per l'invio alla Commissione europea. Con lo stesso decreto sono individuati e disciplinati i casi in cui le regioni sono tenute a trasmettere al ((Ministero dell'ambiente e della tutela del territorio e del mare))i provvedimenti adottati ai fini delle comunicazioni all'Unione europea o in ragione degli obblighi internazionali assunti.

6. Le regioni favoriscono l'attiva partecipazione di tutte le parti interessate all'attuazione della parte terza del presente decreto in particolare in sede di elaborazione, revisione e aggiornamento dei piani di tutela di cui all'articolo 121.

7. Le regioni provvedono affinche' gli obiettivi di qualita' di cui agli articoli 76 e 77 ed i relativi programmi di misure siano perseguiti nei corpi idrici ricadenti nei bacini idrografici internazionali in attuazione di accordi tra gli stati membri interessati, avvalendosi a tal fine di strutture esistenti risultanti da accordi internazionali.

8. Qualora il distretto idrografico superi i confini della Comunita' europea, lo Stato e le regioni esercitano le proprie competenze adoperandosi per instaurare un coordinamento adeguato con gli Stati terzi coinvolti, al fine realizzare gli obiettivi di cui alla parte terza del presente decreto in tutto il distretto

idrografico.

9. I consorzi di bonifica e di irrigazione, anche attraverso appositi accordi di programma con le competenti autorita', concorrono alla realizzazione di azioni di salvaguardia ambientale e di risanamento delle acque anche al fine della loro utilizzazione irrigua, della rinaturalizzazione dei corsi d'acqua e della filodepurazione.

TITOLO II
OBIETTIVI DI QUALITA'

CAPO I
OBIETTIVO DI QUALITA' AMBIENTALE E OBIETTIVO DI QUALITA' PER SPECIFICA DESTINAZIONE

ART. 76
(disposizioni generali)

1. Al fine della tutela e del risanamento delle acque superficiali e sotterranee, la parte terza del presente decreto individua gli obiettivi minimi di qualita' ambientale per i corpi idrici significativi e gli obiettivi di qualita' per specifica destinazione per i corpi idrici di cui all'articolo 78, da garantirsi su tutto il territorio nazionale.

2. L'obiettivo di qualita' ambientale e' definito in funzione della capacita' dei corpi idrici di mantenere i processi naturali di autodepurazione e di supportare comunita' animali e vegetali ampie e ben diversificate.

3. L'obiettivo di qualita' per specifica destinazione individua lo stato dei corpi idrici idoneo ad una particolare utilizzazione da parte dell'uomo, alla vita dei pesci e dei molluschi.

4. In attuazione della parte terza del presente decreto sono adottate, mediante il Piano di tutela delle acque di cui all'articolo 121, misure atte a conseguire gli obiettivi seguenti entro il 22 dicembre 2015;
 a) sia mantenuto o raggiunto per i corpi idrici significativi superficiali e sotterranei l'obiettivo di qualita' ambientale corrispondente allo stato di "buono";
 b) sia mantenuto, ove gia' esistente, lo stato di qualita' ambientale "elevato" come definito nell'Allegato 1 alla parte terza del presente decreto;
 c) siano mantenuti o raggiunti altresi' per i corpi idrici a specifica destinazione di cui all'articolo 79 gli obiettivi di qualita' per specifica destinazione di cui all'Allegato 2 alla parte terza del presente decreto, salvi i termini di adempimento previsti dalla normativa previgente.

5. Qualora per un corpo idrico siano designati obiettivi di qualita' ambientale e per specifica destinazione che prevedono per gli stessi parametri valori limite diversi, devono essere rispettati quelli piu' cautelativi quando essi si riferiscono al conseguimento dell'obiettivo di qualita' ambientale; l'obbligo di rispetto di tali valori limite decorre dal 22 dicembre 2015.

6. Il Piano di tutela provvede al coordinamento degli obiettivi di qualita' ambientale con i diversi obiettivi di qualita' per specifica destinazione.

7. Le regioni possono definire obiettivi di qualita' ambientale piu' elevati, nonche' individuare ulteriori destinazioni dei corpi idrici e relativi obiettivi di qualita'.

ART. 77
(individuazione e perseguimento dell'obiettivo di qualità ambientale)

1. Entro dodici mesi dalla data di entrata in vigore della parte

terza del presente decreto, sulla base dei dati gia' acquisiti e dei risultati del primo rilevamento effettuato ai sensi degli articoli 118 e 120, le regioni che non vi abbiano provveduto identificano per ciascun corpo idrico significativo, o parte di esso, la classe di qualita' corrispondente ad una di quelle indicate nell'Allegato 1 alla parte terza del presente decreto.

2. In relazione alla classificazione di cui al comma 1, le regioni stabiliscono e adottano le misure necessarie al raggiungimento o al mantenimento degli obiettivi di qualita' ambientale di cui all'articolo 76, comma 4, lettere a) e b), tenendo conto del carico massimo ammissibile, ove fissato sulla base delle indicazioni delle Autorita' di bacino, e assicurando in ogni caso per tutti i corpi idrici l'adozione di misure atte ad impedire un ulteriore degrado.

3. Al fine di assicurare entro il 22 dicembre 2015 il raggiungimento dell'obiettivo di qualita' ambientale corrispondente allo stato di "buono", entro il 31 dicembre 2008 ogni corpo idrico superficiale classificato o tratto di esso deve conseguire almeno i requisiti dello stato di "sufficiente" di cui all'Allegato 1 alla parte terza del presente decreto.

4. Le acque ricadenti nelle aree protette devono essere conformi agli obiettivi e agli standard di qualita' fissati nell'Allegato 1 alla parte terza del presente decreto, secondo le scadenze temporali ivi stabilite, salvo diversa disposizione della normativa di settore a norma della quale le singole aree sono state istituite.

5. La designazione di un corpo idrico artificiale o fortemente modificato e la relativa motivazione sono esplicitamente menzionate nei piani di bacino e sono riesaminate ogni sei anni. Le regioni possono definire un corpo idrico artificiale o fortemente modificato quando:

    a) le modifiche delle caratteristiche idromorfologiche di tale corpo, necessarie al raggiungimento di un buono stato ecologico, abbiano conseguenze negative rilevanti:
      1) sull'ambiente in senso ampio;
      2) sulla navigazione, comprese le infrastrutture portuali, o sul diporto;
      3) sulle attivita' per le quali l'acqua e' accumulata, quali la fornitura di acqua potabile, la produzione di energia o l'irrigazione;
      4) sulla regolazione delle acque, la protezione dalle inondazioni o il drenaggio agricolo;
      5) su altre attivita' sostenibili di sviluppo umano ugualmente importanti;
    b) i vantaggi cui sono finalizzate le caratteristiche artificiali o modificate del corpo idrico non possano, per motivi di fattibilita' tecnica o a causa dei costi sproporzionati, essere raggiunti con altri mezzi che rappresentino un'opzione significativamente migliore sul piano ambientale.

((6. Le regioni possono motivatamente prorogare il termine del 23 dicembre 2015 per poter conseguire gradualmente gli obiettivi dei corpi idrici purche' non si verifichi un ulteriore deterioramento dello stato dei corpi idrici e sussistano tutte le seguenti condizioni:
    a) i miglioramenti necessari per il raggiungimento del buono stato di qualita' ambientale non possono essere raggiunti entro i termini stabiliti almeno per uno dei seguenti motivi:
      1) i miglioramenti dello stato dei corpi idrici possono essere conseguiti per motivi tecnici solo in fasi successive al 23 dicembre 2015;
      2) il completamento dei miglioramenti entro i termini fissati sarebbe sproporzionalmente costoso;
      3) le condizioni naturali non consentono il miglioramento del corpo idrico nei tempi richiesti;
    b) la proroga dei termini e le relative motivazioni sono espressamente indicate nei piani di cui agli articoli 117 e 121;
    c) le proroghe non possono superare il periodo corrispondente a

due ulteriori aggiornamenti dei piani di cui alla lettera b), fatta eccezione per i casi in cui le condizioni naturali non consentano di conseguire gli obiettivi entro detto periodo;

d) l'elenco delle misure, la necessita' delle stesse per il miglioramento progressivo entro il termine previsto, la giustificazione di ogni eventuale significativo ritardo nella attuazione delle misure, nonche' il relativo calendario di attuazione delle misure devono essere riportati nei piani di cui alla lettera b). Le informazioni devono essere aggiornate nel riesame dei piani.))

((7. Le regioni, per alcuni corpi idrici, possono stabilire di conseguire obiettivi ambientali meno rigorosi rispetto a quelli di cui al comma 4, qualora, a causa delle ripercussioni dell'impatto antropico rilevato ai sensi dell'articolo 118 o delle loro condizioni naturali, non sia possibile o sia esageratamente oneroso il loro raggiungimento. Devono, in ogni caso, ricorrere le seguenti condizioni:

a) la situazione ambientale e socioeconomica non consente di prevedere altre opzioni significativamente migliori sul piano ambientale ed economico;

b) la garanzia che:
1) per le acque superficiali venga conseguito il migliore stato ecologico e chimico possibile, tenuto conto degli impatti che non potevano ragionevolmente essere evitati per la natura dell'attivita' umana o dell'inquinamento;
2) per le acque sotterranee siano apportate modifiche minime al loro stato di qualita', tenuto conto degli impatti che non potevano ragionevolmente essere evitati per la natura dell'attivita' umana o dell'inquinamento;

c) per lo stato del corpo idrico non si verifichi alcun ulteriore deterioramento;

d) gli obiettivi ambientali meno rigorosi e le relative motivazioni figurano espressamente nel piano di gestione del bacino idrografico e del piano di tutela di cui agli articoli 117 e 121 e tali obiettivi sono rivisti ogni sei anni nell'ambito della revisione di detti piani.))

8. Quando ricorrono le condizioni di cui al comma 7, la definizione di obiettivi meno rigorosi e' consentita purche' essi non comportino l'ulteriore deterioramento dello stato del corpo idrico e, fatto salvo il caso di cui alla lettera b) del medesimo comma 7, purche' non sia pregiudicato il raggiungimento degli obiettivi fissati dalla parte terza del presente decreto in altri corpi idrici compresi nello stesso bacino idrografico.

9. Nei casi previsti dai commi 6 e 7, i Piani di tutela devono comprendere le misure volte alla tutela del corpo idrico, ivi compresi i provvedimenti integrativi o restrittivi della disciplina degli scarichi ovvero degli usi delle acque. I tempi e gli obiettivi, nonche' le relative misure, sono rivisti almeno ogni sei anni ed ogni eventuale modifica deve essere inserita come aggiornamento del piano.

10. Il deterioramento temporaneo dello stato del corpo idrico dovuto a circostanze naturali o di forza maggiore eccezionali e ragionevolmente imprevedibili, come alluvioni violente e siccita' prolungate, o conseguente a incidenti ragionevolmente imprevedibili, non da' luogo una violazione delle prescrizioni della parte terza del presente decreto, purche' ricorrano tutte le seguenti condizioni:

a) che siano adottate tutte le misure volte ad impedire l'ulteriore deterioramento dello stato di qualita' dei corpi idrici e la compromissione del raggiungimento degli obiettivi di cui all'articolo 76 ed al presente articolo in altri corpi idrici non interessati alla circostanza;

b) che il Piano di tutela preveda espressamente le situazioni in cui detti eventi possano essere dichiarati ragionevolmente imprevedibili o eccezionali, anche adottando gli indicatori appropriati;

c) che siano previste ed adottate misure idonee a non compromettere il ripristino della qualita' del corpo idrico una volta

conclusisi gli eventi in questione;
   d) che gli effetti degli eventi eccezionali o imprevedibili siano sottoposti a un riesame annuale e, con riserva dei motivi di cui all'articolo 76, comma 4, lettera a), venga fatto tutto il possibile per ripristinare nel corpo idrico, non appena cio' sia ragionevolmente fattibile, lo stato precedente tali eventi;
   e) che una sintesi degli effetti degli eventi e delle misure adottate o da adottare sia inserita nel successivo aggiornamento del Piano di tutela.
   ((10-bis. Le regioni non violano le disposizioni del presente decreto nei casi in cui:
   a) il mancato raggiungimento del buon stato delle acque sotterranee, del buono stato ecologico delle acque superficiali o, ove pertinente, del buon potenziale ecologico ovvero l'incapacita' di impedire il deterioramento del corpo idrico superficiale e sotterraneo sono dovuti a nuove modifiche delle caratteristiche fisiche di un corpo idrico superficiale o ad alterazioni idrogeologiche dei corpi idrici sotterranei;
   b) l'incapacita' di impedire il deterioramento da uno stato elevato ad un buono stato di un corpo idrico superficiale sia dovuto a nuove attivita' sostenibili di sviluppo umano purche' sussistano le seguenti condizioni:
      1) siano state avviate le misure possibili per mitigare l'impatto negativo sullo stato del corpo idrico;
      2) siano indicate puntualmente ed illustrate nei piani di cui agli articoli 117 e 121 le motivazioni delle modifiche o delle alterazioni e gli obiettivi siano rivisti ogni sei anni;
      3) le motivazioni delle modifiche o delle alterazioni di cui alla lettera b) siano di prioritario interesse pubblico ed i vantaggi per l'ambiente e la societa', risultanti dal conseguimento degli obiettivi di cui al comma 1, siano inferiori rispetto ai vantaggi derivanti dalle modifiche o dalle alterazioni per la salute umana, per il mantenimento della sicurezza umana o per lo sviluppo sostenibile;
      4) per motivi di fattibilita' tecnica o di costi sproporzionati, i vantaggi derivanti dalle modifiche o dalle alterazioni del corpo idrico non possano essere conseguiti con altri mezzi che garantiscono soluzioni ambientali migliori.))

ART. 78
(((Standard di qualita' ambientale per le acque superficiali).))

((1. Ai fini della determinazione del buono stato chimico delle acque superficiali si applicano, con le modalita' disciplinate dal presente articolo, gli SQA elencati alla tabella 1/A per la colonna d'acqua e per il biota e gli SQA elencati alla tabella 2/A per i sedimenti, di cui al paragrafo A.2.6 dell'allegato 1 alla parte terza.
2. Le regioni e le province autonome, avvalendosi delle agenzie regionali per l'ambiente, applicano gli SQA alla colonna d'acqua e al biota con le modalita' di cui al paragrafo A.2.8 dell'allegato 1 alla parte terza e nel rispetto dei seguenti criteri e condizioni:
   a) gli SQA per le sostanze individuate con i numeri 2, 5, 15, 20, 22, 23, 28, di cui alla tabella 1/A, paragrafo A.2.6 dell'allegato 1 alla parte terza, si applicano dal 22 dicembre 2015, per conseguire un buono stato chimico entro il 22 dicembre 2021, mediante programmi di misure inclusi nei piani di gestione dei bacini idrografici elaborati entro il 2015, in attuazione dell'articolo 117;
   b) gli SQA fissati per le nuove sostanze individuate con i numeri da 34 a 45, di cui alla tabella 1/A, del paragrafo A.2.6 dell'allegato 1 alla parte terza, si applicano dal 22 dicembre 2018, per conseguire un buono stato chimico entro il 22 dicembre 2027 ed impedire il deterioramento dello stato chimico relativamente a tali sostanze. A tal fine, entro il 22 dicembre 2018, le regioni e le province autonome, in collaborazione con le Autorita' di bacino,

elaborano un programma di monitoraggio supplementare ed un programma preliminare di misure relative a dette sostanze, che trasmettono al Ministero dell'ambiente e della tutela del territorio e del mare e al Sistema informativo nazionale per la tutela delle acque italiane, di seguito SINTAI, per il successivo inoltro alla Commissione europea. I piani di gestione di cui all'articolo 117, elaborati entro il 22 dicembre 2021, contengono un programma di misure definitivo, ai sensi dell'articolo 116, per il raggiungimento del buono stato chimico delle sostanze di cui alla presente lettera, che e' attuato e reso pienamente operativo, entro e non oltre il 22 dicembre 2024;

c) per le sostanze identificate con i numeri 5, 15, 16, 17, 21, 28, 34, 35, 37, 43 e 44, che figurano alla tabella 1/A del paragrafo A.2.6 dell'allegato 1 alla parte terza, si applicano gli SQA per il biota fissati alla medesima tabella 1/A, salvo quanto previsto al comma 3, lettera a). A tal fine, e' resa disponibile, entro il 22 marzo 2016, la linea guida italiana, di cui all'allegato 1 alla parte terza, paragrafo A.2.6, elaborata sulla base delle linee guida europee n. 25 - Chemical Monitoring of Sediment and Biota, n. 32 - Biota Monitoring e n. 33 - Analytical Methods for Biota Monitoring, contenente le informazioni pratiche, necessarie per l'utilizzo di taxa di biota alternativi ai fini della classificazione;

d) per le sostanze diverse da quelle di cui al punto c) si applicano gli SQA per l'acqua fissati alla tabella 1/A del paragrafo A.2.6 dell'allegato 1 alla parte terza, salvo quanto previsto al comma 3, lettera b).

3. Se sono rispettate le condizioni di cui al comma 4 le regioni e le province autonome:

a) per le sostanze recanti il numero 15, 16, 17, 28, 34, 35, 43 e 44 possono applicare gli SQA fissati alla tabella 1/A del paragrafo A.2.6 dell'allegato 1 alla parte terza per la colonna d'acqua;

b) per la sostanza 9-ter possono applicare lo SQA per il biota.

4. Ai fini del comma 3 il metodo di analisi scelto per la matrice o per il taxon del biota deve soddisfare i criteri minimi di efficienza specificati all'articolo 78-sexies. Se i criteri di cui all'articolo 78-sexies non sono rispettati per alcuna matrice, le regioni e le province autonome garantiscono che il monitoraggio sia effettuato utilizzando le migliori tecniche disponibili che non comportino costi eccessivi e che il metodo di analisi fornisca risultati almeno equivalenti al metodo disponibile per la matrice di cui al comma 2, lettera c), per la sostanza pertinente.

5. Per le acque marino costiere e di transizione le regioni e le province autonome possono applicare gli SQA di cui alla tabella 2/A del paragrafo A.2.6 dell'allegato 1 alla parte terza ai sedimenti, se sono rispettate le condizioni di cui al comma 4.

6. Quando viene individuato un rischio potenziale per l'ambiente acquatico o proveniente dall'ambiente acquatico causato da un'esposizione acuta, quale risultato di concentrazioni od emissioni ambientali misurate o stimate ed e' stato applicato uno SQA per il biota o i sedimenti, le regioni e le province autonome effettuano il monitoraggio anche della colonna d'acqua e applicano gli SQA-CMA di cui alla tabella 1/A del paragrafo A.2.6 dell'allegato 1 alla parte terza.

7. Per le sostanze alle quali si applica uno SQA per i sedimenti o per il biota, le regioni e le province autonome effettuano il monitoraggio della sostanza nella corrispondente matrice con cadenza almeno annuale, salvo che le conoscenze tecniche e la valutazione di esperti non giustifichino un diverso intervallo temporale. In tale ultimo caso, la motivazione tecnico-scientifica della frequenza applicata e' inserita nei Piani di gestione dei distretti idrografici, in conformita' all'articolo 78-nonies, c. 1, lettera c).

8. Le regioni e le province autonome effettuano l'analisi della tendenza a lungo termine delle concentrazioni delle sostanze dell'elenco di priorita' di cui alla tabella 1/A del paragrafo A.2.6 dell'allegato 1 alla parte terza che tendono ad accumularsi nei sedimenti e nel biota ovvero in una sola delle due matrici, con

particolare attenzione per le sostanze riportate nella citata tabella ai numeri 2, 5, 6, 7, 12, 15, 16, 17, 18, 20, 21, 26, 28, 30, 34, 35, 36, 37, 43 e 44, conformemente al paragrafo A.3.2.4 dell'allegato 1 alla parte terza ed ai commi 9 e 10.

9. Le regioni e le province autonome effettuano il monitoraggio delle sostanze di cui al comma 8 nei sedimenti o nel biota, con cadenza triennale, al fine di disporre di un numero di dati sufficienti per un'analisi della tendenza a lungo termine affidabile. Ai medesimi fini effettuano, in via prioritaria, eventualmente intensificando la frequenza, il monitoraggio nei corpi idrici che presentano criticita' ambientali, quali i corpi idrici in cui sono ubicati scarichi contenenti sostanze dell'elenco di priorita' o soggetti a fonti diffuse e perdite derivanti da attivita' agricola intensiva, siti contaminati da bonificare, discariche e depositi di rifiuti. All'esito dell'analisi di tendenza sono adottate le necessarie misure di tutela nell'ambito del piano di gestione.

10. Le regioni e le province autonome effettuano la valutazione delle variazioni a lungo termine ai sensi del paragrafo A.3.2.4 dell'allegato 1 alla parte terza nei siti interessati da una diffusa attivita' antropica. Per l'individuazione di detti siti si tiene conto degli esiti dell'analisi delle pressioni e degli impatti, effettuata in base alle disposizioni di cui all'allegato 3 alla parte terza, dando priorita' ai corpi idrici ed ai siti soggetti a pressioni da fonti puntuali e diffuse derivanti dalle sostanze elencate alla tabella 1/A del paragrafo A.2.6 dell'allegato 1 alla parte terza. In ogni caso, l'elenco comprende i siti rappresentativi dei corpi idrici marino-costieri e di transizione che, sulla base dei dati disponibili, superano gli SQA di cui alla tabella 3/A del paragrafo A.2.6 dell'allegato 1 alla parte terza. Le regioni e le province autonome, attraverso il sistema SINTAI, rendono disponibili l'elenco dei siti cosi' selezionati, entro il 31 dicembre 2015, ed i risultati dell'analisi di tendenza secondo le modalita' previste al punto 1.4.2 del paragrafo A.2.8-ter dell'allegato 1 alla parte terza. I risultati dell'analisi di tendenza sono inseriti nei piani di gestione di cui all'articolo 117.

11. I risultati del monitoraggio delle sostanze di cui al comma 8 nei sedimenti e nel biota concorrono all'aggiornamento ed all'integrazione degli standard di qualita' ambientali per i corpi idrici lacustri e fluviali.

12. Le regioni e le province autonome adottano misure atte a garantire che le concentrazioni delle sostanze di cui al comma 8 non aumentino in maniera significativamente rilevante nei sedimenti o nel biota.

13. Le disposizioni del presente articolo concorrono a conseguire l'obiettivo dell'eliminazione delle sostanze pericolose prioritarie indicate come PP alla tabella 1/A del paragrafo A.2.6 dell'allegato 1 alla parte terza, negli scarichi, nei rilasci da fonte diffusa e nelle perdite, nonche' alla graduale riduzione negli stessi delle sostanze prioritarie individuate come P alla medesima tabella. Tali obiettivi devono essere conseguiti entro venti anni dall'inserimento della sostanza nell'elenco delle sostanze prioritarie da parte del Parlamento europeo e del Consiglio. Per le sostanze indicate come E l'obiettivo e' di eliminare l'inquinamento delle acque causato da scarichi, rilasci da fonte diffusa e perdite entro il 2021.))

ART. 78-bis.
((Zone di mescolamento

1. Le regioni e le province autonome di Trento e di Bolzano possono designare zone di mescolamento adiacenti ai punti di scarico di acque reflue contenenti sostanze dell'elenco di priorita' nel rispetto dei criteri tecnici stabiliti con decreto del Ministero dell'ambiente e della tutela del territorio e del mare, sulla base delle linee guida definite a livello comunitario, ai sensi dell'articolo 4, paragrafo 4, della direttiva 2008/105/CE. Le concentrazioni di una o piu'

sostanze di detto elenco possono superare, nell'ambito di tali zone di mescolamento, gli SQA applicabili, a condizione che il superamento non abbia conseguenze sulla conformita' agli SQA del resto del corpo idrico superficiale.

2. Le regioni e le province autonome di Trento e di Bolzano designano le zone di mescolamento assicurando che l'estensione di ciascuna di tali zone:

    a) sia limitata alle vicinanze del punto di scarico;

    b) sia calibrata sulla base delle concentrazioni di inquinanti nel punto di scarico, dell'applicazione delle disposizioni in materia di disciplina degli scarichi di cui alla normativa vigente e dell'adozione delle migliori tecniche disponibili, in funzione del raggiungimento o mantenimento degli obiettivi ambientali.

3. Le regioni, le province autonome di Trento e di Bolzano e le autorita' di distretto riportano, rispettivamente, nei piani di tutela e nei piani di gestione le zone di mescolamento designate indicando:

    a) l'ubicazione e l'estensione;

    b) gli approcci e le metodologie applicati per definire tali zone;

    c) le misure adottate allo scopo di limitare in futuro l'estensione delle zone di mescolamento, quali quelle necessarie alla riduzione ed all'eliminazione dell'inquinamento delle acque superficiali causato dalle sostanze dell'elenco di priorita' o le misure consistenti nel riesame delle autorizzazioni rilasciate ai sensi del decreto legislativo 18 febbraio 2005, n. 59, e successive modificazioni, o delle autorizzazioni preventive rilasciate ai sensi del presente decreto.

4. Le disposizioni di cui al presente articolo non si applicano nelle aree protette elencate all'allegato 9, alle lettere i), ii), iii), v).))

ART. 78-ter.
Inventario dei rilasci da fonte diffusa, degli scarichi e delle perdite

1. Le regioni e le province autonome di Trento e di Bolzano, ciascuna per la parte di territorio di competenza ricadente in ciascun distretto idrografico, mettono a disposizione attraverso il sistema SINTAI le informazioni di cui alla lettera A.2.8.-ter, sezione A "Stato delle acque superficiali", parte 2 "Modalita' per la classificazione dello stato di qualita' dei corpi idrici" dell'allegato 1 alla parte terza, secondo le scadenze temporali riportate nel medesimo allegato. Le informazioni sono ricavate sulla base dell'attivita' di monitoraggio e dell'attivita' conoscitiva delle pressioni e degli impatti di cui rispettivamente all'allegato 1 e all'allegato 3 - sezione C, alla parte terza.

2. L'Istituto superiore per la protezione e ricerca ambientale, di seguito: ISPRA, rende disponibili attraverso il sistema SINTAI i formati standard, aggiornandoli sulla base delle linee guida adottate a livello comunitario, nonche' i servizi per la messa a disposizione delle informazioni da parte delle regioni e delle province autonome di Trento e di Bolzano.

((3. L'ISPRA elabora l'inventario, su scala di distretto, dei rilasci derivanti da fonte diffusa, degli scarichi e delle perdite, di seguito denominato "inventario", con riferimento alle sostanze prioritarie e alle sostanze pericolose prioritarie. L'ISPRA effettua ulteriori elaborazioni sulla base di specifiche esigenze del Ministero dell'ambiente e della tutela del territorio e del mare)).

4. L'inventario e' redatto sulla base della elaborazione delle informazioni di cui al comma 1, dei dati raccolti in attuazione del regolamento (CE) n. 166/2006, nonche' sulla base di altri dati ufficiali. Nell'inventario sono altresi' riportate, ove disponibili, le carte topografiche e, ove rilevate, le concentrazioni di tali sostanze ed inquinanti nei sedimenti e nel biota.

5. L'inventario e' finalizzato a verificare il raggiungimento dell'obiettivo di cui ai commi 1 e 7 dell'articolo 78, ed e' sottoposto a riesami sulla base degli aggiornamenti effettuati dalle regioni e dalle province autonome di Trento e di Bolzano in attuazione delle disposizioni di cui all'articolo 118, comma 2.

6. L' ISPRA, previa verifica e validazione da parte delle regioni e delle province autonome di Trento e di Bolzano, mette a disposizione di ciascuna autorita' di distretto, tramite il sistema SINTAI, gli inventari aggiornati su scala distrettuale ai fini dell'inserimento della sezione A dell'inventario nei piani di gestione riesaminati da pubblicare.

ART. 78-quater.
((Inquinamento transfrontaliero

1. Qualora si verifichi un superamento di un SQA nei bacini idrografici transfrontalieri, le regioni e le province autonome di Trento e di Bolzano interessate non si ritengono inadempienti se possono dimostrare che:
   a) il superamento dell'SQA e' dovuto ad una fonte di inquinamento al di fuori della giurisdizione nazionale;
   b) a causa di tale inquinamento transfrontaliero si e' verificata l'impossibilita' di adottare misure efficaci per rispettare l'SQA in questione;
   c) sia stato applicato, per i corpi idrici colpiti da inquinamento transfrontaliero, il meccanismo di coordinamento ai sensi dei commi 7 e 8 dell'articolo 75 e, se del caso, sia stato fatto ricorso alle disposizioni di cui ai commi 6, 7 e 10 dell'articolo 77.

2. Qualora si verifichino le circostanze di cui al comma 1, le regioni, le province autonome di Trento e di Bolzano e le autorita' di distretto competenti forniscono le informazioni necessarie al Ministero dell'ambiente e della tutela del territorio e del mare per il successivo inoltro alla Commissione europea e predispongono una relazione sintetica delle misure adottate riguardo all'inquinamento transfrontaliero da inserire rispettivamente nel piano di tutela e nel piano di gestione.))

ART. 78-quinquies.
((Metodi di analisi per le acque
superficiali e sotterranee

1. L'ISPRA assicura che i metodi di analisi, compresi i metodi di laboratorio, sul campo e on line, utilizzati dalle agenzie regionali per la protezione dell'ambiente , di seguito: "ARPA", e dalle agenzie provinciali per la protezione dell'ambiente, di seguito: "APPA", ai fini del programma di monitoraggio chimico svolto ai sensi dell'allegato 1 alla parte terza, siano convalidati e documentati ai sensi della norma UNI-EN ISO/CEI - 17025:2005 o di altre norme equivalenti internazionalmente accettate.

2. Ai fini dell'attuazione delle disposizioni di cui all'articolo 78, commi 1 e 2, e 78-bis, il monitoraggio e' effettuato applicando le metodiche di campionamento e di analisi riportati alle lettere A.2.8, punti 16, 17 e 18, e A.3.10 dell'allegato 1 alla parte terza.

3. Le disposizioni di cui al presente articolo, agli articoli 78-sexies, 78-septies e 78-octies ed alla lettera A.2.8.-bis della sezione A "Stato delle acque superficiali" della parte 2 "Modalita' per la classificazione dello stato di qualita' dei corpi idrici"dell'allegato 1 alla parte terza si applicano per l'analisi chimica e il monitoraggio dello stato dei corpi idrici superficiali e sotterranei.))

ART. 78-sexies.
Requisiti minimi di prestazione per i metodi di analisi

1. L'ISPRA verifica che i requisiti minimi di prestazione per tutti

i metodi di analisi siano basati su una incertezza di misura definita conformemente ai criteri tecnici riportati alla lettera A.2.8.-bis, sezione A "Stato delle acque superficiali", parte 2 "Modalita' per la classificazione dello stato di qualita' dei corpi idrici" dell'allegato 1 alla parte terza.

2. In mancanza di standard di qualita' ambientali per un dato parametro o di un metodo di analisi che rispetti i requisiti minimi di prestazione di cui al comma 1, le ARPA e le APPA assicurano che il monitoraggio sia svolto applicando le migliori tecniche disponibili a costi sostenibili. ((Le autorita' di bacino distrettuali promuovono intese con le regioni e con le province autonome ricadenti nel distretto idrografico di competenza, al fine di garantire l'intercomparabilita', a livello di distretto idrografico, dei dati del monitoraggio delle sostanze prioritarie di cui alle tabelle 1/A e 2/A e delle sostanze non appartenenti alla lista di priorita' di cui alla tabella 1/B dell'allegato 1 alla parte terza. Ai fini del monitoraggio e della valutazione dello stato della qualita' delle acque, le autorita' di bacino distrettuali promuovono altresi' intese con i medesimi soggetti di cui al periodo precedente finalizzate all'adozione di una metodologia di valutazione delle tendenze ascendenti e d'inversione della concentrazione degli inquinanti nelle acque sotterranee. A tale fine, entro trenta giorni dalla data di entrata in vigore della presente disposizione, l'ISPRA rende disponibile mediante pubblicazione nel proprio sito internet istituzionale l'elenco dei laboratori del sistema delle agenzie dotati delle metodiche di analisi disponibili a costi sostenibili, conformi ai requisiti di cui al paragrafo A.2.8-bis dell'allegato 1 alla parte terza. Le autorita' di bacino distrettuali rendono disponibili nel proprio sito internet istituzionale, ai sensi dell'articolo 8 del decreto legislativo 19 agosto 2005, n. 195, i dati dei monitoraggi periodici come ottenuti dalle analisi effettuate da tali laboratori)).

ART. 78-septies.
Calcolo dei valori medi

1. Ai fini del calcolo dei valori medi si applicano i criteri tecnici riportati alla lettera A.2.8.-bis, sezione A "Stato delle acque superficiali", parte 2 "Modalita' per la classificazione dello stato di qualita' dei corpi idrici" dell'allegato 1 alla parte terza.
((1-bis. Nel caso in cui, ai sensi del presente articolo, il valore medio calcolato di una misurazione, quando e' effettuato utilizzando la migliore tecnica disponibile che non comporti costi eccessivi, e' indicato come "inferiore al limite di quantificazione" e il "limite di quantificazione" di tale tecnica e' superiore allo SQA, il risultato per la sostanza oggetto di misurazione non si considera ai fini dello stato chimico globale di tale corpo idrico.))

ART. 78-octies.
((Garanzia e controllo di qualita'

1. Le regioni e le province autonome di Trento e di Bolzano assicurano che i laboratori delle Agenzie regionali per l'ambiente (ARPA), e delle agenzie provinciali per l'ambiente (APPA), o degli enti appaltati da queste ultime applichino pratiche di gestione della qualita' conformi a quanto previsto dalla norma UNI-EN ISO/CEI-17025:2005 e successive modificazioni o da altre norme equivalenti internazionalmente riconosciute.
2. L'ISPRA assicura la comparabilita' dei risultati analitici dei laboratori ARPA, APPA o degli enti appaltati da queste ultime, sulla base:
a) della promozione di programmi di prove valutative delle competenze che comprendono i metodi di analisi di cui all'articolo 78-quinquies per i misurandi a livelli di concentrazione rappresentativi dei programmi di monitoraggio delle sostanze chimiche

svolti ai sensi del presente decreto;
   b) dell'analisi di materiali di riferimento rappresentativi di campioni prelevati nelle attivita' di monitoraggio e che contengono livelli di concentrazioni adeguati rispetto agli standard di qualita' ambientali di cui all'articolo 78-sexies, comma 1.
   3. I programmi di prove valutative di cui al comma 2, lettera a), vengono organizzati dall'ISPRA o da altri organismi accreditati a livello nazionale o internazionale, che rispettano i criteri stabiliti dalla norma UNI EN ISO/CEI 17043:2010 o da altre norme equivalenti accettate a livello internazionale. L'esito della partecipazione a tali programmi viene valutato sulla base dei sistemi di punteggio definiti dalla norma UNI EN ISO/CEI 17043:2010, dalla norma ISO-13528:2006 o da altre norme equivalenti internazionalmente accettate.))

ART. 78-nonies.
(((Aggiornamento dei piani di gestione).))

   ((1. Gli aggiornamenti dei Piani di gestione dei distretti idrografici predisposti ai sensi dell'articolo 117, comma 2-bis, riportano le seguenti informazioni fornite dalle regioni e dalle province autonome, avvalendosi delle agenzie regionali per l'ambiente:
   a) una tabella contenente i limiti di quantificazione dei metodi di analisi applicati e le informazioni sulle prestazioni di tali metodi in relazione ai criteri minimi di efficienza di cui all'articolo 78-sexies;
   b) per le sostanze per le quali si applica l'opzione di cui all'articolo 78, comma 3:
      1) i motivi e la giustificazione forniti dalle regioni e province autonome, per la scelta di tale opzione;
      2) i limiti di quantificazione dei metodi di analisi per le matrici specificate alle tabelle 1/A e 2/A del paragrafo A.2.6 dell'allegato 1 alla parte terza, comprese le informazioni sulle prestazioni di tali metodi in relazione ai requisiti minimi di prestazione fissati all'articolo 78-sexies, al fine di permettere il confronto con le informazioni di cui alla lettera a);
   c) la motivazione tecnica della frequenza applicata per i monitoraggi in conformita' all'articolo 78, comma 7, se gli intervalli tra un monitoraggio e l'altro sono superiori ad un anno.
   2. Se del caso, i piani di gestione riportano per gli SQA alternativi stabiliti per la colonna d'acqua relativi all'esaclorobenzene e all'esaclorobutadiene, per il biota relativo al DDT e per le sostanze di cui alla tabella 2/A del paragrafo A.2.6 dell'allegato 1 alla parte terza la motivazione tecnica che dimostri che tali SQA garantiscano almeno lo stesso livello di protezione degli SQA fissati per le altre matrici alla tabella 1/A del paragrafo A.2.6 dell'allegato 1 alla parte terza.
   3. Le Autorita' di bacino mettono a disposizione su un sito accessibile elettronicamente al pubblico, ai sensi dell'articolo 8 del decreto legislativo 19 agosto 2005, n. 195, i piani di gestione dei bacini idrografici aggiornati ai sensi dell'articolo 117, comma 2-bis, contenenti i risultati e l'impatto delle misure adottate per prevenire l'inquinamento chimico delle acque superficiali e la relazione provvisoria sui progressi realizzati nell'attuazione del programma di misure di cui all'articolo 116. Tali informazioni sono pubblicate e rese accessibili al pubblico sul sito istituzionale del Ministero dell'ambiente e della tutela del territorio e del mare.))

ART. 78-decies.
(((Disposizioni specifiche per alcune sostanze).))

   ((1. Nel rispetto degli obblighi di cui al paragrafo A.4.6.3

dell'allegato 1 alla parte terza, concernenti la presentazione dello stato chimico nonche' degli obiettivi e degli obblighi di cui agli articoli 76, 77, 78, 116 e 117, i piani di gestione possono contenere mappe supplementari che presentano separatamente, rispetto alle informazioni riguardanti le altre sostanze di cui alla tabella 1/A del paragrafo A.2.6 dell'allegato 1 alla parte terza, le informazioni sullo stato chimico per una o piu' delle seguenti sostanze:

a) sostanze che si comportano come PBT (Persistenti, bioaccumulabili e tossiche) ubiquitarie, recanti il numero 5, 21, 28, 30, 35, 37, 43 e 44;

b) sostanze recanti il numero da 34 a 45;

c) sostanze per le quali sono stati definiti SQA rivisti e piu' restrittivi, recanti il numero 2, 5, 15, 20, 22, 23 e 28.

2. I piani di gestione dei bacini idrografici possono riportare l'entita' di ogni deviazione dal valore degli SQA per le sostanze di cui alle lettere a), b) e c), cercando di garantirne l'intercomparabilita' a livello di bacino idrografico.))

ART. 78-undecies.
(((Elenco di controllo).))

((1. Le regioni e le province autonome, avvalendosi delle agenzie regionali per l'ambiente, effettuano il monitoraggio delle sostanze presenti nell'elenco di controllo di cui alla decisione 2015/495 della Commissione del 20 marzo 2015, che istituisce un elenco di controllo delle sostanze da sottoporre a monitoraggio a livello dell'Unione nel settore della politica delle acque in attuazione della direttiva 2008/105/CE del Parlamento europeo e del Consiglio.

2. Il monitoraggio e' effettuato per un periodo di almeno dodici mesi, a partire dal 24 settembre 2015. Per ciascuna sostanza presente in elenchi successivi il monitoraggio e' avviato entro sei mesi dalla inclusione di dette sostanze nell'elenco di cui al comma 1.

3. Su proposta delle regioni e delle province autonome, l'Istituto superiore per la protezione e la ricerca ambientale, di seguito ISPRA, seleziona venti stazioni di monitoraggio rappresentative e definisce la frequenza e la tempistica del monitoraggio per ciascuna sostanza, tenendo conto degli usi e dell'eventuale frequenza di ritrovamento della stessa. ISPRA elabora una relazione che descrive la rappresentativita' delle stazioni di monitoraggio e la strategia di monitoraggio e che riporta le informazioni di cui al comma 5, tenuto conto dei criteri indicati all'articolo 8-ter, paragrafo 3, della direttiva 2008/105/CE, come modificata dalla direttiva 2013/39/UE. ISPRA identifica le sostanze di cui al comma 5 sulla base delle informazioni fornite dalle regioni.

4. Il monitoraggio delle sostanze dell'elenco di controllo viene effettuato almeno una volta l'anno.

5. Le sostanze dell'elenco di controllo per cui esistono dati di monitoraggio sufficienti, comparabili, rappresentativi e recenti, ricavati da programmi di monitoraggio o da studi esistenti possono essere escluse dal monitoraggio supplementare, purche' tali sostanze siano monitorate utilizzando metodiche conformi ai requisiti delle linee guida elaborate dalla Commissione per facilitare il monitoraggio delle sostanze appartenenti all'elenco di controllo.

6. ISPRA, sentito il Ministero dell'ambiente e della tutela del territorio e del mare, trasmette alla Commissione europea, per conto dello stesso Ministero, i dati di monitoraggio e la relazione di cui al comma 3, entro quindici mesi dal 24 settembre 2015, per il primo elenco di controllo, o entro ventuno mesi dall'inserimento della sostanza nell'elenco di controllo di cui al comma 1 e, successivamente, ogni dodici mesi finche' la sostanza e' presente in detto elenco. A tal fine, le regioni e le province autonome mettono a disposizione, attraverso il sistema SINTAI, i risultati dei monitoraggi condotti ai sensi dei commi 1 e 2, trenta giorni prima delle suddette scadenze.))

ART. 79
(obiettivo di qualita' per specifica destinazione)

1. Sono acque a specifica destinazione funzionale:
    a) le acque dolci superficiali destinate alla produzione di acqua potabile;
    b) le acque destinate alla balneazione;
    c) le acque dolci che richiedono protezione e miglioramento per essere idonee alla vita dei pesci;
    d) le acque destinate alla vita dei molluschi.
2. Fermo restando quanto disposto dall'articolo 76, commi 4 e 5, per le acque indicate al comma 1, e' perseguito, per ciascun uso, l'obiettivo di qualita' per specifica destinazione stabilito nell'Allegato 2 alla parte terza del presente decreto, fatta eccezione per le acque di balneazione.
3. Le regioni, al fine di un costante miglioramento dell'ambiente idrico, stabiliscono programmi, che vengono recepiti nel Piano di tutela, per mantenere o adeguare la qualita' delle acque di cui al comma 1 all'obiettivo di qualita' per specifica destinazione. Le regioni predispongono apposito elenco aggiornato periodicamente delle acque di cui al comma 1.

CAPO II
ACQUE A SPECIFICA DESTINAZIONE

ART. 80
(acque superficiali destinate alla produzione di acqua potabile)

1. Le acque dolci superficiali, per essere utilizzate o destinate alla produzione di acqua potabile, sono classificate dalle regioni nelle categorie A1, A2 e A3, secondo le caratteristiche fisiche, chimiche e microbiologiche di cui alla Tabella 1/A dell'Allegato 2 alla parte terza del presente decreto.
2. A seconda della categoria di appartenenza, le acque dolci superficiali di cui al comma 1 sono sottoposte ai trattamenti seguenti:
    a) Categoria A1: trattamento fisico semplice e disinfezione;
    b) Categoria A2: trattamento fisico e chimico normale e disinfezione;
    c) Categoria A3: trattamento fisico e chimico spinto, affinamento e disinfezione.
3. Le regioni inviano i dati relativi al monitoraggio e alla classificazione delle acque di cui ai commi 1 e 2 al Ministero della salute, che provvede al successivo inoltro alla Commissione europea.
4. Le acque dolci superficiali che presentano caratteristiche fisiche, chimiche e microbiologiche qualitativamente inferiori ai valori limite imperativi della categoria A3 possono essere utilizzate, in via eccezionale, solo qualora non sia possibile ricorrere ad altre fonti di approvvigionamento e a condizione che le acque siano sottoposte ad opportuno trattamento che consenta di rispettare le norme di qualita' delle acque destinate al consumo umano.

ART. 81
(deroghe)

1. Per le acque superficiali destinate alla produzione di acqua potabile, le regioni possono derogare ai valori dei parametri di cui alla Tabella 1/A dell'Allegato 2 alla parte terza del presente decreto:
    a) in caso di inondazioni o di catastrofi naturali;
    b) limitatamente ai parametri contraddistinti nell'Allegato 2 alla parte terza del presente decreto Tabella 1/A dal simbolo (o),

qualora ricorrano circostanze meteorologiche eccezionali o condizioni geografiche particolari;

  c) quando le acque superficiali si arricchiscono naturalmente di talune sostanze con superamento dei valori fissati per le categorie A1, A2 e A3;

  d) nel caso di laghi che abbiano una profondita' non superiore ai 20 metri, che per rinnovare le loro acque impieghino piu' di un anno e nel cui specchio non defluiscano acque di scarico, limitatamente ai parametri contraddistinti nell'Allegato 2 alla parte terza del presente decreto, Tabella 1/A da un asterisco (*).

  2. Le deroghe di cui al comma 1 non sono ammesse se ne derivi concreto pericolo per la salute pubblica.

ART. 82
(acque utilizzate per l'estrazione di acqua potabile)

  1. Fatte salve le disposizioni per le acque dolci superficiali destinate alla produzione di acqua potabile, le regioni, all'interno del distretto idrografico di appartenenza, individuano:

  a) tutti i corpi idrici superficiali e sotterranei che forniscono in media oltre 10 m3 al giorno o servono piu' di 50 persone, e

  b) i corpi idrici destinati a tale uso futuro.

  2. L'autorita' competente provvede al monitoraggio, a norma dell'Allegato 1 alla parte terza del presente decreto, dei corpi idrici che forniscono in media oltre 100 m3 al giorno.

  3. Per i corpi idrici di cui al comma 1 deve essere conseguito l'obiettivo ambientale di cui agli articoli 76 e seguenti.

ART. 83
(acque di balneazione)

  1. Le acque destinate alla balneazione devono soddisfare i requisiti di cui al decreto del Presidente della Repubblica 8 giugno 1982, n. 470.

  2. Per le acque che risultano ancora non idonee alla balneazione ai sensi del decreto di cui al comma 1, le regioni comunicano al ((Ministero dell'ambiente e della tutela del territorio e del mare)), entro l'inizio della stagione balneare successiva alla data di entrata in vigore della parte terza del presente decreto e, successivamente, con periodicita' annuale prima dell'inizio della stagione balneare, tutte le informazioni relative alle cause della non balneabilita' ed alle misure che intendono adottare, secondo le modalita' indicate dal decreto di cui all'articolo 75, comma 6.

ART. 84
(acque dolci idonee alla vita dei pesci)

  1. Le regioni effettuano la designazione delle acque dolci che richiedono protezione o miglioramento per esser idonee alla vita dei pesci. Ai fini di tale designazione sono privilegiati:

  a) i corsi d'acqua che attraversano il territorio di parchi nazionali e riserve naturali dello Stato nonche' di parchi e riserve naturali regionali;

  b) i laghi naturali ed artificiali, gli stagni ed altri corpi idrici, situati nei predetti ambiti territoriali;

  c) le acque dolci superficiali comprese nelle zone umide dichiarate "di importanza internazionale" ai sensi della convenzione di Ramsar del 2 febbraio 1971, resa esecutiva con il decreto del Presidente della Repubblica 13 marzo 1976, n. 448, sulla protezione delle zone umide, nonche' quelle comprese nelle "oasi di protezione della fauna", istituite dalle regioni e province autonome ai sensi della legge 11 febbraio 1992, n. 157;

  d) le acque dolci superficiali che, ancorche' non comprese nelle precedenti categorie, presentino un rilevante interesse scientifico, naturalistico, ambientale e produttivo in quanto costituenti habitat di specie animali o vegetali rare o in via di estinzione, oppure in quanto sede di complessi ecosistemi acquatici meritevoli di conservazione o, altresi', sede di antiche e tradizionali forme di produzione ittica che presentino un elevato grado di sostenibilita' ecologica ed economica.

2. Le regioni, entro quindici mesi dalla designazione, classificano le acque dolci superficiali che presentino valori dei parametri di qualita' conformi con quelli imperativi previsti dalla Tabella 1/B dell'Allegato 2 alla parte terza del presente decreto come acque dolci "salmonicole" o "ciprinicole".

3. La designazione e la classificazione di cui ai commi 1 e 2 devono essere gradualmente estese sino a coprire l'intero corpo idrico, ferma restando la possibilita' di designare e classificare, nell'ambito del medesimo, alcuni tratti come "acqua salmonicola" e alcuni tratti come "acqua ciprinicola". La designazione e la classificazione sono sottoposte a revisione in relazione ad elementi imprevisti o sopravvenuti.

4. Qualora sia richiesto da eccezionali ed urgenti necessita' di tutela della qualita' delle acque dolci idonee alla vita dei pesci, il Presidente della Giunta regionale o il Presidente della Giunta provinciale, nell'ambito delle rispettive competenze, adottano provvedimenti specifici e motivati, integrativi o restrittivi degli scarichi ovvero degli usi delle acque.

5. Sono escluse dall'applicazione del presente articolo e degli articoli 85 e 86 le acque dolci superficiali dei bacini naturali o artificiali utilizzati per l'allevamento intensivo delle specie ittiche nonche' i canali artificiali adibiti a uso plurimo, di scolo o irriguo, e quelli appositamente costruiti per l'allontanamento dei liquami e di acque reflue industriali.

ART. 85
(accertamento della qualita' delle acque idonee alla vita dei pesci)

1. Le acque designate e classificate ai sensi dell'articolo 84 si considerano idonee alla vita dei pesci se rispondono ai requisiti riportati nella Tabella 1/B dell'Allegato 2 alla parte terza del presente decreto.

2. Se dai campionamenti risulta che non sono rispettati uno o piu' valori dei parametri riportati nella Tabella 1/B dell'Allegato 2 alla parte terza del presente decreto, le autorita' competenti al controllo accertano se l'inosservanza sia dovuta a fenomeni naturali, a causa fortuita, ad apporti inquinanti o a eccessivi prelievi, e propongono all'autorita' competente le misure appropriate.

3. Ai fini di una piu' completa valutazione delle qualita' delle acque, le regioni promuovono la realizzazione di idonei programmi di analisi biologica delle acque designate e classificate.

ART. 86
(deroghe)

1. Per le acque dolci superficiali designate o classificate per essere idonee alla vita dei pesci, le regioni possono derogare al rispetto dei parametri indicati nella Tabella 1/B dell'Allegato 2 alla parte terza del presente decreto con il simbolo (o) in caso di circostanze meteorologiche eccezionali o speciali condizioni geografiche e, quanto al rispetto dei parametri riportati nella medesima Tabella, in caso di arricchimento naturale del corpo idrico da sostanze provenienti dal suolo senza intervento diretto dell'uomo.

ART. 87
(acque destinate alla vita dei molluschi)

1. Le regioni, d'intesa con il Ministero della politiche agricole e forestali, designano, nell'ambito delle acque marine costiere e salmastre che sono sede di banchi e di popolazioni naturali di

molluschi bivalvi e gasteropodi, quelle richiedenti protezione e miglioramento per consentire la vita e lo sviluppo degli stessi e per contribuire alla buona qualita' dei prodotti della molluschicoltura direttamente commestibili per l'uomo.

2. Le regioni possono procedere a designazioni complementari, oppure alla revisione delle designazioni gia' effettuate, in funzione dell'esistenza di elementi imprevisti al momento della designazione.

3. Qualora sia richiesto da eccezionali ed urgenti necessita' di tutela della qualita' delle acque destinate alla vita dei molluschi, il Presidente della Giunta regionale, il Presidente della Giunta provinciale e il Sindaco, nell'ambito delle rispettive competenze, adottano provvedimenti specifici e motivati, integrativi o restrittivi degli scarichi ovvero degli usi delle acque.

ART. 88
(accertamento della qualita' delle acque destinate alla vita dei molluschi)

1. Le acque designate ai sensi dell'articolo 87 devono rispondere ai requisiti di qualita' di cui alla Tabella 1/C dell'Allegato 2 alla parte terza del presente decreto. In caso contrario, le regioni stabiliscono programmi per ridurne l'inquinamento.

2. Se da un campionamento risulta che uno o piu' valori dei parametri di cui alla Tabella 1/C dell'Allegato 2 alla parte terza del presente decreto non sono rispettati, le autorita' competenti al controllo accertano se l'inosservanza sia dovuta a fenomeni naturali, a causa fortuita o ad altri fattori di inquinamento e le regioni adottano misure appropriate.

ART. 89
(deroghe)

1. Per le acque destinate alla vita dei molluschi, le regioni possono derogare ai requisiti di cui alla Tabella 1/C dell'Allegato 2 alla parte terza del presente decreto in caso di condizioni meteorologiche o geomorfologiche eccezionali.

ART. 90
(norme sanitarie)

1. Le attivita' di cui agli articoli 87, 88 e 89 lasciano impregiudicata l'attuazione delle norme sanitarie relative alla classificzione delle zone di produzione e di stabulazione dei molluschi bivalvi vivi, effettuata ai sensi del decreto legislativo 30 dicembre 1992, n. 530.

TITOLO III
TUTELA DEI CORPI IDRICI E DISCIPLINA DEGLI SCARICHI

CAPO I
AREE RICHIEDENTI SPECIFICHE MISURE DI PREVENZIONE DALL'INQUINAMENTO E DI RISANAMENTO

ART. 91
(aree sensibili)

1. Le aree sensibili sono individuate secondo i criteri dell'Allegato 6 alla parte terza del presente decreto. Sono comunque aree sensibili:
   a) i laghi di cui all'Allegato 6 alla parte terza del presente

decreto, nonche' i corsi d'acqua a esse afferenti per un tratto di 10 chilometri dalla linea di costa;

    b) le aree lagunari di Orbetello, Ravenna e Piallassa-Baiona, le Valli di Comacchio, i laghi salmastri e il delta del Po;

    c) le zone umide individuate ai sensi della convenzione di Ramsar del 2 febbraio 1971, resa esecutiva con decreto del Presidente della Repubblica 13 marzo 1976, n. 448;

    d) le aree costiere dell'Adriatico-Nord Occidentale dalla foce dell'Adige al confine meridionale del comune di Pesaro e i corsi d'acqua ad essi afferenti per un tratto di 10 chilometri dalla linea di costa;

    e) il lago di Garda e il lago d'Idro;

    f) i fiumi Sarca-Mincio, Oglio, Adda, Lambro-Olona meridionale e Ticino;

    g) il fiume Arno a valle di Firenze e i relativi affluenti;

    h) il golfo di Castellammare in Sicilia;

    i) le acque costiere dell'Adriatico settentrionale.

2. Il ((Ministro dell'ambiente e della tutela del territorio e del mare)), sentita la Conferenza Stato-regioni, entro centottanta giorni dalla data di entrata in vigore della parte terza del presente decreto individua con proprio decreto ulteriori aree sensibili identificate secondo i criteri di cui all'Allegato 6 alla parte terza del presente decreto.

3. Resta fermo quanto disposto dalla legislazione vigente relativamente alla tutela di Venezia.

4. Le regioni, sulla base dei criteri di cui al comma 1 e sentita l'Autorita' di bacino, entro un anno dalla data di entrata in vigore della parte terza del presente decreto, e successivamente ogni due anni, possono designare ulteriori aree sensibili ovvero individuare all'interno delle aree indicate nel comma 2 i corpi idrici che non costituiscono aree sensibili.

5. Le regioni, sulla base dei criteri di cui al comma 1 e sentita l'Autorita' di bacino, delimitano i bacini drenanti nelle aree sensibili che contribuiscono all'inquinamento di tali aree.

6. Il ((Ministro dell'ambiente e della tutela del territorio e del mare)) provvede con proprio decreto, da emanare ogni quattro anni dalla data di entrata in vigore della parte terza del presente decreto, sentita la Conferenza Stato-regioni, alla reidentificazione delle aree sensibili e dei rispettivi bacini drenanti che contribuiscono all'inquinamento delle aree sensibili.

7. Le nuove aree sensibili identificate ai sensi dei commi 2, 4, e 6 devono soddisfare i requisiti dell'articolo 106 entro sette anni dall'identificazione.

8. Gli scarichi recapitanti nei bacini drenanti afferenti alle aree sensibili di cui ai commi 2 e 6 sono assoggettate alle disposizioni di cui all'articolo 106.

ART. 92
(zone vulnerabili da nitrati di origine agricola)

1. Le zone vulnerabili sono individuate secondo i criteri di cui all'Allegato 7/A-I alla parte terza del presente decreto.

2. Ai fini della prima individuazione sono designate zone vulnerabili le aree elencate nell'Allegato 7/A-III alla parte terza del presente decreto.

3. Per tener conto di cambiamenti e/o di fattori imprevisti alla data di entrata in vigore della parte terza del presente decreto, dopo quattro anni da tale data il Ministro dell'ambiente e della tutela del territorio e del mare con proprio decreto, sentita la Conferenza Stato-regioni, puo' modificare i criteri di cui al comma 1.

4. Entro centottanta giorni dalla data di entrata in vigore della parte terza del presente decreto, sulla base dei dati disponibili e tenendo conto delle indicazioni stabilite nell'Allegato 7/A-I alla parte terza del presente decreto, le regioni, sentite le Autorita' di

bacino, possono individuare ulteriori zone vulnerabili oppure, all'interno delle zone indicate nell'Allegato 7/A-III alla parte terza del presente decreto, le parti che non costituiscono zone vulnerabili.

5. Per tener conto di cambiamenti e/o di fattori imprevisti al momento della precedente designazione, almeno ogni quattro anni le regioni, sentite le Autorita' di bacino, ((devono riesaminare e, se necessario, opportunamente rivedere o completare)) le designazioni delle zone vulnerabili. A tal fine le regioni predispongono e attuano, ogni quattro anni, un programma di controllo per verificare le concentrazioni dei nitrati nelle acque dolci per il periodo di un anno, secondo le prescrizioni di cui all'Allegato 7/A-I alla parte terza del presente decreto, nonche' riesaminano lo stato eutrofico causato da azoto delle acque dolci superficiali, delle acque di transizione e delle acque marine costiere.

6. Nelle zone individuate ai sensi dei commi 2, 4 e 5 devono essere attuati i programmi di azione di cui al comma 7, nonche' le prescrizioni contenute nel codice di buona pratica agricola di cui al decreto del Ministro per le politiche agricole e forestali 19 aprile 1999, pubblicato nel Supplemento ordinario alla Gazzetta Ufficiale n. 102 del 4 maggio 1999.

7. Entro un anno dalla data di entrata in vigore della parte terza del presente decreto per le zone designate ai sensi dei commi 2 e 4, ed entro un anno dalla data di designazione per le ulteriori zone di cui al comma 5, le regioni, sulla base delle indicazioni e delle misure di cui all'Allegato 7/A-IV alla parte terza del presente decreto, definiscono, o rivedono se gia' posti in essere, i programmi d'azione obbligatori per la tutela e il risanamento delle acque dall'inquinamento causato da nitrati di origine agricola, e provvedono alla loro attuazione nell'anno successivo per le zone vulnerabili di cui ai commi 2 e 4 e nei successivi quattro anni per le zone di cui al comma 5.

8. Le regioni provvedono, inoltre, a:
   a) integrare, se del caso, in relazione alle esigenze locali, il codice di buona pratica agricola, stabilendone le modalita' di applicazione;
   b) predisporre ed attuare interventi di formazione e di informazione degli agricoltori sul programma di azione e sul codice di buona pratica agricola;
   c) elaborare ed applicare, entro quattro anni a decorrere dalla definizione o revisione dei programmi di cui al comma 7, i necessari strumenti di controllo e verifica dell'efficacia dei programmi stessi sulla base dei risultati ottenuti; ove necessario, modificare o integrare tali programmi individuando, tra le ulteriori misure possibili, quelle maggiormente efficaci, tenuto conto dei costi di attuazione delle misure stesse.

((8-bis. Le regioni riesaminano e, se del caso, rivedono i programmi d'azione obbligatori di cui al comma 7, inclusa qualsiasi misura supplementare adottata ai sensi della lettera c) del comma 8, per lo meno ogni quattro anni)).

9. ((Gli esiti del riesame delle designazioni di cui al comma 5, i programmi di azione stabiliti ai sensi del comma 7, inclusi gli esiti del riesame di cui al comma 8-bis)), i risultati delle verifiche dell'efficacia degli stessi e le revisioni effettuate sono comunicati al Ministero dell'ambiente e della tutela del territorio e del mare, secondo le modalita' indicate nel decreto di cui all'articolo 75, comma 6. Al Ministero per le politiche agricole e forestali e' data tempestiva notizia delle integrazioni apportate al codice di buona pratica agricola di cui al comma 8, lettera a), nonche' degli interventi di formazione e informazione.

10. Al fine di garantire un generale livello di protezione delle acque e' raccomandata l'applicazione del codice di buona pratica agricola anche al di fuori delle zone vulnerabili.

ART. 93

(zone vulnerabili da prodotti fitosanitari
e zone vulnerabili alla desertificazione)

1. Con le modalita' previste dall'articolo 92, e sulla base delle indicazioni contenute nell'Allegato 7/B alla parte terza del presente decreto, le regioni identificano le aree vulnerabili da prodotti fitosanitari secondo i criteri di cui all'articolo 5, comma 21, del decreto legislativo 17 marzo 1995, n. 194, allo scopo di proteggere le risorse idriche o altri comparti ambientali dall'inquinamento derivante dall'uso di prodotti fitosanitari.
2. Le regioni e le Autorita' di bacino verificano la presenza nel territorio di competenza di aree soggette o minacciate da fenomeni di siccita', degrado del suolo e processi di desertificazione e le designano quali aree vulnerabili alla desertificazione.
3. Per le aree di cui al comma 2, nell'ambito della pianificazione di distretto e della sua attuazione, sono adottate specifiche misure di tutela, secondo i criteri previsti nel Piano d'azione nazionale di cui alla delibera CIPE del 22 dicembre 1998, pubblicata nella Gazzetta Ufficiale n. 39 del 17 febbraio 1999.

ART. 94
(disciplina delle aree di salvaguardia delle acque superficiali e sotterranee destinate al consumo umano)

1. Su proposta ((degli enti di governo dell'ambito)), le regioni, per mantenere e migliorare le caratteristiche qualitative delle acque superficiali e sotterranee destinate al consumo umano, erogate a terzi mediante impianto di acquedotto che riveste carattere di pubblico interesse, nonche' per la tutela dello stato delle risorse, individuano le aree di salvaguardia distinte in zone di tutela assoluta e zone di rispetto, nonche', all'interno dei bacini imbriferi e delle aree di ricarica della falda, le zone di protezione.
2. Per gli approvvigionamenti diversi da quelli di cui al comma 1, le Autorita' competenti impartiscono, caso per caso, le prescrizioni necessarie per la conservazione e la tutela della risorsa e per il controllo delle caratteristiche qualitative delle acque destinate al consumo umano.
3. La zona di tutela assoluta e' costituita dall'area immediatamente circostante le captazioni o derivazioni: essa, in caso di acque sotterranee e, ove possibile, per le acque superficiali, deve avere un'estensione di almeno dieci metri di raggio dal punto di captazione, deve essere adeguatamente protetta e dev'essere adibita esclusivamente a opere di captazione o presa e ad infrastrutture di servizio.
4. La zona di rispetto e' costituita dalla porzione di territorio circostante la zona di tutela assoluta da sottoporre a vincoli e destinazioni d'uso tali da tutelare qualitativamente e quantitativamente la risorsa idrica captata e puo' essere suddivisa in zona di rispetto ristretta e zona di rispetto allargata, in relazione alla tipologia dell'opera di presa o captazione e alla situazione locale di vulnerabilita' e rischio della risorsa. In particolare, nella zona di rispetto sono vietati l'insediamento dei seguenti centri di pericolo e lo svolgimento delle seguenti attivita':
   a) dispersione di fanghi e acque reflue, anche se depurati;
   b) accumulo di concimi chimici, fertilizzanti o pesticidi;
   c) spandimento di concimi chimici, fertilizzanti o pesticidi, salvo che l'impiego di tali sostanze sia effettuato sulla base delle indicazioni di uno specifico piano di utilizzazione che tenga conto della natura dei suoli, delle colture compatibili, delle tecniche agronomiche impiegate e della vulnerabilita' delle risorse idriche;
   d) dispersione nel sottosuolo di acque meteoriche proveniente da piazzali e strade;
   e) aree cimiteriali;

f) apertura di cave che possono essere in connessione con la falda;

g) apertura di pozzi ad eccezione di quelli che estraggono acque destinate al consumo umano e di quelli finalizzati alla variazione dell'estrazione ed alla protezione delle caratteristiche quali-quantitative della risorsa idrica;

h) gestione di rifiuti;

i) stoccaggio di prodotti ovvero sostanze chimiche pericolose e sostanze radioattive;

l) centri di raccolta, demolizione e rottamazione di autoveicoli;

m) pozzi perdenti;

n) pascolo e stabulazione di bestiame che ecceda i 170 chilogrammi per ettaro di azoto presente negli effluenti, al netto delle perdite di stoccaggio e distribuzione. E' comunque vietata la stabulazione di bestiame nella zona di rispetto ristretta.

5. Per gli insediamenti o le attivita' di cui al comma 4, preesistenti, ove possibile, e comunque ad eccezione delle aree cimiteriali, sono adottate le misure per il loro allontanamento; in ogni caso deve essere garantita la loro messa in sicurezza. Entro centottanta giorni dalla data di entrata in vigore della parte terza del presente decreto le regioni e le province autonome disciplinano, all'interno delle zone di rispetto, le seguenti strutture o attivita':

a) fognature;

b) edilizia residenziale e relative opere di urbanizzazione;

c) opere viarie, ferroviarie e in genere infrastrutture di servizio;

d) pratiche agronomiche e contenuti dei piani di utilizzazione di cui alla lettera c) del comma 4.

6. In assenza dell'individuazione da parte delle regioni o delle province autonome della zona di rispetto ai sensi del comma 1, la medesima ha un'estensione di 200 metri di raggio rispetto al punto di captazione o di derivazione.

7. Le zone di protezione devono essere delimitate secondo le indicazioni delle regioni o delle province autonome per assicurare la protezione del patrimonio idrico. In esse si possono adottare misure relative alla destinazione del territorio interessato, limitazioni e prescrizioni per gli insediamenti civili, produttivi, turistici, agro-forestali e zootecnici da inserirsi negli strumenti urbanistici comunali, provinciali, regionali, sia generali sia di settore.

8. Ai fini della protezione delle acque sotterranee, anche di quelle non ancora utilizzate per l'uso umano, le regioni e le province autonome individuano e disciplinano, all'interno delle zone di protezione, le seguenti aree:

a) aree di ricarica della falda;

b) emergenze naturali ed artificiali della falda;

c) zone di riserva.

CAPO II
TUTELA QUANTITATIVA DELLA RISORSA E RISPARMIO IDRICO

ART. 95
(pianificazione del bilancio idrico)

1. La tutela quantitativa della risorsa concorre al raggiungimento degli obiettivi di qualita' attraverso una pianificazione delle utilizzazioni delle acque volta ad evitare ripercussioni sulla qualita' delle stesse e a consentire un consumo idrico sostenibile.

2. Nei piani di tutela sono adottate le misure volte ad assicurare l'equilibrio del bilancio idrico come definito dalle Autorita' di bacino, nel rispetto delle priorita' stabilite dalla normativa vigente e tenendo conto dei fabbisogni, delle disponibilita', del minimo deflusso vitale, della capacita' di ravvenamento della falda e

delle destinazioni d'uso della risorsa compatibili con le relative caratteristiche qualitative e quantitative.

3. Entro centottanta giorni dalla data di entrata in vigore della parte terza del presente decreto, le regioni definiscono, sulla base delle linee guida adottate dal ((Ministro dell'ambiente e della tutela del territorio e del mare)) con proprio decreto, previa intesa con la Conferenza permanente per i rapporti tra lo Stato, le regioni e le province autonome di Trento e di Bolzano, nonche' sulla base dei criteri gia' adottati dalle Autorita' di bacino, gli obblighi di installazione e manutenzione in regolare stato di funzionamento di idonei dispositivi per la misurazione delle portate e dei volumi d'acqua pubblica derivati, in corrispondenza dei punti di prelievo e, ove presente, di restituzione, nonche' gli obblighi e le modalita' di trasmissione dei risultati delle misurazioni dell'Autorita' concedente per il loro successivo inoltro alla regione ed alle Autorita' di bacino competenti. Le Autorita' di bacino provvedono a trasmettere i dati in proprio possesso al Servizio geologico d'Italia - Dipartimento difesa del suolo dell' ((Istituto superiore per la protezione e la ricerca ambientale)) (((ISPRA))) secondo le modalita' di cui all'articolo 75, comma 6.

4. Salvo quanto previsto al comma 5, tutte le derivazioni di acqua comunque in atto alla data di entrata in vigore della parte terza del presente decreto sono regolate dall'Autorita' concedente mediante la previsione di rilasci volti a garantire il minimo deflusso vitale nei corpi idrici, come definito secondo i criteri adottati dal ((Ministro dell'ambiente e della tutela del territorio e del mare)) con apposito decreto, previa intesa con la Conferenza Stato-regioni, senza che cio' possa dar luogo alla corresponsione di indennizzi da parte della pubblica amministrazione, fatta salva la relativa riduzione del canone demaniale di concessione.

5. Per le finalita' di cui ai commi 1 e 2, le Autorita' concedenti effettuano il censimento di tutte le utilizzazioni in atto nel medesimo corpo idrico sulla base dei criteri adottati dal ((Ministro dell'ambiente e della tutela del territorio e del mare))con proprio decreto, previa intesa con la Conferenza permanente per i rapporti tra lo Stato, le regioni e le province autonome di Trento e di Bolzano; le medesime Autorita' provvedono successivamente, ove necessario, alla revisione di tale censimento, disponendo prescrizioni o limitazioni temporali o quantitative, senza che cio' possa dar luogo alla corresponsione di indennizzi da parte della pubblica amministrazione, fatta salva la relativa riduzione del canone demaniale di concessione.

6. Nel provvedimento di concessione preferenziale, rilasciato ai sensi dell'articolo 4 del regio decreto 11 dicembre 1933, n. 1775, sono contenute le prescrizioni relative ai rilasci volti a garantire il minimo deflusso vitale nei corpi idrici nonche' le prescrizioni necessarie ad assicurare l'equilibrio del bilancio idrico.

ART. 96
Modifiche al regio decreto 11 dicembre 1933, n. 1775

1. Il secondo comma dell'articolo 7 del testo unico delle disposizioni sulle acque e impianti elettrici, approvato con regio decreto 11 dicembre 1933, n. 1775, e' sostituito dal seguente:
"Le domande di cui al primo comma relative sia alle grandi sia alle piccole derivazioni sono altresi' trasmesse alle Autorita' di bacino territorialmente competenti che, entro il termine perentorio di quaranta giorni dalla data di ricezione ove si tratti di domande relative a piccole derivazioni, comunicano il proprio parere vincolante al competente Ufficio Istruttore in ordine alla compatibilita' della utilizzazione con le previsioni del Piano di tutela, ai fini del controllo sull'equilibrio del bilancio idrico o idrologico, anche in attesa di approvazione del Piano anzidetto. Qualora le domande siano relative a grandi derivazioni, il termine per la comunicazione del suddetto parere e' elevato a novanta giorni

dalla data di ricezione delle domande medesime. Decorsi i predetti termini senza che sia intervenuta alcuna pronuncia, il ((Ministro dell'ambiente e della tutela del territorio e del mare))nomina un Commissario "ad acta" che provvede entro i medesimi termini decorrenti dalla data della nomina.".

2. I commi 1 e 1-bis. dell'articolo 9 del regio decreto 11 dicembre 1933, n. 1775, sono sostituiti dai seguenti: "1. Tra piu' domande concorrenti, completata l'istruttoria di cui agli articoli 7 e 8, e' preferita quella che da sola, o in connessione con altre utenze concesse o richieste, presenta la piu' razionale utilizzazione delle risorse idriche in relazione ai seguenti criteri:
    a) l'attuale livello di soddisfacimento delle esigenze essenziali dei concorrenti anche da parte dei servizi pubblici di acquedotto o di irrigazione e la prioritaria destinazione delle risorse qualificate all'uso potabile;
    b) le effettive possibilita' di migliore utilizzo delle fonti in relazione all'uso;
    c) le caratteristiche quantitative e qualitative del corpo idrico oggetto di prelievo;
    d) la quantita' e la qualita' dell'acqua restituita rispetto a quella prelevata.
1-bis. E' preferita la domanda che, per lo stesso tipo di uso, garantisce la maggior restituzione d'acqua in rapporto agli obiettivi di qualita' dei corpi idrici. In caso di piu' domande concorrenti per usi produttivi e' altresi' preferita quella del richiedente che aderisce al sistema ISO 14001 ovvero al sistema di cui al regolamento (CEE) n. 761/2001 del Parlamento europeo e del Consiglio, del 19 marzo 2001, sull'adesione volontaria delle organizzazioni a un sistema comunitario di ecogestione e audit (EMAS).
1-ter. Per lo stesso tipo di uso e' preferita la domanda che garantisce che i minori prelievi richiesti siano integrati dai volumi idrici derivati da attivita' di recupero e di riciclo.".

3. L'articolo 12-bis del regio decreto 11 dicembre 1933, n. 1775, e' sostituito dal seguente:
"Articolo 12-bis.
    1. Il provvedimento di concessione e' rilasciato se:
        a) non pregiudica il mantenimento o il raggiungimento degli obiettivi di qualita' definiti per il corso d'acqua interessato;
        b) e' garantito il minimo deflusso vitale e l'equilibrio del bilancio idrico;
        c) non sussistono possibilita' di riutilizzo di acque reflue depurate o provenienti dalla raccolta di acque piovane ovvero, pur sussistendo tali possibilita', il riutilizzo non risulta sostenibile sotto il profilo economico.
    2. I volumi di acqua concessi sono altresi' commisurati alle possibilita' di risparmio, riutilizzo o riciclo delle risorse. Il disciplinare di concessione deve fissare, ove tecnicamente possibile, la quantita' e le caratteristiche qualitative dell'acqua restituita. Analogamente, nei casi di prelievo da falda deve essere garantito l'equilibrio tra il prelievo e la capacita' di ricarica dell'acquifero, anche al fine di evitare pericoli di intrusione di acque salate o inquinate, e quant'altro sia utile in funzione del controllo del miglior regime delle acque.
    3. L'utilizzo di risorse prelevate da sorgenti o falde, o comunque riservate al consumo umano, puo' essere assentito per usi diversi da quello potabile se:
        a) viene garantita la condizione di equilibrio del bilancio idrico per ogni singolo fabbisogno;
        b) non sussistono possibilita' di riutilizzo di acque reflue depurate o provenienti dalla raccolta di acque piovane, oppure, dove sussistano tali possibilita', il riutilizzo non risulta sostenibile sotto il profilo economico;
        c) sussiste adeguata disponibilita' delle risorse predette e vi e' una accertata carenza qualitativa e quantitativa di fonti alternative di approvvigionamento.

4. Nei casi di cui al comma 3, il canone di utenza per uso diverso da quello potabile e' triplicato. Sono escluse le concessioni ad uso idroelettrico i cui impianti sono posti in serie con gli impianti di acquedotto.".

4. L'articolo 17 del regio decreto 11 dicembre 1933, n. 1775, e' sostituito dal seguente:

"Articolo 17.

1. Salvo quanto previsto dall'articolo 93 e dal comma 2, e' vietato derivare o utilizzare acqua pubblica senza un provvedimento autorizzativo o concessorio dell'autorita' competente.

2. La raccolta di acque piovane in invasi e cisterne al servizio di fondi agricoli o di singoli edifici e' libera e non richiede licenza o concessione di derivazione di acqua; la realizzazione dei relativi manufatti e' regolata dalle leggi in materia di edilizia, di costruzioni nelle zone sismiche, di dighe e sbarramenti e dalle altre leggi speciali.

3. Nel caso di violazione delle norme di cui al comma 1, l'Amministrazione competente dispone la cessazione dell'utenza abusiva ed il contravventore, fatti salvi ogni altro adempimento o comminatoria previsti dalle leggi vigenti, e' tenuto al pagamento di una sanzione amministrativa pecuniaria da 3.000 euro a 30.000 euro. Nei casi di particolare tenuita' si applica la sanzione amministrativa pecuniaria da 300 euro a 1.500 euro. Alla sanzione prevista dal presente articolo non si applica il pagamento in misura ridotta di cui all'articolo 16 della legge 24 novembre 1981, n. 689. E' in ogni caso dovuta una somma pari ai canoni non corrisposti. L'autorita' competente, con espresso provvedimento nel quale sono stabilite le necessarie cautele, puo' eccezionalmente consentire la continuazione provvisoria del prelievo in presenza di particolari ragioni di interesse pubblico generale, purche' l'utilizzazione non risulti in palese contrasto con i diritti di terzi e con il buon regime delle acque.".

5. Il secondo comma dell'articolo 54 del regio decreto 11 dicembre 1933, n. 1775, gia' abrogato dall'articolo 23 del decreto legislativo 11 maggio 1999, n. 152, resta abrogato.

6. Fatto salvo quanto previsto dal comma 7, per le derivazioni o utilizzazioni di acqua pubblica in tutto o in parte abusivamente in atto e' ammessa la presentazione di domanda di concessione in sanatoria entro il 30 giugno 2006 previo pagamento della sanzione di cui all'articolo 17 del regio decreto 11 dicembre 1933, n. 1775, aumentata di un quinto. Successivamente a tale data, alle derivazioni o utilizzazioni di acqua pubblica in tutto o in parte abusivamente in atto si applica l'articolo 17, comma 3, del regio decreto 11 dicembre 1933 n. 1775. La concessione in sanatoria e' rilasciata nel rispetto della legislazione vigente e delle utenze regolarmente assentite. In pendenza del procedimento istruttorio della concessione in sanatoria, l'utilizzazione puo' proseguire fermo restando l'obbligo del pagamento del canone per l'uso effettuato e il potere dell'autorita' concedente di sospendere in qualsiasi momento l'utilizzazione qualora in contrasto con i diritti di terzi o con il raggiungimento o il mantenimento degli obiettivi di qualita' e dell'equilibrio del bilancio idrico. Restano comunque ferme le disposizioni di cui all'articolo 95, comma 5.

7. I termini entro i quali far valere, a pena di decadenza, ai sensi degli articoli 3 e 4 del regio decreto 11 dicembre 1933, n. 1775, il diritto al riconoscimento o alla concessione di acque che hanno assunto natura pubblica a norma dell'articolo 1, comma 1 della legge 5 gennaio 1994, n. 36, nonche' per la presentazione delle denunce dei pozzi a norma dell'articolo 10 del decreto legislativo 12 luglio 1993, n. 275, sono prorogati al 31 dicembre 2007 . In tali casi i canoni demaniali decorrono dal 10 agosto 1999. Nel provvedimento di concessione preferenziale sono contenute le prescrizioni relative ai rilasci volti a garantire il minimo deflusso vitale nei corpi idrici e quelle prescrizioni necessarie ad assicurare l'equilibrio del bilancio idrico.

8. Il primo comma dell'articolo 21 del regio decreto 11 dicembre 1933, n. 1775, e' sostituito dal seguente: "Tutte le concessioni di derivazione sono temporanee. La durata delle concessioni, fatto salvo quanto disposto dal secondo comma, non puo' eccedere i trenta anni ovvero i quaranta per uso irriguo e per la piscicoltura, ad eccezione di quelle di grande derivazione idroelettrica, per le quali resta ferma la disciplina di cui all'articolo 12, commi 6, 7 e 8 del decreto legislativo 16 marzo 1999, n. 79.".

9. Dopo il terzo comma dell'articolo 21 del regio decreto 11 dicembre 1933, n. 1775 e' inserito il seguente: "Le concessioni di derivazioni per uso irriguo devono tener conto delle tipologie delle colture in funzione della disponibilita' della risorsa idrica, della quantita' minima necessaria alla coltura stessa, prevedendo se necessario specifiche modalita' di irrigazione; le stesse sono assentite o rinnovate solo qualora non risulti possibile soddisfare la domanda d'acqua attraverso le strutture consortili gia' operanti sul territorio.".

10. Fatta salva l'efficacia delle norme piu' restrittive, tutto il territorio nazionale e' assoggettato a tutela ai sensi dell'articolo 94 del regio decreto 11 dicembre 1933, n. 1775.

11. Le regioni disciplinano i procedimenti di rilascio delle concessioni di derivazione di acque pubbliche nel rispetto delle direttive sulla gestione del demanio idrico nelle quali sono indicate anche le possibilita' di libero utilizzo di acque superficiali scolanti su suoli o in fossi di canali di proprieta' privata. Le regioni, sentite le Autorita' di bacino, disciplinano forme di regolazione dei prelievi delle acque sotterranee per gli usi domestici, come definiti dall'articolo 93 del regio decreto 11 dicembre 1933, n. 1775, laddove sia necessario garantire l'equilibrio del bilancio idrico.

ART. 97
(acque minerali naturali e di sorgenti)

1. Le concessioni di utilizzazione delle acque minerali naturali e delle acque di sorgente sono rilasciate tenuto conto delle esigenze di approvvigionamento e distribuzione delle acque potabili e delle previsioni del Piano di tutela di cui all'articolo 121.

ART. 98
(risparmio idrico)

1. Coloro che gestiscono o utilizzano la risorsa idrica adottano le misure necessarie all'eliminazione degli sprechi ed alla riduzione dei consumi e ad incrementare il riciclo ed il riutilizzo, anche mediante l'utilizzazione delle migliori tecniche disponibili.
2. Le regioni, sentite le Autorita' di bacino, approvano specifiche norme sul risparmio idrico in agricoltura, basato sulla pianificazione degli usi, sulla corretta individuazione dei fabbisogni nel settore, e sui controlli degli effettivi emungimenti.

ART. 99
(riutilizzo dell'acqua)

1. Il ((Ministro dell'ambiente e della tutela del territorio e del mare)) con proprio decreto, sentiti i Ministri delle politiche agricole e forestali, della salute e delle attivita' produttive, detta le norme tecniche per il riutilizzo delle acque reflue.
2. Le regioni, nel rispetto dei principi della legislazione statale, e sentita l'Autorita' di vigilanza sulle risorse idriche e sui rifiuti, adottano norme e misure volte a favorire il riciclo dell'acqua e il riutilizzo delle acque reflue depurate.

CAPO III
TUTELA QUALITATIVA DELLA RISORSA: DISCIPLINA DEGLI SCARICHI

ART. 100
(reti fognarie)

1. Gli agglomerati con un numero di abitanti equivalenti superiore a 2.000 devono essere provvisti di reti fognarie per le acque reflue urbane.

2. La progettazione, la costruzione e la manutenzione delle reti fognarie si effettuano adottando le migliori tecniche disponibili e che comportino costi economicamente ammissibili, tenendo conto, in particolare:
   a) della portata media, del volume annuo e delle caratteristiche delle acque reflue urbane;
   b) della prevenzione di eventuali fenomeni di rigurgito che comportino la fuoriuscita delle acque reflue dalle sezioni fognarie;
   c) della limitazione dell'inquinamento dei ricettori, causato da tracimazioni originate da particolari eventi meteorici.

3. Per insediamenti, installazioni o edifici isolati che producono acque reflue domestiche, le regioni individuano sistemi individuali o altri sistemi pubblici o privati adeguati che raggiungano lo stesso livello di protezione ambientale, indicando i tempi di adeguamento degli scarichi a detti sistemi.

ART. 101
(criteri generali della disciplina degli scarichi)

1. Tutti gli scarichi sono disciplinati in funzione del rispetto degli obiettivi di qualita' dei corpi idrici e devono comunque rispettare i valori limite previsti nell'Allegato 5 alla parte terza del presente decreto. L'autorizzazione puo' in ogni caso stabilire specifiche deroghe ai suddetti limiti e idonee prescrizioni per i periodi di avviamento e di arresto e per l'eventualita' di guasti nonche' per gli ulteriori periodi transitori necessari per il ritorno alle condizioni di regime.

2. Ai fini di cui al comma 1, le regioni, nell'esercizio della loro autonomia, tenendo conto dei carichi massimi ammissibili e delle migliori tecniche disponibili, definiscono i valori-limite di emissione, diversi da quelli di cui all'Allegato 5 alla parte terza del presente decreto, sia in concentrazione massima ammissibile sia in quantita' massima per unita' di tempo in ordine ad ogni sostanza inquinante e per gruppi o famiglie di sostanze affini. Le regioni non possono stabilire valori limite meno restrittivi di quelli fissati nell'Allegato 5 alla parte terza del presente decreto:
   a) nella Tabella 1, relativamente allo scarico di acque reflue urbane in corpi idrici superficiali;
   b) nella Tabella 2, relativamente allo scarico di acque reflue urbane in corpi idrici superficiali ricadenti in aree sensibili;
   c) nella Tabella 3/A, per i cicli produttivi ivi indicati;
   d) nelle Tabelle 3 e 4, per quelle sostanze indicate nella Tabella 5 del medesimo Allegato.

3. Tutti gli scarichi, ad eccezione di quelli domestici e di quelli ad essi assimilati ai sensi del comma 7, lettera e), devono essere resi accessibili per il campionamento da parte dell'autorita' competente per il controllo nel punto assunto a riferimento per il campionamento, che, salvo quanto previsto dall'articolo 108, comma 4, va effettuato immediatamente a monte della immissione nel recapito in tutti gli impluvi naturali, le acque superficiali e sotterranee, interne e marine, le fognature, sul suolo e nel sottosuolo.

4. L'autorita' competente per il controllo e' autorizzata ad effettuare tutte le ispezioni che ritenga necessarie per l'accertamento delle condizioni che danno luogo alla formazione degli scarichi. Essa puo' richiedere che scarichi parziali contenenti le sostanze di cui ai numeri 1, 2, 3, 4, 5, 6, 7, 8, 9, 10, 12, 15, 16, 17 e 18 della tabella 5 dell'Allegato 5 alla parte terza del presente decreto subiscano un trattamento particolare prima della loro confluenza nello scarico generale.

5. I valori limite di emissione non possono in alcun caso essere conseguiti mediante diluizione con acque prelevate esclusivamente allo scopo. Non e' comunque consentito diluire con acque di raffreddamento, di lavaggio o prelevate esclusivamente allo scopo gli scarichi parziali di cui al comma 4, prima del trattamento degli stessi per adeguarli ai limiti previsti dalla parte terza dal presente decreto. L'autorita' competente, in sede di autorizzazione prescrive che lo scarico delle acque di raffreddamento, di lavaggio, ovvero impiegate per la produzione di energia, sia separato dagli scarichi terminali contenenti le sostanze di cui al comma 4.

6. Qualora le acque prelevate da un corpo idrico superficiale presentino parametri con valori superiori ai valori-limite di emissione, la disciplina dello scarico e' fissata in base alla natura delle alterazioni e agli obiettivi di qualita' del corpo idrico ricettore. In ogni caso le acque devono essere restituite con caratteristiche qualitative non peggiori di quelle prelevate e senza maggiorazioni di portata allo stesso corpo idrico dal quale sono state prelevate.

7. Salvo quanto previsto dall'articolo 112, ai fini della disciplina degli scarichi e delle autorizzazioni, sono assimilate alle acque reflue domestiche le acque reflue:
  a) provenienti da imprese dedite esclusivamente alla coltivazione del terreno e/o alla silvicoltura;
  b) provenienti da imprese dedite ad allevamento di bestiame;
  c) provenienti da imprese dedite alle attivita' di cui alle lettere a) e b) che esercitano anche attivita' di trasformazione o di valorizzazione della produzione agricola, inserita con carattere di normalita' e complementarieta' funzionale nel ciclo produttivo aziendale e con materia prima lavorata proveniente in misura prevalente dall'attivita' di coltivazione dei terreni di cui si abbia a qualunque titolo la disponibilita';
  d) provenienti da impianti di acquacoltura e di piscicoltura che diano luogo a scarico e che si caratterizzino per una densita' di allevamento pari o inferiore a 1 Kg per metro quadrato di specchio d'acqua o in cui venga utilizzata una portata d'acqua pari o inferiore a 50 litri al minuto secondo;
  e) aventi caratteristiche qualitative equivalenti a quelle domestiche e indicate dalla normativa regionale;
  f) provenienti da attivita' termali, fatte salve le discipline regionali di settore.

((7-bis. Sono altresi' assimilate alle acque reflue domestiche, ai fini dello scarico in pubblica fognatura, le acque reflue di vegetazione dei frantoi oleari. Al fine di assicurare la tutela del corpo idrico ricettore e il rispetto della disciplina degli scarichi delle acque reflue urbane, lo scarico di acque di vegetazione in pubblica fognatura e' ammesso, ove l'ente di governo dell'ambito e il gestore d'ambito non ravvisino criticita' nel sistema di depurazione, per i frantoi che trattano olive provenienti esclusivamente dal territorio regionale e da aziende agricole i cui terreni insistono in aree scoscese o terrazzate ove i metodi di smaltimento tramite fertilizzazione e irrigazione non siano agevolmente praticabili, previo idoneo trattamento che garantisca il rispetto delle norme tecniche, delle prescrizioni regolamentari e dei valori limite adottati dal gestore del servizio idrico integrato in base alle caratteristiche e all'effettiva capacita' di trattamento dell'impianto di depurazione)).

8. Entro sei mesi dalla data di entrata in vigore della parte terza del presente decreto, e successivamente ogni due anni, le regioni trasmettono al Ministero dell'ambiente e della tutela del territorio e del mare, al Servizio geologico d'Italia - Dipartimento difesa del suolo dell' Istituto superiore per la protezione e la ricerca ambientale (ISPRA) e all'Autorita' di vigilanza sulle risorse idriche e sui rifiuti le informazioni relative alla funzionalita' dei depuratori, nonche' allo smaltimento dei relativi fanghi, secondo le modalita' di cui all'articolo 75, comma 5.

9. Al fine di assicurare la piu' ampia divulgazione delle informazioni sullo stato dell'ambiente le regioni pubblicano ogni due anni, sui propri Bollettini Ufficiali e siti internet istituzionali, una relazione sulle attivita' di smaltimento delle acque reflue urbane nelle aree di loro competenza, secondo le modalita' indicate nel decreto di cui all'articolo 75, comma 5.

10. Le Autorita' competenti possono promuovere e stipulare accordi e contratti di programma con soggetti economici interessati, al fine di favorire il risparmio idrico, il riutilizzo delle acque di scarico e il recupero come materia prima dei fanghi di depurazione, con la possibilita' di ricorrere a strumenti economici, di stabilire agevolazioni in materia di adempimenti amministrativi e di fissare, per le sostanze ritenute utili, limiti agli scarichi in deroga alla disciplina generale, nel rispetto comunque delle norme comunitarie e delle misure necessarie al conseguimento degli obiettivi di qualita'.

ART. 102
(scarichi di acque termali)

1. Per le acque termali che presentano all'origine parametri chimici con valori superiori a quelli limite di emissione, e' ammessa la deroga ai valori stessi a condizione che le acque siano restituite con caratteristiche qualitative non superiori rispetto a quelle prelevate ((o, in alternativa)) che le stesse, nell'ambito massimo del 10 per cento, rispettino i parametri batteriologici e non siano presenti le sostanze pericolose di cui alle Tabelle 3/A e 5 dell'Allegato 5 alla parte terza del presente decreto.

2. Gli scarichi termali sono ammessi, fatta salva la disciplina delle autorizzazioni adottata dalle regioni ai sensi dell'articolo 124, comma 5:
   a) in corpi idrici superficiali, purche' la loro immissione nel corpo ricettore non comprometta gli usi delle risorse idriche e non causi danni alla salute ed all'ambiente;
   b) sul suolo o negli strati superficiali del sottosuolo, previa verifica delle situazioni geologiche;
   c) in reti fognarie, purche' vengano osservati i regolamenti emanati dal gestore del servizio idrico integrato e vengano autorizzati dagli enti di governo dell'ambito;
   d) in reti fognarie di tipo separato previste per le acque meteoriche.

ART. 103
(scarichi sul suolo)

1. E' vietato lo scarico sul suolo o negli strati superficiali del sottosuolo, fatta eccezione:
   a) per i casi previsti dall'articolo 100, comma 3;
   b) per gli scaricatori di piena a servizio delle reti fognarie;
   c) per gli scarichi di acque reflue urbane e industriali per i quali sia accertata l'impossibilita' tecnica o l'eccessiva onerosita', a fronte dei benefici ambientali conseguibili, a recapitare in corpi idrici superficiali, purche' gli stessi siano conformi ai criteri ed ai valori-limite di emissione fissati a tal fine dalle regioni ai sensi dell'articolo 101, comma 2. Sino all'emanazione di nuove norme regionali si applicano i valori limite di emissione della Tabella 4 dell'Allegato 5 alla parte terza del presente decreto;
   d) per gli scarichi di acque provenienti dalla lavorazione di rocce naturali nonche' dagli impianti di lavaggio delle sostanze minerali, purche' i relativi fanghi siano costituiti esclusivamente da acqua e inerti naturali e non comportino danneggiamento delle falde acquifere o instabilita' dei suoli;
   e) per gli scarichi di acque meteoriche convogliate in reti fognarie separate;
   f) per le acque derivanti dallo sfioro dei serbatoi idrici, dalle

operazioni di manutenzione delle reti idropotabili e dalla manutenzione dei pozzi di acquedotto.

2. Al di fuori delle ipotesi previste al comma 1, gli scarichi sul suolo esistenti devono essere convogliati in corpi idrici superficiali, in reti fognarie ovvero destinati al riutilizzo in conformita' alle prescrizioni fissate con il decreto di cui all'articolo 99, comma 1. In caso di mancata ottemperanza agli obblighi indicati, l'autorizzazione allo scarico si considera a tutti gli effetti revocata.

3. Gli scarichi di cui alla lettera c) del comma 1 devono essere conformi ai limiti della Tabella 4 dell'Allegato 5 alla parte terza del presente decreto. Resta comunque fermo il divieto di scarico sul suolo delle sostanze indicate al punto 2.1 dell'Allegato 5 alla parte terza del presente decreto.

ART. 104
Scarichi nel sottosuolo e nelle acque sotterranee

1. E' vietato lo scarico diretto nelle acque sotterranee e nel sottosuolo.

2. In deroga a quanto previsto al comma 1, l'autorita' competente, dopo indagine preventiva, puo' autorizzare gli scarichi nella stessa falda delle acque utilizzate per scopi geotermici, delle acque di infiltrazione di miniere o cave o delle acque pompate nel corso di determinati lavori di ingegneria civile, ivi comprese quelle degli impianti di scambio termico.

3. In deroga a quanto previsto al comma 1, per i giacimenti a mare, il Ministero dell'ambiente e della tutela del territorio e del mare, d'intesa con il Ministero dello sviluppo economico e, per i giacimenti a terra, ferme restando le competenze del Ministero dello sviluppo economico in materia di ricerca e coltivazione di idrocarburi liquidi e gassosi, le regioni possono autorizzare lo scarico di acque risultanti dall'estrazione di idrocarburi nelle unita' geologiche profonde da cui gli stessi idrocarburi sono stati estratti ovvero in unita' dotate delle stesse caratteristiche che contengano, o abbiano contenuto, idrocarburi, indicando le modalita' dello scarico. Lo scarico non deve contenere altre acque di scarico o altre sostanze pericolose diverse, per qualita' e quantita', da quelle derivanti dalla separazione degli idrocarburi. Le relative autorizzazioni sono rilasciate con la prescrizione delle precauzioni tecniche necessarie a garantire che le acque di scarico non possano raggiungere altri sistemi idrici o nuocere ad altri ecosistemi.

4. In deroga a quanto previsto al comma 1, l'autorita' competente, dopo indagine preventiva anche finalizzata alla verifica dell'assenza di sostanze estranee, puo' autorizzare gli scarichi nella stessa falda delle acque utilizzate per il lavaggio e la lavorazione degli inerti, purche' i relativi fanghi siano costituiti esclusivamente da acqua ed inerti naturali ed il loro scarico non comporti danneggiamento alla falda acquifera. A tal fine, l'Agenzia regionale per la protezione dell'ambiente (ARPA) competente per territorio, a spese del soggetto richiedente l'autorizzazione, accerta le caratteristiche quantitative e qualitative dei fanghi e l'assenza di possibili danni per la falda, esprimendosi con parere vincolante sulla richiesta di autorizzazione allo scarico.

4-bis. Fermo restando il divieto di cui al comma 1, l'autorita' competente, al fine del raggiungimento dell'obiettivo di qualita' dei corpi idrici sotterranei, puo' autorizzare il ravvenamento o l'accrescimento artificiale dei corpi sotterranei, nel rispetto dei criteri stabiliti con decreto del Ministero dell'ambiente e della tutela del territorio e del mare. L'acqua impiegata puo' essere di provenienza superficiale o sotterranea, a condizione che l'impiego della fonte non comprometta la realizzazione degli obiettivi ambientali fissati per la fonte o per il corpo idrico sotterraneo oggetto di ravvenamento o accrescimento. Tali misure sono riesaminate periodicamente e aggiornate quando occorre nell'ambito del Piano di tutela e del Piano di gestione.

5. Per le attivita' di prospezione, ricerca e coltivazione di idrocarburi liquidi o gassosi in mare, lo scarico delle acque diretto in mare avviene secondo le modalita' previste dal Ministro dell'ambiente e della tutela del territorio e del mare con proprio decreto, purche' la concentrazione di olii minerali sia inferiore a 40 mg/l. Lo scarico diretto a mare e' progressivamente sostituito dalla iniezione o reiniezione in unita' geologiche profonde, non appena disponibili pozzi non piu' produttivi ed idonei all'iniezione o reiniezione, e deve avvenire comunque nel rispetto di quanto previsto dai commi 2 e 3.

5-bis. In deroga a quanto previsto al comma 1 e' consentita l'iniezione, a fini di stoccaggio, di flussi di biossido di carbonio in formazioni geologiche prive di scambio di fluidi con altre formazioni che per motivi naturali sono definitivamente inadatte ad altri scopi, a condizione che l'iniezione sia effettuata a norma del decreto legislativo di recepimento della direttiva 2009/31/CE in materia di stoccaggio geologico di biossido di carbonio.

6. Il Ministero dell'ambiente e della tutela del territorio e del mare, in sede di autorizzazione allo scarico in unita' geologiche profonde di cui al comma 3, autorizza anche lo scarico diretto a mare, secondo le modalita' previste dai commi 5 e 7, per i seguenti casi:

    a) per la frazione di acqua eccedente, qualora la capacita' del pozzo iniettore o reiniettore non sia sufficiente a garantire la ricezione di tutta l'acqua risultante dall'estrazione di idrocarburi;

    b) per il tempo necessario allo svolgimento della manutenzione, ordinaria e straordinaria, volta a garantire la corretta funzionalita' e sicurezza del sistema costituito dal pozzo e dall'impianto di iniezione o di reiniezione.

7. Lo scarico diretto in mare delle acque di cui ai commi 5 e 6 e' autorizzato previa presentazione di un piano di monitoraggio volto a verificare l'assenza di pericoli per le acque e per gli ecosistemi acquatici.

8. Al di fuori delle ipotesi previste dai commi 2, 3, 5 e 7, gli scarichi nel sottosuolo e nelle acque sotterranee, esistenti e debitamente autorizzati, devono essere convogliati in corpi idrici superficiali ovvero destinati, ove possibile, al riciclo, al riutilizzo o all'utilizzazione agronomica. In caso di mancata ottemperanza agli obblighi indicati, l'autorizzazione allo scarico e' revocata.

((8-bis. Per gli interventi assoggettati a valutazione di impatto ambientale, nazionale o regionale, le autorizzazioni ambientali di cui ai commi 5 e 7 sono istruite a livello di progetto esecutivo e rilasciate dalla stessa autorita' competente per il provvedimento che conclude motivatamente il procedimento di valutazione di impatto ambientale)).

ART. 105
(scarichi in acque superficiali)

1. Gli scarichi di acque reflue industriali in acque superficiali devono rispettare i valori-limite di emissione fissati ai sensi dell'articolo 101, commi 1 e 2, in funzione del perseguimento degli obiettivi di qualita'.

2. Gli scarichi di acque reflue urbane che confluiscono nelle reti fognarie, provenienti da agglomerati con meno di 2.000 abitanti equivalenti e recapitanti in acque dolci ed in acque di transizione, e gli scarichi provenienti da agglomerati con meno di 10.000 abitanti equivalenti, recapitanti in acque marino-costiere, sono sottoposti ad un trattamento appropriato, in conformita' con le indicazioni dell'Allegato 5 alla parte terza del presente decreto.

3. Le acque reflue urbane devono essere sottoposte, prima dello scarico, ad un trattamento secondario o ad un trattamento equivalente in conformita' con le indicazioni dell'Allegato 5 alla parte terza

del presente decreto.

4. Gli scarichi previsti al comma 3 devono rispettare, altresi', i valori-limite di emissione fissati ai sensi dell'articolo 101, commi 1 e 2.

5. Le regioni dettano specifica disciplina per gli scarichi di reti fognarie provenienti da agglomerati a forte fluttuazione stagionale degli abitanti, tenuto conto di quanto disposto ai commi 2 e 3 e fermo restando il conseguimento degli obiettivi di qualita'.

6. Gli scarichi di acque reflue urbane in acque situate in zone d'alta montagna, ossia al di sopra dei 1500 metri sul livello del mare, dove, a causa delle basse temperature, e' difficile effettuare un trattamento biologico efficace, possono essere sottoposti ad un trattamento meno spinto di quello previsto al comma 3, purche' appositi studi comprovino che i suddetti scarichi non avranno ripercussioni negative sull'ambiente.

ART. 106
(scarichi di acque reflue urbane in corpi idrici ricadenti in aree sensibili)

1. Ferme restando le disposizioni dell'articolo 101, commi 1 e 2, le acque reflue urbane provenienti da agglomerati con oltre 10.000 abitanti equivalenti, che scaricano in acque recipienti individuate quali aree sensibili, devono essere sottoposte ad un trattamento piu' spinto di quello previsto dall'articolo 105, comma 3, secondo i requisiti specifici indicati nell'Allegato 5 alla parte terza del presente decreto.

2. Le disposizioni di cui al comma 1 non si applicano nelle aree sensibili in cui puo' essere dimostrato che la percentuale minima di riduzione del carico complessivo in ingresso a tutti gli impianti di trattamento delle acque reflue urbane e' pari almeno al settantacinque per cento per il fosforo totale oppure per almeno il settantacinque per cento per l'azoto totale.

3. Le regioni individuano, tra gli scarichi provenienti dagli impianti di trattamento delle acque reflue urbane situati all'interno dei bacini drenanti afferenti alle aree sensibili, quelli che, contribuendo all'inquinamento di tali aree, sono da assoggettare al trattamento di cui ai commi 1 e 2 in funzione del raggiungimento dell'obiettivo di qualita' dei corpi idrici ricettori.

ART. 107
Scarichi in reti fognarie

1. Ferma restando l'inderogabilita' dei valori-limite di emissione di cui alla tabella 3/A dell'Allegato 5 alla parte terza del presente decreto e, limitatamente ai parametri di cui alla nota 2 della Tabella 5 del medesimo Allegato 5, alla Tabella 3, gli scarichi di acque reflue industriali che recapitano in reti fognarie sono sottoposti alle norme tecniche, alle prescrizioni regolamentari e ai valori-limite adottati ((dall'ente di governo dell'ambito)) competente in base alle caratteristiche dell'impianto, e in modo che sia assicurata la tutela del corpo idrico ricettore nonche' il rispetto della disciplina degli scarichi di acque reflue urbane definita ai sensi dell'articolo 101, commi 1 e 2.

2. Gli scarichi di acque reflue domestiche che recapitano in reti fognarie sono sempre ammessi purche' osservino i regolamenti emanati dal soggetto gestore del servizio idrico integrato ed approvati ((dall'ente di governo dell'ambito)) competente.

3. Non e' ammesso lo smaltimento dei rifiuti, anche se triturati, in fognatura, ad eccezione di quelli organici provenienti dagli scarti dell'alimentazione trattati con apparecchi dissipatori di rifiuti alimentari che ne riducano la massa in particelle sottili, previo accertamento dell'esistenza di un sistema di depurazione da parte dell'ente gestore del servizio idrico integrato, che assicura adeguata informazione al pubblico anche in merito alla planimetria

delle zone servite da tali sistemi. L'installazione delle apparecchiature e' comunicata da parte del rivenditore al gestore del servizio idrico, che ne controlla la diffusione sul territorio.

4. Le regioni, sentite le province, possono stabilire norme integrative per il controllo degli scarichi degli insediamenti civili e produttivi allacciati alle pubbliche fognature, per la funzionalita' degli impianti di pretrattamento e per il rispetto dei limiti e delle prescrizioni previsti dalle relative autorizzazioni.

ART. 108
(scarichi di sostanze pericolose)

1. Le disposizioni relative agli scarichi di sostanze pericolose si applicano agli stabilimenti nei quali si svolgono attivita' che comportano la produzione, la trasformazione o l'utilizzazione delle sostanze di cui alle Tabelle 3/A e 5 dell'Allegato 5 alla parte terza del presente decreto, e nei cui scarichi sia accertata la presenza di tali sostanze in quantita' o concentrazioni superiori ai limiti di rilevabilita' consentiti dalle metodiche di rilevamento in essere alla data di entrata in vigore della parte terza del presente decreto, o, successivamente, superiori ai limiti di rilevabilita' consentiti dagli aggiornamenti a tali metodiche messi a punto ai sensi del punto 4 dell'Allegato 5 alla parte terza del presente decreto.

2. Tenendo conto della tossicita', della persistenza e della bioaccumulazione della sostanza considerata nell'ambiente in cui e' effettuato lo scarico, l'autorita' competente in sede di rilascio dell'autorizzazione fissa, nei casi in cui risulti accertato che i valori limite definiti ai sensi dell'articolo 101, commi 1 e 2, impediscano o pregiudichino il conseguimento degli obiettivi di qualita' previsti nel Piano di tutela di cui all'articolo 121, anche per la compre senza di altri scarichi di sostanze pericolose, valori-limite di emissione piu' restrittivi di quelli fissati ai sensi dell'articolo 101, commi 1 e 2.

3. Ai fini dell'attuazione delle disposizioni di cui al comma 1 dell'articolo 107 e del comma 2 del presente articolo, entro il 30 ottobre 2007 devono essere attuate le prescrizioni concernenti gli scarichi delle imprese assoggettate alle disposizioni ((del Titolo III-bis della parte seconda del presente decreto)). Dette prescrizioni, concernenti valori limite di emissione, parametri e misure tecniche, si basano sulle migliori tecniche disponibili, senza obbligo di utilizzare una tecnica o una tecnologia specifica, tenendo conto delle caratteristiche tecniche dell'impianto in questione, della sua ubicazione geografica e delle condizioni locali dell'ambiente.

4. Per le sostanze di cui alla Tabella 3/A dell'Allegato 5 alla parte terza del presente decreto, derivanti dai cicli produttivi indicati nella medesima tabella, le autorizzazioni stabiliscono altresi' la quantita' massima della sostanza espressa in unita' di peso per unita' di elemento caratteristico dell'attivita' inquinante e cioe' per materia prima o per unita' di prodotto, in conformita' con quanto indicato nella stessa Tabella. Gli scarichi contenenti le sostanze pericolose di cui al comma 1 sono assoggettati alle prescrizioni di cui al punto 1.2.3. dell'Allegato 5 alla parte terza del presente decreto.

5. Per le acque reflue industriali contenenti le sostanze della Tabella 5 dell'Allegato 5 alla parte terza del presente decreto, il punto di misurazione dello scarico e' fissato secondo quanto previsto dall'autorizzazione integrata ambientale di cui al decreto legislativo 18 febbraio 2005, n. 59, e, nel caso di attivita' non rientranti nel campo di applicazione del suddetto decreto, subito dopo l'uscita dallo stabilimento o dall'impianto di trattamento che serve lo stabilimento medesimo. L'autorita' competente puo' richiedere che gli scarichi parziali contenenti le sostanze della tabella 5 del medesimo Allegato 5 siano tenuti separati dallo scarico

generale e disciplinati come rifiuti. Qualora, come nel caso dell'articolo 124, comma 2, secondo periodo, l'impianto di trattamento di acque reflue industriali che tratta le sostanze pericolose, di cui alla tabella 5 del medesimo allegato 5, riceva, tramite condotta, acque reflue provenienti da altri stabilimenti industriali o acque reflue urbane, contenenti sostanze diverse non utili ad un modifica o ad una riduzione delle sostanze pericolose, in sede di autorizzazione l'autorita' competente ridurra' opportunamente i valori limite di e missione indicati nella tabella 3 del medesimo Allegato 5 per ciascuna delle predette sostanze pericolose indicate in Tabella 5, tenendo conto della diluizione operata dalla miscelazione delle diverse acque reflue.

6. L'autorita' competente al rilascio dell'autorizzazione per le sostanze di cui alla Tabella 3/A dell'Allegato 5 alla parte terza del presente decreto, derivanti dai cicli produttivi indicati nella tabella medesima, redige un elenco delle autorizzazioni rilasciate, degli scarichi esistenti e dei controlli effettuati, ai fini del successivo inoltro alla Commissione europea.

CAPO IV
ULTERIORI MISURE PER LA TUTELA DEI CORPI IDRICI

ART. 109
(immersione in mare di materiale derivante da attivita' di escavo e attivita' di posa in mare di cavi e condotte)

1. Al fine della tutela dell'ambiente marino e in conformita' alle disposizioni delle convenzioni internazionali vigenti in materia, e' consentita l'immersione deliberata in mare da navi ovvero aeromobili e da strutture ubicate nelle acque del mare o in ambiti ad esso contigui, quali spiagge, lagune e stagni salmastri e terrapieni costieri, dei materiali seguenti:
    a) materiali di escavo di fondali marini o salmastri o di terreni litoranei emersi;
    b) inerti, materiali geologici inorganici e manufatti al solo fine di utilizzo, ove ne sia dimostrata la compatibilita' e l'innocuita' ambientale;
    c) materiale organico e inorganico di origine marina o salmastra, prodotto durante l'attivita' di pesca effettuata in mare o laguna o stagni salmastri.
2. L'autorizzazione all'immersione in mare dei materiali di cui al comma 1, lettera a), e' rilasciata dalla regione, fatta eccezione per gli interventi ricadenti in aree protette nazionali di cui alle leggi 31 dicembre 1982, n. 979 e 6 dicembre 1991, n. 394, per i quali e' rilasciata dal Ministero dell'ambiente e della tutela del territorio e del mare, in conformita' alle modalita' stabilite con decreto del Ministro dell'ambiente e della tutela del territorio e del mare, di concerto con i Ministri delle infrastrutture e dei trasporti, delle politiche agricole e forestali, delle attivita' produttive previa intesa con la Conferenza permanente per i rapporti tra lo Stato, le regioni e le province autonome di Trento e di Bolzano, da emanarsi entro centoventi giorni dalla data di entrata in vigore della parte terza del presente decreto.
3. L'immersione in mare di materiale di cui al comma 1, lettera b), e' soggetta ad autorizzazione regionale, con esclusione dei nuovi manufatti soggetti alla valutazione di impatto ambientale. Per le opere di ripristino, che non comportino aumento della cubatura delle opere preesistenti, e' dovuta la sola comunicazione all'autorita' competente.
4. L'immersione in mare dei materiali di cui al comma 1, lettera c), non e' soggetta ad autorizzazione.
5. La movimentazione dei fondali marini derivante dall'attivita' di posa in mare di cavi e condotte e' soggetta ad autorizzazione

regionale rilasciata, in conformita' alle modalita' tecniche stabilite con decreto del Ministro dell'ambiente e della tutela del territorio e del mare, di concerto con i Ministri delle attivita' produttive, delle infrastrutture e dei trasporti e delle politiche agricole e forestali, per quanto di competenza, da emanarsi entro centoventi giorni dalla data di entrata in vigore della parte terza del presente decreto. ((PERIODO SOPPRESSO DALLA L. 28 DICEMBRE 2015, N. 221)).

((5-bis. Per gli interventi assoggettati a valutazione di impatto ambientale, nazionale o regionale, le autorizzazioni ambientali di cui ai commi 2 e 5 sono istruite e rilasciate dalla stessa autorita' competente per il provvedimento che conclude motivatamente il procedimento di valutazione di impatto ambientale. Nel caso di condotte o cavi facenti parte della rete nazionale di trasmissione dell'energia elettrica o di connessione con reti energetiche di altri Stati, non soggetti a valutazione di impatto ambientale, l'autorizzazione e' rilasciata dal Ministero dell'ambiente e della tutela del territorio e del mare, sentite le regioni interessate, nell'ambito del procedimento unico di autorizzazione delle stesse reti)).

ART. 110
(trattamento di rifiuti presso impianti di trattamento delle acque reflue urbane)

1. Salvo quanto previsto ai commi 2 e 3, e' vietato l'utilizzo degli impianti di trattamento di acque reflue urbane per lo smaltimento di rifiuti.
2. In deroga al comma 1, l'autorita' competente, d'intesa con ((l'ente di governo dell'ambito)), in relazione a particolari esigenze e nei limiti della capacita' residua di trattamento, autorizza il gestore del servizio idrico integrato a smaltire nell'impianto di trattamento di acque reflue urbane rifiuti liquidi, limitatamente alle tipologie compatibili con il processo di depurazione.
3. Il gestore del servizio idrico integrato, previa comunicazione all'autorita' competente ai sensi dell'articolo 124, e' comunque autorizzato ad accettare in impianti con caratteristiche e capacita' depurative adeguate, che rispettino i valori limite di cui all'articolo 101, commi 1 e 2, i seguenti rifiuti e materiali, purche' provenienti dal proprio Ambito territoriale ottimale oppure da altro Ambito territoriale ottimale sprovvisto di impianti adeguati:
    a) rifiuti costituiti da acque reflue che rispettino i valori limite stabiliti per lo scarico in fognatura;
    b) rifiuti costituiti dal materiale proveniente dalla manutenzione ordinaria di sistemi di trattamento di acque reflue domestiche previsti ai sensi dell'articolo 100, comma 3;
    c) materiali derivanti dalla manutenzione ordinaria della rete fognaria nonche' quelli derivanti da altri impianti di trattamento delle acque reflue urbane, nei quali l'ulteriore trattamento dei medesimi non risulti realizzabile tecnicamente e/o economicamente.
4. L'attivita' di cui ai commi 2 e 3 puo' essere consentita purche' non sia compromesso il possibile riutilizzo delle acque reflue e dei fanghi.
5. Nella comunicazione prevista al comma 3 il gestore del servizio idrico integrato deve indicare la capacita' residua dell'impianto e le caratteristiche e quantita' dei rifiuti che intende trattare. L'autorita' competente puo' indicare quantita' diverse o vietare il trattamento di specifiche categorie di rifiuti. L'autorita' competente provvede altresi' all'iscrizione in appositi elenchi dei gestori di impianti di trattamento che hanno effettuato la comunicazione di cui al comma 3.
6. Allo smaltimento dei rifiuti di cui ai commi 2 e 3 si applica l'apposita tariffa determinata ((dall'ente di governo dell'ambito)).

7. Il produttore ed il trasportatore dei rifiuti sono tenuti al rispetto della normativa in materia di rifiuti, fatta eccezione per il produttore dei rifiuti di cui al comma 3, lettera b), che e' tenuto al rispetto dei soli obblighi previsti per i produttori dalla vigente normativa in materia di rifiuti. Il gestore del servizio idrico integrato che, ai sensi dei commi 3 e 5, tratta rifiuti e' soggetto all'obbligo di tenuta del registro di carico e scarico secondo quanto previsto dalla vigente normativa in materia di rifiuti.

ART. 111
(impianti di acquacoltura e piscicoltura)

1. Con decreto del ((Ministro dell'ambiente e della tutela del territorio e del mare)), di concerto con i Ministri delle politiche agricole e forestali, delle infrastrutture e dei trasporti e delle attivita' produttive, e previa intesa con Conferenza permanente per i rapporti tra lo Stato, le regioni e le province autonome di Trento e di Bolzano, sono individuati i criteri relativi al contenimento dell'impatto sull'ambiente derivante dalle attivita' di acquacoltura e di piscicoltura.

ART. 112
(utilizzazione agronomica)

1. Fermo restando quanto previsto dall'articolo 92 per le zone vulnerabili e dal decreto legislativo 18 febbraio 2005, n. 59, per gli impianti di allevamento intensivo di cui al punto 6.6 dell'Allegato 1 al predetto decreto, l'utilizzazione agronomica degli effluenti di allevamento, delle acque di vegetazione dei frantoi oleari, sulla base di quanto previsto dalla legge 11 novembre 1996, n. 574, nonche' dalle acque reflue provenienti dalle aziende di cui all'articolo 101, comma 7, lettere a), b) e c), e da piccole aziende agroalimentari, cosi' come individuate in base al decreto del Ministro delle politiche agricole e forestali di cui al comma 2, e' soggetta a comunicazione all'autorita' competente ai sensi all'articolo 75 del presente decreto.
2. Le regioni disciplinano le attivita' di utilizzazione agronomica di cui al comma 1 sulla base dei criteri e delle norme tecniche generali adottati con decreto del Ministro delle politiche agricole e forestali, di concerto con i Ministri dell'ambiente e della tutela del territorio, delle attivita' produttive, della salute e delle infrastrutture e dei trasporti, d'intesa con la Conferenza permanente per i rapporti tra lo Stato, le regioni e le province autonome di Trento e di Bolzano, entro centottanta giorni dalla data di entrata in vigore del predetto decreto ministeriale, garantendo nel contempo la tutela dei corpi idrici potenzialmente interessati ed in particolare il raggiungimento o il mantenimento degli obiettivi di qualita' di cui alla parte terza del presente decreto.
3. Nell'ambito della normativa di cui al comma 2, sono disciplinati in particolare:
   a) le modalita' di attuazione degli articoli 3, 5, 6 e 9 della legge 11 novembre 1996, n. 574;
   b) i tempi e le modalita' di effettuazione della comunicazione, prevedendo procedure semplificate nonche' specifici casi di esonero dall'obbligo di comunicazione per le attivita' di minor impatto ambientale;
   c) le norme tecniche di effettuazione delle operazioni di utilizzo agronomico;
   d) i criteri e le procedure di controllo, ivi comprese quelle inerenti l'imposizione di prescrizioni da parte dell'autorita' competente, il divieto di esercizio ovvero la sospensione a tempo determinato dell'attivita' di cui al comma 1 nel caso di mancata comunicazione o mancato rispetto delle norme tecniche e delle prescrizioni impartite;

e) le sanzioni amministrative pecuniarie fermo restando quanto disposto dall'articolo 137, comma 15.

ART. 113
(acque meteoriche di dilavamento e acque di prima pioggia)

1. Ai fini della prevenzione di rischi idraulici ed ambientali, le regioni, previo parere del ((Ministero dell'ambiente e della tutela del territorio e del mare)), disciplinano e attuano:
   a) le forme di controllo degli scarichi di acque meteoriche di dilavamento provenienti da reti fognarie separate;
   b) i casi in cui puo' essere richiesto che le immissioni delle acque meteoriche di dilavamento, effettuate tramite altre condotte separate, siano sottoposte a particolari prescrizioni, ivi compresa l'eventuale autorizzazione.
2. Le acque meteoriche non disciplinate ai sensi del comma 1 non sono soggette a vincoli o prescrizioni derivanti dalla parte terza del presente decreto.
3. Le regioni disciplinano altresi' i casi in cui puo' essere richiesto che le acque di prima pioggia e di lavaggio delle aree esterne siano convogliate e opportunamente trattate in impianti di depurazione per particolari condizioni nelle quali, in relazione alle attivita' svolte, vi sia il rischio di dilavamento da superfici impermeabili scoperte di sostanze pericolose o di sostanze che creano pregiudizio per il raggiungimento degli obiettivi di qualita' dei corpi idrici.
4. E' comunque vietato lo scarico o l'immissione diretta di acque meteoriche nelle acque sotterranee.

ART. 114
(dighe)

1. Le regioni, previo parere del Ministero dell'ambiente e della tutela del territorio e del mare, adottano apposita disciplina in materia di restituzione delle acque utilizzate per la produzione idroelettrica, per scopi irrigui e in impianti di potabilizzazione, nonche' delle acque derivanti da sondaggi o perforazioni diversi da quelli relativi alla ricerca ed estrazione di idrocarburi, al fine di garantire il mantenimento o il raggiungimento degli obiettivi di qualita' di cui al titolo II della parte terza del presente decreto.
2. Al fine di assicurare il mantenimento della capacita' di invaso e la salvaguardia sia della qualita' dell'acqua invasata sia del corpo ricettore, le operazioni di svaso, sghiaiamento e sfangamento delle dighe sono effettuate sulla base di un progetto di gestione di ciascun invaso. Il progetto di gestione e' finalizzato a definire sia il quadro previsionale di dette operazioni connesse con le attivita' di manutenzione da eseguire sull'impianto, sia le misure di prevenzione e tutela del corpo ricettore, dell'ecosistema acquatico, delle attivita' di pesca e delle risorse idriche invasate e rilasciate a valle dell'invaso durante le operazioni stesse.
3. Il progetto di gestione individua altresi' eventuali modalita' di manovra degli organi di scarico, anche al fine di assicurare la tutela del corpo ricettore. Restano valide in ogni caso le disposizioni fissate dal decreto del Presidente della Repubblica 1° novembre 1959, n. 1363, volte a garantire la sicurezza di persone e cose.
4. ((Per gli invasi realizzati da sbarramenti aventi le caratteristiche di cui all'articolo 1, comma 1, del decreto-legge 8 agosto 1994, n. 507, convertito, con modificazioni, dalla legge 21 ottobre 1994, n. 584, il progetto)) di gestione e' predisposto dal gestore sulla base dei criteri fissati con decreto del Ministro delle infrastrutture e dei trasporti e dell'ambiente e della tutela del territorio di concerto con il Ministro delle attivita' produttive e con quello delle politiche agricole e forestali, previa intesa con la Conferenza permanente per i rapporti tra lo Stato, le regioni e le

province autonome di Trento e di Bolzano, da emanarsi entro centoventi giorni dalla data di entrata in vigore della parte terza del presente decreto. ((Per gli invasi di cui all'articolo 89 del decreto legislativo 31 marzo 1998, n. 112, le regioni, in conformita' ai propri ordinamenti, adeguano la disciplina regionale agli obiettivi di cui ai commi 2, 3 e 9, anche tenuto conto delle specifiche caratteristiche degli sbarramenti e dei corpi idrici interessati.))

5. Il progetto di gestione e' approvato dalle regioni, con eventuali prescrizioni, entro sei mesi dalla sua presentazione, previo parere dell'amministrazione competente alla vigilanza sulla sicurezza dell'invaso e dello sbarramento, ai sensi degli articoli 89 e 91 del decreto legislativo 31 marzo 1998, n. 112, e sentiti, ove necessario, gli enti gestori delle aree protette direttamente interessate; per le dighe di cui al citato articolo 91 del decreto legislativo 31 marzo 1998, n. 112, il progetto approvato e' trasmesso al Registro italiano dighe (RID) per l'inserimento, anche in forma sintetica, come parte integrante del foglio condizioni per l'esercizio e la manutenzione di cui all'articolo 6 del decreto del Presidente della Repubblica 1° novembre 1959, n. 1363, e relative disposizioni di attuazione. Il progetto di gestione si intende approvato e diviene operativo trascorsi sei mesi dalla data di presentazione senza che sia intervenuta alcuna pronuncia da parte della regione competente, fermo restando il pote re di tali Enti di dettare eventuali prescrizioni, anche trascorso tale termine.

6. Con l'approvazione del progetto il gestore e' autorizzato ad eseguire le operazioni di svaso, sghiaiamento e sfangamento in conformita' ai limiti indicati nel progetto stesso e alle relative prescrizioni.

7. Nella definizione dei canoni di concessione di inerti le amministrazioni determinano specifiche modalita' ed importi per favorire lo sghiaiamento e sfangamento degli invasi per asporto meccanico.

8. I gestori degli invasi esistenti, che ancora non abbiano ottemperato agli obblighi previsti dal decreto del Ministro dell'ambiente e della tutela del territorio e del mare 30 giugno 2004, pubblicato nella Gazzetta Ufficiale n. 269 del 16 novembre 2004, sono tenuti a presentare il progetto di cui al comma 2 entro sei mesi dall'emanazione del decreto di cui al comma 4. Fino all'approvazione o alla operativita' del progetto di gestione, e comunque non oltre dodici mesi dalla data di entrata in vigore del predetto decreto, le operazioni periodiche di manovre prescritte ai sensi dell'articolo 17 del decreto del Presidente della Repubblica 1° novembre 1959, n. 1363, volte a controllare la funzionalita' degli organi di scarico, sono svolte in conformita' ai fogli di condizione per l'esercizio e la manutenzione.

9. Le operazioni di svaso, sghiaiamento e sfangamento degli invasi non devono pregiudicare gli usi in atto a valle dell'invaso, ne' il rispetto degli obiettivi di qualita' ambientale e degli obiettivi di qualita' per specifica destinazione.

ART. 115
(tutela delle aree di pertinenza dei corpi idrici)

1. Al fine di assicurare il mantenimento o il ripristino della vegetazione spontanea nella fascia immediatamente adiacente i corpi idrici, con funzioni di filtro per i solidi sospesi e gli inquinanti di origine diffusa, di stabilizzazione delle sponde e di conservazione della biodiversita' da contemperarsi con le esigenze di funzionalita' dell'alveo, entro un anno dalla data di entrata in vigore della parte terza del presente decreto le regioni disciplinano gli interventi di trasformazione e di gestione del suolo e del soprassuolo previsti nella fascia di almeno 10 metri dalla sponda di fiumi, laghi, stagni e lagune, comunque vietando la copertura dei corsi d'acqua che non sia imposta da ragioni di tutela della pubblica

incolumita' e la realizzazione di impianti di smaltimento dei rifiuti.
    2. Gli interventi di cui al comma 1 sono comunque soggetti all'autorizzazione prevista dal regio decreto 25 luglio 1904, n. 523, salvo quanto previsto per gli interventi a salvaguardia della pubblica incolumita'.
    3. Per garantire le finalita' di cui al comma 1, le aree demaniali dei fiumi, dei torrenti, dei laghi e delle altre acque possono essere date in concessione allo scopo di destinarle a riserve naturali, a parchi fluviali o lacuali o comunque a interventi di ripristino e recupero ambientale. Qualora le aree demaniali siano gia' comprese in aree naturali protette statali o regionali inserite nell'elenco ufficiale previsto dalla vigente normativa, la concessione e' gratuita.
    4. Le aree del demanio fluviale di nuova formazione ai sensi della legge 5 gennaio 1994, n. 37, non possono essere oggetto di sdemanializzazione.

ART. 116
(programmi di misure)

    1. Le regioni, nell'ambito delle risorse disponibili, integrano i Piani di tutela di cui all'articolo 121 con i programmi di misure costituiti dalle misure di base di cui all'Allegato 11 alla parte terza del presente decreto e, ove necessarie, dalle misure supplementari di cui al medesimo Allegato; tali programmi di misure sono sottoposti per l'approvazione all'Autorita' di bacino. Qualora le misure non risultino sufficienti a garantire il raggiungimento degli obiettivi previsti, l'Autorita' di bacino ne individua le cause e indica alle regioni le modalita' per il riesame dei programmi, invitandole ad apportare le necessarie modifiche, fermo restando il limite costituito dalle risorse disponibili. Le misure di base e supplementari devono essere comunque tali da evitare qualsiasi aumento di inquinamento delle acque marine e di quelle superficiali. I programmi sono approvati entro il 2009 ed attuati dalle regioni entro il 2012; il successivo riesame deve avvenire entro il 2015 e dev'essere aggiornato ogni sei anni .
    ((1-bis. Eventuali misure nuove o modificate, approvate nell'ambito di un programma aggiornato, sono applicate entro tre anni dalla loro approvazione)).

TITOLO IV
STRUMENTI DI TUTELA

CAPO I
PIANI DI GESTIONE E PIANI DI TUTELA DELLE ACQUE

ART. 117
(piani di gestione e registro delle aree protette)

    1. Per ciascun distretto idrografico e' adottato un Piano di gestione, che rappresenta articolazione interna del Piano di bacino distrettuale di cui all'articolo 65. Il Piano di gestione costituisce pertanto piano stralcio del Piano di bacino e viene adottato e approvato secondo le procedure stabilite per quest'ultimo dall'articolo 66. Le Autorita' di bacino, ai fini della predisposizione dei Piani di gestione, devono garantire la partecipazione di tutti i soggetti istituzionali competenti nello specifico settore.
    2. Il Piano di gestione e' composto dagli elementi indicati nella parte A dell'Allegato 4 alla parte terza del presente decreto.
    2-bis. I Piani di gestione dei distretti idrografici, adottati ai sensi dell'articolo 1, comma 3-bis, del decreto-legge 30 dicembre 2008, n. 208, convertito, con modificazioni, dalla legge 27 febbraio

2009, n. 13, sono riesaminati e aggiornati entro il 22 dicembre 2015 e, successivamente, ogni sei anni.

2-ter. Qualora l'analisi effettuata ai sensi dell'articolo 118 e i risultati dell'attivita' di monitoraggio condotta ai sensi dell'articolo 120 evidenzino impatti antropici significativi da fonti diffuse, le Autorita' competenti individuano misure vincolanti di controllo dell'inquinamento. In tali casi i piani di gestione prevedono misure che vietano l'introduzione di inquinanti nell'acqua o stabiliscono obblighi di autorizzazione preventiva o di registrazione in base a norme generali e vincolanti. Dette misure di controllo sono riesaminate periodicamente e aggiornate quando occorre.

((2-quater. Al fine di coniugare la prevenzione del rischio di alluvioni con la tutela degli ecosistemi fluviali, nell'ambito del Piano di gestione, le Autorita' di bacino, in concorso con gli altri enti competenti, predispongono il programma di gestione dei sedimenti a livello di bacino idrografico, quale strumento conoscitivo, gestionale e di programmazione di interventi relativo all'assetto morfologico dei corridoi fluviali. I programmi di cui al presente comma sono redatti in ottemperanza agli obiettivi individuati dalle direttive 2000/60/CE del Parlamento europeo e del Consiglio, del 23 ottobre 2000, e 2007/60/CE del Parlamento europeo e del Consiglio, del 23 ottobre 2007, e concorrono all'attuazione dell'articolo 7, comma 2, del decreto-legge 12 settembre 2014, n. 133, convertito, con modificazioni, dalla legge 11 novembre 2014, n. 164, che individua come prioritari, tra le misure da finanziare per la mitigazione del dissesto idrogeologico, gli interventi integrati che mirino contemporaneamente alla riduzione del rischio e alla tutela e al recupero degli ecosistemi e della biodiversita'. Il programma di gestione dei sedimenti ha l'obiettivo di migliorare lo stato morfologico ed ecologico dei corsi d'acqua e di ridurre il rischio di alluvioni tramite interventi sul trasporto solido, sull'assetto plano-altimetrico degli alvei e dei corridoi fluviali e sull'assetto e sulle modalita' di gestione delle opere idrauliche e di altre infrastrutture presenti nel corridoio fluviale e sui versanti che interagiscano con le dinamiche morfologiche del reticolo idrografico. Il programma di gestione dei sedimenti e' costituito dalle tre componenti seguenti:

a) definizione di un quadro conoscitivo a scala spaziale e temporale adeguata, in relazione allo stato morfologico attuale dei corsi d'acqua, alla traiettoria evolutiva degli alvei, alle dinamiche e quantita' di trasporto solido in atto, all'interferenza delle opere presenti con i processi morfologici e a ogni elemento utile alla definizione degli obiettivi di cui alla lettera b);

b) definizione, sulla base del quadro conoscitivo di cui alla lettera a), di obiettivi espliciti in termini di assetto dei corridoi fluviali, al fine di un loro miglioramento morfologico ed ecologico e di ridurre il rischio idraulico; in questo ambito e' prioritario, ovunque possibile, ridurre l'alterazione dell'equilibrio geomorfologico e la disconnessione degli alvei con le pianure inondabili, evitando un'ulteriore artificializzazione dei corridoi fluviali;

c) identificazione degli eventuali interventi necessari al raggiungimento degli obiettivi definiti alla lettera b), al loro monitoraggio e all'adeguamento nel tempo del quadro conoscitivo; la scelta delle misure piu' appropriate tra le diverse alternative possibili, incluso il non intervento, deve avvenire sulla base di un'adeguata valutazione e di un confronto degli effetti attesi in relazione ai diversi obiettivi, tenendo conto di un orizzonte temporale e spaziale sufficientemente esteso; tra gli interventi da valutare deve essere data priorita' alle misure, anche gestionali, per il ripristino della continuita' idromorfologica longitudinale, laterale e verticale, in particolare al ripristino del trasporto solido laddove vi siano significative interruzioni a monte di tratti incisi, alla riconnessione degli alvei con le pianure inondabili e al ripristino di piu' ampi spazi di mobilita' laterale, nonche' alle misure di rinaturazione e riqualificazione morfologica; l'eventuale asportazione locale di materiale litoide o vegetale o altri interventi di artificializzazione del corso d'acqua devono essere giustificati da adeguate valutazioni rispetto alla traiettoria evolutiva del corso d'acqua, agli effetti attesi, sia positivi che negativi nel lungo periodo, rispetto ad altre alternative di intervento; all'asportazione dal corso d'acqua e' da preferire comunque, ovunque sia possibile, la reintroduzione del materiale litoide eventualmente rimosso in tratti dello stesso adeguatamente individuati sulla base del quadro conoscitivo, in coerenza con gli obiettivi in termini di assetto del corridoio fluviale)).

3. L'Autorita' di bacino, sentite gli enti di governo dell'ambito del servizio idrico integrato, istituisce entro sei mesi dall'entrata in vigore della presente norma, sulla base delle informazioni trasmesse dalle regioni, un registro delle aree protette di cui all'Allegato 9 alla parte terza del presente decreto, designate dalle autorita' competenti ai sensi della normativa vigente.

ART. 118
(rilevamento delle caratteristiche del bacino idrografico ed analisi dell'impatto esercitato dall'attivita' antropica)

((1. Al fine di aggiornare le informazioni necessarie alla redazione del Piano di gestione di cui all'articolo 117, le regioni attuano appositi programmi di rilevamento dei dati utili a descrivere le caratteristiche del bacino idrografico e a valutare l'impatto antropico esercitato sul medesimo, nonche' alla raccolta dei dati necessari all'analisi economica dell'utilizzo delle acque, secondo quanto previsto dall'allegato 10 alla presente parte terza. Le risultanze delle attivita' di cui al primo periodo sono trasmesse al Ministero dell'ambiente e della tutela del territorio e del mare, alle competenti Autorita' di bacino e al Dipartimento tutela delle acque interne e marine dell'Istituto superiore per la protezione e la ricerca ambientale)).

2. I programmi di cui al comma 1 sono adottati in conformita' alle indicazioni di cui all'Allegato 3 alla parte terza del presente decreto e di cui alle disposizioni adottate con apposito decreto dal Ministro dell'ambiente e della tutela del territorio e del mare e sono aggiornati entro il 22 dicembre 2013 e successivamente ogni sei anni.

3. Nell'espletamento dell'attivita' conoscitiva di cui al comma 1, le regioni sono tenute ad utilizzare i dati e le informazioni gia' acquisite.

ART. 119
(principio del recupero dei costi relativi ai servizi idrici)

1. Ai fini del raggiungimento degli obiettivi di qualita' di cui al Capo I del titolo II della parte terza del presente decreto, le Autorita' competenti tengono conto del principio del recupero dei costi dei servizi idrici, compresi quelli ambientali e relativi alla risorsa, prendendo in considerazione l'analisi economica effettuata in base all'Allegato 10 alla parte terza del presente decreto e, in particolare, secondo il principio "chi inquina paga".

2. Entro il 2010 le Autorita' competenti provvedono ad attuare politiche dei prezzi dell'acqua idonee ad incentivare adeguatamente gli utenti a usare le risorse idriche in modo efficiente ed a contribuire al raggiungimento ed al mantenimento degli obiettivi di qualita' ambientali di cui alla direttiva 2000/60/CE nonche' di cui agli articoli 76 e seguenti del presente decreto, anche mediante un adeguato contributo al recupero dei costi dei servizi idrici a carico dei vari settori di impiego dell'acqua, suddivisi almeno in industria, famiglie e agricoltura. Al riguardo dovranno comunque essere tenute in conto le ripercussioni sociali, ambientali ed

economiche del recupero dei suddetti costi, nonche' delle condizioni geografiche e climatiche della regione o delle regioni in questione. In particolare:

   a) i canoni di concessione per le derivazioni delle acque pubbliche tengono conto dei costi ambientali e dei costi della risorsa connessi all'utilizzo dell'acqua;

   b) le tariffe dei servizi idrici a carico dei vari settori di impiego dell'acqua, quali quelli civile, industriale e agricolo, contribuiscono adeguatamente al recupero dei costi sulla base dell'analisi economica effettuata secondo l'Allegato 10 alla parte terza del presente decreto.

3. Nei Piani di tutela di cui all'articolo 121 sono riportate le fasi previste per l'attuazione delle disposizioni di cui ai commi 1 e 2 necessarie al raggiungimento degli obiettivi di qualita' di cui alla parte terza del presente decreto.

((3-bis. Fino all'emanazione del decreto di cui all'articolo 154, comma 3, il Ministero dell'ambiente e della tutela del territorio e del mare e le regioni, mediante la stipulazione di accordi di programma ai sensi dell'articolo 34 del testo unico delle leggi sull'ordinamento degli enti locali, di cui al decreto legislativo 18 agosto 2000, n. 267, possono determinare, stabilendone l'ammontare, la quota parte delle entrate dei canoni derivanti dalle concessioni del demanio idrico nonche' le maggiori entrate derivanti dall'applicazione del principio "chi inquina paga" di cui al comma 1 del presente articolo, e in particolare del recupero dei costi ambientali e di quelli relativi alla risorsa, da destinare al finanziamento delle misure e delle funzioni previste dall'articolo 116 del presente decreto e delle funzioni di studio e progettazione e tecnico-organizzative attribuite alle Autorita' di bacino ai sensi dell'articolo 71 del presente decreto)).

ART. 120
(rilevamento dello stato di qualita' dei corpi idrici)

1. Le regioni elaborano ed attuano programmi per la conoscenza e la verifica dello stato qualitativo e quantitativo delle acque superficiali e sotterranee all'interno di ciascun bacino idrografico.

2. I programmi di cui al comma 1 sono adottati in conformita' alle indicazioni di cui all'Allegato 1 alla parte terza del presente decreto. Tali programmi devono essere integrati con quelli gia' esistenti per gli obiettivi a specifica destinazione stabiliti in conformita' all'Allegato 2 alla parte terza del presente decreto, nonche' con quelli delle acque inserite nel registro delle aree protette. Le risultanze delle attivita' di cui al comma 1 sono trasmesse al Ministero dell'ambiente e della tutela del territorio e del mare ed al Dipartimento tutela delle acque interne e marine dell'Istituto superiore per la protezione e la ricerca ambientale (ISPRA).

3. Al fine di evitare sovrapposizioni e di garantire il flusso delle informazioni raccolte e la loro compatibilita' con il Sistema informativo nazionale dell'ambiente (SINA), le regioni possono promuovere, nell'esercizio delle rispettive competenze, accordi di programma con l' Istituto superiore per la protezione e la ricerca ambientale (ISPRA), le Agenzie regionali per la protezione dell'ambiente di cui al decreto-legge 4 dicembre 1993, n. 496, convertito, con modificazioni, dalla legge 21 gennaio 1994, n. 61, le province, ((gli enti di governo dell'ambito)), i consorzi di bonifica e di irrigazione e gli altri enti pubblici interessati. Nei programmi devono essere definite altresi' le modalita' di standardizzazione dei dati e di interscambio delle informazioni.

ART. 121
Piani di tutela delle acque

1. Il Piano di tutela delle acque costituisce uno specifico piano

di settore ed e' articolato secondo i contenuti elencati nel presente articolo, nonche' secondo le specifiche indicate nella parte B dell'Allegato 4 alla parte terza del presente decreto.

2. Entro il 31 dicembre 2006 le Autorita' di bacino, nel contesto delle attivita' di pianificazione o mediante appositi atti di indirizzo e coordinamento, sentite le province e gli enti di governo dell'ambito, definiscono gli obiettivi su scala di distretto cui devono attenersi i piani di tutela delle acque, nonche' le priorita' degli interventi. Entro il 31 dicembre 2007, le regioni, sentite le province e previa adozione delle eventuali misure di salvaguardia, adottano il Piano di tutela delle acque e lo trasmettono al Ministero dell'ambiente e della tutela del territorio e del mare nonche' alle competenti Autorita' di bacino, per le verifiche di competenza.

3. Il Piano di tutela contiene, oltre agli interventi volti a garantire il raggiungimento o il mantenimento degli obiettivi di cui alla parte terza del presente decreto, le misure necessarie alla tutela qualitativa e quantitativa del sistema idrico.

4. Per le finalita' di cui al comma 1 il Piano di tutela contiene in particolare:

  a) i risultati dell'attivita' conoscitiva;
  b) l'individuazione degli obiettivi di qualita' ambientale e per specifica destinazione;
  c) l'elenco dei corpi idrici a specifica destinazione e delle aree richiedenti specifiche misure di prevenzione dall'inquinamento e di risanamento;
  d) le misure di tutela qualitative e quantitative tra loro integrate e coordinate per bacino idrografico;
  e) l'indicazione della cadenza temporale degli interventi e delle relative priorita';
  f) il programma di verifica dell'efficacia degli interventi previsti;
  g) gli interventi di bonifica dei corpi idrici;
  g-bis) i dati in possesso delle autorita' e agenzie competenti rispetto al monitoraggio delle acque di falda delle aree interessate e delle acque potabili dei comuni interessati, rilevati e periodicamente aggiornati presso la rete di monitoraggio esistente, da pubblicare in modo da renderli disponibili per i cittadini;
  h) l'analisi economica di cui all'Allegato 10 alla parte terza del presente decreto e le misure previste al fine di dare attuazione alle disposizioni di cui all'articolo 119 concernenti il recupero dei costi dei servizi idrici;
  i) le risorse finanziarie previste a legislazione vigente.

5. Entro centoventi giorni dalla trasmissione del Piano di tutela le Autorita' di bacino verificano la conformita' del piano agli atti di pianificazione o agli atti di indirizzo e coordinamento di cui al comma 2, esprimendo parere vincolante. Il Piano di tutela e' approvato dalle regioni entro i successivi sei mesi e comunque non oltre il ((31 dicembre 2016)). Le successive revisioni e gli aggiornamenti devono essere effettuati ogni sei anni.

ART. 122
(informazione e consultazione pubblica)

1. Le regioni promuovono la partecipazione attiva di tutte le parti interessate all'attuazione della parte terza del presente decreto, in particolare all'elaborazione, al riesame e all'aggiornamento dei Piani di tutela. Su richiesta motivata, le regioni autorizzano l'accesso ai documenti di riferimento e alle informazioni in base ai quali e' stato elaborato il progetto del Piano di tutela. Le regioni provvedono affinche', per il territorio di competenza ricadente nel distretto idrografico di appartenenza, siano pubblicati e resi disponibili per eventuali osservazioni da parte del pubblico:

  a) il calendario e il programma di lavoro per la presentazione del Piano, inclusa una dichiarazione delle misure consultive che

devono essere prese almeno tre anni prima dell'inizio del periodo cui il Piano si riferisce;
  b) una valutazione globale provvisoria dei problemi prioritari per la gestione delle acque nell'ambito del bacino idrografico di appartenenza, almeno due anni prima dell'inizio del periodo cui il Piano si riferisce;
  c) copia del progetto del Piano di tutela, almeno un anno prima dell'inizio del periodo cui il piano si riferisce.
  2. Per garantire l'attiva partecipazione e la consultazione, le regioni concedono un periodo minimo di sei mesi per la presentazione di osservazioni scritte sui documenti di cui al comma 1.
  3. I commi 1 e 2 si applicano anche agli aggiornamenti dei Piani di tutela.

ART. 123
(trasmissione delle informazioni e delle relazioni)

  1. Contestualmente alla pubblicazione dei Piani di tutela le regioni trasmettono copia di detti piani e di tutti gli aggiornamenti successivi al ((Ministero dell'ambiente e della tutela del territorio e del mare)) al fine del successivo inoltro alla Commissione europea.
  2. Le regioni trasmettono al medesimo Ministero per il successivo inoltro alla Commissione europea, anche sulla base delle informazioni dettate, in materia di modalita' di trasmissione delle informazioni sullo stato di qualita' dei corpi idrici e sulla classificazione delle acque, dal ((Ministro dell'ambiente e della tutela del territorio e del mare)) con apposito decreto, relazioni sintetiche concernenti:
  a) l'attivita' conoscitiva di cui all'articolo 118 entro dodici mesi dalla data di entrata in vigore della parte terza del presente decreto. I successivi aggiornamenti sono trasmessi ogni sei anni a partire dal febbraio 2010;
  b) i programmi di monitoraggio secondo quanto previsto all'articolo 120 entro dodici mesi dalla data di entrata in vigore della parte terza del presente decreto e successivamente con cadenza annuale.
  3. Entro tre anni dalla pubblicazione di ciascun Piano di tutela o dall'aggiornamento di cui all'articolo 121, le regioni trasmettono al ((Ministero dell'ambiente e della tutela del territorio e del mare)) una relazione sui progressi realizzati nell'attuazione delle misure di base o supplementari di cui all'articolo 116.

CAPO II
AUTORIZZAZIONE AGLI SCARICHI

ART. 124
(criteri generali)

  1. Tutti gli scarichi devono essere preventivamente autorizzati.
  2. L'autorizzazione e' rilasciata al titolare dell'attivita' da cui origina lo scarico. Ove uno o piu' stabilimenti conferiscano, tramite condotta, ad un terzo soggetto, titolare dello scarico finale, le acque reflue provenienti dalle loro attivita', oppure qualora tra piu' stabilimenti sia costituito un consorzio per l'effettuazione in comune dello scarico delle acque reflue provenienti dalle attivita' dei consorziati, l'autorizzazione e' rilasciata in capo al titolare dello scarico finale o al consorzio medesimo, ferme restando le responsabilita' dei singoli titolari delle attivita' suddette e del gestore del relativo impianto di depurazione in caso di violazione delle disposizioni della parte terza del presente decreto.
  3. Il regime autorizzatorio degli scarichi di acque reflue domestiche e di reti fognarie, servite o meno da impianti di depurazione delle acque reflue urbane, e' definito dalle regioni

nell'ambito della disciplina di cui all'articolo 101, commi 1 e 2.

4. In deroga al comma 1, gli scarichi di acque reflue domestiche in reti fognarie sono sempre ammessi nell'osservanza dei regolamenti fissati dal gestore del servizio idrico integrato ed approvati ((dall'ente di governo dell'ambito)).

5. Il regime autorizzatorio degli scarichi di acque reflue termali e' definito dalle regioni; tali scarichi sono ammessi in reti fognarie nell'osservanza dei regolamenti emanati dal gestore del servizio idrico integrato ed in conformita' all'autorizzazione rilasciata ((dall'ente di governo dell'ambito)).

6. Le regioni disciplinano le fasi di autorizzazione provvisoria agli scarichi degli impianti di depurazione delle acque reflue per il tempo necessario al loro avvio ((oppure, se gia' in esercizio, allo svolgimento di interventi, sugli impianti o sulle infrastrutture ad essi connesse, finalizzati all'adempimento degli obblighi derivanti dall'appartenenza dell'Italia all'Unione europea, ovvero al potenziamento funzionale, alla ristrutturazione o alla dismissione)).

7. Salvo diversa disciplina regionale, la domanda di autorizzazione e' presentata alla provincia ovvero ((all'ente di governo dell'ambito)) se lo scarico e' in pubblica fognatura. L'autorita' competente provvede entro novanta giorni dalla ricezione della domanda.

8. Salvo quanto previsto dal decreto legislativo 18 febbraio 2005, n. 59, l'autorizzazione e' valida per quattro anni dal momento del rilascio. Un anno prima della scadenza ne deve essere chiesto il rinnovo. Lo scarico puo' essere provvisoriamente mantenuto in funzione nel rispetto delle prescrizioni contenute nella precedente autorizzazione, fino all'adozione di un nuovo provvedimento, se la domanda di rinnovo e' stata tempestivamente presentata. Per gli scarichi contenenti sostanze pericolose di cui all'articolo 108, il rinnovo deve essere concesso in modo espresso entro e non oltre sei mesi dalla data di scadenza; trascorso inutilmente tale termine, lo scarico dovra' cessare immediatamente. La disciplina regionale di cui al comma 3 puo' prevedere per specifiche tipologie di scarichi di acque reflue domestiche, ove soggetti ad autorizzazione, forme di rinnovo tacito della medesima.

9. Per gli scarichi in un corso d'acqua nel quale sia accertata una portata naturale nulla per oltre centoventi giorni annui, oppure in un corpo idrico non significativo, l'autorizzazione tiene conto del periodo di portata nulla e della capacita' di diluizione del corpo idrico negli altri periodi, e stabilisce prescrizioni e limiti al fine di garantire le capacita' autodepurative del corpo ricettore e la difesa delle acque sotterranee.

10. In relazione alle caratteristiche tecniche dello scarico, alla sua localizzazione e alle condizioni locali dell'ambiente interessato, l'autorizzazione contiene le ulteriori prescrizioni tecniche volte a garantire che lo scarico, ivi comprese le operazioni ad esso funzionalmente connesse, avvenga in conformita' alle disposizioni della parte terza del presente decreto e senza che consegua alcun pregiudizio per il corpo ricettore, per la salute pubblica e l'ambiente.

11. Le spese occorrenti per l'effettuazione di rilievi, accertamenti, controlli e sopralluoghi necessari per l'istruttoria delle domande di autorizzazione allo scarico previste dalla parte terza del presente decreto sono a carico del richiedente. L'autorita' competente determina, preliminarmente all'istruttoria e in via provvisoria, la somma che il richiedente e' tenuto a versare, a titolo di deposito, quale condizione di procedibilita' della domanda. La medesima Autorita', completata l'istruttoria, provvede alla liquidazione definitiva delle spese sostenute sulla base di un tariffario dalla stessa approntato.

12. Per insediamenti, edifici o stabilimenti la cui attivita' sia trasferita in altro luogo, ovvero per quelli soggetti a diversa destinazione d'uso, ad ampliamento o a ristrutturazione da cui derivi uno scarico avente caratteristiche qualitativamente e/o

quantitativamente diverse da quelle dello scarico preesistente, deve essere richiesta una nuova autorizzazione allo scarico, ove quest'ultimo ne risulti soggetto. Nelle ipotesi in cui lo scarico non abbia caratteristiche qualitative o quantitative diverse, deve essere data comunicazione all'autorita' competente, la quale, verificata la compatibilita' dello scarico con il corpo recettore, adotta i provvedimenti che si rendano eventualmente necessari.

ART. 125
(domanda di autorizzazione agli scarichi di acque reflue industriali)

1. La domanda di autorizzazione agli scarichi di acque reflue industriali deve essere corredata dall'indicazione delle caratteristiche quantitative e qualitative dello scarico e del volume annuo di acqua da scaricare, dalla tipologia del ricettore, dalla individuazione del punto previsto per effettuare i prelievi di controllo, dalla descrizione del sistema complessivo dello scarico ivi comprese le operazioni ad esso funzionalmente connesse, dall'eventuale sistema di misurazione del flusso degli scarichi, ove richiesto, e dalla indicazione delle apparecchiature impiegate nel processo produttivo e nei sistemi di scarico nonche' dei sistemi di depurazione utilizzati per conseguire il rispetto dei valori limite di emissione.
2. Nel caso di scarichi di sostanze di cui alla tabella 3/A dell'Allegato 5 alla parte terza del presente decreto, derivanti dai cicli produttivi indicati nella medesima tabella 3/A, la domanda di cui al comma 1 deve altresi' indicare:
   a) la capacita' di produzione del singolo stabilimento industriale che comporta la produzione o la trasformazione o l'utilizzazione delle sostanze di cui alla medesima tabella, oppure la presenza di tali sostanze nello scarico. La capacita' di produzione dev'essere indicata con riferimento alla massima capacita' oraria moltiplicata per il numero massimo di ore lavorative giornaliere e per il numero massimo di giorni lavorativi;
   b) il fabbisogno orario di acque per ogni specifico processo produttivo.

ART. 126
(approvazione dei progetti degli impianti di trattamento delle acque reflue urbane)

1. Le regioni disciplinano le modalita' di approvazione dei progetti degli impianti di trattamento delle acque reflue urbane. Tale disciplina deve tenere conto dei criteri di cui all'Allegato 5 alla parte terza del presente decreto e della corrispondenza tra la capacita' di trattamento dell'impianto e le esigenze delle aree asservite, nonche' delle modalita' della gestione che deve assicurare il rispetto dei valori limite degli scarichi. Le regioni disciplinano altresi' le modalita' di autorizzazione provvisoria necessaria all'avvio dell'impianto anche in caso di realizzazione per lotti funzionali.

ART. 127
(fanghi derivanti dal trattamento delle acque reflue)

1. Ferma restando la disciplina di cui al decreto legislativo 27 gennaio 1992, n. 99, i fanghi derivanti dal trattamento delle acque reflue sono sottoposti alla disciplina dei rifiuti, ove applicabile ((e alla fine del complessivo processo di trattamento effettuato nell'impianto di depurazione)). I fanghi devono essere riutilizzati ogni qualvolta il loro reimpiego risulti appropriato.
2. E' vietato lo smaltimento dei fanghi nelle acque superficiali dolci e salmastre.

CAPO III
CONTROLLO DEGLI SCARICHI

ART. 128
(soggetti tenuti al controllo)

1. L'autorita' competente effettua il controllo degli scarichi sulla base di un programma che assicuri un periodico, diffuso, effettivo ed imparziale sistema di controlli.
2. Fermo restando quanto stabilito al comma 1, per gli scarichi in pubblica fognatura il gestore del servizio idrico integrato organizza un adeguato servizio di controllo secondo le modalita' previste nella convenzione di gestione.

ART. 129
(accessi ed ispezioni)

1. L'autorita' competente al controllo e' autorizzata a effettuare le ispezioni, i controlli e i prelievi necessari all'accertamento del rispetto dei valori limite di emissione, delle prescrizioni contenute nei provvedimenti autorizzatori o regolamentari e delle condizioni che danno luogo alla formazione degli scarichi. Il titolare dello scarico e' tenuto a fornire le informazioni richieste e a consentire l'accesso ai luoghi dai quali origina lo scarico.

ART. 130
(inosservanza delle prescrizioni della autorizzazione allo scarico)

1. Ferma restando l'applicazione delle norme sanzionatorie di cui al titolo V della parte terza del presente decreto, in caso di inosservanza delle prescrizioni dell'autorizzazione allo scarico l'autorita' competente procede, secondo la gravita' dell'infrazione:
   a) alla diffida, stabilendo un termine entro il quale devono essere eliminate le inosservanze;
   b) alla diffida e contestuale sospensione dell'autorizzazione per un tempo determinato, ove si manifestino situazioni di pericolo per la salute pubblica e per l'ambiente;
   c) alla revoca dell'autorizzazione in caso di mancato adeguamento alle prescrizioni imposte con la diffida e in caso di reiterate violazioni che determinino situazioni di pericolo per la salute pubblica e per l'ambiente.

ART. 131
(controllo degli scarichi di sostanze pericolose)

1. Per gli scarichi contenenti le sostanze di cui alla Tabella 5 dell'Allegato 5 alla parte terza del presente decreto, l'autorita' competente al rilascio dell'autorizzazione puo' prescrivere, a carico del titolare dello scarico, l'installazione di strumenti di controllo in automatico, nonche' le modalita' di gestione degli stessi e di conservazione dei relativi risultati, che devono rimanere a disposizione dell'autorita' competente al controllo per un periodo non inferiore a tre anni dalla data di effettuazione dei singoli controlli.

ART. 132
(interventi sostitutivi)

1. Nel caso di mancata effettuazione dei controlli previsti dalla parte terza del presente decreto, il ((Ministro dell'ambiente e della tutela del territorio e del mare)) diffida la regione a provvedere entro il termine massimo di centottanta giorni ovvero entro il minor termine imposto dalle esigenze di tutela ambientale. In caso di persistente inadempienza provvede, in via sostitutiva, il ((Ministro dell'ambiente e della tutela del territorio e del mare)), previa

delibera del Consiglio dei Ministri, con oneri a carico dell'Ente inadempiente.

2. Nell'esercizio dei poteri sostitutivi di cui al comma 1, il ((Ministro dell'ambiente e della tutela del territorio e del mare)) nomina un commissario "ad acta" che pone in essere gli atti necessari agli adempimenti previsti dalla normativa vigente a carico delle regioni al fine dell'organizzazione del sistema dei controlli.

**TITOLO V
SANZIONI**

**CAPO I
SANZIONI AMMINISTRATIVE**

ART. 133
(sanzioni amministrative)

1. Chiunque, salvo che il fatto costituisca reato ((e fuori dai casi sanzionati ai sensi dell'articolo 29-quattuordecies, commi 2 e 3,)), nell'effettuazione di uno scarico superi i valori limite di emissione fissati nelle tabelle di cui all'Allegato 5 alla parte terza del presente decreto, oppure i diversi valori limite stabiliti dalle regioni a norma dell'articolo 101, comma 2, o quelli fissati dall'autorita' competente a norma dell'articolo 107, comma 1, o dell'articolo 108, comma 1, e' punito con la sanzione amministrativa da tremila euro a trentamila euro. Se l'inosservanza dei valori limite riguarda scarichi recapitanti nelle aree di salvaguardia delle risorse idriche destinate al consumo umano di cui all'articolo 94, oppure in corpi idrici posti nelle aree protette di cui alla vigente normativa, si applica la sanzione amministrativa non inferiore a ventimila euro.
2. Chiunque apra o comunque effettui scarichi di acque reflue domestiche o di reti fognarie, servite o meno da impianti pubblici di depurazione, senza l'autorizzazione di cui all'articolo 124, oppure continui ad effettuare o mantenere detti scarichi dopo che l'autorizzazione sia stata sospesa o revocata, e' punito con la sanzione amministrativa da seimila euro a sessantamila euro. Nell'ipotesi di scarichi relativi ad edifici isolati adibiti ad uso abitativo la sanzione e' da seicento euro a tremila euro.
3. Chiunque, salvo che il fatto costituisca reato, al di fuori delle ipotesi di cui al comma 1((e di cui all'articolo 29-quattuordecies, comma 2,)), effettui o mantenga uno scarico senza osservare le prescrizioni indicate nel provvedimento di autorizzazione o fissate ai sensi dell'articolo 107, comma 1, e' punito con la sanzione amministrativa pecuniaria da millecinquecento euro a quindicimila euro.
4. Chiunque, salvo che il fatto costituisca reato, effettui l'immersione in mare dei materiali indicati all'articolo 109, comma 1, lettere a) e b), ovvero svolga l'attivita' di posa in mare cui al comma 5 dello stesso articolo, senza autorizzazione, e' punito con la sanzione amministrativa pecuniaria da millecinquecento euro a quindicimila euro.
5. Salvo che il fatto costituisca reato, fino all'emanazione della disciplina regionale di cui all'articolo 112, comma 2, chiunque non osservi le disposizioni di cui all'articolo 170, comma 7, e' punito con la sanzione amministrativa pecuniaria da seicento euro a seimila euro.
6. Chiunque, salvo che il fatto costituisca reato, non osservi il divieto di smaltimento dei fanghi previsto dall'articolo 127, comma 2, e' punito con la sanzione amministrativa pecuniaria da seimila euro a sessantamila euro.
7. Salvo che il fatto costituisca reato, e' punito con la sanzione amministrativa pecuniaria da tremila euro a trentamila euro chiunque:
   a) nell'effettuazione delle operazioni di svaso, sghiaiamento o

sfangamento delle dighe, superi i limiti o non osservi le altre prescrizioni contenute nello specifico progetto di gestione dell'impianto di cui all'articolo 114, comma 2;
   b) effettui le medesime operazioni prima dell'approvazione del progetto di gestione.
  8. Chiunque violi le prescrizioni concernenti l'installazione e la manutenzione dei dispositivi per la misurazione delle portate e dei volumi, oppure l'obbligo di trasmissione dei risultati delle misurazioni di cui all'articolo 95, comma 3, e' punito con la sanzione amministrativa pecuniaria da millecinquecento euro a seimila euro. Nei casi di particolare tenuita' la sanzione e' ridotta ad un quinto.
  9. Chiunque non ottemperi alla disciplina dettata dalle regioni ai sensi dell'articolo 113, comma 1, lettera b), e' punito con la sanzione amministrativa pecuniaria da millecinquecento euro a quindicimila euro.

ART. 134
(sanzioni in materia di aree di salvaguardia)

  1. L'inosservanza delle disposizioni relative alle attivita' e destinazioni vietate nelle aree di salvaguardia di cui all'articolo 94 e' punita con la sanzione amministrativa pecuniaria da seicento euro a seimila euro.

ART. 135
(competenza e giurisdizione)

  1. In materia di accertamento degli illeciti amministrativi, all'irrogazione delle sanzioni amministrative pecuniarie provvede, con ordinanza-ingiunzione ai sensi degli articoli 18 e seguenti della legge 24 novembre 1981, n. 689, la regione o la provincia autonoma nel cui territorio e' stata commessa la violazione, ad eccezione delle sanzioni previste dall'articolo 133, comma 8, per le quali e' competente il comune, fatte salve le attribuzioni affidate dalla legge ad altre pubbliche autorita'.
  2. Fatto salvo quanto previsto dal decreto legislativo 31 marzo 1998, n. 112, ai fini della sorveglianza e dell'accertamento degli illeciti in violazione delle norme in materia di tutela delle acque dall'inquinamento provvede il Comando carabinieri tutela ambiente (C.C.T.A.); puo' altresi' intervenire il Corpo forestale dello Stato e possono concorrere la Guardia di finanza e la Polizia di Stato. Il Corpo delle capitanerie di porto, Guardia costiera, provvede alla sorveglianza e all'accertamento delle violazioni di cui alla parte terza del presente decreto quando dalle stesse possano derivare danni o situazioni di pericolo per l'ambiente marino e costiero.
  3. Per i procedimenti penali pendenti alla entrata in vigore della parte terza del presente decreto, l'autorita' giudiziaria, se non deve pronunziare decreto di archiviazione o sentenza di proscioglimento, dispone la trasmissione degli atti agli enti indicati al comma 1 ai fini dell'applicazione delle sanzioni amministrative.
  4. Alle sanzioni amministrative pecuniarie previste dalla parte terza del presente decreto non si applica il pagamento in misura ridotta di cui all'articolo 16 della legge 24 novembre 1981, n. 689.

ART. 136
(proventi delle sanzioni amministrative pecuniarie)

  1. Le somme derivanti dai proventi delle sanzioni amministrative previste dalla parte terza del presente decreto sono versate all'entrata del bilancio regionale per essere riassegnate alle unita' previsionali di base destinate alle opere di risanamento e di riduzione dell'inquinamento dei corpi idrici. Le regioni provvedono alla ripartizione delle somme riscosse fra gli interventi di

prevenzione e di risanamento.

CAPO II
SANZIONI PENALI

ART. 137
(sanzioni penali)

1. ((Fuori dai casi sanzionati ai sensi dell'articolo 29-quattuordecies, comma 1,)) Chiunque apra o comunque effettui nuovi scarichi di acque reflue industriali, senza autorizzazione, oppure continui ad effettuare o mantenere detti scarichi dopo che l'autorizzazione sia stata sospesa o revocata, e' punito con l'arresto da due mesi a due anni o con l'ammenda da millecinquecento euro a diecimila euro.

2. Quando le condotte descritte al comma 1 riguardano gli scarichi di acque reflue industriali contenenti le sostanze pericolose comprese nelle famiglie e nei gruppi di sostanze indicate nelle tabelle 5 e 3/A dell'Allegato 5 alla parte terza del presente decreto, la pena e' dell'arresto da tre mesi a tre anni ((e dell'ammenda da 5.000 euro a 52.000 euro)).

3. Chiunque, al di fuori delle ipotesi di cui al comma 5 ((o di cui all'articolo 29-quattuordecies, comma 3,)), effettui uno scarico di acque reflue industriali contenenti le sostanze pericolose comprese nelle famiglie e nei gruppi di sostanze indicate nelle tabelle 5 e 3/A dell'Allegato 5 alla parte terza del presente decreto senza osservare le prescrizioni dell'autorizzazione, o le altre prescrizioni dell'autorita' competente a norma degli articoli 107, comma 1, e 108, comma 4, e' punito con l'arresto fino a due anni.

4. Chiunque violi le prescrizioni concernenti l'installazione e la gestione dei controlli in automatico o l'obbligo di conservazione dei risultati degli stessi di cui all'articolo 131 e' punito con la pena di cui al comma 3.

5. ((Salvo che il fatto costituisca piu' grave reato)) Chiunque, in relazione alle sostanze indicate nella tabella 5 dell'Allegato 5 alla parte terza del presente decreto, nell'effettuazione di uno scarico di acque reflue industriali, superi i valori limite fissati nella tabella 3 o, nel caso di scarico sul suolo, nella tabella 4 dell'Allegato 5 alla parte terza del presente decreto, oppure i limiti piu' restrittivi fissati dalle regioni o dalle province autonome o dall'Autorita' competente a norma dell'articolo 107, comma 1, e' punito con l'arresto fino a due anni e con l'ammenda da tremila euro a trentamila euro. Se sono superati anche i valori limite fissati per le sostanze contenute nella tabella 3/A del medesimo Allegato 5, si applica l'arresto da sei mesi a tre anni e l'ammenda da seimila euro a centoventimila euro.

6. Le sanzioni di cui al comma 5 si applicano altresi' al gestore di impianti di trattamento delle acque reflue urbane che nell'effettuazione dello scarico supera i valori-limite previsti dallo stesso comma.

7. Al gestore del servizio idrico integrato che non ottempera all'obbligo di comunicazione di cui all'articolo 110, comma 3, o non osserva le prescrizioni o i divieti di cui all'articolo 110, comma 5, si applica la pena dell'arresto da tre mesi ad un anno o con l'ammenda da tremila euro a trentamila euro se si tratta di rifiuti non pericolosi e con la pena dell'arresto da sei mesi a due anni e con l'ammenda da tremila euro a trentamila euro se si tratta di rifiuti pericolosi.

8. Il titolare di uno scarico che non consente l'accesso agli insediamenti da parte del soggetto incaricato del controllo ai fini di cui all'articolo 101, commi 3 e 4, salvo che il fatto non costituisca piu' grave reato, e' punito con la pena dell'arresto fino a due anni. Restano fermi i poteri-doveri di interventi dei soggetti incaricati del controllo anche ai sensi dell'articolo 13 della legge

n. 689 del 1981 e degli articoli 55 e 354 del codice di procedura penale.

9. Chiunque non ottempera alla disciplina dettata dalle regioni ai sensi dell'articolo 113, comma 3, e' punito con le sanzioni di cui all'articolo 137, comma 1.

10. Chiunque non ottempera al provvedimento adottato dall'autorita' competente ai sensi dell'articolo 84, comma 4, ovvero dell'articolo 85, comma 2, e' punito con l'ammenda da millecinquecento euro a quindicimila euro.

11. Chiunque non osservi i divieti di scarico previsti dagli articoli 103 e 104 e' punito con l'arresto sino a tre anni.

12. Chiunque non osservi le prescrizioni regionali assunte a norma dell'articolo 88, commi 1 e 2, dirette ad assicurare il raggiungimento o il ripristino degli obiettivi di qualita' delle acque designate ai sensi dell'articolo 87, oppure non ottemperi ai provvedimenti adottati dall'autorita' competente ai sensi dell'articolo 87, comma 3, e' punito con l'arresto sino a due anni o con l'ammenda da quattromila euro a quarantamila euro.

13. Si applica sempre la pena dell'arresto da due mesi a due anni se lo scarico nelle acque del mare da parte di navi od aeromobili contiene sostanze o materiali per i quali e' imposto il divieto assoluto di sversamento ai sensi delle disposizioni contenute nelle convenzioni internazionali vigenti in materia e ratificate dall'Italia, salvo che siano in quantita' tali da essere resi rapidamente innocui dai processi fisici, chimici e biologici, che si verificano naturalmente in mare e purche' in presenza di preventiva autorizzazione da parte dell'autorita' competente.

14. Chiunque effettui l'utilizzazione agronomica di effluenti di allevamento, di acque di vegetazione dei frantoi oleari, nonche' di acque reflue provenienti da aziende agricole e piccole aziende agroalimentari di cui all'articolo 112, al di fuori dei casi e delle procedure ivi previste, oppure non ottemperi al divieto o all'ordine di sospensione dell'attivita' impartito a norma di detto articolo, e' punito con l'ammenda da euro millecinquecento a euro diecimila o con l'arresto fino ad un anno. La stessa pena si applica a chiunque effettui l'utilizzazione agronomica al di fuori dei casi e delle procedure di cui alla normativa vigente.

ART. 138
(ulteriori provvedimenti sanzionatori
per l'attivita' di molluschicoltura)

1. Nei casi previsti dal comma 12 dell'articolo 137, il Ministro della salute, il ((Ministro dell'ambiente e della tutela del territorio e del mare)) , nonche' la regione e la provincia autonoma competente, ai quali e' inviata copia delle notizie di reato, possono disporre, per quanto di competenza e indipendentemente dall'esito del giudizio penale, la sospensione in via cautelare dell'attivita' di molluschicoltura; a seguito di sentenza di condanna o di decisione emessa ai sensi dell'articolo 444 del codice di procedura penale divenute definitive, possono inoltre disporre, valutata la gravita' dei fatti, la chiusura degli impianti.

ART. 139
(obblighi del condannato)

1. Con la sentenza di condanna per i reati previsti nella parte terza del presente decreto, o con la decisione emessa ai sensi dell'articolo 444 del codice di procedura penale, il beneficio della sospensione condizionale della pena puo' essere subordinato al risarcimento del danno e all'esecuzione degli interventi di messa in sicurezza, bonifica e ripristino.

ART. 140
(circostanza attenuante)

1. Nei confronti di chi, prima del giudizio penale o dell'ordinanza-ingiunzione, ha riparato interamente il danno, le sanzioni penali e amministrative previste nel presente titolo sono diminuite dalla meta' a due terzi.

SEZIONE III
GESTIONE DELLE RISORSE IDRICHE

TITOLO I
PRINCIPI GENERALI E COMPETENZE

ART. 141
(ambito di applicazione)

1. Oggetto delle disposizioni contenute nella presente sezione e' la disciplina della gestione delle risorse idriche e del servizio idrico integrato per i profili che concernono la tutela dell'ambiente e della concorrenza e la determinazione dei livelli essenziali delle prestazioni del servizio idrico integrato e delle relative funzioni fondamentali di comuni, province e citta' metropolitane.
2. Il servizio idrico integrato e' costituito dall'insieme dei servizi pubblici di captazione, adduzione e distribuzione di acqua ad usi civili di fognatura e di depurazione delle acque reflue, e deve essere gestito secondo principi di efficienza, efficacia ed economicita', nel rispetto delle norme nazionali e comunitarie. Le presenti disposizioni si applicano anche agli usi industriali delle acque gestite nell'ambito del servizio idrico integrato.

ART. 142
(competenze)

1. Nel quadro delle competenze definite dalle norme costituzionali, e fatte salve le competenze dell'Autorita' di vigilanza sulle risorse idriche e sui rifiuti, il Ministro dell'ambiente e della tutela del territorio e del mare esercita le funzioni e i compiti spettanti allo Stato nelle materie disciplinate dalla presente sezione.
2. Le regioni esercitano le funzioni e i compiti ad esse spettanti nel quadro delle competenze costituzionalmente determinate e nel rispetto delle attribuzioni statali di cui al comma 1, ed in particolare provvedono a disciplinare il governo del rispettivo territorio.
3. Gli enti locali, attraverso ((l'ente di governo dell'ambito)) di cui all'articolo 148, comma 1, svolgono le funzioni di organizzazione del servizio idrico integrato, di scelta della forma di gestione, di determinazione e modulazione delle tariffe all'utenza, di affidamento della gestione e relativo controllo, secondo le disposizioni della parte terza del presente decreto.

ART. 143
(proprieta' delle infrastrutture)

1. Gli acquedotti, le fognature, gli impianti di depurazione e le altre infrastrutture idriche di proprieta' pubblica, fino al punto di consegna e/o misurazione, fanno parte del demanio ai sensi degli articoli 822 e seguenti del codice civile e sono inalienabili se non nei modi e nei limiti stabiliti dalla legge.
2. Spetta anche ((all'ente di governo dell'ambito)) la tutela dei beni di cui al comma 1, ai sensi dell'articolo 823, secondo comma, del codice civile.

ART. 144

(tutela e uso delle risorse idriche)

1. Tutte le acque superficiali e sotterranee, ancorche' non estratte dal sottosuolo, appartengono al demanio dello Stato.
2. Le acque costituiscono una risorsa che va tutelata ed utilizzata secondo criteri di solidarieta'; qualsiasi loro uso e' effettuato salvaguardando le aspettative ed i diritti delle generazioni future a fruire di un integro patrimonio ambientale.
3. La disciplina degli usi delle acque e' finalizzata alla loro razionalizzazione, allo scopo di evitare gli sprechi e di favorire il rinnovo delle risorse, di non pregiudicare il patrimonio idrico, la vivibilita' dell'ambiente, l'agricoltura, la piscicoltura, la fauna e la flora acquatiche, i processi geomorfologici e gli equilibri idrologici.
4. Gli usi diversi dal consumo umano sono consentiti nei limiti nei quali le risorse idriche siano sufficienti e a condizione che non ne pregiudichino la qualita'.
((4-bis. Ai fini della tutela delle acque sotterranee dall'inquinamento e per promuovere un razionale utilizzo del patrimonio idrico nazionale, tenuto anche conto del principio di precauzione per quanto attiene al rischio sismico e alla prevenzione di incidenti rilevanti, nelle attivita' di ricerca o coltivazione di idrocarburi rilasciate dallo Stato sono vietati la ricerca e l'estrazione di shale gas e di shale oil e il rilascio dei relativi titoli minerari. A tal fine e' vietata qualunque tecnica di iniezione in pressione nel sottosuolo di fluidi liquidi o gassosi, compresi eventuali additivi, finalizzata a produrre o favorire la fratturazione delle formazioni rocciose in cui sono intrappolati lo shale gas e lo shale oil. I titolari dei permessi di ricerca o di concessioni di coltivazione comunicano, entro il 31 dicembre 2014, al Ministero dello sviluppo economico, al Ministero dell'ambiente e della tutela del territorio e del mare, all'Istituto nazionale di geofisica e vulcanologia e all'Istituto superiore per la protezione e la ricerca ambientale, i dati e le informazioni relativi all'utilizzo pregresso di tali tecniche per lo shale gas e lo shale oil, anche in via sperimentale, compresi quelli sugli additivi utilizzati precisandone la composizione chimica. Le violazioni accertate delle prescrizioni previste dal presente articolo determinano l'automatica decadenza dal relativo titolo concessorio o dal permesso)).
5. Le acque termali, minerali e per uso geotermico sono disciplinate da norme specifiche, nel rispetto del riparto delle competenze costituzionalmente determinato.

ART. 145
(equilibrio del bilancio idrico)

1. L'Autorita' di bacino competente definisce ed aggiorna periodicamente il bilancio idrico diretto ad assicurare l'equilibrio fra le disponibilita' di risorse reperibili o attivabili nell'area di riferimento ed i fabbisogni per i diversi usi, nel rispetto dei criteri e degli obiettivi di cui all'articolo 144.
2. Per assicurare l'equilibrio tra risorse e fabbisogni, l'Autorita' di bacino competente adotta, per quanto di competenza, le misure per la pianificazione dell'economia idrica in funzione degli usi cui sono destinate le risorse.
3. Nei bacini idrografici caratterizzati da consistenti prelievi o da trasferimenti, sia a valle che oltre la linea di displuvio, le derivazioni sono regolate in modo da garantire il livello di deflusso necessario alla vita negli alvei sottesi e tale da non danneggiare gli equilibri degli ecosistemi interessati.

ART. 146
(risparmio idrico)

1. Entro un anno dalla data di entrata in vigore della parte terza del presente decreto, le regioni, sentita l'Autorita' di vigilanza

sulle risorse idriche e sui rifiuti, nel rispetto dei principi della legislazione statale, adottano norme e misure volte a razionalizzare i consumi e eliminare gli sprechi ed in particolare a:

a) migliorare la manutenzione delle reti di adduzione e di distribuzione di acque a qualsiasi uso destinate al fine di ridurre le perdite;

b) prevedere, nella costruzione o sostituzione di nuovi impianti di trasporto e distribuzione dell'acqua sia interni che esterni, l'obbligo di utilizzo di sistemi anticorrosivi di protezione delle condotte di materiale metallico;

c) realizzare, in particolare nei nuovi insediamenti abitativi, commerciali e produttivi di rilevanti dimensioni, reti duali di adduzione al fine dell'utilizzo di acque meno pregiate per usi compatibili;

d) promuovere l'informazione e la diffusione di metodi e tecniche di risparmio idrico domestico e nei settori industriale, terziario ed agricolo;

e) adottare sistemi di irrigazione ad alta efficienza accompagnati da una loro corretta gestione e dalla sostituzione, ove opportuno, delle reti di canali a pelo libero con reti in pressione;

f) installare contatori per il consumo dell'acqua in ogni singola unita' abitativa nonche' contatori differenziati per le attivita' produttive e del settore terziario esercitate nel contesto urbano;

g) realizzare nei nuovi insediamenti, quando economicamente e tecnicamente conveniente anche in relazione ai recapiti finali, sistemi di collegamento differenziati per le acque piovane e per le acque reflue e di prima pioggia;

h) individuare aree di ricarica delle falde ed adottare misure di protezione e gestione atte a garantire un processo di ricarica quantitativamente e qualitativamente idoneo.

2. Gli strumenti urbanistici, compatibilmente con l'assetto urbanistico e territoriale e con le risorse finanziarie disponibili, devono prevedere reti duali al fine di rendere possibili appropriate utilizzazioni di acque anche non potabili. Il rilascio del permesso di costruire e' subordinato alla previsione, nel progetto, dell'installazione di contatori per ogni singola unita' abitativa, nonche' del collegamento a reti duali, ove gia' disponibili.

3. Entro un anno dalla data di entrata in vigore della parte terza del presente decreto, il Ministro dell'ambiente e della tutela del territorio e del mare, sentita l'Autorita' di vigilanza sulle risorse idriche e sui rifiuti e il Dipartimento tutela delle acque interne e marine dell' Istituto superiore per la protezione e la ricerca ambientale (ISPRA), adotta un regolamento per la definizione dei criteri e dei metodi in base ai quali valutare le perdite degli acquedotti e delle fognature. Entro il mese di febbraio di ciascun anno, i soggetti gestori dei servizi idrici trasmettono all'Autorita' di vigilanza sulle risorse idriche e sui rifiuti ed ((all'ente di governo dell'ambito)) competente i risultati delle rilevazioni eseguite con i predetti metodi.

TITOLO II
SERVIZIO IDRICO INTEGRATO

ART. 147
(organizzazione territoriale del servizio idrico integrato)

1. I servizi idrici sono organizzati sulla base degli ambiti territoriali ottimali definiti dalle regioni in attuazione della legge 5 gennaio 1994, n. 36. Le regioni che non hanno individuato gli enti di governo dell'ambito provvedono, con delibera, entro il termine perentorio del 31 dicembre 2014. Decorso inutilmente tale termine si applica l'articolo 8 della legge 5 giugno 2003, n. 131. Gli enti locali ricadenti nel medesimo ambito ottimale partecipano obbligatoriamente all'ente di governo dell'ambito, individuato dalla

competente regione per ciascun ambito territoriale ottimale, al quale e' trasferito l'esercizio delle competenze ad essi spettanti in materia di gestione delle risorse idriche, ivi compresa la programmazione delle infrastrutture idriche di cui all'articolo 143, comma 1.

1-bis. Qualora gli enti locali non aderiscano agli enti di governo dell'ambito individuati ai sensi del comma 1 entro il termine fissato dalle regioni e dalle province autonome e, comunque, non oltre sessanta giorni dalla delibera di individuazione, il Presidente della regione esercita, previa diffida all'ente locale ad adempiere entro ulteriori trenta giorni, i poteri sostitutivi, ponendo le relative spese a carico dell'ente inadempiente. Si applica quanto previsto dagli ultimi due periodi dell'articolo 172, comma 4.

2. Le regioni possono modificare le delimitazioni degli ambiti territoriali ottimali per migliorare la gestione del servizio idrico integrato, assicurandone comunque lo svolgimento secondo criteri di efficienza, efficacia ed economicita', nel rispetto, in particolare, dei seguenti principi:

   a) unita' del bacino idrografico o del sub-bacino o dei bacini idrografici contigui, tenuto conto dei piani di bacino, nonche' della localizzazione delle risorse e dei loro vincoli di destinazione, anche derivanti da consuetudine, in favore dei centri abitati interessati;
   b) unicita' della gestione;
   c) adeguatezza delle dimensioni gestionali, definita sulla base di parametri fisici, demografici, tecnici.

2-bis. Qualora l'ambito territoriale ottimale coincida con l'intero territorio regionale, ove si renda necessario al fine di conseguire una maggiore efficienza gestionale ed una migliore qualita' del servizio all'utenza, e' consentito l'affidamento del servizio idrico integrato in ambiti territoriali comunque non inferiori agli ambiti territoriali corrispondenti alle province o alle citta' metropolitane. Sono fatte salve: a) le gestioni del servizio idrico in forma autonoma nei comuni montani con popolazione inferiore a 1.000 abitanti gia' istituite ai sensi del comma 5 dell'articolo 148; b) le gestioni del servizio idrico in forma autonoma esistenti, nei comuni che presentano contestualmente le seguenti caratteristiche: approvvigionamento idrico da fonti qualitativamente pregiate; sorgenti ricadenti in parchi naturali o aree naturali protette ovvero in siti individuati come beni paesaggistici ai sensi del codice dei beni culturali e del paesaggio, di cui al decreto legislativo 22 gennaio 2004, n. 42; utilizzo efficiente della risorsa e tutela del corpo idrico. Ai fini della salvaguardia delle gestioni in forma autonoma di cui alla lettera b), l'ente di governo d'ambito territorialmente competente provvede all'accertamento dell'esistenza dei predetti requisiti.

((2-ter. Entro il 1° luglio 2022, le gestioni del servizio idrico in forma autonoma per le quali l'ente di governo dell'ambito non si sia ancora espresso sulla ricorrenza dei requisiti per la salvaguardia di cui al comma 2-bis, lettera b), confluiscono nella gestione unica individuata dal medesimo ente. Entro il 30 settembre 2022, l'ente di governo dell'ambito provvede ad affidare al gestore unico tutte le gestioni non fatte salve ai sensi del citato comma 2-bis)).

3. Le regioni, sentite le province, stabiliscono norme integrative per il controllo degli scarichi degli insediamenti civili e produttivi allacciati alle pubbliche fognature, per la funzionalita' degli impianti di pretrattamento e per il rispetto dei limiti e delle prescrizioni previsti dalle relative autorizzazioni.

ART. 148
((ARTICOLO ABROGATO DALLA L. 23 DICEMBRE 2009, N. 191,
COME MODIFICATA DAL D.L. 29 DICEMBRE 2011, N. 216))

ART. 149
(piano d'ambito)

1. Entro dodici mesi dalla data di entrata in vigore della parte terza del presente decreto, ((l'ente di governo dell'ambito)) provvede alla predisposizione e/o aggiornamento del piano d'ambito. Il piano d'ambito e' costituito dai seguenti atti:
   a) ricognizione delle infrastrutture;
   b) programma degli interventi;
   c) modello gestionale ed organizzativo;
   d) piano economico finanziario.
2. La ricognizione, anche sulla base di informazioni asseverate dagli enti locali ricadenti nell'ambito territoriale ottimale, individua lo stato di consistenza delle infrastrutture da affidare al gestore del servizio idrico integrato, precisandone lo stato di funzionamento.
3. ((Il programma degli interventi individua le opere di manutenzione straordinaria e le nuove opere da realizzare, compresi gli interventi di adeguamento di infrastrutture gia' esistenti, necessarie al raggiungimento almeno dei livelli minimi di servizio, nonche' al soddisfacimento della complessiva domanda dell'utenza, tenuto conto di quella collocata nelle zone montane o con minore densita' di popolazione)). Il programma degli interventi, commisurato all'intera gestione, specifica gli obiettivi da realizzare, indicando le infrastrutture a tal fine programmate e i tempi di realizzazione.
4. Il piano economico finanziario, articolato nello stato patrimoniale, nel conto economico e nel rendiconto finanziario, prevede, con cadenza annuale, l'andamento dei costi di gestione e di investimento al netto di eventuali finanziamenti pubblici a fondo perduto. Esso e' integrato dalla previsione annuale dei proventi da tariffa, estesa a tutto il periodo di affidamento. Il piano, cosi' come redatto, dovra' garantire il raggiungimento dell'equilibrio economico finanziario e, in ogni caso, il rispetto dei principi di efficacia, efficienza ed economicita' della gestione, anche in relazione agli investimenti programmati.
5. Il modello gestionale ed organizzativo definisce la struttura operativa mediante la quale il gestore assicura il servizio all'utenza e la realizzazione del programma degli interventi.
6. Il piano d'ambito e' trasmesso entro dieci giorni dalla delibera di approvazione alla regione competente, all'Autorita' di vigilanza sulle risorse idriche e sui rifiuti e al Ministero dell'ambiente e della tutela del territorio e del mare. L'Autorita' di vigilanza sulle risorse idriche e sui rifiuti puo' notificare ((all'ente di governo dell'ambito)), entro novanta giorni decorrenti dal ricevimento del piano, i propri rilievi od osservazioni, dettando, ove necessario, prescrizioni concernenti: il programma degli interventi, con particolare riferimento all'adeguatezza degli investimenti programmati in relazione ai livelli minimi di servizio individuati quali obiettivi della gestione; il piano finanziario, con particolare riferimento alla capacita' dell'evoluzione tariffaria di garantire l'equilibrio economico finanziario della gestione, anche in relazione agli investimenti programmati.

ART. 149-bis
(Affidamento del servizio).

1. L'ente di governo dell'ambito, nel rispetto del piano d'ambito di cui all'articolo 149 e del principio di unicita' della gestione per ciascun ambito territoriale ottimale, delibera la forma di gestione fra quelle previste dall'ordinamento europeo provvedendo, conseguentemente, all'affidamento del servizio nel rispetto della normativa nazionale in materia di organizzazione dei servizi pubblici locali a rete di rilevanza economica. ((L'affidamento diretto puo' avvenire a favore di societa' interamente pubbliche, in possesso dei requisiti prescritti dall'ordinamento europeo per la gestione in

house, comunque partecipate dagli enti locali ricadenti nell'ambito territoriale ottimale)).

2. Alla successiva scadenza della gestione di ambito, al fine di assicurare l'efficienza, l'efficacia e la continuita' del servizio idrico integrato, l'ente di governo dell'ambito dispone l'affidamento al gestore unico di ambito entro i sei mesi antecedenti la data di scadenza dell'affidamento previgente. Il soggetto affidatario gestisce il servizio idrico integrato su tutto il territorio degli enti locali ricadenti nell'ambito territoriale ottimale.

2-bis. Al fine di ottenere un'offerta piu' conveniente e completa e di evitare contenziosi tra i soggetti interessati, le procedure di gara per l'affidamento del servizio includono appositi capitolati con la puntuale indicazione delle opere che il gestore incaricato deve realizzare durante la gestione del servizio.

2-ter. L'ultimo periodo del comma 1 dell'articolo 4 del decreto legislativo 11 maggio 1999, n. 141, come sostituito dal comma 4 dell'articolo 25 della legge 28 dicembre 2001, n. 448, e' soppresso.

ART. 150
((ARTICOLO ABROGATO DAL D.L. 12 SETTEMBRE 2014, N. 133 CONVERTITO CON MODIFICAZIONI DALLA L. 11 NOVEMBRE 2014, N. 164))

ART. 151
(rapporti tra ((ente di governo dell'ambito)) e soggetti gestori del servizio idrico integrato)

((1. Il rapporto tra l'ente di governo dell'ambito ed il soggetto gestore del servizio idrico integrato e' regolato da una convenzione predisposta dall'ente di governo dell'ambito sulla base delle convenzioni tipo, con relativi disciplinari, adottate dall'Autorita' per l'energia elettrica, il gas ed il sistema idrico in relazione a quanto previsto dall'articolo 10, comma 14, lettera b), del decreto-legge 13 maggio 2011, n. 70, convertito, con modificazioni, dalla legge 12 luglio 2011, n. 106, e dall'articolo 21 del decreto-legge 6 dicembre 2011 n. 201, convertito, con modificazioni, dalla legge 22 dicembre 2011, n. 214.))

2. ((A tal fine, le convenzioni tipo, con relativi disciplinari, devono prevedere in particolare:))

a) il regime giuridico prescelto per la gestione del servizio;
b) la durata dell'affidamento, non superiore comunque a trenta anni;
((b-bis) le opere da realizzare durante la gestione del servizio come individuate dal bando di gara));
c) l'obbligo del raggiungimento ((e gli strumenti per assicurare il mantenimento)) dell'equilibrio economico-finanziario della gestione;
d) il livello di efficienza e di affidabilita' del servizio da assicurare all'utenza, anche con riferimento alla manutenzione degli impianti;
e) i criteri e le modalita' di applicazione delle tariffe determinate ((dall'ente di governo dell'ambito)) e del loro aggiornamento annuale, anche con riferimento alle diverse categorie di utenze;
f) l'obbligo di adottare la carta di servizio sulla base degli atti d'indirizzo vigenti;
g) l'obbligo di provvedere alla realizzazione del Programma degli interventi;
h) le modalita' di controllo del corretto esercizio del servizio e l'obbligo di predisporre un sistema tecnico adeguato a tal fine, come previsto dall'articolo 165;
i) il dovere di prestare ogni collaborazione per l'organizzazione e l'attivazione dei sistemi di controllo integrativi che ((l'ente di governo dell'ambito)) ha facolta' di disporre durante tutto il periodo di affidamento;
l) l'obbligo di dare tempestiva comunicazione ((all'ente di

governo dell'ambito)) del verificarsi di eventi che comportino o che facciano prevedere irregolarita' nell'erogazione del servizio, nonche' l'obbligo di assumere ogni iniziativa per l'eliminazione delle irregolarita', in conformita' con le prescrizioni dell'Autorita' medesima;

m) l'obbligo di restituzione, alla scadenza dell'affidamento, delle opere, degli impianti e delle canalizzazioni del servizio idrico integrato in condizioni di efficienza ed in buono stato di conservazione((, nonche' la disciplina delle conseguenze derivanti dalla eventuale cessazione anticipata dell'affidamento, anche tenendo conto delle previsioni di cui agli articoli 143 e 158 del decreto legislativo 12 aprile 2006, n.163, ed i criteri e le modalita' per la valutazione del valore residuo degli investimenti realizzati dal gestore uscente));

n) l'obbligo di prestare idonee garanzie finanziarie e assicurative;

o) le penali, le sanzioni in caso di inadempimento e le condizioni di risoluzione secondo i principi del codice civile;

p) le modalita' di rendicontazione delle attivita' del gestore.

((3. Sulla base della convenzione tipo di cui al comma 1 o, in mancanza di questa, sulla base della normativa vigente, l'ente di governo dell'ambito predispone uno schema di convenzione con relativo disciplinare, da allegare ai capitolati della procedura di gara. Le convenzioni esistenti devono essere integrate in conformita' alle previsioni di cui al comma 2, secondo le modalita' stabilite dall'Autorita' per l'energia elettrica, il gas ed il sistema idrico)).

4. Nel Disciplinare allegato alla Convenzione di gestione devono essere anche definiti, sulla base del programma degli interventi, le opere e le manutenzioni straordinarie, nonche' il programma temporale e finanziario di esecuzione.

5. L'affidamento del servizio e' subordinato alla prestazione da parte del gestore di idonea garanzia fideiussoria. Tale garanzia deve coprire gli interventi da realizzare nei primi cinque anni di gestione e deve essere annualmente aggiornata in modo da coprire gli interventi da realizzare nel successivo quinquennio.

6. Il gestore cura l'aggiornamento dell'atto di Ricognizione entro i termini stabiliti dalla convenzione.

7. ((COMMA ABROGATO DAL D.L. 12 SETTEMBRE 2014, N. 133, CONVERTITO CON MODIFICAZIONI DALLA L. 11 NOVEMBRE 2014, N. 164)).

8. Le societa' concessionarie del servizio idrico integrato, nonche' le societa' miste costituite a seguito dell'individuazione del socio privato mediante gara europea affidatarie del servizio medesimo, possono emettere prestiti obbligazionari sottoscrivibili esclusivamente dagli utenti con facolta' di conversione in azioni semplici o di risparmio. Nel caso di aumento del capitale sociale, una quota non inferiore al dieci per cento e' offerta in sottoscrizione agli utenti del servizio.

ART. 152
(poteri di controllo e sostitutivi)

1. ((l'ente di governo dell'ambito)) ha facolta' di accesso e verifica alle infrastrutture idriche, anche nelle fase di costruzione.

2. Nell'ipotesi di inadempienze del gestore agli obblighi che derivano dalla legge o dalla convenzione, e che compromettano la risorsa o l'ambiente ovvero che non consentano il raggiungimento dei livelli minimi di servizio, ((l'ente di governo dell'ambito)) interviene tempestivamente per garantire l'adempimento da parte del gestore, esercitando tutti i poteri ad essa conferiti dalle disposizioni di legge e dalla convenzione. Perdurando l'inadempienza del gestore, e ferme restando le conseguenti penalita' a suo carico, nonche' il potere di risoluzione e di revoca, ((l'ente di governo dell'ambito)), previa diffida, puo' sostituirsi ad esso provvedendo a

far eseguire a terzi le opere, nel rispetto delle vigenti disposizioni in materia di appalti pubblici.

3. Qualora ((l'ente di governo dell'ambito)) non intervenga, o comunque ritardi il proprio intervento, la regione, previa diffida e sentita l'Autorita' di vigilanza sulle risorse idriche e sui rifiuti, esercita i necessari poteri sostitutivi, mediante nomina di un commissario "ad acta". Qualora la regione non adempia entro quarantacinque giorni, i predetti poteri sostitutivi sono esercitati, previa diffida ad adempiere nel termine di venti giorni, dal Ministro dell'ambiente e della tutela del territorio e del mare, mediante nomina di un commissario "ad acta".

4. ((l'ente di governo dell'ambito)) con cadenza annuale comunica al Ministro dell'ambiente e della tutela del territorio e del mare ed all'Autorita' di vigilanza sulle risorse idriche e sui rifiuti i risultati dei controlli della gestione.

ART. 153
(dotazioni dei soggetti gestori del servizio idrico integrato)

1. Le infrastrutture idriche di proprieta' degli enti locali ai sensi dell'articolo 143 sono affidate in concessione d'uso gratuita, per tutta la durata della gestione, al gestore del servizio idrico integrato, il quale ne assume i relativi oneri nei termini previsti dalla convenzione e dal relativo disciplinare. ((Gli enti locali proprietari provvedono in tal senso entro il termine perentorio di sei mesi dalla data di entrata in vigore della presente disposizione, salvo eventuali quote residue di ammortamento relative anche ad interventi di manutenzione. Nelle ipotesi di cui all'articolo 172, comma 1, gli enti locali provvedono alla data di decorrenza dell'affidamento del servizio idrico integrato. Qualora gli enti locali non provvedano entro i termini prescritti, si applica quanto previsto dal comma 4, dell'articolo 172. La violazione della presente disposizione comporta responsabilita' erariale.))

2. Le immobilizzazioni, le attivita' e le passivita' relative al servizio idrico integrato, ivi compresi gli oneri connessi all'ammortamento dei mutui oppure i mutui stessi, al netto degli eventuali contributi a fondo perduto in conto capitale e/o in conto interessi, sono trasferite al soggetto gestore, che subentra nei relativi obblighi. Di tale trasferimento si tiene conto nella determinazione della tariffa, al fine di garantire l'invarianza degli oneri per la finanza pubblica. ((Il gestore e' tenuto a subentrare nelle garanzie e nelle obbligazioni relative ai contratti di finanziamento in essere o ad estinguerli, ed a corrispondere al gestore uscente un valore di rimborso definito secondo i criteri stabiliti dall'Autorita' per l'energia elettrica, il gas e il sistema idrico.))

ART. 154
(tariffa del servizio idrico integrato)

1. La tariffa costituisce il corrispettivo del servizio idrico integrato ed e' determinata tenendo conto della qualita' della risorsa idrica e del servizio fornito, delle opere e degli adeguamenti necessari, dell'entita' dei costi di gestione delle opere, e dei costi di gestione delle aree di salvaguardia, nonche' di una quota parte dei costi di funzionamento dell'ente di governo dell'ambito, in modo che sia assicurata la copertura integrale dei costi di investimento e di esercizio secondo il principio del recupero dei costi e secondo il principio "chi inquina paga". Tutte le quote della tariffa del servizio idrico integrato hanno natura di corrispettivo.

2. Il Ministro dell'ambiente e della tutela del territorio e del mare, su proposta dell'Autorita' di vigilanza sulle risorse idriche e sui rifiuti, tenuto conto della necessita' di recuperare i costi ambientali anche secondo il principio "chi inquina paga", definisce

con decreto le componenti di costo per la determinazione della tariffa relativa ai servizi idrici per i vari settori di impiego dell'acqua.

3. Al fine di assicurare un'omogenea disciplina sul territorio nazionale, con decreto del Ministro dell'economia e delle finanze, di concerto con il Ministro della transizione ecologica ((e con il Ministro delle politiche agricole alimentari)) e forestali, sono stabiliti i criteri generali per la determinazione, da parte delle regioni, dei canoni di concessione per l'utenza di acqua pubblica, tenendo conto dei costi ambientali e dei costi della risorsa e dell'inquinamento, conformemente al ((principio "chi inquina paga",)) e prevedendo altresi' riduzioni del canone nell'ipotesi in cui il concessionario attui un riuso delle acque reimpiegando le acque risultanti a valle del processo produttivo o di una parte dello stesso o, ancora, restituisca le acque di scarico con le medesime caratteristiche qualitative di quelle prelevate. L'aggiornamento dei canoni ha cadenza triennale.

3-bis. ((Con decreto del Ministro delle politiche agricole alimentari e forestali, di concerto con il Ministro della transizione ecologica,)) sono definiti i criteri per incentivare l'uso sostenibile dell'acqua in agricoltura, e per sostenere l'uso del ((Sistema Informativo Nazionale per la Gestione delle Risorse Idriche in Agricoltura (SIGRIAN))) per usi irrigui collettivi e di autoapprovvigionamento ((, sentite le regioni e le province autonome di Trento e di Bolzano)).

4. Il soggetto competente, al fine della redazione del piano economico-finanziario di cui all'articolo 149, comma 1, lettera d), predispone la tariffa di base, nell'osservanza del metodo tariffario di cui all'articolo 10, comma 14, lettera d), del decreto-legge 13 maggio 2011, n. 70, convertito, con modificazioni, dalla legge 12 luglio 2011, n. 106, e la trasmette per l'approvazione all'Autorita' per l'energia elettrica e il gas.

5. La tariffa e' applicata dai soggetti gestori, nel rispetto della Convenzione e del relativo disciplinare.

6. Nella modulazione della tariffa sono assicurate, anche mediante compensazioni per altri tipi di consumi, agevolazioni per quelli domestici essenziali, nonche' per i consumi di determinate categorie, secondo prefissati scaglioni di reddito. Per conseguire obiettivi di equa redistribuzione dei costi sono ammesse maggiorazioni di tariffa per le residenze secondarie, per gli impianti ricettivi stagionali, nonche' per le aziende artigianali, commerciali e industriali.

7. L'eventuale modulazione della tariffa tra i comuni tiene conto degli investimenti pro capite per residente effettuati dai comuni medesimi che risultino utili ai fini dell'organizzazione del servizio idrico integrato.

ART. 155
(tariffa del servizio di fognatura e depurazione)

1. Le quote di tariffa riferite ai servizi di pubblica fognatura e di depurazione sono dovute dagli utenti anche nel caso in cui manchino impianti di depurazione o questi siano temporaneamente inattivi. Il gestore e' tenuto a versare i relativi proventi, risultanti dalla formulazione tariffaria definita ai sensi dell'articolo 154, a un fondo vincolato intestato ((all'ente di governo dell'ambito)), che lo mette a disposizione del gestore per l'attuazione degli interventi relativi alle reti di fognatura ed agli impianti di depurazione previsti dal piano d'ambito. La tariffa non e' dovuta se l'utente e' dotato di sistemi di collettamento e di depurazione propri, sempre che tali sistemi abbiano ricevuto specifica approvazione da parte ((dell'ente di governo dell'ambito)).

2. In pendenza dell'affidamento della gestione dei servizi idrici locali al gestore del servizio idrico integrato, i comuni gia' provvisti di impianti di depurazione funzionanti, che non si trovino

in condizione di dissesto, destinano i proventi derivanti dal canone di depurazione e fognatura prioritariamente alla manutenzione degli impianti medesimi.

3. Gli utenti tenuti al versamento della tariffa riferita al servizio di pubblica fognatura, di cui al comma 1, sono esentati dal pagamento di qualsivoglia altra tariffa eventualmente dovuta al medesimo titolo ad altri enti pubblici.

4. Al fine della determinazione della quota tariffaria di cui al presente articolo, il volume dell'acqua scaricata e' determinato in misura pari al cento per cento del volume di acqua fornita.

5. Per le utenze industriali la quota tariffaria di cui al presente articolo e' determinata sulla base della qualita' e della quantita' delle acque reflue scaricate e sulla base del principio "chi inquina paga". E' fatta salva la possibilita' di determinare una quota tariffaria ridotta per le utenze che provvedono direttamente alla depurazione e che utilizzano la pubblica fognatura, sempre che i relativi sistemi di depurazione abbiano ricevuto specifica approvazione da parte ((dell'ente di governo dell'ambito)).

6. Allo scopo di incentivare il riutilizzo di acqua reflua o gia' usata nel ciclo produttivo, la tariffa per le utenze industriali e' ridotta in funzione dell'utilizzo nel processo produttivo di acqua reflua o gia' usata. La riduzione si determina applicando alla tariffa un correttivo, che tiene conto della quantita' di acqua riutilizzata e della quantita' delle acque primarie impiegate.

ART. 156
(riscossione della tariffa)

1. La tariffa e' riscossa dal gestore del servizio idrico integrato. Qualora il servizio idrico sia gestito separatamente, per effetto di particolari convenzioni e concessioni, la relativa tariffa e' riscossa dal gestore del servizio di acquedotto, il quale provvede al successivo riparto tra i diversi gestori interessati entro trenta giorni dalla riscossione((, in base a quanto stabilito dall'Autorita' per l'energia elettrica, il gas e il sistema idrico.))

2. Con apposita convenzione, sottoposta al controllo ((dell'Autorita' per l'energia elettrica, il gas ed il sistema idrico)), sono definiti i rapporti tra i diversi gestori per il riparto delle spese di riscossione.

3. La riscossione volontaria della tariffa puo' essere effettuata con le modalita' di cui al capo III del decreto legislativo 9 luglio 1997, n. 241, previa convenzione con l'Agenzia delle entrate. La riscossione, sia volontaria sia coattiva, della tariffa puo' altresi' essere affidata ai soggetti iscritti all'albo previsto dall'articolo 53 del decreto legislativo 15 dicembre 1997, n. 446, a seguito di procedimento ad evidenza pubblica.

ART. 157
(opere di adeguamento del servizio idrico)

1. Gli enti locali hanno facolta' di realizzare le opere necessarie per provvedere all'adeguamento del servizio idrico in relazione ai piani urbanistici ed a concessioni per nuovi edifici in zone gia' urbanizzate, previo parere di compatibilita' con il piano d'ambito reso ((dall'ente di governo dell'ambito)) e a seguito di convenzione con il soggetto gestore del servizio medesimo, al quale le opere, una volta realizzate, sono affidate in concessione.

ART. 158
(opere e interventi per il trasferimento di acqua)

1. Ai fini di pianificare l'utilizzo delle risorse idriche,

laddove il fabbisogno comporti o possa comportare il trasferimento di acqua tra regioni diverse e cio' travalichi i comprensori di riferimento dei distretti idrografici, le Autorita' di bacino, sentite le regioni interessate, promuovono accordi di programma tra le regioni medesime, ai sensi dell'articolo 34 del decreto legislativo 18 agosto 2000, n. 267, salvaguardando in ogni caso le finalita' di cui all'articolo 144 del presente decreto. A tal fine il ((Ministro dell'ambiente e della tutela del territorio e del mare)) e il Ministro delle infrastrutture e dei trasporti, ciascuno per la parte di propria competenza, assumono di concerto le opportune iniziative anche su richiesta di una Autorita' di bacino o di una regione interessata od anche in presenza di istanza presentata da altri soggetti pubblici o da soggetti privati interessati, fissando un termine per definire gli accordi.

2. In caso di inerzia, di mancato accordo in ordine all'utilizzo delle risorse idriche, o di mancata attuazione dell'accordo stesso, provvede in via sostitutiva, previa diffida ad adempiere entro un congruo termine, il Presidente del Consiglio dei Ministri su proposta del ((Ministro dell'ambiente e della tutela del territorio e del mare)).

3. Le opere e gli impianti necessari per le finalita' di cui al presente articolo sono dichiarati di interesse nazionale. La loro realizzazione e gestione, se di iniziativa pubblica, possono essere poste anche a totale carico dello Stato mediante quantificazione dell'onere e relativa copertura finanziaria, previa deliberazione del Comitato interministeriale per la programmazione economica (CIPE), su proposta dei Ministri dell'ambiente e della tutela del territorio e delle infrastrutture e dei trasporti, ciascuno per la parte di rispettiva competenza. Il ((Ministro dell'ambiente e della tutela del territorio e del mare)) esperisce le procedure per la concessione d'uso delle acque ai soggetti utilizzatori e definisce la relativa convenzione tipo; al Ministro delle infrastrutture e dei trasporti compete la determinazione dei criteri e delle modalita' per l'esecuzione e la gestione degli interventi, nonche' l'affidamento per la realizzazione e la gestione degli impianti.

ART. 158-bis
(Approvazione dei progetti degli interventi e individuazione dell'autorita' espropriante)

1. I progetti definitivi delle opere, degli interventi previsti nei piani di investimenti compresi nei piani d'ambito di cui all'articolo 149 del presente decreto, sono approvati dagli enti di governo degli ambiti o bacini territoriali ottimali e omogenei istituiti o designati ai sensi dell'articolo 3 bis del decreto-legge del 13 agosto 2011, n. 138, convertito con modificazioni dalla legge 14 settembre 2011, n. 148, che provvedono alla convocazione di apposita conferenza di servizi ,ai sensi degli articoli 14 e seguenti della legge 7 agosto 1990, n. 241. La medesima procedura si applica per le modifiche sostanziali delle medesime opere, interventi ed impianti.

2. L'approvazione di cui al comma 1 comporta dichiarazione di pubblica utilita' e costituisce titolo abilitativo e, ove occorra, variante agli strumenti di pianificazione urbanistica e territoriale, esclusi i piani paesaggistici. Qualora l'approvazione costituisca variante agli strumenti di pianificazione urbanistica e territoriale, tale variante deve essere coordinata con il piano di protezione civile secondo quanto previsto dall'articolo 3, comma 6, della legge 24 febbraio 1992, n. 225.

3. L'ente di governo degli ambiti o bacini territoriali ottimali e omogenei di cui al comma 1 costituisce autorita' espropriante per la realizzazione degli interventi di cui al presente articolo. L'ente di governo puo' delegare, in tutto o in parte, i propri poteri espropriativi al gestore del servizio idrico integrato, nell'ambito della convenzione di affidamento del servizio i cui estremi sono specificati in ogni atto del procedimento espropriativo.

TITOLO III
VIGILANZA, CONTROLLI E PARTECIPAZIONE

ART. 159
((ARTICOLO ABROGATO DAL D.LGS. 8 NOVEMBRE 2006, N. 284))

ART. 160
((ARTICOLO ABROGATO DAL D.LGS. 8 NOVEMBRE 2006, N. 284))

ART. 161
Comitato per la vigilanza sull'uso delle risorse idriche

1. Il Comitato per la vigilanza sull'uso delle risorse idriche di cui al decreto legislativo 7 novembre 2006, n. 284, articolo 1, comma 5, e' istituito presso il Ministero dell'ambiente e della tutela del territorio e del mare, al fine di garantire l'osservanza dei principi di cui all'articolo 141, comma 2 del presente decreto legislativo, con particolare riferimento alla regolare determinazione ed al regolare adeguamento delle tariffe, nonche' alla tutela dell'interesse degli utenti.
2. La Commissione e' composta da cinque membri nominati con decreto del Ministro dell'ambiente e della tutela del territorio e del mare, che durano in carica tre anni, due dei quali designati dalla Conferenza dei presidenti delle regioni e delle province autonome e tre, di cui uno con funzioni di presidente individuato con il medesimo decreto, scelti tra persone di elevata qualificazione giuridico-amministrativa o tecnico-scientifica, nel settore pubblico e privato, nel rispetto del principio dell'equilibrio di genere. Il presidente e' scelto nell'ambito degli esperti con elevata qualificazione tecnico-scientifica. Entro trenta giorni dalla data di entrata in vigore della presente disposizione, il Ministro dell'ambiente e della tutela del territorio e del mare procede, con proprio decreto, alla nomina dei cinque componenti della Commissione, in modo da adeguare la composizione dell'organo alle prescrizioni di cui al presente comma. Fino alla data di entrata in vigore del decreto di nomina dei nuovi componenti, lo svolgimento delle attivita' e' garantito dai componenti in carica alla data di entrata in vigore della presente disposizione.
3. PERIODO SOPPRESSO DAL D.L. 28 APRILE 2009, N. 39, CONVERTITO CON MODIFICAZIONI CON L. 24 GIUGNO 2009, N. 77. I componenti non possono essere dipendenti di soggetti di diritto privato operanti nel settore, ne' possono avere interessi diretti e indiretti nei medesimi; qualora siano dipendenti pubblici, essi sono collocati fuori ruolo o, se professori universitari, sono collocati in aspettativa per l'intera durata del mandato. Con decreto del Presidente del Consiglio dei ministri, su proposta del Ministro dell'ambiente e della tutela del territorio e del mare, di concerto con il Ministro dell'economia e delle finanze, e' determinato il trattamento economico spettante ai membri del Comitato.
4. Il Comitato, nell'ambito delle attivita' previste all'articolo 6, comma 2, del decreto del Presidente della Repubblica 14 maggio 2007, n. 90, in particolare:
   a) predispone con delibera il metodo tariffario per la determinazione della tariffa di cui all'articolo 154 e le modalita' di revisione periodica, e lo trasmette al Ministro dell'ambiente e della tutela del territorio e del mare, che lo adotta con proprio decreto sentita la Conferenza permanente per i rapporti tra lo Stato, le regioni e le province autonome di Trento e di Bolzano;
   b) verifica la corretta redazione del piano d'ambito, esprimendo osservazioni, rilievi e prescrizioni sugli elementi tecnici ed economici e sulla necessita' di modificare le clausole contrattuali e gli atti che regolano il rapporto tra ((gli enti di governo dell'ambito)) e i gestori in particolare quando cio' sia richiesto dalle ragionevoli esigenze degli utenti;

c) predispone con delibera una o piu' convenzioni tipo di cui all'articolo 151, e la trasmette al Ministro per l'ambiente e per la tutela del territorio e del mare, che la adotta con proprio decreto sentita la Conferenza permanente per i rapporti tra lo Stato, le regioni e le province autonome di Trento e di Bolzano;

d) emana direttive per la trasparenza della contabilita' delle gestioni e valuta i costi delle singole prestazioni;

e) definisce i livelli minimi di qualita' dei servizi da prestare, sentite le regioni, i gestori e le associazioni dei consumatori;

f) controlla le modalita' di erogazione dei servizi richiedendo informazioni e documentazioni ai gestori operanti nel settore idrico, anche al fine di individuare situazioni di criticita' e di irregolarita' funzionali dei servizi idrici;

g) tutela e garantisce i diritti degli utenti emanando linee guida che indichino le misure idonee al fine di assicurare la parita' di trattamento degli utenti, garantire la continuita' della prestazione dei servizi e verificare periodicamente la qualita' e l'efficacia delle prestazioni;

h) predispone periodicamente rapporti relativi allo stato di organizzazione dei servizi al fine di consentire il confronto delle prestazioni dei gestori;

i) esprime pareri in ordine a problemi specifici attinenti la qualita' dei servizi e la tutela dei consumatori, su richiesta del Ministero dell'ambiente e della tutela del territorio e del mare, delle regioni, degli enti locali, ((degli enti di governo dell'ambito)), delle associazioni dei consumatori e di singoli utenti del servizio idrico integrato; per lo svolgimento delle funzioni di cui al presente comma il Comitato promuove studi e ricerche di settore;

l) predispone annualmente una relazione al parlamento sullo stato dei servizi idrici e sull'attivita' svolta.

5. Per l'espletamento dei propri compiti e per lo svolgimento di funzioni ispettive, il Comitato si avvale della segreteria tecnica di cui al decreto del Presidente della Repubblica 17 giugno 2003, n. 261, articolo 3, comma 1, lettera o). Esso puo' richiedere di avvalersi, altresi', dell'attivita' ispettiva e di verifica dell'Osservatorio di cui al comma 6 e di altre amministrazioni.

6. PERIODO SOPPRESSO DAL D.L. 28 APRILE 2009, N. 39, CONVERTITO CON MODIFICAZIONI CON L. 24 GIUGNO 2009, N. 77. La Commissione svolge funzioni di raccolta, elaborazione e restituzione di dati statistici e conoscitivi, in particolare, in materia di:

a) censimento dei soggetti gestori dei servizi idrici e relativi dati dimensionali, tecnici e finanziari di esercizio;

b) convenzioni e condizioni generali di contratto per l'esercizio dei servizi idrici;

c) modelli adottati di organizzazione, di gestione, di controllo e di programmazione dei servizi e degli impianti;

d) livelli di qualita' dei servizi erogati;

e) tariffe applicate;

f) piani di investimento per l'ammodernamento degli impianti e lo sviluppo dei servizi.

6-bis. Le attivita' della Segreteria tecnica sono svolte nell'ambito delle risorse umane, strumentali e finanziarie gia' operanti presso il Ministero dell'ambiente e della tutela del territorio e del mare.

7. I soggetti gestori dei servizi idrici trasmettono entro il 31 dicembre di ogni anno all'Osservatorio, alle regioni e alle province autonome di Trento e di Bolzano i dati e le informazioni di cui al comma 6. L'Osservatorio ha, altresi', facolta' di acquisire direttamente le notizie relative ai servizi idrici ai fini della proposizione innanzi agli organi giurisdizionali competenti, da parte del Comitato, dell'azione avverso gli atti posti in essere in violazione del presente decreto legislativo, nonche' dell'azione di responsabilita' nei confronti degli amministratori e di risarcimento

dei danni a tutela dei diritti dell'utente.

8. L'Osservatorio assicura l'accesso generalizzato, anche per via informatica, ai dati raccolti e alle elaborazioni effettuate per la tutela degli interessi degli utenti.

ART. 162
(partecipazione, garanzia e informazione degli utenti)

1. Il gestore del servizio idrico integrato assicura l'informazione agli utenti, promuove iniziative per la diffusione della cultura dell'acqua e garantisce l'accesso dei cittadini alle informazioni inerenti ai servizi gestiti nell'ambito territoriale ottimale di propria competenza, alle tecnologie impiegate, al funzionamento degli impianti, alla quantita' e qualita' delle acque fornite e trattate.

2. Il ((Ministro dell'ambiente e della tutela del territorio e del mare)), le regioni e le province autonome, nell'ambito delle rispettive competenze, assicurano la pubblicita' dei progetti concernenti opere idrauliche che comportano o presuppongono grandi e piccole derivazioni, opere di sbarramento o di canalizzazione, nonche' la perforazione di pozzi. A tal fine, le amministrazioni competenti curano la pubblicazione delle domande di concessione, contestualmente all'avvio del procedimento, oltre che nelle forme previste dall'articolo 7 del testo unico delle disposizioni di legge sulle acque e sugli impianti elettrici, approvato con regio decreto 11 dicembre 1933, n. 1775, su almeno un quotidiano a diffusione nazionale e su un quotidiano a diffusione locale per le grandi derivazioni di acqua da fiumi transnazionali e di confine.

3. Chiunque puo' prendere visione presso i competenti uffici del ((Ministero dell'ambiente e della tutela del territorio e del mare)), delle regioni e delle province autonome di tutti i documenti, atti, studi e progetti inerenti alle domande di concessione di cui al comma 2 del presente articolo, ai sensi delle vigenti disposizioni in materia di pubblicita' degli atti delle amministrazioni pubbliche.

ART. 163
(gestione delle aree di salvaguardia)

1. Per assicurare la tutela delle aree di salvaguardia delle risorse idriche destinate al consumo umano, il gestore del servizio idrico integrato puo' stipulare convenzioni con lo Stato, le regioni, gli enti locali, le associazioni e le universita' agrarie titolari di demani collettivi, per la gestione diretta dei demani pubblici o collettivi ricadenti nel perimetro delle predette aree, nel rispetto della protezione della natura e tenuto conto dei diritti di uso civico esercitati.

2. La quota di tariffa riferita ai costi per la gestione delle aree di salvaguardia, in caso di trasferimenti di acqua da un ambito territoriale ottimale all'altro, e' versata alla comunita' montana, ove costituita, o agli enti locali nel cui territorio ricadono le derivazioni; i relativi proventi sono utilizzati ai fini della tutela e del recupero delle risorse ambientali.

ART. 164
(disciplina delle acque nelle aree protette)

1. Nell'ambito delle aree naturali protette nazionali e regionali, l'ente gestore dell'area protetta, sentita l'Autorita' di bacino, definisce le acque sorgive, fluenti e sotterranee necessarie alla conservazione degli ecosistemi, che non possono essere captate.

2. Il riconoscimento e la concessione preferenziale delle acque superficiali o sorgentizie che hanno assunto natura pubblica per effetto dell'articolo 1 della legge 5 gennaio 1994, n. 36, nonche' le concessioni in sanatoria, sono rilasciati su parere dell'ente gestore dell'area naturale protetta. Gli enti gestori di aree protette

verificano le captazioni e le derivazioni gia' assentite all'interno delle aree medesime e richiedono all'autorita' competente la modifica delle quantita' di rilascio qualora riconoscano alterazioni degli equilibri biologici dei corsi d'acqua oggetto di captazione, senza che cio' possa dare luogo alla corresponsione di indennizzi da parte della pubblica amministrazione, fatta salva la relativa riduzione del canone demaniale di concessione.

ART. 165
(controlli)

1. Per assicurare la fornitura di acqua di buona qualita' e per il controllo degli scarichi nei corpi ricettori, ciascun gestore di servizio idrico si dota di un adeguato servizio di controllo territoriale e di un laboratorio di analisi per i controlli di qualita' delle acque alla presa, nelle reti di adduzione e di distribuzione, nei potabilizzatori e nei depuratori, ovvero stipula apposita convenzione con altri soggetti gestori di servizi idrici. Restano ferme le competenze amministrative e le funzioni di controllo sulla qualita' delle acque e sugli scarichi nei corpi idrici stabilite dalla normativa vigente e quelle degli organismi tecnici preposti a tali funzioni.
2. Coloro che si approvvigionano in tutto o in parte di acqua da fonti diverse dal pubblico acquedotto sono tenuti a denunciare annualmente al soggetto gestore del servizio idrico il quantitativo prelevato nei termini e secondo le modalita' previste dalla normativa per la tutela delle acque dall'inquinamento.
3. Le sanzioni previste dall'articolo 19 del decreto legislativo 2 febbraio 2001, n. 31, si applicano al responsabile della gestione dell'acquedotto soltanto nel caso in cui, dopo la comunicazione dell'esito delle analisi, egli non abbia tempestivamente adottato le misure idonee ad adeguare la qualita' dell'acqua o a prevenire il consumo o l'erogazione di acqua non idonea.

TITOLO IV
USI PRODUTTIVI DELLE RISORSE IDRICHE

ART. 166
(usi delle acque irrigue e di bonifica)

1. I consorzi di bonifica ed irrigazione, nell'ambito delle loro competenze, hanno facolta' di realizzare e gestire le reti a prevalente scopo irriguo, gli impianti per l'utilizzazione in agricoltura di acque reflue, gli acquedotti rurali e gli altri impianti funzionali ai sistemi irrigui e di bonifica e, previa domanda alle competenti autorita' corredata dal progetto delle opere da realizzare, hanno facolta' di utilizzare le acque fluenti nei canali e nei cavi consortili per usi che comportino la restituzione delle acque e siano compatibili con le successive utilizzazioni, ivi compresi la produzione di energia idroelettrica e l'approvvigionamento di imprese produttive. L'Autorita' di bacino esprime entro centoventi giorni la propria determinazione. Trascorso tale termine, la domanda si intende accettata. Per tali usi i consorzi sono obbligati al pagamento dei relativi canoni per le quantita' di acqua corrispondenti, applicandosi anche in tali ipotesi le disposizioni di cui al secondo comma dell'articolo 36 del te sto unico delle disposizioni di legge sulle acque e sugli impianti elettrici, approvato con regio decreto 11 dicembre 1933, n. 1775.
2. I rapporti tra i consorzi di bonifica ed irrigazione ed i soggetti che praticano gli usi di cui al comma 1 sono regolati dalle disposizioni di cui al capo I del titolo VI del regio decreto 8 maggio 1904, n. 368.
3. Fermo restando il rispetto della disciplina sulla qualita' delle acque e degli scarichi stabilita dalla parte terza del presente

decreto, chiunque, non associato ai consorzi di bonifica ed irrigazione, utilizza canali consortili o acque irrigue come recapito di scarichi, anche se depurati e compatibili con l'uso irriguo, provenienti da insediamenti di qualsiasi natura, deve contribuire alle spese sostenute dal consorzio tenendo conto della portata di acqua scaricata.

4. Il contributo di cui al comma 3 e' determinato dal consorzio interessato e comunicato al soggetto utilizzatore, unitamente alle modalita' di versamento.

4-bis. Con regolamento adottato ai sensi dell'articolo 17, comma 3, della legge 23 agosto 1988, n. 400, il Ministro dell'ambiente e della tutela del territorio e del mare, di concerto con il Ministro delle politiche agricole alimentari e forestali ((e con il Ministro della salute)), previa intesa in sede di Conferenza permanente per i rapporti tra lo Stato, le regioni e le province autonome di Trento e di Bolzano e sentiti i competenti istituti di ricerca, definisce, entro novanta giorni dalla data di entrata in vigore della presente disposizione, i parametri fondamentali di qualita' delle acque destinate ad uso irriguo su colture alimentari e le relative modalita' di verifica, fatto salvo quanto disposto dall'articolo 112 del presente decreto e dalla relativa disciplina di attuazione e anche considerati gli standard di qualita', di cui al decreto legislativo 16 marzo 2009, n. 30, nonche' gli esiti delle indagini e delle attivita' effettuati ai sensi del medesimo decreto legislativo. Con il regolamento di cui al presente comma si provvede, altresi', alla verifica ed eventualmente alla modifica delle norme tecniche per il riutilizzo delle acque reflue previste dal regolamento di cui al decreto del Ministro dell'ambiente e della tutela del territorio 12 giugno 2003, n. 185.

ART. 166-bis
(((Usi delle acque per approvvigionamento potabile)))

((1. I soggetti gestori del servizio idrico integrato, titolari delle concessioni per l'uso potabile delle acque, in riferimento alla risorsa idrica concessa per uso potabile e gia' sfruttata in canali o condotte esistenti, possono avanzare richiesta all'autorita' competente per la produzione di energia idroelettrica all'interno dei medesimi sistemi idrici. L'autorita' competente esprime la propria determinazione entro centoventi giorni, trascorsi i quali la domanda si intende accettata. Per tali usi i gestori sono obbligati al pagamento dei relativi canoni per le quantita' di acqua corrispondenti, applicandosi anche in tali ipotesi le disposizioni di cui al secondo comma dell'articolo 35 del testo unico delle disposizioni di legge sulle acque e impianti elettrici, di cui al regio decreto 11 dicembre 1933, n. 1775.

2. Le caratteristiche costruttive degli impianti per le finalita' di cui al comma 1 del presente articolo devono consentire lo sfruttamento delle infrastrutture idriche esistenti quali canali artificiali o condotte, senza incremento di portata derivata dal corpo idrico naturale e senza incremento del periodo in cui ha luogo il prelievo)).

ART. 167
(usi agricoli delle acque)

1. Nei periodi di siccita' e comunque nei casi di scarsita' di risorse idriche, durante i quali si procede alla regolazione delle derivazioni in atto, deve essere assicurata, dopo il consumo umano, la priorita' dell'uso agricolo ivi compresa l'attivita' di acquacoltura di cui alla legge 5 febbraio 1992, n. 102.

2. Nell'ipotesi in cui, ai sensi dell'articolo 145, comma 3, si proceda alla regolazione delle derivazioni, l'amministrazione competente, sentiti i soggetti titolari delle concessioni di derivazione, assume i relativi provvedimenti.

3. La raccolta di acque piovane in invasi e cisterne al servizio di fondi agricoli o di singoli edifici e' libera.

4. La raccolta di cui al comma 3 non richiede licenza o concessione di derivazione di acque; la realizzazione dei relativi manufatti e' regolata dalle leggi in materia di edilizia, di costruzioni nelle zone sismiche, di dighe e sbarramenti e dalle altre leggi speciali.

5. L'utilizzazione delle acque sotterranee per gli usi domestici, come definiti dall'articolo 93, secondo comma, del testo unico delle disposizioni di legge sulle acque e sugli impianti elettrici, approvato con regio decreto 11 dicembre 1933, n. 1775, resta disciplinata dalla medesima disposizione, purche' non comprometta l'equilibrio del bilancio idrico di cui all'articolo 145 del presente decreto.

ART. 168
(utilizzazione delle acque destinate ad uso idroelettrico)

1. Tenuto conto dei principi di cui alla parte terza del presente decreto e del piano energetico nazionale, nonche' degli indirizzi per gli usi plurimi delle risorse idriche, il ((Ministro dell'ambiente e della tutela del territorio e del mare)), di concerto con il Ministro delle attivita' produttive, sentite le Autorita' di bacino, nonche' le regioni e le province autonome, disciplina, senza che cio' possa dare luogo alla corresponsione di indennizzi da parte della pubblica amministrazione, fatta salva la corrispondente riduzione del canone di concessione:
   a) la produzione al fine della cessione di acqua dissalata conseguita nei cicli di produzione delle centrali elettriche costiere;
   b) l'utilizzazione dell'acqua invasata a scopi idroelettrici per fronteggiare situazioni di emergenza idrica;
   c) la difesa e la bonifica per la salvaguardia della quantita' e della qualita' delle acque dei serbatoi ad uso idroelettrico.

ART. 169
(piani, studi e ricerche)

1. I piani, gli studi e le ricerche realizzati dalle Amministrazioni dello Stato e da enti pubblici aventi competenza nelle materie disciplinate dalla parte terza del presente decreto sono comunicati alle Autorita' di bacino competenti per territorio ai fini della predisposizione dei piani ad esse affidati.

SEZIONE IV
DISPOSIZIONI TRANSITORIE E FINALI

ART. 170
Norme transitorie

1. Ai fini dell'applicazione dell'articolo 65, limitatamente alle procedure di adozione ed approvazione dei piani di bacino, fino alla data di entrata in vigore della parte seconda del presente decreto, continuano ad applicarsi le procedure di adozione ed approvazione dei piani di bacino previste dalla legge 18 maggio 1989, n. 183.

2. Ai fini dell'applicazione dell'articolo 1 del decreto-legge 12 ottobre 2000, n. 279, convertito, con modificazioni, dalla legge 11 dicembre 2000, n. 365, i riferimenti in esso contenuti all'articolo 1 del decreto-legge 11 giugno 1998, n. 180, convertito, con modificazioni, dalla legge 3 agosto 1998, n. 267, devono intendersi riferiti all'articolo 66 del presente decreto; i riferimenti alla legge 18 maggio 1989, n. 183, devono intendersi riferiti alla sezione prima della parte terza del presente decreto, ove compatibili.

2-bis. Nelle more della costituzione dei distretti idrografici di cui al Titolo II della Parte terza del presente decreto e della eventuale revisione della relativa disciplina legislativa, le Autorita' di bacino di cui alla legge 18 maggio 1989, n. 183, sono prorogate, senza nuovi o maggiori oneri a carico della finanza pubblica, fino alla data di entrata in vigore del ((decreto del Ministro dell'ambiente e della tutela del territorio e del mare di cui al comma 3)) dell'articolo 63 del presente decreto.

3. Ai fini dell'applicazione della parte terza del presente decreto:

a) fino all'emanazione dei decreti di cui all'articolo 95, commi 4 e 5, continua ad applicarsi il decreto ministeriale 28 luglio 2004;

b) fino all'emanazione del decreto di cui all'articolo 99, comma 1, continua ad applicarsi il decreto ministeriale 12 giugno 2003, n. 185;

c) fino all'emanazione del decreto di cui all'articolo 104, comma 4, si applica il decreto ministeriale 28 luglio 1994;

d) fino all'emanazione del decreto di cui all'articolo 112, comma 2, si applica il decreto ministeriale 6 luglio 2005;

e) fino all'emanazione del decreto di cui all'articolo 114, comma 4, continua ad applicarsi il decreto ministeriale 30 giugno 2004;

f) fino all'emanazione del decreto di cui all'articolo 118, comma 2, continuano ad applicarsi il decreto ministeriale 18 settembre 2002 e il decreto ministeriale 19 agosto 2003;

g) fino all'emanazione del decreto di cui all'articolo 123, comma 2, continua ad applicarsi il decreto ministeriale 19 agosto 2003;

h) fino all'emanazione del decreto di cui all'articolo 146, comma 3, continua ad applicarsi il decreto ministeriale 8 gennaio 1997, n. 99;

i) fino all'emanazione del decreto di cui all'articolo 150, comma 2, all'affidamento della concessione di gestione del servizio idrico integrato nonche' all'affidamento a societa' miste continuano ad applicarsi il decreto ministeriale 22 novembre 2001, nonche' le circolari del Ministro dell'ambiente e della tutela del territorio e del mare del 6 dicembre 2004;

l) fino all'emanazione del decreto di cui all'articolo 154, comma 2, continua ad applicarsi il decreto ministeriale 1° agosto 1996.

4. La parte terza del presente decreto contiene le norme di recepimento delle seguenti direttive comunitarie:

a) direttiva 75/440/CEE relativa alla qualita' delle acque superficiali destinate alla produzione di acqua potabile;

b) direttiva 76/464/CEE concernente l'inquinamento provocato da certe sostanze pericolose scaricate nell'ambiente idrico;

c) direttiva 78/659/CEE relativa alla qualita' delle acque dolci che richiedono protezione o miglioramento per essere idonee alla vita dei pesci;

d) direttiva 79/869/CEE relativa ai metodi di misura, alla frequenza dei campionamenti e delle analisi delle acque superficiali destinate alla produzione di acqua potabile;

e) direttiva 79/923/CEE relativa ai requisiti di qualita' delle acque destinate alla molluschicoltura;

f) direttiva 80/68/CEE relativa alla protezione delle acque sotterranee dall'inquinamento provocato da certe sostanze pericolose;

g) direttiva 82/176/CEE relativa ai valori limite ed obiettivi di qualita' per gli scarichi di mercurio del settore dell'elettrolisi dei cloruri alcalini;

h) direttiva 83/513/CEE relativa ai valori limite ed obiettivi di qualita' per gli scarichi di cadmio;

i) direttiva 84/156/CEE relativa ai valori limite ed obiettivi di qualita' per gli scarichi di mercurio provenienti da settori diversi da quello dell'elettrolisi dei cloruri alcalini;

l) direttiva 84/491/CEE relativa ai valori limite e obiettivi di qualita' per gli scarichi di esaclorocicloesano;

m) direttiva 88/347/CEE relativa alla modifica dell'Allegato 11 della direttiva 86/280/CEE concernente i valori limite e gli obiettivi di qualita' per gli scarichi di talune sostanze pericolose che figurano nell'elenco 1 dell'Allegato della direttiva 76/464/CEE;

n) direttiva 90/415/CEE relativa alla modifica della direttiva 86/280/CEE concernente i valori limite e gli obiettivi di qualita' per gli scarichi di talune sostanze pericolose che figurano nell'elenco 1 della direttiva 76/464/CEE;

o) direttiva 91/271/CEE concernente il trattamento delle acque reflue urbane;

p) direttiva 91/676/CEE relativa alla protezione delle acque da inquinamento provocato dai nitrati provenienti da fonti agricole;

q) direttiva 98/15/CE recante modifica della direttiva 91/271/CEE per quanto riguarda alcuni requisiti dell'Allegato 1;

r) direttiva 2000/60/CE, che istituisce un quadro per l'azione comunitaria in materia di acque.

5. Le regioni definiscono, in termini non inferiori a due anni, i tempi di adeguamento alle prescrizioni, ivi comprese quelle adottate ai sensi dell'articolo 101, comma 2, contenute nella legislazione regionale attuativa della parte terza del presente decreto e nei piani di tutela di cui all'articolo 121.

6. Resta fermo quanto disposto dall'articolo 36 della legge 24 aprile 1998, n. 128, e dai decreti legislativi di attuazione della direttiva 96/92/CE.

7. Fino all'emanazione della disciplina regionale di cui all'articolo 112, le attivita' di utilizzazione agronomica sono effettuate secondo le disposizioni regionali vigenti alla data di entrata in vigore della parte terza del presente decreto.

8. Dall'attuazione della parte terza del presente decreto non devono derivare nuovi o maggiori oneri o minori entrate a carico della finanza pubblica.

9. Una quota non inferiore al dieci per cento e non superiore al quindici per cento degli stanziamenti previsti da disposizioni statali di finanziamento e' riservata alle attivita' di monitoraggio e studio destinati all'attuazione della parte terza del presente decreto.

10. Restano ferme le disposizioni in materia di difesa del mare.

11. Fino all'emanazione di corrispondenti atti adottati in attuazione della parte terza del presente decreto, restano validi ed efficaci i provvedimenti e gli atti emanati in attuazione delle disposizioni di legge abrogate dall'articolo 175.

12. All'onere derivante dalla costituzione e dal funzionamento della Commissione nazionale per la vigilanza sulle risorse idriche si provvede mediante utilizzo delle risorse di cui all'articolo 22, comma 6, della legge 5 gennaio 1994, n. 36.

13. COMMA SOPPRESSO DAL D.LGS. 16 GENNAIO 2008, N. 4

14. In sede di prima applicazione, il termine di centottanta giorni di cui all'articolo 112, comma 2, decorre dalla data di entrata in vigore della parte terza del presente decreto.

ART. 171
(canoni per le utenze di acqua pubblica)

1. Nelle more del trasferimento alla regione Sicilia del demanio idrico, per le grandi derivazioni in corso di sanatoria di cui all'articolo 96, comma 6, ricadenti nel territorio di tale regione, si applicano retroattivamente, a decorrere dal 1 gennaio 2002, i seguenti canoni annui:

a) per ogni modulo di acqua assentito ad uso irrigazione, 40,00 euro, ridotte alla meta' se le colature ed i residui di acqua sono restituiti anche in falda;

b) per ogni ettaro del comprensorio irriguo assentito, con derivazione non suscettibile di essere fatta a bocca tassata, 0,40 euro;

c) per ogni modulo di acqua assentito per il consumo umano, 1.750,00 euro, minimo 300,00 euro;

d) per ogni modulo di acqua assentito ad uso industriale,

12.600,00 euro, minimo 1.750,00 euro. Il canone e' ridotto del cinquanta per cento se il concessionario attua un riuso delle acque reimpiegando le acque risultanti a valle del processo produttivo o di una parte dello stesso o, ancora, se restituisce le acque di scarico con le medesime caratteristiche qualitative di quelle prelevate. Le disposizioni di cui al comma 5 dell'articolo 12 del decreto-legge 27 aprile 1990, n. 90, convertito, con modificazioni, dalla legge 26 giugno 1990, n. 1651, non si applicano per l'uso industriale;
  e) per ogni modulo di acqua assentito per la piscicoltura, l'irrigazione di attrezzature sportive e di aree destinate a verde pubblico, 300,00 euro, minimo 100,00 euro;
  f) per ogni kilowatt di potenza nominale assentita, per le concessioni di derivazione ad uso idroelettrico 12,00 euro, minimo 100,00 euro;
  g) per ogni modulo di acqua assentita ad uso igienico ed assimilati, concernente l'utilizzo dell'acqua per servizi igienici e servizi antincendio, ivi compreso quello relativo ad impianti sportivi, industrie e strutture varie qualora la concessione riguardi solo tale utilizzo, per impianti di autolavaggio e lavaggio strade e comunque per tutti gli usi non previsti dalle lettere da a) ad f), 900,00 euro.
  2. Gli importi dei canoni di cui al comma 1 non possono essere inferiori a 250,00 euro per derivazioni per il consumo umano e a 1.500,00 euro per derivazioni per uso industriale.

ART. 172
(gestioni esistenti)

((1. Gli enti di governo degli ambiti che non abbiano gia' provveduto alla redazione del Piano d'Ambito di cui all'articolo 149, ovvero non abbiano scelto la forma di gestione ed avviato la procedura di affidamento, sono tenuti, entro il termine perentorio del 30 settembre 2015, ad adottare i predetti provvedimenti disponendo l'affidamento del servizio al gestore unico con la conseguente decadenza degli affidamenti non conformi alla disciplina pro tempore vigente.
  2. Al fine di garantire il rispetto del principio di unicita' della gestione all'interno dell'ambito territoriale ottimale, il gestore del servizio idrico integrato subentra, alla data di entrata in vigore della presente disposizione, agli ulteriori soggetti operanti all'interno del medesimo ambito territoriale. Qualora detti soggetti gestiscano il servizio in base ad un affidamento assentito in conformita' alla normativa pro tempore vigente e non dichiarato cessato ex lege, il gestore del servizio idrico integrato subentra alla data di scadenza prevista nel contratto di servizio o negli altri atti che regolano il rapporto.
  3. In sede di prima applicazione, al fine di garantire il conseguimento del principio di unicita' della gestione all'interno dell'ambito territoriale ottimale, l'ente di governo dell'ambito , nel rispetto della normativa vigente e fuori dai casi di cui al comma 1, dispone l'affidamento al gestore unico di ambito ai sensi dell'articolo 149-bis alla scadenza di una o piu' gestioni esistenti nell'ambito territoriale tra quelle di cui al comma 2, ultimo periodo, il cui bacino complessivo affidato sia almeno pari al 25 per cento della popolazione ricadente nell'ambito territoriale ottimale di riferimento. Il gestore unico cosi' individuato subentra agli ulteriori soggetti che gestiscano il servizio in base ad un affidamento assentito in conformita' alla normativa pro tempore vigente e non dichiarato cessato ex lege alla data di scadenza prevista nel contratto di servizio o negli altri atti che regolano il rapporto. Al fine di addivenire, nel piu' breve tempo possibile, all'affidamento del servizio al gestore unico di ambito, nelle more del raggiungimento della percentuale di cui al primo periodo, l'ente competente, nel rispetto della normativa vigente, alla scadenza delle gestioni esistenti nell'ambito territoriale tra quelle di cui al

comma 2, ultimo periodo, i cui bacini affidati siano complessivamente inferiori al 25 per cento della popolazione ricadente nell'ambito territoriale ottimale di riferimento, dispone l'affidamento del relativo servizio per una durata in ogni caso non superiore a quella necessaria al raggiungimento di detta soglia, ovvero per una durata non superiore alla durata residua delle menzionate gestioni esistenti, la cui scadenza sia cronologicamente antecedente alle altre, ed il cui bacino affidato, sommato a quello delle gestioni oggetto di affidamento, sia almeno pari al 25 per cento della popolazione ricadente nell'ambito territoriale ottimale di riferimento.

3-bis. Entro il 31 dicembre 2014 e, negli anni successivi, entro il 30 giugno e il 31 dicembre di ogni anno, l'Autorita' per l'energia elettrica, il gas e il sistema idrico presenta alle Camere una relazione sul rispetto delle prescrizioni stabilite dal decreto legislativo 3 aprile 2006, n. 152, in particolare:
  a) a carico delle regioni, per la costituzione degli enti di governo dell'ambito;
  b) a carico degli enti di governo dell'ambito, per l'affidamento del servizio idrico integrato;
  c) a carico degli enti locali, in relazione alla partecipazione agli enti di governo dell'ambito e in merito all'affidamento in concessione d'uso gratuito delle infrastrutture del servizio idrico integrato ai gestori affidatari del servizio.

4. Qualora l'ente di governo dell'ambito non provveda nei termini stabiliti agli adempimenti di cui ai commi 1,2 e 3 o, comunque, agli ulteriori adempimenti previsti dalla legge, il Presidente della regione esercita, dandone comunicazione al Ministro dell'ambiente e della tutela del territorio e del mare e all'Autorita' per l'energia elettrica, il gas e il sistema idrico, i poteri sostitutivi, ponendo le relative spese a carico dell'ente inadempiente, determinando le scadenze dei singoli adempimenti procedimentali e avviando entro trenta giorni le procedure di affidamento. In tali ipotesi, i costi di funzionamento dell'ente di governo riconosciuti in tariffa sono posti pari a zero per tutta la durata temporale dell'esercizio dei poteri sostitutivi. Qualora il Presidente della regione non provveda nei termini cosi' stabiliti, l'Autorita' per l'energia elettrica, il gas ed il sistema idrico, entro i successivi trenta giorni, segnala l'inadempienza al Presidente del Consiglio dei Ministri che nomina un commissario ad acta, le cui spese sono a carico dell'ente inadempiente. La violazione della presente disposizione comporta responsabilita' erariale.

5. Alla scadenza del periodo di affidamento, o alla anticipata risoluzione delle concessioni in essere, i beni e gli impianti del gestore uscente relativi al servizio idrico integrato sono trasferiti direttamente all'ente locale concedente nei limiti e secondo le modalita' previsti dalla convenzione.))

6. Gli impianti di acquedotto, fognatura e depurazione gestiti dai consorzi per le aree ed i nuclei di sviluppo industriale di cui all'articolo 50 del testo unico delle leggi sugli interventi nel Mezzogiorno, approvato con decreto del Presidente della Repubblica 6 marzo 1978, n. 218, da altri consorzi o enti pubblici, nel rispetto dell'unita' di gestione, entro il 31 dicembre 2006 sono trasferiti in concessione d'uso al gestore del servizio idrico integrato dell'Ambito territoriale ottimale nel quale ricadono in tutto o per la maggior parte i territori serviti, secondo un piano adottato con decreto del Presidente del Consiglio dei Ministri, su proposta del Ministro dell'ambiente e della tutela del territorio e del mare, sentite le regioni, le province e gli enti interessati.

ART. 173
(personale)

1. Fatta salva la legislazione regionale adottata ai sensi dell'articolo 12, comma 3, della legge 5 gennaio 1994, n. 36, il

personale che, alla data del 31 dicembre 2005 o comunque otto mesi prima dell'affidamento del servizio, appartenga alle amministrazioni comunali, alle aziende ex municipalizzate o consortili e alle imprese private, anche cooperative, che operano nel settore dei servizi idrici sara' soggetto, ferma restando la risoluzione del rapporto di lavoro, al passaggio diretto ed immediato al nuovo gestore del servizio idrico integrato, con la salvaguardia delle condizioni contrattuali, collettive e individuali, in atto. Nel caso di passaggio di dipendenti di enti pubblici e di ex aziende municipalizzate o consortili e di imprese private, anche cooperative, al gestore del servizio idrico integrato, si applica, ai sensi dell'articolo 31 del decreto legislativo 30 marzo 2001, n. 165, la disciplina del trasferimento del ramo di azienda di cui all'articolo 2112 del codice civile.

ART. 174
(disposizioni di attuazione e di esecuzione)

1. Sino all'adozione da parte del ((Ministro dell'ambiente e della tutela del territorio e del mare))di nuove disposizioni attuative della sezione terza della parte terza del presente decreto, si applica il decreto del Presidente del Consiglio dei Ministri 4 marzo 1996, pubblicato nella Gazzetta Ufficiale n. 62 del 14 marzo 1994.
2. Il ((Ministro dell'ambiente e della tutela del territorio e del mare)), sentita l'Autorita' di vigilanza sulle risorse idriche e sui rifiuti e la Conferenza permanente per i rapporti tra lo Stato, le regioni e le province autonome di Trento e di Bolzano, entro un anno dalla data di entrata in vigore della parte terza del presente decreto, nell'ambito di apposite intese istituzionali, predispone uno specifico programma per il raggiungimento, senza ulteriori oneri a carico del Ministero, dei livelli di depurazione, cosi' come definiti dalla direttiva 91/271/CEE, attivando i poteri sostitutivi di cui all'articolo 152 negli ambiti territoriali ottimali in cui vi siano agglomerati a carico dei quali pendono procedure di infrazione per violazione della citata direttiva.

ART. 175
(abrogazione di norme)

1. A decorrere dalla data di entrata in vigore della parte terza del presente decreto sono o restano abrogate le norme contrarie o incompatibili con il medesimo, ed in particolare:
    a) l'articolo 42, comma terzo, del regio decreto 11 dicembre 1933, n. 1775, come modificato dall'articolo 8 del decreto legislativo 12 luglio 1993, n. 275;
    b) la legge 10 maggio 1976, n. 319;
    c) la legge 8 ottobre 1976, n. 690, di conversione, con modificazioni, del decreto-legge 10 agosto 1976, n. 544;
    d) la legge 24 dicembre 1979, n. 650;
    e) la legge 5 marzo 1982, n. 62, di conversione, con modificazioni, del decreto-legge 30 dicembre 1981, n. 801;
    f) il decreto del Presidente della Repubblica 3 luglio 1982, n. 515;
    g) la legge 25 luglio 1984, n. 381, di conversione, con modificazioni, del decreto-legge 29 maggio 1984, n. 176;
    h) gli articoli 5, 6 e 7 della legge 24 gennaio 1986, n. 7, di conversione, con modificazioni, del decreto-legge 25 novembre 1985, n. 667;
    i) gli articoli 4, 5, 6 e 7 del decreto del Presidente della Repubblica 24 maggio 1988, n. 236;
    l) la legge 18 maggio 1989, n. 183;
    m) gli articoli 4 e 5 della legge 5 aprile 1990, n. 71, di conversione, con modificazioni, del decreto-legge 5 febbraio 1990, n. 16;
    n) l'articolo 32 della legge 9 gennaio 1991, n. 9;

o) il decreto legislativo 25 gennaio 1992, n. 130;
p) il decreto legislativo 27 gennaio 1992, n. 131;
q) il decreto legislativo 27 gennaio 1992, n. 132;
r) il decreto legislativo 27 gennaio 1992, n. 133;
s) l'articolo 12 del decreto legislativo 12 luglio 1993, n. 275;
t) l'articolo 2, comma 1, della legge 6 dicembre 1993, n. 502, di conversione, con modificazioni, del decreto-legge 9 ottobre 1993, n. 408;
u) la legge 5 gennaio 1994, n. 36, ad esclusione dell'articolo 22, comma 6;
v) l'articolo 9-bis della legge 20 dicembre 1996, n. 642, di conversione, con modificazioni, del decreto-legge 23 ottobre 1996, n. 552;
z) la legge 17 maggio 1995, n. 172, di conversione, con modificazioni, del decreto-legge 17 marzo 1995, n. 79;
aa) l'articolo 1 del decreto-legge 11 giugno 1998, n. 180, convertito, con modificazioni, dalla legge 3 agosto 1998, n. 267;
bb) il decreto legislativo 11 maggio 1999, n. 152, cosi' come modificato dal decreto legislativo 18 agosto 2000, n. 258;
cc) l'articolo 1-bis del decreto-legge 12 ottobre 2000, n. 279, convertito, con modificazioni, dalla legge 11 ottobre 2000, n. 365.

ART. 176
(norma finale)

1. Le disposizioni di cui alla parte terza del presente decreto che concernono materie di legislazione concorrente costituiscono principi fondamentali ai sensi dell'articolo 117, comma 3, della Costituzione.
2. Le disposizioni di cui alla parte terza del presente decreto sono applicabili nelle regioni a statuto speciale e nelle province autonome di Trento e di Bolzano compatibilmente con le norme dei rispettivi statuti.
3. Per le acque appartenenti al demanio idrico delle province autonome di Trento e di Bolzano restano ferme le competenze in materia di utilizzazione delle acque pubbliche ed in materia di opere idrauliche previste dallo statuto speciale della regione Trentino-Alto Adige e dalle relative norme di attuazione.

PARTE QUARTA
NORME IN MATERIA DI GESTIONE DEI RIFIUTI E DI BONIFICA DEI SITI INQUINATI

TITOLO I
GESTIONE DEI RIFIUTI

CAPO I
DISPOSIZIONI GENERALI

ART. 177
(Campo di applicazione e finalita')

1. La parte quarta del presente decreto disciplina la gestione dei rifiuti e la bonifica dei siti inquinati, anche in attuazione delle direttive comunitarie, in particolare della direttiva 2008/98/CE, ((cosi' come modificata dalla direttiva (UE) 2018/851)) prevedendo misure volte a proteggere l'ambiente e la salute umana, ((evitando o riducendo la produzione di rifiuti, gli impatti negativi)) della produzione e della gestione dei rifiuti, riducendo gli impatti complessivi dell'uso delle risorse e migliorandone l'efficacia ((e l'efficienza che costituiscono elementi fondamentali per il passaggio a un'economia circolare e per assicurare la competitivita' a lungo termine dell'Unione)).

2. La gestione dei rifiuti costituisce attivita' di pubblico interesse.
  3. Sono fatte salve disposizioni specifiche, particolari o complementari, conformi ai principi di cui alla parte quarta del presente decreto adottate in attuazione di direttive comunitarie che disciplinano la gestione di determinate categorie di rifiuti.
  4. I rifiuti sono gestiti senza pericolo per la salute dell'uomo e senza usare procedimenti o metodi che potrebbero recare pregiudizio all'ambiente e, in particolare:
    a) senza determinare rischi per l'acqua, l'aria, il suolo, nonche' per la fauna e la flora;
    b) senza causare inconvenienti da rumori o odori;
    c) senza danneggiare il paesaggio e i siti di particolare interesse, tutelati in base alla normativa vigente.
  5. Per conseguire le finalita' e gli obiettivi di cui ai commi da 1 a 4, lo Stato, le regioni, le province autonome e gli enti locali esercitano i poteri e le funzioni di rispettiva competenza in materia di gestione dei rifiuti in conformita' alle disposizioni di cui alla parte quarta del presente decreto, adottando ogni opportuna azione ed avvalendosi, ove opportuno, mediante accordi, contratti di programma o protocolli d'intesa anche sperimentali, di soggetti pubblici o privati.
  6. I soggetti di cui al comma 5 costituiscono, altresi', un sistema compiuto e sinergico che armonizza, in un contesto unitario, relativamente agli obiettivi da perseguire, la redazione delle norme tecniche, i sistemi di accreditamento e i sistemi di certificazione attinenti direttamente o indirettamente le materie ambientali, con particolare riferimento alla gestione dei rifiuti, secondo i criteri e con le modalita' di cui all'articolo 195, comma 2, lettera a), e nel rispetto delle procedure di informazione nel settore delle norme e delle regolazioni tecniche e delle regole relative ai servizi della societa' dell'informazione, previste dalle direttive comunitarie e relative norme di attuazione, con particolare riferimento alla legge 21 giugno 1986, n. 317.
  7. Le regioni e le province autonome adeguano i rispettivi ordinamenti alle disposizioni di tutela dell'ambiente e dell'ecosistema contenute nella parte quarta del presente decreto entro un anno dalla data di entrata in vigore della presente disposizione.
  8. Ai fini dell'attuazione dei principi e degli obiettivi stabiliti dalle disposizioni di cui alla parte quarta del presente decreto, il Ministro dell'ambiente e della tutela del territorio e del mare puo' avvalersi del supporto tecnico dell'Istituto superiore per la protezione e la ricerca ambientale (ISPRA), senza nuovi o maggiori oneri per la finanza pubblica.

ART. 178
(Principi)

  1. La gestione dei rifiuti e' effettuata conformemente ai principi di precauzione, di prevenzione, di sostenibilita', di proporzionalita', di responsabilizzazione e di cooperazione di tutti i soggetti coinvolti nella produzione, nella distribuzione, nell'utilizzo e nel consumo di beni da cui originano i rifiuti, ((nel rispetto del principio di concorrenza)) nonche' del principio chi inquina paga. A tale fine la gestione dei rifiuti e' effettuata secondo criteri di efficacia, efficienza, economicita', trasparenza, fattibilita' tecnica ed economica, nonche' nel rispetto delle norme vigenti in materia di partecipazione e di accesso alle informazioni ambientali.

ART. 178-bis
(((Responsabilita' estesa del produttore).))

  ((1. Al fine di rafforzare il riutilizzo, la prevenzione, il riciclaggio e il recupero dei rifiuti, con uno o piu' decreti adottati ai sensi dell'articolo 17, comma 3, della legge 23 agosto 1988, n. 400 del Ministro dell'ambiente e della tutela del territorio e del mare, di concerto con il Ministero dello sviluppo economico, sentita la Conferenza unificata, sono istituiti, anche su istanza di parte, regimi di responsabilita' estesa del produttore. Con il medesimo decreto sono definiti, per singolo regime di responsabilita' estesa del produttore, i requisiti, nel rispetto dell'articolo 178-ter, e sono altresi' determinate le misure che includono l'accettazione dei prodotti restituiti e dei rifiuti che restano dopo l'utilizzo di tali prodotti e la successiva gestione dei rifiuti, la responsabilita' finanziaria per tali attivita' nonche' misure volte ad assicurare che qualsiasi persona fisica o giuridica che professionalmente sviluppi, fabbrichi, trasformi, tratti, venda o importi prodotti (produttore del prodotto) sia soggetto ad una responsabilita' estesa del produttore. Sono fatte salve le discipline di responsabilita' estesa del produttore di cui agli articoli 217 e seguenti del presente decreto.

2. La responsabilita' estesa del produttore del prodotto e' applicabile fatta salva la responsabilita' della gestione dei rifiuti di cui all'articolo 188, comma 1, e fatta salva la legislazione esistente concernente flussi di rifiuti e prodotti specifici.

3. I regimi di responsabilita' estesa del produttore istituiti con i decreti di cui al comma 1 prevedono misure appropriate per incoraggiare una progettazione dei prodotti e dei loro componenti volta a ridurne gli impatti ambientali e la produzione di rifiuti durante la produzione e il successivo utilizzo dei prodotti e tesa ad assicurare che il recupero e lo smaltimento dei prodotti che sono diventati rifiuti avvengano secondo i criteri di priorita' di cui all'articolo 179 e nel rispetto del comma 4 dell'articolo 177. Tali misure incoraggiano, tra l'altro, lo sviluppo, la produzione e la commercializzazione di prodotti e componenti dei prodotti adatti all'uso multiplo, contenenti materiali riciclati, tecnicamente durevoli e facilmente riparabili e che, dopo essere diventati rifiuti, sono adatti a essere preparati per il riutilizzo e riciclati per favorire la corretta attuazione della gerarchia dei rifiuti. Le misure tengono conto dell'impatto dell'intero ciclo di vita dei prodotti, della gerarchia dei rifiuti e, se del caso, della potenzialita' di riciclaggio multiplo.

4. I decreti di cui al comma 1:
    a) tengono conto della fattibilita' tecnica e della praticabilita' economica nonche' degli impatti complessivi sanitari, ambientali e sociali, rispettando l'esigenza di assicurare il corretto funzionamento del mercato interno;
    b) disciplinano le eventuali modalita' di riutilizzo dei prodotti nonche' di gestione dei rifiuti che ne derivano ed includono l'obbligo di mettere a disposizione del pubblico le informazioni relative alla modalita' di riutilizzo e riciclo;
    c) prevedono specifici obblighi per gli aderenti al sistema.

5. Nelle materie di competenza del Ministero delle politiche agricole alimentari e forestali, i regimi di responsabilita' estesa del produttore sono istituiti e disciplinati, ai sensi del comma 1, con decreto del Ministro dell'ambiente e della tutela del territorio e del mare e del Ministro delle politiche agricole alimentari e forestali, di concerto con il Ministro dello sviluppo economico, sentita la Conferenza unificata.))

ART. 178-ter
(((Requisiti generali minimi in materia di responsabilita' estesa del produttore).))

((1. I regimi di responsabilita' estesa del produttore rispettano i seguenti requisiti:
    a) definizione dei ruoli e delle responsabilita' di tutti i pertinenti attori coinvolti nelle diverse filiere di riferimento,

compresi i produttori che immettono prodotti sul mercato nazionale, le organizzazioni che attuano, per conto dei produttori di prodotti, gli obblighi derivanti dalla responsabilita' estesa di questi ultimi, i gestori pubblici o privati di rifiuti, le autorita' locali e, ove applicabile, gli operatori per il riutilizzo e la preparazione per il riutilizzo e le imprese dell'economia sociale;

    b) definizione in linea con la gerarchia dei rifiuti degli obiettivi di gestione dei rifiuti, volti a conseguire almeno gli obiettivi quantitativi rilevanti per il regime di responsabilita' estesa del produttore e per il raggiungimento degli obiettivi di cui al presente decreto ed alle direttive 94/62/CE, 2000/53/CE, 2006/66/CE e 2012/19/CE del Parlamento europeo e del Consiglio, e definiscono, ove opportuno, altri obiettivi quantitativi e/o qualitativi considerati rilevanti per il regime di responsabilita' estesa del produttore;

    c) adozione di un sistema di comunicazione delle informazioni relative ai prodotti immessi sul mercato e dei dati sulla raccolta e sul trattamento di rifiuti risultanti da tali prodotti, specificando i flussi dei materiali di rifiuto e di altri dati pertinenti ai fini della lettera b), da parte dei produttori, tramite il Registro di cui al comma 8;

    d) adempimento degli oneri amministrativi a carico dei produttori e importatori di prodotti, nel rispetto del principio di equita' e proporzionalita' in relazione alla quota di mercato e indipendentemente dalla loro provenienza;

    e) assicurazione che i produttori del prodotto garantiscano la corretta informazione agli utilizzatori del loro prodotto e ai detentori di rifiuti interessati dai regimi di responsabilita' estesa del produttorecirca le misure di prevenzione dei rifiuti, i centri per il riutilizzo e la preparazione per il riutilizzo, i sistemi di ritiro e di raccolta dei rifiuti e la prevenzione della dispersione dei rifiuti nonche' le misure per incentivare i detentori di rifiuti a conferire i rifiuti ai sistemi esistenti di raccolta differenziata, in particolare, se del caso, mediante incentivi economici.

  2. I regimi di responsabilita' estesa assicurano:

    a) una copertura geografica della rete di raccolta dei rifiuti corrispondente alla copertura geografica della distribuzione dei prodotti, senza limitare la raccolta alle aree in cui la raccolta stessa e gestione dei rifiuti sono piu' proficue e fornendo un'adeguata disponibilita' dei sistemi di raccolta dei rifiuti anche nelle zone piu' svantaggiate;

    b) idonei mezzi finanziari o mezzi finanziari e organizzativi per soddisfare gli obblighi derivanti dalla responsabilita' estesa del produttore;

    c) meccanismi adeguati di autosorveglianza supportati da regolari verifiche indipendenti, e inviate al soggetto di cui al comma 4, per valutare:

      1. la loro gestione finanziaria, compreso il rispetto degli obblighi di cui al comma 3, lettere a) e b);

      2. la qualita' dei dati raccolti e comunicati in conformita' del comma 1, lettera c) e delle disposizioni del regolamento (CE) n. 1013/2006;

    d) pubblicita' delle informazioni sul conseguimento degli obiettivi di gestione dei rifiuti di cui al comma 1, lettera b), e, nel caso di adempimento collettivo degli obblighi in materia di responsabilita' estesa del produttore, informazioni altresi' su:

      1. proprieta' e membri;

      2. contributi finanziari versati da produttori di prodotti per unita' venduta o per tonnellata di prodotto immessa sul mercato;

      3. procedura di selezione dei gestori di rifiuti.

  3. I produttori, in adempimento ai propri obblighi derivanti dalla responsabilita' estesa del produttore, versano un contributo finanziario affinche' lo stesso:

    a) copra i seguenti costi per i prodotti che il produttore immette sul mercato nazionale:

1) costi della raccolta differenziata di rifiuti e del loro successivo trasporto;
   2) costi della cernita e del trattamento necessario per raggiungere gli obiettivi dell'Unione in materia di gestione dei rifiuti tenendo conto degli introiti ricavati dal riutilizzo, dalla vendita dei rifiuti derivanti dai propri prodotti, dalla vendita delle materie prime secondarie ottenute dai propri prodotti e da cauzioni di deposito non reclamate;
   3) costi necessari a raggiungere altri traguardi e obiettivi di cui al comma 1, lettera b);
   4) costi di una congrua informazione agli utilizzatori dei prodotti e ai detentori di rifiuti a norma del comma 1, lettera e);
   5) costi della raccolta e della comunicazione dei dati a norma del comma 1, lettera c);
   b) nel caso di adempimento collettivo degli obblighi in materia di responsabilita' estesa del produttore, sia modulato, ove possibile, per singoli prodotti o gruppi di prodotti simili, in particolare tenendo conto della loro durevolezza, riparabilita', riutilizzabilita' e riciclabilita' e della presenza di sostanze pericolose, adottando in tal modo un approccio basato sul ciclo di vita e in linea con gli obblighi fissati dalla pertinente normativa dell'Unione e, se del caso, sulla base di criteri armonizzati al fine di garantire il buon funzionamento del mercato interno;
   c) non superi i costi che sono necessari per fornire servizi di gestione dei rifiuti in modo efficiente in termini di costi. Tali costi sono stabiliti, sentita l'Autorita' di regolazione per energia, reti e ambiente (ARERA), in modo trasparente tra i soggetti interessati.
   4. La lettera a) di cui al comma 3 non si applica ai regimi di responsabilita' estesa del produttore di cui alle direttive 2000/53/CE, 2006/66/CE e 2012/19/UE. Il principio della copertura finanziaria dei costi, cosi' come declinato alla lettera a) del comma 3 puo' essere derogato, previa autorizzazione del Ministero dell'ambiente e della tutela del territorio e del mare, ove ricorra la necessita' di garantire la corretta gestione dei rifiuti e la sostenibilita' economica del regime di responsabilita' estesa, a condizione che:
   a) nel caso di regimi di responsabilita' estesa del produttore istituiti con direttive europee, per raggiungere gli obiettivi in materia di gestione dei rifiuti, i produttori di prodotti sostengano almeno l'80 per cento dei costi necessari;
   b) nel caso di regimi di responsabilita' estesa del produttore istituiti dopo il 4 luglio 2018 per raggiungere gli obiettivi in materia di gestione dei rifiuti, i produttori di prodotti sostengano almeno l'80 per cento dei costi necessari;
   c) nel caso di regimi di responsabilita' estesa del produttore istituiti prima del 4 luglio 2018 per raggiungere gli obiettivi in materia di gestione dei rifiuti, i produttori sostengano almeno il 50 per cento dei costi necessari;
   d) e a condizione che i rimanenti costi siano sostenuti da produttori originali di rifiuti o distributori.
   5. La deroga non puo' essere utilizzata per ridurre la quota dei costi sostenuti dai produttori di prodotti nell'ambito dei regimi di responsabilita' estesa del produttore istituiti prima del 4 luglio 2018.
   6. Il Ministero dell'ambiente e della tutela del territorio e del mare esercita la funzione di vigilanza e controllo sul rispetto degli obblighi derivanti dalla responsabilita' estesa del produttore e, in particolare:
   a) raccoglie in formato elettronico i dati di cui al comma 9 nel Registro nazionale di cui al comma 8 e ne verifica la correttezza e la provenienza;
   b) analizza i bilanci di esercizio ed effettua analisi comparative tra i diversi sistemi collettivi evidenziando eventuali anomalie;

c) analizza la determinazione del contributo ambientale di cui al comma 3;

d) controlla che vengano raggiunti gli obbiettivi previsti negli accordi di programma stipulati dai sistemi di gestione volti a favorire la prevenzione, il riciclaggio e il recupero dei rifiuti e ne monitora l'attuazione;

e) verifica la corretta attuazione delle previsioni del presente articolo per ciascun sistema istituito e per tutti i soggetti responsabili.

7. Con decreto del Ministro dell'ambiente e della tutela del territorio e del mare sono definite le modalita' di vigilanza e controllo di cui al comma 6.

8. Al fine dello svolgimento della funzione di vigilanza e controllo di cui al comma 6, presso il Ministero dell'ambiente e della tutela del territorio e del mare e' istituito il Registro nazionale dei produttori al quale i soggetti sottoposti ad un regime di responsabilita' estesa del produttore sono tenuti ad iscriversi secondo le modalita' definite con il decreto di cui al comma 7; in caso di produttori con sede legale in altro Stato Membro dell'Unione che immettono prodotti sul territorio nazionale, ai fini di adempiere agli obblighi derivanti dall'istituzione di un regime di responsabilita' estesa, questi designano una persona giuridica o fisica stabilita sul territorio nazionale quale rappresentante autorizzato per l'adempimento degli obblighi e l'iscrizione al Registro.

9. I soggetti di cui al comma 8 trasmettono al Registro, secondo le modalita' stabilite con il decreto di cui al comma 7: i dati relativi all'immesso sul mercato nazionale dei propri prodotti e le modalita' con cui intendono adempiere ai propri obblighi; i sistemi attraverso i quali i produttori adempiono ai propri obblighi, in forma individuale e associata, con statuto e annessa documentazione relativa al proprio progetto; entro il 31 ottobre di ogni anno il bilancio in caso di sistemi collettivi, il rendiconto dell'attivita' di gestione in caso di sistemi individuali; entro il 31 ottobre di ogni anno una relazione sulla gestione relativa all'anno precedente contenente gli obiettivi raggiunti ovvero le ragioni che, eventualmente, impediscono il raggiungimento degli obiettivi di recupero e riciclo previsti e le relative soluzioni, le modalita' di raccolta e di trattamento implementate, le voci di costo relative alle diverse operazioni di gestione, inclusa la prevenzione, i ricavi dalla commercializzazione dei materiali e dal riutilizzo e le entrate da contributo ambientale; entro il 31 ottobre di ogni anno un piano specifico di prevenzione e gestione relativo all'anno successivo; entro il 31 ottobre di ogni anno l'entita' del contributo ambientale per l'anno successivo dettagliando le voci di costo che lo compongono.))

ART. 179
(Criteri di priorita' nella gestione dei rifiuti)

1. La gestione dei rifiuti avviene nel rispetto della seguente gerarchia:
   a) prevenzione;
   b) preparazione per il riutilizzo;
   c) riciclaggio;
   d) recupero di altro tipo, per esempio il recupero di energia;
   e) smaltimento.

2. La gerarchia stabilisce, in generale, un ordine di priorita' di cio' che costituisce la migliore opzione ambientale. Nel rispetto della gerarchia di cui al comma 1, devono essere adottate le misure volte a incoraggiare le opzioni che garantiscono, nel rispetto degli articoli 177, commi 1 e 4, e 178, il miglior risultato complessivo, tenendo conto degli impatti sanitari, sociali ed economici, ivi compresa la fattibilita' tecnica e la praticabilita' economica.

3. Con riferimento ((a flussi di rifiuti specifici)) e'

consentito discostarsi, in via eccezionale, dall'ordine di priorita' di cui al comma 1 ((qualora cio' sia previsto nella pianificazione nazionale e regionale e consentito dall'autorita' che rilascia l'autorizzazione ai sensi del Titolo III-bis della Parte II o del Titolo I, Capo IV, della Parte IV del decreto legislativo 3 aprile 2006, n. 152)), nel rispetto del principio di precauzione e sostenibilita', in base ad una specifica analisi degli impatti complessivi della produzione e della gestione di tali rifiuti sia sotto il profilo ambientale e sanitario, in termini di ciclo di vita, che sotto il profilo sociale ed economico, ivi compresi la fattibilita' tecnica e la protezione delle risorse.

4. Con uno o piu' decreti del Ministro dell'ambiente e della tutela del territorio e del mare, di concerto con il Ministro della salute, possono essere individuate, con riferimento ((a flussi di rifiuti)) specifici, le opzioni che garantiscono, in conformita' a quanto stabilito dai commi da 1 a 3, il miglior risultato in termini di protezione della salute umana e dell'ambiente.

5. ((COMMA ABROGATO DAL D.LGS. 3 SETTEMBRE 2020, N. 116)).
6. ((COMMA ABROGATO DAL D.LGS. 3 SETTEMBRE 2020, N. 116)).
7. ((COMMA ABROGATO DAL D.LGS. 3 SETTEMBRE 2020, N. 116)).
8. ((COMMA ABROGATO DAL D.LGS. 3 SETTEMBRE 2020, N. 116)).

ART. 180
(((Prevenzione della produzione di rifiuti).))

((1. Al fine di promuovere in via prioritaria la prevenzione della produzione dei rifiuti, il Ministero dell'ambiente e della tutela del territorio e del mare, di concerto con il Ministero dello sviluppo economico, il Ministero delle politiche agricole alimentari e forestali, adotta il Programma nazionale di prevenzione dei rifiuti. Il Programma nazionale di prevenzione dei rifiuti fissa idonei indicatori e obiettivi qualitativi e quantitativi per la valutazione dell'attuazione delle misure di prevenzione dei rifiuti in esso stabilite.

2. Fatte salve le misure gia' in essere, il Programma nazionale di prevenzione dei rifiuti comprende misure che:

a) promuovono e sostengono modelli di produzione e consumo sostenibili;

b) incoraggiano la progettazione, la fabbricazione e l'uso di prodotti efficienti sotto il profilo delle risorse, durevoli, anche in termini di durata di vita e di assenza di obsolescenza programmata, scomponibili, riparabili, riutilizzabili e aggiornabili nonche' l'utilizzo di materiali ottenuti dai rifiuti nella loro produzione;

c) riguardano prodotti che contengono materie prime critiche onde evitare che tali materie diventino rifiuti;

d) incoraggiano il riutilizzo di prodotti e la creazione di sistemi che promuovono attivita' di riparazione e di riutilizzo, in particolare per le apparecchiature elettriche ed elettroniche, i tessili e i mobili, nonche' imballaggi e materiali e prodotti da costruzione;

e) incoraggiano, se del caso e fatti salvi i diritti di proprieta' intellettuale, la disponibilita' di pezzi di ricambio, i manuali di istruzioni e di manutenzione, le informazioni tecniche o altri strumenti, attrezzature o software che consentano la riparazione e il riutilizzo dei prodotti senza comprometterne la qualita' e la sicurezza;

f) riducono la produzione di rifiuti nei processi inerenti alla produzione industriale, all'estrazione di minerali, all'industria manifatturiera, alla costruzione e alla demolizione, tenendo in considerazione le migliori tecniche disponibili;

g) riducono la produzione di rifiuti alimentari nella produzione primaria, nella trasformazione e nella fabbricazione, nella vendita e in altre forme di distribuzione degli alimenti, nei ristoranti e nei servizi di ristorazione, nonche' nei nuclei domestici come contributo all'obiettivo di sviluppo sostenibile delle Nazioni Unite di ridurre del 50 per cento i rifiuti alimentari globali pro capite a livello di vendita al dettaglio e di consumatori e di ridurre le perdite alimentari lungo le catene di produzione e di approvvigionamento entro il 2030. Il Programma nazionale di prevenzione dei rifiuti comprende una specifica sezione dedicata al Programma di prevenzione dei rifiuti alimentari che favorisce l'impiego degli strumenti e delle misure finalizzate alla riduzione degli sprechi secondo le disposizioni di cui alla legge 19 agosto 2016, n. 166;

  h) incoraggiano la donazione di alimenti e altre forme di ridistribuzione per il consumo umano, dando priorita' all'utilizzo umano rispetto ai mangimi e al ritrattamento per ottenere prodotti non alimentari;

  i) promuovono la riduzione del contenuto di sostanze pericolose in materiali e prodotti, fatti salvi i requisiti giuridici armonizzati relativi a tali materiali e prodotti stabiliti a livello dell'Unione;

  l) riducono la produzione di rifiuti, in particolare dei rifiuti che non sono adatti alla preparazione per il riutilizzo o al riciclaggio;

  m) identificano i prodotti che sono le principali fonti della dispersione di rifiuti, in particolare negli ambienti terrestri e acquatici, e adottano le misure adeguate per prevenire e ridurre la dispersione di rifiuti da tali prodotti;

  n) mirano a porre fine alla dispersione di rifiuti in ambiente acquatico come contributo all'obiettivo di sviluppo sostenibile delle Nazioni Unite per prevenire e ridurre in modo significativo l'inquinamento acquatico di ogni tipo;

  o) sviluppano e supportano campagne di informazione per sensibilizzare alla riduzione della produzione dei rifiuti e alla prevenzione della loro dispersione.

  3. A decorrere dal 5 gennaio 2021, ogni fornitore di un articolo, quale definito al punto 33 dell'articolo 3 del regolamento (CE) n. 1907/2006 del Parlamento europeo e del Consiglio, trasmette le informazioni di cui all'articolo 33, paragrafo 1, del suddetto regolamento all'Agenzia europea per le sostanze chimiche tramite il format e la modalita' di trasmissione stabiliti dalla medesima Agenzia ai sensi dell'articolo 9, paragrafo 2, della direttiva 2008/98/CE. L'attivita' di controllo e' esercitata in linea con gli accordi Stato-regioni in materia. Con successivo decreto del Ministero dell'ambiente e della tutela del territorio e del mare, di concerto con il Ministero della salute, sono stabilite le modalita' di analisi dei dati trasmessi dai fornitori di articoli.

  4. Il Ministero dell'ambiente e della tutela del territorio e del mare controlla e valuta l'attuazione delle misure di prevenzione di cui al comma 2.

  5. Il Ministero dell'ambiente e della tutela del territorio e del mare, sulla base della metodologia stabilita ai sensi dell'articolo 9, paragrafo 7, della direttiva 2008/98/CE, valuta l'attuazione delle misure sul riutilizzo.

  6. Il Ministero dell'ambiente e della tutela del territorio e del mare e il Ministero delle politiche agricole alimentari e forestali controllano e valutano l'attuazione delle misure di prevenzione dei rifiuti alimentari, misurando i livelli di rifiuti alimentari sulla base della metodologia stabilita ai sensi dell'articolo 9, paragrafi 5 e 8, della direttiva 2008/98/CE.))

ART. 180-bis
((ARTICOLO ABROGATO DAL D.LGS. 3 SETTEMBRE 2020, N. 116))

ART. 181
(((Preparazione per il riutilizzo, riciclaggio e recupero dei rifiuti).))

  ((1. Nell'ambito delle rispettive competenze, il Ministero

dell'ambiente e della tutela del territorio e del mare, il Ministero delle politiche agricole alimentari e forestali, le Regioni, gli Enti di governo d'ambito territoriale ottimale, o, laddove questi non siano stati costituiti, i Comuni, adottano modalita' autorizzative semplificate nonche' le misure necessarie, comprese quelle relative alla realizzazione della raccolta differenziata, per promuovere la preparazione per il riutilizzo dei rifiuti, il riciclaggio o altre operazioni di recupero, in particolare incoraggiando lo sviluppo di reti di operatori per facilitare le operazioni di preparazione per il riutilizzo e riparazione, agevolando, ove compatibile con la corretta gestione dei rifiuti, il loro accesso ai rifiuti adatti allo scopo, detenuti dai sistemi o dalle infrastrutture di raccolta, sempre che tali operazioni non siano svolte da parte degli stessi sistemi o infrastrutture.

2. I regimi di responsabilita' estesa del produttore adottano le misure necessarie per garantire la preparazione per il riutilizzo, il riciclaggio e il recupero dei rifiuti di rispettiva competenza.

3. Ove necessario per ottemperare al comma 1 e per facilitare o migliorare il recupero, gli operatori e gli enti competenti adottano le misure necessarie, prima o durante il recupero, laddove tecnicamente possibile, per eliminare le sostanze pericolose, le miscele e i componenti dai rifiuti pericolosi in vista della loro gestione conformemente alla gerarchia dei rifiuti ed alla tutela della salute umana e dell'ambiente.

4. Al fine di rispettare le finalita' del presente decreto e procedere verso un'economia circolare con un alto livello di efficienza delle risorse, le autorita' competenti adottano le misure necessarie per conseguire i seguenti obiettivi:

    a) entro il 2020, la preparazione per il riutilizzo e il riciclaggio di rifiuti quali carta, metalli, plastica e vetro provenienti dai nuclei domestici, e possibilmente di altra origine, nella misura in cui tali flussi di rifiuti sono simili a quelli domestici, sara' aumentata complessivamente almeno al 50 per cento in termini di peso;

    b) entro il 2020 la preparazione per il riutilizzo, il riciclaggio e altri tipi di recupero di materiale, incluse operazioni di riempimento che utilizzano i rifiuti in sostituzione di altri materiali, di rifiuti da costruzione e demolizione non pericolosi, escluso il materiale allo stato naturale definito alla voce 17 05 04 dell'elenco dei rifiuti, sara' aumentata almeno al 70 per cento in termini di peso;

    c) entro il 2025, la preparazione per il riutilizzo e il riciclaggio dei rifiuti urbani saranno aumentati almeno al 55 per cento in peso;

    d) entro il 2030, la preparazione per il riutilizzo e il riciclaggio dei rifiuti urbani saranno aumentati almeno al 60 per cento in peso;

    e) entro il 2035, la preparazione per il riutilizzo e il riciclaggio dei rifiuti urbani saranno aumentati almeno al 65 per cento in peso.

5. Per le frazioni di rifiuti urbani oggetto di raccolta differenziata destinati al riciclaggio ed al recupero e' sempre ammessa la libera circolazione sul territorio nazionale tramite enti o imprese iscritti nelle apposite categorie dell'Albo nazionale gestori ambientali ai sensi dell'articolo 212, comma 5, al fine di favorire il piu' possibile il loro recupero privilegiando, anche con strumenti economici, il principio di prossimita' agli impianti di recupero.

6. Gli Enti di governo d'ambito territoriale ottimale ovvero i Comuni possono individuare appositi spazi, presso i centri di raccolta di cui all'articolo 183, comma 1, lettera mm), per l'esposizione temporanea, finalizzata allo scambio tra privati, di beni usati e funzionanti direttamente idonei al riutilizzo. Nei centri di raccolta possono altresi' essere individuate apposite aree adibite al deposito preliminare alla raccolta dei rifiuti destinati

alla preparazione per il riutilizzo e alla raccolta di beni riutilizzabili. Nei centri di raccolta possono anche essere individuati spazi dedicati alla prevenzione della produzione di rifiuti, con l'obiettivo di consentire la raccolta di beni da destinare al riutilizzo, nel quadro di operazioni di intercettazione e schemi di filiera degli operatori professionali dell'usato autorizzati dagli enti locali e dalle aziende di igiene urbana.))

ART. 181-bis
((ARTICOLO ABROGATO DAL D.LGS. 3 DICEMBRE 2010, N. 205))

ART. 182
(smaltimento dei rifiuti)

1. Lo smaltimento dei rifiuti e' effettuato in condizioni di sicurezza e costituisce la fase residuale della gestione dei rifiuti, previa verifica, da parte della competente autorita', della impossibilita' tecnica ed economica di esperire le operazioni di recupero di cui all'articolo 181. A tal fine, la predetta verifica concerne la disponibilita' di tecniche sviluppate su una scala che ne consenta l'applicazione in condizioni economicamente e tecnicamente valide nell'ambito del pertinente comparto industriale, prendendo in considerazione i costi e i vantaggi, indipendentemente dal fatto che siano o meno applicate o prodotte in ambito nazionale, purche' vi si possa accedere a condizioni ragionevoli.
2. I rifiuti da avviare allo smaltimento finale devono essere il piu' possibile ridotti sia in massa che in volume, potenziando la prevenzione e le attivita' di riutilizzo, di riciclaggio e di recupero e prevedendo, ove possibile, la priorita' per quei rifiuti non recuperabili generati nell'ambito di attivita' di riciclaggio o di recupero.
3. E' vietato smaltire i rifiuti urbani non pericolosi in regioni diverse da quelle dove gli stessi sono prodotti, fatti salvi eventuali accordi regionali o internazionali, qualora gli aspetti territoriali e l'opportunita' tecnico economica di raggiungere livelli ottimali di utenza servita lo richiedano.
((3-bis. Il divieto di cui al comma 3 non si applica ai rifiuti urbani che il Presidente della regione ritiene necessario avviare a smaltimento, nel rispetto della normativa europea, fuori del territorio della regione dove sono prodotti per fronteggiare situazioni di emergenza causate da calamita' naturali per le quali e' dichiarato lo stato di emergenza di protezione civile ai sensi della legge 24 febbraio 1992, n. 225)).
4. Nel rispetto delle prescrizioni contenute nel decreto legislativo 11 maggio 2005, n. 133, la realizzazione e la gestione di nuovi impianti possono essere autorizzate solo se il relativo processo di combustione garantisca un elevato livello di recupero energetico.
5. Le attivita' di smaltimento in discarica dei rifiuti sono disciplinate secondo le disposizioni del decreto legislativo 13 gennaio 2003, n. 36, di attuazione della direttiva 1999/31/CE.
6. Lo smaltimento dei rifiuti in fognatura e' disciplinato dall'articolo 107, comma 3.
6-bis. Le attivita' di raggruppamento e abbruciamento in piccoli cumuli e in quantita' giornaliere non superiori a tre metri steri per ettaro dei materiali vegetali di cui all'articolo 185, comma 1, lettera f), effettuate nel luogo di produzione, costituiscono normali pratiche agricole consentite per il reimpiego dei materiali come sostanze concimanti o ammendanti, e non attivita' di gestione dei rifiuti. Nei periodi di massimo rischio per gli incendi boschivi, dichiarati dalle regioni, la combustione di residui vegetali agricoli e forestali e' sempre vietata. I comuni e le altre amministrazioni competenti in materia ambientale hanno la facolta' di sospendere, differire o vietare la combustione del materiale di cui al presente comma all'aperto in tutti i casi in cui sussistono condizioni

meteorologiche, climatiche o ambientali sfavorevoli e in tutti i casi in cui da tale attivita' possano derivare rischi per la pubblica e privata incolumita' e per la salute umana, con particolare riferimento al rispetto dei livelli annuali delle polveri sottili (PM10)

7. COMMA ABROGATO DAL D.LGS. 3 DICEMBRE 2010, N. 205.

8. IL D.LGS. 16 GENNAIO 2008, N. 4, COME MODIFICATO DAL D.L. 6 NOVEMBRE 2008, N. 172, CONVERTITO CON MODIFICAZIONI DALLA L. 30 DICEMBRE 2008, N. 210 HA CONFERMATO L'ABROGAZIONE DEL PRESENTE COMMA.

ART. 182-bis
(((Principi di autosufficienza e prossimita'))

1. Lo smaltimento dei rifiuti ed il recupero dei rifiuti urbani non differenziati sono attuati con il ricorso ad una rete integrata ed adeguata di impianti, tenendo conto delle migliori tecniche disponibili e del rapporto tra i costi e i benefici complessivi, al fine di:

   a) realizzare l'autosufficienza nello smaltimento dei rifiuti urbani non pericolosi e dei rifiuti del loro trattamento in ambiti territoriali ottimali;

   b) permettere lo smaltimento dei rifiuti ed il recupero dei rifiuti urbani indifferenziati in uno degli impianti idonei piu' vicini ai luoghi di produzione o raccolta, al fine di ridurre i movimenti dei rifiuti stessi, tenendo conto del contesto geografico o della necessita' di impianti specializzati per determinati tipi di rifiuti;

   c) utilizzare i metodi e le tecnologie piu' idonei a garantire un alto grado di protezione dell'ambiente e della salute pubblica.

2. Sulla base di una motivata richiesta delle regioni e delle province autonome di Trento e di Bolzano, con decreto del Ministro dell'ambiente e della tutela del territorio e del mare puo' essere limitato l'ingresso nel territorio nazionale di rifiuti destinati ad inceneritori classificati come impianti di recupero, qualora sia accertato che l'ingresso di tali rifiuti avrebbe come conseguenza la necessita' di smaltire i rifiuti nazionali o di trattare i rifiuti in modo non coerente con i piani di gestione dei rifiuti. Puo' essere altresi' limitato, con le modalita' di cui al periodo precedente, l'invio di rifiuti negli altri Stati membri per motivi ambientali, come stabilito nel regolamento (CE) n. 1013/2006.

3. I provvedimenti di cui al comma 2 sono notificati alla Commissione europea.))

ART. 182-ter
(((Rifiuti organici).))

((1. Il Ministero dell'ambiente e della tutela del territorio e del mare, il Ministero delle politiche agricole alimentari e forestali, le Regioni e Province autonome di Trento e Bolzano favoriscono, nell'ambito delle risorse previste a legislazione vigente, il riciclaggio, ivi compresi il compostaggio e la digestione dei rifiuti organici, in modo da rispettare un elevato livello di protezione dell'ambiente e che dia luogo ad un prodotto in uscita che soddisfi pertinenti standard di elevata qualita'. L'utilizzo in agricoltura e' consentito per i soli prodotti in uscita conformi alla normativa vigente sui fertilizzanti.

2. Al fine di incrementarne il riciclaggio, entro il 31 dicembre 2021, i rifiuti organici sono differenziati e riciclati alla fonte, anche mediante attivita' di compostaggio sul luogo di produzione, oppure raccolti in modo differenziato, con contenitori a svuotamento riutilizzabili o con sacchetti compostabili certificati a norma UNI EN 13432-2002, senza miscelarli con altri tipi di rifiuti.

3. Le attivita' di compostaggio sul luogo di produzione comprendono oltre all'autocompostaggio anche il compostaggio di comunita' realizzato secondo i criteri operativi e le procedure autorizzative

da stabilirsi con decreto del Ministro dell'ambiente della tutela del territorio e del mare di concerto con il Ministro della salute.
  4. Il Ministero dell'ambiente e della tutela del territorio e del mare, le Regioni e le Province autonome di Trento e Bolzano, gli Enti di governo dell'ambito ed i Comuni, secondo le rispettive competenze, promuovono le attivita' di compostaggio sul luogo di produzione, anche attraverso gli strumenti di pianificazione di cui all'articolo 199 e la pianificazione urbanistica.
  5. Le Regioni e le Province autonome di Trento e Bolzano promuovono la produzione e l'utilizzo di materiali ottenuti dal riciclaggio di rifiuti organici.
  6. I rifiuti anche di imballaggi, aventi analoghe proprieta' di biodegradabilita' e compostabilita' rispetto ai rifiuti organici sono raccolti e riciclati assieme a questi ultimi, laddove:
    a) siano certificati conformi, da organismi accreditati, allo standard europeo EN 13432 per gli imballaggi recuperabili mediante compostaggio e biodegradazione, o allo standard europeo EN14995 per gli altri manufatti diversi dagli imballaggi;
    b) siano opportunamente etichettati e riportino, oltre alla menzione della conformita' ai predetti standard europei, elementi identificativi del produttore e del certificatore nonche' idonee istruzioni per i consumatori di conferimento di tali rifiuti nel circuito di raccolta differenziata e riciclo dei rifiuti organici;
    c) entro il 31 dicembre 2023 siano tracciati in maniera tale da poter essere distinti e separati dalle plastiche convenzionali nei comuni impianti di selezione dei rifiuti e negli impianti di riciclo organico.
  7. Entro un anno dall'entrata in vigore della presente disposizione, il Ministero dell'ambiente e della tutela del territorio e del mare stabilisce livelli di qualita' per la raccolta differenziata dei rifiuti organici e individua precisi criteri da applicare ai controlli di qualita' delle raccolte nonche' degli impianti di riciclaggio di predetti rifiuti.))

ART. 183
(Definizioni)

  1. Ai fini della parte quarta del presente decreto e fatte salve le ulteriori definizioni contenute nelle disposizioni speciali, si intende per:
    a) "rifiuto": qualsiasi sostanza od oggetto di cui il detentore si disfi o abbia l'intenzione o abbia l'obbligo di disfarsi;
    b) "rifiuto pericoloso": rifiuto che presenta una o piu' caratteristiche di cui all'allegato I della parte quarta del presente decreto;
    b-bis) "rifiuto non pericoloso": rifiuto non contemplato dalla lettera b);
    b-ter) "rifiuti urbani":
      1. i rifiuti domestici indifferenziati e da raccolta differenziata, ivi compresi: carta e cartone, vetro, metalli, plastica, rifiuti organici, legno, tessili, imballaggi, rifiuti di apparecchiature elettriche ed elettroniche, rifiuti di pile e accumulatori e rifiuti ingombranti, ivi compresi materassi e mobili;
      2. i rifiuti indifferenziati e da raccolta differenziata provenienti da altre fonti che sono simili per natura e composizione ai rifiuti domestici indicati nell'allegato L-quater prodotti dalle attivita' riportate nell'allegato L-quinquies;
      3. i rifiuti provenienti dallo spazzamento delle strade e dallo svuotamento dei cestini portarifiuti;
      4. i rifiuti di qualunque natura o provenienza, giacenti sulle strade ed aree pubbliche o sulle strade ed aree private comunque soggette ad uso pubblico o sulle spiagge marittime e lacuali e sulle rive dei corsi d'acqua;
      5. i rifiuti della manutenzione del verde pubblico, come foglie, sfalci d'erba e potature di alberi, nonche' i rifiuti

risultanti dalla pulizia dei mercati;
   6. i rifiuti provenienti da aree cimiteriali, esumazioni ed estumulazioni, nonche' gli altri rifiuti provenienti da attivita' cimiteriale diversi da quelli di cui ai punti 3, 4 e 5.
   ((6-bis. i rifiuti accidentalmente pescati o volontariamente raccolti, anche attraverso campagne di pulizia, in mare, nei laghi, nei fiumi e nelle lagune));
   b-quater) "rifiuti da costruzione e demolizione" i rifiuti prodotti dalle attivita' di costruzione e demolizione;
   b-quinquies) la definizione di rifiuti urbani di cui alla lettera b-ter) rileva ai fini degli obiettivi di preparazione per il riutilizzo e il riciclaggio nonche' delle relative norme di calcolo e non pregiudica la ripartizione delle responsabilita' in materia di gestione dei rifiuti tra gli attori pubblici e privati;
   b-sexies) i rifiuti urbani non includono i rifiuti della produzione, dell'agricoltura, della silvicoltura, della pesca, delle fosse settiche, delle reti fognarie e degli impianti di trattamento delle acque reflue, ivi compresi i fanghi di depurazione, i veicoli fuori uso o i rifiuti da costruzione e demolizione;
   c) "oli usati": qualsiasi olio industriale o lubrificante, minerale o sintetico, divenuto improprio all'uso cui era inizialmente destinato, quali gli oli usati dei motori a combustione e dei sistemi di trasmissione, nonche' gli oli usati per turbine e comandi idraulici;
   d) "rifiuti organici": rifiuti biodegradabili di giardini e parchi, rifiuti alimentari e di cucina prodotti da nuclei domestici, ristoranti, uffici, attivita' all'ingrosso, mense, servizi di ristorazione e punti vendita al dettaglio e rifiuti equiparabili prodotti dagli impianti dell'industria alimentare;
   d-bis) "rifiuti alimentari": tutti gli alimenti di cui all'articolo 2 del regolamento (CE) n. 178/2002 del Parlamento europeo e del Consiglio che sono diventati rifiuti;
   e) "autocompostaggio": compostaggio degli scarti organici dei propri rifiuti urbani, effettuato da utenze domestiche e non domestiche, ai fini dell'utilizzo in sito del materiale prodotto;
   f) "produttore di rifiuti": il soggetto la cui attivita' produce rifiuti e il soggetto al quale sia giuridicamente riferibile detta produzione (produttore iniziale) o chiunque effettui operazioni di pretrattamento, di miscelazione o altre operazioni che hanno modificato la natura o la composizione di detti rifiuti (nuovo produttore);
   g): "produttore del prodotto": qualsiasi persona fisica o giuridica che professionalmente sviluppi, fabbrichi, trasformi, tratti, venda o importi prodotti;
   g-bis) "regime di responsabilita' estesa del produttore": le misure volte ad assicurare che ai produttori di prodotti spetti la responsabilita' finanziaria o la responsabilita' finanziaria e organizzativa della gestione della fase del ciclo di vita in cui il prodotto diventa un rifiuto;
   h) "detentore": il produttore dei rifiuti o la persona fisica o giuridica che ne e' in possesso;
   i) "commerciante": qualsiasi impresa che agisce in qualita' di committente, al fine di acquistare e successivamente vendere rifiuti, compresi i commercianti che non prendono materialmente possesso dei rifiuti;
   l) "intermediario" qualsiasi impresa che dispone il recupero o lo smaltimento dei rifiuti per conto di terzi, compresi gli intermediari che non acquisiscono la materiale disponibilita' dei rifiuti;
   m) "prevenzione": misure adottate prima che una sostanza, un materiale o un prodotto diventi rifiuto che riducono:
      1) la quantita' dei rifiuti, anche attraverso il riutilizzo dei prodotti o l'estensione del loro ciclo di vita;
      2) gli impatti negativi dei rifiuti prodotti sull'ambiente e la salute umana;
      3) il contenuto di sostanze pericolose in materiali e prodotti;

n) "gestione dei rifiuti": la raccolta, il trasporto, il recupero, compresa la cernita, e lo smaltimento dei rifiuti, compresi la supervisione di tali operazioni e gli interventi successivi alla chiusura dei siti di smaltimento, nonche' le operazioni effettuate in qualita' di commerciante o intermediari. Non costituiscono attivita' di gestione dei rifiuti le operazioni di prelievo, raggruppamento, selezione e deposito preliminari alla raccolta di materiali o sostanze naturali derivanti da eventi atmosferici o meteorici o vulcanici, ivi incluse mareggiate e piene, anche ove frammisti ad altri materiali di origine antropica effettuate, nel tempo tecnico strettamente necessario, presso il medesimo sito nel quale detti eventi li hanno depositati;

o) "raccolta": il prelievo dei rifiuti, compresi la cernita preliminare e il deposito preliminare alla raccolta, ivi compresa la gestione dei centri di raccolta di cui alla lettera "mm", ai fini del loro trasporto in un impianto di trattamento;

p) "raccolta differenziata": la raccolta in cui un flusso di rifiuti e' tenuto separato in base al tipo ed alla natura dei rifiuti al fine di facilitarne il trattamento specifico;

q) "preparazione per il riutilizzo": le operazioni di controllo, pulizia, smontaggio e riparazione attraverso cui prodotti o componenti di prodotti diventati rifiuti sono preparati in modo da poter essere reimpiegati senza altro pretrattamento;

r) "riutilizzo": qualsiasi operazione attraverso la quale prodotti o componenti che non sono rifiuti sono reimpiegati per la stessa finalita' per la quale erano stati concepiti;

s) "trattamento": operazioni di recupero o smaltimento, inclusa la preparazione prima del recupero o dello smaltimento;

t) "recupero": qualsiasi operazione il cui principale risultato sia di permettere ai rifiuti di svolgere un ruolo utile, sostituendo altri materiali che sarebbero stati altrimenti utilizzati per assolvere una particolare funzione o di prepararli ad assolvere tale funzione, all'interno dell'impianto o nell'economia in generale. L'allegato C della parte IV del presente decreto riporta un elenco non esaustivo di operazioni di recupero.;

t-bis) "recupero di materia": qualsiasi operazione di recupero diversa dal recupero di energia e dal ritrattamento per ottenere materiali da utilizzare quali combustibili o altri mezzi per produrre energia. Esso comprende, tra l'altro la preparazione per il riutilizzo, il riciclaggio e il riempimento;

u) "riciclaggio": qualsiasi operazione di recupero attraverso cui i rifiuti sono trattati per ottenere prodotti, materiali o sostanze da utilizzare per la loro funzione originaria o per altri fini. Include il trattamento di materiale organico ma non il recupero di energia ne' il ritrattamento per ottenere materiali da utilizzare quali combustibili o in operazioni di riempimento;

u-bis) "riempimento": qualsiasi operazione di recupero in cui rifiuti non pericolosi idonei ai sensi della normativa UNI sono utilizzati a fini di ripristino in aree escavate o per scopi ingegneristici nei rimodellamenti morfologici. I rifiuti usati per il riempimento devono sostituire i materiali che non sono rifiuti, essere idonei ai fini summenzionati ed essere limitati alla quantita' strettamente necessaria a perseguire tali fini;

v) "rigenerazione degli oli usati" qualsiasi operazione di riciclaggio che permetta di produrre oli di base mediante una raffinazione degli oli usati, che comporti in particolare la separazione dei contaminanti, dei prodotti di ossidazione e degli additivi contenuti in tali oli;

z) "smaltimento": qualsiasi operazione diversa dal recupero anche quando l'operazione ha come conseguenza secondaria il recupero di sostanze o di energia. L'Allegato B alla parte IV del presente decreto riporta un elenco non esaustivo delle operazioni di smaltimento;

aa) "stoccaggio": le attivita' di smaltimento consistenti nelle operazioni di deposito preliminare di rifiuti di cui al punto D15 dell'allegato B alla parte quarta del presente decreto, nonche' le attivita' di recupero consistenti nelle operazioni di messa in riserva di rifiuti di cui al punto R13 dell'allegato C alla medesima parte quarta;

bb) "deposito temporaneo prima della raccolta": il raggruppamento dei rifiuti ai fini del trasporto degli stessi in un impianto di recupero e/o smaltimento, effettuato, prima della raccolta ai sensi dell'articolo 185-bis;

cc) "combustibile solido secondario (CSS)": il combustibile solido prodotto da rifiuti che rispetta le caratteristiche di classificazione e di specificazione individuate delle norme tecniche UNI CEN/TS 15359 e successive modifiche ed integrazioni; fatta salva l'applicazione dell'articolo 184-ter, il combustibile solido secondario, e' classificato come rifiuto speciale;

dd) "rifiuto biostabilizzato": rifiuto ottenuto dal trattamento biologico aerobico o anaerobico dei rifiuti indifferenziati, nel rispetto di apposite norme tecniche, da adottarsi a cura dello Stato, finalizzate a definirne contenuti e usi compatibili con la tutela ambientale e sanitaria e, in particolare, a definirne i gradi di qualita';

ee) "compost": prodotto ottenuto dal compostaggio, o da processi integrati di digestione anaerobica e compostaggio, dei rifiuti organici raccolti separatamente, di altri materiali organici non qualificati come rifiuti, di sottoprodotti e altri rifiuti a matrice organica che rispetti i requisiti e le caratteristiche stabilite dalla vigente normativa in tema di fertilizzanti e di compostaggio sul luogo di produzione;

ff) "digestato da rifiuti": prodotto ottenuto dalla digestione anaerobica di rifiuti organici raccolti separatamente, che rispetti i requisiti contenuti in norme tecniche da emanarsi con decreto del Ministero dell'ambiente e della tutela del territorio e del mare, di concerto con il Ministero delle politiche agricole alimentari e forestali;

gg) "emissioni": le emissioni in atmosfera di cui all'articolo 268, comma 1, lettera b);

hh) "scarichi idrici": le immissioni di acque reflue di cui all'articolo 74, comma 1, lettera ff);

ii) "inquinamento atmosferico": ogni modifica atmosferica di cui all'articolo 268, comma 1, lettera a);

ll) "gestione integrata dei rifiuti": il complesso delle attivita', ivi compresa quella di spazzamento delle strade come definita alla lettera oo), volte ad ottimizzare la gestione dei rifiuti;

mm) "centro di raccolta": area presidiata ed allestita, senza nuovi o maggiori oneri a carico della finanza pubblica, per l'attivita' di raccolta mediante raggruppamento differenziato dei rifiuti urbani per frazioni omogenee conferiti dai detentori per il trasporto agli impianti di recupero e trattamento. La disciplina dei centri di raccolta e' data con decreto del Ministro dell'ambiente e della tutela del territorio e del mare, sentita la Conferenza unificata , di cui al decreto legislativo 28 agosto 1997, n. 281;

nn) "migliori tecniche disponibili": le migliori tecniche disponibili quali definite all'articolo 5, comma 1, lett. l-ter) del presente decreto;

oo) spazzamento delle strade: modalita' di raccolta dei rifiuti mediante operazione di pulizia delle strade, aree pubbliche e aree private ad uso pubblico escluse le operazioni di sgombero della neve dalla sede stradale e sue pertinenze, effettuate al solo scopo di garantire la loro fruibilita' e la sicurezza del transito ;

pp) "circuito organizzato di raccolta": sistema di raccolta di specifiche tipologie di rifiuti organizzato dai Consorzi di cui ai titoli II e III della parte quarta del presente decreto e alla normativa settoriale, o organizzato sulla base di un accordo di programma stipulato tra la pubblica amministrazione ed associazioni imprenditoriali rappresentative sul piano nazionale, o loro articolazioni territoriali, oppure sulla base di una convenzione-quadro stipulata tra le medesime associazioni ed i responsabili della piattaforma di conferimento, o dell'impresa di trasporto dei rifiuti, dalla quale risulti la destinazione definitiva dei rifiuti. All'accordo di programma o alla convenzione-quadro deve seguire la stipula di un contratto di servizio tra il singolo produttore ed il gestore della piattaforma di conferimento, o dell'impresa di trasporto dei rifiuti, in attuazione del predetto accordo o della predetta convenzione;

qq) "sottoprodotto": qualsiasi sostanza od oggetto che soddisfa le condizioni di cui all'articolo 184-bis, comma 1, o che rispetta i criteri stabiliti in base all'articolo 184-bis, comma 2;

qq-bis) "compostaggio di comunita'": compostaggio effettuato collettivamente da piu' utenze domestiche e non domestiche della frazione organica dei rifiuti urbani prodotti dalle medesime, al fine dell'utilizzo del compost prodotto da parte delle utenze conferenti.

qq-ter) "compostaggio": trattamento biologico aerobico di degradazione e stabilizzazione, finalizzato alla produzione di compost dai rifiuti organici differenziati alla fonte, da altri materiali organici non qualificati come rifiuti, da sottoprodotti e da altri rifiuti a matrice organica previsti dalla disciplina nazionale in tema di fertilizzanti nonche' dalle disposizioni della parte quarta del presente decreto relative alla disciplina delle attivita' di compostaggio sul luogo di produzione.

ART. 184
(classificazione)

1. Ai fini dell'attuazione della parte quarta del presente decreto i rifiuti sono classificati, secondo l'origine, in rifiuti urbani e rifiuti speciali e, secondo le caratteristiche di pericolosita', in rifiuti pericolosi e rifiuti non pericolosi.

((2. Sono rifiuti urbani i rifiuti di cui all'articolo 183, comma 1, lettera b-ter).))

((3. Sono rifiuti speciali:
  a) i rifiuti prodotti nell'ambito delle attivita' agricole, agro-industriali e della silvicoltura, ai sensi e per gli effetti dell'articolo 2135 del codice civile, e della pesca;
  b) i rifiuti prodotti dalle attivita' di costruzione e demolizione, nonche' i rifiuti che derivano dalle attivita' di scavo, fermo restando quanto disposto dall'articolo 184-bis;
  c) i rifiuti prodotti nell'ambito delle lavorazioni industriali se diversi da quelli di cui al comma 2;
  d) i rifiuti prodotti nell'ambito delle lavorazioni artigianali se diversi da quelli di cui al comma 2;
  e) i rifiuti prodotti nell'ambito delle attivita' commerciali se diversi da quelli di cui al comma 2;
  f) i rifiuti prodotti nell'ambito delle attivita' di servizio se diversi da quelli di cui al comma 2;
  g) i rifiuti derivanti dall'attivita' di recupero e smaltimento di rifiuti, i fanghi prodotti dalla potabilizzazione e da altri trattamenti delle acque e dalla depurazione delle acque reflue, nonche' i rifiuti da abbattimento di fumi, dalle fosse settiche e dalle reti fognarie;
  h) i rifiuti derivanti da attivita' sanitarie se diversi da quelli all'articolo 183, comma 1, lettera b-ter);
  i) i veicoli fuori uso.))

4. Sono rifiuti pericolosi quelli che recano le caratteristiche di cui all'allegato I della parte quarta del presente decreto.

5. L'elenco dei rifiuti di cui all'allegato D alla parte quarta del presente decreto include i rifiuti pericolosi e tiene conto dell'origine e della composizione dei rifiuti e, ove necessario, dei valori limite di concentrazione delle sostanze pericolose. Esso e' vincolante per quanto concerne la determinazione dei rifiuti da considerare pericolosi. L'inclusione di una sostanza o di un oggetto

nell'elenco non significa che esso sia un rifiuto in tutti i casi, ferma restando la definizione di cui all'articolo 183. ((La corretta attribuzione dei Codici dei rifiuti e delle caratteristiche di pericolo dei rifiuti e' effettuata dal produttore sulla base delle Linee guida redatte, entro il 31 dicembre 2020, dal Sistema nazionale per la protezione e la ricerca ambientale ed approvate con decreto del Ministero dell'ambiente e della tutela del territorio e del mare, sentita la Conferenza permanente per i rapporti tra lo Stato, le Regioni e le Province autonome di Trento e Bolzano. Il Ministero dell'ambiente e della tutela del territorio e del mare notifica immediatamente alla Commissione europea i casi di cui all'articolo 7 della direttiva 2008/98/CE e fornisce alla stessa tutte le informazioni pertinenti.))

5-bis. Con uno o piu' decreti del Ministro della difesa, di concerto con il Ministro dell'ambiente e della tutela del territorio e del mare, con il Ministro della salute, con il Ministro delle infrastrutture e dei trasporti e con il Ministro dell'economia e delle finanze, sono disciplinate, nel rispetto delle norme dell'Unione europea e del presente decreto legislativo, le speciali procedure per la gestione, lo stoccaggio, la custodia, nonche' per l'autorizzazione e i nulla osta all'esercizio degli impianti per il trattamento dei rifiuti prodotti dai sistemi d'arma, dai mezzi, dai materiali e dalle infrastrutture direttamente destinati alla difesa militare ed alla sicurezza nazionale, cosi' come individuati con decreto del Ministro della difesa, compresi quelli per il trattamento e lo smaltimento delle acque reflue navali e oleose di sentina delle navi militari da guerra, delle navi militari ausiliarie e del naviglio dell'Arma dei carabinieri, del Corpo della Guardia di Finanza e del Corpo delle Capitanerie di porto - Guardia costiera iscritti nel quadro e nei ruoli speciali del naviglio militare dello Stato.

5-bis.1. Presso ciascun poligono militare delle Forze armate e' tenuto, sotto la responsabilita' del comandante, il registro delle attivita' a fuoco. Nel registro sono annotati, immediatamente dopo la conclusione di ciascuna attivita':

    a) l'arma o il sistema d'arma utilizzati;

    b) il munizionamento utilizzato;

    c) la data dello sparo e i luoghi di partenza e di arrivo dei proiettili.

5-bis.2. Il registro di cui al comma 5-bis.1 e' conservato per almeno dieci anni dalla data dell'ultima annotazione. Lo stesso e' esibito agli organi di vigilanza e di controllo ambientali e di sicurezza e igiene del lavoro, su richiesta degli stessi, per gli accertamenti di rispettiva competenza.

5-bis.3. Entro trenta giorni dal termine del periodo esercitativo, il direttore del poligono avvia le attivita' finalizzate al recupero dei residuati del munizionamento impiegato. Tali attivita' devono concludersi entro centottanta giorni al fine di assicurare i successivi adempimenti previsti dagli articoli 1 e seguenti del decreto del Ministro della difesa 22 ottobre 2009, pubblicato nella Gazzetta Ufficiale n. 87 del 15 aprile 2010.

5-ter. La declassificazione da rifiuto pericoloso a rifiuto non pericoloso non puo' essere ottenuta attraverso una diluizione o una miscelazione del rifiuto che comporti una riduzione delle concentrazioni iniziali di sostanze pericolose sotto le soglie che definiscono il carattere pericoloso del rifiuto.

5-quater. L'obbligo di etichettatura dei rifiuti pericolosi di cui all'articolo 193 e l'obbligo di tenuta dei registri di cui all'art. 190 non si applicano alle frazioni separate di rifiuti pericolosi prodotti da nuclei domestici fino a che siano accettate per la raccolta, lo smaltimento o il recupero da un ente o un'impresa che abbiano ottenuto l'autorizzazione o siano registrate in conformita' agli articoli 208, 212, 214 e 216.

ART. 184-bis
(Sottoprodotto)

1. E' un sottoprodotto e non un rifiuto ai sensi dell'articolo 183, comma 1, lettera a), qualsiasi sostanza od oggetto che soddisfa tutte le seguenti condizioni:
    a) la sostanza o l'oggetto e' originato da un processo di produzione, di cui costituisce parte integrante, e il cui scopo primario non e' la produzione di tale sostanza od oggetto;
    b) e' certo che la sostanza o l'oggetto sara' utilizzato, nel corso dello stesso o di un successivo processo di produzione o di utilizzazione, da parte del produttore o di terzi;
    c) la sostanza o l'oggetto puo' essere utilizzato direttamente senza alcun ulteriore trattamento diverso dalla normale pratica industriale;
    d) l'ulteriore utilizzo e' legale, ossia la sostanza o l'oggetto soddisfa, per l'utilizzo specifico, tutti i requisiti pertinenti riguardanti i prodotti e la protezione della salute e dell'ambiente e non portera' a impatti complessivi negativi sull'ambiente o la salute umana.
2. Sulla base delle condizioni previste al comma 1, possono essere adottate misure per stabilire criteri qualitativi o quantitativi da soddisfare affinche' specifiche tipologie di sostanze o oggetti siano considerati sottoprodotti e non rifiuti ((garantendo un elevato livello di protezione dell'ambiente e della salute umana favorendo, altresi', l'utilizzazione attenta e razionale delle risorse naturale dando priorita' alle pratiche replicabili di simbiosi industriali)). All'adozione di tali criteri si provvede con uno o piu' decreti del Ministro dell'ambiente e della tutela del territorio e del mare, ai sensi dell'articolo 17, comma 3, della legge 23 agosto 1988, n. 400, in conformita' a quanto previsto dalla disciplina comunitaria.
2-bis. COMMA ABROGATO DAL D.P.R. 13 GIUGNO 2017, N. 120.

ART. 184-ter
(Cessazione della qualifica di rifiuto)

1. Un rifiuto cessa di essere tale, quando e' stato sottoposto a un'operazione di recupero, incluso il riciclaggio, e soddisfi i criteri specifici, da adottare nel rispetto delle seguenti condizioni:
    a) la sostanza o l'oggetto sono destinati a essere utilizzati per scopi specifici;
    b) esiste un mercato o una domanda per tale sostanza od oggetto;
    c) la sostanza o l'oggetto soddisfa i requisiti tecnici per gli scopi specifici e rispetta la normativa e gli standard esistenti applicabili ai prodotti;
    d) l'utilizzo della sostanza o dell'oggetto non portera' a impatti complessivi negativi sull'ambiente o sulla salute umana.
2. L'operazione di recupero puo' consistere semplicemente nel controllare i rifiuti per verificare se soddisfano i criteri elaborati conformemente alle predette condizioni. I criteri di cui al comma 1 sono adottati in conformita' a quanto stabilito dalla disciplina comunitaria ovvero, in mancanza di criteri comunitari, caso per caso per specifiche tipologie di rifiuto attraverso uno o piu' decreti del Ministro dell'ambiente e della tutela del territorio e del mare, ai sensi dell'articolo 17, comma 3, della legge 23 agosto 1988, n. 400. I criteri includono, se necessario, valori limite per le sostanze inquinanti e tengono conto di tutti i possibili effetti negativi sull'ambiente della sostanza o dell'oggetto.
3. In mancanza di criteri specifici adottati ai sensi del comma 2, le autorizzazioni di cui agli articoli 208, 209 e 211 e di cui al titolo III-bis della parte seconda del presente decreto, per lo svolgimento di operazioni di recupero ai sensi del presente articolo, sono rilasciate o rinnovate nel rispetto delle condizioni di cui

all'articolo 6, paragrafo 1, della direttiva 2008/98/CE del Parlamento europeo e del Consiglio, del 19 novembre 2008, e sulla base di criteri dettagliati, definiti nell'ambito dei medesimi procedimenti autorizzatori ((previo parere obbligatorio e vincolante dell'ISPRA o dell'Agenzia regionale per la protezione ambientale territorialmente competente)), che includono:

    a) materiali di rifiuto in entrata ammissibili ai fini dell'operazione di recupero;

    b) processi e tecniche di trattamento consentiti;

    c) criteri di qualita' per i materiali di cui e' cessata la qualifica di rifiuto ottenuti dall'operazione di recupero in linea con le norme di prodotto applicabili, compresi i valori limite per le sostanze inquinanti, se necessario;

    d) requisiti affinche' i sistemi di gestione dimostrino il rispetto dei criteri relativi alla cessazione della qualifica di rifiuto, compresi il controllo della qualita', l'automonitoraggio e l'accreditamento, se del caso;

    e) un requisito relativo alla dichiarazione di conformita'.

    In mancanza di criteri specifici adottati ai sensi del comma 2, continuano ad applicarsi, quanto alle procedure semplificate per il recupero dei rifiuti, le disposizioni di cui al decreto del Ministro dell'ambiente 5 febbraio 1998, pubblicato nel supplemento ordinario n. 72 alla Gazzetta Ufficiale n. 88 del 16 aprile 1998, e ai regolamenti di cui ai decreti del Ministro dell'ambiente e della tutela del territorio 12 giugno 2002, n. 161, e 17 novembre 2005, n. 269.

    3-bis. Le autorita' competenti al rilascio delle autorizzazioni di cui al comma 3 comunicano all'ISPRA i nuovi provvedimenti autorizzatori adottati, riesaminati o rinnovati, entro dieci giorni dalla notifica degli stessi al soggetto istante.

    3-ter. L'ISPRA, o l'Agenzia regionale per la protezione dell'ambiente territorialmente competente delegata dal predetto Istituto, controlla a campione, sentita l'autorita' competente di cui al comma 3-bis, in contraddittorio con il soggetto interessato, la conformita' delle modalita' operative e gestionali degli impianti, ivi compresi i rifiuti in ingresso, i processi di recupero e le sostanze o oggetti in uscita, agli atti autorizzatori rilasciati nonche' alle condizioni di cui al comma 1, redigendo, in caso di non conformita', apposita relazione. ((PERIODO SOPPRESSO DAL D.L. 31 MAGGIO 2021, N. 77)). ((PERIODO SOPPRESSO DAL D.L. 31 MAGGIO 2021, N. 77)). Al fine di assicurare l'armonizzazione, l'efficacia e l'omogeneita' dei controlli di cui al presente comma sul territorio nazionale, si applicano gli articoli 4, comma 4, e 6 della legge 28 giugno 2016, n. 132.

    3-quater. ((COMMA ABROGATO DAL D.L. 31 MAGGIO 2021, N. 77)).

    3-quinquies. ((COMMA ABROGATO DAL D.L. 31 MAGGIO 2021, N. 77)).

    3-sexies. Con cadenza annuale, l'ISPRA redige una relazione sulle verifiche e i controlli effettuati nel corso dell'anno ai sensi del comma 3-ter e la comunica al Ministero dell'ambiente e della tutela del territorio e del mare entro il 31 dicembre.

    3-septies. Al fine del rispetto dei principi di trasparenza e di pubblicita', e' istituito presso il Ministero dell'ambiente e della tutela del territorio e del mare il registro nazionale per la raccolta delle autorizzazioni rilasciate e delle procedure semplificate concluse ai sensi del presente articolo. Le autorita' competenti, al momento del rilascio, comunicano al Ministero dell'ambiente e della tutela del territorio e del mare i nuovi provvedimenti autorizzatori emessi, riesaminati e rinnovati nonche' gli esiti delle procedure semplificate avviate per l'inizio di operazioni di recupero di rifiuti ai fini del presente articolo. Con decreto non avente natura regolamentare del Ministro dell'ambiente e della tutela del territorio e del mare, sono definite le modalita' di funzionamento e di organizzazione del registro di cui al presente comma. A far data dall'effettiva operativita' del registro di cui al presente comma, la comunicazione di cui al comma 3-bis si intende assolta con la sola comunicazione al registro. Alle attivita' di cui al presente comma le amministrazioni provvedono con le risorse umane, strumentali e finanziarie disponibili a legislazione vigente.

4. Un rifiuto che cessa di essere tale ai sensi e per gli effetti del presente articolo e' da computarsi ai fini del calcolo del raggiungimento degli obiettivi di recupero e riciclaggio stabiliti dal presente decreto, dal decreto legislativo 24 giugno 2003, n 209, dal decreto legislativo 25 luglio 2005, n. 151, e dal decreto legislativo 120 novembre 2008, n. 188, ovvero dagli atti di recepimento di ulteriori normative comunitarie, qualora e a condizione che siano soddisfatti i requisiti in materia di riciclaggio o recupero in essi stabiliti.

5. La disciplina in materia di gestione dei rifiuti si applica fino alla cessazione della qualifica di rifiuto.

5-bis. La persona fisica o giuridica che utilizza, per la prima volta, un materiale che ha cessato di essere considerato rifiuto e che non e' stato immesso sul mercato o che immette un materiale sul mercato per la prima volta dopo che cessa di essere considerato rifiuto, provvede affinche' il materiale soddisfi i pertinenti requisiti ai sensi della normativa applicabile in materia di sostanze chimiche e prodotti collegati. Le condizioni di cui al comma 1 devono essere soddisfatte prima che la normativa sulle sostanze chimiche e sui prodotti si applichi al materiale che ha cessato di essere considerato un rifiuto.

ART. 184-quater
(Utilizzo dei materiali di dragaggio).

1. I materiali dragati sottoposti ad operazioni di recupero in casse di colmata o in altri impianti autorizzati ai sensi della normativa vigente, cessano di essere rifiuti se, all'esito delle operazioni di recupero, che possono consistere anche in operazioni di cernita e selezione, soddisfano e sono utilizzati rispettando i seguenti requisiti e condizioni:
    a) non superano i valori delle concentrazioni soglia di contaminazione di cui alle colonne A e B della tabella 1 dell'allegato 5 al titolo V della parte quarta, con riferimento alla destinazione urbanistica del sito di utilizzo, o, in caso di utilizzo diretto in un ciclo produttivo, rispondono ai requisiti tecnici di cui alla lettera b), secondo periodo;
    b) e' certo il sito di destinazione e sono utilizzati direttamente, anche a fini del riuso o rimodellamento ambientale, senza rischi per le matrici ambientali interessate e in particolare senza determinare contaminazione delle acque sotterranee e superficiali. In caso di utilizzo diretto in un ciclo produttivo, devono, invece, rispettare i requisiti tecnici per gli scopi specifici individuati, la normativa e gli standard esistenti applicabili ai prodotti e alle materie prime, e in particolare non devono determinare emissioni nell'ambiente superiori o diverse qualitativamente da quelle che derivano dall'uso di prodotti e di materie prime per i quali e' stata rilasciata l'autorizzazione all'esercizio dell'impianto.

2. Al fine di escludere rischi di contaminazione delle acque sotterranee, i materiali di dragaggio destinati all'utilizzo in un sito devono essere sottoposti a test di cessione secondo le metodiche e i limiti di cui all'Allegato 3 del decreto del Ministro dell'ambiente 5 febbraio 1998, pubblicato nel supplemento ordinario n. 72 alla Gazzetta Ufficiale n. 88 del 16 aprile 1998. L'autorita' competente puo' derogare alle concentrazioni limite di cloruri e di solfati qualora i materiali di dragaggio siano destinati ad aree prospicenti il litorale e siano compatibili con i livelli di salinita' del suolo e della falda.

3. Il produttore o il detentore predispongono una dichiarazione di conformita' da cui risultino, oltre ai dati del produttore, o del detentore e dell'utilizzatore, la tipologia e la quantita' dei

materiali oggetto di utilizzo, le attivita' di recupero effettuate, il sito di destinazione e le altre modalita' di impiego previste e l'attestazione che sono rispettati i criteri di cui al presente articolo. La dichiarazione di conformita' e' presentata all'autorita' competente per il procedimento di recupero e all'ARPA nel cui territorio e' localizzato il sito di destinazione o il ciclo produttivo di utilizzo, trenta giorni prima dell'inizio delle operazioni di conferimento. Tutti i soggetti che intervengono nel procedimento di recupero e di utilizzo dei materiali di cui al presente articolo conservano una copia della dichiarazione per almeno un anno dalla data del rilascio, mettendola a disposizione delle autorita' competenti che la richiedano.

4. Entro trenta giorni dalla comunicazione della dichiarazione di cui al comma 3, l'autorita' competente per il procedimento di recupero verifica il rispetto dei requisiti e delle procedure disciplinate dal presente articolo e qualora rilevi difformita' o violazioni degli stessi ordina il divieto di utilizzo dei materiali di cui al comma 1 che restano assoggettati al regime dei rifiuti.

5. I materiali che cessano di essere rifiuti ai sensi dei commi 1 e 2 durante la movimentazione sono accompagnati dalla comunicazione di cui al comma 3 e dal documento di trasporto o da copia del contratto di trasporto redatto in forma scritta o dalla scheda di trasporto di cui agli articoli 6 e 7-bis del decreto legislativo 21 novembre 2005, n. 286.

((5-bis. Al fine di promuovere investimenti a favore di progetti di economia circolare, di favorire l'innovazione tecnologica e di garantire la sicurezza del trasporto marittimo, le amministrazioni competenti possono autorizzare, previa caratterizzazione, eventualmente anche per singole frazioni granulometriche, dei materiali derivanti dall'escavo di fondali di aree portuali e marino-costiere condotta secondo la disciplina vigente in materia, di cui all'articolo 109 del presente decreto legislativo e all'articolo 5-bis della legge 28 gennaio 1994, n. 84, e salve le ulteriori specificazioni tecniche definite ai sensi del comma 5-ter del presente articolo, il riutilizzo dei predetti materiali in ambienti terrestri e marino-costieri anche per singola frazione granulometrica ottenuta a seguito di separazione con metodi fisici.

5-ter. Entro novanta giorni dalla data di entrata in vigore della presente disposizione, con decreto del Ministro della transizione ecologica, di concerto con il Ministro delle infrastrutture e della mobilita' sostenibili, sono adottate le norme tecniche che disciplinano le opzioni di riutilizzo dei sedimenti di dragaggio e di ogni loro singola frazione granulometrica secondo le migliori tecnologie disponibili)).

ART. 185
(Esclusioni dall'ambito di applicazione)

1. Non rientrano nel campo di applicazione della parte quarta del presente decreto:
a) le emissioni costituite da effluenti gassosi emessi nell'atmosfera e il biossido di carbonio catturato e trasportato ai fini dello stoccaggio geologico e stoccato in formazioni geologiche prive di scambio di fluidi con altre formazioni a norma del decreto legislativo di recepimento della direttiva 2009/31/CE in materia di stoccaggio geologico di biossido di carbonio;
b) il terreno (in situ), inclusi il suolo contaminato non scavato e gli edifici collegati permanentemente al terreno, fermo restando quanto previsto dagli artt. 239 e ss. relativamente alla bonifica di siti contaminati;
c) il suolo non contaminato e altro materiale allo stato naturale escavato nel corso di attivita' di costruzione, ove sia certo che esso verra' riutilizzato a fini di costruzione allo stato naturale e nello stesso sito in cui e' stato escavato, le ceneri vulcaniche, laddove riutilizzate in sostituzione di materie prime all'interno di

cicli produttivi, mediante processi o metodi che non danneggiano l'ambiente ne' mettono in pericolo la salute umana;
    d) i rifiuti radioattivi;
    e) i materiali esplosivi in disuso, ad eccezione dei rifiuti da "articoli pirotecnici", intendendosi ((tali)) i rifiuti prodotti dall'accensione di pirotecnici di qualsiasi specie e gli articoli pirotecnici che abbiano cessato il periodo della loro validita', che siano in disuso o che non siano piu' idonei ad essere impiegati per il loro fine originario;
    f) le materie fecali, se non contemplate dal comma 2, lettera b), del presente articolo, la paglia e altro materiale agricolo o forestale naturale non pericoloso quali, a titolo esemplificativo e non esaustivo, gli sfalci e le potature effettuati nell'ambito delle buone pratiche colturali, utilizzati in agricoltura, nella silvicoltura o per la produzione di energia da tale biomassa, anche al di fuori del luogo di produzione ovvero con cessione a terzi, mediante processi o metodi che non danneggiano l'ambiente ne' mettono in pericolo la salute umana, nonche' la posidonia spiaggiata, laddove reimmessa nel medesimo ambiente marino o riutilizzata a fini agronomici o in sostituzione di materie prime all'interno di cicli produttivi, mediante processi o metodi che non danneggiano l'ambiente ne' mettono in pericolo la salute umana.
  2. Sono esclusi dall'ambito di applicazione della parte quarta del presente decreto, in quanto regolati da altre disposizioni normative comunitarie, ivi incluse le rispettive norme nazionali di recepimento:
    a) le acque di scarico;
    b) i sottoprodotti di origine animale, compresi i prodotti trasformati, contemplati dal regolamento (CE) n. 1774/2002, eccetto quelli destinati all'incenerimento, allo smaltimento in discarica o all'utilizzo in un impianto di produzione di biogas o di compostaggio;
    c) le carcasse di animali morti per cause diverse dalla macellazione, compresi gli animali abbattuti per eradicare epizoozie, e smaltite in conformita' del regolamento (CE) n. 1774/2002;
    d) i rifiuti risultanti dalla prospezione, dall'estrazione, dal trattamento, dall'ammasso di risorse minerali o dallo sfruttamento delle cave, di cui al decreto legislativo 30 maggio 2008, n. 117;

    d-bis) sostanze destinate a essere utilizzate come materie prime per mangimi di cui all'articolo 3, paragrafo 2, lettera g), del regolamento (CE) n. 767/2009 del Parlamento europeo e del Consiglio e che non sono costituite ne' contengono sottoprodotti di origine animale.
  3. Fatti salvi gli obblighi derivanti dalle normative comunitarie specifiche, sono esclusi dall'ambito di applicazione della Parte Quarta del presente decreto i sedimenti spostati all'interno di acque superficiali o nell'ambito delle pertinenze idrauliche ai fini della gestione delle acque e dei corsi d'acqua o della prevenzione di inondazioni o della riduzione degli effetti di inondazioni o siccita' o ripristino dei suoli se e' provato che i sedimenti non sono pericolosi ai sensi della decisione 2000/532/CE della Commissione del 3 maggio 2000, e successive modificazioni.
  4. Il suolo escavato non contaminato e altro materiale allo stato naturale, utilizzati in siti diversi da quelli in cui sono stati escavati, devono essere valutati ai sensi, nell'ordine, degli articoli 183, comma 1, lettera a), 184-bis e 184-ter.
  4-bis. I rifiuti provenienti da articoli pirotecnici in disuso sono gestiti ai sensi del decreto ministeriale di cui all'articolo 34, comma 2, del ((decreto legislativo)) 29 luglio 2015, n. 123, e, in virtu' della persistente capacita' esplodente, nel rispetto delle disposizioni vigenti in materia di pubblica sicurezza per le attivita' di detenzione in depositi intermedi e movimentazione dal luogo di deposito preliminare ai depositi intermedi o all'impianto di trattamento, secondo le vigenti normative sul trasporto di materiali

esplosivi; il trattamento e recupero o/e distruzione mediante incenerimento sono svolti in impianti all'uopo autorizzati secondo le disposizioni di pubblica sicurezza.

4-ter. Al fine di garantire il perseguimento delle finalita' di tutela ambientale secondo le migliori tecniche disponibili, ottimizzando il recupero dei rifiuti da articoli pirotecnici, e' fatto obbligo ai produttori e importatori di articoli pirotecnici di provvedere, singolarmente o in forma collettiva, alla gestione dei rifiuti derivanti dai loro prodotti immessi sul mercato nazionale, secondo i criteri direttivi di cui all'articolo 237 del presente decreto.

ART. 185-bis
(((Deposito temporaneo prima della raccolta).))

((1. Il raggruppamento dei rifiuti ai fini del trasporto degli stessi in un impianto di recupero o smaltimento e' effettuato come deposito temporaneo, prima della raccolta, nel rispetto delle seguenti condizioni:
    a) nel luogo in cui i rifiuti sono prodotti, da intendersi quale l'intera area in cui si svolge l'attivita' che ha determinato la produzione dei rifiuti o, per gli imprenditori agricoli di cui all'articolo 2135 del codice civile, presso il sito che sia nella disponibilita' giuridica della cooperativa agricola, ivi compresi i consorzi agrari, di cui gli stessi sono soci;
    b) esclusivamente per i rifiuti soggetti a responsabilita' estesa del produttore, anche di tipo volontario, il deposito preliminare alla raccolta puo' essere effettuato dai distributori presso i locali del proprio punto vendita;
    c) per i rifiuti da costruzione e demolizione, nonche' per le filiere di rifiuti per le quali vi sia una specifica disposizione di legge, il deposito preliminare alla raccolta puo' essere effettuato presso le aree di pertinenza dei punti di vendita dei relativi prodotti.
2. Il deposito temporaneo prima della raccolta e' effettuato alle seguenti condizioni:
    a) i rifiuti contenenti gli inquinanti organici persistenti di cui al regolamento (CE) 850/2004, e successive modificazioni, sono depositati nel rispetto delle norme tecniche che regolano lo stoccaggio e l'imballaggio dei rifiuti contenenti sostanze pericolose e gestiti conformemente al suddetto regolamento;
    b) i rifiuti sono raccolti ed avviati alle operazioni di recupero o di smaltimento secondo una delle seguenti modalita' alternative, a scelta del produttore dei rifiuti: con cadenza almeno trimestrale, indipendentemente dalle quantita' in deposito; quando il quantitativo di rifiuti in deposito raggiunga complessivamente i 30 metri cubi di cui al massimo 10 metri cubi di rifiuti pericolosi. In ogni caso, allorche' il quantitativo di rifiuti non superi il predetto limite all'anno, il deposito temporaneo non puo' avere durata superiore ad un anno;
    c) i rifiuti sono raggruppati per categorie omogenee, nel rispetto delle relative norme tecniche, nonche', per i rifiuti pericolosi, nel rispetto delle norme che disciplinano il deposito delle sostanze pericolose in essi contenute;
    d) nel rispetto delle norme che disciplinano l'imballaggio e l'etichettatura delle sostanze pericolose.
3. Il deposito temporaneo prima della raccolta e' effettuato alle condizioni di cui ai commi 1 e 2 e non necessita di autorizzazione da parte dell'autorita' competente.))

ART. 186
Terre e rocce da scavo

1. Fatto salvo quanto previsto dall'articolo 185, le terre e rocce

da scavo, anche di gallerie, ottenute quali sottoprodotti, possono essere utilizzate per reinterri, riempimenti, rimodellazioni e rilevati purche': a) siano impiegate direttamente nell'ambito di opere o interventi preventivamente individuati e definiti; b) sin dalla fase della produzione vi sia certezza dell'integrale utilizzo; c) l'utilizzo integrale della parte destinata a riutilizzo sia tecnicamente possibile senza necessita' di preventivo trattamento o di trasformazioni preliminari per soddisfare i requisiti merceologici e di qualita' ambientale idonei a garantire che il loro impiego non dia luogo ad emissioni e, piu' in generale, ad impatti ambientali qualitativamente e quantitativamente diversi da quelli ordinariamente consentiti ed autorizzati per il sito dove sono destinate ad essere utilizzate; d) sia garantito un elevato livello di tutela ambientale; e) sia accertato che non provengono da siti contaminati o sottoposti ad interventi di bonifica ai sensi del titolo V della parte quarta del presente decreto; f) le loro caratteristiche chimiche e chimico-fisiche siano tali che il loro impiego nel sito prescelto non determini rischi per la salute e per la qualita' delle matrici ambientali interessate ed avvenga nel rispetto delle norme di tutela delle acque superficiali e sotterranee, della flora, della fauna, degli habitat e delle aree naturali protette. In particolare deve essere dimostrato che il materiale da utilizzare non e' contaminato con riferimento alla destinazione d'uso del medesimo, nonche' la compatibilita' di detto materiale con il sito di destinazione; g) la certezza del loro integrale utilizzo sia dimostrata. L'impiego di terre da scavo nei processi industriali come sottoprodotti, in sostituzione dei materiali di cava, e' consentito nel rispetto delle condizioni fissate all'articolo 183, comma 1, lettera p).

2. Ove la produzione di terre e rocce da scavo avvenga nell'ambito della realizzazione di opere o attivita' sottoposte a valutazione di impatto ambientale o ad autorizzazione ambientale integrata, la sussistenza dei requisiti di cui al comma 1, nonche' i tempi dell'eventuale deposito in attesa di utilizzo, che non possono superare di norma un anno, devono risultare da un apposito progetto che e' approvato dall'autorita' titolare del relativo procedimento. Nel caso in cui progetti prevedano il riutilizzo delle terre e rocce da scavo nel medesimo progetto, i tempi dell'eventuale deposito possono essere quelli della realizzazione del progetto purche' in ogni caso non superino i tre anni.

3. Ove la produzione di terre e rocce da scavo avvenga nell'ambito della realizzazione di opere o attivita' diverse da quelle di cui al comma 2 e soggette a permesso di costruire o a denuncia di inizio attivita', la sussistenza dei requisiti di cui al comma 1, nonche' i tempi dell'eventuale deposito in attesa di utilizzo, che non possono superare un anno, devono essere dimostrati e verificati nell'ambito della procedura per il permesso di costruire, se dovuto, o secondo le modalita' della dichiarazione di inizio di attivita' (DIA).

4. Fatti salvi i casi di cui all'ultimo periodo del comma 2, ove la produzione di terre e rocce da scavo avvenga nel corso di lavori pubblici non soggetti ne' a VIA ne' a permesso di costruire o denuncia di inizio di attivita', la sussistenza dei requisiti di cui al comma 1, nonche' i tempi dell'eventuale deposito in attesa di utilizzo, che non possono superare un anno, devono risultare da idoneo allegato al progetto dell'opera, sottoscritto dal progettista.

5. Le terre e rocce da scavo, qualora non utilizzate nel rispetto delle condizioni di cui al presente articolo, sono sottoposte alle disposizioni in materia di rifiuti di cui alla parte quarta del presente decreto.

6. La caratterizzazione dei siti contaminati e di quelli sottoposti ad interventi di bonifica viene effettuata secondo le modalita' previste dal Titolo V, Parte quarta del presente decreto. L'accertamento che le terre e rocce da scavo di cui al presente decreto non provengano da tali siti e' svolto a cura e spese del produttore e accertato dalle autorita' competenti nell'ambito delle procedure previste dai commi 2, 3 e 4.

7. Fatti salvi i casi di cui all'ultimo periodo del comma 2, per i progetti di utilizzo gia' autorizzati e in corso di realizzazione prima dell'entrata in vigore della presente disposizione, gli interessati possono procedere al loro completamento, comunicando, entro novanta giorni, alle autorita' competenti, il rispetto dei requisiti prescritti, nonche' le necessarie informazioni sul sito di destinazione, sulle condizioni e sulle modalita' di utilizzo, nonche' sugli eventuali tempi del deposito in attesa di utilizzo che non possono essere superiori ad un anno. L'autorita' competente puo' disporre indicazioni o prescrizioni entro i successivi sessanta giorni senza che cio' comporti necessita' di ripetere procedure di VIA, o di AIA o di permesso di costruire o di DIA.

7-bis. Le terre e le rocce da scavo, qualora ne siano accertate le caratteristiche ambientali, possono essere utilizzate per interventi di miglioramento ambientale e di siti anche non degradati. Tali interventi devono garantire, nella loro realizzazione finale, una delle seguenti condizioni:

a) un miglioramento della qualita' della copertura arborea o della funzionalita' per attivita' agro-silvo-pastorali;

b) un miglioramento delle condizioni idrologiche rispetto alla tenuta dei versanti e alla raccolta e regimentazione delle acque piovane;

c) un miglioramento della percezione paesaggistica.

7-ter. Ai fini dell'applicazione del presente articolo, i residui provenienti dall'estrazione di marmi e pietre sono equiparati alla disciplina dettata per le terre e rocce da scavo. Sono altresi' equiparati i residui delle attivita' di lavorazione di pietre e marmi che presentano le caratteristiche di cui all'articolo 184-bis. Tali residui, quando siano sottoposti a un'operazione di recupero ambientale, devono soddisfare i requisiti tecnici per gli scopi specifici e rispettare i valori limite, per eventuali sostanze inquinanti presenti, previsti nell'Allegato 5 alla parte IV del presente decreto, tenendo conto di tutti i possibili effetti negativi sull'ambiente derivanti dall'utilizzo della sostanza o dell'oggetto.

ART. 187
(Divieto di miscelazione di rifiuti pericolosi)

1. E' vietato miscelare rifiuti pericolosi aventi differenti caratteristiche di pericolosita' ovvero rifiuti pericolosi con rifiuti non pericolosi. La miscelazione comprende la diluizione di sostanze pericolose.

2. In deroga al comma 1, la miscelazione dei rifiuti pericolosi che non presentino la stessa caratteristica di pericolosita', tra loro o con altri rifiuti, sostanze o materiali, puo' essere autorizzata ai sensi degli articoli 208, 209 e 211 a condizione che:

a) siano rispettate le condizioni di cui all'articolo 177, comma 4, e l'impatto negativo della gestione dei rifiuti sulla salute umana e sull'ambiente non risulti accresciuto;

b) l'operazione di miscelazione sia effettuata da un ente o da un'impresa che ha ottenuto un'autorizzazione ai sensi degli articoli 208, 209 e 211;

c) l'operazione di miscelazione sia conforme alle migliori tecniche disponibili di cui all'articoli 183, comma 1, lettera nn).

2-bis. Gli effetti delle autorizzazioni in essere relative all'esercizio degli impianti di recupero o di smaltimento di rifiuti che prevedono la miscelazione di rifiuti speciali, consentita ai sensi del presente articolo e dell'allegato G alla parte quarta del presente decreto, nei testi vigenti prima della data di entrata in vigore del decreto legislativo 3 dicembre 2010, n. 205, restano in vigore fino alla revisione delle autorizzazioni medesime.

3. Fatta salva l'applicazione delle sanzioni specifiche ed in particolare di quelle di cui all'articolo 256, comma 5, chiunque viola il divieto di cui al comma 1 e' tenuto a procedere a proprie spese alla separazione dei rifiuti miscelati, qualora sia

tecnicamente ed economicamente possibile e nel rispetto di quanto previsto dall'articolo 177, comma 4.
((3-bis. Le miscelazioni non vietate in base al presente articolo non sono sottoposte ad autorizzazione e, anche se effettuate da enti o imprese autorizzati ai sensi degli articoli 208, 209 e 211, non possono essere sottoposte a prescrizioni o limitazioni diverse od ulteriori rispetto a quelle previste per legge)).

ART. 188
(Responsabilita' della gestione dei rifiuti).

1. Il produttore iniziale, o altro detentore, di rifiuti provvede al loro trattamento direttamente ovvero mediante l'affidamento ad intermediario, o ad un commerciante o alla loro consegna a un ente o impresa che effettua le operazioni di trattamento dei rifiuti, o ad un soggetto addetto alla raccolta o al trasporto dei rifiuti, pubblico o privato, nel rispetto della Parte IV del presente decreto.
2. Gli enti o le imprese che provvedono alla raccolta o al trasporto dei rifiuti a titolo professionale sono tenuti all'iscrizione all'Albo dei Gestori Ambientali di cui all'articolo 212 e conferiscono i rifiuti raccolti e trasportati agli impianti autorizzati alla gestione dei rifiuti o a un centro di raccolta.
3. I costi della gestione dei rifiuti sono sostenuti dal produttore iniziale dei rifiuti nonche' dai detentori che si succedono a vario titolo nelle fasi del ciclo di gestione.
4. La consegna dei rifiuti, ai fini del trattamento, dal produttore iniziale o dal detentore ad uno dei soggetti di cui al comma 1, non costituisce esclusione automatica della responsabilita' rispetto alle operazioni di effettivo recupero o smaltimento. Al di fuori dei casi di concorso di persone nel fatto illecito e di quanto previsto dal regolamento (CE) n. 1013/2006, la responsabilita' del produttore o del detentore per il recupero o smaltimento dei rifiuti e' esclusa nei seguenti casi:
    a) conferimento dei rifiuti al servizio pubblico di raccolta;
    b) conferimento dei rifiuti a soggetti autorizzati alle attivita' di recupero o di smaltimento a condizione che il detentore abbia ricevuto il formulario di cui all'articolo 193 controfirmato e datato in arrivo dal destinatario entro tre mesi dalla data di conferimento dei rifiuti al trasportatore ovvero che alla scadenza di detto termine il produttore o detentore abbia provveduto a dare comunicazione alle autorita' competenti della mancata ricezione del formulario. Per le spedizioni transfrontaliere di rifiuti, con riferimento ai documenti previsti dal regolamento (CE) n. 1013/2006, tale termine e' elevato a sei mesi e la comunicazione e' effettuata alla Regione o alla Provincia autonoma.
5. ((Nel caso di conferimento di rifiuti a soggetti autorizzati alle operazioni intermedie di smaltimento, quali il raggruppamento, il ricondizionamento e il deposito preliminare di cui ai punti D13, D14, D15 dell'allegato B alla parte quarta del presente decreto, la responsabilita' per il corretto smaltimento dei rifiuti e' attribuita al soggetto che effettua dette operazioni)). La disposizione di cui al presente comma si applica sino alla data di entrata in vigore del decreto di cui all'articolo 188-bis, comma 1, in cui sono definite, altresi', le modalita' per la verifica ed invio della comunicazione dell'avvenuto smaltimento dei rifiuti, nonche' le responsabilita' da attribuire all'intermediario dei rifiuti.

ART. 188-bis
(Sistema di tracciabilita' dei rifiuti).

1. Il sistema di tracciabilita' dei rifiuti si compone delle procedure e degli strumenti di tracciabilita' dei rifiuti integrati nel Registro elettronico nazionale per la tracciabilita' dei rifiuti istituito ai sensi dell'articolo 6 del decreto-legge 14 dicembre 2018, n. 135, convertito, con modificazioni, dalla legge 11 febbraio

2019, n. 12, e gestito con il supporto tecnico operativo dell'Albo nazionale dei gestori di cui all'articolo 212. Per consentire la lettura integrata dei dati, gli adempimenti relativi alle modalita' di compilazione e tenuta del registro di carico e scarico e del formulario identificativo di trasporto dei rifiuti, di cui agli articoli 190 e 193, sono effettuati secondo le modalita' dettate con uno o piu' decreti del Ministro dell'ambiente e della tutela del territorio e del mare, adottati ai sensi dell'articolo 17, comma 3, della legge 23 agosto 1988, n. 400, di concerto con il Ministro dell'economia e delle finanze, sentiti il Ministro dello sviluppo economico, il Ministro della pubblica amministrazione, il Ministro delle infrastrutture e dei trasporti nonche', per gli aspetti di competenza, il Ministro delle politiche agricole alimentari e forestali.

2. In relazione alle esigenze organizzative e operative delle Forze armate, delle Forze di polizia e del Corpo nazionale dei vigili del fuoco, connesse rispettivamente alla difesa e alla sicurezza militare dello Stato, alla tutela dell'ordine e della sicurezza pubblica, al soccorso pubblico e alla difesa civile, le procedure e le modalita' con le quali il sistema di tracciabilita' dei rifiuti si applica alle corrispondenti Amministrazioni centrali sono individuate con decreto del Ministro dell'ambiente e della tutela del territorio e del mare e del Ministro dell'economia e delle finanze e, per quanto di competenza, del Ministro della difesa e del Ministro dell'interno, sentita la Conferenza permanente per i rapporti tra lo Stato, le Regioni e le Province autonome di Trento e Bolzano di cui al decreto legislativo 28 agosto 1997, n. 281, da adottare ai sensi dell'articolo 17, comma 3, della legge 23 agosto 1988, n. 400.

3. Il Registro elettronico nazionale per la tracciabilita' dei rifiuti, collocato presso la competente struttura organizzativa del Ministero dell'ambiente e della tutela del territorio e del mare, e' articolato in:

    a) una sezione Anagrafica, comprensiva dei dati dei soggetti iscritti e delle informazioni relative alle specifiche autorizzazioni rilasciate agli stessi per l'esercizio di attivita' inerenti alla gestione dei rifiuti;

    b) una sezione Tracciabilita', comprensiva dei dati ambientali relativi agli adempimenti di cui agli articoli 190 e 193 e dei dati afferenti ai percorsi dei mezzi di trasporto nei casi stabiliti dal decreto di cui al comma 1.

4. I decreti di cui ai commi 1 e 2 disciplinano anche l'organizzazione ed il funzionamento del sistema di tracciabilita' di cui al presente articolo, consentendo il colloquio con i sistemi gestionali degli utenti, pubblici e privati, attraverso apposite interfacce, favorendo la semplificazione amministrativa, garantendo un periodo preliminare di sperimentazione e la sostenibilita' dei costi a carico degli aderenti al sistema, disponendo in particolare:

    a) i modelli ed i formati relativi al registro di carico e scarico dei rifiuti ed al formulario di identificazione di cui agli articoli 190 e 193 con l'indicazione altresi' delle modalita' di compilazione, vidimazione e tenuta in formato digitale degli stessi;

    b) le modalita' di iscrizione al Registro elettronico nazionale, e relativi adempimenti, da parte dei soggetti obbligati ovvero di coloro che intendano volontariamente aderirvi, ai sensi del comma 3, dell'articolo 6 del decreto-legge 14 dicembre 2018, n. 135, con la previsione di criteri di gradualita' per la progressiva partecipazione degli operatori;

    c) il funzionamento del Registro elettronico nazionale, ivi incluse le modalita' di trasmissione dei dati relativi ai documenti di cui alla lettera a), nonche' dei dati relativi ai percorsi dei mezzi di trasporto;

    d) le modalita' per la condivisione dei dati del Registro elettronico con l'Istituto superiore per la ricerca ambientale (ISPRA) al fine del loro inserimento nel Catasto di cui all'articolo 189;

e) le modalita' di interoperabilita' per l'acquisizione della documentazione di cui al regolamento (CE) n. 1013/2006, nonche' le modalita' di coordinamento tra le comunicazioni di cui alla legge 25 gennaio 1994, n. 70 e gli adempimenti trasmessi al Registro elettronico nazionale;

f) le modalita' di svolgimento delle funzioni da parte dell'Albo nazionale indicate al comma 1;

g) le modalita' di accesso ai dati del Registro elettronico nazionale da parte degli organi di controllo;

h) le modalita' per la verifica e l'invio della comunicazione ((dell'avvio a recupero)) o smaltimento dei rifiuti, di cui all'articolo 188, comma 5, nonche' le responsabilita' da attribuire all'intermediario.

5. Gli adempimenti relativi agli articoli 190 e 193 sono effettuati digitalmente da parte dei soggetti obbligati ovvero di coloro che intendano volontariamente aderirvi ai sensi del comma 3 dell'articolo 6 del decreto-legge 14 dicembre 2018, n. 135; negli altri casi i suddetti adempimenti possono essere assolti mediante il formato cartaceo. In entrambi i casi la modulistica e' scaricabile direttamente dal Registro elettronico nazionale.

6. Al fine di garantire tempestivi adeguamenti dei modelli di cui alla lettera a) del comma 2, in caso di intervenute novita' tecniche o operative, gli aggiornamenti sono adottati con decreto del Ministro dell'ambiente e della tutela del territorio e del mare, di natura non regolamentare, sentiti i Ministri indicati al comma 1 e sentita la Conferenza permanente per i rapporti tra lo Stato, le Regioni e le Province autonome di Trento e Bolzano.

7. Fino all'entrata in vigore del decreto previsto al comma 1 continuano ad applicarsi i decreti del Ministro dell'ambiente 1° aprile 1998, n. 145 e 1° aprile 1998, n. 148, recanti i modelli di registro di carico e scarico e di formulario di identificazione del rifiuto.

ART. 188-ter

((ARTICOLO ABROGATO DAL D.LGS. 3 SETTEMBRE 2020, N. 116))

ART. 189
(Catasto dei rifiuti).

1. Il Catasto dei rifiuti, istituito dall'articolo 3 del decreto-legge 9 settembre 1988, n. 397, convertito, con modificazioni, dalla legge 9 novembre 1988, n. 475, e' articolato in una Sezione nazionale, che ha sede in Roma presso l'Istituto superiore per la protezione e la ricerca ambientale (ISPRA) ed in Sezioni regionali o delle Province autonome di Trento e Bolzano presso le corrispondenti Agenzie regionali e delle Province autonome per la protezione dell'ambiente. Le norme di organizzazione del Catasto sono emanate ed aggiornate con decreto del Ministro dell'ambiente e della tutela del territorio e del mare, di concerto con il Ministro delle politiche agricole alimentari e forestali. Sino all'emanazione del decreto di cui al secondo periodo continuano ad applicarsi le disposizioni di cui al decreto del Ministro dell'ambiente 4 agosto 1998, n. 372.

2. Il Catasto assicura, anche ai fini della pianificazione delle attivita' di gestione dei rifiuti, un quadro conoscitivo, completo e costantemente aggiornato, dei dati raccolti ai sensi della legge 25 gennaio 1994, n. 70 e mediante gli strumenti di tracciabilita' di cui alla presente Parte IV, utilizzando la nomenclatura prevista dalla disciplina europea e nazionale di riferimento.

3. Chiunque effettua a titolo professionale attivita' di raccolta e trasporto di rifiuti, i commercianti e gli intermediari di rifiuti senza detenzione, le imprese e gli enti che effettuano operazioni di recupero e di smaltimento di rifiuti, i Consorzi e i sistemi riconosciuti, gli istituti per il recupero e riciclaggio degli

imballaggi e di particolari tipologie di rifiuti, nonche' le imprese e gli enti produttori iniziali di rifiuti pericolosi e le imprese e gli enti produttori iniziali di rifiuti non pericolosi di cui all'articolo 184, comma 3, lettere c), d) e g), comunicano annualmente alle Camere di commercio, industria, artigianato e agricoltura territorialmente competenti, con le modalita' previste dalla legge 25 gennaio 1994, n. 70, le quantita' e le caratteristiche qualitative dei rifiuti oggetto delle predette attivita', dei materiali prodotti all'esito delle attivita' di recupero nonche' i dati relativi alle autorizzazioni ed alle comunicazioni inerenti le attivita' di gestione dei rifiuti. Sono esonerati da tale obbligo gli imprenditori agricoli di cui all'articolo 2135 del codice civile con un volume di affari annuo non superiore a euro ottomila, le imprese che raccolgono e trasportano i propri rifiuti non pericolosi, di cui all'articolo 212, comma 8, nonche', per i soli rifiuti non pericolosi, le imprese e gli enti produttori iniziali che non hanno piu' di dieci dipendenti.

4. Nel caso in cui i produttori di rifiuti speciali conferiscano i medesimi al servizio pubblico di raccolta competente per territorio, ovvero ad un circuito organizzato di raccolta di cui all'articolo 183, comma 1, lettera pp), previa apposita convenzione, la comunicazione e' effettuata dal gestore del servizio limitatamente alla quantita' conferita.

5. I soggetti responsabili del servizio di gestione integrata dei rifiuti urbani comunicano annualmente, secondo le modalita' previste dalla legge 25 gennaio 1994, n. 70, le seguenti informazioni relative all'anno precedente:
   a) la quantita' dei rifiuti urbani raccolti nel proprio territorio;
   b) la quantita' dei rifiuti speciali raccolti nel proprio territorio a seguito di apposita convenzione con soggetti pubblici o privati;
   c) i soggetti che hanno provveduto alla gestione dei rifiuti, specificando le operazioni svolte, le tipologie e la quantita' dei rifiuti gestiti da ciascuno;
   d) i costi di gestione e di ammortamento tecnico e finanziario degli investimenti per le attivita' di gestione dei rifiuti, nonche' i proventi della tariffa di cui all'articolo 238 ed i proventi provenienti dai consorzi finalizzati al recupero dei rifiuti;
   e) i dati relativi alla raccolta differenziata;
   f) le quantita' raccolte, suddivise per materiali, in attuazione degli accordi con i consorzi finalizzati al recupero dei rifiuti.

6. La Sezione nazionale rende disponibili, entro trenta giorni dal ricevimento, alle Sezioni regionali e provinciali le banche dati trasmesse dalle Camere di commercio, industria, artigianato e agricoltura ai sensi dell'articolo 2, comma 2, della legge 25 gennaio 1994, n. 70. Le Sezioni regionali e provinciali provvedono all'elaborazione dei dati, secondo una metodologia condivisa ai sensi dell'articolo 4 della legge 28 giugno 2016, n. 132, ed alla successiva trasmissione alla Sezione nazionale entro novanta giorni dal ricevimento, delle informazioni di cui ai commi 2, 3, 4 e 5. L'Istituto superiore per la protezione e la ricerca ambientale (ISPRA) elabora i dati, evidenziando le tipologie e le quantita' dei rifiuti prodotti, raccolti, trasportati, recuperati e smaltiti, nonche' gli impianti di smaltimento e di recupero in esercizio e ne assicura la pubblicita' anche attraverso la pubblicazione di un rapporto annuale.

7. Per le comunicazioni relative ai rifiuti di imballaggio si applica quanto previsto dall'articolo 220, comma 2.

8. La Sezione nazionale del catasto dei rifiuti e il Registro elettronico nazionale di cui all'articolo 188-bis, assicurano il coordinamento e la condivisione dei dati, anche al fine di consentire un'opportuna pubblicita' alle informazioni.

9. Il decreto di cui all'articolo 188-bis, comma 1, disciplina le modalita' di coordinamento tra le comunicazioni al Catasto dei

rifiuti e gli adempimenti trasmessi al Registro elettronico nazionale, garantendone la precompilazione automatica.

ART. 190
(Registro cronologico di carico e scarico).

1. Chiunque effettua a titolo professionale attivita' di raccolta e trasporto di rifiuti, i commercianti e gli intermediari di rifiuti senza detenzione, le imprese e gli enti che effettuano operazioni di recupero e di smaltimento di rifiuti, i Consorzi e i sistemi riconosciuti, istituiti per il recupero e riciclaggio degli imballaggi e di particolari tipologie di rifiuti, nonche' le imprese e gli enti produttori iniziali di rifiuti pericolosi e le imprese e gli enti produttori iniziali di rifiuti non pericolosi di cui all'articolo 184, comma 3, lettere c), d) e g), ha l'obbligo di tenere un registro cronologico di carico e scarico, in cui sono indicati per ogni tipologia di rifiuto la quantita' prodotta, la natura e l'origine di tali rifiuti e la quantita' dei prodotti e materiali ottenuti dalle operazioni di trattamento quali preparazione per riutilizzo, riciclaggio e altre operazioni di recupero nonche', laddove previsto, gli estremi del formulario di identificazione di cui all'articolo 193.

2. Il modello di registro cronologico di carico e scarico e' disciplinato con il decreto di cui all'articolo 188-bis, comma 1. Fino alla data di entrata in vigore del suddetto decreto continuano ad applicarsi le disposizioni di cui al decreto del Ministro dell'ambiente 1° aprile 1998, n. 148, nonche' le disposizioni relative alla numerazione e vidimazione dei registri da parte delle Camere di commercio territorialmente competenti con le procedure e le modalita' fissate dalla normativa sui registri IVA.

3. Le annotazioni di cui al comma 1, da riportare nel registro cronologico, sono effettuate:

a) per i produttori iniziali, almeno entro dieci giorni lavorativi dalla produzione del rifiuto e dallo scarico del medesimo;

b) per i soggetti che effettuano la raccolta e il trasporto, almeno entro dieci giorni lavorativi dalla data di consegna dei rifiuti all'impianto di destino;

c) per i commercianti, gli intermediari e i consorzi, almeno entro dieci giorni lavorativi dalla data di consegna dei rifiuti all'impianto di destino;

d) per i soggetti che effettuano le operazioni di recupero e di smaltimento, entro due giorni lavorativi dalla presa in carico dei rifiuti.

4. I soggetti e le organizzazioni di cui agli articoli 221, comma 3, lettere a) e c), 223, 224, 228, 233, 234 e 236, possono adempiere all'obbligo di cui al comma 1 tramite ((analoghe evidenze documentali o gestionali)).

5. Sono esonerati dall'obbligo di cui al comma 1 gli imprenditori agricoli di cui all'articolo 2135 del codice civile, con un volume di affari annuo non superiore a euro ottomila, le imprese che raccolgono e trasportano i propri rifiuti non pericolosi, di cui all'articolo 212, comma 8, nonche', per i soli rifiuti non pericolosi, le imprese e gli enti produttori iniziali che non hanno piu' di dieci dipendenti.

6. Gli imprenditori agricoli di cui all'articolo 2135 del codice civile produttori iniziali di rifiuti pericolosi, nonche' i soggetti esercenti attivita' ricadenti nell'ambito dei codici ATECO 96.02.01, 96.02.02, 96.02.03 e 96.09.02 che producono rifiuti pericolosi, compresi quelli aventi codice EER 18.01.03*, relativi ad aghi, siringhe e oggetti taglienti usati ed i produttori di rifiuti pericolosi non rientranti in organizzazione di ente o impresa, quando obbligati alla tenuta del registro ai sensi del comma 1, possono adempiere all'obbligo con una delle seguenti modalita':

a) con la conservazione progressiva per tre anni del formulario di identificazione di cui all'articolo 193, comma 1, relativo al trasporto dei rifiuti o dei documenti sostitutivi previsti dall'articolo 193;

b) con la conservazione per tre anni del documento di conferimento rilasciato dal soggetto che provvede alla raccolta di detti rifiuti nell'ambito del circuito organizzato di raccolta di cui all'articolo 183. Tale modalita' e' valida anche ai fini della comunicazione al catasto di cui all'articolo 189.

7. I soggetti la cui produzione annua di rifiuti non eccede le venti tonnellate di rifiuti non pericolosi e le quattro tonnellate di rifiuti pericolosi, in luogo della tenuta in proprio dei registri di carico e scarico dei rifiuti, possono adempiere tramite le organizzazioni di categoria interessate o loro societa' di servizi che provvedono ad annotare i dati con cadenza mensile, mantenendo presso la sede operativa dell'impresa copia delle annotazioni o, comunque, rendendola tempestivamente disponibile su richiesta degli organi di controllo.

8. Per le attivita' di gestione dei rifiuti costituiti da rottami ferrosi e non ferrosi, gli obblighi connessi alla tenuta dei registri di carico e scarico si intendono assolti anche tramite l'utilizzo dei registri IVA di acquisto e di vendita secondo le procedure e le modalita' fissate dall'articolo 39 del decreto del Presidente della Repubblica 26 ottobre 1972, n. 633 e successive modifiche.

9. Le operazioni di gestione dei centri di raccolta di cui all'articolo 183 sono escluse dagli obblighi del presente articolo limitatamente ai rifiuti non pericolosi. Per i rifiuti pericolosi la registrazione del carico e dello scarico puo' essere effettuata contestualmente al momento dell'uscita dei rifiuti stessi dal centro di raccolta e in maniera cumulativa per ciascun codice dell'elenco dei rifiuti.

10. I registri sono tenuti, o resi accessibili, presso ogni impianto di produzione, di stoccaggio, di recupero e di smaltimento di rifiuti, ovvero per le imprese che effettuano attivita' di raccolta e trasporto e per i commercianti e gli intermediari, presso la sede operativa. I registri, integrati con i formulari di cui all'articolo 193 relativi al trasporto dei rifiuti, sono conservati per tre anni dalla data dell'ultima registrazione. I registri relativi alle operazioni di smaltimento dei rifiuti in discarica devono essere conservati a tempo indeterminato e consegnati all'autorita' che ha rilasciato l'autorizzazione, alla chiusura dell'impianto. I registri relativi agli impianti dismessi o non presidiati possono essere tenuti presso la sede legale del soggetto che gestisce l'impianto.

11. I registri relativi ai rifiuti prodotti dalle attivita' di manutenzione di cui all'articolo 230 possono essere tenuti nel luogo di produzione dei rifiuti, cosi' come definito dal medesimo articolo. Per rifiuti prodotti dalle attivita' di manutenzione di impianti e infrastrutture a rete e degli impianti a queste connessi, i registri possono essere tenuti presso le sedi di coordinamento organizzativo del gestore, o altro centro equivalente, previa comunicazione all'ARPA territorialmente competente ovvero al Registro elettronico nazionale di cui all'articolo 188-bis.

12. Le informazioni contenute nel registro sono utilizzate anche ai fini della comunicazione annuale al Catasto di cui all'articolo 189.

13. Le informazioni contenute nel registro sono rese disponibili in qualunque momento all'autorita' di controllo che ne faccia richiesta.

ART. 191
Ordinanze contingibili e urgenti e poteri sostitutivi

1. Ferme restando le disposizioni vigenti in materia di tutela ambientale, sanitaria e di pubblica sicurezza, con particolare riferimento alle disposizioni sul potere di ordinanza di cui all'articolo 5 della legge 24 febbraio 1992, n. 225, istitutiva del servizio nazionale della protezione civile, qualora si verifichino situazioni di eccezionale ed urgente necessita' di tutela della

salute pubblica e dell'ambiente, e non si possa altrimenti provvedere, il Presidente della Giunta regionale o il Presidente della provincia ovvero il Sindaco possono emettere, nell'ambito delle rispettive competenze, ordinanze contingibili ed urgenti per consentire il ricorso temporaneo a speciali forme di gestione dei rifiuti, anche in deroga alle disposizioni vigenti, nel rispetto, comunque, delle disposizioni contenute nelle direttive dell'Unione europea, garantendo un elevato livello di tutela della salute e dell'ambiente. Dette ordinanze sono comunicate al Presidente del Consiglio dei Ministri, al Ministro dell'ambiente e della tutela del territorio e del mare, al Ministro della salute, al Ministro delle attivita' produttive, al Presidente della regione e all'autorita' d'ambito di cui all'articolo 201 entro tre giorni dall'emissione ed hanno efficacia per un periodo non superiore a sei mesi.

2. Entro centoventi giorni dall'adozione delle ordinanze di cui al comma 1, il Presidente della Giunta regionale promuove ed adotta le iniziative necessarie per garantire la raccolta differenziata, il riutilizzo, il riciclaggio e lo smaltimento dei rifiuti. In caso di inutile decorso del termine e di accertata inattivita', il Ministro dell'ambiente e della tutela del territorio e del mare diffida il Presidente della Giunta regionale a provvedere entro sessanta giorni e, in caso di protrazione dell'inerzia, puo' adottare in via sostitutiva tutte le iniziative necessarie ai predetti fini.

3. Le ordinanze di cui al comma 1 indicano le norme a cui si intende derogare e sono adottate su parere degli organi tecnici o tecnico-sanitari locali, che si esprimono con specifico riferimento alle conseguenze ambientali.

4. Le ordinanze di cui al comma 1 possono essere reiterate per un periodo non superiore a 18 mesi per ogni speciale forma di gestione dei rifiuti. Qualora ricorrano comprovate necessita', il Presidente della regione d'intesa con il Ministro dell'ambiente e della tutela del territorio e del mare puo' adottare, dettando specifiche prescrizioni, le ordinanze di cui al comma 1 anche oltre i predetti termini.

5. Le ordinanze di cui al comma 1 che consentono il ricorso temporaneo a speciali forme di gestione dei rifiuti pericolosi sono comunicate dal Ministro dell'ambiente e della tutela del territorio e del mare alla Commissione dell'Unione europea.

ART. 192
(divieto di abbandono)

1. L'abbandono e il deposito incontrollati di rifiuti sul suolo e nel suolo sono vietati.

2. E' altresi' vietata l'immissione di rifiuti di qualsiasi genere, allo stato solido o liquido, nelle acque superficiali e sotterranee.

3. Fatta salva l'applicazione della sanzioni di cui agli articoli 255 e 256, chiunque viola i divieti di cui ai commi 1 e 2 e' tenuto a procedere alla rimozione, all'avvio a recupero o allo smaltimento dei rifiuti ed al ripristino dello stato dei luoghi in solido con il proprietario e con i titolari di diritti reali o personali di godimento sull'area, ai quali tale violazione sia imputabile a titolo di dolo o colpa, in base agli accertamenti effettuati, in contraddittorio con i soggetti interessati, dai soggetti preposti al controllo. Il Sindaco dispone con ordinanza le operazioni a tal fine necessarie ed il termine entro cui provvedere, decorso il quale procede all'esecuzione in danno dei soggetti obbligati ed al recupero delle somme anticipate.

4. Qualora la responsabilita' del fatto illecito sia imputabile ad amministratori o rappresentanti di persona giuridica ai sensi e per gli effetti del comma 3, sono tenuti in solido la persona giuridica ed i soggetti che siano subentrati nei diritti della persona stessa,

secondo le previsioni del decreto legislativo 8 giugno 2001, n. 231, in materia di responsabilita' amministrativa delle persone giuridiche, delle societa' e delle associazioni.

ART. 193
(Trasporto dei rifiuti).

1. Il trasporto dei rifiuti, eseguito da enti o imprese, e' accompagnato da un formulario di identificazione (FIR) dal quale devono risultare i seguenti dati:
   a) nome ed indirizzo del produttore e del detentore;
   b) origine, tipologia e quantita' del rifiuto;
   c) impianto di destinazione;
   d) data e percorso dell'istradamento;
   e) nome ed indirizzo del destinatario.

2. Con il decreto di cui all'articolo 188-bis, comma 1, sono disciplinati il modello del formulario di identificazione del rifiuto e le modalita' di numerazione, vidimazione, tenuta e trasmissione al Registro elettronico nazionale, con possibilita' di scaricare dal medesimo Registro elettronico il formato cartaceo. Possono essere adottati modelli di formulario per particolari tipologie di rifiuti ovvero per particolari forme di raccolta.

3. Fino alla data di entrata in vigore del decreto di cui all'articolo 188-bis, comma 1, continuano ad applicarsi il decreto del Ministro dell'ambiente 1° aprile 1998, n. 145, nonche' le disposizioni relative alla numerazione e vidimazione dagli uffici dell'Agenzia delle entrate o dalle Camere di commercio, industria, artigianato e agricoltura o dagli uffici regionali e provinciali competenti in materia di rifiuti. La vidimazione dei formulari di identificazione e' gratuita e non e' soggetta ad alcun diritto o imposizione tributaria.

4. Fino all'emanazione del decreto di cui all'articolo 188-bis, comma 1, il formulario in formato cartaceo e' redatto in quattro esemplari, compilati, datati e firmati dal produttore o detentore, sottoscritti altresi' dal trasportatore; una copia deve rimanere presso il produttore o il detentore, le altre tre, sottoscritte e datate in arrivo dal destinatario, sono acquisite una dal destinatario e due dal trasportatore, che provvede a trasmetterne una al produttore o al detentore. La trasmissione della quarta copia puo' essere sostituita dall'invio mediante posta elettronica certificata sempre che il trasportatore assicuri la conservazione del documento originale ovvero provveda, successivamente, all'invio dello stesso al produttore. Le copie del formulario devono essere conservate per tre anni.

5. Fino alla data di entrata in vigore del decreto di cui all'articolo 188-bis, comma 1, in alternativa alle modalita' di vidimazione di cui al comma 3, il formulario di identificazione del rifiuto e' prodotto in format esemplare, conforme al decreto del Ministro dell'ambiente 1° aprile 1998, n. 145, identificato da un numero univoco, tramite apposita applicazione raggiungibile attraverso i portali istituzionali delle Camere di Commercio, da stamparsi e compilarsi in duplice copia. La medesima applicazione rende disponibile, a coloro che utilizzano propri sistemi gestionali per la compilazione dei formulari, un accesso dedicato al servizio anche in modalita' telematica al fine di consentire l'apposizione del codice univoco su ciascun formulario. Una copia rimane presso il produttore e l'altra accompagna il rifiuto fino a destinazione. Il trasportatore trattiene una fotocopia del formulario compilato in tutte le sue parti. Gli altri soggetti coinvolti ricevono una fotocopia del formulario completa in tutte le sue parti. Le copie del formulario devono essere conservate per tre anni.

6. Durante la raccolta e il trasporto i rifiuti pericolosi devono essere imballati ed etichettati in conformita' alle norme vigenti in materia.

7. Le disposizioni di cui al comma 1 non si applicano al trasporto

di rifiuti urbani ai centri di raccolta di cui all'articolo 183, effettuato dal produttore iniziale degli stessi; al soggetto che gestisce il servizio pubblico; ai trasporti di rifiuti speciali non pericolosi, effettuati dal produttore dei rifiuti stessi in modo occasionale e saltuario. Sono considerati occasionali e saltuari i trasporti effettuati per non piu' di cinque volte l'anno, che non eccedano la quantita' giornaliera di trenta chilogrammi o di trenta litri.

8. Le disposizioni di cui al comma 1 non si applicano altresi' al trasporto di rifiuti speciali di cui all'articolo 184, comma 3, lettera a), effettuato dal produttore in modo occasionale e saltuario, come definito al comma 7, per il conferimento al gestore del servizio pubblico di raccolta, ovvero al circuito organizzato di raccolta di cui all'articolo 183, comma 1, lettera pp), con i quali sia stata stipulata apposita convenzione.

9. Per i rifiuti oggetto di spedizioni transfrontaliere, il formulario di cui al presente articolo e' sostituito dai documenti previsti dall'articolo 194, anche con riguardo alla tratta percorsa su territorio nazionale.

10. Il formulario di identificazione di cui al comma 1, con riguardo all'utilizzazione dei fanghi di depurazione in agricoltura, puo' sostituire il documento di cui all'articolo 13 del decreto legislativo 27 gennaio 1992, n. 99 e successive modificazioni, a condizione che siano espressamente riportate in maniera chiara e leggibile le specifiche informazioni di cui all'allegato III A del citato decreto legislativo n. 99 del 1992, nonche' le sottoscrizioni richieste, ancorche' non previste nel modello del formulario.

11. La movimentazione dei rifiuti esclusivamente all'interno di aree private non e' considerata trasporto ai fini della Parte quarta del presente decreto e non necessita di formulario di identificazione.

12. La movimentazione dei rifiuti tra fondi appartenenti alla medesima azienda agricola, ancorche' effettuati percorrendo la pubblica via, non e' considerata trasporto ai fini del presente decreto qualora risulti comprovato da elementi oggettivi ed univoci che sia finalizzata unicamente al raggiungimento del luogo di messa a dimora dei rifiuti in deposito temporaneo e la distanza fra i fondi non sia superiore a quindici chilometri; non e' altresi' considerata trasporto la movimentazione dei rifiuti effettuata dall'imprenditore agricolo di cui all'articolo 2135 del codice civile dai propri fondi al sito che sia nella disponibilita' giuridica della cooperativa di cui e' socio, ivi compresi i consorzi agrari, qualora sia finalizzata al raggiungimento del deposito temporaneo.

13. Il documento commerciale di cui al regolamento (CE) n. 1069/2009 del Parlamento europeo e del Consiglio, per gli operatori soggetti all'obbligo della tenuta dei registri di carico e scarico di cui all'articolo 190 sostituisce a tutti gli effetti il formulario di identificazione di cui al comma 1. Con il decreto di cui all'articolo 188-bis, comma 1, sono disciplinate le modalita' di trasmissione al Registro elettronico nazionale (REN).

14. La micro-raccolta, intesa come raccolta di rifiuti da parte di un unico raccoglitore o trasportatore presso piu' produttori o detentori, svolta con lo stesso automezzo, ovvero presso diverse unita' locali dello stesso produttore, deve essere effettuata nel termine massimo di 48 ore; nei formulari di identificazione dei rifiuti devono essere indicate tutte le tappe intermedie effettuate. Nel caso in cui il percorso dovesse subire delle variazioni, nello spazio relativo alle annotazioni deve essere indicato a cura del trasportatore il percorso realmente effettuato.

15. Gli stazionamenti dei veicoli in configurazione di trasporto, nonche' le soste tecniche per le operazioni di trasbordo, ivi compresi quelli effettuati con cassoni e dispositivi scarrabili, o con altre carrozzerie mobili che proseguono il trasporto, non rientrano nelle attivita' di stoccaggio di cui all'articolo 183, comma 1, aa), purche' le stesse siano dettate da esigenze di

trasporto e non superino le 72 ore, escludendo dal computo i giorni interdetti alla circolazione.

16. Il formulario di identificazione dei rifiuti di cui al comma 1 sostituisce a tutti gli effetti il modello F di cui al decreto ministeriale 16 maggio 1996, n. 392 e la scheda di cui all'allegato IB del decreto del Ministero dell'ambiente e della tutela del territorio e del mare 8 aprile 2008.

17. Nella compilazione del formulario di identificazione, ogni operatore e' responsabile delle informazioni inserite e sottoscritte nella parte di propria competenza. Il trasportatore non e' responsabile per quanto indicato nel formulario di identificazione dal produttore o dal detentore dei rifiuti e per le eventuali difformita' tra la descrizione dei rifiuti e la loro effettiva natura e consistenza, fatta eccezione per le difformita' riscontrabili in base alla comune diligenza.

18. Ferma restando la disciplina in merito all'attivita' sanitaria e relativi rifiuti prodotti, ai fini del deposito e del trasporto, i rifiuti provenienti da assistenza sanitaria ((svolta al di fuori delle strutture sanitarie di riferimento e da assistenza)) domiciliare si considerano prodotti presso l'unita' locale, sede o domicilio dell'operatore che svolge tali attivita'. La movimentazione di quanto prodotto, dal luogo dell'intervento fino alla sede di chi lo ha svolto, non comporta l'obbligo di tenuta del formulario di identificazione del rifiuto e non necessita di iscrizione all'Albo ai sensi dell'articolo 212.

19. I rifiuti derivanti da attivita' di manutenzione e piccoli interventi edili, ivi incluse le attivita' di cui alla legge 25 gennaio 1994, n. 82, si considerano prodotti presso l'unita' locale, sede o domicilio del soggetto che svolge tali attivita'. Nel caso di quantitativi limitati che non giustificano l'allestimento di un deposito dove e' svolta l'attivita', il trasporto dal luogo di effettiva produzione alla sede, in alternativa al formulario di identificazione, e' accompagnato dal documento di trasporto (DDT) attestante il luogo di effettiva produzione, tipologia e quantita' dei materiali, indicando il numero di colli o una stima del peso o volume, il luogo di destinazione.

20. Per le attivita' di cui all'articolo 230, commi 1 e 3, con riferimento alla movimentazione del materiale tolto d'opera prodotto, al fine di consentire le opportune valutazioni tecniche e di funzionalita' dei materiali riutilizzabili, lo stesso e' accompagnato dal documento di trasporto (DDT) attestante il luogo di effettiva produzione, tipologia e quantita' dei materiali, indicando il numero di colli o una stima del peso o volume, il luogo di destinazione.

ART. 193-bis
(((Trasporto intermodale).))

((1. Fermi restando gli obblighi in materia di tracciabilita' e le eventuali responsabilita' del trasportatore, dell'intermediario, nonche' degli altri soggetti ad esso equiparati per la violazione degli obblighi assunti nei confronti del produttore, il deposito di rifiuti nell'ambito di attivita' intermodale di carico e scarico, trasbordo e soste tecniche all'interno di porti, scali ferroviari, interporti, impianti di terminalizzazione e scali merci, effettuato da soggetti ai quali i rifiuti sono affidati in attesa della presa in carico degli stessi da parte di un'impresa navale o ferroviaria o che effettua il successivo trasporto, non rientra nelle attivita' di stoccaggio di cui all'articolo 183, comma 1, lettera aa), a condizione che non superi il termine finale di trenta giorni e che i rifiuti siano presi in carico per il successivo trasporto entro sei giorni dalla data d'inizio dell'attivita' di deposito.

2. Nell'ipotesi in cui i rifiuti non siano presi in carico entro sei giorni dall'inizio dell'attivita' di trasporto, il soggetto al quale i rifiuti sono affidati deve darne comunicazione formale, non oltre le successive 24 ore, all'autorita' competente ed al produttore

nonche', se esistente, all'intermediario o al soggetto ad esso equiparato che ha organizzato il trasporto. Il produttore, entro i ventiquattro giorni successivi alla ricezione della comunicazione e' tenuto a provvedere alla presa in carico dei rifiuti per il successivo trasporto ed alla corretta gestione dei rifiuti stessi.
  3. L'invio della comunicazione e la presa in carico dei rifiuti nel rispetto dei termini indicati al comma 2 escludono la responsabilita' per attivita' di stoccaggio di rifiuti non autorizzato, ai sensi dell'articolo 256, fermo restando l'obbligo, per il soggetto al quale i rifiuti sono affidati in attesa della presa in carico, di garantire che il deposito sia effettuato nel rispetto delle norme di tutela ambientale e sanitaria.
  4. Gli oneri sostenuti dal soggetto al quale i rifiuti sono affidati in attesa della presa in carico degli stessi da parte di un'impresa navale o ferroviaria o altra impresa per il successivo trasporto, sono posti a carico dei precedenti detentori e del produttore dei rifiuti, in solido tra loro.))

ART. 194
(Spedizioni transfrontaliere)

  1. Le spedizioni transfrontaliere dei rifiuti sono disciplinate dai regolamenti comunitari che regolano la materia, dagli accordi bilaterali di cui agli articoli 41 e 43 del regolamento (CE) n. 1013/2006 e dal decreto di cui al comma 4.
  2. Sono fatti salvi, ai sensi degli articoli 41 e 43 del regolamento (CE) n. 1013/2006 gli accordi in vigore tra lo Stato della Citta' del Vaticano, la Repubblica di San Marino e la Repubblica italiana. Alle importazioni di rifiuti urbani provenienti dallo Stato della Citta' del Vaticano e dalla Repubblica di San Marino non si applicano le disposizioni di cui all'articolo 42 del predetto regolamento.
  3. Fatte salve le norme che disciplinano il trasporto internazionale di merci, le imprese che effettuano il trasporto transfrontaliero nel territorio italiano sono iscritte all'Albo nazionale gestori ambientali di cui all'articolo 212. L'iscrizione all'Albo, qualora effettuata per il solo esercizio dei trasporti transfrontalieri, non e' subordinata alla prestazione delle garanzie finanziarie di cui al comma 10 del medesimo articolo 212. PERIODO ABROGATO DAL D.L. 2 MARZO 2012, N. 16, CONVERTITO CON MODIFICAZIONI DALLA L. 26 APRILE 2012, N. 44.
  4. Con decreto del Ministro dell'ambiente e della tutela del territorio e del mare, di concerto con i Ministri dello sviluppo economico, della salute, dell'economia e delle finanze, delle infrastrutture e dei trasporti, nel rispetto delle norme del regolamento (CE) n. 1013/2006 sono disciplinati:
    a) i criteri per il calcolo degli importi minimi delle garanzie finanziarie da prestare per le spedizioni dei rifiuti, di cui all'articolo 6 del predetto regolamento; tali garanzie sono ridotte del cinquanta per cento per le imprese registrate ai sensi del regolamento (CE) n. 761/2001, del Parlamento europeo e del Consiglio, del 19 marzo 2001, e del quaranta per cento nel caso di imprese in possesso della certificazione ambientale ai sensi della norma Uni En Iso 14001;
    b) le spese amministrative poste a carico dei notificatori ai sensi dell'articolo 29, del regolamento;
    c) le specifiche modalita' per il trasporto dei rifiuti negli Stati di cui al comma 2.
  5. Sino all'adozione del decreto di cui al comma 4, continuano ad applicarsi le disposizioni di cui al decreto del Ministro dell'ambiente 3 settembre 1998, n. 370.
  6. Ai sensi e per gli effetti del regolamento (CE) n. 1013/2006:
    a) le autorita' competenti di spedizione e di destinazione sono le regioni e le province autonome;
    b) l'autorita' di transito e' il Ministero dell'ambiente e della

tutela del territorio e del mare;
c) corrispondente e' il Ministero dell'ambiente e della tutela del territorio e del mare.
7. Le regioni e le province autonome comunicano le informazioni di cui all'articolo 56 del regolamento (CE) 1013/2006 al Ministero dell'ambiente e della tutela del territorio e del mare per il successivo inoltro alla Commissione dell'Unione europea, nonche', entro il 30 settembre di ogni anno, i dati, riferiti all'anno precedente, previsti dall'articolo 13, comma 3, della Convenzione di Basilea, ratificata con legge 18 agosto 1993, n. 340. La comunicazione dei dati relativi alle spedizioni di rifiuti e' effettuata in formato elettronico utilizzando la piattaforma elettronica messa a disposizione dal Ministero dell'ambiente e della tutela del territorio e del mare, la quale garantisce l'interoperabilita' con il Registro elettronico nazionale di cui all'articolo 188-bis.

ART. 194-bis
((ARTICOLO ABROGATO DAL D.L. 6 NOVEMBRE 2021, N. 152))

CAPO II
COMPETENZE

ART. 195
Competenze dello Stato

1. Ferme restando le ulteriori competenze statali previste da speciali disposizioni, anche contenute nella parte quarta del presente decreto, spettano allo Stato:
a) le funzioni di indirizzo e coordinamento necessarie all'attuazione della parte quarta del presente decreto, da esercitare ai sensi dell'articolo 8 della legge 15 marzo 1997, n. 59, nei limiti di quanto stabilito dall'articolo 8, comma 6, della legge 5 giugno 2003, n. 131;
b) la definizione dei criteri generali e delle metodologie per la gestione integrata dei rifiuti,;
b-bis) la definizione di linee guida, sentita la Conferenza unificata di cui all'articolo 8 del decreto legislativo 28 agosto 1997, n. 281, sui contenuti minimi delle autorizzazioni rilasciate ai sensi degli artt. 208, 215 e 216;
b-ter) la definizione di linee guida, sentita la Conferenza Unificata di cui all'articolo 8 del decreto legislativo 28 agosto 1997, n. 281, per le attivita' di recupero energetico dei rifiuti;
c) l'individuazione delle iniziative e delle misure per prevenire e limitare, anche mediante il ricorso a forme di deposito cauzionale sui beni immessi al consumo, la produzione dei rifiuti, nonche' per ridurne la pericolosita';
d) l'individuazione dei flussi omogenei di produzione dei rifiuti con piu' elevato impatto ambientale, che presentano le maggiori difficolta' di smaltimento o particolari possibilita' di recupero sia per le sostanze impiegate nei prodotti base sia per la quantita' complessiva dei rifiuti medesimi;
e) l'adozione di criteri generali per la redazione di piani di settore per la riduzione, il riciclaggio, il recupero e l'ottimizzazione dei flussi di rifiuti;
f) l'individuazione, nel rispetto delle attribuzioni costituzionali delle regioni, degli impianti di recupero e di smaltimento di preminente interesse nazionale da realizzare per la modernizzazione e lo sviluppo del paese; l'individuazione e' operata, sentita la Conferenza unificata di cui all'articolo 8 del decreto legislativo 28 agosto 1997, n. 281, a mezzo di un programma, adottato con decreto del Presidente del Consiglio dei Ministri su proposta del

Ministro dell'ambiente e della tutela del territorio e del mare, e inserito nel Documento di programmazione economico-finanziaria, con indicazione degli stanziamenti necessari per la loro realizzazione. Nell'individuare le infrastrutture e gli insediamenti strategici di cui al presente comma il Governo procede secondo finalita' di riequilibrio socio-economico fra le aree del territorio nazionale. Il Governo indica nel disegno di legge finanziaria ai sensi dell'articolo 11, comma 3, lettera i-ter), della legge 5 agosto 1978, n. 468, le risorse necessarie, anche ai fini del l'erogazione dei contributi compensativi a favore degli enti locali, che integrano i finanziamenti pubblici, comunitari e privati allo scopo disponibili;

g) la definizione, nel rispetto delle attribuzioni costituzionali delle regioni, di un piano nazionale di comunicazione e di conoscenza ambientale. La definizione e' operata, sentita la Conferenza unificata di cui all'articolo 8 del decreto legislativo 28 agosto 1997, n. 281, a mezzo di un Programma, formulato con decreto del Presidente del Consiglio dei Ministri, su proposta del Ministro dell'ambiente e della tutela del territorio e del mare, inserito nel Documento di programmazione economico-finanziaria, con indicazione degli stanziamenti necessari per la realizzazione;

h) l'indicazione delle misure atte ad incoraggiare la razionalizzazione della raccolta, della cernita e del riciclaggio dei rifiuti;

i) l'individuazione delle iniziative e delle azioni, anche economiche, per favorire il riciclaggio e il recupero di dai rifiuti, nonche' per promuovere il mercato dei materiali recuperati dai rifiuti e il loro impiego da parte delle pubbliche amministrazioni e dei soggetti economici, anche ai sensi dell'articolo 52, comma 56, lettera a), della legge 28 dicembre 2001, n. 448, e del decreto del Ministro dell'ambiente e della tutela del territorio 8 maggio 2003, n. 203;

l) l'individuazione di obiettivi di qualita' dei servizi di gestione dei rifiuti;

m) la determinazione di criteri generali, differenziati per i rifiuti urbani e per i rifiuti speciali, ai fini della elaborazione dei piani regionali di cui all'articolo 199 con particolare riferimento alla determinazione, d'intesa con la Conferenza unificata di cui all'articolo 8 del decreto legislativo 28 agosto 1997, n. 281, delle linee guida per la individuazione degli Ambiti territoriali ottimali, da costituirsi ai sensi dell'articolo 200, e per il coordinamento dei piani stessi;

n) la determinazione, relativamente all'assegnazione della concessione del servizio per la gestione integrata dei rifiuti, d'intesa con la Conferenza unificata di cui all'articolo 8 del decreto legislativo 28 agosto 1997, n. 281, delle linee guida per la definizione delle gare d'appalto, ed in particolare dei requisiti di ammissione delle imprese, e dei relativi capitolati, anche con riferimento agli elementi economici relativi agli impianti esistenti;

o) la determinazione, d'intesa con la Conferenza unificata di cui all'articolo 8 del decreto legislativo 28 agosto 1997, n. 281, delle linee guida inerenti le forme ed i modi della cooperazione fra gli enti locali, anche con riferimento alla riscossione della tariffa sui rifiuti urbani ricadenti nel medesimo ambito territoriale ottimale, secondo criteri di trasparenza, efficienza, efficacia ed economicita';

p) l'indicazione dei criteri generali relativi alle caratteristiche delle aree non idonee alla localizzazione degli impianti di smaltimento dei rifiuti;

q) l'indicazione dei criteri generali , ivi inclusa l'emanazione di specifiche linee guida, per l'organizzazione e l'attuazione della raccolta differenziata dei rifiuti urbani;

r) la determinazione, d'intesa con la Conferenza unificata di cui all'articolo 8 del decreto legislativo 28 agosto 1997, n. 281, delle linee guida, dei criteri generali e degli standard di bonifica dei siti inquinati, nonche' la determinazione dei criteri per individuare gli interventi di bonifica che, in relazione al rilievo dell'impatto sull'ambiente connesso all'estensione dell'area interessata, alla quantita' e pericolosita' degli inquinanti presenti, rivestono interesse nazionale;

s) la determinazione delle metodologie di calcolo e la definizione di materiale riciclato per l'attuazione dell'articolo 196, comma 1, lettera p);

t) l'adeguamento della parte quarta del presente decreto alle direttive, alle decisioni ed ai regolamenti dell'Unione europea.

2. Sono inoltre di competenza dello Stato:

a) l'indicazione dei criteri e delle modalita' di adozione, secondo principi di unitarieta', compiutezza e coordinamento, delle norme tecniche per la gestione dei rifiuti, dei rifiuti pericolosi e di specifiche tipologie di rifiuti, con riferimento anche ai relativi sistemi di accreditamento e di certificazione ai sensi dell'articolo 178, comma 5;

b) l'adozione delle norme e delle condizioni per l'applicazione delle procedure semplificate di cui agli articoli 214, 215 e 216, ivi comprese le linee guida contenenti la specificazione della relazione da allegare alla comunicazione prevista da tali articoli;

c) la determinazione dei limiti di accettabilita' e delle caratteristiche chimiche, fisiche e biologiche di talune sostanze contenute nei rifiuti in relazione a specifiche utilizzazioni degli stessi;

d) la determinazione e la disciplina delle attivita' di recupero dei prodotti di amianto e dei beni e dei prodotti contenenti amianto, mediante decreto del Ministro dell'ambiente e della tutela del territorio e del mare, di concerto con il Ministro della salute e con il Ministro delle attivita' produttive;

e) ((LETTERA ABROGATA DAL D.LGS. 3 SETTEMBRE 2020, N. 116));

f) la definizione dei metodi, delle procedure e degli standard per il campionamento e l'analisi dei rifiuti;

g) la determinazione dei requisiti e delle capacita' tecniche e finanziarie per l'esercizio delle attivita' di gestione dei rifiuti, ivi compresi i criteri generali per la determinazione delle garanzie finanziarie in favore delle regioni, con particolare riferimento a quelle dei soggetti obbligati all'iscrizione all'Albo di cui all'articolo 212, secondo la modalita' di cui al comma 9 dello stesso articolo;

h) la definizione del modello e dei contenuti del formulario di cui all'articolo 193 e la regolamentazione del trasporto dei rifiuti;

i) l'individuazione delle tipologie di rifiuti che per comprovate ragioni tecniche, ambientali ed economiche possono essere smaltiti direttamente in discarica;

l) l'adozione di un modello uniforme del registro di cui all'articolo 190 e la definizione delle modalita' di tenuta dello stesso, nonche' l'individuazione degli eventuali documenti sostitutivi del registro stesso;

m) l'individuazione dei rifiuti elettrici ed elettronici, di cui all'articolo 227, comma 1, lettera a);

n) l'aggiornamento degli Allegati alla parte quarta del presente decreto;

o) l'adozione delle norme tecniche, delle modalita' e delle condizioni di utilizzo del prodotto ottenuto mediante compostaggio, con particolare riferimento all'utilizzo agronomico come fertilizzante, ai sensi del decreto legislativo 29 aprile 2010, n. 75, e del prodotto di qualita' ottenuto mediante compostaggio da rifiuti organici selezionati alla fonte con raccolta differenziata;

p) l'autorizzazione allo smaltimento di rifiuti nelle acque marine, in conformita' alle disposizioni stabilite dalle norme comunitarie e dalle convenzioni internazionali vigenti in materia, rilasciata dal Ministro dell'ambiente e della tutela del territorio e del mare, su proposta dell'autorita' marittima nella cui zona di competenza si trova il porto piu' vicino al luogo dove deve essere effettuato lo smaltimento ovvero si trova il porto da cui parte la nave con il carico di rifiuti da smaltire;

q) l'individuazione della misura delle sostanze assorbenti e neutralizzanti, previamente testate da universita' o istituti specializzati, di cui devono dotarsi gli impianti destinati allo stoccaggio, ricarica, manutenzione, deposito e sostituzione di accumulatori, al fine di prevenire l'inquinamento del suolo, del sottosuolo e di evitare danni alla salute e all'ambiente derivanti dalla fuoriuscita di acido, tenuto conto della dimensione degli impianti, del numero degli accumulatori e del rischio di sversamento connesso alla tipologia dell'attivita' esercitata;

r) l'individuazione e la disciplina, nel rispetto delle norme comunitarie ed anche in deroga alle disposizioni della parte quarta del presente decreto, di forme di semplificazione degli adempimenti amministrativi per la raccolta e il trasporto di specifiche tipologie di rifiuti destinati al recupero e conferiti direttamente dagli utenti finali dei beni che originano i rifiuti ai produttori, ai distributori, a coloro che svolgono attivita' di istallazione e manutenzione presso le utenze domestiche dei beni stessi o ad impianti autorizzati alle operazioni di recupero di cui alle voci R2, R3, R4, R5, R6 e R9 dell'Allegato C alla parte quarta del presente decreto, da adottarsi con decreto del Ministro dell'ambiente e della tutela del territorio e del mare entro tre mesi dalla data di entrata in vigore della presente disciplina;

s) la riorganizzazione del Catasto dei rifiuti;

t) predisposizione di linee guida per l'individuazione di una codifica omogenea per le operazioni di recupero e smaltimento da inserire nei provvedimenti autorizzativi da parte delle autorita' competenti, anche in conformita' a quanto disciplinato in materia dalla direttiva 2008/12/CE, e sue modificazioni;

u) individuazione dei contenuti tecnici minimi da inserire nei provvedimenti autorizzativi di cui agli articoli 208, 209, 211;

v) predisposizione di linee guida per l'individuazione delle procedure analitiche, dei criteri e delle metodologie per la classificazione dei rifiuti pericolosi ai sensi dell'allegato D della parta quarta del presente decreto.

3. Salvo che non sia diversamente disposto dalla parte quarta del presente decreto, le funzioni di cui al comma 1 sono esercitate ai sensi della legge 23 agosto 1988, n. 400, su proposta del Ministro dell'ambiente e della tutela del territorio e del mare, di concerto con i Ministri delle attivita' produttive, della salute e dell'interno, sentite la Conferenza unificata di cui all'articolo 8 del decreto legislativo 28 agosto 1997, n. 281, le regioni e le province autonome di Trento e di Bolzano.

4. Salvo che non sia diversamente disposto dalla parte quarta del presente decreto, le norme regolamentari e tecniche di cui al comma 2 sono adottate, ai sensi dell'articolo 17, comma 3, della legge 23 agosto 1988, n. 400, con decreti del Ministro dell'ambiente e della tutela del territorio e del mare, di concerto con i Ministri delle attivita' produttive, della salute e dell'interno, nonche', quando le predette norme riguardino i rifiuti agricoli ed il trasporto dei rifiuti, di concerto, rispettivamente, con i Ministri delle politiche agricole e forestali e delle infrastrutture e dei trasporti.

5. Fatto salvo quanto previsto dal decreto legislativo 31 marzo 1998, n. 112, ai fini della sorveglianza e dell'accertamento degli illeciti in violazione della normativa in materia di rifiuti nonche' della repressione dei traffici illeciti e degli smaltimenti illegali dei rifiuti provvedono il Comando carabinieri tutela ambiente (C.C.T.A.) e il Corpo delle Capitanerie di porto; puo' altresi' intervenire il Corpo forestale dello Stato e possono concorrere la Guardia di finanza e la Polizia di Stato.

((5-bis. Nelle more dell'esercizio da parte dello Stato delle competenze di cui al comma 2, lettere a) e g), le Regioni e le Province autonome di Trento e Bolzano possono disciplinare comunque tali aspetti, con l'obbligo di adeguamento alle sopravvenute norme nazionali entro 6 mesi.))

ART. 196
(competenze delle regioni)

1. Sono di competenza delle regioni, nel rispetto dei principi previsti dalla normativa vigente e dalla parte quarta del presente decreto, ivi compresi quelli di cui all'articolo 195:

a) la predisposizione, l'adozione e l'aggiornamento, sentiti le province, i comuni e le Autorita' d'ambito, dei piani regionali di gestione dei rifiuti, di cui all'articolo 199;

b) la regolamentazione delle attivita' di gestione dei rifiuti, ivi compresa la raccolta differenziata dei rifiuti urbani, anche pericolosi, secondo un criterio generale di separazione dei rifiuti di provenienza alimentare e degli scarti di prodotti vegetali e animali o comunque ad alto tasso di umidita' dai restanti rifiuti;

c) l'elaborazione, l'approvazione e l'aggiornamento dei piani per la bonifica di aree inquinate di propria competenza;

d) l'approvazione dei progetti di nuovi impianti per la gestione di rifiuti, anche pericolosi, e l'autorizzazione alle modifiche degli impianti esistenti, fatte salve le competenze statali di cui all'articolo 195, comma 1, lettera f), e di cui all'articolo 7, comma 4-bis;

e) l'autorizzazione all'esercizio delle operazioni di smaltimento e recupero di rifiuti, anche pericolosi, fatte salve le competenze statali di cui all'articolo 7, comma 4-bis;

f) le attivita' in materia di spedizioni transfrontaliere dei rifiuti che il regolamento (CEE) n. 259/93 del 1° febbraio 1993 attribuisce alle autorita' competenti di spedizione e di destinazione;

g) la delimitazione, nel rispetto delle linee guida generali di cui all'articolo 195, comma 1, lettera m), degli ambiti territoriali ottimali per la gestione dei rifiuti urbani ;

h) la redazione di linee guida ed i criteri per la predisposizione e l'approvazione dei progetti di bonifica e di messa in sicurezza, nonche' l'individuazione delle tipologie di progetti non soggetti ad autorizzazione, nel rispetto di quanto previsto all'articolo 195, comma 1, lettera r);

i) la promozione della gestione integrata dei rifiuti;

l) l'incentivazione alla riduzione della produzione dei rifiuti ed al recupero degli stessi;

m) la specificazione dei contenuti della relazione da allegare alla comunicazione di cui agli articoli 214, 215, e 216, nel rispetto di linee guida elaborate ai sensi dell'articolo 195, comma 2, lettera b);

n) la definizione di criteri per l'individuazione, da parte delle province, delle aree non idonee alla localizzazione degli impianti di smaltimento e di recupero dei rifiuti, nel rispetto dei criteri generali indicati nell'articolo 195, comma 1, lettera p);

o) la definizione dei criteri per l'individuazione dei luoghi o impianti idonei allo smaltimento e la determinazione, nel rispetto delle norme tecniche di cui all'articolo 195, comma 2, lettera a), di disposizioni speciali per rifiuti di tipo particolare;

p) l'adozione, sulla base di metodologia di calcolo e di criteri stabiliti da apposito decreto del Ministro dell'ambiente e della tutela del territorio e del mare, di concerto con i Ministri delle attivita' produttive e della salute, sentito il Ministro per gli affari regionali, da emanarsi entro sessanta giorni dalla data di entrata in vigore della parte quarta del presente decreto, delle disposizioni occorrenti affinche' gli enti pubblici e le societa' a prevalente capitale pubblico, anche di gestione dei servizi, coprano il proprio fabbisogno annuale di manufatti e beni, indicati nel medesimo decreto, con una quota di prodotti ottenuti da materiale riciclato non inferiore al 30 per cento del fabbisogno medesimo. A tal fine i predetti soggetti inseriscono nei bandi di gara o di selezione per l'aggiudicazione apposite clausole di preferenza, a parita' degli altri requisiti e condizioni. Sino all'emanazione del predetto decreto continuano ad applicarsi le disposizioni di cui al decreto del Ministro dell'ambiente e della tutela del territorio 8 maggio 2003, n. 203, e successive circolari di attuazione. Restano ferme, nel frattempo, le disposizioni regionali esistenti.

2. Per l'esercizio delle funzioni di cui al comma 1 le regioni si avvalgono anche delle Agenzie regionali per la protezione dell'ambiente.

3. Le regioni privilegiano la realizzazione di impianti di smaltimento e recupero dei rifiuti in aree industriali, compatibilmente con le caratteristiche delle aree medesime, incentivando le iniziative di autosmaltimento. Tale disposizione non si applica alle discariche.

ART. 197
(competenze delle province)

1. In attuazione dell'articolo 19 del decreto legislativo 18 agosto 2000, n. 267, alle province competono in linea generale le funzioni amministrative concernenti la programmazione ed organizzazione del recupero e dello smaltimento dei rifiuti a livello provinciale, da esercitarsi con le risorse umane, strumentali e finanziarie disponibili a legislazione vigente, ed in particolare:
   a) il controllo e la verifica degli interventi di bonifica ed il monitoraggio ad essi conseguenti;
   b) il controllo periodico su tutte le attivita' di gestione, di intermediazione e di commercio dei rifiuti, ivi compreso l'accertamento delle violazioni delle disposizioni di cui alla parte quarta del presente decreto;
   c) la verifica ed il controllo dei requisiti previsti per l'applicazione delle procedure semplificate, con le modalita' di cui agli articoli 214, 215, e 216;
   d) l'individuazione, sulla base delle previsioni del piano territoriale di coordinamento di cui all'articolo 20, comma 2, del decreto legislativo 18 agosto 2000, n. 267, ove gia' adottato, e delle previsioni di cui all'articolo 199, comma 3, lettere d) e h), nonche' sentiti l'Autorita' d'ambito ed i comuni, delle zone idonee alla localizzazione degli impianti di smaltimento dei rifiuti, nonche' delle zone non idonee alla localizzazione di impianti di recupero e di smaltimento dei rifiuti.

2. Ai fini dell'esercizio delle proprie funzioni le province possono avvalersi, mediante apposite convenzioni, di organismi pubblici, ivi incluse le Agenzie regionali per la protezione dell'ambiente (ARPA), con specifiche esperienze e competenze tecniche in materia, fermo restando quanto previsto dagli articoli 214, 215 e 216 in tema di procedure semplificate.

3. Gli addetti al controllo sono autorizzati ad effettuare ispezioni, verifiche e prelievi di campioni all'interno di stabilimenti, impianti o imprese che producono o che svolgono attivita' di gestione dei rifiuti. Il segreto industriale non puo' essere opposto agli addetti al controllo, che sono, a loro volta, tenuti all'obbligo della riservatezza ai sensi della normativa vigente.

4. Il personale appartenente al Comando carabinieri tutela ambiente (C.C.T.A.) e' autorizzato ad effettuare le ispezioni e le verifiche necessarie ai fini dell'espletamento delle funzioni di cui all'articolo 8 della legge 8 luglio 1986, n. 349, istitutiva del Ministero dell'ambiente.

5. Nell'ambito delle competenze di cui al comma 1, le province sottopongono ad adeguati controlli periodici ((gli enti e le imprese che producono rifiuti pericolosi, le imprese che raccolgono e trasportano rifiuti a titolo professionale,)) gli stabilimenti e le imprese che smaltiscono o recuperano rifiuti, curando, in particolare, che vengano effettuati adeguati controlli periodici sulle attivita' sottoposte alle procedure semplificate di cui agli articoli 214, 215, e 216 e che i controlli concernenti la raccolta ed

il trasporto di rifiuti pericolosi riguardino, in primo luogo, l'origine e la destinazione dei rifiuti.

((5-bis. Le province, nella programmazione delle ispezioni e controlli di cui al presente articolo, possono tenere conto, nella determinazione della frequenza degli stessi, delle registrazioni ottenute dai destinatari nell'ambito del sistema comunitario di ecogestione e audit (EMAS).))

6. Restano ferme le altre disposizioni vigenti in materia di vigilanza e controllo previste da disposizioni speciali.

ART. 198
(competenze dei comuni)

1. I comuni concorrono, nell'ambito delle attivita' svolte a livello degli ambiti territoriali ottimali di cui all'articolo 200 e con le modalita' ivi previste, alla gestione dei rifiuti urbani . Sino all'inizio delle attivita' del soggetto aggiudicatario della gara ad evidenza pubblica indetta dall'Autorita' d'ambito ai sensi dell'articolo 202, i comuni continuano la gestione dei rifiuti urbani avviati allo smaltimento in regime di privativa nelle forme di cui al l'articolo 113, comma 5, del decreto legislativo 18 agosto 2000, n. 267.

2. I comuni concorrono a disciplinare la gestione dei rifiuti urbani con appositi regolamenti che, nel rispetto dei principi di trasparenza, efficienza, efficacia ed economicita' e in coerenza con i piani d'ambito adottati ai sensi dell'articolo 201, comma 3, stabiliscono in particolare:
    a) le misure per assicurare la tutela igienico-sanitaria in tutte le fasi della gestione dei rifiuti urbani;
    b) le modalita' del servizio di raccolta e trasporto dei rifiuti urbani;
    c) le modalita' del conferimento, della raccolta differenziata e del trasporto dei rifiuti urbani al fine di garantire una distinta gestione delle diverse frazioni di rifiuti e promuovere il recupero degli stessi;
    d) le norme atte a garantire una distinta ed adeguata gestione dei rifiuti urbani pericolosi e dei rifiuti da esumazione ed estumulazione di cui all'articolo 184, comma 2, lettera f);
    e) le misure necessarie ad ottimizzare le forme di conferimento, raccolta e trasporto dei rifiuti primari di imballaggio in sinergia con altre frazioni merceologiche, fissando standard minimi da rispettare;
    f) le modalita' di esecuzione della pesata dei rifiuti urbani prima di inviarli al recupero e allo smaltimento;
    g) ((LETTERA SOPPRESSA DAL D.LGS. 3 SETTEMBRE 2020, N. 116)).

((2-bis) Le utenze non domestiche possono conferire al di fuori del servizio pubblico i propri rifiuti urbani previa dimostrazione di averli avviati al recupero mediante attestazione rilasciata dal soggetto che effettua l'attivita' di recupero dei rifiuti stessi. Tali rifiuti sono computati ai fini del raggiungimento degli obiettivi di riciclaggio dei rifiuti urbani.))

3. I comuni sono tenuti a fornire alla regione, alla provincia ed alle Autorita' d'ambito tutte le informazioni sulla gestione dei rifiuti urbani da esse richieste.

4. I comuni sono altresi' tenuti ad esprimere il proprio parere in ordine all'approvazione dei progetti di bonifica dei siti inquinati rilasciata dalle regioni.

ART. 198-bis
(Programma nazionale per la gestione dei rifiuti).

1. Il Ministero dell'ambiente della tutela del territorio e del mare predispone, con il supporto di ISPRA, il Programma nazionale per la gestione dei rifiuti. Il Programma nazionale e' sottoposto a verifica di assoggettabilita' a VAS, ai sensi dell'articolo 12 del

presente decreto, ed e' approvato, d'intesa con la Conferenza permanente per i rapporti tra lo Stato, le Regioni e le Province autonome di Trento e Bolzano, con decreto del Ministro dell'ambiente della tutela del territorio e del mare.

2. Il Programma nazionale fissa i macro-obiettivi, definisce i criteri e le linee strategiche cui le Regioni e le Province autonome si attengono nella elaborazione dei Piani regionali di gestione dei rifiuti di cui all'articolo 199 del presente decreto.

3. Il Programma nazionale contiene:

a) i dati inerenti alla produzione, su scala nazionale, dei rifiuti per tipo, quantita', e fonte;

b) la ricognizione impiantistica nazionale, per tipologia di impianti e per regione;

c) l'adozione di criteri generali per la redazione di piani di settore concernenti specifiche tipologie di rifiuti, incluse quelle derivanti dal riciclo e dal recupero dei rifiuti stessi, finalizzati alla riduzione, il riciclaggio, il recupero e l'ottimizzazione dei flussi stessi;

d) l'indicazione dei criteri generali per l'individuazione di macroaree, definite tramite accordi tra Regioni ai sensi dell'articolo 117, ottavo comma, della Costituzione, che consentano la razionalizzazione degli impianti dal punto di vista localizzativo, ambientale ed economico, sulla base del principio di prossimita', anche relativamente agli impianti di recupero, in coordinamento con quanto previsto all'articolo 195, comma 1, lettera f);

e) lo stato di attuazione in relazione al raggiungimento degli obiettivi derivanti dal diritto dell'Unione europea in relazione alla gestione dei rifiuti e l'individuazione delle politiche e degli obiettivi intermedi cui le Regioni devono tendere ai fini del pieno raggiungimento dei medesimi;

f) l'individuazione dei flussi omogenei di produzione dei rifiuti, che presentano le maggiori difficolta' di smaltimento o particolari possibilita' di recupero sia per le sostanze impiegate nei prodotti base sia per la quantita' complessiva dei rifiuti medesimi, i relativi fabbisogni impiantistici da soddisfare, anche per macroaree, tenendo conto della pianificazione regionale, e con finalita' di progressivo riequilibrio socioeconomico fra le aree del territorio nazionale;

g) l'individuazione di flussi omogenei di rifiuti funzionali e strategici per l'economia circolare e di misure che ne possano promuovere ulteriormente il loro riciclo;

h) la definizione di un Piano nazionale di comunicazione e conoscenza ambientale in tema di rifiuti e di economica circolare;

i) ((LETTERA ABROGATA DAL D.L. 30 APRILE 2022, N. 36)).

4. Il Programma nazionale puo', inoltre, contenere:

a) l'indicazione delle misure atte ad incoraggiare la razionalizzazione della raccolta, della cernita e del riciclaggio dei rifiuti;

b) la definizione di meccanismi vincolanti di solidarieta' tra Regioni finalizzata alla gestione di eventuali emergenze.

5. In sede di prima applicazione, il Programma nazionale per la gestione dei rifiuti e' approvato entro 18 mesi dalla entrata in vigore della presente disposizione. Il Ministero dell'ambiente della tutela del territorio e del mare aggiorna il Programma almeno ogni 6 anni, tenendo conto, tra l'altro, delle modifiche normative, organizzative e tecnologiche intervenute nello scenario nazionale e sovranazionale.

CAPO III
SERVIZIO DI GESTIONE INTEGRATA DEI RIFIUTI

ART. 199
(Piani regionali)

1. Le regioni, sentite le province, i comuni e, per quanto

riguarda i rifiuti urbani, le Autorita' d'ambito di cui all'articolo 201, nel rispetto dei principi e delle finalita' di cui agli articoli 177, 178, 179, 180, 181, 182 e 182-bis ed in conformita' ai criteri generali stabiliti dall'articolo 195, comma 1, lettera m), ed a quelli previsti dal presente articolo, predispongono e adottano piani regionali di gestione dei rifiuti. L'approvazione dei piani regionali avviene tramite atto amministrativo e si applica la procedura di cui alla Parte II del presente decreto in materia di VAS. Presso gli uffici competenti sono inoltre rese disponibili informazioni relative alla partecipazione del pubblico al procedimento e alle motivazioni sulle quali si e' fondata la decisione, anche in relazione alle osservazioni scritte presentate.

2. I piani di gestione dei rifiuti di cui al comma 1 comprendono l'analisi della gestione dei rifiuti esistente nell'ambito geografico interessato, le misure da adottare per migliorare l'efficacia ambientale delle diverse operazioni di gestione dei rifiuti, nonche' una valutazione del modo in cui i piani contribuiscono all'attuazione degli obiettivi e delle disposizioni della parte quarta del presente decreto.

3. I piani regionali di gestione dei rifiuti prevedono inoltre:

a) l'indicazione del tipo, quantita' e fonte dei rifiuti prodotti all'interno del territorio, suddivisi per ambito territoriale ottimale per quanto riguarda i rifiuti urbani, rifiuti che saranno prevedibilmente spediti da o verso il territorio nazionale e valutazione dell'evoluzione futura dei flussi di rifiuti, nonche' la fissazione degli obiettivi di raccolta differenziata da raggiungere a livello regionale, fermo restando quanto disposto dall'articolo 205;

b) la ricognizione degli impianti di trattamento, smaltimento e recupero esistenti, inclusi eventuali sistemi speciali per oli usati, rifiuti pericolosi, rifiuti contenenti quantita' importanti di materie prime critiche o flussi di rifiuti disciplinati da una normativa unionale specifica;

c) una valutazione della necessita' di nuovi sistemi di raccolta, della chiusura degli impianti esistenti per i rifiuti, di ulteriori infrastrutture per gli impianti per i rifiuti in conformita' del principio di autosufficienza e prossimita' di cui agli articoli 181, 182 e 182-bis e se necessario degli investimenti correlati;

d) informazioni sui criteri di riferimento per l'individuazione dei siti e la capacita' dei futuri impianti di smaltimento o dei grandi impianti di recupero, se necessario;

e) l'indicazione delle politiche generali di gestione dei rifiuti, incluse tecnologie e metodi di gestione pianificata dei rifiuti, o altre politiche per i rifiuti che pongono problemi particolari di gestione;

f) la delimitazione di ogni singolo ambito territoriale ottimale sul territorio regionale, nel rispetto delle linee guida di cui all'articolo 195, comma 1, lettera m);

g) il complesso delle attivita' e dei fabbisogni degli impianti necessari a garantire la gestione dei rifiuti urbani secondo criteri di trasparenza, efficacia, efficienza, economicita' e autosufficienza della gestione dei rifiuti urbani non pericolosi all'interno di ciascuno degli ambiti territoriali ottimali di cui all'articolo 200, nonche' ad assicurare lo smaltimento e il recupero dei rifiuti speciali in luoghi prossimi a quelli di produzione al fine di favorire la riduzione della movimentazione di rifiuti;

h) prevedono, per gli ambiti territoriali ottimali piu' meritevoli, un sistema di premialita' tenuto conto delle risorse disponibili a legislazione vigente;

i) la stima dei costi delle operazioni di recupero e di smaltimento dei rifiuti urbani;

l) i criteri per l'individuazione delle aree non idonee alla localizzazione degli impianti di recupero e smaltimento dei rifiuti, nonche' per l'individuazione dei luoghi o impianti adatti allo smaltimento dei rifiuti;

m) le iniziative volte a favorire, il riutilizzo, il riciclaggio ed il recupero dai rifiuti di materiale ed energia, ivi incluso il recupero e lo smaltimento dei rifiuti che ne derivino;

n) le misure atte a promuovere la regionalizzazione della raccolta, della cernita e dello smaltimento dei rifiuti urbani:

o) la determinazione, nel rispetto delle norme tecniche di cui all'articolo 195, comma 2, lettera a), di disposizioni speciali per specifiche tipologie di rifiuto;

p) le prescrizioni in materia di prevenzione e gestione degli imballaggi e rifiuti di imballaggio di cui all'articolo 225, comma 6;

q) il programma per la riduzione dei rifiuti biodegradabili da collocare in discarica di cui all'articolo 5 del decreto legislativo 13 gennaio 2003, n. 36;

r) un programma di prevenzione della produzione dei rifiuti, elaborato sulla base del programma nazionale di prevenzione dei rifiuti di cui all'art. 180, che descriva le misure di prevenzione esistenti e fissi ulteriori misure adeguate anche per la riduzione dei rifiuti alimentari nella produzione primaria, nella trasformazione e nella fabbricazione e nel consumo. Il programma fissa anche gli obiettivi di prevenzione. Le misure e gli obiettivi sono finalizzati a dissociare la crescita economica dagli impatti ambientali connessi alla produzione dei rifiuti. Il programma deve contenere specifici parametri qualitativi e quantitativi per le misure di prevenzione al fine di monitorare e valutare i progressi realizzati, anche mediante la fissazione di indicatori;

r-bis) informazioni sulle misure volte a conseguire gli obiettivi di cui all'articolo 5, paragrafo 3 bis), della direttiva 1999/31/CE o in altri documenti strategici che coprano l'intero territorio dello Stato membro interessato;

r-ter) misure per contrastare e prevenire tutte le forme di dispersione di rifiuti e per rimuovere tutti i tipi di rifiuti dispersi.

r-quater) l'analisi dei flussi derivanti da materiali da costruzione e demolizione nonche', per i rifiuti contenenti amianto, idonee modalita' di gestione e smaltimento nell'ambito regionale, allo scopo di evitare rischi sanitari e ambientali connessi all'abbandono incontrollato di tali rifiuti.

4. Il piano di gestione dei rifiuti puo' contenere, tenuto conto del livello e della copertura geografica dell'area oggetto di pianificazione, i seguenti elementi:

a) aspetti organizzativi connessi alla gestione dei rifiuti;

b) valutazione dell'utilita' e dell'idoneita' del ricorso a strumenti economici e di altro tipo per la soluzione di problematiche riguardanti i rifiuti, tenuto conto della necessita' di continuare ad assicurare il buon funzionamento del mercato interno;

c) campagne di sensibilizzazione e diffusione di informazioni destinate al pubblico in generale o a specifiche categorie di consumatori.

5. Il piano regionale di gestione dei rifiuti e' coordinato con gli altri strumenti di pianificazione di competenza regionale previsti dalla normativa vigente.

6. Costituiscono parte integrante del piano regionale i piani per la bonifica delle aree inquinate che devono prevedere:

a) l'ordine di priorita' degli interventi, basato su un criterio di valutazione del rischio elaborato dall'Istituto Superiore per la protezione e la ricerca ambientale (ISPRA);

b) l'individuazione dei siti da bonificare e delle caratteristiche generali degli inquinamenti presenti;

c) le modalita' degli interventi di bonifica e risanamento ambientale, che privilegino prioritariamente l'impiego di materiali provenienti da attivita' di recupero di rifiuti urbani;

d) la stima degli oneri finanziari;

e) le modalita' di smaltimento dei materiali da asportare.

((6-bis. Costituisce altresi' parte integrante del piano di

gestione dei rifiuti il piano di gestione delle macerie e dei materiali derivanti dal crollo e dalla demolizione di edifici ed infrastrutture a seguito di un evento sismico. Il piano e' redatto in conformita' alle linee guida adottate entro sei mesi dalla data di entrata in vigore della presente disposizione, con decreto del Presidente del Consiglio dei ministri su proposta del Ministro della transizione ecologica, sentita la Conferenza permanente per i rapporti tra lo Stato, le regioni e le province autonome di Trento e di Bolzano.))

7. L'approvazione del piano regionale o il suo adeguamento e' requisito necessario per accedere ai finanziamenti nazionali.

8. La regione approva o adegua il piano entro 18 mesi dalla pubblicazione del Programma Nazionale di cui all'articolo 198-bis, a meno che non siano gia' conformi nei contenuti o in grado di garantire comunque il raggiungimento degli obiettivi previsti dalla normativa europea. In tale caso i piani sono adeguati in occasione della prima approvazione o aggiornamento ai sensi del comma 10. Fino a tale momento, restano in vigore i piani regionali vigenti.

9. In caso di inutile decorso del termine di cui al comma 8 e di accertata inattivita' nell'approvare o adeguare il piano, il Presidente del Consiglio dei Ministri, su proposta del Ministro dell'ambiente e tutela del territorio e del mare, ai sensi dell'articolo 5, comma 1, del decreto legislativo 31 marzo 1998, n. 112, diffida gli organi regionali competenti a provvedere entro un congruo termine e, in caso di ulteriore inerzia, adotta, in via sostitutiva, i provvedimenti necessari alla elaborazione e approvazione o adeguamento del piano regionale.

10. Le regioni per le finalita' di cui alla parte quarta del presente decreto provvedono alla valutazione della necessita' dell' aggiornamento del piano almeno ogni sei anni.

11. Le regioni e le province autonome comunicano tempestivamente al Ministero dell'ambiente e della tutela del territorio e del mare esclusivamente tramite la piattaforma telematica MonitorPiani, l'adozione o la revisione dei piani di gestione e di altri piani regionali di gestione di specifiche tipologie di rifiuti, al fine del successivo invio degli stessi alla Commissione europea e comunicano periodicamente idonei indicatori e obiettivi qualitativi o quantitativi che diano evidenza dell'attuazione delle misure previste dai piani.

12. Le regioni e le province autonome assicurano, attraverso propria deliberazione, la pubblicazione annuale nel proprio sito web di tutte le informazioni utili a definire lo stato di attuazione dei piani regionali e dei piani e programmi di cui al presente articolo.

12-bis. L'attivita' di vigilanza sulla gestione dei rifiuti e' garantita almeno dalla fruibilita' delle seguenti informazioni da comunicare esclusivamente tramite la piattaforma telematica di cui al comma 11, alla quale ISPRA avra' accesso per i dati di competenza:

a) produzione totale e pro capite dei rifiuti solidi urbani suddivisa per ambito territoriale ottimale, se costituito, ovvero per ogni comune;

b) percentuale di raccolta differenziata totale e percentuale di rifiuti effettivamente riciclati;

c) ubicazione, proprieta', capacita' nominale autorizzata e capacita' tecnica delle piattaforme per il conferimento dei materiali raccolti in maniera differenziata, degli impianti di selezione del multimateriale, degli impianti di trattamento meccanico-biologico, degli impianti di compostaggio, di ogni ulteriore tipo di impianto destinato al trattamento di rifiuti solidi urbani indifferenziati e degli inceneritori e coinceneritori;

d) per ogni impianto di trattamento meccanico-biologico e per ogni ulteriore tipo di impianto destinato al trattamento di rifiuti solidi urbani indifferenziati, oltre a quanto previsto alla lettera c), quantita' di rifiuti in ingresso e quantita' di prodotti in uscita, suddivisi per codice CER;

e) per gli inceneritori e i coinceneritori, oltre a quanto

previsto alla lettera c), quantita' di rifiuti in ingresso, suddivisi per codice CER;

f) per le discariche, ubicazione, proprieta', autorizzazioni, capacita' volumetrica autorizzata, capacita' volumetrica residua disponibile e quantita' di materiale ricevuto suddiviso per codice CER, nonche' quantita' di percolato prodotto.

f-bis) per ogni impianto di recupero di materia autorizzato con i criteri di cui all'articolo 184-ter, ubicazione, proprieta', capacita' nominale autorizzata, quantita' di rifiuti in ingresso e quantitativi di materia recuperata.

13. Dall'attuazione del presente articolo non devono derivare nuovi o maggiori oneri a carico della finanza pubblica.

ART. 200
(organizzazione territoriale del servizio
di gestione integrata dei rifiuti urbani)

1. La gestione dei rifiuti urbani e' organizzata sulla base di ambiti territoriali ottimali, di seguito anche denominati ATO, delimitati dal piano regionale di cui all'articolo 199, nel rispetto delle linee guida di cui all'articolo 195, comma 1, lettere m), n) ed o), e secondo i seguenti criteri:

a) superamento della frammentazione delle gestioni attraverso un servizio di gestione integrata dei rifiuti;
b) conseguimento di adeguate dimensioni gestionali, definite sulla base di parametri fisici, demografici, tecnici e sulla base delle ripartizioni politico-amministrative;
c) adeguata valutazione del sistema stradale e ferroviario di comunicazione al fine di ottimizzare i trasporti all'interno dell'ATO;
d) valorizzazione di esigenze comuni e affinita' nella produzione e gestione dei rifiuti;
e) ricognizione di impianti di gestione di rifiuti gia' realizzati e funzionanti;
f) considerazione delle precedenti delimitazioni affinche' i nuovi ATO si discostino dai precedenti solo sulla base di motivate esigenze di efficacia, efficienza ed economicita'.

2. Le regioni, sentite le province ed i comuni interessati, nell'ambito delle attivita' di programmazione e di pianificazione di loro competenza, entro il termine di sei mesi dalla data di entrata in vigore della parte quarta del presente decreto, provvedono alla delimitazione degli ambiti territoriali ottimali, nel rispetto delle linee guida di cui all'articolo 195, comma 1, lettera m). Il provvedimento e' comunicato alle province ed ai comuni interessati.

3. Le regioni interessate, d'intesa tra loro, delimitano gli ATO qualora essi siano ricompresi nel territorio di due o piu' regioni.

4. Le regioni disciplinano il controllo, anche in forma sostitutiva, delle operazioni di gestione dei rifiuti, della funzionalita' dei relativi impianti e del rispetto dei limiti e delle prescrizioni previsti dalle relative autorizzazioni.

5. Le citta' o gli agglomerati di comuni, di dimensioni maggiori di quelle medie di un singolo ambito, possono essere suddivisi tenendo conto dei criteri di cui al comma 1.

6. I singoli comuni entro trenta giorni dalla comunicazione di cui al comma 2 possono presentare motivate e documentate richieste di modifica all'assegnazione ad uno specifico ambito territoriale e di spostamento in un ambito territoriale diverso, limitrofo a quello di assegnazione.

7. Le regioni possono adottare modelli alternativi o in deroga al modello degli Ambiti Territoriali Ottimali laddove predispongano un piano regionale dei rifiuti che dimostri la propria adeguatezza rispetto agli obiettivi strategici previsti dalla normativa vigente, con particolare riferimento ai criteri generali e alle linee guida riservati, in materia, allo Stato ai sensi dell'articolo 195.

ART. 201
((ARTICOLO ABROGATO DALLA L. 23 DICEMBRE 2009, N. 191, COME MODIFICATA DAL D.L. 29 DICEMBRE 2011, N. 216, CONVERTITO CON MODIFICAZIONI, DALLA L. 24 FEBBRAIO 2012, N. 14))

ART. 202
(affidamento del servizio)

1. L'Autorita' d'ambito aggiudica il servizio di gestione integrata dei rifiuti urbani mediante gara disciplinata dai principi e dalle disposizioni comunitarie, secondo la disciplina vigente in tema di affidamento dei servizi pubblici locali in conformita' ai criteri di cui all'articolo 113, comma 7, del decreto legislativo 18 agosto 2000, n. 267, nonche' con riferimento all'ammontare del corrispettivo per la gestione svolta, tenuto conto delle garanzie di carattere tecnico e delle precedenti esperienze specifiche dei concorrenti, secondo modalita' e termini definiti con decreto dal Ministro dell'ambiente e della tutela del territorio e del mare nel rispetto delle competenze regionali in materia.
((1-bis. L'Autorita' di regolazione per energia, reti e ambiente (ARERA) definisce entro novanta giorni dalla data di entrata in vigore della presente disposizione adeguati standard tecnici e qualitativi per lo svolgimento dell'attivita' di smaltimento e di recupero, procedendo alla verifica in ordine ai livelli minimi di qualita' e alla copertura dei costi efficienti.
1-ter. L'ARERA richiede agli operatori informazioni relative ai costi di gestione, alle caratteristiche dei flussi e a ogni altro elemento idoneo a monitorare le concrete modalita' di svolgimento dell'attivita' di smaltimento e di recupero e la loro incidenza sui corrispettivi applicati all'utenza finale)).
2. I soggetti partecipanti alla gara devono formulare, con apposita relazione tecnico-illustrativa allegata all'offerta, proposte di miglioramento della gestione, di riduzione delle quantita' di rifiuti da smaltire e di miglioramento dei fattori ambientali, proponendo un proprio piano di riduzione dei corrispettivi per la gestione al raggiungimento di obiettivi autonomamente definiti.
3. Nella valutazione delle proposte si terra' conto, in particolare, del peso che gravera' sull'utente sia in termini economici, sia di complessita' delle operazioni a suo carico.
4. Gli impianti e le altre dotazioni patrimoniali di proprieta' degli enti locali gia' esistenti al momento dell'assegnazione del servizio sono conferiti in comodato ai soggetti affidatari del medesimo servizio.
5. I nuovi impianti vengono realizzati dal soggetto affidatario del servizio o direttamente, ai sensi dell'articolo 113, comma 5-ter, del decreto legislativo 18 agosto 2000, n. 267, ove sia in possesso dei requisiti prescritti dalla normativa vigente, o mediante il ricorso alle procedure di cui alla legge 11 febbraio 1994, n. 109, ovvero secondo lo schema della finanza di progetto di cui agli articoli 37 bis e seguenti della predetta legge n. 109 del 1994.
6. Il personale che, alla data del 31 dicembre 2005 o comunque otto mesi prima dell'affidamento del servizio, appartenga alle amministrazioni comunali, alle aziende ex municipalizzate o consortili e alle imprese private, anche cooperative, che operano nel settore dei servizi comunali per la gestione dei rifiuti sara' soggetto, ferma restando la risoluzione del rapporto di lavoro, al passaggio diretto ed immediato al nuovo gestore del servizio integrato dei rifiuti, con la salvaguardia delle condizioni contrattuali, collettive e individuali, in atto. Nel caso di passaggio di dipendenti di enti pubblici e di ex aziende municipalizzate o consortili e di imprese private, anche cooperative, al gestore del servizio integrato dei rifiuti urbani, si applica, ai sensi dell'articolo 31 del decreto legislativo 30 marzo 2001, n. 165, la disciplina del trasferimento del ramo di azienda di cui

all'articolo 2112 del codice civile.

ART. 203
(schema tipo di contratto di servizio)

1. I rapporti tra le Autorita' d'ambito e i soggetti affidatari del servizio integrato sono regolati da contratti di servizio, da allegare ai capitolati di gara, conformi ad uno schema tipo adottato dalle regioni in conformita' ai criteri ed agli indirizzi di cui all'articolo 195, comma 1, lettere m), n) ed o).

2. Lo schema tipo prevede:
   a) il regime giuridico prescelto per la gestione del servizio;
   b) l'obbligo del raggiungimento dell'equilibrio economico-finanziario della gestione;
   c) la durata dell'affidamento, comunque non inferiore a quindici anni;
   d) i criteri per definire il piano economico-finanziario per la gestione integrata del servizio;
   e) le modalita' di controllo del corretto esercizio del servizio;
   f) i principi e le regole generali relativi alle attivita' ed alle tipologie di controllo, in relazione ai livelli del servizio ed al corrispettivo, le modalita', i termini e le procedure per lo svolgimento del controllo e le caratteristiche delle strutture organizzative all'uopo preposte;
   g) gli obblighi di comunicazione e trasmissione di dati, informazioni e documenti del gestore e le relative sanzioni;
   h) le penali, le sanzioni in caso di inadempimento e le condizioni di risoluzione secondo i principi del codice civile, diversificate a seconda della tipologia di controllo;
   i) il livello di efficienza e di affidabilita' del servizio da assicurare all'utenza, anche con riferimento alla manutenzione degli impianti;
   l) la facolta' di riscatto secondo i principi di cui al titolo I, capo II, del regolamento approvato con decreto del Presidente della Repubblica 4 ottobre 1986, n. 902;
   m) l'obbligo di riconsegna delle opere, degli impianti e delle altre dotazioni patrimoniali strumentali all'erogazione del servizio in condizioni di efficienza ed in buono stato di conservazione;
   n) idonee garanzie finanziarie e assicurative;
   o) i criteri e le modalita' di applicazione delle tariffe determinate dagli enti locali e del loro aggiornamento, anche con riferimento alle diverse categorie di utenze.
   ((p) l'obbligo di applicazione al personale, non dipendente da amministrazioni pubbliche, da parte del gestore del servizio integrato dei rifiuti, del contratto collettivo nazionale di lavoro del settore dell'igiene ambientale, stipulato dalle Organizzazioni Sindacali comparativamente piu' rappresentative, anche in conformita' a quanto previsto dalla normativa in materia attualmente vigente.))

3. Ai fini della definizione dei contenuti dello schema tipo di cui al comma 2, le Autorita' d'ambito operano la ricognizione delle opere ed impianti esistenti, trasmettendo alla regione i relativi dati. Le Autorita' d'ambito inoltre, ai medesimi fini, definiscono le procedure e le modalita', anche su base pluriennale, per il conseguimento degli obiettivi previsti dalla parte quarta del presente decreto ed elaborano, sulla base dei criteri e degli indirizzi fissati dalle regioni, un piano d'ambito comprensivo di un programma degli interventi necessari, accompagnato da un piano finanziario e dal connesso modello gestionale ed organizzativo. Il piano finanziario indica, in particolare, le risorse disponibili, quelle da reperire, nonche' i proventi derivanti dall'applicazione della tariffa sui rifiuti per il periodo considerato.

ART. 204
(gestioni esistenti)

1. I soggetti che esercitano il servizio, anche in economia, alla data di entrata in vigore della parte quarta del presente decreto, continuano a gestirlo fino alla istituzione e organizzazione del servizio di gestione integrata dei rifiuti da parte delle Autorita' d'ambito.
2. In relazione alla scadenza del termine di cui al comma 15-bis dell'articolo 113 del decreto legislativo 18 agosto 2000, n. 267, l'Autorita' d'ambito dispone i nuovi affidamenti, nel rispetto delle disposizioni di cui alla parte quarta del presente decreto, entro nove mesi dall'entrata in vigore della medesima parte quarta.
3. Qualora l'Autorita' d'ambito non provveda agli adempimenti di cui ai commi 1 e 2 nei termini ivi stabiliti, il Presidente della Giunta regionale esercita, dandone comunicazione al ((Ministro dell'ambiente e della tutela del territorio e del mare)) e all'Autorita' di vigilanza sulle risorse idriche e sui rifiuti, i poteri sostitutivi, nominando un commissario "ad acta" che avvia entro quarantacinque giorni le procedure di affidamento, determinando le scadenze dei singoli adempimenti procedimentali. Qualora il commissario regionale non provveda nei termini cosi' stabiliti, spettano al ((Ministro dell'ambiente e della tutela del territorio e del mare)) i poteri sostitutivi preordinati al completamento della procedura di affidamento.
4. Alla scadenza, ovvero alla anticipata risoluzione, delle gestioni di cui al comma 1, i beni e gli impianti delle imprese gia' concessionarie sono trasferiti direttamente all'ente locale concedente nei limiti e secondo le modalita' previste dalle rispettive convenzioni di affidamento.

ART. 205
(misure per incrementare la raccolta differenziata)

1. Fatto salvo quanto previsto al comma 1-bis, in ogni ambito territoriale ottimale, se costituito, ovvero in ogni comune deve essere assicurata una raccolta differenziata dei rifiuti urbani pari alle seguenti percentuali minime di rifiuti prodotti:
   a) almeno il trentacinque per cento entro il 31 dicembre 2006;
   b) almeno il quarantacinque per cento entro il 31 dicembre 2008;
   c) almeno il sessantacinque per cento entro il 31 dicembre 2012.
1-bis. Nel caso in cui, dal punto di vista tecnico, ambientale ed economico, non sia realizzabile raggiungere gli obiettivi di cui al comma 1, il comune puo' richiedere al Ministro dell'ambiente e della tutela del territorio e del mare una deroga al rispetto degli obblighi di cui al medesimo comma 1. Verificata la sussistenza dei requisiti stabiliti al primo periodo, il Ministro dell'ambiente e della tutela del territorio e del mare puo' autorizzare la predetta deroga, previa stipula senza nuovi o maggiori oneri per la finanza pubblica di un accordo di programma tra Ministero, regione ed enti locali interessati, che stabilisca:
   a) le modalita' attraverso le quali il comune richiedente intende conseguire gli obiettivi di cui all'articolo 181, comma 1. Le predette modalita' possono consistere in compensazioni con gli obiettivi raggiunti in altri comuni;
   b) la destinazione a recupero di energia della quota di rifiuti indifferenziati che residua dalla raccolta differenziata e dei rifiuti derivanti da impianti di trattamento dei rifiuti indifferenziati, qualora non destinati al recupero di materia;
   c) la percentuale di raccolta differenziata dei rifiuti urbani, da destinare al riciclo, che il comune richiedente si obbliga ad effettuare.
1-ter. L'accordo di programma di cui al comma precedente puo' stabilire obblighi, in linea con le disposizioni vigenti, per il comune richiedente finalizzati al perseguimento delle finalita' di

cui alla parte quarta, titolo I, del presente decreto nonche' stabilire modalita' di accertamento dell'adempimento degli obblighi assunti nell'ambito dell'accordo di programma e prevedere una disciplina per l'eventuale inadempimento. I piani regionali si conformano a quanto previsto dagli accordi di programma di cui al presente articolo.

2. COMMA SOPPRESSO DAL D.LGS. 16 GENNAIO 2008, N. 4.

3. Nel caso in cui, a livello di ambito territoriale ottimale se costituito, ovvero in ogni comune, non siano conseguiti gli obiettivi minimi previsti dal presente articolo, e' applicata un'addizionale del 20 per cento al tributo di conferimento dei rifiuti in discarica a carico dei comuni che non abbiano raggiunto le percentuali previste dal comma 1 sulla base delle quote di raccolta differenziata raggiunte nei singoli comuni.

3-bis. Al fine di favorire la raccolta differenziata di rifiuti urbani , la misura del tributo di cui all'articolo 3, comma 24, della legge 28 dicembre 1995, n. 549, e' modulata in base alla quota percentuale di superamento del livello di raccolta differenziata (RD), fatto salvo l'ammontare minimo fissato dal comma 29 dell'articolo 3 della medesima legge n. 549 del 1995, secondo la tabella seguente:

Superamento del livello di RD rispetto alla normativa statale	Riduzione del tributo
da 0,01 per cento fino alla percentuale inferiore al 10 per cento	30 per cento
10 per cento 15 per cento 20 per cento 25 per cento	40 per cento 50 per cento 60 per cento 70 per cento

3-ter. Per la determinazione del tributo si assume come riferimento il valore di RD raggiunto nell'anno precedente. Il grado di efficienza della RD e' calcolato annualmente sulla base dei dati relativi a ciascun comune.

3-quater. La regione, avvalendosi del supporto tecnico-scientifico del gestore del catasto regionale dei rifiuti o di altro organismo pubblico che gia' svolge tale attivita', definisce, con apposita deliberazione, il metodo standard per calcolare e verificare le percentuali di RD dei rifiuti solidi urbani raggiunte in ogni comune, sulla base di linee guida definite, entro novanta giorni dalla data di entrata in vigore della presente disposizione, con decreto del Ministro dell'ambiente e della tutela del territorio e del mare. La regione individua i formati, i termini e le modalita' di rilevamento e trasmissione dei dati che i comuni sono tenuti a comunicare ai fini della certificazione della percentuale di RD raggiunta, nonche' le modalita' di eventuale compensazione o di conguaglio dei versamenti effettuati in rapporto alle percentuali da applicare.

3-quinquies. La trasmissione dei dati di cui al comma 3-quater e' effettuata annualmente dai comuni attraverso l'adesione al sistema informatizzato adottato per la tenuta del catasto regionale dei rifiuti. L'omessa, incompleta o inesatta trasmissione dei dati determina l'esclusione del comune dall'applicazione della modulazione del tributo di cui al comma 3-bis.

3-sexies. L'ARPA o l'organismo di cui al comma 3-quater provvede alla validazione dei dati raccolti e alla loro trasmissione alla regione, che stabilisce annualmente il livello di RD relativo a ciascun comune e a ciascun ambito territoriale ottimale, ai fini dell'applicazione del tributo.

3-septies. L'addizionale di cui al comma 3 non si applica ai comuni che hanno ottenuto la deroga di cui al comma 1-bis oppure che hanno conseguito nell'anno di riferimento una produzione pro capite di rifiuti, come risultante dai dati forniti dal catasto regionale dei rifiuti, inferiore di almeno il 30 per cento rispetto a quella media dell'ambito territoriale ottimale di appartenenza, anche a seguito dell'attivazione di interventi di prevenzione della produzione di rifiuti.

3-octies. L'addizionale di cui al comma 3 e' dovuta alle regioni e affluisce in un apposito fondo regionale destinato a finanziare gli interventi di prevenzione della produzione di rifiuti previsti dai piani regionali di cui all'articolo 199, gli incentivi per l'acquisto di prodotti e materiali riciclati di cui agli articoli 206-quater e 206-quinquies, il cofinanziamento degli impianti e attivita' di informazione ai cittadini in materia di prevenzione e di raccolta differenziata.

4. Con decreto del Ministro dell'ambiente e della tutela del territorio e del mare di concerto con il Ministro delle attivita' produttive d'intesa con la Conferenza unificata di cui all'articolo 8 del decreto legislativo 28 agosto 1997, n. 281, vengono stabilite la metodologia e i criteri di calcolo delle percentuali di cui ai commi 1 e 2, nonche' la nuova determinazione del coefficiente di correzione di cui all'articolo 3, comma 29, della legge 28 dicembre 1995, n. 549, in relazione al conseguimento degli obiettivi di cui ai commi 1 e 2.

5. Sino all'emanazione del decreto di cui al comma 4 continua ad applicarsi la disciplina attuativa di cui all'articolo 3, commi da 24 a 40, della legge 28 dicembre 1995, n. 549.

6. Fatti salvi gli obiettivi indicati all'articolo 181, comma 1, lettera a), la cui realizzazione e' valutata secondo la metodologia scelta dal Ministero dell'ambiente e della tutela del territorio e del mare ai sensi della decisione 2011/753/UE della Commissione, del 18 novembre 2011, le regioni tramite apposita legge, e previa intesa con il Ministro dell'ambiente e della tutela del territorio e del mare, possono indicare maggiori obiettivi di riciclo e recupero.

6-bis. I rifiuti raccolti in modo differenziato non sono miscelati con altri rifiuti o altri materiali che ne possano compromettere le operazioni di preparazione per il riutilizzo, di riciclaggio e di altre operazioni di recupero.

6-ter. Alla disposizione di cui al comma 6-bis si puo' derogare nel caso di raccolta congiunta di piu' materiali purche' cio' sia economicamente sostenibile e non pregiudichi la possibilita' che siano preparati per il riutilizzo, il riciclaggio e altre operazioni di recupero e offra, al termine di tali operazioni, un risultato di qualita' comparabile a quello ottenuto mediante la raccolta differenziata delle singole frazioni.

6-quater. La raccolta differenziata e' effettuata almeno per la carta, i metalli, la plastica, il vetro, ove possibile per il legno, nonche' per i tessili entro il 1° gennaio 2022; per i rifiuti organici; per imballaggi, rifiuti da apparecchiature elettriche ed elettroniche, rifiuti di pile e accumulatori, rifiuti ingombranti ivi compresi materassi e mobili.

6-quinquies. Il Ministero dell'ambiente e della tutela del territorio e del mare promuove, previa consultazione con le associazioni di categoria, la demolizione selettiva, onde consentire la rimozione e il trattamento sicuro delle sostanze pericolose e facilitare il riutilizzo e il riciclaggio di alta qualita', di quanto residua dalle attivita' di costruzione e demolizione tramite la rimozione selettiva dei materiali, nonche' garantire l'istituzione di sistemi di selezione dei rifiuti da costruzione e demolizione almeno per legno, frazioni minerali (cemento, mattoni, piastrelle e ceramica, pietre), metalli, vetro, plastica e gesso.

ART. 205-bis
(((Regole per il calcolo degli obiettivi).))

((1. Gli obiettivi di cui all'articolo 181 sono calcolati tramite:
  a) il peso dei rifiuti urbani prodotti e preparati per il riutilizzo o riciclati in un determinato anno civile;
  b) il peso dei rifiuti urbani preparati per il riutilizzo calcolato come il peso dei prodotti e dei componenti di prodotti che sono divenuti rifiuti urbani e sono stati sottoposti a tutte le necessarie operazioni di controllo, pulizia o riparazione per consentirne il riutilizzo senza ulteriore cernita o pretrattamento;
  c) il peso dei rifiuti urbani riciclati calcolato come il peso dei rifiuti che, dopo essere stati sottoposti a tutte le necessarie operazioni di controllo, cernita e altre operazioni preliminari per eliminare i materiali di scarto che non sono interessati dal successivo ritrattamento e per garantire un riciclaggio di alta qualita', sono immessi nell'operazione di riciclaggio con la quale sono effettivamente ritrattati per ottenere prodotti, materiali o sostanze.
  2. Ai fini del comma 1, lettera c), il peso dei rifiuti urbani riciclati e' misurato all'atto dell'immissione nell'operazione di riciclaggio.
  3. In deroga al comma 1, il peso dei rifiuti urbani riciclati puo' essere misurato in uscita dopo qualsiasi operazione di selezione a condizione che:
  a) tali rifiuti in uscita siano successivamente riciclati;
  b) il peso dei materiali o delle sostanze che sono rimossi con ulteriori operazioni, precedenti l'operazione di riciclaggio e che non sono successivamente riciclati, non sia incluso nel peso dei rifiuti comunicati come riciclati.
  4. Per calcolare se gli obiettivi di cui all'articolo 181, comma 4, lettere c), d) ed e), siano stati conseguiti, l'ISPRA tiene conto delle seguenti disposizioni:
  a) la quantita' di rifiuti urbani biodegradabili raccolti in modo differenziato in ingresso agli impianti di trattamento aerobico o anaerobico e' computata come riciclata se il trattamento produce compost, digestato o altro prodotto in uscita con analoga resa di contenuto riciclato rispetto all'apporto, destinato a essere utilizzato come prodotto, materiale o sostanza riciclati. Qualora il prodotto in uscita sia utilizzato sul terreno, lo stesso e' computato come riciclato solo se il suo utilizzo comporta benefici per l'agricoltura o un miglioramento dell'ambiente;
  b) le quantita' di materiali di rifiuto che hanno cessato di essere rifiuti prima di essere sottoposti ad ulteriore trattamento possono essere computati come riciclati a condizione che tali materiali siano destinati all'ottenimento di prodotti, materiali o sostanze da utilizzare per la loro funzione originaria o per altri fini. I materiali di cui e' cessata la qualifica di rifiuti da utilizzare come combustibili o altri mezzi per produrre energia, o da incenerire, o da utilizzare in riempimenti o smaltiti in discarica, non sono computati ai fini del conseguimento degli obiettivi di riciclaggio;
  c) e' possibile tener conto del riciclaggio dei metalli separati dopo l'incenerimento di rifiuti urbani, a condizione che i metalli riciclati soddisfino i criteri di qualita' stabiliti con la decisione di esecuzione (UE) 2019/1004 della Commissione, del 7 giugno 2019;
  d) e' possibile computare, ai fini degli obiettivi di cui all'articolo 181, comma 4, lettere a), b), c), d) ed e) i rifiuti raccolti ed inviati in un altro Stato membro per essere preparati per il riutilizzo, per essere riciclati o per operazioni di riempimento;
  e) e' possibile computare i rifiuti esportati fuori dell'Unione per la preparazione per il riutilizzo o il riciclaggio soltanto se gli obblighi di cui all'articolo 188-bis sono soddisfatti e se, in conformita' del regolamento (CE) n. 1013/2006, l'esportatore puo' provare che la spedizione di rifiuti e' conforme agli obblighi di

tale regolamento e il trattamento dei rifiuti al di fuori dell'Unione ha avuto luogo in condizioni che siano ampiamente equivalenti agli obblighi previsti dal pertinente diritto ambientale dell'Unione.))

ART. 206
Accordi, contratti di programma, incentivi

1. Nel rispetto dei principi e degli obiettivi stabiliti dalle disposizioni di cui alla parte quarta del presente decreto al fine di perseguire la razionalizzazione e la semplificazione delle procedure, con particolare riferimento alle piccole imprese, il Ministro dell'ambiente e della tutela del territorio e del mare e le altre autorita' competenti possono stipulare appositi accordi e contratti di programma con enti pubblici, con imprese di settore, soggetti pubblici o privati ed associazioni di categoria. Gli accordi ed i contratti di programma hanno ad oggetto: a) l'attuazione di specifici piani di settore di riduzione, recupero e ottimizzazione dei flussi di rifiuti; b) la sperimentazione, la promozione, l'attuazione e lo sviluppo di processi produttivi e distributivi e di tecnologie pulite idonei a prevenire o ridurre la produzione dei rifiuti e la loro pericolosita' e ad ottimizzare il recupero dei rifiuti; c) lo sviluppo di innovazioni nei sistemi produttivi per favorire metodi di produzione di beni con impiego di materiali meno inquinanti e comunque riciclabili; d) le modifiche del ciclo produttivo e la riprogettazione di componenti, macchine e strumenti di controllo; e) la sperimentazione, la promozione e la produzione di beni progettati, confezionati e messi in commercio in modo da ridurre la quantita' e la pericolosita' dei rifiuti e i rischi di inquinamento; f) la sperimentazione, la promozione e l'attuazione di attivita' di riutilizzo, riciclaggio e recupero di rifiuti; g) l'adozione di tecniche per il reimpiego ed il riciclaggio dei rifiuti nell'impianto di produzione; h) lo sviluppo di tecniche appropriate e di sistemi di controllo per l'eliminazione dei rifiuti e delle sostanze pericolose contenute nei rifiuti; i) l'impiego da parte dei soggetti economici e dei soggetti pubblici dei materiali recuperati dalla raccolta differenziata dei rifiuti urbani; l) l'impiego di sistemi di controllo del recupero e della riduzione di rifiuti.

2. Il Ministro dell'ambiente e della tutela del territorio e del mare puo' altresi' stipulare appositi accordi e contratti di programma con soggetti pubblici e privati o con le associazioni di categoria per: a) promuovere e favorire l'utilizzo dei sistemi di certificazione ambientale di cui al regolamento (Cee) n. 761/2001 del Parlamento europeo e del Consiglio del 19 marzo 2001; b) attuare programmi di ritiro dei beni di consumo al termine del loro ciclo di utilita' ai fini del riutilizzo, del riciclaggio e del recupero.

((3. Gli accordi e i contratti di programma di cui al presente articolo non possono stabilire deroghe alla normativa comunitaria e possono prevedere semplificazioni amministrative.))

4. Con decreto del Ministro dell'ambiente e della tutela del territorio e del mare, di concerto con i Ministri dello sviluppo economico e dell'economia e delle finanze, sono individuate le risorse finanziarie da destinarsi, sulla base di apposite disposizioni legislative di finanziamento, agli accordi ed ai contratti di programma di cui ai commi 1 e 2 e sono fissate le modalita' di stipula dei medesimi.

5. Ai sensi della comunicazione 2002/412 del 17 luglio 2002 della Commissione delle Comunita' europee e' inoltre possibile concludere accordi ambientali che la Commissione puo' utilizzare nell'ambito della autoregolamentazione, intesa come incoraggiamento o riconoscimento dei medesimi accordi, oppure della coregolamentazione, intesa come proposizione al legislatore di utilizzare gli accordi, quando opportuno.

ART. 206-bis
Vigilanza e controllo in materia di gestione dei rifiuti

1. Al fine di garantire l'attuazione delle norme di cui alla parte quarta del presente decreto con particolare riferimento alla prevenzione della produzione della quantita' e della pericolosita' dei rifiuti ed all'efficacia, all'efficienza ed all'economicita' della gestione dei rifiuti, degli imballaggi e dei rifiuti di imballaggio, nonche' alla tutela della salute pubblica e dell'ambiente, il Ministero dell'ambiente e della tutela del territorio e del mare svolge, in particolare, le seguenti funzioni:

    a) vigila sulla gestione dei rifiuti, degli imballaggi e dei rifiuti di imballaggio anche tramite audit nei confronti dei sistemi di gestione dei rifiuti di cui ai Titoli I, II e III della parte quarta del presente decreto;

    b) provvede all'elaborazione ed all'aggiornamento periodico di misure sulla prevenzione e sulla gestione dei rifiuti, anche attraverso l'elaborazione di linee guida sulle modalita' di gestione dei rifiuti per migliorarne la qualita' e la riciclabilita', al fine di promuovere la diffusione delle buone pratiche e delle migliori tecniche disponibili per la prevenzione, la preparazione al riutilizzo, il riutilizzo, i sistemi di restituzione, le raccolte differenziate, il riciclo e lo smaltimento dei rifiuti;

    c) analizza le relazioni annuali dei sistemi di gestione dei rifiuti di cui al Titolo II e al Titolo III della parte quarta del presente decreto, verificando le misure adottate e il raggiungimento degli obiettivi, rispetto ai target stabiliti dall'Unione europea e dalla normativa nazionale di settore, al fine di accertare il rispetto della responsabilita' estesa del produttore da parte dei produttori e degli importatori di beni;

    d) provvede al riconoscimento dei sistemi autonomi di cui al Titolo II e al Titolo III della parte quarta del presente decreto;

    e) controlla il raggiungimento degli obiettivi previsti negli accordi di programma ai sensi dell'articolo 219-bis e ne monitora l'attuazione;

    f) verifica l'attuazione del Programma generale di prevenzione di cui all'articolo 225 e, qualora il Consorzio nazionale imballaggi non provveda nei termini previsti, predispone lo stesso;

    g) effettua il monitoraggio dell'attuazione del Programma Nazionale di prevenzione dei rifiuti di cui all'articolo 180;

    g-bis) LETTERA NON PIU' PREVISTA DAL D.L. 31 MAGGIO 2021, N. 77, CONVERTITO CON MODIFICAZIONI DALLA L. 29 LUGLIO 2021, N. 108;

    g-ter) LETTERA NON PIU' PREVISTA DAL D.L. 31 MAGGIO 2021, N. 77, CONVERTITO CON MODIFICAZIONI DALLA L. 29 LUGLIO 2021, N. 108;

    g-quater) LETTERA NON PIU' PREVISTA DAL D.L. 31 MAGGIO 2021, N. 77, CONVERTITO CON MODIFICAZIONI DALLA L. 29 LUGLIO 2021, N. 108;

    g-quinquies) LETTERA NON PIU' PREVISTA DAL D.L. 31 MAGGIO 2021, N. 77, CONVERTITO CON MODIFICAZIONI DALLA L. 29 LUGLIO 2021, N. 108;

    h) verifica il funzionamento dei sistemi istituiti ai sensi degli articoli 178-bis e 178-ter, in relazione agli obblighi derivanti dalla responsabilita' estesa del produttore e al raggiungimento degli obiettivi stabiliti dall'Unione europea in materia di rifiuti.

2. COMMA ABROGATO DALLA L. 28 DICEMBRE 2015, N. 221.

3. COMMA ABROGATO DALLA L. 28 DICEMBRE 2015, N. 221.

4. Per l'espletamento delle funzioni di vigilanza e controllo in materia di rifiuti, il Ministero dell'ambiente e della tutela del territorio e del mare si avvale dell'ISPRA, a tal fine utilizzando le risorse di cui al comma 6.

((4-bis. Al fine di rafforzare le attivita' di vigilanza e di controllo del funzionamento e dell'efficacia dei sistemi consortili e autonomi di gestione dei rifiuti, degli imballaggi e dei rifiuti di imballaggio di cui al presente articolo, e' istituito presso il Ministero della transizione ecologica l'Organismo di vigilanza dei consorzi e dei sistemi autonomi per la gestione dei rifiuti, degli imballaggi e dei rifiuti di imballaggi. L'Organismo di vigilanza e' composto da due rappresentanti del Ministero della transizione ecologica, di cui uno con funzioni di Presidente, due rappresentanti del Ministero dello sviluppo economico, un rappresentante dell'Autorita' garante della concorrenza e del mercato, un rappresentante dell'Autorita' di regolazione per energia reti e ambiente, un rappresentante dell'Associazione nazionale dei comuni italiani. Entro trenta giorni dalla data di entrata in vigore della presente disposizione, con decreto del Ministero della transizione ecologica, di concerto con il Ministero dello sviluppo economico, sono stabilite le modalita' di funzionamento dell'Organismo di vigilanza e i suoi obiettivi specifici. Le risultanze delle attivita' dell'Organismo di vigilanza sono rese pubbliche sul sito istituzionale del Ministero della transizione ecologica entro il 30 aprile di ogni anno. Per il funzionamento dell'Organismo di vigilanza sono stanziati 50.000 euro per l'anno 2022 e 100.000 euro a decorrere dall'anno 2023. Ai componenti dell'Organismo di vigilanza non spettano compensi, gettoni di presenza, rimborsi di spese o altri emolumenti comunque denominati.))

5. COMMA ABROGATO DALLA L. 28 DICEMBRE 2015, N. 221.

6. All'onere derivante dall'esercizio delle funzioni di vigilanza e controllo di cui al comma 4 dell'articolo 178-ter e al presente articolo, pari a due milioni di euro, aggiornato annualmente al tasso di inflazione, provvedono, tramite contributi di pari importo complessivo, il Consorzio Nazionale Imballaggi di cui all'articolo 224, i soggetti di cui all'articolo 221, comma 3, lettere a) e c) e i Consorzi di cui agli articoli 233, 234 e 236 nonche' quelli istituiti ai sensi degli articoli 227 e 228, e i sistemi di cui agli articoli 178-bis e 178-ter. Il Ministro dell'ambiente e della tutela del territorio e del mare con decreto da emanarsi entro novanta giorni dall'entrata in vigore del presente provvedimento e successivamente entro il 31 gennaio di ogni anno, determina l'entita' del predetto onere da porre in capo ai Consorzi e soggetti predetti. Dette somme sono versate dal Consorzio Nazionale Imballaggi e dagli altri soggetti e Consorzi all'entrata del bilancio dello Stato per essere riassegnate, con decreto del Ministro dell'economia e della finanze, ad apposito capitolo dello stato di previsione del Ministero dell'ambiente e della tutela del territorio e del mare.

ART. 206-ter
(((Accordi e contratti di programma per incentivare l'acquisto di prodotti derivanti da materiali post consumo o dal recupero degli scarti e dei materiali rivenienti dal disassemblaggio dei prodotti complessi).))

((1. Al fine di incentivare il risparmio e il riciclo di materiali attraverso il sostegno all'acquisto di prodotti derivanti da materiali riciclati post consumo o dal recupero degli scarti e dei materiali rivenienti dal disassemblaggio dei prodotti complessi, il Ministro dello sviluppo economico, di concerto con il Ministro dell'ambiente e della tutela del territorio e del mare, puo' stipulare appositi accordi e contratti di programma:

a) con le imprese che producono beni derivanti da materiali post consumo riciclati o dal recupero degli scarti e dei materiali rivenienti dal disassemblaggio dei prodotti complessi, con priorita' per i beni provenienti dai rifiuti;
b) con enti pubblici;
c) con soggetti pubblici o privati;
d) con le associazioni di categoria, ivi comprese le associazioni di aziende che si occupano di riuso, preparazione al riutilizzo e riciclaggio;
e) con associazioni senza fini di lucro, di promozione sociale nonche' con imprese artigiane e imprese individuali;
f) con i soggetti incaricati di svolgere le attivita' connesse all'applicazione del principio di responsabilita' estesa del produttore.

2. Gli accordi e i contratti di programma di cui al comma 1 hanno ad oggetto:

a) l'erogazione di incentivi in favore di attivita' imprenditoriali di produzione di beni derivanti da materiali post consumo riciclati o dal recupero degli scarti e dei materiali rivenienti dal disassemblaggio dei prodotti complessi, con priorita' per i beni provenienti dai rifiuti per i quali devono essere perseguiti obiettivi di raccolta e riciclo nel rispetto del presente decreto e della normativa dell'Unione europea, e l'erogazione di incentivi in favore di attivita' imprenditoriali di produzione e di preparazione dei materiali post consumo o derivanti dal recupero degli scarti e dei materiali rivenienti dal disassemblaggio dei prodotti complessi per il loro riutilizzo e di attivita' imprenditoriali di produzione e di commercializzazione di prodotti e componenti di prodotti reimpiegati per la stessa finalita' per la quale erano stati concepiti;

b) l'erogazione di incentivi in favore di attivita' imprenditoriali di commercializzazione di aggregati riciclati marcati CE e definiti secondo le norme UNI EN 13242:2013 e UNI EN 12620:2013, nonche' di prodotti derivanti da rifiuti di apparecchiature elettriche ed elettroniche e da pneumatici fuori uso ovvero realizzati con i materiali plastici provenienti dal trattamento dei prodotti giunti a fine vita, cosi' come definiti dalla norma UNI 10667-13:2013, dal post consumo o dal recupero degli scarti di produzione;

c) l'erogazione di incentivi in favore dei soggetti economici e dei soggetti pubblici che acquistano prodotti derivanti dai materiali di cui alle lettere a) e b).

3. Entro sei mesi dalla data di entrata in vigore della presente disposizione, il Ministro dello sviluppo economico, di concerto con il Ministro dell'ambiente e della tutela del territorio e del mare e con il Ministro dell'economia e delle finanze, individua con decreto le risorse finanziarie disponibili a legislazione vigente da destinare, sulla base di apposite disposizioni legislative di finanziamento, agli accordi e ai contratti di programma di cui ai commi 1 e 2 e fissa le modalita' di stipulazione dei medesimi accordi e contratti secondo criteri che privilegino prioritariamente le attivita' per il riutilizzo, la produzione o l'acquisto di beni riciclati utilizzati per la stessa finalita' originaria e sistemi produttivi con il minor impatto ambientale rispetto ai metodi tradizionali.))

ART. 206-quater
(((Incentivi per i prodotti derivanti da materiali post consumo o dal recupero degli scarti e dei materiali rivenienti dal disassemblaggio dei prodotti complessi).))

((1. Entro sei mesi dalla data di entrata in vigore della presente disposizione, il Ministro dello sviluppo economico, di concerto con il Ministro dell'ambiente e della tutela del territorio e del mare e con il Ministro dell'economia e delle finanze, stabilisce con decreto il livello degli incentivi, anche di natura fiscale, e le percentuali minime di materiale post consumo o derivante dal recupero degli scarti e dei materiali rivenienti dal disassemblaggio dei prodotti complessi che devono essere presenti nei manufatti per i quali possono essere erogati gli incentivi di cui all'articolo 206-ter, in considerazione sia della materia risparmiata sia del risparmio energetico ottenuto riciclando i materiali, tenendo conto dell'intero ciclo di vita dei prodotti. La presenza delle percentuali di materiale riciclato e riciclato post consumo o derivante dal recupero degli scarti e dei materiali rivenienti dal disassemblaggio dei prodotti complessi puo' essere dimostrata tramite certificazioni di enti riconosciuti. Il medesimo decreto stabilisce gli strumenti e le misure di incentivazione per il commercio e per l'acquisto di prodotti e componenti di prodotti usati per favorire l'allungamento del ciclo di vita dei prodotti.

2. Per l'acquisto e la commercializzazione di manufatti realizzati

in materiali polimerici misti riciclati, l'incentivo erogato varia a seconda della categoria di prodotto, in base ai criteri e alle percentuali stabiliti dall'allegato L-bis alla presente parte.

3. Gli incentivi di cui al comma 2 si applicano ai soli manufatti che impiegano materiali polimerici eterogenei da riciclo post consumo o derivanti dal recupero degli scarti e dei materiali rivenienti dal disassemblaggio dei prodotti complessi in misura almeno pari alle percentuali indicate dall'allegato L-bis alla presente parte. Il contenuto di materiali polimerici eterogenei da riciclo nei manufatti di cui al presente comma deve essere garantito da idonea certificazione, sulla base della normativa vigente.

4. Gli incentivi di cui al presente articolo possono essere fruiti nel rispetto delle regole in materia di aiuti di importanza minore concessi dagli Stati membri dell'Unione europea in favore di talune imprese o produzioni, di cui al regolamento (UE) n. 1407/2013 della Commissione, del 18 dicembre 2013.))

ART. 206-quinquies
(((Incentivi per l'acquisto e la commercializzazione di prodotti che impiegano materiali post consumo o derivanti dal recupero degli scarti e dei materiali rivenienti dal disassemblaggio dei prodotti complessi).))

((1. Il Ministro dello sviluppo economico, di concerto con il Ministro dell'ambiente e della tutela del territorio e del mare e con il Ministro dell'economia e delle finanze, adotta, entro centoventi giorni dalla data di entrata in vigore della presente disposizione, ai sensi dell'articolo 17, comma 3, della legge 23 agosto 1988, n. 400, un regolamento che stabilisce i criteri e il livello di incentivo, anche di natura fiscale, per l'acquisto di manufatti che impiegano materiali post consumo riciclati o derivanti dal recupero degli scarti e dei materiali rivenienti dal disassemblaggio dei prodotti complessi, ivi inclusi quelli provenienti dalla raccolta differenziata dei rifiuti diversi dal materiale polimerico.))

ART. 206-sexies
(((Azioni premianti l'utilizzo di prodotti che impiegano materiali post consumo o derivanti dal recupero degli scarti e dei materiali rivenienti dal disassemblaggio dei prodotti complessi negli interventi concernenti gli edifici scolastici, le pavimentazioni stradali e le barriere acustiche).))

((1. Le amministrazioni pubbliche, nelle more dell'adozione da parte delle regioni di specifiche norme tecniche per la progettazione esecutiva degli interventi negli edifici scolastici, al fine di consentirne la piena fruibilita' dal punto di vista acustico, prevedono, nelle gare d'appalto per l'incremento dell'efficienza energetica delle scuole e comunque per la loro ristrutturazione o costruzione, l'impiego di materiali e soluzioni progettuali idonei al raggiungimento dei valori indicati per i descrittori acustici dalla norma UNI 11367:2010 e dalla norma UNI 11532:2014. Nei bandi di gara sono previsti criteri di valutazione delle offerte ai sensi dell'articolo 83, comma 1, lettera e), del codice dei contratti pubblici relativi a lavori, servizi e forniture, di cui al decreto legislativo 12 aprile 2006, n. 163, e successive modificazioni, con punteggi premianti per i prodotti contenenti materiali post consumo o derivanti dal recupero degli scarti e dei materiali rivenienti dal disassemblaggio dei prodotti complessi nelle percentuali fissate con il decreto di cui al comma 3 del presente articolo.

2. Nelle gare d'appalto per la realizzazione di pavimentazioni stradali e barriere acustiche, anche ai fini dell'esecuzione degli interventi di risanamento acustico realizzati ai sensi del decreto del Ministro dell'ambiente 29 novembre 2000, pubblicato nella Gazzetta Ufficiale n. 285 del 6 dicembre 2000, le amministrazioni pubbliche e gli enti gestori delle infrastrutture prevedono criteri

di valutazione delle offerte ai sensi dell'articolo 83, comma 1, lettera e), del codice dei contratti pubblici relativi a lavori, servizi e forniture, di cui al decreto legislativo 12 aprile 2006, n. 163, e successive modificazioni, con punteggi premianti per i prodotti contenenti materiali post consumo o derivanti dal recupero degli scarti e dei materiali rivenienti dal disassemblaggio dei prodotti complessi nelle percentuali fissate con i decreti di cui al comma 3 del presente articolo.

3. Entro sei mesi dalla data di entrata in vigore della presente disposizione, il Ministro dell'ambiente e della tutela del territorio e del mare, con uno o piu' decreti, anche attraverso i decreti di attuazione del Piano d'azione per la sostenibilita' ambientale dei consumi nel settore della pubblica amministrazione, di cui al decreto del Ministro dell'ambiente e della tutela del territorio e del mare 11 aprile 2008, pubblicato nella Gazzetta Ufficiale n. 107 dell'8 maggio 2008, definisce:

a) l'entita' dei punteggi premianti e le caratteristiche dei materiali che ne beneficeranno, quali quelli indicati all'articolo 206-ter, comma 2, lettera a), e quelli derivanti dall'utilizzo di polverino da pneumatici fuori uso;

b) i descrittori acustici da tenere in considerazione nei bandi di gara e i relativi valori di riferimento;

c) le percentuali minime di residui di produzione e di materiali post consumo o derivanti dal recupero degli scarti e dei materiali rivenienti dal disassemblaggio dei prodotti complessi che devono essere presenti nei manufatti per i quali possono essere assegnati i punteggi premianti, in considerazione sia della materia risparmiata sia del risparmio energetico ottenuto riutilizzando i materiali, tenendo conto dell'intero ciclo di vita dei prodotti;

d) i materiali post consumo o derivanti dal recupero degli scarti e dei materiali rivenienti dal disassemblaggio dei prodotti complessi che non possono essere utilizzati senza operazioni di pre-trattamento finalizzate a escludere effetti nocivi tali da provocare inquinamento ambientale o danno alla salute umana)).

ART. 207
((ARTICOLO ABROGATO DAL D.LGS. 8 NOVEMBRE 2006, N. 284))

CAPO IV
AUTORIZZAZIONI E ISCRIZIONI

ART. 208
(autorizzazione unica per i nuovi impianti di smaltimento e di recupero dei rifiuti)

1. I soggetti che intendono realizzare e gestire nuovi impianti di smaltimento o di recupero di rifiuti, anche pericolosi, devono presentare apposita domanda alla regione competente per territorio, allegando il progetto definitivo dell'impianto e la documentazione tecnica prevista per la realizzazione del progetto stesso dalle disposizioni vigenti in materia urbanistica, di tutela ambientale, di salute di sicurezza sul lavoro e di igiene pubblica. Ove l'impianto debba essere sottoposto alla procedura di valutazione di impatto ambientale ai sensi della normativa vigente, alla domanda e' altresi' allegata la comunicazione del progetto all'autorita' competente ai predetti fini; i termini di cui ai commi 3 e 8 restano sospesi fino all'acquisizione della pronuncia sulla compatibilita' ambientale ai sensi della parte seconda del presente decreto.

2. Per le installazioni di cui all'articolo 6, comma 13, l'autorizzazione integrata ambientale sostituisce l'autorizzazione di cui al presente articolo. A tal fine, in relazione alle attivita' di smaltimento o di recupero dei rifiuti:

a) ove un provvedimento di cui al presente articolo sia stato gia' emanato, la domanda di autorizzazione integrata ambientale ne riporta gli estremi;

b) se l'istanza non riguarda esclusivamente il rinnovo o l'adeguamento dell'autorizzazione all'esercizio, prevedendo invece nuove realizzazioni o modifiche, la partecipazione alla conferenza di servizi di cui all'articolo 29-quater, comma 5, e' estesa a tutti i partecipanti alla conferenza di servizio di cui all'articolo 208, comma 3;

c) la Regione, o l'autorita' da essa delegata, specifica in conferenza le garanzie finanziarie da richiedere ai sensi dell'articolo 208, comma 11, lettera g);

d) i contenuti dell'AIA sono opportunamente integrati con gli elementi di cui all'articolo 208, comma 11;

e) le garanzie finanziarie di cui all'articolo 208, comma 11, sono prestate a favore della Regione, o dell'autorita' da essa delegata alla gestione della materia;

f) la comunicazione di cui all'articolo 208, comma 18, e' effettuata dall'amministrazione che rilascia l'autorizzazione integrata ambientale;

g) la comunicazione di cui all'articolo 208, comma 19, e' effettuata dal soggetto pubblico che accerta l'evento incidente.

3. Entro trenta giorni dal ricevimento della domanda di cui al comma 1, la regione individua il responsabile del procedimento e convoca apposita conferenza di servizi. Alla conferenza dei servizi partecipano, con un preavviso di almeno 20 giorni, i responsabili degli uffici regionali competenti e i rappresentanti delle autorita' d'ambito e degli enti locali sul cui territorio e' realizzato l'impianto, nonche' il richiedente l'autorizzazione o un suo rappresentante al fine di acquisire documenti, informazioni e chiarimenti. Nel medesimo termine di 20 giorni, la documentazione di cui al comma 1 e' inviata ai componenti della conferenza di servizi. La decisione della conferenza dei servizi e' assunta a maggioranza e le relative determinazioni devono fornire una adeguata motivazione rispetto alle opinioni dissenzienti espresse nel corso della conferenza.

4. Entro novanta giorni dalla sua convocazione, la Conferenza di servizi:

a) procede alla valutazione dei progetti;

b) acquisisce e valuta tutti gli elementi relativi alla compatibilita' del progetto con quanto previsto dall'articolo 177, comma 4;

c) acquisisce, ove previsto dalla normativa vigente, la valutazione di compatibilita' ambientale;

d) trasmette le proprie conclusioni con i relativi atti alla regione.

5. Per l'istruttoria tecnica della domanda le regioni possono avvalersi delle Agenzie regionali per la protezione dell'ambiente.

6. Entro 30 giorni dal ricevimento delle conclusioni della Conferenza dei servizi, valutando le risultanze della stessa, la regione, in caso di valutazione positiva del progetto, autorizza la realizzazione e la gestione dell'impianto. L'approvazione sostituisce ad ogni effetto visti, pareri, autorizzazioni e concessioni di organi regionali, provinciali e comunali, costituisce, ove occorra, variante allo strumento urbanistico e comporta la dichiarazione di pubblica utilita', urgenza ed indifferibilita' dei lavori.

7. Nel caso in cui il progetto riguardi aree vincolate ai sensi del decreto legislativo 22 gennaio 2004, n. 42, si applicano le disposizioni dell'articolo 146 di tale decreto in materia di autorizzazione.

8. L'istruttoria si conclude entro centocinquanta giorni dalla presentazione della domanda di cui al comma 1 con il rilascio dell'autorizzazione unica o con il diniego motivato della stessa.

9. I termini di cui al comma 8 sono interrotti, per una sola volta, da eventuali richieste istruttorie fatte dal responsabile del procedimento al soggetto interessato e ricominciano a decorrere dal

ricevimento degli elementi forniti dall'interessato.

10. Ferma restando la valutazione delle eventuali responsabilita' ai sensi della normativa vigente, ove l'autorita competente non provveda a concludere il procedimento di rilascio dell'autorizzazione unica entro i termini previsti al comma 8, si applica il potere sostitutivo di cui all'articolo 5 del decreto legislativo 31 marzo 1998, n. 112.

11. L'autorizzazione individua le condizioni e le prescrizioni necessarie per garantire l'attuazione dei principi di cui all'articolo 178 e contiene almeno i seguenti elementi:
   a) i tipi ed i quantitativi di rifiuti che possono essere trattati;
   b) Per ciascun tipo di operazione autorizzata, i requisiti tecnici con particolare riferimento alla compatibilita' del sito, alle attrezzature utilizzate, ai tipi ed ai quantitativi massimi di rifiuti e alla modalita' di verifica, monitoraggio e controllo della conformita' dell'impianto al progetto approvato;
   c) le misure precauzionali e di sicurezza da adottare;
   d) la localizzazione dell'impianto autorizzato;
   e) il metodo da utilizzare per ciascun tipo di operazione;
   f) le disposizioni relative alla chiusura e agli interventi ad essa successivi che si rivelino necessarie;
   g) le garanzie finanziarie richieste, che devono essere prestate solo al momento dell'avvio effettivo dell'esercizio dell'impianto; le garanzie finanziarie per la gestione della discarica, anche per la fase successiva alla sua chiusura, dovranno essere prestate conformemente a quanto diposto dall'articolo 14 del decreto legislativo 13 gennaio 2003, n. 36;
   h) la data di scadenza dell'autorizzazione, in conformita' con quanto previsto al comma 12;
   i) i limiti di emissione in atmosfera per i processi di trattamento termico dei rifiuti, anche accompagnati da recupero energetico.

11-bis. Le autorizzazioni concernenti l'incenerimento o il coincenerimento con recupero di energia sono subordinate alla condizione che il recupero avvenga con un livello elevato di efficienza energetica, tenendo conto delle migliori tecniche disponibili.

12. Salva l'applicazione dell'articolo 29-octies per le installazioni di cui all'articolo 6, comma 13, l'autorizzazione di cui al comma 1 e' concessa per un periodo di dieci anni ed e' rinnovabile. A tale fine, almeno centottanta giorni prima della scadenza dell'autorizzazione, deve essere presentata apposita domanda alla regione che decide prima della scadenza dell'autorizzazione stessa. In ogni caso l'attivita' puo' essere proseguita fino alla decisione espressa, previa estensione delle garanzie finanziarie prestate. Le prescrizioni dell'autorizzazione possono essere modificate, prima del termine di scadenza e dopo almeno cinque anni dal rilascio, nel caso di condizioni di criticita' ambientale, tenendo conto dell'evoluzione delle migliori tecnologie disponibili e nel rispetto delle garanzie procedimentali di cui alla legge n. 241 del 1990.

12-bis. Per impianti di smaltimento o di recupero di rifiuti ricompresi in un'installazione di cui all'articolo 6, comma 13, il rinnovo, l'aggiornamento e il riesame dell'autorizzazione di cui al presente articolo sono disciplinati dal Titolo III-bis della Parte Seconda, previa estensione delle garanzie finanziarie gia' prestate.

13. Ferma restando l'applicazione delle norme sanzionatorie di cui al titolo VI della parte quarta del presente decreto, in caso di inosservanza delle prescrizioni dell'autorizzazione l'autorita' competente procede, secondo la gravita' dell'infrazione:
   a) alla diffida, stabilendo un termine entro il quale devono essere eliminate le inosservanze;
   b) alla diffida e contestuale sospensione dell'autorizzazione per un tempo determinato, ove si manifestino situazioni di pericolo per

la salute pubblica e per l'ambiente;
   c) alla revoca dell'autorizzazione in caso di mancato adeguamento alle prescrizioni imposte con la diffida e in caso di reiterate violazioni che determinino situazione di pericolo per la salute pubblica e per l'ambiente.
   14. Il controllo e l'autorizzazione delle operazioni di carico, scarico, trasbordo, deposito e maneggio di rifiuti in aree portuali sono disciplinati dalle specifiche disposizioni di cui alla legge 28 gennaio 1994, n. 84 e di cui al decreto legislativo 24 giugno 2003, n. 182 di attuazione della direttiva 2000/59/CE sui rifiuti prodotti sulle navi e dalle altre disposizioni previste in materia dalla normativa vigente. Nel caso di trasporto transfrontaliero di rifiuti, l'autorizzazione delle operazioni di imbarco e di sbarco non puo' essere rilasciata se il richiedente non dimostra di avere ottemperato agli adempimenti di cui all'articolo 193, comma 1, del presente decreto.
   15. Gli impianti mobili di smaltimento o di recupero, esclusi gli impianti mobili che effettuano la disidratazione dei fanghi generati da impianti di depurazione e reimmettono l'acqua in testa al processo depurativo presso il quale operano, ed esclusi i casi in cui si provveda alla sola riduzione volumetrica e separazione delle frazioni estranee, sono autorizzati, in via definitiva, dalla regione ove l'interessato ha la sede legale o la societa' straniera proprietaria dell'impianto ha la sede di rappresentanza. Per lo svolgimento delle singole campagne di attivita' sul territorio nazionale, l'interessato, ((almeno venti giorni)) prima dell'installazione dell'impianto, deve comunicare alla regione nel cui territorio si trova il sito prescelto le specifiche dettagliate relative alla campagna di attivita', allegando l'autorizzazione di cui al comma 1 e l'iscrizione all'Albo nazionale gestori ambientali, nonche' l'ulteriore documentazione richiesta. La regione puo' adottare prescrizioni integrative oppure puo' vietare l'attivita' con provvedi mento motivato qualora lo svolgimento della stessa nello specifico sito non sia compatibile con la tutela dell'ambiente o della salute pubblica.
   16. Le disposizioni di cui al presente articolo si applicano anche ai procedimenti in corso alla data di entrata in vigore della parte quarta del presente decreto, eccetto quelli per i quali sia completata la procedura di valutazione di impatto ambientale.
   17. Fatti salvi l'obbligo di tenuta dei registri di carico e scarico da parte dei soggetti di cui all'articolo 190 ed il divieto di miscelazione di cui all'articolo 187, le disposizioni del presente articolo non si applicano al deposito temporaneo effettuato nel rispetto delle condizioni stabilite dall'articolo 183, comma 1, lettera m).
   17-bis. L'autorizzazione di cui al presente articolo deve essere comunicata, a cura dell'amministrazione competente al rilascio della stessa, al Catasto dei rifiuti di cui all'articolo 189 attraverso il Catasto telematico e secondo gli standard concordati con ISPRA che cura l'inserimento in un elenco nazionale, accessibile al pubblico, dei seguenti elementi identificativi, senza nuovi o maggiori oneri per la finanza pubblica:
   a) ragione sociale;
   b) sede legale dell'impresa autorizzata;
   c) sede dell'impianto autorizzato;
   d) attivita' di gestione autorizzata;
   e) i rifiuti oggetto dell'attivita' di gestione;
   f) quantita' autorizzate;
   g) scadenza dell'autorizzazione.
   17-ter. La comunicazione dei dati di cui al comma 17-bis deve avvenire senza nuovi e maggiori oneri a carico della finanza pubblica tra i sistemi informativi regionali esistenti, e il Catasto telematico secondo standard condivisi.
   18. In caso di eventi incidenti sull'autorizzazione, questi sono comunicati, previo avviso all'interessato, al Catasto dei rifiuti di

cui all'articolo 189.

19. Le procedure di cui al presente articolo si applicano anche per la realizzazione di varianti sostanziali in corso d'opera o di esercizio che comportino modifiche a seguito delle quali gli impianti non sono piu' conformi all'autorizzazione rilasciata.

19-bis. Alle utenze non domestiche che effettuano il compostaggio aerobico individuale per residui costituiti da sostanze naturali non pericolose prodotti nell'ambito delle attivita' agricole e vivaistiche e alle utenze domestiche che effettuano compostaggio aerobico individuale per i propri rifiuti organici da cucina, sfalci e potature da giardino e' applicata una riduzione della tariffa dovuta per la gestione dei rifiuti urbani.

20. COMMA ABROGATO DAL D.LGS. 3 DICEMBRE 2010, N. 205.

ART. 209
(rinnovo delle autorizzazioni alle imprese in possesso di certificazione ambientale)

1. Nel rispetto delle normative comunitarie, in sede di espletamento delle procedure previste per il rinnovo delle autorizzazioni all'esercizio di un impianto ovvero per il rinnovo dell'iscrizione all'Albo di cui all'articolo 212, le imprese che risultino registrate ai sensi del regolamento (CE) n. 1221/2009 del Parlamento europeo e del Consiglio, del 25 novembre 2009, sull'adesione volontaria delle organizzazioni a un sistema comunitario di ecogestione e audit , che abroga il regolamento (CE) n. 761/2001 e le decisioni della Commissione 2001/681/CE e 2006/193/CE o certificati Uni En Iso 14001, possono sostituire tali autorizzazioni con autocertificazione resa alle autorita' competenti, ai sensi del testo unico delle disposizioni legislative e regolamentari in materia di documentazione amministrativa, di cui al decreto del Presidente della Repubblica 28 dicembre 2000, n. 445.)

2. L'autocertificazione di cui al comma 1 deve essere accompagnata da una copia conforme del certificato di registrazione ottenuto ai sensi dei regolamenti e degli standard parametrici di cui al medesimo comma 1, nonche' da una denuncia di prosecuzione delle attivita', attestante la conformita' dell'impresa, dei mezzi e degli impianti alle prescrizioni legislative e regolamentari, con allegata una certificazione dell'esperimento di prove a cio' destinate, ove previste.

3. L'autocertificazione e i relativi documenti, di cui ai commi 1 e 2, sostituiscono a tutti gli effetti l'autorizzazione alla prosecuzione, ovvero all'esercizio delle attivita' previste dalle norme di cui al comma 1 e ad essi si applicano, in quanto compatibili, le disposizioni di cui al decreto del Presidente della Repubblica 26 aprile 1992, n. 300. Si applicano, altresi', le disposizioni sanzionatorie di cui all'articolo 21 della legge 7 agosto 1990, n. 241.

4. L'autocertificazione e i relativi documenti mantengono l'efficacia sostitutiva di cui al comma 3 fino ad un periodo massimo di centottanta giorni successivi alla data di comunicazione all'interessato della decadenza, a qualsiasi titolo avvenuta, della registrazione ottenuta ai sensi dei regolamenti e degli standard parametrici di cui al comma 1.

5. Salva l'applicazione delle sanzioni specifiche e salvo che il fatto costituisca piu' grave reato, in caso di accertata falsita' delle attestazioni contenute nell'autocertificazione e dei relativi documenti, si applica l'articolo 483 del codice penale nei confronti di chiunque abbia sottoscritto la documentazione di cui ai commi 1 e 2.

6. Resta ferma l'applicazione del ((Titolo III-bis)) della parte seconda del presente decreto, relativo alla prevenzione e riduzione integrate dell'inquinamento, per gli impianti rientranti nel campo di applicazione del medesimo.

7. I titoli abilitativi di cui al presente articolo devono essere

comunicati, a cura dell'amministrazione che li rilascia, all'ISPRA che cura l'inserimento in un elenco nazionale, accessibile al pubblico, degli elementi identificativi di cui all'articolo 208, comma 17, senza nuovi o maggiori oneri per la finanza pubblica.
  7-bis. La comunicazione dei dati di cui al comma 7 deve avvenire senza nuovi e maggiori oneri a carico della finanza pubblica tra i sistemi informativi regionali esistenti, e il Catasto telematico secondo standard condivisi.

ART. 210
((ARTICOLO ABROGATO DAL D.LGS. 3 DICEMBRE 2010, N. 205))

ART. 211
(autorizzazione di impianti di ricerca e di sperimentazione)

  1. I termini di cui agli articoli 208 e 210 sono ridotti alla meta' per l'autorizzazione alla realizzazione ed all'esercizio di impianti di ricerca e di sperimentazione qualora siano rispettate le seguenti condizioni:
    a) le attivita' di gestione degli impianti non comportino utile economico;
    b) gli impianti abbiano una potenzialita' non superiore a 5 tonnellate al giorno, salvo deroghe giustificate dall'esigenza di effettuare prove di impianti caratterizzati da innovazioni, che devono pero' essere limitate alla durata di tali prove.
  2. La durata dell'autorizzazione di cui al comma 1 e' di due anni, salvo proroga che puo' essere concessa previa verifica annuale dei risultati raggiunti e non puo' comunque superare altri due anni.
  3. Qualora il progetto o la realizzazione dell'impianto non siano stati approvati e autorizzati entro il termine di cui al comma 1, l'interessato puo' presentare istanza al Ministro dell'ambiente e della tutela del territorio e del mare, che si esprime nei successivi sessanta giorni di concerto con i Ministri delle attivita' produttive e dell'istruzione, dell'universita' e della ricerca. La garanzia finanziaria in tal caso e' prestata a favore dello Stato.
  4. In caso di rischio di agenti patogeni o di sostanze sconosciute e pericolose dal punto di vista sanitario, l'autorizzazione di cui al comma 1 e' rilasciata dal ((Ministero)) dell'ambiente e della tutela del territorio e del mare, che si esprime nei successivi sessanta giorni, di concerto con i Ministri delle attivita' produttive, della salute e dell'istruzione, dell'universita' e della ricerca.
  5. L'autorizzazione di cui al presente articolo deve essere comunicata, a cura dell'amministrazione che la rilascia, ((all'ISPRA)) che cura l'inserimento in un elenco nazionale, accessibile al pubblico, degli elementi identificativi di cui all'articolo ((208, comma 16)) senza nuovi o maggiori oneri per la finanza pubblica.
  ((5-bis. La comunicazione dei dati di cui al comma 5 deve avvenire senza nuovi e maggiori oneri a carico della finanza pubblica tra i sistemi informativi regionali esistenti, e il Catasto telematico secondo standard condivisi.))

ART. 212
Albo nazionale gestori ambientali

  1. E' costituito, presso il Ministero dell'ambiente e della tutela del territorio e del mare, l'Albo nazionale gestori ambientali, di seguito denominato Albo, articolato in un Comitato nazionale, con sede presso il medesimo Ministero, ed in Sezioni regionali e provinciali, istituite presso le Camere di commercio, industria, artigianato e agricoltura dei capoluoghi di regione e delle province autonome di Trento e di Bolzano. I componenti del Comitato nazionale e delle Sezioni regionali e provinciali durano in carica cinque anni.
  2. Con decreto del Ministero dell'ambiente e della tutela del territorio e del mare sono istituite sezioni speciali del Comitato

nazionale per ogni singola attivita' soggetta ad iscrizione all'Albo, senza nuovi o maggiori oneri a carico della finanza pubblica, e ne vengono fissati composizione e competenze. Il Comitato nazionale dell'Albo ha potere deliberante ed e' composto da diciannove membri effettivi di comprovata e documentata esperienza tecnico-economica o giuridica nelle materie ambientali nominati con decreto del Ministro dell'ambiente e della tutela del territorio e designati rispettivamente:

 a) due dal Ministro dell'ambiente e della tutela del territorio e del mare, di cui uno con funzioni di Presidente;
 b) uno dal Ministro dello sviluppo economico, con funzioni di vice-Presidente;
 c) uno dal Ministro della salute;
 d) uno dal Ministro dell'economia e delle finanze
 e) uno dal Ministro delle infrastrutture e dei trasporti;
 f) uno dal Ministro dell'interno;
 g) tre dalle regioni;
 h) uno dall'Unione italiana delle Camere di commercio industria, artigianato e agricoltura;
 i) otto dalle organizzazioni imprenditoriali maggiormente rappresentative delle categorie economiche interessate, di cui due dalle organizzazioni rappresentative della categoria degli autotrasportatori e due dalle organizzazioni che rappresentano i gestori dei rifiuti e uno delle organizzazioni rappresentative delle imprese che effettuano attivita' di bonifica dei siti e di bonifica di beni contenenti amianto. Per ogni membro effettivo e' nominato un supplente.

3. Le Sezioni regionali e provinciali dell'Albo sono istituite con decreto del Ministro dell'ambiente e della tutela del territorio e del mare e sono composte:

 a) dal Presidente della Camera di commercio, industria, artigianato e agricoltura o da un membro del Consiglio camerale all'uopo designato dallo stesso, con funzioni di Presidente;
 b) da un funzionario o dirigente di comprovata esperienza nella materia ambientale designato dalla regione o dalla provincia autonoma, con funzioni di vice-Presidente;
 c) da un funzionario o dirigente di comprovata esperienza nella materia ambientale, designato dall'Unione regionale delle province o dalla provincia autonoma;
 d) da un esperto di comprovata esperienza nella materia ambientale, designato dal Ministro dell'ambiente e della tutela del territorio e del mare;
 e) LETTERA SOPPRESSA DAL D.LGS. 16 GENNAIO 2008, N. 4;
 f) LETTERA SOPPRESSA DAL D.LGS. 16 GENNAIO 2008, N. 4.

4. COMMA ABROGATO DAL D.LGS. 3 DICEMBRE 2010, N. 205.

5. L'iscrizione all'Albo e' requisito per lo svolgimento delle attivita' di raccolta e trasporto di rifiuti, di bonifica dei siti, di bonifica dei beni contenenti amianto, di commercio ed intermediazione dei rifiuti senza detenzione dei rifiuti stessi. Sono esonerati dall'obbligo di cui al presente comma le organizzazioni di cui agli articoli 221, comma 3, lettere a) e c), 223, 224, 228, 233, 234, 235 e 236, al decreto legislativo 20 novembre 2008, n. 188, e al decreto legislativo 25 luglio 2005, n. 151, limitatamente all'attivita' di intermediazione e commercio senza detenzione di rifiuti oggetto previste nei citati articoli. Per le aziende speciali, i consorzi di comuni e le societa' di gestione dei servizi pubblici ci cui al decreto legislativo 18 agosto 2000, n.267, l'iscrizione all'Albo e' effettuata con apposita comunicazione del comune o del consorzio di comuni alla sezione regionale territorialmente competente ed e' valida per i servizi di gestione dei rifiuti urbani prodotti nei medesimi comuni. Le iscrizioni di cui al presente comma, gia' effettuate alla data di entrata in vigore della presente disposizione, rimangono efficaci fino alla loro naturale scadenza.

6. L'iscrizione deve essere rinnovata ogni cinque anni e

costituisce titolo per l'esercizio delle attivita' di raccolta, di trasporto, di commercio e di intermediazione dei rifiuti; per le altre attivita' l'iscrizione abilita allo svolgimento delle attivita' medesime.

7. Gli enti e le imprese iscritte all'Albo per le attivita' di raccolta e trasporto dei rifiuti pericolosi sono esonerate dall'obbligo di iscrizione per le attivita' di raccolta e trasporto dei rifiuti non pericolosi a condizione che tale ultima attivita' non comporti variazione della classe per la quale le imprese sono iscritte.

8. I produttori iniziali di rifiuti non pericolosi che effettuano operazioni di raccolta e trasporto dei propri rifiuti, nonche' i produttori iniziali di rifiuti pericolosi che effettuano operazioni di raccolta e trasporto dei propri rifiuti pericolosi in quantita' non eccedenti trenta chilogrammi o trenta litri al giorno, non sono soggetti alle disposizioni di cui ai commi 5, 6, e 7 a condizione che tali operazioni costituiscano parte integrante ed accessoria dell'organizzazione dell'impresa dalla quale i rifiuti sono prodotti. Detti soggetti non sono tenuti alla prestazione delle garanzie finanziarie e sono iscritti in un'apposita sezione dell'Albo in base alla presentazione di una comunicazione alla sezione regionale o provinciale dell'Albo territorialmente competente che rilascia il relativo provvedimento entro i successivi trenta giorni. Con la comunicazione l'interessato attesta sotto la sua responsabilita', ai sensi dell'articolo 21 della legge n. 241 del 1990: a) la sede dell'impresa, l'attivita' o le attivita' dai quali sono prodotti i rifiuti; b) le caratteristiche, la natura dei rifiuti prodotti;c) gli estremi identificativi e l'idoneita' tecnica dei mezzi utilizzati per il trasporto dei rifiuti, tenuto anche conto delle modalita' di effettuazione del trasporto medesimo; d) l'avvenuto versamento del diritto annuale di registrazione di 50 euro rideterminabile ai sensi dell'articolo 21 del decreto del Ministro dell'ambiente 28 aprile 1998, n. 406. L'iscrizione deve essere rinnovata ogni 10 anni e l'impresa e' tenuta a comunicare ogni variazione intervenuta successivamente all'iscrizione. Le iscrizioni di cui al presente comma, effettuate entro il 14 aprile 2008 ai sensi e per gli effetti della normativa vigente a quella data, dovranno essere aggiornate entro un anno dalla data di entrata in vigore della presente disposizione.

((9. Le imprese tenute ad aderire al sistema di tracciabilita' dei rifiuti di cui all'articolo 188-bis, procedono all'iscrizione al Registro elettronico nazionale per la tracciabilita' dei rifiuti istituito ai sensi dell'articolo 6 del decreto-legge 14 dicembre 2018, n. 135, attraverso la piattaforma telematica dell'Albo nazionale gestori ambientali, che fornisce mediante le Sezioni regionali e provinciali il necessario supporto tecnico operativo, ed assicura la gestione dei rapporti con l'utenza e la riscossione dei contributi.))

10. L'iscrizione all'Albo per le attivita' di raccolta e trasporto dei rifiuti pericolosi, per l'attivita' di intermediazione e di commercio dei rifiuti senza detenzione dei medesimi, e' subordinata alla prestazione di idonee garanzie finanziarie a favore dello Stato i cui importi e modalita' sono stabiliti con uno o piu' decreti del Ministro dell'ambiente e della tutela del territorio e del mare, di concerto con il Ministero dell'economia e delle finanze. Tali garanzie sono ridotte del cinquanta per cento per le imprese registrate ai sensi del regolamento (CE) n. 1221/2009, e del quaranta per cento nel caso di imprese in possesso della certificazione ambientale ai sensi della norma Uni En Iso 14001. Fino alla data di entrata in vigore dei predetti decreti si applicano la modalita' e gli importi previsti dal decreto del Ministro dell'ambiente in data 8 ottobre 1996, pubblicato nella Gazzetta Ufficiale n. 1 del 2 gennaio 1997, come modificato dal decreto del Ministro dell'ambiente in data 23 aprile 1999, pubblicato nella Gazzetta Ufficiale n. 148 del 26 giugno 1999.

11. Le imprese che effettuano le attivita' di bonifica dei siti e di bonifica dei beni contenenti amianto devono prestare idonee garanzie finanziarie a favore della regione territorialmente competente per ogni intervento di bonifica nel rispetto dei criteri generali di cui all'articolo 195, comma 2, lettera g). Tali garanzie sono ridotte del cinquanta per cento per le imprese registrate ai sensi del regolamento (CE) n. 761/2001, e del quaranta per cento nel caso di imprese in possesso della certificazione ambientale ai sensi della norma Uni En Iso 14001.

12. Sono iscritti all'Albo le imprese e gli operatori logistici presso le stazioni ferroviarie, gli interporti, gli impianti di terminalizzazione, gli scali merci e i porti ai quali, nell'ambito del trasporto intermodale, sono affidati rifiuti in attesa della presa in carico degli stessi da parte dell'impresa ferroviaria o navale o dell'impresa che effettua il successivo trasporto, nel caso di trasporto navale, il raccomandatario marittimo di cui alla legge 4 aprile 1977, n. 135, e' delegato dall'armatore o noleggiatore, che effettuano il trasporto, per gli adempimenti relativi al ((sistema di tracciabilita' dei rifiuti di cui all'articolo 188-bis)). L'iscrizione deve essere rinnovata ogni cinque anni e non e' subordinata alla prestazione delle garanzie finanziarie.

13. L'iscrizione all'Albo ed i provvedimenti di sospensione, di revoca, di decadenza e di annullamento dell'iscrizione, nonche' l'accettazione, la revoca e lo svincolo delle garanzie finanziarie che devono essere prestate a favore dello Stato sono deliberati dalla Sezione regionale dell'Albo della regione ove ha sede legale l'impresa interessata, in base alla normativa vigente ed alle direttive emesse dal Comitato nazionale.

14. Avverso i provvedimenti delle Sezioni regionali dell'Albo gli interessati possono proporre, nel termine di decadenza di trenta giorni dalla notifica dei provvedimenti stessi, ricorso al Comitato nazionale dell'Albo

15. Con decreto del Ministro dell'ambiente e della tutela del territorio e del mare, di concerto con i Ministri dello sviluppo economico e delle infrastrutture e dei trasporti, sentito il parere del Comitato nazionale, da adottare entro novanta giorni dalla data di entrata in vigore della parte quarta del presente decreto, sono definite le attribuzioni e le modalita' organizzative dell'Albo, i requisiti tecnici e finanziari delle imprese, i requisiti dei responsabili tecnici delle medesime, i termini e le modalita' di iscrizione, i diritti annuali d'iscrizione. Fino all'adozione dei predetto decreto, continuano ad applicarsi, per quanto compatibili, le disposizioni del decreto del Ministro dell'ambiente 28 aprile 1998, n. 406, e delle deliberazioni del Comitato nazionale dell'Albo. Il decreto di cui al presente comma si informa ai seguenti principi:
    a) individuazione di requisiti per l'iscrizione, validi per tutte le sezioni, al fine di uniformare le procedure;
    b) coordinamento con la vigente normativa sull'autotrasporto, sul trasporto ferroviario, sul trasporto via mare e per via navigabile interna, in coerenza con la finalita' di cui alla lettera a);
    c) effettiva copertura delle spese attraverso i diritti di segreteria e i diritti annuali di iscrizione;
    d) ridefinizione dei diritti annuali d'iscrizione relativi alle imprese di trasporto dei rifiuti iscritte all'Albo nazionale gestori ambientali;
    e) interconnessione e interoperabilita' con le pubbliche amministrazioni competenti alla tenuta di pubblici registri;
    f) riformulazione del sistema disciplinare-sanzionatorio dell'Albo e delle cause di cancellazione dell'iscrizione;
    g) definizione delle competenze e delle responsabilita' del responsabile tecnico.

16. Nelle more dell'emanazione dei decreti di cui al presente articolo, continuano ad applicarsi le disposizioni disciplinanti l'Albo nazionale delle imprese che effettuano la gestione dei rifiuti vigenti alla data di entrata in vigore della parte quarta del

presente decreto, la cui abrogazione e' differita al momento della pubblicazione dei suddetti decreti.

17. Agli oneri per il funzionamento del Comitato nazionale e delle Sezioni regionali e provinciali si provvede con le entrate derivanti dai diritti di segreteria e dai diritti annuali d'iscrizione, secondo le previsioni, anche relative alle modalita' di versamento e di utilizzo, che saranno determinate con decreto del Ministro dell'ambiente e della tutela del territorio e del mare, di concerto con il Ministro dell'economia e delle finanze. Fino all'adozione del citato decreto, si applicano le disposizioni di cui al decreto del Ministro dell'ambiente in data 29 dicembre 1993, e successive modificazioni, e le disposizioni di cui al decreto del Ministro dell'ambiente in data 13 dicembre 1995, pubblicato nella Gazzetta Ufficiale n. 51 del 1° marzo 1995. Le somme di cui all'articolo 7 comma 7, del decreto del Ministro dell'ambiente 29 in data dicembre 1993 sono versate al Capo XXXII, capitolo 2592, articolo 04, dell'entrata del Bilancio dello Stato, per essere riassegnate, con decreto del Ministro dell'economia e delle finanze, al ((Capitolo 7083 (spesa corrente funzionamento registro))) dello stato di previsione del Ministero dell'ambiente e della tutela del territorio e del mare.

18. I compensi da corrispondere ai componenti del Comitato nazionale dell'Albo e delle Sezioni regionali dell'Albo sono determinati ai sensi dell'articolo 7, comma 5, del decreto del Ministro dell'ambiente 28 aprile 1998, 406.

19. La disciplina regolamentare dei casi in cui, ai sensi degli articoli 19 e 20 della legge 7 agosto 1990, n. 241, l'esercizio di un'attivita' privata puo' essere intrapreso sulla base della denuncia di inizio dell'attivita' non si applica alle domande di iscrizione e agli atti di competenza dell'Albo.

19-bis. Sono esclusi dall'obbligo di iscrizione all'Albo nazionale gestori ambientali gli imprenditori agricoli di cui all'articolo 2135 del codice civile, produttori iniziali di rifiuti, per il trasporto dei propri rifiuti effettuato all'interno del territorio provinciale o regionale dove ha sede l'impresa ai fini del conferimento degli stessi nell'ambito del circuito organizzato di raccolta di cui alla lettera pp) del comma 1 dell'articolo 183.

20. COMMA ABROGATO DAL D.LGS. 3 DICEMBRE 2010, N. 205.
21. COMMA ABROGATO DAL D.LGS. 3 DICEMBRE 2010, N. 205.
22. IL D.LGS. 3 DICEMBRE 2010, N. 205 HA CONFERMATO L'ABROGAZIONE DEL PRESENTE COMMA.
23. COMMA ABROGATO DAL D.LGS. 3 DICEMBRE 2010, N. 205.
24. IL D.LGS. 3 DICEMBRE 2010, N. 205 HA CONFERMATO L'ABROGAZIONE DEL PRESENTE COMMA.
25. IL D.LGS. 3 DICEMBRE 2010, N. 205 HA CONFERMATO L'ABROGAZIONE DEL PRESENTE COMMA.
26. COMMA ABROGATO DAL D.LGS. 3 DICEMBRE 2010, N. 205.
27. COMMA ABROGATO DAL D.LGS. 3 DICEMBRE 2010, N. 205.
28. COMMA ABROGATO DAL D.LGS. 3 DICEMBRE 2010, N. 205.

ART. 213
(autorizzazioni integrate ambientali)

1. Le autorizzazioni integrate ambientali rilasciate ai sensi del decreto legislativo 18 febbraio 2005, n. 59, sostituiscono ad ogni effetto, secondo le modalita' ivi previste:
   a) le autorizzazioni di cui al presente capo;
   b) la comunicazione di cui all'articolo 216, limitatamente alle attivita' non ricadenti nella categoria 5 dell'Allegato I del decreto legislativo 18 febbraio 2005, n. 59, che, se svolte in procedura semplificata, sono escluse dall'autorizzazione ambientale integrata, ferma restando la possibilita' di utilizzare successivamente le procedure semplificate previste dal capo V.

2. ((COMMA ABROGATO DAL D.LGS. 3 DICEMBRE 2010, N. 205)).

CAPO V
PROCEDURE SEMPLIFICATE

ART. 214
(Determinazione delle attivita' e delle caratteristiche dei rifiuti per l'ammissione alle procedure semplificate)

1. Le procedure semplificate di cui al presente capo devono garantire in ogni caso un elevato livello di protezione ambientale e controlli efficaci ai sensi e nel rispetto di quanto disposto dall'articolo 177, comma 4.
2. Con decreti del Ministro dell'ambiente e della tutela del territorio e del mare, di concerto con i Ministri dello sviluppo economico, della salute e, per i rifiuti agricoli e le attivita' che generano i fertilizzanti, con il Ministro delle politiche agricole e forestali, sono adottate per ciascun tipo di attivita' le norme, che fissano i tipi e le quantita' di rifiuti e le condizioni in base alle quali le attivita' di smaltimento di rifiuti non pericolosi effettuate dai produttori nei luoghi di produzione degli stessi e le attivita' di recupero di cui all'Allegato C alla parte quarta del presente decreto sono sottoposte alle procedure semplificate di cui agli articoli 215 e 216. Con la medesima procedura si provvede all'aggiornamento delle predette norme tecniche e condizioni.
3. Le norme e le condizioni di cui al comma 2 e le procedure semplificate devono garantire che i tipi o le quantita' di rifiuti ed i procedimenti e metodi di smaltimento o di recupero siano tali da non costituire un pericolo per la salute dell'uomo e da non recare pregiudizio all'ambiente. In particolare, ferma restando la disciplina del decreto legislativo 11 maggio 2005, n. 133 , per accedere alle procedure semplificate, le attivita' di trattamento termico e di recupero energetico devono, inoltre, rispettare le seguenti condizioni:
   a) siano utilizzati combustibili da rifiuti urbani oppure rifiuti speciali individuati per frazioni omogenee;
   b) i limiti di emissione non siano superiori a quelli stabiliti per gli impianti di incenerimento e coincenerimento dei rifiuti dalla normativa vigente, con particolare riferimento al decreto legislativo 11 maggio 2005, n. 133;
   c) sia garantita la produzione di una quota minima di trasformazione del potere calorifico dei rifiuti in energia utile calcolata su base annuale;
   d) siano rispettate le condizioni, le norme tecniche e le prescrizioni specifiche di cui agli articoli 215, commi 1 e 2, e 216, commi 1, 2 e 3.
4. Sino all'adozione dei decreti di cui al comma 2 relativamente alle attivita' di recupero continuano ad applicarsi le disposizioni di cui ai decreti del Ministro dell'ambiente 5 febbraio 1998, pubblicato nel S.O. alla Gazzetta Ufficiale n. 88 del 16 aprile 1998 e 12 giugno 2002, n. 161.
5. L'adozione delle norme e delle condizioni di cui al comma 2 deve riguardare, in primo luogo, i rifiuti indicati nella lista verde di cui all'Allegato III del regolamento (CE), n. 1013/2006.
6. Per la tenuta dei registri di cui agli articoli 215, comma 3, e 216, comma 3, e per l'effettuazione dei controlli periodici, l'interessato e' tenuto a versare alla provincia territorialmente competente un diritto di iscrizione annuale determinato con decreto del Ministro dell'ambiente e della tutela del territorio e del mare, di concerto con i Ministri dello sviluppo economico e dell'economia e delle finanze. Nelle more dell'emanazione del predetto decreto, si applicano le disposizioni di cui al decreto del Ministro dell'ambiente 21 luglio 1998, n. 350.All'attuazione dei compiti indicati dal presente comma le Province provvedono con le risorse umane, strumentali e finanziarie disponibili a legislazione vigente, senza nuovi o maggiori oneri a carico della finanza pubblica.

7. La costruzione di impianti che recuperano rifiuti nel rispetto delle condizioni, delle prescrizioni e delle norme tecniche di cui ai commi 2 e 3 e' disciplinata dalla normativa nazionale e comunitaria in materia di qualita' dell'aria e di inquinamento atmosferico da impianti industriali e dalle altre disposizioni che regolano la costruzione di impianti industriali.
L'autorizzazione all'esercizio nei predetti impianti di operazioni di recupero di rifiuti non individuati ai sensi del presente articolo resta comunque sottoposta alle disposizioni di cui agli articoli 208, 209 e 211.
((7-bis. In deroga a quanto stabilito dal comma 7, ferme restando le disposizioni delle direttive e dei regolamenti dell'Unione europea, gli impianti di compostaggio aerobico di rifiuti biodegradabili derivanti da attivita' agricole e vivaistiche o da cucine, mense, mercati, giardini o parchi, che hanno una capacita' di trattamento non eccedente 80 tonnellate annue e sono destinati esclusivamente al trattamento di rifiuti raccolti nel comune dove i suddetti rifiuti sono prodotti e nei comuni confinanti che stipulano una convenzione di associazione per la gestione congiunta del servizio, acquisito il parere dell'Agenzia regionale per la protezione dell'ambiente (ARPA) previa predisposizione di un regolamento di gestione dell'impianto che preveda anche la nomina di un gestore da individuare in ambito comunale, possono essere realizzati e posti in esercizio con denuncia di inizio di attivita' ai sensi del testo unico delle disposizioni legislative e regolamentari in materia edilizia, di cui al decreto del Presidente della Repubblica 6 giugno 2001, n. 380, anche in aree agricole, nel rispetto delle prescrizioni in materia urbanistica, delle norme antisismiche, ambientali, di sicurezza, antincendio e igienico-sanitarie, delle norme relative all'efficienza energetica nonche' delle disposizioni del codice dei beni culturali e del paesaggio, di cui al decreto legislativo 22 gennaio 2004, n. 42)).
8. Alle denunce, alle comunicazioni e alle domande disciplinate dal presente capo si applicano, in quanto compatibili, le disposizioni relative alle attivita' private sottoposte alla disciplina degli articoli 19 e 20 della legge 7 agosto 1990, n. 241. Si applicano, altresi', le disposizioni di cui all'articolo 21 della legge 7 agosto 1990, n. 241. A condizione che siano rispettate le condizioni, le norme tecniche e le prescrizioni specifiche adottate ai sensi dei commi 1, 2 e 3 dell'articolo 216, l'esercizio delle operazioni di recupero dei rifiuti puo' essere intrapresa decorsi novanta giorni dalla comunicazione di inizio di attivita' alla provincia.
9. Le province comunicano al catasto dei rifiuti di cui all'articolo 189, attraverso il Catasto telematico e secondo gli standard concordati con ISPRA, che cura l'inserimento in un elenco nazionale, accessibile al pubblico, dei seguenti elementi identificativi delle imprese iscritte nei registri di cui agli articoli 215, comma 3, e 216, comma 3:
    a) ragione sociale;
    b) sede legale dell'impresa;
    c) sede dell'impianto;
    d) tipologia di rifiuti oggetto dell'attivita' di gestione;
    e) relative quantita';
    f) attivita' di gestione;
    g) data di iscrizione nei registri di cui agli articoli 215, comma 3, e 216, comma 3.
10. La comunicazione dei dati di cui al comma 9 deve avvenire senza nuovi e maggiori oneri a carico della finanza pubblica tra i sistemi informativi regionali esistenti, e il Catasto telematico secondo standard condivisi.
11. Con uno o piu' decreti, emanati ai sensi dell'articolo 17, comma 2, della legge 23 agosto 1988, n. 400, e successive modificazioni, su proposta del Ministro dell'ambiente e della tutela del territorio e del mare, sentito il Ministro dello sviluppo economico, sono individuate le condizioni alle quali l'utilizzo di un

combustibile alternativo, in parziale sostituzione dei combustibili fossili tradizionali, in impianti soggetti al regime di cui al Titolo III-bis della Parte II, dotati di certificazione di qualita' ambientale, sia da qualificarsi, ad ogni effetto, come modifica non sostanziale. I predetti decreti possono stabilire, nel rispetto dell'articolo 177, comma 4, le opportune modalita' di integrazione e unificazione delle procedure, anche presupposte, per l'aggiornamento dell'autorizzazione integrata ambientale, con effetto di assorbimento e sostituzione di ogni altro prescritto atto di assenso. Alle strutture eventualmente necessarie, ivi incluse quelle per lo stoccaggio e l'alimentazione del combustibile alternativo, realizzate nell'ambito del sito dello stabilimento qualora non gia' autorizzate ai sensi del precedente periodo, si applica il regime di cui agli articoli 22 e 23 del testo unico delle disposizioni legislative e regolamentari in materia edilizia, di cui al decreto del Presidente della Repubblica 6 giugno 2001, n. 380, e successive modificazioni.

ART. 214-bis
(((Sgombero della neve)

1. Le attivita' di sgombero della neve effettuate dalle pubbliche amministrazioni o da loro delegati, dai concessionari di reti infrastrutturali o infrastrutture non costituisce detenzione ai fini della lettera a) comma 1 dell'articolo 183.))

ART. 214-ter
(Determinazione delle condizioni per l'esercizio delle operazioni di preparazione per il riutilizzo in forma semplificata).

1. L'esercizio delle operazioni di preparazione per il riutilizzo di prodotti o componenti di prodotti diventati rifiuti, di cui all'articolo 183, comma 1, lettera q), sono avviate, a partire dall'entrata in vigore del decreto di cui al comma 2 ((, successivamente alla verifica e al controllo dei requisiti previsti dal decreto di cui al comma 2, effettuati dalle province ovvero dalle citta' metropolitane territorialmente competenti, secondo le modalita' indicate all'articolo 216. Gli esiti delle procedure semplificate avviate per l'inizio delle operazioni di preparazione per il riutilizzo sono comunicati dalle autorita' competenti al Ministero della transizione ecologica. Le modalita' e la tenuta dei dati oggetto delle suddette comunicazioni sono definite nel decreto di cui al comma 2.))
2. Entro sessanta giorni dalla data di entrata in vigore della presente disposizione, con decreto del Ministro dell'ambiente e della tutela del territorio e del mare adottato ai sensi dell'articolo 17, comma 3, della legge 23 agosto 1988, n. 400, sono definite le modalita' operative, le dotazioni tecniche e strutturali, i requisiti minimi di qualificazione degli operatori necessari per l'esercizio delle operazioni di preparazione per il riutilizzo, le quantita' massime impiegabili, la provenienza, i tipi e le caratteristiche dei rifiuti, nonche' le condizioni specifiche di utilizzo degli stessi in base alle quali prodotti o componenti di prodotti diventati rifiuti sono sottoposti a operazioni di preparazione per il riutilizzo.

ART. 215
(autosmaltimento)

1. A condizione che siano rispettate le norme tecniche e le prescrizioni specifiche di cui all'articolo 214, commi 1, 2 e 3, ((e siano tenute in considerazione le migliori tecniche disponibili,)) le attivita' di smaltimento di rifiuti non pericolosi effettuate nel luogo di produzione dei rifiuti stessi possono essere intraprese decorsi novanta giorni dalla comunicazione di inizio di attivita' alla provincia territorialmente competente.
2. Le norme tecniche di cui al comma 1 prevedono in particolare:

a) il tipo, la quantita' e le caratteristiche dei rifiuti da smaltire;
b) il ciclo di provenienza dei rifiuti;
c) le condizioni per la realizzazione e l'esercizio degli impianti;
d) le caratteristiche dell'impianto di smaltimento;
e) la qualita' delle emissioni e degli scarichi idrici nell'ambiente.

3. La provincia iscrive in un apposito registro le imprese che effettuano la comunicazione di inizio di attivita' ed entro il termine di cui al comma 1 verifica d'ufficio la sussistenza dei presupposti e dei requisiti richiesti. A tal fine, alla comunicazione di inizio di attivita', a firma del legale rappresentante dell'impresa, e' allegata una relazione dalla quale deve risultare:
a) il rispetto delle condizioni e delle norme tecniche specifiche di cui al comma 1;
b) il rispetto delle norme tecniche di sicurezza e delle procedure autorizzative previste dalla normativa vigente.

4. Qualora la provincia, qualora accerti il mancato rispetto delle norme tecniche e delle condizioni di cui al comma 1, dispone con provvedimento motivato il divieto di inizio ovvero di prosecuzione dell'attivita', salvo che l'interessato non provveda a conformare alla normativa vigente detta attivita' ed i suoi effetti entro il termine e secondo le prescrizioni stabiliti dall'amministrazione.

5. La comunicazione di cui al comma 1 deve essere rinnovata ogni cinque anni e, comunque, in caso di modifica sostanziale delle operazioni di autosmaltimento.

6. Restano sottoposte alle disposizioni di cui agli articoli 208, 209, 210 e 211 le attivita' di autosmaltimento di rifiuti pericolosi e la discarica di rifiuti.

ART. 216
(operazioni di recupero)

1. A condizione che siano rispettate le norme tecniche e le prescrizioni specifiche di cui all'articolo 214, commi 1, 2 e 3, l'esercizio delle operazioni di recupero dei rifiuti puo' essere intrapreso decorsi novanta giorni dalla comunicazione di inizio di attivita' alla provincia territorialmente competente. Nelle ipotesi di rifiuti elettrici ed elettronici di cui all'articolo 227, comma 1, lettera a), di veicoli fuori uso di cui all'articolo 227, comma 1, lettera c), e di impianti di coincenerimento, l'avvio delle attivita' e' subordinato all'effettuazione di una visita preventiva, da parte della provincia competente per territorio, da effettuarsi entro sessanta giorni dalla presentazione della predetta comunicazione.

2. Le condizioni e le norme tecniche di cui al comma 1, in relazione a ciascun tipo di attivita', prevedono in particolare:
a) per i rifiuti non pericolosi:
1) le quantita' massime impiegabili;
2) la provenienza, i tipi e le caratteristiche dei rifiuti utilizzabili nonche' le condizioni specifiche alle quali le attivita' medesime sono sottoposte alla disciplina prevista dal presente articolo;
3) le prescrizioni necessarie per assicurare che, in relazione ai tipi o alle quantita' dei rifiuti ed ai metodi di recupero, i rifiuti stessi siano recuperati senza pericolo per la salute dell'uomo e senza usare procedimenti o metodi che potrebbero recare pregiudizio all'ambiente;
b) per i rifiuti pericolosi:
1) le quantita' massime impiegabili;
2) la provenienza, i tipi e le caratteristiche dei rifiuti;
3) le condizioni specifiche riferite ai valori limite di sostanze pericolose contenute nei rifiuti, ai valori limite di emissione per ogni tipo di rifiuto ed al tipo di attivita' e di impianto utilizzato, anche in relazione alle altre emissioni presenti

in sito;

4) gli altri requisiti necessari per effettuare forme diverse di recupero;

5) le prescrizioni necessarie per assicurare che, in relazione al tipo ed alle quantita' di sostanze pericolose contenute nei rifiuti ed ai metodi di recupero, i rifiuti stessi siano recuperati senza pericolo per la salute dell'uomo e senza usare procedimenti e metodi che potrebbero recare pregiudizio all'ambiente.

3. La provincia iscrive in un apposito registro le imprese che effettuano la comunicazione di inizio di attivita' e, entro il termine di cui al comma 1, verifica d'ufficio la sussistenza dei presupposti e dei requisiti richiesti. A tal fine, alla comunicazione di inizio di attivita', a firma del legale rappresentante dell'impresa, e' allegata una relazione dalla quale risulti:

a) il rispetto delle norme tecniche e delle condizioni specifiche di cui al comma 1;

b) il possesso dei requisiti soggettivi richiesti per la gestione dei rifiuti;

c) le attivita' di recupero che si intendono svolgere;

d) lo stabilimento, la capacita' di recupero e il ciclo di trattamento o di combustione nel quale i rifiuti stessi sono destinati ad essere recuperati, nonche' l'utilizzo di eventuali impianti mobili;

e) le caratteristiche merceologiche dei prodotti derivanti dai cicli di recupero.

4. Qualora la competente Sezione regionale dell'Albo accerti il mancato rispetto delle norme tecniche e delle condizioni di cui al comma 1, la medesima sezione propone alla provincia di disporre, con provvedimento motivato, il divieto di inizio ovvero di prosecuzione dell'attivita', salvo che l'interessato non provveda a conformare alla normativa vigente detta attivita' ed i suoi effetti entro il termine e secondo le prescrizioni stabiliti dall'amministrazione.

5. La comunicazione di cui al comma 1 deve essere rinnovata ogni cinque anni e comunque in caso di modifica sostanziale delle operazioni di recupero.

6. La procedura semplificata di cui al presente articolo sostituisce, limitatamente alle variazioni qualitative e quantitative delle emissioni determinate dai rifiuti individuati dalle norme tecniche di cui al comma 1 che gia' fissano i limiti di emissione in relazione alle attivita' di recupero degli stessi, l'autorizzazione di cui all'articolo 269 in caso di modifica sostanziale dell'impianto.

7. Alle attivita' di cui al presente articolo si applicano integralmente le norme ordinarie per il recupero e lo smaltimento qualora i rifiuti non vengano destinati in modo effettivo al recupero.

8. Fermo restando il rispetto dei limiti di emissione in atmosfera di cui all'articolo 214, comma 4, lettera b), e dei limiti delle altre emissioni inquinanti stabilite da disposizioni vigenti e fatta salva l'osservanza degli altri vincoli a tutela dei profili sanitari e ambientali, entro sessanta giorni dalla data di entrata in vigore della parte quarta del presente decreto, il Ministro dell'ambiente e della tutela del territorio e del mare, di concerto con il Ministro delle attivita' produttive, determina modalita', condizioni e misure relative alla concessione di incentivi finanziari previsti da disposizioni legislative vigenti a favore dell'utilizzazione dei rifiuti in via prioritaria in operazioni di riciclaggio e di recupero per ottenere materie, sostanze, oggetti, nonche' come combustibile per produrre energia elettrica, tenuto anche conto del prevalente interesse pubblico al recupero energetico nelle centrali elettriche di rifiuti urbani sottoposti a preventive operazioni di trattamento finalizzate alla produzione di combustibile da rifiuti e di quanto previsto dal decreto legislativo 29 dicembre 2003, n. 387, e successive modificazioni, nonche' dalla direttiva 2009/28/CE e dalle relative disposizioni di recepimento.

8-bis. Le operazioni di messa in riserva dei rifiuti pericolosi individuati ai sensi del presente articolo sono sottoposte alle procedure semplificate di comunicazione di inizio di attivita' solo se effettuate presso l'impianto dove avvengono le operazioni di riciclaggio e di recupero previste ai punti da R1 a R9 dell'Allegato C alla parte quarta del presente decreto.

8-ter. Fatto salvo quanto previsto dal comma 8, le norme tecniche di cui ai commi 1, 2 e 3 stabiliscono le caratteristiche impiantistiche dei centri di messa in riserva di rifiuti non pericolosi non localizzati presso gli impianti dove sono effettuate le operazioni di riciclaggio e di recupero individuate ai punti da R1 a R9 dell'Allegato C alla parte quarta del presente decreto, nonche' le modalita' di stoccaggio e i termini massimi entro i quali i rifiuti devono essere avviati alle predette operazioni.

((8-quater. Le attivita' di trattamento disciplinate dai regolamenti di cui all'articolo 6, paragrafo 2, della direttiva 2008/98/CE del Parlamento europeo e del Consiglio, del 19 novembre 2008, che fissano i criteri che determinano quando specifici tipi di rifiuti cessano di essere considerati rifiuti, sono sottoposte alle procedure semplificate disciplinate dall'articolo 214 del presente decreto e dal presente articolo a condizione che siano rispettati tutti i requisiti, i criteri e le prescrizioni soggettive e oggettive previsti dai predetti regolamenti, con particolare riferimento:
  a) alla qualita' e alle caratteristiche dei rifiuti da trattare;
  b) alle condizioni specifiche che devono essere rispettate nello svolgimento delle attivita';
  c) alle prescrizioni necessarie per assicurare che i rifiuti siano trattati senza pericolo per la salute dell'uomo e senza usare procedimenti o metodi che potrebbero recare pregiudizio all'ambiente, con specifico riferimento agli obblighi minimi di monitoraggio;
  d) alla destinazione dei rifiuti che cessano di essere considerati rifiuti agli utilizzi individuati.

8-quinquies. L'operazione di recupero puo' consistere nel mero controllo sui materiali di rifiuto per verificare se soddisfino i criteri elaborati affinche' gli stessi cessino di essere considerati rifiuti nel rispetto delle condizioni previste. Questa e' sottoposta, al pari delle altre, alle procedure semplificate disciplinate dall'articolo 214 del presente decreto e dal presente articolo a condizione che siano rispettati tutti i requisiti, i criteri e le prescrizioni soggettive e oggettive previsti dai predetti regolamenti con particolare riferimento:
  a) alla qualita' e alle caratteristiche dei rifiuti da trattare;
  b) alle condizioni specifiche che devono essere rispettate nello svolgimento delle attivita';
  c) alle prescrizioni necessarie per assicurare che i rifiuti siano trattati senza pericolo per la salute dell'uomo e senza usare procedimenti o metodi che potrebbero recare pregiudizio all'ambiente, con specifico riferimento agli obblighi minimi di monitoraggio;
  d) alla destinazione dei rifiuti che cessano di essere considerati rifiuti agli utilizzi individuati.

8-sexies. Gli enti e le imprese che effettuano, ai sensi delle disposizioni del decreto del Ministro dell'ambiente 5 febbraio 1998, pubblicato nel supplemento ordinario n. 72 alla Gazzetta Ufficiale n. 88 del 16 aprile 1998, dei regolamenti di cui ai decreti del Ministro dell'ambiente e della tutela del territorio 12 giugno 2002, n. 161, e 17 novembre 2005, n. 269, e dell'articolo 9-bis del decreto-legge 6 novembre 2008, n. 172, convertito, con modificazioni, dalla legge 30 dicembre 2008, n. 210, operazioni di recupero di materia prima secondaria da specifiche tipologie di rifiuti alle quali sono applicabili i regolamenti di cui al comma 8-quater del presente articolo, adeguano le proprie attivita' alle disposizioni di cui al medesimo comma 8-quater o all'articolo 208 del presente decreto, entro sei mesi dalla data di entrata in vigore dei predetti regolamenti di cui al comma 8-quater. Fino alla scadenza di tale termine e' autorizzata la continuazione dell'attivita' in essere nel rispetto delle citate disposizioni del decreto del Ministro dell'ambiente 5 febbraio 1998, dei regolamenti di cui ai decreti del Ministro dell'ambiente e della tutela del territorio n. 161 del 2002 e n. 269 del 2005 e dell'articolo 9-bis del decreto-legge n. 172 del 2008, convertito, con modificazioni, dalla legge n. 210 del 2008. Restano in ogni caso ferme le quantita' massime stabilite dalle norme di cui al secondo periodo.

8-septies. Al fine di un uso piu' efficiente delle risorse e di un'economia circolare che promuova ambiente e occupazione, i rifiuti individuati nella lista verde di cui al regolamento (CE) n. 1013/2006 del Parlamento europeo e del Consiglio, del 14 giugno 2006, possono essere utilizzati negli impianti industriali autorizzati ai sensi della disciplina dell'autorizzazione integrata ambientale di cui agli articoli 29-sexies e seguenti del presente decreto, nel rispetto del relativo BAT References, previa comunicazione da inoltrare quarantacinque giorni prima dell'avvio dell'attivita' all'autorita' ambientale competente. In tal caso i rifiuti saranno assoggettati al rispetto delle norme riguardanti esclusivamente il trasporto dei rifiuti e il formulario di identificazione)).

9. COMMA SOPPRESSO DAL D.LGS. 16 GENNAIO 2008, N.4.
10. COMMA SOPPRESSO DAL D.LGS. 16 GENNAIO 2008, N.4.
11. COMMA ABROGATO DAL D.LGS. 3 DICEMBRE 2010, N. 205.
12. COMMA ABROGATO DAL D.LGS. 3 DICEMBRE 2010, N. 205.
13. COMMA ABROGATO DAL D.LGS. 3 DICEMBRE 2010, N. 205.
14. COMMA ABROGATO DAL D.LGS. 3 DICEMBRE 2010, N. 205.
15. COMMA ABROGATO DAL D.LGS. 3 DICEMBRE 2010, N. 205.

ART. 216-bis
(Oli usati)

1. Fatti salvi gli obblighi riguardanti la gestione dei rifiuti pericolosi, gli oli usati sono gestiti in base alla classificazione attribuita ad essi ai sensi e per gli effetti dell'articolo 184, nel rispetto delle disposizioni della parte IV del presente decreto e, in particolare, secondo l'ordine di priorita' di cui all'articolo 179, comma 1.

((2. In deroga a quanto previsto dall'articolo 187, comma 1, fatti salvi i requisiti di cui al medesimo articolo 187, comma 2, lettere a), b) e c), il deposito temporaneo e le fasi successive della gestione degli oli usati sono realizzati, anche miscelando gli stessi, in modo da tenere costantemente separati, per quanto tecnicamente possibile, gli oli usati da destinare, secondo l'ordine di priorita' di cui all'articolo 179, comma 1, a processi di trattamento diversi fra loro. E' fatto comunque divieto di miscelare gli oli usati con altri tipi di rifiuti o di sostanze)).

3. Gli oli usati devono essere gestiti:
   a) in via prioritaria, tramite rigenerazione tesa alla produzione di basi lubrificanti;
   b) in via sussidiaria e, comunque, nel rispetto dell'ordine di priorita' di cui all'articolo 179, comma 1, qualora la rigenerazione sia tecnicamente non fattibile ed economicamente impraticabile, tramite combustione, nel rispetto delle disposizioni di cui al titolo III-bis della parte II del presente decreto e al decreto legislativo 11 maggio 2005, n. 133;
   c) in via residuale, qualora le modalita' di trattamento di cui alle precedenti lettere a) e b) non siano tecnicamente praticabili a causa della composizione degli oli usati, tramite operazioni di smaltimento di cui all'Allegato B della parte IV
del presente decreto.

4. Al fine di dare priorita' alla rigenerazione degli oli usati, le spedizioni transfrontaliere di oli usati dal territorio italiano verso impianti di incenerimento e coincenerimento collocati al di fuori del territorio nazionale, sono escluse nella misura in cui ricorrano le condizioni di cui agli articoli 11 e 12 del regolamento (CE) n. 1013/2006. Si applicano i principi di cui agli articoli 177 e

178, nonche' il principio di prossimita'.

5. Le spedizioni transfrontaliere di oli usati dal territorio italiano verso impianti di rigenerazione collocati al di fuori del territorio nazionale sono valutate ai sensi del regolamento (CE) n. 1013/2006 e, in particolare, dell'articolo 12 del predetto regolamento.

6. Ai fini di cui al comma 5, il Ministro dell'ambiente e della tutela del territorio e del mare puo' individuare con uno o piu' decreti gli elementi da valutare secondo le facolta' concesse alle autorita' di spedizione o di transito nell'esercizio delle competenze di cui agli articoli 11 e 12 del regolamento (CE) n. 1013/2006.

7. Con uno o piu' regolamenti del Ministro dell'ambiente e della tutela del territorio e del mare da adottarsi, ai sensi dell'articolo 17, comma 3, della legge 23 agosto 1988, n. 400, di concerto con il Ministro dello sviluppo economico, entro centottanta giorni dalla data di entrata in vigore della presente disposizione, sono definite le norme tecniche per la gestione di oli usati in conformita' a quanto disposto dal presente articolo.Nelle more dell'emanazione del decreto di cui al primo periodo, le autorita' competenti possono autorizzare, nel rispetto della normativa dell'Unione europea, le operazioni di rigenerazione degli oli usati anche in deroga all'allegato A, tabella 3, del decreto ministeriale 16 maggio 1996, n. 392, fermi restando i limiti stabiliti dalla predetta tabella in relazione al parametro PCB/PCT.

8. I composti usati fluidi o liquidi solo parzialmente formati di olio minerale o sintetico, compresi i residui oleosi di cisterna, i miscugli di acqua e olio, le emulsioni ed altre miscele oleose sono soggette alla disciplina sugli oli usati.

ART. 216-ter
(Comunicazioni alla Commissione europea)

1. I piani di gestione e i programmi di prevenzione di cui all'articolo 199, commi 1 e 3, lettera r), e le loro eventuali revisioni sostanziali, sono comunicati al Ministero della transizione ecologica, utilizzando il formato adottato in sede comunitaria, per la successiva trasmissione alla Commissione europea.

2. Il Ministero della transizione ecologica comunica alla Commissione europea, per ogni anno civile, i dati relativi all'attuazione dell'articolo 181, comma 4. I dati sono raccolti e comunicati per via elettronica entro diciotto mesi dalla fine dell'anno a cui si riferiscono, secondo il formato di cui alla decisione di esecuzione (UE) 2019/1004 del 7 giugno 2019. Il primo periodo di comunicazione ha inizio il primo anno civile completo dopo l'adozione della suddetta decisione di esecuzione.

3. Il Ministero della transizione ecologica comunica alla Commissione europea, per ogni anno civile, i dati relativi all'attuazione dell'articolo 180, commi 5 e 6. I dati sono comunicati per via elettronica entro diciotto mesi dalla fine dell'anno per il quale sono raccolti e secondo il formato di cui alla decisione di esecuzione (UE) 2021/19 del 18 dicembre 2020 in materia di riutilizzo e alla decisione di esecuzione (UE) 2019/2000 del 28 novembre 2019 sui rifiuti alimentari. Il primo periodo di comunicazione ha inizio il primo anno civile completo dopo l'adozione delle suddette decisioni di esecuzione.

4. Il Ministero della transizione ecologica comunica alla Commissione europea, per ogni anno civile, i dati relativi agli olii industriali o lubrificanti, minerali o sintetici, immessi sul mercato nonche' sulla raccolta e trattamento degli ((olii usati)). I dati sono comunicati per via elettronica entro diciotto mesi dalla fine dell'anno per il quale sono raccolti e secondo il formato di cui all'allegato VI ((alla decisione di esecuzione (UE) 2019/ 1004 della Commissione, del 7 giugno 2019)). Il primo periodo di comunicazione ha inizio il primo anno civile completo dopo l'adozione della suddetta decisione di esecuzione.

5. I dati di cui ai commi 2, 3 e 4 sono ((corredati di)) una relazione di controllo della qualita' secondo il formato per la comunicazione stabilito dagli allegati alle rispettive decisioni di esecuzione, ((nonche' di)) una relazione sulle misure adottate per il raggiungimento degli obiettivi di cui agli articoli 205-bis e 182-ter, che comprende informazioni dettagliate sui tassi di scarto medio. Tali informazioni sono comunicate secondo il formato per la comunicazione stabilito dagli allegati alle rispettive decisioni di esecuzione.

6. La parte quarta del presente decreto nonche' i provvedimenti ((inerenti alla gestione dei rifiuti)), sono comunicati alla Commissione europea.

TITOLO II
GESTIONE DEGLI IMBALLAGGI

ART. 217
(ambito di applicazione ((e finalita')))

1. Il presente titolo disciplina la gestione degli imballaggi e dei rifiuti di imballaggio sia per prevenirne e ridurne l'impatto sull'ambiente, favorendo, fra l'altro, livelli sostenuti di riduzione dell'utilizzo di borse di plastica, ((nonche' misure intese a prevenire la produzione di rifiuti di imballaggio, ad incentivare il riutilizzo degli imballaggi, il riciclaggio e altre forme di recupero dei rifiuti di imballaggio e, conseguentemente, la riduzione dello smaltimento finale di tali rifiuti,)) ed assicurare un elevato livello di tutela dell'ambiente, sia per garantire il funzionamento del mercato, nonche' per evitare discriminazioni nei confronti dei prodotti importati, prevenire l'insorgere di ostacoli agli scambi e distorsioni della concorrenza e garantire il massimo rendimento possibile degli imballaggi e dei rifiuti di imballaggio, in conformita' alla direttiva 94/62/CE del Parlamento europeo e del Consiglio del 20 dicembre 1994, come integrata e modificata dalla direttiva 2004/12/CE del Parlamento europeo e del Consiglio e dalla direttiva (UE) 2015/720 del Parlamento europeo e del Consiglio, ((, nonche' dalla direttiva (UE) 2018/852 del Parlamento europeo e del Consiglio)) di cui la parte quarta del presente decreto costituisce recepimento nell'ordinamento interno. I sistemi di gestione devono essere aperti alla partecipazione degli operatori economici interessati.

2. La disciplina di cui al comma 1 riguarda la gestione di tutti gli imballaggi immessi sul mercato dell'Unione europea e di tutti i rifiuti di imballaggio derivanti dal loro impiego, utilizzati o prodotti da industrie, esercizi commerciali, uffici, negozi, servizi, nuclei domestici o da qualunque altro soggetto che produce o utilizza imballaggi o rifiuti di imballaggio, qualunque siano i materiali che li compongono. Gli operatori delle rispettive filiere degli imballaggi nel loro complesso garantiscono, secondo i principi della "responsabilita' condivisa", che l'impatto ambientale degli imballaggi e dei rifiuti di imballaggio sia ridotto al minimo possibile per tutto il ciclo di vita.

3. Restano fermi i vigenti requisiti in materia di qualita' degli imballaggi, come quelli relativi alla sicurezza, alla protezione della salute e all'igiene dei prodotti imballati, nonche' le vigenti disposizioni in materia di trasporto e sui rifiuti pericolosi.

3-bis. In attuazione dell'articolo 18 della direttiva 94/62/CE e fatte salve le ipotesi di deroga a tale disposizione previste dalla medesima direttiva o da altre disposizioni dell'ordinamento europeo, e' garantita l'immissione sul mercato nazionale degli imballaggi conformi alle previsioni del presente titolo e ad ogni altra disposizione normativa adottata nel rispetto di quanto previsto dalla direttiva 94/62/CE.

ART. 218
(definizioni)

1. Ai fini dell'applicazione del presente titolo si intende per:

a) imballaggio: il prodotto, composto di materiali di qualsiasi natura, adibito a contenere determinate merci, dalle materie prime ai prodotti finiti, a proteggerle, a consentire la loro manipolazione e la loro consegna dal produttore al consumatore o all'utilizzatore, ad assicurare la loro presentazione, nonche' gli articoli a perdere usati allo stesso scopo;

b) imballaggio per la vendita o imballaggio primario: imballaggio concepito in modo da costituire, nel punto di vendita, un'unita' di vendita per l'utente finale o per il consumatore;

c) imballaggio multiplo o imballaggio secondario: imballaggio concepito in modo da costituire, nel punto di vendita, il raggruppamento di un certo numero di unita' di vendita, indipendentemente dal fatto che sia venduto come tale all'utente finale o al consumatore, o che serva soltanto a facilitare il rifornimento degli scaffali nel punto di vendita. Esso puo' essere rimosso dal prodotto senza alterarne le caratteristiche;

d) imballaggio per il trasporto o imballaggio terziario: imballaggio concepito in modo da facilitare la manipolazione ed il trasporto di merci, dalle materie prime ai prodotti finiti, di un certo numero di unita' di vendita oppure di imballaggi multipli per evitare la loro manipolazione ed i danni connessi al trasporto, esclusi i container per i trasporti stradali, ferroviari marittimi ed aerei;

e) imballaggio riutilizzabile: imballaggio o componente di imballaggio che e' stato concepito, progettato e immesso sul mercato per sopportare nel corso del suo ciclo di vita molteplici spostamenti o rotazioni all'interno di un circuito di riutilizzo, con le stesse finalita' per le quali e' stato concepito));

e-bis) imballaggio composito: un imballaggio costituito da due o piu' strati di materiali diversi che non possono essere separati manualmente e formano una singola unita', composto da un recipiente interno e da un involucro esterno, e che e' riempito, immagazzinato, trasportato e svuotato in quanto tale;

f) rifiuto di imballaggio: ogni imballaggio o materiale di imballaggio, rientrante nella definizione di rifiuto di cui all'articolo 183, comma 1, lettera a), esclusi i residui della produzione;

g) LETTERA ABROGATA DAL D.LGS. 3 SETTEMBRE 2020, N. 116;
h) LETTERA ABROGATA DAL D.LGS. 3 SETTEMBRE 2020, N. 116;
i) LETTERA ABROGATA DAL D.LGS. 3 SETTEMBRE 2020, N. 116;
l) LETTERA ABROGATA DAL D.LGS. 3 SETTEMBRE 2020, N. 116;
m) LETTERA ABROGATA DAL D.LGS. 3 SETTEMBRE 2020, N. 116;
n) LETTERA ABROGATA DAL D.LGS. 3 SETTEMBRE 2020, N. 116;
o) LETTERA ABROGATA DAL D.LGS. 3 SETTEMBRE 2020, N. 116;
p) LETTERA ABROGATA DAL D.LGS. 3 SETTEMBRE 2020, N. 116;

q) operatori economici: i produttori, gli utilizzatori, i recuperatori, i riciclatori, gli utenti finali, le pubbliche amministrazioni e i gestori;

r) produttori: i fornitori di materiali di imballaggio, i fabbricanti, i trasformatori e gli importatori di imballaggi vuoti e di materiali di imballaggio;

s) utilizzatori: i commercianti, i distributori, gli addetti al riempimento, gli utenti di imballaggi e gli importatori di imballaggi pieni;

t) pubbliche amministrazioni e gestori: i soggetti e gli enti che provvedono alla organizzazione, controllo e gestione del servizio di raccolta, trasporto, recupero e smaltimento di rifiuti urbani nelle forme di cui alla parte quarta del presente decreto o loro concessionari;

u) utente finale: il soggetto che nell'esercizio della sua attivita' professionale acquista, come beni strumentali, articoli o

merci imballate;
v) consumatore: il soggetto che fuori dall'esercizio di una attivita' professionale acquista o importa per proprio uso imballaggi, articoli o merci imballate;
z) accordo volontario: accordo formalmente concluso tra le pubbliche amministrazioni competenti e i settori economici interessati, aperto a tutti i soggetti, che disciplina i mezzi, gli strumenti e le azioni per raggiungere gli obiettivi di cui all'articolo 220;
aa) filiera: organizzazione economica e produttiva che svolge la propria attivita', dall'inizio del ciclo di lavorazione al prodotto finito di imballaggio, nonche' svolge attivita' di recupero e riciclo a fine vita dell'imballaggio stesso;
bb) ritiro: l'operazione di ripresa dei rifiuti di imballaggio primari o comunque conferiti al servizio pubblico, nonche' dei rifiuti speciali assimilati, gestita dagli operatori dei servizi di igiene urbana o simili;
cc) ripresa: l'operazione di restituzione degli imballaggi usati secondari e terziari dall'utilizzatore o utente finale, escluso il consumatore, al fornitore della merce o distributore e, a ritroso, lungo la catena logistica di fornitura fino al produttore dell' imballaggio stesso;
dd) imballaggio usato: imballaggio secondario o terziario gia' utilizzato e destinato ad essere ritirato o ripreso.
dd-bis) plastica: un polimero ai sensi dell'articolo 3, punto 5), del regolamento (CE) n. 1907/2006 del Parlamento europeo e del Consiglio, a cui possono essere stati aggiunti additivi o altre sostanze ((ad eccezione dei polimeri naturali che non sono stati modificati chimicamente)) e che puo' funzionare come componente strutturale principale delle borse;
dd-ter) borse di plastica: borse con o senza manici, in plastica, fornite ai consumatori per il trasporto di merci o prodotti;
dd-quater) borse di plastica in materiale leggero: borse di plastica con uno spessore della singola parete inferiore a 50 micron fornite per il trasporto;
dd-quinquies) borse di plastica in materiale ultraleggero: borse di plastica con uno spessore della singola parete inferiore a 15 micron richieste a fini di igiene o fornite come imballaggio primario per alimenti sfusi;
dd-sexies) borse di plastica oxo-degradabili: borse di plastica composte da materie plastiche contenenti additivi che catalizzano la scomposizione della materia plastica in microframmenti;
dd-septies) borse di plastica biodegradabili e compostabili: borse di plastica certificate da organismi accreditati e rispondenti ai requisiti di biodegradabilita' e di compostabilita', come stabiliti dal Comitato europeo di normazione ed in particolare dalla norma EN 13432 recepita con la norma nazionale UNI EN 13432:2002;
dd-octies) commercializzazione di borse di plastica: fornitura di borse di plastica a pagamento o a titolo gratuito da parte dei produttori e dei distributori, nonche' da parte dei commercianti nei punti vendita di merci o prodotti.
1-bis. Ai fini del presente titolo si applicano le definizioni di "rifiuto", "gestione dei rifiuti", "raccolta", "raccolta differenziata", "prevenzione", "riutilizzo", "trattamento", "recupero", "riciclaggio" e "smaltimento" di cui all'articolo 183, comma 1, lettere a), g-bis), m), n), o), p), r), s), t), u) e z).
2. La definizione di imballaggio di cui alle lettere da a) ad e) del comma 1 e' inoltre basata sui criteri interpretativi indicati nell'articolo 3 della direttiva 94/62/CEE, cosi' come modificata dalla direttiva 2004/12/CE e sugli esempi illustrativi riportati nell'Allegato E alla parte quarta del presente decreto.

ART. 219
(criteri informatori dell'attivita' di gestione dei rifiuti di imballaggio)

1. L'attivita' di gestione degli imballaggi e dei rifiuti di imballaggio si informa ai seguenti principi generali:
   a) incentivazione e promozione della prevenzione alla fonte della quantita' e della pericolosita' nella fabbricazione degli imballaggi e dei rifiuti di imballaggio, soprattutto attraverso iniziative, anche di natura economica in conformita' ai principi del diritto comunitario, volte a promuovere lo sviluppo di tecnologie pulite ed a ridurre a monte la produzione e l'utilizzazione degli imballaggi, nonche' a favorire la produzione di imballaggi riutilizzabili ed il loro concreto riutilizzo;
   b) incentivazione del riciclaggio e del recupero di materia prima, sviluppo della raccolta differenziata di rifiuti di imballaggio e promozione di opportunita' di mercato per incoraggiare l'utilizzazione dei materiali ottenuti da imballaggi riciclati e recuperati;
   c) riduzione del flusso dei rifiuti di imballaggio destinati allo smaltimento finale attraverso le altre forme di recupero;
   d) applicazione di misure di prevenzione consistenti in programmi nazionali o azioni analoghe da adottarsi previa consultazione degli operatori economici interessati.
   d-bis) utilizzo di strumenti economici o altre misure volte ad incentivare l'applicazione della gerarchia dei rifiuti, come quelle elencate nell'allegato L ter o altri strumenti e misure appropriate.
2. Al fine di favorire la transizione verso un'economia circolare conformemente al principio "chi inquina paga", gli operatori economici cooperano secondo il principio di responsabilita' condivisa, promuovendo misure atte a garantire la prevenzione, il riutilizzo, il riciclaggio e il recupero dei rifiuti di imballaggio.
3. L'attivita' di gestione integrata dei rifiuti di imballaggio rispetta i seguenti principi:
   a) individuazione degli obblighi di ciascun operatore economico, garantendo che i costi di cui all'articolo 221, comma 10, del presente decreto siano sostenuti dai produttori e dagli utilizzatori in proporzione alle quantita' di imballaggi immessi sul mercato nazionale, a tal fine promuovendo per tali soggetti e i relativi sistemi di responsabilita' estesa del produttore, nel rispetto del principio di concorrenza, l'accesso alle infrastrutture di raccolta e selezione, in condizioni di parita' tra loro, e che i Comuni ovvero gli Enti di governo d'ambito territoriale ottimale, ove costituiti ed operanti, organizzino la raccolta differenziata;
   b) promozione di strumenti di cooperazione tra i soggetti pubblici e privati;
   c) informazione agli utenti finali degli imballaggi ed in particolare ai consumatori. Dette informazioni riguardano:
     1) i sistemi di restituzione, di raccolta e di recupero disponibili;
     2) il ruolo degli utenti finali di imballaggi e dei consumatori nel processo di riutilizzazione, di recupero e di riciclaggio degli imballaggi e dei rifiuti di imballaggio;
     3) il significato dei marchi apposti sugli imballaggi quali si presentano sul mercato;
   d) gli elementi significativi dei programmi di gestione per gli imballaggi ed i rifiuti di imballaggio, di cui all'articolo 225, comma 1, e gli elementi significativi delle specifiche previsioni contenute nei piani regionali ai sensi dell'articolo 225, comma 6.
   e) gli impatti delle borse di plastica sull'ambiente e le misure necessarie al raggiungimento dell'obiettivo di riduzione dell'utilizzo di borse di plastica;
   f) la sostenibilita' dell'utilizzo di borse di plastica biodegradabili e compostabili;
   g) l'impatto delle borse oxo-degradabili, come definito dalla Commissione europea ai sensi dell'articolo 20-bis, paragrafo 2, della direttiva 94/62/CE.
3.1. Le informazioni di cui alla lettera c) del comma 3 sono rese

secondo le disposizioni del decreto legislativo 19 agosto 2005, n. 195, di attuazione della direttiva 2003/4/CE sull'accesso del pubblico all'informazione ambientale.

3-bis. Al fine di fornire idonee modalita' di informazione ai consumatori e di consentire il riconoscimento delle borse di plastica commercializzabili, i produttori delle borse di cui agli articoli 226-bis e 226-ter, ferme le certificazioni ivi previste, devono apporre su tali borse i propri elementi identificativi, nonche' diciture idonee ad attestare che le borse prodotte rientrino in una delle tipologie commercializzabili. Alle borse biodegradabili e compostabili si applica il disciplinare delle etichette o dei marchi adottato dalla Commissione, ai sensi dell'articolo 8-bis della direttiva 94/62/CE.

4. In conformita' alle determinazioni assunte dalla Commissione dell'Unione europea, con decreto del Ministro dell'ambiente e della tutela del territorio e del mare di concerto con il Ministro delle attivita' produttive, sono adottate le misure tecniche necessarie per l'applicazione delle disposizioni del presente titolo, con particolare riferimento agli imballaggi pericolosi, anche domestici, nonche' agli imballaggi primari di apparecchiature mediche e prodotti farmaceutici, ai piccoli imballaggi ed agli imballaggi di lusso. Qualora siano coinvolti aspetti sanitari, il predetto decreto e' adottato di concerto con il Ministro della salute.

5. Tutti gli imballaggi devono essere opportunamente etichettati secondo le modalita' stabilite dalle norme tecniche UNI applicabili e in conformita' alle determinazioni adottate dalla Commissione dell'Unione europea, per facilitare la raccolta, il riutilizzo, il recupero ed il riciclaggio degli imballaggi, nonche' per dare una corretta informazione ai consumatori sulle destinazioni finali degli imballaggi. I produttori hanno, altresi', l'obbligo di indicare, ai fini della identificazione e classificazione dell'imballaggio, la natura dei materiali di imballaggio utilizzati, sulla base della decisione 97/129/CE della Commissione.

5.1. ((Entro novanta giorni)) dalla data di entrata in vigore della presente disposizione, il Ministro della transizione ecologica adotta, con decreto di natura non regolamentare, le linee guida tecniche per l'etichettatura di cui al comma 5.

5-bis. Il Ministro dell'ambiente e della tutela del territorio e del mare di concerto con il Ministro dello sviluppo economico puo' stabilire un livello rettificato degli obiettivi di cui all'Allegato E, per un determinato anno, tenendo conto della quota media, nei tre anni precedenti, di imballaggi per la vendita riutilizzabili immessi per la prima volta sul mercato e riutilizzati nell'ambito di un sistema di riutilizzo degli imballaggi, nel rispetto dei criteri ivi definiti.

ART. 219-bis
(Sistema di riutilizzo di specifiche tipologie di imballaggi).

1. ((Al fine di aumentare la percentuale degli imballaggi riutilizzabili immessi sul mercato per contribuire alla transizione verso un'economia circolare, gli operatori economici, in forma individuale o in forma collettiva, adottano sistemi di restituzione con cauzione nonche' sistemi per il riutilizzo degli imballaggi)) senza causare pregiudizio alla salute umana e nel rispetto della normativa europea, senza compromettere l'igiene degli alimenti ne' la sicurezza dei consumatori, nel rispetto della normativa nazionale in materia. Al fine di perseguire le predette finalita', gli operatori economici possono stipulare appositi accordi e contratti di programma ai sensi dell'articolo 206 del presente decreto.

((1-bis. I sistemi di cui al comma 1 si applicano agli imballaggi in plastica, in vetro e in metallo utilizzati per acqua e per altre bevande)).

((2. Con regolamento adottato mediante decreto del Ministro della transizione ecologica, di concerto con il Ministro dello sviluppo economico, ai sensi dell'articolo 17, comma 3, della legge 23 agosto 1988, n. 400, entro centoventi giorni dalla data di entrata in vigore della presente disposizione, previa consultazione delle associazioni delle imprese maggiormente rappresentative sul piano nazionale, sono stabiliti i tempi e le modalita' di attuazione delle disposizioni del comma 1 del presente articolo. Con il medesimo regolamento sono, inoltre, previsti:

    a) gli obiettivi annuali qualitativi e quantitativi da raggiungere;

    b) i valori cauzionali per ogni singola tipologia di imballaggio fissati in modo da evitare ostacoli al commercio o distorsioni della concorrenza;

    c) i termini di pagamento e le modalita' di restituzione della cauzione da versare al consumatore che restituisce l'imballaggio;

    d) le premialita' e gli incentivi economici da riconoscere agli esercenti che adottano sistemi di restituzione con cauzione;

    e) l'eventuale estensione delle disposizioni del presente articolo ad altre tipologie di imballaggio;

    f) la percentuale minima di imballaggi riutilizzabili immessi sul mercato ogni anno per ciascun flusso di imballaggi;

    g) la promozione di campagne di sensibilizzazione rivolte ai consumatori)).

ART. 220
Obiettivi di recupero e di riciclaggio

1. Per conformarsi ai principi di cui all'articolo 219, i produttori e gli utilizzatori devono conseguire gli obiettivi finali di riciclaggio e di recupero dei rifiuti di imballaggio in conformita' alla disciplina comunitaria indicati nell'Allegato E alla parte quarta del presente decreto.

2. Per garantire il controllo del raggiungimento degli obiettivi di riciclaggio e di recupero, il Consorzio nazionale degli imballaggi di cui all'articolo 224 acquisisce da tutti i soggetti che operano nel settore degli imballaggi e dei rifiuti di imballaggi i dati relativi al riciclaggio e al recupero degli stessi e comunica annualmente alla Sezione nazionale del Catasto dei rifiuti, utilizzando il modello unico di dichiarazione di cui all'articolo 1 della legge 25 gennaio 1994, n. 70, i dati, riferiti all'anno solare precedente, relativi al quantitativo degli imballaggi per ciascun materiale e per tipo di imballaggio immesso sul mercato, nonche', per ciascun materiale, la quantita' degli imballaggi riutilizzati e dei rifiuti di imballaggio riciclati e recuperati provenienti dal mercato nazionale. Le predette comunicazioni possono essere presentate dai soggetti di cui all'articolo 221, comma 3, lettere a) e c), per coloro i quali hanno aderito ai sistemi gestionali ivi previsti ed inviate contestualmente al Consorzio nazionale imballaggi. I rifiuti di imballaggio esportati dalla Comunita' sono presi in considerazione, ai fini dell'adempimento degli obblighi e del conseguimento degli obiettivi di cui al comma 1, solo se sussiste idonea documentazione comprovante che l'operazione di recupero e/o di riciclaggio e' stata effettuata con modalita' equivalenti a quelle previste al riguardo dalla legislazione comunitaria. L'Autorita' di cui all'articolo 207, entro centoventi giorni dalla sua istituzione, redige un elenco dei Paesi extracomunitari in cui le operazioni di recupero e/o di riciclaggio sono considerate equivalenti a quelle previste al riguardo dalla legislazione comunitaria, tenendo conto anche di eventuali decisioni e orientamenti dell'Unione europea in materia.

3. COMMA SOPPRESSO DAL D.LGS. 16 GENNAIO 2008, N. 4

4. Le pubbliche amministrazioni e i gestori incoraggiano, ove opportuno, l'uso di materiali ottenuti da rifiuti di imballaggio riciclati per la fabbricazione di imballaggi e altri prodotti mediante:

    a) il miglioramento delle condizioni di mercato per tali materiali;

b) la revisione delle norme esistenti che impediscono l'uso di tali materiali.
   5. Fermo restando quanto stabilito dall'articolo 224, comma 3, lettera e), qualora gli obiettivi complessivi di riciclaggio e di recupero dei rifiuti di imballaggio come fissati al comma 1 non siano raggiunti alla scadenza prevista, con decreto del Presidente del Consiglio dei Ministri, previa deliberazione del Consiglio dei Ministri, su proposta del Ministro dell'ambiente e della tutela del territorio e del mare e del Ministro delle attivita' produttive, alle diverse tipologie di materiali di imballaggi sono applicate misure di carattere economico, proporzionate al mancato raggiungimento di singoli obiettivi, il cui introito e' versato all'entrata del bilancio dello Stato per essere riassegnato con decreto del Ministro dell'economia e delle finanze ad apposito capitolo del Ministero dell'ambiente e della tutela del territorio e del mare. Dette somme saranno utilizzate per promuovere la prevenzione, la raccolta differenziata, il riciclaggio e il recupero dei rifiuti di imballaggio.
   ((6. Il calcolo degli obiettivi di cui al comma 1 e' effettuato su base nazionale con le seguenti modalita':
      a) e' calcolato il peso dei rifiuti di imballaggio prodotti e riciclati in un determinato anno civile. La quantita' di rifiuti di imballaggio prodotti puo' essere considerata equivalente alla quantita' di imballaggi immessi sul mercato nel corso dello stesso anno;
      b) il peso dei rifiuti di imballaggio riciclati e' calcolato come il peso degli imballaggi diventati rifiuti che, dopo essere stati sottoposti a tutte le necessarie operazioni di controllo, cernita e altre operazioni preliminari, per eliminare i materiali di scarto che non sono interessati dal successivo ritrattamento e per garantire un riciclaggio di elevata qualita', sono immessi nell'operazione di riciclaggio sono effettivamente ritrattati per ottenere prodotti, materiali o sostanze;
      c) ai fini della lettera a), il peso dei rifiuti di imballaggio riciclati e' misurato all'atto dell'immissione dei rifiuti nell'operazione di riciclaggio. In deroga il peso dei rifiuti di imballaggio riciclati puo' essere misurato in uscita dopo qualsiasi operazione di cernita, a condizione che:
         1) tali rifiuti in uscita siano successivamente riciclati;
         2) il peso dei materiali o delle sostanze che sono rimossi con ulteriori operazioni precedenti l'operazione di riciclaggio e che non sono successivamente riciclati non sia incluso nel peso dei rifiuti comunicati come riciclati. Il controllo della qualita' e di tracciabilita' dei rifiuti di imballaggio e' assicurato dal sistema previsto dall'articolo 188-bis.))
   ((6-bis. Per il raggiungimento degli obiettivi di cui al presente articolo la quantita' di rifiuti di imballaggio biodegradabili in ingresso al trattamento aerobico o anaerobico puo' essere considerata come riciclata se il trattamento produce compost, digestato o altro prodotto in uscita con analoga quantita' di contenuto riciclato rispetto ai rifiuti immessi, destinato a essere utilizzato come prodotto, materiale o sostanza riciclati. Quando il prodotto in uscita e' utilizzato sul terreno, puo' essere considerato come riciclato solo se il suo utilizzo comporta benefici per l'agricoltura o un miglioramento sul piano ecologico.
   6-ter. La quantita' di materiali dei rifiuti di imballaggio che hanno cessato di essere rifiuti a seguito di un'operazione preparatoria prima di essere ritrattati puo' essere considerata riciclata, purche' tali materiali siano destinati al successivo ritrattamento al fine di ottenere prodotti, materiali o sostanze da utilizzare per la loro funzione originaria o per altri fini. Tuttavia, i materiali che hanno cessato di essere rifiuti e che devono essere utilizzati come combustibili o altri mezzi per produrre energia o devono essere inceneriti, usati per operazioni di riempimento o smaltiti in discarica non possono essere considerati ai

fini del conseguimento degli obiettivi di riciclaggio.

6-quater. Per il calcolo degli obiettivi di cui al comma 1, il riciclaggio dei metalli separati dopo l'incenerimento dei rifiuti, proporzionalmente alla quota di rifiuti di imballaggio inceneriti, puo' essere computato ai fini del raggiungimento a condizione che i metalli riciclati soddisfino determinati criteri di qualita' stabiliti dalla decisione di esecuzione (UE) 2019/665 della Commissione del 17 aprile 2019.

6-quinquies. I rifiuti di imballaggio inviati in un altro Stato membro per essere riciclati in quello stesso Stato possono essere considerati ai fini del conseguimento degli obiettivi di cui al comma 1 esclusivamente dallo Stato membro in cui sono stati raccolti tali rifiuti di imballaggio.

6-sexies. I rifiuti di imballaggio esportati fuori dell'Unione europea sono considerati ai fini del conseguimento degli obiettivi di cui al comma 1 da parte dello Stato membro nel quale sono stati raccolti soltanto se i requisiti di cui all'articolo 188-bis sono soddisfatti e se, in conformita' del regolamento (CE) n. 1013/2006 del Parlamento europeo e del Consiglio, l'esportatore puo' provare che la spedizione di rifiuti e' conforme agli obblighi di tale regolamento e il trattamento dei rifiuti di imballaggio al di fuori dell'Unione europea ha avuto luogo in condizioni sostanzialmente equivalenti agli obblighi previsti dal pertinente diritto ambientale dell'Unione.))

7. Il Ministro dell'ambiente e della tutela del territorio e del mare e il Ministro delle attivita' produttive notificano alla Commissione dell'Unione europea, ai sensi e secondo le modalita' di cui agli articoli ((12 e 16)) della direttiva 94/62/CE del Parlamento europeo e del Consiglio del 20 dicembre 1994, la relazione sull'attuazione delle disposizioni del presente titolo accompagnata dai dati acquisiti ai sensi del comma 2 e i progetti delle misure che si intendono adottare nell'ambito del titolo medesimo.

8. Il Ministro dell'ambiente e della tutela del territorio e del mare e il Ministro delle attivita' produttive forniscono periodicamente all'Unione europea e agli altri Paesi membri i dati sugli imballaggi e sui rifiuti di imballaggio secondo le tabelle e gli schemi adottati dalla Commissione dell'Unione europea con la decisione 2005/270/CE del 22 marzo 2005.

ART. 220-bis
(((Obbligo di relazione sull'utilizzo delle borse di plastica).))

((1. Il Consorzio nazionale imballaggi di cui all'articolo 224 acquisisce dai produttori e dai distributori di borse di plastica i dati necessari ad elaborare la relazione annuale prevista dall'articolo 4, paragrafo 1-bis, della direttiva 94/62/CE e comunica tali dati alla Sezione nazionale del Catasto dei rifiuti, avvalendosi del modello di dichiarazione ambientale di cui alla legge 25 gennaio 1994, n. 70, che, a tal fine, e' modificato con le modalita' previste dalla medesima legge. Le informazioni sono fornite per via telematica e riguardano ciascuna categoria di borse di plastica di cui all'articolo 218, comma 1, lettere dd-ter), dd-quater), dd-quinquies), dd-sexies) e dd-septies).

2. I dati sono elaborati dall'Istituto superiore per la protezione e la ricerca ambientale in attuazione della metodologia di calcolo dell'utilizzo annuale pro capite di borse di plastica e dei modelli di segnalazione stabiliti ai sensi dell'articolo 4, paragrafo 1-bis, della direttiva 94/62/CE. Dal 27 maggio 2018, i dati relativi all'utilizzo annuale delle borse di plastica in materiale leggero sono comunicati alla Commissione europea con la relazione sugli imballaggi e i rifiuti di imballaggio, in conformita' all'articolo 12 della medesima direttiva)).

ART. 221
Obblighi dei produttori e degli utilizzatori

1. I produttori e gli utilizzatori sono responsabili della corretta ed efficace gestione ambientale degli imballaggi e dei rifiuti di imballaggio generati dal consumo dei propri prodotti. I produttori e gli utilizzatori degli imballaggi sono responsabili della corretta ed efficace gestione ambientale dei rifiuti riferibili ai propri prodotti definiti in proporzione alla quantita' di imballaggi immessi sul mercato nazionale.

2. Nell'ambito degli obiettivi di cui agli articoli 205 e 220 e del Programma di cui all'articolo 225, i produttori e gli utilizzatori, su richiesta del gestore del servizio e secondo quanto previsto dall'accordo di programma di cui all'articolo 224, comma 5, adempiono all'obbligo del ritiro dei rifiuti di imballaggio primari o comunque conferiti al servizio pubblico della stessa natura e raccolti in modo differenziato. A tal fine, per garantire il necessario raccordo con l'attivita' di raccolta differenziata organizzata dalle pubbliche amministrazioni e per le altre finalita' indicate nell'articolo 224, i produttori e gli utilizzatori partecipano al Consorzio nazionale imballaggi, salvo il caso in cui venga adottato uno dei sistemi di cui al comma 3, lettere a) e c) del presente articolo.

3. Per adempiere agli obblighi di riciclaggio e di recupero nonche' agli obblighi della ripresa degli imballaggi usati e della raccolta dei rifiuti di imballaggio secondari e terziari su superfici private, e con riferimento all'obbligo del ritiro, su indicazione del Consorzio nazionale imballaggi di cui all'articolo 224, dei rifiuti di imballaggio conferiti dal servizio pubblico, i produttori possono alternativamente:

 a) organizzare autonomamente, anche in forma collettiva, la gestione dei propri rifiuti di imballaggio sull'intero territorio nazionale;

 b) aderire ad uno dei consorzi di cui all'articolo 223;

 c) attestare sotto la propria responsabilita' che e' stato messo in atto un sistema di restituzione dei propri imballaggi, mediante idonea documentazione che dimostri l'autosufficienza del sistema, nel rispetto dei criteri e delle modalita' di cui ai commi 5 e 6.

4. Ai fini di cui al comma 3 gli utilizzatori sono tenuti a consegnare gli imballaggi usati secondari e terziari e i rifiuti di imballaggio secondari e terziari in un luogo di raccolta organizzato dai produttori e con gli stessi concordato. Gli utilizzatori possono tuttavia conferire al servizio pubblico i suddetti imballaggi e rifiuti di imballaggio nei limiti derivanti dai criteri determinati ai sensi dell'articolo 195, comma 2, lettera e). Periodo soppresso dal D. Lgs. 16 gennaio 2008, n. 4.

5. I produttori che non intendono aderire al Consorzio Nazionale Imballaggi e a un Consorzio di cui all'articolo 223, devono presentare all'Osservatorio nazionale sui rifiuti il progetto del sistema di cui al comma 3, lettere a) o c) richiedendone il riconoscimento sulla base di idonea documentazione. Il progetto va presentato entro novanta giorni dall'assunzione della qualifica di produttore ai sensi dell'articolo 218, comma 1, lettera r) o prima del recesso da uno dei suddetti Consorzi. Il recesso e', in ogni caso, efficace solo dal momento in cui, intervenuto il riconoscimento, l'Osservatorio accerti il funzionamento del sistema e ne dia comunicazione al Consorzio. L'obbligo di corrispondere il contributo ambientale di cui all'articolo 224, comma 3, lettera h), e' sospeso a seguito dell'intervenuto riconoscimento del progetto sulla base di idonea documentazione e sino al provvedimento definitivo che accerti il funzionamento o il mancato funzionamento del sistema e ne dia comunicazione al Consorzio. Per ottenere il riconoscimento i produttori devono dimostrare di aver organizzato il sistema secondo criteri di efficienza, efficacia ed economicita', che il sistema sara' effettivamente ed autonomamente funzionante e che sara' in grado di conseguire, nell'ambito delle attivita' svolte, gli obiettivi di recupero e di riciclaggio di cui all'articolo 220. I produttori devono inoltre garantire che gli utilizzatori e gli utenti

finali degli imballaggi siano informati sulle modalita' del sistema adottato. L'Osservatorio, acquisiti i necessari elementi di valutazione forniti dall'ISPRA, si esprime entro novanta giorni dalla richiesta. In caso di mancata risposta nel termine sopra indicato, l'interessato chiede al Ministro dell'ambiente e della tutela del territorio e del mare l'adozione dei relativi provvedimenti sostitutivi da emanarsi nei successivi sessanta giorni. L'Osservatorio sara' tenuto a presentare una relazione annuale di sintesi relativa a tutte le istruttorie esperite. Sono fatti salvi i riconoscimenti gia' operati ai sensi della previgente normativa. Alle domande disciplinate dal presente comma si applicano, in quanto compatibili, le disposizioni relative alle attivita' private sottoposte alla disciplina degli articoli 19 e 20 della legge 7 agosto 1990, n. 241. A condizione che siano rispettate le condizioni, le norme tecniche e le prescrizioni specifiche adottate ai sensi del presente articolo, le attivita' di cui al comma 3 lettere a) e c) possono essere intraprese decorsi novanta giorni dallo scadere del termine per l'esercizio dei poteri sostitutivi da parte del Ministro dell'ambiente e della tutela del territorio e del mare come indicato nella presente norma.

6. I produttori che hanno ottenuto il riconoscimento del sistema sono tenuti a presentare annualmente al Ministero della Transizione ecologica e al CONAI la documentazione di cui all'articolo 237, comma 6. Il programma pluriennale di prevenzione della produzione di rifiuti di imballaggio e il piano specifico di prevenzione e gestione relativo all'anno solare ((successivo sono)) inseriti nel programma generale di prevenzione e gestione di cui all'articolo 225.

7. Entro il 30 settembre di ogni anno i produttori di cui al comma 5 presentano all'Autorita' prevista dall'articolo 207 e al Consorzio nazionale imballaggi un piano specifico di prevenzione e gestione relativo all'anno solare successivo, che sara' inserito nel programma generale di prevenzione e gestione di cui all'articolo 225.

8. Entro il 31 maggio di ogni anno, i produttori di cui al comma 5 sono inoltre tenuti a presentare all'Autorita' prevista dall'articolo 207 ed al Consorzio nazionale imballaggi una relazione sulla gestione relativa all'anno solare precedente, comprensiva dell'indicazione nominativa degli utilizzatori che, fino al consumo, partecipano al sistema di cui al comma 3, lettere a) o c), del programma specifico e dei risultati conseguiti nel recupero e nel riciclo dei rifiuti di imballaggio; nella stessa relazione possono essere evidenziati i problemi inerenti il raggiungimento degli scopi istituzionali e le eventuali proposte di adeguamento della normativa.

9. Il mancato riconoscimento del sistema ai sensi del comma 5, o la revoca disposta dall'Autorita', previo avviso all'interessato, qualora i risultati ottenuti siano insufficienti per conseguire gli obiettivi di cui all'articolo 220 ovvero siano stati violati gli obblighi previsti dai commi 6 e 7, comportano per i produttori l'obbligo di partecipare ad uno dei consorzi di cui all'articolo 223 e, assieme ai propri utilizzatori di ogni livello fino al consumo, al consorzio previsto dall'articolo 224. I provvedimenti dell'Autorita' sono comunicati ai produttori interessati e al Consorzio nazionale imballaggi. L'adesione obbligatoria ai consorzi disposta in applicazione del presente comma ha effetto retroattivo ai soli fini della corresponsione del contributo ambientale previsto dall'articolo 224, comma 3, lettera h), e dei relativi interessi di mora. Ai produttori e agli utilizzatori che, entro novanta giorni dal ricevimento della comunicazione dell'Autorita', non provvedano ad aderire ai consorzi e a versare le somme a essi dovute si applicano inoltre le sanzioni previste dall'articolo 261.

10. Sono a carico dei produttori e degli utilizzatori, in linea con i criteri di priorita' nella gestione rifiuti:
    a) i costi per il riutilizzo o la ripresa degli imballaggi secondari e terziari usati;
    b) i costi per la gestione degli imballaggi secondari e terziari;
    c) almeno l'80 per cento dei costi relativi ai servizi di cui

all'articolo 222, comma 1, lettera b);
    d) i costi del successivo trasporto, nonche' delle operazioni di cernita o di altre operazioni preliminari di cui all'Allegato C del presente decreto legislativo;
    e) i costi per il trattamento dei rifiuti di imballaggio;
    f) i costi per un'adeguata attivita' di informazione ai detentori di rifiuti sulle misure di prevenzione e di riutilizzo, sui sistemi di ritiro e di raccolta dei rifiuti anche al fine di prevenire la dispersione degli stessi;
    g) i costi relativi alla raccolta e alla comunicazione dei dati sui prodotti immessi sul mercato nazionale, sui rifiuti raccolti e trattati, e sui quantitativi recuperati e riciclati.
  11. La restituzione di imballaggi usati o di rifiuti di imballaggio, ivi compreso il conferimento di rifiuti in raccolta differenziata, non deve comportare oneri economici per il consumatore.

                    ART. 221-bis
                  (((Sistemi autonomi).))

  ((1. I produttori che non intendono aderire ad uno dei consorzi di cui all'articolo 223, presentano al Ministero dell'ambiente e della tutela del territorio e del mare un'istanza di riconoscimento per la costituzione di un sistema autonomo in forma individuale ovvero collettiva, avente personalita' giuridica di diritto privato senza scopo di lucro, retto da uno statuto, conforme ai principi del presente decreto, nonche' allo "statuto tipo" di cui al comma 2.
  2. L'istanza, corredata di un progetto, e' presentata entro novanta giorni dall'assunzione della qualifica di produttore ai sensi dell'articolo 218, comma 1, lettera r), ovvero prima del recesso da uno dei sistemi collettivi gia' esistenti. Il recesso e', in ogni caso, efficace solo dal momento in cui il Ministero dell'ambiente e della tutela del territorio e del mare emette il provvedimento di dichiarazione di idoneita' del progetto e ne da' comunicazione ai suddetti sistemi collettivi dell'articolo 223.
  3. Il progetto e' redatto secondo criteri di efficienza, efficacia ed economicita' e contiene: a) un piano di raccolta che prevede una rete articolata sull'intero territorio nazionale, b) un piano industriale volto a garantire l'effettivo funzionamento in grado di conseguire gli obiettivi di recupero e di riciclaggio fissati dalle norme europee o dalle norme di settore nazionali. Lo statuto deve essere conforme ai principi di cui alle disposizioni del presente titolo. I proponenti determinano il contributo ambientale secondo le modalita' di cui all'articolo 237. Nel progetto sono altresi' individuate modalita' di gestione idonee a garantire che i commercianti, i distributori, gli utenti finali e i consumatori, siano informati sulle modalita' di funzionamento del sistema adottato e sui metodi di raccolta, nonche' sul contributo applicato e su ogni altro aspetto per loro rilevante.
  4. Il proponente puo' richiedere, in qualunque momento, una fase di confronto con il Ministero dell'ambiente e della tutela del territorio e del mare al fine di definire la portata delle informazioni e il relativo livello di dettaglio della documentazione di cui al comma 3.
  5. Sulla base della documentazione trasmessa dal proponente, il Ministero dell'ambiente e della tutela del territorio e del mare, entro sessanta giorni dalla presentazione della istanza, verificato che il progetto contenga tutti gli elementi di cui al precedente comma 3, con un livello di dettaglio tale da consentire l'avvio della successiva istruttoria, comunica al proponente l'avvio del procedimento di riconoscimento, ovvero, qualora gli elaborati progettuali non presentano un livello di dettaglio adeguato, il Ministero dell'ambiente e della tutela del territorio e del mare comunica al proponente il provvedimento motivato di diniego, dichiarando la non idoneita' del progetto.

6. Acquisiti i necessari elementi di valutazione forniti dall'ISPRA e la fidejussione prevista al comma 11, entro centoventi giorni dall'avvio del procedimento, conclusa l'istruttoria amministrativa attestante l'idoneita' del progetto, con decreto del Ministro dell'ambiente e della tutela del territorio e del mare e' riconosciuto il sistema collettivo.

7. A seguito del provvedimento di riconoscimento di idoneita' del progetto, viene effettuata apposita attivita' di monitoraggio a cura del Ministero con il supporto dell'Ispra, anche attraverso un congruo numero di controlli in loco, per la durata indicata nel provvedimento stesso, volta a verificare l'effettivo funzionamento del sistema, e la conformita' alle eventuali prescrizioni dettate. All'esito del monitoraggio effettuato, viene adottato provvedimento di conferma del riconoscimento, ovvero provvedimento motivato di diniego che attesta il mancato funzionamento del sistema.

8. L'obbligo di corrispondere il contributo ambientale ad uno dei sistemi collettivi gia' esistenti, e' sospeso a seguito dell'intervenuta dichiarazione di idoneita' del progetto e sino al provvedimento definitivo di cui al comma 7. La sospensione e' comunicata al sistema collettivo di provenienza.

9. Il Ministero dell'ambiente e della tutela del territorio e del mare puo' revocare il riconoscimento nei casi in cui:
   a) il sistema adottato non operi secondo i criteri di efficienza, efficacia ed economicita';
   b) i risultati ottenuti siano insufficienti per conseguire gli obiettivi di riciclaggio ove previsti;
   c) il sistema adottato non adempia agli obblighi di gestione;
   d) siano stati violati gli obblighi previsti dall'articolo 221, commi 6, 7 e 8.

10. A seguito della comunicazione di non idoneita' del progetto di cui al comma 5, di mancato riconoscimento del sistema ai sensi del comma 7, ovvero di revoca del riconoscimento di cui al comma 9, i produttori hanno l'obbligo di partecipare ad uno dei sistemi collettivi gia' esistenti. Ove, entro novanta giorni dal ricevimento della comunicazione, i produttori non provvedono ad aderire ai sistemi collettivi gia' esistenti e a versare le somme a essi dovute a decorrere dalla data della stessa comunicazione, si applicano le sanzioni previste al Titolo VI.

11. I proponenti, al fine di garantire la continuita' della raccolta, nelle more del provvedimento definitivo di cui al comma 7, sono tenuti alla presentazione di una fideiussione bancaria a prima richiesta in favore del Ministero dell'ambiente e della tutela del territorio e del mare, pari all'importo delle entrate previste dall'applicazione del contributo ambientale di cui al comma 3. Detta garanzia sara' aggiornata sino al provvedimento definitivo di cui al comma 7.

12. Sono fatti salvi i riconoscimenti gia' operati ai sensi della previgente normativa. Tali sistemi si adeguano alle disposizioni di cui al presente Titolo entro il 31 dicembre 2024.))

ART. 222
(raccolta differenziata e obblighi della pubblica amministrazione)

((1. Gli Enti di governo d'ambito territoriale ottimale, ove costituiti ed operanti, ovvero i Comuni, organizzano sistemi adeguati di raccolta differenziata in modo da permettere il raggiungimento degli obiettivi di recupero e di riciclaggio riportati nell'allegato E, e da consentire al consumatore di conferire al servizio pubblico i rifiuti di imballaggio e le altre particolari categorie di rifiuti selezionati dai rifiuti domestici e da altri tipi di rifiuti di imballaggio. In particolare:
   a) garantiscono la copertura della raccolta differenziata in maniera omogenea in ciascun ambito territoriale ottimale, ove costituito ed operante, ovvero in ciascun Comune, su tutto il suo territorio promuovendo per i produttori e i relativi sistemi di

responsabilita' estesa del produttore, nel rispetto del principio di concorrenza, l'accesso alle infrastrutture di raccolta, in condizioni di parita' tra loro;

   b) garantiscono la gestione della raccolta differenziata, del trasporto, nonche' delle operazioni di cernita o di altre operazioni preliminari di cui all'Allegato C del presente decreto legislativo, nonche' il coordinamento con la gestione di altri rifiuti prodotti nel territorio dell'ambito territoriale ottimale, ove costituito ed operante, ovvero i Comuni.

   2. I servizi di cui alla lettera b) sono prestati secondo i criteri di efficacia, efficienza ed economicita', nonche' dell'effettiva riciclabilita', sulla base delle determinazioni in merito ai costi efficienti dell'Autorita' di regolazione per energia, reti e ambiente (ARERA). I costi necessari per fornire tali servizi di gestione di rifiuti sono posti a carico dei produttori e degli utilizzatori nella misura almeno dell'80 per cento. Tali somme sono versate nei bilanci dei Comuni ovvero degli Enti di Gestione Territoriale Ottimale, ove costituiti e operanti nella gestione del ciclo integrato dei rifiuti, al fine di essere impiegate nel piano economico finanziario relativo alla determinazione della tassa sui rifiuti (TARI).

   3. Gli Enti di governo d'ambito territoriale ottimale, ove costituiti e operanti, ovvero i Comuni, trasmettono annualmente entro il 31 ottobre alla Regione competente e al Ministero dell'ambiente e della tutela del territorio e del mare un resoconto delle voci di costo sostenute per ciascun materiale, di cui all'allegato E, nonche' per ciascuna tipologia di rifiuto, dimostrando l'effettivo riciclo, nonche' l'efficacia, l'efficienza e l'economicita' dei servizi resi.

   4. Gli Enti di governo d'ambito territoriale ottimale, ove costituiti ed operanti, ovvero i Comuni, garantiscono la gestione completa della raccolta differenziata relativa a tutte le categorie di rifiuti indicate nella direttiva 2018/851/UE all'articolo 1, paragrafo 1, numero 3, lettera a), punto 2-ter, tramite specifici accordi di programma, da sottoscrivere con i sistemi collettivi.))

   5. Il Ministro dell'ambiente e della tutela del territorio e del mare di concerto con il Ministro delle attivita' produttive cura la pubblicazione delle norme nazionali che recepiscono le norme armonizzate di cui all'articolo 226, comma 3, e ne da' comunicazione alla Commissione dell'Unione europea.

   ((5-bis. Nel caso in cui il Ministero dell'ambiente e della tutela e del territorio e del mare accerti che le pubbliche amministrazioni non abbiano attivato sistemi adeguati di raccolta differenziata dei rifiuti, anche per il raggiungimento degli obiettivi di cui all'articolo 205, ed in particolare di quelli di recupero e riciclaggio di cui all'articolo 220, puo' attivare azioni sostitutive ai gestori dei servizi di raccolta differenziata, anche avvalendosi di soggetti pubblici, ovvero sistemi collettivi o Consorzi, o privati individuati mediante procedure trasparenti e selettive, in via temporanea e d'urgenza, comunque per un periodo non superiore a ventiquattro mesi, sempre che cio' avvenga all'interno di ambiti ottimali opportunamente identificati, per l'organizzazione e/o integrazione del servizio ritenuto insufficiente. Ai Consorzi aderenti alla richiesta, per raggiungere gli obiettivi di recupero e riciclaggio previsti dall'articolo 220, e' riconosciuto il valore della tariffa applicata per la raccolta dei rifiuti urbani corrispondente, al netto dei ricavi conseguiti dalla vendita dei materiali e del corrispettivo dovuto sul ritiro dei rifiuti di imballaggio e delle frazioni merceologiche omogenee. Ai soggetti privati, selezionati per comprovata e documentata affidabilita' e capacita', a cui e' affidata la raccolta differenziata e conferiti i rifiuti di imballaggio in via temporanea e d'urgenza, fino all'espletamento delle procedure ordinarie di aggiudicazione del servizio e comunque per un periodo non superiore a dodici mesi, prorogabili di ulteriori dodici mesi in caso di impossibilita' oggettiva e documentata di aggiudicazione, e' riconosciuto il costo del servizio spettante ai gestori, oggetto dell'azione sostitutiva.

5-ter. Le pubbliche amministrazioni incoraggiano, ove opportuno, l'utilizzazione di materiali provenienti da rifiuti di imballaggio riciclati per la fabbricazione di imballaggi e altri prodotti.

5-quater. Il Ministro dell'ambiente e della tutela del territorio e del mare e il Ministro dello sviluppo economico curano la pubblicazione delle misure e degli obiettivi oggetto delle campagne di informazione di cui all'articolo 224, comma 3, lettera g).))

ART. 223
(consorzi)

1. I produttori che non provvedono ai sensi dell'articolo 221, comma 3, lettere a) e c), costituiscono un Consorzio per ciascun materiale di imballaggio di cui all'allegato E della parte quarta del presente decreto, operante su tutto il territorio nazionale. Ai Consorzi possono partecipare i recuperatori, ed i riciclatori che non corrispondono alla categoria dei produttori, previo accordo con gli altri consorziati ed unitamente agli stessi.

2. I consorzi di cui al comma 1 hanno personalita' giuridica di diritto privato senza fine di lucro e sono retti da uno statuto adottato in conformita' ad uno schema tipo, redatto dal Ministro dell'ambiente e della tutela del territorio e del mare di concerto con il Ministro delle attivita' produttive, da pubblicare nella Gazzetta Ufficiale entro centottanta giorni dalla data di entrata in vigore della parte quarta del presente decreto, conformemente ai principi del presente decreto e, in particolare, a quelli di efficienza, efficacia, economicita' e trasparenza, nonche' di libera concorrenza nelle attivita' di settore. Lo statuto adottato da ciascun consorzio e' trasmesso entro quindici giorni al Ministro dell'ambiente e della tutela del territorio e del mare che lo approva nei successivi novanta giorni, con suo provvedimento adottato di concerto con il Ministro delle attivita' produttive. Ove il Ministro ritenga di non approvare lo statuto trasmesso, per motivi di legittimita' o di merito, lo ritrasmette al consorzio richiedente con le r elative osservazioni. Entro il 31 dicembre 2008 i Consorzi gia' riconosciuti dalla previgente normativa adeguano il proprio statuto in conformita' al nuovo schema tipo e ai principi contenuti nel presente decreto ed in particolare a quelli di trasparenza, efficacia, efficienza ed economicita', nonche' di libera Concorrenza nelle attivita' di settore, ai sensi dell'articolo 221, comma 2. Nei consigli di amministrazione dei consorzi il numero dei consiglieri di amministrazione in rappresentanza dei riciclatori e dei recuperatori deve essere uguale a quello dei consiglieri di amministrazione in rappresentanza dei produttori di materie prime di imballaggio. Lo statuto adottato da ciascun Consorzio e' trasmesso entro quindici giorni al Ministro dell'ambiente e della tutela del territorio e del mare, che lo approva di concerto con il Ministro dello sviluppo economico e con il Ministro dell'economia e delle finanze, salvo motivate osservazioni cui i Consorzi sono tenuti ad adeguarsi nei successivi sessanta giorni. Qualora i Consorzi non ottemperino nei termini prescritti, le modifiche allo statuto sono apportate con decreto del Ministro dell'ambiente e della tutela del territorio e del mare, di concerto con il Ministro dello sviluppo economico. Il decreto ministeriale di approvazione dello statuto dei consorzi e' pubblicato nella Gazzetta Ufficiale.

3. I consorzi di cui al comma 1 e 2 sono tenuti a garantire l'equilibrio della propria gestione finanziaria. A tal fine i mezzi finanziari per il funzionamento dei predetti consorzi derivano dai contributi dei consorziati e dai versamenti effettuati dal Consorzio nazionale imballaggi ai sensi dell'articolo 224, comma 3, lettera h), secondo le modalita' indicate dall'articolo 224, comma 8, dai proventi della cessione, nel rispetto dei principi della concorrenza e della corretta gestione ambientale, degli imballaggi e dei rifiuti di imballaggio ripresi, raccolti o ritirati, nonche' da altri

eventuali proventi e contributi di consorziati o di terzi.

4. Ciascun Consorzio mette a punto e trasmette al CONAI e all'Osservatorio nazionale sui rifiuti un proprio programma pluriennale di prevenzione della produzione di rifiuti d'imballaggio entro il 30 settembre di ogni anno.

5. Entro il 30 settembre di ogni anno i consorzi di cui al presente articolo presentano all'Autorita' prevista dall'articolo 207 e al Consorzio nazionale imballaggi un piano specifico di prevenzione e gestione relativo all'anno solare successivo, che sara' inserito nel programma generale di prevenzione e gestione.

6. Entro il 31 maggio di ogni anno, i consorzi di cui al presente articolo sono inoltre tenuti a presentare all'Osservatorio nazionale sui rifiuti ed al Consorzio nazionale imballaggi una relazione sulla gestione relativa all'anno precedente, con l'indicazione nominativa dei consorziati, il programma specifico ed i risultati conseguiti nel recupero e nel riciclo dei rifiuti di imballaggio.

ART. 224
Consorzio nazionale imballaggi

1. Per il raggiungimento degli obiettivi globali di recupero e di riciclaggio e per garantire il necessario coordinamento dell'attivita' di raccolta differenziata, i produttori e gli utilizzatori, nel rispetto di quanto previsto dall'articolo 221, comma 2, partecipano in forma paritaria al Consorzio nazionale imballaggi, in seguito denominato CONAI, che ha personalita' giuridica di diritto privato senza fine di lucro ed e' retto da uno statuto approvato con decreto del Ministro dell'ambiente e della tutela del territorio e del mare di concerto con il Ministro delle attivita' produttive.

2. Entro il 30 giugno 2008, il CONAI adegua il proprio statuto ai principi contenuti nel presente decreto ed in particolare a quelli di trasparenza, efficacia, efficienza ed economicita', nonche' di libera concorrenza nelle attivita' di settore, ai sensi dell'articolo 221, comma 2. Lo statuto adottato e' trasmesso entro quindici giorni al Ministro dell'ambiente e della tutela del territorio e del mare che lo approva di concerto con il Ministro delle attivita' produttive, salvo motivate osservazioni cui il CONAI e' tenuto ad adeguarsi nei successivi sessanta giorni. Qualora il CONAI non ottemperi nei termini prescritti, le modifiche allo statuto sono apportate con decreto del Ministro dell'ambiente e della tutela del territorio e del mare, di concerto con il Ministro delle attivita' produttive.

3. Il CONAI svolge le seguenti funzioni:

a) definisce, in accordo con le regioni e con le pubbliche amministrazioni interessate, gli ambiti territoriali in cui rendere operante un sistema integrato che comprenda la raccolta, la selezione e il trasporto dei materiali selezionati a centri di raccolta o di smistamento;

b) definisce, con le pubbliche amministrazioni appartenenti ai singoli sistemi integrati di cui alla lettera a), le condizioni generali di ritiro da parte dei produttori dei rifiuti selezionati provenienti dalla raccolta differenziata;

c) elabora ed aggiorna, valutati i programmi specifici di prevenzione di cui agli articoli 221, comma 6, e 223, comma 4, il Programma generale per la prevenzione e la gestione degli imballaggi e dei rifiuti di imballaggio di cui all'articolo 225;

d) promuove accordi di programma con gli operatori economici per favorire il riciclaggio e il recupero dei rifiuti di imballaggio e ne garantisce l'attuazione;

e) assicura la necessaria cooperazione tra i consorzi di cui all'articolo 223, i soggetti di cui all'articolo 221, comma 3, lettere a) e c) e gli altri operatori economici, anche eventualmente destinando una quota del contributo ambientale CONAI, di cui alla lettera h), ai consorzi che realizzano percentuali di recupero o di riciclo superiori a quelle minime indicate nel Programma generale, al fine del conseguimento degli obiettivi globali di cui all'Allegato E alla parte quarta del presente decreto. Ai consorzi che non raggiungono i singoli obiettivi di recupero e' in ogni caso ridotta la quota del contributo ambientale ad essi riconosciuto dal Conai;

f) indirizza e garantisce il necessario raccordo tra le amministrazioni pubbliche, i consorzi e gli altri operatori economici;

g) organizza, in accordo con le pubbliche amministrazioni, le campagne di informazione ritenute utili ai fini dell'attuazione del Programma generale nonche' campagne di educazione ambientale e di sensibilizzazione dei consumatori sugli impatti delle borse di plastica sull'ambiente, in particolare attraverso la diffusione delle informazioni di cui all'articolo 219, comma 3, lettere d-bis), d-ter) e d-quater);

h) ripartisce tra i produttori e gli utilizzatori il corrispettivo per gli oneri di cui all'articolo 221, comma 10, lettera b), nonche' gli oneri per il riciclaggio e per il recupero dei rifiuti di imballaggio conferiti al servizio di raccolta differenziata, in proporzione alla quantita' totale, al peso ed alla tipologia del materiale di imballaggio immessi sul mercato nazionale, al netto delle quantita' di imballaggi usati riutilizzati nell'anno precedente per ciascuna tipologia di materiale. A tal fine determina e pone a carico dei consorziati, con le modalita' individuate dallo statuto, anche in base alle utilizzazioni e ai criteri di cui al comma 8, il contributo denominato contributo ambientale CONAI;

i) promuove il coordinamento con la gestione di altri rifiuti previsto dall'articolo 222, comma 1, lettera b), anche definendone gli ambiti di applicazione;

l) promuove la conclusione, su base volontaria, di accordi tra i consorzi di cui all'articolo 223 e i soggetti di cui all'articolo 221, comma 3, lettere a) e c), con soggetti pubblici e privati. Tali accordi sono relativi alla gestione ambientale della medesima tipologia di materiale oggetto dell'intervento dei consorzi con riguardo agli imballaggi, esclusa in ogni caso l'utilizzazione del contributo ambientale CONAI;

m) fornisce i dati e le informazioni richieste dall'Autorita' di cui all'articolo 207 e assicura l'osservanza degli indirizzi da questa tracciat;

n) acquisisce da enti pubblici o privati, nazionali o esteri, i dati relativi ai flussi degli imballaggi in entrata e in uscita dal territorio nazionale e i dati degli operatori economici coinvolti. Il conferimento di tali dati al CONAI e la raccolta, l'elaborazione e l'utilizzo degli stessi da parte di questo si considerano, ai fini di quanto previsto dall'articolo 178, comma 1, di rilevante interesse pubblico ai sensi dell'articolo 53 del decreto legislativo 30 giugno 2003, n. 196.

4. Per il raggiungimento degli obiettivi pluriennali di recupero e riciclaggio, gli eventuali avanzi di gestione accantonati dal CONAI e dai consorzi di cui all'articolo 223 nelle riserve costituenti il loro patrimonio netto non concorrono alla formazione del reddito, a condizione che sia rispettato il divieto di distribuzione, sotto qualsiasi forma, ai consorziati ed agli aderenti di tali avanzi e riserve, anche in caso di scioglimento dei predetti sistemi gestionali, dei consorzi e del CONAI.

5. Al fine di garantire l'attuazione del principio di corresponsabilita' gestionale tra produttori, utilizzatori e pubbliche amministrazioni, CONAI ed i sistemi autonomi di cui all'articolo 221, comma, 3 lettere a) e c) promuovono e stipulano un accordo di programma quadro, di cui alla legge 241/90 e successive modificazioni, su base nazionale tra tutti gli operatori del comparto di riferimento, intendendosi i sistemi collettivi operanti ,
con l'Associazione nazionale Comuni italiani (ANCI), con l'Unione delle province italiane (UPI) o con gli Enti di gestione di Ambito territoriale ottimale. In particolare, tale accordo stabilisce:

1. la copertura dei costi di cui all'articolo 222, commi 1 e 2

del presente decreto legislativo;
   2. le modalita' di raccolta dei rifiuti da imballaggio ai fini delle attivita' di riciclaggio e di recupero;
   3. gli obblighi e le sanzioni posti a carico delle parti contraenti.
  5-bis. L'accordo di programma di cui al comma 5 e' costituito da una parte generale e dai relativi allegati tecnici per ciascun materiale di cui all'Allegato E. Gli allegati tecnici prevedono i corrispettivi calcolati secondo le fasce di qualita', tenendo conto delle operazioni di cernita o di altre operazioni preliminari, che sono stabilite tramite analisi merceologiche effettuate da un soggetto terzo, individuato congiuntamente dai soggetti sottoscrittori, nominato dagli Enti di governo d'ambito territoriali ottimali, ove costituiti ed operanti, ovvero dai Comuni con oneri posti a carico dei sistemi collettivi.
  5-ter. L'accordo di programma quadro di cui al comma 5 stabilisce che i produttori e gli utilizzatori che aderiscono ad un sistema autonomo di cui all'articolo 221, comma 3, lettere a) e c), ovvero ad uno dei consorzi di cui all'articolo 223 assicurano la copertura dei costi di raccolta e di gestione dei rifiuti di imballaggio da loro prodotti e conferiti al servizio pubblico di raccolta differenziata anche quando gli obiettivi di recupero e riciclaggio possono essere conseguiti attraverso la raccolta su superfici private. Per adempiere agli obblighi di cui al precedente periodo, i produttori e gli utilizzatori che aderiscono ai sistemi di cui all'articolo 221, comma 3, lettere a) e c), possono avvalersi dei consorzi di cui all'articolo 223 facendosi carico dei costi connessi alla gestione dei rifiuti di imballaggio sostenuti dai consorzi medesimi.
  6. L'accordo di programma di cui al comma 5 e' trasmesso all'Autorita' di cui all'articolo 207, che puo' richiedere eventuali modifiche ed integrazioni entro i successivi sessanta giorni.
  7. Ai fini della ripartizione dei costi di cui al comma 3, lettera h), sono esclusi dal calcolo gli imballaggi riutilizzabili immessi sul mercato previa cauzione.
  8. Il contributo ambientale del Conai e' utilizzato in via prioritaria per il ritiro degli imballaggi primari o comunque conferiti al servizio pubblico e, in via accessoria, per l'organizzazione dei sistemi di raccolta, recupero e riciclaggio dei rifiuti di imballaggio secondari e terziari. A tali fini, tale contributo e' attribuito dal Conai, sulla base di apposite convenzioni, ai soggetti di cui all'articolo 223, in proporzione alla quantita' totale, al peso ed alla tipologia del materiale di imballaggio immessi sul mercato nazionale, al netto delle quantita' di imballaggi usati riutilizzati nell'anno precedente per ciascuna tipologia di materiale. Il CONAI provvede ai mezzi finanziari necessari per lo svolgimento delle proprie funzioni con i proventi dell'attivita', con i contributi dei consorziati e con una quota del contributo ambientale CONAI, determinata nella misura necessaria a far fronte alle spese derivanti dall'espletamento, nel rispetto dei criteri di contenimento dei costi e di efficienza della gestione, delle funzioni conferitegli dal presente titolo. nonche' con altri contributi e proventi di consorziati e di terzi, compresi quelli dei soggetti di cui all'articolo 221, lettere a) e c), per le attivita' svolte in loro favore in adempimento alle prescrizioni di legge.
  9. L'applicazione del contributo ambientale CONAI esclude l'assoggettamento del medesimo bene e delle materie prime che lo costituiscono ad altri contributi con finalita' ambientali previsti dalla parte quarta del presente decreto o comunque istituiti in applicazione del presente decreto.
  10. Al Consiglio di amministrazione del CONAI partecipa con diritto di voto un rappresentante dei consumatori indicato dal Ministro dell'ambiente e della tutela del territorio e del mare e dal Ministro delle attivita' produttive.
  11. COMMA SOPPRESSO DAL D.LGS. 16 GENNAIO 2008, N.4.
  12. In caso di mancata stipula dell'accordo di cui al comma 5,

entro novanta giorni dall'entrata in vigore del presente decreto, il Ministro dell'ambiente e della tutela del territorio e del mare invita le parti a trovare un'intesa entro sessanta giorni, decorsi i quali senza esito positivo, provvede direttamente, d'intesa con Ministro dello sviluppo economico, a definire il corrispettivo di cui alla lettera a) del comma 5. L'accordo di cui al comma 5 e' sottoscritto, per le specifiche condizioni tecniche ed economiche relative al ritiro dei rifiuti di ciascun materiale d'imballaggio, anche dal competente Consorzio di cui all'articolo 223. Nel caso in cui uno di questi Consorzi non lo sottoscriva e/o non raggiunga le intese necessarie con gli enti locali per il ritiro dei rifiuti d'imballaggio, il Conai subentra nella conclusione delle convenzioni locali al fine di assicurare il raggiungimento degli obiettivi di recupero e di riciclaggio previsti dall'articolo 220.

13. Nel caso siano superati, a livello nazionale, gli obiettivi finali di riciclaggio e di recupero dei rifiuti di imballaggio indicati nel programma generale di prevenzione e gestione degli imballaggi di cui all'articolo 225, il CONAI adotta, nell'ambito delle proprie disponibilita' finanziarie, forme particolari di incentivo per il ritiro dei rifiuti di imballaggio nelle aree geografiche che non abbiano ancora raggiunto gli obiettivi di raccolta differenziata di cui all'articolo 205, comma 1, entro i limiti massimi di riciclaggio previsti dall'Allegato E alla parte quarta del presente decreto.

ART. 225
(programma generale di prevenzione e di gestione
degli imballaggi e dei rifiuti di imballaggio)

1. Sulla base dei programmi specifici di prevenzione di cui agli articoli 221, comma 6, e 223, comma 4, il CONAI elabora annualmente un Programma generale di prevenzione e di gestione degli imballaggi e dei rifiuti di imballaggio che individua, con riferimento alle singole tipologie di materiale di imballaggio, le misure per conseguire i seguenti obiettivi:
    a) prevenzione della formazione dei rifiuti di imballaggio;
    b) accrescimento della proporzione della quantita' di rifiuti di imballaggio riciclabili rispetto alla quantita' di imballaggi non riciclabili;
    c) accrescimento della proporzione della quantita' di rifiuti di imballaggio riutilizzabili rispetto alla quantita' di imballaggi non riutilizzabili;
    d) miglioramento delle caratteristiche dell'imballaggio allo scopo di permettere ad esso di sopportare piu' tragitti o rotazioni nelle condizioni di utilizzo normalmente prevedibili;
    e) realizzazione degli obiettivi di recupero e riciclaggio.
2. Il Programma generale di prevenzione determina, inoltre:
    a) la percentuale in peso di ciascuna tipologia di rifiuti di imballaggio da recuperare ogni cinque anni e, nell'ambito di questo obiettivo globale, sulla base della stessa scadenza, la percentuale in peso da riciclare delle singole tipologie di materiali di imballaggio, con un minimo percentuale in peso per ciascun materiale;
    b) gli obiettivi intermedi di recupero e riciclaggio rispetto agli obiettivi di cui alla lettera a).
3. Entro il 30 novembre di ogni anno il CONAI trasmette all'Osservatorio nazionale sui rifiuti un piano specifico di prevenzione e gestione relativo all'anno solare successivo, che sara' inserito nel programma generale di prevenzione e gestione.
4. La relazione generale consuntiva relativa all'anno solare precedente e' trasmessa per il parere all'Autorita' di cui all'articolo 207, entro il 30 giugno di ogni anno. Con decreto del Ministro dell'ambiente e della tutela del territorio e del mare e del Ministro delle attivita' produttive, d'intesa con la Conferenza permanente per i rapporti tra lo Stato, le regioni e le province autonome di Trento e di Bolzano e l'ANCI si provvede alla

approvazione ed alle eventuali modificazioni e integrazioni del Programma generale di prevenzione e di gestione degli imballaggi e dei rifiuti di imballaggio.

5. Nel caso in cui il Programma generale non sia predisposto, lo stesso e' elaborato in via sostitutiva dall'Autorita' di cui all'articolo 207. In tal caso gli obiettivi di recupero e riciclaggio sono quelli massimi previsti dall'allegato E alla parte quarta del presente decreto.

6. I piani regionali di cui all'articolo 199 sono integrati con specifiche previsioni per la gestione degli imballaggi e dei rifiuti di imballaggio sulla base del programma di cui al presente articolo.

ART. 226
(divieti)

1. E' vietato lo smaltimento in discarica degli imballaggi e dei contenitori recuperati, ad eccezione degli scarti derivanti dalle operazioni di selezione, riciclo e recupero dei rifiuti di imballaggio.

2. Fermo restando quanto previsto dall'articolo 221, comma 4, e' vietato immettere nel normale circuito di raccolta dei rifiuti urbani imballaggi terziari di qualsiasi natura. Eventuali imballaggi secondari non restituiti all'utilizzatore dal commerciante al dettaglio possono essere conferiti al servizio pubblico solo in raccolta differenziata, ove la stessa sia stata attivata nei limiti previsti dall'articolo 221, comma 4.

3. ((Possono essere commercializzati solo imballaggi rispondenti a tutti i requisiti essenziali stabiliti dalla direttiva 94/62/CEE e riportati nell'allegato F alla parte quarta del presente decreto. Tali requisiti si presumono soddisfatti quando gli imballaggi siano conformi alle pertinenti norme armonizzate i cui numeri di riferimento sono stati pubblicati nella Gazzetta Ufficiale dell'Unione europea o alle norme nazionali che abbiano recepito tali norme armonizzate e, in mancanza di queste, agli standard europei fissati dal Comitato europeo di normalizzazione.)) ((In mancanza delle norme armonizzate, i requisiti essenziali stabiliti nella direttiva 94/62/CE nonche' quelli di cui all'allegato F alla parte quarta del presente decreto si presumono soddisfatti quando gli imballaggi sono conformi alle pertinenti norme nazionali, adottate ai sensi del paragrafo 3 dell'articolo 9 della direttiva 94/62/CE.)) Con decreto del Ministro dell'ambiente e della tutela del territorio e del mare, di concerto con il Ministro delle attivita' produttive sono aggiornati i predetti standard, tenuto conto della comunicazione della Commissione europea 2005/C44/ 13. Sino all'emanazione del predetto decreto si applica l'Allegato F alla parte quarta del presente decreto.

4. E' vietato immettere sul mercato imballaggi o componenti di imballaggio, ad eccezione degli imballaggi interamente costituiti di cristallo, con livelli totali di concentrazione di piombo, mercurio, cadmio e cromo esavalente superiore a 100 parti per milione (ppm) in peso. Per gli imballaggi in vetro si applica la decisione 2001/171/CE del 19 febbraio 2001 e per gli imballaggi in plastica si applica la decisione 1999/177/CE del 8 febbraio 1999.

5. Con decreto del Ministro dell'ambiente e della tutela del territorio e del mare, di concerto con il Ministro delle attivita' produttive sono determinate, in conformita' alle decisioni dell'Unione europea:
    a) le condizioni alle quali i livelli di concentrazione di cui al comma 4 non si applicano ai materiali riciclati e ai circuiti di produzione localizzati in una catena chiusa e controllata;
    b) le tipologie di imballaggio esonerate dal requisito di cui al comma 4.

ART. 226-bis
(((Divieti di commercializzazione delle borse di plastica).))

((1. Fatta salva comunque la commercializzazione delle borse di plastica biodegradabili e compostabili, e' vietata la commercializzazione delle borse di plastica in materiale leggero, nonche' delle altre borse di plastica non rispondenti alle seguenti caratteristiche:
  a) borse di plastica riutilizzabili con maniglia esterna alla dimensione utile del sacco:
    1) con spessore della singola parete superiore a 200 micron e contenenti una percentuale di plastica riciclata di almeno il 30 per cento fornite, come imballaggio per il trasporto, in esercizi che commercializzano generi alimentari;
    2) con spessore della singola parete superiore a 100 micron e contenenti una percentuale di plastica riciclata di almeno il 10 per cento fornite, come imballaggio per il trasporto, in esercizi che commercializzano esclusivamente merci e prodotti diversi dai generi alimentari;
  b) borse di plastica riutilizzabili con maniglia interna alla dimensione utile del sacco:
    1) con spessore della singola parete superiore a 100 micron e contenenti una percentuale di plastica riciclata di almeno il 30 per cento fornite, come imballaggio per il trasporto, in esercizi che commercializzano generi alimentari;
    2) con spessore della singola parete superiore a 60 micron e contenenti una percentuale di plastica riciclata di almeno il 10 per cento fornite, come imballaggio per il trasporto, in esercizi che commercializzano esclusivamente merci e prodotti diversi dai generi alimentari.
  2. Le borse di plastica di cui al comma 1 non possono essere distribuite a titolo gratuito e a tal fine il prezzo di vendita per singola unita' deve risultare dallo scontrino o fattura d'acquisto delle merci o dei prodotti trasportati per il loro tramite.))

ART. 226-ter
(((Riduzione della commercializzazione delle borse di plastica in materiale ultraleggero).))

((1. Al fine di conseguire, in attuazione della direttiva (UE) 2015/720, una riduzione sostenuta dell'utilizzo di borse di plastica, e' avviata la progressiva riduzione della commercializzazione delle borse di plastica in materiale ultraleggero diverse da quelle aventi entrambe le seguenti caratteristiche, attestate da certificazioni rilasciate da organismi accreditati:
  a) biodegradabilita' e compostabilita' secondo la norma armonizzata UNI EN 13432:2002;
  b) contenuto minimo di materia prima rinnovabile secondo le percentuali di cui al comma 2, lettere a), b) e c), determinato sulla base dello standard di cui al comma 4.
2. La progressiva riduzione delle borse di plastica in materiale ultraleggero e' realizzata secondo le seguenti modalita':
  a) dal 1° gennaio 2018, possono essere commercializzate esclusivamente le borse biodegradabili e compostabili e con un contenuto minimo di materia prima rinnovabile non inferiore al 40 per cento;
  b) dal 1° gennaio 2020, possono essere commercializzate esclusivamente le borse biodegradabili e compostabili e con un contenuto minimo di materia prima rinnovabile non inferiore al 50 per cento;
  c) dal 1° gennaio 2021, possono essere commercializzate esclusivamente le borse biodegradabili e compostabili e con un contenuto minimo di materia prima rinnovabile non inferiore al 60 per cento.
3. Nell'applicazione delle misure di cui ai commi 1 e 2 sono fatti comunque salvi gli obblighi di conformita' alla normativa sull'utilizzo dei materiali destinati al contatto con gli alimenti

adottata in attuazione dei regolamenti (UE) n. 10/2011, (CE) n. 1935/2004 e (CE) n. 2023/2006, nonche' il divieto di utilizzare la plastica riciclata per le borse destinate al contatto alimentare.

4. Gli organismi accreditati certificano la presenza del contenuto minimo di materia prima rinnovabile determinando la percentuale del carbonio di origine biologica presente nelle borse di plastica rispetto al carbonio totale ivi presente ed utilizzando a tal fine lo standard internazionale vigente in materia di determinazione del contenuto di carbonio a base biologica nella plastica ovvero lo standard UNI CEN/TS 16640.

5. Le borse di plastica in materiale ultraleggero non possono essere distribuite a titolo gratuito e a tal fine il prezzo di vendita per singola unita' deve risultare dallo scontrino o fattura d'acquisto delle merci o dei prodotti imballati per il loro tramite)).

ART. 226-quater
(Plastiche monouso).

1. ((COMMA ABROGATO DAL D.LGS. 8 NOVEMBRE 2021, N. 196)).
2. ((COMMA ABROGATO DAL D.LGS. 8 NOVEMBRE 2021, N. 196)).
3. ((COMMA ABROGATO DAL D.LGS. 8 NOVEMBRE 2021, N. 196)).
4. Al fine di realizzare attivita' di studio e verifica tecnica e monitoraggio da parte dei competenti istituti di ricerca, e' istituito un apposito Fondo presso il Ministero dell'ambiente e della tutela del territorio e del mare con una dotazione di euro 100.000 a decorrere dall'anno 2019. Con successivo decreto del Ministro dell'ambiente e della tutela del territorio e del mare, da emanare entro sessanta giorni dalla data di entrata in vigore della presente disposizione, sono individuate le specifiche modalita' di utilizzazione del Fondo.

TITOLO III
GESTIONE DI PARTICOLARI CATEGORIE DI RIFIUTI

ART. 227
(((Rifiuti elettrici ed elettronici, rifiuti di pile e accumulatori, rifiuti sanitari, veicoli fuori uso e prodotti contenenti amianto).))

((1. Fatte salve le disposizioni degli articoli 178-bis e 178-ter, ove applicabili, restano in vigore le disposizioni nazionali relative alle altre tipologie di rifiuti, ed in particolare quelle riguardanti:
    a) rifiuti elettrici ed elettronici: direttiva 2012/19/UE e direttiva 2011/65/UE e relativi decreti legislativi di attuazione 14 marzo 2014, n. 49 e 4 marzo 2014, n. 27, e direttiva (UE) 2018/849;
    b) rifiuti sanitari: decreto del Presidente della Repubblica 15 luglio 2003, n. 254;
    c) veicoli fuori uso: direttiva 2000/53/CE e relativo decreto legislativo di attuazione 24 giugno 2003, n. 209 e direttiva (UE) 2018/849;
    d) recupero dei rifiuti dei beni e prodotti contenenti amianto: decreto ministeriale 29 luglio 2004, n. 248;
    e) rifiuti di pile e accumulatori: direttiva 2006/66/CE e relativo decreto legislativo di attuazione 15 febbraio 2016, n. 27 e direttiva (UE) 2018/849.))

ART. 228
(pneumatici fuori uso)

1. Fermo restando il disposto di cui al decreto legislativo 24 giugno 2003, n. 209, nonche' il disposto di cui agli articoli 179 e

180 del presente decreto, al fine di garantire il perseguimento di finalita' di tutela ambientale secondo le migliori tecniche disponibili, ottimizzando, anche tramite attivita' di ricerca, sviluppo e formazione, il recupero dei pneumatici fuori uso e per ridurne la formazione anche attraverso la ricostruzione e' fatto obbligo ai produttori e importatori di pneumatici di provvedere, singolarmente o in forma associata e con periodicita' almeno annuale, alla gestione di quantitativi di pneumatici fuori uso pari a quelli dai medesimi immessi sul mercato e destinati alla vendita sul territorio nazionale , provvedendo anche ad attivita' di ricerca, sviluppo e formazione finalizzata ad ottimizzare la gestione dei pneumatici fuori uso nel rispetto dell'articolo 177, comma 1. ((Ai fini di cui al presente comma, un quantitativo di pneumatici pari in peso a cento equivale ad un quantitativo di pneumatici fuori uso pari in peso a novantacinque)).

2. Con decreto del Ministro dell'ambiente e della tutela del territorio e del mare, d'intesa con la Conferenza permanente per i rapporti tra lo Stato, le regioni e le province autonome di Trento e di Bolzano, da emanarsi nel termine di giorni centoventi dalla data di entrata in vigore della parte quarta del presente decreto, sono disciplinati i tempi e le modalita' attuative dell'obbligo di cui al comma 1. In tutte le fasi della commercializzazione dei pneumatici e' indicato in fattura il contributo a carico degli utenti finali necessario, anche in relazione alle diverse tipologie di pneumatici, per far fronte agli oneri derivanti dall'obbligo di cui al comma 1. Detto contributo, parte integrante del corrispettivo di vendita, e' assoggettato ad IVA ed e' riportato nelle fatture in modo chiaro e distinto. Il produttore o l'importatore applicano il rispettivo contributo vigente alla data della immissione del pneumatico nel mercato nazionale del ricambio. Il contributo rimane invariato in tutte le successive fasi di commercializzazione del pneumatico con l'obbligo, per ciascun rivenditore, di indicare in modo chiaro e distinto in fattura il contributo pagato all'atto dell'acquisto dello stesso.

3. Il trasferimento all'eventuale struttura operativa associata, da parte dei produttori e importatori di pneumatici che ne fanno parte, delle somme corrispondenti al contributo per la gestione, calcolato sul quantitativo di pneumatici immessi sul mercato nell'anno precedente costituisce adempimento dell'obbligo di cui al comma 1 con esenzione del produttore o importatore da ogni relativa responsabilita'.

3-bis . I produttori e gli importatori di pneumatici o le loro eventuali forme associate determinano annualmente l'ammontare del rispettivo contributo necessario per l'adempimento, nell'anno solare successivo, degli obblighi di cui al comma 1 e lo comunicano, entro il 31 ottobre di ogni anno, al Ministero dell'ambiente e della tutela del territorio e del mare anche specificando gli oneri e le componenti di costo che giustificano l'ammontare del contributo. Il Ministero dell'ambiente e della tutela del territorio e del mare, se necessario, richiede integrazioni e chiarimenti al fine di disporre della completezza delle informazioni da divulgare anche a mezzo del proprio portale informatico entro il 31 dicembre del rispettivo anno. E' fatta salva la facolta' di procedere nell'anno solare in corso alla rideterminazione, da parte dei produttori e degli importatori di pneumatici o le rispettive forme associate, del contributo richiesto per l'anno solare in corso. ((I produttori e gli importatori di pneumatici o le loro eventuali forme associate devono utilizzare, nei due esercizi successivi, gli avanzi di gestione derivanti dal contributo ambientale per la gestione di pneumatici fuori uso, anche qualora siano stati fatti oggetto di specifico accordo di programma, protocollo d'intesa o accordo comunque denominato, ovvero per la riduzione del contributo ambientale)).

4. I produttori e gli importatori di pneumatici inadempienti agli obblighi di cui al comma 1 sono assoggettati ad una sanzione amministrativa pecuniaria proporzionata alla gravita'

dell'inadempimento, comunque non superiore al doppio del contributo incassato per il periodo considerato.

ART. 229
((ARTICOLO ABROGATO DAL D.LGS. 3 DICEMBRE 2010, N. 205))

ART. 230
(rifiuti derivanti da attivita' di manutenzione delle infrastrutture)

1. Il luogo di produzione dei rifiuti derivanti da attivita' di manutenzione alle infrastrutture, effettuata direttamente dal gestore dell'infrastruttura a rete e degli impianti per l'erogazione di forniture e servizi di interesse pubblico o tramite terzi, puo' coincidere con la sede del cantiere che gestisce l'attivita' manutentiva o con la sede locale del gestore della infrastruttura nelle cui competenze rientra il tratto di infrastruttura interessata dai lavori di manutenzione ovvero con il luogo di concentramento dove il materiale tolto d'opera viene trasportato per la successiva valutazione tecnica, finalizzata all'individuazione del materiale effettivamente, direttamente ed oggettivamente riutilizzabile, senza essere sottoposto ad alcun trattamento.
1-bis. I rifiuti derivanti dalla attivita' di raccolta e pulizia delle infrastrutture autostradali, con esclusione di quelli prodotti dagli impianti per l'erogazione di forniture e servizi di interesse pubblico o da altre attivita' economiche, sono raccolti direttamente dal gestore della infrastruttura a rete che provvede alla consegna a gestori del servizio dei rifiuti solidi urbani.
2. La valutazione tecnica del gestore della infrastruttura di cui al comma 1 e' eseguita non oltre sessanta giorni dalla data di ultimazione dei lavori. La documentazione relativa alla valutazione tecnica e' conservata, unitamente ai registri di carico e scarico, per cinque anni.
3. Le disposizioni dei commi 1 e 2 si applicano anche ai rifiuti derivanti da attivita' manutentiva, effettuata direttamente da gestori erogatori di pubblico servizio o tramite terzi, dei mezzi e degli impianti fruitori delle infrastrutture di cui al comma 1.
4. COMMA ABROGATO DAL D.LGS. 3 SETTEMBRE 2020, N. 116.
((5. I rifiuti provenienti dalle attivita' di pulizia manutentiva delle reti fognarie di qualsiasi tipologia, sia pubbliche che asservite ad edifici privati, compresi le fosse settiche e manufatti analoghi nonche' i sistemi individuali di cui all'articolo 100, comma 3, e i bagni mobili, si considerano prodotti dal soggetto che svolge l'attivita' di pulizia manutentiva. La raccolta e il trasporto sono accompagnati da un unico documento di trasporto per automezzo e percorso di raccolta, il cui modello e' adottato con deliberazione dell'Albo nazionale gestori ambientali entro sessanta giorni dalla data di entrata in vigore della presente disposizione. Tali rifiuti possono essere conferiti direttamente a impianti di smaltimento o di recupero o, in alternativa, essere raggruppati temporaneamente presso la sede o unita' locale del soggetto che svolge l'attivita' di pulizia manutentiva, nel rispetto delle condizioni di cui all'articolo 183, comma 1, lettera bb). Il soggetto che svolge l'attivita' di pulizia manutentiva e' comunque tenuto all'iscrizione all'Albo nazionale gestori ambientali, ai sensi dell'articolo 212, comma 5, del presente decreto, per lo svolgimento delle attivita' di raccolta e di trasporto di rifiuti, e all'iscrizione all'Albo nazionale degli autotrasportatori di cose per conto di terzi di cui all'articolo 1 della legge 6 giugno 1974, n. 298)).

ART. 231
(veicoli fuori uso non disciplinati dal decreto legislativo 24 giugno 2003, n. 209)

1. Il proprietario di un veicolo a motore o di un rimorchio, con esclusione di quelli disciplinati dal decreto legislativo 24 giugno

2002, n. 209, che intenda procedere alla demolizione dello stesso deve consegnarlo ad un centro di raccolta per la messa in sicurezza, la demolizione, il recupero dei materiali e la rottamazione, autorizzato ai sensi degli articoli 208, 209 e 210. Tali centri di raccolta possono ricevere anche rifiuti costituiti da parti di veicoli a motore.
2. Il proprietario di un veicolo a motore o di un rimorchio di cui al comma 1 destinato alla demolizione puo' altresi' consegnarlo ai concessionari o alle succursali delle case costruttrici per la consegna successiva ai centri di cui al comma 1, qualora intenda cedere il predetto veicolo o rimorchio per acquistarne un altro.
3. I veicoli a motore o i rimorchi di cui al comma 1 rinvenuti da organi pubblici o non reclamati dai proprietari e quelli acquisiti per occupazione ai sensi degli articoli 927, 928, 929 e 923 del codice civile sono conferiti ai centri di raccolta di cui al comma 1 nei casi e con le procedure determinate con decreto del Ministro dell'interno, di concerto con i Ministri dell'economia e delle finanze, dell'ambiente e della tutela del territorio e delle infrastrutture e dei trasporti. Fino all'adozione di tale decreto, trova applicazione il decreto 22 ottobre 1999, n. 460.
4. I centri di raccolta ovvero i concessionari o le succursali delle case costruttrici rilasciano al proprietario del veicolo o del rimorchio consegnato per la demolizione un certificato dal quale deve risultare la data della consegna, gli estremi dell'autorizzazione del centro, le generalita' del proprietario e gli estremi di identificazione del veicolo, nonche' l'assunzione, da parte del gestore del centro stesso ovvero del concessionario o del titolare della succursale, dell'impegno a provvedere direttamente alle pratiche di cancellazione dal Pubblico registro automobilistico (PRA).
5. La cancellazione dal PRA dei veicoli e dei rimorchi avviati a demolizione avviene esclusivamente a cura del titolare del centro di raccolta o del concessionario o del titolare della succursale senza oneri di agenzia a carico del proprietario del veicolo o del rimorchio. A tal fine, entro novanta giorni dalla consegna del veicolo o del rimorchio da parte del proprietario, il gestore del centro di raccolta, il concessionario o il titolare della succursale restituisce la carta di circolazione e le targhe ad uno sportello telematico dell'automobilista che provvede secondo le procedure previste dal decreto del Presidente della Repubblica 19 settembre 2000, n. 358.
6. Il possesso del certificato di cui al comma 4 libera il proprietario del veicolo dalla responsabilita' civile, penale e amministrativa connessa con la proprieta' dello stesso.
7. I gestori dei centri di raccolta, i concessionari e i titolari delle succursali delle case costruttrici di cui ai commi 1 e 2 non possono alienare, smontare o distruggere i veicoli a motore e i rimorchi da avviare allo smontaggio ed alla successiva riduzione in rottami senza aver prima adempiuto ai compiti di cui al comma 5.
8. ((COMMA ABROGATO DAL D.L. 30 APRILE 2022, N. 36, CONVERTITO CON MODIFICAZIONI DALLA L. 29 GIUGNO 2022, N. 79)).
9. Agli stessi obblighi di cui ai commi 7 e 8 sono soggetti i responsabili dei centri di raccolta o altri luoghi di custodia di veicoli rimossi ai sensi dell'articolo 159 del decreto legislativo 30 aprile 1992, n. 285, nel caso di demolizione del veicolo ai sensi dell'articolo 215, comma 4 del predetto decreto legislativo 30 aprile 1992, n. 285.
10. E' consentito il commercio delle parti di ricambio recuperate dalla demolizione dei veicoli a motore o dei rimorchi ad esclusione di quelle che abbiano attinenza con la sicurezza dei veicoli. L'origine delle parti di ricambio immesse alla vendita deve risultare dalle fatture e dalle ricevute rilasciate al cliente.
11. Le parti di ricambio attinenti alla sicurezza dei veicoli sono cedute solo agli esercenti l'attivita' di autoriparazione di cui alla legge 5 febbraio 1992, n. 122, e, per poter essere utilizzate,

ciascuna impresa di autoriparazione e' tenuta a certificarne l'idoneita' e la funzionalita'.

12. L'utilizzazione delle parti di ricambio di cui ai commi 10 e 11 da parte delle imprese esercenti attivita' di autoriparazione deve risultare dalle fatture rilasciate al cliente.

13. Entro sei mesi dalla data di entrata in vigore della parte quarta del presente decreto, il Ministro dell'ambiente e della tutela del territorio e del mare, di concerto con i Ministri delle attivita' produttive e delle infrastrutture e dei trasporti, emana le norme tecniche relative alle caratteristiche degli impianti di demolizione, alle operazioni di messa in sicurezza e all'individuazione delle parti di ricambio attinenti la sicurezza di cui al comma 11. Fino all'adozione di tale decreto, si applicano i requisiti relativi ai centri di raccolta e le modalita' di trattamento dei veicoli di cui all'Allegato I del decreto legislativo 24 giugno 2003, n. 209.

ART. 232
(rifiuti prodotti dalle navi e residui di carico)

1. La disciplina di carattere nazionale relativa ai rifiuti prodotti dalle navi ed ai residui di carico e' contenuta nel decreto legislativo 24 giugno 2003 n. 182.

2. Gli impianti che ricevono acque di sentina gia' sottoposte a un trattamento preliminare in impianti autorizzati ai sensi della legislazione vigente possono accedere alle procedure semplificate di cui al decreto 17 novembre 2005, n. 269, fermo restando che le materie prime e i prodotti ottenuti devono possedere le caratteristiche indicate al punto 6.6.4 dell'Allegato 3 del predetto decreto, come modificato dal comma 3 del presente articolo.

3. Ai punti 2.4 dell'allegato 1 e 6.6.4 dell'Allegato 3 del decreto 17 novembre 2005, n. 269 la congiunzione: "e" e' sosituita dalla disgiunzione: "o".

ART. 232-bis
(((Rifiuti di prodotti da fumo).))

((1. I comuni provvedono a installare nelle strade, nei parchi e nei luoghi di alta aggregazione sociale appositi raccoglitori per la raccolta dei mozziconi dei prodotti da fumo.

2. Al fine di sensibilizzare i consumatori sulle conseguenze nocive per l'ambiente derivanti dall'abbandono dei mozziconi dei prodotti da fumo, i produttori, in collaborazione con il Ministero dell'ambiente e della tutela del territorio e del mare, attuano campagne di informazione.

3. E' vietato l'abbandono di mozziconi dei prodotti da fumo sul suolo, nelle acque e negli scarichi.))

ART. 232-ter
(((Divieto di abbandono di rifiuti di piccolissime dimensioni).))

((1. Al fine di preservare il decoro urbano dei centri abitati e per limitare gli impatti negativi derivanti dalla dispersione incontrollata nell'ambiente di rifiuti di piccolissime dimensioni, quali anche scontrini, fazzoletti di carta e gomme da masticare, e' vietato l'abbandono di tali rifiuti sul suolo, nelle acque, nelle caditoie e negli scarichi)).

ART. 233
(Consorzio nazionale di raccolta e trattamento degli oli e dei grassi vegetali ed animali esausti)

1. Al fine di razionalizzare ed organizzare la gestione degli oli e dei grassi vegetali e animali esausti, tutti gli operatori della filiera costituiscono un Consorzio. I sistemi di gestione adottati

devono conformarsi ai principi di cui all'articolo 237.

2. il Consorzio di cui al comma 1, gia' riconosciuto dalla previgente normativa, ha personalita' giuridica di diritto privato senza scopo di lucro e adegua il proprio statuto in conformita' allo schema tipo approvato dal Ministro dell'ambiente e della tutela del territorio e del mare, di concerto con il Ministro dello sviluppo economico, entro centoventi giorni dalla pubblicazione in Gazzetta Ufficiale, e ai principi contenuti nel presente decreto ed in particolare a quelli di trasparenza, efficacia, efficienza ed economicita', nonche' di libera concorrenza nelle attivita' di settore. Nel consiglio di amministrazione del Consorzio il numero dei consiglieri di amministrazione in rappresentanza dei raccoglitori e dei riciclatori dei rifiuti deve essere uguale a quello dei consiglieri di amministrazione in rappresentanza dei produttori di materie prime. Lo statuto adottato dal consorzio e' trasmesso entro quindici giorni al Ministro dell'ambiente e della tutela del territorio e del mare, che lo approva di concerto con il Ministro dello sviluppo economico, salvo motivate osservazioni cui il Consorzio e' tenuto ad adeguarsi nei successivi sessanta giorni. Qualora il Consorzio non ottemperi nei termini prescritti, le modifiche allo statuto sono apportate con decreto del Ministro dell'ambiente e della tutela del territorio e del mare, di concerto con il Ministro dello sviluppo economico; il decreto ministeriale di approvazione dello statuto del Consorzio e' pubblicato nella Gazzetta Ufficiale.

3. I Consorzio svolgono per tutto il territorio nazionale i seguenti compiti:

   a) assicurano la raccolta presso i soggetti di cui al comma 12, il trasporto, lo stoccaggio, il trattamento e il recupero degli oli e dei grassi vegetali e animali esausti;

   b) assicurano, nel rispetto delle disposizioni vigenti in materia di inquinamento, lo smaltimento di oli e grassi vegetali e animali esausti raccolti dei quali non sia possibile o conveniente la rigenerazione;

   c) promuovono lo svolgimento di indagini di mercato e di studi di settore al fine di migliorare, economicamente e tecnicamente, il ciclo di raccolta, trasporto, stoccaggio, trattamento e recupero degli oli e grassi vegetali e animali esausti.

4. Le deliberazioni degli organi dei Consorzio, adottate in relazione alle finalita' della parte quarta del presente decreto ed a norma dello statuto, sono vincolanti per tutte le imprese partecipanti.

5. Partecipano ai Consorzio:

   a) le imprese che producono, importano o detengono oli e grassi vegetali ed animali esausti;

   b) le imprese che riciclano e recuperano oli e grassi vegetali e animali esausti;

   c) le imprese che effettuano la raccolta, il trasporto e lo stoccaggio di oli e grassi vegetali e animali esausti;

   d) eventualmente, le imprese che abbiano versato contributi di riciclaggio ai sensi del comma 10, lettera d).

6. Le quote di partecipazione ai Consorzio sono determinate in base al rapporto tra la capacita' produttiva di ciascun consorziato e la capacita' produttiva complessivamente sviluppata da tutti i consorziati appartenenti alla medesima categoria.

7. La determinazione e l'assegnazione delle quote compete al consiglio di amministrazione dei Consorzio che vi provvede annualmente secondo quanto stabilito dallo statuto.

8. Nel caso di incapacita' o di impossibilita' di adempiere, per mezzo delle stesse imprese consorziate, agli obblighi di raccolta, trasporto, stoccaggio, trattamento e riutilizzo degli oli e dei grassi vegetali e animali esausti stabiliti dalla parte quarta del presente decreto, il consorzio puo', nei limiti e nei modi determinati dallo statuto, stipulare con le imprese pubbliche e private contratti per l'assolvimento degli obblighi medesimi.

9. Gli operatori che non provvedono ai sensi del comma 1 possono, entro centoventi giorni dalla pubblicazione nella Gazzetta Ufficiale dello Statuto tipo ai sensi del comma 2, organizzare autonomamente, la gestione degli oli e grassi vegetali e animali esausti su tutto il territorio nazionale. In tale ipotesi gli operatori stessi devono richiedere all'Autorita' di cui all'articolo 207, previa trasmissione di idonea documentazione, il riconoscimento del sistema adottato. A tal fine i predetti operatori devono dimostrare di aver organizzato il sistema secondo criteri di efficienza, efficacia ed economicita', che il sistema e' effettivamente ed autonomamente funzionante e che e' in grado di conseguire, nell'ambito delle attivita' svolte, gli obiettivi fissati dal presente articolo. Gli operatori devono inoltre garantire che gli utilizzatori e gli utenti finali siano informati sulle modalita' del sistema adottato. L'Autorita', dopo aver acquisito i necessari elementi di valutazione, si esprime entro novanta giorni dalla richiesta. In caso di mancata risposta nel termine sopra indicato, l'interessato chiede al Ministro dell'ambiente e della tutela del territorio e del mare l'adozione dei relativi provvedimenti sostitutivi da emanarsi nei successivi sessanta giorni. L'Autorita' e' tenuta a presentare una relazione annuale di sintesi relativa a tutte le istruttorie esperite.

10. I Consorzio sono tenuti a garantire l'equilibrio della propria gestione finanziaria. Le risorse finanziarie dei Consorzio sono costituite:
    a) dai proventi delle attivita' svolte dai Consorzio;
    b) dalla gestione patrimoniale del fondo consortile;
    c) dalle quote consortili;
    d) dal contributo ambientale a carico dei produttori e degli importatori di oli e grassi vegetali e animali per uso alimentare destinati al mercato interno e ricadenti nelle finalita' consortili di cui al comma 1, determinati annualmente con decreto del Ministro dell'ambiente e della tutela del territorio e del mare, di concerto con il Ministro delle attivita' produttive, al fine di garantire l'equilibrio di gestione dei Consorzio.

11. I Consorzio di cui al comma 1 ed i soggetti di cui al comma 9 trasmettono annualmente al Ministro dell'ambiente e della tutela del territorio e del mare ed al Ministro delle attivita' produttive i bilanci preventivo e consuntivo entro sessanta giorni dalla loro approvazione; inoltre, entro il 31 maggio di ogni anno, tali soggetti presentano agli stessi Ministri una relazione tecnica sull'attivita' complessiva sviluppata dagli stessi e dai loro singoli aderenti nell'anno solare precedente.

12. Decorsi novanta giorni dalla data di pubblicazione nella Gazzetta Ufficiale del decreto di approvazione dello Statuto di cui al comma 2, chiunque, in ragione della propria attivita' professionale, detiene oli e grassi vegetali e animali esausti e' obbligato a conferirli ai Consorzio direttamente o mediante consegna a soggetti incaricati dai Consorzio, fermo restando quanto previsto al comma 9. L'obbligo di conferimento non esclude la facolta' per il detentore di cedere oli e grassi vegetali e animali esausti ad imprese di altro Stato membro della Comunita' europea.

13. Chiunque, in ragione della propria attivita' professionale ed in attesa del conferimento ai Consorzio, detenga oli e grassi animali e vegetali esausti e' obbligato a stoccare gli stessi in apposito contenitore conforme alle disposizioni vigenti in materia di smaltimento.

14. Restano ferme le disposizioni comunitarie e nazionali vigenti in materia di prodotti, sottoprodotti e rifiuti di origine animale.

15. I soggetti giuridici appartenenti alle categorie di cui al comma 5 che vengano costituiti o inizino comunque una delle attivita' proprie delle categorie medesime successivamente all'entrata in vigore della parte quarta del presente decreto aderiscono ad uno dei Consorzio di cui al comma 1 o adottano il sistema di cui al comma 9, entro sessanta giorni dalla data di costituzione o di inizio della propria attivita'. PERIODO SOPPRESSO DAL D.Lgs. 16 GENNAIO 2008, N.4.

ART. 234
(Consorzio Nazionale per il riciclaggio di rifiuti di beni in Polietilene)

1. Al fine di razionalizzare, organizzare e gestire la raccolta e il trattamento dei rifiuti di beni in polietilene destinati allo smaltimento, e' istituito il Consorzio per il riciclaggio dei rifiuti di beni in polietilene, esclusi gli imballaggi di cui all'articolo 218, comma 1, lettere a), b), c), d), e) e dd), i beni, ed i relativi rifiuti, di cui agli articoli 227, comma 1, lettere a), b) e c), e 231,. I sistemi di gestione adottati devono conformarsi ai principi di cui all'articolo 237.
2. COMMA ABROGATO DAL D.L. 12 SETTEMBRE 2014, N. 133, CONVERTITO CON MODIFICAZIONI DALLA L. 11 NOVEMBRE 2014, N. 164.
3. Il consorzio di cui al comma 1, gia' riconosciuto dalla previgente normativa, ha personalita' giuridica di diritto privato senza scopo di lucro e adegua il proprio statuto in conformita' allo schema tipo approvato dal Ministro dell'ambiente e della tutela del territorio e del mare, di concerto con il Ministro dello sviluppo economico, entro centoventi giorni dalla pubblicazione in Gazzetta Ufficiale, e ai principi contenuti nel presente decreto ed in particolare a quelli di trasparenza, efficacia, efficienza ed economicita', nonche' di libera concorrenza nelle attivita' di settore. Nei consigli di amministrazione del consorzio il numero dei consiglieri di' amministrazione in rappresentanza dei raccoglitori e dei riciclatori dei rifiuti deve essere uguale a quello dei consiglieri di amministrazione in rappresentanza dei produttori con materie prime. Lo statuto adottato dal consorzio e' trasmesso entro quindici giorni al Ministro dell'ambiente e della tutela del territorio e del mare, che lo approva di concerto con il Ministro dello sviluppo economico, salvo motivate osservazioni cui il consorzio e' tenuto ad adeguarsi nei successivi sessanta giorni. Qualora il consorzio non ottemperi nei termini prescritti, le modifiche allo statuto sono apportate con decreto del Ministro dell'ambiente e della tutela del territorio e del mare, di concerto con il Ministro dello sviluppo economico; Il decreto ministeriale di approvazione dello statuto del consorzio e' pubblicato nella Gazzetta Ufficiale. In ogni caso, del consiglio di amministrazione del consorzio deve fare parte un rappresentante indicato da ciascuna associazione maggiormente rappresentative a livello nazionale delle categorie produttive interessate, nominato con decreto del Ministro dell'ambiente e della tutela del territorio e del mare, sentito il Ministro dello sviluppo economico.
4. Ai Consorzio partecipano:
    a) i produttori e gli importatori di beni in polietilene;
    b) gli utilizzatori e i distributori di beni in polietilene;
    c) i riciclatori e i recuperatori di rifiuti di beni in polietilene.
5. Ai Consorzio possono partecipare in qualita' di soci aggiunti i produttori ed importatori di materie prime in polietilene per la produzione di beni in polietilene e le imprese che effettuano la raccolta, il trasporto e lo stoccaggio dei beni in polietilene. Le modalita' di partecipazione vengono definite nell'ambito dello statuto di cui al comma 3.
6. I soggetti giuridici appartenenti alle categorie di cui al comma 4 che vengano costituiti o inizino comunque una delle attivita' proprie delle categorie medesime successivamente all'entrata in vigore della parte quarta del presente decreto aderiscono ad uno dei Consorzio di cui al comma 1 o adottano il sistema di cui al comma 7, entro sessanta giorni dalla data di costituzione o di inizio della propria attivita'. PERIODO SOPPRESSO DAL D.LGS. 16 GENNAIO 2008, N.4
7. Gli operatori che non provvedono ai sensi del comma 1 possono entro centoventi giorni dalla pubblicazione nella Gazzetta Ufficiale dello Statuto tipo ai sensi del comma 2:

a) organizzare autonomamente, la gestione dei rifiuti di beni in polietilene su tutto il territorio nazionale;
   b) mettere in atto un sistema di raccolta e restituzione dei beni in polietilene al termine del loro utilizzo, con avvio al riciclo o al recupero, previo accordi con aziende che svolgono tali attivita', con quantita' definite e documentate;
   Nelle predette ipotesi gli operatori stessi devono richiedere all'osservatorio nazionale sui Rifiuti, previa trasmissione di idonea documentazione, il riconoscimento del sistema adottato. A tal fine i predetti operatori devono dimostrare di aver organizzato il sistema secondo criteri di efficienza, efficacia ed economicita', che il sistema e' effettivamente ed autonomamente funzionante e che e' in grado di conseguire, nell'ambito delle attivita' svolte, gli obiettivi fissati dal presente articolo. Gli operatori devono inoltre garantire che gli utilizzatori e gli utenti finali siano informati sulle modalita' del sistema adottato. L'Autorita', dopo aver acquisito i necessari elementi di valutazione, si esprime entro novanta giorni dalla richiesta. In caso di mancata risposta nel termine sopra indicato, l'interessato chiede al Ministro dell'ambiente e della tutela del territorio e del mare l'adozione dei relativi provvedimenti sostitutivi da emanarsi nei successivi sessanta giorni. L'Autorita' presenta una relazione annuale di sintesi relativa a tutte le istruttorie esperite.
   8. I Consorzio di cui al comma 1 si propongono come obiettivo primario di favorire il ritiro dei beni a base di polietilene al termine del ciclo di utilita' per avviarli ad attivita' di riciclaggio e di recupero. A tal fine i Consorzio svolgono per tutto il territorio nazionale i seguenti compiti:
   a) promuovono la gestione del flusso dei beni a base di polietilene;
   b) assicurano la raccolta, il riciclaggio e le altre forme di recupero dei rifiuti di beni in polietilene;
   c) promuovono la valorizzazione delle frazioni di polietilene non riutilizzabili;
   d) promuovono l'informazione degli utenti, intesa a ridurre il consumo dei materiali ed a favorire forme corrette di raccolta e di smaltimento;
   e) assicurano l'eliminazione dei rifiuti di beni in polietilene nel caso in cui non sia possibile o economicamente conveniente il riciclaggio, nel rispetto delle disposizioni contro l'inquinamento.
   9. Nella distribuzione dei prodotti dei consorziati, i Consorzio possono ricorrere a forme di deposito cauzionale.
   10. I Consorzio sono tenuti a garantire l'equilibrio della propria gestione finanziaria. I mezzi finanziari per il funzionamento del Consorzio sono costituiti:
   a) dai proventi delle attivita' svolte dai Consorzio;
   b) dai contributi dei soggetti partecipanti;
   c) dalla gestione patrimoniale del fondo consortile;
   d) dall'eventuale contributo percentuale di riciclaggio di cui al comma 13.
   11. Le deliberazioni degli organi dei Consorzio, adottate in relazione alle finalita' della parte quarta del presente decreto ed a norma dello statuto, sono vincolanti per tutti i soggetti partecipanti.
   12. I Consorzio di cui al comma 1 ed i soggetti di cui al comma 7 trasmettono annualmente al Ministro dell'ambiente e della tutela del territorio e del mare ed al Ministro delle attivita' produttive il bilancio preventivo e consuntivo entro sessanta giorni dalla loro approvazione. I Consorzio di cui al comma 1 ed i soggetti di cui al comma 7, entro il 31 maggio di ogni anno, presentano una relazione tecnica sull'attivita' complessiva sviluppata dagli stessi e dai loro singoli aderenti nell'anno solare precedente.
   13. Il Ministro dell'ambiente e della tutela del territorio e del mare di concerto con il Ministro delle attivita' produttive determina ogni due anni con proprio decreto gli obiettivi minimi di riciclaggio

e, in caso di mancato raggiungimento dei predetti obiettivi, puo' stabilire un contributo percentuale di riciclaggio da applicarsi sull'importo netto delle fatture emesse dalle imprese produttrici ed importatrici di beni di polietilene per il mercato interno. Il Ministro dell'ambiente e della tutela del territorio e del mare di concerto con il Ministro delle attivita' produttive determina gli obiettivi di riciclaggio a valere per il primo biennio entro novanta giorni dalla data di entrata in vigore della parte quarta del presente decreto. Il contributo percentuale di riciclaggio e' stabilito comunque in misura variabile, in relazione alla percentuale di polietilene contenuta nel bene e alla durata temporale del bene stesso. Con il medesimo decreto di cui al presente comma e' stabilita anche l'entita' dei contributi di cui al comma 10, lettera b).

14. Decorsi novanta giorni dalla pubblicazione nella Gazzetta ufficiale del decreto di approvazione dello statuto di cui al comma 3, chiunque, in ragione della propria attivita', detiene rifiuti di beni in polietilene e' obbligato a conferirli a uno dei Consorzio riconosciuti o direttamente o mediante consegna a soggetti incaricati dai Consorzio stessi, fatto comunque salvo quanto previsto dal comma 7. L'obbligo di conferimento non esclude la facolta' per il detentore di cedere i rifiuti di bene in polietilene ad imprese di altro Stato membro della Comunita' europea.

ART. 235
((ARTICOLO ABROGATO DAL D.LGS. 20 NOVEMBRE 2008, N. 188))

ART. 236
Consorzio nazionale per la gestione,
raccolta e trattamento degli oli minerali usati

1. Al fine di razionalizzare e organizzare la gestione degli oli minerali usati, da avviare obbligatoriamente alla rigenerazione tesa alla produzione di oli base, le imprese di cui al comma 4, sono tenute a partecipare all'assolvimento dei compiti previsti al comma 12 tramite adesione al consorzio di cui all'articolo 11 del decreto legislativo 27 gennaio 1992, n. 95, . I consorzio adottano sistemi di gestione conformi ai principi di cui all'articolo 237.

2. Il consorzio di cui al comma 1, gia' riconosciuto dalla previgente normativa, ha personalita' giuridica di diritto privato senza scopo di lucro e adegua il proprio statuto in conformita' allo schema tipo approvato dal Ministro dell'ambiente e della tutela del territorio e del mare, di concerto con il Ministro dello sviluppo economico, entro centoventi giorni dalla pubblicazione in Gazzetta Ufficiale e ai principi contenuti nel presente decreto ed in particolare a quelli di trasparenza, efficacia, efficienza ed economicita', nonche' di libera concorrenza nelle attivita' di settore. Nei consigli di amministrazione del consorzio il numero dei consiglieri di amministrazione in rappresentanza dei raccoglitori e dei riciclatori dei rifiuti deve essere uguale a quello dei consiglieri di amministrazione in rappresentanza dei produttori. Lo statuto adottato dal consorzio e' trasmesso entro quindici giorni al Ministro dell'ambiente e della tutela del territorio e del mare, che lo approva di concerto con il Ministro dello sviluppo economico, salvo motivate osservazioni cui il consorzio e' tenuto ad adeguarsi nei successivi sessanta giorni. Qualora il consorzio non ottemperi nei termini prescritti, le modifiche allo statuto sono apportate con decreto del Ministro dell'ambiente e della tutela del territorio e del mare, di concerto con il Ministro dello sviluppo economico; Il decreto ministeriale di approvazione dello statuto del consorzio e' pubblicato nella Gazzetta Ufficiale.

3. PERIODO SOPPRESSO DAL D.LGS. 16 GENNAIO 2008, N.4. Le imprese che eliminano gli oli minerali usati tramite co-combustione e all'uopo debitamente autorizzate e gli altri consorzio di cui al presente articolo sono tenute a fornire al Consorzio di cui all'articolo 11 del decreto legislativo 27 gennaio 1992, n. 95, i

dati tecnici di cui al comma 12, lettera h), affinche' tale consorzio comunichi annualmente tutti i dati raccolti su base nazionale ai Ministeri che esercitano il controllo, corredati da una relazione illustrativa. Alla violazione dell'obbligo si applicano le sanzioni di cui all'articolo 258 per la mancata comunicazione di cui all'articolo 189, comma 3.

4. Ai consorzio partecipano in forma Paritetica tutte le imprese che:

    a) le imprese che producono, importano o mettono in commercio oli base vergini;

    b) le imprese che producono oli base mediante un processo di rigenerazione;

    c) le imprese che effettuano il recupero e la raccolta degli oli usati;

    d) le imprese che effettuano la sostituzione e la vendita degli oli lubrificanti.

5. Le quote di partecipazione ai consorzio sono ripartite fra le categorie di imprese di cui al comma 4 e nell'ambito di ciascuna di esse sono attribuite in proporzione delle quantita' di lubrificanti prodotti, commercializzati rigenerati o recuperati.

6. Le deliberazioni degli organi del consorzio, adottate in relazione alle finalita' della parte quarta del presente decreto ed a norma dello statuto, sono vincolanti per tutti i consorziati. PERIODO SOPPRESSO DAL D.LGS. 16 GENNAIO 2008, N.4.

7. I consorzio determinano annualmente, con riferimento ai costi sopportati nell'anno al netto dei ricavi per l'assolvimento degli obblighi di cui al presente articolo, il contributo per chilogrammo dell'olio lubrificante che sara' messo a consumo nell'anno successivo. Ai fini della parte quarta del presente decreto si considerano immessi al consumo gli oli lubrificanti di base e finiti all'atto del pagamento dell'imposta di consumo.

8. Le imprese partecipanti sono tenute a versare al consorzio i contributi dovuti da ciascuna di esse secondo le modalita' ed i termini fissati ai sensi del comma 9.

9. Le modalita' e i termini di accertamento, riscossione e versamento dei contributi di cui al comma 8, sono stabiliti con decreto del Ministro della economia e delle finanze, di concerto con i Ministri dell'ambiente e della tutela del territorio e delle attivita' produttive, da pubblicarsi nella Gazzetta Ufficiale entro un mese dall'approvazione dello statuto del consorzio.

10. Il consorzio di cui al comma 1 trasmettono annualmente al ((Ministro dell'ambiente e della tutela del territorio e del mare)) ed al Ministro delle attivita' produttive i bilanci preventivo e consuntivo entro sessanta giorni dalla loro approvazione. I consorzio di cui al comma 1, entro il 31 maggio di ogni anno, presentano al ((Ministro dell'ambiente e della tutela del territorio e del mare)) ed al Ministro delle attivita' produttive una relazione tecnica sull'attivita' complessiva sviluppata dagli stessi e dai loro singoli aderenti nell'anno solare precedente.

11. Lo statuto di cui al comma 2, prevede, in particolare, gli organi dei consorzio e le relative modalita' di nomina.

12. I consorzio svolgono per tutto il territorio nazionale i seguenti compiti:

    a) promuovere la sensibilizzazione dell'opinione pubblica sulle tematiche della raccolta;

    b) assicurare ed incentivare la raccolta degli oli usati ritirandoli dai detentori e dalle imprese autorizzate;

    c) espletare direttamente la attivita' di raccolta degli oli usati dai detentori che ne facciano richiesta nelle aree in cui la raccolta risulti difficoltosa o economicamente svantaggiosa;

    d) selezionare gli oli usati raccolti ai fmi della loro corretta eliminazione tramite rigenerazione, combustione o smaltimento;

    e) cedere gli oli usati raccolti:

        1) in via prioritaria, alla rigenerazione tesa alla produzione di oli base;

2) in caso ostino effettivi vincoli di carattere tecnico economico e organizzativo, alla combustione o coincenerimento;

3) in difetto dei requisiti per l'avvio agli usi di cui ai numeri precedenti, allo smaltimento tramite incenerimento o deposito permanente;

f) perseguire ed incentivare lo studio, la sperimentazione e la realizzazione di nuovi processi di trattamento e di impiego alternativi;

g) operare nel rispetto dei principi di concorrenza, di libera circolazione dei beni, di economicita' della gestione, nonche' della tutela della salute e dell'ambiente da ogni inquinamento dell'aria, delle acque e del suolo;

h) annotare ed elaborare tutti i dati tecnici relativi alla raccolta ed eliminazione degli oli usati e comunicarli annualmente al Consorzio di cui all'articolo 11 del decreto legislativo 27 gennaio 1992, n. 95, affinche' tale Consorzio li trasmetta ai Ministeri che esercitano il controllo, corredati da una relazione illustrativa;

i) concordare con le imprese che svolgono attivita' di rigenerazione i parametri tecnici per la selezione degli oli usati idonei per l'avvio alla rigenerazione;

l) incentivare la raccolta di oli usati rigenerabili;

l-bis) cedere gli oli usati rigenerabili raccolti alle imprese di rigenerazione che ne facciano richiesta in ragione del rapporto fra quantita' raccolte e richieste, delle capacita' produttive degli impianti previste dalle relative autorizzazioni e, per gli impianti gia' in funzione, della pregressa produzione di basi lubrificanti rigenerate di qualita' idonea per il consumo;

l-ter) corrispondere alle imprese di rigenerazione un corrispettivo a fronte del trattamento determinato in funzione della situazione corrente del mercato delle basi lubrificanti rigenerate, dei costi di raffinazione e del prezzo ricavabile dall'avvio degli oli usati al riutilizzo tramite combustione; tale corrispettivo sara' erogato con riferimento alla quantita' di base lubrificante ottenuta per tonnellata di olio usato, di qualita' idonea per il consumo ed effettivamente ricavata dal processo di rigenerazione degli oli usati ceduti dal consorzio all'impresa stessa.

l-quater) assicurare l'avvio alla combustione dell'olio usato non rigenerabile ma riutilizzabile ovvero dell'olio rigenerabile non ritirato dalle imprese di rigenerazione e lo smaltimento dell'olio usato non riutilizzabile nel rispetto delle disposizioni contro l'inquinamento.

13. I consorzio possono svolgere le proprie funzioni sia direttamente che tramite mandati conferiti ad imprese per determinati e limitati settori di attivita' o determinate aree territoriali. L'attivita' dei mandatari e' svolta sotto la direzione e la responsabilita' dei consorzio stessi.

14. I soggetti giuridici appartenenti alle categorie di cui al comma 4 che vengano costituiti o inizino comunque una delle attivita' proprie delle categorie medesime successivamente all'entrata in vigore della parte quarta del presente decreto aderiscono ad uno dei consorzi di cui al comma 1, entro sessanta giorni dalla data di costituzione o di inizio della propria attivita'. PERIODO SOPPRESSO DAL D.LGS. 16 GENNAIO 2008, N.4

15. Decorsi novanta giorni dalla data di pubblicazione nella Gazzetta Ufficiale del decreto di approvazione dello statuto di cui al comma 2, chiunque detiene oli minerali esausti e' obbligato al loro conferimento ai consorzio di cui al comma 1, direttamente o mediante consegna a soggetti incaricati del consorzio o autorizzati, in base alla normativa vigente, a esercitare le attivita' di gestione di tali rifiuti. L'obbligo di conferimento non esclude la facolta' per il detentore di cedere gli oli minerali esausti ad imprese di altro Stato membro della Comunita' europea.

16. Per il raggiungimento degli obiettivi pluriennali di recupero e riciclaggio, gli eventuali avanzi di gestione accantonati dai consorzio di cui al comma 1 nelle riserve costituenti il patrimonio

netto non concorrono alla formazione del reddito, a condizione che sia rispettato il divieto di distribuzione, sotto qualsiasi forma, ai consorziati di tali avanzi e riserve, anche in caso di scioglimento dei consorzi medesimi.

ART. 237
(((Criteri direttivi dei sistemi di gestione).))

((1. Al fine di migliorare la qualita' dell'ambiente e per contribuire alla transizione verso un'economia circolare, i sistemi di gestione adottati favoriscono misure intese, in via prioritaria, a prevenire la produzione di rifiuti tenuto conto dell'obsolescenza programmata, nonche' a incentivare il riciclaggio, la simbiosi industriale e altre forme di recupero, quindi, la riduzione dello smaltimento finale di tali rifiuti, tenendo conto dei principi di cui all'articolo 178 e dei criteri di cui all'articolo 179 del presente decreto legislativo. I Consorzi ovvero i sistemi di gestione in forma individuale o collettiva, di cui ai titoli II e III della parte quarta del presente decreto legislativo, gia' istituiti ovvero riconosciuti ovvero in corso di riconoscimento, operano sull'intero territorio nazionale senza generare distorsioni della concorrenza, curano per conto dei produttori la gestione dei rifiuti provenienti dai prodotti che immettono sul mercato nazionale e dai prodotti importati in condizioni non discriminatorie, in modo da evitare ostacoli al commercio, adempiono ai propri obblighi senza limitare le operazioni di raccolta e di gestione nelle aree piu' proficue.
2. I sistemi di gestione adottati devono essere aperti alla partecipazione degli operatori economici interessati, assicurando il rispetto del principio di trasparenza e di non discriminazione, garantiscono la continuita' dei servizi di gestione dei rifiuti sull'anno solare di riferimento, ancorche' siano stati conseguiti gli obiettivi generali e specifici ad essi applicabili, nonche' adeguata attivita' di informazione ai detentori di rifiuti sulle misure di prevenzione e di riutilizzo, sui sistemi di ritiro e di raccolta dei rifiuti anche al fine di prevenire la dispersione degli stessi.
3. I produttori del prodotto, dispongono dei mezzi finanziari ovvero dei mezzi finanziari e organizzativi della gestione del ciclo di vita in cui il prodotto diventa rifiuto; tale responsabilita' finanziaria non supera i costi necessari per la prestazione di tali servizi; i costi sono determinati in modo trasparente tra gli attori interessati, inclusi i produttori di prodotti, i sistemi collettivi che operano per loro conto e le autorita' pubbliche; a tal fine, i produttori del prodotto, ovvero i sistemi collettivi, determinano il contributo ambientale secondo le modalita' di cui al comma 4.
4. Il contributo ambientale, determinato per tipologia, per unita' o per peso del prodotto immesso sul mercato nazionale, assicura la copertura dei costi di gestione del rifiuto da esso generato in conformita' ai principi di cui all'articolo 178, al netto degli introiti ricavati dal riutilizzo, dalla vendita delle materie prime ottenute dal prodotto, nonche' da eventuali cauzioni di deposito non reclamate. Esso e' modulato, ove possibile, per singoli prodotti o gruppi di prodotti simili, tenuto conto della loro durevolezza, riparabilita', riutilizzabilita' e riciclabilita', nonche' della presenza di sostanze pericolose, garantendo un approccio basato sul ciclo di vita del prodotto e il buon funzionamento del mercato interno.
5. Il contributo e' inoltre impiegato per accrescere l'efficienza della filiera, mediante attivita' di ricerca scientifica applicata all'ecodesign dei prodotti e allo studio di nuove tecnologie e sistemi innovativi per la gestione dei relativi rifiuti.
6. Annualmente, entro il 31 ottobre, i sistemi di gestione adottati presentano al Ministero dell'ambiente e della tutela del territorio e del mare un piano specifico di prevenzione e gestione relativo all'anno solare successivo, e il bilancio con relazione sulla gestione relativa all'anno solare precedente, che riporti:

a) l'indicazione nominativa degli operatori economici che partecipano al sistema;

b) i dati sui prodotti immessi sul mercato nazionale, sui rifiuti raccolti e trattati, e sui quantitativi recuperati e riciclati;

c) le modalita' di determinazione del contributo ambientale;

d) le finalita' per le quali e' utilizzato il contributo ambientale;

e) l'indicazione delle procedure di selezione dei gestori di rifiuti di filiera, secondo la normativa vigente, nonche' dell'elenco degli stessi gestori individuati per area geografica e che operano sull'intero territorio nazionale;

f) le eventuali ragioni che impediscono il raggiungimento degli obiettivi di recupero e riciclo previsti, con le relative misure e interventi correttivi finalizzati ad assicurare il raggiungimento degli stessi. In presenza di piu' attivita' produttive, il centro di costo afferente all'attivita' di gestione del fine vita del prodotto e' evidenziato in una contabilita' dedicata, tale da mostrare tutte le componenti di costo associate al contributo ambientale effettivamente sostenute. Eventuali avanzi di gestione derivanti dal contributo ambientale non concorrono alla formazione del reddito. E' fatto divieto di distribuire utili e avanzi di esercizio ai consorziati. L'avanzo di gestione proveniente dal contributo ambientale costituisce anticipazione per l'esercizio successivo e ne determina la riduzione del suo importo nel primo esercizio successivo.

7. Il Ministero dell'ambiente e della tutela del territorio e del mare, ove non ritenga congruo il contributo determinato, provvede a nuova determinazione. I sistemi collettivi si conformano alle indicazioni del Ministero ed applicano il contributo come determinato nell'esercizio finanziario successivo.

8. Il contributo ambientale versato ad un sistema collettivo esclude l'assoggettamento del medesimo bene, e delle materie prime che lo costituiscono, ad altro contributo ambientale previsto dalla parte quarta del presente decreto legislativo. La presente disposizione si applica con efficacia retroattiva.

9. I sistemi collettivi gia' istituiti si conformano ai principi e criteri contenuti negli articoli 178-bis e 178-ter entro il 5 gennaio 2023.

10. I produttori che non intendono aderire ai sistemi collettivi esistenti di cui al Titolo III, presentano al Ministero dell'Ambiente e della Tutela del Territorio e del Mare una apposita istanza di riconoscimento per la costituzione di un sistema autonomo in forma individuale ovvero collettiva, avente personalita' giuridica di diritto privato, senza scopo di lucro, retto da uno statuto conforme ai principi del presente decreto, nonche' allo statuto tipo. Il riconoscimento e' effettuato secondo le modalita' contenute nell'articolo 221-bis, in quanto compatibili con il regime specifico applicabile.))

TITOLO III-bis
INCENERIMENTO E COINCENERIMENTO DEI RIFIUTI

ART. 237-bis
(((Finalita' e oggetto).))

((1. Il presente titolo definisce le misure e le procedure atte a prevenire oppure, qualora non sia possibile, a ridurre gli effetti negativi delle attivita' di incenerimento e coincenerimento dei rifiuti, ed in particolare le emissioni delle suddette attivita' nell'aria, nel suolo, nelle acque superficiali e sotterranee, al fine di conseguire un elevato livello di protezione dell'ambiente e di tutela della salute umana.

2. Ai fini di cui al comma 1, il presente titolo disciplina:

a) i valori limite di emissione degli impianti di incenerimento e di coincenerimento dei rifiuti;

b) i metodi di campionamento, di analisi e di valutazione degli inquinanti derivanti dagli impianti di incenerimento e di coincenerimento dei rifiuti;

c) i criteri e le norme tecniche generali riguardanti le caratteristiche costruttive e funzionali, nonche' le condizioni di esercizio degli impianti di incenerimento e di coincenerimento dei rifiuti, con particolare riferimento all'esigenza di assicurare un'elevata protezione dell'ambiente contro le emissioni causate dall'incenerimento e dal coincenerimento dei rifiuti.))

ART. 237-ter
(Definizioni).

1. Ai fini dell'applicazione del presente titolo si definiscono:

a) 'rifiuti urbani misti': i rifiuti di cui all'articolo 184, comma 2, del presente decreto legislativo, ad esclusione di quelli individuati al sottocapitolo 20.01, che sono oggetto di raccolta differenziata, e al sottocapitolo 20.02 di cui all'Allegato D alla Parte Quarta;

b) 'impianto di incenerimento': qualsiasi unita' e attrezzatura tecnica, fissa o mobile, destinata al trattamento termico di rifiuti con o senza recupero del calore prodotto dalla combustione, attraverso l'incenerimento mediante ossidazione dei rifiuti, nonche' altri processi di trattamento termico, quali ad esempio la pirolisi, la gassificazione ed il processo al plasma, a condizione che le sostanze risultanti dal trattamento siano successivamente incenerite. Nella nozione di impianto di incenerimento si intendono compresi: il sito e tutte le linee di incenerimento, nonche' i luoghi di ricezione dei rifiuti in ingresso allo stabilimento, i luoghi di stoccaggio, le installazioni di pretrattamento in loco, i sistemi di alimentazione in rifiuti, in combustibile ausiliario e in aria di combustione, le caldaie, ((le installazioni di trattamento degli scarichi gassosi,)) le installazioni di trattamento o stoccaggio in loco dei residui e delle acque reflue, i camini, i dispositivi e i sistemi di controllo delle operazioni di incenerimento, di registrazione e monitoraggio delle condizioni di incenerimento. Se per il trattamento termico dei rifiuti sono utilizzati processi diversi dall'ossidazione, quali ad esempio la pirolisi, la gassificazione o il processo al plasma, l'impianto di incenerimento dei rifiuti include sia il processo di trattamento termico che il successivo processo di incenerimento;

c) 'impianto di coincenerimento': qualsiasi unita' tecnica, fissa o mobile, la cui funzione principale consiste nella produzione di energia o di materiali e che utilizza rifiuti come combustibile normale o accessorio o in cui i rifiuti sono sottoposti a trattamento termico ai fini dello smaltimento, mediante ossidazione dei rifiuti, nonche' altri processi di trattamento termico, quali ad esempio la pirolisi, la gassificazione ed il processo al plasma, a condizione che le sostanze risultanti dal trattamento siano successivamente incenerite. Nella nozione di impianto di coincenerimento si intendono compresi: il sito e l'intero impianto, compresi le linee di coincenerimento, la ricezione dei rifiuti in ingresso allo stabilimento e lo stoccaggio, le installazioni di pretrattamento in loco, i sistemi di alimentazione dei rifiuti, del combustibile ausiliario e dell'aria di combustione, i generatori di calore, le apparecchiature di trattamento, movimentazione e stoccaggio in loco delle acque reflue e dei rifiuti risultanti dal processo di coincenerimento, ((le installazioni di trattamento degli scarichi gassosi)), i camini, i dispositivi ed i sistemi di controllo delle varie operazioni e di registrazione e monitoraggio delle condizioni di coincenerimento. Se per il trattamento termico dei rifiuti sono utilizzati processi diversi dall'ossidazione, quali ad esempio la pirolisi, la gassificazione o il processo al plasma, l'impianto di coincenerimento dei rifiuti include sia il processo di trattamento termico che il successivo processo di coincenerimento. Se il coincenerimento dei rifiuti avviene in modo che la funzione principale dell'impianto non consista nella produzione di energia o di materiali, bensi' nel trattamento termico ai fini dello smaltimento dei rifiuti, l'impianto e' considerato un impianto di incenerimento dei rifiuti ai sensi della lettera b);

   d) 'impianto di incenerimento e coincenerimento esistente': un impianto autorizzato prima del 28 dicembre 2002, purche' lo stesso sia stato messo in funzione entro il 28 dicembre 2003; ovvero un impianto per il quale la domanda di autorizzazione sia stata richiesta all'autorita' competente entro il 28 dicembre 2002, purche' lo stesso sia stato messo in funzione entro il 28 dicembre 2004;

   e) 'impianto di incenerimento e coincenerimento nuovo': impianto diverso da quello ricadente nella definizione di impianto esistente;

   f) 'modifica sostanziale': una modifica delle caratteristiche o del funzionamento ovvero un potenziamento di un'installazione o di un impianto di combustione, di un impianto di incenerimento dei rifiuti o di un impianto di coincenerimento dei rifiuti che potrebbe avere effetti negativi e significativi per la salute umana e per l'ambiente;

   g) 'camino': una struttura contenente una o piu' canne di scarico che forniscono un condotto attraverso il quale lo scarico gassoso viene disperso nell'atmosfera;

   h) 'capacita' nominale': la somma delle capacita' di incenerimento dei forni che costituiscono un impianto di incenerimento o coincenerimento dei rifiuti, quali dichiarate dal costruttore e confermate dal gestore, espressa in quantita' di rifiuti che puo' essere incenerita in un'ora, rapportata al potere calorifico dichiarato dei rifiuti;

   l) 'carico termico nominale': la somma delle capacita' di incenerimento dei forni che costituiscono l'impianto, quali dichiarate dal costruttore e confermate dal gestore, espressa come prodotto tra la quantita' oraria di rifiuti inceneriti ed il potere calorifico dichiarato dei rifiuti;

   m) 'ore operative': il tempo, espresso in ore, durante cui un impianto di combustione, in tutto o in parte, e' in funzione e scarica emissioni nell'atmosfera, esclusi i periodi di avvio o di arresto;

   n) 'emissione': lo scarico diretto o indiretto, da fonti puntiformi o diffuse dell'installazione, di sostanze, vibrazioni, calore o rumore nell'aria, nell'acqua o nel suolo;

   o) 'valori limite di emissione': la massa, espressa in rapporto a determinati parametri specifici, la concentrazione oppure il livello di un'emissione che non devono essere superati in uno o piu' periodi di tempo;

   p) 'diossine e furani': tutte le dibenzo-p-diossine e i dibenzofurani policlorurati di cui alla nota 1 alla lettera a), del punto 4, al paragrafo A dell'Allegato 1;

   q) 'gestore': la persona fisica o giuridica di cui all'articolo 5, comma 1, lettera r-bis);

   r) 'residuo': qualsiasi materiale liquido o solido, comprese le scorie e le ceneri pesanti, le ceneri volanti e la polvere di caldaia, i prodotti solidi di reazione derivanti dal trattamento del gas, i fanghi derivanti dal trattamento delle acque reflue, i catalizzatori esauriti e il carbone attivo esaurito, definito come rifiuto all'articolo 183, comma 1, lettera a), generato dal processo di incenerimento o di coincenerimento, dal trattamento degli effluenti gassosi o delle acque reflue o da altri processi all'interno dell'impianto di incenerimento o di coincenerimento;

   s) 'biomassa': per biomassa si intendono:
      1) prodotti costituiti di materia vegetale di provenienza agricola o forestale, utilizzabili come combustibile per recuperarne il contenuto energetico;
      2) i rifiuti seguenti:
         2.1) rifiuti vegetali derivanti da attivita' agricole e

forestali;
   2.2) rifiuti vegetali derivanti dalle industrie alimentari di trasformazione, se l'energia termica generata e' recuperata;
   2.3) rifiuti vegetali fibrosi della produzione di pasta di carta grezza e di produzione di carta dalla pasta, se sono coinceneriti sul luogo di produzione e se l'energia termica generata e' recuperata;
   2.4) rifiuti di sughero;
   2.5) rifiuti di legno, ad eccezione di quelli che possono contenere composti organici alogenati o metalli pesanti, ottenuti a seguito di un trattamento o di rivestimento inclusi in particolare i rifiuti di legno di questo genere derivanti dai rifiuti edilizi e di demolizione;
   t) 'autorizzazione': la decisione o piu' decisioni scritte, emanate dall'autorita' competente ai fini di autorizzare la realizzazione e l'esercizio degli impianti di cui alle lettere b) e c), in conformita' a quanto previsto nel presente titolo.

ART. 237-quater
(((Ambito di applicazione ed esclusioni).))

((1. Il presente titolo si applica agli impianti di incenerimento e agli impianti di coincenerimento dei rifiuti solidi o liquidi.
   2. Sono esclusi dall'ambito di applicazione del presente titolo:
   a) gli impianti di gassificazione o di pirolisi, se i gas prodotti da siffatto trattamento termico dei rifiuti sono purificati in misura tale da non costituire piu' rifiuti prima del loro incenerimento e da poter provocare emissioni non superiori a quelle derivanti dalla combustione di gas naturale;
   b) gli impianti che trattano unicamente i seguenti rifiuti:
      1) rifiuti di cui all'articolo 237-ter, comma 1, lettera s), numero 2);
      2) rifiuti radioattivi;
      3) rifiuti animali, come regolati dal regolamento (CE) n. 1069/2009 del Parlamento europeo e del Consiglio del 21 ottobre 2009, recante norme sanitarie relative ai sottoprodotti di origine animale non destinati al consumo umano;
      4) rifiuti derivanti dalla prospezione e dallo sfruttamento delle risorse petrolifere e di gas nelle installazioni offshore e inceneriti a bordo di queste ultime;
   c) impianti sperimentali utilizzati a fini di ricerca, sviluppo e sperimentazione per migliorare il processo di incenerimento che trattano meno di 50 t di rifiuti all'anno.))

ART. 237-quinquies
(((Domanda di autorizzazione).))

((1. La realizzazione e l'esercizio degli impianti di incenerimento e coincenerimento dei rifiuti rientranti nell'ambito di applicazione del presente titolo devono essere autorizzati ai sensi delle seguenti disposizioni:
   a) per gli impianti non sottoposti ad autorizzazione integrata ambientale ai sensi dell'articolo 6, comma 13, si applica l'articolo 208;
   b) per gli impianti sottoposti ad autorizzazione integrata ambientale ai sensi dell'articolo 6, comma 13 del presente decreto legislativo si applicano le disposizioni del Titolo III-bis della Parte Seconda.
   2. La domanda per il rilascio dell'autorizzazione deve contenere in particolare una descrizione delle misure previste per garantire che siano rispettate le seguenti prescrizioni:
   a) l'impianto e' progettato e attrezzato e sara' gestito e sottoposto a manutenzione in maniera conforme ai requisiti del presente titolo, tenendo conto delle categorie di rifiuti da incenerire o da coincenerire;

b) il calore generato durante il processo di incenerimento e di coincenerimento e' recuperato, per quanto praticabile, attraverso la produzione di calore, vapore o energia;
   c) i residui sono ridotti al minimo in quantita' e nocivita' e riciclati ove opportuno;
   d) lo smaltimento dei residui che non possono essere evitati, limitati o riciclati sara' effettuato nel rispetto della Parte IV;
   e) le tecniche di misurazione proposte per le emissioni negli effluenti gassosi e nelle acque di scarico sono conformi ai requisiti dell'Allegato 1, lettera C, e dell'Allegato 2, lettera C, al presente Titolo.
   3. Per gli impianti di produzione di energia elettrica tramite coincenerimento, per cui il produttore fornisca documentazione atta a dimostrare che la producibilita' imputabile a fonti rinnovabili, per il quinquennio successivo alla data prevista di entrata in esercizio dell'impianto, sia superiore al 50 per cento della producibilita' complessiva di energia elettrica, si applica il procedimento di cui all'articolo 12 del decreto legislativo 29 dicembre 2003, n. 387.))

ART. 237-sexies
(Contenuto dell'autorizzazione).

   1. L'autorizzazione alla realizzazione ed esercizio degli impianti di incenerimento e coincenerimento deve in ogni caso indicare esplicitamente:
   a) un elenco di tutti i tipi di rifiuti che possono essere trattati nell'impianto, individuati mediante il riferimento ai relativi codici dell'elenco europeo dei rifiuti, nonche' l'informazione sulla quantita' di ciascun tipo di rifiuti autorizzati;
   b) la capacita' nominale e il carico termico nominale autorizzato dell'impianto;
   c) i valori limite per le emissioni nell'atmosfera e nell'acqua per ogni singolo inquinante;
   d) le procedure e la frequenza di campionamento e misurazione da utilizzare per rispettare le condizioni fissate per il controllo delle emissioni, nonche' la localizzazione dei punti di campionamento e misurazione;
   e) il periodo massimo durante il quale, a causa di disfunzionamenti, guasti o arresti tecnicamente inevitabili dei dispositivi di depurazione e di misurazione, le emissioni nell'atmosfera e gli scarichi di acque reflue possono superare i valori limite di emissione previsti;
   f) i periodi massimi di tempo per l'avviamento e l'arresto durante il quale non vengono alimentati rifiuti come disposto all'articolo 237-octies, comma 11, del presente Titolo e conseguentemente esclusi dal periodo di effettivo funzionamento dell'impianto ai fini dell'applicazione dell'Allegato 1, paragrafo A, punto 5, e paragrafo C, punto 1;
   g) le modalita' e la frequenza dei controlli programmati per accertare il rispetto delle condizioni e delle prescrizioni contenute nell'autorizzazione medesima, da effettuarsi, ove non diversamente disposto, da parte delle agenzie regionali e provinciali per la protezione dell'ambiente, con oneri a carico del gestore;
   h) il periodo che deve intercorrere tra la messa in esercizio e la messa a regime dell'impianto. La messa in esercizio deve essere comunicata all'autorita' competente con un anticipo di almeno quindici giorni. L'autorizzazione stabilisce altresi' la data entro cui devono essere comunicati all'autorita' competente i dati relativi alle emissioni effettuate in un periodo continuativo di marcia controllata decorrente dalla messa a regime, e la durata di tale periodo, nonche' il numero dei campionamenti da realizzare.
   2. In aggiunta alle prescrizioni di cui al comma 1, l'autorizzazione rilasciata per un impianto di incenerimento e di coincenerimento che utilizza rifiuti pericolosi contiene:

a) un elenco delle quantita' ed i poteri calorifici inferiori minimi e massimi delle diverse tipologie di rifiuti pericolosi che possono essere trattati nell'impianto;
   b) i flussi di massa minimi e massimi di tali rifiuti pericolosi, i loro valori calorifici minimi e massimi e il loro contenuto massimo di policlorobifenile, pentaclorofenolo, cloro, fluoro, zolfo, metalli pesanti e altre sostanze inquinanti.
   3. Per quanto concerne il coincenerimento dei propri rifiuti nel luogo di produzione in caldaie a corteccia utilizzate nelle industrie della pasta di legno e della carta, l'autorizzazione e' subordinata almeno alle seguenti condizioni:
   a) devono essere adottate tecniche tali da assicurare il rispetto dei valori limite di emissione fissati nell'((Allegato 1)), paragrafo A, per il carbonio organico totale;
   b) le condizioni d'esercizio autorizzate non devono dare luogo ad una maggior quantita' di residui o a residui con un piu' elevato tenore di inquinanti organici rispetto ai residui ottenibili applicando le prescrizioni di cui al presente articolo.
   ((3-bis. L'autorita' competente riesamina periodicamente e aggiorna, ove necessario, le condizioni di autorizzazione)).

ART. 237-septies
(((Consegna e ricezione dei rifiuti).))

   ((1. Il gestore dell'impianto di incenerimento o di coincenerimento adotta tutte le precauzioni necessarie riguardo alla consegna e alla ricezione dei rifiuti per evitare o limitare per quanto praticabile gli effetti negativi sull'ambiente, in particolare l'inquinamento dell'aria, del suolo, delle acque superficiali e sotterranee nonche' altri effetti negativi sull'ambiente, odori e rumore e i rischi diretti per la salute umana. Tali misure devono soddisfare almeno le prescrizioni di cui ai commi 3, 4 e 5.
   2. Prima dell'accettazione dei rifiuti nell'impianto di incenerimento o di coincenerimento, il gestore determina la massa di ciascun tipo di rifiuti, possibilmente individuati in base all'elenco europeo dei rifiuti.
   3. Prima dell'accettazione dei rifiuti pericolosi nell'impianto di incenerimento o nell'impianto di coincenerimento, il gestore raccoglie informazioni sui rifiuti al fine di verificare l'osservanza dei requisiti previsti dall'autorizzazione, in particolare quelli di cui all'articolo 237-sexies.
   4. Le informazioni di cui al comma 3 comprendono quanto segue:
   a) tutti i dati di carattere amministrativo sul processo produttivo contenuti nei documenti di cui al comma 5, lettera a);
   b) la composizione fisica e, se possibile, chimica dei rifiuti e tutte le altre informazioni necessarie per valutarne l'idoneita' ai fini del previsto processo di incenerimento e coincenerimento;
   c) le caratteristiche di pericolosita' dei rifiuti, le sostanze con le quali non possono essere mescolati e le precauzioni da adottare nella manipolazione dei rifiuti.
   5. Prima dell'accettazione dei rifiuti pericolosi nell'impianto di incenerimento o di coincenerimento il gestore applica almeno le seguenti procedure:
   a) controllo dei documenti prescritti ai sensi della Parte Quarta, e, se del caso, di quelli prescritti dal regolamento (CE) n. 1013/2006 del Parlamento europeo e del Consiglio, del 14 giugno 2006, relativo alla spedizione di rifiuti e dalla legislazione in materia di trasporto di merci pericolose;
   b) ad esclusione dei rifiuti sanitari pericolosi a rischio infettivo e di eventuali altri rifiuti individuati dall'autorita' competente, per i quali il campionamento risulti inopportuno, devono essere prelevati campioni rappresentativi. Questa operazione va effettuata, per quanto possibile, prima del conferimento nell'impianto, per verificarne mediante controlli la conformita' all'autorizzazione nonche' alle informazioni di cui ai commi 3 e 4, e

per consentire alle autorita' competenti di identificare la natura dei rifiuti trattati. I campioni sono conservati per almeno un mese dopo l'incenerimento o il coincenerimento dei rifiuti da cui sono stati prelevati.

6. L'autorita' competente, in sede di autorizzazione, puo' concedere deroghe ai commi 2, 3 4 e 5, lettera a), per gli impianti di incenerimento o di coincenerimento che sono parte di un'installazione di cui al Titolo III-bis della Parte Seconda a condizione che inceneriscano o coinceneriscano esclusivamente i propri rifiuti, nel luogo in cui gli stessi sono stati prodotti, e che venga garantito il rispetto delle previsioni del presente titolo, anche mediante la prescrizione di misure specifiche che tengano conto delle masse e delle categorie di tali rifiuti.))

ART. 237-octies
(((Condizioni di esercizio degli impianti di incenerimento e coincenerimento).))

((1. Nell'esercizio dell'impianto di incenerimento o di coincenerimento devono essere adottate tutte le misure affinche' le attrezzature utilizzate per la ricezione, gli stoccaggi, i pretrattamenti e la movimentazione dei rifiuti, nonche' per la movimentazione o lo stoccaggio dei residui prodotti, siano progettate e gestite in modo da ridurre le emissioni e gli odori, secondo le migliori tecniche disponibili.

2. Gli impianti di incenerimento devono essere gestiti in modo da ottenere il piu' completo livello di incenerimento possibile, adottando, se necessario, adeguate tecniche di pretrattamento dei rifiuti. Le scorie e le ceneri pesanti prodotte dal processo di incenerimento non possono presentare un tenore di incombusti totali, misurato come carbonio organico totale, di seguito denominato TOC, superiore al 3 per cento in peso, o una perdita per ignizione superiore al 5 per cento in peso sul secco.

3. Gli impianti di incenerimento devono essere progettati, costruiti, equipaggiati e gestiti in modo tale che, dopo l'ultima immissione di aria di combustione, i gas prodotti dal processo di incenerimento siano portati, in modo controllato ed omogeneo, anche nelle condizioni piu' sfavorevoli, ad una temperatura di almeno 850° C per almeno due secondi. Tale temperatura e' misurata in prossimita' della parete interna della camera di combustione, o in un altro punto rappresentativo della camera di combustione indicato dall'autorita' competente.

4. Gli impianti di coincenerimento devono essere progettati, costruiti, equipaggiati e gestiti in modo tale che i gas prodotti dal coincenerimento dei rifiuti siano portati, in modo controllato ed omogeneo, anche nelle condizioni piu' sfavorevoli previste, ad una temperatura di almeno 850°C per almeno due secondi.

5. Se vengono inceneriti e coinceneriti rifiuti pericolosi contenenti oltre l'1 per cento di sostanze organiche alogenate, espresse in cloro, la temperatura necessaria per osservare il disposto del secondo e terzo comma e' pari ad almeno 1100°C per almeno due secondi.

6. Ciascuna linea dell'impianto di incenerimento deve essere dotata di almeno un bruciatore ausiliario da utilizzare, nelle fasi di avviamento e di arresto dell'impianto, per garantire l'innalzamento ed il mantenimento della temperatura minima stabilita ai sensi dei commi 3 e 5 e all'articolo 237-nonies, durante tali operazioni e fintantoche' vi siano rifiuti nella camera di combustione. Tale bruciatore deve entrare in funzione automaticamente in modo da evitare, anche nelle condizioni piu' sfavorevoli, che la temperatura dei gas di combustione, dopo l'ultima immissione di aria di combustione, scenda al di sotto delle temperature minima stabilite ai commi 3 e 5 e all'articolo 237-nonies, fino a quando vi e' combustione di rifiuto. Il bruciatore ausiliario non deve essere alimentato con combustibili che possano causare emissioni superiori a

quelle derivanti dalla combustione di gasolio, gas liquefatto e gas naturale.

7. Prima dell'inizio delle operazioni di incenerimento o coincenerimento, l'autorita' competente verifica che l'impianto sia conforme alle prescrizioni alle quali e' stato subordinato il rilascio dell'autorizzazione. I costi di tale verifica sono a carico del titolare dell'impianto. L'esito della verifica non comporta in alcun modo una minore responsabilita' per il gestore.

8. Qualora l'autorita' competente non provvede alla verifica di cui al comma precedente entro trenta giorni dalla ricezione della relativa richiesta, il titolare puo' dare incarico ad un soggetto abilitato di accertare che l'impianto soddisfa le condizioni e le prescrizioni alle quali e' stato subordinato il rilascio dell'autorizzazione. L'esito dell'accertamento e' fatto pervenire all'autorita' competente e, se positivo, trascorsi quindici giorni, consente l'attivazione dell'impianto.

9. Al fine di ridurre l'impatto dei trasporti di rifiuti destinati agli impianti di incenerimento in fase progettuale puo' essere prevista la realizzazione di appositi collegamenti ferroviari con oneri a carico dei soggetti gestori di impianti. L'approvazione di tale elemento progettuale nell'ambito della procedura di autorizzazione, costituisce, ove occorra, variante allo strumento urbanistico comunale e comporta la dichiarazione di pubblica utilita', urgenza ed indifferibilita' dei lavori.

10. La dismissione degli impianti deve avvenire nelle condizioni di massima sicurezza ed il sito deve essere bonificato e ripristinato ai sensi della normativa vigente.

11. Gli impianti di incenerimento e di coincenerimento sono dotati di un sistema automatico per impedire l'alimentazione di rifiuti in camera di combustione nei seguenti casi:

a) all'avviamento, finche' non sia raggiunta la temperatura minima stabilita ai commi 3, 4 e 5 e la temperatura prescritta ai sensi dell'articolo 237-nonies;

b) qualora la temperatura nella camera di combustione scenda al di sotto di quella minima stabilita ai sensi dei commi 3, 4 e 5, oppure della temperatura prescritta ai sensi dell'articolo 237-nonies;

c) qualora le misurazioni in continuo degli inquinanti negli effluenti indichino il superamento di uno qualsiasi dei valori limite di emissione, a causa del cattivo funzionamento o di un guasto dei dispositivi di depurazione degli scarichi gassosi.

12. Il calore generato durante il processo di incenerimento o coincenerimento e' recuperato per quanto tecnicamente possibile.

13. I rifiuti sanitari pericolosi a rischio infettivo sono introdotti direttamente nel forno di incenerimento senza prima essere mescolati con altre categorie di rifiuti e senza manipolazione diretta.

14. La gestione operativa degli impianti di incenerimento o di coincenerimento dei rifiuti deve essere affidata a persone fisiche tecnicamente competenti.))

ART. 237-nonies
(Modifica delle condizioni di esercizio e modifica sostanziale dell'attivita').

1. Per determinate categorie di rifiuti o determinati processi termici, l'autorita' competente puo', in sede di autorizzazione, prevedere espressamente l'applicazione di prescrizioni diverse da quelle riportate ai commi 2, 3, 4, 5 e 6 dell'articolo 237-octies, nonche', per quanto riguarda la temperatura, di cui al comma 11 dell'articolo 237-octies, purche' nell'impianto di incenerimento e di coincenerimento siano adottate tecniche tali da assicurare:

a) il rispetto dei valori limite di emissione fissati nell'Allegato 1, parte A, per l'incenerimento e Allegato 2, parte A, per il coincenerimento;

b) che le condizioni d'esercizio autorizzate non diano luogo ad una maggior quantita' di residui o a residui con un piu' elevato tenore di inquinanti organici rispetto ai residui ottenibili applicando le prescrizioni di cui all'articolo 237-octies.

((1-bis. Per le emissioni di carbonio organico totale e monossido di carbonio degli impianti di coincenerimento dei rifiuti, autorizzati a modificare le condizioni di esercizio, e' comunque assicurato il rispetto dei valori limite di emissione fissati nell'Allegato 1, paragrafo A)).

2. Le autorita' competenti comunicano Ministero dell'ambiente e della tutela del territorio e del mare tutte le condizioni di esercizio autorizzate ai sensi del presente articolo e i risultati delle verifiche effettuate anche alla luce delle relazioni annuali di cui all'articolo 237-septiesdecies. Il Ministero provvede a comunicare alla Commissione europea le informazioni ricevute nell'ambito delle relazioni di cui all'articolo 29-terdecies.

3. Se un impianto di incenerimento dei rifiuti o di un impianto di coincenerimento dei rifiuti tratta esclusivamente rifiuti non pericolosi, la modifica dell'attivita' che comporti l'incenerimento o il coincenerimento di rifiuti pericolosi e' considerata sostanziale.

ART. 237-decies
(((Coincenerimento di olii usati).))

((1. E' vietato il coincenerimento di oli usati contenenti PCB/PCT e loro miscele in misura eccedente le 50 parti per milione. Tale divieto deve essere espressamente menzionato nell'autorizzazione concessa dall'autorita' competente ad impianti di coincenerimento che utilizzano rifiuti pericolosi.

2. Il coincenerimento di olii usati, fermo restando il divieto di cui al comma 1, e' autorizzato secondo le disposizioni del presente titolo, a condizione che siano rispettate le seguenti ulteriori prescrizioni:

  a) gli oli usati come definiti all'articolo 183, comma 1, lettera c), siano conformi ai seguenti requisiti:
    1) la quantita' di policlorodifenili (PCB) di cui al decreto legislativo 22 maggio 1999, n. 209, e successive modificazioni, e degli idrocarburi policlorurati presenti concentrazioni non superiori a 50 ppm;
    2) questi rifiuti non siano resi pericolosi dal fatto di contenere altri costituenti elencati nell'Allegato D alla Parte Quarta, in quantita' o concentrazioni incompatibili con gli obiettivi previsti dall'articolo 177, comma 4;
    3) il potere calorifico inferiore sia almeno 30 MJ per chilogrammo;
  b) la potenza termica nominale della singola apparecchiatura dell'impianto in cui sono alimentati gli oli usati come combustibile sia pari o superiore a 6 MW.))

ART. 237-undecies
(((Coincenerimento di rifiuti animali rientranti nell'ambito di applicazione del regolamento n. 1069/2009/UE).))

((1. Il coincenerimento dei prodotti trasformati derivanti da materiali di categoria 1, 2 e 3 di cui al regolamento (CE) n. 1069/2009 del Parlamento europeo e del Consiglio del 21 ottobre 2009, e' autorizzato secondo le disposizioni degli articoli 237-quinquies e 237-sexies, a condizione che siano rispettati i requisiti, le modalita' di esercizio e le prescrizioni di cui all'Allegato 3.

2. La domanda per il rilascio delle autorizzazioni e' inviata anche alla Azienda sanitaria locale (ASL) territorialmente competente.

3. Nella documentazione di cui al decreto del Ministro dell'ambiente 1° aprile 1998, n. 148, e nel Modello unico di dichiarazione ambientale, di cui alla legge 25 gennaio 1994, n. 70, e

successive modificazioni, deve essere indicato, nella parte relativa all'individuazione e classificazione dei rifiuti di cui al presente articolo, il codice dell'Elenco europeo dei rifiuti; 020203 'Scarti inutilizzabili per il consumo e la trasformazione'.))

ART. 237-duodecies
(((Emissione in atmosfera).))

((1. Gli effluenti gassosi degli impianti di incenerimento e coincenerimento devono essere emessi in modo controllato attraverso un camino di altezza adeguata e con velocita' e contenuto entalpico tale da favorire una buona dispersione degli effluenti al fine di salvaguardare la salute umana e l'ambiente, con particolare riferimento alla normativa relativa alla qualita' dell'aria.
2. Gli impianti di incenerimento dei rifiuti e gli impianti di coincenerimento sono progettati, costruiti, equipaggiati e gestiti in modo che le emissioni nell'atmosfera non superano i valori limite di emissione di cui rispettivamente all'Allegato I, paragrafo A, e all'Allegato 2, paragrafo A, al presente Titolo.
3. Qualora il calore liberato dal coincenerimento di rifiuti pericolosi sia superiore al 40 per cento del calore totale liberato nell'impianto, o qualora l'impianto coincenerisca rifiuti urbani misti non trattati, i valori limite di emissione sono quelli fissati all'Allegato 1, paragrafo A, al presente Titolo e conseguentemente non si applica la formula di miscelazione di cui all'Allegato 2, paragrafo A.
4. I risultati delle misurazioni effettuate per verificare l'osservanza dei valori limite di emissione di cui al comma 1, sono normalizzati alle condizioni descritte all'Allegato 1, lettera B, al presente Titolo. Il controllo delle emissioni e' effettuato conformemente al punto C dell'Allegato 1 e punto C dell'Allegato 2.
5. I risultati delle misurazioni effettuate per verificare l'osservanza dei valori limite di emissione di cui al comma 2, sono normalizzati alle condizioni descritte all'Allegato 2, lettera B, al presente Titolo.
6. L'installazione e il funzionamento dei sistemi di misurazione automatici sono sottoposti a controllo e test annuale di verifica come prescritto al punto C dell'Allegato 1 e al punto C dell'Allegato 2 al presente Titolo.
7. Nel caso di coincerimento dei rifiuti urbani misti non trattati, i valori limite di emissione sono quelli fissati all'Allegato 1, paragrafo A.
8. In sede di autorizzazione, l'autorita' competente valuta la possibilita' di concedere specifiche deroghe previste agli Allegati 1 e 2, nel rispetto delle norme di qualita' ambientale, e, ove ne ricorra la fattispecie, delle disposizioni del Titolo III-bis della Parte seconda.))

ART. 237-terdecies
(Scarico di acque reflue).

1. Lo scarico di acque reflue provenienti dalla depurazione degli effluenti gassosi evacuate da un impianto di incenerimento o di coincenerimento e' limitata per quanto possibile e comunque disciplinato dall'autorizzazione di cui all'articolo 237-sexies.
2. Le acque reflue provenienti dalla depurazione degli effluenti gassosi evacuate da un impianto di incenerimento o di coincenerimento sono soggette all'autorizzazione rilasciata dall'autorita' competente ai sensi del Titolo III-bis.
3. La domanda di autorizzazione, ove preveda lo scarico di acque reflue provenienti dalla depurazione di effluenti gassosi, deve essere accompagnata dall'indicazione delle caratteristiche quantitative e qualitative dello scarico; della quantita' di acqua da prelevare nell'anno solare, del corpo ricettore e del punto previsto per il prelievo al fine del controllo, dalla descrizione del sistema

complessivo di scarico, ivi comprese le operazioni ad esso funzionalmente connesse, dell'eventuale sistema di misurazione del flusso degli scarichi ove richiesto, dall'indicazione dei mezzi tecnici impiegati nel processo produttivo e nei sistemi di scarico, nonche' dall'indicazione dei sistemi di depurazione utilizzati per conseguire il rispetto dei valori limite di emissione di cui al comma 3.

4. L'autorizzazione di cui all'articolo 237-sexies, con riferimento allo scarico di acque reflue provenienti dalla depurazione di effluenti gassosi, stabilisce:

 a) i valori limite di emissione per gli inquinanti di cui al punto D dell'Allegato I al presente Titolo;

 b) i parametri di controllo operativo per le acque reflue almeno relativamente al pH, alla temperatura e alla portata;

 c) le prescrizioni riguardanti le misurazioni ai fini della sorveglianza degli scarichi come frequenza delle misurazioni della massa degli inquinanti delle acque reflue trattate, nonche' la localizzazione dei punti di campionamento o di misurazione;

 d) prescrizioni tecniche in funzione del raggiungimento dell'obiettivo di qualita' dei corpi idrici ricettori individuati ai sensi dell'articolo 76 e successivi;

 e) le eventuali ulteriori prescrizioni volte a garantire che gli scarichi siano effettuati in conformita' alle disposizioni del presente decreto e senza pregiudizio per il corpo recettore, per la salute pubblica e l'ambiente.

5. Lo scarico in acque superficiali di acque reflue provenienti dalla depurazione degli effluenti gassosi deve rispettare almeno i valori di emissioni previsti all'Allegato 1, paragrafo D. E' vietato lo scarico sul suolo, sottosuolo e nelle acque sotterranee.

6. Le acque reflue provenienti dalla depurazione degli scarichi gassosi devono essere separate dalle acque di raffreddamento e dalle acque di prima pioggia rispettando i valori limite di emissione di cui alla Tabella 5 dell'Allegato V alla Parte Terza, a pie' di impianto di trattamento.

7. Qualora le acque reflue provenienti dalla depurazione dei gas di scarico siano trattate congiuntamente ad acque reflue provenienti da altre fonti, le misurazioni devono essere effettuate:

 a) sul flusso delle acque reflue provenienti dai processi di depurazione degli effluenti gassosi prima dell'immissione nell'impianto di trattamento collettivo delle acque reflue;

 b) sugli altri flussi di acque reflue prima dell'immissione nell'impianto di trattamento collettivo delle acque reflue;

 c) dopo il trattamento, al punto di scarico finale delle acque reflue.

8. Al fine di verificare l'osservanza dei valori limite di emissione stabiliti all'Allegato I, paragrafo D, per il flusso di acque reflue provenienti dal processo di depurazione degli effluenti gassosi, sono effettuati gli opportuni calcoli di bilancio di massa per stabilire i livelli di emissione che, nello scarico finale delle acque reflue, possono essere attribuiti alla depurazione degli effluenti gassosi dell'impianto di ((incenerimento o)) coincenerimento.

9. I valori limite di emissione si applicano nel punto in cui le acque reflue, provenienti dalla depurazione degli scarichi gassosi sono evacuate dall'impianto di incenerimento dei rifiuti o dall'impianto di incenerimento dei rifiuti o dall'impianto di coincenerimento dei rifiuti.

10. I valori limite non possono essere in alcun caso conseguiti mediante diluizione delle acque reflue.

11. Fermo restando il divieto di scarico o di immissione diretta di acque meteoriche nelle acque sotterranee, ai fini della prevenzione di rischi idraulici ed ambientali, le acque meteoriche di dilavamento, le acque di prima pioggia e di lavaggio, le acque contaminate derivanti da spandimenti o da operazioni di estinzione di incendi delle aree esterne devono essere convogliate ed

opportunamente trattate, ai sensi della Parte III del presente decreto legislativo.

12. Devono essere adottate le misure necessarie volte all'eliminazione ed alla riduzione dei consumi, nonche' ad incrementare il riciclo ed il riutilizzo di acqua reflua o gia' usata nel ciclo produttivo come l'acqua di raffreddamento, anche mediante le migliori tecnologie disponibili ai sensi della Parte Terza.

13. Qualora le acque reflue provenienti dalla depurazione degli scarichi gassosi siano trattate al di fuori dell'impianto di incenerimento dei rifiuti o dell'impianto di coincenerimento dei rifiuti in un impianto di trattamento destinato esclusivamente al trattamento di questo tipo di acque reflue, i valori limite di emissione di cui alla tabella dell'Allegato 1, lettera D, si applicano al punto in cui le acque reflue fuoriescono dall'impianto di trattamento.

14. Il sito dell'impianto di incenerimento dei rifiuti e il sito dell'impianto di coincenerimento dei rifiuti, ivi comprese le aree di stoccaggio dei rifiuti, e' progettato e gestito in modo da evitare l'immissione non autorizzata e accidentale di qualsiasi inquinante nel suolo, nelle acque superficiali e nelle acque sotterranee.

15. E' prevista una capacita' di stoccaggio per le acque piovane contaminate che defluiscano dal sito dell'impianto di incenerimento dei rifiuti o dal sito dell'impianto di coincenerimento o per l'acqua contaminata derivante da spandimenti o da operazioni di estinzione di incendi. La capacita' di stoccaggio deve essere sufficiente per garantire che tali acque possano, se necessario, essere analizzate e, se necessario, trattate prima dello scarico.

ART. 237-quattuordecies
(((Campionamento ed analisi delle emissioni in atmosfera degli impianti di incenerimento e di coincenerimento).))

((1. I metodi di campionamento, analisi e valutazione delle emissioni in atmosfera, nonche' le procedure di acquisizione, validazione, elaborazione ed archiviazione dei dati, sono fissati ed aggiornati ai sensi della lettera C dell'Allegato 1 e della lettera C dell'Allegato 2 al presente Titolo, per quanto non previsto all'Allegato VI alla Parte Quinta.

2. I valori limite di emissione degli impianti di incenerimento e coincenerimento si intendono rispettati se conformi rispettivamente a quanto previsto all'Allegato 1, paragrafo C, punto 1, e all'Allegato 2, paragrafo C, punto 1.

3. Negli impianti di incenerimento e in quelli di coincenerimento devono essere misurate e registrate in continuo nell'effluente gassoso le concentrazioni di CO, NOx, SO2, polveri totali, TOC, HCl, HF e NH3. L'autorita' competente puo' autorizzare che le misurazioni in continuo siano sostituite da misurazioni periodiche di HCl, HF ed SO2, se il gestore dimostra che le emissioni di tali inquinanti non possono in nessun caso essere superiori ai valori limite di emissione stabiliti. La misurazione in continuo di acido fluoridrico (HF) puo' essere sostituita da misurazioni periodiche se l'impianto adotta sistemi di trattamento dell'acido cloridrico (HCl) nell'effluente gassoso che garantiscano il rispetto del valore limite di emissione relativo a tale sostanza.

4. L'autorita' competente puo' decidere di non imporre misurazioni in continuo per NOx e puo' prescrivere le misurazioni periodiche stabilite al comma 5, negli impianti esistenti di incenerimento o coincenerimento dei rifiuti aventi capacita' nominale inferiore a 6t/ora se il gestore puo' dimostrare, sulla base di informazioni relative alla qualita' dei rifiuti in questione, delle tecnologie utilizzate e dei risultati del monitoraggio delle emissioni, che in nessuna circostanza le emissioni di NOx possono essere superiori al valore limite di emissione prescritto.

5. Devono inoltre essere misurati e registrati in continuo il tenore volumetrico di ossigeno, la temperatura, la pressione, il

tenore di vapore acqueo e la portata volumetrica nell'effluente gassoso. La misurazione in continuo del tenore di vapore acqueo non e' richiesta se l'effluente gassoso campionato viene essiccato prima dell'analisi.

 6. Deve essere inoltre misurata e registrata in continuo la temperatura dei gas vicino alla parete interna o in altro punto rappresentativo della camera di combustione, secondo quanto autorizzato dall'autorita' competente.

 7. Devono essere misurate con cadenza almeno quadrimestrale le sostanze di cui all'Allegato 1, paragrafo A, punti 3 e 4, nonche' gli altri inquinanti, di cui al precedente comma 2, per i quali l'autorita' competente abbia prescritto misurazioni periodiche; per i primi dodici mesi di funzionamento dell'impianto, le predette sostanze devono essere misurate almeno ogni tre mesi.

 8. All'atto della messa in esercizio dell'impianto, e successivamente su motivata richiesta dell'autorita' competente, devono essere controllati nelle piu' gravose condizioni di funzionamento i seguenti parametri relativi ai gas prodotti, individuati agli articoli 237-octies e 237-nonies:
  a) tempo di permanenza;
  b) temperatura minima;
  c) tenore di ossigeno.

 9. Gli impianti di coincenerimento devono assicurare inoltre la misurazione e registrazione della quantita' di rifiuti e di combustibile alimentato a ciascun forno o altra apparecchiatura.

 10. Tutti i risultati delle misurazioni sono registrati, elaborati e presentati all'autorita' competente in modo da consentirle di verificare l'osservanza delle condizioni di funzionamento previste e dei valori limite di emissione stabiliti nell'autorizzazione, secondo le procedure fissate dall'autorita' che ha rilasciato la stessa.

 11. Qualora dalle misurazioni eseguite risulti che i valori limite di emissione in atmosfera stabiliti dal presente articolo sono superati, il gestore provvede a informarne senza indugio l'autorita' competente e l'agenzia regionale o provinciale per la protezione dell'ambiente, fermo restando quanto previsto all'articolo 237-octiesdecies.

 12. La corretta installazione ed il funzionamento dei dispositivi automatici di misurazione delle emissioni gassose sono sottoposti a controllo da parte dell'autorita' competente al rilascio dell'autorizzazione. La taratura di detti dispositivi deve essere verificata, con metodo parallelo di riferimento, con cadenza almeno triennale.))

ART. 237-quinquiesdecies
(((Controllo e sorveglianza delle emissioni nei corpi idrici).))

 ((1. Fermo restando quanto previsto all'articolo 237-terdecies, ai fini della sorveglianza su parametri, condizioni e concentrazioni di massa inerenti al processo di incenerimento o di coincenerimento sono utilizzate tecniche di misurazione e sono installate le relative attrezzature.

 2. Le misurazioni delle emissioni negli ambienti idrici effettuate al punto di scarico delle acque reflue, devono essere eseguite in conformita' a quanto previsto all'Allegato 1, paragrafo E, punto 1.

 3. I valori limite di emissione si considerano rispettati se conformi a quanto previsto all'Allegato 1, paragrafo E, punto 2.

 4. Tutti i risultati delle misurazioni sono registrati, elaborati e presentati all'autorita' competente in modo da consentirle di verificare l'osservanza delle condizioni di funzionamento previste e dei valori limite di emissione stabiliti nell'autorizzazione, secondo le procedure fissate dall'autorita' che ha rilasciato la stessa.

 5. Qualora dalle misurazioni eseguite risulti che i valori limite di emissione negli ambienti idrici sono superati si provvede ad informare tempestivamente l'autorita' competente e l'agenzia regionale o provinciale per la protezione dell'ambiente, fermo

restando quanto previsto all'articolo 237-septiesdecies.
  6. La corretta installazione ed il funzionamento dei dispositivi automatici di misurazione degli scarichi idrici sono sottoposti a controllo da parte dell'autorita' competente al rilascio dell'autorizzazione. La taratura di detti dispositivi deve essere verificata, con metodo parallelo di riferimento, con cadenza almeno triennale.
  7. Il campionamento, la conservazione, il trasporto e le determinazioni analitiche, ai fini dei controlli e della sorveglianza, devono essere eseguiti secondo le metodiche APAT.))

ART. 237-sexiesdecies
(((Residui).))

((1. La quantita' e la pericolosita' dei residui prodotti durante il funzionamento dell'impianto di incenerimento o di coincenerimento devono essere ridotte al minimo: I residui sono riciclati in conformita' alla Parte IV del presente decreto legislativo, quando appropriato, direttamente nell'impianto o al di fuori di esso. I residui che non possono essere riciclati devono essere smaltiti in conformita' alle norme del presente decreto legislativo.
  2. Il trasporto e lo stoccaggio intermedio di residui secchi sotto forma di polveri devono essere effettuati in modo tale da evitare la dispersione nell'ambiente di tali residui, ad esempio mediante l'utilizzo di contenitori chiusi.
  3. Preliminarmente al riciclaggio o smaltimento dei residui prodotti dall'impianto di incenerimento o di coincenerimento, devono essere effettuate opportune analisi per stabilire le caratteristiche fisiche e chimiche, nonche' il potenziale inquinante dei vari residui. L'analisi deve riguardare in particolare l'intera frazione solubile e la frazione solubile dei metalli pesanti.))

ART. 237-septiesdecies
(((Obblighi di comunicazione, informazione, accesso e partecipazione).))

((1. Il Ministero dell'ambiente e della tutela del territorio e del mare, integra la relazione di cui all'articolo 29-terdecies, comma 2 con i dati concernenti l'applicazione del presente titolo, anche avvalendosi delle informazioni ricevute dai gestori degli impianti di incenerimento e coincenerimento di cui al successivo comma 5.
  2. Al fine di garantire al Ministero dell'ambiente e della tutela del territorio e del mare la base informativa necessaria all'attuazione del comma 1, le autorita' competenti integrano la comunicazione periodica trasmessa ai sensi dell'articolo 29-terdecies, comma 1, con le informazioni relative all'applicazione del presente titolo, secondo le indicazioni fornite del Ministero dell'ambiente e della tutela del territorio e del mare.
  3. Le autorizzazioni alla realizzazione e all'esercizio degli impianti di incenerimento o di coincenerimento sono rilasciate solo dopo aver garantito l'accesso alle informazioni ai sensi di quanto disposto dalla normativa di settore.
  4. Fatto salvo il decreto legislativo 19 agosto 2005, n. 195, e, esclusi i casi in cui si applicano le disposizioni in materia di informazione del pubblico previste al Titolo III-bis della Parte Seconda, le domande di autorizzazione e rinnovo per impianti di incenerimento e di coincenerimento sono rese accessibili al pubblico in uno o piu' luoghi aperti al pubblico, e comunque presso la sede del comune territorialmente competente, per un periodo di tempo adeguato e comunque non inferiore a trenta giorni, affinche' chiunque possa esprimere le proprie osservazioni prima della decisione dell'autorita' competente. La decisione dell'autorita' competente, l'autorizzazione e qualsiasi suo successivo aggiornamento sono rese accessibili al pubblico con le medesime modalita'.

5. Per gli impianti di incenerimento e coincenerimento aventi una capacita' nominale di due o piu' Mg l'ora, entro il 30 aprile dell'anno successivo, il gestore predispone una relazione annuale relativa al funzionamento ed alla sorveglianza dell'impianto che dovra' essere trasmessa all'autorita' competente che la rende accessibile al pubblico con le modalita' di cui al comma 4. Tale relazione fornisce, come requisito minimo, informazioni in merito all'andamento del processo e delle emissioni nell'atmosfera e nell'acqua rispetto alle norme di emissione previste dal presente titolo.

6. L'autorita' competente redige un elenco, accessibile al pubblico, degli impianti di incenerimento e coincenerimento aventi una capacita' nominale inferiore a due tonnellate l'ora.

7. Copia delle autorizzazioni rilasciate, nonche' della relazione di cui al comma 4 e degli elenchi di cui al comma 5 sono trasmesse, per le finalita' di cui al comma 1 al Ministero dell'ambiente e della tutela del territorio e del mare e all' Istituto superiore per la protezione e la ricerca ambientale (ISPRA).))

ART. 237-octiesdecies
(Condizioni anomale di funzionamento).

1. L'autorita' competente stabilisce nell'autorizzazione il periodo massimo di tempo durante il quale, a causa di disfunzionamenti, guasti o arresti tecnicamente inevitabili dei dispositivi di depurazione e di misurazione, le concentrazioni delle sostanze regolamentate presenti nelle emissioni in atmosfera e nelle acque reflue depurate possono superare i valori limite di emissione autorizzati.

2. Nei casi di guasto, il gestore riduce o arresta l'attivita' appena possibile, finche' sia ristabilito il normale funzionamento.

3. Fatto salvo l'articolo 237-octies, comma 11, lettera c), per nessun motivo, in caso di superamento dei valori limite di emissione, l'impianto di incenerimento o di coincenerimento o la linea di incenerimento puo' continuare ad incenerire rifiuti per piu' di quattro ore consecutive. La durata cumulativa del funzionamento in tali condizioni in un anno deve essere inferiore a sessanta ore. La durata di sessanta ore si applica alle linee dell'intero impianto che sono collegate allo stesso dispositivo di abbattimento degli inquinanti dei gas di combustione.

4. Per gli impianti di incenerimento, nei casi di cui al comma 1 e di cui al comma 2 qualora il gestore decide di ridurre l'attivita', il tenore totale di polvere delle emissioni nell'atmosfera non deve in nessun caso superare i 150 mg/m³, espressi come media su 30 minuti. Non possono essere superati i valori limite relativi alle emissioni nell'atmosfera di TOC e CO di cui all'Allegato 1, lettera A, punto 2 e 5, lettera b). Devono inoltre essere rispettate tutte le altre prescrizioni di cui agli articoli 237-octies e 237-nonies.

5. Non appena si verificano le condizioni anomale di cui ai commi 1 e 2, il gestore ne da' comunicazione nel piu' breve tempo possibile ((all'autorita' competente e)) all'autorita' di controllo. Analoga comunicazione viene data non appena e' ripristinata la completa funzionalita' dell'impianto.

ART. 237-noviesdecies
(((Incidenti o inconvenienti).))

((1. Fatte salve le disposizioni della Parte sesta, di attuazione della direttiva 2004/35/CE del Parlamento europeo e del Consiglio del 21 aprile 2004, sulla responsabilita' ambientale in materia di prevenzione e riparazione del danno ambientale e esclusi i casi disciplinati all'articolo 29-undecies, in caso di incidenti o inconvenienti che incidano in modo significativo sull'ambiente, il gestore:
  a) deve informare immediatamente le Regioni, le Province e i

Comuni territorialmente competenti;
    b) deve adottare immediatamente le misure per limitare le conseguenze ambientali e prevenire ulteriori eventuali incidenti o inconvenienti.
  2. Ai fini del comma 1, le Regioni e le Province territorialmente competenti, diffidano il gestore ad adottare ogni misura complementare appropriata e necessaria per limitare le conseguenze ambientali e prevenire ulteriori eventuali incidenti o inconvenienti.))

                      ART. 237-vicies
                   (((Accessi ed ispezioni).))

  ((1. I soggetti incaricati dei controlli sono autorizzati ad accedere in ogni tempo presso gli impianti di incenerimento e coincenerimento per effettuare le ispezioni, i controlli, i prelievi e i campionamenti necessari all'accertamento del rispetto dei valori limite di emissione in atmosfera e in ambienti idrici, nonche' del rispetto delle prescrizioni relative alla ricezione, allo stoccaggio dei rifiuti e dei residui, ai pretrattamenti e alla movimentazione dei rifiuti e delle altre prescrizioni contenute nei provvedimenti autorizzatori o regolamentari e di tutte le altre prescrizioni contenute nel presente decreto.
  2. Il proprietario o il gestore degli impianti sono tenuti a fornire tutte le informazioni, dati e documenti richiesti dai soggetti di cui al comma 1, necessari per l'espletamento delle loro funzioni, ed a consentire l'accesso all'intero impianto.))

                     ART. 237-unvicies
                        (((Spese).))

  ((1. Le spese relative alle ispezioni e ai controlli, in applicazione delle disposizioni del presente Titolo, nonche' quelle relative all'espletamento dell'istruttoria per il rilascio dell'autorizzazione e per la verifica degli impianti sono a carico del titolare dell'autorizzazione, sulla base del costo effettivo del servizio, secondo tariffe e modalita' di versamento da determinarsi, salvi i casi disciplinati dalla Parte seconda del presente decreto, con disposizioni regionali.
  2. Fatto salvo il comma 1, le attivita' e le misure previste rientrano nell'ambito dei compiti istituzionali delle amministrazioni e degli enti interessati, cui si fa fronte con le risorse di bilancio allo scopo destinate a legislazione vigente.
  3. Dall'attuazione del presente titolo non devono derivare nuovi o maggiori oneri per la finanza pubblica.))

                     ART. 237-duovicies
              (((Disposizioni transitorie e finali).))

  ((1. Gli impianti esistenti si adeguano alle disposizioni del presente Titolo entro il 10 gennaio 2016.
  2. Per gli impianti esistenti, fermo restando l'obbligo a carico del gestore di adeguamento previsto al comma 1, l'autorita' competente al rilascio dell'autorizzazione provvede all'aggiornamento della stessa secondo le norme regolamentari e tecniche stabilite dal presente decreto, in occasione del primo rinnovo, rilascio o riesame dell'autorizzazione ambientale, successivo alla data di entrata in vigore della presente disposizione.
  3. Per gli impianti esistenti che effettuano coincenerimento di rifiuti non pericolosi secondo le procedure semplificate di cui al Capo V, del Titolo I alla Parte Quarta per i quali si effettui il rinnovo della comunicazione prevista articoli dal predetto Capo V, resta fermo l'obbligo di adeguamento, a carico del gestore, previsto al comma 1.
  4. Agli impianti di coincenerimento non sottoposti ad

autorizzazione integrata ambientale, con l'esclusione degli impianti che utilizzano rifiuti pericolosi, possono essere applicate le procedure semplificate di cui al Capo V, del Titolo I della Parte quarta. L'ammissione delle attivita' di coincenerimento dei rifiuti alle procedure semplificate e' subordinata alla comunicazione di inizio di attivita' che dovra' comprendere, oltre a quanto previsto agli articoli 237-quinquies, comma 2, e 237-sexies, comma 1, la relazione prevista all'articolo 215, comma 3. Per l'avvio dell'attivita' di coincenerimento dei rifiuti la regione chiede la prestazione di adeguata garanzia finanziaria a suo favore nella misura definita dalla regione stessa e proporzionata alla capacita' massima di coincenerimento dei rifiuti. L'avvio delle attivita' e' subordinato all'effettuazione di una ispezione preventiva, da parte della provincia competente per territorio, da effettuarsi entro sessanta giorni dalla data di presentazione della predetta comunicazione. Le ispezioni successive, da effettuarsi almeno una volta l'anno, accertano:

a) la tipologia e la quantita' dei rifiuti sottoposti alle operazioni di coincenerimento;

b) la conformita' delle attivita' di coincenerimento a quanto previsto agli articoli 214 e 215, e relative norme di attuazione.

5. Nel caso in cui la provincia competente per territorio, a seguito delle ispezioni previste al comma 4, accerta la violazione delle disposizioni stabilite al comma stesso, vieta, previa diffida e fissazione di un termine per adempiere, l'inizio ovvero la prosecuzione dell'attivita', salvo che il titolare dell'impianto non provveda, entro il termine stabilito, a conformare detta attivita' alla normativa vigente.

6. Nelle more del rilascio delle autorizzazioni di cui ai commi 2 e 3, i gestori continuano ad operare sulla base del titolo autorizzatorio precedentemente posseduto.

7. Con riguardo agli impianti autorizzati ai sensi dell'articolo 208, nel caso in cui il titolo autorizzatorio di cui al comma 6 non preveda un rinnovo periodico entro il 10 gennaio 2015, entro tale data i gestori degli impianti di incenerimento o di coincenerimento di rifiuti esistenti presentano comunque all'autorita' competente una richiesta di rinnovo del titolo autorizzatorio ai fini dell'adeguamento di cui al comma 1.

8. Per il recepimento di normative tecniche comunitarie di modifica degli allegati al presente Titolo si provvede con decreto del Ministro dell'ambiente e della tutela del territorio e del mare, previa comunicazione ai Ministri della salute e delle attivita' produttive; ogni qualvolta la nuova normativa comunitaria preveda poteri discrezionali per la sua trasposizione, il decreto e' adottato di concerto con i Ministri della salute e delle attivita' produttive, sentita la Conferenza unificata.))

TITOLO IV
TARIFFA PER LA GESTIONE DEI RIFIUTI URBANI

ART. 238
Tariffa per la gestione dei rifiuti urbani

1. Chiunque possegga o detenga a qualsiasi titolo locali, o aree scoperte ad uso privato o pubblico non costituenti accessorio o pertinenza dei locali medesimi, a qualsiasi uso adibiti, esistenti nelle zone del territorio comunale, che producano rifiuti urbani, e' tenuto al pagamento di una tariffa. La tariffa costituisce il corrispettivo per lo svolgimento del servizio di raccolta, recupero e smaltimento dei rifiuti solidi urbani e ricomprende anche i costi indicati dall'articolo 15 del decreto legislativo 13 gennaio 2003, n. 36. La tariffa di cui all'articolo 49 del decreto legislativo 5 febbraio 1997, n. 22, e' soppressa a decorrere dall'entrata in vigore

del presente articolo, salvo quanto previsto dal comma 11.

2. La tariffa per la gestione dei rifiuti e' commisurata alle quantita' e qualita' medie ordinarie di rifiuti prodotti per unita' di superficie, in relazione agli usi e alla tipologia di attivita' svolte, sulla base di parametri, determinati con il regolamento di cui al comma 6, che tengano anche conto di indici reddituali articolati per fasce di utenza e territoriali.

3. La tariffa e' determinata, entro tre mesi dalla data di entrata in vigore del decreto di cui al comma 6, dalle Autorita' d'ambito ed e' applicata e riscossa dai soggetti affidatari del servizio di gestione integrata sulla base dei criteri fissati dal regolamento di cui al comma 6. Nella determinazione della tariffa e' prevista la copertura anche di costi accessori relativi alla gestione dei rifiuti urbani quali, ad esempio, le spese di spazzamento delle strade. Qualora detti costi vengano coperti con la tariffa cio' deve essere evidenziato nei piani finanziari e nei bilanci dei soggetti affidatari del servizio.

4. La tariffa e' composta da una quota determinata in relazione alle componenti essenziali del costo del servizio, riferite in particolare agli investimenti per le opere ed ai relativi ammortamenti, nonche' da una quota rapportata alle quantita' di rifiuti conferiti, al servizio fornito e all'entita' dei costi di gestione, in modo che sia assicurata la copertura integrale dei costi di investimento e di esercizio.

5. Le Autorita' d'ambito approvano e presentano all'Autorita' di cui all'articolo 207 il piano finanziario e la relativa relazione redatta dal soggetto affidatario del servizio di gestione integrata. Entro quattro anni dalla data di entrata in vigore del regolamento di cui al comma 6, dovra' essere gradualmente assicurata l'integrale copertura dei costi.

6. Il Ministro dell'ambiente e della tutela del territorio e del mare, di concerto con il Ministro delle attivita' produttive, sentiti la Conferenza Stato regioni e le province autonome di Trento e di Bolzano, le rappresentanze qualificate degli interessi economici e sociali presenti nel Consiglio economico e sociale per le politiche ambientali (CESPA) e i soggetti interessati, disciplina, con apposito regolamento da emanarsi entro sei mesi dalla data di entrata in vigore della parte quarta del presente decreto e nel rispetto delle disposizioni di cui al presente articolo, i criteri generali sulla base dei quali vengono definite le componenti dei costi e viene determinata la tariffa, anche con riferimento alle agevolazioni di cui al comma 7, garantendo comunque l'assenza di oneri per le autorita' interessate.

7. Nella determinazione della tariffa possono essere previste agevolazioni per le utenze domestiche e per quelle adibite ad uso stagionale o non continuativo, debitamente documentato ed accertato, che tengano anche conto di indici reddituali articolati per fasce di utenza e territoriali. In questo caso, nel piano finanziario devono essere indicate le risorse necessarie per garantire l'integrale copertura dei minori introiti derivanti dalle agevolazioni, secondo i criteri fissati dal regolamento di cui al comma 6.

8. Il regolamento di cui al comma 6 tiene conto anche degli obiettivi di miglioramento della produttivita' e della qualita' del servizio fornito e del tasso di inflazione programmato.

9. L'eventuale modulazione della tariffa tiene conto degli investimenti effettuati dai comuni o dai gestori che risultino utili ai fini dell'organizzazione del servizio.

((10. Le utenze non domestiche che producono rifiuti urbani di cui all'articolo 183, comma 1, lettera b-ter), numero 2., che li conferiscono al di fuori del servizio pubblico e dimostrano di averli avviati al recupero mediante attestazione rilasciata dal soggetto che effettua l'attivita' di recupero dei rifiuti stessi sono escluse dalla corresponsione della componente tariffaria rapportata alla quantita' dei rifiuti conferiti; le medesime utenze effettuano la scelta di servirsi del gestore del servizio pubblico o del ricorso al mercato per un periodo non inferiore a due anni)).

11. Sino alla emanazione del regolamento di cui al comma 6 e fino al compimento degli adempimenti per l'applicazione della tariffa continuano ad applicarsi le discipline regolamentari vigenti.

12. La riscossione volontaria e coattiva della tariffa puo' essere effettuata secondo le disposizioni del decreto del Presidente della Repubblica 29 settembre 1973, n. 602, mediante convenzione con l'Agenzia delle entrate.

TITOLO V
BONIFICA DI SITI CONTAMINATI

ART. 239
(principi e campo di applicazione)

1. Il presente titolo disciplina gli interventi di bonifica e ripristino ambientale dei siti contaminati e definisce le procedure, i criteri e le modalita' per lo svolgimento delle operazioni necessarie per l'eliminazione delle sorgenti dell'inquinamento e comunque per la riduzione delle concentrazioni di sostanze inquinanti, in armonia con i principi e le norme comunitarie, con particolare riferimento al principio "chi inquina paga".

2. Ferma restando la disciplina dettata dal titolo I della parte quarta del presente decreto, le disposizioni del presente titolo non si applicano:
   a) all'abbandono dei rifiuti disciplinato dalla parte quarta del presente decreto. In tal caso qualora, a seguito della rimozione, avvio a recupero, smaltimento dei rifiuti abbandonati o depositati in modo incontrollato, si accerti il superamento dei valori di attenzione, si dovra' procedere alla caratterizzazione dell'area ai fini degli eventuali interventi di bonifica e ripristino ambientale da effettuare ai sensi del presente titolo;
   b) agli interventi di bonifica disciplinati da leggi speciali, se non nei limiti di quanto espressamente richiamato dalle medesime o di quanto dalle stesse non disciplinato.

3. Gli interventi di bonifica e ripristino ambientale per le aree caratterizzate da inquinamento diffuso sono disciplinati dalle regioni con appositi piani, fatte salve le competenze e le procedure previste per i siti oggetto di bonifica di interesse nazionale e comunque nel rispetto dei criteri generali di cui al presente titolo.

ART. 240
(definizioni)

1. Ai fini dell'applicazione del presente titolo, si definiscono:
   a) sito: l'area o porzione di territorio, geograficamente definita e determinata, intesa nelle diverse matrici ambientali (suolo ((, materiali di riporto)), sottosuolo ed acque sotterranee) e comprensiva delle eventuali strutture edilizie e impiantistiche presenti;
   b) concentrazioni soglia di contaminazione (CSC): i livelli di contaminazione delle matrici ambientali che costituiscono valori al di sopra dei quali e' necessaria la caratterizzazione del sito e l'analisi di rischio sito specifica, come individuati nell'Allegato 5 alla parte quarta del presente decreto. Nel caso in cui il sito potenzialmente contaminato sia ubicato in un'area interessata da fenomeni antropici o naturali che abbiano determinato il superamento di una o piu' concentrazioni soglia di contaminazione, queste ultime si assumono pari al valore di fondo esistente per tutti i parametri superati;
   c) concentrazioni soglia di rischio (CSR): i livelli di contaminazione delle matrici ambientali, da determinare caso per caso con l'applicazione della procedura di analisi di rischio sito

specifica secondo i principi illustrati nell'Allegato 1 alla parte quarta del presente decreto e sulla base dei risultati del piano di caratterizzazione, il cui superamento richiede la messa in sicurezza e la bonifica. I livelli di concentrazione cosi' definiti costituiscono i livelli di accettabilita' per il sito;

d) sito potenzialmente contaminato: un sito nel quale uno o piu' valori di concentrazione delle sostanze inquinanti rilevati nelle matrici ambientali risultino superiori ai valori di concentrazione soglia di contaminazione (CSC), in attesa di espletare le operazioni di caratterizzazione e di analisi di rischio sanitario e ambientale sito specifica, che ne permettano di determinare lo stato o meno di contaminazione sulla base delle concentrazioni soglia di rischio (CSR);

e) sito contaminato: un sito nel quale i valori delle concentrazioni soglia di rischio (CSR), determinati con l'applicazione della procedura di analisi di rischio di cui all'Allegato 1 alla parte quarta del presente decreto sulla base dei risultati del piano di caratterizzazione, risultano superati;

f) sito non contaminato: un sito nel quale la contaminazione rilevata nelle matrice ambientali risulti inferiore ai valori di concentrazione soglia di contaminazione (CSC) oppure, se superiore, risulti comunque inferiore ai valori di concentrazione soglia di rischio (CSR) determinate a seguito dell'analisi di rischio sanitario e ambientale sito specifica;

g) sito con attivita' in esercizio: un sito nel quale risultano in esercizio attivita' produttive sia industriali che commerciali nonche' le aree pertinenziali e quelle adibite ad attivita' accessorie economiche, ivi comprese le attivita' di mantenimento e tutela del patrimonio ai fini della successiva ripresa delle attivita';

h) sito dismesso: un sito in cui sono cessate le attivita' produttive;

i) misure di prevenzione: le iniziative per contrastare un evento, un atto o un'omissione che ha creato una minaccia imminente per la salute o per l'ambiente, intesa come rischio sufficientemente probabile che si verifichi un danno sotto il profilo sanitario o ambientale in un futuro prossimo, al fine di impedire o minimizzare il realizzarsi di tale minaccia;

l) misure di riparazione: qualsiasi azione o combinazione di azioni, tra cui misure di attenuazione o provvisorie dirette a riparare, risanare o sostituire risorse naturali e/o servizi naturali danneggiati, oppure a fornire un'alternativa equivalente a tali risorse o servizi;

m) messa in sicurezza d'emergenza: ogni intervento immediato o a breve termine, da mettere in opera nelle condizioni di emergenza di cui alla lettera t) in caso di eventi di contaminazione repentini di qualsiasi natura, atto a contenere la diffusione delle sorgenti primarie di contaminazione, impedirne il contatto con altre matrici presenti nel sito e a rimuoverle, in attesa di eventuali ulteriori interventi di bonifica o di messa in sicurezza operativa o permanente;

n) messa in sicurezza operativa: l'insieme degli interventi eseguiti in un sito con attivita' in esercizio atti a garantire un adeguato livello di sicurezza per le persone e per l'ambiente, in attesa di ulteriori interventi di messa in sicurezza permanente o bonifica da realizzarsi alla cessazione dell'attivita'. Essi comprendono altresi' gli interventi di contenimento della contaminazione da mettere in atto in via transitoria fino all'esecuzione della bonifica o della messa in sicurezza permanente, al fine di evitare la diffusione della contaminazione all'interno della stessa matrice o tra matrici differenti. In tali casi devono essere predisposti idonei piani di monitoraggio e controllo che consentano di verificare l'efficacia delle soluzioni adottate;

o) messa in sicurezza permanente: l'insieme degli interventi atti a isolare in modo definitivo le fonti inquinanti rispetto alle matrici ambientali circostanti e a garantire un elevato e definitivo livello di sicurezza per le persone e per l'ambiente. In tali casi devono essere previsti piani di monitoraggio e controllo e limitazioni d'uso rispetto alle previsioni degli strumenti urbanistici;

p) bonifica: l'insieme degli interventi atti ad eliminare le fonti di inquinamento e le sostanze inquinanti o a ridurre le concentrazioni delle stesse presenti nel suolo, nel sottosuolo e nelle acque sotterranee ad un livello uguale o inferiore ai valori delle concentrazioni soglia di rischio (CSR);

q) ripristino e ripristino ambientale: gli interventi di riqualificazione ambientale e paesaggistica, anche costituenti complemento degli interventi di bonifica o messa in sicurezza permanente, che consentono di recuperare il sito alla effettiva e definitiva fruibilita' per la destinazione d'uso conforme agli strumenti urbanistici;

r) inquinamento diffuso: la contaminazione o le alterazioni chimiche, fisiche o biologiche delle matrici ambientali determinate da fonti diffuse e non imputabili ad una singola origine;

s) analisi di rischio sanitario e ambientale sito specifica: analisi sito specifica degli effetti sulla salute umana derivanti dall'esposizione prolungata all'azione delle sostanze presenti nelle matrici ambientali contaminate, condotta con i criteri indicati nell'Allegato 1 alla parte quarta del presente decreto;

t) condizioni di emergenza: gli eventi al verificarsi dei quali e' necessaria l'esecuzione di interventi di emergenza, quali ad esempio:

1) concentrazioni attuali o potenziali dei vapori in spazi confinati prossime ai livelli di esplosivita' o idonee a causare effetti nocivi acuti alla salute;

2) presenza di quantita' significative di prodotto in fase separata sul suolo o in corsi di acqua superficiali o nella falda;

3) contaminazione di pozzi ad utilizzo idropotabile o per scopi agricoli;

4) pericolo di incendi ed esplosioni.

ART. 241
(regolamento aree agricole)

1. Il regolamento relativo agli interventi di bonifica, ripristino ambientale e di messa in sicurezza, d'emergenza, operativa e permanente, delle aree destinate alla produzione agricola e all'allevamento e' adottato con decreto del Ministro dell'ambiente e della tutela del territorio e del mare di concerto con i Ministri delle attivita' produttive, della salute e delle politiche agricole e forestali.

ART. 241-bis
(Aree Militari).

1. Ai fini dell'individuazione delle misure di prevenzione, messa in sicurezza e bonifica, e dell'istruttoria dei relativi progetti, da realizzare nelle aree del demanio destinate ad uso esclusivo delle Forze armate per attivita' connesse alla difesa nazionale, si applicano le concentrazioni di soglia di contaminazione previste nella tabella 1, colonne A e B, dell'allegato 5 al titolo V della parte quarta del presente decreto, individuate tenuto conto delle diverse destinazioni e delle attivita' effettivamente condotte all'interno delle aree militari.

2. Gli obiettivi di intervento nelle aree di cui al comma 1 sono determinanti mediante applicazione di idonea analisi di rischio sito specifica che deve tenere conto dell'effettivo utilizzo e delle caratteristiche ambientali di dette aree o di porzioni di esse e delle aree limitrofe, al fine di prevenire, ridurre o eliminare i rischi per la salute dovuti alla potenziale esposizione a sostanze

inquinanti e la diffusione della contaminazione nelle matrici ambientali.

3. Resta fermo che in caso di declassificazione del sito da uso militare a destinazione residenziale dovranno essere applicati i limiti di concentrazione di soglia di contaminazione di cui alla Tabella 1, colonna a), dell'Allegato 5, alla Parte IV, Titolo V del presente decreto.

4. Le concentrazioni soglia di contaminazione delle sostanze specifiche delle attivita' militari non incluse nella Tabella 1 dell'Allegato 5, alla Parte IV, Titolo V del presente decreto sono definite dall'Istituto Superiore di Sanita' sulla base delle informazioni tecniche fornite dal Ministero della difesa.

4-bis. Il comandante di ciascun poligono militare delle Forze armate adotta un piano di monitoraggio permanente sulle componenti di tutte le matrici ambientali in relazione alle attivita' svolte nel poligono, assumendo altresi' le iniziative necessarie per l'estensione del monitoraggio, a cura degli organi competenti, anche alle aree limitrofe al poligono. Relativamente ai poligoni temporanei o semi-permanenti il predetto piano e' limitato al periodo di utilizzo da parte delle Forze armate.

4-ter. Il comandante di ciascun poligono militare delle Forze armate predispone semestralmente, per ciascuna tipologia di esercitazione o sperimentazione da eseguire nell'area del poligono, un documento indicante le attivita' previste, le modalita' operative di tempo e di luogo e gli altri elementi rilevanti ai fini della tutela dell'ambiente e della salute.

4-quater. Il comandante del poligono militare delle Forze armate trasmette il documento di cui al comma 4-ter alla regione in cui ha sede il poligono. Lo stesso documento e' messo a disposizione dell'ARPA e dei comuni competenti per territorio.

4-quinquies. Le regioni in cui hanno sede poligoni militari delle Forze armate istituiscono un Osservatorio ambientale regionale sui poligoni militari, nell'ambito dei sistemi informativi ambientali regionali afferenti alla rete informativa nazionale ambientale (SINANET) di cui all'articolo 11 della legge 28 giugno 2016, n. 132. Il comandante del poligono militare, entro trenta giorni dal termine del periodo esercitativo, trasmette all'Osservatorio le risultanze del piano di monitoraggio ambientale di cui al comma 4-bis. Le forme di collaborazione tra gli Osservatori ambientali regionali e il Ministero della difesa sono disciplinate da appositi protocolli.

4-sexies. Con le modalita' previste dall'articolo 184, comma 5-bis, sono disciplinate, nel rispetto dei principi di cui alla parte sesta, titolo II, del presente decreto, le procedure applicabili al verificarsi, nei poligoni militari delle Forze armate, di un evento in relazione al quale esiste il pericolo imminente di un danno ambientale.

4-septies. Con decreto del Ministro della difesa, di concerto con il Ministro dell'ambiente e della tutela del territorio e del mare e con il Ministro della salute, e' stabilito il periodo massimo di utilizzo annuale dei poligoni militari delle Forze armate per le esercitazioni e le sperimentazioni.

4-octies. Ferme restando le competenze di cui all'articolo 9 del decreto del Ministro della difesa 22 ottobre 2009, pubblicato nella Gazzetta Ufficiale n. 87 del 15 aprile 2010, l'ISPRA provvede alle attivita' di vigilanza sul rispetto della normativa sui rifiuti avvalendosi delle ARPA .

4-novies. COMMA ABROGATO DALLA L. 27 DICEMBRE 2019, N. 160.

5. Per le attivita' di progettazione e realizzazione degli interventi, di cui al presente articolo, il Ministero della difesa si puo' avvalere, con apposite convenzioni, di organismi strumentali dell'Amministrazione centrale che operano nel settore e definisce con propria determinazione le relative modalita' di attuazione.

ART. 242
(procedure operative ed amministrative)

1. Al verificarsi di un evento che sia potenzialmente in grado di contaminare il sito, il responsabile dell'inquinamento mette in opera entro ventiquattro ore le misure necessarie di prevenzione e ne da' immediata comunicazione ai sensi e con le modalita' di cui all'articolo 304, comma 2. La medesima procedura si applica all'atto di individuazione di contaminazioni storiche che possano ancora comportare rischi di aggravamento della situazione di contaminazione.

2. Il responsabile dell'inquinamento, attuate le necessarie misure di prevenzione, svolge, nelle zone interessate dalla contaminazione, un'indagine preliminare sui parametri oggetto dell'inquinamento e, ove accerti che il livello delle concentrazioni soglia di contaminazione (CSC) non sia stato superato, provvede al ripristino della zona contaminata, dandone notizia, con apposita autocertificazione, al comune ed alla provincia competenti per territorio entro quarantotto ore dalla comunicazione. L'autocertificazione conclude il procedimento di notifica di cui al presente articolo, ferme restando le attivita' di verifica e di controllo da parte dell'autorita' competente da effettuarsi nei successivi quindici giorni. Nel caso in cui l'inquinamento non sia riconducibile ad un singolo evento, i parametri da valutare devono essere individuati, caso per caso, sulla base della storia del sito e delle attivita' ivi svolte nel tempo.

3. Qualora l'indagine preliminare di cui al comma 2 accerti l'avvenuto superamento delle CSC anche per un solo parametro, il responsabile dell'inquinamento ne da' immediata notizia al comune ed alle province competenti per territorio con la descrizione delle misure di prevenzione e di messa in sicurezza di emergenza adottate. Nei successivi trenta giorni, presenta alle predette amministrazioni, nonche' alla regione territorialmente competente il piano di caratterizzazione con i requisiti di cui all'Allegato 2 alla parte quarta del presente decreto. Entro i trenta giorni successivi la regione, convocata la conferenza di servizi, autorizza il piano di caratterizzazione con eventuali prescrizioni integrative. L'autorizzazione regionale costituisce assenso per tutte le opere connesse alla caratterizzazione, sostituendosi ad ogni altra autorizzazione, concessione, concerto, intesa, nulla osta da parte della pubblica amministrazione.

4. Sulla base delle risultanze della caratterizzazione, al sito e' applicata la procedura di analisi del rischio sito specifica per la determinazione delle concentrazioni soglia di rischio (CSR). I criteri per l'applicazione della procedura di analisi di rischio sono stabiliti con decreto del Ministro dell'ambiente e della tutela del territorio e del mare, di concerto con i Ministri dello sviluppo economico e della salute entro il 30 giugno 2008. Nelle more dell'emanazione del predetto decreto, i criteri per l'applicazione della procedura di analisi di rischio sono riportati nell'Allegato 1 alla parte quarta del presente decreto. Entro sei mesi dall'approvazione del piano di caratterizzazione, il soggetto responsabile presenta alla regione i risultati dell'analisi di rischio. La conferenza di servizi convocata dalla regione, a seguito dell'istruttoria svolta in contraddittorio con il soggetto responsabile, cui e' dato un preavviso di almeno venti giorni, approva il documento di analisi di rischio entro i sessanta giorni dalla ricezione dello stesso. Tale documento e' inviato ai componenti della conferenza di servizi almeno venti giorni prima della data fissata per la conferenza e, in caso di decisione a maggioranza, la delibera di adozione fornisce una adeguata ed analitica motivazione rispetto alle opinioni d issenzienti espresse nel corso della conferenza.

5 Qualora gli esiti della procedura dell'analisi di rischio dimostrino che la concentrazione dei contaminanti presenti nel sito e' inferiore alle concentrazioni soglia di rischio, la conferenza dei servizi, con l'approvazione del documento dell'analisi del rischio, dichiara concluso positivamente il procedimento. In tal caso la

conferenza di servizi puo' prescrivere lo svolgimento di un programma di monitoraggio sul sito circa la stabilizzazione della situazione riscontrata in relazione agli esiti dell'analisi di rischio e all'attuale destinazione d'uso del sito. A tal fine, il soggetto responsabile, entro sessanta giorni dall'approvazione di cui sopra, invia alla provincia ed alla regione competenti per territorio un piano di monitoraggio nel quale sono individuati:
    a) i parametri da sottoporre a controllo;
    b) la frequenza e la durata del monitoraggio.

  6 La regione, sentita la provincia, approva il piano di monitoraggio entro trenta giorni dal ricevimento dello stesso. L'anzidetto termine puo' essere sospeso una sola volta, qualora l'autorita' competente ravvisi la necessita' di richiedere, mediante atto adeguatamente motivato, integrazioni documentali o approfondimenti del progetto, assegnando un congruo termine per l'adempimento. In questo caso il termine per l'approvazione decorre dalla ricezione del progetto integrato. Alla scadenza del periodo di monitoraggio il soggetto responsabile ne da' comunicazione alla regione ed alla provincia, inviando una relazione tecnica riassuntiva degli esiti del monitoraggio svolto. Nel caso in cui le attivita' di monitoraggio rilevino il superamento di uno o piu' delle concentrazioni soglia di rischio, il soggetto responsabile dovra' avviare la procedura di bonifica di cui al comma 7.

  7. Qualora gli esiti della procedura dell'analisi di rischio dimostrino che la concentrazione dei contaminanti presenti nel sito e' superiore ai valori di concentrazione soglia di rischio (CSR), il soggetto responsabile sottopone alla regione, nei successivi sei mesi dall'approvazione del documento di analisi di rischio, il progetto operativo degli interventi di bonifica o di messa in sicurezza, operativa o permanente, e, ove necessario, le ulteriori misure di riparazione e di ripristino ambientale, al fine di minimizzare e ricondurre ad accettabilita' il rischio derivante dallo stato di contaminazione presente nel sito. Per la selezione delle tecnologie di bonifica in situ piu' idonee, la regione puo' autorizzare l'applicazione a scala pilota, in campo, di tecnologie di bonifica innovative, anche finalizzata all'individuazione dei parametri di progetto necessari per l'applicazione a piena scala, a condizione che tale applicazione avvenga in condizioni di sicurezza con riguardo ai rischi sanitari e ambientali. Nel caso di interventi di bonifica o di messa in sicurezza di cui al primo periodo, che presentino particolari complessita' a causa della natura della contaminazione, degli interventi, delle dotazioni impiantistiche necessarie o dell'estensione dell'area interessata dagli interventi medesimi, il progetto puo' essere articolato per fasi progettuali distinte al fine di rendere possibile la realizzazione degli interventi per singole aree o per fasi temporali successive.Nell'ambito dell'articolazione temporale potra' essere valutata l'adozione di tecnologie innovative, di dimostrata efficienza ed efficacia, a costi sopportabili, resesi disponibili a seguito dello sviluppo tecnico-scientifico del settore La regione, acquisito il parere del comune e della provincia interessati mediante apposita conferenza di servizi e sentito il soggetto responsabile, approva il progetto, con eventuali prescrizioni ed integrazioni entro sessanta giorni dal suo ricevimento. Tale termine puo' essere sospeso una sola volta, qualora la regione ravvisi la necessita' di richiedere, mediante atto adeguatamente motivato, integrazioni documentali o approfondimenti al progetto, assegnando un congruo termine per l'adempimento. In questa ipotesi il termine per l'approvazione del progetto decorre dalla presentazione del progetto integrato. Ai soli fini della realizzazione e dell'esercizio degli impianti e delle attrezzature necessarie all'attuazione del progetto operativo e per il tempo strettamente necessario all'attuazione medesima, l'autorizzazione regionale di cui al presente comma sostituisce a tutti gli effetti le autorizzazioni, le concessioni, i concerti, le intese, i nulla osta, i pareri e gli assensi previsti dalla legislazione vigente compresi,

in particolare, quelli relativi alla valutazione di impatto ambientale, ove necessaria, alla gestione delle terre e rocce da scavo all'interno dell'area oggetto dell'intervento ed allo scarico delle acque emunte dalle falde. L'autorizzazione costituisce, altresi', variante urbanistica e comporta dichiarazione di pubblica utilita', di urgenza ed indifferibilita' dei lavori. Con il pr ovvedimento di approvazione del progetto sono stabiliti anche i tempi di esecuzione, indicando altresi' le eventuali prescrizioni necessarie per l'esecuzione dei lavori, le verifiche intermedie per la valutazione dell'efficacia delle tecnologie di bonifica adottate e le attivita' di verifica in corso d'opera necessarie per la certificazione di cui all'articolo 248, comma 2, con oneri a carico del proponente, ed e' fissata l'entita' delle garanzie finanziarie, in misura non superiore al cinquanta per cento del costo stimato dell'intervento, che devono essere prestate in favore della regione per la corretta esecuzione ed il completamento degli interventi medesimi.

7-bis. Qualora gli obiettivi individuati per la bonifica del suolo, sottosuolo e materiali di riporto siano raggiunti anticipatamente rispetto a quelli previsti per la falda, e' possibile procedere alla certificazione di avvenuta bonifica di cui all'articolo 248 limitatamente alle predette matrici ambientali, anche a stralcio in relazione alle singole aree catastalmente individuate, fermo restando l'obbligo di raggiungere tutti gli obiettivi di bonifica su tutte le matrici interessate da contaminazione. In tal caso e' necessario dimostrare e garantire nel tempo che le contaminazioni ancora presenti nelle acque sotterranee fino alla loro completa rimozione non comportino un rischio per i fruitori dell'area, ne' una modifica del modello concettuale tale da comportare un peggioramento della qualita' ambientale per le altre matrici secondo le specifiche destinazioni d'uso. Le garanzie finanziarie di cui al comma 7 sono comunque prestate per l'intero intervento e sono svincolate solo al raggiungimento di tutti gli obiettivi di bonifica.

8. I criteri per la selezione e l'esecuzione degli interventi di bonifica e ripristino ambientale, di messa in sicurezza operativa o permanente, nonche' per l'individuazione delle migliori tecniche di intervento a costi sostenibili (B.A.T.N.E.E.C. - Best Available Technology Not Entailing Excessive Costs) ai sensi delle normative comunitarie sono riportati nell'Allegato 3 alla parte quarta del presente decreto.

9. La messa in sicurezza operativa, riguardante i siti contaminati , garantisce una adeguata sicurezza sanitaria ed ambientale ed impedisce un'ulteriore propagazione dei contaminanti. I progetti di messa in sicurezza operativa sono accompagnati da accurati piani di monitoraggio dell'efficacia delle misure adottate ed indicano se all'atto della cessazione dell'attivita' si rendera' necessario un intervento di bonifica o un intervento di messa in sicurezza permanente.Possono essere altresi' autorizzati interventi di manutenzione ordinaria e straordinaria e di messa in sicurezza degli impianti e delle reti tecnologiche, purche' non compromettano la possibilita' di effettuare o completare gli interventi di bonifica che siano condotti adottando appropriate misure di prevenzione dei rischi.

10. Nel caso di caratterizzazione, bonifica, messa in sicurezza e ripristino ambientale di siti con attivita' in esercizio, la regione, fatto salvo l'obbligo di garantire la tutela della salute pubblica e dell'ambiente, in sede di approvazione del progetto assicura che i suddetti interventi siano articolati in modo tale da risultare compatibili con la prosecuzione della attivita'.

11. Nel caso di eventi avvenuti anteriormente all'entrata in vigore della parte quarta del presente decreto che si manifestino successivamente a tale data in assenza di rischio immediato per l'ambiente e per la salute pubblica, il soggetto interessato comunica alla regione, alla provincia e al comune competenti l'esistenza di

una potenziale contaminazione unitamente al piano di caratterizzazione del sito, al fine di determinarne l'entita' e l'estensione con riferimento ai parametri indicati nelle CSC ed applica le procedure di cui ai commi 4 e seguenti.

12. Le indagini ed attivita' istruttorie sono svolte dalla provincia, che si avvale della competenza tecnica dell'Agenzia regionale per la protezione dell'ambiente e si coordina con le altre amministrazioni.

13. La procedura di approvazione della caratterizzazione e del progetto di bonifica si svolge in Conferenza di servizi convocata dalla regione e costituita dalle amministrazioni ordinariamente competenti a rilasciare i permessi, autorizzazioni e concessioni per la realizzazione degli interventi compresi nel piano e nel progetto. La relativa documentazione e' inviata ai componenti della conferenza di servizi almeno venti giorni prima della data fissata per la discussione e, in caso di decisione a maggioranza, la delibera di adozione deve fornire una adeguata ed analitica motivazione rispetto alle opinioni dissenzienti espresse nel corso della conferenza. PERIODO SOPPRESSO DAL D.L. 31 MAGGIO 2021, N. 77, CONVERTITO CON MODIFICAZIONI DALLA L. 29 LUGLIO 2021, N. 108. PERIODO SOPPRESSO DAL D.L. 31 MAGGIO 2021, N. 77, CONVERTITO CON MODIFICAZIONI DALLA L. 29 LUGLIO 2021, N. 108.

13-bis. Per la rete di distribuzione carburanti si applicano le procedure semplificate di cui all'articolo 252, comma 4.

((13-ter. Qualora la procedura interessi un sito in cui, per fenomeni di origine naturale o antropica, le concentrazioni rilevate superino le CSC di cui alle colonne A e B della tabella 1 dell'allegato 5 al titolo V della parte quarta, il proponente puo' presentare all'ARPA territorialmente competente un piano di indagine per definire i valori di fondo da assumere. Tale piano, condiviso con l'ARPA territorialmente competente, e' realizzato dal proponente con oneri a proprio carico, in contraddittorio con la medesima ARPA, entro sessanta giorni dalla data di presentazione dello stesso. Il piano di indagine puo' fare riferimento anche ai dati pubblicati e validati dall'ARPA territorialmente competente relativi all'area oggetto di indagine. Sulla base delle risultanze del piano di indagine, nonche' di altri dati disponibili per l'area oggetto di indagine, l'ARPA territorialmente competente definisce i valori di fondo. E' fatta comunque salva la facolta' dell'ARPA territorialmente competente di esprimersi sulla compatibilita' delle CSC rilevate nel sito con le condizioni geologiche, idrogeologiche e antropiche del contesto territoriale in cui esso e' inserito. In tale caso le CSC riscontrate nel sito sono ricondotte ai valori di fondo)).

ART. 242-bis
(Procedura semplificata per le operazioni di bonifica).

1. L'operatore interessato a effettuare, a proprie spese, interventi di bonifica del suolo con riduzione della contaminazione ad un livello uguale o inferiore ai valori di concentrazione soglia di contaminazione, puo' presentare all'amministrazione di cui agli articoli 242 o 252 uno specifico progetto completo degli interventi programmati sulla base dei dati dello stato di contaminazione del sito, nonche' del cronoprogramma di svolgimento dei lavori. ((La caratterizzazione e il relativo progetto di bonifica non sono sottoposti alle procedure di approvazione di cui agli articoli 242 e 252, bensi' a controllo ai sensi dei commi 3 e 4 del presente articolo per la verifica del conseguimento dei valori di concentrazione soglia di contaminazione nei suoli per la specifica destinazione d'uso)). L'operatore e' responsabile della veridicita' dei dati e delle informazioni forniti, ai sensi e per gli effetti dell'articolo 21 della legge 7 agosto 1990, n. 241.

((1-bis. Qualora il progetto di bonifica di cui al comma 1 riguardi un sito di estensione superiore a 15.000 metri quadrati, esso puo' essere attuato in non piu' di tre fasi, ciascuna delle quali e' soggetta al termine di esecuzione di cui al comma 2. Nel caso di bonifica di un sito avente estensione superiore a 400.000 metri quadrati, il numero delle fasi o dei lotti funzionali in cui si articola il progetto e' stabilito dallo specifico crono-programma ivi annesso, la cui definizione deve formare oggetto di intesa con l'autorita' competente. Il crono-programma deve precisare, in particolare, gli interventi per la bonifica e le misure di prevenzione e messa in sicurezza relativi all'intera area, con specifico riferimento anche alle acque di falda)).

2. Per il rilascio degli atti di assenso necessari alla realizzazione e all'esercizio degli impianti e attivita' previsti dal progetto di bonifica l'interessato presenta gli elaborati tecnici esecutivi di tali impianti e attivita' alla regione nel cui territorio ricade la maggior parte degli impianti e delle attivita', che, entro i successivi trenta giorni, convoca apposita conferenza di servizi, ai sensi della legge 7 agosto 1990, n. 241, o delle discipline regionali applicabili in materia. Entro novanta giorni dalla convocazione, la regione adotta la determinazione conclusiva che sostituisce a tutti di effetti ogni autorizzazione, concessione, nulla osta o atto di assenso comunque denominato. Non oltre trenta giorni dalla comunicazione dell'atto di assenso, il soggetto interessato comunica all'amministrazione titolare del procedimento di cui agli articoli 242 o 252 e all'ARPA territorialmente competente, la data di avvio dell'esecuzione della bonifica che si deve concludere nei successivi diciotto mesi, salva eventuale proroga non superiore a sei mesi; decorso tale termine, salvo motivata sospensione, deve essere avviato il procedimento ordinario ai sensi degli articoli 242 o 252.

2-bis. Nella selezione della strategia di intervento dovranno essere privilegiate modalita' tecniche che minimizzino il ricorso allo smaltimento in discarica. In particolare, nel rispetto dei principi di cui alla parte IV del presente decreto legislativo, dovra' essere privilegiato il riutilizzo in situ dei materiali trattati.

3. Ultimati gli interventi di bonifica, l'interessato presenta il piano di caratterizzazione all'autorita' di cui agli articoli 242 o 252 al fine di verificare il conseguimento dei valori di concentrazione soglia di contaminazione della matrice suolo per la specifica destinazione d'uso. Il piano e' approvato nei successivi quarantacinque giorni. In via sperimentale, per i procedimenti avviati entro il 31 dicembre 2017, decorso inutilmente il termine di cui al periodo precedente, il piano di caratterizzazione si intende approvato. L'esecuzione di tale piano e' effettuata in contraddittorio con l'ARPA territorialmente competente, che procede alla validazione dei relativi dati e ne da' comunicazione all'autorita' titolare del procedimento di bonifica entro quarantacinque giorni.

4. La validazione dei risultati del piano di campionamento di collaudo finale da parte dell'Agenzia regionale per la protezione dell'ambiente territorialmente competente, che conferma il conseguimento dei valori di concentrazione soglia di contaminazione nei suoli, costituisce certificazione dell'avvenuta bonifica del suolo. I costi dei controlli sul piano di campionamento finale e della relativa validazione sono a carico del soggetto di cui al comma 1. Ove i risultati del campionamento di collaudo finale dimostrino che non sono stati conseguiti i valori di concentrazione soglia di contaminazione nella matrice suolo, l'Agenzia regionale per la protezione dell'ambiente territorialmente competente comunica le difformita' riscontrate all'autorita' titolare del procedimento di bonifica e al soggetto di cui al comma 1, il quale deve presentare, entro i successivi quarantacinque giorni, le necessarie integrazioni al progetto di bonifica che e' istruito nel rispetto delle procedure ordinarie ai sensi degli articoli 242 o 252 del presente decreto.

5. Resta fermo l'obbligo di adottare le misure di prevenzione, messa in sicurezza e bonifica delle acque di falda, se necessarie,

secondo le procedure di cui agli articoli 242 o 252.

6. Conseguiti i valori di concentrazione soglia di contaminazione del suolo, il sito puo' essere utilizzato in conformita' alla destinazione d'uso prevista secondo gli strumenti urbanistici vigenti, salva la valutazione di eventuali rischi sanitari per i fruitori del sito derivanti dai contaminanti volatili presenti nelle acque di falda.

ART. 242-ter
(Interventi e opere nei siti oggetto di bonifica)

1. Nei siti oggetto di bonifica, inclusi i siti di interesse nazionale, possono essere realizzati i progetti del Piano nazionale di ripresa e resilienza, interventi e opere richiesti dalla normativa sulla sicurezza dei luoghi di lavoro, di manutenzione ordinaria e straordinaria di impianti e infrastrutture, compresi adeguamenti alle prescrizioni autorizzative, nonche' opere lineari necessarie per l'esercizio di impianti e forniture di servizi e, piu' in generale, altre opere lineari di pubblico interesse, di sistemazione idraulica, di mitigazione del rischio idraulico, opere per la realizzazione di impianti per la produzione energetica da fonti rinnovabili e di sistemi di accumulo, esclusi gli impianti termoelettrici, fatti salvi i casi di riconversione da un combustibile fossile ad altra fonte meno inquinante o qualora l'installazione comporti una riduzione degli impatti ambientali rispetto all'assetto esistente, opere con le medesime connesse, infrastrutture indispensabili alla costruzione e all'esercizio degli stessi impianti, nonche' le tipologie di opere e interventi individuati con il decreto del Presidente del Consiglio dei ministri di cui all'articolo 7-bis, a condizione che detti interventi e opere siano realizzati secondo modalita' e tecniche che non pregiudichino ne' interferiscano con l'esecuzione e il completamento della bonifica, ne' determinino rischi per la salute dei lavoratori e degli altri fruitori dell'area nel rispetto del decreto legislativo 9 aprile 2008, n. 81.

1-bis. Le disposizioni del presente articolo si applicano anche per la realizzazione di opere che non prevedono scavi ma comportano occupazione permanente di suolo, a condizione che il sito oggetto di bonifica sia gia' caratterizzato ai sensi dell'articolo 242.

2. La valutazione del rispetto delle condizioni di cui al comma 1 e al comma 1-bis e' effettuata da parte dell'autorita' competente ai sensi del Titolo V, Parte quarta, del presente decreto, nell'ambito dei procedimenti di approvazione e autorizzazione degli interventi e, ove prevista, nell'ambito della procedura di valutazione di impatto ambientale.

3. Per gli interventi e le opere individuate al comma 1 e al comma 1-bis, nonche' per quelle di cui all'articolo 25 del decreto del Presidente della Repubblica 13 giugno 2017, n. 120, il Ministro dell'ambiente e della tutela del territorio e del mare con proprio decreto per le aree ricomprese nei siti di interesse nazionale, e le regioni per le restanti aree, provvedono all'individuazione delle categorie di interventi che non necessitano della preventiva valutazione da parte dell'Autorita' competente ai sensi del Titolo V, Parte quarta, del presente decreto, e, qualora necessaria, definiscono i criteri e le procedure per la predetta valutazione nonche' le modalita' di controllo.

4. Ai fini del rispetto delle condizioni previste dal comma 1, anche nelle more dell'attuazione del comma 3, sono rispettate le seguenti procedure e modalita' di caratterizzazione, scavo e gestione dei terreni movimentati:

a) nel caso in cui non sia stata ancora realizzata la caratterizzazione dell'area oggetto dell'intervento ai sensi dell'articolo 242, il soggetto proponente accerta lo stato di potenziale contaminazione del sito mediante un Piano di indagini preliminari. Il Piano, comprensivo della lista degli analiti da ricercare, e' concordato con l'Agenzia di protezione ambientale territorialmente competente che si pronuncia entro e non oltre il termine di trenta giorni dalla richiesta del proponente, eventualmente stabilendo particolari prescrizioni in relazione alla specificita' del sito. In caso di mancata pronuncia nei termini da parte dell'Agenzia di protezione ambientale territorialmente competente, il Piano di indagini preliminari e' concordato con l'ISPRA che si pronuncia entro i quindici giorni successivi su segnalazione del proponente. Il proponente, trenta giorni prima dell'avvio delle attivita' d'indagine, trasmette agli enti interessati il piano con la data di inizio delle operazioni. Qualora l'indagine preliminare accerti l'avvenuto superamento delle CSC anche per un solo parametro, il soggetto proponente ne da' immediata comunicazione con le forme e le modalita' di cui all'articolo 245, comma 2, con la descrizione delle misure di prevenzione e di messa in sicurezza di emergenza adottate;

 b) in presenza di attivita' di messa in sicurezza operativa gia' in essere, il proponente puo' avviare la realizzazione degli interventi e delle opere di cui al comma 1 previa comunicazione all'Agenzia di protezione ambientale territorialmente competente da effettuarsi con almeno quindici giorni di anticipo rispetto all'avvio delle opere. Al termine dei lavori, l'interessato assicura il ripristino delle opere di messa in sicurezza operativa;

 c) le attivita' di scavo sono effettuate con le precauzioni necessarie a non aumentare i livelli di inquinamento delle matrici ambientali interessate e, in particolare, delle acque sotterranee. Le eventuali fonti attive di contaminazione, quali rifiuti o prodotto libero, rilevate nel corso delle attivita' di scavo, sono rimosse e gestite nel rispetto delle norme in materia di gestione dei rifiuti. I terreni e i materiali provenienti dallo scavo sono gestiti nel rispetto del decreto del Presidente della Repubblica 13 giugno 2017, n. 120.

 c-bis) ove l'indagine preliminare di cui alla lettera a) accerti che il livello delle CSC non sia stato superato, per i siti di interesse nazionale il procedimento si conclude secondo le modalita' previste dal comma 4-bis dell'articolo 252 e per gli altri siti nel rispetto di quanto previsto dal comma 2 dell'articolo 242.

 4-bis. Ai fini della definizione dei valori di fondo naturale si applica la procedura prevista dall'articolo 11 del decreto del Presidente della Repubblica 13 giugno 2017, n. 120. ((E' fatta comunque salva la facolta' dell'ARPA territorialmente competente di esprimersi sulla compatibilita' delle CSC rilevate nel sito con le condizioni geologiche, idrogeologiche e antropiche del contesto territoriale in cui esso e' inserito. In tale caso le CSC riscontrate nel sito sono ricondotte ai valori di fondo)).

 5. All'attuazione del presente articolo le amministrazioni interessate provvedono con le risorse umane, finanziarie e strumentali disponibili a legislazione vigente, senza nuovi o maggiori oneri a carico della finanza pubblica.

ART. 243
(Gestione delle acque sotterranee emunte)

1. Al fine di impedire e arrestare l'inquinamento delle acque sotterranee nei siti contaminati, oltre ad adottare le necessarie misure di messa in sicurezza e di prevenzione dell'inquinamento delle acque, anche tramite conterminazione idraulica con emungimento e trattamento, devono essere individuate e adottate le migliori tecniche disponibili per eliminare, anche mediante trattamento secondo quanto previsto dall'articolo 242, o isolare le fonti di contaminazione dirette e indirette; in caso di emungimento e trattamento delle acque sotterranee deve essere valutata la possibilita' tecnica di utilizzazione delle acque emunte nei cicli produttivi in esercizio nel sito, in conformita' alle finalita' generali e agli obiettivi di conservazione e risparmio delle risorse idriche stabiliti nella parte terza.

2. Il ricorso al barrieramento fisico e' consentito solo nel caso in cui non sia possibile conseguire altrimenti gli obiettivi di cui al comma 1 secondo le modalita' dallo stesso previste.

3. Ove non si proceda ai sensi dei commi 1 e 2, l'immissione di acque emunte in corpi idrici superficiali o in fognatura deve avvenire previo trattamento depurativo da effettuare presso un apposito impianto di trattamento delle acque di falda o presso gli impianti di trattamento delle acque reflue industriali esistenti e in esercizio in loco, che risultino tecnicamente idonei.

4. Le acque emunte convogliate tramite un sistema stabile di collettamento che collega senza soluzione di continuita' il punto di prelievo di tali acque con il punto di immissione delle stesse, previo trattamento di depurazione, in corpo ricettore, sono assimilate alle acque reflue industriali che provengono da uno scarico e come tali soggette al regime di cui alla parte terza.

5. In deroga a quanto previsto dal comma 1 dell'articolo 104, ai soli fini della bonifica, e' ammessa la reimmissione, previo trattamento, delle acque sotterranee nello stesso acquifero da cui sono emunte. A tal fine il progetto di cui all'articolo 242 deve indicare la tipologia di trattamento, le caratteristiche qualitative e quantitative delle acque reimmesse, le modalita' di reimmissione e le misure di controllo e monitoraggio della porzione di acquifero interessata; le acque emunte possono essere reimmesse anche mediante reiterati cicli di emungimento, trattamento e reimmissione, e non devono contenere altre acque di scarico ne' altre sostanze ad eccezione di sostanze necessarie per la bonifica espressamente autorizzate, con particolare riferimento alle quantita' utilizzabili e alle modalita' d'impiego.

6. Il trattamento delle acque emunte, da effettuarsi anche in caso di utilizzazione nei cicli produttivi in esercizio nel sito, deve garantire un'effettiva riduzione della massa delle sostanze inquinanti scaricate in corpo ricettore, al fine di evitare il mero trasferimento della contaminazione presente nelle acque sotterranee ai corpi idrici superficiali. Al fine di garantire la tempestivita' degli interventi di messa in sicurezza, di emergenza e di prevenzione, i termini per il rilascio dell'autorizzazione allo scarico sono dimezzati.

ART. 244
(ordinanze)

1. Le pubbliche amministrazioni che nell'esercizio delle proprie funzioni individuano siti nei quali accertino che i livelli di contaminazione sono superiori ai valori di concentrazione soglia di contaminazione, ne danno comunicazione alla regione, alla provincia e al comune competenti.

2. La provincia, ricevuta la comunicazione di cui al comma 1, dopo aver svolto le opportune indagini volte ad identificare il responsabile dell'evento di superamento e sentito il comune, diffida con ordinanza motivata il responsabile della potenziale contaminazione a provvedere ai sensi del presente titolo.

3. L'ordinanza di cui al comma 2 e' comunque notificata anche al proprietario del sito ai sensi e per gli effetti dell'articolo 253.

4. Se il responsabile non sia individuabile o non provveda e non provveda il proprietario del sito ne' altro soggetto interessato, gli interventi che risultassero necessari ai sensi delle disposizioni di cui al presente titolo sono adottati dall'amministrazione competente in conformita' a quanto disposto dall'articolo 250.

ART. 245
(obblighi di intervento e di notifica da parte dei soggetti non responsabili della potenziale contaminazione)

1. Le procedure per gli interventi di messa in sicurezza, di bonifica e di ripristino ambientale disciplinate dal presente titolo

possono essere comunque attivate su iniziativa degli interessati non responsabili.

2. Fatti salvi gli obblighi del responsabile della potenziale contaminazione di cui all'articolo 242, il proprietario o il gestore dell'area che rilevi il superamento o il pericolo concreto e attuale del superamento delle concentrazione soglia di contaminazione (CSC) deve darne comunicazione alla regione, alla provincia ed al comune territorialmente competenti e attuare le misure di prevenzione secondo la procedura di cui all'articolo 242. La provincia, una volta ricevute le comunicazioni di cui sopra, si attiva, sentito il comune, per l'identificazione del soggetto responsabile al fine di dar corso agli interventi di bonifica. ((Il procedimento e' interrotto qualora il soggetto non responsabile della contaminazione esegua volontariamente il piano di caratterizzazione nel termine perentorio di sei mesi dall'approvazione o comunicazione ai sensi dell'articolo 252, comma 4. In tal caso, il procedimento per l'identificazione del responsabile della contaminazione deve concludersi nel termine perentorio di sessanta giorni dal ricevimento delle risultanze della caratterizzazione validate dall'Agenzia regionale per la protezione dell'ambiente competente.)) E' comunque riconosciuta al proprietario o ad altro soggetto interessato la facolta' di intervenire in qualunque momento volontariamente per la realizzazione degli interventi di bonifica necessari nell'ambito del sito in proprieta' o disponibilita'.

3. Qualora i soggetti interessati procedano ai sensi dei commi 1 e 2 entro sei mesi dalla data di entrata in vigore della parte quarta del presente decreto, ovvero abbiano gia' provveduto in tal senso in precedenza, la decorrenza dell'obbligo di bonifica di siti per eventi anteriori all'entrata in vigore della parte quarta del presente decreto verra' definita dalla regione territorialmente competente in base alla pericolosita' del sito, determinata in generale dal piano regionale delle bonifiche o da suoi eventuali stralci, salva in ogni caso la facolta' degli interessati di procedere agli interventi prima del suddetto termine.

ART. 246
(accordi di programma)

1. I soggetti obbligati agli interventi di cui al presente titolo ed i soggetti altrimenti interessati hanno diritto di definire modalita' e tempi di esecuzione degli interventi mediante appositi accordi di programma stipulati, entro sei mesi dall'approvazione del documento di analisi di rischio di cui all'articolo 242, con le amministrazioni competenti ai sensi delle disposizioni di cui al presente titolo.

2. Nel caso in cui vi siano soggetti che intendano o siano tenuti a provvedere alla contestuale bonifica di una pluralita' di siti che interessano il territorio di piu' regioni, i tempi e le modalita' di intervento possono essere definiti con appositi accordi di programma stipulati, entro dodici mesi dall'approvazione del documento di analisi di rischio di cui all'articolo 242, con le regioni interessate.

3. Nel caso in cui vi siano soggetti che intendano o siano tenuti a provvedere alla contestuale bonifica di una pluralita' di siti dislocati su tutto il territorio nazionale o vi siano piu' soggetti interessati alla bonifica di un medesimo sito di interesse nazionale, i tempi e le modalita' di intervento possono essere definiti con accordo di programma da stipularsi, entro diciotto mesi dall'approvazione del documento di analisi di rischio di cui all'articolo 242, con il ((Ministro dell'ambiente e della tutela del territorio e del mare)) di concerto con i Ministri della salute e delle attivita' produttive, d'intesa con la Conferenza Stato-regioni.

ART. 247
(siti soggetti a sequestro)

1. Nel caso in cui il sito inquinato sia soggetto a sequestro, l'autorita' giudiziaria che lo ha disposto puo' autorizzare l'accesso al sito per l'esecuzione degli interventi di messa in sicurezza, bonifica e ripristino ambientale delle aree, anche al fine di impedire l'ulteriore propagazione degli inquinanti ed il conseguente peggioramento della situazione ambientale.

ART. 248
(controlli)

1. La documentazione relativa al piano della caratterizzazione del sito e al progetto operativo, comprensiva delle misure di riparazione, dei monitoraggi da effettuare, delle limitazioni d'uso e delle prescrizioni eventualmente dettate ai sensi dell'articolo 242, comma 4, e' trasmessa alla provincia e all'Agenzia regionale per la protezione dell'ambiente competenti ai fini dell'effettuazione dei controlli sulla conformita' degli interventi ai progetti approvati ((e sul rispetto dei tempi di esecuzione di cui all'articolo 242, comma 7)).
2. Il completamento degli interventi di bonifica, di messa in sicurezza permanente e di messa in sicurezza operativa, nonche' la conformita' degli stessi al progetto approvato sono accertati dalla provincia mediante apposita certificazione sulla base di una relazione tecnica predisposta dall'Agenzia regionale per la protezione dell'ambiente territorialmente competente. ((Qualora la Provincia non provveda a rilasciare tale certificazione entro trenta giorni dal ricevimento della relazione tecnica provvede, nei successivi sessanta giorni, la Regione, previa diffida ad adempiere nel termine di trenta giorni.))
((2-bis. Nel caso gli obiettivi individuati per la bonifica del suolo, sottosuolo e materiali di riporto siano raggiunti anticipatamente rispetto a quelli previsti per la falda, e' possibile procedere alla certificazione di avvenuta bonifica limitatamente alle predette matrici ambientali, ad esito delle verifiche di cui alla procedura definita dal comma 7-bis dell'articolo 242. In tal caso, la certificazione di avvenuta bonifica dovra' comprendere anche un piano di monitoraggio con l'obiettivo di verificare l'evoluzione nel tempo della contaminazione rilevata nella falda.))
3. La certificazione di cui al comma 2 costituisce titolo per lo svincolo delle garanzie finanziarie di cui all'articolo 242, comma 7.

ART. 249
(aree contaminate di ridotte dimensioni)

1. Per le aree contaminate di ridotte dimensioni si applicano le procedure semplificate di intervento riportate nell'Allegato 4 alla parte quarta del presente decreto.

ART. 250
(bonifica da parte dell'amministrazione)

1. Qualora i soggetti responsabili della contaminazione non provvedano direttamente agli adempimenti disposti dal presente titolo ovvero non siano individuabili e non provvedano ne' il proprietario del sito ne' altri soggetti interessati, le procedure e gli interventi di cui all'articolo 242 sono realizzati d'ufficio dal comune territorialmente competente e, ove questo non provveda, dalla regione, secondo l'ordine di priorita' fissati dal piano regionale per la bonifica delle aree inquinate, avvalendosi anche di altri soggetti pubblici o privati, individuati ad esito di apposite procedure ad evidenza pubblica entro il termine di novanta giorni dalla mancata individuazione del soggetto responsabile della contaminazione o dall'accertato inadempimento da parte dello stesso. Al fine di anticipare le somme per i predetti interventi le regioni possono istituire appositi fondi nell'ambito delle proprie

disponibilita' di bilancio.

1-bis. Per favorire l'accelerazione degli interventi per la messa in sicurezza, bonifica e ripristino ambientale ((e di tutela del territorio e delle acque, le Autorita' di bacino distrettuali)), le regioni, le province autonome e gli enti locali individuati quali soggetti beneficiari e/o attuatori, previa stipula di appositi accordi sottoscritti con il Ministero della transizione ecologica ai sensi dell'articolo 15 della legge 7 agosto 1990, n. 241, possono avvalersi, con le risorse umane, strumentali e finanziarie disponibili a legislazione vigente sui propri bilanci e senza nuovi o maggiori oneri a carico della finanza pubblica, attraverso la stipula di apposte convenzioni, delle societa' in house del medesimo Ministero.

ART. 251
(censimento ed anagrafe dei siti da bonificare)

1. Le regioni, sulla base dei criteri definiti dall'((Istituto superiore per la protezione e la ricerca ambientale)) (((ISPRA))), predispongono l'anagrafe dei siti oggetto di procedimento di bonifica, la quale deve contenere:
   a) l'elenco dei siti sottoposti ad intervento di bonifica e ripristino ambientale nonche' degli interventi realizzati nei siti medesimi;
   b) l'individuazione dei soggetti cui compete la bonifica;
   c) gli enti pubblici di cui la regione intende avvalersi, in caso di inadempienza dei soggetti obbligati, ai fini dell'esecuzione d'ufficio, fermo restando l'affidamento delle opere necessarie mediante gara pubblica ovvero il ricorso alle procedure dell'articolo 242.
2. Qualora, all'esito dell'analisi di rischio sito specifica venga accertato il superamento delle concentrazioni di rischio, tale situazione viene riportata dal certificato di destinazione urbanistica, nonche' dalla cartografia e dalle norme tecniche di attuazione dello strumento urbanistico generale del comune e viene comunicata all'Ufficio tecnico erariale competente.
3. Per garantire l'efficacia della raccolta e del trasferimento dei dati e delle informazioni, l'((Istituto superiore per la protezione e la ricerca ambientale)) (((ISPRA))) definisce, in collaborazione con le regioni e le agenzie regionali per la protezione dell'ambiente, i contenuti e la struttura dei dati essenziali dell'anagrafe, nonche' le modalita' della loro trasposizione in sistemi informativi collegati alla rete del Sistema informativo nazionale dell'ambiente (SINA).

ART. 252
(siti di interesse nazionale)

1. I siti di interesse nazionale, ai fini della bonifica, sono individuabili in relazione alle caratteristiche del sito, alle quantita' e pericolosita' degli inquinanti presenti, al rilievo dell'impatto sull'ambiente circostante in termini di rischio sanitario ed ecologico, nonche' di pregiudizio per i beni culturali ed ambientali.
2. All'individuazione dei siti di interesse nazionale si provvede con decreto del Ministro dell'ambiente e della tutela del territorio e del mare, d'intesa con le regioni interessate, secondo i seguenti principi e criteri direttivi:
   a) gli interventi di bonifica devono riguardare aree e territori, compresi i corpi idrici, di particolare pregio ambientale;
   b) la bonifica deve riguardare aree e territori tutelati ai sensi del decreto legislativo 22 gennaio 2004, n. 42;
   c) il rischio sanitario ed ambientale che deriva dal rilevato superamento delle concentrazioni soglia di rischio deve risultare particolarmente elevato in ragione della densita' della popolazione o

dell'estensione dell'area interessata;
    d) l'impatto socio economico causato dall'inquinamento dell'area deve essere rilevante;
    e) la contaminazione deve costituire un rischio per i beni di interesse storico e culturale di rilevanza nazionale;
    f) gli interventi da attuare devono riguardare siti compresi nel territorio di piu' regioni.
    f-bis) l'insistenza, attualmente o in passato, di attivita' di raffinerie, di impianti chimici integrati o di acciaierie.
    2-bis. Sono in ogni caso individuati quali siti di interesse nazionale, ai fini della bonifica, i siti interessati da attivita' produttive ed estrattive di amianto.
    3. Ai fini della perimetrazione del sito, inteso nelle diverse matrici ambientali compresi i corpi idrici superficiali e i relativi sedimenti, sono sentiti i comuni, le province, le regioni e gli altri enti locali, assicurando la partecipazione dei responsabili nonche' dei proprietari delle aree da bonificare, se diversi dai soggetti responsabili. I valori d'intervento sito-specifici delle matrici ambientali in aree marine, che costituiscono i livelli di contaminazione al di sopra dei quali devono essere previste misure d'intervento funzionali all'uso legittimo delle aree e proporzionali all'entita' della contaminazione, sono individuati con decreto di natura non regolamentare del Ministero della transizione ecologica su proposta dell'Istituto Superiore per la Protezione e la Ricerca Ambientale (ISPRA).
    4. La procedura di bonifica di cui all'articolo 242 dei siti di interesse nazionale e' attribuita alla competenza del Ministero dell'ambiente e della tutela del territorio e del mare, sentito il Ministero dello sviluppo economico. Il Ministero dell'ambiente e della tutela del territorio e del mare puo' avvalersi anche dell'Istituto superiore per la protezione e la ricerca ambientale (ISPRA), delle Agenzie regionali per la protezione dell'ambiente delle regioni interessate e dell'Istituto superiore di sanita' nonche' di altri soggetti qualificati pubblici o privati il Ministero dell'ambiente e della tutela del territorio e del mare adotta procedure semplificate per le operazioni di bonifica relative alla rete di distribuzione carburanti. A condizione che siano rispettate le norme tecniche di cui al comma 9-quinquies, il piano di caratterizzazione puo' essere eseguito decorsi sessanta giorni dalla comunicazione di inizio attivita' al ((Ministero della transizione ecologica)). Qualora il ((Ministero della transizione ecologica)) accerti il mancato rispetto delle norme tecniche di cui al precedente periodo, dispone, con provvedimento motivato, il divieto di inizio o di prosecuzione delle operazioni, salvo che il proponente non provveda a conformarsi entro il termine e secondo le prescrizioni stabiliti dal medesimo ((Ministero)).
    4-bis. Nei casi di cui al comma 4, il soggetto responsabile dell'inquinamento o altro soggetto interessato accerta lo stato di potenziale contaminazione del sito mediante un Piano di indagini preliminari. Il Piano, comprensivo della lista degli analiti da ricercare, e' concordato con l'Agenzia di protezione ambientale territorialmente competente che si pronuncia entro e non oltre il termine di trenta giorni dalla richiesta del proponente, eventualmente stabilendo particolari prescrizioni in relazione alla specificita' del sito. In caso di mancata pronuncia nei termini da parte dell'Agenzia di protezione ambientale territorialmente competente, il Piano di indagini preliminari e' concordato con l'Istituto superiore per la protezione e la ricerca ambientale, che si pronuncia entro e non oltre i quindici giorni successivi su segnalazione del proponente o dell'autorita' competente. Il proponente, trenta giorni prima dell'avvio delle attivita' d'indagine, trasmette al Ministero dell'ambiente e della tutela del territorio e del mare, alla regione, al comune, alla provincia e all'agenzia di protezione ambientale competenti il Piano con la data di inizio delle operazioni. Qualora l'indagine preliminare accerti

l'avvenuto superamento delle concentrazioni soglia di contaminazione (CSC) anche per un solo parametro, si applica la procedura di cui agli articoli 242 e 245. Ove si accerti che il livello delle CSC non sia stato superato, il medesimo soggetto provvede al ripristino della zona contaminata, dandone notizia, con apposita autocertificazione, al Ministero dell'ambiente e della tutela del territorio e del mare, alla regione, al comune, alla provincia e all'agenzia di protezione ambientale competenti entro novanta giorni dalla data di inizio delle attivita' di indagine. L'autocertificazione conclude il procedimento, ferme restando le attivita' di verifica e di controllo da parte della provincia competente da concludere nel termine di novanta giorni dalla data di acquisizione dell'autocertificazione, decorsi i quali il procedimento di verifica si considera definitivamente concluso.

4-ter In alternativa alla procedura di cui all'articolo 242, il responsabile della potenziale contaminazione o altro soggetto interessato al riutilizzo e alla valorizzazione dell'area, puo' presentare al Ministero dell'ambiente e della tutela del territorio e del mare gli esiti del processo di caratterizzazione del sito eseguito nel rispetto delle procedure di cui all'allegato 2 del presente Titolo, allegando i risultati dell'analisi di rischio sito specifica e dell'applicazione a scala pilota, in campo, delle tecnologie di bonifica ritenute idonee. Qualora gli esiti della procedura dell'analisi di rischio dimostrino che la concentrazione dei contaminanti presenti nel sito e' superiore ai valori di concentrazione soglia di rischio (CSR), il Ministero dell'ambiente e della tutela del territorio e del mare, valutata la documentazione di cui al primo periodo, approva, nel termine di novanta giorni, l'analisi di rischio con il procedimento di cui al comma 4 e contestualmente indica le condizioni per l'approvazione del progetto operativo di cui all'articolo 242, comma 7. Sulla base delle risultanze istruttorie, il Ministero dell'ambiente e della tutela del territorio e del mare puo' motivatamente chiedere la revisione dell'analisi di rischio previa esecuzione di indagini integrative ove necessarie. Nei successivi sessanta giorni il proponente presenta il progetto e il Ministero dell'ambiente e della tutela del territorio e del mare lo approva ai sensi del comma 4 e con gli effetti di cui al comma 6. Il potere di espropriare e' attribuito al comune sede dell'opera. Ove il progetto debba essere sottoposto alla procedura di verifica di assoggettabilita' o a valutazione di impatto ambientale ai sensi della normativa vigente, il procedimento e' sospeso fino all'acquisizione della pronuncia dell'autorita' competente ai sensi della parte seconda del presente decreto. Qualora il progetto sia sottoposto a valutazione di impatto ambientale di competenza regionale, i titoli abilitativi per la realizzazione e l'esercizio degli impianti e delle attrezzature necessari all'attuazione del progetto operativo sono ricompresi nel provvedimento autorizzatorio unico regionale rilasciato ai sensi dell'articolo 27-bis.

4-quater. COMMA ABROGATO DAL D.L. 31 MAGGIO 2021, N. 77, CONVERTITO CON MODIFICAZIONI DALLA L. 29 LUGLIO 2021, N. 108.

5. Nel caso in cui il responsabile non provveda o non sia individuabile oppure non provveda il proprietario del sito contaminato ne' altro soggetto interessato, gli interventi sono predisposti dal Ministero dell'ambiente e della tutela del territorio e del mare, avvalendosi dell'Istituto superiore per la protezione e la ricerca ambientale (ISPRA), dell'Istituto superiore di sanita' e dell'E.N.E.A. nonche' di altri soggetti qualificati pubblici o privati, anche coordinati fra loro.

6. L'autorizzazione del progetto e dei relativi interventi ricomprende a tutti gli effetti le autorizzazioni, le concessioni, i concerti, le intese, i nulla osta, i pareri e gli assensi previsti dalla legislazione vigente, ivi compresi, tra l'altro, quelli relativi alla realizzazione e all'esercizio degli impianti e delle attrezzature necessarie alla loro attuazione. L'autorizzazione costituisce, altresi', variante urbanistica e comporta dichiarazione di pubblica utilita', urgenza ed indifferibilita' dei lavori. A tal

fine il proponente allega all'istanza la documentazione e gli elaborati progettuali previsti dalle normative di settore per consentire la compiuta istruttoria tecnico-amministrativa finalizzata al rilascio di tutti gli ((atti di assenso)) comunque denominati necessari alla realizzazione e all'esercizio del medesimo progetto e indicati puntualmente in apposito elenco con l'indicazione anche dell'Amministrazione ordinariamente competente.

7. Se il progetto prevede la realizzazione di opere sottoposte a procedura di valutazione di impatto ambientale, l'approvazione del progetto di bonifica comprende anche tale valutazione.

8. COMMA ABROGATO DAL D.L. 31 MAGGIO 2021, N. 77, CONVERTITO CON MODIFICAZIONI DALLA L. 29 LUGLIO 2021, N. 108.

8-bis. Nei siti di interesse nazionale, l'applicazione a scala pilota, in campo, di tecnologie di bonifica innovative, anche finalizzata all'individuazione dei parametri di progetto necessari per l'applicazione a piena scala, non e' soggetta a preventiva approvazione del Ministero della transizione ecologica e puo' essere eseguita a condizione che tale applicazione avvenga in condizioni di sicurezza con riguardo ai rischi sanitari e ambientali. Il rispetto delle suddette condizioni e' valutato dal ((Ministero della transizione ecologica)) e dall'Istituto superiore di sanita' che si pronunciano entro sessanta giorni dalla presentazione dell'istanza corredata della necessaria documentazione tecnica.

9. E' qualificato sito di interesse nazionale ai sensi della normativa vigente l'area interessata dalla bonifica della ex discarica delle Strillaie (Grosseto). Con successivo decreto del Ministro dell'ambiente e della tutela del territorio e del mare si provvedera' alla perimetrazione della predetta area.

9-bis. E' individuata quale sito di interesse nazionale ai sensi della normativa vigente l'area interessata dalla presenza di discariche ed impianti di trattamento dei rifiuti, compresa nel sito dell'Area vasta di Giugliano (Napoli). Con successivo decreto del Ministro dell'ambiente e della tutela del territorio e del mare si provvede alla perimetrazione della predetta area.

9-ter. In caso di compravendita di aree ubicate nei siti di interesse nazionale, il Ministero dell'ambiente e della tutela del territorio e del mare, su istanza congiunta degli interessati, autorizza entro novanta giorni dal ricevimento dell'istanza la volturazione dell'autorizzazione di cui all'articolo 242, commi 4 e 6.

9-quater. Con decreto di natura non regolamentare il Ministero della transizione ecologica adotta i modelli delle istanze per l'avvio dei procedimenti di cui al comma 4 e i contenuti minimi della documentazione tecnica da allegare.

9-quinquies. Con decreto del Ministero della transizione ecologica sono adottate le norme tecniche in base alle quali l'esecuzione del piano di caratterizzazione ((e' sottoposta)) a comunicazione di inizio attivita' di cui al comma 4.

ART. 252-bis.
Siti inquinati nazionali di preminente interesse pubblico per la riconversione industriale

1. Il Ministro dell'ambiente e della tutela del territorio e del mare e il Ministro dello sviluppo economico, d'intesa con la regione territorialmente interessata e, per le materie di competenza, con il Ministro del lavoro e delle politiche sociali, nonche' con il Ministro dei beni e delle attivita' culturali e del turismo per gli aspetti di competenza in relazione agli eventuali specifici vincoli di tutela insistenti sulle aree e sugli immobili, possono stipulare accordi di programma con uno o piu' proprietari di aree contaminate o altri soggetti interessati ad attuare progetti integrati di messa in sicurezza o bonifica, e di riconversione industriale e sviluppo economico in siti di interesse nazionale individuati entro il 30 aprile 2007 ai sensi della legge 9 dicembre 1998, n. 426, al fine di

promuovere il riutilizzo di tali siti in condizioni di sicurezza sanitaria e ambientale, e di preservare le matrici ambientali non contaminate. Sono escluse le aree interessate dalle misure di cui al decreto-legge 4 giugno 2013, n. 61, convertito, con modificazioni, dalla legge 3 agosto 2013, n. 89, e successive modificazioni. L'esclusione cessa di avere effetto nel caso in cui l'impresa e' ammessa alla procedura di amministrazione straordinaria di cui al decreto-legge 23 dicembre 2003, n. 347, convertito, con modificazioni, dalla legge 18 febbraio 2004, n. 39.

2. Gli accordi di programma di cui al comma 1 assicurano il coordinamento delle azioni per determinare i tempi, le modalita', il finanziamento e ogni altro connesso e funzionale adempimento per l'attuazione dei progetti e disciplinano in particolare:
    a) l'individuazione degli interventi di messa in sicurezza e bonifica da attuare, sulla base dei risultati della caratterizzazione validati dalle agenzie regionali per la protezione dell'ambiente;
    b) l'individuazione degli interventi di riconversione industriale e di sviluppo economico anche attraverso studi e ricerche appositamente condotti da universita' ed enti di ricerca specializzati;
    c) il piano economico finanziario dell'investimento e la durata del relativo programma;
    d) i tempi di attuazione degli interventi e le relative garanzie;
    e) i contributi pubblici e le altre misure di sostegno economico finanziario disponibili e attribuiti;
    f) la causa di revoca dei contributi e delle altre misure di sostegno, e di risoluzione dell'accordo;
    g) l'individuazione del soggetto attuatore degli interventi di messa in sicurezza e di bonifica, e delle attivita' di monitoraggio, controllo e gestione degli interventi di messa in sicurezza che restano a carico del soggetto interessato;
    h) i tempi di presentazione e approvazione degli interventi di messa in sicurezza e di bonifica;
    i) la previsione di interventi di formazione, riqualificazione e aggiornamento delle competenze dei lavoratori degli impianti dismessi da reimpiegare nei lavori di bonifica previsti dai medesimi accordi di programma, mediante il ricorso a fondi preliminarmente individuati a livello nazionale e regionale.
    i-bis) le modalita' di monitoraggio per il controllo dell'adempimento degli impegni assunti e della realizzazione dei progetti.

3. La stipula dell'accordo di programma costituisce riconoscimento dell'interesse pubblico generale alla realizzazione degli impianti, delle opere e di ogni altro intervento connesso e funzionale agli obiettivi di risanamento e di sviluppo economico e dichiarazione di pubblica utilita'.

4. Ad eccezione di quanto previsto al comma 5, i soggetti interessati di cui al comma 1 non devono essere responsabili della contaminazione del sito oggetto degli interventi di messa in sicurezza e bonifica, riconversione industriale e di sviluppo economico, tenuto conto anche dei collegamenti societari e di cariche direttive ricoperte nelle societa' interessate o ad esse collegate. A tal fine sono soggetti interessati non responsabili i proprietari e i gestori di siti inquinati che non hanno cagionato la contaminazione del sito e hanno assolto gli obblighi imposti dall'articolo 245, comma 2.

5. Gli Accordi di Programma di cui al comma 1 possono essere stipulati anche con soggetti che non soddisfano i requisiti di cui al comma 4 alle seguenti ulteriori condizioni:
    a) i fatti che hanno causato l'inquinamento devono essere antecedenti al 30 aprile 2007;
    b) oltre alle misure di messa in sicurezza e bonifica, devono essere individuati gli interventi di riparazione del danno ambientale disciplinati dall'allegato 3 alla Parte VI del presente;
    c) termine finale per il completamento degli interventi di

riparazione del danno ambientale e' determinato in base ad uno specifico piano finanziario presentato dal soggetto interessato tenendo conto dell'esigenza di non pregiudicare l'avvio e lo sviluppo dell'iniziativa economica e di garantire la sostenibilita' economica di detti interventi, comunque in misura non inferiore a dieci anni.

6. L'attuazione da parte dei soggetti interessati degli impegni di messa in sicurezza, bonifica, monitoraggio, controllo e relativa gestione, e di riparazione, individuati dall'accordo di programma esclude per tali soggetti ogni altro obbligo di bonifica e riparazione ambientale e fa venir meno l'onere reale per tutti i fatti antecedenti all'accordo medesimo. La revoca dell'onere reale per tutti i fatti antecedenti all'accordo di programma previsto dalle misure volte a favorire la realizzazione delle bonifiche dei siti di interesse nazionale e' subordinata, nel caso di soggetto interessato responsabile della contaminazione, al rilascio della certificazione dell'avvenuta bonifica e messa in sicurezza dei siti inquinati ai sensi dell'articolo 248. Nel caso di soggetto interessato responsabile della contaminazione, i contributi e le misure di cui alla lettera e) del comma 2 non potranno riguardare le attivita' di messa in sicurezza, di bonifica e di riparazione del danno ambientale di competenza dello stesso soggetto, ma esclusivamente l'acquisto di beni strumentali alla riconversione industriale e allo sviluppo economico dell'area.

7. Al di fuori dei casi che rientrano nel campo di applicazione del comma 5, la pubblica amministrazione puo' agire autonomamente nei confronti del responsabile della contaminazione per la ripetizione delle spese sostenute per gli interventi di messa in sicurezza e di bonifica individuati dall'accordo nonche' per gli ulteriori interventi di bonifica e riparazione del danno ambientale nelle forme e nei modi previsti dalla legge.

8. Gli interventi per l'attuazione del progetto integrato sono autorizzati e approvati con decreto del Ministro dell'ambiente e della tutela del territorio e del mare e del Ministro dello sviluppo economico sulla base delle determinazioni assunte in Conferenza di Servizi indetta dal Ministero dell'ambiente e della tutela del territorio e del mare ai sensi dell'articolo 14 e seguenti della legge 7 agosto 1990, n. 241. ((Alla conferenza di servizi partecipano anche i soggetti pubblici firmatari dell'accordo di programma. Si applicano i commi 6 e 7 dell'articolo 252.))

9. ((COMMA ABROGATO DAL D.L. 31 MAGGIO 2021, N. 77)).

10. Alla progettazione, al coordinamento e al monitoraggio dei progetti integrati di bonifica, riconversione industriale e sviluppo economico in siti inquinati di interesse nazionale di cui al comma 1 sono preposte, con oneri posti a carico delle risorse stanziate a legislazione vigente, una o piu' societa' "in house" individuate nell'accordo di programma, di intesa tra il Ministero dello sviluppo economico ed il Ministero dell'ambiente e della tutela del territorio e del mare, che vi provvedono con le risorse umane, strumentali e finanziarie disponibili a legislazione vigente. Sulle aree di proprieta' pubblica ovvero nel caso di attivazione degli interventi a iniziativa pubblica, i predetti soggetti sono tenuti ad attivare procedure a evidenza pubblica per l'attuazione degli interventi, salvo quanto previsto dalle disposizioni vigenti per la gestione in house in conformita' ai requisiti prescritti dalla normativa e dalla giurisprudenza europea.

11. Il Ministero dell'istruzione, dell'universita' e della ricerca d'intesa con il Ministero dello sviluppo economico, il Ministero del lavoro e delle politiche sociali, e le Regioni e Province Autonome, adotta misure volte a favorire la formazione di nuove competenze professionali, anche in ambito degli Istituti tecnici superiori, in materia di bonifica ambientale, finanziate, nell'ambito delle risorse stanziate a legislazione vigente nonche' a valere sulle risorse della programmazione 2014-2020, previamente incluse negli Accordi di programma di cui al comma 1 del presente articolo.

ART. 253
(oneri reali e privilegi speciali)

1. Gli interventi di cui al presente titolo costituiscono onere reale sui siti contaminati qualora effettuati d'ufficio dall'autorita' competente ((ai sensi degli articoli 250 e 252, comma 5)). L'onere reale viene iscritto ((nei registri immobiliari tenuti dagli uffici dell'Agenzia del territorio)) a seguito della approvazione del progetto di bonifica e deve essere indicato nel certificato di destinazione urbanistica.

2. Le spese sostenute per gli interventi di cui al comma 1 sono assistite da privilegio speciale immobiliare sulle aree medesime, ai sensi e per gli effetti dell'articolo 2748, secondo comma, del codice civile. Detto privilegio si puo' esercitare anche in pregiudizio dei diritti acquistati dai terzi sull'immobile.

3. Il privilegio e la ripetizione delle spese possono essere esercitati, nei confronti del proprietario del sito incolpevole dell'inquinamento o del pericolo di inquinamento, solo a seguito di provvedimento motivato dell'autorita' competente che giustifichi, tra l'altro, l'impossibilita' di accertare l'identita' del soggetto responsabile ovvero che giustifichi l'impossibilita' di esercitare azioni di rivalsa nei confronti del medesimo soggetto ovvero la loro infruttuosita'.

4. In ogni caso, il proprietario non responsabile dell'inquinamento puo' essere tenuto a rimborsare, sulla base di provvedimento motivato e con l'osservanza delle disposizioni di cui alla legge 7 agosto 1990, n. 241, le spese degli interventi adottati dall'autorita' competente soltanto nei limiti del valore di mercato del sito determinato a seguito dell'esecuzione degli interventi medesimi. Nel caso in cui il proprietario non responsabile dell'inquinamento abbia spontaneamente provveduto alla bonifica del sito inquinato, ha diritto di rivalersi nei confronti del responsabile dell'inquinamento per le spese sostenute e per l'eventuale maggior danno subito.

5. Gli interventi di bonifica dei siti inquinati possono essere assistiti, sulla base di apposita disposizione legislativa di finanziamento, da contributi pubblici entro il limite massimo del cinquanta per cento delle relative spese qualora sussistano preminenti interessi pubblici connessi ad esigenze di tutela igienico-sanitaria e ambientale o occupazionali. Ai predetti contributi pubblici non si applicano le disposizioni di cui ai commi 1 e 2.

TITOLO VI
SISTEMA SANZIONATORIO E DISPOSIZIONI TRANSITORIE E FINALI

CAPO I
SANZIONI

ART. 254
(norme speciali)

1. Restano ferme le sanzioni previste da norme speciali vigenti in materia.

ART. 255
(abbandono di rifiuti)

1. Fatto salvo quanto disposto dall'articolo 256, comma 2, chiunque, in violazione delle disposizioni di cui agli articoli 192, commi 1 e 2, 226, comma 2, e 231, commi 1 e 2, abbandona o deposita rifiuti ovvero li immette nelle acque superficiali o sotterranee e'

punito con la sanzione amministrativa pecuniaria da trecento euro a tremila euro. Se l'abbandono riguarda rifiuti pericolosi, la sanzione amministrativa e' aumentata fino al doppio.

((1-bis. Chiunque viola il divieto di cui all'articolo 232-ter e' punito con la sanzione amministrativa pecuniaria da euro trenta a euro centocinquanta. Se l'abbandono riguarda i rifiuti di prodotti da fumo di cui all'articolo 232-bis, la sanzione amministrativa e' aumentata fino al doppio)).

2. Il titolare del centro di raccolta, il concessionario o il titolare della succursale della casa costruttrice che viola le disposizioni di cui all'articolo 231, comma 5, e' punito con la sanzione amministrativa pecuniaria da euro duecentosessanta a euro millecinquecentocinquanta.

3. Chiunque non ottempera all'ordinanza del Sindaco, di cui all'articolo 192, comma 3, o non adempie all'obbligo di cui all'articolo 187, comma 3, e' punito con la pena dell'arresto fino ad un anno. Nella sentenza di condanna o nella sentenza emessa ai sensi dell'articolo 444 del codice di procedura penale, il beneficio della sospensione condizionale della pena puo' essere subordinato alla esecuzione di quanto disposto nella ordinanza di cui all'articolo 192, comma 3, ovvero all'adempimento dell'obbligo di cui all'articolo 187, comma 3.

ART. 256
(attivita' di gestione di rifiuti non autorizzata)

1. Fuori dai casi sanzionati ai sensi dell'articolo 29-quattuordecies, comma 1, Chiunque effettua una attivita' di raccolta, trasporto, recupero, smaltimento, commercio ed intermediazione di rifiuti in mancanza della prescritta autorizzazione, iscrizione o comunicazione di cui agli articoli 208, 209, 210, 211, 212, 214, 215 e 216 e' punito:
   a) con la pena dell'arresto da tre mesi a un anno o con l'ammenda da duemilaseicento euro a ventiseimila euro se si tratta di rifiuti non pericolosi;
   b) con la pena dell'arresto da sei mesi a due anni e con l'ammenda da duemilaseicento euro a ventiseimila euro se si tratta di rifiuti pericolosi.

2. Le pene di cui al comma 1 si applicano ai titolari di imprese ed ai responsabili di enti che abbandonano o depositano in modo incontrollato i rifiuti ovvero li immettono nelle acque superficiali o sotterranee in violazione del divieto di cui all'articolo 192, commi 1 e 2.

3. Fuori dai casi sanzionati ai sensi dell'articolo 29-quattuordecies, comma 1, Chiunque realizza o gestisce una discarica non autorizzata e' punito con la pena dell'arresto da sei mesi a due anni e con l'ammenda da duemilaseicento euro a ventiseimila euro. Si applica la pena dell'arresto da uno a tre anni e dell'ammenda da euro cinquemiladuecento a euro cinquantaduemila se la discarica e' destinata, anche in parte, allo smaltimento di rifiuti pericolosi. Alla sentenza di condanna o alla sentenza emessa ai sensi dell'articolo 444 del codice di procedura penale, consegue la confisca dell'area sulla quale e' realizzata la discarica abusiva se di proprieta' dell'autore o del compartecipe al reato, fatti salvi gli obblighi di bonifica o di ripristino dello stato dei luoghi.

4. Le pene di cui ai commi 1, 2 e 3 sono ridotte della meta' nelle ipotesi di inosservanza delle prescrizioni contenute o richiamate nelle autorizzazioni, nonche' nelle ipotesi di carenza dei requisiti e delle condizioni richiesti per le iscrizioni o comunicazioni.

5. Chiunque, in violazione del divieto di cui all'articolo 187, effettua attivita' non consentite di miscelazione di rifiuti, e' punito con la pena di cui al comma 1, lettera b).

6. Chiunque effettua il deposito temporaneo presso il luogo di produzione di rifiuti sanitari pericolosi, con violazione delle disposizioni di cui all'articolo 227, comma 1, lettera b), e' punito

con la pena dell'arresto da tre mesi ad un anno o con la pena dell'ammenda da duemilaseicento euro a ventiseimila euro. Si applica la sanzione amministrativa pecuniaria da duemilaseicento euro a quindicimilacinquecento euro per i quantitativi non superiori a duecento litri o quantita' equivalenti.

7. Chiunque viola gli obblighi di cui agli articoli 231, commi 7, 8 e 9, 233, commi 12 e 13, e 234, comma 14, e' punito con la sanzione amministrativa pecuniaria da duecentosessanta euro a millecinquecentocinquanta euro.

8. I soggetti di cui agli articoli 233, 235 e 236 che non adempiono agli obblighi di partecipazione ivi previsti sono puniti con una sanzione amministrativa pecuniaria da ottomila euro a quarantacinquemila euro, fatto comunque salvo l'obbligo di corrispondere i contributi pregressi. ((Ai soggetti di cui all'articolo 234 che non adempiono agli obblighi di partecipazione ivi previsti, si applica la sanzione amministrativa pecuniaria di euro 5.000, fatto comunque salvo l'obbligo di corrispondere i contributi pregressi)).

9 Le sanzioni di cui al comma 8 sono ridotte della meta' nel caso di adesione effettuata entro il sessantesimo giorno dalla scadenza del termine per adempiere agli obblighi di partecipazione previsti dagli articoli 233, 234, 235 e 236.

ART. 256-bis.
(Combustione illecita di rifiuti).

1. Salvo che il fatto costituisca piu' grave reato, chiunque appicca il fuoco a rifiuti abbandonati ovvero depositati in maniera incontrollata e' punito con la reclusione da due a cinque anni. Nel caso in cui sia appiccato il fuoco a rifiuti pericolosi, si applica la pena della reclusione da tre a sei anni. Il responsabile e' tenuto al ripristino dello stato dei luoghi, al risarcimento del danno ambientale e al pagamento, anche in via di regresso, delle spese per la bonifica.

2. Le stesse pene si applicano a colui che tiene le condotte di cui all'articolo 255, comma 1, e le condotte di reato di cui agli articoli 256 e 259 in funzione della successiva combustione illecita di rifiuti.

3. La pena e' aumentata di un terzo se il delitto di cui al comma 1 e' commesso nell'ambito dell'attivita' di un'impresa o comunque di un'attivita' organizzata. Il titolare dell'impresa o il responsabile dell'attivita' comunque organizzata e' responsabile anche sotto l'autonomo profilo dell'omessa vigilanza sull'operato degli autori materiali del delitto comunque riconducibili all'impresa o all'attivita' stessa; ai predetti titolari d'impresa o responsabili dell'attivita' si applicano altresi' le sanzioni previste dall'articolo 9, comma 2, del decreto legislativo 8 giugno 2001, n. 231.

4. La pena e' aumentata di un terzo se il fatto di cui al comma 1 e' commesso in territori che, al momento della condotta e comunque nei cinque anni precedenti, siano o siano stati interessati da dichiarazioni di stato di emergenza nel settore dei rifiuti ai sensi della legge 24 febbraio 1992, n. 225.

5. I mezzi utilizzati per il trasporto di rifiuti oggetto del reato di cui al comma 1 del presente articolo, inceneriti in aree o in impianti non autorizzati, sono confiscati ai sensi dell'articolo 259, comma 2, salvo che il mezzo appartenga a persona estranea alle condotte di cui al citato comma 1 del presente articolo e che non si configuri concorso di persona nella commissione del reato. Alla sentenza di condanna o alla sentenza emessa ai sensi dell'articolo 444 del codice di procedura penale consegue la confisca dell'area sulla quale e' commesso il reato, se di proprieta' dell'autore o del concorrente nel reato, fatti salvi gli obblighi di bonifica e ripristino dello stato dei luoghi.

6. Si applicano le sanzioni di cui all'articolo 255 se le condotte

di cui al comma 1 hanno a oggetto i rifiuti di cui all'articolo 184, comma 2, lettera e). ((Fermo restando quanto previsto dall'articolo 182, comma 6-bis, le disposizioni del presente articolo non si applicano all'abbruciamento di materiale agricolo o forestale naturale, anche derivato da verde pubblico o privato)).

ART. 257
(bonifica dei siti)

1. ((Salvo che il fatto costituisca piu' grave reato,)) chiunque cagiona l'inquinamento del suolo, del sottosuolo, delle acque superficiali o delle acque sotterranee con il superamento delle concentrazioni soglia di rischio e' punito con la pena dell'arresto da sei mesi a un anno o con l'ammenda da duemilaseicento euro a ventiseimila euro, se non provvede alla bonifica in conformita' al progetto approvato dall'autorita' competente nell'ambito del procedimento di cui agli articoli 242 e seguenti. In caso di mancata effettuazione della comunicazione di cui all'articolo 242, il trasgressore e' punito con la pena dell'arresto da tre mesi a un anno o con l'ammenda da mille euro a ventiseimila euro.
2. Si applica la pena dell'arresto da un anno a due anni e la pena dell'ammenda dei cinquemiladuecento euro a cinquantaduemila euro se l'inquinamento e' provocato da sostanze pericolose.
3. Nella sentenza di condanna per la contravvenzione di cui ai commi 1 e 2, o nella sentenza emessa ai sensi dell'articolo 444 del codice di procedura penale, il beneficio della sospensione condizionale della pena puo' essere subordinato alla esecuzione degli interventi di emergenza, bonifica e ripristino ambientale.
((4. L'osservanza dei progetti approvati ai sensi degli articoli 242 e seguenti costituisce condizione di non punibilita' per le contravvenzioni ambientali contemplate da altre leggi per il medesimo evento e per la stessa condotta di inquinamento di cui al comma 1)).

ART. 258
(Violazione degli obblighi di comunicazione, di tenuta dei registri obbligatori e dei formulari).

1. I soggetti di cui all'articolo 189, comma 3, che non effettuano la comunicazione ivi prescritta ovvero la effettuano in modo incompleto o inesatto sono puniti con la sanzione amministrativa pecuniaria da duemila a diecimila euro; se la comunicazione e' effettuata entro il sessantesimo giorno dalla scadenza del termine stabilito ai sensi della legge 25 gennaio 1994, n. 70, si applica la sanzione amministrativa pecuniaria da ventisei euro a centosessanta euro.
2. Chiunque omette di tenere ovvero tiene in modo incompleto il registro di carico e scarico di cui all'articolo 190, comma 1, e' punito con la sanzione amministrativa pecuniaria da duemila a diecimila euro. Se il registro e' relativo a rifiuti pericolosi si applica la sanzione amministrativa pecuniaria da diecimila euro a trentamila euro, nonche' nei casi piu' gravi, la sanzione amministrativa accessoria facoltativa della sospensione da un mese a un anno dalla carica rivestita dal soggetto responsabile dell'infrazione e dalla carica di amministratore.
3. Nel caso di imprese che occupino un numero di unita' lavorative inferiore a 15 dipendenti, le sanzioni sono quantificate nelle misure minime e massime da millequaranta euro a seimiladuecento euro per i rifiuti non pericolosi e da duemilasettanta euro a dodicimilaquattrocento euro per i rifiuti pericolosi. Il numero di unita' lavorative e' calcolato con riferimento al numero di dipendenti occupati mediamente a tempo pieno durante un anno, mentre i lavoratori a tempo parziale e quelli stagionali rappresentano frazioni di unita' lavorative annue; ai predetti fini l'anno da prendere in considerazione e' quello dell'ultimo esercizio contabile approvato, precedente il momento di accertamento dell'infrazione.

4. Salvo che il fatto costituisca reato, chiunque effettua il trasporto di rifiuti senza il formulario di cui all'articolo 193 o senza i documenti sostitutivi ivi previsti, ovvero riporta nel formulario stesso dati incompleti o inesatti e' punito con la sanzione amministrativa pecuniaria da milleseicento euro a diecimila euro. Si applica la pena dell'articolo 483 del codice penale nel caso di trasporto di rifiuti pericolosi. Tale ultima pena si applica anche a chi nella predisposizione di un certificato di analisi di rifiuti, fornisce false indicazioni sulla natura, sulla composizione e sulle caratteristiche chimico-fisiche dei rifiuti e a chi fa uso di un certificato falso durante il trasporto.

5. Nei casi di cui ai commi 1, 2 e 4, ove le informazioni, pur formalmente incomplete o inesatte, siano rinvenibili in forma corretta dai dati riportati nella comunicazione al catasto, nei registri cronologici di carico e scarico, nei formulari di identificazione dei rifiuti trasportati e nelle altre scritture contabili tenute per legge, si applica la sanzione amministrativa pecuniaria da duecentosessanta euro a millecinquecentocinquanta euro. La stessa pena si applica nei casi di indicazioni formalmente incomplete o inesatte, ma contenenti gli elementi atti a ricostruire le informazioni richieste ai sensi di legge, nonche' nei casi di mancato invio alle autorita' competenti e di mancata conservazione dei registri di cui all'articolo 190, comma 1, o del formulario di cui all'articolo 193. La sanzione ridotta di cui alla presente disposizione si applica alla omessa o incompleta tenuta dei registri cronologici di carico e scarico da parte del produttore quando siano presenti i formulari di trasporto, a condizione che la data di produzione e presa in carico dei rifiuti possa essere dimostrata, o coincida con la data di scarico dei rifiuti stessi.

6. I soggetti di cui all'articolo 220, comma 2, che non effettuano la comunicazione ivi prescritta ovvero la effettuino in modo incompleto o inesatto sono puniti con la sanzione amministrativa pecuniaria da duemila euro a diecimila euro; nel caso in cui la comunicazione sia effettuata entro il sessantesimo giorno dalla scadenza del termine stabilito ai sensi della legge 25 gennaio 1994, n. 70, si applica la sanzione amministrativa pecuniaria da ventisei euro a centosessanta euro.

7. I soggetti responsabili del servizio di gestione integrata dei rifiuti urbani che non effettuano la comunicazione di cui all'articolo 189 ((, comma 5,)) ovvero la effettuano in modo incompleto o inesatto, sono puniti con la sanzione amministrativa pecuniaria da duemila euro a diecimila euro; nel caso in cui la comunicazione sia effettuata entro il sessantesimo giorno dalla scadenza del termine stabilito ai sensi della legge 25 gennaio 1994, n. 70, si applica la sanzione amministrativa pecuniaria da ventisei euro a centosessanta euro.

8. In caso di violazione di uno o piu' degli obblighi previsti dall'articolo 184, commi 5- bis.1 e 5-bis.2, e dall'articolo 241-bis, commi 4-bis, 4-ter e 4-quater, del presente decreto, il comandante del poligono militare delle Forze armate e' punito con la sanzione amministrativa pecuniaria da tremila euro a diecimila euro. In caso di violazione reiterata degli stessi obblighi si applica la sanzione amministrativa pecuniaria da cinquemila euro a ventimila euro.

9. Chi con un'azione od omissione viola diverse disposizioni di cui al presente articolo, ovvero commette piu' violazioni della stessa disposizione, soggiace alla sanzione amministrativa prevista per la violazione piu' grave, aumentata sino al doppio. La stessa sanzione si applica a chi con piu' azioni od omissioni, esecutive di un medesimo disegno, commette anche in tempi diversi piu' violazioni della stessa o di diverse disposizioni di cui al presente articolo.

10. Salvo che il fatto costituisca reato e fermo restando l'obbligo di corrispondere i contributi pregressi eventualmente non versati, la mancata o irregolare iscrizione al Registro di cui all'articolo 188-bis, nelle tempistiche e con le modalita' definite nel decreto di cui al comma 1 del medesimo articolo, comporta l'applicazione di una

sanzione amministrativa pecuniaria da cinquecento euro a duemila euro, per i rifiuti non pericolosi, e da mille euro a tremila euro per i rifiuti pericolosi. La mancata o incompleta trasmissione dei dati informativi con le tempistiche e le modalita' ivi definite comporta l'applicazione di una sanzione amministrativa pecuniaria da cinquecento euro a duemila euro per i rifiuti non pericolosi e da mille euro a tremila euro per i rifiuti pericolosi.

11. Le sanzioni di cui al comma 10 sono ridotte ad un terzo nel caso in cui si proceda all'iscrizione al Registro entro 60 giorni dalla scadenza dei termini previsti dal decreto di cui al comma 1 dell'articolo 188-bis e dalle procedure operative. Non e' soggetta alle sanzioni di cui al comma 11 la mera correzione di dati, comunicata con le modalita' previste dal decreto citato.

12. Gli importi delle sanzioni di cui al comma 10 sono versati ad apposito capitolo dell'entrata del bilancio dello Stato per essere riassegnati, con decreto del Ministro dell'economia e delle finanze, ai pertinenti capitoli dello stato di previsione del Ministero dell'ambiente e della tutela del territorio e del mare, destinati agli interventi di bonifica dei siti di cui all'articolo 252, comma 5, ove ricorrano le condizioni di cui all'articolo 253, comma 5, secondo criteri e modalita' di ripartizione fissati con decreto del Ministro dell'ambiente e della tutela del territorio e del mare.

13. Le sanzioni di cui al presente articolo, conseguenti alla trasmissione o all'annotazione di dati incompleti o inesatti sono applicate solo nell'ipotesi in cui i dati siano rilevanti ai fini della tracciabilita', con esclusione degli errori materiali e violazioni formali. In caso di dati incompleti o inesatti rilevanti ai fini della tracciabilita' di tipo seriale, si applica una sola sanzione aumentata fino al triplo.

ART. 259
(traffico illecito di rifiuti)

1. Chiunque effettua una spedizione di rifiuti costituente traffico illecito ai sensi dell'articolo 26 del regolamento (CEE) 1° febbraio 1993, n. 259, o effettua una spedizione di rifiuti elencati nell'Allegato II del citato regolamento in violazione dell'articolo 1, comma 3, lettere a), b), c) e d), del regolamento stesso e' punito con la pena dell'ammenda da millecinquecentocinquanta euro a ventiseimila euro e con l'arresto fino a due anni. La pena e' aumentata in caso di spedizione di rifiuti pericolosi.

2. Alla sentenza di condanna, o a quella emessa ai sensi dell'articolo 444 del codice di procedura penale, per i reati relativi al traffico illecito di cui al comma 1 o al trasporto illecito di cui agli articoli 256 e 258, comma 4, consegue obbligatoriamente la confisca del mezzo di trasporto.

ART. 260
((ARTICOLO ABROGATO DAL D.LGS. 1 MARZO 2018, N. 21))

ART. 260-bis
(Sistema informatico di controllo della tracciabilita' dei rifiuti)

1. I soggetti obbligati che omettono l'iscrizione al sistema di controllo della tracciabilita' dei rifiuti (SISTRI) di cui all'articolo 188-bis, comma 2, lett. a), nei termini previsti, sono puniti con una sanzione amministrativa pecuniaria da duemilaseicento euro a quindicimilacinquecento euro. In caso di rifiuti pericolosi, si applica una sanzione amministrativa pecuniaria da quindicimilacinquecento euro a novantatremila euro.

2. I soggetti obbligati che omettono, nei termini previsti, il pagamento del contributo per l'iscrizione al sistema di controllo della tracciabilita' dei rifiuti (SISTRI) di cui all'articolo 188-bis, comma 2, lett. a), sono puniti con una sanzione amministrativa pecuniaria da duemilaseicento euro a

quindicimilacinquecento euro. In caso di rifiuti pericolosi, si applica una sanzione amministrativa pecuniaria da quindicimilacinquecento euro a novantatremila euro. All'accertamento dell'omissione del pagamento consegue obbligatoriamente, la sospensione immediata dal servizio fornito dal predetto sistema di controllo della tracciabilita' nei confronti del trasgressore. In sede di rideterminazione del contributo annuale di iscrizione al predetto sistema di tracciabilita' occorre tenere conto dei casi di mancato pagamento disciplinati dal presente comma.

3. Chiunque omette di compilare il registro cronologico o la scheda SISTRI - AREA MOVIMENTAZIONE, secondo i tempi, le procedure e le modalita' stabilite dal sistema informatico di controllo di cui al comma 1, ovvero fornisce al suddetto sistema informazioni incomplete, o inesatte, altera fraudolentemente uno qualunque dei dispositivi tecnologici accessori al predetto sistema informatico di controllo, o comunque ne impedisce in qualsiasi modo il corretto funzionamento, e' punito con la sanzione amministrativa pecuniaria da duemilaseicento euro a quindicimilacinquecento euro. Nel caso di imprese che occupino un numero di unita' lavorative inferiore a quindici dipendenti,si applica la sanzione amministrativa pecuniaria da millequaranta euro a seimiladuecento. Il numero di unita' lavorative e' calcolato con riferimento al numero di dipendenti occupati mediamente a tempo pieno durante un anno, mentre i lavoratori a tempo parziale e quelli stagionali rappresentano frazioni di unita' lavorative annue; ai predetti fini l'anno da prendere in considerazione e' quello dell'ultimo esercizio contabile approvato, precedente il momento di accertamento dell'infrazione. Se le indicazioni riportate pur incomplete o inesatte non pregiudicano la tracciabilita' dei rifiuti, si applica la sanzione amministrativa pecuniaria da euro duecentosessanta ad euro millecinquecentocinquanta.

4. Qualora le condotte di cui al comma 3 siano riferibili a rifiuti pericolosi si applica la sanzione amministrativa pecuniaria da euro quindicimilacinquecento ad euro novantatremila, nonche' la sanzione amministrativa accessoria della sospensione da un mese a un anno dalla carica rivestita dal soggetto cui l'infrazione e' imputabile ivi compresa la sospensione dalla carica di amministratore. Nel caso di imprese che occupino un numero di unita' lavorative inferiore a quindici dipendenti, le misure minime e massime di cui al periodo precedente sono ridotte rispettivamente da duemilasettanta euro a dodicimilaquattrocento euro per i rifiuti pericolosi. Le modalita' di calcolo dei numeri di dipendenti avviene nelle modalita' di cui al comma 3. Se le indicazioni riportate pur incomplete o inesatte non pregiudicano la tracciabilita' dei rifiuti, si applica la sanzione amministrativa pecuniaria da euro cinquecentoventi ad euro tremilacento.

5. Al di fuori di quanto previsto nei commi da 1 a 4, i soggetti che si rendono inadempienti agli ulteriori obblighi su di loro incombenti ai sensi del predetto sistema di controllo della tracciabilita' dei rifiuti (SISTRI) sono puniti, per ciascuna delle suddette violazioni, con la sanzione amministrativa pecuniaria da euro duemilaseicento ad euro quindicimilacinquecento. In caso di rifiuti pericolosi si applica la sanzione amministrativa pecuniaria da euro quindicimilacinquecento ad euro novantatremila.

6. Si applica la pena di cui all'articolo 483 c.p. a colui che, nella predisposizione di un certificato di analisi di rifiuti, utilizzato nell'ambito del sistema di controllo della tracciabilita' dei rifiuti fornisce false indicazioni sulla natura, sulla composizione e sulle caratteristiche chimico-fisiche dei rifiuti e a chi inserisce un certificato falso nei dati da fornire ai fini della tracciabilita' dei rifiuti.

7. Il trasportatore che omette di accompagnare il trasporto dei rifiuti con la copia cartacea della scheda SISTRI - AREA MOVIMENTAZIONE e, ove necessario sulla base della normativa vigente, con la copia del certificato analitico che identifica le caratteristiche dei rifiuti e' punito con la sanzione amministrativa

pecuniaria da 1.600 euro a 9.300 euro. Si applica la pena di cui all'art. 483 del codice penale in caso di trasporto di rifiuti pericolosi. Tale ultima pena si applica anche a colui che, durante il trasporto fa uso di un certificato di analisi di rifiuti contenente false indicazioni sulla natura, sulla composizione e sulle caratteristiche chimico-fisiche dei rifiuti trasportati.

8. Il trasportatore che accompagna il trasporto di rifiuti con una copia cartacea della scheda SISTRI - AREA Movimentazione fraudolentemente alterata e' punito con la pena prevista dal combinato disposto degli articoli 477 e 482 del codice penale. La pena e' aumentata fino ad un terzo nel caso di rifiuti pericolosi.

9. Se le condotte di cui al comma 7 non pregiudicano la tracciabilita' dei rifiuti, si applica la sanzione amministrativa pecuniaria da euro duecentosessanta ad euro millecinquecentocinquanta.

9-bis. Chi con un'azione od omissione viola diverse disposizioni di cui al presente articolo ovvero commette piu' violazioni della stessa disposizione soggiace alla sanzione amministrativa prevista per la violazione piu' grave, aumentata sino al doppio. La stessa sanzione si applica a chi con piu' azioni od omissioni, esecutive di un medesimo disegno, commette anche in tempi diversi piu' violazioni della stessa o di diverse disposizioni di cui al presente articolo.

9-ter. Non risponde delle violazioni amministrative di cui al presente articolo chi, entro trenta giorni dalla commissione del fatto, adempie agli obblighi previsti dalla normativa relativa al sistema informatico di controllo di cui al comma 1. Nel termine di sessanta giorni dalla contestazione immediata o dalla notificazione della violazione, il trasgressore puo' definire la controversia, previo adempimento degli obblighi di cui sopra, con il pagamento di un quarto della sanzione prevista. La definizione agevolata impedisce l'irrogazione delle sanzioni accessorie.

ART. 260-ter
(Sanzioni amministrative accessorie. Confisca)

1. All'accertamento delle violazioni di cui ai commi 7 e 8 dell'articolo 260-bis, consegue obbligatoriamente la sanzione accessoria del fermo amministrativo del veicolo utilizzato per l'attivita' di trasporto dei rifiuti di mesi 12, nel caso in cui il responsabile si trovi nelle situazioni di cui all'art. 99 c.p. o all'articolo 8-bis della legge 24 novembre 1981, n. 689, o abbia commesso in precedenza illeciti amministrativi con violazioni della stessa indole o comunque abbia violato norme in materia di rifiuti.

2. Si applicano, in quanto compatibili, le disposizioni di cui agli articoli 213, 214, 214 bis e 224-ter del decreto legislativo 30 aprile 1992, n. 285, e relative norme di attuazione.

3. All'accertamento delle violazioni di cui al comma 1 dell'articolo 260-bis, consegue la sanzione accessoria del fermo amministrativo di mesi 12 del veicolo utilizzato dal trasportatore. In ogni caso restituzione del veicolo sottoposto al fermo amministrativo non puo' essere disposta in mancanza dell' iscrizione e del correlativo versamento del contributo.

4. In caso di trasporto non autorizzato di rifiuti pericolosi, e' sempre disposta la confisca del veicolo e di qualunque altro mezzo utilizzato per il trasporto del rifiuto, ai sensi dell'articolo 240, secondo comma, del codice penale, salvo che gli stessi che appartengano, non fittiziamente a persona estranea al reato.

5. Il fermo di cui al comma 1 e la confisca di cui al comma 4 conseguono obbligatoriamente anche all'accertamento delle violazioni di cui al comma 1 dell'articolo 256.

ART. 261
(imballaggi)

1. I produttori e gli utilizzatori che non adempiono all'obbligo

di raccolta di cui all'articolo 221, comma 2, o non adottano, in alternativa, sistemi gestionali ai sensi del medesimo articolo 221, comma 3, lettere a) e c), sono puniti con la sanzione amministrativa pecuniaria di euro 5.000.

2. I produttori di imballaggi che non provvedono ad organizzare un sistema per l'adempimento degli obblighi di cui all'articolo 221, comma 3, e non aderiscono ai consorzi di cui all'articolo 223, ne' adottano un sistema di restituzione dei propri imballaggi ai sensi dell'articolo 221, comma 3, lettere a) e c), sono puniti con la sanzione amministrativa pecuniaria da quindicimilacinquecento euro a quarantaseimilacinquecento euro. La stessa pena si applica agli utilizzatori che non adempiono all'obbligo di cui ali' all'articolo 221, comma 4.

3. La violazione dei divieti di cui all'articolo 226, commi 1 e 4, e' punita con la sanzione amministrativa pecuniaria da cinquemiladuecento euro a quarantamila euro. ((A chiunque immette sul mercato interno imballaggi privi dei requisiti di cui all'articolo 219, comma 5, si applica la sanzione amministrativa pecuniaria da 5.000 euro a 25.000 euro)).

4. La violazione del disposto di cui all'articolo 226, comma 3, e' punita con la sanzione amministrativa pecuniaria da duemilaseicento euro a quindicimilacinquecento euro.

4-bis. La violazione delle disposizioni di cui agli articoli 226-bis e 226-ter e' punita con la sanzione amministrativa pecuniaria da 2.500 a 25.000 euro.

4-ter. La sanzione amministrativa di cui al comma 4-bis e' aumentata fino al quadruplo del massimo se la violazione del divieto riguarda ingenti quantitativi di borse di plastica oppure un valore di queste ultime superiore al 10 per cento del fatturato del trasgressore, nonche' in caso di utilizzo di diciture o altri mezzi elusivi degli obblighi di cui agli articoli 226-bis e 226-ter.

4-quater. Le sanzioni di cui ai commi 4-bis e 4-ter sono applicate ai sensi della legge 24 novembre 1981, n. 689; all'accertamento delle violazioni provvedono, d'ufficio o su denunzia, gli organi di polizia amministrativa, fermo restando quanto previsto dall'articolo 13 della citata legge n. 689 del 1981.

ART. 261-bis
(((Sanzioni).))

((1. Salvo che il fatto costituisca piu' grave reato, chiunque effettua attivita' di incenerimento o di coincenerimento di rifiuti pericolosi in mancanza della prescritta autorizzazione all'esercizio di cui presente titolo, e' punito con l'arresto da uno a due anni e con l'ammenda da diecimila euro a cinquantamila euro.

2. Salvo che il fatto costituisca piu' grave reato, chiunque effettua attivita' di incenerimento o di coincenerimento di rifiuti non pericolosi, negli impianti di cui all'articolo 237-ter, comma 1, lettere b), c) d) ed e), in mancanza della prescritta autorizzazione all'esercizio, e' punito con l'arresto da sei mesi ad un anno e con l'ammenda da diecimila euro a trentamila euro.

3. Salvo che il fatto costituisca piu' grave reato, chiunque effettua lo scarico sul suolo, nel sottosuolo o nelle acque sotterranee, di acque reflue evacuate da un impianto di incenerimento o coincenerimento e provenienti dalla depurazione degli effluenti gassosi di cui all'articolo 237-duodecies, comma 5, e' punito con l'arresto fino ad un anno e con l'ammenda da diecimila euro a trentamila euro.

4. Salvo che il fatto costituisca piu' grave reato, il proprietario ed il gestore che nell'effettuare la dismissione di un impianto di incenerimento o di coincenerimento di rifiuti non provvedono a quanto previsto all'articolo 237-octies, comma 10, sono puniti con l'arresto fino ad un anno e con l'ammenda da diecimila euro a venticinquemila euro.

5. Salvo che il fatto costituisca piu' grave reato, chiunque

effettua attivita' di incenerimento o di coincenerimento di rifiuti nelle condizioni di cui all'articolo 237-septiesdecies, comma 3, superando anche uno solo dei limiti temporali ivi previsti, e' punito con l'arresto fino a nove mesi e con l'ammenda da cinquemila euro a trentamila euro.

6. Salvo che il fatto costituisca piu' grave reato, chiunque effettua lo scarico in acque superficiali di acque reflue evacuate da un impianto di incenerimento o coincenerimento e provenienti dalla depurazione degli effluenti gassosi di cui all'articolo 237-duodecies, comma 5, non rispettando i valori di emissione previsti all'Allegato 1, paragrafo D, e' punito con l'arresto fino a sei mesi e con l'ammenda da diecimila euro a trentamila euro.

7. Salvo che il fatto costituisca piu' grave reato, chiunque effettua lo scarico delle acque reflue di cui all'articolo 237-duodecies, in mancanza della prescritta autorizzazione di cui al comma 1, e' punito con l'arresto fino a tre mesi e con l'ammenda da cinquemila euro a trentamila euro.

8. Salvo che il fatto costituisca piu' grave reato, chiunque, nell'esercizio dell'attivita' di incenerimento o coincenerimento, supera i valori limite di emissione di cui all'articolo 237-undecies, e' punito con l'arresto fino ad un anno o con l'ammenda da diecimila euro a venticinquemila euro. Se i valori non rispettati sono quelli di cui all'Allegato 1, paragrafo A, punti 3) e 4), il responsabile e' punito con l'arresto da uno a due anni e con l'ammenda da diecimila euro a quarantamila euro.

9. Salvo che il fatto costituisca piu' grave reato, il professionista che, nel certificato sostitutivo di cui all'articolo 237-octies, comma 8, e all'articolo 237-octies, comma 10, con riferimento agli impianti di coincenerimento, attesta fatti non corrispondenti al vero, e' punito con l'arresto fino ad un anno o con l'ammenda da cinquemila euro a venticinquemila euro.

10. Salvo che il fatto costituisca piu' grave reato, chiunque mette in esercizio un impianto di incenerimento o di coincenerimento autorizzato alla costruzione ed all'esercizio, in assenza della verifica di cui all'articolo 237-octies, comma 7, o della relativa certificazione sostitutiva comunicata nelle forme di cui all'articolo 237-octies, comma 8, e all'articolo 237-octies, comma 10, con riferimento agli impianti di coincenerimento, e' punito con l'arresto fino ad un anno o con l'ammenda da tremila euro a venticinquemila euro.

11. Salvo che il fatto costituisca piu' grave reato e salvo quanto previsto al comma 12, chiunque, nell'esercizio di un impianto autorizzato di incenerimento o coincenerimento, non osserva le prescrizioni indicate nell'autorizzazione ai sensi dell'articolo 237-quinquies, comma 2, con riferimento agli impianti di incenerimento, all'articolo 237-quinquies, comma 3, all'articolo 237-septies, comma 1, e all'articolo 237-octies, comma 1, e' punito con l'ammenda da tremila euro a trentamila euro.

12. Salvo che il fatto costituisca reato, chiunque, nell'esercizio di un impianto autorizzato di incenerimento o coincenerimento, avendo conseguito in sede di autorizzazione le parziali deroghe di cui all'articolo 237-septies, comma 6, e all'articolo 237-nonies, non rispetta le prescrizioni imposte dall'autorita' competente in sede di autorizzazione, e' punito con la sanzione amministrativa da tremila euro a venticinquemila euro.

13. Salvo che il fatto costituisca reato, chiunque, nell'esercizio di un impianto autorizzato di incenerimento o coincenerimento, avendo conseguito in sede di autorizzazione le deroghe di cui all'articolo 237-undecies, comma 6, non rispetta le prescrizioni imposte dall'autorita' competente in sede di autorizzazione, e' punito con la sanzione amministrativa da duemilacinquecento euro a venticinquemila euro.

14. Salvo che il fatto costituisca reato, chiunque, al di fuori dei casi previsti dal presente articolo, nell'esercizio di un impianto di incenerimento o coincenerimento non rispetta le

prescrizioni di cui al presente decreto, o quelle imposte dall'autorita' competente in sede di autorizzazione, e' punito con la sanzione amministrativa da mille euro a trentacinquemila euro.

15. Le disposizioni di cui ai commi 1, 2, 5, 6, 7, 8, 10, 12, 13, 14 e 15 non si applicano nel caso in cui l'installazione e' soggetta alle disposizioni del Titolo III-bis della Parte seconda.))

ART. 262
(competenza e giurisdizione)

1. Fatte salve le altre disposizioni della legge 24 novembre 1981, n. 689 in materia di accertamento degli illeciti amministrativi, all'irrogazione delle sanzioni amministrative pecuniarie previste dalla parte quarta del presente decreto provvede la provincia nel cui territorio e' stata commessa la violazione, ad eccezione delle sanzioni previste dall'articolo 261, comma 3, in relazione al divieto di cui all'articolo 226, comma 1, per le quali e' competente il comune.

2. Avverso le ordinanze-ingiunzione relative alle sanzioni amministrative di cui al comma 1 e' esperibile il giudizio di opposizione ((previsto dall'articolo 22 della legge 24 novembre 1981, n. 689)).

3. Per i procedimenti penali pendenti alla data di entrata in vigore della parte quarta del presente decreto l'autorita' giudiziaria, se non deve pronunziare decreto di archiviazione o sentenza di proscioglimento, dispone la trasmissione degli atti agli Enti indicati al comma 1 ai fini dell'applicazione delle sanzioni amministrative.

ART. 263
(proventi delle sanzioni amministrative pecuniarie)

1. I proventi delle sanzioni amministrative pecuniarie per le violazioni di cui alle disposizioni della parte quarta del presente decreto sono devoluti alle province e sono destinati all'esercizio delle funzioni di controllo in materia ambientale, fatti salvi i proventi delle sanzioni amministrative pecuniarie di cui all'articolo 261, comma 3, in relazione al divieto di cui all'articolo 226, comma 1, che sono devoluti ai comuni.

2. Le somme derivanti dai proventi delle sanzioni amministrative irrogate ai sensi dell'articolo 261-bis sono versate all'entrata dei bilanci delle autorita' competenti e sono destinate a potenziare le ispezioni ambientali straordinarie previste dal presente decreto, in particolare all'articolo 29-decies, comma 4, nonche' le ispezioni finalizzate a verificare il rispetto degli obblighi ambientali per impianti ancora privi di autorizzazione.

((2-bis. Il 50 per cento delle somme derivanti dai proventi delle sanzioni amministrative pecuniarie irrogate ai sensi dell'articolo 255, comma 1-bis, e' versato all'entrata del bilancio dello Stato per essere riassegnato ad un apposito Fondo istituito presso lo stato di previsione del Ministero dell'ambiente e della tutela del territorio e del mare e destinato alle attivita' di cui ai commi 1 e 2 dell'articolo 232-bis. Il restante 50 per cento dei suddetti proventi e' destinato ai comuni nel cui territorio sono state accertate le relative violazioni ed e' destinato alle attivita' di cui al comma 1 dell'articolo 232-bis, ad apposite campagne di informazione da parte degli stessi comuni, volte a sensibilizzare i consumatori sulle conseguenze nocive per l'ambiente derivanti dall'abbandono dei mozziconi dei prodotti da fumo e dei rifiuti di piccolissime dimensioni di cui all'articolo 232-ter, nonche' alla pulizia del sistema fognario urbano. Con provvedimento del Ministero dell'ambiente e della tutela del territorio e del mare, di concerto con il Ministero dell'interno e con il Ministero dell'economia e delle finanze, da emanare entro novanta giorni dalla data di entrata in vigore della presente disposizione, sono stabilite le modalita' attuative del presente comma)).

CAPO II
DISPOSIZIONI TRANSITORIE E FINALI

ART. 264
(abrogazione di norme)

1. A decorrere dalla data di entrata in vigore della parte quarta del presente decreto restano o sono abrogati, escluse le disposizioni di cui il presente decreto prevede l'ulteriore vigenza:
   a) la legge 20 marzo 1941, n. 366;
   b) il decreto del Presidente della Repubblica 10 settembre 1982, n. 915;
   c) il decreto-legge 9 settembre 1988, n. 397, convertito, con modificazioni, dalla legge 9 novembre 1988, n. 475, ad eccezione dell'articolo 9 e dell'articolo 9-quinquies come riformulato dal presente decreto. Al fine di assicurare che non vi sia alcuna soluzione di continuita' nel passaggio dalla preesistente normativa a quella prevista dalla parte quarta del presente decreto, i provvedimenti attuativi dell'articolo 9-quinquies, del decreto-legge 9 settembre 1988, n. 397, convertito, con modificazioni, dalla legge 9 novembre 1988, n, 475, continuano ad applicarsi sino alla data di entrata in vigore dei corrispondenti provvedimenti attuativi previsti dalla parte quarta del presente decreto;
   d) il decreto-legge 31 agosto 1987, n. 361, convertito, con modificazioni, dalla legge 29 ottobre 1987, n. 441, ad eccezione degli articoli 1, 1-bis, I-ter, 1-quater e 1-quinquies;
   e) il decreto-legge 14 dicembre 1988, n. 527, convertito, con modificazioni, dalla legge 10 febbraio 1988, n. 45;
   f) l'articolo 29-bis del decreto-legge 30 agosto 1993, n. 331, convertito, con modificazioni, dalla legge 29 ottobre 1993, n. 427;
   g) i commi 3, 4 e 5, secondo periodo, dell'articolo 103 del decreto legislativo 30 aprile 1992, n. 285;
   h) l'articolo 5, comma 1, del decreto del Presidente della Repubblica 8 agosto 1994, pubblicato nella Gazzetta ufficiale n. 251 del 26 ottobre 1994;
   i) il decreto legislativo 5 febbraio 1997, n. 22. Al fine di assicurare che non vi sia alcuna soluzione di continuita' nel passaggio dalla preesistente normativa a quella prevista dalla parte quarta del presente decreto, i provvedimenti attuativi del citato decreto legislativo 5 febbraio 1997, n. 22, continuano ad applicarsi sino alla data di entrata in vigore dei corrispondenti provvedimenti attuativi previsti dalla parte quarta del presente decreto;
   l) l'articolo 14 del decreto-legge 8 luglio 2002, n. 138, convertito, con modificazioni, dall'articolo 14 della legge 8 agosto 2002, n. 178;
   m) l'articolo 9, comma 2-bis, della legge 21 novembre 2000, n. 342, ultimo periodo, dalle parole: "i soggetti di cui all'artico 38, comma 3, lettera a)" sino alla parola: "CONAI";
   n) LETTERA SOPPRESSA DAL D.LGS. 16 GENNAIO 2008, N. 4
   o) gli articoli 4, 5, 8, 12, 14 e 15 del decreto legislativo 27 gennaio 1992, n. 95. Restano valide ai fini della gestione degli oli usati, fino al conseguimento o diniego di quelle richieste ai sensi del presente decreto e per un periodo comunque non superiore ad un triennio dalla data della sua entrata in vigore, tutte le autorizzazioni concesse, alla data di entrata in vigore della parte quarta del presente decreto, ai sensi della normativa vigente, ivi compresi il decreto legislativo 5 febbraio 1997, n. 22, il decreto legislativo 27 gennaio 1992, n. 95, e il decreto 16 maggio 1996, n. 392, pubblicato nella Gazzetta Ufficiale n. 173 del 25 luglio 1996. Al fine di assicurare che non vi sia soluzione di continuita' nel passaggio dalla preesistente normativa a quella prevista dalla parte

quarta del presente decreto, i provvedimenti attuativi dell'articolo 11 del decreto legislativo 27 gennaio 1992, n. 95, continuano ad applicarsi sino alla data di entrata in vigore dei corrispondenti provvedimenti attuativi p revisti dalla parte quarta del presente decreto;

p) l'articolo 19 della legge 23 marzo 2001, n. 93.

2. Il Governo, ai sensi dell'articolo 17, comma 2, della legge 23 agosto 1988, n. 400, adotta, entro sessanta giorni dalla data di entrata in vigore della parte quarta del presente decreto, su proposta del Ministro dell'ambiente e della tutela del territorio e del mare di concerto con il Ministro delle attivita' produttive, previo parere delle competenti Commissioni parlamentari, che si esprimono entro trenta giorni dalla trasmissione del relativo schema alle Camere, apposito regolamento con il quale sono individuati gli ulteriori atti normativi incompatibili con le disposizioni di cui alla parte quarta del presente decreto, che sono abrogati con effetto dalla data di entrata in vigore del regolamento medesimo.

((2-bis. Le integrazioni e le modifiche degli allegati alle norme in materia di gestione dei rifiuti e di bonifica dei siti inquinati del presente decreto sono adottate con decreto del Ministro dell'ambiente e della tutela del territorio e del mare, di concerto con il Ministro della salute e con il Ministro dello sviluppo economico, previo parere dell'ISPRA, sentita la Conferenza unificata di cui all'articolo 8 del decreto legislativo 28 agosto 1997, n. 281)).

ART. 264-bis
(((Abrogazioni e modifiche di disposizioni del
decreto del Presidente del Consiglio
dei Ministri in data 27 aprile 2010)

1. All'Allegato "Articolazione del MUD" del decreto del Presidente del Consiglio dei Ministri in data 27 aprile 2010, pubblicato nel Supplemento Ordinario alla Gazzetta Ufficiale n. 98 del 28 aprile 2010, sono apportate le seguenti modificazioni:
    a) al capitolo 1 - Rifiuti, al punto "4. Istruzione per la compilazione delle singole sezioni" la "Sezione comunicazione semplificata" e' abrogata e sono abrogati il punto 6 " Sezione rifiuti" e il punto 8 " Sezione intermediari e commercio";
    b) i capitoli 2 e 3 sono abrogati a decorrere dalla dichiarazione relativa al 2011.))

ART. 264-ter
((ARTICOLO ABROGATO DAL D.LGS. 3 SETTEMBRE 2020, N. 116))

ART. 264-quater
((ARTICOLO ABROGATO DAL D.LGS. 3 SETTEMBRE 2020, N. 116))

ART. 265
(disposizioni transitorie)

1. Le vigenti norme regolamentari e tecniche che disciplinano la raccolta, il trasporto il recupero e lo smaltimento dei rifiuti restano in vigore sino all'adozione delle corrispondenti specifiche norme adottate in attuazione della parte quarta del presente decreto. Al fine di assicurare che non vi sia alcuna soluzione di continuita' nel passaggio dalla preesistente normativa a quella prevista dalla parte quarta del presente decreto, le pubbliche amministrazioni, nell'esercizio delle rispettive competenze, adeguano la previgente normativa di attuazione alla disciplina contenuta nella parte quarta del presente decreto, nel rispetto di quanto stabilito dall'articolo 264, comma 1, lettera i). Ogni riferimento ai rifiuti tossici e nocivi continua ad intendersi riferito ai rifiuti pericolosi.

2. In attesa delle specifiche norme regolamentari e tecniche in materia di trasporto dei rifiuti, di cui all'articolo 195, comma 2,

lettera 1), e fermo restando quanto previsto dall'articolo 188-ter e dal decreto legislativo 24 giugno 2003, n. 182 in materia di rifiuti prodotti dalle navi e residui di carico, i rifiuti sono assimilati alle merci per quanto concerne il regime normativo in materia di trasporti via mare . In particolare i rifiuti pericolosi sono assimilati alle merci pericolose.

3. Il Ministro dell'ambiente e della tutela del territorio e del mare, di concerto con il Ministro dell'istruzione, dell'universita' e della ricerca e con il Ministro delle attivita' produttive, individua con apposito decreto le forme di promozione e di incentivazione per la ricerca e per lo sviluppo di nuove tecnologie di bonifica presso le universita', nonche' presso le imprese e i loro consorzi.

4. Fatti salvi gli interventi realizzati alla data di entrata in vigore della parte quarta del presente decreto, entro centottanta giorni da tale data, puo' essere presentata all'autorita' competente adeguata relazione tecnica al fine di rimodulare gli obiettivi di bonifica gia' autorizzati sulla base dei criteri definiti dalla parte quarta del presente decreto. L'autorita' competente esamina la documentazione e dispone le varianti al progetto necessarie.

5. COMMA SOPPRESSO DAL D.L. 24 GENNAIO 2012, N. 1, CONVERTITO, CON MODIFICAZIONI, DALLA L. 24 MARZO 2012, N. 27.

6. Le aziende siderurgiche e metallurgiche operanti alla data di entrata in vigore della parte quarta del presente decreto e sottoposte alla disciplina di cui al decreto legislativo 18 febbraio 2005, n. 59, sono autorizzate in via transitoria, previa presentazione della relativa domanda, e fino al rilascio o al definitivo diniego dell'autorizzazione medesima, ad utilizzare, impiegandoli nel proprio ciclo produttivo, i rottami ferrosi individuati dal codice GA 430 dell'Allegato II (lista verde dei rifiuti) del regolamento (CE) 1° febbraio 1993, n. 259 e i rottami non ferrosi individuati da codici equivalenti del medesimo Allegato.

6-bis. I soggetti che alla data di entrata in vigore del presente decreto svolgono attivita' di recupero di rottami ferrosi e non ferrosi che erano da considerarsi escluse dal campo di applicazione della parte quarta del medesimo decreto n. 152 del 2006 possono proseguire le attivita' di gestione in essere alle condizioni di cui alle disposizioni previgenti fino al rilascio o al diniego delle autorizzazioni necessarie allo svolgimento di dette attivita' nel nuovo regime. Le relative istanze di autorizzazione o iscrizione sono presentate entro novanta giorni dalla data di entrata in vigore del presente decreto.

ART. 266
(disposizioni finali)

1. Nelle attrezzature sanitarie di cui all'articolo 4, comma 2, lettera g), della legge 29 settembre 1964, n. 847, sono ricomprese le opere, le costruzioni e gli impianti destinati allo smaltimento, al riciclaggio o alla distruzione dei rifiuti urbani, speciali, pericolosi, solidi e liquidi, alla bonifica di aree inquinate.

2. Dall'attuazione delle disposizioni di cui alla parte quarta del presente decreto non devono derivare nuovi o maggiori oneri o minori entrate a carico dello Stato.

3. Le spese per l'indennita' e per il trattamento economico del personale di cui all'articolo 9 del decreto-legge 9 settembre 1988, n. 397, convertito, con modificazioni, dalla legge 9 novembre 1988, n. 475, restano a carico del Ministero dell'ambiente e della tutela del territorio e del mare, salvo quanto previsto dal periodo seguente. Il trattamento economico resta a carico delle istituzioni di appartenenza, previa intesa con le medesime, nel caso in cui il personale svolga attivita' di comune interesse.

4. ((COMMA ABROGATO DAL D.LGS. 3 SETTEMBRE 2020, N. 116)).

5. Le disposizioni di cui agli articoli 189, 190, 193 e 212 non si applicano alle attivita' di raccolta e trasporto di rifiuti effettuate dai soggetti abilitati allo svolgimento delle attivita'

medesime in forma ambulante, limitatamente ai rifiuti che formano oggetto del loro commercio.

6. Fatti salvi gli effetti dei provvedimenti sanzionatori adottati con atti definitivi, dalla data di pubblicazione del presente decreto non trovano applicazione le disposizioni recanti gli obblighi di cui agli articoli 48, comma 2, e 51, comma 6-ter, del decreto legislativo 5 febbraio 1997, n. 22, nonche' le disposizioni sanzionatorie previste dal medesimo articolo 51, commi 6-bis, 6-ter e 6-quinquies, anche con riferimento a fattispecie verificatesi dopo il 31 marzo 2004.

7. Con successivo decreto, adottato dal Ministro dell'ambiente e della tutela del territorio e del mare di concerto con i Ministri delle infrastrutture e dei trasporti, delle attivita' produttive e della salute, e' dettata la disciplina per la semplificazione amministrativa delle procedure relative ai materiali, ivi incluse le terre e le rocce da scavo, provenienti da cantieri di piccole dimensioni la cui produzione non superi i seimila metri cubi di materiale nel rispetto delle disposizioni comunitarie in materia.

PARTE QUINTA
NORME IN MATERIA DI TUTELA DELL'ARIA E DI RIDUZIONE DELLE EMISSIONI IN ATMOSFERA

TITOLO I
PREVENZIONE E LIMITAZIONE DELLE EMISSIONI IN ATMOSFERA DI IMPIANTI E ATTIVITA'

ART. 267
(campo di applicazione)

1. Il presente titolo, ai fini della prevenzione e della limitazione dell'inquinamento atmosferico, si applica agli impianti, inclusi gli impianti termici civili non disciplinati dal titolo II, ed alle attivita' che producono emissioni in atmosfera e stabilisce i valori di emissione, le prescrizioni, i metodi di campionamento e di analisi delle emissioni ed i criteri per la valutazione della conformita' dei valori misurati ai valori limite.

2. Per gli impianti di incenerimento e coincenerimento e gli altri impianti di trattamento termico dei rifiuti i valori limite di emissione e altre prescrizioni sono stabiliti nell'autorizzazione di cui all'articolo 208 o nell'autorizzazione integrata ambientale di cui al Titolo III-bis alla Parte Seconda. I valori limite e le prescrizioni sono stabiliti, per gli impianti di incenerimento e coincenerimento sulla base del Titolo III-bis della Parte Quarta e dei piani regionali. di qualita' dell'aria e, per gli altri impianti di trattamento termico dei rifiuti, sulla base degli articoli 270 e 271 del presente titolo. Resta ferma l'applicazione del presente titolo per gli altri impianti e le altre attivita' presenti nello stesso stabilimento, nonche' nei casi previsti dall'articolo 214, comma 8.

3. Resta fermo, per le installazioni sottoposte ad autorizzazione integrata ambientale, quanto previsto al Titolo III-bis della Parte Seconda; per tali installazioni l'autorizzazione alle emissioni prevista dal presente Titolo non e' richiesta in quanto sostituita dall'autorizzazione integrata ambientale.

4. ((COMMA ABROGATO DAL D.LGS. 15 NOVEMBRE 2017, N. 183)).

ART. 268
(definizioni)

1. Ai fini del presente titolo si applicano le seguenti definizioni:

a) inquinamento atmosferico: ogni modificazione dell'aria atmosferica, dovuta all'introduzione nella stessa di una o di piu' sostanze in quantita' e con caratteristiche tali da ledere o da costituire un pericolo per la salute umana o per la qualita' dell'ambiente oppure tali da ledere i beni materiali o compromettere gli usi legittimi dell'ambiente;

b) emissione in atmosfera: qualsiasi sostanza solida, liquida o gassosa introdotta nell'atmosfera che possa causare inquinamento atmosferico e, per le attivita' di cui all'articolo 275, qualsiasi scarico, diretto o indiretto, di COV nell'ambiente;

c) emissione convogliata: emissione di un effluente gassoso effettuata attraverso uno o piu' appositi punti;

d) emissione diffusa: emissione diversa da quella ricadente nella lettera c); per le lavorazioni di cui all'articolo 275 le emissioni diffuse includono anche i COV contenuti negli scarichi idrici, nei rifiuti e nei prodotti, fatte salve le diverse indicazioni contenute nella parte III dell'Allegato III alla parte quinta del presente decreto;

e) emissione tecnicamente convogliabile: emissione diffusa che deve essere convogliata sulla base delle migliori tecniche disponibili o in presenza di situazioni o di zone che richiedono una particolare tutela;

f) emissioni totali: la somma delle emissioni diffuse e delle emissioni convogliate;

((f-bis) emissioni odorigene: emissioni convogliate o diffuse aventi effetti di natura odorigena;))

g) effluente gassoso: lo scarico gassoso, contenente emissioni solide, liquide o gassose; la relativa portata volumetrica e' espressa in metri cubi all'ora riportate in condizioni normali (Nm3/ora), previa detrazione del tenore di vapore acqueo, se non diversamente stabilito dalla parte quinta del presente decreto;

h) stabilimento: il complesso unitario e stabile, che si configura come un complessivo ciclo produttivo, sottoposto al potere decisionale di un unico gestore, in cui sono presenti uno o piu' impianti o sono effettuate una o piu' attivita' che producono emissioni attraverso, per esempio, dispositivi mobili, operazioni manuali, deposizioni e movimentazioni. Si considera stabilimento anche il luogo adibito in modo stabile all'esercizio di una o piu' attivita';

i) stabilimento anteriore al 1988: uno stabilimento che, alla data del 1° luglio 1988, era in esercizio o costruito in tutte le sue parti o autorizzato ai sensi della normativa previgente, e che e' stato autorizzato ai sensi degli articoli 12 e 13 del decreto del Presidente della Repubblica 24 maggio 1988, n. 203;

i-bis) stabilimento anteriore al 2006: uno stabilimento che e' stato autorizzato ai sensi dell'articolo 6 o dell'articolo 11 o dell'articolo 15, comma 1, lettera b), del decreto del Presidente della Repubblica 24 maggio 1988, n. 203, purche' in funzione o messo in funzione entro il 29 aprile 2008;

i-ter) stabilimento nuovo: uno stabilimento che non ricade nelle definizioni di cui alle lettere i) e i-bis);

l) impianto: il dispositivo o il sistema o l'insieme di dispositivi o sistemi fisso e destinato a svolgere in modo autonomo una specifica attivita', anche nell'ambito di un ciclo piu' ampio;

m) modifica dello stabilimento: installazione di un impianto o avvio di una attivita' presso uno stabilimento o modifica di un impianto o di una attivita' presso uno stabilimento, la quale comporti una variazione di quanto indicato nel progetto o nella relazione tecnica di cui all'articolo 269, comma 2, o nell'autorizzazione di cui all'articolo 269, comma 3, o nella domanda di adesione all'autorizzazione generale di cui all'articolo 272, o nell'autorizzazione rilasciata ai sensi del decreto del Presidente della Repubblica 24 maggio 1988, n. 203, o nei documenti previsti dall'articolo 12 di tale decreto; ricadono nella definizione anche le modifiche relative alle modalita' di esercizio o ai combustibili utilizzati;

m-bis) modifica sostanziale: modifica che comporta un aumento o una variazione qualitativa delle emissioni o che altera le condizioni di convogliabilita' tecnica delle stesse e che possa produrre effetti negativi e significativi sull'ambiente; per gli impianti di cui all'articolo 273 si applica la definizione prevista dall'articolo 5, comma 1, lettera l-bis); per le attivita' di cui all'articolo 275 si applicano le definizioni previste ai commi 21e 22 di tale articolo Le regioni e le province autonome possono, nel rispetto della presente definizione, definire ulteriori criteri per la qualificazione delle modifiche sostanziali e indicare modifiche non sostanziali per le quali non vi e' l'obbligo di comunicazione di cui all'articolo 269, comma 8;

n) gestore: la persona fisica o giuridica che ha potere decisionale circa l'installazione o l'esercizio dello stabilimento e che e' responsabile dell'applicazione dei limiti e delle prescrizioni disciplinate nel presente decreto; per gli impianti di cui all'articolo 273 e per le attivita' di cui all'articolo 275 si applica la definizione prevista all'articolo 5, comma 1, lettera r-bis);

o) autorita' competente: la regione o la provincia autonoma o la diversa autorita' indicata dalla legge regionale quale autorita' competente al rilascio dell'autorizzazione alle emissioni e all'adozione degli altri provvedimenti previsti dal presente titolo; per gli stabilimenti sottoposti ad autorizzazione integrata ambientale e per gli adempimenti a questa connessi, l'autorita' competente e' quella che rilascia tale autorizzazione;

p) autorita' competente per il controllo: l'autorita' a cui la legge regionale attribuisce il compito di eseguire in via ordinaria i controlli circa il rispetto dell'autorizzazione e delle disposizioni del presente titolo, ferme restando le competenze degli organi di polizia giudiziaria; in caso di stabilimenti soggetti ad autorizzazione alle emissioni tale autorita' coincide, salvo diversa indicazione della legge regionale, con quella di cui alla lettera o); per stabilimenti sottoposti ad autorizzazione integrata ambientale e per i controlli a questa connessi, l'autorita' competente per il controllo e' quella prevista dalla normativa che disciplina tale autorizzazione;

q) valore limite di emissione: il fattore di emissione, la concentrazione, la percentuale o il flusso di massa di sostanze inquinanti nelle emissioni che non devono essere superati. I valori di limite di emissione espressi come concentrazione sono stabiliti con riferimento al funzionamento dell'impianto nelle condizioni di esercizio piu' gravose e, salvo diversamente disposto dal presente titolo o dall'autorizzazione, si intendono stabiliti come media oraria.

r) fattore di emissione: rapporto tra massa di sostanza inquinante emessa e unita' di misura specifica di prodotto o di servizio;

s) concentrazione: rapporto tra massa di sostanza inquinante emessa e volume dell'effluente gassoso; per gli impianti di combustione i valori di emissione espressi come concentrazione (mg/Nm3) sono calcolati considerando, se non diversamente stabilito dalla parte quinta del presente decreto, un tenore volumetrico di ossigeno di riferimento del 3 per cento in volume dell'effluente gassoso per i combustibili liquidi e gassosi, del 6 per cento in volume per i combustibili solidi e del 15 per cento in volume per le turbine a gas;

t) percentuale: rapporto tra massa di sostanza inquinante emessa e massa della stessa sostanza utilizzata nel processo produttivo, moltiplicato per cento;

u) flusso di massa: massa di sostanza inquinante emessa per unita' di tempo;

v) soglia di rilevanza dell'emissione: flusso di massa, per singolo inquinante o per singola classe di inquinanti, calcolato a monte di eventuali sistemi di abbattimento, e nelle condizioni di esercizio piu' gravose dell'impianto, al di sotto del quale non si applicano i valori limite di emissione;

z) condizioni normali: una temperatura di 273,15 K ed una pressione di 101,3 kPa;

aa) migliori tecniche disponibili: la piu' efficiente ed avanzata fase di sviluppo di attivita' e relativi metodi di esercizio indicanti l'idoneita' pratica di determinate tecniche ad evitare ovvero, se cio' risulti impossibile, a ridurre le emissioni; a tal fine, si intende per:

    1) tecniche: sia le tecniche impiegate, sia le modalita' di progettazione, costruzione, manutenzione, esercizio e chiusura degli impianti e delle attivita';

    2) disponibili: le tecniche sviluppate su una scala che ne consenta l'applicazione in condizioni economicamente e tecnicamente valide nell'ambito del pertinente comparto industriale, prendendo in considerazione i costi e i vantaggi, indipendentemente dal fatto che siano o meno applicate o prodotte in ambito nazionale, purche' il gestore possa avervi accesso a condizioni ragionevoli;

    3) migliori: le tecniche piu' efficaci per ottenere un elevato livello di protezione dell'ambiente nel suo complesso;

Per gli impianti di cui all'articolo 273 e per le attivita' di cui all'articolo 275 si applica la definizione prevista all'articolo 5, comma 1, lettera l-ter).

aa-bis) ore operative: il tempo, espresso in ore, durante il quale un grande impianto di combustione o un medio impianto di combustione e', in tutto o in parte, in esercizio e produce emissioni in atmosfera, esclusi i periodi di avviamento e di arresto;

bb) periodo di avviamento: salva diversa disposizione autorizzativa, il tempo in cui l'impianto, a seguito dell'erogazione di energia, combustibili o materiali, e' portato da una condizione nella quale non esercita l'attivita' a cui e' destinato, o la esercita in situazione di carico di processo inferiore al minimo tecnico, ad una condizione nella quale tale attivita' e' esercitata in situazione di carico di processo pari o superiore al minimo tecnico;

cc) periodo di arresto: salva diversa disposizione autorizzativa, il tempo in cui l'impianto, a seguito dell'interruzione dell'erogazione di energia, combustibili o materiali, non dovuta ad un guasto, e' portato da una condizione nella quale esercita l'attivita' a cui e' destinato in situazione di carico di processo pari o superiore al minimo tecnico ad una condizione nella quale tale funzione e' esercitata in situazione di carico di processo inferiore al minimo tecnico o non e' esercitata;

dd) carico di processo: il livello percentuale di produzione rispetto alla potenzialita' nominale dell'impianto;

ee) minimo tecnico: il carico minimo di processo compatibile con l'esercizio dell'attivita' cui l'impianto e' destinato;

ff) impianto di combustione: qualsiasi dispositivo tecnico in cui sono ossidati combustibili al fine di utilizzare il calore cosi' prodotto;

gg) grande impianto di combustione: impianto di combustione di potenza termica nominale pari o superiore a 50MW. Un grande impianto di combustione e' classificato come:

    1) anteriore al 2013: il grande impianto di combustione che ha ottenuto un'autorizzazione prima del 7 gennaio 2013 o per cui e' stata presentata una domanda completa di autorizzazione entro tale data, a condizione che sia messo in servizio entro il 7 gennaio 2014;

    2) anteriore al 2002: il grande impianto di combustione che ha ottenuto un'autorizzazione prima del 27 novembre 2002 o per cui e' stata presentata una domanda completa di autorizzazione prima di tale data, a condizione che sia stato messo in esercizio entro il 27 novembre 2003;

    3) nuovo: il grande impianto di combustione che non ricade nella definizione di cui ai numeri 2) e 3);

gg-bis) medio impianto di combustione: impianto di combustione di potenza termica nominale pari o superiore a 1 MW e inferiore a 50MW, inclusi i motori e le turbine a gas alimentato con i combustibili previsti all'allegato X alla Parte Quinta o con le biomasse rifiuto previste all'allegato II alla Parte Quinta. Un medio impianto di combustione e' classificato come:
1) esistente: il medio impianto di combustione messo in esercizio prima del 20 dicembre 2018 nel rispetto della normativa all'epoca vigente o previsto in una autorizzazione alle emissioni o in una autorizzazione unica ambientale o in una autorizzazione integrata ambientale che il gestore ha ottenuto o alla quale ha aderito prima del 19 dicembre 2017 a condizione che sia messo in esercizio entro il 20 dicembre 2018;
2) nuovo: il medio impianto di combustione che non rientra nella definizione di cui al punto 1);
gg-ter) motore: un motore a gas, diesel o a doppia alimentazione;
gg-quater) motore a gas: un motore a combustione interna che funziona secondo il ciclo Otto e che utilizza l'accensione comandata per bruciare il combustibile;
gg-quinquies) motore diesel: un motore a combustione interna che funziona secondo il ciclo diesel e che utilizza l'accensione spontanea per bruciare il combustibile;
gg-sexies) motore a doppia alimentazione: un motore a combustione interna che utilizza l'accensione spontanea e che funziona secondo il ciclo diesel quando brucia combustibili liquidi e secondo il ciclo Otto quando brucia combustibili gassosi;
gg-septies) turbina a gas: qualsiasi macchina rotante che trasforma energia termica in meccanica, costituita principalmente da un compressore, un dispositivo termico in cui il combustibile e' ossidato per riscaldare il fluido motore e una turbina; sono incluse le turbine a gas a ciclo aperto, le turbine a gas a ciclo combinato e le turbine a gas in regime di cogenerazione, dotate o meno di bruciatore supplementare;
hh) potenza termica nominale dell'impianto di combustione: prodotto del potere calorifico inferiore del combustibile utilizzato e della portata massima di combustibile bruciato al singolo impianto di combustione, cosi' come dichiarata dal costruttore, espressa in Watt termici o suoi multipli;
ii) composto organico: qualsiasi composto contenente almeno l'elemento carbonio e uno o piu' degli elementi seguenti: idrogeno, alogeni, ossigeno, zolfo, fosforo, silicio o azoto, ad eccezione degli ossidi di carbonio e dei carbonati e bicarbonati inorganici;
ll) composto organico volatile (COV): qualsiasi composto organico che abbia a 293,15 K una pressione di vapore di 0,01 kPa o superiore, oppure che abbia una volatilita' corrispondente in condizioni particolari di uso. Ai fini della parte quinta del presente decreto, e' considerata come COV la frazione di creosoto che alla temperatura di 293,15 K ha una pressione di vapore superiore a 0,01 kPa;
((mm) solvente organico: qualsiasi COV usato da solo o in combinazione con altri agenti, senza subire trasformazioni chimiche, al fine di dissolvere materie prime, prodotti o rifiuti, o usato come agente di pulizia per dissolvere contaminanti oppure come dissolvente, mezzo di dispersione, correttore di viscosita', correttore di tensione superficiale, plastificante o conservante;))
nn) capacita' nominale: la massa giornaliera massima di solventi organici utilizzati per le attivita' di cui all'articolo 275, svolte in condizioni di normale funzionamento ed in funzione della potenzialita' di prodotto per cui le attivita' sono progettate;
oo) consumo di solventi: il quantitativo totale di solventi organici utilizzato in uno stabilimento per le attivita' di cui all'articolo 275 per anno civile ovvero per qualsiasi altro periodo di dodici mesi, detratto qualsiasi COV recuperato per riutilizzo;
pp) consumo massimo teorico di solventi: il consumo di solventi calcolato sulla base della capacita' nominale riferita, se non diversamente stabilito dall'autorizzazione, a trecentotrenta giorni

all'anno in caso di attivita' effettuate su tutto l'arco della settimana ed a duecentoventi giorni all'anno per le altre attivita';

qq) riutilizzo di solventi organici: l'utilizzo di solventi organici prodotti da una attivita' e successivamente recuperati per qualsiasi finalita' tecnica o commerciale, ivi compreso l'uso come combustibile;

rr) soglia di consumo: il consumo di solvente espresso in tonnellate/anno stabilito dalla parte II dell'Allegato III alla parte quinta del presente decreto, per le attivita' ivi previste;

rr-bis) raffinerie: stabilimenti in cui si effettua la raffinazione di oli minerali o gas;

ss) LETTERA SOPPRESSA DAL D.LGS. 29 GIUGNO 2010, N. 128;

tt) impianti di distribuzione: impianti in cui il carburante viene erogato ai serbatoi dei veicoli a motore da impianti di deposito; ai fini dell'applicazione dell'articolo 277 si considerano esistenti gli impianti di distribuzione di benzina gia' costruiti o la cui costruzione ed il cui esercizio sono autorizzati ai sensi della vigente normativa prima del 1° gennaio 2012 e si considerano nuovi gli impianti di distribuzione di benzina la cui costruzione ed il cui esercizio sono autorizzati ai sensi della vigente normativa dal 1° gennaio 2012; sono equiparati agli impianti nuovi gli impianti di distribuzione che, a decorrere dal 1° gennaio 2012, sono oggetto di una ristrutturazione completa, intesa come il totale rinnovo o riposizionamento dei serbatoi e delle relative tubazioni;

tt-bis) distributore: ogni apparecchio finalizzato all'erogazione di benzina; il distributore degli impianti di distribuzione di benzina deve essere dotato di idonea pompa di erogazione in grado di prelevare il carburante dagli impianti di deposito o, in alternativa, essere collegato a un sistema di pompaggio centralizzato;

tt-ter) sistema di recupero dei vapori di benzina:
   1) ai fini dell'articolo 276, l'attrezzatura per il recupero di benzina dai vapori durante le operazioni di caricamento presso i terminali;
   2) ai fini dell'articolo 277, l'attrezzatura per il recupero dei vapori di benzina spostati dal serbatoio del carburante del veicolo durante il rifornimento presso un impianto di distribuzione;

tt-quater) sistema di recupero di fase II: sistema di recupero dei vapori di benzina che prevede il trasferimento dei vapori di benzina in un impianto di deposito presso l'impianto di distribuzione o il riconvogliamento degli stessi al distributore per la reimmissione in commercio;

tt-quinquies) flusso: quantita' totale annua di benzina scaricata da cisterne mobili di qualsiasi capacita' in un impianto di distribuzione;

uu) benzina: ogni derivato del petrolio, con o senza additivi, corrispondente ai seguenti codici doganali: NC 2710 1131 - 2710 1141 - 2710 1145 - 2710 1149 - 2710 1151 - 2710 1159 o che abbia una tensione di vapore Reid pari o superiore a 27,6 kilopascal, pronto all'impiego quale carburante per veicoli a motore, ad eccezione del gas di petrolio liquefatto (GPL);

uu-bis) vapori di benzina: composti gassosi che evaporano dalla benzina;

vv) terminale: ogni struttura adibita al caricamento e allo scaricamento di benzina in/da veicolo-cisterna, carro-cisterna o nave-cisterna, ivi compresi gli impianti di deposito presenti nel sito della struttura;

zz) impianto di deposito: ogni serbatoio fisso adibito allo stoccaggio di combustibile; ai fini dell'applicazione dell'articolo 277 si fa riferimento ai serbatoi fissi adibiti allo stoccaggio di benzina presso gli impianti di distribuzione;

aaa) impianto di caricamento: ogni impianto di un terminale ove la benzina puo' essere caricata in cisterne mobili. Gli impianti di caricamento per i veicoli-cisterna comprendono una o piu' torri di caricamento;

bbb) torre di caricamento: ogni struttura di un terminale

mediante la quale la benzina puo' essere, in un dato momento, caricata in un singolo veicolo-cisterna;

ccc) deposito temporaneo di vapori: il deposito temporaneo di vapori in un impianto di deposito a tetto fisso presso un terminale prima del trasferimento e del successivo recupero in un altro terminale. Il trasferimento dei vapori da un impianto di deposito ad un altro nello stesso terminale non e' considerato deposito temporaneo di vapori ai sensi della parte quinta del presente decreto;

ddd) cisterna mobile: una cisterna di capacita' superiore ad 1 m3, trasportata su strada, per ferrovia o per via navigabile e adibita al trasferimento di benzina da un terminale ad un altro o da un terminale ad un impianto di distribuzione di carburanti;

eee) veicolo-cisterna: un veicolo adibito al trasporto su strada della benzina che comprenda una o piu' cisterne montate stabilmente o facenti parte integrante del telaio o una o piu' cisterne rimuovibili.

eee-bis) combustibile: qualsiasi materia solida, liquida o gassosa, di cui l'allegato X alla Parte Quinta preveda l'utilizzo per la produzione di energia mediante combustione, esclusi i rifiuti;

eee-ter) combustibile di raffineria: materiale combustibile solido, liquido o gassoso risultante dalle fasi di distillazione e conversione della raffinazione del petrolio greggio, inclusi gas di raffineria, gas di sintesi, oli di raffineria e coke di petrolio;

eee-quater) olio combustibile pesante: qualsiasi combustibile liquido derivato dal petrolio di cui al codice NC da 2710 19 51 a 2710 19 68, 2710 20 31, 2710 20 35, o 2710 20 39 o qualsiasi combustibile liquido derivato dal petrolio, diverso dal gasolio, che, per i suoi limiti di distillazione, rientra nella categoria degli oli pesanti destinati a essere usati come combustibile e di cui meno del 65% in volume, comprese le perdite, distilla a 250° C secondo il metodo ASTM D86. anche se la percentuale del distillato a 250° C non puo' essere determinata secondo il predetto metodo;

eee-quinquies) gasolio: qualsiasi combustibile liquido derivato dal petrolio di cui ai codici NC 2710 19 25, 2710 19 29, 2710 19 47, 2710 19 48, 2710 20 17 o 2710 20 19 o qualsiasi combustibile liquido derivato dal petrolio di cui meno del 65% in volume, comprese le perdite, distilla a 250° C e di cui almeno l'85% in volume, comprese le perdite, distilla a 350° C secondo il metodo ASTM D86;

eee-sexies) gas naturale: il metano presente in natura, contenente non piu' del 20% in volume di inerti e altri costituenti;

eee-septies) polveri: particelle, di qualsiasi forma, struttura o densita', disperse in fase gassosa alle condizioni del punto di campionamento, che, in determinate condizioni, possono essere raccolte mediante filtrazione dopo il prelievo di campioni rappresentativi del gas da analizzare e che, in determinate condizioni, restano a monte del filtro e sul filtro dopo l'essiccazione;

eee-octies) ossidi di azoto (NOx): il monossido di azoto (NO) ed il biossido di azoto espressi come biossido di azoto (NO2)»;

eee-nonies) rifiuto: rifiuto come definito all'articolo 183, comma 1, lett. a);

ART. 269
Autorizzazione alle emissioni in atmosfera per gli stabilimenti

1. Fatto salvo quanto stabilito dall'articolo 267, commi 2 e 3, dal comma 10 del presente articolo e dall'articolo 272, commi 1 e 5, per tutti gli stabilimenti che producono emissioni deve essere richiesta una autorizzazione ai sensi della parte quinta del presente decreto. L'autorizzazione e' rilasciata con riferimento allo stabilimento. I singoli impianti e le singole attivita' presenti nello stabilimento non sono oggetto di distinte autorizzazioni.

1-bis. In caso di stabilimenti soggetti ad autorizzazione unica ambientale si applicano, in luogo delle procedure previste ai commi

3, 7 e 8, le procedure previste dal decreto di attuazione dell'articolo 23, comma 1, del decreto-legge 9 febbraio 2012, n. 5, convertito, con modificazioni, in legge 4 aprile 2012, n. 35. Le disposizioni dei commi 3, 7 e 8 continuano ad applicarsi nei casi in cui il decreto di attuazione dell'articolo 23, comma 1, del decreto-legge 9 febbraio 2012, n. 5, convertito, con modificazioni, dalla legge 4 aprile 2012, n. 35, rinvia alle norme di settore, nonche' in relazione alla partecipazione del Comune al procedimento. Sono fatti salvi gli ulteriori termini previsti all'articolo 273-bis, comma 13.

2. Il gestore che intende installare uno stabilimento nuovo o trasferire uno stabilimento da un luogo ad un altro presenta all'autorita' competente una domanda di autorizzazione, accompagnata:

a) dal progetto dello stabilimento in cui sono descritti gli impianti e le attivita', le tecniche adottate per limitare le emissioni e la quantita' e la qualita' di tali emissioni, le modalita' di esercizio, la quota dei punti di emissione individuata in modo da garantire l'adeguata dispersione degli inquinanti, i parametri che caratterizzano l'esercizio e la quantita', il tipo e le caratteristiche merceologiche dei combustibili di cui si prevede l'utilizzo, nonche', per gli impianti soggetti a tale condizione, il minimo tecnico definito tramite i parametri di impianto che lo caratterizzano;

b) da una relazione tecnica che descrive il complessivo ciclo produttivo in cui si inseriscono gli impianti e le attivita' ed indica il periodo previsto intercorrente tra la messa in esercizio e la messa a regime degli impianti.

2-bis. Nella domanda di autorizzazione relativa a stabilimenti in cui sono presenti medi impianti di combustione devono essere indicati, oltre quanto previsto al comma 2, anche i dati previsti all'allegato I, Parte IV-bis, alla Parte Quinta.

3. Per il rilascio dell'autorizzazione all'installazione di stabilimenti nuovi, l'autorita' competente indice, entro trenta giorni dalla ricezione della richiesta, una conferenza di servizi ai sensi dell'articolo 14, della legge 7 agosto 1990, n. 241, nel corso della quale si procede anche, in via istruttoria, ad un contestuale esame degli interessi coinvolti in altri procedimenti amministrativi e, in particolare, nei procedimenti svolti dal comune ai sensi del decreto del Presidente della Repubblica 6 giugno 2001, n. 380, e del regio decreto 27 luglio 1934, n. 1265. Per il rinnovo e per l'aggiornamento dell'autorizzazione l'autorita' competente, previa informazione al comune interessato il quale puo' esprimere un parere nei trenta giorni successivi, avvia un autonomo procedimento entro trenta giorni dalla ricezione della richiesta. In sede di conferenza di servizi o di autonomo procedimento, eventuali integrazioni della domanda devono essere trasmesse all'autorita' competente entro trenta giorni dalla relativa richiesta; se l'autorita' competente non si pronuncia in un termine pari a centoventi giorni o, in caso di integrazione della domanda di autorizzazione, pari a centocinquanta giorni dalla ricezione della domanda stessa, il gestore puo', entro i successivi sessanta giorni, richiedere al Ministro dell'ambiente e della tutela del territorio e del mare di provvedere, notificando tale richiesta anche all'autorita' competente. PERIODO ABROGATO DAL D.P.R. 13 MARZO 2013, N. 59.

4. L'autorizzazione stabilisce, ai sensi degli articoli 270 e 271:

a) per le emissioni che risultano tecnicamente convogliabili, le modalita' di captazione e di convogliamento;

b) per le emissioni convogliate o di cui e' stato disposto il convogliamento, i valori limite di emissione, le prescrizioni, i metodi di campionamento e di analisi, i criteri per la valutazione della conformita' dei valori misurati ai valori limite e la periodicita' del monitoraggio di competenza del gestore, la quota dei punti di emissione individuata tenuto conto delle relative condizioni tecnico-economiche, il minimo tecnico per gli impianti soggetti a tale condizione e le portate di progetto tali da consentire che le emissioni siano diluite solo nella misura inevitabile dal punto di vista tecnologico e dell'esercizio; devono essere specificamente indicate le sostanze a cui si applicano i valori limite di emissione, le prescrizioni ed i relativi controlli. ((I valori limite di emissione sono identificati solo per sostanze e parametri valutati pertinenti in relazione al ciclo produttivo e sono riportati nell'autorizzazione unitamente al metodo di monitoraggio di cui all'articolo 271, comma 18.))

c) per le emissioni diffuse, apposite prescrizioni, anche di carattere gestionale, finalizzate ad assicurare il contenimento delle fonti su cui l'autorita' competente valuti necessario intervenire.

5. In aggiunta a quanto previsto dal comma 4, l'autorizzazione puo' stabilire, per ciascun inquinante, valori limite di emissione espressi come flussi di massa annuali riferiti al complesso delle emissioni, eventualmente incluse quelle diffuse, degli impianti e delle attivita' di uno stabilimento. PERIODO SOPPRESSO DAL D.LGS. 4 MARZO 2014, N. 46.

6. L'autorizzazione stabilisce il periodo che deve intercorrere tra la messa in esercizio e la messa a regime dell'impianto. La messa in esercizio, fermo restando quanto previsto all'articolo 272, comma 3, deve essere comunicata all'autorita' competente con un anticipo di almeno quindici giorni. L'autorizzazione stabilisce la data entro cui devono essere trasmessi all'autorita' competente i risultati delle misurazioni delle emissioni effettuate in un periodo rappresentativo delle condizioni di esercizio dell'impianto, decorrente dalla messa a regime, e la durata di tale periodo, nonche' il numero dei campionamenti da realizzare. L'autorita' competente per il controllo effettua il primo accertamento circa il rispetto dell'autorizzazione entro sei mesi dalla data di messa a regime di uno o piu' impianti o dall'avvio di una o piu' attivita' dello stabilimento autorizzato.

7. L'autorizzazione rilasciata ai sensi del presente articolo ha una durata di quindici anni. La domanda di rinnovo deve essere presentata almeno un anno prima della scadenza. Nelle more dell'adozione del provvedimento sulla domanda di rinnovo dell'autorizzazione rilasciata ai sensi del presente articolo, l'esercizio dell'impianto puo' continuare anche dopo la scadenza dell'autorizzazione in caso di mancata pronuncia in termini del Ministro dell'ambiente e della tutela del territorio e del mare a cui sia stato richiesto di provvedere ai sensi del comma 3. L'autorita' competente puo' imporre il rinnovo dell'autorizzazione prima della scadenza ed il rinnovo delle autorizzazioni di cui al decreto del Presidente della Repubblica 24 maggio 1988, n. 203, prima dei termini previsti dall'articolo 281, comma 1, se una modifica delle prescrizioni autorizzative risulti necessaria al rispetto dei valori limite di qualita' dell'aria previsti dalla vigente normativa. Il rinnovo dell'autorizzazione comporta il decorso di un periodo di quindici anni.

8. Il gestore che intende effettuare una modifica dello stabilimento ne da' comunicazione all'autorita' competente o, se la modifica e' sostanziale, presenta, ai sensi del presente articolo, una domanda di autorizzazione. Se la modifica per cui e' stata data comunicazione e' sostanziale, l'autorita' competente ordina al gestore di presentare una domanda di autorizzazione ai sensi del presente articolo. Se la modifica e' sostanziale l'autorita' competente aggiorna l'autorizzazione dello stabilimento con un'istruttoria limitata agli impianti e alle attivita' interessati dalla modifica o, a seguito di eventuale apposita istruttoria che dimostri tale esigenza in relazione all'evoluzione della situazione ambientale o delle migliori tecniche disponibili, la rinnova con un'istruttoria estesa all'intero stabilimento. Se la modifica non e' sostanziale, l'autorita' competente provvede, ove necessario, ad aggiornare l'autorizzazione in atto. Se l'autorita' competente non si esprime entro sessanta giorni, il gestor e puo' procedere all'esecuzione della modifica non sostanziale comunicata, fatto salvo il potere dell'autorita' competente di provvedere successivamente.

PERIODO SOPPRESSO DAL D.LGS. 4 MARZO 2014, N. 46. E' fatto salvo quanto previsto dall'articolo 275, comma 11. Il rinnovo dell'autorizzazione comporta, a differenza dell'aggiornamento, il decorso di un nuovo periodo di quindici anni. PERIODO SOPPRESSO DAL D.LGS. 15 NOVEMBRE 2017, N. 183. ((Alla variazione del gestore si applica la procedura di cui al comma 11-bis.))

9. L'autorita' competente per il controllo e' autorizzata ad effettuare presso gli stabilimenti tutte le ispezioni che ritenga necessarie per accertare il rispetto dell'autorizzazione. Il gestore fornisce a tale autorita' la collaborazione necessaria per i controlli, anche svolti mediante attivita' di campionamento e analisi e raccolta di dati e informazioni, funzionali all'accertamento del rispetto delle disposizioni della parte quinta del presente decreto. Il gestore assicura in tutti i casi l'accesso in condizioni di sicurezza, anche sulla base delle norme tecniche di settore, ai punti di prelievo e di campionamento.

10. Non sono sottoposti ad autorizzazione gli impianti di deposito di oli minerali, compresi i gas liquefatti. I gestori sono comunque tenuti ad adottare apposite misure per contenere le emissioni diffuse ed a rispettare le ulteriori prescrizioni eventualmente disposte, per le medesime finalita', con apposito provvedimento dall'autorita' competente.

11. Il trasferimento di uno stabilimento da un luogo ad un altro equivale all'installazione di uno stabilimento nuovo.

((11-bis. La variazione del gestore dello stabilimento e' comunicata dal nuovo gestore all'autorita' competente entro dieci giorni dalla data in cui essa acquista efficacia, risultante dal contratto o dall'atto che la produce. L'aggiornamento dell'autorizzazione ha effetto dalla suddetta data. La presente procedura non si applica se, congiuntamente alla variazione del gestore, e' effettuata una modifica sostanziale dello stabilimento.

11-ter. In caso di trasferimento di una parte di uno stabilimento il gestore cessionario richiede il rilascio dell'autorizzazione per la parte trasferita. L'autorizzazione applica la classificazione di cui all'articolo 268, comma 1, lettere i), i-bis), i-ter), corrispondente a quella dello stabilimento oggetto di parziale trasferimento. L'autorita' competente procede altresi' all'aggiornamento dell'autorizzazione della parte di stabilimento che rimane sotto la gestione del gestore cedente, sulla base di una apposita comunicazione di modifica non sostanziale da parte di quest'ultimo.

11-quater. Le spese per rilievi, accertamenti, verifiche e sopralluoghi necessari per l'istruttoria relativa alle autorizzazioni di cui al presente articolo sono a carico del richiedente, sulla base di appositi tariffari adottati dall'autorita' competente.))

12. COMMA SOPPRESSO DAL D.LGS. 29 GIUGNO 2010, N. 128.
13. COMMA SOPPRESSO DAL D.LGS. 29 GIUGNO 2010, N. 128.
14. COMMA SOPPRESSO DAL D.LGS. 29 GIUGNO 2010, N. 128.
15. COMMA SOPPRESSO DAL D.LGS. 29 GIUGNO 2010, N. 128.
16. COMMA SOPPRESSO DAL D.LGS. 29 GIUGNO 2010, N. 128.

ART. 270
Individuazione degli impianti e convogliamento delle emissioni

1. In sede di autorizzazione fatto salvo quanto previsto all'articolo 272,fatto salvo quanto previsto all'articolo 272, l'autorita' competente verifica se le emissioni diffuse di ciascun impianto e di ciascuna attivita' sono tecnicamente convogliabili sulla base delle migliori tecniche disponibili e sulla base delle pertinenti prescrizioni dell'Allegato I alla parte quinta del presente decreto e, in tal caso, ne dispone la captazione ed il convogliamento.

2. In presenza di particolari situazioni di rischio sanitario o di zone che richiedono una particolare tutela ambientale, l'autorita'

competente dispone la captazione ed il convogliamento delle emissioni diffuse ai sensi del comma 1 anche se la tecnica individuata non soddisfa il requisito della disponibilita' di cui all'articolo 268, comma 1, lettera aa), numero 2).

3. COMMA ABROGATO DAL D.LGS. 15 NOVEMBRE 2017, N. 183.

4. Se piu' impianti con caratteristiche tecniche e costruttive simili, aventi emissioni con caratteristiche chimico-fisiche omogenee e localizzati nello stesso stabilimento sono destinati a specifiche attivita' tra loro identiche, l'autorita' competente, tenendo conto delle condizioni tecniche ed economiche, puo' considerare gli stessi come un unico impianto disponendo il convogliamento ad un solo punto di emissione. L'autorita' competente deve, in qualsiasi caso, considerare tali impianti come un unico impianto ai fini della determinazione dei valori limite di emissione. Resta fermo quanto previsto dall'articolo 282, comma 2.

5. In caso di emissioni convogliate o di cui e' stato disposto il convogliamento, ciascun impianto deve avere un solo punto di emissione, fatto salvo quanto previsto nei commi 6 e 7. Salvo quanto diversamente previsto da altre disposizioni del presente titolo, i valori limite di emissione si applicano a ciascun punto di emissione.

6. Ove non sia tecnicamente possibile, anche per ragioni di sicurezza, assicurare il rispetto del comma 5, l'autorita' competente puo' consentire un impianto avente piu' punti di emissione. In tal caso, i valori limite di emissione espressi come flusso di massa, fattore di emissione e percentuale sono riferiti al complesso delle emissioni dell'impianto e quelli espressi come concentrazione sono riferiti alle emissioni dei singoli punti. L'autorizzazione puo' prevedere che i valori limite di emissione si riferiscano alla media ponderata delle emissioni di sostanze inquinanti uguali o appartenenti alla stessa classe ed aventi caratteristiche chimiche omogenee, provenienti dai diversi punti di emissione dell'impianto; in tal caso, il flusso di massa complessivo dell'impianto non puo' essere superiore a quello che si avrebbe se i valori limite di emissione si applicassero ai singoli punti di emissione.

7. Ove opportuno, l'autorita' competente, tenuto conto delle condizioni tecniche ed economiche, puo' consentire il convogliamento delle emissioni di piu' impianti in uno o piu' punti di emissione comuni, purche' le emissioni di tutti gli impianti presentino caratteristiche chimico-fisiche omogenee. In tal caso a ciascun punto di emissione comune si applica il piu' restrittivo dei valori limite di emissione espressi come concentrazione previsti per i singoli impianti e, se del caso, si prevede un tenore di ossigeno di riferimento coerente con i flussi inviati a tale punto. L'autorizzazione stabilisce apposite prescrizioni volte a limitare la diluizione delle emissioni ai sensi dell'articolo 269, comma 4, lettera b).

8. L'adeguamento alle disposizioni del comma 5 o, ove cio' non sia tecnicamente possibile, alle disposizioni dei commi 6 e 7 e' realizzato entro i tre anni successivi al primo rinnovo o all'ottenimento dell'autorizzazione ai sensi dell'((articolo 281)) o dell'articolo 272, comma 3, ovvero nel piu' breve termine stabilito dall'autorizzazione. Ai fini dell'applicazione dei commi 4, 5, 6 e 7 l'autorita' competente tiene anche conto della documentazione elaborata dalla commissione di cui all'articolo 281, comma 9.

8-bis. Il presente articolo si applica anche ai grandi impianti di combustione ed ai medi impianti di combustione, ferme restando le ((specifiche disposizioni)) in materia di aggregazione degli impianti previste all'articolo 273, commi 9 e 10, e all'articolo 273-bis, commi 8 e 9.

ART. 271
Valori limite di emissione e prescrizioni per gli impianti e le attivita'

1. Il presente articolo disciplina i valori di emissione e le

prescrizioni da applicare agli impianti ed alle attivita' degli stabilimenti.

2. COMMA ABROGATO DAL D.LGS. 15 NOVEMBRE 2017, N. 183.

3. La normativa delle regioni e delle province autonome in materia di valori limite e di prescrizioni per le emissioni in atmosfera degli impianti e delle attivita' deve tenere conto, ove esistenti, dei piani e programmi di qualita' dell'aria previsti dalla vigente normativa. Restano comunque in vigore le normative adottate dalle regioni o dalle province autonome in conformita' al decreto del Presidente della Repubblica 24 maggio 1988, n. 203, ed al decreto del Presidente del Consiglio dei Ministri 21 luglio 1989, in cui si stabiliscono appositi valori limite di emissione e prescrizioni. Per tutti gli impianti e le attivita' previsti dall'articolo 272, comma 1, la regione o la provincia autonoma, puo' stabilire, anche con legge o provvedimento generale, sulla base delle migliori tecniche disponibili, appositi valori limite di emissione e prescrizioni, anche inerenti le condizioni di costruzione o di esercizio e i combustibili utilizzati. Con legge o provvedimento generale la regione o la provincia autonoma puo' inoltre stabilire, ai fini della valutazione dell'entita' della diluizione delle emissioni, portate caratteristiche di specifiche tipologie di impianti.

4. I piani e i programmi di qualita' dell'aria previsti dal decreto legislativo 13 agosto 2010, n.155 possono stabilire appositi valori limite di emissione e prescrizioni piu' restrittivi di quelli contenuti negli Allegati I, II e III e V alla parte quinta del presente decreto, anche inerenti le condizioni di costruzione o di esercizio, purche' cio' sia necessario al perseguimento ed al rispetto dei valori e degli obiettivi di qualita' dell'aria.

5. Per gli impianti e le attivita' degli stabilimenti anteriori al 1988, anteriori al 2006 o nuovi l'autorizzazione stabilisce i valori limite di emissione e le prescrizioni, anche inerenti le condizioni di costruzione o di esercizio ed i combustibili utilizzati, a seguito di un'istruttoria che si basa sulle migliori tecniche disponibili e sui valori e sulle prescrizioni fissati nelle normative di cui al comma 3 e nei piani e programmi di cui al comma 4. A tal fine possono essere altresi' considerati, in relazione agli stabilimenti previsti dal presente titolo, i BAT-AEL e le tecniche previste nelle conclusioni sulle BAT pertinenti per tipologia di impianti e attivita', anche se riferiti ad installazioni di cui al titolo III-bis alla Parte Seconda. Si devono altresi' valutare il complesso di tutte le emissioni degli impianti e delle attivita' presenti, le emissioni provenienti da altre fonti e lo stato di qualita' dell'aria nella zona interessata. I valori limite di emissione e le prescrizioni fissati sulla base di tale istruttoria devono essere non meno restrittivi di quelli previsti dagli Allegati I, II, III e V alla parte quinta del presente decreto e di quelli applicati per effetto delle autorizzazioni soggette al rinnovo.

5-bis. Per gli impianti e le attivita' degli stabilimenti a tecnologia avanzata nella produzione di biocarburanti, i criteri per la fissazione dei valori limite di emissione sono fissati con decreto del Ministro dell'ambiente e della tutela del territorio e del mare, sentito il Ministro della salute.

5-ter. COMMA ABROGATO DAL D.LGS 15 NOVEMBRE 2017, N. 183.

6. Per le sostanze per cui non sono fissati valori di emissione, l'autorizzazione stabilisce appositi valori limite con riferimento a quelli previsti per sostanze simili sotto il profilo chimico e aventi effetti analoghi sulla salute e sull'ambiente.

7. L'autorizzazione degli stabilimenti anteriori al 1988, anteriori al 2006 e nuovi puo' sempre stabilire, per effetto dell'istruttoria prevista dal comma 5, valori limite e prescrizioni piu' severi di quelli contenuti negli allegati I, II, III e V alla parte quinta del presente decreto, nelle normative di cui al comma 3 e nei piani e programmi di cui al comma 4.

((7-bis. Le emissioni delle sostanze classificate come cancerogene o tossiche per la riproduzione o mutagene (H340, H350, H360) e delle sostanze di tossicita' e cumulabilita' particolarmente elevata devono essere limitate nella maggior misura possibile dal punto di vista tecnico e dell'esercizio. Dette sostanze e quelle classificate estremamente preoccupanti dal regolamento (CE) n. 1907/2006, del Parlamento europeo e del Consiglio del 18 dicembre 2006, concernente la registrazione, la valutazione, l'autorizzazione e la restrizione delle sostanze chimiche (REACH) devono essere sostituite non appena tecnicamente ed economicamente possibile nei cicli produttivi da cui originano emissioni delle sostanze stesse. Ogni cinque anni, a decorrere dalla data di rilascio o di rinnovo dell'autorizzazione i gestori degli stabilimenti o delle installazioni in cui le sostanze previste dal presente comma sono utilizzate nei cicli produttivi da cui originano le emissioni inviano all'autorita' competente una relazione con la quale si analizza la disponibilita' di alternative, se ne considerano i rischi e si esamina la fattibilita' tecnica ed economica della sostituzione delle predette sostanze. Sulla base della relazione di cui al precedente periodo, l'autorita' competente puo' richiedere la presentazione di una domanda di aggiornamento o di rinnovo dell'autorizzazione. In caso di stabilimenti o di installazioni in cui le sostanze o le miscele utilizzate nei cicli produttivi da cui originano le emissioni ricadono nel presente comma a seguito di una modifica della classificazione delle stesse sostanze o miscele, il gestore presenta, entro tre anni dalla modifica, una domanda di autorizzazione volta all'adeguamento alle disposizioni del presente comma, allegando alla stessa domanda la relazione di cui al terzo periodo.))

8. COMMA SOPPRESSO DAL D.LGS. 29 GIUGNO 2010, N. 128.
9. COMMA SOPPRESSO DAL D.LGS. 29 GIUGNO 2010, N. 128.
10. COMMA SOPPRESSO DAL D.LGS. 29 GIUGNO 2010, N. 128.
11. I valori limite di emissione e il tenore volumetrico dell'ossigeno di riferimento si riferiscono al volume di effluente gassoso rapportato alle condizioni normali, previa detrazione, salvo quanto diversamente indicato nell'Allegato I alla parte quinta del presente decreto, del tenore volumetrico di vapore acqueo.
12. Salvo quanto diversamente indicato nell'Allegato I alla parte quinta del presente decreto, il tenore volumetrico dell'ossigeno di riferimento e' quello derivante dal processo. Se nell'emissione il tenore volumetrico di ossigeno e' diverso da quello di riferimento, le concentrazioni misurate devono essere corrette mediante la seguente formula:

Parte di provvedimento in formato grafico

13. I valori limite di emissione si riferiscono alla quantita' di emissione diluita nella misura che risulta inevitabile dal punto di vista tecnologico e dell'esercizio. In caso di ulteriore diluizione dell'emissione le concentrazioni misurate devono essere corrette mediante la seguente formula:

Parte di provvedimento in formato grafico

14. Salvo quanto diversamente stabilito dalla parte quinta del presente decreto, i valori limite di emissione si applicano ai periodi di normale funzionamento dell'impianto, intesi come i periodi in cui l'impianto e' in funzione con esclusione dei periodi di avviamento e di arresto e dei periodi in cui si verificano anomalie o guasti tali da non permettere il rispetto dei valori stessi. L'autorizzazione puo' stabilire specifiche prescrizioni per tali periodi di avviamento e di arresto e per l'eventualita' di tali anomalie o guasti ed individuare gli ulteriori periodi transitori nei quali non si applicano i valori limite di emissione. In caso di emissione di sostanze di cui all'((articolo 272, comma 4,)) l'autorizzazione, ove tecnicamente possibile, deve stabilire prescrizioni volte a consentire la stima delle quantita' di tali sostanze emesse durante i periodi in cui si verificano anomalie o

guasti o durante gli altri periodi transitori e fissare appositi valori limite di emissione, riferiti a tali periodi, espressi come flussi di massa annuali. Se si verifica un'anomalia o un guasto tale da non permettere il rispetto di valori limite di emissione, l'autorita' competente deve essere informata entro le otto ore successive e puo' disporre la riduzione o la cessazione delle attivita' o altre prescrizioni, fermo restando l'obbligo del gestore di procedere al ripristino funzionale dell'impianto nel piu' breve tempo possibile. Si applica, in tali casi, la procedura prevista al comma 20-ter. Il gestore e' comunque tenuto ad adottare tutte le precauzioni opportune per ridurre al minimo le emissioni durante le fasi di avviamento e di arresto e per assicurare che la durata di tali fasi sia la minore possibile. Sono fatte salve le diverse disposizioni contenute nella parte quinta del presente decreto per specifiche tipologie di impianti. Non costituiscono in ogni caso periodi di avviamento o di arresto i periodi di oscillazione che si verificano regolarmente nello svolgimento della funzione dell'impianto.

15. Il presente articolo si applica anche ai grandi impianti di combustione di cui all'articolo 273, ai medi impianti di combustione di cui all'articolo 273-bis ed agli impianti e alle attivita' di cui all'articolo 275.

16. COMMA ABROGATO DAL D.LGS. 15 NOVEMBRE 2017, N. 183.

17. L'allegato VI alla Parte Quinta stabilisce i criteri per i controlli da parte dell'autorita' e per il monitoraggio delle emissioni da parte del gestore. In sede di rilascio, rinnovo e riesame delle autorizzazioni previste dal presente titolo l'autorita' competente individua i metodi di campionamento e di analisi delle emissioni da utilizzare nel monitoraggio di competenza del gestore sulla base delle pertinenti norme tecniche CEN o, ove queste non siano disponibili, sulla base delle pertinenti norme tecniche nazionali, oppure, ove anche queste ultime non siano disponibili, sulla base delle pertinenti norme tecniche ISO o di altre norme internazionali o delle norme nazionali previgenti. I controlli, da parte dell'autorita' o degli organi di cui all'articolo 268, comma 1, lettera p), e l'accertamento del superamento dei valori limite di emissione sono effettuati sulla base dei metodi specificamente indicati nell'autorizzazione per il monitoraggio di competenza del gestore o, se l'autorizzazione non indica specificamente i metodi, sulla base di uno tra i metodi sopra elencati, oppure attraverso un sistema di monitoraggio in continuo delle emissioni conforme all'allegato VI alla Parte Quinta che rispetta le procedure di garanzia di qualita' delle norma UNI EN 14181, qualora la relativa installazione sia prevista dalla normativa nazionale o regionale o qualora l'autorizzazione preveda che tale sistema sia utilizzato anche ai fini dei controlli dell'autorita'.

18. L'autorizzazione stabilisce, per il monitoraggio delle emissioni di competenza del gestore, l'esecuzione di misure periodiche basate su metodi discontinui o l'utilizzo di sistemi di monitoraggio basati su metodi in continuo. Il gestore effettua il monitoraggio di propria competenza sulla base dei metodi e dei sistemi di monitoraggio indicati nell'autorizzazione e mette i risultati a disposizione dell'autorita' competente per il controllo nei modi previsti dall'Allegato VI alla parte quinta del presente decreto e dall'autorizzazione; in caso di ricorso a metodi o a sistemi di monitoraggio diversi o non conformi alle prescrizioni dell'autorizzazione, i risultati della relativa applicazione non sono validi ai sensi ed agli effetti del presente titolo e si applica la pena prevista dall'((articolo 279, comma 2-bis)).

19. COMMA ABROGATO DAL D.LGS. 15 NOVEMBRE 2017, N. 183.

20. Si verifica un superamento dei valori limite di emissione, ai fini del reato di cui all'articolo 279, comma 2, soltanto se i controlli effettuati dall'autorita' o dagli organi di cui all'articolo 268, comma 1, lettera p), accertano una difformita' tra i valori misurati e i valori limite prescritti, sulla base di metodi

di campionamento e di analisi o di sistemi di monitoraggio in continuo delle emissioni conformi ai requisiti previsti al comma 17. ((Le difformita' accertate nel monitoraggio di competenza del gestore devono essere da costui specificamente comunicate all'autorita' competente e all'autorita' competente per il controllo entro 24 ore dall'accertamento. L'autorizzazione stabilisce i casi in cui devono essere comunicate anche le difformita' relative ai singoli valori che concorrono alla valutazione dei valori limite su base media o percentuale.))

20-bis. Se si accerta, nel corso dei controlli effettuati dall'autorita' o dagli organi di cui all'articolo 268, comma 1, lettera p), la non conformita' dei valori misurati ai valori limite prescritti, l'autorita' competente impartisce al gestore, con ordinanza, prescrizioni dirette al ripristino della conformita' nel piu' breve tempo possibile, sempre che tali prescrizioni non possano essere imposte sulla base di altre procedure previste dalla vigente normativa. La cessazione dell'esercizio dell'impianto deve essere sempre disposta se la non conformita' puo' determinare un pericolo per la salute umana o un significativo peggioramento della qualita' dell'aria a livello locale.

20-ter. Il gestore che, nel corso del monitoraggio di propria competenza, accerti la non conformita' dei valori misurati ai valori limite prescritti deve procedere al ripristino della conformita' nel piu' breve tempo possibile. In tali casi, l'autorita' competente impartisce al gestore prescrizioni dirette al ripristino della conformita', fissando un termine per l'adempimento, e stabilisce le condizioni per l'esercizio dell'impianto fino al ripristino. La continuazione dell'esercizio non e' in tutti i casi concessa se la non conformita' dei valori misurati ai valori limite prescritti puo' determinare un pericolo per la salute umana o un significativo peggioramento della qualita' dell'aria a livello locale. Nel caso in cui il gestore non osservi la prescrizione entro il termine fissato si applica, per tale inadempimento, la sanzione prevista all'articolo 279, comma 2.

ART. 272
(impianti e attivita' in deroga)

1. Non sono sottoposti ad autorizzazione di cui al presente titolo gli stabilimenti in cui sono presenti esclusivamente impianti e attivita' elencati nella parte I dell'Allegato IV alla parte quinta del presente decreto. L'elenco si riferisce a impianti e ad attivita' le cui emissioni sono scarsamente rilevanti agli effetti dell'inquinamento atmosferico. Si applicano esclusivamente i valori limite di emissione e le prescrizioni specificamente previsti, per tali impianti e attivita', dai piani e programmi o dalle normative di cui all'articolo 271, commi 3 e 4. Al fine di stabilire le soglie di produzione e di consumo e le potenze termiche nominali indicate nella parte I dell'Allegato IV alla parte quinta del presente decreto si deve considerare l'insieme degli impianti e delle attivita' che, nello stabilimento, ricadono in ciascuna categoria presente nell'elenco. Gli impianti che utilizzano i combustibili soggetti alle condizioni previste dalla parte II, sezioni 4 e 6, dell'Allegato X alla parte quinta del presente decreto, devono in ogni caso rispettare almeno i valori limite appositamente previsti per l'uso di tali combustibili ((nella parte II)) dell'Allegato I alla parte quinta del presente decreto. Se in uno stabilimento sono presenti sia impianti o attivita' inclusi nell'elenco della parte I dell'allegato IV alla parte quinta del presente decreto, sia impianti o attivita' non inclusi nell'elenco, l'autorizzazione di cui al presente titolo considera solo quelli esclusi. Il presente comma si applica anche ai dispositivi mobili utilizzati all'interno di uno stabilimento da un gestore diverso da quello dello stabilimento o non utilizzati all'interno di uno stabilimento. Il gestore di uno stabilimento in cui i dispositivi mobili di un altro gestore sono collocati ed

utilizzati in modo non occasionale deve comunque ricomprendere tali dispositivi nella domanda di autorizzazione dell'articolo 269 salva la possibilita' di aderire alle autorizzazioni generali del comma 2 nei casi ivi previsti. L'autorita' competente puo' altresi' prevedere, con proprio provvedimento generale, che i gestori comunichino alla stessa o ad altra autorita' da questa delegata, in via preventiva, la data di messa in esercizio dell'impianto o di avvio dell'attivita' ovvero, in caso di dispositivi mobili, la data di inizio di ciascuna campagna di utilizzo. Gli elenchi contenuti nell'allegato IV alla parte quinta del presente decreto possono essere aggiornati ed integrati, con le modalita' di cui all'articolo 281, comma 5, anche su indicazione delle regioni, delle province autonome e delle associazioni rappresentative di categorie produttive.

1-bis. Per gli impianti previsti dal comma 1, ove soggetti a valori limite di emissione applicabili ai sensi del medesimo comma, la legislazione regionale di cui all'articolo 271, comma 3, individua i metodi di campionamento e di analisi delle emissioni da utilizzare nei controlli e ((puo')) imporre obblighi di monitoraggio di competenza del gestore. Per gli impianti di combustione previsti dal comma 1, ove soggetti a valori limite di emissione applicabili ai sensi del medesimo comma, l'autorita' competente per il controllo puo' decidere di non effettuare o di limitare i controlli sulle emissioni se il gestore dispone di una dichiarazione di conformita' dell'impianto rilasciata dal costruttore che attesta la conformita' delle emissioni ai valori limite e se, sulla base di un controllo documentale, risultano regolarmente applicate le apposite istruzioni tecniche per l'esercizio e per la manutenzione previste dalla dichiarazione. La decisione dell'autorita' competente per il controllo e' ammessa solo se la dichiarazione riporta le istruzioni tecniche per l'esercizio e la manutenzione dell'impianto e le altre informazioni necessarie a rispettare i valori limite, quali le configurazioni impiantistiche e le modalita' di gestione idonee, il regime di esercizio ottimale, le caratteristiche del combustibile ed i sistemi di regolazione.

2. L'autorita' competente puo' adottare autorizzazioni di carattere generale riferite a stabilimenti oppure a categorie di impianti e attivita', nelle quali sono stabiliti i valori limite di emissione, le prescrizioni, anche inerenti le condizioni di costruzione o di esercizio e i combustibili utilizzati, i tempi di adeguamento, i metodi di campionamento e di analisi e la periodicita' dei controlli. Puo' inoltre stabilire apposite prescrizioni finalizzate a predefinire i casi e le condizioni in cui il gestore e' tenuto a captare e convogliare le emissioni ai sensi dell'articolo 270. Al di fuori di tali casi e condizioni l'articolo 270 non si applica agli impianti degli stabilimenti soggetti ad autorizzazione generale. I valori limite di emissione e le prescrizioni sono stabiliti in conformita' all'articolo 271, commi da 5 a 7. L'autorizzazione generale stabilisce i requisiti della domanda di adesione e puo' prevedere appositi modelli semplificati di domanda, nei quali le quantita' e le qualita' delle emissioni sono deducibili dalle quantita' di materie prime ed ausiliarie utilizzate. Le autorizzazioni generali sono adottate con priorita' per gli stabilimenti in cui sono presenti le tipologie di impianti e di attivita' elencate alla Parte II dell'allegato IV alla Parte Quinta. Al fine di stabilire le soglie di produzione e di consumo e le potenze termiche nominali indicate nella parte II dell'allegato IV alla Parte Quinta si deve considerare l'insieme degli impianti e delle attivita' che, nello stabilimento, ricadono in ciascuna categoria presente nell'elenco. I gestori degli stabilimenti per cui e' stata adottata una autorizzazione generale possono comunque presentare domanda di autorizzazione ai sensi dell'articolo 269. L'installazione di stabilimenti in cui sono presenti anche impianti e attivita' non previsti in autorizzazioni generali e' soggetta alle autorizzazioni di cui all'articolo 269. L'installazione di

stabilimenti in cui sono presenti impianti e attivita' previsti in piu' autorizzazioni generali e' ammessa previa contestuale procedura di adesione alle stesse. In stabilimenti dotati di autorizzazioni generali e' ammessa, previa procedura di adesione, l'installazione di impianti e l'avvio di attivita' previsti in altre autorizzazioni generali. In caso di convogliamento delle emissioni prodotte da impianti previsti da diverse autorizzazioni generali in punti di emissione comuni, si applicano i valori limite piu' severi prescritti in tali autorizzazioni per ciascuna sostanza interessata. In stabilimenti dotati di un'autorizzazione prevista all'articolo 269, e' ammessa, previa procedura di adesione, l'installazione di impianti e l'avvio di attivita' previsti nelle autorizzazioni generali, purche' la normativa regionale o le autorizzazioni generali stabiliscano requisiti e condizioni volti a limitare il numero massimo o l'entita' delle modifiche effettuabili mediante tale procedura per singolo stabilimento; l'autorita' competente provvede ad aggiornare l'autorizzazione prevista all'articolo 269 sulla base dell'avvenuta adesione.

3. Ai fini previsti dal comma 2, almeno quarantacinque giorni prima dell'installazione il gestore invia all'autorita' competente una domanda di adesione all'autorizzazione generale corredata dai documenti ivi prescritti. La domanda di adesione individua specificamente gli impianti e le attivita' a cui fare riferimento nell'ambito delle autorizzazioni generali vigenti. L'autorita' che riceve la domanda puo', con proprio provvedimento, negare l'adesione nel caso in cui non siano rispettati i requisiti previsti dall'autorizzazione generale o i requisiti previsti dai piani e dai programmi o dalla legislazione regionale di cui all'articolo 271, commi 3 e 4, o in presenza di particolari situazioni di rischio sanitario o di zone che richiedono una particolare tutela ambientale. Alla domanda di adesione puo' essere allegata la comunicazione relativa alla messa in esercizio prevista all'articolo 269, comma 6, che puo' avvenire dopo un periodo di quarantacinque giorni dalla domanda stessa. La procedura si applica anche nel caso in cui il gestore intenda effettuare una modifica dello stabilimento. Resta fermo l'obbligo di sottoporre lo stabilimento alle autorizzazioni previste all'articolo 269 in caso di modifiche relative all'installazione di impianti o all'avvio di attivita' non previsti nelle autorizzazioni generali. L'autorizzazione generale si applica a chi vi ha aderito, anche se sostituita da successive autorizzazioni generali, per un periodo pari ai quindici anni successivi all'adesione. Non hanno effetto su tale termine le domande di adesione relative alle modifiche dello stabilimento. Almeno quarantacinque giorni prima della scadenza di tale periodo il gestore presenta una domanda di adesione all'autorizzazione generale vigente, corredata dai documenti ivi prescritti. L'autorita' competente procede, almeno ogni quindici anni, al rinnovo delle autorizzazioni generali adottate ai sensi del presente articolo. Le procedure e le tempistiche previste dal presente articolo si applicano in luogo di quelle previste dalle norme generali vigenti in materia di comunicazioni amministrative e silenzio assenso.

3-bis. Le autorizzazioni di carattere generale adottate per gli stabilimenti in cui sono presenti medi impianti di combustione, anche insieme ad altri impianti e attivita', devono disciplinare anche le voci previste all'allegato I, Parte IV-bis, alla Parte Quinta, escluse quelle riportate alle lettere a), g) e h). Le relative domande di adesione devono contenere tutti i dati previsti all'allegato I, Parte IV-bis, alla Parte Quinta.

4. Le disposizioni dei commi 2 e 3 non si applicano nel caso in cui siano ((utilizzate, nei cicli produttivi da cui originano le emissioni, le sostanze o le miscele)) con indicazioni di pericolo H350, H340, H350i, H360D, H360F, H360FD, H360Df e H360Fd ((o quelle classificate estremamente preoccupanti,)) ai sensi della normativa europea vigente in materia di classificazione, etichettatura e imballaggio delle sostanze e delle miscele. Nel caso in cui, a

seguito di una modifica della classificazione di una sostanza, uno o piu' impianti o attivita' ricompresi in autorizzazioni generali siano soggetti al divieto previsto al presente comma, il gestore deve presentare all'autorita' competente, entro tre anni dalla modifica della classificazione, una domanda di autorizzazione ai sensi dell'articolo 269. In caso di mancata presentazione, lo stabilimento si considera in esercizio senza autorizzazione.

4-bis. COMMA ABROGATO DAL D.LGS. 15 NOVEMBRE 2017, N. 183.

5. Il presente titolo non si applica agli stabilimenti destinati alla difesa nazionale, fatto salvo quanto previsto al comma 5-bis, ed alle emissioni provenienti da sfiati e ricambi d'aria esclusivamente adibiti alla protezione e alla sicurezza degli ambienti di lavoro in relazione alla temperatura, all'umidita' e ad altre condizioni attinenti al microclima di tali ambienti. Sono in tutti i casi soggette al presente titolo le emissioni provenienti da punti di emissione specificamente destinati all'evacuazione di sostanze inquinanti dagli ambienti di lavoro. Il presente titolo non si applica inoltre a valvole di sicurezza, dischi di rottura e altri dispositivi destinati a situazioni critiche o di emergenza, salvo quelli che l'autorita' competente stabilisca di disciplinare nell'autorizzazione. Sono comunque soggetti al presente titolo gli impianti che, anche se messi in funzione in caso di situazioni critiche o di emergenza, operano come parte integrante del ciclo produttivo dello stabilimento. Agli impianti di distribuzione dei carburanti si applicano esclusivamente le pertinenti disposizioni degli articoli 276 e 277.

5-bis. Sono soggetti ad autorizzazione gli stabilimenti destinati alla difesa nazionale in cui sono ubicati medi impianti di combustione. L'autorizzazione dello stabilimento prevede valori limite e prescrizioni solo per tali impianti:

ART. 272-bis
(((Emissioni odorigene).))

((1. La normativa regionale o le autorizzazioni possono prevedere misure per la prevenzione e la limitazione delle emissioni odorigene degli stabilimenti di cui al presente titolo. Tali misure possono anche includere, ove opportuno, alla luce delle caratteristiche degli impianti e delle attivita' presenti nello stabilimento e delle caratteristiche della zona interessata, e fermo restando, in caso di disciplina regionale, il potere delle autorizzazioni di stabilire valori limite piu' severi con le modalita' previste all'articolo 271:
    a) valori limite di emissione espressi in concentrazione (mg/Nm^3) per le sostanze odorigene;
    b) prescrizioni impiantistiche e gestionali e criteri localizzativi per impianti e per attivita' aventi un potenziale impatto odorigeno, incluso l'obbligo di attuazione di piani di contenimento;
    c) procedure volte a definire, nell'ambito del procedimento autorizzativo, criteri localizzativi in funzione della presenza di ricettori sensibili nell'intorno dello stabilimento;
    d) criteri e procedure volti a definire, nell'ambito del procedimento autorizzativo, portate massime o concentrazioni massime di emissione odorigena espresse in unita' odorimetriche (ouE/m^3 o ouE/s) per le fonti di emissioni odorigene dello stabilimento;
    e) specifiche portate massime o concentrazioni massime di emissione odorigena espresse in unita' odorimetriche (ouE/m^3 o ouE/s) per le fonti di emissioni odorigene dello stabilimento;
2. Il Coordinamento previsto dall'articolo 20 del decreto legislativo 13 agosto 2010, n. 155, puo' elaborare indirizzi in relazione alle misure previste dal presente articolo. Attraverso l'integrazione dell'allegato I alla Parte Quinta, con le modalita' previste dall'articolo 281, comma 6, possono essere previsti, anche sulla base dei lavori del Coordinamento, valori limite e prescrizioni per la prevenzione e la limitazione delle emissioni odorigene degli

stabilimenti di cui al presente titolo, inclusa la definizione di metodi di monitoraggio e di determinazione degli impatti.))

ART. 273
(grandi impianti di combustione)

1. L'Allegato II alla parte quinta del presente decreto stabilisce, in relazione ai grandi impianti di combustione, i valori limite di emissione, inclusi quelli degli impianti multicombustibili, le modalita' di monitoraggio e di controllo delle emissioni, i criteri per la verifica della conformita' ai valori limite e le ipotesi di anomalo funzionamento o di guasto degli impianti.

2. Ai grandi impianti di combustione nuovi si applicano i pertinenti valori limite di emissione di cui alla Parte II, sezioni da 1 a 6, dell'Allegato II alla Parte Quinta.

3. Ai grandi impianti di combustione anteriori al 2013 i pertinenti valori limite di emissione di cui alla Parte II, sezioni da 1 a 6, dell'Allegato II alla Parte Quinta si applicano a partire dal 1° gennaio 2016. Ai grandi impianti di combustione che hanno ottenuto l'esenzione prevista all'Allegato II, Parte I, paragrafo 2, alla Parte Quinta si applicano, in caso di esercizio dal 1° gennaio 2016, i valori limite di emissione previsti dal comma 2 per gli impianti nuovi. Le vigenti autorizzazioni sono entro tale data adeguate alle disposizioni del presente articolo nell'ambito delle ordinarie procedure di rinnovo periodico ovvero, se nessun rinnovo periodico e' previsto entro tale data, a seguito di una richiesta di aggiornamento presentata dal gestore entro il 1° gennaio 2015 ai sensi dell'articolo 29-nonies. Fatto salvo quanto disposto dalla parte seconda del presente decreto, tali autorizzazioni continuano, nelle more del loro adeguamento, a costituire titolo all'esercizio fino al 1° gennaio 2016. Le autorizzazioni rilasciate in sede di rinnovo non possono stabilire valori limite meno severi di quelli previsti dalle autorizzazioni soggette al rinnovo, ferma restando l'istruttoria relativa alle domande di modifica degli impianti;

3-bis. Il termine del 1° gennaio 2016, di cui al comma 3, e' prorogato al 1° gennaio 2017 per i grandi impianti di combustione per i quali sono state regolarmente presentate istanze di deroga ai sensi dei commi 4 o 5. Sino alla definitiva pronuncia dell'Autorita' Competente in merito all'istanza, e comunque non oltre il 1° gennaio 2017, le relative autorizzazioni continuano a costituire titolo all'esercizio a condizione che il gestore rispetti anche le condizioni aggiuntive indicate nelle istanze di deroga.

3-ter. Il termine del 1° gennaio 2016, di cui al comma 3 e' prorogato al 1° gennaio 2017 per i grandi impianti di combustione per i quali sono state regolarmente presentate, alla data del 31 dicembre 2015, istanze di deroga ai sensi dei paragrafi 3.3 o 3.4 della parte I dell'allegato II alla parte quinta del presente decreto ovvero ai sensi della parte II dell'allegato II alla parte quinta del presente decreto. Sino alla definitiva pronuncia dell'Autorita' Competente in merito all'istanza, e comunque non oltre il 1° gennaio 2017, le relative autorizzazioni continuano a costituire titolo all'esercizio, a condizione che il gestore rispetti anche le condizioni aggiuntive indicate nelle istanze di deroga e rispetti dal 1° gennaio 2016, per gli inquinanti non oggetto di richiesta di deroga, i pertinenti valori limite di emissione massimi indicati nella parte II dell'allegato II alla parte quinta del presente decreto.

4. L'autorizzazione puo' consentire che, nel periodo compreso tra il 1° gennaio 2016 ed il 31 dicembre 2023, gli impianti di combustione di cui al comma 3 siano in esercizio per un numero di ore operative pari o inferiore a 17.500 senza rispettare i valori limite di emissione di cui al comma 3, ove ricorrano le seguenti condizioni:

    a) il gestore dell'impianto presenta all'autorita' competente, entro il 30 giugno 2014, nell'ambito delle ordinarie procedure di rinnovo periodico dell'autorizzazione ovvero, se nessun rinnovo periodico e' previsto entro tale data, nell'ambito di una richiesta di aggiornamento presentata ai sensi dell'articolo 29-nonies, una dichiarazione scritta contenente l'impegno a non far funzionare l'impianto per piu' di 17.500 ore operative tra il 1° gennaio 2016 ed il 31 dicembre 2023, informandone contestualmente il Ministero dell'ambiente e della tutela del territorio e del mare;

    b) entro il 31 maggio di ogni anno, a partire dal 2017, il gestore presenta all'autorita' competente e, comunque, al Ministero dell'ambiente e della tutela del territorio e del mare un documento in cui e' riportata la registrazione delle ore operative utilizzate dal 1° gennaio 2016;

    c) nel periodo compreso tra il 1° gennaio 2016 ed il 31 dicembre 2023 si applicano valori limite di emissione non meno severi di quelli che l'impianto deve rispettare alla data del 31 dicembre 2015 ai sensi dell'autorizzazione, del presente Titolo e del Titolo III-bis alla Parte Seconda;

    d) l'impianto non ha ottenuto l'esenzione prevista all'Allegato II, parte I, paragrafo 2, alla Parte Quinta.

    4-bis. Se l'esenzione prevista dal comma 4 e' concessa ad impianti di combustione con potenza termica nominale totale superiore a 500 MW alimentati con combustibili solidi, autorizzati per la prima volta dopo il 1° luglio 1987, devono essere in tutti i casi rispettati, nel periodo compreso tra il 1° gennaio 2016 ed il 31 dicembre 2023, i valori limite previsti per gli ossidi azoto all'Allegato II, Parte II, alla Parte Quinta.

    5. L'autorizzazione puo' consentire che, nel periodo compreso tra il 1° gennaio 2016 ed il 31 dicembre 2022, gli impianti di combustione anteriori al 2002 con potenza termica nominale totale non superiore a 200 MW siano in esercizio senza rispettare i valori limite di emissione di cui al comma 3, ove ricorrano le seguenti condizioni:

    a) almeno il 50 per cento della produzione di calore utile dell'impianto, calcolata come media mobile su ciascun periodo di cinque anni a partire dal quinto anno antecedente l'autorizzazione, e' fornito ad una rete pubblica di teleriscaldamento sotto forma di vapore o di acqua calda; il gestore e' tenuto a presentare all'autorita' competente e, comunque, al Ministero dell'ambiente e della tutela del territorio e del mare, entro il 31 maggio di ogni anno, a partire dal 2017, un documento in cui e' indicata la percentuale di produzione di calore utile dell'impianto destinata a tale fornitura;

    b) nel periodo compreso tra il 1° gennaio 2016 ed il 31 dicembre 2022 si applicano valori limite di emissione non meno severi di quelli che l'impianto deve rispettare alla data del 31 dicembre 2015 ai sensi dell'autorizzazione, del presente titolo e del Titolo III-bis della Parte Seconda.

    6. Ai sensi dell'articolo 271, commi 5, 14 e 15, l'autorizzazione di tutti i grandi impianti di combustione deve prevedere valori limite di emissione non meno severi dei pertinenti valori di cui alla Parte II, sezioni da 1 a 7, dell'Allegato II e dei valori di cui all'Allegato I alla Parte Quinta.

    7. Per i grandi impianti di combustione, ciascun camino, contenente una o piu' canne di scarico, corrisponde, anche ai fini dell'applicazione dell'articolo 270, ad un punto di emissione.

    8. In aggiunta a quanto previsto dall'articolo 271, comma 14, i valori limite di emissione non si applicano ai grandi impianti di combustione nei casi di anomalo funzionamento previsti dalla parte I dell'Allegato II alla parte quinta del presente decreto, nel rispetto delle condizioni ivi previste.

    ((9. Si considerano come un unico grande impianto di combustione, ai fini della determinazione della potenza termica nominale in base alla quale stabilire i valori limite di emissione, piu' impianti di combustione di potenza termica pari o superiore a 15 MW e la somma delle cui potenze e' pari o superiore a 50 MW che sono localizzati nello stesso stabilimento e le cui emissioni risultano convogliate o convogliabili, sulla base di una valutazione delle condizioni tecniche svolta dalle autorita' competenti, ad un solo punto di emissione. La valutazione relativa alla convogliabilita' tiene conto dei criteri previsti all'articolo 270. Non sono considerati, a tali fini, gli impianti di riserva che funzionano in sostituzione di altri impianti quando questi ultimi sono disattivati. L'autorita' competente, tenendo conto delle condizioni tecniche ed economiche, puo' altresi' disporre il convogliamento delle emissioni di tali impianti ad un solo punto di emissione ed applicare i valori limite che, in caso di mancato convogliamento, si applicherebbero all'impianto piu' recente.))

10. L'adeguamento alle disposizioni del comma 9 e' effettuato nei tempi a tal fine stabiliti dall'autorizzazione.

11. Nel caso in cui un grande impianto di combustione sia sottoposto a modifiche sostanziali, si applicano all'impianto i valori limite di emissione stabiliti alla Parte II, sezioni da 1 a 5, lettera B, e sezione 6 dell'Allegato II alla Parte Quinta.

12. Fermo restando quanto previsto dalla normativa vigente in materia di autorizzazione integrata ambientale, per gli impianti nuovi o in caso di modifiche ai sensi del comma 11, la domanda di autorizzazione deve essere corredata da un apposito studio concernente la fattibilita' tecnica ed economica della generazione combinata di calore e di elettricita'. Nel caso in cui tale fattibilita' sia accertata, anche alla luce di elementi diversi da quelli contenuti nello studio, l'autorita' competente, tenuto conto della situazione del mercato e della distribuzione, condiziona il rilascio del provvedimento autorizzativo alla realizzazione immediata o differita di tale soluzione.

13. ((COMMA ABROGATO DAL D.LGS. 15 NOVEMBRE 2017, N. 183)).

14. In caso di realizzazione di grandi impianti di combustione che potrebbero arrecare un significativo pregiudizio all'ambiente di un altro Stato della Comunita' europea, l'autorita' competente informa il Ministero dell'ambiente e della tutela del territorio e del mare per l'adempimento degli obblighi di cui alla convenzione sulla valutazione dell'impatto ambientale in un contesto transfrontaliero, stipulata a Espoo il 25 febbraio 1991, ratificata con la legge 3 novembre 1994, n. 640.

15. Le disposizioni del presente articolo si applicano agli impianti di combustione destinati alla produzione di energia, ad esclusione di quelli che utilizzano direttamente i prodotti di combustione in procedimenti di fabbricazione. Sono esclusi in particolare:

a) gli impianti in cui i prodotti della combustione sono utilizzati per il riscaldamento diretto, l'essiccazione o qualsiasi altro trattamento degli oggetti o dei materiali, come i forni di riscaldo o i forni di trattamento termico;

b) gli impianti di postcombustione, cioe' qualsiasi dispositivo tecnico per la depurazione dell'effluente gassoso mediante combustione, che non sia gestito come impianto indipendente di combustione;

c) i dispositivi di rigenerazione dei catalizzatori di craking catalitico;

d) i dispositivi di conversione del solfuro di idrogeno in zolfo;

e) i reattori utilizzati nell'industria chimica;

f) le batterie di forni per il coke;

g) i cowpers degli altiforni;

h) qualsiasi dispositivo tecnico usato per la propulsione di un veicolo, una nave, o un aeromobile;

i) le turbine a gas e motori a gas usati su piattaforme off-shore e sugli impianti di rigassificazione di gas naturale liquefatto off-shore;

l) IL D.LGS. 4 MARZO 2014, N. 46, HA CONFERMATO L'ABROGAZIONE DELLA PRESENTE LETTERA;

m) LETTERA ABROGATA DAL D.LGS. 4 MARZO 2014, N. 46;

m-bis) gli impianti che utilizzano come combustibile qualsiasi rifiuto solido o liquido non ricadente nella definizione di biomassa

di cui all'Allegato II alla Parte Quinta.
   16. COMMA ABROGATO DAL D.LGS. 4 MARZO 2014, N. 46.
   16-bis. A partire dalla data di entrata in vigore del decreto legislativo 14 settembre 2011, n. 162, ai fini del rilascio dell'autorizzazione prevista per la costruzione degli di impianti di combustione con una potenza termica nominale pari o superiore a 300 MW, il gestore presenta una relazione che comprova la sussistenza delle seguenti condizioni:
      a) disponibilita' di appropriati siti di stoccaggio di cui all'articolo 3, comma 1, lettera c), del decreto legislativo 14 settembre 2011, n. 162;
      b) fattibilita' tecnica ed economica di strutture di trasporto di cui all'articolo 3, comma 1, lettera aa), del decreto legislativo 14 settembre 2011, n. 162;
      c) possibilita' tecnica ed economica di installare a posteriori le strutture per la cattura di CO2.
   16-ter. L'autorita' competente, sulla base della documentazione di cui al comma 16-bis, stabilisce se le condizioni di cui allo stesso comma sono soddisfatte. In tal caso il gestore provvede a riservare un'area sufficiente all'interno del sito per installare le strutture necessarie alla cattura e alla compressione di CO_2 .

ART. 273-bis
(Medi impianti di combustione).

   1. Gli stabilimenti in cui sono ubicati medi impianti di combustione sono soggetti ad autorizzazione ai sensi dell'articolo 269 e, in caso di installazioni di cui alla Parte Seconda, all'autorizzazione integrata ambientale. Gli stabilimenti in cui sono presenti medi impianti di combustione alimentati con le biomasse rifiuto previste all'allegato II alla Parte Quinta sono autorizzati ai sensi degli articoli 208 o 214.
   2. Gli stabilimenti in cui sono ubicati medi impianti di combustione, anche insieme ad altri impianti o attivita', possono essere oggetto di adesione alle autorizzazioni di carattere generale adottate in conformita' all'articolo 272, comma 3-bis.
   3. L'istruttoria autorizzativa prevista all'articolo 271, comma 5, e all'articolo 272, comma 2, individua, per i medi impianti di combustione, valori limite di emissione e prescrizioni di esercizio non meno restrittivi rispetto ai pertinenti valori e prescrizioni previsti agli allegati I e V alla Parte Quinta e dalle normative e dai piani regionali di cui all'articolo 271, commi 3 e 4, e rispetto a quelli applicati per effetto delle autorizzazioni soggette al rinnovo.
   4. Per i medi impianti di combustione ubicati in installazioni di cui alla Parte Seconda i valori limite di emissione e le prescrizioni di esercizio degli allegati I e V alla Parte Quinta e delle normative e dei piani regionali previsti all'articolo 271, commi 3 e 4, sono presi in esame nell'istruttoria dell'autorizzazione integrata ambientale ai fini previsti all'articolo 29-sexies, comma 4-ter.
   5. A partire dal 1° gennaio 2025 e, in caso di impianti di potenza termica nominale pari o inferiore a 5 MW, a partire dal 1° gennaio 2030, i medi impianti di combustione esistenti sono soggetti ai valori limite di emissione individuati attraverso l'istruttoria autorizzativa prevista ai commi 3 e 4. Fino a tali date devono essere rispettati i valori limite previsti dalle vigenti autorizzazioni e, per i medi impianti di combustione che prima del 19 dicembre 2017 erano elencati all'allegato IV, Parte I, alla Parte Quinta, gli eventuali valori limite applicabili ai sensi dell'articolo 272, comma 1.
   6. Ai fini dell'adeguamento alle disposizioni del presente articolo il gestore di stabilimenti dotati di un'autorizzazione prevista all'articolo 269, in cui sono ubicati medi impianti di combustione esistenti, presenta una domanda autorizzativa almeno due anni prima delle date previste al comma 5. ((L'adeguamento, anche su richiesta

dell'autorita' competente, puo' essere altresi')) previsto nelle ordinarie domande di rinnovo periodico dell'autorizzazione presentate prima di tale termine di due anni. L'autorita' competente aggiorna l'autorizzazione dello stabilimento con un'istruttoria limitata ai medi impianti di combustione esistenti o la rinnova con un'istruttoria estesa all'intero stabilimento. In caso di autorizzazioni che gia' prescrivono valori limite e prescrizioni conformi a quelli previsti al comma 5 il gestore comunica tale condizione all'autorita' competente quantomeno due anni prima delle date previste dal comma 5. ((Fermo restando il rispetto dei termini di legge di cui al primo periodo, l'autorita' competente puo' stabilire appositi calendari e criteri temporali per la presentazione delle domande e delle comunicazioni previste dal presente comma.))

7. Entro il termine previsto al comma 6 sono, altresi', presentate:
  a) le domande di adesione alle autorizzazioni di carattere generale adottate in conformita' all'articolo 272, comma 3-bis, per gli stabilimenti in cui sono ubicati medi impianti di combustione esistenti;
  b) le domande di autorizzazione degli stabilimenti, in cui sono ubicati medi impianti di combustione esistenti, che non erano soggetti all'obbligo di autorizzazione ai sensi dell'articolo 269 secondo la normativa vigente prima del 19 dicembre 2017;
  c) le domande di autorizzazione, ai sensi degli articoli 208 o 214, comma 7, degli stabilimenti in cui sono presenti medi impianti di combustione alimentati con le biomasse rifiuto previste all'allegato II alla Parte Quinta. Tali domande sono sostituite da una comunicazione in caso di autorizzazioni che gia' prescrivono valori limite e prescrizioni conformi a quelli previsti al comma 5;
  d) le domande di rinnovo e riesame delle autorizzazioni integrate ambientali delle installazioni di cui alla Parte Seconda in cui sono ubicati medi impianti di combustione esistenti. Tali domande sono sostituite da una comunicazione in caso di autorizzazioni che gia' prescrivono valori limite e prescrizioni conformi a quelli previsti al comma 5.

8. Si considerano come un unico impianto, ai fini della determinazione della potenza termica nominale in base alla quale stabilire i valori limite di emissione, i medi impianti di combustione che sono localizzati nello stesso stabilimento e le cui emissioni risultano convogliate o convogliabili, sulla base di una valutazione delle condizioni tecniche svolta dalle autorita' competenti, ad un solo punto di emissione. La valutazione relativa alla convogliabilita' tiene conto dei criteri previsti all'articolo 270. Tale unita' si qualifica come grande impianto di combustione nei casi previsti all'articolo 273, comma 9. Non sono considerati, a tali fini, gli impianti di riserva che funzionano in sostituzione di altri impianti quando questi ultimi sono disattivati. Se le emissioni di piu' medi impianti di combustione sono convogliate ad uno o piu' punti di emissione comuni, il medio impianto di combustione che risulta da tale aggregazione e' soggetto ai valori limite che, in caso di mancato convogliamento, si applicherebbero all'impianto piu' recente.

9. L'adeguamento alle disposizioni del comma 8, in caso di medi impianti di combustione esistenti, e' effettuato nei tempi a tal fine stabiliti dall'autorizzazione, nel rispetto delle date previste dal comma 5.

10. Non costituiscono medi impianti di combustione:
  a) impianti in cui i gas della combustione sono utilizzati per il riscaldamento diretto, l'essiccazione o qualsiasi altro trattamento degli oggetti o dei materiali;
  b) impianti di postcombustione, ossia qualsiasi dispositivo tecnico per la depurazione dell'effluente gassoso mediante combustione, che non sia gestito come impianto indipendente di combustione;
  c) qualsiasi dispositivo tecnico usato per la propulsione di un veicolo, una nave, o un aeromobile;

d) turbine a gas e motori a gas e diesel usati su piattaforme off-shore;

e) impianti di combustione utilizzati per il riscaldamento a gas diretto degli spazi interni di uno stabilimento ai fini del miglioramento delle condizioni degli ambienti di lavoro;

f) dispositivi di rigenerazione dei catalizzatori di cracking catalitico;

g) dispositivi di conversione del solfuro di idrogeno in zolfo;

h) reattori utilizzati nell'industria chimica;

i) batterie di forni per il coke;

l) cowpers degli altiforni;

m) impianti di cremazione;

n) medi impianti di combustione alimentati da combustibili di raffineria, anche unitamente ad altri combustibili, per la produzione di energia nelle raffinerie di petrolio e gas;

o) caldaie di recupero nelle installazioni di produzione della pasta di legno;

p) impianti di combustione disciplinati dalle norme europee in materia di motori o combustione interna destinati all'installazione su macchine mobili non stradali;

q) impianti di incenerimento o coincenerimento previsti al titolo III-bis alla Parte Quarta;

((q-bis) impianti di combustione aventi potenza termica nominale pari o superiore a 1 MW per effetto delle norme di aggregazione previste dall'articolo 270 o dall'articolo 272, comma 1, salvo il caso in cui sia previsto l'effettivo convogliamento a punti di emissione comuni.))

((10-bis. Agli impianti previsti dal comma 10, lettera q-bis, si applicano i valori limite di emissione specificamente previsti dal presente decreto per gli impianti aventi potenza termica nominale inferiore a 1 MW e le norme sui controlli previste dall'articolo 272, comma 1-bis.))

11. E' tenuto, presso ciascuna autorita' competente, con le forme da questa stabilite, un registro documentale nel quale sono riportati i dati previsti all'allegato I, ((Parte IV-bis)), alla Parte Quinta per i medi impianti di combustione e per i medi impianti termici civili di cui all'articolo 284, commi 2-bis e 2-ter, nonche' i dati relativi alle modifiche di tali impianti. E' assicurato l'accesso del pubblico alle informazioni contenute nel registro, attraverso pubblicazione su siti internet, secondo le disposizioni del decreto legislativo 19 agosto 2005, n. 195.

12. I dati previsti al comma 11 sono inseriti nel registro documentale:

a) al rilascio dell'autorizzazione ai sensi dell'articolo 269 o delle autorizzazioni integrate ambientali o delle autorizzazioni di cui agli articoli 208 o 214 di stabilimenti o installazioni in cui sono presenti medi impianti di combustione nuovi;

b) al rilascio dell'autorizzazione ai sensi dell'articolo 269 o delle autorizzazioni integrate ambientali delle autorizzazioni di cui agli articoli 208 o 214, comma 7, di stabilimenti o installazioni in cui sono presenti medi impianti di combustione esistenti, in caso di rilascio avvenuto a partire dal 19 dicembre 2017;

c) entro sessanta giorni dalla comunicazione prevista al comma 6, ultimo periodo, e al comma 7, lettere c) e d);

d) al perfezionamento della procedura di adesione alle autorizzazioni generali di cui all'articolo 272, comma 3-bis;

e) entro sessanta giorni dalla comunicazione delle modifiche non sostanziali di cui all'articolo 269, comma 8, relative a medi impianti di combustione, fatte salve le eventuali integrazioni del registro ove l'autorita' competente aggiorni l'autorizzazione dopo il termine;

f) all'atto dell'iscrizione dei medi impianti termici civili di cui all'((articolo 284, commi 2-bis e 2-ter)), nel relativo registro autorizzativo.

13. Entro trenta giorni dalla ricezione della domanda

dell'autorizzazione ai sensi dell'articolo 269 o della domanda di autorizzazione integrata ambientale di stabilimenti e di installazioni in cui sono ubicati medi impianti di combustione o della domanda di adesione alle autorizzazioni generali di cui all'articolo 272, comma 3-bis, o della comunicazione di modifiche non sostanziali relative a medi impianti di combustione, l'autorita' competente avvia il procedimento istruttorio e comunica tempestivamente tale avvio al richiedente.

14. Per gli impianti di combustione di potenza termica inferiore a 1 MW alimentati a biomasse o biogas, installati prima del 19 dicembre 2017, i pertinenti valori di emissione in atmosfera previsti all'allegato I alla Parte Quinta devono essere rispettati entro il 1° gennaio 2030. Fino a tale data devono essere rispettati gli eventuali valori limite applicabili ai sensi dell'articolo 272, comma 1.

15. L'autorizzazione rilasciata ai sensi del comma 6 puo' esentare i medi impianti di combustione esistenti che non sono in funzione per piu' di 500 ore operative all'anno, calcolate in media mobile su ciascun periodo di cinque anni, dall'obbligo di adeguarsi ai valori limite di emissione previsti al comma 5. La domanda di autorizzazione contiene l'impegno del gestore a rispettare tale numero di ore operative. Il primo periodo da considerare per il calcolo si riferisce ai cinque anni civili successivi quello di rilascio dell'autorizzazione. Entro il 1° marzo di ogni anno, a partire dal secondo anno civile successivo a quello di rilascio dell'autorizzazione, il gestore presenta all'autorita' competente, ai fini del calcolo della media mobile, la registrazione delle ore operative utilizzate nell'anno precedente. Il numero massimo di ore operative puo' essere elevato a 1.000 in caso di emergenza dovuta alla necessita' di produrre energia elettrica nelle isole connesse ad un sistema di alimentazione principale a seguito dell'interruzione di tale alimentazione.

16. L'autorizzazione dello stabilimento in cui sono ubicati medi impianti di combustione nuovi che non sono in funzione per piu' di 500 ore operative all'anno, calcolate in media mobile su un periodo di tre anni, puo' esentare tali impianti dall'applicazione dei pertinenti valori limite previsti all'allegato I alla Parte Quinta. La domanda di autorizzazione contiene l'impegno del gestore a rispettare tale numero di ore operative. Il primo periodo da considerare per il calcolo si riferisce alla frazione di anno civile successiva al rilascio dell'autorizzazione ed ai due anni civili seguenti. Entro il 1° marzo di ogni anno, a partire dall'anno civile successivo a quello di rilascio dell'autorizzazione, il gestore presenta all'autorita' competente, ai fini del calcolo della media mobile, la registrazione delle ore operative utilizzate nell'anno precedente. L'istruttoria autorizzativa di cui all'articolo 271, comma 5, individua valori limite non meno restrittivi di quelli previsti dalla normativa vigente prima del 19 dicembre 2017 e, per le emissioni di polveri degli impianti alimentati a combustibili solidi, in ogni caso, un valore limite non superiore a 100 mg/Nm³.

17. L'autorizzazione rilasciata ai sensi del comma 6 puo' differire al 1° gennaio 2030 l'obbligo di adeguarsi ai valori limite di emissione previsti al comma 5 per i medi impianti di combustione esistenti di potenza termica superiore a 5 MW se almeno il 50% della produzione di calore utile dell'impianto, calcolata come media mobile su ciascun periodo di cinque anni, sia fornito ad una rete pubblica di teleriscaldamento sotto forma di vapore o acqua calda. La domanda di autorizzazione contiene l'impegno del gestore a rispettare tale percentuale di fornitura. Il primo periodo da considerare per il calcolo si riferisce ai cinque anni civili successivi quello di rilascio dell'autorizzazione. Entro il 1° marzo di ogni anno, a partire dal secondo anno civile successivo a quello di rilascio dell'autorizzazione, il gestore presenta all'autorita' competente, ai fini del calcolo della media mobile, un documento in cui e' indicata la percentuale di produzione di calore utile dell'impianto destinata a tale fornitura nell'anno precedente. L'istruttoria autorizzativa di

cui all'articolo 271, comma 5, individua, per le emissioni del periodo compreso tra il 1° gennaio 2025 ed al 1° gennaio 2030, valori limite non meno restrittivi di quelli precedentemente autorizzati e, per le emissioni di ossidi di zolfo, in ogni caso, un valore limite non superiore a 1.100 mg/Nm³.

18. L'autorizzazione rilasciata ai sensi del comma 6 puo' differire al 1° gennaio 2030 l'obbligo di adeguarsi ai valori limite di emissione degli ossidi di azoto previsti al comma 5 per i medi impianti di combustione esistenti costituiti da motori a gas o turbine a gas di potenza termica superiore a 5 MW, se tali impianti sono utilizzati per il funzionamento delle stazioni di compressione di gas necessarie per garantire la protezione e la sicurezza di un sistema nazionale di trasporto del gas. Resta fermo, fino alla data prevista di adeguamento, il rispetto dei valori limite precedentemente autorizzati.

19. In caso di impossibilita' di rispettare i pertinenti valori limite di emissione previsti per gli ossidi di zolfo all'allegato I alla Parte Quinta per i medi impianti nuovi ed esistenti a causa di un'interruzione nella fornitura di combustibili a basso tenore di zolfo, dovuta ad una situazione di grave penuria, l'autorita' competente puo' disporre una deroga, non superiore a sei mesi, all'applicazione di tali valori limite. L'autorizzazione individua i valori limite da applicare in tali periodi, assicurando che risultino non meno restrittivi di quelli autorizzati prima del 19 dicembre 2017.

20. In caso di medi impianti nuovi ed esistenti, alimentati esclusivamente a combustibili gassosi, che a causa di un'improvvisa interruzione nella fornitura di gas debbano eccezionalmente utilizzare altri combustibili e dotarsi di un apposito sistema di abbattimento, l'autorita' competente puo' disporre una deroga, non superiore a 10 giorni, salvo giustificate proroghe, all'applicazione dei pertinenti valori limite di emissione previsti dall'allegato I alla Parte Quinta. L'autorizzazione individua i valori limite da applicare in tali periodi, assicurando che risultino non meno restrittivi di ((quelli autorizzati prima del 19 dicembre 2017)).

21. Le deroghe previste ai commi 18 e 19 sono comunicate dal Ministero dell'ambiente e della tutela del territorio e del mare alla Commissione europea entro un mese dalla concessione. L'autorita' competente, se diversa dal Ministero dell'ambiente e della tutela del territorio e del mare, comunica al Ministero tali deroghe entro cinque giorni dalla concessione.».

22. L'autorizzazione rilasciata ai sensi del comma 6 fissa al 1° gennaio 2030 l'obbligo di adeguarsi ai valori limite di emissione previsti al comma 5 per i medi impianti di combustione esistenti che fanno parte di un piccolo sistema isolato o di un microsistema isolato di cui all'articolo 2, punto 26 e punto 27, della direttiva 2009/72/CE. L'istruttoria autorizzativa di cui all'articolo 271, comma 5, individua, per le emissioni del periodo compreso tra il 1° gennaio 2025 ed il 1° gennaio 2030, valori limite non meno restrittivi di quelli precedentemente autorizzati.

ART. 274
((Raccolta e trasmissione dei dati sulle emissioni dei grandi impianti di combustione e dei medi impianti di combustione)).

1. Il Ministero dell'ambiente e della tutela del territorio e del mare trasmette alla Commissione europea, ogni tre anni, una relazione inerente le emissioni di biossido di zolfo, ossidi di azoto e polveri di tutti i grandi impianti di combustione di cui alla parte quinta del presente decreto, nella quale siano separatamente indicate le emissioni delle raffinerie. Tale relazione e' trasmessa per la prima volta entro il 31 dicembre 2007 in relazione al periodo di tre anni che decorre dal 1° gennaio 2004 e, in seguito, entro dodici mesi dalla fine di ciascun successivo periodo di tre anni preso in esame. Il Ministero dell'ambiente e della tutela del territorio e del mare

trasmette inoltre alla Commissione europea, su richiesta, i dati annuali relativi alle emissioni di biossido di zolfo, ossidi di azoto e polveri dei singoli impianti di combustione.

2. ((COMMA ABROGATO DAL D.LGS. 15 NOVEMBRE 2017, N. 183)).

3. ((PERIODO SOPPRESSO DAL D.LGS. 15 NOVEMBRE 2017, N. 183)). Il Ministero dell'ambiente e della tutela del territorio presenta alla Commissione europea entro il 31 dicembre di ogni anno, a partire dal 2017, per ciascun impianto di cui all'articolo 273, comma 5, la registrazione del numero di ore operative utilizzate dal 1° gennaio 2016 e, per ciascun impianto di cui all'articolo 273, comma 6, la percentuale della produzione di calore utile, calcolata come media mobile sui cinque anni civili precedenti, fornita ad una rete pubblica di teleriscaldamento sotto forma di vapore o di acqua calda. L'autorita' competente, se diversa dal Ministero dell'ambiente e della tutela del territorio, comunica a tale Ministero le predette deroghe contestualmente all'applicazione delle stesse specificando, per ciascun impianto, la potenza termica nominale totale, le tipologie di combustibili usati e i valori limite di emissione applicati per ossidi di zolfo, ossidi di azoto e polveri.

4. Entro il 31 maggio di ogni anno, a partire dal 2006, i gestori dei grandi impianti di combustione comunicano all'Istituto superiore per la prevenzione e la ricerca ambientale (ISPRA), con le modalita' previste alla Parte III dell'Allegato II alla Parte Quinta, la tipologia dell'impianto gestito, la data di messa in esercizio dell'impianto e, con riferimento all'anno precedente, le emissioni totali, di biossido di zolfo, ossidi di azoto e polveri, determinate conformemente alle prescrizioni della Parte IV dell'Allegato II alla Parte Quinta, la quantita' annua totale di energia prodotta rispettivamente dal carbone, dalla lignite, dalle biomasse, dalla torba, dagli altri combustibili solidi, dai combustibili liquidi, dal gas naturale e dagli altri gas, riferita al potere calorifico netto, le ore operative, nonche' la caratterizzazione dei sistemi di abbattimento delle emissioni. In caso di mancata comunicazione dei dati e delle informazioni di cui al presente comma, il Ministero dell'ambiente e della tutela del territorio e del mare, anche ai fini di quanto previsto dall'articolo 650 del codice penale, ordina al gestore inadempiente di provvedere.

5. L'ISPRA, sulla base delle informazioni di cui al comma 4, elabora una relazione in cui sono riportate le emissioni di biossido di zolfo, ossidi di azoto e polveri di tutti i grandi impianti di combustione di cui alla parte quinta del presente decreto. Tale relazione deve riportare tutti gli elementi previsti dal comma 4. Almeno due mesi prima della scadenza prevista dal comma 1 per la trasmissione dei dati alla Commissione europea, l'ISPRA trasmette al Ministero dell'ambiente e della tutela del territorio e del mare la suddetta relazione, nonche' i dati disaggregati relativi a ciascun impianto.

6. I dati di cui al comma 4 sono raccolti e inviati in formato elettronico. A tal fine debbono essere osservate, ove disponibili, le procedure indicate sul sito internet del Ministero dell'ambiente e della tutela del territorio e del mare. La relazione di cui al comma 5, nonche' i dati disaggregati raccolti dall'ISPRA sono resi disponibili alle autorita' competenti sul sito internet del Ministero dell'ambiente e della tutela del territorio e del mare e sul sito internet dell'ISPRA.

7. Entro il 31 dicembre di ogni anno, a partire dal 2017, il Ministero dell'ambiente e della tutela del territorio e del mare comunica alla Commissione europea, con riferimento all'anno precedente:

a) per gli impianti di combustione cui si applica la Parte II, sezione 1, lettera C, dell'Allegato II alla Parte Quinta, il tenore di zolfo del combustibile solido indigeno usato e il grado di desolforazione raggiunto come media mensile; la prima comunicazione indica anche la motivazione tecnica dell'impossibilita' di rispettare i valori limite di emissione oggetto di deroga;

b) il numero di ore operative annue utilizzate dagli impianti di combustione a cui sono state concesse le deroghe previste all'Allegato II, parte II, alla Parte Quinta, sezione I, lettera A, paragrafo 2, sezione 2, lettera A, paragrafo 2, sezione 4, lettera A, paragrafo 1, note 1, 4 e 5, e sezione 4, lettera A-bis, paragrafo 3.

8. L'autorita' competente, se diversa dal Ministero dell'ambiente e della tutela del territorio, comunica a tale Ministero le deroghe di cui alle lettere a) e b) contestualmente all'applicazione delle stesse.

((8-bis. Il Ministero dell'ambiente trasmette alla Commissione europea, sulla base dei formati da questa adottati:

a) entro il 1° gennaio 2021, una relazione contenente una stima delle emissioni totali annue di monossido di carbonio dei medi impianti di combustione e dei medi impianti termici civili e le informazioni relative alle concentrazioni di monossido di carbonio nelle emissioni di tali impianti, raggruppate per tipo di combustibile e classe di capacita';

b) entro il 1° ottobre 2026 ed entro il 1° ottobre 2031, una relazione contenente le informazioni qualitative e quantitative relative all'applicazione delle norme vigenti in materia di medi impianti di combustione e medi impianti termici civili, incluse le attivita' finalizzate a verificare la conformita' degli impianti. La prima relazione contiene anche una stima delle emissioni totali annue di polveri, ossidi di azoto e ossidi di zolfo dei medi impianti di combustione e dei medi impianti termici civili, raggruppate per tipo di impianto, tipo di combustibile e classe di capacita'.

8-ter. Con decreto del Ministero dell'ambiente e della tutela del territorio e del mare sono stabiliti i dati, i metodi di stima, i tempi e le modalita' delle comunicazioni che i gestori dei medi impianti di combustione e le autorita' competenti di cui ai titoli I e II alla Parte Quinta effettuano all'ISPRA ed al predetto Ministero ai fini della predisposizione delle relazioni previste al comma 8-bis. L'ISPRA, sulla base di tali informazioni, elabora un rapporto, conforme ai pertinenti formati adottati dalla Commissione europea, da inviare al Ministero dell'ambiente e della tutela del territorio e del mare almeno tre mesi prima dei termini previsti al comma 8-bis.))

ART. 275
(emissioni di cov)

1. L'Allegato III alla parte quinta del presente decreto stabilisce, relativamente alle emissioni di composti organici volatili, i valori limite di emissione, le modalita' di monitoraggio e di controllo delle emissioni, i criteri per la valutazione della conformita' dei valori misurati ai valori limite e le modalita' di redazione del piano di gestione dei solventi. Le disposizioni previste dal presente articolo per gli stabilimenti si intendono riferite anche alle installazioni soggette ad autorizzazione integrata ambientale. L'Allegato III alla Parte Quinta indica i casi in cui le attivita' degli stabilimenti esistenti di cui al comma 8 sono soggette a valori limite e prescrizioni speciali.

2. Se nello stesso stabilimento sono esercitate, mediante uno o piu' impianti o macchinari e sistemi non fissi o operazioni manuali, una o piu' attivita' individuate nella parte II dell'Allegato III alla parte quinta del presente decreto le quali superano singolarmente le soglie di consumo di solvente ivi stabilite, a ciascuna di tali attivita' si applicano secondo le modalita' di cui al comma 7, i valori limite per le emissioni convogliate e per le emissioni diffuse di cui al medesimo Allegato III, parte III, oppure i valori limite di emissione totale di cui a tale Allegato III, parti III e IV, nonche' le prescrizioni ivi previste. Tale disposizione si applica anche alle attivita' che, nello stesso stabilimento, sono direttamente collegate e tecnicamente connesse alle attivita' individuate nel suddetto Allegato III, parte II, e che possono influire sulle emissioni di COV. Il superamento delle soglie di

consumo di solvente e' valutato con riferimento al consumo massimo teorico di solvente. Le attivita' di cui alla parte II dell'Allegato III alla parte quinta del presente decreto comprendono la pulizia delle apparecchiature e non comprendono la pulizia dei prodotti, fatte salve le diverse disposizioni ivi previste.

3. Ai fini di quanto previsto dal comma 2, i valori limite per le emissioni convogliate si applicano a ciascun impianto che produce tali emissioni ed i valori limite per le emissioni diffuse si applicano alla somma delle emissioni non convogliate di tutti gli impianti, di tutti i macchinari e sistemi non fissi e di tutte le operazioni.

4. Il gestore che intende effettuare le attivita' di cui al comma 2 presenta all'autorita' competente una domanda di autorizzazione dello stabilimento in conformita' all'articolo 269 e a quanto previsto nel presente articolo e nell'Allegato III alla parte quinta del presente decreto oppure, ricorrendone i presupposti, una domanda di adesione all'autorizzazione generale di cui all'articolo 272, comma 3. In aggiunta ai casi previsti dall'articolo 269, comma 8, la domanda di autorizzazione deve essere presentata anche dal gestore dello stabilimento in cui sono esercitate delle attivita'che, a seguito di una modifica del consumo massimo teorico di solvente, rientrano tra quelle di cui al comma 2.

5. L'autorizzazione stabilisce, sulla base dei commi 2 e 7, i valori limite di emissione e le prescrizioni che devono essere rispettati. Per la captazione e il convogliamento si applica l'articolo 270. Sono inoltre previste le precauzioni necessarie per ridurre al minimo le emissioni di COV durante le operazioni di avviamento e di arresto. Le autorizzazioni, incluse quelle rilasciate in sede di rinnovo ai sensi dell'articolo 281, assicurano che tali valori limite e prescrizioni si applichino a tutte le attivita' di cui al comma 2 e che i valori limite e le prescrizioni di cui all'ultimo periodo del comma 2 si possano applicare soltanto alle attivita' degli stabilimenti esistenti.

5-bis. Fermo restando quanto previsto dall'articolo 271, commi 14 e 20, il gestore informa tempestivamente l'autorita' competente di qualsiasi violazione delle prescrizioni autorizzative.

6. L'autorizzazione indica il consumo massimo teorico di solvente e l'emissione totale annua conseguente all'applicazione dei valori limite di cui al comma 2 nonche' la periodicita' dell'aggiornamento del piano di gestione di cui alla parte V dell'Allegato III alla parte quinta del presente decreto. ((Al fine di ammettere l'applicazione di valori limite espressi come emissioni totali equivalenti, ai sensi della parte V dell'allegato III alla parte quinta del presente decreto, negli stabilimenti caratterizzati da elevate soglie di consumo di solventi, l'autorita' competente valuta anche, tenuto conto delle specifiche attivita' degli stabilimenti oggetto di autorizzazione, la sussistenza della possibilita' di assicurare un efficace controllo sul rispetto di tali valori.))

7. Il rispetto dei valori limite di emissione previsti dal comma 2 e' assicurato mediante l'applicazione delle migliori tecniche disponibili e, in particolare, utilizzando materie prime a ridotto o nullo tenore di solventi organici, ottimizzando l'esercizio e la gestione delle attivita' e, ove necessario, installando idonei dispositivi di abbattimento, in modo da minimizzare le emissioni di composti organici volatili.

8. Si considerano esistenti, ai fini del presente articolo, gli stabilimenti che al 1° aprile 2001 erano in esercizio in base agli atti autorizzativi all'epoca previsti o per i quali e' stata presentata una domanda completa di autorizzazione prima di tale data ove lo stabilimento sia stato messo in funzione entro il 1° aprile 2002. Si considerano nuovi gli altri stabilimenti. Ai fini dell'applicazione degli articoli 270, 271 e 281 gli stabilimenti previsti dal presente articolo, escluse le installazioni sottoposte ad autorizzazione integrata ambientale, si considerano anteriori al 1988, anteriori al 2006 e nuovi sulla base delle definizioni previste

dall'articolo 268.

9. COMMA ABROGATO DAL D.LGS. 4 MARZO 2014, N. 46.

10. Sono fatte salve le autorizzazioni rilasciate prima del 13 marzo 2004 che conseguono un maggiore contenimento delle emissioni di composti organici volatili rispetto a quello ottenibile con l'applicazione delle indicazioni di cui alle parti III e IV dell'Allegato III alla parte quinta del presente decreto. In tal caso rimangono validi i metodi di campionamento e di analisi precedentemente in uso. E' fatta salva la facolta' del gestore di chiedere all'autorita' competente di rivedere dette autorizzazioni sulla base delle disposizioni della parte quinta del presente decreto.

11. In caso di modifiche sostanziali di attivita' svolte negli stabilimenti esistenti l'autorizzazione dispone che le attivita' oggetto di modifica sostanziale:
    a) siano soggette alle prescrizioni relative alle attivita' degli stabilimenti nuovi;
    b) siano soggette alle prescrizioni relative alle attivita' degli stabilimenti esistenti se le emissioni totali di tutte le attivita' svolte nello stabilimento non superano quelle che si producono in caso di applicazione della lettera a).

12. Se il gestore comprova all'autorita' competente che, pur utilizzando la migliore tecnica disponibile, non e' possibile, per uno specifico stabilimento, rispettare il valore limite per le emissioni diffuse, tale autorita' puo' autorizzare deroghe a detto valore limite, purche' cio' non comporti rischi per la salute umana o per l'ambiente e purche' le migliori tecniche disponibili siano comunque applicate.

13. Nei casi previsti nella parte III dell'Allegato III alla parte quinta del presente decreto, l'autorita' competente puo' esentare il gestore dall'applicazione delle prescrizioni ivi stabilite se le emissioni non possono essere convogliate ai sensi dell'articolo 270, commi 1 e 2. In tal caso si applica quanto previsto dalla parte IV dell'Allegato III alla parte quinta del presente decreto, salvo il gestore comprovi all'autorita' competente che il rispetto di detto Allegato non e', nel caso di specie, tecnicamente ed economicamente fattibile e che l'impianto utilizza la migliore tecnica disponibile.

14. L'autorita' competente comunica al Ministero dell'ambiente e della tutela del territorio e del mare, nella relazione di cui al comma 18, le deroghe autorizzate ai sensi dei commi 12 e 13.

15. Se due o piu' attivita' effettuate nello stesso stabilimento superano singolarmente le soglie di cui al comma 2, l'autorita' competente puo':
    a) applicare i valori limite previsti da tale comma a ciascuna singola attivita'
    o
    b) applicare un valore di emissione totale, riferito alla somma delle emissioni di tali attivita', non superiore a quello che si avrebbe applicando quanto previsto dalla lettera a); la presente opzione non si estende alle emissioni delle sostanze indicate nel comma 17.

16. COMMA ABROGATO DAL D.LGS. 4 MARZO 2014, N. 46.

17. La parte I dell'Allegato III alla parte quinta del presente decreto stabilisce appositi valori limite di emissione per le sostanze caratterizzate da particolari rischi per la salute e l'ambiente.

18. Le autorita' competenti trasmettono al Ministero dell'ambiente e della tutela del territorio e del mare, ogni tre anni ed entro il 30 aprile, a partire dal 2005, una relazione relativa all'applicazione del presente articolo, in conformita' a quanto previsto dalla decisione della Commissione europea 2010/681/UE del 9 novembre 2010. Copia della relazione e' inviata dalle autorita' competenti alla regione o alla provincia autonoma. Il Ministero dell'ambiente e della tutela del territorio e del mare invia tali informazioni alla Commissione europea.

18-bis. Con apposito decreto, da adottare ai sensi dell'articolo 281, comma 6, si provvede ad inserire all'Allegato III alla Parte Quinta una specifica disciplina delle attivita' di relazione e di comunicazione alla Commissione europea in merito all'applicazione del presente articolo, in conformita' ai provvedimenti comunitari di attuazione dell'articolo 72 della direttiva 2010/75/UE. Il comma 18 non trova applicazione a decorrere dalla data prevista dal predetto decreto.

19. COMMA SOPPRESSO DAL D.LGS 29 GIUGNO 2010, N. 128.

20. I gestori degli stabilimenti costituiti da uno o piu' impianti a ciclo chiuso di pulizia a secco di tessuti e di pellami, escluse le pellicce, e delle pulitintolavanderie a ciclo chiuso, per i quali l'autorita' competente non abbia adottato autorizzazioni di carattere generale, comunicano a tali autorita' di aderire all'autorizzazione di cui alla parte VII dell'Allegato III alla parte quinta del presente decreto. E' fatto salvo il potere delle medesime autorita' di adottare successivamente nuove autorizzazioni di carattere generale, ai sensi dell'articolo 272, l'obbligatoria adesione alle quali comporta, per il soggetto interessato, la decadenza di quella prevista dalla parte VII dell'Allegato III alla parte quinta del presente decreto relativamente al territorio a cui tali nuove autorizzazioni si riferiscono. A tali attivita' non si applicano le prescrizioni della parte I, paragrafo 3, punti 3.2, 3.3. e 3.4 dell'Allegato III alla parte quinta del presente decreto.

21. Costituisce modifica sostanziale, ai sensi del presente articolo:

   a) per le attivita' di ridotte dimensioni, una modifica del consumo massimo teorico di solventi che comporta un aumento delle emissioni di composti organici volatili superiore al venticinque per cento;

   b) per tutte le altre attivita', una modifica del consumo massimo teorico di solventi che comporta un aumento delle emissioni di composti organici volatili superiore al dieci per cento;

   c) qualsiasi modifica che, a giudizio dell'autorita' competente, potrebbe avere effetti negativi significativi sulla salute umana o sull'ambiente;

   d) qualsiasi modifica del consumo massimo teorico di solventi che comporti la variazione dei valori limite applicabili;

22. Per attivita' di ridotte dimensioni, ai sensi del comma 21, si intendono le attivita' di cui alla parte III, punti 1, 3, 4, 5, 8, 10, 13, 16 o 17 dell'Allegato III alla parte quinta del presente decreto aventi un consumo massimo teorico di solventi inferiore o uguale alla piu' bassa tra le soglie di consumo ivi indicate in terza colonna e le altre attivita' di cui alla parte III del medesimo Allegato III aventi un consumo massimo teorico di solventi inferiore a 10 tonnellate l'anno.

ART. 276
(controllo delle emissioni di cov derivanti dal deposito della benzina e dalla sua distribuzione dai terminali agli impianti di distribuzione)

1. L'Allegato VII alla parte quinta del presente decreto stabilisce le prescrizioni che devono essere rispettate ai fini del controllo delle emissioni di COV relativamente:

   a) agli impianti di deposito presso i terminali;
   b) agli impianti di caricamento di benzina presso i terminali;
   c) agli impianti adibiti al deposito temporaneo di vapori presso i terminali;
   d) alle cisterne mobili e ai veicoli cisterna;
   e) agli impianti di deposito presso gli impianti di distribuzione dei carburanti;
   f) alle attrezzature per le operazioni di trasferimento della benzina presso gli impianti di distribuzione e presso terminali in cui e' consentito il deposito temporaneo di vapori.

2. Per impianti di deposito ai sensi del presente articolo si intendono i serbatoi fissi adibiti allo stoccaggio di benzina. Per tali impianti di deposito situati presso i terminali le pertinenti prescrizioni dell'Allegato VII alla parte quinta del presente decreto costituiscono le misure che i gestori devono adottare ai sensi dell'articolo 269, comma 10. Con apposito provvedimento l'autorita' competente puo' disporre deroghe a tali prescrizioni, relativamente agli obblighi di rivestimento, ove necessario ai fini della tutela di aree di particolare pregio sotto il profilo paesaggistico.

3. Per impianti di distribuzione, ai sensi del presente articolo, si intendono gli impianti in cui la benzina viene erogata ai serbatoi di tutti i veicoli a motore da impianti di deposito.

4. Nei terminali all'interno dei quali e' movimentata una quantita' di benzina inferiore a 10.000 tonnellate/anno e la cui costruzione e' stata autorizzata prima del 3 dicembre 1997, ai sensi della normativa vigente al momento dell'autorizzazione, gli impianti di caricamento si adeguano alle disposizioni della parte II, paragrafo 2, dell'Allegato VII alla parte quinta del presente decreto entro il 17 maggio 2010. Fino alla data di adeguamento deve essere garantita l'agibilita' delle operazioni di caricamento anche per i veicoli-cisterna con caricamento dall'alto. Per quantita' movimentata si intende la quantita' totale annua massima di benzina caricata in cisterne mobili dagli impianti di deposito del terminale nei tre anni precedenti il 17 maggio 2000.

5. Le prescrizioni di cui alla parte II, punto 3.2, dell'Allegato VII alla parte quinta del presente decreto si applicano ai veicoli cisterna collaudati dopo il 17 novembre 2000 e si estendono agli altri veicoli cisterna a partire dal 17 maggio 2010. Tali prescrizioni non si applicano ai veicoli cisterna a scomparti tarati, collaudati dopo il 1° gennaio 1990 e attrezzati con un dispositivo che garantisca la completa tenuta di vapori durante la fase di caricamento. A tali veicoli cisterna a scomparti tarati deve essere consentita l'agibilita' delle operazioni di caricamento presso gli impianti di deposito dei terminali.

((6. Gli stabilimenti in cui sono presenti gli impianti di cui al comma 1, lettera b), non sono soggetti all'autorizzazione di cui all'articolo 269.))

ART. 277.
Recupero di cov prodotti durante le operazioni di rifornimento presso gli impianti di distribuzione di benzina

1. I distributori degli impianti di distribuzione di benzina devono essere attrezzati con sistemi di recupero dei vapori di benzina prodotti durante le operazioni di rifornimento.

2. I nuovi impianti di distribuzione di benzina e quelli esistenti soggetti a ristrutturazione completa devono essere equipaggiati con sistemi di recupero dei vapori di benzina conformi ai requisiti previsti, per i sistemi di recupero di fase II, all'allegato VIII alla parte quinta del presente decreto, nonche' essere sottoposti ai controlli previsti all'allegato VIII medesimo, se:
   a) il flusso e' superiore a 500 m³/ anno;
   b) il flusso e' superiore a 100 m³/ anno e sono situati in edifici utilizzati in modo permanente come luoghi di residenza o di lavoro.

3. Negli impianti esistenti di distribuzione di benzina, aventi un flusso superiore a 3.000 mc all'anno, i sistemi di recupero devono rispettare, entro il 31 dicembre 2018, i requisiti di efficienza e gli obblighi di controllo previsti per i sistemi di recupero di fase II dall'allegato VIII alla parte quinta del presente decreto.

4. Negli impianti di distribuzione di benzina esistenti, di cui ai commi 2 e 3, i sistemi di recupero devono rispettare, fino alla ristrutturazione completa o fino all'adeguamento previsto al comma 3, i requisiti di efficienza e gli obblighi di controllo previsti all'allegato VIII alla parte quinta del presente decreto per i

sistemi di recupero diversi da quelli di fase II. E' fatta comunque salva, presso tali impianti, la possibilita' di rispettare i requisiti di efficienza e gli obblighi di controllo previsti per i sistemi di recupero di fase II.

5. I commi 2 e 3 non si applicano agli impianti di distribuzione di benzina utilizzati esclusivamente in relazione alla produzione e alla consegna di nuovi veicoli a motore ai fini del primo rifornimento di tali veicoli.

6. Negli impianti di distribuzione diversi da quelli di cui ai commi 2 e 3 i sistemi di recupero devono rispettare i requisiti di efficienza e gli obblighi di controllo previsti dall'allegato VIII alla parte quinta del presente decreto per i sistemi di recupero diversi da quelli di fase II.

7. Il flusso previsto dai commi 2 e 3 si calcola considerando la media degli anni civili in cui l'impianto e' stato in esercizio nei tre anni antecedenti il 2012 oppure, se durante tale periodo non vi e' stato almeno un anno civile di esercizio, una stima effettuata dal gestore e documentata con atti da tenere a disposizione presso l'impianto; se la media della quantita' di benzina scaricata nei tre anni civili successivi a quello della messa in esercizio dell'impianto supera, diversamente dalla stima, il flusso di cui al comma 3, il titolare dell'autorizzazione o della concessione dell'impianto e' tenuto all'obbligo di adeguamento previsto da tale disposizione.

8. I dispositivi componenti i sistemi di recupero dei vapori devono essere omologati dal Ministero dell'interno, a cui il costruttore presenta apposita istanza corredata della documentazione necessaria ad identificare i dispositivi e dalla certificazione di cui all'allegato VIII alla parte quinta del presente decreto. Ai fini del rilascio dell'omologazione, il Ministero dell'interno verifica la rispondenza dei dispositivi ai requisiti di efficienza previsti dal presente articolo ed ai requisiti di sicurezza antincendio previsti dalla vigente normativa. In caso di mancata pronuncia l'omologazione si intende negata.

9. I dispositivi componenti i sistemi di recupero dei vapori che sono stati omologati dalle competenti autorita' di altri Paesi appartenenti all'Unione europea possono essere utilizzati per attrezzare i distributori degli impianti di distribuzione, previo riconoscimento da parte del Ministero dell'interno, a cui il costruttore presenta apposita istanza, corredata dalla documentazione necessaria ad identificare i dispositivi, dalle certificazioni di prova rilasciate dalle competenti autorita' estere e da una traduzione giurata in lingua italiana di tali documenti e certificazioni. Ai fini del riconoscimento, il Ministero dell'interno verifica i documenti e le certificazioni trasmessi, da cui deve risultare il rispetto dei requisiti di efficienza previsti dal presente articolo, e verifica la rispondenza dei dispositivi ai requisiti di sicurezza antincendio previsti dalla vigente normativa. In caso di mancata pronuncia il riconoscimento si intende negato. 10. Durante le operazioni di rifornimento i gestori degli impianti di distribuzione devono mantenere in funzione i sistemi di recupero dei vapori di cui al presente articolo.

11. Presso gli impianti di distribuzione attrezzati con sistemi di recupero dei vapori di benzina di fase II, deve essere esposto, sui distributori o vicino agli stessi, un cartello, una etichetta o un altro tipo di supporto che informi i consumatori circa l'esistenza di tale sistema. Presso gli impianti di distribuzione esistenti previsti dal comma 4 che, alla data del 1° gennaio 2012, sono gia' attrezzati con sistemi di recupero dei vapori di benzina di fase II, tale obbligo di informazione si applica entro i due mesi successivi alla data di entrata in vigore del presente decreto.

12. I gestori degli impianti di distribuzione di benzina devono rispettare gli obblighi di documentazione previsti dall'allegato VIII alla parte quinta del presente decreto.

ART. 278
(poteri di ordinanza)

1. In caso di inosservanza delle prescrizioni contenute nell'autorizzazione, ferma restando l'applicazione delle sanzioni di cui all'articolo 279 e delle misure cautelari disposte dall'autorita' giudiziaria, l'autorita' competente procede, secondo la gravita' dell'infrazione:
   a) alla diffida, con l'assegnazione di un termine entro il quale le irregolarita' devono essere eliminate;
   b) alla diffida ed alla contestuale temporanea sospensione dell'autorizzazione con riferimento agli impianti e alle attivita' per i quali vi e' stata violazione delle prescrizioni autorizzative, ove si manifestino situazioni di pericolo per la salute o per l'ambiente;
   c) alla revoca dell'autorizzazione con riferimento agli impianti e alle attivita' per i quali vi e' stata violazione delle prescrizioni autorizzative, in caso di mancato adeguamento alle prescrizioni imposte con la diffida o qualora la reiterata inosservanza delle prescrizioni contenute nell'autorizzazione determini situazioni di pericolo o di danno per la salute o per l'ambiente.
   ((1-bis. Resta ferma, in caso di non conformita' dei valori misurati ai valori limite prescritti, accertata nel corso dei controlli effettuati dall'autorita' o dagli organi di cui all'articolo 268, comma 1, lettera p), la possibilita' di adottare le ordinanze previste all'articolo 271, comma 20-bis.))

ART. 279
(sanzioni)

1. Fuori dai casi per cui trova applicazione l'articolo 6, comma 13, cui eventuali sanzioni sono applicate ai sensi dell'articolo 29-quattuordecies, chi inizia a installare o esercisce uno stabilimento in assenza ((dell'autorizzazione prevista dagli articoli 269 o 272)) ovvero continua l'esercizio con l'autorizzazione scaduta, decaduta, sospesa o revocata e' punito con la pena dell'arresto da due mesi a due anni o dell'ammenda da 1.000 euro a 10.000 euro. Con la stessa pena e' punito chi sottopone uno stabilimento ad una modifica sostanziale senza l'autorizzazione prevista dall'articolo 269, comma 8 o, ove applicabile, dal decreto di attuazione dell'articolo 23 del decreto-legge 9 febbraio 2012, n. 5, convertito, con modificazioni, dalla legge 4 aprile 2012, n. 35. Chi sottopone uno stabilimento ad una modifica non sostanziale senza effettuare ((la comunicazione prevista dall'articolo 269, comma 8 o comma 11-bis,)) o, ove applicabile, dal decreto di attuazione dell'articolo 23 del decreto-legge 9 febbraio 2012, n. 5, convertito, con modificazioni, dalla legge 4 aprile 2012, n. 35, e' assoggettato ad una sanzione amministrativa pecuniaria da 300 euro a 1.000 euro, alla cui irrogazione provvede l'autorita' competente.
2. Chi, nell'esercizio di uno stabilimento, viola i valori limite di emissione stabiliti dall'autorizzazione, dagli Allegati I, II, III o V alla parte quinta del presente decreto, dai piani e dai programmi o dalla normativa di cui all'articolo 271 e' punito con l'arresto fino ad un anno o con l'ammenda fino a 10.000 euro. Se i valori limite violati sono contenuti nell'autorizzazione integrata ambientale si applicano le sanzioni previste dalla normativa che disciplina tale autorizzazione.
2-bis. Chi, nell'esercizio di uno stabilimento, viola le prescrizioni stabilite dall'autorizzazione, dagli allegati I, II, III o V alla Parte Quinta, dai piani e dai programmi o dalla normativa di cui all'articolo 271 o le prescrizioni altrimenti imposte dall'autorita' competente e' soggetto ad una sanzione amministrativa pecuniaria da 1.000 euro a 10.000 euro, alla cui irrogazione provvede

l'autorita' competente. Se le prescrizioni violate sono contenute nell'autorizzazione integrata ambientale si applicano le sanzioni previste dalla normativa che disciplina tale autorizzazione.

3. Fuori dai casi sanzionati ai sensi dell'articolo 29-quattuordecies, comma 7, chi mette in esercizio un impianto o inizia ad esercitare un'attivita' senza averne dato la preventiva comunicazione prescritta ai sensi dell'articolo 269, comma 6, o ai sensi dell'articolo 272, comma 1, ((e' soggetto ad una sanzione amministrativa pecuniaria da 500 euro a 2.500 euro)). E' soggetto ad una sanzione amministrativa pecuniaria da 500 euro a 2.500 euro, alla cui irrogazione provvede l'autorita' competente, chi non effettua una delle comunicazioni previste all'articolo 273-bis, comma 6 e comma 7, lettere c) e d).

4. Fuori dai casi sanzionati ai sensi dell'articolo 29-quattuordecies, comma 8, chi non comunica all'autorita' competente i dati relativi alle emissioni ai sensi dell'articolo 269, comma 6, ((e' soggetto ad una sanzione amministrativa pecuniaria da 1.000 euro a 10.000 euro)).

5. Nei casi previsti dal comma 2 si applica sempre la pena dell'arresto fino ad un anno se il superamento dei valori limite di emissione determina anche il superamento dei valori limite di qualita' dell'aria previsti dalla vigente normativa.

6. Chi, nei casi previsti dall'articolo 281, comma 1, non adotta tutte le misure necessarie ad evitare un aumento anche temporaneo delle emissioni e' punito con la pena dell'arresto fino ad un anno o dell'ammenda fino a milletrentadue euro.

7. Per la violazione delle prescrizioni dell'articolo 276, nel caso in cui la stessa non sia soggetta alle sanzioni previste dai commi da 1 a 6, e per la violazione delle prescrizioni dell'articolo 277 si applica una sanzione amministrativa pecuniaria da 15.500 euro a 155.000 euro. All'irrogazione di tale sanzione provvede, ai sensi degli articoli 17 e seguenti della legge 24 novembre 1981, n. 689, la regione o la diversa autorita' indicata dalla legge regionale. La sospensione delle autorizzazioni in essere e' sempre disposta in caso di recidiva.

ART. 280
(abrogazioni)

1. Sono abrogati, escluse le disposizioni di cui il presente decreto preveda l'ulteriore vigenza e :
   a) il decreto del Presidente della Repubblica 24 maggio 1988, n. 203;
   b) l'articolo 4 della legge 4 novembre 1997, n. 413;
   c) l'articolo 12, comma 8, del decreto legislativo 29 dicembre 2003, n. 387;
   d) il decreto del Ministro dell'ambiente 10 marzo 1987, n. 105;
   e) il decreto del Ministro dell'ambiente 8 maggio 1989;
   f) il decreto del Presidente del Consiglio dei Ministri 21 luglio 1989;
   g) il decreto del Ministro dell'ambiente 12 luglio 1990;
   h) il decreto del Presidente della Repubblica 25 luglio 1991;
   i) il decreto del Ministro dell'ambiente 21 dicembre 1995;
   l) il decreto del Ministro dell'ambiente del 16 maggio 1996;
   m) il decreto del Ministro dell'ambiente 20 gennaio 1999, n. 76;
   n) il decreto del Ministro dell'ambiente 21 gennaio 2000, n. 107;
   o) il decreto del Ministro dell'ambiente e della tutela del territorio e del mare 16 gennaio 2004, n. 44.

ART. 281
(disposizioni transitorie e finali)

1. COMMA ABROGATO DAL D.LGS. 15 NOVEMBRE 2017, N. 183.
2. COMMA ABROGATO DAL D.LGS. 15 NOVEMBRE 2017, N. 183.
3. I gestori degli stabilimenti in esercizio alla data di entrata in vigore della parte quinta del presente decreto che ricadono nel

campo di applicazione del presente titolo e che non ricadevano nel campo di applicazione del decreto del Presidente della Repubblica 24 maggio 1988, n. 203, si adeguano alle disposizioni del presente titolo entro il 1° settembre 2013 o nel piu' breve termine stabilito dall'autorizzazione alle emissioni. Se lo stabilimento e' soggetto a tale autorizzazione la relativa domanda deve essere presentata, ai sensi dell'articolo 269 o dell'articolo 272, commi 2 e 3, entro il 31 luglio 2012. L'autorita' competente si pronuncia in un termine pari a otto mesi o, in caso di integrazione della domanda di autorizzazione, pari a dieci mesi dalla ricezione della domanda stessa. Dopo la presentazione della domanda, le condizioni di esercizio ed i combustibili utilizzati non possono essere modificati fino all'ottenimento dell'autorizzazione. In caso di mancata presentazione della domanda entro il termine previsto o in caso di realizzazione di modifiche prima dell'ottenimento dell'autorizzazione, lo stabilimento si considera in esercizio senza autorizzazione alle emissioni. Se la domanda e' presentata nel termine previsto, l'esercizio puo' essere proseguito fino alla pronuncia dell'autorita' competente. Ai soli fini della determinazione dei valori limite e delle prescrizioni di cui agli articoli 271 e 272, tali stabilimenti si considerano nuovi. La procedura prevista dal presente articolo si applica anche in caso di stabilimenti in esercizio alla data di entrata in vigore della parte quinta del presente decreto che ricadevano nel campo di applicazione del decreto del Presidente della Repubblica 24 maggio 1988, n. 203, ma erano esentati dall'autorizzazione ivi disciplinata e che, per effetto di tale parte quinta, siano soggetti all'autorizzazione alle emissioni in atmosfera.

4. Per gli impianti degli stabilimenti in esercizio alla data di entrata in vigore della parte quinta del presente decreto che ricadono nel campo di applicazione del presente titolo e che ricadevano nel campo di applicazione della legge 13 luglio 1966, n. 615, del decreto del Presidente della Repubblica 22 dicembre 1970, n. 1391, o del titolo II del decreto del Presidente del Consiglio dei Ministri 8 marzo 2002, aventi potenza termica nominale inferiore a 10 MW, l'autorita' competente, ai fini dell'applicazione del comma 3, adotta le autorizzazioni generali di cui all'articolo 272, comma 2, entro cinque anni da tale data. PERIODO ABROGATO DAL D.P.R. 13 MARZO 2013, N. 59.

5. Le integrazioni e le modifiche degli allegati alle norme in materia di tutela dell'aria e della riduzione delle emissioni in atmosfera del presente decreto sono adottate con decreto del Ministro dell'ambiente e della tutela del territorio e del mare , di concerto con il Ministro della salute, con il Ministro dello sviluppo economico e, per quanto di competenza, con il Ministro delle infrastrutture e dei trasporti, sentita la Conferenza unificata di cui all'articolo 8 del decreto legislativo 28 agosto 1997, n. 281.

6. Alla modifica ed integrazione degli Allegati alla parte quinta del presente decreto, al fine di dare attuazione alle direttive comunitarie per le parti in cui le stesse comportino modifiche delle modalita' esecutive e delle caratteristiche di ordine tecnico stabilite dalle norme vigenti, si provvede ai sensi dell'articolo 36 della legge 24 dicembre 2012, n. 234.

7. Le domande di autorizzazione, i provvedimenti adottati dall'autorita' competente e i risultati delle attivita' di controllo, ai sensi del presente titolo, nonche' gli elenchi delle attivita' autorizzate in possesso dell'autorita' competente sono messi a disposizione del pubblico ai sensi di quanto previsto dal decreto legislativo 19 agosto 2005, n. 195.

8. COMMA ABROGATO DAL D.P.R. 13 MARZO 2013, N. 59.

9. Il Coordinamento previsto dall'articolo 20 del decreto legislativo 13 agosto 2010, n. 155, assicura un esame congiunto e l'elaborazione di indirizzi e linee guida in relazione ad aspetti di comune interesse inerenti la normativa vigente in materia di emissioni in atmosfera e inquinamento dell'aria ambiente ed assicura, anche sulla base dello scambio di informazioni previsto dall'articolo

6, comma 10, della direttiva 2015/2193/UE, le attivita' necessarie per la raccolta, l'elaborazione e la diffusione, tra le autorita' competenti, dei dati e delle informazioni rilevanti ai fini dell'applicazione della parte quinta del presente decreto e per la valutazione delle migliori tecniche disponibili di cui all'articolo 268, comma 1, lettera aa).

10. A fini di informazione le autorita' competenti rendono disponibili al Ministero dell'ambiente e della tutela del territorio, in formato digitale, le autorizzazioni rilasciate ai sensi degli articoli 269 e 272.

((10-bis. Agli impianti che, prima del 19 dicembre 2017, erano soggetti al regime di deroga previsto dall'articolo 272, comma 1, e che, per effetto del decreto legislativo n. 183 del 2017, sono esclusi da tale regime, si applicano le tempistiche di adeguamento e le procedure di rilascio, rinnovo o riesame dell'autorizzazione del relativo stabilimento previsti dall'articolo 273-bis per i medi impianti di combustione di potenza termica nominale pari o inferiore a 5 MW.))

11. COMMA ABROGATO DAL D.P.R. 13 MARZO 2013, N. 59.

TITOLO II
IMPIANTI TERMICI CIVILI

ART. 282
Campo di applicazione

1. Il presente titolo disciplina, ai fini della prevenzione e della limitazione dell'inquinamento atmosferico, gli impianti termici civili aventi potenza termica nominale inferiore a 3 MW. Sono sottoposti alle disposizioni del titolo I gli impianti termici civili aventi potenza termica nominale uguale o superiore.

((2. Un impianto termico civile avente potenza termica nominale uguale o superiore a 3 MW si considera come un unico impianto ai fini dell'applicazione delle disposizioni del titolo I. Resta soggetta alle disposizioni degli articoli 270, 273, commi 9 e 10, e 273-bis, commi 8 e 9, l'aggregazione di tale impianto con altri impianti.))

((2-bis. Il produttore di impianti termici civili attesta, per ciascun modello prodotto, la conformita' alle caratteristiche tecniche di cui all'articolo 285 e l'idoneita' a rispettare i valori limite di emissione di cui all'articolo 286. L'idoneita' deve risultare da apposite prove, effettuate secondo le pertinenti norme EN da laboratori accreditati ai sensi della norma UNI CEI EN ISO/IEC 17025 per i metodi di prova relativi ai parametri per i quali si effettua la misura. I rapporti sono tenuti a disposizione dal produttore. Ciascun impianto termico civile messo in commercio e' accompagnato dalla attestazione e dalle istruzioni relative all'installazione.))

ART. 283
(definizioni)

1. Ai fini del presente titolo si applicano le seguenti definizioni:
   a) impianto termico: impianto destinato alla produzione di calore costituito da uno o piu' generatori di calore e da un unico sistema di distribuzione e utilizzazione di tale calore, nonche' da appositi dispositivi di regolazione e di controllo;
   b) generatore di calore: qualsiasi dispositivo di combustione alimentato con combustibili al fine di produrre calore, costituito da un focolare ed eventualmente uno scambiatore di calore;
   c) focolare: parte di un generatore di calore nella quale avviene il processo di combustione;
   d) impianto termico civile: impianto termico la cui produzione di

calore e' esclusivamente destinata, anche in edifici ad uso non residenziale, al riscaldamento o alla climatizzazione invernale o estiva di ambienti o al riscaldamento di acqua per usi igienici e sanitari; l'impianto termico civile e' centralizzato se serve tutte le unita' dell'edificio o di piu' edifici ed e' individuale negli altri casi;

d-bis) medio impianto termico civile: impianto termico civile di potenza pari o superiore a 1 MW; non ricadono nella definizione gli impianti utilizzati per il riscaldamento a gas diretto degli spazi interni dello stabilimento ai fini del miglioramento delle condizioni degli ambienti di lavoro;

e) potenza termica nominale dell'impianto: la somma delle potenze termiche nominali dei singoli focolari costituenti l'impianto;

f) potenza termica nominale del focolare: il prodotto del potere calorifico inferiore del combustibile utilizzato e della portata massima di combustibile bruciato all'interno del focolare, espresso in Watt termici o suoi multipli;

g) valore di soglia: potenza termica nominale dell'impianto pari a 0.035MW;

h) modifica dell'impianto: qualsiasi intervento che sia effettuato su un impianto gia' installato e che richieda la dichiarazione di conformita' di cui all'articolo 7 del decreto ministeriale 22 gennaio 2008, n. 37;

i) autorita' competente: l'autorita' responsabile dei controlli, degli accertamenti e delle ispezioni previsti all'articolo 9 del decreto legislativo 19 agosto 2005, n. 192, e dal ((decreto attuativo dell'articolo 4, comma 1, lettere a) e b), e comma 1-bis)) del citato decreto legislativo, o altra autorita' indicata dalla legge regionale;

l) installatore: il soggetto indicato dall'articolo 3 del decreto ministeriale 22 gennaio 2008, n. 37;

m) responsabile dell'esercizio e della manutenzione dell'impianto: il soggetto indicato dal ((decreto attuativo dell'articolo 4, comma 1, lettere a) e b), e comma 1-bis)) del decreto legislativo 19 agosto 2005, n. 192.;

n) conduzione di un impianto termico: insieme delle operazioni necessarie al fine di assicurare la corretta combustione nei focolari e l'adeguamento del regime dell'impianto termico alla richiesta di calore.

ART. 284
Installazione o modifica

1. Nel corso delle verifiche finalizzate alla dichiarazione di conformita' prevista dal decreto ministeriale 22 gennaio 2008, n. 37, per gli impianti termici civili di potenza termica nominale superiore al valore di soglia, l'installatore verifica e dichiara anche che l'impianto e' dotato della attestazione prevista all'articolo 282, comma 2-bis. ((In caso di modifica di impianti fuori produzione l'installatore dichiara che il libretto di centrale e' stato integrato nei modi previsti dal comma 2.)) Tali dichiarazioni devono essere espressamente riportate in un atto allegato alla dichiarazione di conformita', messo a disposizione del responsabile dell'esercizio e della manutenzione dell'impianto da parte dell'installatore entro 30 giorni dalla conclusione dei lavori. L'autorita' che riceve la dichiarazione di conformita' ai sensi del decreto ministeriale 22 gennaio 2008, n. 37, provvede ad inviare tale atto all'autorita' competente. In occasione della dichiarazione di conformita', l'installatore indica al responsabile dell'esercizio e della manutenzione dell'impianto l'elenco delle manutenzioni ordinarie e straordinarie necessarie ad assicurare il rispetto dei valori limite di cui all'articolo 286, affinche' tale elenco sia inserito nel libretto di centrale previsto dal decreto del Presidente della Repubblica 26 agosto 1993, n. 412. Se il responsabile dell'esercizio e della manutenzione dell'impianto non e' ancora individuato al

momento dell'installazione, l'installatore, entro 30 giorni dall'installazione, invia l'atto e l'elenco di cui sopra al soggetto committente, il quale li mette a disposizione del responsabile dell'esercizio e della manutenzione dell'impianto entro 30 giorni dalla relativa individuazione.

2. Per gli impianti termici civili di potenza termica nominale superiore al valore di soglia, in esercizio alla data di entrata in vigore della parte quinta del presente decreto, il libretto di centrale previsto dall'articolo 11 del decreto del Presidente della Repubblica 26 agosto 1993, n. 412 deve essere integrato, a cura del responsabile dell'esercizio e della manutenzione dell'impianto, entro il 31 dicembre 2012, da un atto in cui si dichiara che l'impianto e' conforme alle caratteristiche tecniche di cui all'articolo 285 ed e' idoneo a rispettare i valori limite di cui all'articolo 286. Entro il 31 dicembre 2012, il libretto di centrale deve essere inoltre integrato con l'indicazione delle manutenzioni ordinarie e straordinarie necessarie ad assicurare il rispetto dei valori limite di cui all'articolo 286. Il responsabile dell'esercizio e della manutenzione dell'impianto provvede ad inviare tali atti integrativi all'autorita' competente entro 30 giorni dalla redazione.

2-bis. I medi impianti termici civili messi in esercizio o soggetti a modifica a partire dal 20 dicembre 2018 devono essere preventivamente iscritti nel registro autorizzativo previsto al comma 2-quater. A tal fine il responsabile dell'esercizio e della manutenzione trasmette all'autorita' titolare del registro, ((entro un termine non inferiore a)) sessanta giorni prima dell'installazione o della modifica dell'impianto, un apposito atto in cui dichiara i dati previsti all'allegato I, ((Parte IV-bis)) alla Parte Quinta. ((Il termine di sessanta giorni puo' essere ridotto qualora sussista una imprevedibile urgenza da dichiarare in un atto allegato dal responsabile dell'esercizio e della manutenzione.))»

2-ter. I medi impianti termici civili messi in esercizio prima del 20 dicembre 2018 devono essere iscritti nel registro autorizzativo previsto al comma 2-quater entro il 1° gennaio 2029. A tal fine il responsabile dell'esercizio e della manutenzione trasmette all'autorita' titolare del registro, entro il 31 ottobre 2028, un apposito atto in cui dichiara i dati previsti all'((allegato I, parte IV-bis)), alla Parte Quinta.

2-quater. E' tenuto, presso ciascuna autorita' competente, un registro per l'iscrizione dei medi impianti termici civili. Entro trenta giorni dalla ricezione degli atti previsti ai commi 2-bis e 2-ter l'autorita' competente effettua o nega l'iscrizione nel registro autorizzativo e comunica tempestivamente tale esito al richiedente.

ART. 285
(Caratteristiche tecniche)

1. Gli impianti termici civili di potenza termica nominale superiore al valore di soglia devono rispettare le caratteristiche tecniche previste dalla parte II dell'allegato IX alla presente parte pertinenti al tipo di combustibile utilizzato. I piani e i programmi di qualita' dell'aria previsti ((dal decreto legislativo n. 155 del 2010.)) possono imporre ulteriori caratteristiche tecniche, ove necessarie al conseguimento e al rispetto dei valori e degli obiettivi di qualita' dell' aria.

ART. 286
(valori limite di emissione)

1. Le emissioni in atmosfera degli impianti termici civili di potenza termica nominale superiore al valore di soglia devono ((rispettare i pertinenti valori limite)) previsti dalla parte III dell'Allegato IX alla parte quinta del presente decreto e i piu' restrittivi valori limite previsti dai piani e dai programmi di

qualita' dell'aria previsti ((dal decreto legislativo n. 155 del 2010)), ove necessario al conseguimento ed al rispetto dei valori e degli obiettivi di qualita' dell'aria.

((1-bis. I medi impianti termici civili messi in esercizio prima del 20 dicembre 2018 sono soggetti ai pertinenti valori previsti a fini di adeguamento dall'allegato IX alla Parte Quinta ed alle disposizioni dei commi 2-bis e 2-ter a partire dal 1° gennaio 2029.))

2. I valori di emissione degli impianti di cui al comma 1 devono essere controllati almeno annualmente dal responsabile dell'esercizio e della manutenzione dell'impianto nel corso delle normali operazioni di controllo e manutenzione. I valori misurati, con l'indicazione delle relative date, dei metodi di misura utilizzati e del soggetto che ha effettuato la misura, devono essere allegati al libretto di centrale previsto dal decreto del Presidente della Repubblica 26 agosto 1993, n. 412. ((La parte III, sezione 1, dell'allegato IX alla parte quinta del presente decreto individua i casi in cui tale controllo dei valori di emissione non e' richiesto o deve essere effettuato con una diversa frequenza.)) Al libretto di centrale devono essere allegati altresi' i documenti o le dichiarazioni che attestano l'espletamento delle manutenzioni necessarie a garantire il rispetto dei valori limite di emissione previste dal libretto di centrale.

((2-bis. In caso di medi impianti termici civili, le non conformita' dei valori limite misurati rispetto ai valori limite prescritti, accertate nei controlli previsti al comma 2, sono comunicate dal responsabile dell'esercizio e della manutenzione dell'impianto all'autorita' competente entro 24 ore dall'accertamento, utilizzando il formato stabilito dalla normativa regionale. In tali casi, il responsabile dell'esercizio e della manutenzione dell'impianto deve procedere al ripristino della conformita' nel piu' breve tempo possibile. L'autorita' competente puo' impartire prescrizioni dirette al ripristino della conformita', fissando un termine per l'adempimento, e stabilire le condizioni per l'esercizio dell'impianto fino al ripristino. La continuazione dell'esercizio non e' in tutti i casi concessa se la non conformita' puo' determinare un pericolo per la salute umana o un significativo peggioramento della qualita' dell'aria a livello locale.

2-ter. In caso di medi impianti termici civili, al libretto di centrale sono allegati, oltre agli atti previsti al comma 2, i seguenti atti:
    a) la comunicazione di avvenuta registrazione di cui all'articolo 284, comma 2-quater;
    b) la documentazione relativa al tipo ed al quantitativo di combustibili utilizzati;
    c) le prove del funzionamento effettivo e costante dell'impianto di abbattimento delle emissioni, ove presente;
    d) la documentazione relativa alle comunicazioni effettuate ed agli interventi effettuati ai sensi del comma 2-bis.))

3. Ai fini del campionamento, dell'analisi e della valutazione delle emissioni degli impianti termici di cui al comma 1 si applicano i metodi previsti nella parte III dell'Allegato IX alla parte quinta del presente decreto.

4. ((COMMA ABROGATO DAL D.LGS. 15 NOVEMBRE 2017, N. 183)).

ART. 287
(abilitazione alla conduzione)

1. Il personale addetto alla conduzione degli impianti termici civili di potenza termica nominale superiore a 0.232 MW deve essere munito di un patentino di abilitazione rilasciato ((da una autorita' individuata dalla legge regionale, la quale disciplina anche le opportune modalita' di formazione nonche' le modalita' di compilazione, tenuta e aggiornamento di un registro degli abilitati alla conduzione degli impianti termici)). I patentini possono essere rilasciati a persone aventi eta' non inferiore a diciotto anni

compiuti. ((Il registro degli abilitati alla conduzione degli impianti termici e' tenuto presso l'autorita' che rilascia il patentino o presso la diversa autorita' indicata dalla legge regionale e, in copia, presso l'autorita' competente e presso il comando provinciale dei vigili del fuoco.))

2. Resta fermo quanto previsto dall'articolo 11, comma 3, del decreto del Presidente della Repubblica 26 agosto 1993, n. 412.

3. Ai fini del comma 1 sono previsti due gradi di abilitazione. Il patentino di primo grado abilita alla conduzione degli impianti termici per il cui mantenimento in funzione e' richiesto il certificato di abilitazione alla condotta dei generatori di vapore a norma del regio decreto 12 maggio 1927, n. 824, e il patentino di secondo grado abilita alla conduzione degli altri impianti. Il patentino di primo grado abilita anche alla conduzione degli impianti per cui e' richiesto il patentino di secondo grado.

4. Il possesso di un certificato di abilitazione di qualsiasi grado per la condotta dei generatori di vapore, ai sensi del regio decreto 12 maggio 1927, n. 824, consente ((, ove previsto dalla legge regionale,)) il rilascio del patentino senza necessita' dell'esame di cui al comma 1.

5. Il patentino puo' essere in qualsiasi momento revocato ((. . .)) in caso di irregolare conduzione dell'impianto. A tal fine l'autorita' competente comunica ((all'autorita' che ha rilasciato il patentino)) i casi di irregolare conduzione accertati. Il provvedimento di sospensione o di revoca del certificato di abilitazione alla condotta dei generatori di vapore ai sensi degli articoli 31 e 32 del regio decreto 12 maggio 1927, n. 824, non ha effetto sul patentino di cui al presente articolo.

((6. Fino all'entrata in vigore delle disposizioni regionali di cui al comma 1, la disciplina dei corsi e degli esami resta quella individuata ai sensi del decreto del Ministro del lavoro e della previdenza sociale del 12 agosto 1968.))

ART. 288
(controlli e sanzioni)

1. E' punito con una sanzione amministrativa pecuniaria da cinquecentosedici euro a duemilacinquecentottantadue euro l'installatore che non redige o redige in modo incompleto l'atto di cui all'articolo 284, comma 1, o non lo mette a disposizione del responsabile dell'esercizio e della manutenzione dell'impianto o del soggetto committente nei termini prescritti o non lo trasmette unitamente alla dichiarazione di conformita' nei casi in cui questa e' trasmessa ai sensi del decreto ministeriale 22 gennaio 2008, n. 37. Con la stessa sanzione e' punito il soggetto committente che non mette a disposizione del responsabile dell'esercizio e della manutenzione dell'impianto l'atto e l'elenco dovuti nei termini prescritti. Con la stessa sanzione e' punito il responsabile dell'esercizio e della manutenzione dell'impianto che non redige o redige in modo incompleto l'atto di cui all'articolo 284, comma 2, o non lo trasmette all'autorita' competente nei termini prescritti. ((Il produttore di impianti termici civili che non tiene a disposizione i rapporti di prova previsti all'articolo 282, comma 2-bis, e' soggetto alla stessa sanzione.))

((1-bis. In caso di esercizio di medi impianti termici civili in assenza di iscrizione nel registro previsto all'articolo 284, comma 2-quater, il responsabile dell'esercizio e della manutenzione e' soggetto ad una sanzione amministrativa pecuniaria da cinquecentosedici euro a duemilacinquecentottantadue euro.))

2. In caso di esercizio di un impianto termico civile non conforme alle caratteristiche tecniche di cui all'articolo 285, sono puniti con una sanzione amministrativa pecuniaria da cinquecentosedici euro a duemilacinquecentottantadue euro:

((a) il produttore o, se manca l'attestazione prevista all'articolo 282, il produttore e l'installatore, nei casi soggetti

all'articolo 284, comma 1;))
   b) il responsabile dell'esercizio e della manutenzione dell'impianto, nei casi soggetti all'articolo 284, comma 2;
   ((3. Nel caso in cui un impianto termico civile non rispetti i valori limite di emissione di cui all'articolo 286, comma 1, sono soggetti ad una sanzione amministrativa pecuniaria da cinquecentosedici euro a duemilacinquecentottantadue euro:
   a) il produttore e l'installatore se mancano la attestazione o le istruzioni previste dall'articolo 282;
   b) il produttore se sussistono la attestazione e le istruzioni previste dall'articolo 282 e se dal libretto di centrale risultano regolarmente effettuati i controlli e le manutenzioni prescritti dalla parte quinta del presente decreto e dal decreto attuativo dell'articolo 4, comma 1, lettere a) e b), del decreto legislativo 19 agosto 2005, n. 192, purche' non sia superata la durata stabilita per il ciclo di vita dell'impianto;
   c) il responsabile dell'esercizio e della manutenzione se sussistono la attestazione e le istruzioni previste dall'articolo 282 e se dal libretto di centrale non risultano regolarmente effettuati i controlli e le manutenzioni prescritti o e' stata superata la durata stabilita per il ciclo di vita dell'impianto.))
   ((3-bis. In caso di violazione degli obblighi di comunicazione o di ripristino di conformita' previsti dall'articolo 286, comma 2-bis, il responsabile dell'esercizio e della manutenzione e' soggetto ad una sanzione amministrativa pecuniaria da cinquecentosedici euro a duemilacinquecentottantadue euro.))
   4. Con una sanzione amministrativa pecuniaria da cinquecentosedici euro a duemilacinquecentottantadue euro e' punito il responsabile dell'esercizio e della manutenzione dell'impianto che non effettua il controllo delle emissioni ai sensi dell'articolo 286, comma 2, o non allega al libretto di centrale i dati ivi previsti ((o i dati previsti all'articolo 286, comma 2-ter)).
   5. ((Ferma restando l'applicazione delle sanzioni previste dai commi precedenti, della procedura prevista all'articolo 286, comma 2-bis)) e delle sanzioni previste per la produzione di dichiarazioni mendaci o di false attestazioni, l'autorita' competente, ove accerti che l'impianto non rispetta le caratteristiche tecniche di cui all'articolo 285 o i valori limite di emissione di cui all'articolo 286 o quanto disposto dall'articolo 293, impone, con proprio provvedimento, al contravventore di procedere all'adeguamento entro un determinato termine oltre il quale l'impianto non puo' essere utilizzato. In caso di mancato rispetto del provvedimento adottato dall'autorita' competente si applica l'articolo 650 del codice penale.
   6. All'irrogazione delle sanzioni amministrative previste dal presente articolo, ai sensi degli articoli 17 e seguenti della legge 24 novembre 1981, n. 689, provvede l'autorita' competente di cui all'articolo 283, comma 1, lettera i), o la diversa autorita' indicata dalla legge regionale.
   7. Chi effettua la conduzione di un impianto termico civile di potenza termica nominale superiore a 0.232 MW senza essere munito, ove prescritto, del patentino di cui all'articolo 287 e' punito con una sanzione amministrativa pecuniaria da quindici euro a quarantasei euro, alla cui irrogazione provvede l'autorita' indicata dalla legge regionale.
   8. I controlli relativi al rispetto del presente titolo sono effettuati dall'autorita' competente in occasione delle ispezioni effettuate ((ai sensi del decreto legislativo 19 agosto 2005, n. 192, e del decreto attuativo dell'articolo 4, comma 1, lettere a) e b), del citato decreto legislativo)) anche avvalendosi degli organismi ivi previsti, nei limiti delle risorse disponibili a legislazione vigente.
   ((8-bis. Il responsabile dell'esercizio e della manutenzione dell'impianto fornisce all'autorita' competente la collaborazione necessaria per i controlli, anche svolti mediante attivita' di

campionamento e analisi e raccolta di dati e informazioni, funzionali all'accertamento del rispetto delle disposizioni della Parte Quinta del presente decreto.

8-ter. Gli atti allegati al libretto di centrale ai sensi del presente titolo, relativi ad un anno civile, sono conservati per almeno i sei anni civili successivi. Tali atti sono messi senza indebito ritardo a disposizione dell'autorita' competente che ne richieda l'acquisizione. L'autorita' competente richiede l'acquisizione degli atti ai fini di controllo e quando un cittadino formuli una richiesta di accesso ai dati ivi contenuti.))

ART. 289
(abrogazioni)

1. Sono abrogati, escluse le disposizioni di cui il presente decreto prevede l'ulteriore vigenza, la legge 13 luglio 1966, n. 615, ed il decreto del Presidente della Repubblica 22 dicembre 1970, n. 1391.

ART. 290
(disposizioni transitorie e finali)

1. COMMA SOPPRESSO DAL D.LGS. 29 GIUGNO 2010, N. 128.
2. L'installazione di impianti termici civili centralizzati puo' essere imposta dai regolamenti edilizi comunali relativamente agli interventi di ristrutturazione edilizia ed agli interventi di nuova costruzione qualora tale misura sia individuata dai piani e dai programmi di qualita' dell'aria previsti dalla vigente normativa, come necessaria al conseguimento dei valori di qualita' dell'aria.
3. ((COMMA ABROGATO DAL D.LGS. 15 NOVEMBRE 2017, N. 183)).
4. Con decreto del Ministro dell'ambiente, di concerto con i Ministri della salute e dello sviluppo economico sono disciplinati i requisiti, le procedure e le competenze per il rilascio di una certificazione dei generatori di calore, con priorita' per quelli aventi potenza termica nominale inferiore al valore di soglia di 0,035 MW, alimentati con i combustibili individuati alle lettere f), g) e h) della parte I, sezione 2, dell'allegato X alla parte quinta del presente decreto. Nella certificazione si attesta l'idoneita' dell'impianto ad assicurare specifiche prestazioni emissive, con particolare riferimento alle emissioni di polveri e di ossidi di azoto, e si assegna, in relazione ai livelli prestazionali assicurati, una specifica classe di qualita'. Tale decreto individua anche le prestazioni emissive di riferimento per le diverse classi, i relativi metodi di prova e le verifiche che il produttore deve effettuare ai fini della certificazione, nonche' indicazioni circa le corrette modalita' di installazione e gestione dei generatori di calore. A seguito dell'entrata in vigore del decreto, i piani di qualita' dell'aria previsti dalla vigente normativa possono imporre limiti e divieti all'utilizzo dei generatori di calore non aventi la certificazione o certificati con una classe di qualita' inferiore, ove tale misura sia necessaria al conseguimento dei valori di qualita' dell'aria. I programmi e gli strumenti di finanziamento statali e regionali diretti ad incentivare l'installazione di generatori di calore a ridotto impatto ambientale assicurano priorita' a quelli certificati con una classe di qualita' superiore.

TITOLO III
COMBUSTIBILI

ART. 291
(campo di applicazione)

1. Il presente titolo disciplina, ai fini della prevenzione e

della limitazione dell'inquinamento atmosferico, le caratteristiche merceologiche dei combustibili che possono essere utilizzati negli impianti di cui ai titoli I e II della parte quinta del presente decreto, inclusi gli impianti termici civili di potenza termica inferiore al valore di soglia, e le caratteristiche merceologiche ((dei combustibili per uso marittimo)). Il presente titolo stabilisce inoltre le condizioni di utilizzo dei combustibili, comprese le prescrizioni finalizzate ad ottimizzare il rendimento di combustione, e i metodi di misura delle caratteristiche merceologiche.

ART. 292
(Definizioni)

1. Ai fini del presente titolo si applicano, ove non altrimenti disposto, le definizioni di cui al titolo I ed al titolo II della parte quinta.

2. In aggiunta alle definizioni del comma 1, si applicano le seguenti definizioni:

a) olio combustibile pesante:

1) qualsiasi combustibile liquido derivato dal petrolio che rientra nei codici da NC 2710 1951 ((a NC 2710 1968, 2710 2031, 2710 2035, 2710 2039)), escluso il combustibile per uso marittimo;

2) qualsiasi combustibile liquido derivato dal petrolio, escluso il gasolio di cui alle lettere b) e f), che, per i suoi limiti di distillazione, rientra nella categoria degli oli pesanti destinati ad essere usati come combustibile e di cui meno del 65% in volume, comprese le perdite, distilla a 250 °C secondo il metodo ASTM D86 o per il quale la percentuale del distillato a 250 °C non puo' essere determinata con tale metodo;

b) gasolio:

1) qualsiasi combustibile liquido derivato dal petrolio, escluso il combustibile per uso marittimo, che rientra nei codici ((NC 2710 1925, 2710 1929, 2710 1947, 2710 1948, 2710 2017, 2710 2019));

2) qualsiasi combustibile liquido derivato dal petrolio, escluso il combustibile per uso marittimo, di cui meno del 65% in volume, comprese le perdite, distilla a 250 °C e di cui almeno l'85% in volume, comprese le perdite, distilla a 350 °C secondo il metodo ASTM D86;

c) metodo ASTM: i metodi stabiliti dalla "American Society for Testing and Materials" nell'edizione 1976 delle definizioni e delle specifiche tipo per il petrolio e i prodotti lubrificanti;

d) combustibile per uso marittimo: qualsiasi combustibile liquido derivato dal petrolio utilizzato su una nave in mare o destinato ad essere utilizzato su una nave in mare, inclusi i combustibili definiti nella norma ISO 8217;

((e) olio diesel marino: qualsiasi combustibile per uso marittimo definito per la qualita' "DMB" alla tabella I della norma ISO 8217, eccettuato il riferimento al tenore di zolfo;))

((f) gasolio marino: qualsiasi combustibile per uso marittimo definito per le qualita' "DMX", "DMA" e "DMZ" alla tabella I della norma ISO 8217, eccettuato il riferimento al tenore di zolfo;))

g) immissione sul mercato: qualsiasi operazione di messa a disposizione di terzi, a titolo oneroso o gratuito, di combustibili per uso marittimo destinati alla combustione su una nave, eccettuati quelli destinati all'esportazione e trasportati, a tale fine, all'interno delle cisterne di una nave;

h) acque territoriali: zone di mare previste dall'articolo 2 del codice della navigazione;

i) zona economica esclusiva: zona di cui all'articolo 55 della Convenzione delle Nazioni Unite sul diritto del mare, fatta a Montego Bay il 10 dicembre 1982, ratificata con legge 2 dicembre 1994, n. 689;

l) zona di protezione ecologica: zona individuata ai sensi della legge 8 febbraio 2006, n. 61;

    m) aree di controllo delle emissioni di SOX: zone a cui tale qualificazione e' stata assegnata dall'International Maritime Organization (I.M.O.) previa apposita procedura di designazione, ai sensi dell'allegato VI della Convenzione internazionale del 1973 per la prevenzione dell'inquinamento causato da navi, denominata Convenzione MARPOL;
    n) nave passeggeri: nave che trasporta piu' di dodici passeggeri, ad eccezione del comandante, dei membri dell'equipaggio e di tutti i soggetti adibiti ad attivita' relative alla gestione della nave, nonche' dei bambini di eta' inferiore ad un anno;
    o) servizio di linea: i viaggi seriali per collegare due o piu' porti o i viaggi seriali che iniziano e terminano presso lo stesso porto senza scali intermedi, purche' effettuati sulla base di un orario reso noto al pubblico; l'orario puo' essere desunto anche dalla regolarita' o dalla frequenza del servizio;
    p) LETTERA ABROGATA DAL D.LGS. 31 MARZO 2011, N. 55;
    q) nave all'ormeggio: nave assicurata ad un ormeggio o ancorata presso un porto italiano;
    r) stazionamento: l'utilizzo dei motori su una nave all'ormeggio, ad eccezione dei periodi di carico e scarico;
    s) nave da guerra: nave che appartiene alle forze armate di uno Stato e porta i segni distintivi delle navi militari di tale Stato, il cui equipaggio sia soggetto alle leggi relative ai militari ed il cui comandante sia un ufficiale di marina debitamente incaricato e sia inscritto nell'apposito ruolo degli ufficiali o in un documento equivalente;
    ((t) metodo di riduzione delle emissioni: qualsiasi apparecchiatura, apparato, dispositivo o materiale da installare su una nave o qualsiasi procedura, metodo o combustibile alternativo, utilizzato in alternativa ai combustibili per uso marittimo conformi ai limiti previsti all'articolo 295, che sia verificabile, quantificabile ed applicabile.))

ART. 293
(Combustibili consentiti)

   1. Negli impianti disciplinati dal titolo I e dal titolo II della parte quinta, inclusi gli impianti termici civili di potenza termica inferiore al valore di soglia, possono essere utilizzati esclusivamente i combustibili previsti per tali categorie di impianti dall'Allegato X alla parte quinta, alle condizioni ivi previste.((I materiali e le sostanze elencati nell'allegato X alla parte quinta del presente decreto non possono essere utilizzati come combustibili ai sensi del presente titolo se costituiscono rifiuti ai sensi della parte quarta del presente decreto. E' soggetta alla normativa vigente in materia di rifiuti la combustione di materiali e sostanze che non sono conformi all'allegato X alla parte quinta del presente decreto o che comunque costituiscono rifiuti ai sensi della parte quarta del presente decreto.)) Agli impianti di cui alla parte I, paragrafo 4, lettere e) ed f), dell'Allegato IV alla parte quinta si applicano le prescrizioni del successivo Allegato X relative agli impianti disciplinati dal titolo II. Ai combustibili per uso marittimo si applicano le disposizioni dell'articolo 295.
   2. Con decreto del Ministro dell'ambiente e della tutela del territorio e del mare, di concerto con i Ministri dello sviluppo economico e della salute, previa autorizzazione della Commissione europea, possono essere stabiliti valori limite massimi per il contenuto di zolfo negli oli combustibili pesanti, nei gasoli e nei combustibili per uso marittimo piu' elevati di quelli fissati nell'Allegato X alla parte quinta qualora, a causa di un mutamento improvviso nell'approvvigionamento del petrolio greggio, di prodotti petroliferi o di altri idrocarburi, non sia possibile rispettare tali valori limite.
   3. Con decreto del Ministro dell'ambiente e della tutela del territorio e del mare, di concerto con il Ministro dell'universita' e

della ricerca, sono stabiliti i criteri e le modalita' per esentare, anche mediante apposite procedure autorizzative, i combustibili previsti dal presente titolo III dall'applicazione delle prescrizioni dell'Allegato X alla parte quinta ove gli stessi siano utilizzati a fini di ricerca e sperimentazione.

ART. 294
(Prescrizioni per il rendimento di combustione).

((1. Al fine di ottimizzare il rendimento di combustione, gli impianti disciplinati dal titolo I della parte quinta del presente decreto, eccettuati quelli previsti dall'allegato IV, parte I, alla stessa parte quinta, devono essere dotati, ove tecnicamente possibile, di un sistema di controllo della combustione che consenta la regolazione automatica del rapporto aria-combustibile. Ai fini della presente disposizione non si applicano le norme di aggregazione previste dall'articolo 272, comma 1.))
2. Il comma 1 non si applica agli impianti elencati nell'articolo 273, comma 15, anche di potenza termica nominale inferiore a 50MW.
3. Al fine di ottimizzare il rendimento di combustione, gli impianti disciplinati dal titolo II della parte quinta del presente decreto, di potenza termica nominale per singolo focolare superiore a 1,16 MW, o di potenza termica nominale complessiva superiore a 1,5 MW e dotati di singoli focolari di potenza termica nominale non inferiore a 0,75 MW, devono essere dotati di un sistema di controllo della combustione che consenta la regolazione automatica del rapporto aria-combustibile.
((3-bis. Per consentire la regolazione automatica del rapporto aria-combustibile ai sensi del presente articolo, il sistema di controllo della combustione deve essere in grado di garantire il mantenimento in continuo dei valori di rendimento verificati al collaudo e di quelli applicabili per effetto della vigente normativa, anche in presenza di variazioni chimico/fisiche dell'aria comburente o del combustibile. Tale condizione si considera rispettata se e' utilizzato un sistema di regolazione automatica che prevede la misura in continuo del tenore di ossigeno residuo nelle emissioni o dei valori espressi come massa di comburente e combustibile. I dispositivi di misura a tal fine utilizzati devono essere compatibili con i sistemi realizzati secondo la norma UNI EN 298:2012 ed essere tarati in conformita' alle modalita' ed alle periodicita' previste nelle istruzioni tecniche rilasciate dal produttore.))

ART. 295
(Combustibili per uso marittimo)

((1. Fermi restando i limiti di tenore di zolfo previsti ai commi 2, 3, 4, 6 e 8, e' vietato, nelle acque territoriali, nelle zone economiche esclusive e nelle zone di protezione ecologica, appartenenti all'Italia, a bordo di navi di qualsiasi bandiera, l'utilizzo di combustibili per uso marittimo con un tenore di zolfo, dal 18 giugno 2014, superiore al 3,50% in massa e, dal 1° gennaio 2020, superiore allo 0,50% in massa. Dal 1° gennaio 2018 per il mare Adriatico e il mare Ionio e dal 1° gennaio 2020 per le altre zone di mare, si applica un tenore massimo di zolfo pari allo 0,10% in massa, a condizione che gli Stati membri dell'Unione europea prospicienti le stesse zone di mare abbiano previsto l'applicazione di tenori di zolfo uguali o inferiori.))
((2. E' vietata l'immissione sul mercato di gasoli marini con tenore di zolfo superiore allo 0,10% in massa.))
3. E' vietata l'immissione sul mercato di oli diesel marini con tenore di zolfo ((superiore all'1,50% in massa)).
4. Fermo restando quanto previsto dal comma 1, nelle acque territoriali, nelle zone economiche esclusive e nelle zone di protezione ecologica, ricadenti all'interno di aree di controllo delle emissioni di SO "X"(, ovunque ubicate, e' vietato, a bordo di

una nave battente bandiera italiana, l'utilizzo di combustibili per uso marittimo con un tenore di zolfo ((superiore all'1,00% in massa e, dal 1° gennaio 2015, superiore allo 0,10% in massa)). La violazione del divieto e' fatta valere anche nei confronti delle navi non battenti bandiera italiana che hanno attraversato una di tali aree inclusa nel territorio italiano o con esso confinante e che si trovano in un porto italiano.

5. Il divieto di cui al comma 4 si applica all'area del Mar Baltico all'area del Mare del Nord, nonche', entro dodici mesi dalla data di entrata in vigore della relativa designazione, alle ulteriori aree designate.

6. Per le navi passeggeri battenti bandiera italiana, le quali effettuano un servizio di linea proveniente da o diretto ad un porto di un Paese dell'Unione europea, e' vietato, nelle acque territoriali, nelle zone economiche esclusive e nelle zone di protezione ecologica, appartenenti all'Italia, l'utilizzo di combustibili per uso marittimo con un tenore di zolfo ((superiore all'1,50% in massa)). La violazione del divieto e' fatta valere anche nei confronti delle navi non battenti bandiera italiana e che si trovano in un porto italiano. ((Il divieto si applica fino all'entrata in vigore dei piu' restrittivi limiti di tenore di zolfo di cui al comma 1)).

((6-bis. Fermi restando i limiti di tenore di zolfo previsti ai commi 1, 2, 3, 4, 6 e 8, e' vietato, nelle aree soggette alla giurisdizione nazionale, l'utilizzo di combustibili per uso marittimo con un tenore di zolfo superiore al 3,50%. Tali limiti non si applicano ai combustibili destinati alle navi che utilizzano metodi di riduzione delle emissioni basati su sistemi a circuito chiuso. Per sistema a circuito chiuso si intende un sistema operante mediante ricircolo della soluzione utilizzata senza che vi sia rilascio all'esterno della stessa o di eventuali solidi ivi contenuti, salvo nelle fasi di manutenzione o di raccolta e smaltimento a terra dei residui costituiti da fanghi. Tali limiti non si applicano inoltre quando siano utilizzati combustibili o miscele previsti in alternativa ai combustibili per uso marittimo all'allegato X, parte I, sezione 5, alla Parte Quinta. Per i combustibili per uso marittimo destinati alle navi che utilizzano metodi di riduzione delle emissioni non basati su sistemi a circuito chiuso si applica, nelle aree soggette alla giurisdizione nazionale, un limite relativo al tenore di zolfo pari al 3,50%.

6-ter. Il soggetto responsabile dell'immissione sul mercato di combustibili per uso marittimo destinati a navi che utilizzano metodi di riduzione delle emissioni basati su sistemi a circuito chiuso allega ai documenti di accompagnamento e di consegna del combustibile una dichiarazione fornita dal comandante o dall'armatore in cui si attesta, ai fini del presente decreto, che la nave di destinazione utilizza tali metodi.)).

7. COMMA ABROGATO DAL D.LGS. 31 MARZO 2011, N. 55.

8. A decorrere dal 1° gennaio 2010 e' vietato l'utilizzo di combustibili per uso marittimo con tenore di zolfo ((superiore allo 0,10% in massa)) su navi all'ormeggio. Il divieto si applica anche ai periodi di carico, scarico e stazionamento. La sostituzione dei combustibili utilizzati con combustibili conformi a tale limite deve essere completata il prima possibile dopo l'ormeggio. La sostituzione dei combustibili conformi a tale limite con altri combustibili deve avvenire il piu' tardi possibile prima della partenza. I tempi delle operazioni di sostituzione del combustibile sono iscritti nei documenti di cui al comma 10.

9. ((Il comma 8 non si applica)):
   a) LETTERA ABROGATA DAL D.LGS. 31 MARZO 2011, N. 55;
   b) alle navi di cui si prevede, secondo orari resi noti al pubblico, un ormeggio di durata inferiore alle due ore;
   c) alle navi all'ormeggio a motori spenti e collegate ad un sistema di alimentazione di energia elettrica ubicato sulla costa.

10. Tutte le operazioni di cambio dei combustibili utilizzati sulle

navi devono essere indicate nel giornale generale e di contabilita' e nel giornale di macchina o nell'inventario di cui agli articoli 174, 175 e 176 del codice della navigazione o in un apposito documento di bordo.

11. Chi mette combustibili per uso marittimo a disposizione dell'armatore o di un suo delegato, per una nave di stazza non inferiore a 400 tonnellate lorde, fornisce un bollettino di consegna indicante il quantitativo ed il relativo tenore di zolfo, del quale conserva una copia per i tre anni successivi, nonche' un campione sigillato di tale combustibile, firmato da chi riceve la consegna. Chi riceve il combustibile conserva il bollettino a bordo per lo stesso periodo e conserva il campione a bordo fino al completo esaurimento del combustibile a cui si riferisce e, comunque, per almeno dodici mesi successivi alla consegna.

12. E' tenuto, presso ciascuna autorita' marittima e, ove istituita, presso ciascuna autorita' portuale, un apposito registro che riporta l'elenco dei fornitori di combustibili per uso marittimo nell'area di competenza, con l'indicazione dei combustibili forniti e del relativo contenuto massimo di zolfo. ((PERIODO SOPPRESSO DAL D.LGS. 16 LUGLIO 2014, N. 112)). ((Le variazioni dei dati.)) sono comunicate in via preventiva. La presenza di nuovi fornitori e' comunicata in via preventiva. ((I registri devono essere tenuti a disposizione del pubblico sia in forma documentale, sia attraverso canali informatici. Le autorita' che detengono i registri elaborano, sulla base degli stessi, informative annuali circa la disponibilita' di combustibili per uso marittimo conformi ai limiti previsti dal presente articolo nell'area di competenza e le inviano, entro il 31 marzo di ogni anno, al Ministero dell'ambiente e della tutela del territorio e del mare che le allega alla relazione prevista all'articolo 298, comma 2-bis.))

((12-bis. Al fine di assicurare la disponibilita' di combustibili per uso marittimo conformi ai limiti previsti al presente articolo, ove emergano situazioni in cui vi sia il rischio di una significativa riduzione della disponibilita' di tali combustibili su tutto il territorio nazionale o in specifiche aree, il Ministero dell'ambiente e della tutela del territorio e del mare, anche su segnalazione delle autorita' marittime e, ove istituite, delle autorita' portuali, puo' richiedere al Ministero dello sviluppo economico di attivare le procedure di emergenza previste all'articolo 20 del decreto legislativo 31 dicembre 2012, n. 249. A tali fini, i gestori degli impianti di produzione e dei depositi fiscali che importano i combustibili ed i fornitori di cui al comma 12 comunicano preventivamente alle autorita' marittime e, ove istituite, alle autorita' portuali le situazioni in cui puo' verificarsi una significativa riduzione della disponibilita' di combustibili per uso marittimo conformi ai limiti previsti al presente articolo.)).

13. I limiti relativi al tenore di zolfo previsti dai commi precedenti non si applicano:

    a) ai combustibili utilizzati dalle navi da guerra e da altre navi in servizio militare se le rotte non prevedono l'accesso a porti in cui sono presenti fornitori di combustibili conformi a tali limiti o, comunque, se il relativo rifornimento puo' pregiudicare le operazioni o le capacita' operative; in tale secondo caso il comandante informa il Ministero della difesa dei motivi della scelta;

    b) ai combustibili il cui utilizzo a bordo di una nave risulta specificamente necessario per garantire la sicurezza della stessa o di altra nave e per salvare vite in mare;

    c) ai combustibili il cui utilizzo a bordo di una nave e' imposto dal danneggiamento della stessa o delle relative attrezzature, purche' si dimostri che, dopo il verificarsi del danno, sono state assunte tutte le misure ragionevoli per evitare o ridurre al minimo l'incremento delle emissioni e che sono state adottate quanto prima misure dirette ad eliminare il danno. Tale deroga non si applica se il danno e' dovuto a dolo o colpa del comandante o dell'armatore;

    ((d) ai combustibili utilizzati a bordo di navi che utilizzano metodi di riduzione delle emissioni ai sensi del comma 14 o del comma 19, fatto salvo quanto previsto al comma 6-bis;))

   e) ai combustibili destinati alla trasformazione prima dell'utilizzo.

   14. ((Con decreto direttoriale del Ministero dell'ambiente e della tutela del territorio e del mare, di concerto con il Ministero delle infrastrutture e dei trasporti sono autorizzati)), su navi battenti bandiera italiana o nelle acque sotto giurisdizione italiana, ((esperimenti relativi a metodi di riduzione delle emissioni)), nel corso dei quali e' ammesso l'utilizzo di combustibili non conformi ai limiti previsti dai ((commi da 1 a 8)). Tale autorizzazione, la cui durata non puo' eccedere i diciotto mesi, e' rilasciata entro tre mesi dalla presentazione della domanda, la quale deve essere accompagnata da una relazione contenente i seguenti elementi:

   a) ((la descrizione del metodo)) e, in particolare, del principio di funzionamento, corredata da riferimenti di letteratura scientifica o dai risultati di sperimentazioni preliminari, nonche' la stima qualitativa e quantitativa delle emissioni, degli scarichi e dei rifiuti previsti ((per effetto della sperimentazione, e la descrizione delle caratteristiche dei combustibili, delle navi e di tutte le strutture da utilizzare per l'esperimento));

   b) la stima che, a parita' di condizioni, le emissioni previste di ossido di zolfo ((saranno costantemente inferiori o equivalenti a quelle prodotte dall'utilizzo di combustibili conformi ai commi da 1 a 8 in assenza del metodo di riduzione delle emissioni));

   c) la stima che, a parita' di condizioni, le emissioni previste di inquinanti diversi dagli ossidi di zolfo, quali ossidi di azoto e polveri, non superino i livelli previsti dalla vigente normativa e, comunque, non superino in modo significativo quelle prodotte dall'utilizzo di combustibili conformi ai ((commi da 1 a 8)) in assenza della tecnologia di riduzione delle emissioni;

   d) uno studio ((diretto a dimostrare la compatibilita')) dell'impatto dell'esperimento sull'ambiente marino, con particolare riferimento agli ecosistemi delle baie, dei porti e degli estuari, finalizzato a dimostrarne la compatibilita'; lo studio include un piano di monitoraggio degli effetti prodotti dall'esperimento sull'ambiente marino;

   ((e) la descrizione delle zone interessate dai viaggi durante l'esperimento;))

   ((e-bis) la descrizione degli strumenti a prova di manomissione di cui le navi saranno dotate per le misurazioni in continuo delle emissioni degli ossidi di zolfo e di tutti i parametri necessari a normalizzare le concentrazioni;

   e-ter) la descrizione dei sistemi diretti a garantire una adeguata gestione dei rifiuti e degli scarichi prodotti per effetto della sperimentazione.))

   ((15. L'autorizzazione di cui al comma 14 e' rilasciata previa verifica della completezza della relazione allegata alla domanda e dell'idoneita' delle descrizioni, delle stime e dello studio ivi contenuti. Al rilascio ed all'istruttoria provvede la Direzione del Ministero dell'ambiente e della tutela del territorio e del mare competente in materia di inquinamento atmosferico, fatta salva l'istruttoria relativa agli elementi di cui al comma 14, lettere d) ed e-ter), curata rispettivamente dalle Direzioni del predetto Ministero competenti in materia di tutela del mare e di gestione degli scarichi e dei rifiuti. Ai fini dell'istruttoria il Ministero dell'ambiente e della tutela del territorio e del mare si puo' avvalere dell'ISPRA.)) L'autorizzazione prevede il periodo in cui l'esperimento puo' essere effettuato e stabilisce i dati e le informazioni che il soggetto autorizzato deve comunicare al Ministero dell'ambiente e della tutela del territorio e del mare e al Ministero dei trasporti e la periodicita' di tale comunicazione. Stabilisce inoltre la periodicita' con la quale il soggetto autorizzato deve comunicare a tali Ministeri gli esiti del monitoraggio effettuato sulla base del piano di cui al comma 14, lettera d).

16. L'autorizzazione rilasciata ai sensi del comma 14 e' immediatamente revocata se, anche sulla base dei controlli effettuati dall'autorita' di cui all'articolo 296, comma 9:
((a) gli strumenti di misura ed i sistemi di gestione dei rifiuti e degli scarichi di cui al comma 14 non sono utilizzati;
b) il metodo, alla luce dei risultati delle misure effettuate, non ottiene i risultati previsti dalle stime contenute nella relazione;
c) il soggetto autorizzato non provvede a comunicare, nei termini stabiliti, i dati, le informazioni e gli esiti del monitoraggio previsti dall'autorizzazione, conformi ai criteri ivi stabiliti.))
17. Nel caso in cui gli esperimenti di cui al comma 14 siano effettuati da navi battenti bandiera italiana in acque sotto giurisdizione di altri Stati dell'Unione europea o da navi battenti bandiera di altri Stati dell'Unione europea in acque sotto giurisdizione italiana, gli Stati interessati individuano opportune modalita' di cooperazione nel procedimento autorizzativo.
18. Almeno sei mesi prima dell'inizio di ciascun esperimento di cui al comma 14 il Ministero dell'ambiente e della tutela del territorio e del mare ne informa la Commissione europea e l'eventuale Stato estero avente giurisdizione sulle acque in cui l'esperimento e' effettuato. I risultati di ciascun esperimento di cui al comma 14 sono trasmessi dal Ministero dell'ambiente e della tutela del territorio e del mare alla Commissione europea entro sei mesi dalla conclusione dello stesso e sono messi a disposizione del pubblico secondo quanto previsto dal decreto legislativo 19 agosto 2005, n. 195.
((18-bis. Per gli esperimenti relativi a metodi di riduzione delle emissioni che prevedono l'utilizzo di sistemi, dispositivi o materiali non collocati a bordo della nave, nel corso dei quali e' ammesso l'utilizzo sulla nave di combustibili non conformi ai limiti previsti ai commi da 1 a 8, i criteri per il rilascio dell'autorizzazione sono stabiliti con uno o piu' decreti ai sensi dell'articolo 281, comma 5. A tale autorizzazione si applicano le procedure previste ai commi da 14 a 18.)).
((19. In alternativa all'utilizzo di combustibili conformi ai limiti previsti ai commi da 1 a 8, e' ammesso, nei porti, nelle acque territoriali, nelle zone economiche esclusive e nelle zone di protezione ecologica, appartenenti all'Italia, a bordo di navi battenti bandiera di uno Stato dell'Unione europea, l'utilizzo di metodi di riduzione delle emissioni che sono approvati ai sensi del decreto del Presidente della Repubblica 6 ottobre 1999, n. 407, e successive modificazioni, o che, non ricadendo nel campo di applicazione di tale decreto, sono stati approvati dal Comitato istituito dal regolamento (CE) n. 2099/2002.
20. Al di fuori dei casi previsti al comma 19, nelle acque territoriali, nelle zone economiche esclusive e nelle zone di protezione ecologica, appartenenti all'Italia, l'uso, a bordo di navi battenti qualsiasi bandiera, di metodi di riduzione delle emissioni in alternativa all'utilizzo di combustibili conformi ai limiti previsti ai commi da 1 a 8, e' ammesso ove si disponga degli atti, rilasciati dalle competenti autorita' di bandiera in conformita' all' Allegato VI della Convenzione MARPOL 73/78 e notificati sulla base di tale normativa internazionale, attestanti che:
a) le emissioni di anidride solforosa sono costantemente inferiori o equivalenti a quelle prodotte dall'utilizzo di combustibili conformi ai commi da 1 a 8 in assenza del metodo di riduzione delle emissioni; ai fini della valutazione si applicano valori di emissione equivalenti ai sensi dell'allegato X, parte I, sezione 4, alla Parte Quinta;
b) sono rispettati i criteri previsti, per ciascun tipo di metodo di riduzione delle emissioni, all'allegato X, parte I, sezione 5, paragrafo 1, punti A, B e C, alla Parte Quinta.))
((20-bis. Gli atti previsti al comma 20 devono essere tenuti a bordo della nave in originale ed esibiti su richiesta dell'autorita'

competente.))

ART. 296
(Controlli e sanzioni)

1. Fuori dai casi sanzionati ai sensi dell'articolo 29-quattuordecies, comma 4, Chi effettua la combustione di materiali o sostanze in difformita' alle prescrizioni del presente titolo, ove gli stessi non costituiscano rifiuti ai sensi della vigente normativa, e' punito:
    a) in caso di combustione effettuata presso gli impianti di cui al titolo I della parte quinta del presente decreto, con l'arresto fino a due anni o con l'ammenda da duecentocinquantotto euro a milletrentadue euro;
    b) in caso di combustione effettuata presso gli impianti di cui al titolo II della parte quinta, inclusi gli impianti termici civili di potenza termica inferiore al valore di soglia, con una sanzione amministrativa pecuniaria da duecento euro a mille euro; a tale sanzione, da irrogare ai sensi dell'articolo 288, comma 6, non si applica il pagamento in misura ridotta di cui all'articolo 16 della legge 24 novembre 1981, n. 689, e successive modificazioni; la sanzione non si applica se, dalla documentazione relativa all'acquisto di tali materiali o sostanze, risultano caratteristiche merceologiche conformi a quelle dei combustibili consentiti nell'impianto, ferma restando l'applicazione dell'articolo 515 del codice penale e degli altri reati previsti dalla vigente normativa.
2. I controlli sul rispetto delle disposizioni del presente titolo sono effettuati, per gli impianti di cui al titolo I della parte quinta, dall'autorita' di cui all'articolo 268, comma 1, lettera p), e per gli impianti di cui al titolo II della parte quinta, dall'autorita' di cui all'articolo 283, comma 1, lettera i).
3. In caso di mancato rispetto delle prescrizioni di cui all'articolo 294, il gestore degli impianti disciplinati dal titolo I della parte quinta e' punito con l'arresto fino a un anno o con l'ammenda fino a milletrentadue euro. Per gli impianti disciplinati dal titolo II della parte quinta si applica la sanzione prevista dall'articolo 288, comma 2; tale sanzione, in caso di mancato rispetto delle prescrizioni di cui all'articolo 294, si applica al responsabile per l'esercizio e la manutenzione se ricorre il caso previsto dall'ultimo periodo dell'articolo 284, comma 2.
4. In caso di mancata trasmissione dei dati di cui all'articolo 298, comma 3, nei termini prescritti, il Ministro dell'ambiente e della tutela del territorio e del mare, anche ai fini di quanto previsto dall'articolo 650 del codice penale, ordina ai soggetti inadempienti di provvedere.
5. Salvo che il fatto costituisca reato, sono puniti con una sanzione amministrativa pecuniaria da 15.000 a 150.000 euro coloro che immettono sul mercato combustibili per uso marittimo aventi un tenore di zolfo superiore ai limiti previsti nell'articolo 295 e l'armatore o il comandante che, anche in concorso tra loro, utilizzano combustibili per uso marittimo aventi un tenore di zolfo superiore a tali limiti. In caso di recidiva e in caso di infrazioni che, per l'entita' del tenore di zolfo o della quantita' del combustibile o per le caratteristiche della zona interessata, risultano di maggiore gravita', all'irrogazione segue, per un periodo da un mese a due anni:
    a) la sospensione dei titoli professionali marittimi o la sospensione dagli uffici direttivi delle persone giuridiche nell'esercizio dei quali l'infrazione e' commessa, ovvero, se tali sanzioni accessorie non sono applicabili,
    b) l'inibizione dell'accesso ai porti italiani per il comandante che ha commesso l'infrazione o per le navi dell'armatore che ha commesso l'infrazione.
6. In caso di violazione dell'articolo 295, comma 10, il comandante e' punito con la sanzione amministrativa prevista dall'articolo 1193

del codice della navigazione.

7. Salvo che il fatto costituisca reato, chi, senza commettere l'infrazione di cui al comma 5, non consegna il bollettino o il campione di cui all'articolo 295, comma 11, o consegna un bollettino in cui l'indicazione ivi prevista sia assente e' punito con una sanzione amministrativa pecuniaria da 5.000 a 15.000 euro. Con la stessa sanzione e' punito chi, senza commettere l'infrazione di cui al comma 5, non conserva a bordo il bollettino o il campione previsto dall'articolo 295, comma 11.

8. I fornitori di combustibili che non comunicano in termini i dati previsti dall'articolo 295, comma 12, sono puniti con una sanzione amministrativa pecuniaria da 10.000 a 30.000 euro.

9. All'accertamento delle infrazioni previste dai commi da 5 a 8, provvedono, con adeguata frequenza e programmazione e nell'ambito delle rispettive competenze, ai sensi degli articoli 13 e seguenti della legge 24 novembre 1981, n. 689, il Corpo delle capitanerie di porto, la Guardia costiera, gli altri soggetti di cui all'articolo 1235 del codice della navigazione e gli altri organi di polizia giudiziaria. All'irrogazione delle sanzioni previste da tali commi provvedono le autorita' marittime competenti per territorio e, in caso di infrazioni attinenti alla immissione sul mercato, le regioni o le diverse autorita' indicate dalla legge regionale. Restano ferme, per i fatti commessi all'estero, le competenze attribuite alle autorita' consolari.

10. Gli accertamenti previsti dal comma 9, ove relativi all'utilizzo dei combustibili, possono essere ((effettuati)) con le seguenti modalita':

a) mediante il campionamento e l'analisi dei combustibili per uso marittimo al momento della consegna alla nave; il campionamento deve essere effettuato ((secondo le linee guida di cui alla risoluzione 182(59) del comitato MEPC dell'IMO));

b) mediante il campionamento e l'analisi dei combustibili per uso marittimo contenuti nei serbatoi della nave o, ove cio' non sia tecnicamente possibile, nei campioni sigillati presenti a bordo,

c) mediante controlli sui documenti di bordo e sui bollettini di consegna dei combustibili.

((10-bis. Per i controlli analitici si applica la procedura di verifica prevista all'appendice VI dell'allegato VI alla Convenzione MARPOL 73/78.

10-ter. Nei casi soggetti alla giurisdizione dell'Italia, l'armatore o il comandante della nave, fermi restando i termini previsti al comma 10-quater, hanno l'obbligo di comunicare all'autorita' marittima competente per territorio tutti i casi in cui sussiste l'impossibilita' di ottenere combustibile a norma. E' utilizzato, a tal fine, il rapporto contenuto all'allegato X, parte I, sezione 6, alla Parte Quinta. La comunicazione e' effettuata prima dell'accesso nelle acque soggette alla giurisdizione nazionale e, nel caso di viaggi effettuati esclusivamente all'interno di tali zone, prima dell'arrivo al porto di prima destinazione. In caso di violazioni commesse all'estero, l'armatore o il comandante delle navi battenti bandiera italiana notificano inoltre al Ministero dell'ambiente e della tutela del territorio e del mare, per il tramite del porto di iscrizione, tutti i casi in cui sussiste l'impossibilita' di ottenere combustibile per uso marittimo a norma.

10-quater. Nei casi in cui vi sia una violazione degli obblighi relativi al tenore di zolfo dei combustibili per uso marittimo l'armatore o il comandante possono presentare all'autorita' competente per il controllo operante presso il porto di destinazione, anche su richiesta della stessa, un rapporto nel quale indicano tutte le misure adottate, prima e durante il viaggio, al fine di rispettare l'obbligo violato e, in particolare, le azioni intraprese per ottenere combustibile a norma nell'ambito del proprio piano di viaggio e, se tale combustibile non era disponibile nel luogo previsto, le azioni intraprese per ottenerlo da altre fonti. Il rapporto deve essere diretto a dimostrare che tali tentativi sono stati effettuati con la massima diligenza possibile, la quale non comporta tuttavia l'obbligo di deviare la rotta prevista o di ritardare il viaggio per ottenere il combustibile a norma. Se il rapporto e' presentato almeno 48 ore prima dell'accesso nelle zone soggette alla giurisdizione nazionale l'autorita' competente per il controllo, valutando la diligenza osservata dal responsabile alla luce del numero, della gravita' e della imprevedibilita' delle cause del mancato ottenimento del combustibile a norma, puo' stabilire di non procedere al controllo per la presenza di una causa esimente della violazione. Con le stesse modalita' si procede se, in caso di viaggi effettuati esclusivamente all'interno di zone soggette alla giurisdizione nazionale, il rapporto e' presentato almeno 48 ore prima dell'arrivo al porto di prima destinazione. Se il rapporto e' stato presentato oltre tali termini e, comunque, se nel rapporto non e' dimostrato che il responsabile ha osservato la massima diligenza possibile, l'autorita' competente per il controllo acquisisce il rapporto e procede ai sensi degli articoli 14 e 17 della legge 24 novembre 1981, n. 689. In tali casi l'autorita' competente all'irrogazione della sanzione, valutando la diligenza osservata dal responsabile alla luce del numero, della gravita' e della imprevedibilita' delle cause del mancato ottenimento del combustibile a norma, procede, se necessario, ad adeguare l'entita' della sanzione ai sensi dell'articolo 11 della legge 24 novembre 1981, n. 689, o adottare l'ordinanza di archiviazione ai sensi dell'articolo 18, comma 2, di tale legge.

10-quinquies. Le autorita' che ricevono il rapporto di cui al comma 10-quater ne informano, entro dieci giorni, il Ministero dell'ambiente e della tutela del territorio e del mare che provvede a trasmettere alla Commissione europea tutti i rapporti ricevuti in ciascun mese civile entro la fine del mese successivo. Il Ministero dell'ambiente e della tutela del territorio e del mare, alla luce di tali informazioni e di quelle ricevute ai sensi del comma 10-ter, puo' attivare la procedura prevista all'articolo 295, comma 12-bis, con particolare riferimento ai casi in cui emerga, presso un porto o terminale, la ricorrente impossibilita' di ottenere combustibile per uso marittimo a norma.))

((11. In caso di accertamento degli illeciti previsti al comma 5, fatti salvi i casi di cui al comma 10-quater, l'autorita' competente all'applicazione delle procedure di sequestro, dispone, ove tecnicamente possibile, ed assicurando il preventivo prelievo di campioni e la conservazione degli altri elementi necessari a fini di prova, il cambio del combustibile fuori norma con combustibile marittimo a norma, a spese del responsabile.))

ART. 297
(abrogazioni)

1. Sono abrogati, escluse le diposizioni di cui il presente decreto prevede l'ulteriore vigenza, l'articolo 2, comma 2, della legge 8 luglio 1986, n. 349, il decreto del Presidente del Consiglio dei Ministri 7 settembre 2001, n. 395, il decreto del Presidente del Consiglio dei Ministri 8 marzo 2002 e l'articolo 2 del decreto-legge 7 marzo 2002, n. 22, convertito, con modificazioni, dalla legge 6 maggio 2002, n. 82.

ART. 298
(disposizioni transitorie e finali)

1. Le disposizioni del presente titolo relative agli impianti disciplinati dal titolo I della parte quinta del presente decreto si applicano agli impianti termici civili di cui ((all'articolo 290, comma 3)), a partire dalla data in cui e' effettuato l'adeguamento disposto dalle autorizzazioni rilasciate ai sensi ((dell'articolo 281, comma 3)).
2. Alla modifica e all'integrazione dell'Allegato X alla parte

quinta del presente decreto si provvede con le modalita' previste dall'articolo 281, commi 5 e 6. All'integrazione di tale Allegato si procede per la prima volta entro un anno dall'entrata in vigore della parte quinta del presente decreto.

2-bis. Entro il 30 giugno di ciascun anno il Ministero dell'ambiente e della tutela del territorio e del mare invia alla Commissione europea, sulla base di una relazione trasmessa dall'((ISPRA)) entro il mese precedente, un rapporto circa il tenore di zolfo dell'olio combustibile pesante, del gasolio e dei combustibili per uso marittimo utilizzati nell'anno civile precedente. I soggetti di cui all'articolo 296, commi 2 e 9, i laboratori chimici delle dogane o, ove istituiti, gli uffici delle dogane nel cui ambito operano i laboratori chimici delle dogane, i gestori dei depositi fiscali, i gestori degli impianti di produzione di combustibili e i gestori dei grandi impianti di combustione trasmettono all' ((ISPRA)) ed al Ministero, nei casi, nei tempi e con le modalita' previsti nella parte I, sezione 3, dell'Allegato X alla parte quinta, i dati e le informazioni necessari ad elaborare la relazione.

((2-ter. Con decreto del Ministro dell'ambiente e della tutela del territorio, di concerto con il Ministro della salute ed il Ministro dello sviluppo economico ed il Ministro delle politiche agricole e forestali e' istituita, nell'ambito delle risorse umane, finanziarie e strumentali disponibili a legislazione vigente e, comunque, senza nuovi o maggiori oneri a carico del bilancio dello Stato, una commissione per l'esame delle proposte di integrazione ed aggiornamento dell'Allegato X alla parte quinta del presente decreto, presentate dalle amministrazioni dello Stato e dalle regioni. La commissione e' composta da due rappresentanti di ciascuno di tali Ministeri e da un rappresentante del Dipartimento affari regionali della Presidenza del Consiglio dei Ministri. Ai componenti della Commissione non sono dovuti compensi, ne' rimborsi spese)).

PARTE QUINTA-BIS
DISPOSIZIONI PER PARTICOLARI INSTALLAZIONI

TITOLO I
ATTIVITA' DI PRODUZIONE DI BIOSSIDO DI TITANIO ((E SOLFATI DI CALCIO))

ART. 298-bis
(Disposizioni particolari per installazioni e stabilimenti che producono biossido di titanio (e solfati di calcio).

1. Sono vietati, con riferimento alle sostanze relative ai processi di produzione di biossido di titanio, l'immersione, l'iniezione e lo scarico in qualsiasi corpo d'acqua e nel mare dei seguenti rifiuti:
    a) rifiuti solidi, in particolare i residui insolubili del minerale che non vengono attaccati dall'acido solforico o dal cloro nel procedimento di fabbricazione; il vetriolo verde, ossia il solfato ferroso cristallizzato ($FeSO_4H_2O$); i cloruri metallici e idrossidi metallici (stanze di filtrazione) provenienti in forma solida dalla fabbricazione del tetracloruro di titanio; i residui di coke provenienti dalla fabbricazione del tetracloruro di titanio;
    b) le acque madri provenienti dalla fase di filtrazione successiva all'idrolisi della soluzione di solfato di 1titanio e da installazioni che utilizzano il procedimento al solfato; sono compresi i rifiuti acidi associati a tali acque madri, contenenti complessivamente piu' dello 0,5 per cento di acido solforico libero nonche' vari metalli pesanti; sono e comprese le acque madri che sono state diluite fino a contenere lo 0,5 per cento o meno di acido solforico libero;
    c) i rifiuti provenienti da installazioni che utilizzano il

procedimento con cloruro, contenenti piu' dello 0,5 per cento di acido cloridrico, nonche' vari metalli pesanti; sono compresi i rifiuti acidi che sono stati diluiti fino a contenere lo 0,5 per cento o meno di acido cloridrico libero;

d) i sali di filtrazione, i fanghi ed i rifiuti liquidi ottenuti dal trattamento (concentrazione o neutralizzazione) dei rifiuti di cui alle lettere b) e c) e contenenti vari metalli pesanti; sono esclusi i rifiuti neutralizzati e filtrati o decantati che contengono metalli pesanti solo in tracce e che, prima di qualsiasi diluizione, hanno un valore di pH superiore a 5,5.

((1-bis. Il gestore delle installazioni e degli stabilimenti che producono biossido di titanio informa immediatamente l'autorita' competente in caso di violazione delle condizioni di autorizzazione, adottando nel contempo le misure necessarie a ripristinare la conformita' nel piu' breve tempo possibile.

1-ter. In caso di violazione delle condizioni di autorizzazione, l'autorita' competente impone al gestore di adottare ogni misura complementare appropriata che ritiene necessaria per ripristinare la conformita', disponendo la sospensione dell'esercizio della parte interessata laddove la violazione determini un pericolo immediato per la salute umana o minacci di provocare ripercussioni serie e immediate sull'ambiente, finche' la conformita' non sia ripristinata con l'applicazione delle misure adottate ai sensi del presente comma e del comma 1-bis)).

2. Per le installazioni e gli stabilimenti che producono biossido di titanio, le emissioni nelle acque e nell'atmosfera devono rispettare i valori limite di emissione previsti all'Allegato I, parti 1 e 2, alla Parte Quinta-bis. Le autorizzazioni prevedono inoltre opportune misure per prevenire l'emissione di aerosol acidi dalle installazioni.

3. Le autorita' competenti per il controllo ((effettuano)) ispezioni e prelievi di campioni 3.relativamente alla emissioni nelle acque, alle emissioni nell'atmosfera, agli stoccaggi ed alle lavorazioni presso le installazioni e gli stabilimenti che producono biossido di titanio. Tale controllo comprende almeno il controllo delle emissioni di cui all'Allegato I, Parte 3.3, alla Parte Quinta-bis. Il controllo e' effettuato conformemente alle norme CEN oppure, se non sono disponibili norme CEN, conformemente a norme ISO, nazionali o internazionali che assicurino dati equivalenti sotto il profilo della qualita' scientifica.

((3-bis. Alle installazioni e agli stabilimenti che producono biossido di titanio si applicano le disposizioni dell'articolo 29-undecies)).

4. Il Ministero dell'ambiente e della tutela del territorio e del mare integra la relazione di cui all'articolo 29-terdecies, comma 2, con i dati relativi all'attuazione del presente articolo, secondo le modalita' fissate dalla normativa comunitaria e sulla base di rapporti di cui al comma 5 che le regioni e le province autonome forniscono entro il 30 aprile di ogni anno.

5. Il rapporto di cui al comma 4, elaborato sulla base dei controlli di cui al comma 3 e dei dati di cui al comma 6, deve contenere almeno, con riferimento a ciascuna risorsa ambientale interessata, le seguenti informazioni:

a) una descrizione del luogo di campionamento e delle sue caratteristiche permanenti, unitamente ad altre notizie di tipo amministrativo e geografico;

b) l'indicazione dei metodi di campionamento e analisi usati;

c) i risultati delle analisi;

d) le modifiche apportate alla frequenza di campionamento e di analisi ed al luogo di campionamento.

6. I gestori delle installazioni e degli stabilimenti che producono biossido di titanio trasmettono alle regioni e alla province autonome, entro il 31 marzo di ogni anno, una relazione contenente i dati necessari per il rapporto di cui al comma 5 con riferimento alle emissioni, agli stoccaggi e alle lavorazioni di cui al comma 3,

indicando anche la tipologia e sui quantitativi di rifiuti prodotti e/o scaricati o stoccati nell'anno civile precedente.

6-bis. Fatto salvo quanto disposto dal decreto del Ministro dell'ambiente 5 febbraio 1998, pubblicato nel supplemento ordinario n. 72 alla Gazzetta Ufficiale n. 88 del 16 aprile 1998, l'autorita' competente, in sede di valutazione di compatibilita' ambientale, puo' non applicare i valori di concentrazione soglia di contaminazione, indicati nella tabella 1 dell'allegato 5 al titolo V della parte quarta del presente decreto, agli analiti presenti nei solfati di calcio, ottenuti da neutralizzazione di correnti acide liquide o gassose generati da lavorazioni industriali, utilizzati nell'attivita' di recupero ambientale, qualora sia dimostrata, secondo le metodiche previste dal citato decreto ministeriale, l'assenza di cedibilita' dei suddetti analiti.

6-ter. Fatto salvo l'obbligo di sottoporre i solfati di calcio destinati all'attivita' di recupero ambientale a test di cessione secondo le metodiche e i limiti di cui all'allegato 3 del decreto del Ministro dell'ambiente 5 febbraio 1998, pubblicato nel supplemento ordinario n. 72 alla Gazzetta Ufficiale n. 88 del 16 aprile 1998, l'autorita' competente, nell'autorizzare l'utilizzo dei solfati di calcio, ottenuti da neutralizzazione di correnti acide liquide o gassose generati da lavorazioni industriali, nell'attivita' di recupero ambientale, puo' derogare, sulla base delle caratteristiche del sito, alle concentrazioni limite di cloruri di cui al citato allegato 3, qualora tale deroga non costituisca un pericolo per la salute dell'uomo e non rechi pregiudizio all'ambiente.

PARTE SESTA
NORME IN MATERIA DI TUTELA RISARCITORIA CONTRO I DANNI ALL'AMBIENTE

TITOLO I
AMBITO DI APPLICAZIONE

ART. 298-bis
(((Principi generali)

1. La disciplina della parte sesta del presente decreto legislativo si applica:
    a) al danno ambientale causato da una delle attivita' professionali elencate nell'allegato 5 alla stessa parte sesta e a qualsiasi minaccia imminente di tale danno derivante dalle suddette attivita';
    b) al danno ambientale causato da un'attivita' diversa da quelle elencate nell'allegato 5 alla stessa parte sesta e a qualsiasi minaccia imminente di tale danno derivante dalle suddette attivita', in caso di comportamento doloso o colposo.
2. La riparazione del danno ambientale deve avvenire nel rispetto dei principi e dei criteri stabiliti nel titolo II e nell'allegato 3 alla parte sesta, ove occorra anche mediante l'esperimento dei procedimenti finalizzati a conseguire dal soggetto che ha causato il danno, o la minaccia imminente di danno, le risorse necessarie a coprire i costi relativi alle misure di riparazione da adottare e non attuate dal medesimo soggetto.
3. Restano disciplinati dal titolo V della parte quarta del presente decreto legislativo gli interventi di ripristino del suolo e del sottosuolo progettati ed attuati in conformita' ai principi ed ai criteri stabiliti al punto 2 dell'allegato 3 alla parte sesta nonche' gli interventi di riparazione delle acque sotterranee progettati ed attuati in conformita' al punto 1 del medesimo allegato 3, o, per le contaminazioni antecedenti alla data del 29 aprile 2006, gli interventi di riparazione delle acque sotterranee che conseguono gli

obiettivi di qualita' nei tempi stabiliti dalla parte terza del presente decreto)).

ART. 299
(competenze ministeriali)

1. Il Ministro dell'ambiente e della tutela del territorio e del mare esercita le funzioni e i compiti spettanti allo Stato in materia di tutela, prevenzione e riparazione dei danni all'ambiente .
2. L'azione ministeriale si svolge normalmente in collaborazione con le regioni, con gli enti locali e con qualsiasi soggetto di diritto pubblico ritenuto idoneo.
3. L'azione ministeriale si svolge nel rispetto della normativa comunitaria vigente in materia di prevenzione e riparazione del danno ambientale, delle competenze delle regioni, delle province autonome di Trento e di Bolzano e degli enti locali con applicazione dei principi costituzionali di sussidiarieta' e di leale collaborazione.
4. Per le finalita' connesse all'individuazione, all'accertamento ed alla quantificazione del danno ambientale, il Ministero dell'ambiente e della tutela del territorio e del mare si avvale, in regime convenzionale, di soggetti pubblici e privati di elevata e comprovata qualificazione tecnico-scientifica operanti sul territorio, nei limiti delle disponibilita' esistenti.
5. Entro sessanta giorni dalla data di entrata in vigore del presente decreto, il Ministro dell'ambiente e della tutela del territorio e del mare, con proprio decreto, di concerto con i Ministri dell'economia e delle finanze e delle attivita' produttive, stabilisce i criteri per le attivita' istruttorie volte all'accertamento del danno ambientale ai sensi del titolo III
della parte sesta del presente decreto. I relativi oneri sono posti a carico del responsabile del danno.
6. Ai fini dell'attuazione delle disposizioni contenute nel presente articolo, il Ministro dell'economia e delle finanze e' autorizzato ad apportare, con propri decreti, le necessarie variazioni di bilancio.

ART. 300
(danno ambientale)

1. E' danno ambientale qualsiasi deterioramento significativo e misurabile, diretto o indiretto, di una risorsa naturale o dell'utilita' assicurata da quest'ultima.
2. Ai sensi della direttiva 2004/35/CE costituisce danno ambientale il deterioramento, in confronto alle condizioni originarie, provocato:
  a) alle specie e agli habitat naturali protetti dalla normativa nazionale e comunitaria di cui alla legge 11 febbraio 1992, n. 157, recante norme per la protezione della fauna selvatica, che recepisce le direttive 79/409/CEE del Consiglio del 2 aprile 1979; 85/411/CEE della Commissione del 25 luglio 1985 e 91/244/CEE della Commissione del 6 marzo 1991 ed attua le convenzioni di Parigi del 18 ottobre 1950 e di Berna del 19 settembre 1979, e di cui al decreto del Presidente della Repubblica 8 settembre 1997, n. 357, recante regolamento recante attuazione della direttiva 92/43/CEE relativa alla conservazione degli habitat naturali e seminaturali, nonche' della flora e della fauna selvatiche, nonche' alle aree naturali protette di cui alla legge 6 dicembre 1991, n. 394, e successive norme di attuazione;
  ((b) alle acque interne, mediante azioni che incidano in modo significativamente negativo su:
    1) lo stato ecologico, chimico o quantitativo o il potenziale ecologico delle acque interessate, quali definiti nella direttiva 2000/60/CE, fatta eccezione per gli effetti negativi cui si applica l'articolo 4, paragrafo 7, di tale direttiva, oppure;
    2) lo stato ambientale delle acque marine interessate, quale

definito nella direttiva 2008/56/CE, nella misura in cui aspetti particolari dello stato ecologico dell'ambiente marino non siano gia' affrontati nella direttiva 2000/60/CE;))

c) alle acque costiere ed a quelle ricomprese nel mare territoriale mediante le azioni suddette, anche se svolte in acque internazionali;

d) al terreno, mediante qualsiasi contaminazione che crei un rischio significativo di effetti nocivi, anche indiretti, sulla salute umana a seguito dell'introduzione nel suolo, sul suolo o nel sottosuolo di sostanze, preparati, organismi o microrganismi nocivi per l'ambiente.

ART. 301
(attuazione del principio di precauzione)

1. In applicazione del principio di precauzione di cui all'articolo 174, paragrafo 2, del Trattato CE, in caso di pericoli, anche solo potenziali, per la salute umana e per l'ambiente, deve essere assicurato un alto livello di protezione.

2. L'applicazione del principio di cui al comma 1 concerne il rischio che comunque possa essere individuato a seguito di una preliminare valutazione scientifica obiettiva.

3. L'operatore interessato, quando emerga il rischio suddetto, deve informarne senza indugio, indicando tutti gli aspetti pertinenti alla situazione, il comune, la provincia, la regione o la provincia autonoma nel cui territorio si prospetta l'evento lesivo, nonche' il Prefetto della provincia che, nelle ventiquattro ore successive, informa il ((Ministro dell'ambiente e della tutela del territorio e del mare)).

4. Il ((Ministro dell'ambiente e della tutela del territorio e del mare)), in applicazione del principio di precauzione, ha facolta' di adottare in qualsiasi momento misure di prevenzione, ai sensi dell'articolo 304, che risultino:

a) proporzionali rispetto al livello di protezione che s'intende raggiungere;

b) non discriminatorie nella loro applicazione e coerenti con misure analoghe gia' adottate;

c) basate sull'esame dei potenziali vantaggi ed oneri;

d) aggiornabili alla luce di nuovi dati scientifici.

5. Il ((Ministro dell'ambiente e della tutela del territorio e del mare)) promuove l'informazione del pubblico quanto agli effetti negativi di un prodotto o di un processo e, tenuto conto delle risorse finanziarie previste a legislazione vigente, puo' finanziare programmi di ricerca, disporre il ricorso a sistemi di certificazione ambientale ed assumere ogni altra iniziativa volta a ridurre i rischi di danno ambientale.

ART. 302
(definizioni)

1 Lo stato di conservazione di una specie e' considerato favorevole quando:

a) i dati relativi alla sua popolazione mostrano che essa si sta mantenendo, a lungo termine, come componente vitale dei suoi habitat naturali;

b) l'area naturale della specie non si sta riducendo ne' si ridurra' verosimilmente in un futuro prevedibile;

c) esiste, e verosimilmente continuera' ad esistere, un habitat sufficientemente ampio per mantenerne la popolazione a lungo termine.

2. Lo stato di conservazione di un habitat naturale e' considerato favorevole quando:

a) la sua area naturale e le zone in essa racchiuse sono stabili o in aumento;

b) le strutture e le funzioni specifiche necessarie per il suo mantenimento a lungo termine esistono e continueranno verosimilmente a esistere in un futuro prevedibile; e

c) lo stato di conservazione delle sue specie tipiche e' favorevole, ai sensi del comma 1.

3. Per "acque" si intendono tutte le acque cui si applica la parte terza del presente decreto.

4. Per "operatore" s'intende qualsiasi persona, fisica o giuridica, pubblica o privata, che esercita o controlla un'attivita' professionale avente rilevanza ambientale oppure chi comunque eserciti potere decisionale sugli aspetti tecnici e finanziari di tale attivita', compresi il titolare del permesso o dell'autorizzazione a svolgere detta attivita'.

5. Per "attivita' professionale" s'intende qualsiasi azione, mediante la quale si perseguano o meno fini di lucro, svolta nel corso di un'attivita' economica, industriale, commerciale, artigianale, agricola e di prestazione di servizi, pubblica o privata.

6. Per "emissione" s'intende il rilascio nell'ambiente, a seguito dell'attivita' umana, di sostanze, preparati, organismi o microrganismi.

7. Per "minaccia imminente" di danno si intende il rischio sufficientemente probabile che stia per verificarsi uno specifico danno ambientale.

8. Per "misure di prevenzione" si intendono le misure prese per reagire a un evento, un atto o un'omissione che ha creato una minaccia imminente di danno ambientale, al fine di impedire o minimizzare tale danno.

9. Per "ripristino", anche "naturale", s'intende: nel caso delle acque, delle specie e degli habitat protetti, il ritorno delle risorse naturali o dei servizi danneggiati alle condizioni originarie; nel caso di danno al terreno, l'eliminazione di qualsiasi rischio di effetti nocivi per la salute umana e per la integrita' ambientale. In ogni caso il ripristino deve consistere nella riqualificazione del sito e del suo ecosistema, mediante qualsiasi azione o combinazione di azioni, comprese le misure di attenuazione o provvisorie, dirette a riparare, risanare o, qualora sia ritenuto ammissibile dall'autorita' competente, sostituire risorse naturali o servizi naturali danneggiati.

10. Per "risorse naturali" si intendono specie e habitat naturali protetti, acqua e terreno.

11. Per "servizi" e "servizi delle risorse naturali" si intendono le funzioni svolte da una risorsa naturale a favore di altre risorse naturali e/o del pubblico.

12. Per "condizioni originarie" si intendono le condizioni, al momento del danno, delle risorse naturali e dei servizi che sarebbero esistite se non si fosse verificato il danno ambientale, stimate sulla base delle migliori informazioni disponibili.

13. Per "costi" s'intendono gli oneri economici giustificati dalla necessita' di assicurare un'attuazione corretta ed efficace delle disposizioni di cui alla parte sesta del presente decreto, compresi i costi per valutare il danno ambientale o una sua minaccia imminente, per progettare gli interventi alternativi, per sostenere le spese amministrative, legali e di realizzazione delle opere, i costi di raccolta dei dati ed altri costi generali, nonche' i costi del controllo e della sorveglianza.

ART. 303
(esclusioni)

1. La parte sesta del presente decreto:
a) non riguarda il danno ambientale o la minaccia imminente di tale danno cagionati da:
1) atti di conflitto armato, sabotaggi, atti di ostilita', guerra civile, insurrezione;
2) fenomeni naturali di carattere eccezionale, inevitabili e incontrollabili;

b) non si applica al danno ambientale o a minaccia imminente di tale danno provocati da un incidente per il quale la responsabilita' o l'indennizzo rientrino nell'ambito d'applicazione di una delle convenzioni internazionali elencate nell'allegato 1 alla parte sesta del presente decreto cui la Repubblica italiana abbia aderito;

c) non pregiudica il diritto del trasgressore di limitare la propria responsabilita' conformemente alla legislazione nazionale che da' esecuzione alla convenzione sulla limitazione della responsabilita' per crediti marittimi (LLMC) del 1976, o alla convenzione di Strasburgo sulla limitazione della responsabilita' nella navigazione interna (CLNI) del 1988;

d) non si applica ai rischi nucleari relativi all'ambiente ne' alla minaccia imminente di tale danno causati da attivita' disciplinate dal Trattato istitutivo della Comunita' europea dell'energia atomica o causati da un incidente o un'attivita' per i quali la responsabilita' o l'indennizzo rientrano nel campo di applicazione di uno degli strumenti internazionali elencati nell'allegato 2 alla parte sesta del presente decreto;

e) non si applica alle attivita' svolte in condizioni di necessita' ed aventi come scopo esclusivo la difesa nazionale, la sicurezza internazionale o la protezione dalle calamita' naturali;

f) non si applica al danno causato da un'emissione, un evento o un incidente verificatisi prima della data di entrata in vigore della parte sesta del presente decreto ;

g) non si applica al danno in relazione al quale siano trascorsi piu' di trent'anni dall'emissione, dall'evento o dall'incidente che l'hanno causato;

h) non si applica al danno ambientale o alla minaccia imminente di tale danno causati da inquinamento di carattere diffuso, se non sia stato possibile accertare in alcun modo un nesso causale tra il danno e l'attivita' di singoli operatori;

i) ((LETTERA A BROGATA DALLA L. 6 AGOSTO 2013, N. 97)).

TITOLO II
PREVENZIONE E RIPRISTINO AMBIENTALE

ART. 304
(azione di prevenzione)

1. Quando un danno ambientale non si e' ancora verificato, ma esiste una minaccia imminente che si verifichi, l'operatore interessato adotta, entro ventiquattro ore e a proprie spese, le necessarie misure di prevenzione e di messa in sicurezza.

2. L'operatore deve far precedere gli interventi di cui al comma 1 da apposita comunicazione al comune, alla provincia, alla regione, o alla provincia autonoma nel cui territorio si prospetta l'evento lesivo, nonche' al Prefetto della provincia che nelle ventiquattro ore successive informa il ((Ministro dell'ambiente e della tutela del territorio e del mare)). Tale comunicazione deve avere ad oggetto tutti gli aspetti pertinenti della situazione, ed in particolare le generalita' dell'operatore, le caratteristiche del sito interessato, le matrici ambientali presumibilmente coinvolte e la descrizione degli interventi da eseguire. La comunicazione, non appena pervenuta al comune, abilita immediatamente l'operatore alla realizzazione degli interventi di cui al comma 1. Se l'operatore non provvede agli interventi di cui al comma 1 e alla comunicazione di cui al presente comma, l'autorita' preposta al controllo o comunque il ((Ministero dell'ambiente e della tutela del territorio e del mare)) irroga una sanzione amministrativa non inferiore a mille euro ne' superiore a tremila euro per ogni giorno di ritardo.

3. Il ((Ministro dell'ambiente e della tutela del territorio e del mare)), in qualsiasi momento, ha facolta' di:

a) chiedere all'operatore di fornire informazioni su qualsiasi

minaccia imminente di danno ambientale o su casi sospetti di tale minaccia imminente;
   b) ordinare all'operatore di adottare le specifiche misure di prevenzione considerate necessarie, precisando le metodologie da seguire;
   c) adottare egli stesso le misure di prevenzione necessarie.
   4. Se l'operatore non si conforma agli obblighi previsti al comma 1 o al comma 3, lettera b), o se esso non puo' essere individuato, o se non e' tenuto a sostenere i costi a norma della parte sesta del presente decreto, il ((Ministro dell'ambiente e della tutela del territorio e del mare)) ha facolta' di adottare egli stesso le misure necessarie per la prevenzione del danno, approvando la nota delle spese, con diritto di rivalsa esercitabile verso chi abbia causato o concorso a causare le spese stesse, se venga individuato entro il termine di cinque anni dall'effettuato pagamento.

ART. 305
(ripristino ambientale)

   1. Quando si e' verificato un danno ambientale, l'operatore deve comunicare senza indugio tutti gli aspetti pertinenti della situazione alle autorita' di cui all'articolo 304, con gli effetti ivi previsti, e, se del caso, alle altre autorita' dello Stato competenti, comunque interessate. L'operatore ha inoltre l'obbligo di adottare immediatamente:
   a) tutte le iniziative praticabili per controllare, circoscrivere, eliminare o gestire in altro modo, con effetto immediato, qualsiasi fattore di danno, allo scopo di prevenire o limitare ulteriori pregiudizi ambientali ed effetti nocivi per la salute umana o ulteriori deterioramenti ai servizi, anche sulla base delle specifiche istruzioni formulate dalle autorita' competenti relativamente alle misure di prevenzione necessarie da adottare;
   b) le necessarie misure di ripristino di cui all'articolo 306.
   2. Il ((Ministro dell'ambiente e della tutela del territorio e del mare)), in qualsiasi momento, ha facolta' di:
   a) chiedere all'operatore di fornire informazioni su qualsiasi danno verificatosi e sulle misure da lui adottate immediatamente ai sensi del comma 1;
   b) adottare, o ordinare all'operatore di adottare, tutte le iniziative opportune per controllare, circoscrivere, eliminare o gestire in altro modo, con effetto immediato, qualsiasi fattore di danno, allo scopo di prevenire o limitare ulteriori pregiudizi ambientali e effetti nocivi per la salute umana o ulteriori deterioramenti ai servizi;
   c) ordinare all'operatore di prendere le misure di ripristino necessarie;
   d) adottare egli stesso le suddette misure.
   3. Se l'operatore non adempie agli obblighi previsti al comma 1 o al comma 2, lettera b) o c), o se esso non puo' essere individuato o se non e' tenuto a sostenere i costi a norma della parte sesta del presente decreto, il ((Ministro dell'ambiente e della tutela del territorio e del mare)) ha facolta' di adottare egli stesso tali misure, approvando la nota delle spese, con diritto di rivalsa esercitabile verso chi abbia causato o comunque concorso a causare le spese stesse, se venga individuato entro il termine di cinque anni dall'effettuato pagamento.

ART. 306
(determinazione delle misure per il ripristino ambientale)

   1. Gli operatori individuano le possibili misure per il ripristino ambientale che risultino conformi all'allegato 3 alla parte sesta del presente decreto e le presentano per l'approvazione al ((Ministro dell'ambiente e della tutela del territorio e del mare)) senza indugio e comunque non oltre trenta giorni dall'evento dannoso, a

meno che questi non abbia gia' adottato misure urgenti, a norma articolo 305, commi 2 e 3.

2. Il ((Ministro dell'ambiente e della tutela del territorio e del mare)) decide quali misure di ripristino attuare, in modo da garantire, ove possibile, il conseguimento del completo ripristino ambientale, e valuta l'opportunita' di addivenire ad un accordo con l'operatore interessato nel rispetto della procedura di cui all'articolo 11 della legge 7 agosto 1990, n. 241.

3. Se si e' verificata una pluralita' di casi di danno ambientale e l'autorita' competente non e' in grado di assicurare l'adozione simultanea delle misure di ripristino necessarie, essa puo' decidere quale danno ambientale debba essere riparato a titolo prioritario. Ai fini di tale decisione, l'autorita' competente tiene conto, fra l'altro, della natura, entita' e gravita' dei diversi casi di danno ambientale in questione, nonche' della possibilita' di un ripristino naturale.

4. Nelle attivita' di ripristino ambientale sono prioritariamente presi in considerazione i rischi per la salute umana.

5. Il ((Ministro dell'ambiente e della tutela del territorio e del mare)) invita i soggetti di cui agli articoli 12 e 7, comma 4, della direttiva 2004/35/CE, nonche' i soggetti sugli immobili dei quali si devono effettuare le misure di ripristino a presentare le loro osservazioni nel termine di dieci giorni e le prende in considerazione in sede di ordinanza. Nei casi di motivata, estrema urgenza l'invito puo' essere incluso nell'ordinanza, che in tal caso potra' subire le opportune riforme o essere revocata tenendo conto dello stato dei lavori in corso.

ART. 306-bis
(Determinazione delle misure per il risarcimento del danno ambientale e il ripristino ambientale dei siti di interesse nazionale).

1. ((Salvo che la transazione avvenga in sede giudiziale a norma dell'articolo 185 del codice di procedura civile,)) Nel rispetto dei criteri di cui al comma 2 e tenuto conto del quadro comune da rispettare di cui all'allegato 3 alla presente parte sesta, il soggetto nei cui confronti il Ministero dell'ambiente e della tutela del territorio e del mare ha avviato le procedure di bonifica e di riparazione del danno ambientale di siti inquinati di interesse nazionale ai sensi dell'articolo 18 della legge 8 luglio 1986, n. 349, dell'articolo 17 del decreto legislativo 5 febbraio 1997, n. 22, nonche' ai sensi del titolo V della parte quarta e della parte sesta del presente decreto, ovvero ha intrapreso la relativa azione giudiziaria, puo' formulare una proposta transattiva ((in sede amministrativa)).

2. La proposta di transazione di cui al comma 1:
   a) individua gli interventi di riparazione primaria, complementare e compensativa;
   b) ove sia formulata per la riparazione compensativa, tiene conto del tempo necessario per conseguire l'obiettivo della riparazione primaria o della riparazione primaria e complementare;
   c) ove i criteri risorsa-risorsa e servizio-servizio non siano applicabili per la determinazione delle misure complementari e compensative, contiene una liquidazione del danno mediante una valutazione economica;
   d) prevede comunque un piano di monitoraggio e controllo qualora all'impossibilita' della riparazione primaria corrisponda un inquinamento residuo che comporta un rischio per la salute e per l'ambiente;
   e) tiene conto degli interventi di bonifica gia' approvati e realizzati ai sensi del titolo V della parte quarta del presente decreto;
   f) in caso di concorso di piu' soggetti nell'aver causato il danno e negli obblighi di bonifica, puo' essere formulata anche da alcuni soltanto di essi con riferimento all'intera obbligazione,

salvo il regresso nei confronti degli altri concorrenti;
  g) contiene l'indicazione di idonee garanzie finanziarie.

3. Il Ministero dell'ambiente e della tutela del territorio e del mare, con proprio decreto, dichiara ricevibile la proposta di transazione, verificato che ricorrono i requisiti di cui al comma 2, ovvero respinge la proposta per assenza dei medesimi requisiti.

4. Nel caso in cui dichiari ricevibile la proposta di transazione, il Ministero dell'ambiente e della tutela del territorio e del mare convoca, entro trenta giorni, una conferenza di servizi alla quale partecipano la regione e gli enti locali territorialmente coinvolti, che acquisisce il parere dell'Istituto superiore per la protezione e la ricerca ambientale (ISPRA) e dell'Istituto superiore di sanita'. In ogni caso il parere tiene conto della necessita' che gli interventi proposti, qualora non conseguano il completo ripristino dello stato dei luoghi, assicurino comunque la funzionalita' dei servizi e delle risorse tutelate e colpite dall'evento lesivo. Della conferenza di servizi e' data adeguata pubblicita' al fine di consentire a tutti i soggetti interessati di formulare osservazioni.

5. La conferenza di servizi, entro centottanta giorni dalla convocazione, approva, respinge o modifica la proposta di transazione. La deliberazione finale e' comunicata al proponente per l'accettazione, che deve intervenire nei successivi sessanta giorni. Le determinazioni assunte all'esito della conferenza sostituiscono a tutti gli effetti ogni atto decisorio comunque denominato di competenza delle amministrazioni partecipanti alla predetta conferenza o comunque invitate a partecipare ma risultate assenti.

6. Sulla base della deliberazione della conferenza accettata dall'interessato, il Ministero dell'ambiente e della tutela del territorio e del mare predispone uno schema di transazione sul quale e' acquisito il parere dell'Avvocatura generale dello Stato, che lo valuta anche tenendo conto dei presumibili tempi processuali e, ove possibile, dei prevedibili esiti del giudizio pendente o da instaurare.

7. Acquisito il parere di cui al comma 6, lo schema di transazione, sottoscritto per accettazione dal proponente, e' adottato con decreto del Ministro dell'ambiente e della tutela del territorio e del mare e sottoposto al controllo preventivo di legittimita' della Corte dei conti ai sensi dell'articolo 3, comma 1, della legge 14 gennaio 1994, n. 20.

8. Nel caso di inadempimento, anche parziale, da parte dei soggetti privati, delle obbligazioni dagli stessi assunte in sede di transazione nei confronti del Ministero dell'ambiente e della tutela del territorio e del mare, quest'ultimo, previa diffida ad adempiere nel termine di trenta giorni e previa escussione delle garanzie finanziarie prestate, puo' dichiarare risolto il contratto di transazione. In tal caso, le somme eventualmente gia' corrisposte dai contraenti sono trattenute dal Ministero in acconto dei maggiori importi definitivamente dovuti per i titoli di cui al comma 1.

ART. 307
(notificazione delle misure preventive e di ripristino)

1. Le decisioni che impongono misure di precauzione, di prevenzione o di ripristino, adottate ai sensi della parte sesta del presente decreto, sono adeguatamente motivate e comunicate senza indugio all'operatore interessato con indicazione dei mezzi di ricorso di cui dispone e dei termini relativi.

ART. 308
(costi dell'attivita' di prevenzione e di ripristino)

1. L'operatore sostiene i costi delle iniziative statali di prevenzione e di ripristino ambientale adottate secondo le disposizioni di cui alla parte sesta del presente decreto.

2. Fatti salvi i commi 4, 5 e 6, il ((Ministro dell'ambiente e

della tutela del territorio e del mare)) recupera, anche attraverso garanzie reali o fideiussioni bancarie a prima richiesta e con esclusione del beneficio della preventiva escussione, dall'operatore che ha causato il danno o l'imminente minaccia, le spese sostenute dallo Stato in relazione alle azioni di precauzione, prevenzione e ripristino adottate a norma della parte sesta del presente decreto.

3. Il ((Ministro dell'ambiente e della tutela del territorio e del mare)) determina di non recuperare la totalita' dei costi qualora la spesa necessaria sia maggiore dell'importo recuperabile o qualora l'operatore non possa essere individuato.

4. Non sono a carico dell'operatore i costi delle azioni di precauzione, prevenzione e ripristino adottate conformemente alle disposizioni di cui alla parte sesta del presente decreto se egli puo' provare che il danno ambientale o la minaccia imminente di tale danno:
   a) e' stato causato da un terzo e si e' verificato nonostante l'esistenza di misure di sicurezza astrattamente idonee;
   b) e' conseguenza dell'osservanza di un ordine o istruzione obbligatori impartiti da una autorita' pubblica, diversi da quelli impartiti a seguito di un'emissione o di un incidente imputabili all'operatore; in tal caso il ((Ministro dell'ambiente e della tutela del territorio e del mare)) adotta le misure necessarie per consentire all'operatore il recupero dei costi sostenuti.

5. L'operatore non e' tenuto a sostenere i costi delle azioni di cui al comma 5 intraprese conformemente alle disposizioni di cui alla parte sesta del presente decreto qualora dimostri che non gli e' attribuibile un comportamento doloso o colposo e che l'intervento preventivo a tutela dell'ambiente e' stato causato da:
   a) un'emissione o un evento espressamente consentiti da un'autorizzazione conferita ai sensi delle vigenti disposizioni legislative e regolamentari recanti attuazione delle misure legislative adottate dalla Comunita' europea di cui all'allegato 5 della parte sesta del presente decreto, applicabili alla data dell'emissione o dell'evento e in piena conformita' alle condizioni ivi previste;
   b) un'emissione o un'attivita' o qualsiasi altro modo di utilizzazione di un prodotto nel corso di un'attivita' che l'operatore dimostri non essere stati considerati probabile causa di danno ambientale secondo lo stato delle conoscenze scientifiche e tecniche al momento del rilascio dell'emissione o dell'esecuzione dell'attivita'.

6. Le misure adottate dal ((Ministro dell'ambiente e della tutela del territorio e del mare)) in attuazione delle disposizioni di cui alla parte sesta del presente decreto lasciano impregiudicata la responsabilita' e l'obbligo risarcitorio del trasgressore interessato.

ART. 309
(richiesta di intervento statale)

1. Le regioni, le province autonome e gli enti locali, anche associati, nonche' le persone fisiche o giuridiche che sono o che potrebbero essere colpite dal danno ambientale o che vantino un interesse legittimante la partecipazione al procedimento relativo all'adozione delle misure di precauzione, di prevenzione o di ripristino previste dalla parte sesta del presente decreto possono presentare al ((Ministro dell'ambiente e della tutela del territorio e del mare)), depositandole presso le Prefetture - Uffici territoriali del Governo, denunce e osservazioni, corredate da documenti ed informazioni, concernenti qualsiasi caso di danno ambientale o di minaccia imminente di danno ambientale e chiedere l'intervento statale a tutela dell'ambiente a norma della parte sesta del presente decreto.

2. Le organizzazioni non governative che promuovono la protezione dell'ambiente, di cui all'articolo 13 della legge 8 luglio 1986, n.

349, sono riconosciute titolari dell'interesse di cui al comma 1.

3. Il ((Ministro dell'ambiente e della tutela del territorio e del mare)) valuta le richieste di intervento e le osservazioni ad esse allegate afferenti casi di danno o di minaccia di danno ambientale e informa senza dilazione i soggetti richiedenti dei provvedimenti assunti al riguardo.

4. In caso di minaccia imminente di danno, il ((Ministro dell'ambiente e della tutela del territorio e del mare)), nell'urgenza estrema, provvede sul danno denunciato anche prima d'aver risposto ai richiedenti ai sensi del comma 3.

ART. 310
(ricorsi)

1. I soggetti di cui all'articolo 309, comma 1, sono legittimati ad agire, secondo i principi generali, per l'annullamento degli atti e dei provvedimenti adottati in violazione delle disposizioni di cui alla parte sesta del presente decreto nonche' avverso il silenzio inadempimento del Ministro dell'ambiente e della tutela del territorio e del mare e per il risarcimento del danno subito a causa del ritardo nell'attivazione, da parte del medesimo Ministro, delle misure di precauzione, di prevenzione o di contenimento del danno ambientale.

2. Nell'ipotesi di cui al comma 1, il ricorso al giudice amministrativo ((. . .)) puo' essere preceduto da una opposizione depositata presso il Ministero dell'ambiente e della tutela del territorio e del mare o inviata presso la sua sede a mezzo di posta raccomandata con avviso di ricevimento entro trenta giorni dalla notificazione, comunicazione o piena conoscenza dell'atto. In caso di inerzia del Ministro, analoga opposizione puo' essere proposta entro il suddetto termine decorrente dalla scadenza del trentesimo giorno successivo all'effettuato deposito dell'opposizione presso il Ministero dell'ambiente e della tutela del territorio e del mare.

3. Se sia stata presentata l'opposizione e non ancora il ricorso al giudice amministrativo, quest'ultimo e' proponibile entro il termine di sessanta giorni decorrenti dal ricevimento della decisione di rigetto dell'opposizione oppure dal trentunesimo giorno successivo alla presentazione dell'opposizione se il Ministro non si sia pronunciato.

4. Resta ferma la facolta' dell'interessato di ricorrere in via straordinaria al Presidente della Repubblica nel termine di centoventi giorni dalla notificazione, comunicazione o piena conoscenza dell'atto o provvedimento che si ritenga illegittimo e lesivo.

TITOLO III
RISARCIMENTO DEL DANNO AMBIENTALE

ART. 311
(azione risarcitoria in forma specifica)

1. Il Ministro dell'ambiente e della tutela del territorio e del mare agisce, anche esercitando l'azione civile in sede penale, per il risarcimento del danno ambientale in forma specifica e, se necessario, per equivalente patrimoniale, oppure procede ai sensi delle disposizioni di cui alla parte sesta del presente decreto.
((2. Quando si verifica un danno ambientale cagionato dagli operatori le cui attivita' sono elencate nell'allegato 5 alla presente parte sesta, gli stessi sono obbligati all'adozione delle misure di riparazione di cui all'allegato 3 alla medesima parte sesta secondo i criteri ivi previsti, da effettuare entro il termine congruo di cui all'articolo 314, comma 2, del presente decreto. Ai medesimi obblighi e' tenuto chiunque altro cagioni un danno

ambientale con dolo o colpa. Solo quando l'adozione delle misure di riparazione anzidette risulti in tutto o in parte omessa, o comunque realizzata in modo incompleto o difforme dai termini e modalita' prescritti, il Ministro dell'ambiente e della tutela del territorio e del mare determina i costi delle attivita' necessarie a conseguirne la completa e corretta attuazione e agisce nei confronti del soggetto obbligato per ottenere il pagamento delle somme corrispondenti)).

((3. Il Ministro dell'ambiente e della tutela del territorio e del mare provvede in applicazione dei criteri enunciati negli allegati 3 e 4 della presente parte sesta alla determinazione delle misure di riparazione da adottare e provvede con le procedure di cui al presente titolo III all'accertamento delle responsabilita' risarcitorie. Con decreto del Ministro dell'ambiente e della tutela del territorio e del mare, sentito il Ministro dello sviluppo economico, da adottare entro sessanta giorni dalla data di entrata in vigore della presente disposizione, ai sensi dell'articolo 17, comma 3, della legge 23 agosto 1988, n. 400, sono definiti, in conformita' a quanto previsto dal punto 1.2.3 dell'allegato 3 alla presente parte sesta i criteri ed i metodi, anche di valutazione monetaria, per determinare la portata delle misure di riparazione complementare e compensativa. Tali criteri e metodi trovano applicazione anche ai giudizi pendenti non ancora definiti con sentenza passata in giudicato alla data di entrata in vigore del decreto di cui al periodo precedente. Nei casi di concorso nello stesso evento di danno, ciascuno risponde nei limiti della propria responsabilita' personale. Il relativo debito si trasmette, secondo le leggi vigenti, agli eredi, nei limiti del loro effettivo arricchimento)).

ART. 312
(istruttoria per l'emanazione dell'ordinanza ministeriale)

1. L'istruttoria per l'emanazione dell'ordinanza ministeriale di cui all'articolo 313 si svolge ai sensi della legge 7 agosto 1990, n. 241.

2. Il ((Ministro dell'ambiente e della tutela del territorio e del mare)), per l'accertamento dei fatti, per l'individuazione dei trasgressori, per l'attuazione delle misure a tutela dell'ambiente e per il risarcimento dei danni, puo' delegare il Prefetto competente per territorio ed avvalersi, anche mediante apposite convenzioni, della collaborazione delle Avvocature distrettuali dello Stato, del Corpo forestale dello Stato, dell'Arma dei carabinieri, della Polizia di Stato, della Guardia di finanza e di qualsiasi altro soggetto pubblico dotato di competenza adeguata.

3. Il ((Ministro dell'ambiente e della tutela del territorio e del mare)), per l'accertamento delle cause del danno e per la sua quantificazione, da effettuare in applicazione delle disposizioni contenute negli Allegati 3 e 4 alla parte sesta del presente decreto, puo' disporre, nel rispetto del principio del contraddittorio con l'operatore interessato, apposita consulenza tecnica svolta dagli uffici ministeriali, da quelli di cui al comma 2 oppure, tenuto conto delle risorse finanziarie previste a legislazione vigente, da liberi professionisti.

4. Il ((Ministro dell'ambiente e della tutela del territorio e del mare)), al fine di procedere ad ispezioni documentali, verificazioni e ricerche anche in apparecchiature informatiche e ad ogni altra rilevazione ritenuta utile per l'accertamento del fatto dannoso e per l'individuazione dei trasgressori, puo' disporre l'accesso di propri incaricati nel sito interessato dal fatto dannoso. Gli incaricati che eseguono l'accesso devono essere muniti di apposita autorizzazione che ne indica lo scopo, rilasciata dal capo dell'ufficio da cui dipendono. Per l'accesso a locali che siano adibiti ad abitazione o all'esercizio di attivita' professionali e' necessario che l'Amministrazione si munisca dell'autorizzazione dell'autorita' giudiziara competente. In ogni caso, dell'accesso nei luoghi di cui al presente comma dovra' essere informato il titolare dell'attivita' o un suo delegato, che ha il diritto di essere presente, anche con

l'assistenza di un difensore di fiducia, e di chiedere che le sue dichiarazioni siano verbalizzate.

5. In caso di gravi indizi che facciano ritenere che libri, registri, documenti, scritture ed altre prove del fatto dannoso si trovino in locali diversi da quelli indicati nel comma 4, il ((Ministro dell'ambiente e della tutela del territorio e del mare)) puo' chiedere l'autorizzazione per la perquisizione di tali locali all'autorita' giudiziaria competente.

6. E' in ogni caso necessaria l'autorizzazione dell'autorita' giudiziaria competente per procedere, durante l'accesso, a perquisizioni personali e all'apertura coattiva di pieghi sigillati, borse, casseforti, mobili, ripostigli e simili e per l'esame dei documenti e la richiesta di notizie relativamente ai quali sia stato eccepito il segreto professionale.

7. Di ogni accesso deve essere redatto processo verbale da cui risultino le ispezioni e le rilevazioni eseguite, le richieste fatte all'interessato o a chi lo rappresenta e le risposte ricevute, nonche' le sue dichiarazioni. Il verbale deve essere sottoscritto dall'interessato o da chi lo rappresenta oppure deve indicare il motivo della mancata sottoscrizione. L'interessato ha diritto di averne copia.

8. I documenti e le scritture possono essere sequestrati soltanto se non sia possibile riprodurne o farne constare agevolmente il contenuto rilevante nel verbale, nonche' in caso di mancata sottoscrizione o di contestazione del contenuto del verbale; tuttavia gli agenti possono sempre acquisire dati con strumenti propri da sistemi meccanografici, telematici, elettronici e simili.

ART. 313
(ordinanza)

1. Qualora all'esito dell'istruttoria di cui all'articolo 312 sia stato accertato un fatto che abbia causato danno ambientale ed il responsabile non abbia attivato le procedure di ripristino ai sensi del titolo V della parte quarta del presente decreto oppure ai sensi degli articoli 304 e seguenti, il Ministro dell'ambiente e della tutela del territorio e del mare, con ordinanza immediatamente esecutiva, ingiunge a coloro che, in base al suddetto accertamento, siano risultati responsabili del fatto il ripristino ambientale a titolo di risarcimento in forma specifica entro un termine fissato.

2. Qualora il responsabile del fatto che ha provocato danno ambientale non provveda in tutto o in parte al ripristino nel termine ingiunto ((o all'adozione delle misure di riparazione nei termini e modalita' prescritti, il Ministro dell'ambiente e della tutela del territorio e del mare determina i costi delle attivita' necessarie a conseguire la completa attuazione delle misure anzidette secondo i criteri definiti con il decreto di cui al comma 3 dell'articolo 311 e, al fine di procedere alla realizzazione delle stesse, con ordinanza ingiunge il pagamento, entro il termine di sessanta giorni dalla notifica, delle somme corrispondenti)).

3. Con riguardo al risarcimento del danno in forma specifica, l'ordinanza e' emessa nei confronti del responsabile del fatto dannoso nonche', in solido, del soggetto nel cui effettivo interesse il comportamento fonte del danno e' stato tenuto o che ne abbia obiettivamente tratto vantaggio sottraendosi, secondo l'accertamento istruttorio intervenuto, all'onere economico necessario per apprestare, in via preventiva, le opere, le attrezzature, le cautele e tenere i comportamenti previsti come obbligatori dalle norme applicabili.

4. L'ordinanza e' adottata nel termine perentorio di centottanta giorni decorrenti dalla comunicazione ai soggetti di cui al comma 3 dell'avvio dell'istruttoria, e comunque entro il termine di decadenza di due anni dalla notizia del fatto, salvo quando sia in corso il ripristino ambientale a cura e spese del trasgressore. In tal caso i medesimi termini decorrono dalla sospensione ingiustificata dei

lavori di ripristino oppure dalla loro conclusione in caso di incompleta riparazione del danno. Alle attestazioni concernenti la sospensione dei lavori e la loro incompletezza provvede il Ministro dell'ambiente e della tutela del territorio e del mare con apposito atto di accertamento.

5. Nei termini previsti dai commi 1 e 3 dell'articolo 2947 del codice civile, il Ministro dell'ambiente e della tutela del territorio e del mare puo' adottare ulteriori provvedimenti nei confronti di trasgressori successivamente individuati.

6. Nel caso di danno provocato da soggetti sottoposti alla giurisdizione della Corte dei conti, il Ministro dell'ambiente e della tutela del territorio e del mare, anziche' ingiungere il pagamento del risarcimento per equivalente patrimoniale, invia rapporto all'Ufficio di Procura regionale presso la Sezione giurisdizionale della Corte dei conti competente per territorio.

7. Nel caso di intervenuto risarcimento del danno, sono esclusi, a seguito di azione concorrente da parte di autorita' diversa dal Ministro dell'ambiente e della tutela del territorio e del mare, nuovi interventi comportanti aggravio di costi per l'operatore interessato. Resta in ogni caso fermo il diritto dei soggetti danneggiati dal fatto produttivo di danno ambientale, nella loro salute o nei beni di loro proprieta', di agire in giudizio nei confronti del responsabile a tutela dei diritti e degli interessi lesi.

ART. 314
(contenuto dell'ordinanza)

1. L'ordinanza contiene l'indicazione specifica del fatto, commissivo o omissivo, contestato, nonche' degli elementi di fatto ritenuti rilevanti per l'individuazione e la quantificazione del danno e delle fonti di prova per l'identificazione dei trasgressori.

2. L'ordinanza fissa un termine, anche concordato con il trasgressore in applicazione dell'articolo 11 della legge 7 agosto 1990, n. 241, per il ripristino dello stato dei luoghi a sue spese, comunque non inferiore a due mesi e non superiore a due anni, salvo ulteriore proroga da definire in considerazione dell'entita' dei lavori necessari.

3. La quantificazione del danno deve comprendere il pregiudizio arrecato alla situazione ambientale con particolare riferimento al costo necessario per il suo ripristino. ((PERIODO SOPPRESSO DALLA L. 6 AGOSTO 2013, N. 97)). ((PERIODO SOPPRESSO DALLA L. 6 AGOSTO 2013, N. 97)).

4. In caso di sentenza di condanna in sede penale o di emanazione del provvedimento di cui all'articolo 444 del codice di procedura penale, la cancelleria del giudice che ha emanato la sentenza o il provvedimento trasmette copia degli stessi al Ministero dell'ambiente e della tutela del territorio e del mare entro cinque giorni dalla loro pubblicazione.

5. Le regioni, le province autonome e gli altri enti territoriali, al fine del risarcimento del danno ambientale, comunicano al Ministero dell'ambiente e della tutela del territorio e del mare le sanzioni amministrative, entro dieci giorni dall'avvenuta irrogazione.

6. Le ordinanze ministeriali di cui agli articoli 304, comma 3, e 313 indicano i mezzi di ricorso ed i relativi termini.

ART. 315
(effetti dell'ordinanza sull'azione giudiziaria)

1. Il ((Ministro dell'ambiente e della tutela del territorio e del mare)) che abbia adottato l'ordinanza di cui all'articolo 313 non puo' ne' proporre ne' procedere ulteriormente nel giudizio per il risarcimento del danno ambientale, salva la possibilita' dell'intervento in qualita' di persona offesa dal reato nel giudizio

penale.

ART. 316
(ricorso avverso l'ordinanza)

1. Il trasgressore, entro il termine perentorio di sessanta giorni dalla comunicazione dell'ordinanza di cui all'articolo 313, puo' ricorrere al Tribunale amministrativo regionale competente in relazione al luogo nel quale si e' prodotto il danno ambientale.
2. Il trasgressore puo' far precedere l'azione giurisdizionale dal ricorso in opposizione di cui all'articolo 310, commi 2 e 3.
3. Il trasgressore puo' proporre altresi' ricorso al Presidente della Repubblica nel termine di centoventi giorni dalla ricevuta notificazione o comunicazione dell'ordinanza o dalla sua piena conoscenza.

ART. 317
(riscossione dei crediti e fondo di rotazione)

1. Per la riscossione delle somme costituenti credito dello Stato ai sensi delle disposizioni di cui alla parte sesta del presente decreto, nell'ammontare determinato dal Ministro dell'ambiente e della tutela del territorio e del mare o dal giudice, si applicano le norme di cui al decreto legislativo 13 aprile 1999, n. 112.
2. Nell'ordinanza o nella sentenza puo' essere disposto, su richiesta dell'interessato che si trovi in condizioni economiche disagiate, che gli importi dovuti vengano pagati in rate mensili non superiori al numero di venti; ciascuna rata non puo' essere inferiore comunque ad euro cinquemila.
3. In ogni momento il debito puo' essere estinto mediante un unico pagamento.
4. Il mancato adempimento anche di una sola rata alla sua scadenza comporta l'obbligo di pagamento del residuo ammontare in unica soluzione.
((5. Le somme derivanti dalla riscossione dei crediti in favore dello Stato per il risarcimento del danno ambientale disciplinato dalla parte sesta, ivi comprese quelle derivanti dall'escussione di fidejussioni a favore dello Stato, assunte a garanzia del risarcimento medesimo, sono versate all'entrata del bilancio dello Stato per essere integralmente riassegnate con decreto del Ministro dell'economia e delle finanze ad un pertinente capitolo dello stato di previsione del Ministero dell'ambiente e della tutela del territorio e del mare, per essere destinate alla realizzazione delle misure di prevenzione e riparazione in conformita' alle previsioni della direttiva 2004/35/CE ed agli obblighi da essa derivanti)).
6. COMMA ABROGATO DAL D.L. 25 SETTEMBRE 2009, N. 135 CONVERTITO CON MODIFICAZIONI DALLA L. 20 NOVEMBRE 2009, N. 166.

ART. 318
(norme transitorie e finali)

1. Nelle more dell'adozione del decreto di cui all'articolo 317, comma 6, continua ad applicarsi il decreto del ((Ministro dell'ambiente e della tutela del territorio e del mare)) 14 ottobre 2003.
2. Sono abrogati:
  a) l'articolo 18 della legge 8 luglio 1986, n. 349, ad eccezione del comma 5;
  b) l'articolo 9, comma 3, del decreto legislativo 18 agosto 2000, n. 267;
  c) l'articolo 1, commi 439, 440, 441, 442 e 443 della legge 23 dicembre 2005, n. 266.
3. In attuazione dell'articolo 14 della direttiva 2004/35/CE, con decreto del Presidente del Consiglio dei Ministri, adottato su

proposta del ((Ministro dell'ambiente e della tutela del territorio e del mare)) di concerto con i Ministri dell'economia e delle finanze e delle attivita' produttive, sono adottate misure per la definizione di idonee forme di garanzia e per lo sviluppo dell'offerta dei relativi strumenti, in modo da consentirne l'utilizzo da parte degli operatori interessati ai fini dell'assolvimento delle responsabilita' ad essi incombenti ai sensi della parte sesta del presente decreto.

4. Quando un danno ambientale riguarda o puo' riguardare una pluralita' di Stati membri dell'Unione europea, il ((Ministro dell'ambiente e della tutela del territorio e del mare)) coopera, anche attraverso un appropriato scambio di informazioni, per assicurare che sia posta in essere un'azione di prevenzione e, se necessario, di riparazione di tale danno ambientale. In tale ipotesi, quando il danno ambientale ha avuto origine nel territorio italiano, il ((Ministro dell'ambiente e della tutela del territorio e del mare)) fornisce informazioni sufficienti agli Stati membri potenzialmente esposti ai suoi effetti. Se il Ministro individua entro i confini del territorio nazionale un danno la cui causa si e' invece verificata al di fuori di tali confini, esso ne informa la Commissione europea e qualsiasi altro Stato membro interessato; il Ministro puo' raccomandare l'adozione di misure di prevenzione o di riparazione e puo' cercare, ai sensi della parte sesta del presente decreto, di recuperare i costi sostenuti in relazione all'adozione delle misur e di prevenzione o riparazione.

PARTE SESTA-BIS
DISCIPLINA SANZIONATORIA DEGLI ILLECITI AMMINISTRATIVI E PENALI IN MATERIA DI TUTELA AMBIENTALE

ART. 318-bis
((Ambito di applicazione).))

((1. Le disposizioni della presente parte si applicano alle ipotesi contravvenzionali in materia ambientale previste dal presente decreto che non hanno cagionato danno o pericolo concreto e attuale di danno alle risorse ambientali, urbanistiche o paesaggistiche protette.))

ART. 318-ter
(Prescrizioni).

1. Allo scopo di eliminare la contravvenzione accertata, l'organo di vigilanza, nell'esercizio delle funzioni di polizia giudiziaria di cui all'articolo 55 del codice di procedura penale, ovvero la polizia giudiziaria impartisce al contravventore un'apposita prescrizione asseverata tecnicamente dall'ente specializzato competente nella materia trattata, fissando per la regolarizzazione un termine non superiore al periodo di tempo tecnicamente necessario. In presenza di specifiche e documentate circostanze non imputabili al contravventore che determinino un ritardo nella regolarizzazione, il termine puo' essere prorogato per una sola volta, a richiesta del contravventore, per un periodo non superiore a sei mesi, con provvedimento motivato che e' comunicato immediatamente al pubblico ministero.
2. Copia della prescrizione e' notificata o comunicata anche al rappresentante legale dell'ente nell'ambito o al servizio del quale opera il contravventore.
3. Con la prescrizione l'organo accertatore puo' imporre specifiche misure atte a far cessare situazioni di pericolo ovvero la prosecuzione di attivita' potenzialmente pericolose.
4. Resta fermo l'obbligo dell'organo accertatore di riferire al pubblico ministero la notizia di reato relativa alla contravvenzione, ai sensi dell'articolo 347 del codice di procedura penale.
((4-bis. Con decreto del Ministro della transizione ecologica, di concerto con il Ministro dell'economia e delle finanze, sono stabiliti gli importi da corrispondere a carico del contravventore per l'attivita' di asseverazione tecnica fornita dall'ente specializzato competente nella materia cui si riferisce la prescrizione di cui al comma 1, quando diverso dall'organo di vigilanza che l'ha rilasciata, ovvero, in alternativa, per la redazione della prescrizione rilasciata, previo sopralluogo e in assenza di asseverazione, dallo stesso organo accertatore, nell'esercizio delle funzioni di polizia giudiziaria ai sensi dell'articolo 55 del codice di procedura penale quando si tratti di ente diverso da un corpo od organo riconducibile a un'amministrazione statale)).

ART. 318-quater
(Verifica dell'adempimento).

1. Entro sessanta giorni dalla scadenza del termine fissato nella prescrizione ai sensi dell'articolo 318-ter, l'organo accertatore verifica se la violazione e' stata eliminata secondo le modalita' e nel termine indicati dalla prescrizione.
((2. Quando risulta l'adempimento della prescrizione, l'organo accertatore ammette il contravventore a pagare in sede amministrativa, nel termine di trenta giorni, una somma pari a un quarto del massimo dell'ammenda stabilita per la contravvenzione commessa, ai fini dell'estinzione del reato, destinata all'entrata del bilancio dello Stato, unitamente alla somma dovuta ai sensi dell'articolo 318-ter, comma 4-bis. Entro centoventi giorni dalla scadenza del termine fissato nella prescrizione, l'organo accertatore

comunica al pubblico ministero l'adempimento della prescrizione nonche' l'eventuale pagamento della somma dovuta ai fini dell'estinzione del reato e di quella da corrispondere, ai sensi dell'articolo 318-ter, comma 4-bis, per la redazione della prescrizione o, in alternativa, per il rilascio dell'asseverazione tecnica. Gli importi di cui all'articolo 318-ter, comma 4-bis, sono riscossi dall'ente accertatore e sono destinati al potenziamento delle attivita' di controllo e verifica ambientale svolte dai predetti organi ed enti)).

3. Quando risulta l'inadempimento della prescrizione, l'organo accertatore ne da' comunicazione al pubblico ministero e al contravventore entro novanta giorni dalla scadenza del termine fissato nella stessa prescrizione.

ART. 318-quinquies
((Notizie di reato non pervenute dall'organo accertatore).))

((1. Se il pubblico ministero prende notizia di una contravvenzione di propria iniziativa ovvero la riceve da privati o da pubblici ufficiali o incaricati di un pubblico servizio diversi dall'organo di vigilanza e dalla polizia giudiziaria, ne da' comunicazione all'organo di vigilanza o alla polizia giudiziaria affinche' provveda agli adempimenti di cui agli articoli 318-ter e 318-quater.

2. Nel caso previsto dal comma 1, l'organo di vigilanza o la polizia giudiziaria informano il pubblico ministero della propria attivita' senza ritardo.))

ART. 318-sexies
((Sospensione del procedimento penale).))

((1. Il procedimento per la contravvenzione e' sospeso dal momento dell'iscrizione della notizia di reato nel registro di cui all'articolo 335 del codice di procedura penale fino al momento in cui il pubblico ministero riceve una delle comunicazioni di cui all'articolo 318-quater, commi 2 e 3, del presente decreto.

2. Nel caso previsto dall'articolo 318-quinquies, comma 1, il procedimento rimane sospeso fino al termine indicato al comma 1 del presente articolo.

3. La sospensione del procedimento non preclude la richiesta di archiviazione. Non impedisce, inoltre, l'assunzione delle prove con incidente probatorio, ne' gli atti urgenti di indagine preliminare, ne' il sequestro preventivo ai sensi degli articoli 321 e seguenti del codice di procedura penale.))

ART. 318-septies
((Estinzione del reato).))

((1. La contravvenzione si estingue se il contravventore adempie alla prescrizione impartita dall'organo di vigilanza nel termine ivi fissato e provvede al pagamento previsto dall'articolo 318-quater, comma 2.

2. Il pubblico ministero richiede l'archiviazione se la contravvenzione e' estinta ai sensi del comma 1.

3. L'adempimento in un tempo superiore a quello indicato dalla prescrizione, ma che comunque risulta congruo a norma dell'articolo 318-quater, comma 1, ovvero l'eliminazione delle conseguenze dannose o pericolose della contravvenzione con modalita' diverse da quelle indicate dall'organo di vigilanza sono valutati ai fini dell'applicazione dell'articolo 162-bis del codice penale. In tal caso, la somma da versare e' ridotta alla meta' del massimo dell'ammenda stabilita per la contravvenzione commessa.))

ART. 318-octies
((Norme di coordinamento e transitorie).))

((1. Le norme della presente parte non si applicano ai procedimenti in corso alla data di entrata in vigore della medesima parte)).

ALLEGATO I

((Criteri per la verifica di assoggettabilita' di piani e programmi di cui all'articolo 12.

1. Caratteristiche del piano o del programma, tenendo conto in particolare, dei seguenti elementi:
  - in quale misura il piano o il programma stabilisce un quadro di riferimento per progetti ed altre attivita', o per quanto riguarda l'ubicazione, la natura, le dimensioni e le condizioni operative o attraverso la ripartizione delle risorse;
  - in quale misura il piano o il programma influenza altri piani o programmi, inclusi quelli gerarchicamente ordinati;
  - la pertinenza del piano o del programma per l'integrazione delle considerazioni ambientali, in particolare al fine di promuovere lo sviluppo sostenibile;
  - problemi ambientali pertinenti al piano o al programma;
  - la rilevanza del piano o del programma per l'attuazione della normativa comunitaria nel settore dell'ambiente (ad es. piani e programmi connessi alla gestione dei rifiuti o alla protezione delle acque).
2. Caratteristiche degli impatti e delle aree che possono essere interessate, tenendo conto in particolare, dei seguenti elementi:
  - probabilita', durata, frequenza e reversibilita' degli impatti;
  - carattere cumulativo degli impatti;
  - natura transfrontaliera degli impatti;
  - rischi per la salute umana o per l'ambiente (ad es. in caso di incidenti);
  - entita' ed estensione nello spazio degli impatti (area geografica e popolazione potenzialmente interessate);
  - valore e vulnerabilita' dell'area che potrebbe essere interessata a causa:
    - delle speciali caratteristiche naturali o del patrimonio culturale,
    - del superamento dei livelli di qualita' ambientale o dei valori limite dell'utilizzo intensivo del suolo;
  - impatti su aree o paesaggi riconosciuti come protetti a livello nazionale, comunitario o internazionale.))

Allegati alla Parte Seconda
ALLEGATO I-bis

- Opere, impianti e infrastrutture necessarie al raggiungimento degli obiettivi fissati dal Piano Nazionale Integrato Energia e Clima (PNIEC), predisposto in attuazione del Regolamento (UE) 2018/1999.
 1 Dimensione della decarbonizzazione
 1.1 Infrastrutture per il phase out della generazione elettrica alimentata a carbone
  1.1.1 Riconversione e/o dismissione delle centrali alimentate a carbone;
  1.1.2 Nuovi impianti termoelettrici alimentati attraverso gas naturale per le esigenze di nuova potenza programmabile, con prevalente funzione di adeguatezza, regolazione e riserva connessi alle esigenze del sistema elettrico derivanti dalla chiusura delle centrali alimentate a carbone
  1.1.3 Infrastrutture di reloading, trasporto via nave, stoccaggio e rigassificazione necessarie a consentire il phase out dalla generazione a carbone e la decarbonizzazione delle industrie in Sardegna.
 1.2 Nuovi impianti per la produzione di energia e vettori energetici da fonti rinnovabili, residui e rifiuti, nonche' ammodernamento, integrali ricostruzioni, riconversione e incremento

della capacita' esistente, relativamente a:

1.2.1 Generazione di energia elettrica: impianti idroelettrici, geotermici, eolici e fotovoltaici (in terraferma e in mare), solari a concentrazione, produzione di energia dal mare e produzione di bioenergia da biomasse solide, bioliquidi, biogas, residui e rifiuti;

1.2.2 Generazione di energia termica: impianti geotermici, solare termico e a concentrazione, produzione di energia da biomasse solide, bioliquidi, biogas, biometano, residui e rifiuti;

1.2.3 Produzione di carburanti sostenibili: biocarburanti e biocarburanti avanzati, biometano e biometano avanzato (compreso l'upgrading del biogas e la produzione di BioLNG da biometano), syngas, carburanti rinnovabili non biologici (idrogeno, e-fuels), carburanti da carbonio riciclato (recycled carbon fuels).

1.3 Infrastrutture e impianti per la produzione, il trasporto e lo stoccaggio di idrogeno

   1.3.1 Impianti di produzione di idrogeno;
   1.3.2 Impianti di Power-to-X;
   1.3.3 Infrastrutture di trasporto di idrogeno;
   1.3.4 Infrastrutture di stoccaggio di idrogeno.

1.4 Altre opere funzionali alla decarbonizzazione del sistema energetico e dell'industria

1.4.1 Costruzione di impianti di rifornimento di combustibili alternativi (per il trasporto stradale, aereo e navale), nonche' ristrutturazione totale o parziale di impianti esistenti con incluso l'annesso stoccaggio, per:
   a. Ricarica elettrica;
   b. Rifornimento Idrogeno (per utilizzo ((con Fuel)) cell, motori endotermici e vettori derivati, quali ammoniaca);
   c. Rifornimento Gas Naturale Compresso / Gas Naturale Compresso di origine Biologica;
   d. Rifornimento Gas Naturale Liquefatto / Gas Naturale Liquefatto di origine biologica;
   e. Rifornimento Gas di Petrolio Liquefatto / Gas di Petrolio Liquefatto di origine biologica;
   f. Biocarburanti in purezza;

1.4.2 Impianti di riconversione del ciclo produttivo finalizzati a ridurre le emissioni da parte del settore industriale, ivi compresa la cattura, trasporto, utilizzo e/o stoccaggio della CO2.

2 Dimensione dell'efficienza energetica

2.1 Riqualificazione energetica profonda di zone industriali o produttive, aree portuali, urbane e commerciali;
2.2 Reti di telecalore / teleriscaldamento / teleraffrescamento;
2.3 Impianti di Cogenerazione ad Alto Rendimento (CAR);
2.4 Impianti di Recupero di calore di scarto.

3 Dimensione della sicurezza energetica

3.1 Settore elettrico

3.1.1 Sviluppo rete di trasmissione nazionale:
   a. elettrodotti funzionali al collegamento internazionale e interconnector;
   b. elettrodotti e opere funzionali al collegamento tra zone di mercato nazionali e alla riduzione delle congestioni intrazonali e dei vincoli di capacita' produttiva;
   c. opere funzionali all'incremento dell'adeguatezza e della sicurezza del sistema e di regolazione dei parametri di frequenza, tensione e potenza di corto circuito;
   d. aumento della resilienza delle reti anche verso fenomeni meteorologici estremi a tutela della continuita' delle forniture e della sicurezza di persone e cose;

3.1.2 Riqualificazione delle reti di distribuzione:
   a. Cabine primarie e secondarie;
   b. Linee elettriche Bassa e Media Tensione;
   c. Telecontrollo e Metering.

3.1.3 Sviluppo capacita' di accumulo elettrochimico e pompaggio
   a. Installazione di sistemi di accumulo elettrochimici e pompaggi

3.2 Settore gas
3.2.1 Miglioramento della flessibilita' della rete nazionale e regionale di trasporto, , e ammodernamento delle stesse reti finalizzato all' aumento degli standard di sicurezza e controllo;
3.2.2 Impianti per l'integrazione delle fonti di gas rinnovabili attraverso l'utilizzo delle infrastrutture esistenti del sistema gas per il relativo trasporto, stoccaggio e distribuzione;
3.2.3 Impianti per la diversificazione della capacita' di importazione;
3.2.4 Infrastrutture di stoccaggio, trasporto e distribuzione di GNL di cui agli articoli 9 e 10 del decreto legislativo 16 dicembre 2016, n. 257, nonche' impianti di liquefazione di GNL, finalizzati alla riduzione di emissioni di CO_2 rispetto ad altre fonti fossili, e relative modifiche degli impianti esistenti;
3.2.5 Infrastrutture di stoccaggio, trasporto e distribuzione di GPL di cui all'articolo 57 del Decreto-Legge del 9 febbraio 2012, n. 5, convertito con modificazioni dalla L. 4 aprile 2012, n. 35 finalizzate alla riduzione di emissioni di CO_2 rispetto ad altre fonti fossili.
3.3 Settore dei prodotti petroliferi
3.3.1 Interventi per la riconversione delle raffinerie esistenti e nuovi impianti per la produzione di prodotti energetici derivanti da fonti rinnovabili, residui e rifiuti, nonche' l'ammodernamento e l'incremento della capacita' esistente anche finalizzata alla produzione di carburanti rinnovabili non biologici (idrogeno, e-fuels), carburanti da carbonio riciclato (recycled carbon fuels);
3.3.2 Interventi di decommissioning delle piattaforme di coltivazione di idrocarburi ed infrastrutture connesse.

ALLEGATO II
Progetti di competenza statale

1) Raffinerie di petrolio greggio (escluse le imprese che producono soltanto lubrificanti dal petrolio greggio), nonche' impianti di gassificazione e di liquefazione di almeno 500 tonnellate al giorno di carbone o di scisti bituminosi, nonche' terminali di rigassificazione di gas naturale liquefatto.
2) Installazioni relative a:
- centrali termiche ed altri impianti di combustione con potenza termica di almeno 300 MW;
- centrali per la produzione dell'energia idroelettrica con potenza di concessione superiore a 30 MW incluse le dighe ed invasi direttamente asserviti;
- Impianti per l'estrazione dell'amianto, nonche' per il trattamento e la trasformazione dell'amianto e dei prodotti contenenti amianto;
- centrali nucleari e altri reattori nucleari, compreso lo smantellamento e lo smontaggio di tali centrali e reattori (esclusi gli impianti di ricerca per la produzione e la lavorazione delle materie fissili e fertili, la cui potenza massima non supera 1 kW di durata permanente termica).
- impianti termici per la produzione di energia elettrica, vapore e acqua calda con potenza termica complessiva superiore a 150 MW;

-impianti eolici per la produzione di energia elettrica sulla terraferma con potenza complessiva superiore a 30 MW, calcolata sulla base del solo progetto sottoposto a valutazione ed escludendo eventuali impianti o progetti localizzati in aree contigue o che abbiano il medesimo centro di interesse ovvero il medesimo punto di connessione e per i quali sia gia' in corso una valutazione di impatto ambientale o sia gia' stato rilasciato un provvedimento di compatibilita' ambientale.
- impianti fotovoltaici per la produzione di energia elettrica con potenza complessiva superiore a 10 MW, calcolata sulla base del solo progetto sottoposto a valutazione ed escludendo eventuali

impianti o progetti localizzati in aree contigue o che abbiano il medesimo centro di interesse ovvero il medesimo punto di connessione e per i quali sia gia' in corso una valutazione di impatto ambientale o sia gia' stato rilasciato un provvedimento di compatibilita' ambientale.

3) Impianti destinati:
   - al ritrattamento di combustibili nucleari irradiati;
   - alla produzione o all'arricchimento di combustibili nucleari;
   - al trattamento di combustibile nucleare irradiato o di residui altamente radioattivi;
   - allo smaltimento definitivo dei combustibili nucleari irradiati;
   - esclusivamente allo smaltimento definitivo di residui radioattivi;
   - esclusivamente allo stoccaggio (previsto per piu' di dieci anni) di combustibile nucleare irradiato o di residui radioattivi in un sito diverso da quello di produzione;
   - al trattamento e allo stoccaggio di residui radioattivi (impianti non compresi tra quelli gia' individuati nel presente punto), qualora disposto all'esito della verifica di assoggettabilita' di cui all'articolo 20.

4) PUNTO SOPPRESSO DAL D.L. 17 MAGGIO 2022, N. 50, CONVERTITO CON MODIFICAZIONI DALLA L. 15 LUGLIO 2022, N. 91.

4-bis) Elettrodotti aerei per il trasporto di energia elettrica, con tensione nominale superiore a 100 kV e con tracciato di lunghezza superiore a 10 Km;

4-ter) PUNTO ABROGATO DAL D.LGS. 16 GIUGNO 2017, N. 104.

5) Acciaierie integrate di prima fusione della ghisa e dell'acciaio.

6) Impianti chimici integrati, ossia impianti per la produzione su scala industriale, mediante processi di trasformazione chimica, di sostanze, in cui si trovano affiancate varie unita' produttive funzionalmente connesse tra di loro:
   - per la fabbricazione di prodotti chimici organici di base, con capacita' produttiva complessiva annua per classe di prodotto, espressa in milioni di chilogrammi, superiore alle soglie* di seguito indicate:

Classe di prodotto	Soglie* (Gg/anno)
a) idrocarburi semplici (lineari o anulari, saturi o insaturi, alifatici o aromatici)	200
b) idrocarburi ossigenati, segnatamente alcoli, aldeidi, chetoni, acidi carbossilici, esteri, acetati, eteri, perossidi, resine, epossidi	200
c) idrocarburi solforati	100
d) idrocarburi azotati, segnatamente ammine, amidi, composti nitrosi, nitrati o nitrici, nitrili, cianati, isocianati	100
e) idrocarburi fosforosi	100
f) idrocarburi alogenati	100
g) composti organometallici	100
h) materie plastiche di base (polimeri, fibre sintetiche, fibre a base di cellulosa)	100
i) gomme sintetiche	100

- per la fabbricazione di prodotti chimici inorganici di base, con capacita' produttiva complessiva annua per classe di prodotto, espressa in milioni di chilogrammi, superiore alle soglie[2] di seguito indicate:

Classe di prodotto	Soglie* (Gg/anno)
j) gas, quali ammoniaca, cloro o cloruro di idrogeno, fluoro o fluoruro di idrogeno, ossidi di carbonio, composti di zolfo, ossidi di azoto, idrogeno, biossido di zolfo, bicloruro di carbonile	100
k) acidi, quali acido cromico, acido fluoridrico, acido fosforico, acido nitrico, acido cloridrico, acido solforico, oleum e acidi solforati	100
l) basi, quali idrossido d'ammonio, idrossido di potassio, idrossido di sodio	100

- per la fabbricazione di fertilizzanti a base di fosforo, azoto, potassio (fertilizzanti semplici o composti) con capacita' produttiva complessiva annua superiore a 300 milioni di chilogrammi (intesa come somma delle capacita' produttive relative ai singoli composti elencati nella presente classe di prodotto).

((6-bis) Impianti chimici integrati per la produzione di idrogeno verde ovvero rinnovabile, ossia impianti per la produzione su scala industriale, mediante processi di trasformazione chimica, di idrogeno verde ovvero rinnovabile, in cui si trovano affiancate varie unita' produttive funzionalmente connesse tra loro.))

7) perforazione di pozzi finalizzati alla ricerca e coltivazione di idrocarburi liquidi e gassosi sulla terraferma e in mare;

7.1) coltivazione di idrocarburi liquidi e gassosi, sulla terraferma e in mare, per un quantitativo estratto superiore a 500 tonnellate al giorno per il petrolio e a 500.000 m³ al giorno per il gas naturale;

7.2) rilievi geofisici attraverso l'uso della tecnica airgun o esplosivo.

7-bis) Impianti eolici per la produzione di energia elettrica ubicati in mare

7-ter) Attivita' di esplorazione in mare e sulla terraferma per lo stoccaggio geologico di biossido di carbonio di cui all'articolo 3, comma 1, lettera h), del decreto legislativo 14 settembre 2011, n. 162, di recepimento della direttiva 2009/31/CE relativa allo stoccaggio geologico del biossido di carbonio.

7-quater) impianti geotermici pilota di cui all'articolo 1, comma 3-bis, del decreto legislativo 11 febbraio 2010, n. 22, e successive modificazioni, nonche' attivita' di ricerca e coltivazione di risorse geotermiche in mare.

7-quinquies) attivita' di ricerca e coltivazione delle seguenti sostanze minerali:
  minerali utilizzabili per l'estrazione di metalli, metalloidi e loro composti;
  grafite, combustibili solidi, rocce asfaltiche e bituminose;
  sostanze radioattive.

8) Stoccaggio:
  di petrolio con capacita' complessiva superiore a 40.000 m³; di prodotti chimici, prodotti petroliferi e prodotti petrolchimici con capacita' complessiva superiore a 200.000 tonnellate;
  superficiale di gas naturali con una capacita' complessiva superiore a 40.000 m³ ;
  sotterraneo artificiale di gas combustibili in serbatoi con una capacita' complessiva superiore a 80.000 m³ ;
  di prodotti di gas di petrolio liquefatto e di gas naturale

liquefatto con capacita' complessiva superiore a 20.000 m³ ;
 di prodotti combustibili solidi con capacita' complessiva superiore a 150.000 tonnellate.

9) Condutture di diametro superiore a 800 mm e di lunghezza superiore a 40 km per il trasporto di gas, petrolio e prodotti chimici e per il trasporto dei flussi di biossido di carbonio (CO_2) ai fini dello stoccaggio geologico, comprese le relative stazioni di spinta.

10) Opere relative a
 - tronchi ferroviari per il traffico a grande distanza nonche' aeroporti con piste di atterraggio superiori a 1.500 metri di lunghezza;
 -autostrade e strade extraurbane principali;
 -strade extraurbane a quattro o piu' corsie o adeguamento di strade extraurbane esistenti a due corsie per renderle a quattro o piu' corsie, con una lunghezza ininterrotta di almeno 10 km;
 - parcheggi interrati che interessano superfici superiori ai 5ha, localizzati nei centri storici o in aree soggette a vincoli paesaggistici decretati con atti ministeriali o facenti parte dei siti UNESCO.

11) Porti marittimi commerciali, nonche' vie navigabili e porti per la navigazione interna accessibili a navi di stazza superiore a 1350 tonnellate, nonche' porti con funzione turistica e da diporto quando lo specchio d'acqua e' superiore a 10 ettari o le aree esterne interessate superano i 5 ettari oppure i moli sono di lunghezza superiore ai 500 metri. Terminali marittimi, da intendersi quali moli, pontili, boe galleggianti, isole a mare per il carico e lo scarico dei prodotti, collegati con la terraferma e l'esterno dei porti (esclusi gli attracchi per navi traghetto), che possono accogliere navi di stazza superiore a 1350 tonnellate, comprese le attrezzature e le opere funzionalmente connesse.

12) Interventi per la difesa del mare:
 - terminali per il carico e lo scarico degli idrocarburi e sostanze pericolose;
 - piattaforme di lavaggio delle acque di zavorra delle navi;
 - condotte sottomarine per il trasporto degli idrocarburi;
 - sfruttamento minerario piattaforma continentale.

13) impianti destinati a trattenere, regolare o accumulare le acque in modo durevole, di altezza superiore a 15 m o che determinano un volume d'invaso superiore ad 1.000.000 m³, nonche' impianti destinati a trattenere, regolare o accumulare le acque a fini energetici in modo durevole, di altezza superiore a 10 m o che determinano un volume d'invaso superiore a 100.000 m³, con esclusione delle opere di confinamento fisico finalizzate alla messa in sicurezza dei siti inquinati.

14) Trivellazioni in profondita' per lo stoccaggio dei residui nucleari.

15) Interporti finalizzati al trasporto merci e in favore dell'intermodalita' di cui alla legge 4 agosto 1990, n. 240 e successive modifiche, comunque comprendenti uno scalo ferroviario idoneo a formare o ricevere treni completi e in collegamento con porti, aeroporti e viabilita' di grande comunicazione.

16) Opere ed interventi relativi a trasferimenti d'acqua che prevedano o possano prevedere trasferimento d'acqua tra regioni diverse e cio' travalichi i comprensori di riferimento dei bacini idrografici istituiti a norma della legge 18 maggio 1989, n. 183.

17) Stoccaggio di gas combustibile in serbatoi sotterranei naturali in unita' geologiche profonde e giacimenti esauriti di idrocarburi, nonche' siti per lo stoccaggio geologico del biossido di carbonio di cui all'articolo 3, comma 1, lettera c), del decreto legislativo 14 settembre 2011, n. 162, di recepimento della direttiva 2009/31/CE relativa allo stoccaggio geologico del biossido di carbonio.

17-bis) Impianti per la cattura di flussi di CO2 provenienti da impianti che rientrano nel presente allegato e nell'allegato III al presente decreto o impianti di cattura nei quali il quantitativo

complessivo annuo di CO2 catturato e' pari ad almeno 1,5 milioni di tonnellate, ai fini dello stoccaggio geologico a norma del decreto legislativo di recepimento della direttiva 2009/31/CE in materia di stoccaggio geologico di biossido di carbonio;
17-ter) Impianti di desalinizzazione;
18) Ogni modifica o estensione dei progetti elencati nel presente allegato, ove la modifica o l'estensione di per se' sono conformi agli eventuali limiti stabiliti nel presente allegato.

----

1 Le soglie della tabella sono riferite alla somma delle capacita' produttive relative ai singoli composti che sono riportati in un'unica riga

2 Le soglie della tabella sono riferite alla somma delle capacita' produttive relative ai singoli composti che sono riportati in un'unica riga.

ALLEGATO II-BIS

Progetti sottoposti alla verifica di assoggettabilita' di competenza statale

1. Industria energetica ed estrattiva:
    a) impianti termici per la produzione di energia elettrica, vapore e acqua calda con potenza termica complessiva superiore a 50 MW;
    b) installazioni di oleodotti e gasdotti e condutture per il trasporto di flussi di CO_2 ai fini dello stoccaggio geologico superiori a 20 km;
    c) impianti per la cattura di flussi di CO_2 provenienti da impianti che non rientrano negli allegati II e III al presente decreto ai fini dello stoccaggio geologico a norma del decreto legislativo 14 settembre 2011, n. 162, e successive modificazioni;
    d) elettrodotti aerei esterni per il trasporto di energia elettrica con tensione nominale superiore a 100 kV e con tracciato di lunghezza superiore a 3 Km.
2. Progetti di infrastrutture:
    a) interporti, piattaforme intermodali e terminali intermodali;
    b) porti e impianti portuali marittimi, fluviali e lacuali, compresi i porti con funzione peschereccia, vie navigabili;
    c) strade extraurbane secondarie di interesse nazionale;
    d) acquedotti con una lunghezza superiore ai 20 km;
    e) aeroporti (progetti non compresi nell'Allegato II);
    f) porti con funzione turistica e da diporto, quando lo specchio d'acqua e' inferiore o uguale a 10 ettari, le aree esterne interessate non superano i 5 ettari e i moli sono di lunghezza inferiore o uguale a 500 metri;
    g) coltivazione di idrocarburi liquidi e gassosi, sulla terraferma e in mare, per un quantitativo estratto fino a 500 tonnellate al giorno per il petrolio e a 500.000 m^3 al giorno per il gas naturale;
    h) modifiche o estensioni di progetti di cui all'allegato II, o al presente allegato gia' autorizzati, realizzati o in fase di realizzazione, che possono avere notevoli impatti ambientali significativi e negativi (modifica o estensione non inclusa nell'allegato II).

ALLEGATO III

Progetti di competenza delle regioni e delle province autonome di

Trento e Bolzano.

a) Recupero di suoli dal mare per una superficie che superi i 200 ettari.

b) Utilizzo non energetico di acque superficiali nei casi in cui la derivazione superi i 1.000 litri al secondo e di acque sotterranee ivi comprese acque minerali e termali, nei casi in cui la derivazione superi i 100 litri al secondo.

c) LETTERA ABROGATA DAL D.LGS. 16 GIUGNO 2017, N. 104;

c-bis) Impianti eolici per la produzione di energia elettrica sulla terraferma con potenza complessiva superiore a 1 MW, qualora disposto all'esito della verifica di assoggettabilita' di cui all'articolo 19;

d) Impianti industriali destinati:
  - alla fabbricazione di pasta per carta a partire dal legno o da altre materie fibrose;
  - alla fabbricazione di carta e cartoni con capacita' di produzione superiore a 200 tonnellate al giorno.

e) Impianti chimici integrati, ossia impianti per la produzione su scala industriale, mediante processi di trasformazione chimica, di sostanze, in cui si trovano affiancate varie unita' produttive funzionalmente connesse tra di loro:
  - per la fabbricazione di prodotti chimici organici di base (progetti non inclusi nell'Allegato II);
  - per la fabbricazione di prodotti chimici inorganici di base (progetti non inclusi nell'Allegato II);
  - per la fabbricazione di fertilizzanti a base di fosforo, azoto, potassio (fertilizzanti semplici o composti) (progetti non inclusi nell'Allegato II);
  - per la fabbricazione di prodotti di base fitosanitari e di biocidi;
  - per la fabbricazione di prodotti farmaceutici di base mediante procedimento chimico o biologico;
  - per la fabbricazione di esplosivi.

f) Trattamento di prodotti intermedi e fabbricazione di prodotti chimici per una capacita' superiore alle 35.000 t/anno di materie prime lavorate.

g) Produzione di pesticidi, prodotti farmaceutici, pitture e vernici, elastomeri e perossidi, per insediamenti produttivi di capacita' superiore alle 35.000 t/anno di materie prime lavorate.

h) LETTERA ABROGATA DAL D.LGS. 16 GIUGNO 2017, N. 104.

h-bis) LETTERA ABROGATA DAL D.LGS. 16 GIUGNO 2017, N. 104.

i) Impianti per la concia del cuoio e del pellame qualora la capacita' superi le 12 tonnellate di prodotto finito al giorno.

l) LETTERA ABROGATA DAL D.LGS. 16 GIUGNO 2017, N. 104.

m) Impianti di smaltimento e recupero di rifiuti pericolosi, mediante operazioni di cui all'allegato B, lettere D1, D5, D9, D10 e D11, ed all'allegato C, lettera R1, della parte quarta del decreto legislativo 3 aprile 2006, n. 152.

n) Impianti di smaltimento e recupero di rifiuti non pericolosi, con capacita' superiore a 100 t/giorno, mediante operazioni di incenerimento o di trattamento di cui all'allegato B, lettere D9, D10 e D 11, ed all'allegato C, lettera R1, della parte quarta del decreto legislativo 3 aprile 2006, n. 152.

o) Impianti di smaltimento dei rifiuti non pericolosi mediante operazioni di raggruppamento o ricondizionamento preliminari e deposito preliminare, con capacita' superiore a 200 t/giorno (operazioni di cui all'allegato B, lettere D13 e D14, della parte quarta del decreto legislativo 3 aprile 2006, n. 152).

p) Discariche di rifiuti urbani non pericolosi con capacita' complessiva superiore a 100.000 m^3 (Operazioni di cui all'allegato B, lettere D1 e D5, della parte quarta del decreto legislativo 3 aprile 2006, n. 152); discariche di rifiuti speciali non pericolosi (operazioni di cui all'allegato B, lettere D1 e D5, della parte quarta del decreto legislativo 152/2006), ad esclusione delle discariche per inerti con capacita' complessiva sino a 100.000 m^3 .

q) Impianti di smaltimento di rifiuti non pericolosi mediante operazioni di deposito preliminare, con capacita' superiore a 150.000 m^3 oppure con capacita' superiore a 200 t/giorno (operazioni di cui all'allegato B, lettera D15, della parte quarta del decreto legislativo 3 aprile 2006, n. 152).

r) Impianti di depurazione delle acque con potenzialita' superiore a 100.000 abitanti equivalenti.

s) Cave e torbiere con piu' di 500.000 m^3 /a di materiale estratto o di un'area interessata superiore a 20 ettari.

t) Dighe ed altri impianti destinati a trattenere, regolare o accumulare le acque in modo durevole, ai fini non energetici, di altezza superiore a 10 m e/o di capacita' superiore a 100.000 m^3 , con esclusione delle opere di confinamento fisico finalizzate alla messa in sicurezza dei siti inquinati.

u) Attivita' di coltivazione sulla terraferma delle sostanze minerali di miniera di cui all'art. 2, comma 2 del R.D. 29 luglio 1927, n. 1443 ((, fatta salva la disciplina delle acque minerali e termali di cui alla precedente lettera b))).

v) Attivita' di coltivazione sulla terraferma delle risorse geotermiche, con esclusione degli impianti geotermici pilota di cui all'articolo 1, comma 3-bis, del decreto legislativo 11 febbraio 2010, n. 22, e successive modificazioni.

z) LETTERA ABROGATA DAL D.LGS. 16 GIUGNO 2017, N. 104.

aa) Impianti di smaltimento di rifiuti mediante operazioni di iniezione in profondita', lagunaggio, scarico di rifiuti solidi nell'ambiente idrico, compreso il seppellimento nel sottosuolo marino, deposito permanente (operazioni di cui all'allegato B, lettere D3, D4, D6, D7 e D12, della parte quarta del decreto legislativo 3 aprile 2006, n. 152).

ab) LETTERA ABROGATA DAL D.LGS. 16 GIUGNO 2017, N. 104.

ac) Impianti per l'allevamento intensivo di pollame o di suini con piu' di:
- 85000 posti per polli da ingrasso, 60000 posti per galline;
- 3000 posti per suini da produzione (di oltre 30 kg) o
- 900 posti per scrofe.

ad) Impianti destinati a ricavare metalli grezzi non ferrosi da minerali, nonche' concentrati o materie prime secondarie attraverso procedimenti metallurgici, chimici o elettrolitici.

ae) Sistemi di ricarica artificiale delle acque freatiche in cui il volume annuale dell'acqua ricaricata sia superiore a 10 milioni di metri cubi.

af) Opere per il trasferimento di risorse idriche tra bacini imbriferi inteso a prevenire un'eventuale penuria di acqua, per un volume di acque trasferite superiore a 100 milioni di metri cubi all'anno. In tutti gli altri casi, opere per il trasferimento di risorse idriche tra bacini imbriferi con un'erogazione media pluriennale del bacino in questione superiore a 2000 milioni di metri cubi all'anno e per un volume di acque trasferite superiore al 5% di detta erogazione. In entrambi i casi sono esclusi i trasferimenti di acqua potabile convogliata in tubazioni.

af-bis) strade urbane di scorrimento. (112

ag) Ogni modifica o estensione dei progetti elencati nel presente allegato, ove la modifica o l'estensione di per se' sono conformi agli eventuali limiti stabiliti nel presente allegato.

ALLEGATO IV

Progetti sottoposti alla Verifica di assoggettabilita' di competenza delle regioni e delle province autonome di Trento e Bolzano.

1. Agricoltura

a) cambiamento di uso di aree non coltivate, semi-naturali o naturali per la loro coltivazione agraria intensiva con una

superficie superiore a 10 ettari;
   b) iniziale forestazione di una superficie superiore a 20 ettari; deforestazione allo scopo di conversione di altri usi del suolo di una superficie superiore a 5 ettari;
   c) impianti per l'allevamento intensivo di animali il cui numero complessivo di capi sia maggiore di quello derivante dal seguente rapporto: 40 quintali di peso vivo di animali per ettaro di terreno funzionalmente asservito all'allevamento. Sono comunque esclusi, indifferentemente dalla localizzazione, gli allevamenti con numero di animali inferiore o uguale a: 1.000 avicoli, 800 cunicoli, 120 posti per suini da produzione (di oltre 30 kg) o 45 posti per scrofe, 300 ovicaprini, 50 posti bovini;
   d) progetti di gestione delle risorse idriche per l'agricoltura, compresi i progetti di irrigazione e di drenaggio delle terre, per una superficie superiore ai 300 ettari;
   e) impianti di piscicoltura intensiva per superficie complessiva oltre i 5 ettari;
   f) progetti di ricomposizione fondiaria che interessano una superficie superiore a 200 ettari.
  2. Industria energetica ed estrattiva:
   a) attivita' di ricerca sulla terraferma delle sostanze minerali di miniera di cui all'articolo 2, comma 2, del regio decreto 29 luglio 1927, n. 1443, ivi comprese le risorse geotermiche con esclusione degli impianti geotermici pilota di cui all'articolo 1, comma 3-bis, del decreto legislativo 11 febbraio 2010, n. 22, e successive modificazioni, incluse le relative attivita' minerarie ((, fatta salva la disciplina delle acque minerali e termali di cui alla lettera b) dell'allegato III alla parte seconda));
   b) impianti industriali non termici per la produzione di energia, vapore ed acqua calda con potenza complessiva superiore a 1 MW;
   c) impianti industriali per il trasporto del vapore e dell'acqua calda, che alimentano condotte con una lunghezza complessiva superiore ai 20 km;
   d) impianti eolici per la produzione di energia elettrica sulla terraferma con potenza complessiva superiore a 1 MW;
   e) estrazione di sostanze minerali di miniera di cui all'articolo 2, comma 2, del regio decreto 29 luglio 1927, n. 1443, mediante draggaggio marino e fluviale;
   f) agglomerazione industriale di carbon fossile e lignite;
   g) impianti di superficie dell'industria di estrazione di carbon fossile e di minerali metallici nonche' di scisti bituminose;
   h) impianti per la produzione di energia idroelettrica con potenza nominale di concessione superiore a 100 kW e, per i soli impianti idroelettrici che rientrano nella casistica di cui all'articolo 166 del presente decreto ed all'articolo 4, punto 3.b, lettera i), del decreto del Ministro dello sviluppo economico del 6 luglio 2012, pubblicato nel supplemento ordinario alla Gazzetta Ufficiale n. 159 del 10 luglio 2012, con potenza nominale di concessione superiore a 250 kW;
   i) impianti di gassificazione e liquefazione del carbone;
  3. Lavorazione dei metalli e dei prodotti minerali
   a) impianti di arrostimento o sinterizzazione di minerali metalliferi che superino 5.000 m^2 di superficie impegnata o 50.000 m^3 di volume;
   b) impianti di produzione di ghisa o acciaio (fusione primaria o secondaria) compresa la relativa colata continua di capacita' superiore a 2,5 tonnellate all'ora;
   c) impianti destinati alla trasformazione di metalli ferrosi mediante:
      - laminazione a caldo con capacita' superiore a 20 tonnellate di acciaio grezzo all'ora,
      - forgiatura con magli la cui energia di impatto supera 50 kJ per maglio e allorche' la potenza calorifera e' superiore a 20 MW;
      - applicazione di strati protettivi di metallo fuso con una

capacita' di trattamento superiore a 2 tonnellate di acciaio grezzo all'ora;

d) fonderie di metalli ferrosi con una capacita' di produzione superiore a 20 tonnellate al giorno;

e) impianti di fusione e lega di metalli non ferrosi, compresi i prodotti di recupero (affinazione, formatura in fonderia) con una capacita' di fusione superiore a 10 tonnellate per il piombo e il cadmio o a 50 tonnellate per tutti gli altri metalli al giorno;

f) impianti per il trattamento di superfici di metalli e materie plastiche mediante processi elettrolitici o chimici qualora le vasche destinate al trattamento abbiano un volume superiore a 30m^3 ;

g) impianti di costruzione e montaggio di auto e motoveicoli e costruzione dei relativi motori; impianti per la costruzione e riparazione di aeromobili; costruzione di materiale ferroviario e rotabile che superino 10.000 m^2 di superficie impegnata o 50.000 m^3 di volume;

h) cantieri navali di superficie complessiva superiore a 2 ettari;

i) imbutitura di fondo con esplosivi che superino 5.000 m^2 di superficie impegnata o 50.000 m^3 di volume;

l) cokerie (distillazione a secco di carbone);

m) fabbricazione di prodotti ceramici mediante cottura, in particolare tegole, mattoni, mattoni refrattari, piastrelle, gres o porcellane, con capacita' di produzione di oltre 75 tonnellate al giorno e/o con capacita' di forno superiore a 4 metri cubi e con densita' di colata per forno superiore a 300 kg al metro cubo;

n) impianti per la fusione di sostanze minerali, compresi quelli destinati alla produzione di fibre minerali, con capacita' di fusione di oltre 20 tonnellate al giorno;

o) impianti per la produzione di vetro compresi quelli destinati alla produzione di fibre di vetro, con capacita' di fusione di oltre 20 tonnellate al giorno;

p) impianti destinati alla produzione di clinker (cemento) in forni rotativi la cui capacita' di produzione supera 500 tonnellate al giorno oppure di calce viva in forni rotativi la cui capacita' di produzione supera 50 tonnellate al giorno, o in altri tipi di forni aventi una capacita' di produzione di oltre 50 tonnellate al giorno.

4. Industria dei prodotti alimentari

a) impianti per il trattamento e la trasformazione di materie prime animali (diverse dal latte) con una capacita' di produzione di prodotti finiti di oltre 75 tonnellate al giorno;

b) impianti per il trattamento e la trasformazione di materie prime vegetali con una capacita' di produzione di prodotti finiti di oltre 300 tonnellate al giorno su base trimestrale;

c) impianti per la fabbricazione di prodotti lattiero-caseari con capacita' di lavorazione superiore a 200 tonnellate al giorno su base annua;

d) impianti per la produzione di birra o malto con capacita' di produzione superiore a 500.000 hl/anno;

e) impianti per la produzione di dolciumi e sciroppi che superino 50.000 m^3 di volume;

f) macelli aventi una capacita' di produzione di carcasse superiori a 50 tonnellate al giorno e impianti per l'eliminazione o il recupero di carcasse e di residui di animali con una capacita' di trattamento di oltre 10 tonnellate al giorno;

g) impianti per la produzione di farina di pesce o di olio di pesce con capacita' di lavorazione superiore a 50.000 q/anno di prodotto lavorato;

h) molitura dei cereali, industria dei prodotti amidacei, industria dei prodotti alimentari per zootecnia che superino 5.000 m^2 di superficie impegnata o 50.000 m^3 di volume;

i) zuccherifici, impianti per la produzione di lieviti con capacita' di produzione o raffinazione superiore a 10.000 t/giorno di barbabietole.

5. Industria dei tessili, del cuoio, del legno della carta

a) impianti di fabbricazione di pannelli di fibre, pannelli di particelle e compensati, di capacita' superiore alle 50.000 t/anno di materie lavorate;
   b) impianti per la produzione e la lavorazione di cellulosa, fabbricazione di carta e cartoni di capacita' superiore a 50 tonnellate al giorno;
   c) impianti per il pretrattamento (operazioni quali il lavaggio, l'imbianchimento, la mercerizzazione) o la tintura di fibre, di tessili, di lana la cui capacita' di trattamento supera le 10 tonnellate al giorno;
   d) impianti per la concia del cuoio e del pellame qualora la capacita' superi le 3 tonnellate di prodotto finito al giorno.
   6. Industria della gomma e delle materie plastiche
   a) fabbricazione e trattamento di prodotti a base di elastomeri con almeno 25.000 tonnellate/anno di materie prime lavorate.
   7. Progetti di infrastrutture
   a) progetti di sviluppo di zone industriali o produttive con una superficie interessata superiore ai 40 ettari;
   b) progetti di sviluppo di aree urbane, nuove o in estensione, interessanti superfici superiori ai 40 ettari; progetti di riassetto o sviluppo di aree urbane all'interno di aree urbane esistenti che interessano superfici superiori a 10 ettari; costruzione di centri commerciali di cui al decreto legislativo 31 marzo 1998, n. 114 "Riforma della disciplina relativa al settore del commercio, a norma dell'articolo 4, comma 4, della legge 15 marzo 1997, n. 59"; parcheggi di uso pubblico con capacita' superiori a 500 posti auto;
   c) piste da sci di lunghezza superiore a 1,5 km o che impegnano una superficie superiore a 5 ettari nonche' impianti meccanici di risalita, escluse le sciovie e le monofuni a collegamento permanente aventi lunghezza inclinata non superiore a 500 metri, con portata oraria massima superiore a 1800 persone;
   d) derivazione di acque superficiali ed opere connesse che prevedano derivazioni superiori a 200 litri al secondo o di acque sotterranee che prevedano derivazioni superiori a 50 litri al secondo, nonche' le trivellazioni finalizzate alla ricerca per derivazioni di acque sotterranee superiori a 50 litri al secondo;
   e) LETTERA ABROGATA DAL D.LGS. 16 GIUGNO 2017, N. 104;
   f) LETTERA ABROGATA DAL D.LGS. 16 GIUGNO 2017, N. 104;
   g) LETTERA ABROGATA DAL D.LGS. 16 GIUGNO 2017, N. 104;
   h) strade extraurbane secondarie non comprese nell'allegato II-bis e strade urbane con lunghezza superiore a 1.500 metri non comprese nell'allegato III;
   i) linee ferroviarie a carattere regionale o locale;
   l) sistemi di trasporto a guida vincolata (tramvie e metropolitane), funicolari o linee simili di tipo particolare, esclusivamente o principalmente adibite al trasporto di passeggeri;
   m) LETTERA ABROGATA DAL D.LGS. 16 GIUGNO 2017, N. 104;
   n) opere costiere destinate a combattere l'erosione e lavori marittimi volti a modificare la costa, mediante la costruzione di dighe, moli ed altri lavori di difesa del mare;
   o) opere di canalizzazione e di regolazione dei corsi d'acqua;
   p) LETTERA ABROGATA DAL D.LGS. 16 GIUGNO 2017, N. 104;
   q) LETTERA ABROGATA DAL D.LGS. 16 GIUGNO 2017, N. 104;
   r) impianti di smaltimento di rifiuti urbani non pericolosi, mediante operazioni di incenerimento o di trattamento, con capacita' complessiva superiore a 10 t/giorno (operazioni di cui all'allegato B, lettere D2 e da D8 a D11, della parte quarta del decreto legislativo 3 aprile 2006, n. 152); impianti di smaltimento di rifiuti non pericolosi, mediante operazioni di raggruppamento o di ricondizionamento preliminari, con capacita' massima complessiva superiore a 20 t/giorno (operazioni di cui all'allegato B, lettere D13 e D14 del decreto legislativo 152/2006);
   s) impianti di smaltimento di rifiuti speciali non pericolosi, con capacita' complessiva superiore a 10 t/giorno, mediante operazioni di incenerimento o di trattamento (operazioni di cui

all'allegato B, lettere D2 e da D8 a D11, della parte quarta del decreto legislativo 3 aprile 2006, n. 152);

t) impianti di smaltimento di rifiuti speciali non pericolosi mediante operazioni di deposito preliminare con capacita' massima superiore a 30.000 m^3 oppure con capacita' superiore a 40 t/giorno (operazioni di cui all'allegato B, lettera D15, della parte quarta del decreto legislativo 3 aprile 2006, n. 152);

u) discariche di rifiuti urbani non pericolosi con capacita' complessiva inferiore ai 100.000 m^3 (operazioni di cui all'allegato B, lettere D1 e D5, della parte quarta del decreto legislativo 3 aprile 2006, n. 152);

v) impianti di depurazione delle acque con potenzialita' superiore a 10.000 abitanti equivalenti;

z) LETTERA ABROGATA DAL D.LGS. 16 GIUGNO 2017, N. 104.

z.a) Impianti di smaltimento e recupero di rifiuti pericolosi, mediante operazioni di cui all'allegato B, lettere D2, D8 e da D13 a D15, ed all'allegato C, lettere da R2 a R9, della parte quarta del decreto legislativo 3 aprile 2006, n. 152.

z.b) Impianti di smaltimento e recupero di rifiuti non pericolosi, con capacita' complessiva superiore a 10 t/giorno, mediante operazioni di cui all'allegato C, lettere da R1 a R9, della parte quarta del decreto legislativo 3 aprile 2006, n. 152 ((, ad esclusione degli impianti mobili volti al recupero di rifiuti non pericolosi provenienti dalle operazioni di costruzione e demolizione, qualora la campagna di attivita' abbia una durata inferiore a novanta giorni, e degli altri impianti mobili di trattamento dei rifiuti non pericolosi, qualora la campagna di attivita' abbia una durata inferiore a trenta giorni. Le eventuali successive campagne di attivita' sul medesimo sito sono sottoposte alla procedura di verifica di assoggettabilita' a VIA qualora le quantita' siano superiori a 1.000 metri cubi al giorno)).

8. Altri progetti

a) villaggi turistici di superficie superiore a 5 ettari, centri residenziali turistici ed esercizi alberghieri con oltre 300 posti-letto o volume edificato superiore a 25.000 m^3 o che occupano una superficie superiore ai 20 ettari, esclusi quelli ricadenti all'interno di centri abitati;

b) piste permanenti per corse e prove di automobili, motociclette ed altri veicoli a motore;

c) centri di raccolta, stoccaggio e rottamazione di rottami di ferro, autoveicoli e simili con superficie superiore a 1 ettaro;

d) banchi di prova per motori, turbine, reattori quando l'area impegnata supera i 500m^2 ;

e) fabbricazione di fibre minerali artificiali che superino 5.000 m^2 di superficie impegnata o 50.000 m^3 di volume;

f) fabbricazione, condizionamento, carico o messa in cartucce di esplosivi con almeno 25.000 tonnellate/anno di materie prime lavorate;

g) Stoccaggio di petrolio, prodotti petroliferi, petrolchimici e chimici pericolosi, a sensi della legge 29 maggio 1974, n. 256, e successive modificazioni, con capacita' complessiva superiore a 1.000 m^3 ;

h) recupero di suoli dal mare per una superficie che superi i 10 ettari;

i) cave e torbiere;

l) trattamento di prodotti intermedi e fabbricazione di prodotti chimici per una capacita' superiore a 10.000 t/anno di materie prime lavorate;

m) produzione di pesticidi, prodotti farmaceutici, pitture e vernici, elastomeri e perossidi, per insediamenti produttivi di capacita' superiore alle 10.000 t/anno in materie prime lavorate;

n) depositi di fanghi, compresi quelli provenienti dagli impianti di trattamento delle acque reflue urbane, con capacita' superiore a 10.000 metri cubi;

o) impianti per il recupero o la distruzione di sostanze

esplosive;
   p) stabilimenti di squartamento con capacita' di produzione superiore a 50 tonnellate al giorno;
   q) terreni da campeggio e caravaning a carattere permanente con capacita' superiore a 300 posti roulotte caravan o di superficie superiore a 5 ettari;
   r) parchi tematici di superficie superiore a 5 ettari;
   s) progetti di cui all'allegato III, che servono esclusivamente o essenzialmente per lo sviluppo ed il collaudo di nuovi metodi o prodotti e che non sono utilizzati per piu' di due anni.
   t) modifiche o estensioni di progetti di cui all'allegato III o all'allegato IV gia' autorizzati, realizzati o in fase di realizzazione, che possono avere notevoli ripercussioni negative sull'ambiente (modifica o estensione non inclusa nell'allegato III).

((ALLEGATO IV-BIS

Contenuti dello Studio Preliminare Ambientale di cui all'articolo 19

  1. Descrizione del progetto, comprese in particolare:
    a) la descrizione delle caratteristiche fisiche dell'insieme del progetto e, ove pertinente, dei lavori di demolizione;
    b) la descrizione della localizzazione del progetto, in particolare per quanto riguarda la sensibilita' ambientale delle aree geografiche che potrebbero essere interessate.
  2. La descrizione delle componenti dell'ambiente sulle quali il progetto potrebbe avere un impatto rilevante.
  3. La descrizione di tutti i probabili effetti rilevanti del progetto sull'ambiente, nella misura in cui le informazioni su tali effetti siano disponibili, risultanti da:
    a) i residui e le emissioni previste e la produzione di rifiuti, ove pertinente;
    b) l'uso delle risorse naturali, in particolare suolo, territorio, acqua e biodiversita'.
  4. Nella predisposizione delle informazioni e dei dati di cui ai punti da 1 a 3 si tiene conto, se del caso, dei criteri contenuti nell'allegato V.
  5. Lo Studio Preliminare Ambientale tiene conto, se del caso, dei risultati disponibili di altre pertinenti valutazioni degli effetti sull'ambiente effettuate in base alle normative europee, nazionali e regionali e puo' contenere una descrizione delle caratteristiche del progetto e/o delle misure previste per evitare o prevenire quelli che potrebbero altrimenti rappresentare impatti ambientali significativi e negativi.))

ALLEGATO V

((Criteri per la verifica di assoggettabilita' di cui all'articolo 19))

((1. Caratteristiche dei progetti.
  Le caratteristiche dei progetti debbono essere considerate tenendo conto, in particolare:
    a) delle dimensioni e della concezione dell'insieme del progetto;
    b) del cumulo con altri progetti esistenti e/o approvati;
    c) dell'utilizzazione di risorse naturali, in particolare suolo, territorio, acqua e biodiversita';
    d) della produzione di rifiuti;
    e) dell'inquinamento e disturbi ambientali;
    f) dei rischi di gravi incidenti e/o calamita' attinenti al progetto in questione, inclusi quelli dovuti al cambiamento climatico, in base alle conoscenze scientifiche;

g) dei rischi per la salute umana quali, a titolo esemplificativo e non esaustivo, quelli dovuti alla contaminazione dell'acqua o all'inquinamento atmosferico.

2. Localizzazione dei progetti.

Deve essere considerata la sensibilita' ambientale delle aree geografiche che possono risentire dell'impatto dei progetti, tenendo conto, in particolare:

    a) dell'utilizzazione del territorio esistente e approvato;

    b) della ricchezza relativa, della disponibilita', della qualita' e della capacita' di rigenerazione delle risorse naturali della zona (comprendenti suolo, territorio, acqua e biodiversita') e del relativo sottosuolo;

    c) della capacita' di carico dell'ambiente naturale, con particolare attenzione alle seguenti zone:

        c1) zone umide, zone riparie, foci dei fiumi;

        c2) zone costiere e ambiente marino;

        c3) zone montuose e forestali;

        c4) riserve e parchi naturali;

        c5) zone classificate o protette dalla normativa nazionale; i siti della rete Natura 2000;

        c6) zone in cui si e' gia' verificato, o nelle quali si ritiene che si possa verificare, il mancato rispetto degli standard di qualita' ambientale pertinenti al progetto stabiliti dalla legislazione dell'Unione;

        c7) zone a forte densita' demografica;

        c8) zone di importanza paesaggistica, storica, culturale o archeologica;

        c9) territori con produzioni agricole di particolare qualita' e tipicita' di cui all'articolo 21 del decreto legislativo 18 maggio 2001, n. 228.

3. Tipologia e caratteristiche dell'impatto potenziale.

I potenziali impatti ambientali dei progetti debbono essere considerati in relazione ai criteri stabiliti ai punti 1 e 2 del presente allegato con riferimento ai fattori di cui all'articolo 5, comma 1, lettera c), del presente decreto, e tenendo conto, in particolare:

    a) dell'entita' ed estensione dell'impatto quali, a titolo esemplificativo e non esaustivo, area geografica e densita' della popolazione potenzialmente interessata;

    b) della natura dell'impatto;

    c) della natura transfrontaliera dell'impatto;

    d) dell'intensita' e della complessita' dell'impatto;

    e) della probabilita' dell'impatto;

    f) della prevista insorgenza, durata, frequenza e reversibilita' dell'impatto;

    g) del cumulo tra l'impatto del progetto in questione e l'impatto di altri progetti esistenti e/o approvati;

    h) della possibilita' di ridurre l'impatto in modo efficace.))

ALLEGATO VI

((Contenuti del Rapporto ambientale di cui all'art. 13.

Le informazioni da fornire con i rapporti ambientali che devono accompagnare le proposte di piani e di programmi sottoposti a valutazione ambientale strategica sono:

    a) illustrazione dei contenuti, degli obiettivi principali del piano o programma e del rapporto con altri pertinenti piani o programmi;

    b) aspetti pertinenti dello stato attuale dell'ambiente e sua evoluzione probabile senza l'attuazione del piano o del programma;

    c) caratteristiche ambientali, culturali e paesaggistiche delle aree che potrebbero essere significativamente interessate;

d) qualsiasi problema ambientale esistente, pertinente al piano o programma, ivi compresi in particolare quelli relativi ad aree di particolare rilevanza ambientale, culturale e paesaggistica, quali le zone designate come zone di protezione speciale per la conservazione degli uccelli selvatici e quelli classificati come siti di importanza comunitaria per la protezione degli habitat naturali e dalla flora e della fauna selvatica, nonche' i territori con produzioni agricole di particolare qualita' e tipicita', di cui all'articolo 21 del decreto legislativo 18 maggio 2001, n. 228;

e) obiettivi di protezione ambientale stabiliti a livello internazionale, comunitario o degli Stati membri, pertinenti al piano o al programma, e il modo in cui, durante la sua preparazione, si e' tenuto conto di detti obiettivi e di ogni considerazione ambientale;

f) possibili impatti significativi sull'ambiente, compresi aspetti quali la biodiversita', la popolazione, la salute umana, la flora e la fauna, il suolo, l'acqua, l'aria, i fattori climatici, i beni materiali, il patrimonio culturale, anche architettonico e archeologico, il paesaggio e l'interrelazione tra i suddetti fattori. Devono essere considerati tutti gli impatti significativi, compresi quelli secondari, cumulativi, sinergici, a breve, medio e lungo termine, permanenti e temporanei, positivi e negativi;

g) misure previste per impedire, ridurre e compensare nel modo piu' completo possibile gli eventuali impatti negativi significativi sull'ambiente dell'attuazione del piano o del programma;

h) sintesi delle ragioni della scelta delle alternative individuate e una descrizione di come e' stata effettuata la valutazione, nonche' le eventuali difficolta' incontrate (ad esempio carenze tecniche o difficolta' derivanti dalla novita' dei problemi e delle tecniche per risolverli) nella raccolta delle informazioni richieste;

i) descrizione delle misure previste in merito al monitoraggio e controllo degli impatti ambientali significativi derivanti dall'attuazione del piani o del programma proposto definendo, in particolare, le modalita' di raccolta dei dati e di elaborazione degli indicatori necessari alla valutazione degli impatti, la periodicita' della produzione di un rapporto illustrante i risultati della valutazione degli impatti e le misure correttive da adottare;

j) sintesi non tecnica delle informazioni di cui alle lettere precedenti.))

ALLEGATO VII

((Contenuti dello Studio di Impatto Ambientale di cui all'articolo 22))

((1. Descrizione del progetto, comprese in particolare:

a) la descrizione dell'ubicazione del progetto, anche in riferimento alle tutele e ai vincoli presenti;

b) una descrizione delle caratteristiche fisiche dell'insieme del progetto, compresi, ove pertinenti, i lavori di demolizione necessari, nonche' delle esigenze di utilizzo del suolo durante le fasi di costruzione e di funzionamento;

c) una descrizione delle principali caratteristiche della fase di funzionamento del progetto e, in particolare dell'eventuale processo produttivo, con l'indicazione, a titolo esemplificativo e non esaustivo, del fabbisogno e del consumo di energia, della natura e delle quantita' dei materiali e delle risorse naturali impiegate (quali acqua, territorio, suolo e biodiversita');

d) una valutazione del tipo e della quantita' dei residui e delle emissioni previsti, quali, a titolo esemplificativo e non esaustivo, inquinamento dell'acqua, dell'aria, del suolo e del sottosuolo, rumore, vibrazione, luce, calore, radiazione, e della quantita' e della tipologia di rifiuti prodotti durante le fasi di costruzione e di funzionamento;

e) la descrizione della tecnica prescelta, con riferimento alle migliori tecniche disponibili a costi non eccessivi, e delle altre tecniche previste per prevenire le emissioni degli impianti e per ridurre l'utilizzo delle risorse naturali, confrontando le tecniche prescelte con le migliori tecniche disponibili.

2. Una descrizione delle principali alternative ragionevoli del progetto (quali, a titolo esemplificativo e non esaustivo, quelle relative alla concezione del progetto, alla tecnologia, all'ubicazione, alle dimensioni e alla portata) prese in esame dal proponente, compresa l'alternativa zero, adeguate al progetto proposto e alle sue caratteristiche specifiche, con indicazione delle principali ragioni della scelta, sotto il profilo dell'impatto ambientale, e la motivazione della scelta progettuale, sotto il profilo dell'impatto ambientale, con una descrizione delle alternative prese in esame e loro comparazione con il progetto presentato.

3. La descrizione degli aspetti pertinenti dello stato attuale dell'ambiente (scenario di base) e una descrizione generale della sua probabile evoluzione in caso di mancata attuazione del progetto, nella misura in cui i cambiamenti naturali rispetto allo scenario di base possano essere valutati con uno sforzo ragionevole in funzione della disponibilita' di informazioni ambientali e conoscenze scientifiche.

4. Una descrizione dei fattori specificati all'articolo 5, comma 1, lettera c), del presente decreto potenzialmente soggetti a impatti ambientali dal progetto proposto, con particolare riferimento alla popolazione, salute umana, biodiversita' (quali, a titolo esemplificativo e non esaustivo, fauna e flora), al territorio (quale, a titolo esemplificativo e non esaustivo, sottrazione del territorio), al suolo (quali, a titolo esemplificativo e non esaustivo, erosione, diminuzione di materia organica, compattazione, impermeabilizzazione), all'acqua (quali, a titolo esemplificativo e non esaustivo, modificazioni idromorfologiche, quantita' e qualita'), all'aria, ai fattori climatici (quali, a titolo esemplificativo e non esaustivo, emissioni di gas a effetto serra, gli impatti rilevanti per l'adattamento), ai beni materiali, al patrimonio culturale, al patrimonio agroalimentare, al paesaggio, nonche' all'interazione tra questi vari fattori.

5. Una descrizione dei probabili impatti ambientali rilevanti del progetto proposto, dovuti, tra l'altro:

   a) alla costruzione e all'esercizio del progetto, inclusi, ove pertinenti, i lavori di demolizione;

   b) all'utilizzazione delle risorse naturali, in particolare del territorio, del suolo, delle risorse idriche e della biodiversita', tenendo conto, per quanto possibile, della disponibilita' sostenibile di tali risorse;

   c) all'emissione di inquinanti, rumori, vibrazioni, luce, calore, radiazioni, alla creazione di sostanze nocive e allo smaltimento dei rifiuti;

   d) ai rischi per la salute umana, il patrimonio culturale, il paesaggio o l'ambiente (quali, a titolo esemplificativo e non esaustivo, in caso di incidenti o di calamita');

   e) al cumulo con gli effetti derivanti da altri progetti esistenti e/o approvati, tenendo conto di eventuali criticita' ambientali esistenti, relative all'uso delle risorse naturali e/o ad aree di particolare sensibilita' ambientale suscettibili di risentire degli effetti derivanti dal progetto;

   f) all'impatto del progetto sul clima (quali, a titolo esemplificativo e non esaustivo, natura ed entita' delle emissioni di gas a effetto serra) e alla vulnerabilita' del progetto al cambiamento climatico;

   g) alle tecnologie e alle sostanze utilizzate.

La descrizione dei possibili impatti ambientali sui fattori specificati all'articolo 5, comma 1, lettera c), del presente decreto include sia effetti diretti che eventuali effetti indiretti, secondari, cumulativi, transfrontalieri, a breve, medio e lungo termine, permanenti e temporanei, positivi e negativi del progetto. La descrizione deve tenere conto degli obiettivi di protezione dell'ambiente stabiliti a livello di Unione o degli Stati membri e pertinenti al progetto.

6. La descrizione da parte del proponente dei metodi di previsione utilizzati per individuare e valutare gli impatti ambientali significativi del progetto, incluse informazioni dettagliate sulle difficolta' incontrate nel raccogliere i dati richiesti (quali, a titolo esemplificativo e non esaustivo, carenze tecniche o mancanza di conoscenze) nonche' sulle principali incertezze riscontrate.

7. Una descrizione delle misure previste per evitare, prevenire, ridurre o, se possibile, compensare gli impatti ambientali significativi e negativi identificati del progetto e, ove pertinenti, delle eventuali disposizioni di monitoraggio (quale, a titolo esemplificativo e non esaustivo, la preparazione di un'analisi ex post del progetto). Tale descrizione deve spiegare in che misura gli impatti ambientali significativi e negativi sono evitati, prevenuti, ridotti o compensati e deve riguardare sia le fasi di costruzione che di funzionamento.

8. La descrizione degli elementi e dei beni culturali e paesaggistici eventualmente presenti, nonche' dell'impatto del progetto su di essi, delle trasformazioni proposte e delle misure di mitigazione e compensazione eventualmente necessarie.

9. Una descrizione dei previsti impatti ambientali significativi e negativi del progetto, derivanti dalla vulnerabilita' del progetto ai rischi di gravi incidenti e/o calamita' che sono pertinenti per il progetto in questione. A tale fine potranno essere utilizzate le informazioni pertinenti disponibili, ottenute sulla base di valutazioni del rischio effettuate in conformita' della legislazione dell'Unione (a titolo e non esaustivo la direttiva 2012/18/UE del Parlamento europeo e del Consiglio o la direttiva 2009/71/Euratom del Consiglio), ovvero di valutazioni pertinenti effettuate in conformita' della legislazione nazionale, a condizione che siano soddisfatte le prescrizioni del presente decreto. Ove opportuno, tale descrizione dovrebbe comprendere le misure previste per evitare o mitigare gli impatti ambientali significativi e negativi di tali eventi, nonche' dettagli riguardanti la preparazione a tali emergenze e la risposta proposta.

10. Un riassunto non tecnico delle informazioni trasmesse sulla base dei punti precedenti.

11. Un elenco di riferimenti che specifichi le fonti utilizzate per le descrizioni e le valutazioni incluse nello Studio di Impatto Ambientale.

12. Un sommario delle eventuali difficolta', quali lacune tecniche o mancanza di conoscenze, incontrate dal proponente nella raccolta dei dati richiesti e nella previsione degli impatti di cui al punto 5.))

ALLEGATO VIII ALLA PARTE SECONDA

((Inquadramento generale

A- Le installazioni, gli impianti o le parti di impianti utilizzati per la ricerca, lo sviluppo e la sperimentazione di nuovi prodotti e processi non rientrano nel Titolo III-bis alla Parte Seconda.

B- I valori soglia riportati di seguito si riferiscono in genere alle capacita' di produzione o alla resa. Qualora uno stesso gestore ponga in essere varie attivita' elencate alla medesima voce in una stessa installazione o in una stessa localita', si sommano le capacita' di tali attivita'. Per le attivita' di gestione dei rifiuti, tale calcolo si applica al livello delle attivita' 5.1 e 5.3, lettere a) e b).

C - Nell'ambito delle categorie di attivita' di cui al punto 4 (industria chimica), si intende per produzione la produzione su scala industriale mediante trasformazione chimica o biologica delle sostanze o dei gruppi di sostanze di cui ai punti da 4.1 a 4.6.

D- In mancanza di specifici indirizzi interpretativi emanati ai sensi dell'articolo 29-quinquies e di linee guida interpretative emanate dalla Commissione Europea, le autorita' competenti valuteranno autonomamente:

  a) il rapporto tra le attivita' di gestione dei rifiuti descritte nel presente Allegato e quelle descritte agli Allegati B e C alla Parte Quarta; e

  b) l'interpretazione del termine "scala industriale" in riferimento alle attivita' dell'industria chimica descritte nel presente Allegato.

Categorie di attivita' di cui all'articolo 6, comma 13.

1. Attivita' energetiche

  1.1. Combustione di combustibili in installazione con una potenza termica nominale totale pari o superiore a 50 MW

  1.2. Raffinazione di petrolio e di gas

  1.3. Produzione di coke

  1.4. Gassificazione o liquefazione di:

    a) carbone;

    b) altri combustibili in installazioni con una potenza termica nominale totale pari o superiore a 20 MW.

  1.4-bis attivita' svolte su terminali di rigassificazione e altre installazioni localizzate in mare su piattaforme off-shore, esclusi quelli che non effettuino alcuno scarico (ai sensi del Capo II del Titolo IV alla Parte Terza) e le cui emissioni in atmosfera siano esclusivamente riferibili ad impianti ed attivita' scarsamente rilevanti di cui alla Parte I dell'Allegato IV alla Parte Quinta.

2. Produzione e trasformazione dei metalli

  2.1. Arrostimento o sinterizzazione di minerali metallici compresi i minerali solforati

  2.2. Produzione di ghisa o acciaio (fusione primaria o secondaria), compresa la relativa colata continua di capacita' superiore a 2,5 Mg all'ora

  2.3. Trasformazione di metalli ferrosi mediante:

    a) attivita' di laminazione a caldo con una capacita' superiore a 20 Mg di acciaio grezzo all'ora;

    b) attivita' di forgiatura con magli la cui energia di impatto supera 50 kJ per maglio e allorche' la potenza calorifica e' superiore a 20 MW;

    c) applicazione di strati protettivi di metallo fuso con una capacita' di trattamento superiore a 2 Mg di acciaio grezzo all'ora.

  2.4. Funzionamento di fonderie di metalli ferrosi con una capacita' di produzione superiore a 20 Mg al giorno.

  2.5. Lavorazione di metalli non ferrosi:

    a) produzione di metalli grezzi non ferrosi da minerali, nonche' concentrati o materie prime secondarie attraverso procedimenti metallurgici, chimici o elettrolitici;

    b) fusione e lega di metalli non ferrosi, compresi i prodotti di recupero e funzionamento di fonderie di metalli non ferrosi, con una capacita' di fusione superiore a 4 Mg al giorno per il piombo e il cadmio o a 20 Mg al giorno per tutti gli altri metalli;

  2.6. Trattamento di superficie di metalli o materie plastiche mediante processi elettrolitici o chimici qualora le vasche destinate al trattamento utilizzate abbiano un volume superiore a 30 m^3.

3. Industria dei prodotti minerali

  3.1. Produzione di cemento, calce viva e ossido di magnesio

    a) Produzione di clinker (cemento) in forni rotativi la cui capacita' di produzione supera 500 Mg al giorno oppure altri forni aventi una capacita' di produzione di oltre 50 Mg al giorno;

    b) produzione di calce viva in forni aventi una capacita' di produzione di oltre 50 Mg al giorno;

    c) produzione di ossido di magnesio in forni aventi una capacita' di produzione di oltre 50 Mg al giorno.

  3.2. Produzione di amianto o fabbricazione di prodotti dell'amianto

  3.3. Fabbricazione del vetro compresa la produzione di fibre di vetro, con capacita' di fusione di oltre 20 Mg al giorno

3.4. Fusione di sostanze minerali compresa la produzione di fibre minerali, con una capacita' di fusione di oltre 20 Mg al giorno

3.5. Fabbricazione di prodotti ceramici mediante cottura, in particolare tegole, mattoni, mattoni refrattari, piastrelle, gres o porcellane con una capacita' di produzione di oltre 75 Mg al giorno.

4. Industria chimica

4.1. Fabbricazione di prodotti chimici organici, e in particolare:

    a) idrocarburi semplici (lineari o anulari, saturi o insaturi, alifatici o aromatici);

    b) idrocarburi ossigenati, segnatamente alcoli, aldeidi, chetoni, acidi carbossilici, esteri e miscele di esteri, acetati, eteri, perossidi e resine epossidiche;

    c) idrocarburi solforati;

    d) idrocarburi azotati, segnatamente amine, amidi, composti nitrosi, nitrati o nitrici, nitrili, cianati, isocianati;

    e) idrocarburi fosforosi;

    f) idrocarburi alogenati;

    g) composti organometallici;

    h) materie plastiche (polimeri, fibre sintetiche, fibre a base di cellulosa);

    i) gomme sintetiche;

    l) sostanze coloranti e pigmenti;

    m) tensioattivi e agenti di superficie.

4.2. Fabbricazione di prodotti chimici inorganici, e in particolare:

    a) gas, quali ammoniaca, cloro o cloruro di idrogeno, fluoro e fluoruro di idrogeno, ossidi di carbonio, composti di zolfo, ossidi di azoto, idrogeno, biossido di zolfo, bicloruro di carbonile;

    b) acidi, quali acido cromico, acido fluoridrico, acido fosforico, acido nitrico, acido cloridrico, acido solforico, oleum e acidi solforati;

    c) basi, quali idrossido d'ammonio, idrossido di potassio, idrossido di sodio;

    d) sali, quali cloruro d'ammonio, clorato di potassio, carbonato di potassio, carbonato di sodio, perborato, nitrato d'argento;

    e) metalloidi, ossidi metallici o altri composti inorganici, quali carburo di calcio, silicio, carburo di silicio.

4.3. Fabbricazione di fertilizzanti a base di fosforo, azoto o potassio (fertilizzanti semplici o composti)

4.4. Fabbricazione di prodotti fitosanitari o di biocidi

4.5. Fabbricazione di prodotti farmaceutici compresi i prodotti intermedi

4.6. Fabbricazione di esplosivi

5. Gestione dei rifiuti

5.1. Lo smaltimento o il recupero di rifiuti pericolosi, con capacita' di oltre 10 Mg al giorno, che comporti il ricorso ad una o piu' delle seguenti attivita':

    a) trattamento biologico;

    b) trattamento fisico-chimico;

    c) dosaggio o miscelatura prima di una delle altre attivita' di cui ai punti 5.1 e 5.2;

    d) ricondizionamento prima di una delle altre attivita' di cui ai punti 5.1 e 5.2;

    e) rigenerazione/recupero dei solventi;

    f) rigenerazione/recupero di sostanze inorganiche diverse dai metalli o dai composti metallici;

    g) rigenerazione degli acidi o delle basi;

    h) recupero dei prodotti che servono a captare le sostanze inquinanti;

    i) recupero dei prodotti provenienti dai catalizzatori;

    j) rigenerazione o altri reimpieghi degli oli;

    k) lagunaggio.

5.2. Smaltimento o recupero dei rifiuti in impianti di incenerimento dei rifiuti o in impianti di coincenerimento dei

rifiuti:
   a) per i rifiuti non pericolosi con una capacita' superiore a 3 Mg all'ora;
   b) per i rifiuti pericolosi con una capacita' superiore a 10 Mg al giorno.
   5.3.
   a) Lo smaltimento dei rifiuti non pericolosi, con capacita' superiore a 50 Mg al giorno, che comporta il ricorso ad una o piu' delle seguenti attivita' ed escluse le attivita' di trattamento delle acque reflue urbane, disciplinate al paragrafo 1.1 dell'Allegato 5 alla Parte Terza:
      1) trattamento biologico;
      2) trattamento fisico-chimico;
      3) pretrattamento dei rifiuti destinati all'incenerimento o al coincenerimento;
      4) trattamento di scorie e ceneri;
      5) trattamento in frantumatori di rifiuti metallici, compresi i rifiuti di apparecchiature elettriche ed elettroniche e i veicoli fuori uso e relativi componenti.
   b) Il recupero, o una combinazione di recupero e smaltimento, di rifiuti non pericolosi, con una capacita' superiore a 75 Mg al giorno, che comportano il ricorso ad una o piu' delle seguenti attivita' ed escluse le attivita' di trattamento delle acque reflue urbane, disciplinate al paragrafo 1.1 dell'Allegato 5 alla Parte Terza:
      1) trattamento biologico;
      2) pretrattamento dei rifiuti destinati all'incenerimento o al coincenerimento;
      3) trattamento di scorie e ceneri;
      4) trattamento in frantumatori di rifiuti metallici, compresi i rifiuti di apparecchiature elettriche ed elettroniche e i veicoli fuori uso e relativi componenti.
   Qualora l'attivita' di trattamento dei rifiuti consista unicamente nella digestione anaerobica, la soglia di capacita' di siffatta attivita' e' fissata a 100 Mg al giorno.
   5.4. Discariche, che ricevono piu' di 10 Mg di rifiuti al giorno o con una capacita' totale di oltre 25000 Mg, ad esclusione delle discariche per i rifiuti inerti.
   5.5. Accumulo temporaneo di rifiuti pericolosi non contemplati al punto 5.4 prima di una delle attivita' elencate ai punti 5.1, 5.2, 5.4 e 5.6 con una capacita' totale superiore a 50 Mg, eccetto il deposito temporaneo, prima della raccolta, nel luogo in cui sono generati i rifiuti.
   5.6. Deposito sotterraneo di rifiuti pericolosi con una capacita' totale superiore a 50 Mg.
6. Altre attivita'
   6.1. Fabbricazione in installazioni industriali di:
      a) pasta per carta a partire dal legno o da altre materie fibrose;
      b) carta o cartoni con capacita' di produzione superiore a 20 Mg al giorno;
      c) uno o piu' dei seguenti pannelli a base di legno: pannelli a fibre orientate (pannelli OSB), pannelli truciolari o pannelli di fibre, con una capacita' di produzione superiore a 600 m^3 al giorno.
   6.2. Pretrattamento (operazioni di lavaggio, imbianchimento, mercerizzazione) o tintura di fibre tessili o di tessili la cui capacita' di trattamento supera le 10 Mg al giorno.
   6.3. Concia delle pelli qualora la capacita' di trattamento superi le 12 Mg al giorno di prodotto finito.
   6.4.
      a) Funzionamento di macelli aventi una capacita' di produzione di carcasse di oltre 50 Mg al giorno;
      b) Escluso il caso in cui la materia prima sia esclusivamente il latte, trattamento e trasformazione, diversi dal semplice imballo, delle seguenti materie prime, sia trasformate in precedenza sia non

trasformate destinate alla fabbricazione di prodotti alimentari o mangimi da:
    1) solo materie prime animali (diverse dal semplice latte) con una capacita' di produzione di prodotti finiti di oltre 75 Mg al giorno;
    2) solo materie prime vegetali con una capacita' di produzione di prodotti finiti di oltre 300 Mg al giorno o 600 Mg al giorno se l'installazione e' in funzione per un periodo non superiore a 90 giorni consecutivi all'anno;
    3) materie prime animali e vegetali, sia in prodotti combinati che separati, quando, detta "A" la percentuale (%) in peso della materia animale nei prodotti finiti, la capacita' di produzione di prodotti finiti in Mg al giorno e' superiore a;
    - 75 se A e' pari o superiore a 10; oppure
    - [300 - (22,5 × A)] in tutti gli altri casi
  L'imballaggio non e' compreso nel peso finale del prodotto.
  c) Trattamento e trasformazione esclusivamente del latte, con un quantitativo di latte ricevuto di oltre 200 Mg al giorno (valore medio su base annua).
  6.5. Lo smaltimento o il riciclaggio di carcasse o di residui di animali con una capacita' di trattamento di oltre 10 Mg al giorno.
  6.6. Allevamento intensivo di pollame o di suini:
    a) con piu' di 40000 posti pollame;
    b) con piu' di 2000 posti suini da produzione (di oltre 30 kg); o
    c) con piu' di 750 posti scrofe.
  6.7. Trattamento di superficie di materie, oggetti o prodotti utilizzando solventi organici, in particolare per apprettare, stampare, spalmare, sgrassare, impermeabilizzare, incollare, verniciare, pulire o impregnare, con una capacita' di consumo di solventi organici superiore a 150 kg all'ora o a 200 Mg all'anno.
  6.8. Fabbricazione di carbonio (carbone duro) o grafite per uso elettrico mediante combustione o grafitizzazione.
  6.9. Cattura di flussi di CO_2 provenienti da installazioni che rientrano nel presente Allegato ai fini dello stoccaggio geologico in conformita' decreto legislativo 14 settembre 2011, n. 162.
  6.10. Conservazione del legno e dei prodotti in legno con prodotti chimici con una capacita' di produzione superiore a 75 m³ al giorno eccetto il trattamento esclusivamente contro l'azzurratura.
  6.11. Attivita' di trattamento a gestione indipendente di acque reflue non coperte dalle norme di recepimento della direttiva 91/271/CEE, ed evacuate da un'installazione in cui e' svolta una delle attivita' di cui al presente Allegato.))

ALLEGATO IX ALLA PARTE SECONDA

  Elenco delle autorizzazioni ambientali sostituite dalla autorizzazione integrata ambientale
  1. Autorizzazione alle emissioni in atmosfera, fermi restando i profili concernenti aspetti sanitari (titolo I della parte quinta del presente decreto).
  2. Autorizzazione allo scarico (Capo II del Titolo IV della Parte Terza).
  3. Autorizzazione unica per gli impianti di smaltimento e recupero dei rifiuti (articoli 208 e 210)
  4. Autorizzazione allo smaltimento degli apparecchi contenenti PCB-PCT (decreto legislativo 22 maggio 1999, n. 209, articolo 7).
  5. Autorizzazione all'utilizzo dei fanghi derivanti dal processo di depurazione in agricoltura (decreto legislativo 27 gennaio 1992, n. 99, articolo 9)
  6. Autorizzazione allo scarico rilasciata dal Magistrato alle Acque di Venezia, limitatamente alle condizioni di esercizio degli scarichi idrici e alle modalita' di controllo di tali condizioni (decreto-legge 29 marzo 1995, n. 96, convertito con modificazioni nella legge 31 maggio 1995, n. 206, articolo 2, comma 2).

ALLEGATO X ALLA PARTE SECONDA DEL DECRETO LEGISLATIVO N. 152/2006

Elenco indicativo delle principali sostanze inquinanti di cui e' obbligatorio tener conto se pertinenti per stabilire i valori limite di emissione
Aria:
1. Ossidi di zolfo e altri composti dello zolfo.
2. Ossidi di azoto e altri composti dell'azoto.
3. Monossido di carbonio.
4. Composti organici volatili.
5. Metalli e relativi composti.
6. Polveri ((, comprese le particelle sottili)).
7. Amianto (particelle in sospensione e fibre).
8. Cloro e suoi composti.
9. Fluoro e suoi composti.
10. Arsenico e suoi composti.
11. Cianuri.
12. Sostanze e preparati di cui sono comprovate proprieta' cancerogene, mutagene o tali da poter influire sulla riproduzione quando sono immessi nell'atmosfera.
13. Policlorodibenzodiossina (PCDD) e policlorodibenzofurani (PCDF).
Acqua:
1. Composti organoalogenati e sostanze che possono dar loro origine nell'ambiente idrico.
2. Composti organofosforici.
3. Composti organici dello stagno.
4. Sostanze e preparati di cui sono comprovate proprieta' cancerogene, mutagene o tali da poter influire sulla riproduzione in ambiente idrico o con il concorso dello stesso.
5. Idrocarburi persistenti e sostanze organiche tossiche persistenti e bioaccumulabili.
6. Cianuri.
7. Metalli e loro composti.
8. Arsenico e suoi composti.
9. Biocidi e prodotti fitofarmaceutici.
10. Materie in sospensione.
11. Sostanze che contribuiscono all'eutrofizzazione (nitrati e fosfati, in particolare).
12. Sostanze che esercitano un'influenza sfavorevole sul bilancio di ossigeno (misurabili con parametri quali BOD, COD).
((13 sostanze prioritarie di cui all'articolo 74, comma 2, lettera ff)))

ALLEGATO XI ALLA PARTE SECONDA DEL DECRETO LEGISLATIVO N. 152/2006

Considerazioni da tenere presenti in generale o in un caso particolare nella determinazione delle migliori tecniche disponibili, secondo quanto definito all'art. 5, comma 1, lettera l ter), tenuto conto dei costi e dei benefici che possono risultare da un'azione e del principio di precauzione e prevenzione.
1. Impiego di tecniche a scarsa produzione di rifiuti.
2. Impiego di sostanze meno pericolose.
3. Sviluppo di tecniche per il ricupero e il riciclo delle sostanze emesse e usate nel processo, e, ove opportuno, dei rifiuti.
4. Processi, sistemi o metodi operativi comparabili, sperimentati con successo su scala industriale.
5. Progressi in campo tecnico e evoluzione, delle conoscenze in campo scientifico.
6. Natura, effetti e volume delle emissioni in questione.
7. Date di messa in funzione degli impianti nuovi o esistenti.
8. Tempo necessario per utilizzare una migliore tecnica disponibile.
9. Consumo e natura delle materie prime ivi compresa l'acqua usata

nel processo e efficienza energetica.
10. Necessita' di prevenire o di ridurre al minimo l'impatto globale sull'ambiente delle emissioni e dei rischi.
11. Necessita' di prevenire gli incidenti e di ridurne le conseguenze per l'ambiente.
((12 Indicazioni dei documenti di riferimento sulle BAT (BREF) gia' pubblicati, informazioni diffuse ai sensi dell'articolo 29-tedecies, comma 4, nonche' altre informazioni pubblicate dalla Commissione europea ai sensi dell'articolo 16, paragrafo 2, della direttiva 96/61/CE, o da organizzazioni internazionali pubbliche)).

ALLEGATO XII ALLA PARTE SECONDA DEL DECRETO LEGISLATIVO N. 152/2006

Categorie di impianti relativi alle attivita' industriali di cui all'allegato 8, soggetti ad autorizzazione integrata ambientale statale

1) Raffinerie di petrolio greggio (escluse le imprese che producono soltanto lubrificanti dal petrolio greggio), nonche' impianti di gassificazione e di liquefazione di almeno 500 tonnellate (Mg) al giorno di carbone o di scisti bituminosi;

2) Centrali termiche ed altri impianti di combustione con potenza termica di almeno 300 MW ((nonche' quelli facenti parte della rete nazionale dei gasdotti con potenza termica di almeno 50 MW));

3) Acciaierie integrate di prima fusione della ghisa e dell'acciaio;

4) Impianti chimici con capacita' produttiva complessiva annua per classe di prodotto, espressa in milioni di chilogrammi, superiore alle soglie di seguito indicate:

Classe di prodotto	Soglie* Gg/ anno
a) idrocarburi semplici (lineari o anulari, saturi o insaturi, alifatici o aromatici)	200
b) idrocarburi ossigenati, segnatamente alcoli, aldeidi, chetoni, acidi carbossilici, esteri, acetati, eteri, perossidi, resine, epossidi	200
c) idrocarburi solforati	100
d) idrocarburi azotati, segnatamente ammine, amidi, composti nitrosi, nitrati o nitrici, nitrili, cianati, isocianati	100
e) idrocarburi fosforosi	100
f) idrocarburi alogenati	100
g) composti organometallici	100
h) materie plastiche di base (polimeri, fibre sintetiche, fibre a base di cellulosa)	100
i) gomme sintetiche	100
l) gas, quali ammoniaca, cloro o cloruro di idrogeno, fluoro o fluoruro di idrogeno, ossidi di carbonio, composti di zolfo, ossidi di azoto, idrogeno, biossido di zolfo, bicloruro di carbonile	100
m) acidi, quali acido cromico, acido fluoridrico, acido fosforico, acido nitrico, acido cloridrico, acido solforico, oleum e acidi solforati	100
n) basi, quali idrossido d'ammonio, idrossido dipotassio, idrossido di sodio	100
o) fertilizzanti a base di fosforo, azoto o potassio (fertilizzanti semplici o composti)	300

* Le soglie della tabella sono riferite alla somma delle capacita' produttive relative ai singoli composti che sono riportati in un'unica riga.

5) Impianti funzionalmente connessi a uno degli impianti di cui ai punti precedenti, localizzati nel medesimo sito e gestiti dal medesimo gestore, che non svolgono attivita' di cui all'allegato VIII;
6) Altri impianti rientranti nelle categorie di cui all'allegato VIII localizzati interamente in mare.

((ALLEGATO XII-bis ALLA PARTE SECONDA

Linee guida sui criteri da tenere in considerazione per l'applicazione dell'articolo 29-sexies, comma 9-bis

Le deroghe di cui all'articolo 29-sexies, comma 9-bis, sono tipicamente ammesse nei seguenti casi, resi evidenti da un'analisi costi-benefici allegata all'istanza e verificata dall'autorita' competente nel corso dell'istruttoria:
 a) il raggiungimento di limiti corrispondenti ai BAT-AEL non garantisce alcun effetto benefico nello specifico contesto ambientale, se confrontato alle prestazioni garantite con l'autorizzazione in corso di definizione;
 b) il raggiungimento di limiti corrispondenti ai BAT-AEL non garantisce, rispetto alle prestazioni garantite con l'autorizzazione in corso di definizione, significativi effetti benefici nello specifico contesto ambientale, mentre di contro richiede notevoli investimenti da parte del gestore;
 c) il raggiungimento di limiti corrispondenti ai BAT-AEL permetterebbe di conseguire benefici effetti ambientali che, nello specifico contesto, possono essere garantiti negli stessi tempi e con investimenti notevolmente minori finanziando azioni di soggetti non sottoposti alla disciplina IPPC;
 d) il particolare assetto impiantistico o i vincoli determinati dalla collocazione geografica dell'installazione (prescrizioni paesaggistiche di VIA ad es.) determinano un costo di implementazione delle migliori tecniche disponibili di riferimento sproporzionato rispetto a quello medio richiesto alle altre installazioni del settore;
 e) il particolare assetto impiantistico o la collocazione geografica fanno si' che il raggiungimento di limiti corrispondenti ai BAT-AEL non possa essere conseguito con la sola implementazione delle migliori tecniche disponibili di riferimento;
 f) e' opportuno concedere al gestore una dilazione dei tempi per il raggiungimento di limiti corrispondenti ai BAT-AEL per consentirgli di raggiungere il punto di pareggio in relazione agli investimenti gia' effettuati, per l'adeguamento alle migliori tecniche disponibili, in attuazione della autorizzazione in corso di rinnovo o riesame;
 g) e' opportuno concedere al gestore una dilazione dei tempi per il raggiungimento di limiti corrispondenti ai BAT-AEL per consentirgli di raggiungere almeno il punto di pareggio in relazione agli investimenti gia' effettuati, in considerazione di particolari caratteristiche tecniche delle installazioni e dei processi produttivi che rendono possibile l'applicazione di talune BAT solo attraverso il completo rifacimento delle unita' tecniche interessate, e non solo delle parti oggetto delle BAT;
 h) degli impianti e dei processi produttivi che rendono possibile l'applicazione di talune BAT solo attraverso il completo rifacimento delle unita' produttive;
 i) l'installazione, o la parte di installazione, e' utilizzata per la ricerca, lo sviluppo e la sperimentazione di nuovi prodotti o

processi
    j) altri casi particolari legati ad assetto impiantistico, contesto ambientale e collocazione geografica, riconosciuti dall'autorita' competente))

ALLEGATI ALLA PARTE TERZA

ALLEGATO 1
Monitoraggio e classificazione delle acque in funzione degli obiettivi di qualita' ambientale

ALLEGATO 2
Criteri per la classificazione dei corpi idrici a destinazione funzionale

ALLEGATO 3
Rilevamento delle caratteristiche dei bacini idrografici e analisi dell'impatto esercitato dall'attivita' antropica

ALLEGATO 4
Contenuti dei piani
    Parte a. Piani di gestione dei bacini idrografici
    Parte b. Piani di tutela delle acque

ALLEGATO 5
Limiti di emissione degli scarichi idrici

ALLEGATO 6
Criteri per la individuazione delle aree sensibili

ALLEGATO 7
Parte a - Zone vulnerabili da nitrati di origine agricola
Parte b - Zone vulnerabili da prodotti fitosanitari

ALLEGATO 8
Elenco indicativo dei principali inquinanti

ALLEGATO 9
Aree protette

ALLEGATO 10
Analisi economica

ALLEGATO 11
Elenco indicativo delle misure supplementari da inserire nei programmi di misure

ALLEGATO 1

MONITORAGGIO E CLASSIFICAZIONE DELLE ACQUE IN FUNZIONE DEGLI OBIETTIVI DI QUALITA' AMBIENTALE

Il presente allegato stabilisce i criteri per il monitoraggio e la classificazione dei corpi idrici superficiali e sotterranei

1. CARATTERIZZAZIONE DEI CORPI IDRICI

1.1 CORPI IDRICI SUPERFICIALI

I corpi idrici superficiali vengono caratterizzati e individuati secondo quanto riportato in Allegato 3

1.2 CORPI IDRICI SOTTERRANEI

Identificazione e caratterizzazione dei corpi idrici sotterranei

Parte A - Identificazione dei corpi idrici

L'identificazione dei corpi idrici sotterranei e' necessaria ai fini dell'attuazione del presente decreto.
L'identificazione dei complessi idrogeologici e quindi degli acquiferi rappresenta la fase propedeutica alla identificazione dei corpi idrici sotterranei.
E' stato definito un percorso di caratterizzazione che porta alla individuazione dei corpi idrici partendo dai complessi idrogeologici di cui alla Tabella 1, passando per gli acquiferi che rappresentano gli elementi di riferimento gia' in larga parte individuati dalle Regioni.

A.1 Identificazione dei complessi idrogeologici

Sulla base dei criteri generali univoci utili per giungere alla definizione dei corpi idrici sotterranei sono state definite sette tipologie di complessi idrogeologici partendo dalla Carta delle risorse idriche sotterranee di Mouton che costituisce il quadro di riferimento nazionale omogeneo.
Tali tipologie sono state definite tenendo in considerazione gli elementi caratterizzanti i complessi idrogeologici (litologia e assetto idrogeologico) e i parametri descrittivi come la produttivita', la facies idrochimica, i contaminanti naturali, la vulnerabilita' e l'impatto antropico (tabella 1).

Acronimo Complessi idrogeologici

DQ Alluvioni delle depressioni quaternarie
AV Alluvioni vallive
CA Calcari
VU Vulcaniti
DET Formazioni detritiche degli altipiani plio-quaternarie
LOC Acquiferi locali
STE Formazioni sterili

Tabella 1 J.J. Fried, J. Mouton, F. Mangano (1982)

Tali sette tipologie di Complessi Idrogeologici rappresentano il quadro ove ricollocare gli acquiferi e, successivamente, i corpi idrici sotterranei secondo lo schema di massima, di seguito riportato.

Parte di provvedimento in formato grafico

*Unita' di bilancio: dominio dotato di una comprovata unita' stratigrafica e/o strutturale, al cui limite si verificano condizioni che annullano od ostacolano le possibilita' di interscambi idrici sotterranei e che al suo interno puo' contenere uno o piu' corpi idrici.

L'individuazione dei limiti delle unita' di bilancio e' un processo iterativo che le Regioni perfezionano nel corso del tempo.

A.2 Criteri per l'identificazione degli acquiferi

L'identificazione degli acquiferi viene effettuata sulla base di criteri idrogeologici. L'elaborazione di un modello concettuale

permettera' di pervenire ad un bilancio in termini di entrate e di uscite ed alla valutazione della vulnerabilita', tenendo conto delle pressioni antropiche.
La complessita' ed il dettaglio del modello aumentano gradualmente all'aumentare delle conoscenze e vengono approfondite nel tempo durante le fasi di caratterizzazione e di monitoraggio.
L'identificazione degli acquiferi deve comunque soddisfare 2 criteri: flusso significativo e quantita' significativa.
Se uno o entrambi i criteri sono soddisfatti, le unita' stratigrafiche sono da considerarsi acquifero.
Detti criteri per l'identificazione degli acquiferi sono illustrati nello schema seguente
(Fig. 1):

     Parte di provvedimento in formato grafico

Figura 1: schema per l'identificazione degli acquiferi

A.3 Delimitazione dei corpi idrici

La delimitazione dei corpi idrici sotterranei deve assicurare che vengano raggiunti gli obiettivi di qualita' ambientale di cui all'articolo 76 del decreto n.152 del 2006 ed una descrizione appropriata dello stato chimico e quantitativo delle acque sotterranee. Il Corpo Idrico sotterraneo e' per definizione "un volume distinto di acque sotterranee contenuto da uno o piu' acquiferi". Deve essere individuato come quella massa di acqua caratterizzata da omogeneita' nello stato ambientale (qualitativo e/o quantitativo), tale da permettere, attraverso l'interpretazione delle misure effettuate in un numero significativo di stazioni di campionamento, di valutarne lo stato e di individuare il trend. Puo' essere coincidente con l'acquifero che lo contiene, puo' esserne una parte, ovvero corrispondere a piu' acquiferi diversi o loro porzioni.
Le definizioni di acquifero e di corpo idrico sotterraneo permettono di identificare i corpi idrici sotterranei sia separatamente, all'interno di strati diversi che si sovrappongono su un piano verticale, sia come singolo corpo idrico che si estende tra i diversi strati. Un corpo idrico sotterraneo puo' essere all'interno di uno o piu' acquiferi, come, ad esempio, nel caso di due acquiferi adiacenti caratterizzati da pressioni simili e contenenti acque con caratteristiche qualitative e quantitative analoghe.
I corpi idrici devono essere delimitati in modo da permettere una descrizione appropriata ed affidabile dello stato quantitativo e chimico delle acque sotterranee.
La valutazione dello stato quantitativo e' facilitata se i corpi idrici sotterranei sono delimitati in modo tale che qualsiasi flusso di acqua sotterranea da un corpo idrico ad un altro e' talmente piccolo da poter essere trascurato nei calcoli dei bilanci idrici oppure puo' essere stimato con sufficiente precisione.
Le Regioni devono tenere conto delle caratteristiche specifiche degli acquiferi quando procedono alla delimitazione dei corpi idrici sotterranei. Per esempio, le caratteristiche del flusso di alcuni strati geologici, quali il substrato carsico e fratturato, sono molto piu' difficili da prevedere rispetto ad altre. La delimitazione dei corpi idrici deve essere vista come un processo iterativo, da perfezionare nel corso del tempo, nella misura necessaria per valutare e gestire adeguatamente i rischi del non raggiungimento degli obiettivi ambientali.
Potrebbe anche presentarsi il caso di un flusso consistente tra strati con caratteristiche molto differenti (per esempio, i complessi carsici e l'arenaria). Le proprieta' diverse di questi strati potrebbero richiedere approcci diversi di gestione per il raggiungimento degli obiettivi preposti. In questo caso, le Regioni possono delimitare i confini dei corpi idrici in modo che coincidano con i confini tra gli strati. Nel far cio' devono, comunque,

assicurare una adeguata valutazione dello stato quantitativo.

A.4 Criteri per la delimitazione dei corpi idrici sotterranei

La delimitazione dei corpi idrici sotterranei si basa inizialmente su criteri di tipo fisico ed e' successivamente perfezionata sulla base di informazioni concernenti lo stato di qualita' ambientale.
Due sono, quindi, i criteri generali che si basano sui seguenti elementi:
a. confini idrogeologici;
b. differenze nello stato di qualita' ambientale.

CRITERIO a)

Possono essere assunti come punto di partenza per la identificazione geografica dei corpi idrici i limiti geologici. Nei casi in cui la descrizione dello stato e/o il raggiungimento degli obiettivi ambientali richiedano una maggiore suddivisione ovvero non sia possibile identificare un limite geologico, si possono utilizzare, ad esempio, lo spartiacque sotterraneo o le linee di flusso.

CRITERIO b)

Differenze nello stato di qualita' ambientale: gli obiettivi di qualita' dei corpi idrici sotterranei e le misure necessarie per raggiungerli dipendono dallo stato di qualita' esistente. I corpi idrici sotterranei devono essere unita' con uno stato chimico ed uno stato quantitativo ben definiti. Quindi, significative variazioni di stato di qualita' all'interno di acque sotterranee devono essere prese in considerazione per individuare i confini dei corpi idrici, procedendo, ove necessario, ad una suddivisione in corpi idrici di dimensioni minori. Qualora le differenze nello stato di qualita' si riducano durante un ciclo di pianificazione, si puo' procedere alla riunificazione dei corpi idrici precedentemente identificati in vista dei successivi cicli di pianificazione. Laddove, invece, lo stato di qualita' sia omogeneo possono essere delimitati estesi corpi idrici sotterranei. Detti confini possono essere ridefiniti ad ogni revisione del Piano di gestione dei Bacini Idrografici ma devono restare fissi per il periodo di durata di ciascun piano.
Qualora non siano disponibili informazioni sufficienti alla valutazione dello stato di qualita' ambientale nelle fasi iniziali di attuazione del presente decreto, per individuare i confini dei corpi idrici sotterranei, si usano le analisi su pressioni ed impatti come indicatori dello stato di qualita'. Con il miglioramento delle conoscenze relative allo stato delle acque, i confini dei corpi idrici devono essere modificati prima della pubblicazione di ciascun Piano di gestione dei Bacini Idrografici, ogni 6 anni.
La suddivisione delle acque sotterranee in corpi idrici sotterranei e' quindi una questione che le Regioni devono decidere sulla base delle caratteristiche particolari del loro territorio.
Nel prendere tali decisioni sara' necessario trovare un punto di equilibrio tra l'esigenza di descrivere adeguatamente lo stato delle acque sotterranee e la necessita' di evitare una suddivisione degli acquiferi in un numero di corpi idrici impossibile da gestire.

A.5 Procedura suggerita per l'applicazione pratica del termine corpo idrico sotterraneo

La figura 2 suggerisce un procedimento iterativo e gerarchico per l'identificazione dei corpi idrici sotterranei, basato sui principi descritti nel presente Allegato.

Parte di provvedimento in formato grafico

Fig. 2 - Procedura suggerita per l'identificazione dei corpi idrici sotterranei

2. MODALITA' PER LA CLASSIFICAZIONE DELLO STATO DI QUALITA' DEI CORPI IDRICI

A - STATO DELLE ACQUE SUPERFICIALI

A.1. Elementi qualitativi per la classificazione dello stato ecologico

A.1.1 - Elementi qualitativi per la classificazione dello stato ecologico per fiumi, laghi, acque di transizione e acque marino-costiere.

Parte di provvedimento in formato grafico

A.1.2 Corpi idrici superficiali artificiali e corpi idrici fortemente modificati

Per i corpi idrici superficiali artificiali e fortemente modificati si utilizzano gli elementi di qualita' applicabili a quella delle suesposte quattro categorie di acque superficiali naturali che piu' si accosta al corpo idrico artificiale o fortemente modificato in questione.

A.2. Definizioni normative per la classificazione dello stato ecologico

Tabella A.2. Definizione generale per fiumi, laghi, acque di transizione e acque costiere

Il testo seguente fornisce una definizione generale della qualita' ecologica. Ai fini della classificazione i valori degli elementi di qualita' dello stato ecologico per ciascuna categoria di acque superficiali sono quelli indicati nelle tabelle da A.2.1 a A.2.4 in appresso.

Parte di provvedimento in formato grafico

Le acque aventi uno stato inferiore al moderato sono classificate come aventi stato scarso o cattivo.
Le acque che presentano alterazioni considerevoli dei valori degli elementi di qualita' biologica del tipo di corpo idrico superficiale e nelle quali le comunita' biologiche interessate si discostano sostanzialmente da quelle di norma associate al tipo di corpo idrico superficiale inalterato, sono classificate come aventi stato scarso.
Le acque che presentano gravi alterazioni dei valori degli elementi di qualita' biologica del tipo di corpo idrico superficiale e nelle quali mancano ampie porzioni di comunita' biologiche interessate di norma associate al tipo di corpo idrico superficiale inalterato, sono classificate come aventi stato cattivo.

A.2.1. Definizioni dello stato ecologico elevato, buono e sufficiente dei fiumi

Parte di provvedimento in formato grafico

A.2.2. Definizioni dello stato ecologico elevato, buono e sufficiente dei laghi

Parte di provvedimento in formato grafico

A.2.3. Definizioni di stato ecologico elevato, buono e sufficiente nelle acque di transizione

Parte di provvedimento in formato grafico

A.2.4. Definizioni dello stato ecologico elevato, buono e sufficiente delle acque costiere

Parte di provvedimento in formato grafico

A.2.5. Definizioni del potenziale ecologico massimo, buono e sufficiente dei corpi idrici fortemente modificati o artificiali

Parte di provvedimento in formato grafico

A.2.6 Stato chimico.

Al fine di raggiungere o mantenere il buono stato chimico, le regioni e le province autonome applicano per le sostanze dell'elenco di priorita', selezionate come indicato ai paragrafi A.3.2.5 e A.3.3.4, gli standard di qualita' ambientali cosi' come riportati per le diverse matrici alle tabelle 1A e 2A del presente allegato.

Le sostanze dell'elenco di priorita' sono: le sostanze prioritarie (P), le sostanze pericolose prioritarie (PP) e le rimanenti sostanze (E).

Tali standard rappresentano le concentrazioni che identificano il buono stato chimico.

Ai fini della classificazione delle acque superficiali il monitoraggio chimico viene eseguito nella colonna d'acqua e nel biota. A tal fine, entro il 22 marzo 2016, sulla base delle linee guida europee n. 25 - Chemical Monitoring of Sediment and Biota, n. 32 - Biota Monitoring e n. 33 - Analytical Methods for Biota Monitoring e' resa disponibile una linea guida italiana, predisposta dagli istituti scientifici nazionali di riferimento, con le informazioni pratiche, necessarie per l'utilizzo di taxa di biota alternativi ai fini della classificazione.

La linea guida riporta, inoltre, i riferimenti ai criteri fisico-chimici per valutare la concentrazione di piombo e nichel in base alla biodisponibilita' sito-specifica nelle acque interne.

Le regioni e le province autonome possono utilizzare, limitatamente alle sostanze di cui alla tabella 2/A, la matrice sedimento al fine della classificazione dei corpi idrici marino-costieri e di transizione.

Tab. 1/A - Standard di qualita' ambientale nella colonna d'acqua e nel biota per le sostanze dell'elenco di priorita'.

(1)	(2)	(3)	(4)	(5)	(6)	(7)	(8)	(9)
N.	Denominazione della sostanza	Numero CAS(1)	SQA-MA (2) Acque superficiali interne (3)	SQA-MA (2) Altre acque di superficie	SQA-CMA (4) Acque superficiali interne(3)	SQA-CMA (4) Altre acque di superficie	SQA Biota (12)	Identificazione sostanza
(1)	Alacloro	15972-60-8	0,3	0,3	0,7	0,7		P

(n)	Sostanza	CAS						
(2)	Antracene	120-12-7	0,1	0,1	0,1	0,1		PP
(3)	Atrazina	1912-24-9	0,6	0,6	2,0	2,0		P
(4)	Benzene	71-43-2	10	8	50	50		P
(5)	Difenileteri bromurati (5)	32534-81-9			0,14	0,014	0,0085	PP
(6)	Cadmio e composti (in funzione delle classi di durezza dell'acqua) (6)	7440-43-9	≤ 0,08 (classe 1) 0,08 (classe 2) 0,09 (classe 3) 0,15 (classe 4) 0,25 (classe 5)	0,2	≤ 0,45 (classe 1) 0,45 (classe 2) 0,6 (classe 3) 0,9 (classe 4) 1,5 (classe 5)	≤ 0,45 (classe 1) 0,45 (classe 2) 0,6 (classe 3) 0,9 (classe 4) 1,5 (classe 5)		PP
(6 bis)	Tetracloruro di carbonio (7)	56-23-5	12	12	non applicabile	non applicabile		E
(7)	Cloroalcani C10-13	85535-84-8	0,4	0,4	1,4	1,4		PP
(8)	Clorfenvinfos	470-90-6	0,1	0,1	0,3	0,3		P
(9)	Clorpirifos (Clorpirifos etile)	2921-88-2	0,03	0,03	0,1	0,1		P
(9 bis)	Antiparassitari del ciclodiene: Aldrin(7) Dieldrin(7) Endrin(7) Isodrin(7)	309-00-2 60-57-1 72-20-8 465-73-6	Σ = 0,01	Σ = 0,005	non applicabile	non applicabile		E
							50 µg/kg (pesci con meno	

							5% grassi) 100 µg/kg p.f. (per i pesci con piu' del 5% grassi)	
(9 ter)	DDT totale (7,9)	non applicabile	0,025	0,025	non applicabile	non applicabile		E
	para-para-DDT(7)	50-29-3	0,01	0,01	non applicabile	non applicabile (		E
	1,2-Dicloroetano	107-06-2	10	10	non applicabile	non applicabile		P
(11)	Diclorometano	75-09-2	20	20	non applicabile	non applicabile		P
(12)	Di(2-etilesil) ftalato (DEHP)	117-81-7	1,3	1,3	non applicabile	non applicabile		PP
(13)	Diuron	330-54-1	0,2	0,2	1,8	1,8		P
(14)	Endosulfan	115-29-7	0,005	0,0005	0,01	0,004		PP
	Fluorantene	206-44-0	0,0063	0,0063	0,12	0,12	30	P
(16)	Esaclorobenzene	118-74-1	0,005	0,002	0,05	0,05	10	PP
(17)	Esaclorobutadiene	87-68-3	0,05	0,02	0,6	0,6	55	PP
	Esaclorocicloesano	608-73-1	0,02	0,002	0,04	0,02		PP
(19)	Isoproturon	34123-59-6	0,3	0,3	1,0	1,0		P
(20)	Piombo e composti	7439-92-1	1,2(13)	1,3	14	14		P
(21)	Mercurio e composti	7439-97-6			0,07	0,07	20	PP
(22)	Naftalene	91-20-3	2	2	130	130		P

(23)	Nichel e composti	7440-02-0	4(13)	8,6	34	34		P
(24)	Nonil-fenoli (4-nonil-fenolo)	84852-15-3	0,3	0,3	2,0	2,0		PP
(25)	Ottil-fenoli ((4-(1,1',3,3'-tetrame-tilbutil)-fenolo))	140-66-9	0,1	0,01	non ap-pli-ca-bile	non ap-pli-ca-bile		P
(26)	Penta-cloro-benzene	608-93-5	0,007	0,0007	non ap-pli-ca-bile	non ap-pli-ca-bile		PP
(27)	Penta-cloro-fenolo	87-86-5	0,4	0,4	1	1		P
(28)	Idrocar-buri poli-ciclici aroma-tici (IPA) (11)	non ap-plica-bile	non ap-pli-ca-bile	non ap-pli-ca-bile	non ap-pli-ca-bile	non ap-pli-ca-bile		PP
	Benzo(a)-pirene	50-32-8	$1,7 \cdot 10^{-4}$	$1,7 \cdot 10^{-4}$	0,27	0,027	5	PP
	Benzo(b)-fluoran-tene	205-99-2	Cfr. nota 11	Cfr. nota 11	0,017	0,017	Cfr. nota 11	PP
	Benzo(k)-fluoran-tene	207-08-9	Cfr. nota 11	Cfr. nota 11	0,017	0,017	Cfr. nota 11	PP
	Benzo (g,h,i)-perilene	191-24-2	Cfr. nota 11	Cfr. nota 11	$8,2 \cdot 10^{-3}$	$8,2 \cdot 10^{-4}$	Cfr. nota 11	PP
	Indeno (1,2,3-cd) pirene	193-39-5	Cfr. nota 11	Cfr. nota 11	non ap-pli-ca-bile	non ap-pli-ca-bile	Cfr. nota 11	PP
(29)	Simazina	122-34-9	1	1	4	4		P
(29 bis)	Tetra-cloro-etilene(7)	127-18-4	10	10	non ap-pli-ca-bile	non ap-pli-ca-bile		E
					non ap-	non ap-		

(29 ter)	Tricloro-etilene(7)	79-01-6	10	10	non applicabile	non applicabile			E
(30)	Tributilstagno (composti) (tributilstagno-catione)	36643-28-4	0,0002	0,0002	0,0015	0,0015			PP
(31)	Triclorobenzeni	12002-48-1	0,4	0,4	non applicabile	non applicabile			P
(32)	Triclorometano	67-66-3	2,5	2,5	non applicabile	non applicabile			P
(33)	Trifluralin	1582-09-8	0,03	0,03	non applicabile	non applicabile			PP
(34)	Dicofol	115-32-2	1,3 10(-3)	3,2 10(-5)	non applicabile	non applicabile		33	PP
(35)	Acido perfluorottansolfonico e suoi sali (PFOS)	1763-23-1	6,5 10(-4)	1,3 10(-4)	36	7,2	9,1		PP
(36)	Chinossifen	124495-18-7	0,15	0,015	2,7	0,54			PP
(37)	Diossine e composti diossina-simili	Cfr. la nota 10 a pie' di pagina dell'allegato X della direttiva 2000/60/CE			non applicabile	non applicabile	Somma di PCDD+PCDF+PCB-DL 0,0065 µg.kg(-1) TEQ (14)		PP
(38)	Aclonifen	74070-46-5	0,12	0,012	0,12	0,012			P

(39)	Bifenox	42576-02-3	0,012	0,0012	0,04	0,004		P
(40)	Cibutrina	28159-98-0	0,0025	0,0025	0,016	0,016		P
(41)	Cipermetrina	52315-07-8	$8\,10^{-5}$	$8\,10^{-6}$	$6\,10^{-4}$	$6\,10^{-5}$		P
(42)	Diclorvos	62-73-7	$6\,10^{-4}$	$6\,10^{-5}$	$7\,10^{-4}$	$7\,10^{-5}$		P
(43)	Esabromociclododecano (HBCDD)	Cfr. la nota 12 a pie' di pagina dell'allegato X della direttiva 2000/60/CE	0,0016	0,0008	0,5	0,05	167	PP
(44)	Eptacloro ed eptacloro epossido	76-44-8/ 1024-57-3	$2\,10^{-7}$	$1\,10^{-8}$	$3\,10^{-4}$	$3\,10^{-5}$	$6,7\,10^{-3}$	PP
(45)	Terbutrina	886-50-0	0,065	0,0065	0,34	0,034		P

Unita' di misura: [µg/l] per le colonne da (4) a (7); [µg/kg di peso umido] per la colonna .

Note alla tabella 1/A:
1 - CAS: Chemical Abstracts Service.
2 - Questo parametro rappresenta lo SQA espresso come valore medio annuo (SQA-MA). Se non altrimenti specificato, si applica alla concentrazione totale di tutti gli isomeri.
3 - Per acque superficiali interne si intendono i fiumi, i laghi e i corpi idrici artificiali o fortemente modificati.
4 - Questo parametro rappresenta lo standard di qualita' ambientale espresso come concentrazione massima ammissibile (SQA-CMA). Quando compare la dicitura "non applicabile" riferita agli SQA-CMA, si ritiene che i valori SQA-MA tutelino dai picchi di inquinamento di breve termine, in scarichi continui, perche' sono sensibilmente inferiori ai valori derivati in base alla tossicita' acuta.
5 - Per il gruppo di sostanze prioritarie "difenileteri bromurati" (voce n. 5), lo SQA ambientale si riferisce alla somma delle concentrazioni dei congeneri numeri 28, 47, 99, 100, 153 e 154.
6 - Per il cadmio e composti (voce n. 6) i valori degli SQA variano in funzione della durezza dell'acqua classificata secondo le seguenti cinque categorie: classe 1: < 40 mg $CaCO^3/l$, classe 2: da 40 a < 50 mg $CaCO^3/l$, classe 3: da 50 a < 100 mg $CaCO^3/l$, classe 4: da 100 < 200 mg $CaCO^3/l$ e classe 5: ≥ 200 mg $CaCO^3/l$.
7 - Questa sostanza non e' prioritaria, ma e' uno degli altri inquinanti in cui gli SQA sono identici a quelli fissati dalla normativa applicata prima del 13 gennaio 2009.
8 - Per questo gruppo di sostanze non e' fornito alcun parametro indicativo. Il parametro o i parametri indicativi devono essere definiti con il metodo analitico.

9 - Il DDT totale comprende la somma degli isomeri 1,1,1-tricloro 2,2 bis (p-clorofenil)etano (numero CAS 50-29-3; numero UE 200-024-3), 1,1,1-tricloro-2 (o-clorofenil)-2-(p-clorofenil)etano (numero CAS 789-02-6; numero UE 212-332-5), 1,1-dicloro-2,2 bis (p-clorofenil)etilene (numero CAS 72-55-9; numero UE 200-784-6) e 1,1-dicloro-2,2 bis (p-clorofenil)etano (numero CAS 72-54-8; numero UE 200-783-0).

10 - Per queste sostanze non sono disponibili informazioni sufficienti per fissare un SQA-CMA.

11 - Per il gruppo di sostanze prioritarie "idrocarburi policiclici aromatici" (IPA) (voce n. 28), lo SQA per il biota e il corrispondente SQA-AA in acqua si riferiscono alla concentrazione di benzo(a)pirene sulla cui tossicita' sono basati. Il benzo(a)pirene puo' essere considerato marcatore degli altri IPA, di conseguenza solo il benzo(a)pirene deve essere monitorato per raffronto con lo SQA per il biota o il corrispondente SQA-AA in acqua.

12 - Se non altrimenti indicato, lo SQA per il biota e' riferito ai pesci. Si puo' monitorare un taxon del biota alternativo o un'altra matrice purche' lo SQA applicato garantisca un livello equivalente di protezione. Per le sostanze numeri 15 (Fluorantene) e 28 (IPA), lo SQA per il biota si riferisce ai crostacei ed ai molluschi. Ai fini della valutazione dello stato chimico, il monitoraggio di Fluorantene e di IPA nel pesce non e' opportuno. Per la sostanza numero 37 (Diossine e composti diossina-simili), lo SQA per il biota si riferisce al pesce, ai crostacei ed ai molluschi. Fare riferimento al punto 5.3 dell'allegato al regolamento (UE) n. 1259/2011 della Commissione del 2 dicembre 2011, che modifica il regolamento (CE) n. 1881/2006 per quanto riguarda i tenori massimi per le diossine, i PCB diossina-simili e per i PCB non diossina-simili nei prodotti alimentari (Gazzetta Ufficiale n. L 320 del 3 dicembre 2011).

13 - Questi SQA si riferiscono alle concentrazioni biodisponibili delle sostanze.

14 - PCDD: dibenzo-p-diossine policlorurate; PCDF: dibenzofurani policlorurati; PCB-DL: bifenili policlorurati diossina-simili; TEQ: equivalenti di tossicita' conformemente ai fattori di tossicita' equivalente del 2005 dell'Organizzazione mondiale della sanita'.

15 - Le sostanze contraddistinte dalla lettera P e PP sono, rispettivamente, le sostanze prioritarie e quelle pericolose prioritarie individuate ai sensi della direttiva 2008/105/CE del Parlamento europeo e del Consiglio del 16 dicembre 2008, modificata dalla direttiva 2013/39/UE del Parlamento europeo e del Consiglio del 12 agosto 2013. Le sostanze contraddistinte dalla lettera E sono le sostanze incluse nell'elenco di priorita' individuate dalle "direttive figlie" della direttiva 76/464/CE.

Tab. 2/A - Standard di qualita' ambientale nei sedimenti nei corpi idrici marino-costieri e di transizione.

NUMERO CAS	PARAMETRI	SQA-MA(1)(2)
	Metalli	mg/kg s.s
7440-43-9	Cadmio	0,3
7439-97-6	Mercurio	0,3
7439-92-1	Piombo	30
	Organo metalli	µg/kg
	Tributilstagno	5
Policiclici	Aromatici	µg/kg

NUMERO CAS	PARAMETRI		SQA-MA
120-12-7	Antracene		24
91-20-3	Naftalene		35
	Pesticidi		
309-00-2	Aldrin		0,2
319-84-6	Alfa esaclorocicloesano		0,2
319-85-7	Beta esaclorocicloesano		0,2
58-89-9	Gamma esaclorocicloesano lindano		0,2
	DDT(3)		1
	DDD(3)		0,8
	DDE(3)		1,8
60-57-1	Dieldrin		0,2

Note alla tabella 2/A:
(1) Standard di qualita' ambientale espresso come valore medio annuo (SQA-MA). Se non altrimenti specificato, lo standard di qualita' ambientale si applica alla concentrazione totale di tutti gli isomeri.
(2) In considerazione della complessita' della matrice sedimento e' ammesso, ai fini della classificazione del buono stato chimico, uno scostamento pari al 20% del valore riportato in tabella.
(3) DDE, DDD, DDT: lo standard e' riferito alla somma degli isomeri 2,4 e 4,4 di ciascuna sostanza.

Tab. 3/A - Standard di qualita' ambientale nei sedimenti nei corpi idrici marino-costieri e di transizione ai fini della selezione dei siti per l'analisi della tendenza.

NUMERO CAS	PARAMETRI	SQA-MA
	Metalli	mg/kg s.s
7440-43-9	Cadmio	0,3
7439-97-6	Mercurio (1)	0,3
7439-92-1	Piombo	30
	Organo metalli	µg/kg
	Tributilstagno	5
	Policiclici Aromatici (1)	µg/kg
50-32-8	Benzo(a)pirene(1)	30
205-99-2	Benzo(b)fluorantene(1)	40

CAS	Sostanza	Valore
207-08-9	Benzo(k)fluorantene(1)	20
191-24-2	Benzo(g,h,i) perilene(1)	55
193-39-5	Indenopirene(1)	70
120-12-7	Antracene	24
206-44-0	Fluorantene (1)	110
91-20-3	Naftalene	35
	Pesticidi	
309-00-2	Aldrin	0,2
319-84-6	Alfa esaclorocicloesano	0,2
319-85-7	Beta esaclorocicloesano	0,2
58-89-9	Gamma esaclorocicloesano lindano	0,2
	DDT(2)	1
	DDD(2)	0,8
	DDE(2)	1,8
60-57-1	Dieldrin	0,2
118-74-1	Esaclorobenzene(1)	0,4
	PCB e Diossine(1)	
	Sommat. T.E. PCDD,PCDF (3) (Diossine e Furani) e PCB diossina simili	2 X 10-3

Note alla tabella 3/A:
(1) Sostanze per cui e' definito uno SQA per il biota in tab. 1/A.
(2) DDE, DDD, DDT: lo standard e' riferito alla somma degli isomeri 2,4 e 4,4 di ciascuna sostanza.
(3) Elenco congeneri e relativi Fattori di tossicita' equivalenti (EPA, 1989) e elenco congeneri PCB diossina simili (WHO, 2005):

Congenere Policlorodibenzofurani	I-TEF
2,3,7,8 T4CDD	1
1,2,3,7,8 P5CDD	0,5
1,2,3,4,7,8 H6CDD	0,1
1,2,3,6,7,8 H6CDD	0,1
1,2,3,7,8,9 H6CDD	0,1
1,2,3,4,6,7,8 H7CDD	0,01
OCDD	0,001

Policlorodibenzofurani	
2,3,7,8 T4CDF	0,1
1,2,3,7,8 P5CDF	0,05
2,3,4,7,8 P5CDF	0,5
1,2,3,4,7,8 H6CDF	0,1
1,2,3,6,7,8 H6CDF	0,1
1,2,3,7,8,9 H6CDF	0,1
2,3,4,6,7,8 H6CDF	0,1
1,2,3,4,6,7,8 H7CDF	0,01
1,2,3,4,7,8,9 H7CDF	0,01
OCDF	0,001

Congenere PCB Diossina simili	WHO TEF
PCB 77	0,0001
PCB 81	0,0003
PCB 126	0,1
PCB 169	0,03
PCB 105	0,00003
PCB 114	0,00003
PCB 118	0,00003
PCB 123	0,00003
PCB 156	0,00003
PCB 157	0,00003
PCB 167	0,00003
PCB 170	0,00003
PCB 189	0,00003

A.2.6.1 PARAGRAFO SOPPRESSO DAL D.LGS. 13 OTTOBRE 2015, N. 172

A.2.7. Standard di qualita' ambientale nella colonna d'acqua per alcune delle sostanze non appartenenti all'elenco di priorita'

Nella tabella 1/B sono definiti standard di qualita' ambientale per alcune delle sostanze appartenenti alle famiglie di cui all'Allegato 8 del presente decreto legislativo. La selezione delle sostanze da monitorare e' riportata ai punti A.3.2.5 e A.3.3.4 del presente Allegato.

Tab. 1/B.

	CAS	Sostanza	SQA-MA(1) (µg/l)	
			Acque superficiali interne(2)	Altre acque di superficie(3)
1	7440-38-2	Arsenico	10	5
2	2642-71-9	Azinfos etile	0,01	0,01
3	86-50-0	Azinfos metile	0,01	0,01
4	25057-89-0	Bentazone	0,5	0,2
5	95-51-2	2-Cloroanilina	1	0,3
6	108-42-9	3-Cloroanilina	2	0,6
7	106-47-8	4-Cloroanilina	1	0,3
8	108-90-7	Clorobenzene	3	0,3
9	95-57-8	2-Clorofenolo	4	1
10	108-43-0	3-Clorofenolo	2	0,5
11	106-48-9	4-Clorofenolo	2	0,5
12	88-73-3	1-Cloro-2-nitrobenzene	1	0,2
13	121-73-3	1-Cloro-3-nitrobenzene	1	0,2
14	100-00-5	1-Cloro-4-nitrobenzene	1	0,2
15	-	Cloronitrotolueni(4)	1	0,2
16	95-49-8	2-Clorotoluene	1	0,2
17	108-41-8	3-Clorotoluene	1	0,2
18	106-43-4	4-Clorotoluene	1	0,2
19	74440-47-3	Cromo totale	7	4
20	94-75-7	2,4 D	0,5	0,2
21	298-03-3	Demeton	0,1	0,1
22	95-76-1	3,4-Dicloroanilina	0,5	0,2
23	95-50-1	1,2 Diclorobenzene	2	0,5
24	541-73-1	1,3 Diclorobenzene	2	0,5

25	106-46-7	1,4 Diclorobenzene	2	0,5
26	120-83-2	2,4-Diclorofenolo	1	0,2
27	60-51-5	Dimetoato	0,5	0,2
28	122-14-5	Fenitrotion	0,01	0,01
29	55-38-9	Fention	0,01	0,01
30	330-55-2	Linuron	0,5	0,2
31	121-75-5	Malation	0,01	0,01
32	94-74-6	MCPA	0,5	0,2
33	93-65-2	Mecoprop	0,5	0,2
34	10265-92-6	Metamidofos	0,5	0,2
35	7786-34-7	Mevinfos	0,01	0,01
36	1113-02-6	Ometoato	0,5	0,2
37	301-12-2	Ossidemeton-metile	0,5	0,2
38	56-38-2	Paration etile	0,01	0,01
39	298-00-0	Paration metile	0,01	0,01
40	93-76-5	2,4,5 T	0,5	0,2
41	108-88-3	Toluene	5	1
42	71-55-6	1,1,1 Tricloroetano	10	2
43	95-95-4	2,4,5-Triclorofenolo	1	0,2
44	88-06-2	2,4,6-Triclorofenolo	1	0,2
45	5915-41-3	Terbutilazina (incluso metabolita)	0,5	0,2
46	-	Composti del Trifenilstagno	0,0002	0,0002
47	1330-20-7	Xileni(5)	5	1
48		Pesticidi singoli(6)	0,1	0,1
49		Pesticidi totali(7)	1	1
50	375-22-4	Acido perfluorobutanoico (PFBA)	7	1,4
51	2706-90-3	Acido perfluoropentanoico (PFPeA)	3	0,6
52	307-24-4	Acido perfluoroesanoico (PFHxA)	1	0,2
53	375-73-5	Acido perfluorobutansolfonico (PFBS)	3	0,6

```
+---+-----------+---------------------------+-----------+---------+
|   |           |Acido perfluoroottanoico   |           |         |
|54 |335-67-1   |(PFOA)                     |    0,1    |   0,02  |
+---+-----------+---------------------------+-----------+---------+
```

Note alla tabella 1/B:
(1) Standard di qualita' ambientale espresso come valore medio annuo (SQA-MA).
(2) Per acque superficiali interne si intendono i fiumi, i laghi e i corpi idrici artificiali o fortemente modificati.
(3) Per altre acque di superficie si intendono le acque marino-costiere e le acque di transizione.
(4) Cloronitrotolueni: lo standard e' riferito al singolo isomero.
(5) Xileni: lo standard di qualita' si riferisce ad ogni singolo isomero (orto-, meta- e para-xilene).
(6) Per tutti i singoli pesticidi (inclusi i metaboliti) non presenti in questa tabella si applica il valore cautelativo di 0,1 µg/l. Tale valore, per le singole sostanze, potra' essere modificato sulla base di studi di letteratura scientifica nazionale e internazionale che ne giustifichino una variazione.
(7) Per i pesticidi totali (la somma di tutti i singoli pesticidi individuati e quantificati nella procedura di monitoraggio compresi i metaboliti ed i prodotti di degradazione) si applica il valore di 1 µg/l, fatta eccezione per le risorse idriche destinate ad uso potabile, per le quali si applica il valore di 0,5 µg/l.
  Per le sostanze perfluorurate 50, 51, 52, 53, 54 sono applicati i relativi SQA con effetto dal 22 dicembre 2018, al fine di concorrere al conseguimento di un buono stato ecologico entro il 22 dicembre 2027 ed impedire il deterioramento dello stato ecologico relativamente a tali sostanze. Le Autorita' di bacino, le regioni e le province autonome elaborano, a tal fine, entro il 22 dicembre 2018, un programma di monitoraggio supplementare e un programma preliminare di misure relative a tali sostanze e li trasmettono al Ministero dell'ambiente e della tutela del territorio e del mare ed al SINTAI per il successivo inoltro alla Commissione europea. Le Autorita' di bacino, le regioni e le province autonome elaborano, entro il 22 dicembre 2021, un programma di misure definitivo, ai sensi dell'articolo 116, che e' attuato e reso operativo entro e non oltre il 22 dicembre 2024. Qualora, invece, gli esiti di monitoraggi pregressi, anche condotti a scopo di studio, abbiano gia' evidenziato la presenza di tali sostanze in concentrazioni superiori agli SQA di cui alla tabella 1/B, le Autorita' di bacino, le regioni e le province autonome elaborano e riportano nei piani di gestione, entro il 22 dicembre 2015, i programmi di monitoraggio ed un programma preliminare di misure relative a tali sostanze, immediatamente operativi.

A.2.7.1 - Standard di qualita' ambientale per altre sostanze, non appartenenti all'elenco di priorita', nei sedimenti per i corpi idrici marino-costieri e di transizione.
  Nella tabella 3/B sono riportati standard di qualita' ambientale per la matrice sedimenti per alcune sostanze diverse da quelle dell'elenco di priorita', appartenenti alle famiglie di cui all'allegato 8. Tali standard di qualita' ambientale possono essere utilizzati al fine di acquisire ulteriori elementi conoscitivi utili per il monitoraggio di indagine.

Tabella 3/B:

```
=================================================================
|     NUMERO CAS       |       |    PARAMETRI     |   SQA-MA(1)    |
+======================+=======+==================+================+
|                      |       |Metalli           |   mg/kg s.s    |
+----------------------+-------+------------------+----------------+
```

7440-38-2		Arsenico	12
7440-47-3		Cromo totale	50
		Cromo VI	2
		PCB	µg/kg s.s.
		PCB totali (2)	8

Note alla tabella 3/B:
(1) Standard di qualita' ambientale espresso come valore medio annuo (SQA-MA).
(2) PCB totali, lo standard e' riferito alla sommatoria dei seguenti cogeneri: PCB 28, PCB 52, PCB 77, PCB 81, PCB 101, PCB 118, PCB 126, PCB 128, PCB 138, PCB 153, PCB 156, PCB 169, PCB 180.

A.2.8. Applicazione degli standard di qualita' ambientale per la valutazione dello stato chimico ed ecologico

1 SQA-MA (standard di qualita' ambientale-media annua): rappresenta, ai fini della classificazione del buono stato chimico ed ecologico, la concentrazione da rispettare. Il valore viene calcolato sulla base della media aritmetica delle concentrazioni rilevate nei diversi mesi dell'anno.
2 SQA-CMA (standard di qualita' ambientale-massima concentrazione ammissibile): rappresenta la concentrazione da non superare mai in ciascun sito di monitoraggio.
3 Per quanto riguarda le acque territoriali si effettua solo la valutazione dello stato chimico. Pertanto le sostanze riportate in tabella 1/A sono monitorate qualora vengano scaricate e/o rilasciate e/o immesse in queste acque a seguito di attivita' antropiche (ad es. piattaforme offshore) o a seguito di sversamenti causati da incidenti.
4 Gli standard di qualita' ambientale (SQA) nella colonna d'acqua sono espressi sotto forma di concentrazioni totali nell'intero campione d'acqua. Per i metalli invece l'SQA si riferisce alla concentrazione disciolta, cioe' alla fase disciolta di un campione di acqua ottenuto per filtrazione con un filtro da 0,45 µm o altro pretrattamento equivalente.
5 Nel caso delle acque interne superficiali le Autorita' Competenti nel valutare i risultati del monitoraggio possono tener conto dei seguenti fattori: pH, durezza e altri parametri chimico-fisici che incidono sulla biodisponibilita' dei metalli.
6 Nei sedimenti ricadenti in Regioni geochimiche che presentano livelli di fondo naturali, dimostrati scientificamente, dei metalli superiori agli SQA di cui alle tabelle 2/A e 3/B, questi ultimi sono sostituiti dalle concentrazioni del fondo naturale. Le evidenze della presenza di livello di fondo naturali per determinati inquinanti inorganici sono riportate nei piani di gestione e di tutela delle acque.
7 Nelle acque in cui e' dimostrata scientificamente la presenza di metalli in concentrazioni di fondo naturali superiori ai limiti fissati nelle tabelle 1/A e 1/B, tali livelli di fondo costituiscono gli standard da rispettare. Le evidenze della presenza di livello di fondo naturali per determinati inquinanti inorganici sono riportate nei piani di gestione e di tutela delle acque.
8 Il limite di rivelabilita' e' definito come la piu' bassa concentrazione di un analita nel campione di prova che puo' essere distinta in modo statisticamente significativo dallo zero o dal bianco. Il limite di rivelabilita' e' numericamente uguale alla somma di 3 volte lo scarto tipo del segnale ottenuto dal bianco (concentrazione media calcolata su un numero di misure di bianchi

indipendenti > 10) del segnale del bianco).
9 Il limite di quantificazione e' definito come la piu' bassa concentrazione di un analita che puo' essere determinato in modo quantitativo con una determinata incertezza. Il limite di quantificazione e' definito come 3 volte il limite di rivelabilita'.
10 Incertezza di misura: e' il parametro associato al risultato di una misura che caratterizza la dispersione dei valori che possono essere attribuiti al parametro.
11 Il risultato e' sempre espresso indicando lo stesso numero di decimali usato nella formulazione dello standard.
12 I criteri minimi di prestazione per tutti i metodi di analisi applicati sono basati su un'incertezza di misura del 50% o inferiore (k=2) stimata ad un livello pari al valore degli standard di qualita' ambientali e su di un limite di quantificazione uguale o inferiore al 30% dello standard di qualita' ambientale.
13 Ai fini dell'elaborazione della media per gli SQA, nell'eventualita' che un risultato analitico sia inferiore al limite di quantificazione della metodica analitica utilizzata viene utilizzato il 50% del valore del limite di quantificazione .
14 Il punto 13 non si applica alle sommatorie di sostanze, inclusi i loro metaboliti e prodotti di reazione o degradazione. In questi casi i risultati inferiori al limite di quantificazione delle singole sostanze sono considerati zero.
15 Nel caso in cui il 90% dei risultati analitici siano sotto il limite di quantificazione non e' effettuata la media dei valori; il risultato e' riportato come "minore del limite di quantificazione".
16 I metodi analitici da utilizzare per la determinazione dei vari analiti previsti nelle tabelle del presente Allegato fanno riferimento alle migliori tecniche disponibili a costi sostenibili. Tali metodi sono tratti da raccolte di metodi standardizzati pubblicati a livello nazionale o a livello internazionale e validati in accordo con la norma UNI/ ISO/ EN 17025.
17 Per le sostanze inquinanti per cui allo stato attuale non esistono metodiche analitiche standardizzate a livello nazionale e internazionale, si applicano le migliori tecniche disponibili a costi sostenibili I metodi utilizzati, basati su queste tecniche, presentano prestazioni minime pari a quelle elencate nel punto 12 validati in accordo con la norma UNI/ ISO/EN 17025.
18 I risultati delle attivita' di monitoraggio pregresse, per le sostanze inquinanti di cui al punto 17, sono utilizzati a titolo conoscitivo in attesa della definizione di protocolli analitici, che saranno resi disponibili da CNR-IRSA, ISPRA e ISS. Fino all'adeguamento di tali metodi, lo standard si identifica con il limite di quantificazione dei metodi utilizzati che rispondono ai riportati al punto 17.

(85)

A.3. Monitoraggio dello stato ecologico e chimico delle acque superficiali

A.3.1. Parte generale

A.3.1.1. Tipi di monitoraggio
Il monitoraggio si articola in
1. sorveglianza
2. operativo
3. indagine
Le Regioni sentite le Autorita' di bacino nell'ambito del proprio territorio definiscono un programma di monitoraggio di sorveglianza e un programma di monitoraggio operativo.
I programmi di monitoraggio hanno valenza sessennale al fine di contribuire alla predisposizione dei piani di gestione e dei piani di tutela delle acque. Il primo periodo sessennale e' 2010-2015. Il programma di monitoraggio operativo puo' essere comunque modificato sulla base delle informazioni ottenute dalla caratterizzazione di cui

all'Allegato 3 del presente decreto legislativo. Resta fermo che il primo monitoraggio di sorveglianza e quello operativo sono effettuati nel periodo 2008-2009. I risultati dei monitoraggi sono utilizzati per la stesura dei piani di gestione, da predisporre conformemente alle specifiche disposizioni della Direttiva 2000/60/CE del Parlamento Europeo e del Consiglio del 23 ottobre 2000 e anche sulla base dei Piani di tutela regionali, adeguati alla normativa vigente.
In taluni casi puo' essere necessario istituire anche programmi di monitoraggio d'indagine. I programmi di monitoraggio per le aree protette di cui all'articolo 117 e all'Allegato 9 alla parte terza del presente decreto legislativo, definiti ai sensi del presente Allegato, si integrano con quelli gia' in essere in attuazione delle relative direttive.
Le Regioni forniscono una o piu' mappe indicanti la rete di monitoraggio di sorveglianza e operativa. Le mappe con le reti di monitoraggio sono parte integrante del piano di gestione e del piano di tutela delle acque.
La scelta del programma di monitoraggio, che comprende anche l'individuazione dei siti, si basa sulla valutazione del rischio di cui all'Allegato 3, punto 1.1, sezione C del presente decreto legislativo; e' soggetta a modifiche e aggiornamenti, al fine di tenere conto delle variazioni dello stato dei corpi idrici. Rimangono, invece, fissi i siti della rete nucleo di cui al punto A.3.2.4 del presente Allegato che sono sottoposti a un monitoraggio di sorveglianza con le modalita' di cui al medesimo punto A.3.2.4.

A.3.1.2. Obiettivi del monitoraggio
L'obiettivo del monitoraggio e' quello di stabilire un quadro generale coerente ed esauriente dello stato ecologico e chimico delle acque all'interno di ciascun bacino idrografico ivi comprese le acque marino-costiere assegnate al distretto idrografico in cui ricade il medesimo bacino idrografico e permettere la classificazione di tutti i corpi idrici superficiali, "individuati" ai sensi dell'Allegato 3, punto 1.1, sezione B del presente decreto legislativo, in cinque classi.
Le autorita' competenti nel definire i programmi di monitoraggio assicurano all'interno di ciascun bacino idrografico:
- la scelta dei corpi idrici da sottoporre al monitoraggio di sorveglianza e/o operativo in relazione alle diverse finalita' dei due tipi di controllo;
- l'individuazione di siti di monitoraggio in numero sufficiente ed in posizione adeguata per la valutazione dello stato ecologico e chimico, tenendo conto ai fini dello stato ecologico delle indicazioni minime riportate nei protocolli di campionamento.
In particolari corpi idrici per alcuni elementi di qualita' con grande variabilita' naturale o a causa di pressioni antropiche, puo' essere necessario un monitoraggio piu' intensivo (per numero di siti e frequenze di campionamento) al fine di ottenere livelli alti o comunque sufficienti di attendibilita' e precisione nella valutazione dello stato di un corpo idrico.
Per la categoria "Acque di Transizione", per il primo anno dall'avvio del monitoraggio, e' consentito di procedere in deroga rispetto a quanto previsto nel protocollo ICRAM, relativamente all'individuazione degli habitat da monitorare ed al conseguente posizionamento dei siti di misura.
In questo caso, nel primo anno il monitoraggio e' comunque condotto in conformita' alle disposizioni del presente decreto legislativo e volto a raccogliere gli elementi conoscitivi necessari all'individuazione degli habitat per l'adeguamento dei piani di monitoraggio negli anni successivi .

A.3.1.3. Progettazione del monitoraggio e valutazione del rischio
Sulla base di quanto disposto nell'Allegato 3 al presente decreto legislativo nella sezione relativa alle pressioni e agli impatti (punto 1.1 sezione C), i corpi idrici sono assegnati ad una delle

categorie di rischio ivi elencate.

Tab. 3.1. Categorie del rischio

Categoria del rischio	Definizione
a	Corpi idrici a rischio
b	Corpi idrici probabilmente a rischio (in base ai dati disponibili non e' possibile assegnare la categoria di rischio sono pertanto necessarie ulteriori informazioni)
c	Corpi idrici non a rischio

Il monitoraggio di sorveglianza e' realizzato nei corpi idrici rappresentativi per ciascun bacino idrografico, e fondamentalmente appartenenti alle categorie "b" e "c" salvo le eccezioni di siti in corpi idrici a rischio importanti per la valutazione delle variazioni a lungo termine risultanti da una diffusa attivita' di origine antropica o particolarmente significativi su scala di bacino o laddove le Regioni ritengano opportuno effettuarlo, sulla base delle peculiarita' del proprio territorio.
La priorita' dell'attuazione del monitoraggio di sorveglianza e' rivolta a quelli di categoria "b" al fine di stabilire l'effettiva condizione di rischio. Il monitoraggio operativo e', invece, programmato per tutti i corpi idrici a rischio rientranti nella categoria "a".
Come riportato nella sezione C del punto 1.1 dell'Allegato 3 del presente decreto legislativo, tra i corpi idrici a rischio possono essere inclusi anche corpi idrici che, a causa dell'importanza delle pressioni in essi incidenti, sono a rischio per il mantenimento dell'obiettivo buono.

A.3.2. Progettazione del monitoraggio di sorveglianza

A.3.2.1. Obiettivi
Il monitoraggio di sorveglianza e' realizzato per :
* integrare e convalidare i risultati dell'analisi dell'impatto di cui alla sezione C del punto 1.1 dell'Allegato 3 del presente decreto legislativo;
* la progettazione efficace ed effettiva dei futuri programmi di monitoraggio;
* la valutazione delle variazioni a lungo termine di origine naturale (rete nucleo);
* la valutazione delle variazioni a lungo termine risultanti da una diffusa attivita' di origine antropica (rete nucleo);
* tenere sotto osservazione l'evoluzione dello stato ecologico dei siti di riferimento;
* classificare i corpi idrici.
I risultati di tale monitoraggio sono riesaminati e utilizzati, insieme ai risultati dell'analisi dell'impatto di cui all'Allegato 3 del presente decreto legislativo, per stabilire i programmi di monitoraggio successivi.
Il monitoraggio di sorveglianza e' effettuato per almeno un anno ogni sei anni (arco temporale di validita' di un piano di gestione).

A.3.2.2. Selezione dei corpi idrici e dei siti di monitoraggio
Il monitoraggio di sorveglianza e' realizzato su un numero sufficiente e, comunque, rappresentativo di corpi idrici al fine di fornire una valutazione dello stato complessivo di tutte le acque superficiali di ciascun bacino e sotto-bacino idrografico compreso nel distretto idrografico.

Nel selezionare i corpi idrici rappresentativi, le Autorita' competenti, assicurano che il monitoraggio sia effettuato in modo da rispettare gli obiettivi specificati al punto A.3.2.1 del presente Allegato comprendendo anche i seguenti siti:
* nei quali la proporzione del flusso idrico e' significativa nell'ambito dell'intero bacino idrografico;
* a chiusura di bacino e dei principali sottobacini;
* nei quali il volume d'acqua presente e' significativo nell'ambito del bacino idrografico, compresi i grandi laghi e laghi artificiali;
* in corpi idrici significativi che attraversano la frontiera italiana con altri Stati membri;
* identificati nel quadro della decisione 77/795/CEE sullo scambio di informazioni;
* necessari per valutare la quantita' d'inquinanti trasferiti attraverso le frontiere italiane con altri Stati membri e nell'ambiente marino;
* identificati per la definizione delle condizioni di riferimento;
* di interesse locale.

A.3.2.3. Monitoraggio e validazione dell'analisi di rischio
Qualora la valutazione del rischio, effettuata sulla base dell'attivita' conoscitiva pregressa, abbia una bassa attendibilita' (es. per insufficienza dei dati di monitoraggio pregressi, mancanza di dati esaustivi sulle pressioni esistenti e dei relativi impatti), il primo monitoraggio di sorveglianza puo' essere esteso ad un maggior numero di siti e corpi idrici, rispetto a quelli necessari nei successivi programmi di sorveglianza.
Contestualmente, al fine di completare il processo dell'analisi puntuale delle pressioni e degli impatti, viene effettuata, secondo le modalita' riportate nell'Allegato 3, punto 1.1 , sezione C del presente decreto legislativo, un'indagine integrativa dettagliata delle attivita' antropiche insistenti sul corpo idrico ed un'analisi della loro incidenza sulla qualita' dello stesso per ottenere le informazioni necessarie per l'assegnazione definitiva della classe di rischio.
I corpi idrici che a seguito della suddetta attivita' vengono identificati come a rischio sono inseriti nell'elenco dei corpi idrici gia' identificati come a rischio e come tali assoggettati al programma di monitoraggio operativo.

A.3.2.4. Valutazione delle variazioni a lungo termine in condizioni naturali o risultanti da una diffusa attivita' antropica: definizione della rete nucleo
Il monitoraggio di sorveglianza e' finalizzato altresi' a fornire valutazioni delle variazioni a lungo termine dovute sia a fenomeni naturali sia a una diffusa attivita' antropica.
Per rispondere agli obiettivi, di cui al punto A.3.2.1 del presente Allegato, di valutare le variazioni sia naturali sia antropogeniche a lungo termine, e' selezionato un sottoinsieme di punti fissi denominato rete nucleo.
Per le variazioni a lungo termine di origine naturale sono considerati, ove esistenti, i corpi idrici identificati come siti di riferimento di cui al punto 1.1.1 dell'Allegato 3 al presente decreto legislativo, in numero sufficiente per lo studio delle variazioni a lungo termine per ciascun bacino idrografico, tenendo conto dei diversi tipi di corpo idrico presenti. Qualora, per determinati tipi ed elementi biologici relativi non esistano siti di riferimento o non siano in numero sufficiente per una corretta analisi a lungo termine, si considerano in sostituzione siti in stato buono.
La valutazione delle variazioni a lungo termine risultanti da una diffusa attivita' di origine antropica richiede la scelta di corpi idrici e, nel loro ambito, di siti rappresentativi di tale attivita' per la determinazione o la conferma dell'impatto.
Il monitoraggio di sorveglianza nei siti della rete nucleo ha un ciclo piu' breve e piu' precisamente triennale con frequenze di

campionamento di cui alle tabelle 3.6 e 3.7 del presente Allegato.
I primi risultati del monitoraggio di sorveglianza effettuato nella rete nucleo costituiscono il livello di riferimento per la verifica delle variazioni nel tempo. Rispetto a tale livello di riferimento sono valutati la graduale riduzione dell'inquinamento da parte di sostanze dell'elenco di priorita' (indicate al punto A.2.6) e delle altre sostanze inquinanti di cui all'Allegato 8 del presente decreto legislativo, nonche' i risultati dell'arresto e della graduale eliminazione delle emissioni e perdite delle sostanze pericolose prioritarie.

A.3.2.5. Selezione degli elementi di qualita'
Nel monitoraggio di sorveglianza per la valutazione e classificazione dello stato ecologico sono monitorati, almeno per un periodo di un anno, i parametri indicativi di tutti gli elementi di qualita' biologici idromorfologici, fisico-chimici di cui al punto A.1 del presente Allegato (fatto salve le eccezioni previste al punto A.3.5) e le altre sostanze appartenenti alle famiglie di cui all'Allegato 8 del presente decreto legislativo. In riferimento a queste ultime il monitoraggio e' obbligatorio qualora siano scaricate e/o rilasciate e/o immesse e/o gia' rilevate in quantita' significativa nel bacino idrografico o sottobacino. Per quantita' significativa si intende la quantita' di sostanza inquinante che potrebbe compromettere il raggiungimento di uno degli obiettivi di cui all'articolo 77 e seguenti del presente decreto legislativo; ad esempio uno scarico si considera significativo qualora abbia impattato un'area protetta o ha causato superamenti di qualsiasi standard di cui al punto A.2.7 del presente Allegato o ha causato effetti tossici sull'ecosistema.
La selezione delle sostanze chimiche da controllare nell'ambito del monitoraggio di sorveglianza si basa sulle conoscenze acquisite attraverso l'analisi delle pressioni e degli impatti. Inoltre la selezione e' guidata anche da informazioni sullo stato ecologico laddove risultino effetti tossici o evidenze di effetti ecotossicologici. Quest'ultima ipotesi consente di identificare quelle situazioni in cui vengono introdotti nell'ambiente prodotti chimici non evidenziati dall'analisi degli impatti e per i quali e' pertanto necessario un monitoraggio d'indagine. Anche i dati di monitoraggio pregressi costituiscono un supporto per la selezione delle sostanze chimiche da monitorare.
Per quanto riguarda invece la valutazione e classificazione dello stato chimico sono da monitorare le sostanze dell'elenco di priorita' di cui al punto A.2.6 del presente Allegato per le quali a seguito di un'analisi delle pressioni e degli impatti, effettuata per ciascuna singola sostanza dell'elenco di priorita', risultano attivita' che ne comportano scarichi, emissioni, rilasci e perdite nel bacino idrografico o sottobacino.
Nell'analisi delle attivita' antropiche che possono provocare la presenza nelle acque di sostanze dell'elenco di priorita', e' necessario tener conto non solo delle attivita' in essere ma anche di quelle pregresse. La selezione delle sostanze chimiche e' supportata da documentazione tecnica relativa all'analisi delle pressioni e degli impatti, che costituisce parte integrante del programma di monitoraggio da inserire nei piani di gestione e nei piani di tutela delle acque. Qualora non vi siano informazioni sufficienti per effettuare una valida e chiara selezione delle sostanze dell'elenco di priorita', a fini precauzionali e di indagine, sono da monitorare tutte le sostanze di cui non si possa escludere a priori la presenza nel bacino o sottobacino.

A.3.2.6. Monitoraggio di sorveglianza stratificato
Nel monitoraggio di sorveglianza non sono da monitorare necessariamente nello stesso anno tutti i corpi idrici selezionati. Il programma di sorveglianza puo', pertanto, prevedere che i corpi idrici siano monitorati anche in anni diversi, con un intervallo temporale preferibilmente non superiore a 3 anni, nell'arco del

periodo di validita' del piano di gestione e del piano di tutela delle acque. In tal caso, nei diversi anni e' consentito un monitoraggio stratificato effettuando il controllo a sottoinsiemi di corpi idrici, identificati sulla base di criteri geografici (ad esempio corpi idrici di un intero bacino o sottobacino). Comunque, tutti i corpi idrici inclusi nel programma di sorveglianza sono da monitorare in tempo utile, per consentire la verifica dell'obiettivo ambientale e la predisposizione del nuovo Piano di gestione.
Il monitoraggio stratificato puo' essere applicato a decorrere dal 2010.

A.3.3. Monitoraggio operativo delle acque superficiali

A.3.3.1. Obiettivi
Il monitoraggio operativo e' realizzato per:
* stabilire lo stato dei corpi idrici identificati "a rischio" di non soddisfare gli obiettivi ambientali dell'articolo 77 e seguenti del presente decreto legislativo;
* valutare qualsiasi variazione dello stato di tali corpi idrici risultante dai programmi di misure;
* classificare i corpi idrici

A.3.3.2. Selezione dei corpi idrici
Il monitoraggio operativo e' effettuato per tutti i corpi idrici:
* che sono stati classificati a rischio di non raggiungere gli obiettivi ambientali sulla base dell'analisi delle pressioni e degli impatti e/o dei risultati del monitoraggio di sorveglianza e/o da precedenti campagne di monitoraggio;
* nei quali sono scaricate e/o immesse e/o rilasciate e/o presenti le sostanze riportate nell'elenco di priorita' di cui al punto A.2.6 del presente Allegato.
Ove tecnicamente possibile e' consentito raggruppare corpi idrici secondo i criteri riportati al punto A.3.3.5 del presente Allegato e limitare il monitoraggio solo a quelli rappresentativi.

A.3.3.3. Selezione dei siti di monitoraggio
I siti di monitoraggio sono selezionati come segue:
* per i corpi idrici soggetti a un rischio di pressioni significative da parte di una fonte d'inquinamento puntuale, i punti di monitoraggio sono stabiliti in numero sufficiente per poter valutare l'ampiezza e l'impatto delle pressioni della fonte d'inquinamento. Se il corpo e' esposto a varie pressioni da fonte puntuale, i punti di monitoraggio possono essere identificati con la finalita' di valutare l'ampiezza dell'impatto dell'insieme delle pressioni;
* per i corpi soggetti a un rischio di pressioni significative da parte di una fonte diffusa, nell'ambito di una selezione di corpi idrici, si situano punti di monitoraggio in numero sufficiente e posizione adeguata a valutare ampiezza e impatto delle pressioni della fonte diffusa. La selezione dei corpi idrici deve essere effettuata in modo che essi siano rappresentativi dei rischi relativi alle pressioni della fonte diffusa e dei relativi rischi di non raggiungere un buono stato delle acque superficiali;
* Per i corpi idrici esposti a un rischio di pressione idromorfologica significativa vengono individuati, nell'ambito di una selezione di corpi, punti di monitoraggio in numero sufficiente ed in posizione adeguata, per valutare ampiezza e impatto delle pressioni idromorfologiche. I corpi idrici selezionati devono essere rappresentativi dell'impatto globale della pressione idromorfologica a cui sono esposti tutti i corpi idrici.
Nel caso in cui il corpo idrico sia soggetto a diverse pressioni significative e' necessario distinguerle al fine di individuare le misure idonee per ciascuna di esse. Conseguentemente si considerano differenti siti di monitoraggio e diversi elementi di qualita'.
Qualora non sia possibile determinare l'impatto di ciascuna pressione viene considerato l'impatto complessivo.

A.3.3.4. Selezione degli elementi di qualita'
Per i programmi di monitoraggio operativo devono essere selezionati i parametri indicativi degli elementi di qualita' biologica, idromorfologica e chimico-fisica piu' sensibili alla pressione o pressioni significative alle quali i corpi idrici sono soggetti.
Nelle seguenti tabelle 3.2, 3.3, 3.4 e 3.5 vengono riportati, a titolo indicativo, gli elementi di qualita' piu' idonei per specifiche pressioni per fiumi, laghi, acque di transizione e acque marino-costiere. Quando piu' di un elemento e' sensibile a una pressione, si scelgono, sulla base del giudizio esperto dell'autorita' competente, gli elementi piu' sensibili per la categoria di acque interessata o quelli per i quali si disponga dei sistemi di classificazione piu' affidabili.
Tra le sostanze chimiche quelle da monitorare sono da individuare, come nel monitoraggio di sorveglianza, sulla base dell'analisi delle pressioni e degli impatti. Le sostanze dell'elenco di priorita' di cui al punto A.2.6 del presente Allegato sono monitorate qualora vengano scaricate, immesse o vi siano perdite nel corpo idrico indagato. Le altre sostanze riportate all'Allegato 8 del presente decreto legislativo sono monitorate qualora tali scarichi, immissioni o perdite nel corpo idrico siano in quantita' significativa da poter essere un rischio per il raggiungimento o mantenimento degli obiettivi di cui all'articolo 77 e seguenti del presente decreto legislativo.

Tab. 3.2. Elementi di qualita' piu' sensibili alle pressioni che incidono sui fiumi
Tab. 3.3. Elementi di qualita' piu' sensibili alle pressioni che incidono sui laghi
Tab. 3.4. Elementi di qualita' sensibili alle pressioni che incidono sulle acque di transizione
Tab. 3.5. Elementi di qualita' sensibili alle pressioni che incidono sulle acque marino-costiere

Parte di provvedimento in formato grafico

A.3.3.5. Raggruppamento dei corpi idrici
Al fine di conseguire il miglior rapporto tra costi del monitoraggio ed informazioni utili alla tutela delle acque ottenute dallo stesso, e' consentito il raggruppamento dei corpi idrici e tra questi sottoporre a monitoraggio operativo solo quelli rappresentativi, nel rispetto di quanto riportato al presente paragrafo.
Il raggruppamento puo' essere applicato qualora l'Autorita' competente al monitoraggio sia in possesso delle informazioni necessarie per effettuare le decisioni di gestione su tutti i corpi idrici del gruppo. In ogni caso, e' necessario che il raggruppamento risulti tecnicamente e scientificamente giustificabile e le motivazioni dello stesso siano riportate nel piano di gestione e nel piano di tutela delle acque assieme al protocollo di monitoraggio ed e' comunque escluso nel caso di pressioni puntuali significative.
Il raggruppamento dei corpi idrici individuati e' altresi' applicabile solo nel caso in cui per gli stessi esistano tutte le seguenti condizioni:
a) appartengono alla stessa categoria ed allo stesso tipo;
b) sono soggetti a pressioni analoghe per tipo, estensione e incidenza;
c) presentano sensibilita' paragonabile alle suddette pressioni;
d) presentano i medesimi obiettivi di qualita' da raggiungere;
e) appartengono alla stessa categoria di rischio.
Qualora si faccia ricorso al raggruppamento e' possibile monitorare, di volta in volta, i diversi corpi idrici appartenenti allo stesso gruppo allo scopo di avere una migliore rappresentativita' dell'intero raggruppamento.
La classe di qualita' risultante dai dati di monitoraggio effettuato

sul/i corpo/i idrico/i rappresentativi del raggruppamento, si applica a tutti gli altri corpi idrici appartenenti allo stesso gruppo.
Per le caratteristiche fisiografiche delle acque lacustri italiane si ritiene non appropriata l'applicazione del raggruppamento per il monitoraggio di questa categoria di corpi idrici.

A.3.4. Ulteriori indicazioni per la selezione dei siti di monitoraggio
All'interno di un corpo idrico selezionato per il monitoraggio, sono individuati uno o piu' siti di monitoraggio. Per sito si intende una stazione di monitoraggio, individuata da due cooordinate geografiche, rappresentativa di un'area del corpo idrico. Qualora non sia possibile monitorare nel sito individuato tutti gli elementi di qualita', si individuano sotto-siti, all'interno della stessa area, i cui dati di monitoraggio si integrano con quelli rilevati nel sito principale.
In tal caso i sotto-siti sono posizionati in modo da controllare la medesima ampiezza e il medesimo insieme di pressioni.
Nella rappresentazione cartografica va riportato unicamente il sito principale.
In merito al monitoraggio biologico e' opportuno individuare e selezionare l'habitat dominante che sostiene l'elemento di qualita' piu' sensibile alla pressione.
Nel determinare gli habitat da monitorare si tiene conto anche di quanto riportato, sull'argomento, nei singoli protocolli di campionamento.
I siti sono localizzati ad una distanza dagli scarichi tale da risultare esterne all'area di rimescolamento delle acque (di scarico e del corpo recettore) in modo da valutare la qualita' del corpo idrico recettore e non quella degli apporti. A tal fine puo' essere necessario effettuare misure di variabili chimico-fisiche (quali temperatura e conducibilita') onde dimostrare l'avvenuto rimescolamento.
In base alla scala ed alla grandezza della pressione, la Regione identifica l'ubicazione e la distribuzione dei siti di campionamento. Nei casi in cui il corpo idrico e' soggetto a una o piu' pressioni che causano il rischio del non raggiungimento degli obiettivi, i siti sono ubicati all'interno della zona d'impatto, conosciuta o prevista, per monitorare che gli obiettivi vengano raggiunti e che le misure di contenimento stabilite siano adatte alle pressioni esistenti.

A.3.5 Frequenze
Il monitoraggio di sorveglianza e' effettuato, per almeno 1 anno ogni sei anni (periodo di validita' di un piano di gestione del bacino idrografico), salvo l'eccezione della rete nucleo che e' controllata ogni tre anni. Il ciclo del monitoraggio operativo varia invece in funzione degli elementi di qualita' presi in considerazione cosi' come indicato nelle note delle seguenti tabelle 3.6 e 3.7.
Nelle suddette tabelle sono riportate le frequenze di campionamento nell'anno di monitoraggio di sorveglianza e operativo, per fiumi e laghi e per acque di transizione e marino-costiere. Nell'ambito del monitoraggio operativo e' possibile ridurre le frequenze di campionamento solo se giustificabili sulla base di conoscenze tecniche e indagini di esperti. Queste ultime, riportate in apposite relazioni tecniche, sono inserite nel piano di gestione e nel piano di tutela delle acque. La frequenza del monitoraggio delle sostanze PBT ubiquitarie di cui alla tabella 1/A, paragrafo A.2.6 dell'allegato 1 alla parte terza, recanti il numero 5, 21, 28, 30, 35, 37, 43 e 44, puo' essere ridotta, purche' tale monitoraggio sia rappresentativo e sia disponibile un riferimento statisticamente valido per la presenza di tali sostanze nel corpo idrico. Nei piani di gestione vengono inserite le informazioni sulla riduzione delle frequenze del monitoraggio.
Nella progettazione dei programmi di monitoraggio si tiene conto della variabilita' temporale e spaziale degli elementi di qualita'

biologici e dei relativi parametri indicativi. Quelli molto variabili possono richiedere una frequenza di campionamento maggiore rispetto a quella riportata nelle tabelle 3.6 e 3.7. Puo' essere inoltre previsto anche un programma di campionamento mirato per raccogliere dati in un limitato ma ben definito periodo durante il quale si ha una maggiore variabilita'.

Nel caso di sostanze che possono avere un andamento stagionale come ad esempio i prodotti fitosanitari e i fertilizzanti, le frequenze di campionamento possono essere intensificate in corrispondenza dei periodi di massimo utilizzo.

L'Autorita' competente, per ulteriori situazioni locali specifiche, puo' prevedere per ciascuno degli elementi di qualita' da monitorare frequenze piu' ravvicinate al fine di ottenere una precisione sufficiente nella validazione delle valutazioni dell'analisi degli impatti.

Al contrario, per le sostanze chimiche dell'elenco di priorita' e per tutte le altre sostanze chimiche per le quali nel primo monitoraggio di sorveglianza vengono riscontrate concentrazioni che garantiscono il rispetto dello standard di qualita', le frequenze di campionamento nei successivi monitoraggi di sorveglianza possono essere ridotte. In tal caso le modalita' e le motivazioni delle riduzioni sono riportate nel piano di gestione e nel piano di tutela delle acque.

Tab. 3.6. Monitoraggio di sorveglianza e operativo. Frequenze di campionamento nell'arco di un anno per fiumi e laghi
Tab. 3.7. Monitoraggio di sorveglianza e operativo. Frequenze di campionamento nell'arco di un anno per acque di transizione e marino-costiere.

Parte di provvedimento in formato grafico

A.3.6. Monitoraggio d'indagine
Il monitoraggio d'indagine e' richiesto in casi specifici e piu' precisamente:
* quando sono sconosciute le ragioni di eventuali superamenti (ad esempio quando non si ha chiara conoscenza delle cause del mancato raggiungimento del buono stato ecologico e/o chimico, ovvero del peggioramento dello stato delle acque);
* quando il monitoraggio di sorveglianza indica per un dato corpo idrico il probabile rischio di non raggiungere gli obiettivi, di cui all'articolo 77 e seguenti del presente decreto legislativo, e il monitoraggio operativo non e' ancora stato definito, al fine di avere un quadro conoscitivo piu' dettagliato sulle cause che impediscono il raggiungimento degli obiettivi;
* per valutare l'ampiezza e gli impatti dell'inquinamento accidentale.

I risultati del monitoraggio costituiscono la base per l'elaborazione di un programma di misure volte al raggiungimento degli obiettivi ambientali e di interventi specifici atti a rimediare agli effetti dell'inquinamento accidentale.

Tale tipo di monitoraggio puo' essere piu' intensivo sia in termini di frequenze di campionamento che di numero di corpi idrici o parti di essi.

Rientrano nei monitoraggi di indagine gli eventuali controlli investigativi per situazioni di allarme o a scopo preventivo per la valutazione del rischio sanitario e l'informazione al pubblico oppure i monitoraggi di indagine per la redazione di autorizzazioni preventive (es. prelievi di acqua o scarichi). Questo tipo di monitoraggio puo' essere considerato come parte dei programmi di misure richiesti dall'art. 116 del presente decreto legislativo e puo' includere misurazioni in continuo di alcuni prodotti chimici e/o l'utilizzo di determinandi biologici anche se non previsti dal regolamento per quella categoria di corpo idrico. L'Autorita' competente al monitoraggio definisce gli elementi (es. ulteriori

indagini su sedimenti e biota, raccolta ed elaborazione di dati sul regime di flusso, morfologia ed uso del suolo, selezione di sostanze inquinanti non rilevate precedentemente ecc.) e i metodi (ad es. misure ecotossicologiche, biomarker, tecniche di remote sensing) piu' appropriati per lo studio da realizzare sulla base delle caratteristiche e problematiche dell'area interessata. Eventuali saggi biologici sono eseguiti utilizzando protocolli metodologici normati o in corso di standardizzazione secondo le indicazioni UNI.
Il monitoraggio d'indagine non e' usato per classificare direttamente, ma contribuisce a determinare la rete operativa di monitoraggio. Pur tuttavia i dati che derivano da tale tipo di monitoraggio possono essere utilizzati per la classificazione qualora forniscano informazioni integrative necessarie a un quadro conoscitivo piu' di dettaglio.

A.3.7. Aree protette
Per le aree protette, i programmi di monitoraggio tengono conto di quanto gia' riportato al punto A.3.1.1 del presente Allegato. I programmi di monitoraggio esistenti ai fini del controllo delle acque per la vita dei pesci e dei molluschi di cui all'articolo 79 del presente decreto legislativo costituiscono parte integrante del monitoraggio di cui dal presente Allegato.

A.3.8. Acque utilizzate per l'estrazione di acqua potabile
I corpi idrici superficiali individuati a norma dell'articolo 82 del presente decreto legislativo che forniscono in media piu' di 100 m3 al giorno sono designati come siti di monitoraggio da eseguire secondo le modalita' riportate ai paragrafi precedenti e sono sottoposti ad un monitoraggio supplementare al fine di soddisfare i requisiti previsti dal Decreto Legislativo del 02/02/2001 n. 31.
Il monitoraggio suppletivo, da effettuarsi annualmente secondo la frequenza di campionamento riportata nella tab. 3.8, riguarda tutte le sostanze dell'elenco di priorita' di cui al punto A.2.6 del presente Allegato scaricate e/o immesse e/o rilasciate, nonche' tutte le altre sostanze appartenenti alle famiglie di cui all'Allegato 8 del presente decreto legislativo scaricate e/o immesse e/o rilasciate in quantita' significativa da incidere negativamente sullo stato del corpo idrico.
Nel monitoraggio si applicano i valori di parametro previsti dall'Allegato 1 del decreto legislativo del 2 febbraio 2001, n. 31 nei casi in cui essi risultino piu' restrittivi dei valori individuati per gli stessi parametri nelle tabelle 1/A, 1/B e 2B del presente Allegato. I parametri di cui alla tabella 1/A, indipendentemente dalla presenza di scarichi, immissioni o rilasci conosciuti, sono comunque tutti parte integrante di uno screening chimico da effettuarsi con cadenza biennale.

Tab. 3.8. Frequenza di campionamento

Comunita' servita	Frequenza
< 10.000	4 volte l'anno
Da 10.000 a 30.000	8 volte l'anno
> 30.000	12 volte l'anno

Il monitoraggio supplementare non si effettua qualora siano gia' soddisfatti tutti i seguenti requisiti:
1) le posizioni dei siti di monitoraggio dello stato delle acque superficiali risultano anche idonee a un controllo adeguato ai fini della tutela della qualita' dell'acqua destinata alla produzione di acqua potabile;

2) la frequenza del campionamento dello stato delle acque superficiali non e' in nessun caso piu' bassa di quella fissata nella tabella 3.8;
3) il rischio per la qualita' delle acque per l'utilizzo idropotabile non e' connesso:
* a un parametro non pertinente alla valutazione dello stato delle acque superficiali (es. parametri microbiologici);
* a uno standard di qualita' piu' restrittivo per le acque potabili rispetto a quello previsto per lo stato delle acque superficiali del corpo idrico. In tali casi, il corpo idrico puo' non essere a rischio di non raggiungere lo stato buono ma e' a rischio di non rispettare gli obiettivi di protezione delle acque potabili.

A.3.9. Aree di protezione dell'habitat e delle specie
I corpi idrici che rientrano nelle aree di protezione dell'habitat e delle specie sono compresi nel programma di monitoraggio operativo qualora, in base alla valutazione dell'impatto e al monitoraggio di sorveglianza, si reputa che essi rischino di non conseguire i propri obiettivi ambientali. Il monitoraggio viene effettuato per valutare la grandezza e l'impatto di tutte le pertinenti pressioni significative esercitate su tali corpi idrici e, se necessario, per rilevare le variazioni del loro stato conseguenti ai programmi di misure. Il monitoraggio prosegue finche' le aree non soddisfano i requisiti in materia di acque sanciti dalla normativa in base alla quale esse sono designate e finche' non sono raggiunti gli obiettivi di cui all'articolo 77 del presente decreto legislativo.
Qualora un corpo idrico sia interessato da piu' di uno degli obiettivi si applica quello piu' rigoroso.
Come gia' riportato nella parte generale del presente Allegato, ai fini di evitare sovrapposizioni, la valutazione dello stato avviene per quanto possibile attraverso un unico monitoraggio articolato in modo da soddisfare le specifiche esigenze derivanti dagli obblighi delle disposizioni comunitarie e nazionali vigenti.

A.3.10. Precisione e attendibilita' dei risultati del monitoraggio
La precisione ed il livello di confidenza associato al piano di monitoraggio dipendono dalla variabilita' spaziale e temporale associata ai processi naturali e alla frequenza di campionamento ed analisi previste dal piano di monitoraggio stesso.
Il monitoraggio e' programmato ed effettuato al fine di fornire risultati con un adeguato livello di precisione e di attendibilita'. Una stima di tale livello e' indicata nel piano di monitoraggio stesso.
Al fine del raggiungimento di un adeguato livello di precisione ed attendibilita', e' necessario porre attenzione a:
* il numero dei corpi idrici inclusi nei vari tipi di monitoraggio;
* il numero di siti necessario per valutare lo stato di ogni corpo idrico;
* la frequenza idonea al monitoraggio dei parametri indicativi degli elementi di qualita'.
Per quanto riguarda i metodi sia di natura chimica che biologica, l'affidabilita' e la precisione dei risultati devono essere assicurati dalle procedure di qualita' interne ai laboratori che effettuano le attivita' di campionamento ed analisi. Per assicurare che i dati prodotti dai laboratori siano affidabili, rappresentativi ed assicurino una corretta valutazione dello stato dei corpi idrici, i laboratori coinvolti nelle attivita' di monitoraggio sono accreditati od operano in modo conforme a quanto richiesto dalla UNI CEN EN ISO 17025. I laboratori devono essere accreditati almeno per i parametri di maggiore rilevanza od operare secondo un programma di garanzia della qualita'/controllo della qualita' per i seguenti aspetti:
- campionamento, trasporto, stoccaggio e trattamento del campione;
- documentazione relativa alle procedure analitiche che devono essere basate su norme tecniche riconosciute a livello internazionale (CEN,

ISO, EPA) o nazionale (UNI, metodi proposti dall'ISPRA o da CNR-IRSA per i corpi idrici fluviali e lacustri e metodi proposti dall'ISPRA per le acque marino-costiere e di transizione);
- procedure per il controllo di qualita' interno ai laboratori e partecipazione a prove valutative organizzati da istituzioni conformi alla ISO Guide 43-1;
- convalida dei metodi analitici, determinazione dei limiti di rivelabilita' e di quantificazione, calcolo dell'incertezza;
- piani di formazione del personale;
- procedure per la predisposizione dei rapporti di prova, gestione delle informazioni.
((Per i metodi per il campionamento degli elementi di qualita' biologica si fa riferimento ai pertinenti manuali ISPRA, quaderni e notiziari CNR-IRSA per le acque dolci e manuali ISPRA ed ICRAM per le acque marino-costiere e di transizione)).
I metodi per i parametri chimici sono riportati nei Manuali e Linee Guida APAT/ CNR-IRSA n. 29/2003 e successivi aggiornamenti e in "Metodologie Analitiche di Riferimento. Programma di Monitoraggio per il controllo dell'Ambiente marino costiero (Triennio 2001-2003)" Ministero dell'Ambiente e della Tutela del Territorio, ICRAM, Roma 2001 e successivi aggiornamenti.
Per le sostanze dell'elenco di priorita' per le acque superficiali interne, nelle more della pubblicazione dell'aggiornamento dei quaderni APAT/CNR-IRSA si fa riferimento per i metodi analitici alle metodiche di cui alla seguente tabella 3.9.
((Per la misura delle caratteristiche morfologiche dei corsi d'acqua, si fa riferimento ai pertinenti manuali ISPRA.
Per la misura delle caratteristiche morfologiche dei laghi, si fa riferimento ai Report CNR-ISE.))
Per la misura della portata (solida e liquida) per le acque superficiali interne, nelle more della pubblicazione dei metodi ISPRA/CNR, si fa riferimento a quelli indicati nell'elenco di seguito riportato.

Tab. 3.9. Metodi analitici per la misura delle concentrazioni delle sostanze dell'elenco di priorita' nella colonna d'acqua per le acque interne.

Sostanze dell'elenco di priorita'	Metodi analitici
Alaclor	EN ISO 6468: 1996; ISO 11370:2000; APAT 5060 (2003); Istisan 07/31
Antracene	ISO 17993:2002; APAT 5080 (2003); Istisan 07/31
Atrazina	EN ISO 11369:1997; EN ISO 10695:2000; ISO 11370:2000; APAT 5060 (2003); Istisan 07/31
Benzene	ISO 15680:2003; ISO 11423-1:1997; APAT 5140 (2003)
Cadmio e composti	EN ISO 5961:1994; ISO 17294-2:2003; ISO 15586:2003; APAT 3120 (2003); Istisan 07/31
C10-13-cloroalcani	(1)
Clorfenvinfos	DIN EN 12918:1999; ISO 11370:2000; APAT 5060 (2003); Istisan 07/31

Clorpyrifos (-etil, -metil)	DIN EN 12918:1999; APAT 5060 (2003); Istisan 07/31
1,2-Dicloroetano	EN ISO 10301:1997; ISO 15680:2003; APAT 5150 (2003)
Diclorometano	EN ISO 10301:1997; ISO 15680:2003; APAT 5150 (2003)
Ftalato di bis(2-etilesile) (DEHP)	ISO 18856:2004
Diuron	EN ISO 11369:1997; APAT 5050 (2003) con LC/MS
Endosulfan	EN ISO 6468:1996; APAT 5060 (2003); Istisan 07/31
Fluorantene	ISO 17993:2002; APAT 5080 (2003); Istisan 07/31
Esaclorobenzene	EN ISO 6468:1996; APAT 5090 (2003); Istisan 07/31
Esaclorobutadiene	EN ISO 10301:1997; APAT 5150 (2003)
Esaclorocicloesano	EN ISO 6468:1996; APAT 5090 (2003); Istisan 07/31
Isoproturon	EN ISO 11369:1997; APAT 5050 (2003) con LC/MS
Piombo e composti	ISO 17294-2:2003; ISO 11885:2007; ISO 15586:2003; APAT 3230 (2003); Istisan 07/31
Mercurio e composti	EN 1483:1997; EN 12338:1998; EN 13506:2001; APAT 3200 (2003) ; Istisan 07/31
Naftalene	ISO 17993:2002; ISO 15680:2003; APAT 5080 (2003)
Nichel e composti	ISO 17294-2:2003; ISO 11885:2007; ISO 15586:2003; APAT 3220 (2003); Istisan 07/31
Nonilfenoli	ISO 18857-1:2005
Octilfenoli	ISO 18857-1:2005
Pentaclorobenzene	EN ISO 6468:1996
Pentaclorofenolo	EN 12673:1998; ISO 8165-2:1999
Idrocarburi policiclici aromatici	ISO 17993:2002; APAT 5080 (2003); Istisan 07/31
Benzo(a)pirene	ISO 17993:2002; APAT 5080 (2003); Istisan 07/31
Benzo(b)fluorantene	ISO 17993:2002; APAT 5080 (2003); Istisan 07/31
Benzo(g,h,i)perilene	ISO 17993:2002; APAT 5080 (2003); Istisan 07/31
Benzo(k)fluorantene	ISO 17993:2002; APAT 5080 (2003);

Indeno(1,2,3-cd)pirene	Istisan 07/31 ISO 17993:2002; APAT 5080 (2003); Istisan 07/31
Simazina	EN ISO 11369:1997; EN ISO 10695:2000; ISO 11370:2000; APAT 5060 (2003); Istisan 07/31
Composti del tributilstagno	ISO 17353:2004
Triclorobenzeni	EN ISO 6468:1996; ISO 15680:2003; APAT 5150 (2003)
Triclorometano (Cloroformio)	EN ISO 10301:1997; ISO 15680:2003; APAT 5150 (2003)
Trifluralin	EN ISO 10695:2000; ISO 11370:2000
DDT Totale	EN ISO 6468:1996; APAT 5090 (2003); Istisan 07/31
Aldrin	EN ISO 6468:1996; APAT 5090 (2003); Istisan 07/31
Endrin	EN ISO 6468:1996; APAT 5090 (2003); Istisan 07/31
Isodrin	EN ISO 6468:1996
Dieldrin	EN ISO 6468:1996; APAT 5090 (2003); Istisan 07/31
Tetracloroetilene	EN ISO 10301:1997; EN ISO 15680:2003; APAT 5150 (2003)
Tetraclorometano (Tetracloruro di Carbonio)	EN ISO 10301:1997; EN ISO 15680:2003; APAT 5150 (2003)
Tricloroetilene	EN ISO 10301:1997; EN ISO 15680:2003; APAT 5150 (2003)

(1) Per il parametro C10-13-cloroalcani il monitoraggio si effettua allorche' sara' disponibile il relativo metodo analitico.

Riferimenti metodologici per la misura della portata (solida e liquida) dei corsi d'acqua e dei laghi sono:
* Manual on stream gauging - volume I - Fieldwork - World Meteorological Organization, n° 519;
* Manual on stream gauging - volume II - Computation of discharge - World Meteorological Organization, n° 519 MO n° 519;
* Hydrometry - Measurement of liquid flow in open channels using current-maters or floats - ISO 748/2007;
* Measurement of liquid flow in open channels - Water level measuring devices - ISO 4373/1995;
* Measurement of liquid flow in open channels - Part 1: Establishment and opertion of gauging station - ISO/1100-1;
* Measurement of liquid flow in open channels - Part 2: Determination of the stage-discharge relation - ISO/1100-2;
* Norme Tecniche per la raccolta e l'elaborazione dei dati idrometeorologici (Parte II, dati idrometrici) - Servizio Idrografico e Mareografico Nazionale, 1998.
I monitoraggi e i relativi dati devono essere rispettivamente programmati e gestiti in modo tale da evitare rischi di errore di classificazione del corpo idrico al fine di ottimizzare i costi per

il monitoraggio e poter orientare maggiori risorse economiche all'attuazione delle misure per il risanamento degli stessi corpi idrici.
Le Autorita' competenti riportano nei piani di gestione e nei piani di tutela delle acque la metodologia adottata per garantire adeguata attendibilita' e precisione ai risultati derivanti dai programmi di monitoraggio.

A.4 Classificazione e presentazione dello stato ecologico e chimico

Sistemi di classificazione per lo stato ecologico
Vengono, di seguito, riportati i sistemi di classificazione dello stato ecologico per le varie categorie di corpi idrici (fiumi, laghi, acque marino-costiere e di transizione). La classificazione e' effettuata sulla base della valutazione degli Elementi di Qualita' Biologica (EQB), degli elementi fisico-chimici, chimici (inquinanti specifici) e idromorfologici, nonche' dei metodi di classificazione di cui al presente allegato.
Per gli elementi biologici la classificazione si effettua sulla base del valore di Rapporto di Qualita' Ecologica (RQE), definito al punto 1.1.1, lett. D.2.1, dell'allegato 3, Parte terza del presente decreto legislativo, ossia del rapporto tra valore del parametro biologico osservato e valore dello stesso parametro, corrispondente alle condizioni di riferimento per il "tipo" di corpo idrico in osservazione. Pertanto, la classificazione degli elementi biologici deve tener conto del "tipo" di corpo idrico, stabilito in attuazione dei criteri tecnici di cui all'allegato 3 del presente decreto, e delle relative condizioni di riferimento tipo-specifiche. La tipo-specificita' dei singoli EQB viene riportata all'interno dei relativi paragrafi del presente allegato.
Si sottolinea che, in considerazione della diversa sensibilita' degli EQB ai vari descrittori utilizzati nella tipizzazione in diversi casi la tipo specificita' e le condizioni di riferimento sono indicate per gruppi di tipi (macrotipi).
ISPRA predispone un manuale per la raccolta dei metodi di classificazione gia' elaborati, ciascuno per la propria competenza, dall'Istituto Superiore per la Protezione e la Ricerca Ambientale (ISPRA), dall'Istituto di Ricerca sulle Acque del Consiglio Nazionale delle Ricerche (CNR-IRSA), dall'Istituto per lo Studio degli Ecosistemi del Consiglio Nazionale delle Ricerche (CNR-ISE), dall'Istituto Superiore di Sanita', dall'Agenzia nazionale per le Nuove tecnologie, l'Energia e lo Sviluppo economico sostenibile (ENEA), dall'ARPA Lombardia e dall'Ispettorato Generale del Corpo Forestale dello Stato (CFS). Il Ministero dell'ambiente e della tutela del territorio e del mare, avvalendosi degli Istituti e delle altre Amministrazioni su riportati, avvia un'attivita' di coordinamento con le Regioni, le Province autonome di Trento e Bolzano, le ARPA e le APPA al fine della validazione dei metodi di classificazione indicati alla presente lettera A4 e per l'integrazione dei metodi non ancora definiti.

A.4.1 Corsi d'acqua
Fermo restando le disposizioni di cui alla lettera A.1 del punto 2 del presente allegato, sono riportati, ai fini della classificazione dello stato ecologico dei corpi idrici fluviali, le metriche e/o gli indici da utilizzare per i seguenti elementi di qualita' biologica:
- Macroinvertebrati
- Diatomee
- Macrofite
- Pesci

Macrotipi fluviali per la classificazione
Ai fini della classificazione, per i macroinvertebrati bentonici e le diatomee i tipi fluviali di cui all'Allegato 3 del presente Decreto legislativo sono aggregati in 8 gruppi (macrotipi) come indicati alla

Tab. 4.1/a.

Tab. 4.1/a - Macrotipi fluviali e rapporto tra tipi fluviali per Macroinvertebrati e Diatomee

Parte di provvedimento in formato grafico

Per le macrofite i tipi fluviali di cui all'Allegato 3 del presente Decreto legislativo sono aggregati in 12 gruppi (macrotipi) come indicati alla tabella 4.1/b.

Tab. 4.1/b - Macrotipi fluviali per Macrofite

Parte di provvedimento in formato grafico

L'elemento di qualita' biologica "Fauna ittica" non risulta sensibile ai descrittori utilizzati per la tipizzazione effettuata ai sensi dell'Allegato 3 del presente decreto legislativo. Pertanto, ai fini della classificazione e' sufficiente considerare tutti i tipi fluviali presenti nelle idroecoregioni, prendendo a riferimento di volta in volta la comunita' ittica attesa, in relazione alle Zone zoogeografico-ecologiche riportate nella tabella 4.1.1/h di cui alla sezione "Pesci" del paragrafo A.4.1.1 del presente Allegato.

A.4.1.1 Criteri tecnici per la classificazione sulla base degli elementi di qualita' biologica

Macroinvertebrati
Il sistema di classificazione per i macroinvertebrati, denominato MacrOper, e' basato sul calcolo dell'indice denominato Indice multimetrico STAR di Intercalibrazione (STAR ICMi), che consente di derivare una classe di qualita' per gli organismi macrobentonici per la definizione dello Stato Ecologico.
Lo STAR ICMi e' applicabile anche ai corsi d'acqua artificiali e fortemente modificati.

Specifiche per i fiumi molto grandi e/o non accessibili(2)
La classificazione dei fiumi molto grandi e/o non accessibili, cioe' "non guadabili", ovvero di quei tipi fluviali per i quali non sia possibile effettuare in modo affidabile un campionamento multihabitat proporzionale, si ottiene dalla combinazione dei valori RQE ottenuti per gli indici STAR ICMi e MTS (Mayfly Total Score), mediante il calcolo della media ponderata.
----
(2) Per i fiumi molto grandi e/o non accessibili il metodo di campionamento richiede l'utilizzo di substrati artificiali a lamelle, sulla base delle specifiche tecniche contenute nelle pubblicazioni Buffagni A., Moruzzi E., Belfiore C., Bordin F., Cambiaghi M., Erba S., Galbiati L., Pagnotta R., 2007. Macroinvertebrati acquatici e direttiva 2000/60/EC (WFD) - parte D. Metodo di campionamento per i fiumi non guadabili. IRSA-CNR Notiziario dei metodi analitici, Marzo 2007 (1), 69-93.

Limiti di classe e classificazione
In tab. 4.1.1/b sono riportati i valori di RQE relativi ai limiti di classe validi sia per lo STAR ICMi sia per la media ponderata tra STAR ICMi e MTS, nel caso di fiumi molto grandi e/o non accessibili, per i macrotipi fluviali. L'attribuzione a una delle cinque classi di qualita' per il sito in esame e' da effettuarsi sulla base del valore medio dei valori dell'indice utilizzato relativi alle diverse stagioni di campionamento.

Tab. 4.1.1/b - Limiti di classe fra gli stati per i diversi macrotipi fluviali
----

Macrotipo fluviale	Limiti di classe			
	Elevato /Buono	Buono /Sufficiente	Sufficiente /Scarso	Scarso /Cattivo
A1	0,97	0,73	0,49	0,24
A2	0,95	0,71	0,48	0,24
C	0,96	0,72	0,48	0,24
M1	0,97	0,72	0,48	0,24
M2-M3-M4	0,94	0,70	0,47	0,24
M5	0,97	0,73	0,49	0,24

I valori riportati in Tab. 4.1.1/b corrispondono al valore piu' basso della classe superiore.

La sezione A dell'Appendice al presente Allegato riporta i valori di riferimento tipo-specifici ad oggi disponibili, per le sei metriche che compongono lo STAR ICMi e per il valore dell'indice stesso, nonche' i valori per l'indice MTS.

Diatomee
L'indice multimetrico da applicare per la valutazione dello stato ecologico, utilizzando le comunita' diatomiche, e' l'indice denominato Indice Multimetrico di Intercalibrazione (ICMi).
L'ICMi si basa sull'Indice di Sensibilita' agli Inquinanti IPS e sull'Indice Trofico TI.

Limiti di classe e classificazione
In tabella 4.1.1/c sono riportati i valori di RQE relativi ai limiti di classe dell'ICMi, distinti nei macrotipi fluviali indicati nella tabella 4.1/a

Tab. 4.1.1/c Limiti di classe fra gli stati per i diversi macrotipi fluviali.

Macrotipi	Limiti di classe			
	Elevato /Buono	Buono /Sufficiente	Sufficiente /Scarso	Scarso /Cattivo
A1	0,87	0,70	0,60	0,30
A2	0,85	0,64	0,54	0,27
C	0,84	0,65	0,55	0,26
M1-M2-M3-M4	0,80	0,61	0,51	0,25
M5	0,88	0,65	0,55	0,26

I valori riportati in Tab. 4.1.1/c corrispondono al valore piu' basso della classe superiore.

Nella tabella 4.1.1/d vengono riportati i valori di riferimento degli indici IPS e TI da utilizzare per il calcolo dei rispettivi RQE.

Tab. 4.1.1/d - Valori di riferimento degli indici IPS e TI per i macrotipi fluviali.

Macrotipo Fluviale	Valori di riferimento	
	IPS	TI
A1	18,4	1,7
A2	19,6	1,2
C	16,7	2,4
M1	17,15	1,2
M2	14,8	2,8
M3	16,8	2,8
M4	17,8	1,7
M5	16,9	2,0

Macrofite
L'indice da applicare per la valutazione dello stato ecologico, utilizzando le comunita' macrofitiche, e' l'indice denominato "Indice Biologique Macrophyitique en Riviere" IBMR. L' IBMR e' un indice finalizzato alla valutazione dello stato trofico inteso in termini di intensita' di produzione primaria.
Allo stato attuale questo indice non trova applicazione per i corsi d'acqua temporanei mediterranei.

Limiti di classe e classificazione
Nella tabella 4.1.1/e si riportano i valori di RQE IBMR relativi ai limiti di classe differenziati per Area geografica.

Tab. 4.1.1/e - Valori di RQE IBMR relativi ai limiti tra le classi Elevata, Buona e Sufficiente

Area geografica	Limiti di classe			
	Elevato /Buono	Buono /Sufficiente	Sufficiente /Scarso	Scarso /Cattivo
Alpina	0,85	0,70	0,60	0,50
Centrale	0,90	0,80	0,65	0,50
Mediterranea	0,90	0,80	0,65	0,50

In tabella 4.1.1/f sono riportati i valori di riferimento da utilizzare per il calcolo di RQE IBMR per i macrotipi definiti in tabella 4.1/b.

Tab. 4.1.1/f - Valori di riferimento dell'IBMR per i macrotipi fluviali

Area geografica	Macrotipi	Valore di riferimento
Alpina	Aa	14,5
	Ab	14
Centrale	Ca	12,5
	Cb	11,5
	Cc	10,5
Mediterranea	Ma	12,5
	Mb	10,5
	Mc	10
	Md	10,5
	Me	10
	Mf	11,5
	Mg	11

Fauna ittica
L'indice da utilizzare per l'EQB fauna ittica e' l'Indice dello Stato Ecologico delle Comunita' Ittiche - ISECI.

Limiti di classe e condizioni di riferimento
Per quanto riguarda l'elemento di qualita' biologica fauna ittica viene presa come condizione di riferimento, corrispondente allo stato ecologico elevato, la "comunita' ittica attesa" con tutte le popolazioni che la costituiscono in buona condizione biologica (popolazioni ben strutturate in classi di eta', capaci di riprodursi naturalmente, con buona o sufficiente consistenza demografica).
Al fine di individuare le comunita' ittiche attese nei vari tipi fluviali viene compiuta una prima suddivisione del territorio nazionale su base zoogeografica e una seconda articolazione su base ecologica. La prima porta a distinguere tre "regioni": Regione Padana, Regione Italico-peninsulare, Regione delle Isole. La seconda porta a distinguere, all'interno di ciascuna regione, tre "zone" (tab. 4.1.1/g): Zona dei Salmonidi, Zona dei Ciprinidi a deposizione litofila, Zona dei Ciprinidi a deposizione fitofila; un'ultima zona fluviale, la Zona dei Mugilidi, non viene considerata in quanto appartenente alle acque di transizione.

Tab. 4.1.1/g - Caratteristiche ambientali delle tre "zone ittiche" dulcicole in cui e' possibile suddividere i corsi d'acqua italiani.

ZONA DEI SALMONIDI
Acqua limpida e bene ossigenata; corrente molto veloce, con presenza di rapide; fondo a massi, ciottoli o ghiaia grossolana; scarsa o moderata presenza di macrofite; temperatura fino a 16-17 °C, ma generalmente inferiore.
ZONA DEI CIPRINIDI A DEPOSIZIONE LITOFILA
Acqua limpida, soggetta pero' a torbide di breve durata, discreta-mente ossigenata; corrente veloce, alternata a zone di acqua calma e con profondita' maggiore; fondo con ghiaia fine e sabbia; moderata presenza di macrofite; temperatura raramente superiore a 19-20 °C.
ZONA DEI CIPRINIDI A DEPOSIZIONE FITOFILA
Acqua frequentemente torbida e solo moderatamente ossigenata in alcuni periodi; bassa velocita' della corrente; fondo fangoso; abbondanza di macrofite; temperatura fino a 24-25 °C.

La REGIONE PADANA e' composta dalle seguenti idroecoregioni (livello

1 della tipizzazione di cui alla sezione A dell'allegato 3 del presente decreto): 1) Alpi Occidentali; 2) Prealpi Dolomiti; 3) Alpi Centro-Orientali; 4) Alpi Meridionali; 5) Monferrato; 6) Pianura Padana; 7) Carso; 8) Appennino Piemontese; 9) Alpi Mediterranee - versante padano; 10) Appennino settentrionale - versanti padano e adriatico; 12) Costa Adriatica - parte settentrionale fino al Fiume Vomano compreso; 13) Appennino Centrale - parte settentrionale fino al Fiume Chienti compreso.
La REGIONE ITALICO-PENINSULARE e' composta dalle seguenti idroecoregioni: 10) Appennino settentrionale - versante tirrenico; 11) Toscana; 12) Costa Adriatica - parte meridionale a sud del Fiume Vomano; 13) Appennino centrale - parte centrale e meridionale a sud del Fiume Chienti; 14) Roma Viterbese; 15) Basso Lazio; 16) Basilicata Tavoliere; 17) Puglia Carsica; 18) Appennino meridionale; 19) Calabria Nebrodi - parte continentale.
La REGIONE DELLE ISOLE e' composta dalle seguenti idroecoregioni: 19) Calabria Nebrodi - parte insulare; 20) Sicilia; 21) Sardegna.
Tenendo conto della zonazione ittica vengono individuate 9 zone zoogeografico-ecologiche fluviali principali riportate nella tab. 4.1.1/h.

Tab. 4.1.1/h - Zone zoogeografico-ecologiche fluviali principali individuabili in Italia

zone zoogeografico -ecologiche	REGIONI
REGIONE PADANA	
I	ZONA DEI SALMONIDI
II	ZONA DEI CIPRINIDI A DEPOSIZIONE LITOFILA
III	ZONA DEI CIPRINIDI A DEPOSIZIONE FITOFILA
REGIONE ITALICO-PENINSULARE	
IV	ZONA DEI SALMONIDI
V	ZONA DEI CIPRINIDI A DEPOSIZIONE LITOFILA
VI	ZONA DEI CIPRINIDI A DEPOSIZIONE FITOFILA
REGIONE DELLE ISOLE	
VII	ZONA DEI SALMONIDI
VIII	ZONA DEI CIPRINIDI A DEPOSIZIONE LITOFILA
IX	ZONA DEI CIPRINIDI A DEPOSIZIONE FITOFILA

Nella sezione B dell'Appendice al presente allegato sono indicate le 9 comunita' ittiche attese che si assumono come comunita' di riferimento. Le indagini correlate alle attivita' di monitoraggio condotte dalle Regioni e dalle Province autonome possono portare all'affinamento della comunita' ittica attesa, mediante osservazioni ecologiche sugli habitat effettivamente presenti nei corsi d'acqua e l'analisi storico-bibliografica delle conoscenze sulla fauna ittica di ogni singola idroecoregione o tipo fluviale.
Le Regioni che, a seguito delle indagini sopraindicate, abbiano realizzato l'affinamento delle comunita' ittiche attese, trasmettono i risultati delle indagini effettuate e le relative informazioni, corredate dalla documentazione scientifica di supporto, al Ministero dell'ambiente e della tutela del territorio e del mare.
Ai fini della classificazione, non sono considerate eventuali specie campionate non presenti nelle liste delle comunita' ittiche attese e

nelle liste delle specie aliene.

Tab. 4.1.1/i - Limiti di classe fra gli stati per l'indice ISECI

	Limiti di classe			
	Elevato /Buono	Buono /Sufficiente	Sufficiente /Scarso	Scarso /Cattivo
Valore ISECI (i)	0,8	0,6	0,4	0,2

I valori riportati in Tab. 4.1.1/i corrispondono al valore piu' basso della classe superiore.

A.4.1.2 Criteri tecnici per la classificazione sulla base degli elementi di qualita' fisico-chimica a sostegno
Ai fini della classificazione dello stato ecologico dei corpi idrici fluviali gli elementi fisico-chimici a sostegno del biologico da utilizzare sono i seguenti:
- Nutrienti (N-NH4, N-NO3, Fosforo totale);
- Ossigeno disciolto (% di saturazione).
Per un giudizio complessivo della classificazione si tiene conto, secondo i criteri riportati al paragrafo "Altri parametri", anche di:
- Temperatura;
- pH;
- Alcalinita' (capacita' di neutralizzazione degli acidi);
- Conducibilita'.

Nutrienti e ossigeno disciolto
I nutrienti e l'ossigeno disciolto, ai fini della classificazione, vengono integrati in un singolo descrittore LIMeco (Livello di Inquinamento dai Macrodescrittori per lo stato ecologico) utilizzato per derivare la classe di qualita'.
La procedura prevede che sia calcolato un punteggio sulla base della concentrazione, osservata nel sito in esame, dei seguenti macrodescrittori: N-NH4, N-NO3, Fosforo totale e Ossigeno disciolto (100 - % di saturazione O2). Il punteggio LIMeco da attribuire al sito rappresentativo del corpo idrico e' dato dalla media dei singoli LIMeco dei vari campionamenti effettuati nell'arco dell'anno in esame. Qualora nel medesimo corpo idrico si monitorino piu' siti per il rilevamento dei parametri fisico-chimici, il valore di LIMeco viene calcolato come media ponderata (in base alla percentuale di corpo idrico rappresentata da ciascun sito) tra i valori di LIMeco ottenuti per i diversi siti(3). Nel caso di monitoraggio operativo il valore di LIMeco da attribuire al sito e' dato dalla media dei valori di LIMeco ottenuti per ciascuno dei 3 anni di campionamento. Per il monitoraggio di sorveglianza, si fa riferimento al LIMeco dell'anno di controllo o, qualora il monitoraggio venisse effettuato per periodi piu' lunghi, alla media dei LIMeco dei vari anni.
Il LIMeco di ciascun campionamento viene derivato come media tra i punteggi attributi ai singoli parametri secondo le soglie di concentrazione indicate nella seguente tab. 4.1.2/a, in base alla concentrazione osservata.
----
(3)Si deve valutare la percentuale di corpo idrico rappresentata da ciascuno dei siti in esame. Il valore di LIMeco calcolato per un sito va moltiplicato per la percentuale di corpo idrico che esso rappresenta; tale valore va quindi sommato al valore di LIMeco calcolato in un altro sito del medesimo corpo idrico moltiplicato per la percentuale di rappresentativita' del sito nel corpo idrico.

Tab. 4.1.2/a - Soglie per l'assegnazione dei punteggi ai singoli parametri per ottenere il punteggio LIMeco

Parte di provvedimento in formato grafico

* Punteggio da attribuire al singolo parametro
** Le soglie di concentrazione corrispondenti al Livello 1 sono state definite sulla base delle concentrazioni osservate in campioni (115) prelevati in siti di riferimento (49), appartenenti a diversi tipi fluviali. In particolare, tali soglie, che permettono l'attribuzione di un punteggio pari a 1, corrispondono al 75° percentile (N-NH4, N-NO3, e Ossigeno disciolto) o al 90° (Fosforo totale) della distribuzione delle concentrazioni di ciascun parametro nei siti di riferimento. I siti di riferimento considerati fanno parte di un database disponibile presso CNR-IRSA.

Per tipi fluviali particolari le Regioni e le Province Autonome possono derogare ai valori soglia di LIMeco stabilendo soglie tipo specifiche diverse, purche' sia dimostrato, sulla base di un'attivita' conoscitiva specifica ed il monitoraggio di indagine, che i livelli maggiori di concentrazione dei nutrienti o i valori piu' bassi di ossigeno disciolto sono attribuibili esclusivamente a ragioni naturali. Il valore di deroga e le relative motivazioni devono essere trasmesse al Ministero dell'ambiente e della tutela del territorio e del mare e devono comunque essere riportate nel Piano di gestione e nel Piano di tutela delle acque.
Il valore medio di LIMeco calcolato per il periodo di campionamento e' utilizzato per attribuire la classe di qualita' al sito, secondo i limiti indicati nella successiva tab 4.1.2/b.
Conformemente a quanto stabilito nella Direttiva 2000/60/CE, lo stato ecologico del corpo idrico risultante dagli elementi di qualita' biologica non viene declassato oltre la classe sufficiente qualora il valore di LIMeco per il corpo idrico osservato dovesse ricadere nella classe scarso o cattivo.

Tab. 4.1.2/b - Classificazione di qualita' secondo i valori di LIMeco

Stato	LIMeco
Elevato*	$\geq 0,66$
Buono	$\geq 0,50$
Sufficiente	$\geq 0,33$
Scarso	$\geq 0,17$
Cattivo	$< 0,17$

* Il limite tra lo stato elevato e lo stato buono e' stato fissato pari al 10° percentile dei campioni ottenuti da siti di riferimento

Altri parametri
Gli altri parametri, temperatura, pH, alcalinita' e conducibilita', sono utilizzati esclusivamente per una migliore interpretazione del dato biologico e non per la classificazione. Ai fini della classificazione in stato elevato e' necessario che sia verificato che gli stessi non presentino segni di alterazioni antropiche e restino entro la forcella di norma associata alle condizioni territoriali inalterate. Ai fini della classificazione in stato buono, e' necessario che sia verificato che detti parametri non siano al di fuori dell'intervallo dei valori fissati per il funzionamento dell'ecosistema tipo specifico e per il raggiungimento dei corrispondenti valor per gli elementi di qualita' biologica.

A.4.1.3 Criteri tecnici per la classificazione sulla base degli elementi di qualita' idromorfologica a sostegno
Nella classificazione dello stato ecologico dei corpi idrici fluviali, gli elementi idromorfologici a sostegno vengono valutati attraverso l'analisi dei seguenti aspetti (ciascuno dei quali descritto da una serie di parametri e/o indicatori):
- regime idrologico (quantita' e variazione del regime delle portate);
- condizioni morfologiche (configurazione morfologica plano-altimetrica, configurazione delle sezioni fluviali, configurazione e struttura del letto, vegetazione nella fascia perifluviale, continuita' fluviale - entita' ed estensione degli impatti di opere artificiali sul flusso di acqua, sedimenti e biota -).
Per i tratti di corpo idrico candidati a siti di riferimento sono valutate anche le condizioni di habitat, conformemente a quanto riportato al successivo paragrafo "Condizioni di habitat".

Regime idrologico
L'analisi del regime idrologico e' effettuata in corrispondenza di una sezione trasversale sulla base dell'Indice di Alterazione del Regime Idrologico IARI, che fornisce una misura dello scostamento del regime idrologico osservato rispetto a quello naturale che si avrebbe in assenza di pressioni antropiche.
L' indice di alterazione e' definito in maniera differente a seconda che la sezione in cui si effettua la valutazione del regime idrologico sia dotata o meno di strumentazione per la misura, diretta o indiretta, della portata.
La serie delle portate naturali, utilizzata dall'Autorita' competente per definire il regime idrologico di riferimento deve essere sufficientemente lunga per ottenere una stima idrologica affidabile. I dati di portata sono stimati o ricostruiti secondo le disponibilita' territoriali. I criteri e i modelli di stima e/o ricostruzione della serie delle portate naturali devono essere riportati nei piani di gestione.
La valutazione dello stato del regime idrologico si articola in due fasi (Fase 1 e Fase 2).
Nella Fase 1, sulla base del valore assunto da IARI, e' individuato il corrispondente stato del regime idrologico cosi' come indicato nella tabella 4.1.3/a.

Tab. 4.1.3/a- Classi di stato idrologico

IARI	STATO
$0 \leq IARI \leq 0,05$	ELEVATO
$0,05 < IARI \leq 0,15$	BUONO
$0,15 < IARI$	NON BUONO

Nel caso in cui il valore di IARI evidenzi la presenza di condizioni critiche, ossia corrispondenti ad uno stato inferiore al "BUONO" (IARI > 0,15), si procede alla Fase 2.
Nella Fase 2, si provvede ad un approfondimento per individuare l'origine della criticita' e conseguentemente confermare o variare il giudizio espresso.
Nel caso di sezione strumentata, si effettua l'indagine derivata dal metodo Indicators of Hydrologic Alterations (IHA) che individua cinque componenti critiche del regime idrologico fondamentali per la regolazione dei processi ecologici fluviali.
La differenza tra parametri omologhi dedotti dalle due diverse serie, naturale e reale, e' valutata rispetto ad un intervallo di

accettabilita' prefissato, che definisce l'accettabilita' dello scostamento dalle condizioni naturali.
Qualora alcuni parametri non rientrino nell'intervallo di accettabilita' a causa di un'alterazione imputabile a fattori naturali (es. variazioni climatiche), e' possibile elevare la classe di stato idrologico (indicazioni e motivazioni dell'attribuzione del corpo idrico ad una classe piu' elevata devono essere riportate nei piani di gestione). In questi casi deve inoltre essere valutato se si tratti di una tendenza consolidata e in tal caso se sia opportuno rivedere le condizioni di riferimento.
Se invece le cause sono di origine antropica, si conferma la valutazione derivante dalla Fase 1 e si definiscono le misure per riportare i parametri idrologici critici all'interno dell'intervallo di accettabilita' prefissato.
Nel caso di sezione non strumentata, nella Fase 2, occorre provvedere al monitoraggio sistematico della portata nella sezione in esame al fine di investigare le cause che hanno determinato le condizioni di criticita', e quindi confermare o modificare il giudizio precedentemente espresso secondo le indicazioni sopra riportate.

Condizioni morfologiche
Le condizioni morfologiche vengono valutate per ciascuno dei seguenti aspetti:
- continuita': la continuita' longitudinale riguarda la capacita' del corso d'acqua di garantire il transito delle portate solide; la continuita' laterale riguarda il libero manifestarsi di processi fisici di esondazione e di erosione;
- configurazione morfologica: riguarda la morfologia planimetrica e l'assetto altimetrico;
- configurazione della sezione: riguarda le variazioni di larghezza e profondita' della sezione fluviale;
- configurazione e struttura alveo: riguarda la struttura e le caratteristiche tessiturali dell'alveo;
- vegetazione nella fascia perifluviale: riguarda gli aspetti legati alla struttura ed estensione della vegetazione nella fascia perifluviale.
La classificazione si basa sul confronto tra le condizioni morfologiche attuali e quelle di riferimento in modo da poter valutare i processi evolutivi in corso e i valori dei parametri per descriverne lo stato e le tendenze evolutive future.
La valutazione dello stato morfologico viene effettuata considerando la funzionalita' geomorfologica, l'artificialita' e le variazioni morfologiche, che concorrono alla formazione dell'Indice di Qualita' Morfologica, IQM.
Sulla base del valore assunto dall'IQM, e' definita la classe di stato morfologico cosi' come indicato nella tabella 4.1.3/b .

Tab. 4.1.3/b - Classi di stato morfologico

IQM	STATO
$0,85 \leq IQM \leq 1$	ELEVATO
$IQM < 0,85$	NON ELEVATO

Classificazione per gli aspetti idromorfologici
La classificazione per gli aspetti idromorfologici e' ottenuta dalla combinazione dello stato definito dagli indici IQM e IARI secondo la tabella 4.1.3/c .

Tab. 4.1.3/c - Classi di stato idromorfologico

		STATO MORFOLOGICO	
		-------------------	-------------
		ELEVATO	NON ELEVATO
	ELEVATO	ELEVATO	NON ELEVATO
STATO			
IDROLOGICO	BUONO	ELEVATO	NON ELEVATO
	NON BUONO	NON ELEVATO	NON ELEVATO

Condizioni di habitat

Le condizioni di habitat sono valutate, secondo le modalita' di seguito riportate, per i tratti di corpo idrico candidati a siti di riferimento. Le Regioni possono valutare le condizioni di habitat anche nei corpi idrici sottoposti a monitoraggio di sorveglianza per acquisire un quadro conoscitivo piu' articolato in relazione all'interpretazione del dato biologico.

La valutazione delle caratteristiche degli habitat e' realizzata sulla base di informazioni (scala locale: tratto) relative ai seguenti aspetti: substrato, vegetazione nel canale e detrito organico, caratteristiche di erosione/deposito, flussi, continuita' longitudinale, struttura e modificazioni delle sponde, tipi di vegetazione/struttura delle sponde e dei territori adiacenti, uso del suolo adiacente al corso d'acqua e caratteristiche associate. Ai fini dell'attribuzione di un tratto fluviale allo stato elevato o non elevato, gli elementi sopra riportati devono essere formalizzati nelle seguenti categorie:
- diversificazione e qualita' degli habitat fluviali e ripari;
- presenza di strutture artificiali nel tratto considerato;
- uso del territorio nelle aree fluviali e perifluviali.

Le informazioni relative a tali categorie, opportunamente mediate, concorrono a definire lo stato di qualita' dell'habitat (Indice di Qualita' dell'Habitat: IQH).

I limiti di classe per l'attribuzione dello stato elevato secondo la qualita' dell'habitat sono riportati nelle tabelle 4.1.3/d e 4.1.3/e, separatamente per:
- corsi d'acqua temporanei e corsi d'acqua di pianura piccoli e molto piccoli;
- tutti i rimanenti tipi fluviali.

Tab. 4.1.3/d - Stato di qualita' dell'habitat per i corsi d'acqua temporanei e per i corsi d'acqua di pianura piccoli e molto piccoli.

IQH	QUALITA' HABITAT
IQH ≥ 0,81	ELEVATO
IQH < 0,81	NON ELEVATO

Tab. 4.1.3/e - Stato di qualita' dell'habitat per tutti i rimanenti tipi fluviali.

IQH	QUALITA' HABITAT
IQH ≥ 0,90	ELEVATO
IQH < 0,90	NON ELEVATO

Qualora nel medesimo corpo idrico si monitorino piu' tratti di corpo idrico candidati a sito di riferimento, per il rilevamento della qualita' dell'habitat il valore di IQH e' calcolato come media ponderata tra i diversi tratti. Occorre valutare quale percentuale del corpo idrico i diversi tratti in esame rappresentino. Il valore di IQH calcolato per un tratto andra' moltiplicato per la percentuale di corpo idrico che esso rappresenta; tale valore andra' quindi sommato al valore di IQH calcolato in un altro tratto del medesimo corpo idrico moltiplicato per la percentuale di rappresentativita' del tratto nel corpo idrico.

La classificazione si basa sul rapporto tra le condizioni osservate e quelle attese in condizioni di riferimento. Nella sezione C dell'Appendice vengono riportati i valori di riferimento utili per il calcolo dei rapporti di qualita', qualora il metodo di valutazione IQH utilizzato fosse basato sull'applicazione del metodo "CARAVAGGIO".

Ai fini della classificazione, qualora si faccia anche ricorso alla valutazione delle condizioni di habitat, lo stato idromorfologico complessivo, come riportato in tabella 4.1.3/f, e' ottenuto dall'integrazione delle seguenti componenti:
- la classe ottenuta dagli aspetti idromorfologici;
- la classe ottenuta dalla qualita' dell'habitat.

Tab. 4.1.3/f - Classificazione dello stato idromorfologico complessivo qualora sia valutata l'informazione relativa all'habitat.

		ASPETTI IDROMORFOLOGICI	
		ELEVATO	NON ELEVATO
HABITAT	ELEVATO	ELEVATO	ELEVATO
	NON ELEVATO	ELEVATO	NON ELEVATO

A.4.2 Corpi idrici lacustri
Nella classificazione dello stato ecologico dei corpi idrici lacustri gli elementi di qualita' biologica da considerare sono i seguenti:
- Fitoplancton
- Macrofite
- Pesci

Macrotipi lacustri per la classificazione
Ai fini della classificazione, i tipi lacustri di cui all'Allegato 3 del presente Decreto legislativo sono aggregati nei macrotipi come indicati alla Tab. 4.2/a

Tab. 4.2/a - Accorpamento dei tipi lacustri italiani in macrotipi

Macrotipo	Descrizione	Tipi di cui alla lettera A2 dell'allegato 3 del presente Decreto legislativo
L1	Laghi con profondita' massima maggiore di 125 m	AL-3
L2	Altri laghi con profondita' media maggiore di 15 m	Laghi appartenenti ai tipi ME-4/5/7, AL-6/9/10 e AL-1/2, limitatamente a quelli profondi piu' di 15 m.

L3	Laghi con profondita' media minore di 15 m, non polimittici	Laghi appartenenti ai tipi ME-2/3/6, AL-5/7/8, S e AL-1/2, limitatamente a quelli profondi meno di 15 m.
L4	Laghi polimittici	Laghi appartenenti ai tipi ME-1, AL-4
I1	Invasi dell'ecoregione mediterranea con profondita' media maggiore di 15 m	Invasi appartenenti ai tipi ME-4/5
I2	Invasi con profondita' media maggiore di 15 m	Invasi appartenenti ai tipi ME-7, AL-6/9/10 e AL-1/2, limitatamente a quelli profondi piu' di 15 m.
I3	Invasi con profondita' media minore di 15 m, non polimittici	Invasi appartenenti ai tipi ME-2/3/6, AL-5/7/8, S e AL-1/2, limitatamente a quelli profondi meno di 15 m.
I4	Invasi polimittici	Invasi appartenenti ai tipi ME-1, AL-4

A.4.2.1 Criteri tecnici per la classificazione sulla base degli elementi di qualita' biologica

Fitoplancton
La classificazione dei laghi e degli invasi a partire dal fitoplancton si basa sulla media dei valori di due indici, l'Indice medio di biomassa e l'Indice di composizione.
Il calcolo di questi due indici si basa a sua volta su piu' indici componenti: Concentrazione media di clorofilla a, Biovolume medio, PTI (PTIot, PTIspecies, MedPTI) e Percentuale di cianobatteri caratteristici di acque eutrofe.
Come indicato in tab. 4.2.1/a, l'Indice medio di biomassa e' ottenuto, per tutti i macrotipi, come media degli RQE normalizzati della Concentrazione della clorofilla a e del Biovolume.
L'Indice di composizione e' invece ottenuto attraverso indici diversi in relazione alla loro applicabilita' ai differenti macrotipi; il suo valore puo' cosi' corrispondere all'RQE normalizzato del PTIot o del PTIspecies, ovvero alla media degli RQE normalizzati del MedPTI e della Percentuale di cianobatteri.
L'Indice complessivo per il fitoplancton (ICF), determinato sulla base dei dati di un anno di campionamento, si ottiene come media degli Indici medi di composizione e biomassa.
Per la classificazione nel caso di monitoraggio operativo si utilizza il valore medio dei tre ICF calcolati annualmente.

Tab. 4.2.1/a - Componenti degli indici da mediare per il calcolo dell'Indice finale di classificazione

Parte di provvedimento in formato grafico

* Calcolato come media degli RQE normalizzati degli indici componenti sottostanti
** Corrispondente all'RQE normalizzato del singolo indice componente sottostante, o calcolato come media degli RQE normalizzati dei due indici componenti sottostanti per il solo macrotipo I1

Limiti di classe e classificazione
In tabella 4.2.1/b sono riportati i valori di RQE relativi ai limiti

di classe dell'Indice complessivo per il fitoplancton (ICF). Nelle successive tabelle vengono riportati i limiti di classe ed i relativi valori di riferimento, distinti per macrotipi, per la Concentrazione media annua di clorofilla a, il Biovolume medio, la Percentuale di cianobatteri, il MedPTI, il PTIot e il PTIspecies.

Tab. 4.2.1/b - Limiti di classe, espressi come rapporti di qualita' ecologica (RQE), dell'Indice complessivo per il fitoplancton

Stato	Limiti di classe (RQE)
Elevato/Buono	0,8
Buono/Sufficiente	0,6
Sufficiente/Scarso	0,4
Scarso/Cattivo	0,2

Nelle tabelle seguenti si riportano i valori di RQE relativi ai limiti di classe ed ai valori di riferimento degli indici componenti.

Parte di provvedimento in formato grafico

Macrofite
L'elemento biologico macrofite, o piante acquatiche, basa la classificazione dei laghi sull'utilizzo delle sole specie idrofitiche, cioe' quelle macrofite che hanno modo di svilupparsi in ambienti puramente acquatici o su terreni o substrati che almeno periodicamente vengono sommersi dall'acqua.
Le metriche applicate alle macrofite per la classificazione degli ambienti lacustri sono in totale cinque: la massima profondita' di crescita, la frequenza relativa delle specie con forma di colonizzazione sommersa, la frequenza delle specie esotiche, la diversita' calcolata come indice Simpson e il punteggio trofico per ciascuna specie. Le metriche permettono di calcolare due indici MTIspecies, per i laghi di categoria L-AL3, e MacroIMMI, per i laghi appartenenti alle tipologie L-AL4, L-AL5 e L-AL6.
Allo stato attuale questi indici non trovano applicazione per i laghi mediterranei.
La metodologia di classificazione e' diversa a seconda dell'indice che viene applicato e quindi della tipologia di lago che deve essere classificato.
Per determinare il valore dell'indice MTIspecies occorre calcolare per ciascun sito (inteso come porzione continua di riva, di ampiezza variabile, al cui interno e' possibile individuare una comunita' macrofisica omogenea in termini di composizione specifica) la media ponderata dei valori trofici di ciascuna specie rispetto alle abbondanze relative e, per l'intero corpo idrico, la media ponderata del valore ottenuto per ciascun sito rispetto alla lunghezza totale dei siti con presenza di vegetazione.
Per la determinazione del valore dell'indice MacroIMMI sono necessari due passaggi successivi: il primo passaggio prevede il calcolo in ciascun sito (definito come sopradetto) della media dei valori ottenuti di ciascuna metrica; il secondo passaggio prevede il calcolo della media ponderata dei valori in ciascun sito rispetto alla lunghezza totale dei siti con presenza di vegetazione. L'ambiente di applicazione e' costituito dai laghi polimittici o non polimittici con profondita' massima minore o uguale a 125 m.

Limiti di classe e classificazione
In tabella 4.2.1/i e in tabella 4.2.1/l sono riportati i limiti di classe e i valori di riferimento, distinti per macrotipi, rispettivamente per gli indici finali MTIspecies e MacroIMMI. Nelle tabelle successive sono indicati i limiti di classe e i valori di riferimento, distinti per macrotipi, per le metriche (massima profondita' di crescita, frequenza relativa delle specie sommerse,

frequenza delle specie esotiche, diversita', punteggio trofico per ciascuna specie) da utilizzare per il calcolo dei suddetti indici.

Parte di provvedimento in formato grafico

Pesci
La classificazione dei laghi per l'elemento biologico pesci e' effettuata attraverso l'applicazione dell'indice LFI (Lake Fish Index - LFI). Tale indice e' composto da cinque metriche. Il LFI e' applicabile ad ogni lago con superficie >0,5 km^2 dell'Ecoregione Alpina e dell'Ecoregione Mediterranea.
Per ogni bacino lacustre sono definite delle specie indicatrici (specie chiave e tipo-specifiche) per la valutazione dello stato della fauna ittica.
Il valore degli RQE per ogni metrica e' definito dal rapporto tra il punteggio della metrica e il punteggio della stessa assunto in condizioni di riferimento(4).
Il valore del Rapporto di Qualita' Ecologica finale RQEtot, per la valutazione dello stato della fauna ittica, e' calcolato come media aritmetica dei valori degli RQE delle singole metriche.

----
(4) Le condizioni di riferimento sono individuate sulla base di dati storici e di metriche desunte dalla letteratura di settore

Limiti di classe e classificazione
In tabella 4.2.1/r sono riportati i valori di RQEtot relativi ai limiti di classe dell'Indice LFI.
Nelle successive tabelle vengono riportati i limiti di classe ed i relativi valori di riferimento per le seguenti metriche:
- abbondanza relativa delle specie chiave NPUS (Numero Per Unita' di Sforzo) - metrica 1;
- struttura di popolazione delle specie chiave - Indice di struttura PSD - metrica 2;
- successo riproduttivo delle specie chiave e delle specie tipo-specifiche - metrica 3;
- diminuzione (%) del numero di specie chiave e tipo-specifiche - metrica 4;
- presenza di specie ittiche alloctone ad elevato impatto - metrica 5.

Tab. 4.2.1/r - Limiti di classe RQE$_{tot}$ per la valutazione dello stato della fauna ittica nei laghi con superficie > 0,5km^2

Stato	Limiti di classe (RQE tot)
Elevato/Buono	0,8
Buono/Sufficiente	0,6
Sufficiente/Scarso	0,4
Scarso/Cattivo	0,2

Tab. 4.2.1/s - Limiti di classe RQE1 per la metrica 1
Tab. 4.2.1/t - Limiti di classe RQE2 per la metrica 2
Tab. 4.2.1/u - Limiti di classe RQE3 per la metrica 3
Tab. 4.2.1/v - Limiti di classe RQE4 per la metrica 4
Tab. 4.2.1/z - Limiti di classe RQE5 per la metrica 5

Parte di provvedimento in formato grafico

Per quanto riguarda l'EQB "pesci" ogni lago e' considerato come un unico corpo idrico.

Nei laghi con superficie superiore a 50km^2 - il cui campionamento presuppone la suddivisione in sottobacini - il valore finale degli RQE e' calcolato come media aritmetica degli RQE calcolati per ogni sottobacino.

A.4.2.2 Criteri tecnici per la classificazione sulla base degli elementi di qualita' fisico -chimica a sostegno
Ai fini della classificazione dello stato ecologico dei corpi idrici lacustri gli elementi fisico-chimici a sostegno del biologico da utilizzare sono i seguenti:
- fosforo totale;
- trasparenza;
- ossigeno ipolimnico;

Per un giudizio complessivo della classificazione si tiene conto, secondo i criteri riportati al paragrafo "Altri parametri", anche di:
- pH;
- alcalinita';
- conducibilita';
- ammonio.

Fosforo totale, trasparenza e ossigeno disciolto (LTLeco)
Ai fini della classificazione, il fosforo totale, la trasparenza e l'ossigeno disciolto vengono integrati in un singolo descrittore LTLeco (livello trofico laghi per lo stato ecologico) secondo la metodologia di seguito riportata basato su un numero di campionamenti annuali pari a quelli previsti dal protocollo di campionamento APAT 46/2007 - . La procedura per il calcolo dell'LTL eco prevede l'assegnazione di un punteggio per fosforo totale, trasparenza e ossigeno ipolimnico, misurati in sito, sulla base di quanto indicato nelle tabelle 4.2.2/a, 4.2.2/b, 4.2.2/c del presente paragrafo. Dette tabelle riportano punteggi distinti per i livelli corrispondenti alle classi elevata, buona e sufficiente per i singoli parametri.
I livelli per il fosforo totale, di cui alla tab. 4.2.2/a, sono riferiti alla concentrazione media, ottenuta come media ponderata rispetto ai volumi o all'altezza degli strati, nel periodo di piena circolazione alla fine della stagione invernale, anche per i laghi e gli invasi meromittici.

Tab. 4.2.2/a - Individuazione dei livelli per il Fosforo Totale (µg/l)

Valore di fosforo per macrotipi		Livello 1	Livello 2	Livello 3
	Punteggio	5	4	3
L1, L2, I1, I2		≤8(*)	≤15	> 15
L3, L4, I3, I4		≤12(**)	≤20	> 20

(*) Valori di riferimento < 5 µg/l
(**) Valori di riferimento < 10 µg/l

I valori di trasparenza per l'individuazione dei livelli, di cui alla tab. 4.2.2/b, sono ricavati mediante il calcolo della media dei valori riscontrati nel corso dell'anno di monitoraggio.

Tab. 4.2.2/b - Individuazione dei livelli per la trasparenza (metri)

Valore di trasparenza per macrotipi		Livello 1	Livello 2	Livello 3
	Punteggio	5	4	3
L1, L2, I1, I2		≥10 (*)	≥5,5	< 5,5
L3, L4, I3, I4		≥6 (**)	≥3	< 3

(*) Valori di riferimento > 15 m
(**) Valori di riferimento > 10 m

La concentrazione dell'Ossigeno ipolimnico e' ottenuta come media ponderata rispetto al volume degli strati. In assenza dei volumi possono essere utilizzate le altezze degli strati considerati. I valori di saturazione dell'ossigeno da utilizzare per la classificazione sono quelli misurati nell'ipolimnio alla fine del periodo di stratificazione. In tab. 4.2.2/c, sono riportati i valori per l'individuazione dei livelli dell'ossigeno disciolto.

Tab. 4.2.2/c - Individuazione dei livelli per l'Ossigeno disciolto (% saturazione)

Valore di ossigeno disciolto per macrotipo		Livello 1	Livello 2	Livello 3
	Punteggio	5	4	3
Tutti		>80% (*)	>40% <80%	≤40%

(*) Valori di riferimento >90 %

La somma dei punteggi ottenuti per i singoli parametri (fosforo totale, trasparenza e ossigeno ipolimnico) costituisce il punteggio da attribuire all'LTLeco, utile per l'assegnazione della classe di qualita' secondo i limiti definiti nella tabella 4.2.2/d di seguito riportata.

Tab. 4.2.2/d - Limiti di classe in termini di LTL$_{eco}$

Classificazione stato	Limiti di classe	Limiti di classe in caso di trasparenza ridotta per cause naturali
Elevato	15	10
Buono	12-14	8-9
Sufficiente	< 12	< 8

Nel caso di monitoraggio operativo, per la classificazione si utilizzano le medie dei valori misurati nei tre anni per ogni singolo

parametro. Nel caso di monitoraggio di sorveglianza si fa riferimento ai valori o di un singolo anno o alla media dei valori misurati negli anni di monitoraggio. Qualora nel medesimo corpo idrico si monitorino piu' siti per il rilevamento dei parametri fisico-chimici, ai fini della classificazione del corpo idrico si considera lo stato piu' basso tra quelli attribuiti alle singole stazioni.
I valori di cui alle tabelle 4.2.2/a, 4.2.2/b, e 4.2.2/c sopra riportate possono essere derogati qualora coesistano le seguenti condizioni:
- gli elementi di qualita' biologica del corpo idrico sono risultati in stato buono o elevato;
- il superamento dei valori tabellari e' dovuto alle caratteristiche peculiari del corpo idrico;
- non sono presenti pressioni che comportino l'aumento di nutrienti ovvero siano state messe in atto tutte le necessarie misure per ridurre adeguatamente l'impatto delle pressioni presenti.
Limitatamente al parametro trasparenza, i limiti previsti dalla tabella 4.2.2/b possono essere derogati qualora l'autorita' competente verifichi che la diminuzione di trasparenza e' principalmente causata dalla presenza di particolato minerale sospeso dipendente dalle caratteristiche naturali del corpo idrico. Inoltre, qualora l'autorita' competente verifichi che la concentrazione di riferimento del Fosforo Totale (µg/l) per un determinato lago o invaso, con particolare attenzione alla categoria dei polimittici, determinata con metodi paleolimnologici o altri modelli previsionali attendibili, risulti essere superiore ai valori indicati in tabella 4.2.2/a possono essere derivati altri limiti meno restrittivi utilizzando la relazione TP/Chl-a dei laghi alpini (OECD,1982).
Nel caso di deroga, il corpo idrico non subisce il declassamento a causa del superamento dei valori tabellari dei nutrienti.
Nei piani di gestione devono essere riportate le motivazioni dettagliate che giustificano l'applicazione della deroga ed il nuovo valore di riferimento per il parametro utilizzato in deroga.
I corpi idrici ai quali e' stata applicata la deroga per i valori dei nutrienti, sono sottoposti a monitoraggio operativo e a verifica annuale finalizzata ad accertare l'assenza di un andamento di crescita statisticamente significativo, valutato sulla base di tre anni di campionamenti stagionali nella colonna d'acqua e, se disponibili, dal confronto con dati pregressi.

Altri parametri
Per quanto riguarda temperatura, pH, alcalinita', conducibilita' e ammonio (nell'epilimnio) deve essere verificato che, ai fini della classificazione in stato elevato, non presentino segni di alterazioni antropiche e restino entro la variabilita' di norma associata alle condizioni inalterate con particolare attenzione agli equilibri legati ai processi fotosintetici. Ai fini della classificazione in stato buono, deve essere verificato che essi non raggiungano livelli superiori alla forcella fissata per assicurare il funzionamento dell'ecosistema tipico specifico e il raggiungimento dei corrispondenti valori per gli elementi di qualita' biologica. I suddetti parametri chimico-fisici ed altri non qui specificati, sono utilizzati esclusivamente per una migliore interpretazione del dato biologico, ma non sono da utilizzarsi per la classificazione.

A.4.2.3 Criteri tecnici per la classificazione dei laghi e dei corpi idrici lacustri naturali-ampliati o soggetti a regolazione sulla base degli elementi di qualita' idromorfologica a sostegno
Nella classificazione dello stato ecologico dei laghi e dei corpi idrici lacustri naturali-ampliati o soggetti a regolazione gli elementi idromorfologici a sostegno del biologico da utilizzare sono:
- il livello
- i parametri morfologici.

Livello

L'utilizzo del livello per la classificazione avviene attraverso il calcolo della sintesi annuale (Sa) dei dati mensili di livello (Im) come di seguito riportato.
La sintesi annuale Sa e' definita come la media pesata dei valori ricavati per ciascun mese (Im) dell'anno da valutare, con peso 2 per i mesi da gennaio a luglio (compreso) e peso 1 per i restanti mesi e si applica a tutti i macrotipi. In tab. 4.2.3/a si riportano i limiti di classe per la sintesi annuale Sa.

Tab. 4.2.3/a - Limiti di classe espressi come Sa

Classificazione stato	Limiti di classe
Elevato(*)	$Sa \leq 1,25$
Buono	$1,25 < Sa \leq 1,5$

(*) $Sa \leq 1$ rappresentano le condizioni di riferimento

Si definisce il valore mensile di livello (Im) come:
Im=ΔH mensile misurato/ΔH di riferimento (ΔH = variazione di livello)
La valutazione di qualita' del livello mensile deve essere distinta per condizione di piovosita' (bassa, media o elevata) e per macrotipi.
Le condizioni di piovosita', avute nel mese precedente a quello di misura del livello, sono stabilite sulla base delle seguenti definizioni:
- condizione bassa: assenza di precipitazione sensibile (cioe' > 1 mm), nel mese precedente a quello di misura. In alternativa utilizzare SPI;
- condizione media: piovosita' media mensile, nel mese precedente a quello di misura, calcolata su almeno 10 anni di osservazione;
- condizione elevata: piovosita', nel mese precedente a quello di misura, al di sopra (+ 30%) delle piogge medie mensili calcolate su almeno 10 anni di osservazione. In alternativa utilizzare SPI.
Nella successiva tab. 4.2.3/b si riportano i ΔH di riferimento per le diverse condizioni di piovosita' (bassa, media o elevata).

Tab. 4.2.3/b - ΔH di riferimento

ΔH	Macrotipi	
	L3, L4, I3*, I4*	L1, L2, I1*, I2*
Valore di riferimento in condizioni di piovosita' bassa ΔH (cm)	15	30
Valore di riferimento in condizioni di piovosita' media ΔH (cm)	10	20
Valore di riferimento in condizioni di piovosita' elevata ΔH (cm)	25	80

* in questo caso sono da intendersi solo invasi identificati come corpi idrici lacustri naturali-ampliati o soggetti a regolazione
In alternativa alla classificazione con Sa, per casi specifici, le Regioni possono classificare attraverso la variazione di livello ΔH giornaliera come riportato in tabella 4.2.3/c

Tab. 4.2.3/c - Classificazione secondo i valori di ΔH giornalieri

Classificazione Stato	Descrizione	Limiti di classe
Elevato (*)	Si ammette un utilizzo antropico incidente per un 5% in piu' rispetto alle condizioni di riferimento	ΔH ≤ 10%/giorno profondita' media (calcolata su 15-20 gg consecutivi, precedenti l'abbassamento) ΔH < 25 cm/giorno (abbassamento sotto il livello medio pluriennale)
Buono	Si ammette un utilizzo antropico incidente per un 10% in piu' rispetto alle condizioni di riferimento	10% < ΔH ≤ 15%/giorno profondita' media (calcolata su 15-20 gg consecutivi, precedenti l'abbassamento) 25 ≤ ΔH < 30 cm/giorno (abbassamento sotto il livello medio pluriennale)

(*)ΔH <= 5%/giorno profondita' media (calcolata su 15-20 gg consecutivi, precedenti l'abbassamento) ΔH < 20 cm/giorno (abbassamento sotto il livello medio pluriennale) rappresentano le condizioni di riferimento per il parametro livello.

I valori di livello misurati (giornalieri, settimanali, o mensili) devono essere riportati al riferimento assoluto (rispetto al livello del mare), per permettere una confrontabilita' a livello nazionale dei dati raccolti.

Parametri morfologici
I parametri morfologici da valutare ai fini della classificazione morfologica di un corpo idrico sono:
- la linea di costa intesa come la zona identificata attraverso il perimetro del corpo idrico lacustre;
- l'area litorale intesa come la parte di sponda che si trova tra il canneto, se presente, e le piante emerse galleggianti oppure, in assenza della zona a canneto, la zona tra il livello medio pluriennale del corpo idrico lacustre, dove batte l'onda, e la zona dove arrivano le macrofite emerse, galleggianti;
- il substrato inteso come la tipologia del materiale di cui sono composte sia la zona litorale che la zona pelagica;
- la profondita' o interrimento intesa come evoluzione morfologica del fondo del corpo idrico lacustre, considerando in particolare i delta alluvionali.
Il metodo di riferimento per la valutazione dei suddetti parametri e' il Lake Habitat Survey (LHS).
Tale metodo, mediante l'indice di alterazione morfologica (LHMS), permette di esprimere un giudizio di sintesi sulla qualita' morfologica attraverso l'elaborazione di dati raccolti in campo. Il metodo si basa sull'osservazione di 10 punti o sezioni (Hab-plot), ugualmente distribuite lungo tutto il perimetro del corpo idrico lacustre, in ciascuna delle quali si valutano le caratteristiche della linea di costa, dell'area litorale, del substrato, della profondita' locale, della presenza di affluenti e di infrastrutture antropiche. Vengono anche segnalate e quindi conteggiate nell'elaborazione del giudizio finale, tutte le attivita' antropiche insistenti sul corpo idrico lacustre (es. attivita' ricreative,

turistiche, economiche, la presenza di campeggi, porti, banchine, opere di ingegneria naturalista o classica, presenza di sbarramenti ecc.), individuate durante il passaggio tra un punto di osservazione e l'altro.
In tab. 4.2.3/d si riportano i parametri da analizzare e una sintesi delle pressioni insistenti sul corpo idrico, ciascuna con diversi intervalli e relativi punteggi indicativi del passaggio da uno stato morfologico all'altro.

Tab. 4.2.3/d - Parametri da valutare e sintesi delle attivita' antropiche

Parte di provvedimento in formato grafico

Effettuando un'analisi incrociata dei parametri e delle pressioni di cui alla tab. 4.2.3/d, attraverso un database e un software dedicato, si definisce il punteggio dell'indice di alterazione morfologica (LHMS). In tab. 4.2.3/e si riportano le classi di stato morfologico sulla base dei punteggi del LHMS.

Tab. 4.2.3/e - Classificazione secondo i punteggi del LHMS

Classificazione stato	Punteggio
Elevato(*)	LHMS ≤ 2
Buono	2 < LHMS ≤ 4

(*) Il punteggio = 0 rappresenta un valore indice di condizioni di riferimento morfologiche.

Classificazione degli elementi idromorfologici a sostegno
La classificazione idromorfologica del corpo idrico e' data dal peggiore tra gli indici idrologico Sa e quello morfologico LHMS

A.4.3 Acque marino costiere
Fermo restando le disposizioni di cui alla lettera A.1 del punto 2 del presente allegato, sono riportati, ai fini della classificazione dello stato ecologico delle acque marino-costiere, le metriche e/o gli indici da utilizzare per i seguenti elementi di qualita' biologica:
- Fitoplancton
- Macroinvertebrati bentonici
- Macroalghe
- Angiosperme (Posidonia oceanica)

Macrotipi marino-costieri per la classificazione
I criteri per la tipizzazione dei corpi idrici, di cui all'Allegato 3 del presente Decreto legislativo, consentono l'individuazione dei tipi marino-costieri, su base geomorfologica e su base idrologica. La suddivisione dei corpi idrici in tipi e' funzionale alla definizione delle condizioni di riferimento tipo-specifiche.
In considerazione delle caratteristiche dei vari EQB, le differenze tipo-specifiche e conseguentemente le condizioni di riferimento sono determinate, a seconda dell'EQB analizzato, dalle condizioni idrologiche e da quelle morfologiche.
La tipo-specificita' per il Fitoplancton e i Macroinvertebrati bentonici e' caratterizzata dal criterio di tipizzazione idrologico, ai fini della classificazione per tali EQB i tipi delle acque marino-costiere, sono aggregati nei 3 gruppi (macrotipi) indicati nella successiva Tab. 4.3/a.
Per cio' che riguarda le Angiosperme (Posidonia oceanica) si fa

riferimento al solo macrotipo 3 (bassa stabilita')
Per l'EQB Macroalghe la tipo-specificita' e' caratterizzata dal criterio di tipizzazione morfologico, le condizioni di riferimento sono in relazione alle differenti condizioni geomorfologiche, ai fini della classificazione per questo EQB i tipi delle acque marino-costiere sono aggregati nei 2 gruppi (macrotipi) indicati nella successiva Tab. 4.3/b.

Tab. 4.3/a - Macrotipi marino-costieri per fitoplancton e macroinvertebrati bentonici

Macrotipi	Stabilita'	Descrizione
1	Alta	Siti costieri fortemente influenzati da apporti d'acqua dolce di origine fluviale;
2	Media	Siti costieri moderatamente influenzati da apporti d'acqua dolce (influenza continentale);
3	Bassa	Siti costieri non influenzati da apporti d'acqua dolce continentale.

Tab. 4.3/b - Macrotipi marino-costieri per macroalghe

Macrotipi	Descrizione
A	rilievi montuosi
B	terrazzi

A.4.3.1 Criteri tecnici per la classificazione sulla base degli elementi di qualita' biologica

Fitoplancton
Il fitoplancton e' valutato attraverso il parametro "clorofilla a" misurato in superficie, scelto come indicatore della biomassa. Occorre fare riferimento non solo ai rapporti di qualita' ecologica (RQE) ma anche ai valori assoluti (espressi in mg/m3) di concentrazione di clorofilla a. Come gia' indicato nel paragrafo A.4.3 del presente allegato, la tipo-specificita' per il fitoplancton e' caratterizzata dal criterio idrologico. Di seguito vengono indicate le categorie "tipo-specifiche", i valori da assegnare alle condizioni di riferimento e i limiti di classe distinti per ciascun macrotipo.

Modalita' di calcolo, condizioni di riferimento e limiti di classe
Per il calcolo del valore del parametro "clorofilla a" si applicano 2 tipi di metriche:
- per i tipi ricompresi nei macrotipi 2 e 3 il valore del 90° percentile per la distribuzione normalizzata dei dati(5)
- il valore della media geometrica, per i tipi ricompresi nel macrotipo 1
----
(5) Le serie annuali o pluriennali di clorofilla sono spesso ben

approssimate da una distribuzione di tipo Log-normale. Per "normalizzare" queste distribuzioni si applica la Log-trasformazione dei dati originari, E Il 90° percentile della distribuzione dei logaritmi deve essere riconvertito in numero (i.e. in concentrazione di clorofilla). La Lognormalita' dei dati di clorofilla giustifica anche la scelta della Media Geometrica al posto della Media Aritmetica.

La Tab. 4.3.1/a, di seguito riportata, indica per ciascun macrotipo:
- i valori delle condizioni di riferimento in termini di concentrazione di "clorofilla a";
- i limiti di classe, tra lo stato elevato e lo stato buono, e tra lo stato buono e lo stato sufficiente, espressi sia in termini di concentrazione di clorofilla a, che in termini di RQE;
- il tipo di metrica da utilizzare.
Tab. 4.3.1/a Limiti di classe fra gli stati e valori di riferimento per fitoplancton
Parte di provvedimento in formato grafico

Nella procedura di classificazione dello stato ecologico di un corpo idrico secondo l'EQB Fitoplancton, le metriche da tenere in considerazione per il confronto con i valori della tabella, sono quelle relative alle distribuzioni di almeno un anno della clorofilla a.
Poiche' il monitoraggio dell'EQB Fitoplancton e' annuale, alla fine del ciclo di monitoraggio operativo (3 anni) si ottiene un valore di "clorofilla a" per ogni anno. Il valore da attribuire al sito, si basa sul calcolo della media dei valori di "clorofilla a" ottenuti per ciascuno dei 3 anni di campionamento. Nel caso in cui le misure di risanamento ed intervento siano gia' in atto, si utilizzano solo i dati dell'ultimo anno.

Macroinvertebrati bentonici

Sistema di classificazione
Per l'EQB Macroinvertebrati bentonici si applica l'Indice M-AMBI, che utilizza lo strumento dell' analisi statistica multivariata ed e' in grado di riassumere la complessita' delle comunita' di fondo mobile, permettendo una lettura ecologica dell'ecosistema in esame.
Come indicato nel paragrafo A.4.3 del presente allegato, la tipo-specificita' per i macroinvetebrati bentonici e' caratterizzata dal criterio idrologico. Pertanto le categorie "tipo-specifiche" per i macroinvertebrati sono quelle associabili ai macrotipi 1, 2 e 3.
Modalita' di calcolo dell'M-AMBI, condizioni di riferimento e limiti di classe
L'M-AMBI e' un indice multivariato che deriva da una evoluzione dell'AMBI integrato con l'Indice di diversita' di Shannon-Wiener ed il numero di specie (S). La modalita' di calcolo dell'M-AMBI prevede l'elaborazione delle suddette 3 componenti con tecniche di analisi statistica multivariata. Per il calcolo dell'indice e' necessario l'utilizzo di un software gratuito (AZTI Marine Biotic Index- New Version AMBI 4.1) da applicarsi con l'ultimo aggiornamento gia' disponibile della lista delle specie.
Il valore dell'M-AMBI varia tra 0 ed 1 e corrisponde al Rapporto di Qualita' Ecologica (RQE).
Nella tab. 4.3.1/b sono riportati:
- i valori di riferimento per ciascuna metrica che compone l'M-AMBI;
- i limiti di classe dell'M-AMBI, espressi in termini di RQE, tra lo stato elevato e lo stato buono, e tra lo stato buono e lo stato sufficiente.
I valori delle condizioni di riferimento e i relativi limiti Buono/Sufficiente ed Elevato/Buono descritti in tabella devono intendersi relativi al solo macrotipo 3 (bassa stabilita').

Tab. 4.3.1/b - Limiti di classe e valori di riferimento per l'M-AMBI

Macrotipo	Valori di riferimento RQE				
	AMBI	H'	S	Elevato/Buono	Buono/Sufficiente
3	0,5	4	30	0,81	0,61

Macroalghe

Sistema di classificazione
Il metodo da applicare per la classificazione dell' EQB Macroalghe e' il CARLIT.
La tipo-specificita' per le macroalghe e' definita dal criterio geomorfologico di cui all'Allegato 3 sez. A.3 del presente decreto legislativo. I macrotipi su base geomorfologica da tenere in considerazione sono: A) rilievi montuosi e B) terrazzi. Nella procedura di valutazione dell'Indice CARLIT e' necessario precisare anche i seguenti elementi morfologici: la morfologia della costa (blocchi metrici, falesia bassa, falesia alta), il diverso grado di inclinazione della frangia infralitorale, l'orientazione della costa, il grado di esposizione all'idrodinamismo, il tipo di substrato (naturale, artificiale).

Modalita' di calcolo del CARLIT, condizioni di riferimento e limiti di classe
Sulla base dei diversi elementi morfologici precedentemente citati sono individuate alcune situazioni geomorfologiche rilevanti, a ciascuna delle quali e' assegnato un Valore di Qualita' Ecologica di riferimento (EQV_{rif}) come riportato nella tab. 4.3.1/c.

Tab. 4.3.1/c - Valori di riferimento per il CARLIT

Situazione geomorfologica rilevante	EQVrif
Blocchi naturali	12,2
Scogliera bassa naturale	16,6
Falesia alta naturale	15,3
Blocchi artificiali	12,1
Struttura bassa artificiale	11,9
Struttura alta artificiale	8,0

L'indice CARLIT si basa su una prima valutazione del Valore di Qualita' Ecologica (VQE), in ogni sito e per ogni categoria geomorfologica rilevante.
Il risultato finale dell'applicazione del CARLIT non fornisce un valore assoluto, ma direttamente il rapporto di qualita' ecologica (RQE).
La tabella seguente riporta i limiti di classe, espressi in termini di RQE, tra lo stato elevato e lo stato buono, e tra lo stato buono e lo stato sufficiente.

Tab. 4.3.1/d - Limiti di classe per Elemento di qualita' biologica "MACROALGHE" secondo il metodo CARLIT espresso in termini di RQE

Sistema di classificazione		Rapporti di qualita' ecologica RQE CARLIT	
adottato	Macrotipi	Elevato/Buono	Buono/Sufficiente
CARLIT	A e B	0,75	0,60

Angiosperme - Prateria a Posidonia oceanica

Sistema di classificazione
Per l'EQB Posidonia oceanica si applica l'Indice PREI.
L'Indice PREI include il calcolo di cinque descrittori: la densita' della prateria (fasci m^{-2}); la superficie fogliare fascio, (cm^2 $fascio^{-1}$); il rapporto tra la biomassa degli epifiti (mg $fascio^{-1}$) e la biomassa fogliare fascio (mg $fascio^{-1}$); la profondita' del limite inferiore e la tipologia del limite inferiore.
La densita' della prateria, la superficie fogliare fascio ed il rapporto tra la biomassa degli epifiti e la biomassa fogliare vengono valutati alla profondita' standard di 15 m, su substrato sabbia o matte; nei casi in cui lo sviluppo batimetrico della prateria non consenta il campionamento alla profondita' standard, puo' essere individuata, motivandone la scelta, una profondita' idonea al caso specifico.
Le praterie a P.oceanica vengono monitorate nel piano infralitorale non influenzato da apporti d'acqua dolce significativi, ovvero nel macrotipo 3: bassa stabilita', siti costieri non influenzati da apporti d'acqua dolce e continentale.
Modalita' di calcolo dell'indice PREI, condizioni di riferimento e limiti di classe
La modalita' di calcolo dell'indice PREI prevede l'applicazione della seguente equazione:

Parte di provvedimento in formato grafico

Il valore del PREI varia tra 0 ed 1 e corrisponde al Rapporto di Qualita' Ecologica (RQE).
Il risultato finale dell'applicazione dell'Indice PREI non fornisce un valore assoluto, ma direttamente il rapporto di qualita' ecologica (RQE). La tabella 4.3.1/e riporta i limiti di classe, espressi in termini di RQE.
Nel sistema di classificazione seguente lo stato cattivo corrisponde ad una recente non sopravvivenza di P. oceanica, ovvero, alla sua scomparsa da meno di cinque anni.

Tab. 4.3.1/e - Limiti di classe degli RQE per Elemento di Qualita' Biologica "Posidonia oceanica", e condizioni di riferimento riferiti ai valori dell'Indice PREI.

Parte di provvedimento in formato grafico

A.4.3.2 Criteri tecnici per la classificazione sulla base degli elementi di qualita' fisico-chimica e idromorfologica a sostegno
Nelle acque marino costiere con l'espressione: "a sostegno", si intende che gli elementi di qualita' fisico-chimica, salvo le eccezioni riportate nella Tab. 4.3.2/b, devono essere considerati nel sistema di classificazione dello stato ecologico, in quanto concorrono alla definizione di tale stato. Gli elementi idromorfologici devono essere utilizzati per migliorare l'interpretazione dei risultati biologici, in modo da pervenire all'assegnazione di uno stato ecologico certo.

Si riportano di seguito le tabelle che indicano gli elementi idromorfologici, Tab. 4.3.2/a e fisico-chimici, Tab. 4.3.2/b, a sostegno dei vari EQB.

Tab. 4.3.2/a- Elementi idromorfologici a sostegno dei vari EQB

EQB	Elementi idromorfologici(*)
Fitoplancton	regime correntometrico
Macroalghe ed Angiosperme	escursione mareale, esposizione al moto ondoso, regime correntometrico, profondita', natura e composizione del substrato.
Macroinvertebrati bentonici	profondita', natura e composizione del substrato

* Gli elementi idromorfologici non rientrano nella classificazione finale ma sono utilizzati per una migliore interpretazione dei dati acquisiti per gli altri elementi di qualita'

Tab. 4.3.2/b - Elementi fisico-chimici a sostegno dei vari EQB con indicazione dell'applicazione ai fini della classificazione dello stato ecologico

EQB	Elementi fisico-chimici per la classificazione*	Elementi fisico-chimici per l'interpretazione**
Fitoplancton	ossigeno disciolto, nutrienti	trasparenza, temperatura, salinita'
Macroalghe ed Angiosperme	ossigeno disciolto, nutrienti	trasparenza, temperatura, salinita',
Macroinvertebrati bentonici	ossigeno disciolto, nutrienti	trasparenza, temperatura, salinita'

* Elementi fisico-chimici che rientrano nel sistema di classificazione dello stato ecologico da assegnare al corpo idrico
** Elementi fisico-chimici che non rientrano nel sistema di classificazione dello stato ecologico da assegnare al corpo, ma sono utilizzati ai fini interpretavi dei risultati degli altri elementi

Elementi di qualita' fisico-chimica e relativi limiti di classe

Ossigeno disciolto e nutrienti
L'ossigeno disciolto e i nutrienti, unitamente al parametro clorofilla a, sono valutati attraverso l'applicazione dell'Indice TRIX, al fine di misurare il livello trofico degli ambienti marino-costieri. L'Indice TRIX puo' essere utilizzato non solo ai fini della valutazione del rischio eutrofico (acque costiere con elevati livelli trofici e importanti apporti fluviali), ma anche per

segnalare scostamenti significativi dalle condizioni di trofia tipiche di aree naturalmente a basso livello trofico.
Ai fini dell'applicazione di tale indice, nella classificazione dello stato ecologico delle acque marino-costiere, nella Tab. 4.3.2/c, vengono riportati i valori di TRIX (espressi come valore medio annuo), ossia i limiti di classe tra lo stato buono e quello sufficiente, per ciascuno dei macrotipi individuati su base idrologica.

Tab. 4.3.2/c - Limiti di classe, espressi in termini del TRIX, tra lo stato buono e quello sufficiente

Macrotipo	Limiti di classe TRIX (Buono/Sufficiente)
1: Alta stabilita'	5,0
2: Media stabilita'	4,5
3: Bassa stabilita'	4,0

Nella procedura di classificazione dello stato ecologico, il giudizio espresso per ciascun EQB deve essere percio' congruo con il limite di classe di TRIX: in caso di stato ecologico "buono" il corrispondente valore di TRIX deve essere minore della soglia riportata in tabella, per ciascuno dei tre macrotipi individuati. Qualora il valore del TRIX sia conforme alla soglia individuata dallo stato biologico, nell'esprimere il giudizio di stato ecologico si fa riferimento al giudizio espresso sulla base degli elementi di qualita' biologica. Poiche' il monitoraggio degli elementi fisico-chimici e' annuale, alla fine del ciclo di monitoraggio operativo (3 anni) si ottengono tre valori di TRIX. Il valore di TRIX da attribuire al sito, si basa sul calcolo della media dei valori di TRIX ottenuti per ciascuno dei 3 anni di campionamento. Nel caso in cui le misure di risanamento ed intervento siano gia' in atto, si utilizzano solo i dati dell'ultimo anno.

Temperatura e salinita'
La temperatura e la salinita' sono elementi fondamentali per la definizione dei tipi: essi concorrono alla definizione della densita' dell'acqua di mare e, quindi, alla stabilita', parametro su cui e' basata la tipizzazione su base idrologica. Dalla stabilita' della colonna d'acqua discende la tipo-specificita' delle metriche e degli indici utilizzati per la classificazione degli EQB.

Trasparenza
Per la trasparenza, espressa come misura del Disco Secchi, si adotta la stessa risoluzione valida per gli elementi idromorfologici a sostegno: essa e' utilizzata come elemento ausiliario per integrare e migliorare l'interpretazione del monitoraggio degli EQB, in modo da pervenire all'assegnazione di uno stato ecologico certo.

A.4.4 Acque di transizione
Fermo restando le disposizioni di cui alla lettera A.1 del punto 2 del presente allegato, sono riportati, ai fini della classificazione dello stato ecologico delle acque di transizione, le metriche e/o gli indici da utilizzare per i seguenti elementi di qualita' biologica:
- Macroalghe
- Fanerogame

- Macroinvertebrati bentonici

Tipizzazione e condizioni di riferimento
La suddivisione dei corpi idrici in tipi e' funzionale alla definizione delle condizioni di riferimento tipo-specifiche.
Le condizioni di riferimento sono di seguito riportate per macrotipi, sulla base dell'escursione di marea e di intervalli di salinita' (> 30 PSU e < 30 PSU) gli intervalli di salinita' sono riferiti solo alla marea > 50 cm .
Pertanto ai fini della classificazione i corpi idrici di transizione sono distinti in tre macrotipi (vedi Tab. 4.4/a).

Tab. 4.4/a - Macrotipi ai fini della definizione delle condizioni di riferimento per gli elementi di qualita' biologica macroalghe, fanerogame e macroinvertebrati bentonici.

marea	non tidale	microtidale	
salinita'	oligo/meso/poli/ eu/iperalino	oligo/meso/ polialino	/eu/iperalino
Codice DM trasmissione dati	AT01/AT02/AT03/ AT04/AT05 AT06/AT07/AT08/ AT09/AT10	T11/AT12/AT13/ AT16/AT17/AT18	AT14/AT15/AT19/AT20
Macrotipo	M-AT-1	M-AT-2	M-AT-3

I sistemi di classificazione dello stato ecologico per le acque di transizione definiti nel presente decreto non si applicano al tipo foci fluviali-delta.
Tali corpi idrici devono comunque essere tipizzati, secondo quanto previsto dall'allegato 3, sezione A del presente decreto e monitorati secondo quanto previsto dalla lettera A.3 del punto 2 del presente allegato

A.4.4.1 Criteri tecnici per la classificazione sulla base degli elementi di qualita' biologica

Fanerogame e macroalghe
Per l'EQB Macrofite, viene utilizzato l'indice E-MaQI, che integra i due elementi di qualita' biologica macroalghe e fanerogame.
L'affidabilita' dell'indice e' legata al numero di specie presenti nelle stazioni di monitoraggio; l'applicabilita' dell'indice richiede la presenza di almeno 20 specie.
Nel caso in cui il numero di specie presenti sia inferiore a 20, si applica l'indice R-MaQI, modificato.

Valori di riferimento e limiti di classe
Le soglie relative al Rapporto di Qualita' Ecologica (RQE) per la suddivisione dello stato nelle 5 classi previste e' riportato in Tab. 4.1.1/a; i valori si applicano ai tre macrotipi (M-AT-1, M-AT-2, M-AT3).

Tab. 4.4.1/a - Limiti di classe per l'E-MaQI e per l'R-MaQI modificato.

Rapporto di Qualita' Ecologica

Elevato/Buono	Buono/Sufficiente	Sufficiente/Scarso	Scarso/Cattivo
0,8	0,6	0,4	0,2

Le condizioni di riferimento per l'indice E MaQI sono espresse in Tab. 4.1.1/b

Tab. 4.4.1/b - Valori di riferimento per l'applicazione dell'indice E-MaQI per i diversi macrotipi

Macrotipo	Geomorfologia	Escursione Marea	Salinita'	Valori di riferimento (E-MaQI)
M-AT-1	Laguna costiera	Non tidale	-	1,00
M-AT-2	Laguna costiera	microtidale	Oligo/meso/poli	1,00
M-AT-3	Laguna costiera	microtidale	Eu/iper	1,03

L'indice R-MaQI modificato restituisce direttamente il rapporto di qualita' ecologica (RQE), le condizioni di riferimento dell'indice sono intrinseche nel metodo.

Macroinvertebrati bentonici
Per l'EQB Macroinvertebrati bentonici ai fini della classificazione dello stato di qualita' viene applicato l'indice M-AMBI e facoltativamente anche l'indice BITS.
L'M-AMBI e' un indice multivariato che deriva da una evoluzione dell'AMBI integrato con l'Indice di diversita' di Shannon-Wiener ed il numero di specie (S). La modalita' di calcolo dell'M-AMBI prevede l'elaborazione delle suddette 3 componenti con tecniche di analisi statistica multivariata. Per il calcolo dell'indice e' necessario l'utilizzo di un software gratuito (AZTI Marine Biotic Index- New Version AMBI 4.1) da applicarsi con l'ultimo aggiornamento gia' disponibile della lista delle specie. Il valore dell'M-AMBI varia tra 0 ed 1 e corrisponde al Rapporto di Qualita' Ecologica (RQE).
In aggiunta puo' essere utilizzato anche l'indice BITS.
L'applicazione dell'indice BITS e' finalizzata ad un'eventuale sostituzione dell'M-AMBI nei successivi piani di gestione.

Valori di riferimento e limiti di classe

Tab. 4.4.1/c - Limiti di classe in termini di RQE per l'M-AMBI

Rapporto di Qualita' Ecologica			
Elevato/Buono	Buono/Sufficiente	Sufficiente/Scarso	Scarso/Cattivo
0,96	0,71	0,57	0,46

Le condizioni di riferimento sono state definite sulla base di un criterio misto statistico/geografico. L'indice M-AMBI e' un indice multivariato, pertanto le condizioni di riferimento vanno indicate per i tre indici che lo compongono: AMBI, Indice di Diversita' di Shannon-Wiener e numero di specie (S).

Tab. 4.4.1/d - Valori di riferimento tipo-specifiche per l'applicazione dell'M-AMBI

Macro-tipo	Geomorfologia	Escursione Marea	Salinita'	AMBI	Diversita' di Shannon-Wiener	Numero di Specie (S)
M-AT-1	Laguna costiera	Non tidale	-	1,85	3,3	25
M-AT-2	Laguna costiera	microtidale	Oligo/meso/poli	2,14	3,40	28
M-AT-3	Laguna costiera	microtidale	Eu/iper	0,63	4,23	46

Tab. 4.4.1/e - Limiti di classe in termini di RQE per il BITS

Limiti di classe (RQE)			
Elevato/Buono	Buono/Sufficiente	Sufficiente/Scarso	Scarso/Cattivo
0,87	0,68	0,44	0,25

Tab. 4.4.1/f - Valori di riferimento tipo-specifiche per l'applicazione del BITS

Macrotipo	Geomorfologia	Escursione Marea	Salinita'	BITS
M-AT-1	Laguna costiera	Non tidale	-	2,80
M-AT-2	Laguna costiera	microtidale	Oligo/meso/poli	3,40
M-AT-3	Laguna costiera	microtidale	Eu/iper	3,40

A.4.4.2 Criteri tecnici per la classificazione sulla base degli elementi di qualita' fisico-chimica e idromorfologici a sostegno
Nella classificazione dello stato ecologico delle acque di transizione gli elementi fisico -chimici a sostegno del biologico da utilizzare sono i seguenti:
- Azoto inorganico disciolto (DIN);
- Fosforo reattivo (P-PO4);
- Ossigeno disciolto;

Limiti di classe per gli elementi di qualita' fisico-chimica a

sostegno
Si riportano in Tab. 4.4.2/a di seguito i limiti di classe degli elementi fisico-chimici a sostegno degli elementi di qualita' biologica per la classificazione dello stato ecologico dei corpi idrici di transizione. I limiti di classe per l'azoto sono definiti per 2 diverse classi di salinita' (>30 psu e <30 psu). Il limite per il fosforo reattivo e' definito per gli ambienti con salinita' >30 psu.

Tab. 4.4.2/a - Limiti di classe per gli elementi di qualita' fisico-chimica nella colonna d'acqua

Parte di provvedimento in formato grafico

Note alla tab. 4.4.2/a
*Valore espresso come medio annuo; considerata l'influenza degli apporti di acqua dolce, per la definizione degli standard di qualita' dell'azoto e del fosforo si forniscono valori tipo-specifici in relazione alla salinita' dei corpi idrici.
**Anossia: valori dell'ossigeno disciolto nelle acque di fondo compresi fra 0-1.0 mg/l (campionamento effettuato in continuo) (ex D.Lgs 152/99), Ipossia: valori dell'ossigeno disciolto nelle acque di fondo compresi fra 1-2.0 mg/l (campionamento effettuato in continuo) (ex D.Lgs 152/99)

Criteri di utilizzo degli elementi di qualita' fisico-chimica a sostegno

Nutrienti
Qualora gli elementi di qualita' biologica monitorati consentano di classificare le acque di transizione in stato buono o elevato, ma, per uno o entrambi i nutrienti, siano superati i limiti di classe riportati in Tab 4.4.2/a, e comunque di un incremento non superiore al 75% del limite di classe riportato nella suddetta tabella, le autorita' competenti possono non declassare automaticamente a sufficiente il corpo idrico, purche' attivino un approfondimento dell'attivita' conoscitiva, un' analisi delle pressioni e degli impatti ed il contestuale avvio di un monitoraggio di indagine basato su :
a) la verifica dello stato degli elementi di qualita' biologica rappresentativi dello stato trofico del corpo idrico (macroalghe, angiosperme e fitoplancton);
b) il controllo dei nutrienti con frequenza mensile.
Le attivita' necessarie ad escludere il declassamento del corpo idrico come sopra indicato rivestono durata minima diversa a seconda dell'entita' del superamento:
1) superamento<50% di uno o entrambi i parametri:
* il monitoraggio d'indagine sopra dettagliato e' eseguito per un solo anno;
* il corpo idrico puo' essere classificato in stato buono anche alla fine del successivo monitoraggio operativo, senza effettuare un ulteriore monitoraggio di indagine, purche' risultino assenti impatti sulla comunita' biologica indagata e non sia presente una tendenza significativa di aumento della concentrazione dei nutrienti;
Se il superamento dei limiti di classe dei nutrienti riportati in Tab 4.4.2/a si verifica durante il monitoraggio di sorveglianza, il monitoraggio dei parametri fisico-chimici della colonna d'acqua deve essere effettuato per i 2 anni successivi al campionamento.
2) un superamento > 50%, e comunque inferiore a 75%, di uno o entrambi i parametri:
* il monitoraggio di indagine sopra dettagliato e' seguito per due anni consecutivi;
* il corpo idrico puo' essere classificato in stato buono anche alla fine del successivo monitoraggio operativo, senza effettuare un ulteriore monitoraggio di indagine, purche' risultino assenti impatti

sulla comunita' biologica indagata e non sia presente una tendenza significativa di aumento della concentrazione dei nutrienti;
* il monitoraggio di indagine negli anni intermedi tra i successivi monitoraggi operativi puo' essere proseguito a giudizio dell'autorita' competente.
Resta fermo che anche in caso di esito positivo delle suddette attivita' volte ad escludere il declassamento, il corpo idrico e' classificato in stato buono, anche nel caso in cui gli EQB siano in stato elevato.
Nel caso in cui non sia attivata la procedura volta ad escludere il declassamento del corpo idrico sopra descritta, poiche' il monitoraggio degli elementi fisico-chimici e' annuale, alla fine del ciclo di monitoraggio operativo (tre anni) si ottengono tre valori di concentrazione dei nutrienti. Il valore di concentrazione da utilizzare per la classificazione e' la media dei valori ottenuti per ciascuno dei tre anni di campionamento. Nel caso in cui le misure di risanamento ed intervento siano gia' in atto, si utilizzano solo i dati dell'ultimo anno.

Ossigeno
Qualora gli elementi di qualita' biologica, controllati nel monitoraggio di sorveglianza od operativo, consentano di classificare le acque di transizione in stato buono o elevato ma si verifichino condizioni di anossia/ipossia si procede come descritto di seguito:
1) Condizioni di anossia(6) per 1 o piu' giorni all'interno di un anno
Il corpo idrico viene automaticamente classificato in stato ecologico sufficiente.
2) Condizioni di anossia(7) di durata inferiore ad 1 giorno ma ripetute per piu' giorni consecutivi e/o condizioni di ipossia per piu' di 1 giorno/anno.
----
(6) Anossia: valori dell'ossigeno disciolto nelle acque di fondo compresi fra 0-1,0 mg/l (campionamento effettuato in continuo) (ex D.Lgs 152/99)
(7) Anossia: valori dell'ossigeno disciolto nelle acque di fondo compresi fra 0-1,0 mg/l (campionamento effettuato in continuo) (ex D.Lgs 152/99)
 Ipossia: valori dell'ossigeno disciolto nelle acque di fondo compresi fra 1-2,0 mg/l (campionamento effettuato in continuo) (ex D.Lgs 152/99)

Si effettua per i due anni successivi e consecutivi al campionamento la verifica dello stato dei macroinvertebrati bentonici (anche qualora non selezionati per il monitoraggio operativo) quali elementi di qualita' biologica indicativi delle condizioni di ossigenazione delle acque di fondo, al fine di verificare un eventuale ritardo nella risposta biologica.
In assenza di impatti sulla comunita' biologica per due anni consecutivi, il corpo idrico puo' essere classificato in buono stato ecologico (anche nel caso in cui gli EQB siano in stato elevato), in caso contrario si classifica come sufficiente.
Alla fine del ciclo di monitoraggio operativo (tre anni), si classifica sulla base del valore peggiore nei tre anni. Nel caso in cui le misure di risanamento ed intervento siano gia' in atto, allora si utilizzano solo i dati dell'ultimo anno.
Il superamento dei limiti dell'ossigeno comporta il monitoraggio dei parametri fisico-chimici della colonna d'acqua per i successivi 2 anni anche nel caso di monitoraggio di sorveglianza.
Qualora il posizionamento della sonda per il rilevamento in continuo dell'ossigeno ponga dei problemi di gestione possono essere dedotti indirettamente fenomeni di anossia pregressi o in corso, dalla concentrazione del parametro ferro labile (LFe) e del rapporto tra i solfuri volatili disponibili e il ferro labile (AVS/LFe) entrambi rilevati nei sedimenti.

Al riguardo le frequenze di campionamento dei suddetti parametri sono le seguenti:
* tra giugno e luglio e tra fine agosto e settembre (in concomitanza con le maree di quadratura) quando il rischio di anossia e' elevato;
* tra febbraio e marzo (in concomitanza con le maree di sizigia) quando la riossigenazione del sistema e' massima.

Di seguito sono riportati i limiti di classe per il ferro labile (Lfe) e per il rapporto tra i solfuri volatili disponibili e il ferro labile (AVS/Lfe)

Tab. 4.4.2/b- Limiti di classe per il ferro labile (LFe) e il rapporto tra i solfuri volatili disponibili e il ferro labile (AVS/Lfe) nei sedimenti.

	Fe labile (µmol/ cm3)			Classificazione stato
	>100	50-100	<50	
AVS/Lfe	<0.25	<0.25	<0.25	Buono
	≥0.25	≥0.25	≥0.25	Sufficiente

Altri parametri
Il valore della trasparenza e della temperatura non concorrono direttamente alla classificazione dello stato ecologico, ma sono utilizzati per migliorare l'interpretazione dei risultati biologici e evidenziare eventuali anomalie di origine antropica. Lo stesso criterio vale per i parametri fisico-chimici a sostegno, indicati nel protocollo di monitoraggio ISPRA per i quali non sono stati definiti valori di soglia.

Elementi di qualita' idromorfologica a sostegno
La valutazione degli elementi di qualita' idromorfologica influenza la classificazione dello stato ecologico solo nel passaggio tra stato "buono ed elevato".
I parametri idromorfologici a supporto degli elementi di qualita' biologica previsti dalla tab. A.1.1 del punto 2 del presente allegato sono:
Condizioni morfologiche
- variazione della profondita'
- massa, struttura e substrato del letto
- struttura della zona intertidale
Regime di marea
- flusso di acqua dolce
- esposizione alle onde
Le condizioni idromorfologiche dei corpi idrici di transizione per gli elementi sopra indicati sono valutate tramite giudizio esperto, come di seguito indicato.
Variazione della profondita'
I dati di profondita' derivanti dai rilievi morfobatimetrici dei fondali previsti dalla lettera A.3.3.4 del punto 2 dell'allegato 1 al presente decreto da eseguirsi sono utilizzati secondo le frequenze riportate nella tabella 3.7 del punto 2 del presente allegato, almeno una volta nell'arco temporale del Piano di Gestione.
E' necessario indicare la presenza di attivita' antropiche rilevanti, quali dragaggio di canali e bassofondali o ripascimenti.

Struttura della zona intertidale
La valutazione della struttura della zona intertidale comprende diversi aspetti, quali l'estensione degli habitat caratteristici (es. barene, velme) e la copertura e composizione della vegetazione. Per una prima analisi e' utile l'utilizzo di supporti cartografici e di foto aeree o satellitari, integrate dai risultati dell'attivita' di monitoraggio della vegetazione da eseguirsi secondo le frequenze riportate nella tabella 3.7 del punto 2 del presente allegato.

Massa struttura e composizione del substrato.
Per l'analisi del substrato si utilizzano i dati rilevati in corrispondenza delle stazioni di macroinvertebrati e angiosperme, ovvero granulometria, densita' e contenuto organico del sedimento. Qualora tali elementi di qualita' biologica, nel caso di monitoraggio operativo, non siano stati selezionati, e' necessario provvedere a appositi campionamenti del substrato o utilizzare informazioni derivanti da altre attivita' di monitoraggio.
Va inoltre considerata la presenza di attivita' antropiche rilevanti, quali ripascimenti con sedimenti di diverse caratteristiche.

Flusso di acque dolce
L'analisi diretta della variazione dei flussi d'acqua dolce e' possibile qualora siano attive (o previste) stazioni di monitoraggio degli apporti d'acqua derivanti dai corsi d'acqua o artificialmente da idrovore e altri scarichi (possibilmente integrati dagli altri elementi conoscitivi utili alla determinazione del bilancio idrologico del corpo idrico).
Ad integrazione delle analisi, le variazioni di flusso di acqua dolce possono essere indirettamente valutate tramite i dati di salinita' derivanti dai campionamenti della matrice acqua previsti in corrispondenza delle stazioni di monitoraggio degli elementi di qualita' biologica o integrati da dati derivanti da altre attivita' di monitoraggio.

Esposizione alle onde
Non si ritiene necessaria l'installazione obbligatoria nelle acque di transizione di ondametri per l'analisi del moto ondoso. L'impiego di tali strumenti puo' essere previsto nel caso in cui, dall'analisi delle condizioni morfologiche, siano evidenti fenomeni di erosione e instabilita' del substrato dei bassofondali o delle zone interditali e si ritenga necessaria la quantificazione delle pressioni idrodinamiche.

A.4.5 Elementi chimici a sostegno (altri inquinanti specifici di cui all'allegato 8 e non appartenenti all'elenco di priorita')
Per la classificazione dello stato ecologico attraverso gli elementi chimici a sostegno si deve fare riferimento a quanto riportato nella tabella 4.5/a in merito alla definizione di stato elevato, buono sufficiente. Per la classificazione del triennio del monitoraggio operativo si utilizza il valore peggiore della media calcolata per ciascun anno. Nel caso del monitoraggio di sorveglianza si fa riferimento al valor medio di un singolo anno; qualora nell'arco dei sei anni le regioni programmino il monitoraggio di sorveglianza per piu' di un anno si deve considerare il valore medio annuale peggiore. Qualora nel medesimo corpo idrico si monitorino piu' siti per il rilevamento dei parametri chimici ai fini della classificazione del corpo idrico si considera lo stato peggiore tra quelli attribuiti alle singole stazioni.

Tab. 4.5/a - Definizioni dello stato elevato, buono e sufficiente per gli elementi chimici a sostegno.

Stato Elevato	La media delle concentrazioni delle sostanze di sintesi, misurate nell'arco di un anno, sono minori o uguali ai limiti di quantificazione delle migliori tecniche disponibili a costi sostenibili. Le concentrazioni delle sostanze di origine naturale ricadono entro i livelli di fondo naturale.
Stato Buono	La media delle concentrazioni di una sostanza chimica, monitorata nell'arco di un anno, e' conforme allo standard di qualita' ambientale di cui alla tab. 1/B, lettera A.2.7, del presente allegato e successive modifiche e integrazioni.
Stato Sufficiente	La media delle concentrazioni di una sostanza chimica, monitorata nell'arco di un anno, supera lo standard di qualita' ambientale di cui alla tab. 1/B lettera A.2.7, del presente allegato e successive modifiche e integrazioni.

Per la selezione delle sostanze chimiche, rimangono ferme le disposizioni di cui alla lettera A.3.2.5 e A.3.3.4 del presente allegato

A.4.6 Identificazione dello stato delle acque superficiali e relativa presentazione

A.4.6.1 Stato ecologico
Lo stato ecologico del corpo idrico e' classificato in base alla classe piu' bassa, risultante dai dati di monitoraggio, relativa agli:
- elementi biologici;
- elementi fisico-chimici a sostegno, ad eccezione di quelli indicati, nel presente allegato, come utili ai fini interpretativi;
- elementi chimici a sostegno (altre sostanze non appartenenti all'elenco di priorita').
Qualora lo stato complessivo risulti "elevato", e' necessario provvedere ad una conferma mediante l'esame degli elementi idromorfologici. Se tale conferma risultasse negativa, il corpo idrico e' declassato allo stato "buono".
Fanno eccezione le acque marino-costiere per le quali gli elementi idromorfologici non rientrano nella classificazione finale ma sono utilizzati per una migliore interpretazione dei dati acquisiti per gli altri elementi di qualita'.
Si riportano di seguito gli schemi che chiariscono le 2 fasi necessarie per arrivare alla classificazione ecologica dei corpi idrici superficiali.
Fase I: Integrazione tra gli elementi biologici, fisico-chimici e idromorfologici (distinta per fiumi, laghi/invasi e acque marino costiere/acque di transizione)
Fase II: Integrazione risultati della Fase I con gli elementi chimici (altri inquinanti specifici)
Secondo passaggio: Integrazione Primo passaggio / Elementi chimici a sostegno

Parte di provvedimento in formato grafico

Presentazione dello stato ecologico
Per le varie categorie di acque superficiali, le Autorita' competenti forniscono una mappa che riporta la classificazione dello stato ecologico di ciascun corpo idrico secondo lo schema cromatico delineato nella tabella 4.6.1/a di seguito riportata. Le Autorita' competenti indicano inoltre, con un punto nero sulla mappa, i corpi idrici per cui lo stato ecologico non e' stato raggiunto a causa del mancato soddisfacimento di uno o piu' degli standard di qualita' ambientale fissati per il corpo idrico in questione relativamente a determinati inquinanti sintetici e non sintetici.

Tab. 4.6.1/a - Schema cromatico per la presentazione delle classi dello stato ecologico

Classe dello stato ecologico	Colori associati
Elevato	blu
Buono	verde
Sufficiente	giallo
Scarso	arancione
Cattivo	rosso

A.4.6.2 Potenziale ecologico
Per i corpi idrici fortemente modificati o artificiali, il potenziale ecologico del corpo idrico in questione e' classificato in base al piu' basso dei valori riscontrati durante il monitoraggio biologico, fisico-chimico e chimico (inquinanti specifici) relativamente ai corrispondenti elementi qualitativi classificati secondo la prima colonna della tabella 4.6.2/a di seguito riportata. Le Autorita' competenti forniscono una mappa che riporta la classificazione del potenziale ecologico di ciascun corpo idrico secondo lo schema cromatico delineato, per i corpi idrici artificiali, nella seconda colonna della medesima tabella e, per quelli fortemente modificati, nella terza. Le Autorita' competenti indicano inoltre, con un punto nero sulla mappa, i corpi idrici per cui il buon potenziale ecologico non e' stato raggiunto a causa del mancato soddisfacimento di uno o piu' degli standard di qualita' ambientale fissati per il corpo idrico in questione relativamente a determinati inquinanti sintetici e non sintetici.

Tab. 4.6.2/a - Schema cromatico per la presentazione delle classi del potenziale ecologico

Classe del potenziale	Colori associati	

Ecologico	Corpi idrici artificiali	Corpi idrici fortemente modificati
Buono e oltre	Rigatura uniforme verde e grigio chiaro	rigatura uniforme verde e grigio scuro
Sufficiente	Rigatura uniforme giallo e grigio chiaro	rigatura uniforme giallo e grigio scuro
Scarso	Rigatura uniforme arancione e grigio chiaro	rigatura uniforme arancione e grigio scuro
Cattivo	Rigatura uniforme rosso e grigio chiaro	rigatura uniforme rosso e grigio scuro

A.4.6.3 Stato chimico
In conformita' a quanto riportato al punto A.2.6 e A.2.8 del presente allegato, il corpo idrico che soddisfa, per le sostanze dell'elenco di priorita', tutti gli standard di qualita' ambientale fissati al punto 2, lettera A.2.6 tabella 1/A, o 2/A del presente allegato, e' classificato in buono stato chimico.
In caso negativo, il corpo idrico e' classificato come corpo idrico cui non e' riconosciuto il buono stato chimico.
Per la selezione delle sostanze chimiche, rimangono ferme le disposizioni di cui alla lettera A.3.2.5 e A.3.3.4 del presente allegato.
Le Autorita' competenti forniscono una mappa che indica lo stato chimico di ciascun corpo idrico secondo lo schema cromatico delineato nella seconda colonna della tabella 4.6.3/a di seguito riportata per rispecchiare la classificazione dello stato chimico del corpo idrico.

Tab. 4.6.3/a - Schema cromatico per la rappresentazione delle classi dello stato chimico

Classificazione dello stato chimico	Colori associati
Buono	blu
Mancato conseguimento dello stato buono	rosso

A.4.6.4 Trasmissione dati
I dati di cui ai punti A.4.6.1, A.4.6.2 e A.4.6.3 sono parte integrante delle informazioni fornite ai sensi del decreto del Ministero dell'ambiente e della tutela del territorio e del mare del 17 luglio 2009 recante: " Individuazione delle informazioni territoriali e modalita' per la raccolta, lo scambio e l'utilizzazione dei dati necessari alla predisposizione dei rapporti conoscitivi sullo stato di attuazione degli obblighi comunitari e nazionali in materia di acque".

B. ACQUE SOTTERRANEE

Buono stato delle acque sotterranee

Parte A - Buono stato chimico

Nella tabella 1 e' riportata la definizione di buono stato chimico delle acque sotterranee.

Parte di provvedimento in formato grafico

A.1 - Standard di qualita'
Nella tabella 2 sono inclusi gli standard di qualita' individuati a livello comunitario.

Parte di provvedimento in formato grafico

* Per pesticidi si intendono i prodotti fitosanitari e i biocidi, quali definiti all'art. 2, rispettivamente del decreto legislativo 17 marzo 1995, n. 194, e del decreto legislativo 25 febbraio 2000, n. 174.
** «Totale» significa la somma di tutti i singoli pesticidi individuati e quantificati nella procedura di monitoraggio, compresi i corrispondenti metaboliti e i prodotti di degradazione e reazione.
- I risultati dell'applicazione degli standard di qualita' per i pesticidi ai fini del presente decreto non pregiudicano i risultati delle procedure di valutazione di rischio prescritte dal decreto, n. 194 del 1995 dal decreto del Presidente della Repubblica 23 aprile 2001, n. 290, e dal decreto n. 174 del 2000.
- Quando per un determinato corpo idrico sotterraneo si considera che gli standard di qualita' in materia possono impedire il conseguimento degli obiettivi ambientali specificati agli articoli 76 e 77 del decreto n. 152 del 2006 per i corpi idrici superficiali connessi o provocare un deterioramento significativo della qualita' ecologica o chimica di tali corpi o un danno significativo agli ecosistemi terrestri direttamente dipendenti dal corpo idrico sotterraneo sono stabiliti valori soglia piu' severi conformemente all'art. 3 del decreto legislativo 16 marzo 2009, n. 30 e al presente allegato. I programmi e le misure richiesti in relazione a tali valori soglia si applicano anche alle attivita' che rientrano nel campo di applicazione dell'art. 92 del decreto n. 152 del 2006.

A.2 - Valori soglia ai fini del buono stato chimico
1. Il superamento dei valori soglia di cui alla tabella 3, in qualsiasi punto di monitoraggio e' indicativo del rischio che non siano soddisfatte una o piu' condizioni concernenti il buono stato chimico delle acque sotterranee di cui all'art. 4, comma 2, lettera c, punti 1, 2 e 3 del decreto legislativo 16 marzo 2009, n. 30.

I valori soglia di cui alla tabella 3 si basano sui seguenti elementi: l'entita' delle interazioni tra acque sotterranee ed ecosistemi acquatici associati ed ecosistemi terrestri che dipendono da essi; l'interferenza con legittimi usi delle acque sotterranee, presenti o futuri; la tossicita' umana, l'ecotossicita', la tendenza alla dispersione, la persistenza e il loro potenziale di bioaccumulo.

Parte di provvedimento in formato grafico

Note alla tabella 3:
* Tali valori sono cautelativi anche per gli ecosistemi acquatici e si applicano ai corpi idrici sotterranei che alimentano i corpi idrici superficiali e gli ecosistemi terrestri dipendenti. Le regioni, sulla base di una conoscenza approfondita del sistema idrologico superficiale e sotterraneo, possono applicare ai valori di cui alla colonna (*) fattori di attenuazione o diluizione. In assenza di tale conoscenza, si applicano i valori di cui alla medesima colonna.
** Per il cadmio e composti i valori dei valori soglia variano in funzione della durezza dell'acqua classificata secondo le seguenti quattro categorie: Classe 1: <50 mg L-1 CaCO3 , Classe 2: da 50 a <100 mg L-1 CaCO3 , Classe 3: da 100 a <200 mg L-1 CaCO3 e Classe 4: ≥200 mg L-1 CaCO3 .

*** Tali valori sono espressi come SQA CMA (massime concentrazioni ammissibili) di cui al decreto legislativo n. 172/2015.
**** Il DDT totale comprende la somma degli isomeri p,p'-DDT (1,1,1-tricloro-2,2 bis(p-clorofenil)etano; CAS 50-29-3), o,p'-DDT (1,1,1-tricloro-2(o-clorofenil)-2-(p-clorofenil)etano; CAS 789-02-6), p,p'-DDE (1,1-dicloro-2,2 bis(p-clorofenil)etilene; CAS 72-55-9) e p,p'-DDD (1,1-dicloro-2,2 bis(p-clorofenil)etano; CAS 72-54-8).
***** Il valore della sommatoria deve far riferimento ai seguenti congeneri: 28, 52, 77, 81, 95, 99, 101, 105, 110, 114, 118, 123, 126, 128, 138, 146, 149, 151, 153, 156, 157, 167, 169, 170, 177, 180, 183, 187, 189.

- Per i pesticidi per cui sono stati definiti i valori soglia si applicano tali valori in sostituzione dello standard di qualita' individuato alla tabella 2.
- Per i metalli il valore dello standard di qualita' si riferisce alla concentrazione disciolta, cioe' alla fase disciolta di un campione di acqua ottenuta per filtrazione con un filtro da 0,45 μm.
- Per tutti gli altri parametri il valore si riferisce alla concentrazione totale nell'intero campione di acqua

2. Laddove elevati livelli di fondo di sostanze o ioni, o loro indicatori, siano presenti per motivi idrogeologici naturali, tali livelli di fondo nel pertinente corpo idrico sono presi in considerazione nella determinazione dei valori soglia. Nel determinare i livelli di fondo, e' opportuno tenere presente i seguenti principi:

    a) la determinazione dei livelli di fondo dovrebbe essere basata sulla caratterizzazione di corpi idrici sotterranei in conformita' dell'allegato 1 del decreto legislativo 16 marzo 2009, n. 30, e sui risultati del monitoraggio delle acque sotterranee, conformemente al presente allegato. La strategia di monitoraggio e l'interpretazione dei dati dovrebbero tenere conto del fatto che condizioni di flusso e la chimica delle acque sotterranee presentano variazioni a livello laterale e verticale;

    b) in caso di dati di monitoraggio limitati, dovrebbero essere raccolti ulteriori dati. Nel contempo si dovrebbe procedere a una determinazione dei livelli di fondo basandosi su tali dati di monitoraggio limitati, se del caso mediante un approccio semplificato che prevede l'uso di un sottoinsieme di campioni per i quali gli indicatori non evidenziano nessuna influenza risultante dall'attivita' umana. Se disponibili, dovrebbero essere tenute in considerazione anche le informazioni sui trasferimenti e i processi geochimici;

    c) in caso di dati di monitoraggio delle acque sotterranee insufficienti e di scarse informazioni in materia di trasferimenti e processi geochimici, dovrebbero essere raccolti ulteriori dati e informazioni. Nel contempo si dovrebbe procedere a una stima dei livelli di fondo, se del caso basandosi su risultati statistici di riferimento per il medesimo tipo di falda acquifera in altri settori per cui sussistono dati di monitoraggio sufficienti.»;

Al fine di fornire gli elementi utili alla valutazione dello stato chimico dei corpi idrici sotterranei, sono rese disponibili le seguenti linee guida nazionali predisposte dagli istituti scientifici nazionali di riferimento:
- una linea guida recante la procedura da seguire per il calcolo dei valori di fondo entro il 31 dicembre 2016.
- una linea guida sulla metodologia per la valutazione delle tendenze ascendenti e d'inversione degli inquinanti nelle acque sotterranee entro il 30 giugno 2017.

A.2.1 Applicazione degli standard di qualita' ambientale e dei valori soglia

1. La conformita' del valore soglia e dello standard di qualita' ambientale deve essere calcolata attraverso la media dei risultati del monitoraggio, riferita al ciclo specifico di monitoraggio, ottenuti in ciascun punto del corpo idrico o gruppo di corpi idrici sotterranei.

2. Il risultato e' sempre espresso indicando lo stesso numero di decimali usato nella formulazione dello standard.

3. I metodi analitici da utilizzare per la determinazione dei vari analiti previsti nelle tabelle del presente Allegato fanno riferimento alle piu' avanzate tecniche di impiego generale. Tali metodi sono tratti da raccolte di metodi standardizzati pubblicati a livello nazionale o a livello internazionale e validati in accordo con la norma UNI/ ISO/ EN 17025.

4. Per le sostanze inquinanti per cui allo stato attuale non esistono metodiche analitiche standardizzate a livello nazionale e internazionale si applicano le migliori tecniche disponibili a costi sostenibili riconosciute come appropriate dalla comunita' analitica internazionale. I metodi utilizzati, basati su queste tecniche, presentano prestazioni minime pari a quelle elencate nel punto 6 e sono validati in accordo con la norma UNI/ ISO/EN 17025.

5. a) per le sostanze per cui non sono presenti metodi analitici normalizzati, in attesa che metodi analitici validati ai sensi della ISO 17025 siano resi disponibili da ISPRA, in collaborazione con IRSA-CNR ed ISS, il monitoraggio sara' effettuato utilizzando le migliori tecniche disponibili, sia da un punto di vista scientifico che economico.

b) I risultati delle attivita' di monitoraggio pregresse, per le sostanze inquinanti di cui al punto 4, sono utilizzati a titolo conoscitivo.

A.2.2 Aggiornamento piani di gestione

Nei piani di gestione dei bacini idrografici, riesaminati e riaggiornati in conformita' all'art. 117 del decreto n. 152/06, sono inserite le seguenti informazioni sulle modalita' di applicazione della procedura illustrata nella parte A del presente allegato:

a) informazioni su ciascuno dei corpi idrici o gruppi di corpi idrici sotterranei caratterizzati come a rischio:
- le dimensioni dei corpi idrici;
- ciascun inquinante o indicatore di inquinamento in base a cui i corpi idrici sotterranei sono caratterizzati come a rischio;
- gli obiettivi di qualita' ambientale a cui il rischio e' connesso, tra cui gli usi legittimi, reali o potenziali, del corpo idrico e il rapporto tra i corpi idrici sotterranei e le acque superficiali connesse e agli ecosistemi terrestri che ne dipendono direttamente;
- nel caso di sostanze presenti naturalmente, i livelli di fondo naturali nei corpi idrici sotterranei;
- informazioni sui superamenti se i valori soglia sono oltrepassati;

b) i valori soglia, applicabili a livello nazionale, di distretto idrografico o della parte di distretto idrografico internazionale che rientra nel territorio nazionale, oppure a livello di corpo idrico o gruppo di corpi idrici sotterranei;

c) il rapporto tra i valori soglia e ciascuno dei seguenti elementi:
- nel caso di sostanze presenti naturalmente, i livelli di fondo;
- le acque superficiali connesse e gli ecosistemi terrestri che ne dipendono direttamente;
- gli obiettivi di qualita' ambientale e altre norme per la protezione dell'acqua esistenti a livello nazionale, unionale o internazionale;
- qualsiasi informazione pertinente in materia di tossicologia, ecotossicologia, persistenza e potenziale di bioaccumulo nonche' tendenza alla dispersione degli inquinanti;

d) la metodologia per determinare i livelli di fondo sulla base dei principi di cui alla parte A, punto 3;

e) le ragioni per cui non sono stati stabiliti valori soglia per gli inquinanti e gli indicatori identificati nella tabella 3 del presente allegato.

f) elementi chiave della valutazione dello stato chimico delle acque sotterranee, compresi il livello, il metodo e il periodo di aggregazione dei risultati di monitoraggio, la definizione dell'entita' del superamento considerata accettabile e il relativo metodo di calcolo, conformemente all'art. 4,comma 2, lettera c), punto 1), e al punto 3 dell'allegato 5 del decreto legislativo 16 marzo 2009, n. 30.

Qualora uno dei dati di cui alle lettere da a) a f), non sia incluso nei piani di gestione dei bacini idrografici, le motivazioni dell'esclusione sono inserite nei suddetti piani.

Parte B - Stato quantitativo
Nella Tabella 4 e' riportata la definizione di buono stato quantitativo delle acque sotterranee.

Tabella 4- Definizione di buono stato quantitativo

Elementi	Stato buono
Livello delle acque sotterranee	Il livello/portata di acque sotterranee nel corpo sotterraneo e' tale che la media annua dell'estrazione a lungo termine non esaurisca le risorse idriche sotterranee disponibili. Di conseguenza, il livello delle acque sotterranee non subisce alterazioni antropiche tali da: -impedire il conseguimento degli obiettivi ecologici specificati per le acque superficiali connesse; -comportare un deterioramento significativo della qualita' di tali acque; -recare danni significativi agli ecosistemi terrestri direttamente dipendenti dal corpo idrico sotterraneo. Inoltre, alterazioni della direzione di flusso risultanti da variazioni del livello possono verificarsi, su base temporanea o permanente, in un'area delimitata nello spazio; tali inversioni non causano tuttavia l'intrusione di acqua salata o di altro tipo ne' imprimono alla direzione di flusso alcuna tendenza antropica duratura e chiaramente identificabile che possa determinare siffatte intrusioni. Un importante elemento da prendere in considerazione al fine della valutazione dello stato quantitativo e' inoltre, specialmente per i complessi idrogeologici alluvionali, l'andamento nel tempo del livello piezometrico. Qualora tale andamento, evidenziato ad esempio con il metodo della regressione lineare, sia positivo o stazionario, lo stato quantitativo del copro idrico e' definito buono. Ai fini dell'ottenimento di un risultato omogeneo e' bene che l'intervallo temporale ed il numero di misure scelte per la valutazione del trend siano confrontabili tra le diverse aree. E' evidente che un intervallo di osservazione lungo permettera' di ottenere dei risultati meno influenzati da variazioni naturali (tipo anni particolarmente siccitosi).

La media annua dell'estrazione a lungo termine di acque sotterranee e' da ritenersi tale da non esaurirne le risorse idriche qualora non si delineino diminuzioni significative, ovvero trend negativi significativi, delle medesime risorse.

Ai fini della valutazione della conformita' a dette condizioni, e' necessario, nell'ambito della revisione dei piani di gestione e dei piani di tutela da pubblicare nel 2015, acquisire le informazioni utili a valutare il bilancio idrico.

Monitoraggio dei corpi idrici sotterranei
Al fine di controllare lo stato quali-quantitativo di un corpo idrico, e' necessario realizzare due specifiche reti di monitoraggio volte a rilevare:
a) per lo stato quantitativo, una stima affidabile dello stato di tutti i corpi idrici o gruppo di corpi idrici sotterranei, compresa la stima delle risorse idriche sotterranee disponibili;
b) per lo stato chimico, una panoramica corretta e complessiva dello stato chimico delle acque sotterranee all'interno di ciascun bacino idrogeologico e tale da rilevare eventuali trend crescenti dell'inquinamento antropico sul lungo periodo.

I programmi di monitoraggio delle acque sotterranee ricadenti all'interno di ciascun bacino idrografico devono comprendere:
a) una rete per il monitoraggio quantitativo: al fine di integrare e validare la caratterizzazione e la definizione del rischio di non raggiungere l'obiettivo di buono stato quantitativo per tutti i corpi idrici o gruppi di corpi idrici, di cui alla Parte B dell'Allegato 1; il principale obiettivo e', quindi, quello di facilitare la valutazione dello stato quantitativo dei corpi idrici sotterranei;
b) una rete per il monitoraggio chimico che si articola in:
1. una rete per il monitoraggio di sorveglianza: al fine di integrare e validare la caratterizzazione e la identificazione del rischio di non raggiungere l'obiettivo di buono stato chimico per tutti i corpi idrici o gruppi di corpi idrici, di cui alla Parte B dell'Allegato 1; fornire informazioni utili a valutare le tendenze a lungo termine delle condizioni naturali e delle concentrazioni di inquinanti derivanti dall'attivita' antropica; indirizzare, in concomitanza con l'analisi delle pressioni e degli impatti, il monitoraggio operativo;
2. una rete per il monitoraggio operativo: al fine di stabilire lo stato di qualita' di tutti i corpi idrici o gruppi di corpi idrici definiti a rischio; stabilire la presenza di significative e durature tendenze ascendenti nella concentrazione di inquinanti.

Nei corpi idrici sotterranei destinati all'approvvigionamento idropotabile, in caso di particolari pressioni, sono considerati nel monitoraggio anche l'Escherichia Coli, come indicatore microbiologico, e le sostanza chimiche di cui al decreto legislativo 2 febbraio 2001, n. 31 "Attuazione della direttiva 98/83/CE relativa alla qualita' delle acque destinate al consumo umano".
Detti parametri sono monitorati almeno una volta prima ed una durante ciascun periodo di pianificazione della gestione del bacino idrografico. Con particolare riferimento all'Escherichia Coli, tale parametro non e' utilizzato ai fini della classificazione dello stato di qualita' dei corpi idrici, ma come indicatore per l'individuazione delle misure da intraprendere. Inoltre, lo stesso parametro e' monitorato solo in assenza di adeguati controlli.

I risultati dei programmi di monitoraggio devono essere utilizzati per:
a) stabilire lo stato chimico e quantitativo di tutti i corpi idrici sotterranei, inclusa una valutazione delle risorse idriche sotterranee disponibili;
b) supportare l'ulteriore caratterizzazione dei corpi idrici sotterranei;
c) validare la valutazione del rischio;
d) stimare la direzione e la portata delle acque sotterranee che oltrepassano la frontiera tra Stati Membri;
e) assistere la progettazione dei programmi di misure;
f) valutare l'efficacia dei programmi di misure;
g) dimostrare la conformita' con gli obiettivi delle aree protette

comprese le aree protette designate per l'estrazione di acque destinate al consumo umano;
h) definire la qualita' naturale delle acque sotterranee, incluse le tendenze naturali;
i) identificare le tendenze nella concentrazione di inquinanti di origine antropica e la loro inversione.

Le Regioni assicurano che i programmi di monitoraggio dei corpi idrici sotterranei siano basati su:
a) l'identificazione dei corpi idrici di cui all'Allegato 1, Parte A;
b) i risultati della caratterizzazione, compresa la valutazione del rischio, di cui all'Allegato 1, Parte B;
c) il modello concettuale di cui all'Allegato 1, Parte C.
I monitoraggi, da effettuarsi con modalita' e frequenze stabilite nel presente Allegato, hanno valenza sessennale, al fine di contribuire alla revisione dei piani di gestione del bacino idrografico, all'interno di ciascun distretto, e dei piani di tutela delle acque. Il primo periodo sessennale e' 2010-2015. Resta fermo che i risultati del monitoraggio effettuato nel periodo 2008, ai sensi del decreto n. 152 del 2006, sono utilizzati per la predisposizione del primo piano di gestione da pubblicare entro il 22 dicembre 2009.

Caratteristiche dei siti per il monitoraggio chimico e per il monitoraggio quantitativo
La selezione, l'ubicazione e l'appropriata densita' di siti di monitoraggio devono essere basate sul modello concettuale (caratteristiche idrogeologiche e pressioni) e possono essere supportate dalle seguenti informazioni esistenti:
a) dati esistenti sulla qualita' e/o quantita';
b) caratteristiche costruttive degli esistenti siti di monitoraggio e regime delle estrazioni;
c) distribuzione spaziale dei siti esistenti in rapporto alle dimensioni del corpo idrico sotterraneo;
d) considerazioni pratiche inerenti la facilita' di accesso, l'accesso a lungo termine e la sicurezza.
La selezione di appropriati tipi di siti di monitoraggio all'interno di una rete a livello di corpi idrici sotterranei deve essere basata sulla conoscenza degli obiettivi del monitoraggio, del tempo di percorrenza e/o dell'eta' delle acque sotterranee che nel sito di monitoraggio vengono campionati. Queste conoscenze possono essere migliorate con la datazione delle acque sotterranee, attraverso specifiche metodiche quali, ad esempio, Trizio e Carbonio-14. Le coppie isotopiche 18O/ 16O e 2 H/ 1H danno informazioni sul tasso di rinnovamento delle falde e permettono di distinguere gli acquiferi confinati da quelli liberi; inoltre, permettono di identificare le zone di ricarica in relazione ai dati isotopici dell'acqua piovana.
Le informazioni dettagliate sui siti devono essere disponibili e revisionate periodicamente. Dette informazioni, riportate a livello indicativo nella successiva tabella 1, devono essere usate per valutare l'adeguatezza del sito e costituiscono supporto per l'individuazione dei programmi di monitoraggio pertinenti.

Tabella 1- Informazioni utili per un sito di monitoraggio

Fattore	Siti di monitoraggio chimico	Siti di monitoraggio quantitativo
Acquifero/i monitorato/i	E*	E
Ubicazione (coordinate geografiche), nome del sito e codice di		

identificazione	E	E
Corpo idrico interessato dal sito	E	E
Finalita' del sito di monitoraggio	E	E
Tipo di sito di monitoraggio (pozzo in azienda agricola, pozzo industriale, sorgente, etc.)	E	E
Profondita' e diametro/i dei pozzi		
Descrizione della parte esterna del pozzo (integrita' del rivestimento, pendenza della zona limitrofa esterna al pozzo)		
Profondita' delle sezioni a griglia o aperte dei pozzi		
Vulnerabilita' o indicazione dello spessore e del tipo di sottosuolo in corrispondenza del sito di monitoraggio		
Valutazione dell'area di ricarica (inclusi l'uso del suolo, le pressioni e le potenziali fonti di pressioni puntuali, attraverso analisi di immagini satellitari e foto aeree)		
Dettagli costruttivi		
Quantitativi estratti o portata totale (alle sorgenti)		
Regime pompaggio (descrizione qualitativa, per esempio intermittente, continuo, notturno etc.)		
Abbassamento piezometrico (livello dinamico)		
Area di ricarica		
Profondita' di pompaggio		
Livello idrico statico o di riposo		
Livello di riferimento per le misurazioni e caposaldo topografico di riferimento		
Fenomeni di risalite artesiane o di tracimazioni		
Stratigrafia del pozzo		
Proprieta' dell'acquifero (trasmissivita', conduttivita' idraulica, etc.)		

* (E): informazioni essenziali. Per quanto riguarda le altre informazioni non identificate come essenziali, se ne raccomanda la raccolta.

Per la selezione dei siti del monitoraggio quantitativo si riportano le seguenti indicazioni:
a) nei siti di monitoraggio non si devono svolgere attivita' di pompaggio o possono essere svolte solo per periodi brevi e in tempi ben definiti, e comunque interrotto per tempi significativi, in modo tale che le misurazioni del livello idrico riflettano le condizioni naturali;
b) l'ubicazione dei siti deve essere al di fuori del raggio di influenza idraulico della pressione (pompaggio) cosi' che le variazioni quotidiane dovute al pompaggio non siano evidenziate nei dati di monitoraggio.
c) possono essere utilizzate sorgenti caratterizzate da una portata totale superiore a 1 litro/secondo.
Ove non vi siano alternative, i dati provenienti da siti che fungono da pozzi di estrazione continua possono essere ritenuti accettabili solo se vi siano opportune correlazioni tra il livello statico ed il livello dinamico.
Al fine di ottimizzare i monitoraggi previsti da specifiche disposizioni in relazione a differenti obiettivi, e' raccomandato, ove possibile, procedere alla individuazione di siti comuni rappresentativi dei diversi obiettivi. Tale pratica costituisce il monitoraggio integrato che contribuisce significativamente ad un monitoraggio a basso rapporto costi/efficacia, combinando i requisiti del monitoraggio di cui all'art. 92, comma 5, del decreto n.152 del 2006, alle aree protette designate per l'estrazione di acque destinate al consumo umano, alla registrazione di prodotti per la protezione delle piante o biocidi, di cui al decreto n. 59 del 2005, e la conformita' al presente decreto legislativo.

4.1 Raggruppamento dei corpi idrici
I corpi idrici sotterranei possono essere raggruppati ai fini del monitoraggio garantendo che le informazioni ottenute forniscano una valutazione affidabile dello stato di ciascun corpo idrico all'interno del gruppo e la conferma di ogni tendenza significativa ascendente della concentrazione di inquinanti.
Il raggruppamento non deve compromettere il raggiungimento degli obiettivi ambientali e di monitoraggio di ciascun corpo idrico componente il gruppo.
Il raggruppamento puo' avvenire purche' i corpi idrici siano assimilabili in termini di:
a) caratteristiche dell'acquifero;
b) alterazione delle linee di flusso;
c) pressioni a cui il corpo idrico e' sottoposto;
d) attendibilita' della valutazione del rischio.
Se i corpi idrici sotterranei sono classificati come "non a rischio", non e' necessario che gli stessi siano adiacenti ne' prevedere siti di monitoraggio per ogni corpo idrico appartenente allo stesso raggruppamento. In quest'ultimo caso deve comunque essere garantito un monitoraggio complessivo sufficiente a rappresentarli.
Se i corpi idrici sotterranei sono classificati come "a rischio", il raggruppamento e' possibile solo quando gli stessi sono adiacenti, fatta eccezione per i piccoli corpi idrici sotterranei simili o per i corpi idrici sotterranei ricadenti nelle isole di medie o piccole dimensioni. Per ciascun corpo idrico e' raccomandato almeno un sito di monitoraggio. Per determinare la relazione tra i corpi idrici, comunque, il numero di siti di monitoraggio dipendera' dalle caratteristiche dell'acquifero, direzione di deflusso idrico, pressioni a cui il corpo idrico e' sottoposto e attendibilita' della valutazione del rischio.
Il monitoraggio operativo puo' essere rivolto ad uno o piu' corpi

idrici componenti il gruppo, selezionati sulla base del modello concettuale, di cui alla Parte C dell'Allegato 1, per esempio il corpo o i corpi idrici piu' sensibili. Quest'ultimo criterio e' finalizzato all'ottimizzazione del monitoraggio ambientale in termini di rapporto costi/efficacia.

4.2 Monitoraggio dello stato chimico e valutazione delle tendenze
I programmi di monitoraggio delle acque sotterranee sono necessari per fornire un quadro conoscitivo completo e corretto dello stato delle acque all'interno di ciascun bacino idrografico, per rilevare la presenza di tendenze ascendenti all'aumento delle concentrazioni di inquinanti nel lungo termine causate dall'impatto di attivita' antropiche ed assicurare la conformita' agli obiettivi delle aree protette.
In base alla caratterizzazione ed alla valutazione dell'impatto svolti conformemente all'Allegato 1, le Regioni definiscono un programma di monitoraggio di sorveglianza per ciascun periodo cui si applica un piano di gestione del bacino idrografico. I risultati del programma del monitoraggio di sorveglianza sono utilizzati per elaborare un programma di monitoraggio operativo da applicare per il restante periodo coperto dal piano.
Il piano riporta le stime sul livello di attendibilita' e precisione dei risultati ottenuti con i programmi di monitoraggio.

4.2.1 Monitoraggio di sorveglianza

Il monitoraggio di sorveglianza, da condurre durante ciascun ciclo di gestione del bacino idrografico, va effettuato nei corpi idrici o gruppi di corpi idrici sia a rischio sia non a rischio.
Il programma di monitoraggio di sorveglianza e' inoltre utile per definire le concentrazioni di fondo naturale e le caratteristiche all'interno del corpo idrico.

Selezione dei parametri
Le Regioni devono obbligatoriamente monitorare i seguenti parametri di base:
- Tenore di ossigeno (OD), qualora ci sia un'interazione con le acque superficiali;
- pH;
- Conduttivita' elettrica (CE);
- Nitrati;
- Ione ammonio.
Qualora sia appropriato, tra i parametri da monitorare devono essere inclusi la temperatura ed un set di ioni diffusi ed in traccia ed indicatori selezionati.
L'elenco dei parametri di base deve anche includere ulteriori parametri inorganici specifici della struttura geologica locale per l'acquisizione di informazioni sullo stato qualitativo del fondo naturale, per poter verificare l'efficacia del modello concettuale, del piano di monitoraggio, del campionamento e dei risultati analitici.
In aggiunta ai parametri di base, le Regioni, sulla base di una dettagliata analisi delle pressioni, selezionano tra le sostanze riportate di seguito quelle potenzialmente immesse nel corpo idrico sotterraneo. In assenza di detta analisi tutte le sostanze di seguito riportate devono essere monitorate.
Inquinanti di origine naturale
* Arsenico
* Cadmio
* Piombo
* Mercurio
* Cloruri
* Solfati
Inquinanti di sintesi
* Tricloroetilene

* Tetracloroetilene

Inoltre e' necessario monitorare obbligatoriamente quelle sostanze indicative di rischio e di impatto sulle acque sotterranee ascrivibili alle pressioni definite nella fase di caratterizzazione, tenendo in considerazione la lista dei contaminanti definita nelle tabelle 2 e 3, Parte A, dell'Allegato 3. In questa fase di selezione risulta fondamentale utilizzare il modello concettuale che consente, tra l'altro, di identificare qualunque pressione che vada ad influenzare ciascun sito di campionamento.

Per i corpi idrici che, in base alla caratterizzazione, si ritiene rischino di non raggiungere lo stato buono, il monitoraggio riguarda anche i parametri indicativi dell'impatto delle pressioni determinanti il rischio.

Sono monitorati, se necessario, anche parametri addizionali quali, ad esempio, la torbidita' ed il potenziale redox (Eh).

In corrispondenza di tutti i siti e' raccomandato il controllo del livello piezometrico o della portata al fine di descrivere "lo stato fisico del sito" come supporto per interpretare le variazioni (stagionali) o le tendenze nella composizione chimica delle acque sotterranee.

I corpi idrici transfrontalieri sono controllati rispetto ai parametri utili per tutelare tutti gli usi legittimi cui sono destinate le acque sotterranee.

Selezione dei siti

Il processo di selezione dei siti di monitoraggio e' basato su tre fattori principali:

a) il modello concettuale (o i modelli concettuali), compresa la valutazione delle caratteristiche idrologiche, idrogeologiche e idrochimiche del corpo idrico sotterraneo, quali i tempi di percorrenza, la distribuzione dei diversi tipi di uso del suolo (esempi: insediamenti, industria, foresta, pascolo/agricoltura), alterazione delle linee di flusso, sensibilita' del recettore e dati di qualita' esistenti;

b) la valutazione del rischio e grado di confidenza nella valutazione, compresa la distribuzione delle pressioni principali;

c) considerazioni pratiche relative all'adeguatezza dei singoli siti di campionamento. I siti devono essere facilmente accessibili a breve e a lungo termine e sicuri.

Una rete efficace di monitoraggio deve essere in grado di monitorare impatti potenziali delle pressioni identificate e l'evoluzione della qualita' delle acque sotterranee lungo le linee di flusso all'interno del corpo idrico.

Nel caso in cui i rischi riguardino alcuni recettori specifici come ad esempio alcuni ecosistemi particolari, devono essere previsti siti addizionali di campionamento nelle aree adiacenti a questi recettori specifici (ad esempio, corpi idrici superficiali ad elevata biodiversita').

I principi fondamentali da seguire ai fini dell'identificazione dei siti, che comunque non puo' prescindere da una analisi caso per caso, sono:

a) siti adatti: la selezione deve essere basata sul modello concettuale regionale dei corpi idrici (o dei gruppi di corpi idrici sotterranei) e su una revisione dei siti di monitoraggio esistenti e candidati al modello concettuale locale. Estese aree di estrazione e sorgenti possono fornire adeguati siti di campionamento, poiche' prelevano acqua da una grande area e volume dell'acquifero particolarmente in sistemi omogenei. Le sorgenti sono particolarmente raccomandate in acquiferi in cui predominano fratture carsiche o superficiali. Comunque, una rete rappresentativa di monitoraggio deve idealmente basarsi su un mix bilanciato di diversi tipi di siti di monitoraggio. In alcuni sistemi idrogeologici in cui l'acqua sotterranea contribuisce in maniera significativa al flusso di base di un corso d'acqua, il campionamento dell'acqua superficiale puo' fornire campioni rappresentativi dell'acqua sotterranea;

b) rappresentativita': nei sistemi acquiferi caratterizzati da fenomeni di stratificazione, la collocazione dei siti di monitoraggio deve ricadere su quelle parti del corpo idrico che sono piu' suscettibili all'inquinamento. In genere tali parti sono quelle superiori. Per avere una valutazione rappresentativa della distribuzione dei contaminanti in tutto il corpo idrico, puo' essere necessario prevedere ulteriori punti di monitoraggio;

c) corpi a rischio: i siti di monitoraggio di sorveglianza servono a fornire la base per il monitoraggio operativo, ossia, a partire dai risultati la rete puo' essere adattata di conseguenza. Per i programmi di sorveglianza ed operativo possono essere usati gli stessi siti;

d) corpi non a rischio dove la confidenza per la valutazione del rischio e' bassa: il numero dei siti di monitoraggio deve essere sufficiente a rappresentare il range delle pressioni e delle condizioni del percorso dell'inquinante nei corpi idrici sotterranei (o gruppi di corpi idrici sotterranei) con lo scopo di fornire dati sufficienti ad integrare la valutazione di rischio. L'ubicazione dei siti di campionamento puo' dunque ricadere sulla aree piu' suscettibili del corpo idrico per ciascuna combinazione pressione/percorso. Si raccomanda un minimo di 3 punti di campionamento in un corpo idrico sotterraneo o gruppo di corpi idrici;

e) gruppi di corpi idrici sotterranei in cui le pressioni sono limitate (basse o assenti): nei gruppi di corpi idrici sotterranei definiti non a rischio e per i quali la confidenza nella valutazione del rischio e' elevata, i siti di campionamento sono necessari in primo luogo per valutare le concentrazioni di fondo naturale e le tendenze naturali.

Frequenza di monitoraggio
Il monitoraggio di sorveglianza deve essere effettuato durante ogni periodo di pianificazione della gestione di un bacino idrografico e non puo' superare la periodicita' dei 6 anni prevista per la revisione e l'aggiornamento dei Piani di gestione dei bacini idrografici; le Regioni ne possono aumentare la frequenza in relazione ad esigenze territoriali.
La scelta di un'appropriata frequenza di monitoraggio di sorveglianza e' generalmente basata sul modello concettuale e sui dati di monitoraggio delle acque sotterranee esistenti.
Laddove vi sia una adeguata conoscenza del sistema delle acque sotterranee e sia gia' stato istituito un programma di monitoraggio a lungo termine, questo deve essere utilizzato per determinare un'appropriata frequenza del monitoraggio di sorveglianza.
Qualora le conoscenze siano inadeguate e i dati non disponibili, la tabella 2 indica le frequenze minime di monitoraggio di sorveglianza che possono essere adottate per differenti tipi di acquiferi.

Tabella 2 - frequenze minime del monitoraggio di sorveglianza

Parte di provvedimento in formato grafico

Al fine di definire un programma corretto delle frequenze di monitoraggio e' necessario considerare anche quanto di seguito riportato.
Di grande importanza sono i cambiamenti nell'andamento temporale della concentrazione degli inquinanti che influenza la frequenza di monitoraggio selezionata cosi' come l'accresciuta conoscenza del modello concettuale.
In generale, i corpi sotterranei di prima falda sono piuttosto dinamici nelle variazioni qualitative e quantitative delle acque. Quando si verifica tale variabilita', la frequenza di monitoraggio deve essere selezionata in modo tale da caratterizzare in maniera adeguata la stessa variabilita'.
Nei sistemi di corpi idrici sotterranei meno dinamici due

campionamenti per anno possono, inizialmente, essere sufficienti per
il monitoraggio di sorveglianza. Se questo monitoraggio non mostra
significative variazioni in un ciclo di pianificazione di bacino
idrografico (6 anni), puo' essere opportuna una successiva riduzione
della frequenza di campionamento.
A causa dei probabili cambiamenti temporali nell'andamento della
concentrazione di inquinanti, specialmente nei sistemi con flusso
sotterraneo piuttosto dinamico, i campionamenti nei siti di
monitoraggio devono essere eseguiti ad uguali intervalli temporali.
Questo garantisce risultati di monitoraggio comparabili e
un'appropriata valutazione delle tendenze.
Sulla base dei risultati del monitoraggio di sorveglianza acquisiti,
le frequenze devono essere riviste regolarmente ed adeguate di
conseguenza al fine di assicurare la qualita' delle informazioni.

4.2.2 Monitoraggio operativo

Il monitoraggio operativo e' richiesto solo per i corpi idrici a
rischio di non raggiungere gli obiettivi di qualita' ambientale.
Deve essere effettuato tutti gli anni nei periodi intermedi tra due
monitoraggi di sorveglianza a una frequenza sufficiente a rilevare
gli impatti delle pressioni e, comunque, almeno una volta all'anno.
Deve essere finalizzato principalmente a valutare i rischi specifici
che determinano il non raggiungimento degli obiettivi.
Nella progettazione di un programma di monitoraggio operativo, la
confidenza richiesta nei risultati di monitoraggio deve essere
definita. Tale confidenza nei monitoraggi operativi dipende dalla
variabilita' delle sorgenti di impatto, dalle caratteristiche
dell'acquifero o delle acque sotterranee in questione, cosi' come dai
rischi in caso di errore. In teoria l'incertezza derivante dal
processo di monitoraggio non deve aggiungersi significativamente
all'incertezza nel controllo del rischio.
L'accettabilita' di non individuare un nuovo rischio o di non
controllarne uno conosciuto deve essere stabilita, usata per fissare
gli obiettivi di variabilita' delle proprieta' in questione e usata
per il controllo della qualita' del monitoraggio rispetto alla
variabilita' dei dati.

Selezione dei parametri

Nella maggior parte dei casi sia i parametri di base, sia parametri
selezionati sono richiesti in ogni stazione di monitoraggio.
Il processo di selezione di tali parametri e' basato su:
a) caratterizzazione e modello/i concettuale/i inclusa una
valutazione della suscettibilita' del percorso delle acque
sotterranee, sensibilita' del recettore, il tempo necessario perche'
ciascun programma di misure sia efficace e la capacita' di discernere
tra gli effetti delle varie misure;
b) valutazione del rischio e livello di confidenza nella valutazione;
inclusa la distribuzione delle pressioni principali identificate nel
processo di caratterizzazione che possono determinare lo "stato
scarso" del corpo idrico;
c) considerazioni pratiche relative alla idoneita' dei singoli siti
di monitoraggio.

Selezione dei siti

Nel selezionare i siti di monitoraggio operativo la priorita' nella
ubicazione degli stessi deve essere basata su:
a) disponibilita' di siti idonei esistenti (ad esempio siti impiegati
nei monitoraggi di sorveglianza) che forniscano campioni
rappresentativi;
b) potenzialita' nel supportare differenti programmi di monitoraggio
(per es. determinate sorgenti possono fungere da siti di monitoraggio
per la qualita' e la quantita' delle acque sotterranee e per le acque

superficiali);
c) potenzialita' per monitoraggi integrati-multiobiettivo ad esempio combinando i requisiti del monitoraggio di cui all'articolo 92, comma 5, del decreto n.152 del 2006, del monitoraggio di cui alle aree protette designate per l'estrazione di acque destinate al consumo umano, del monitoraggio connesso alla registrazione di prodotti per la protezione delle piante o biocidi, del monitoraggio ai sensi del decreto n.59 del 2005, e la conformita' al presente decreto;
d) potenziali collegamenti con siti di monitoraggio delle acque superficiali esistenti o pianificati.

Qualora il rischio coinvolga ecosistemi significativi di corpi idrici superficiali connessi alle acque sotterranee, la Regione puo' prevedere siti di campionamento addizionali da ubicare in aree prossime ai corpi idrici superficiali. Detto monitoraggio suppletivo puo' includere il controllo delle parti piu' superficiali dell'acquifero ed eventualmente delle acque che drenano dai suoli, per esempio tramite campionatori multilivello, lisimetri e prove di drenaggio in situ. I dati ottenuti, oltre che contribuire a valutare lo stato e le tendenze, possono anche aiutare a distinguere gli impatti dei differenti tipi di pressioni, valutare l'estensione spaziale degli impatti e determinare il destino dei contaminanti e il trasporto tra la sorgente e il recettore.
Nel caso in cui i rischi e le pressioni riguardino le stesse acque sotterranee, per esempio pressioni diffuse, i siti di campionamento devono essere maggiormente distribuiti lungo il corpo idrico, e devono essere rivolti alle differenti pressioni e alla loro distribuzione all'interno del corpo idrico sotterraneo. Nell'ambito di tale monitoraggio e' importante tenere conto della combinazione tra le pressioni piu' rappresentative e la sensibilita' delle acque sotterranee.

Frequenza di monitoraggio

La selezione della frequenza nell'ambito di ogni anno di monitoraggio e' generalmente basata sul modello concettuale e, in particolare, sulle caratteristiche dell'acquifero e sulla sua suscettibilita' alle pressioni inquinanti.
La tabella 3 individua frequenze minime di monitoraggio operativo per differenti tipologie di acquifero dove il modello concettuale e' limitato e i dati esistenti non sono disponibili.
Se, invece, vi e' una buona conoscenza della qualita' delle acque sotterranee e del comportamento del sistema idrogeologico, possono essere adottate frequenze ridotte di monitoraggio, comunque non inferiori ad una volta l'anno.
La frequenza e la tempistica del campionamento in ogni sito di monitoraggio deve, inoltre, considerare i seguenti criteri:
a) i requisiti per la valutazione della tendenza;
b) l'ubicazione del sito di campionamento rispetto alla pressione (a monte, direttamente al disotto, o a valle). Infatti le ubicazioni direttamente al disotto di una pressione possono richiedere monitoraggi piu' frequenti;
c) il livello di confidenza nella valutazione del rischio e i cambiamenti della stessa valutazione nel tempo;
d) le fluttuazioni a breve termine nella concentrazione degli inquinanti, per esempio effetti stagionali. Laddove sia probabile riscontrare effetti stagionali e altri effetti a breve termine, e' essenziale che le frequenze di campionamento e le tempistiche siano adattate (incrementate) di conseguenza e che il campionamento abbia luogo nello stesso momento ogni anno, o nelle stesse condizioni, per rendere comparabili i dati per la valutazione delle tendenze, per accurate caratterizzazioni e per la valutazione degli stati di qualita';
e) la tipologia di gestione dell'uso del suolo, per esempio periodo di applicazione di nitrati o pesticidi. Questo e' importante

specialmente per i sistemi a rapido scorrimento come gli acquiferi carsici e/o i corpi idrici sotterranei di prima falda.

Il campionamento per il monitoraggio operativo deve continuare finche' il corpo idrico sotterraneo e' considerato, con adeguata confidenza, non piu' nello stato scarso o a rischio di essere in uno stato scarso e ci sono adeguati dati che dimostrano un'inversione delle tendenze.

Tabella 3- Frequenze minime del monitoraggio operativo nell'ambito di ciascun anno

Parte di provvedimento in formato grafico

4.3 Monitoraggio dello stato quantitativo

La rete di monitoraggio dello stato quantitativo delle acque sotterranee e' progettata in modo da fornire una stima affidabile dello stato quantitativo di tutti i corpi idrici o gruppi di corpi idrici sotterranei, compresa la stima delle risorse idriche sotterranee disponibili. Le Regioni inseriscono nei piani di tutela una o piu' mappe che riportano detta rete.

Il Monitoraggio dello stato quantitativo ha l'obiettivo di integrare e confermare la validita' della caratterizzazione e della procedura di valutazione di rischio, determinare lo stato quantitativo del corpo idrico sotterraneo, supportare la valutazione dello stato chimico, l'analisi delle tendenze e la progettazione e la valutazione dei programmi di misure.

Come per le altre reti di monitoraggio, la progettazione della rete per il monitoraggio quantitativo deve essere basata sul modello concettuale del sistema idrico sotterraneo e sulle pressioni.

Gli elementi chiave del modello concettuale quantitativo sono:
a) la valutazione della ricarica e del bilancio idrico predisposto secondo le linee guida di cui all'Allegato 1 al decreto ministeriale del 28 luglio 2004, pubblicato nella Gazzetta Ufficiale del 15 novembre 2004, n. 268;
b) le valutazioni esistenti del livello dell'acqua sotterranea o della portata ed informazioni pertinenti sui rischi per le acque superficiali e gli ecosistemi terrestri che dipendono dalle acque sotterranee;
c) il grado di interazione tra acque sotterranee e relativi ecosistemi terrestri e superficiali dove questa interazione e' importante e potrebbe potenzialmente determinare un'influenza negativa sullo stato di qualita' del corpo idrico superficiale.

Lo sviluppo di una rete di monitoraggio quantitativo puo' essere iterativo; i dati raccolti dai nuovi siti di monitoraggio possono essere usati per migliorare e perfezionare il modello concettuale, usato per collocare ogni sito di monitoraggio, sull'intero corpo idrico sotterraneo, e la gestione del programma di monitoraggio quantitativo.

L'implementazione di un modello numerico delle acque sotterranee o di un modello idrologico che integri le acque superficiali e sotterranee sono utili strumenti per compilare ed interpretare i dati del monitoraggio quantitativo ed identificare le risorse e gli ecosistemi a rischio. Inoltre, le stime di incertezza che si possono ottenere con un modello numerico possono essere d'aiuto per identificare parti del corpo idrico sotterraneo che necessitano dell'integrazione di siti per meglio descrivere la quantita' e la portata delle acque sotterranee.

Selezione dei parametri

Per la valutazione dello stato quantitativo delle acque sotterranee sono raccomandati almeno i seguenti parametri:
a) livelli delle acque sotterranee nei pozzi o nei piezometri;
b) portata delle sorgenti;
c) caratteristiche del flusso e/o livelli idrici dei corsi d'acqua

superficiali durante i periodi di siccita' (ad es. quando il contributo delle piogge al flusso delle acque superficiali puo' essere trascurato e la portata del fiume e' mantenuta sostanzialmente dall'acqua sotterranea);
d) livelli idrici delle zone umide e dei laghi che dipendono significativamente dalle acque sotterranee.

La selezione dei siti di monitoraggio e dei parametri deve essere basata su un solido modello concettuale del corpo idrico che deve essere monitorato.

Un monitoraggio addizionale per supportare la caratterizzazione e la classificazione delle acque sotterranee tiene conto almeno di:
a) parametri chimici e indicatori (per esempio temperatura, conduttivita', etc.) per monitorare l'intrusione salina o di altra natura. Qualora venga utilizzato un unico sito di monitoraggio sia per la valutazione dello stato chimico sia per la valutazione dello stato quantitativo e i controlli avvengano contemporaneamente, i dati per il controllo dei parametri chimici addizionali sono utilizzati per le finalita' sopra riportate. Per gli acquiferi delle isole puo' essere appropriato monitorare le zone di transizione tra acqua dolce ed acqua marina;
b) piovosita' e altri componenti richiesti per calcolare l'evapotraspirazione (per il calcolo della ricarica delle acque sotterranee);
c) monitoraggio ecologico degli ecosistemi terrestri connessi alle acque sotterranee (inclusi gli indicatori ecologici);
d) estrazione di acque sotterranee.

I requisiti specifici per i dati di monitoraggio di supporto, che integrano le conoscenze ottenute dal monitoraggio del livello delle acque sotterranee, sono fortemente determinati dagli strumenti o dai metodi adoperati per supportare la valutazione del rischio o dello stato e della confidenza richiesta in queste valutazioni.

La chiave per la selezione dei parametri dipende da quanto quel parametro sia rappresentativo dello scenario idrogeologico monitorato e della sua importanza nel determinare il rischio o lo stato del corpo idrico.

In alcuni scenari idrogeologici particolarmente complessi, limitare il monitoraggio al solo livello delle acque sotterranee nei piezometri puo' essere inappropriato per le finalita' del presente decreto e in alcuni casi altamente fuorviante. In queste circostanze le caratteristiche del flusso dei corsi d'acqua o delle sorgenti connesse puo' fornire dati migliori con i quali intraprendere una valutazione.

Cio' e' maggiormente probabile nei casi di bassa permeabilita' o di acquiferi fratturati. Ci sono casi in cui il livello dell'acqua rimane piu' o meno stabile, ma si verificano fenomeni di intrusione di acqua proveniente da altri acquiferi o da corpi idrici superficiali o dal mare. Specifiche condizioni devono essere considerate nel caso dei corpi idrici sotterranei delle isole. Se c'e' il rischio di intrusione, allora specifici indicatori della qualita' delle acque andranno monitorati (per esempio la conduttivita' elettrica e la temperatura dell'acqua).

Densita' dei siti di monitoraggio

La rete per il monitoraggio quantitativo deve essere progettata prevedendo un numero di pozzi tale da consentire il controllo su eventuali variazioni dello stato quantitativo del corpo idrico sotterraneo.

La rete si articola in sufficienti siti di monitoraggio rappresentativi per stimare il livello delle acque sotterranee di ciascun corpo idrico o gruppi di corpi idrici, tenuto conto delle variazioni del ravvenamento a breve e a lungo termine ed in particolare:
a) per i corpi idrici sotterranei che si ritiene rischino di non conseguire gli obiettivi ambientali, bisogna assicurare una densita'

dei punti di monitoraggio sufficiente a valutare l'impatto delle estrazioni e degli scarichi sulle variazioni dello stato quantitativo delle acque sotterranee;
b) per i corpi idrici sotterranei le cui acque fluiscono attraverso la frontiera tra l'Italia ed altri Paesi, e' necessario designare sufficienti punti di monitoraggio per stimare la direzione e la portata delle acque sotterranee attraverso la frontiera.
Il monitoraggio quantitativo puo' essere richiesto su due differenti piani.
In primo luogo, se possibile, bisogna valutare i livelli e i flussi delle acque lungo un corpo idrico sotterraneo. Questi possono essere correlati alla valutazione del bilancio idrico dell'intero corpo idrico sotterraneo predisposto secondo le linee guida di cui all'Allegato 1 al decreto ministeriale del 28 luglio 2004, pubblicato nella Gazzetta Ufficiale del 15 novembre 2004, n. 268.
In secondo luogo, puo' essere necessario un monitoraggio "locale" piu' mirato sui flussi e sui livelli riferiti ai corpi recettori pertinenti che sono localmente alimentati dalle acque sotterranee, ad es. corpi idrici superficiali (fiumi, laghi ed estuari) ed ecosistemi terrestri dipendenti dalle acque sotterranee. Quest'ultimo monitoraggio puo' includere informazioni integrative sulla salinita' (con riferimento alle intrusioni saline) o informazioni integrative derivanti dal monitoraggio ecologico svolto ai sensi della normativa nazionale e comunitaria vigente (come prova dell'impatto sugli ecosistemi dovuti all'estrazione di acqua sotterranea).
Nei corpi idrici o gruppi di corpi idrici classificati "non a rischio" il monitoraggio quantitativo puo' essere ridotto. Infatti, non e' necessario svolgere il monitoraggio su ogni corpo idrico all'interno di un gruppo di corpi idrici, a patto che tutti i corpi idrici del gruppo siano comparabili dal punto di vista idrogeologico. Nei corpi idrici o gruppi di corpi idrici classificati "a rischio" la distribuzione dei siti di monitoraggio deve essere sufficiente per capire le condizioni idrogeologiche relative ai recettori identificati come a rischio e alla loro importanza.
La densita' del monitoraggio deve essere sufficiente per assicurare un'appropriata valutazione degli impatti sul livello delle acque sotterranee causati dalle estrazioni.
Per quei corpi idrici sotterranei che attraversano la frontiera tra l'Italia ed uno o piu' Stati Membri, il numero di siti di campionamento deve essere sufficiente per stimare la direzione e la portata delle acque sotterranee attraverso il confine.

Frequenza di monitoraggio

La frequenza dei rilevamenti deve essere sufficiente a permettere di stimare lo stato quantitativo di ciascun corpo idrico o gruppo di corpi idrici sotterranei, tenuto conto delle variazioni del ravvenamento a breve e lungo termine. In particolare:
a) per i corpi idrici sotterranei che si ritiene rischino di non conseguire gli obiettivi ambientali, e' fissata una frequenza delle misurazioni sufficiente a valutare l'impatto delle estrazioni e degli scarichi sul livello delle acque sotterranee;
b) per i corpi idrici sotterranei le cui acque fluiscono attraverso la frontiera tra l'Italia ed altri Paesi, e' fissata una frequenza delle misurazioni sufficiente a stimare la direzione e la portata delle acque sotterranee attraverso la frontiera.
La frequenza dei monitoraggi si stabilisce sulla base dei dati necessari per determinare rischio e stato dei corpi idrici e, laddove necessario, per supportare la progettazione e valutazione dei programmi di misure.
La frequenza di monitoraggio dipende principalmente dalle caratteristiche di un corpo idrico e dal sito di monitoraggio. I siti con una significativa variabilita' annuale devono essere monitorati piu' frequentemente rispetto a siti con minore variabilita'. In generale un monitoraggio trimestrale sara' sufficiente per il

monitoraggio quantitativo dove la variabilita' e' bassa, ma un monitoraggio giornaliero e' preferito, in particolare quando si misurano le portate. La frequenza deve essere rivista quando migliora la comprensione della risposta e del comportamento dell'acquifero e in relazione all'importanza di ciascun cambiamento delle pressioni sul corpo idrico sotterraneo. Questo assicura che sia mantenuto un programma caratterizzato da un basso rapporto costi/efficacia.

4.4 Controlli di qualita'
Per il campionamento e l'analisi devono essere stabilite procedure appropriate per il controllo di qualita'; tali misure sono necessarie per ridurre al minimo le incertezze.
Gli elementi minimi che devono essere presi in considerazione nei controlli di qualita' sono:
a) identificazione e registrazione dei campioni;
b) metodi di campionamento, pianificazione del campionamento e report per esercizi di campo;
c) trasporto e magazzinaggio del campione;
d) validazione dei metodi analitici;
e) procedure per le misure analitiche;
f) controlli di qualita' interni dei metodi;
g) partecipazione in schemi esterni per i controlli di qualita' (intercalibrazione);
h) elaborazione dei risultati;
i) tracciabilita' dei documenti e delle misure.
Per i laboratori di analisi l'accreditamento deve avvenire ai sensi della ISO 17025.

4.5 Protocollo per il campionamento-ISO raccomandate
Un appropriato piano di campionamento deve includere la selezione dei siti di campionamento, la frequenza e la durata del campionamento, le procedure di campionamento, il trattamento dei campioni e l'analisi dei campioni.
Le procedure di campionamento e di trattamento del campione dovranno riferirsi a linee guida e/o standard internazionali incluse parti rilevanti della norma ISO 5667 nello stato di ultima revisione.
Allo stato attuale le parti della norma ISO 5667 utili per il monitoraggio delle acque sotterranee sono le seguenti:
La norma ISO 5667-1: 2006 fornisce i principi per una corretta progettazione del campionamento negli ambienti acquatici.
La norma ISO 5667-3: 2003 fornisce indicazioni riguardo alla preparazione, stabilizzazione, trasporto e conservazione dei campioni di acqua.
La norma ISO 5667-11: 1993 fornisce i principi a) per la progettazione dei programmi di campionamento, b) le tecniche di campionamento, c) la manipolazione dei campioni e d) il sistema di identificazione del campione e le procedure di registrazione e tracciabilita' delle acque sotterranee;
La norma ISO 5667-18: 2001 fornisce dei principi per i metodi di campionamento delle acque sotterranee nei siti contaminati.
La norma ISO 5667-14: 1993 fornisce linee guida per il controllo di qualita' delle operazioni di campionamento e trattamento del campione.

APPENDICE

SEZIONE A

Tabella 1a. Elenco dei tipi fluviali presenti in Italia settentrionale e inclusi nel sistema MacrOper
In molti casi, cioe' quando siano disponibili valori di riferimento distinti per le aree di pool, riffle o riferiti ad una raccolta proporzionale generica di invertebrati bentonici, il tipo e' riportato in piu' righe. Cio' e' stato ritenuto utile per rendere piu' agevole associare i valori riportati in Tabella 1b ai tipi

fluviali qui elencati. La prima colonna ('ord') rappresenta l'elemento di unione tra le tre tabelle e consente di associare un tipo fluviale in una determinata area regionale tra le tre tabelle.

Parte di provvedimento in formato grafico

Tabella 1b. Valori di riferimento per le metriche componenti e per lo STAR ICMi nei tipi fluviali dell'Italia settentrionale inclusi nel sistema MacrOper
In tabella vengono anche indicati i limiti di classe. I valori sono riportati, quando disponibili, in funzione di dove si effettui la raccolta dei macroinvertebrati: per aree di pool, riffle o campionamento generico.

Parte di provvedimento in formato grafico

Tabella 2a. Elenco dei tipi fluviali presenti in Italia centrale e inclusi nel sistema MacrOper
In molti casi, cioe' quando siano disponibili valori di riferimento distinti per le aree di pool, riffle o riferiti ad una raccolta proporzionale generica di invertebrati bentonici, il tipo e' riportato in piu' righe. Cio' e' stato ritenuto utile per rendere piu' agevole associare i valori riportati in Tabella 2b ai tipi fluviali qui elencati. La prima colonna ('ord') rappresenta l'elemento di unione tra le due tabelle e consente di associare un tipo fluviale in una determinata area regionale tra le due tabelle.

Parte di provvedimento in formato grafico

Tabella 2b. Valori di riferimento per le metriche componenti e per lo STAR ICMi nei tipi fluviali dell'Italia centrale inclusi nel sistema MacrOper
In tabella vengono anche indicati i limiti di classe. I valori sono riportati in funzione di dove si effettui la raccolta dei macroinvertebrati: per aree di pool, riffle o campionamento generico.

Parte di provvedimento in formato grafico

Tabella 3a. Elenco dei tipi fluviali presenti in Italia meridionale e inclusi nel sistema MacrOper
In molti casi, cioe' quando siano disponibili valori di riferimento distinti per le aree di pool, riffle o riferiti ad una raccolta proporzionale generica di invertebrati bentonici, il tipo e' riportato in piu' righe. Cio' e' stato ritenuto utile per rendere piu' agevole associare i valori riportati nella successiva tabella 3b ai tipi fluviali qui elencati. La prima colonna ('ord') rappresenta l'elemento di unione tra le due tabelle e consente di associare un tipo fluviale in una determinata area regionale tra le due tabelle.

Parte di provvedimento in formato grafico

Tabella 3b. Valori di riferimento per le metriche componenti e per lo STAR ICMi nei tipi fluviali dell'Italia meridionale inclusi nel sistema MacrOper
In tabella vengono anche indicati i limiti di classe. I valori sono riportati in funzione di dove si effettui la raccolta dei macroinvertebrati: per aree di pool, riffle o campionamento generico qualora il campione sia disponibile da diversi mesohabitat.

Parte di provvedimento in formato grafico

Tabella 4. Valori di riferimento per le metriche componenti lo STAR ICMi, per lo STAR ICMi e per l'indice MTS nei fiumi molto grandi e/o non accessibili

Tabella 5. Valori di riferimento per le metriche componenti e per lo STAR ICMi
I valori sono organizzati per macrotipi fluviali, validi per i tipi fluviali non inclusi nelle tabelle di dettaglio relative a Italia settentrionale, centrale e meridionale. Tali valori sono validi per i 2 anni successivi all'emanazione del decreto classificazione, qualora nel frattempo non si rendessero disponibili dati di dettaglio per i singoli tipi fluviali. In tabella vengono anche indicati i limiti di classe. I valori sono riportati in funzione di dove si effettui la raccolta dei macroinvertebrati: per aree di pool, riffle o campionamento generico.

Parte di provvedimento in formato grafico

SEZIONE B

Tabella 1. Comunita' ittiche attese nelle 9 zone zoogeografico-ecologiche fluviali principali.

ZONE ZOOGEOGRAFICO-ECOLOGICHE FLUVIALI PRINCIPALI	Comunita' ittiche attese
ZONA DEI SALMONIDI DELLA REGIONE PADANA	Salmo (trutta) trutta (ceppo mediterraneo), Salmo (trutta) Marmoratus(11), Thymallus thymallus, Phoxinus phoxinus, Cottus gobio.
ZONA DEI CIPRINIDI A DEPOSIZIONE LITOFILA DELLA REGIONE PADANA	Leuciscus cephalus, Leuciscus souffia muticellus, Phoxinus phoxinus, Chondrostoma genei, Gobio gobio, Barbus plebejus, Barbus meridionalis caninus, Lampetra zanandreai, Anguilla anguilla, Salmo (trutta) marmoratus, Sabanejewia larvata, Cobitis taenia bilineata, Barbatula barbatula (limitatamente alle acque del Trentino-Alto Adige e del Friuli-Venezia Giulia), Padogobius martensii, Knipowitschia punctatissima (limitatamente agli ambienti di risorgiva, dalla Lombardia al Friuli Venezia Giulia)
ZONA DEI CIPRINIDI A DEPOSIZIONE FITOFILA DELLA	Rutilus erythrophthalmus, Rutilus pigus, Chondrostoma soetta, Tinca

REGIONE PADANA tinca, Scardinius erythrophthalmus, Alburnus alburnus alborella, Leuciscus cephalus, Cyprinus carpio, Petromyzon marinus (stadi giovanili), Acipenser naccarii (almeno stadi giovanili), Anguilla anguilla, Alosa fallax (stadi giovanili), Cobitis taenia bilineata, Esox lucius, Perca fluviatilis, Gasterosteus aculeatus(12), Syngnathus abaster.

ZONA DEI SALMONIDI DELLA Salmo (trutta) trutta (ceppo
REGIONE ITALICO-PENINSULARE mediterraneo, limitatamente all'Appennino settentrionale), Salmo (trutta) macrostigma (limitatamente al versante tirrenico di Lazio, Campania, Basilicata e Calabria), Salmo fibreni (limitatamente alla risorgiva denominata Lago di Posta Fibreno).

ZONA DEI CIPRINIDI A Leuciscus souffia muticellus,
DEPOSIZIONE LITOFILA DELLA Leuciscus cephalus, Rutilus rubilio,
REGIONE ITALICO-PENINSULARE Alburnus albidus (limitatamente alla Campania, Molise, Puglia e Basilicata), Barbus plebejus, Lampetra planeri (limitatamente al versante tirrenico di Toscana, Lazio, Campania e Basilicata; nel versante adriatico, la sola popolazione dell'Aterno-Pescara), Anguilla anguilla, Cobitis tenia bilineata, Gasterosteus aculeatus, Salaria fluviatilis, Gobius nigricans (limitatamente al versante tirrenico di Toscana, Umbria e Lazio).

ZONA DEI CIPRINIDI A Tinca tinca, Scardinius
DEPOSIZIONE FITOFILA DELLA erythrophthalmus, Rutilus rubilio,
REGIONE ITALICO-PENINSULARE Leuciscus cephalus, Alburnus albidus (limitatamente alla Campania, Molise, Puglia e Basilicata), Petromyzon marinus (stadi giovanili), Anguilla anguilla, Alosa fallax (stadi giovanili), Cobitis taenia bilineata, Esox lucius, Gasterosteus aculeatus, Syngnathus abaster(13).

ZONA DEI SALMONIDI DELLA Salmo (trutta) macrostigma.
REGIONE DELLE ISOLE

```
ZONA DEI CIPRINIDI A    Anguilla anguilla, Gasterosteus
DEPOSIZIONE LITOFILA DELLA    aculeatus, Salaria fluviatilis.
REGIONE DELLE ISOLE:
```

```
ZONA DEI CIPRINIDI A    Cyprinus carpio, Petromyzon marinus
  DEPOSIZIONE FITOFILA DELLA    (stadi giovanili), Anguilla anguilla,
REGIONE DELLE ISOLE    Gasterosteus aculeatus, Alosa fallax
                               (stadi giovanili), Syngnathus
                               abaster.
```

Le popolazioni del ceppo mediterraneo di Salmo (trutta) trutta hanno naturalmente un areale molto frammentato. Per ogni regione andrebbe stabilito meglio l'areale.
(11) In Piemonte, a esclusione dei tributari di destra del Po a valle del Tanaro e, nel bacino del Tanaro, a valle della confluenza con il torrente Rea.
(12) In Piemonte, la distribuzione e' limitata al solo Verbano.
(13) Non presente in Umbria.

SEZIONE C

Tabella 1. Valore di riferimento (mediana siti riferimento) per la componente relativa alla presenza di strutture artificiali nel tratto considerato (indice HMS) e per la componente relativa all'uso del territorio nelle aree fluviali e perifluviali (indice LUI).

Descrizione sommaria dell'ambito di applicazione	HMS	RQ_HMS	LUI	RQ_LUI
Tutti i tipi fluviali	0	1	0	1

Il valore utilizzato per convertire l'HMS in RQ e' pari a 100. Il valore utilizzato per convertire il LUI in RQ e' pari a 39,2.

Tabella 2. Valori di riferimento (mediana siti riferimento) per la componente relativa alla diversificazione e qualita' degli habitat fluviali e ripari (indice HQA)

Descrizione sommaria dell'ambito di applicazione	Macrotipi fluviali	HQA	RQ_HQA
Fiumi alpini	A1, A2	54	1

Fiumi Appenninici	M1, M2, M4	64	1
Fiumi Appenninici poco diversificati	M1, M2, M4	52	1
Fiumi Mediterranei temporanei	M5	58	1
Piccoli fiumi di pianura	C, M1	56	1
Tutti gli altri fiumi	-	57	1

E' opportuno far riferimento alla categoria "Tutti gli altri fiumi" qualora il tipo fluviale in esame, per la sua peculiarita', non risulti attribuibile con certezza ad una delle macrocategorie riportate in tabella. Per la conversione dell'HQA in RQ si e' considerato come valore minimo 11 per tutte le categorie.

Tabella 1: elenco numeri UE sostanze prioritarie.

Numero	Numero CAS1	Numero UE2	Denominazione della sostanza prioritaria3	Identificata come sostanza pericolosa prioritaria
(1)	15972-60-8	240-110-8	Alacloro	
(2)	120-12-7	204-371-1	Antracene	X
(3)	1912-24-9	217-617-8	Atrazina	
(4)	71-43-2	200-753-7	Benzene	

(5)	non applicabile	non applicabile	Difenileteri bromurati	X4	
(6)	7440-43-9	231-152-8	Cadmio e composti	X	
(7)	85535-84-8	287-476-5	Cloro alcani, C10-13	X	
	470-90-6	207-432-0	Clorfenvinfos		
(9)	2921-88-2	220-864-4	Clorpirifos (Clorpirifos etile)		
	107-06-2	203-458-1	1,2-dicloroetano		
(11)	75-09-2	200-838-9	Diclorometano		
(12)	117-81-7	204-211-0	Di(2-etilesil) ftalato (DEHP)	X	
(13)	330-54-1	206-354-4	Diuron		
(14)	115-29-7	204-079-4	Endosulfan	X	
	206-44-0	205-912-4	Fluorantene		
(16)	118-74-1	204-273-9	Esaclorobenzene	X	
(17)	87-68-3	201-765-5	Esaclorobutadiene	X	
	608-73-1	210-168-9	Esaclorocicloesano	X	
(19)	34123-59-6	251-835-4	Isoproturon		
	7439-92-1	231-100-4	Piombo e composti		
(21)	7439-97-6	231-106-7	Mercurio e composti	X	
	91-20-3	202-049-5	Naftalene		
(23)	7440-02-0	231-111-4	Nichel e composti		
	non applicabile	non applicabile	Nonilfenoli	X5	
(25)	non applicabile	non applicabile	Ottilfenoli6		
	608-93-5	210-172-0	Pentaclorobenzene	X	
	87-86-5	201-778-6	Pentaclorofenolo		
	non applicabile	non applicabile	Idrocarburi policiclici aromatici (IPA)7	X	
(29)	122-34-9	204-535-2	Simazina		
(30)	non applicabile	non applicabile	Tributilstagno (composti)	X8	
(31)	12002-48-1	234-413-4	Triclorobenzeni		

			Triclorometano	
	67-66-3	200-663-8	(cloroformio)	
(33)	1582-09-8	216-428-8	Trifluralin	X
(34)	115-32-2	204-082-0	Dicofol	X
			Acido perfluorot-	
			tansolfonico e	
(35)	1763-23-1	217-179-8	suoi sali (PFOS)	X
		non		
	124495-18-7	applicabile	Chinossifen	X
			Diossine e	
	non	non	composti diossina-	
(37)	applicabile	applicabile	simili	X9
(38)	74070-46-5	277-704-1	Aclonifen	
(39)	42576-02-3	255-894-7	Bifenox	
	28159-98-0	248-872-3	Cibutrina	
	52315-07-8	257-842-9	Cipermetrina10	
(42)	62-73-7	200-547-7	Diclorvos	
			Esabromo-	
	non	non	ciclododecani	
(43)	applicabile	applicabile	(HBCDD)	X11
	76-44-8/	200-962-3/	Eptacloro ed	
(44)	1024-57-3	213-831-0	eptacloro epossido	X
	886-50-0	212-950-5	Terbutrina	

1 - CAS: Chemical Abstracts Service.
2 - Numero UE: inventario europeo delle sostanze chimiche esistenti a carattere commerciale (EINECS) o lista europea delle sostanze chimiche notificate (ELINCS).
3 - Nel fissare gli standard di qualita' ambientale, nel caso di gruppi di sostanze, sono definite, salvo indicazioni esplicite, le singole sostanze tipiche rappresentative.
4 - Solo tetra-, penta-, esa- ed eptabromodifeniletere (numeri CAS 40088-47-9, 32534-81-9, 36483-60-0, 68928-80-3, rispettivamente).
5 - Nonilfenolo (CAS 25154-52-3, UE 246-672-0) compresi gli isomeri 4-nonilfenolo (CAS 104-40-5, UE 203-199-4) e 4-nonilfenolo (ramificato) (CAS 84852-15-3, UE 284-325-5).
6 - Ottilfenolo (CAS 1806-26-4, UE 217-302-5) compreso l'isomero 4-(1,1',3,3'-tetrametilbutil)-fenolo (CAS 140-66-9, UE 205-426-2).
7 - Compresi benzo(a)pirene (CAS 50-32-8, UE 200-028-5), benzo(b)fluorantene (CAS 205-99-2, UE 205-911-9), benzo(g,h,i)perilene (CAS 191-24-2, UE 205-883-8), benzo(k)fluorantene (CAS 207-08-9, UE 205-916-6), indeno(1,2,3-cd)pirene (CAS 193-39-5, UE 205-893-2), ma esclusi antracene, fluorantene e naftalene, che sono riportati in un elenco distinto.
8 - Compreso tributilstagno-catione (CAS 36643-28-4).
9 - Si riferisce ai seguenti composti:
7 Dibenzo-p-diossine policlorurate (PCDD): 2,3,7,8-T4CDD (CAS 1746-01-6), 1,2,3,7,8-P5CDD (CAS 40321-76-4), 1,2,3,4,7,8-H6CDD (CAS

39227-28-6), 1,2,3,6,7,8-H6CDD (CAS 57653-85-7), 1,2,3,7,8,9-H6CDD (CAS 19408-74-3), 1,2,3,4,6,7,8-H7CDD (CAS 35822-46-9), 1,2,3,4,6,7,8,9-O8CDD (CAS 3268-87-9);
10 dibenzofurani policlorurati (PCDF): 2,3,7,8-T4CDF (CAS 51207-31-9), 1,2,3,7,8-P5CDF (CAS 57117-41-6), 2,3,4,7,8-P5CDF (CAS 57117-31-4), 1,2,3,4,7,8-H6CDF (CAS 70648-26-9), 1,2,3,6,7,8-H6CDF (CAS 57117-44-9), 1,2,3,7,8,9-H6CDF (CAS 72918-21-9), 2,3,4,6,7,8-H6CDF (CAS 60851-34-5), 1,2,3,4,6,7,8-H7CDF (CAS 67562-39-4), 1,2,3,4,7,8,9-H7CDF (CAS 55673-89-7), 1,2,3,4,6,7,8,9-O8CDF (CAS 39001-02-0);
12 bifenili policlorurati diossina-simili (DL-PCB): 3,3',4,4'-T4CB (PCB 77, CAS 32598-13-3), 3,3',4',5-T4CB (PCB 81, CAS 70362-50-4), 2,3,3',4,4'-P5CB (PCB 105, CAS 32598-14-4), 2,3,4,4',5-P5CB (PCB 114, CAS 74472-37-0), 2,3',4,4',5-P5CB (PCB 118, CAS 31508-00-6), 2,3',4,4',5'-P5CB (PCB 123, CAS 65510-44-3), 3,3',4,4',5-P5CB (PCB 126, CAS 57465-28-8), 2,3,3',4,4',5-H6CB (PCB 156, CAS 38380-08-4), 2,3,3',4,4',5'-H6CB (PCB 157, CAS 69782-90-7), 2,3',4,4',5,5'-H6CB (PCB 167, CAS 52663-72-6), 3,3',4,4',5,5'-H6CB (PCB 169, CAS 32774-16-6), 2,3,3',4,4',5,5'-H7CB (PCB 189, CAS 39635-31-9);
10 - CAS 52315-07-8 si riferisce a una miscela isomerica di cipermetrina, α-cipermetrina (CAS 67375-30-8), β-cipermetrina (CAS 65731-84-2), θ-cipermetrina (CAS 71691-59-1) e ζ-cipermetrina (52315-07-8).
11 - Si riferisce a 1,3,5,7,9,11-esabromociclododecano (CAS 25637-99-4), 1,2,5,6,9,10-esabromociclododecano (CAS 3194-55-6), α-esabromociclododecano (CAS 134237-50-6), β-esabromociclododecano (CAS 134237-51-7) e γ- esabromociclododecano (CAS 134237-52-8).»".
- (con l'art. 1, comma 1, lettera p)) che "alla tabella 3.6 del paragrafo A.3.5 della sezione A "Stato delle acque superficiali", della parte 2 "Modalita' per la classificazione dello stato di qualita' dei corpi idrici" dell'allegato 1 alla parte terza:
1) all'ultima riga, dopo le parole: "Sostanze dell'elenco di priorita'", e' inserita la seguente nota :
« Per le sostanze alle quali si applica uno SQA per i sedimenti o il biota, le regioni e le province autonome monitorano la sostanza nella corrispondente matrice almeno una volta all'anno, sempre che le conoscenze tecniche e la valutazione degli esperti non giustifichino un altro intervallo. La giustificazione della frequenza applicata e' inserita nei Piani di gestione dei distretti idrografici in conformita' all'articolo 78-nonies, comma 1, lettera c), e secondo quanto previsto all'articolo 3, paragrafo 4, della direttiva consolidata.»;
2) all'ultima riga, in tutte le colonne, dopo la parola: "acqua" sono aggiunte le seguenti: "e annuale nel biota"".
- (con l'art. 1, comma 1, lettera q)) che "alla tabella 3.7 del paragrafo A.3.5 della sezione A "Stato delle acque superficiali", della parte 2 "Modalita' per la classificazione dello stato di qualita' dei corpi idrici" dell'allegato 1 alla parte terza:
1) alla penultima riga "Altre sostanze non appartenenti all'elenco di priorita'", in tutte le colonne, sono soppresse le parole: "e annuale in sedimenti";
2) all'ultima riga "Sostanze dell'elenco di priorita'" la nota (14) e' sostituita dalla seguente:
«(14) Per le sostanze alle quali si applica uno SQA per i sedimenti o il biota, le regioni e le province autonome monitorano la sostanza nella corrispondente matrice almeno una volta all'anno, sempre che le conoscenze tecniche e la valutazione degli esperti non giustifichino un altro intervallo. La giustificazione della frequenza applicata e' inserita nei Piani di gestione dei distretti idrografici in conformita' all'articolo 78-nonies, comma 1, lettera c), e secondo quanto previsto all'articolo 3, paragrafo 4, della direttiva consolidata.»".

ALLEGATO 2

CRITERI PER LA CLASSIFICAZIONE DEI CORPI IDRICI A DESTINAZIONE FUNZIONALE

SEZIONE A: Criteri generali e metodologie per il rilevamento delle caratteristiche qualitative e per la classificazione delle acque superficiali destinate alla produzione di acqua potabile.
I seguenti criteri si applicano alle acque dolci superficiali utilizzate o destinate ad essere utilizzate per la produzione di acqua potabile dopo i trattamenti appropriati.

1) Calcolo della conformita' e classificazione
Per la classificazione delle acque in una delle categorie A1, A2, A3, di cui alla tabella 1/A i valori specificati per ciascuna categoria devono essere conformi nel 95% dei campioni ai valori limite specificati nelle colonne I e nel 90% ai valori limite specificati nelle colonne G, quando non sia indicato il corrispondente valore nella colonna I. Per il rimanente 5% o il 10% dei campioni che, secondo i casi, non sono conformi, i parametri non devono discostarsi in misura superiore al 50% dal valore dei parametri in questione, esclusi la temperatura, il pH, l'ossigeno disciolto ed i parametri microbiologici.

2) Campionamento
2.1) Ubicazione delle stazioni di prelievo
Per tutti i laghi naturali ed artificiali e per tutti i corsi d'acqua naturali ed artificiali utilizzati o destinati ad essere utilizzati per l'approvvigionamento idrico potabile - fermo restando quanto previsto nell'allegato 1 - le stazioni di prelievo dovranno essere ubicate in prossimita' delle opere di presa esistenti o previste in modo che i campioni rilevati siano rappresentativi della qualita' delle acque da utilizzare.
Ulteriori stazioni di prelievo dovranno essere individuate in punti significativi del corpo idrico quando cio' sia richiesto da particolari condizioni locali, tenuto soprattutto conto di possibili fattori di rischio d'inquinamento. I prelievi effettuati in tali stazioni avranno la sola finalita' di approfondire la conoscenza della qualita' del corpo idrico, per gli opportuni interventi.

2.2) Frequenza minima dei campionamenti e delle analisi di ogni parametro.

	GRUPPO DI PARAMETRI (°)		
	I	II	III
Frequenza minima annua dei campionamenti e delle analisi per i corpi idrici da classificare	12	12	12

	GRUPPO DI PARAMETRI (°)		
	I (*)	II	III (**)
Frequenza minima annua dei campionamenti e delle analisi per i corpi idrici gia' classificati	8	8	8

(*) Per le acque della categoria A3 la frequenza annuale dei

campionamenti dei parametri del gruppo I deve essere portata a 12.
(°) I parametri dei diversi gruppi comprendono:

PARAMETRI I GRUPPO

---

pH, colore, materiali totali in sospensione, temperatura, conduttivita', odore, nitrati, cloruri, fosfati, COD, DO (ossigeno disciolto), BOD5, ammoniaca

---

PARAMETRI II GRUPPO

---

ferro disciolto, manganese, rame, zinco, solfati, tensioattivi, fenoli, azoto Kjeldhal, coliformi totali e coliformi fecali.

PARAMETRI III GRUPPO

---

fluoruri, boro, arsenico, cadmio, cromo totale, piombo, selenio, mercurio, bario, cianuro, idrocarburi disciolti o emulsioni, idrocarburi policiclici aromatici, antiparassitari totali, sostanze estraibili con cloroformio, streptococchi fecali e salmonelle.

(**) Per i parametri facenti parte del III gruppo, salvo che per quanto riguarda gli indicatori di inquinamento microbiologico, su indicazione dell'autorita' competente al controllo ove sia dimostrato che non vi sono fonti antropiche, o naturali, che possano determinare la loro presenza nelle acque, la frequenza di campionamento puo' essere ridotta.

3) Modalita' di prelievo, di conservazione e di trasporto dei campioni
I campioni dovranno essere prelevati, conservati e trasportati in modo da evitare alterazioni che possono influenzare significativamente i risultati delle analisi.
   a) Per il prelievo, la conservazione ed il trasporto dei campioni per analisi dei parametri di cui alla tabella 2/A, vale quanto prescritto, per i singoli parametri, alla colonna G.
   b) Per il prelievo, la conservazione ed il trasporto dei campioni per analisi dei parametri di cui alla tabella 3/A, vale quanto segue:
i prelievi saranno effettuati in contenitori sterili;
qualora si abbia motivo di ritenere che l'acqua in esame contenga cloro residuo, le bottiglie dovranno contenere una soluzione al 10% di sodio tiosolfato, nella quantita' di mL 0,1 per ogni 100 mL di capacita' della bottiglia, aggiunto prima della sterilizzazione;
le bottiglie di prelievo dovranno avere una capacita' idonea a prelevare l'acqua necessaria all'esecuzione delle analisi microbiologiche;
   i campioni prelevati, secondo le usuali cautele di asepsi, dovranno essere trasportati in idonei contenitori frigoriferi (4-10 °C) al riparo della luce e dovranno, nel piu' breve tempo possibile, e comunque entro e non oltre le 24 ore dal prelievo, essere sottoposti ad esame.

Tabella 1/A: Caratteristiche di qualita' per acque superficiali destinate alla produzione di acqua potabile

Num. Param.	Parametro	Unita' di misura	A1 G	A1 I	A2 G	A2 I	A3 G	A3 I

		unità						
1	pH	pH	6,5-8,5	-	5,5-9	-	5,5-9	-
2	Colore (dopo filtrazione semplice)	mg/L scala pt	10	20(o)	50	100(o)	50	200(o)
3	Totale materie in sospensione	mg/L MES	25	-	-	-	-	-
4	Temperatura	°C	22	25(o)	22	25(o)	22	25(o)
5	Conduttività	µS/cm a 20°	1000	-	1000	-	1000	-
6	Odore	Fattore di diluizione a 25 °C	3	-	10	-	20	-
7*	Nitrati	mg/L NO3	25	50(o)	-	50(o)	-	50(o)
8	Fluoruri [1]	mg/L F	0,7/1	1,5	0,7/1,7	-	0,7/1,7	-
9	Cloro organico totale estraibile	mg/L Cl	-	-	-	-	-	-
10*	Ferro disciolto	mg/L Fe	0,1	0,3	1	2	1	-
11*	Manganese	mg/L Mn	0,05	-	0,1	-	1	-
12	Rame	mg/L Cu	0,02	0,05(o)	0,05	-	1	-
13	Zinco	mg/L Zn	0,5	2	1	5	1	5
14	Boro	mg/L B	1	-	1	-	1	-
15	Berillio	mg/L Be	-	-	-	-	-	-
16	Cobalto	mg/L Co	-	-	-	-	-	-
17	Nichelio	mg/L Ni	-	-	-	-	-	-
18	Vanadio	mg/L V	-	-	-	-	-	-

19	Arsenico	As	mg/L	0,01	0,05	-	0,05	0,05	0,1
20	Cadmio	Cd	mg/L	0,001	0,005	0,001	0,005	0,001	0,005
21	Cromo totale	Cr	mg/L	-	0,05	-	0,05	-	0,05
22	Piombo	Pb	mg/L	-	0,05	-	0,05	-	0,05
23	Selenio	Se	mg/L	-	0,01	-	0,01	-	0,01
24	Mercurio	Hg	mg/L	0,0005	0,001	0,0005	0,001	0,0005	0,001
25	Bario	Ba	mg/L	-	0,1	-	1	-	1
26	Cianuro	CN	mg/L	-	0,05	-	0,05	-	0,05
27	Solfati	SO4	mg/L	150	250	150	250(0)	150	250(o)
28	Cloruri	Cl	mg/L	200	-	200	-	200	-
29	Tensioattivi (che reagiscono al blu di metilene)	mg/L (solfato di laurile)		0,2	-	0,2	-	0,5	-
30*	Fosfati [2]	P2O5	mg/L	0,4	-	0,7	-	0,7	-
31	Fenoli (indice fenoli) paranitroanilina, 4 amminoantipirina	C6H5OH	mg/L	-	0,001	0,001	0,005	0,01	0,1
32	Idrocarburi disciolti o emulsionati (dopo estrazione mediante etere di petrolio)		mg/L	-	0,05	-	0,2	0,5	1
	Idrocarburi								

33	policiclici aromatici	mg/L	-	0,0002	-	0,0002	-	0,001
34	Antiparassitari-totale (parathion HCH, dieldrine)	mg/L	-	0,001	-	0,0025	-	0,005
35*	Domanda chimica ossigeno (COD)	mg/L O2	-	-	-	-	30	-
36*	Tasso di saturazione dell'ossigeno disciolto	% O2	>70	-	>50	-	>30	-
37*	A 20 °C senza nitrificazione domanda biochimica di ossigeno (BOD5)	mg/L O2	< 3	-	< 5	-	< 7	-
38	Azoto Kjeldahl (tranne NO2 ed NO3)	mg/L N	1	-	2	-	3	-
39	Ammoniaca	mg/L NH4	0,05	-	1	1,5	2	4(o)
40	Sostanze estraibili al cloroformio	mg/L SEC	0,1	-	0,2	-	0,5	-
41	Carbonio organico totale	mg/L C	-	-	-	-	-	-
42	Carbonio organico residuo (dopo flocculazione e filtrazione su membrana da 5μ) TOC	mg/L C	-	-	-	-	-	-

43	Coliformi totali	/100 mL	50	-	5000	-	50000	-	
44	Coliformi fecali	/100 mL	20	-	2000	-	20000	-	
45	Streptococchi fecali	/100 mL	20	-	1000	-	10000		
46	Salmonelle	-	assenza in 5000 mL	-	assenza in 1000 mL	-	-	-	

Legenda: - Categoria A1 - Trattamento fisico semplice e disinfezione
- Categoria A2 - Trattamento fisico e chimico normale e disinfezione
- Categoria A3 - Trattamento fisico e chimico spinto, affinazione e disinfezione
- I = Imperativo
- G = Guida
- (o) = sono possibili deroghe in conformita' al presente decreto
* = sono possibili deroghe in conformita' al presente decreto
Note:
[1] I valori indicati costituiscono i limiti superiori determinati in base alla temperatura media annua (alta e bassa temperatura)
[2] Tale parametro e' inserito per soddisfare le esigenze ecologiche di taluni ambienti.

Tabella 2/A: metodi di misura per la determinazione dei valori dei parametri chimici e chimico-fisici di cui alla tab. 1/A

Num. Param.	(A) Parametro	(B) Unita' di misura	(C) Limite di rilevamento	(D) Precisione ±	(E) Accuratezza ±	(F) Metodi di misura (*) 1	(G) a) Materiale del contenitore del campione; b) metodo di conservazione; c) tempo massimo tra il campionamento e l'analisi
						Elettrometria. La misura va eseguita preferibilmente sul posto al momento del	

1	pH	Unita' pH	-	0,1	0,2	campionamento. Il valore va sempre riferito alla temperatura dell'acqua al momento del prelievo.	a) polietilene o vetro; b) refrigerazione a 4 °C; c) 24 ore
2	Colore (dopo filtrazione semplice)	mg/L scala pt	5	10%	20%	Colorimetria. Metodo fotometrico secondo gli standard della scala platino cobalto (previa filtrazione su membrana di fibra di vetro)	a) polietilene o vetro; b) refrigerazione a 4 °C; c) 24 ore
3	Materiali in sospensione totali	mg/L	-	5%	10%	Gravimetria. Filtrazione su membrana da 0,45 µm, essicazione a 105 °C a peso costante. Centrifugazione (tempo minimo 5 min, velocita' media 2800/3000 giri-minuto). Filtrazione ed essicazione a 105 °C a peso costante.	a) polietilene o vetro; b) refrigerazione a 4 °C; c) 24 ore
						Termometria. La misura deve	

4	Tempera-tura	°C	-	0,5	1	essere eseguita sul posto, al momento del campio-namento.	-
5	Condut-tivita'	µS/cm a 20 °C	-	5%	10%	Elettro-metria.	a) vetro o polie-tilene; c) 1-3 giorni (**)
6	Odore	Fattore di dilui-zione a 25 °C	-	-	-	Tecnica delle dilui-zioni succes-sive.	a) vetro; b) refri-gera-zione a 4 °C; c) 6-24 ore (**)
7	Nitrati	mg/L NO3	2	10%	20%	Spettro-foto-metria di assorbi-mento mole-colare.	a) polie-tilene o vetro; b) refrige-razione a 4 °C; c) 1-3 giorni (**)
8	Fluoruri	mg/L F	0,05	10%	20%	Spettro-foto-metria di assorbi-mento molecolare previa distil-lazione se neces-saria. Elettro-metria. Elettrodi ionici speci-fici.	a) polie-tilene; c) 7 giorni
9	Cloro orga-nico totale estrai-bile	mg/L Cl	pm (***)	pm	pm	pm	pm
						Spettro-metria di assorbi-mento atomico. Previa	

- 535 -

10	Ferro disciolto	mg/L Fe	0,02	10%	20%	filtrazione su membrana da 0,45 µm. Spettrofotometria di assorbimento molecolare, previa filtrazione su membrana da 0,45 µm	a) polietilene o vetro; b) campione ben chiuso e refrigerazione a 4 °C; c) 24 ore
11	Manganese	mg/L Mn	0,01 [2] 0,02 [3]	10% 10%	20% 20%	Spettrometria di assorbimento atomico. Spettrometria di assorbimento atomico. Spettrofotometria di assorbimento molecolare.	a) polietilene o vetro; b) acidificare a pH < 2 (preferibilmente con HNO3 concentrato)
12	Rame [9]	mg/L Cu	0,005 0,02 [4]	10% 10%	20% 20%	Spettrometria di assorbimento atomico. Polarografia. Spettrometria di assorbimento atomico. Spettrofotometria di assorbimento molecolare. Polarografia.	Come specificato al parametro n. 11
13	Zinco [9]	mg/L Zn	0,01 [2]	10%	20%	Spettrometria di assorbimento atomico. Spettrometria di	

			0,02 [3]	10%	20%	assorbimento atomico. Spettrofotometria di assorbimento molecolare.	Come specificato al parametro n. 11
14	Boro [9]	mg/L B	0,1	10%	20%	Spettrofotometria di assorbimento molecolare. Spettrometria di assorbimento atomico.	a) polietilene; b) acidificare a pH < 2 (preferibilmente con HNO3) diluito 1:1)
15	Berillo	mg/L Be	pm	pm	pm	pm	come specificato al parametro n. 11
16	Cobalto	mg/L Co	pm	pm	pm	pm	come specificato al parametro n. 11
17	Nichelio	mg/L Ni	pm	pm	pm	pm	come specificato al parametro n. 11
18	Vanadio	mg/L V	pm	pm	pm	pm	come specificato al parametro n. 11
			0,002 [2]			Spettrometria di assorbimento atomico. Spettrometria di assorbimento atomico. Spettrometria di assorbimento	come specificato al para-

19	Arsenico [9]	mg/L As	0,01 [5]	20% -	20% -	molecolare.	metro n. 11
20	Cadmio [9]	mg/L Cd	0,0002 0,0001 [5]	30%	30%	Spettrometria di assorbimento atomico. Polarografia.	come specificato al parametro n. 11
21	Cromo totale [9]	mg/L Cr	0,01	20%	30%	Spettrometria di assorbimento atomico. Spettrofotometria di assorbimento molecolare.	come specificato al parametro n. 11
22	Piombo [9]	mg/L Pb	0,01	20%	30%	Spettrometria di assorbimento atomico. Polarografia.	come specificato al parametro n. 11
23	Selenio [9]	mg/L Se	0,005	-	-	Spettrometria di assorbimento atomico.	come specificato al paramento n. 11
24	Mercurio [9]	mg/L Hg	0,0001 0,0002 [5]	30%	30%	Spettrometria di assorbimento atomico senza fiamma (su vapori freddi).	a) polietilene o vetro; b) per ogni litro di campione addizionare 5 mL di HNO3 concentrato e 10 mL di soluzione di KMnO4 al 5%; c) 7 giorni
25	Bario [9]	mg/L Ba	0,02	15%	30%	Spettrometria di assorbimento atomico.	Come specificato al para metro n. 11

								a) polietilene o vetro; b) addizionare NaOH in gocce o in soluzione concentrata (pH circa 12) e raffreddare a 4 °C;
26	Cianuro	mg/L CN	0,01	20%	30%		Spettrometria di assorbimento molecolare.	c) 24 ore
27	Solfati	mg/L SO4	10	10%	10%		Gravimetria. Complessometria con EDTA Spettrofotometria di assorbimento molecolare.	a) polietilene o vetro; b) refrigerazione a 4 °C; c) 7 giorni
28	Cloruri	mg/L Cl	10	10%	10%		Determinazione volumetrica (metodo di Mohr). Metodo mercurimetrico con indicatore. Spettrofotometria di assorbimento molecolare.	a) polietilene o vetro; b) refrigerazione a 4 °C; c) 7 giorni
29	Tensioattivi	mg/L MBAS	0,05	20%	–		Spettrofotometria di assorbimento molecolare.	a) vetro o polietilene; b) refrigerazione a 4 °C; c) 24 ore
							Spettrofotometria di assorbimento	a) vetro; b) acidificazione con H2SO4 a

30	Fosfati	mg/L P2O5	0,02	10%	20%	mole-colare.	pH < 2; c) 24 ore
31	Fenoli	mg/L C6H5OH (indice fenoli)	0,0005 0,001 [6]	0,0005 30%	0,0005 50%	Spettro-foto-metria di assorbi-mento mole-colare. Metodo alla 4-ammino-anti-pirina. Metodo alla p-nitro-anilina.	a) vetro; b) acidi-fica-zione con H3PO4 a pH < 4 ed aggiun-ta di CuSO4 5 H2O (1 g/L); c) 24 ore
32	Idrocar-buri disciol-ti o emul-sionati	mg/L	0,01 0,04 [3]	20%	30%	Spettro-foto-metria all'infra-rosso previa estra-zione con tetra-cloruro di car-bonio. Gravi-metria previa estra-zione me-diante etere di pe-trolio.	a) vetro; b) acidi-ficare a pH < 2 (H2SO4 o HCl) c) 24 ore
33	Idrocar-buri poli-ciclici aroma-tici [9]	mg/L	0,00004	50%	50%	Misura della fluore-scenza in UV previa croma-tografia su strato sottile. Misura compa-rativa ri-spetto ad un miscu-glio di 6 sostanze standard aventi la stessa concen-trazione [7].	a) vetro scuro od allu-minio; b) tenere al buio a 4 °C; c) 24 ore

34	Antiparassitari totale [parathion, esaclorocicloesano (HCH) dieldrine [9]	mh/L	0,0001	50%	50%	Cromatografia in fase gassosa o liquida previa estrazione mediante solventi adeguati e purificazione. Identificazione dei componenti del miscuglio e determinazione quantitativa [8].	a) vetro; b) per HCH e dieldrin acidificare con HCl concentrato (1 mL per litro di campione) e refrigerare a 4 °C; per parathion acidificare a pH 5 con H2SO4 (1:1) e refrigerare a 4 °C; c) 7 giorni
35	Domanda chimica ossigeno (COD)	mg/L O2	15	20%	20%	Metodo al bicromato di potassio (ebollizione 2 ore)	a) vetro; b) acidificare a pH < 2 con H2SO4; 1-7 giorni (**)
36	Tasso di saturazione dell'ossigeno disciolto	% O2	5	10%	10%	Metodo di Winkler. Metodo di elettrochimico (determinazione in situ)	a) vetro; b) fissare l'ossigeno sul posto con solfato manganoso e ioduro-sodio-azide; 1-5 giorni a 4 °C (**)
						Determinazione dell'O2 disciolto prima e dopo incubazione di 5 giorni (20 ± 1 °C) al		

N.	Parametro	Unità				Metodo	Contenitore e conservazione
37	Domanda biochimica di ossigeno (BOD5) a 20 °C senza nitrificazione	mg/L O2	2	1,5	2	buio. Aggiunta di un inibitore di nitrificazione (Preferibilmente alliltiourea)	a) vetro; b) refrigerazione a 4 °C; c) 4-24 ore
38	Azoto Kieldahl (escluso azoto di NO2 ed NO3)	mg/L N	0,5	0,05	0,5	Spettrofotometria di assorbimento molecolare e determinazione volumetrica previa mineralizzazione e distillazione secondo il metodo Kieldahl.	a) vetro; b) acidificare con H2SO4 fino a pH < 2; c) refrigerare a 4 °C
39	Ammoniaca	mg/L NH4	0,01 [2] 0,1 [3]	0,03 [2] 10% [3]	0,03 [2] 20% [3]	Spettrofotometria di assorbimento molecolare.	come specificato al parametro n. 38
40	Sostanze estraibili con cloroformio	mg/L	–	–	–	Gravimetria. Estrazione a pH neutro mediante cloroformio distillato di fresco, evaporazione sotto vuoto moderato a temperatura ambiente e pesata del residuo	a) vetro; b) refrigerazione a 4 °C; c) 24 ore
	Carbonio						

```
|    |organico|       |      |      |      |           |         |
|    | totale |       |      |      |      |           |         |
|41  | (TOC)  |mg/L C | pm   | pm   | pm   | pm        | pm      |
+----+--------+-------+------+------+------+-----------+---------+
|    |Carbonio|       |      |      |      |           |         |
|    |organico|       |      |      |      |           |         |
|    |residuo |       |      |      |      |           |         |
|    | (dopo  |       |      |      |      |           |         |
|    | floc-  |       |      |      |      |           |         |
|    | cula-  |       |      |      |      |           |         |
|    |zione o |       |      |      |      |           |         |
|    |filtra- |       |      |      |      |           |         |
|    |zione su|       |      |      |      |           |         |
|    |membrana|       |      |      |      |           |         |
|42  |da 5 µm)|       | pm   |      | pm   | pm        | pm      |
+----+--------+-------+------+------+------+-----------+---------+
```

(*) Possono adottarsi metodo di misura diversi, purche' i limiti di rilevamento, la precisione e l'accuratezza siano compatibili con quelli indicati per i metodi riportati per ciascun parametro nel presente allegato. In tal caso deve indicarsi il metodo adottato.
(**) Il tempo massimo dipende dal tipo di campione.
(***) Per memoria.
[1] I campioni di acqua superficiali prelevati nel luogo di estrazione vengono analizzati e misurati previa eliminazione, mediante filtrazione semplice (vaglio a rete), dei residui galleggianti come legno, plastica.
[2] Per le acque della categoria A1 valore G.
[3] Per le acque delle categorie A2, A3.
[4] Per le acque della categoria A3.
[5] Per le acque delle categorie A1, A2, A3, valore I.
[6] Per le acque delle categorie A2, valore I ed A3.
[7] Miscuglio di sei sostanze standard aventi la stessa concentrazione da prendere in considerazione: fluorantrene, benzo-3, 4, fluorantrene, benzo 11, 12 fluorantrene, benzo 3, 4 pirene, benzo 1, 12 perilene, indeno (1, 2, 3-cd) pirene.
[8] Miscuglio di tre sostanze aventi la stessa concentrazione da prendere in considerazione: parathion, esaclorocicloesano, dieldrin.
[9] Se il tenore di materie in sospensione dei campioni e' elevato al punto da rendere necessario un trattamento preliminare speciale di tali campioni, i valori dell'accuratezza riportati nella colonna E del presente allegato potranno eccezionalmente essere superati e costituiranno un obiettivo. Questi campioni dovranno essere trattati in maniera tale che l'analisi copra la quantita' maggiore delle sostanze da misurare.

Tabella 3/A: Metodi di misura per la determinazione dei valori dei parametri microbiologici di cui alla tab. 1/A

```
==================================================================
|Num. Param. |      Parametro       |    Metodi di misura (*)    |
+============+======================+============================+
|            |                      |(A) Metodo MPN              |
|            |                      |Seminare                    |
|            |                      |aliquote decimali del       |
|            |                      |campione (e/o sue diluizioni)|
|            |                      |in piu' serie di 5 tubi     |
|            |                      |(almeno tre serie) di Brodo |
|            |                      |Lattosato. Incubare a 36 ± 1|
|            |                      |°C per 24 + 24 ore. I tubi  |
|            |                      |positivi (presenza di gas)  |
|            |                      |debbono essere sottoposti a |
```

1	Coliformi totali 100 mL	conferma in Brodo Lattosio Bile Verde Brillante a 36 ± 1 °C. Sulla base della positivita' su tale terreno riportare il valore come MPN/100 mL di campione. (B) Metodo MF Filtrare mL 100 di campione e/o sue diluizioni attraverso membrana filtrante. Incubate su m-Endo-Agar per 24 ore a 36 ± 1 °C. Contare le colonie rosse. Riportare il valore a 100 mL di campione.
2	Coliformi fecali 100 mL	(A) Metodo MPN I tubi positivi in Brodo Lattosato di cui al numero 1 lettera (A) debbono essere sottoposti a conferma in tubi di EC-Broth per 24 ore a 44 ± 0,2 °C in bagnomaria. Sulla base della positivita' dei tubi di EC-Broth riportate il valore come MPN/100 mL. (B) Metodo MF Filtrare mL 100 di campione e/o sue diluizioni attraverso membrana filtrante come al numero 1 lettera (B). Incubare su m-FC-Agar a 44 ± 0,2 °C per 24 ore in bagnomaria. Contare le colonie blu. Riportare il valore a 100 mL di campione.
3	Streptococchi fecali	(A) Metodo MPN Seminare aliquote decimali del campione (e/o sue diluizioni) in piu' serie di 5 tubi (almeno 3) di Azide Dextrose Broth. Incubare a 36 ± 1 °C per 24 + 24 ore. I tubi positivi (torbidi) debbono essere sottoposti a conferma in Ethyl Violet Azide Broth per 48 ore a 36 ± 1 °C. Leggere i tubi positivi (torbidi con fondo porpora). Riportare il valore come MPN/100 mL di campione. (B) Metodo MF Filtrare mL 100 di campione (e/o sue diluizioni) attraverso membrana filtrante come al numero 1, lettera (B). Incubare su KF-Agar a 36 ± 1 °C per 48 ore. Leggere le colonie rosse. Riportare il valore a 100 mL di campione.
		Metodo MF

			Filtrare 1000 e 5000 mL di campione attraverso membrana filtrante. Se la torbidita' non consente di filtrare la quantita' richiesta di campione, utilizzare idoneo prefiltro. Incubare il filtro (e l'eventuale prefiltro) in acqua peptonata a temperatura ambiente per 6 ore. Passare nei seguenti terreni: a) Terreno di MULLER-KAUFFMAN (incubare a 42 °C per 24-48 ore); b) Terreno di Brodo Selenite (incubare a 36 °C per 24-48 ore); Dai predetti terreni ed alle scadenze temporali indicate eseguire semine isolanti sui seguenti terreni: SS-Agar (incubare a 36 °C per 24 ore). Hektoen Enteric Agar (incubare a 36 °C per 24 ore). d) Desossicolato Citrato Agar (incubare a 36 °C per 24 ore). Le colonie sospette devono essere sottoposte ad identificazione.
4		Salmonelle [1]	

(*) Per i parametri dal n. 1 al n. 3 e' facoltativa la scelta tra i metodi di analisi MPN ed MF specificando il metodo impiegato. Assenza in 5000 mL (A1, G) e assenza in 1000 mL (A2, G).

Sezione B: Criteri generali e metodologie per il rilevamento delle caratteristiche qualitative, per la classificazione ed il calcolo della conformita' delle acque dolci superficiali idonee alla vita dei pesci salmonicoli e ciprinicoli.
I seguenti criteri si applicano alle acque dolci superficiali designate quali richiedenti protezione o miglioramento per essere idonee alla vita dei pesci.

1) Calcolo della conformita'
Le acque designate e classificate si considerano idonee alla vita dei pesci quando i relativi campioni prelevati con la frequenza minima riportata nella Tab. 1/B, nello stesso punto di prelevamento e per un periodo di dodici mesi, presentino valori dei parametri di qualita' conformi ai limiti imperativi indicati e alle relative note esplicative della medesima Tabella, per quanto riguarda:
a) il valore del 95% dei campioni prelevati, per i parametri:
- pH
- BOD_5
- ammoniaca indissociata
- ammoniaca totale
- nitriti
- cloro residuo totale
- zinco totale

- rame disciolto.
Quando la frequenza di campionamento e' inferiore ad un prelievo al mese, i valori devono essere conformi ai limiti tabellari nel 100% dei campioni prelevati;
b) i valori indicati nella tabella 1/B per i parametri:
- temperatura
- ossigeno disciolto;
c) la concentrazione media fissata per il parametro:
- materie in sospensione.
Il superamento dei valori tabellari o il mancato rispetto delle osservazioni riportate nella tabella 1/B non sono presi in considerazione se avvengono a causa di piene, alluvioni o altre calamita' naturali.

2) Campionamento
Ai fini dell'accertamento della conformita' di cui al punto 1:
   a) la frequenza dei campionamenti stabilita nella tabella 1/B puo' essere ridotta ove risulti accertato che la qualita' delle acque e' sensibilmente migliore di quella riscontrabile, per i singoli parametri dall'applicazione delle percentuali di cui al punto 1;
   b) possono essere esentate dal campionamento periodico le acque per le quali risulti accertato che non esistono cause di inquinamento o rischio di deterioramento.
Il luogo esatto del prelevamento dei campioni, la sua distanza dal piu' vicino punto di scarico di sostanze inquinanti e la profondita' alla quale i campioni devono essere prelevati sono definiti dall'autorita' competente in funzione, soprattutto, delle condizioni ambientali locali.

Tab. 1/B: Qualita' delle acque idonee alla vita dei pesci salmonidi e ciprinidi

N. prog.	Parametro	Unita' di misura	Acque per salmonidi G	Acque per salmonidi I	Acque per ciprinidi G	Acque per ciprinidi I	Metodo di analisi e rilevamento	Frequenza minima di campionamento e di misura	Riferimento in note esplicative
1	Temperatura (aumento)	Δ °C		1,5		3	- Termometria	Mensile	[1]
	Temperatura (massima)	°C		21,5 (o)		28 (o)			
	Temperatura (periodi di riproduzione)	°C		10 (o)					

2	Ossi-geno	mg/L O2	≥ 9 (50%) ≥ 7 (100%)	≥ 9 (50%)	≥ 8 (50%) ≥ 5 (100%)	≥ 7 (50%)	- Volumetria (metodo di Winkler) - Elettrometria (elettrodi specifici)	Mensile	[2]
3	Concentrazioni di ioni idrogeno	pH	6-9 (o)		6-9 (o)		Potenziometria	Mensile	[3]
4	Materiali in sospensione	mg/L	25 (o)	60 (o)	25 (o)	80 (o)	- Gravimetria	Mensile	[4]
5	BOD5	mg/L O2	3	5	6	9	- Volumetria (metodo di Winkler) - Elettrometria -Respirometria	Mensile	[5]
							- Spettrofotometria di assorbimento molecolare (Metodo all'acido fosfomolibdico in presenza di acido ascor-		

6	Fo-sforo totale	mg/L P	0,07		0,14		bico, previa minera-lizza-zio-ne)	Men-sile	[6]
7	Ni-triti	mg/L NO2	0,01	0,88	0,03	1,77	- Spet-tro-fotome-tria di assor-bi-mento mole-co-lare (Me-todo alla N-1-nafti-leti-len-diam-mina e sul-fani-lam-mide)	Men-sile	[7]
8	Com-posti feno-lici	mg/L C6H5OH	0,01	**	0,01	**	- Spet-tro-fotome-tria di assor-bi-mento moleco-lare (Metodo alla 4-amino-antipi-rina o alla p-nitro-ani-lina) - Esame gusta-tivo	Men-sile	[8]
							- Spet-tro-metria IR (previa estra-zione con CC14 o sol-vente		

9	Idrocarburi di origine petrolifera	mg/L	0,2	***	0,2	***	equivalente) - Esame visivo - Esame gustativo	Mensile	[9]	
10	Ammoniaca non ionizzata	mg/L NH3	0,005	0,025	0,005	0,025	- Spettrofotometria di assorbimento molecolare (Metodo al blu di indofenolo - oppure - Metodo di Nessler)	Mensile	[10]	
11	Ammoniaca totale	mg/L NH4	0,04	1	0,2	1	- Spettrofotometria di assorbimento molecolare (Metodo al blu di indofenolo - oppure - Metodo di Nessler)	Mensile	[11]	
							- Spettrofotometria di assorbimento molecolare o volumetria (Metodo DPD:N, N-die-			

12	Cloruro residuo totale	mg/L come HOCl		0,004		0,004	til-p-fenilendiammina)	Mensile	[12]
13	Zinco totale *	µg/L Zn		300		400	- Spettrometria di assorbimento atomico	Mensile	[14]
14	Rame	µg/L Cu		40		40	- Spettrometria di assorbimento atomico	Mensile	[14]
15	Tensioattivi (anionici)	mg/L come MBAS	0,2		0,2		- Spettrofotometria di assorbimento molecolare (Metodo al blu di metilene)	Mensile	[13]
16	Arsenico	µg/L As		50		50	- Spettrometria di assorbimento atomico	Mensile	[14]
17	Cadmio totale *	µg/L Cd	0,2	2,5	0,2	2,5	- Spettrometria di assorbimento atomico	Mensile	[14]
18	Cromo	µg/L Cr		20		100	- Spettrometria di assorbimento atomico	Mensile	[14]

19	Mercurio totale *	Hg µg/L	0,05	0,5	0,05	0,5	- Spettrometria di assorbimento atomico (su vapori freddi)	Mensile	[14]
20	Nichel	Ni µg/L		75		75	- Spettrometria di assorbimento atomico	Mensile	[14]
21	Piombo	Pb µg/L		10		50	- Spettrometria di assorbimento atomico	Mensile	[14]

ABBREVIAZIONI: G = guida o indicativo; I = imperativo od obbligatorio.
Note: (o): Conformemente al presente decreto sono possibili deroghe;
* Totale = Disciolto piu' particolato;
** I composti fenolici non devono essere presenti in concentrazioni tali da alterare il sapore dei pesci
*** I prodotti di origine petrolifera non devono essere presenti in quantita' tali da:
- produrre alla superficie dell'acqua una pellicola visibile o da depositarsi in strati sul letto dei corsi d'acqua o sul fondo dei laghi
- dare ai pesci un sapore percettibile di idrocarburi
- provocare effetti nocivi sui pesci.

Osservazioni di carattere generale:
Occorre rilevare che nel fissare i valori dei parametri si e' partiti dal presupposto che gli altri parametri, considerati ovvero non considerati nella presente sezione, sono favorevoli. Cio' significa in particolare che le concentrazioni di sostanze nocive diverse da quelle enumerate sono molto deboli. Qualora due o piu' sostanze nocive siano presenti sotto forma di miscuglio, e' possibile che si manifestino, in maniera rilevante, effetti additivi, sinergici o antagonistici.

Metodiche analitiche e di campionamento:
Le metodiche analitiche e di campionamento da impiegarsi nella determinazione dei parametri sono quelle descritte nei volumi "Metodi analitici per le acque" pubblicati dall'Istituto di Ricerca sulle Acque del C.N.R. (Roma), e successivi aggiornamenti.

NOTE ESPLICATIVE AI PARAMETRI DELLA TAB. 1/B
(Integrano le prescrizioni figuranti nel prospetto di detta Tabella)

[1] Per la verifica del ΔT la temperatura deve essere misurata a valle di un punto di scarico termico al limite della zona di mescolamento; il valore riportato in tabella si riferisce alla differenza tra la temperatura misurata e la temperatura naturale.
Con riferimento alla temperatura di riproduzione, non e' stato espresso alcun valore limite in considerazione della variabilita' di temperatura ideale di riproduzione dei pesci appartenenti ai Ciprinidi nelle acque italiane.
[2] a) Valore limite "I" - acque per Salmonidi: quando la concentrazione di ossigeno e' inferiore a 6 mg/L, le Autorita' competenti devono intervenire ai sensi della parte terza del presente decreto;
 b) Valore limite "I" - acque per Ciprinidi: quando la concentrazione di ossigeno e' inferiore a 4 mg/L, le Autorita' competenti applicano le disposizioni della parte terza del presente decreto;
- quando si verificano le condizioni previste in (a) e (b) le Autorita' competenti devono provare che dette situazioni non avranno conseguenze dannose allo sviluppo equilibrato delle popolazioni ittiche;
- tra parentesi viene indicata la percentuale delle misure in cui debbono essere superati o eguagliati i valori tabellari (e.g. ≥ 9 (50%) significa che almeno nel 50% delle misure di controllo la concentrazione di 9 mg/L deve essere superata);
- campionamento: almeno un campione deve essere rappresentativo delle condizioni di minima ossigenazione nel corso dell'anno. Tuttavia se si sospettano variazioni giornaliere sensibili dovranno essere prelevati almeno 2 campioni rappresentativi delle differenti situazioni nel giorno del prelievo.
[3] Le variazioni artificiali del pH, rispetto ai valori naturali medi del corpo idrico considerato, possono superare di ± 0,5 unita'-pH i valori estremi figuranti nel prospetto della tabella 1/B (sia per le acque per Salmonidi che per le acque per Ciprinidi) a condizione che tali variazioni non determinano un aumento della nocivita' di altre sostanze presenti nell'acqua.
[4] Si puo' derogare dai suddetti limiti nei corpi idrici, in particolari condizioni idrologiche, in cui si verifichino arricchimenti naturali senza intervento antropico;
i valori limite (G e I per le due sottoclassi) sono concentrazioni medie e non si applicano alle materie in sospensione aventi proprieta' chimiche nocive. In quest'ultimo caso le Autorita' competenti prenderanno provvedimenti per ridurre detto materiale, se individuata l'origine antropica;
- nell'analisi gravimetrica il residuo, ottenuto dopo filtrazione su membrana di porosita' 0,45 µm o dopo centrifugazione (tempo 5 min. ed accelerazione media di 2.800 3.200 g), dovra' essere essiccato a 105 °C fino a peso costante.
[5] La determinazione dell'ossigeno va eseguita prima e dopo incubazione di cinque giorni, al buio completo, a 20 °C (± 1 °C) e senza impedire la nitrificazione.
[6] I valori limite "G" riportati possono essere considerati come indicativi per ridurre l'eutrofizzazione;
- per i laghi aventi profondita' media compresa tra 18 e 300 metri, per il calcolo del carico di fosforo totale accettabile, al fine di controllare l'eutrofizzazione, puo' essere utilizzata la seguente formula:

$$L = A \frac{Z}{T_w} (1 + \sqrt{T_w})$$

dove:
L = carico annuale espresso in mg di P per metro quadrato di superficie del lago considerato;

Z = profondita' media del lago in metri (generalmente si calcola dividendo il volume per la superficie);
Tw = tempo teorico di ricambio delle acque del lago, in anni (si calcola dividendo il volume per la portata annua totale dell'emissario);
A = valore soglia per il contenimento dei fenomeni eutrofici - Per la maggior parte dei laghi italiani "A" puo' essere considerato pari a 20.
Tuttavia per ogni singolo ambiente e' possibile calcolare uno specifico valore soglia (A) mediante l'applicazione di una delle seguenti equazioni. (Il valore ottenuto va aumentato del 50% per i laghi a vocazione salmonicola e del 100% per i laghi a vocazione ciprinicola).

$$\text{Log } [P] = 1,48 + 0,33 \; (\pm \; 0,09) \text{ Log MEI* alcal.}$$
$$\text{Log } [P] = 0,75 + 0,27 \; (\pm \; 0,11) \text{ Log MEI* cond.}$$

dove:
P = A = Concentrazione di fosforo totale di µg/L;
MEI alcal. = Rapporto tra alcalinita' (meq/L) e profondita' media (m);
MEI cond. = Rapporto tra conducibilita' (µS/cm) e profondita' media (m);
(*) MEI = Indice morfoedafico.

[7] Nei riguardi dei pesci i nitriti risultano manifestamente piu' tossici in acque a scarso tenore di cloruri. I valori "I" indicati nella tabella 1/B corrispondono ad un criterio di qualita' per acque con una concentrazione di cloruri di 10 mg/L.
Per concentrazioni di cloruri comprese tra 1 e 40 mg/L i valori limite "I" corrispondenti sono riportati nella seguente tabella 2/B.

Tab. 2/B - Valori limite "Imperativi" per il parametro nitriti per concentrazioni di cloruri comprese tra 1 e 40 mg/L

Cloruri (mg/L)	Acque per salmonidi (mg/L NO2)	Acque per ciprinidi (mg/L NO2)
1	0,10	0,19
5	0,49	0,98
10	0,88	1,77
20	1,18	2,37
40	1,48	2,96

[8] Data la complessita' della classe, anche se ristretta ai fenoli monoidrici, il valore limite unico quotato nel prospetto della tabella 1/B puo' risultare a seconda del composto chimico specifico troppo restrittivo o troppo permissivo;
- poiche' la direttiva del Consiglio (78/659/CEE del 18 luglio 1978) prevede soltanto l'esame organolettico (sapore), appare utile richiamare nella tabella 3/B la concentrazione piu' alta delle sostanze piu' rappresentative della sotto classe Clorofenoli che non altera il sapore dei pesci (U.S. EPA - Ambient Water Quality Criteria, 1978):

Tab. 3/B

Fenoli	Livelli (µg/L)	Fenoli	Livelli (µg/L)
2-clorofenolo	60	2,5-diclorofenolo	23
4-clorofenolo	45	2,6-diclorofenolo	35
2,3-diclorofenolo	84	2,4,6-triclorofenolo	52
2,4-diclorofenolo	0,4 (*)		

(*) Questo valore indica che si possono riscontrare alterazioni del sapore dei pesci anche a concentrazione di fenoli al disotto del valore guida (G) proposto.

Appare infine utile richiamare, nella tabella 4/B, i criteri, di qualita' per la protezione della vita acquatica formulati da B.C. Nicholson per conto del Governo Australiano in "Australian Water Quality Criteria for Organic Compound - Tecnical Paper n. 82 1984".

Tab. 4/B

Fenoli	µg/L	Fenoli	µg/L
Fenolo	100	4-clorofenolo	400
o-cresolo	100	2,4-diclorofenolo	30
m-cresolo	100	2,4,6-triclorofenolo	30
p-cresolo	100	Pentaclorofenolo	1

[9] Considerato che gli olii minerali (o idrocarburi di origine petrolifera) possono essere presenti nell'acqua o adsorbiti nel materiale in sospensione o emulsionati o disciolti, appare indispensabile che il campionamento venga fatto sotto la superficie:
  - concentrazioni di idrocarburi anche inferiori al valore guida riportato nella tabella 1/B possono tuttavia risultare nocivi per forme ittiche giovanili ed alterare il sapore del pesce;
  - la determinazione degli idrocarburi di origine petrolifera va eseguita mediante spettrofotometria IR previa estrazione con tetracloruro di carbonio o altro solvente equivalente.
[10] La proporzione di ammoniaca non ionizzata (o ammoniaca libera), specie estremamente tossica, in quella totale ($NH_3 + NH_4^+$) dipende dalla temperatura e dal pH;
  - le concentrazioni di ammoniaca totale ($NH_3 + NH_4^+$) che contengono una concentrazione di 0,025 mg/L di ammoniaca non ionizzata, in funzione della temperatura e pH, misurate al momento del prelievo, sono quelle riportate nella seguente tabella 5/B:

Tab. 5/B

Temperatura (°C)	Valori di pH						
	6,5	7,0	7,5	8,0	8,5	9,0	9,5
5	63,3	20,0	6,3	2,0	0,66	0,23	0,089

10	42,4	13,4	4,3	1,4	0,45	0,16	0,067
15	28,9	9,2	2,9	0,94	0,31	0,12	0,053
20	20,0	6,3	2,0	0,66	0,22	0,088	0,045
25	13,9	4,4	1,4	0,46	0,16	0,069	0,038
30	9,8	3,1	1,0	0,36	0,12	0,056	0,035

[11] Al fine di ridurre il rischio di tossicita' dovuto alla presenza di ammoniaca non ionizzata, il rischio di consumo di ossigeno dovuto alla nitrificazione e il rischio dovuto all'instaurarsi di fenomeni di eutrofizzazione, le concentrazioni di ammoniaca totale non dovrebbero superare i valori indicati nel prospetto della tabella 1/B;
 - tuttavia per cause naturali (particolari condizioni geografiche o climatiche) e segnatamente in caso di basse temperature dell'acqua e di diminuzione della nitrificazione o qualora l'Autorita' competente possa provare che non si avranno conseguenze dannose per lo sviluppo equilibrato delle popolazioni ittiche, e' consentito il superamento dei valori tabellari.
[12] Quando il cloro e' presente in acqua in forma disponibile, cioe' in grado di agire come ossidante, i termini, usati indifferentemente in letteratura, "attivo", o "residuo" si equivalgono;
 - il "cloro residuo totale", corrisponde alla somma, se presenti contemporaneamente, del cloro disponibile libero [cioe' quello presente come una miscela in equilibrio di ioni ipoclorito (OCl^-) ed acido ipocloroso (HOCl) e del cloro combinato disponibile [cioe' quello presente nelle cloroammine o in altri composti con legami N-Cl (i.e. dicloroisocianurato di sodio)];
 - la concentrazione piu' elevata di cloro (Cl_2) che non manifesta effetti avversi su specie ittiche sensibili, entro 5 giorni, e' di 0,005 mg Cl_2/L (corrispondente a 0,004 mg/L di HOCl). Considerato che il cloro e' troppo reattivo per persistere a lungo nei corsi d'acqua, che lo stesso acido ipocloroso si decompone lentamente a ione cloruro ed ossigeno (processo accelerato dalla luce solare), che i pesci per comportamento autoprotettivo fuggono dalle zone ad elevata concentrazione di cloro attivo, come valore e' stato confermato il limite suddetto;
 - le quantita' di cloro totale, espresse in mg/L di Cl_2, che contengono una concentrazione di 0,004 mg/L di HOCl, variano in funzione della temperatura e soprattutto del valore di pH (in quanto influenza in maniera rimarchevole il grado di dissociazione dell'acido ipocloroso HOCl <-> H^+ + ClO^- secondo la seguente tabella 6/B:

Tab. 6/B

Temperatura (°C)	Valori di pH			
	6	7	8	9
5	0,004	0,005	0,011	0,075
25	0,004	0,005	0,016	0,121

Pertanto i valori "I" risultanti in tabella corrispondono a pH = 6. In presenza di valori di pH piu' alti sono consentite concentrazioni di cloro residuo totale (Cl_2) piu' elevate e comunque non superiori

a quelle riportate in tabella 6/B;
 - per i calcoli analitici di trasformazione del cloro ad acido ipocloroso ricordare che, dell'equazione stechiometrica, risulta che una mole di cloro (Cl_2) corrisponde ad 1 mole di acido ipocloroso (HOCl).
 - in ogni caso la concentrazione ammissibile di cloro residuo totale non deve superare il limite di rilevabilita' strumentale del metodo di riferimento.

[13] L'attenzione e' rivolta alla classe tensioattivi anionici, che trova il maggior impiego nei detersivi per uso domestico;
 - il metodo al blu di metilene, con tutti gli accorgimenti suggeriti negli ultimi anni (vedi direttiva del Consiglio 82/243/CEE del 31 marzo 1982, in Gazzetta Ufficiale delle Comunita' europee L. 109 del 22 aprile 1982), appare ancora il piu' valido per la determinazione di questa classe di composti. Per il futuro e' da prevedere l'inclusione in questo parametro almeno della classe dei tensioattivi non ionici.

[14] Gli otto metalli presi in considerazione risultano piu' o meno tossici verso la fauna acquatica. Alcuni di essi (Hg, As, etc.) hanno la capacita' di bioaccumularsi anche su pesci commestibili.
La tossicita' e' spesso attenuata dalla durezza. I valori quotati nel prospetto della tabella 1/B, corrispondono ad una durezza dell'acqua di 100 mg/L come $CaCO_3$. Per durezze comprese tra <50 e >250 i valori limite corrispondenti sono riportati nei riquadri seguenti contraddistinti per protezione dei Salmonidi e dei Ciprinidi.

Protezione Salmonidi

Parametri (*)			Durezza dell'acqua (mg/L di CaCO3)					
			<50	50-99	100-149	150-199	200-250	>250
12	Arsenico	come As	50	50	50	50	50	50
13	Cadmio totale	come Cd	2,5	2,5	2,5	2,5	2,5	2,5
14	Cromo	come Cr	5	10	20	20	50	50
15	Mercurio totale	come Hg	0,5	0,5	0,5	0,5	0,5	0,5
16	Nichel	come Ni	25	50	75	75	100	100
17	Piombo	come Pb	4	10	10	20	20	20
18	Rame	come Cu	5(a)	22	40	40	40	112
19	Zinco totale	come Zn	30	200	300	300	300	500

(a) La presenza di pesci in acque con piu' alte concentrazioni puo' significare che predominano complessi organocuprici disciolti.

Protezione Ciprinidi

Parametri (*)			Durezza dell'acqua (mg/L di CaCO3)					
			<50	50-99	100-149	150-199	200-250	>250
12	Arsenico	come As	50	50	50	50	50	50
13	Cadmio totale	come Cd	2,5	2,5	2,5	2,5	2,5	2,5
14	Cromo	come Cr	75	80	100	100	125	125
15	Mercurio totale	come Hg	0,5	0,5	0,5	0,5	0,5	0,5
16	Nichel	come Ni	25	50	75	75	100	100
17	Piombo	come Pb	50	125	125	250	250	250
18	Rame	come Cu	5	22	40	40	40	112
19	Zinco totale	come Zn	130	350	400	500	500	1000

(*) I valori limite si riferiscono al metallo disciolto, salvo diversa indicazione e sono espressi in µg/L.

Sezione C: Criteri generali e metodologie per il rilevamento delle caratteristiche qualitative ed il calcolo della conformita' delle acque destinate alla vita dei molluschi

I seguenti criteri si applicano alle acque costiere e salmastre sedi di banchi e popolazioni naturali di molluschi bivalvi c gasteropodi designate come richiedenti protezione e miglioramento per consentire la vita e lo sviluppo dei molluschi e per contribuire alla buona qualita' dei prodotti della molluschicoltura destinati al consumo umano.

1) Calcolo della conformita'

1. Le acque designate ai sensi dell'art. 87 si considerano conformi quando i campioni di tali acque, prelevate nello stesso punto per un periodo di dodici mesi, secondo la frequenza minima prevista nella tab. 1/C, rispettano i valori e le indicazioni di cui alla medesima tabella per quanto riguarda:
a) il 100% dei campioni prelevati per i parametri sostanze organo alogenate e metalli;
b) il 95% dei campioni per i parametri ed ossigeno disciolto;
c) il 75% dei campioni per gli altri parametri indicati nella tab. 1/C.

2. Qualora la frequenza dei campionamenti, ad eccezione di quelli relativi ai parametri sostanze organo alogenate e metalli, sia inferiore a quella indicata nella tab. 1/C, la conformita' ai valori ed alle indicazioni deve essere rispettata nel 100% dei campioni.

3. Il superamento dei valori tabellari o il mancato rispetto delle indicazioni riportate nella tabella 1/C non sono presi in considerazione se avvengono a causa di eventi calamitosi.

2) Campionamento

1. L'esatta ubicazione delle stazioni di prelievo dei campioni, la loro distanza dal piu' vicino punto di scarico di sostanze inquinanti e la profondita' alla quale i campioni devono essere prelevati, sono

definiti dall'Autorita' competente in funzione delle condizioni ambientali locali.

2. Ai fini dell'accertamento della conformita' di cui al comma 1, la frequenza dei campionamenti stabilita nella tabella 1/C puo' essere ridotta dall'Autorita' competente ove risulti accertato che la qualita' delle acque e' sensibilmente superiore per i singoli parametri di quella risultante dall'applicazione dei valori limite e relative note.

3. Possono essere esentate dal campionamento periodico le acque per le quali risulti accertato che non esistano cause di inquinamento o rischio di deterioramento.

Tab. 1/C Qualita' delle acque destinate alla vita dei molluschi

	Parametro	Unita' di misura	G	I	Metodo di analisi di riferimento	Frequenza minima di campionamenti e delle misurazioni
1	pH	unita' pH		7-9	- Elettrometria La misurazione viene eseguita sul posto al momento del campionamento	Trimestrale
2	Temperatura	°C		La differenza di temperatura provocata da uno scarico non deve superare, nelle acque destinate alla vita dei molluschi influenzate da tale scarico, di oltre 2 °C la temperatura misurata nelle acque non influenzate	- Termometria La misurazione viene eseguita sul posto al momento del campionamento	Trimestrale
				Dopo filtrazione il		

3	Colora-zione (dopo filtra-zione)	mg Pt/L		colore dell'acqua, provocato da uno scarico, non deve disco-starsi nelle acque destinate alla vita dei molluschi influen-zate da tale scarico di oltre 10 mg Pt/L dal colore misurato nelle acque non influen-zate	- Filtra-zione su membrana filtrante di 0,45 µm, Metodo foto-metrico, secondo gli standard della scala platino-cobalto		Trime-strale
4	Mate-riali in sospen-sione	mg/L		L'aumento del tenore di materie in sospen-sione provocato da uno scarico non deve superare, nelle acque destinate alla vita dei molluschi influen-zate da tale scarico, di oltre il 30% il tenore misurato nelle acque non influen-zate	- Filtra-zione su membrana filtrante di 0,45 µm, essic-cazione a 105 °C e pesatura; - Centri-fugazione e (tempo minimo 5 min accele-razione media di 2800-3200 g) essic-cazione a 105°C e pesatura		Trime-strale
				- ≤ 40‰ - La variazione della salinita' provocata da uno scarico non deve superare, nelle acque destinate alla vita dei molluschi influen-zate da tale scarico, ± 10% la			

N.	Parametro	Unità	Valori	Osservazioni	Metodo di analisi	Frequenza campionamento
5	Salinita'	‰	12-38‰	salinita' misurata nelle acque non influenzate	Conduttometria	Mensile
6	Ossigeno disciolto	% di saturazione	≥ 80%	- = 70% (valore medio) - Se una singola misurazione e indica un valore inferiore al 70% le misurazioni vengono proseguite -Una singola misurazione puo' indicare un valore inferiore al 60% soltanto qualora non vi siano conseguenze dannose per lo sviluppo delle popolazioni di molluschi	- Metodo di Winkler-Metodo elettrochimico	Mensile, con almeno un campione rappresentativo del basso tenore di ossigeno presente nel giorno del prelievo. Tuttavia se si presentano variazioni diurne significative saranno effettuati almeno due prelievi al giorno.
	Idrocarburi di origine			Gli idrocarburi non devono essere presenti nell'acqua in quantita' tale: - da produrre un film visibile alla superficie dell'acqua e/o un deposito sui molluschi - da avere effetti		

7	petro-lifera			nocivi per i molluschi	- Esame visivo		Trime-strale
8	Sostanze organo-aloge-nate		La concentrazione di ogni sostanza nella polpa del mollusco deve essere tale da contribuire ad una buona qualita' dei prodotti della mollu-schi-coltura	La concentrazione di ogni sostanza nell'acqua o nella polpa del mollusco non deve superare un livello tale da provocare effetti nocivi per i molluschi e per le larve	Croma-tografia in fase gassosa, previa estrazione mediante appropriati solventi e purifi-cazione		Seme-strale
9	Metalli: Argento Ag Arsenico As Cadmio Cd Cromo Cr Rame Cu Mercurio Hg (*) Nichelio Ni Piombo Pb (**) Zinco Zn	ppm	La concentrazione di ogni sostanza nella polpa del mollusco deve essere tale da contri-buire ad una buona qualila' dei prodotti della mollu-schi-coltura	La concentrazione di ogni sostanza nell'acqua o nella polpa del mollusco non deve superare un livello tale da provocare effetti nocivi per i molluschi e per le loro larve. E' necessario prendere in conside-razione gli effetti sinergici dei vari metalli	- Spettro-foto-metria di assorbi-mento atomico, eventual-mente preceduta da concen-trazione e/o estrazione		Seme-strale
					Metodo di diluizione con fermen-tazione in substrati liquidi in almeno tre provette, in tre diluizioni. Trapianto delle provette positive sul terreno di conferma.		

10	Coliformi fecali	n°/100mL		≤ 300 nella polpa del mollusco e nel liquido intervalvare	Computo secondo il sistema M.P.N. (Numero piu' probabile). Temperatura di incubazione 44±0,5 °C	Trimestrale
11	Sostanze che influiscono sul sapore dei molluschi			Concentrazione inferiore a quella che puo' alterare il sapore dei molluschi	Esame gustativo dei molluschi, allorche' si presume la presenza di tali sostanze	
12	Sassitossina (prodotta dai dinoflaggellati)					

(*) valore imperativo nella polpa del mollusco=0,5 ppm
(**) valore imperativo nella polpa del mollusco=2 ppm

ABBREVIAZIONI
G=guida o indicativo
I=imperativo o obbligatorio

ALLEGATO 3

RILEVAMENTO DELLE CARATTERISTICHE DEI BACINI IDROGRAFICI E ANALISI DELL'IMPATTO ESERCITATO DALL'ATTIVITA' ANTROPICA

Per la redazione dei piani di tutela, le Regioni devono raccogliere ed elaborare i dati relativi alle caratteristiche dei bacini idrografici secondo i criteri di seguito indicati.
A tal fine si ritiene opportuno che le Regioni si coordinino, anche con il supporto delle autorita' di bacino, per individuare, per ogni bacino idrografico, un Centro di Documentazione cui attribuire il compito di raccogliere, catalogare e diffondere le informazioni relative alle caratteristiche dei bacini idrografici ricadenti nei territori di competenza.
Devono essere in particolare considerati gli elementi geografici, geologici, idrogeologici, fisici, chimici e biologici dei corpi idrici superficiali e sotterranei, nonche' quelli socioeconomici presenti nel bacino idrografico di propria competenza.

1 CARATTERIZZAZIONE DEI CORPI IDRICI SUPERFICIALI
Le regioni, nell'ambito del territorio di competenza, individuano l'ubicazione e il perimetro dei corpi idrici superficiali ed effettuano di tutti una caratterizzazione iniziale, seguendo la metodologia indicata in appresso. Ai fini di tale caratterizzazione iniziale le regioni possono raggruppare i corpi idrici superficiali.
   i) Individuare i corpi idrici superficiali all'interno del bacino idrografico come rientranti in una delle seguenti categorie di acque

superficiali - fiumi, laghi, acque di transizione o acque costiere - oppure come corpi idrici superficiali artificiali o corpi idrici superficiali fortemente modificati.

ii) Per i corpi idrici superficiali artificiali o fortemente modificati, la classificazione si effettua secondo i descrittori relativi a una delle categorie di acque superficiali che maggiormente somigli al corpo idrico artificiale o fortemente modificato di cui trattasi.

1.1 ACQUISIZIONE DELLE CONOSCENZE DISPONIBILI

La fase iniziale, finalizzata alla prima caratterizzazione dei bacini idrografici, serve a raccogliere le informazioni relative a:

a) gli aspetti geografici: estensione geografica ed estensione altitudinale, latitudinale e longitudinale

b) le condizioni geologiche: informazioni sulla tipologia dei substrati, almeno in relazione al contenuto calcareo, siliceo ed organico

c) le condizioni idrologiche: bilanci idrici, compresi i volumi, i regimi di flusso nonche' i trasferimenti e le deviazioni idriche e le relative fluttuazioni stagionali e, se del caso, la sanita'

d) le condizioni climatiche: tipo di precipitazioni e, ove possibile, evaporazione ed evapotraspirazione.

Tali informazioni sono integrate con gli aspetti relativi a:

a) caratteristiche socioeconomiche utilizzo del suolo, industrializzazione dell'area, ecc.

b) individuazione e tipizzazione di aree naturali protette,

c) eventuale caratterizzazione faunistica e vegetazionale dell'area del bacino idrografico.

SEZIONE A: METODOLOGIA PER L'INDIVIDUAZIONE I TIPI PER LE DIVERSE CATEGORIE DI ACQUE SUPERFICIALI

A.1 Metodologia per l'individuazione dei tipi fluviali

A.1.1 Definizioni:

- "corso d'acqua temporaneo": un corso d'acqua soggetto a periodi di asciutta totale o di tratti dell'alveo annualmente o almeno 2 anni su 5;

- "corso d'acqua intermittente": un corso d'acqua temporaneo con acqua in alveo per piu' di 8 mesi all'anno, che puo' manifestare asciutte anche solo in parte del proprio corso e/o piu' volte durante l'anno;

- "corso d'acqua effimero": un corso d'acqua temporaneo con acqua in alveo per meno di 8 mesi all'anno, ma stabilmente; a volte possono essere rinvenuti tratti del corso d'acqua con la sola presenza di pozze isolate;

- "corso d'acqua episodico": un corso d'acqua temporaneo con acqua in alveo solo in seguito ad eventi di precipitazione particolarmente intensi, anche meno di una volta ogni 5 anni. I fiumi a carattere episodico (esempio: le fiumare calabre o lame pugliesi), sono da considerarsi ambienti limite, in cui i popolamenti acquatici sono assenti o scarsamente rappresentati, anche nei periodi di presenza d'acqua. Pertanto tali corpi idrici non rientrano nell'obbligo di monitoraggio e classificazione.

Nelle definizioni sopra riportate l'assenza di acqua in alveo si intende dovuta a condizioni naturali.

A.1.2 Basi metodologiche

La tipizzazione dei fiumi e' basata sull'utilizzo di descrittori abiotici, in applicazione del sistema B dell'allegato II della Direttiva 2000/60/CE e devono, quindi, essere classificati in tipi sulla base di descrittori geografici, climatici e geologici. La tipizzazione si applica a tutti i fiumi che hanno un bacino idrografico ≥ 10 km^2. La tipizzazione deve essere applicata anche a fiumi con bacini idrografici di superficie minore nel caso di ambienti di particolare rilevanza paesaggistico-naturalistica, di ambienti individuati come siti di riferimento, nonche' di corsi d'acqua che, per il carico inquinante, possono avere un'influenza negativa rilevante per gli obiettivi stabiliti per altri corpi idrici ad essi connessi.

La procedura utilizzata per la definizione dei tipi per i corsi d'acqua si articola in tre livelli successivi di seguito descritti:
- Livello 1 - Regionalizzazione
- Livello 2 - Definizione di una tipologia
- Livello 3 - Definizione di una tipologia di dettaglio

A.1.3. Regionalizzazione.

Il livello 1 si basa su una regionalizzazione del territorio europeo e consiste in una identificazione di aree che presentano al loro interno una limitata variabilita' per le caratteristiche chimiche, fisiche e biologiche, sulle quali applicare successivamente la tipizzazione dei corsi d'acqua. I descrittori utilizzati sono riportati nella tabella 1.1, mentre nella figura 1.1 sono descritti i limiti delle diverse Idro-ecoregioni che interessano l'Italia.
Sulla base del processo di tipizzazione e del monitoraggio svolto nel 2008 le Regioni possono effettuare modifiche ai confini delle Idro-ecoregioni per adattarle al meglio alle discontinuita' naturali territoriali, nel rispetto dell'approccio generale mediante il quale esse sono state delineate.

tab. 1.1 Descrittori utilizzati per il livello 1 del processo di tipizzazione

Classi di descrittori	descrittori
Localizzazione geografica	Altitudine, Latitudine, Longitudine
Descrittori morfometrici	Pendenza media del corpo idrico
Descrittori climatici	- Precipitazioni - Temperatura dell'aria
Descrittori geologici	Composizione geologica del substrato

Fig. 1.1 Rappresentazione delle idroecoregioni italiane con relativi codici numerici, denominazioni e confini regionali

Parte di provvedimento in formato grafico

Idroecoregioni	
Cod_	Denominazione
1	Alpi Occidentali
2	Prealpi_Dolomiti
3	Alpi Centro-Orientali
4	Alpi Meridionali
5	Monferrato
6	Pianura Padana
7	Carso
8	Appennino Piemontese
9	Alpi Mediterranee
10	Appennino Settentrionale
11	Toscana
12	Costa Adriatica
13	Appennino Centrale

```
14       Roma_ Viterbese
15       Basso Lazio
14       Vesuvio
16       Basilicata_ Tavoliere
17       Puglia_ Carsica
18       Appennino Meridionale
19       Calabria_Nebrodi
20       Sicilia
21       Sardegna
```

A.1.4 Definizione della tipologia.

Il Livello 2 deve consentire di giungere ad una tipizzazione di tutti i corsi d'acqua presenti sul territorio italiano con dimensione minima di bacino di 10 km^2 , o di dimensione minore di cui alle eccezioni previste al paragrafo A.1.2, sulla base di alcuni descrittori abiotici comuni. L'obiettivo e' quindi quello di ottenere una lista di tipi, riconosciuti come ulteriore approfondimento della regionalizzazione in Idro-ecoregioni.

I descrittori selezionati per la definizione della tipologia di livello 2 e le fasi successive sono riportati rispettivamente nella tabella 1.2 e nella figura 1.2.

tab. 1.2 Descrittori utilizzati per il livello 2 del processo di tipizzazione

Descrittori idromorfologici	- distanza dalla sorgente (indicatore della taglia del corso d'acqua)
	- morfologia dell'alveo (per i fiumi temporanei)
	- perennita' e persistenza
Descrittori idrologici	- origine del corso d'acqua
	- possibile influenza del bacino a monte sul corpo idrico

A.1.4.1 Distanza dalla sorgente

La distanza dalla sorgente fornisce indicazioni sulla taglia del corso d'acqua, in quanto e' correlata alla dimensione del bacino di cui puo' essere considerata un descrittore indiretto.

La distanza dalla sorgente consente di ottenere delle classi di taglia per i corsi d'acqua, definite come segue:

Molto piccolo < 5 km
Piccolo 5-25 km
Medio 25-75 km
Grande 75-150 km
Molto grande > 150 km

Qualora il valore limite della classe cadesse all'interno di un tratto fluviale omogeneo, tale limite non avrebbe un reale significato ecologico. Pertanto nella fase di effettivo riconoscimento dei tipi, si deve utilizzare un criterio correttivo (fase5 in Fig. 1.2), per consentire il posizionamento del limite tra i due tipi, e quindi l'identificazione dei due corpi idrici adiacenti, in accordo con le discontinuita' realmente esistenti lungo il corso d'acqua. Tale criterio e' stato riconosciuto nel posizionamento del limite tra due tratti alla confluenza di un corso d'acqua di ordine (Strahler) superiore, uguale o inferiore di una unita'. Il punto di confluenza, offre la possibilita' di collocare l'effettivo punto di separazione tra due tipi/tratti fluviali secondo le principali discontinuita' ecologiche del fiume.

Sulla base dei dati in possesso dell'autorita' competente, la

"dimensione del bacino" puo' sostituire il descrittore "distanza dalla sorgente" nel caso in cui sia stata definita adeguatamente la relazione tra i due descrittori. In questo caso, dovra' essere garantita una corrispondenza di massima tra l'attribuzione ai tipi ottenuta sulla base della dimensione del bacino e le classi indicate nella presente sezione per la distanza dalla sorgente. Come criterio generale possono eventualmente essere utilizzate delle classi di taglia per i corsi d'acqua definite come segue:
Molto piccolo < 25 km^2
Piccolo 25-150 km^2
Medio 150-750 km^2
Grande 750-2500 km^2
Molto grande > 2500 km^2
L'uso del criterio 'distanza dalla sorgente' invece della dimensione del bacino consente di limitare l'errore di attribuzione tipologica nel caso, ad esempio, di piccoli corsi d'acqua di pianura o di origine sorgiva.
La distanza dalla sorgente e' anche utilizzata per valutare l'influenza del bacino a monte.
In Figura 1.2 e' riportato il caso in cui l'attribuzione di taglia e' effettuata sulla base della distanza dalla sorgente. L'autorita' competente informa il MATTM sulla base di quale dei due criteri sono attribuite le classi di taglia del corso d'acqua, tenendo presente che nell'intero territorio di un singolo bacino idrografico deve essere utilizzato un unico descrittore (distanza della sorgente o dimensione del bacino). Pertanto le regioni si coordinano per selezionare il descrittore comune nell'ambito di bacini idrografici che comprendono i territori di piu' regioni.

A.1.4.2 Morfologia dell'alveo
E' un descrittore di assoluta rilevanza nello strutturare le biocenosi nei fiumi temporanei. La morfologia dell'alveo fluviale risulta particolarmente importante in corsi d'acqua non confinati o semi confinati. I corsi d'acqua per i quali la morfologia dell'alveo risulta quindi particolarmente importante per caratterizzare la struttura e il funzionamento dell'ecosistema sono quelli di pianura, collina o presenti nei fondo valle montani. Per i fiumi temporanei, si propongono i due seguenti raggruppamenti:
1) Meandriforme, sinuoso o confinato
2) Semi-confinato, transizionale, a canali intrecciati o fortemente anastomizzato.

A.1.4.3 Perennita' e persistenza del corso d'acqua
Una caratteristica fondamentale dei corsi d'acqua e' il loro grado di perennita' (fase 2 in Fig.1.2).
Nell'area mediterranea, in particolare, e' necessario poter riconoscere e caratterizzare i fiumi a carattere temporaneo. Tra i fiumi temporanei, possiamo riconoscere le seguenti categorie definite al paragrafo A.1.1 (Definizioni): intermittente, effimero ed episodico (fase3b in Fig.1.2).
E' chiaro che l'attribuzione di un tratto fluviale alla categoria 'fiumi temporanei' deve essere effettuata sulla base delle portate 'naturali' ricostruite e non di condizioni osservate che siano il risultato di processi di uso e gestione delle acque non in linea con le caratteristiche naturali del corso d'acqua . Ad esempio, un determinato tratto soggetto a regolazione del deflusso minimo vitale o al manifestarsi di periodi di asciutta dovuti alla presenza di invasi a monte non sara' direttamente ascrivibile a tale categoria senza ulteriori verifiche sul regime naturale del corso d'acqua.

A.1.4.4 Origine del corso d'acqua
Soprattutto al fine di evidenziare ecosistemi di particolare interesse o a carattere peculiare, diversi tipi fluviali devono essere discriminati sulla base della loro origine:
1. scorrimento superficiale di acque di precipitazione o da

scioglimento di nevai (maggior parte dei corsi d'acqua italiani);
2. grandi laghi;
3. ghiacciai;
4. sorgenti (e.g. in aree carsiche);
5. acque sotterranee (e.g. risorgive e fontanili).
Questa categorizzazione e' utile per caratterizzare i tratti fluviali piu' prossimi all'origine; essa (da 3 a 5 della fig. 1.2, in particolare) puo' perdere d'importanza spostandosi verso valle. Nell'attuale formulazione di tipologia, la distanza di circa 10 km viene orientativamente proposta come limite oltre il quale gli effetti di un'origine particolare del corso d'acqua si affievoliscono al punto da renderlo simile ad un altro originatosi da acque di scorrimento superficiale (fig. 1.2).

A.1.4.5 Influenza del bacino a monte sul corpo idrico
Deve essere utilizzato il semplice rapporto tra l'estensione totale del corso d'acqua (i.e. distanza dalla sorgente) e l'estensione lineare del corso d'acqua in esame all'interno della Idro-ecoregione di appartenenza (sempre a monte del sito, fino al confine della Idro-ecoregione di appartenenza). Cioe', e' possibile definire un indice di Influenza del Bacino/Idro-ecoregione a monte (IBM) come:
IBM= Estensione lineare totale del corso d'acqua /Estensione lineare del corso d'acqua nella Idro-ecoregione di appartenenza
L'estensione totale e nella Idro-ecoregione di appartenenza del corso d'acqua devono essere entrambe calcolate a partire dal sito in esame verso monte.
La tabella 1.3 riporta i valori di riferimento per tale indice. Le modalita' di calcolo del criterio 'Influenza del bacino a monte' potranno essere riviste sulla base dei risultati della prima applicazione tipologica.

Tabella 1.3. Criteri per l'attribuzione di un sito fluviale ad una classe di influenza del bacino a monte (HERm: HER a monte; HERa: HER di appartenenza).

Parte di provvedimento in formato grafico

Figura 1.2. Tipologia per l'attribuzione di tratti fluviali ad un 'tipo' ai sensi della Direttiva 2000/60/CE, Sistema B. Diagramma di flusso per il Livello 2

Parte di provvedimento in formato grafico

A.1.5 Definizione di una tipologia di dettaglio.
Il livello 3 consente da parte delle Regioni, l'affinamento della tipologia di livello 2 sulla base delle specificita' territoriali, dei dati disponibili, di particolari necessita' gestionali, etc. Si puo' basare, nelle diverse aree italiane, su descrittori differenti, la cui utilita' e appropriatezza devono essere dimostrate su scala locale/regionale. Questo livello di dettaglio offre la possibilita' di compensare eventuali incongruenze che derivino dalla definizione della tipologia di livello 2.
L'affinamento di livello 3 e' auspicabile per tutti i corsi d'acqua. I risultati di livello 3 consentono una ridefinizione piu' accurata dei criteri/limiti utilizzati nei due livelli precedenti.
Inoltre, l'indagine di terzo livello dovrebbe affiancare l'individuazione dei corpi idrici e definire gli eventuali sottotipi. Mentre i livelli 1 e 2 sono da considerarsi obbligatori nell'attribuzione tipologica ad un tratto fluviale, in quanto consentono una tipizzazione comune all'intero territorio nazionale, il terzo livello, come qui illustrato, comprende fattori facoltativi. L'impiego dei fattori di seguito riportati (vedi anche Fig. 1.3), alcuni dei quali gia' utilizzati al livello 2, e' comunque suggerito per la loro larga applicabilita' o per rendere piu' equilibrato e

comparabile la tipizzazione tra corsi d'acqua perenni e temporanei:
  - morfologia dell'alveo;
  - origine del corso d'acqua;
  - temperatura dell'acqua;
  - altri descrittori (portata media annua, interazione con la falda, granulometria del substrato, carattere lentico-lotico).
Resta ferma la possibilita' di utilizzo di altri elementi al fine di meglio caratterizzare i tipi a scala locale tenendo conto della massima confrontabilita' tra aree adiacenti.

A.1.6 Relazione tra i tipi fluviali ottenuti e le biocenosi fluviali
La metodologia qui proposta, che include un elevato numero di descrittori suggeriti dal sistema B della Direttiva 2000/60/CE, e' stata basata, a tutti e tre i livelli, su fattori ritenuti importanti nello strutturare le biocenosi acquatiche e nel determinare il funzionamento degli ecosistemi fluviali. Peraltro, e' ragionevole attendersi che l'effettiva risposta delle biocenosi possa non variare tra alcuni dei tipi identificati. La tipizzazione effettuata secondo il metodo della presente sezione deve essere successivamente validata attraverso verifiche a carattere biologico con l'obiettivo di definire i bio-tipi effettivamente presenti in ciascuna Idro-ecoregione. La verifica della presenza e dell'importanza dei diversi tipi (livello 2) nelle varie Idro-ecoregioni e Regioni e' effettuata, ad opera di Regioni e Autorita' di Bacino.

Figura 1.3. Tipologia per l'attribuzione di tratti fluviali ad un 'tipo'. Diagramma di flusso per il Livello 3

Parte di provvedimento in formato grafico

A.2 Metodologia per l'individuazione dei tipi lacustri
A.2.1 Definizioni:
"lago": un corpo idrico naturale lentico, superficiale, interno, fermo, di acqua dolce, dotato di significativo bacino scolante. Non sono considerati ambienti lacustri tutti gli specchi d'acqua derivanti da attivita' estrattive, gli ambienti di transizione, quali sbarramenti fluviali tratti di corsi d'acqua in cui la corrente rallenta fino ad un tempo di ricambio inferiore ad una settimana e gli ambienti che mostrano processi di interramento avanzati che si possono definire come zone umide;
"invaso": corpo idrico fortemente modificato, corpo lacustre naturale-ampliato o artificiale.

A.2.2 Basi metodologiche
I corpi idrici lacustri naturali, artificiali e naturali fortemente modificati presenti sul territorio nazionale devono essere classificati in tipi sulla base di descrittori di carattere morfometrico e sulla composizione prevalente del substrato geologico. La tipizzazione deve essere effettuata per i laghi di superficie $\geq$ 0,2 km^2 e per gli invasi $\geq$ 0,5 km^2.
Nell'ambito dei corpi idrici tipizzati devono essere sottoposti a successivo monitoraggio e classificazione i laghi e gli invasi con una superficie $\geq$ 0,5 km^2.
La tipizzazione deve comunque essere applicata anche ai laghi di superficie minore, di 0,2 km^2 nel caso di ambienti di particolare rilevanza paesaggistico-naturalistica, di ambienti individuati come siti di riferimento, nonche' di corpi idrici lacustri che, per il carico inquinante, possono avere un'influenza negativa rilevante per gli obiettivi stabiliti per altri corpi idrici ad essi connessi.

A.2.3 Descrittori per la tipizzazione dei laghi e degli invasi
La tipizzazione dei laghi/invasi e' basata sull'utilizzo di descrittori abiotici, in applicazione del sistema B dell'allegato II della Direttiva 2000/60/CE.
I descrittori utilizzati per la tipizzazione (Tab. 2.1) sono

distinguibili in morfometrici, geologici e chimico-fisici.

tab.2.1. Descrittori utilizzati per l'identificazione dei tipi dei laghi/invasi

DESCRITTORE		INTERVALLO DEI VALORI
LOCALIZZAZIONE GEOGRAFICA	ECOREGIONE ALPINA	LAT. ≥ 44°00' N
	ECOREGIONE MEDITERRANEA	LAT. < 44°00' N
DESCRITTORI MORFOMETRICI	QUOTA (m s.l.m.)	< 800
		≥ 800
		≥ 2000
	PROFONDITA' MEDIA/MASSIMA (m)	< 15
		≥ 15/ ≥ 120
	SUPERFICIE (km2)	≥ 100
DESCRITTORI GEOLOGICI	Composizione prevalente substrato geologico(*)	Substrato dominante calcareo TAlk ≥ 0,8 meq/l (**)
		Substrato dominante siliceo TAlk < 0,8 meq/l (**)
	Origine vulcanica	SI
		NO
DESCRITTORI CHIMICO-FISICI	CONDUCIBILITA' (µS/cm 20°C)	< 2500
		≥ 2500
	STRATIFICAZIONE TERMICA	LAGHI/INVASI POLIMITTICI
		LAGHI/INVASI STRATIFICATI

(*) la dominanza del substrato geologico deve determinare un'influenza sulle caratteristiche del corpo idrico stesso
(**) TAlk = alcalinita' totale

A.2.3.1 Localizzazione geografica
Latitudine
Il territorio italiano e' stato suddiviso in due grandi aree geografiche, separate dal 44° parallelo, per distinguere le regioni settentrionali (Regione Alpina e Sudalpina) e quelle centro-meridionali e insulari (Regione Mediterranea). Tale suddivisione riflette distinzioni di carattere climatico che vanno ad incidere sulle temperature delle acque lentiche e sul loro regime di mescolamento. Non viene considerata la longitudine in quanto non influisce significativamente, per la struttura geografica del territorio italiano, sulle acque lentiche.

A.2.3.2 Descrittori morfometrici
I descrittori morfometrici per l'individuazione dei tipi, sono riportati in tabella 2.2. In considerazione delle differenze,

strutturali e gestionali, tra laghi naturali e invasi, i descrittori sono diversi.

Tab. 2.2 - Descrittori morfometrici

LAGHI	INVASI
Quota media	Quota a massima regolazione
Profondita' massima	Profondita' a massima regolazione
Profondita' media	Profondita' media a massima regolazione
Superficie	Superficie a massima regolazione

Per i laghi, ai fini del presente allegato, deve intendersi per:
Quota media del lago o livello medio (m s.l.m.): l'altitudine media sul livello del mare della superficie dello specchio d'acqua.
Profondita' massima (m): la distanza tra la quota del punto piu' depresso della conca lacustre e la quota media della superficie dello specchio d'acqua.
Superficie (km^2): l'area dello specchio liquido alla quota media del lago.
Profondita' media (m): il volume del lago (in 10^6 m^3) diviso per la superficie dello specchio liquido (in 10^6 m^2)

Per gli invasi, ai fini del presente allegato, deve intendersi per:
Quota a massima regolazione (m s.l.m.): la quota massima riferita al volume totale d'invaso, definita dal D.M. 24/3/82 n. 44.
Profondita' massima a massima regolazione (m): la distanza tra la quota del punto piu' depresso della conca lacustre e la quota della superficie dello specchio d'acqua, considerata alla massima regolazione.
Superficie a massima regolazione (km^2): l'area dello specchio liquido riferita alla quota di massima regolazione.
Profondita' media a massima regolazione (m): il volume dell'invaso a massima regolazione (in 10^6 m^3) diviso per la superficie a massima regolazione (in 10^6 m^2).

A.2.3.3 Descrittori geologici
I descrittori geologici indicano la classe geologica di appartenenza del lago/invaso e si basano sulla tipologia di substrato dominante del bacino idrografico collocando il lago/invaso in una delle due categorie:
- calcarea
- silicea.
Si precisa che la dominanza del substrato geologico e' quella che determina un'influenza sulle caratteristiche del lago/invaso stesso.
Per la determinazione della categoria geologica si utilizza il valore di alcalinita' totale TAlk, espresso in meq/l, calcolato come valore medio sulla colonna nello strato di massimo rimescolamento invernale:

TAlk < 0,8 meq/l Tipologia silicea
TAlk ≥ 0,8 meq/l Tipologia calcarea.

In assenza del valore di alcalinita' puo' essere utilizzato il valore della conducibilita', ovvero il valore medio sulla colonna calcolato come per l'alcalinita' totale, prestando attenzione alla zona di separazione di classe qui indicata:

Cond < 250 µS/cm 20° C Tipologia silicea
Cond ≥ 250 µS/cm 20° C Tipologia calcarea.

Nei casi dubbi l'attribuzione deve essere supportata mediante l'analisi di carte geologiche.

Origine geologica
L'origine e' stata introdotta limitatamente ai laghi di origine vulcanica e pseudovulcanica localizzati nell'Italia Centro-Meridionale ed Insulare. Questi laghi richiedono una classificazione in tipi specifica per alcune caratteristiche, quali il bacino imbrifero, poco piu' grande del lago stesso, la morfologia della cuvetta, tipicamente a tronco dicono, l'elevato tempo di ricambio, ecc.

A.2.3.4 Descrittori chimico-fisici
Conducibilita'
Questa variabile, ottenuta come valore medio sulla colonna nello strato di massimo rimescolamento invernale, e' utilizzata per suddividere i laghi/invasi d'acqua dolce da quelli ad alto contenuto salino in base alla soglia di 2500 µS/cm 20° C (corrispondente a 1,44 psu, una densita' di 999,30 kg/m^3 e una diminuzione del punto di congelamento di -0,08°C) che separa ecosistemi che presentano cambiamenti significativi delle comunita' biologiche

Stratificazione termica (polimissi)
Un lago/invaso e' definito polimittico se non mostra una stratificazione termica evidente e stabile. Un ambiente lentico di questo genere puo' andare incontro a diverse fasi di mescolamento nel corso del suo ciclo annuale. Per distinguere i laghi/invasi polimittici da quelli a stabile stratificazione vengono identificati i seguenti valori di profondita' media:
- < 3 m per i laghi/invasi al di sotto di 2000 m s.l.m.;
- < 5 m per i laghi/invasi al di sopra di 2000 m s.l.m.

A.2.4 Identificazione dei tipi
A.2.4.1. Procedura di tipizzazione (tipizzazione operativa)
La procedura di tipizzazione segue uno schema dicotomico (Fig. 2.1) basato su una sequenza successiva di nodi che si sviluppano a cascata. Il primo nodo e' basato sulla distinzione tra laghi/invasi salini e laghi/invasi di acqua dolce, seguito dalla localizzazione geografica, la caratterizzazione morfometrica (quota, profondita', ecc.) ed infine quella geologica prevalente. La metodologia di seguito esposta e' il risultato di un'ottimizzazione di un sistema di tipizzazione teorico piu' complesso, messo a punto dal CNR IRSA e dal CNR ISE, attraverso criteri di razionalizzazione per la riduzione del numero di tipi e denominata tipizzazione operativa.

A.2.4.2 Griglia di tipizzazione operativa dei laghi/invasi italiani
La tipizzazione di un corpo lacustre per i primi due livelli prevede:
- la valutazione del contenuto ionico complessivo della matrice acquosa utilizzando il criterio della soglia di 2500 µS/cm a 20° C
- la distinzione dei laghi/invasi in base alla regioni di appartenenza (Regione Alpina e Sudalpina o Regione Mediterranea) attraverso la posizione latitudinale superiore o inferiore al 44° parallelo Nord[1].
Da questo punto la tipizzazione prosegue in parallelo per le due diverse regioni.
Nella Regione Alpina e Sudalpina la griglia prevede tre livelli discriminanti in base alla quota ed alla morfometria lacustre e due ulteriori livelli basati sulla stabilita' termica e sulla composizione geologica prevalente del bacino (calcareo o siliceo).
Nel caso della Regione Mediterranea il primo livello discrimina sempre l'origine, vulcanica o pseudovulcanica, mentre per gli altri laghi/invasi i successivi livelli seguono una discriminazione morfometrica, termica e geologica.
Complessivamente con la griglia operativa di tipizzazione dei

laghi/invasi italiani si ottengono 18 tipi, di cui 1 corrisponde al tipo dei laghi/invasi ad elevato contenuto salino (Tipo S), 10 appartengono alla Regione Alpina e Sudalpina (Tipo AL-1 ... AL-10) ed i restanti 7 alla Regione Mediterranea (Tipo ME-1 ... ME-7).

Parte di provvedimento in formato grafico

Figura 2.1. Griglia operativa di tipizzazione dei laghi $\geq 0,2$ km^2 e degli invasi $\geq 0,5$ km^2
(NB nella figura 2.1 il termine "lago/laghi" individua genericamente sia gli ambienti lacustri naturali che gli invasi».

----
[1] L'applicazione di tale distinzione nella zona di separazione tra le due Regioni va fatta considerando il profilo amministrativo regionale piuttosto che quello geografico. Le successive valutazioni dello stato ecologico potranno fornire una conferma o meno della correttezza delle attribuzioni fatte.

A.2.4.3. Descrizione dei tipi ottenuti:
Di seguito si riporta la definizione breve e la descrizione dettagliata di ciascun tipo di lago/invaso suddiviso per le due regioni geografiche.

Regione Alpina e Sudalpina

Tipo AL-1: Laghi/invasi alpini d'alta quota, calcarei.
Laghi/invasi dell'Italia Settentrionale, situati a quota superiore o uguale a 2000 m s.l.m., con substrato prevalentemente calcareo.

Tipo AL-2: Laghi/invasi alpini d'alta quota, silicei.
Laghi/invasi dell'Italia Settentrionale, situati a quota superiore o uguale a 2000 m s.l.m., con substrato prevalentemente siliceo.

Tipo AL-3: Grandi laghi sudalpini.
Laghi dell'Italia Settentrionale, situati a quota inferiore a 800 m s.l.m., aventi profondita' massima della cuvetta lacustre superiore o uguale a 125 m, oppure area dello specchio lacustre superiore o uguale a 100 km^2. Questo tipo identifica i grandi laghi sudalpini: Como, Garda, Iseo, Lugano, Maggiore.

Tipo AL-4: Laghi/invasi sudalpini, polimittici.
Laghi/invasi dell'Italia Settentrionale, situati a quota inferiore a 800 m s.l.m., aventi profondita' media della cuvetta lacustre inferiore a 15 m, caratterizzati da assenza di stratificazione termica stabile (regime polimittico).

Tipo AL-5: Laghi/invasi sudalpini, poco profondi.
Laghi/invasi dell'Italia Settentrionale, situati a quota inferiore a 800 m s.l.m., aventi profondita' media della cuvetta lacustre inferiore a 15 m, caratterizzati da presenza di stratificazione termica stabile.

Tipo AL-6: Laghi/invasi sudalpini, profondi.
Laghi/invasi dell'Italia Settentrionale, situati a quota inferiore a 800 m s.l.m., aventi profondita' media della cuvetta lacustre superiore o uguale a 15 m.

Tipo AL-7: Laghi/invasi alpini, poco profondi, calcarei.
Laghi/invasi dell'Italia Settentrionale, situati a quota superiore o uguale a 800 m s.l.m. e inferiore a 2000 m s.l.m., aventi profondita' media della cuvetta lacustre inferiore a 15 m, con substrato prevalentemente calcareo.

Tipo AL-8: Laghi/invasi alpini, poco profondi, silicei.
Laghi/invasi dell'Italia Settentrionale, situati a quota superiore o uguale a 800 m s.l.m. e inferiore a 2000 m s.l.m., aventi profondita' media della cuvetta lacustre inferiore a 15 m, con substrato prevalentemente siliceo.

Tipo AL-9: Laghi/invasi alpini, profondi, calcarei.
Laghi/invasi dell'Italia Settentrionale, situati a quota superiore o uguale a 800 m s.l.m. e inferiore a 2000 m s.l.m., aventi profondita' media della cuvetta lacustre superiore o uguale a 15 m, con substrato prevalentemente calcareo.

Tipo AL-10: Laghi/invasi alpini, profondi, silicei.
Laghi/invasi dell'Italia Settentrionale, situati a quota superiore o uguale a 800 m s.l.m. e inferiore a 2000 m s.l.m., aventi profondita' media della cuvetta lacustre superiore o uguale a 15 m, con substrato prevalentemente siliceo.

Regione Mediterranea

Tipo ME-1: Laghi/invasi mediterranei, polimittici.
Laghi/invasi dell'Italia Centro-Meridionale ed Insulare, aventi profondita' media della cuvetta lacustre inferiore a 15 m, caratterizzati da assenza di stratificazione termica stabile (regime polimittico).

Tipo ME-2: Laghi/invasi mediterranei, poco profondi, calcarei.
Laghi/invasi dell'Italia Centro-Meridionale ed Insulare, aventi profondita' media della cuvetta lacustre inferiore a 15 m, caratterizzati da presenza di stratificazione termica stabile, con substrato prevalentemente calcareo.

Tipo ME-3: Laghi/invasi mediterranei, poco profondi, silicei.
Laghi/invasi dell'Italia Centro-Meridionale ed Insulare, aventi profondita' media della cuvetta lacustre inferiore a 15 m, caratterizzati da presenza di stratificazione termica stabile, con substrato prevalentemente siliceo.

Tipo ME-4: Laghi/invasi mediterranei, profondi, calcarei.
Laghi/invasi dell'Italia Centro-Meridionale ed Insulare, aventi profondita' media della cuvetta lacustre superiore o uguale a 15 m, con substrato prevalentemente calcareo.

Tipo ME-5: Laghi/invasi mediterranei, profondi, silicei.
Laghi/invasi dell'Italia Centro-Meridionale ed Insulare, aventi profondita' media della cuvetta lacustre superiore o uguale a 15 m, con substrato prevalentemente siliceo.

Tipo ME-6: Laghi vulcanici poco profondi.
Laghi dell'Italia Centro-Meridionale ed Insulare, di origine vulcanica e pseudovulcanica, aventi profondita' media della cuvetta lacustre inferiore a 15 m.

Tipo ME-7: Laghi vulcanici profondi.
Laghi dell'Italia Centro-Meridionale ed Insulare, di origine vulcanica e pseudovulcanica, aventi profondita' media della cuvetta lacustre superiore o uguale a 15 m.

Tipo S: Laghi/invasi salini non connessi con il mare.
Laghi/invasi senza distinzione di area geografica di appartenenza caratterizzati da valori di conducibilita' superiori a 2500 µS/cm 20°C.

A.3 Metodologia per l'individuazione dei tipi delle acque

marino-costiere

A.3.1 Criteri di tipizzazione

La caratterizzazione delle acque costiere viene effettuata sulla base delle caratteristiche naturali geomorfologiche ed idrodinamiche che identificano il tipo di tratto costiero, utilizzando i macrodescrittori di cui alla tabella 3.1, in applicazione del sistema B dell'allegato II della Direttiva 2000/60/CE.

Tab. 3.1. Criteri per la suddivisione delle acque costiere in diversi tipi

LOCALIZZAZIONE GEOGRAFICA	APPARTENENZA AD UNA ECOREGIONE (1)
DESCRITTORI GEOMORFOLOGICI	- morfologia dell'area costiera sommersa (compresa l'area di terraferma adiacente) (2) - natura del substrato
DESCRITTORI IDROLOGICI	- stabilita' verticale della colonna d'acqua (3)

(1) l'Italia si trova all'interno dell'ecoregione Mediterranea
(2) Nel caso in cui siano presenti substrati differenti, viene indicato il substrato dominante.
(3) Per la profondita' la distinzione e' basata su una profondita' di circa 30 m, alla distanza di 1 miglio dalla linea di costa.

A.3.1.1 Descrittori Geomorfologici

La costa italiana, sulla base dei descrittori geomorfologici, e' suddivisa in sei tipologie principali denominate:
- rilievi montuosi (A),
- terrazzi (B),
- pianura litoranea (C),
- pianura di fiumara (D),
- pianura alluvionale (E),
- pianura di dune (F).

A.3.1.2 Descrittori idrologici

Per la tipizzazione devono essere presi in considerazione anche descrittori idrologici, quali le condizioni prevalenti di stabilita' verticale della colonna d'acqua. Tale descrittore e' derivato dai parametri di temperatura e salinita' in conformita' con le disposizioni della Direttiva relativamente ai parametri da considerare per la tipizzazione. La stabilita' della colonna d'acqua e' un fattore che ben rappresenta gli effetti delle immissioni di acqua dolce di provenienza continentale, correlabili ai numerosi descrittori di pressione antropica che insistono sulla fascia costiera (nutrienti, sostanze contaminati ecc..). La stabilita' deve essere misurata ad una profondita' di circa 30 m, alla distanza di 1 miglio dalla linea di costa.

Procedura per il calcolo della stabilita' verticale della colonna d'acqua.

Nel caso delle acque marino-costiere, il parametro "stabilita' della colonna d'acqua" risulta un ottimo indicatore degli effetti dei contributi di acqua dolce di provenienza continentale, correlabili ai numerosi descrittori di pressione antropica che insistono sulla fascia costiera (nutrienti, sostanze contaminanti quali organo-clorurati, metalli pesanti, ecc.).

In conformita' con quanto richiesto dalla Direttiva 2000/60/CE, relativamente alle procedure di caratterizzazione dei tipi costieri,

la stabilita' della colonna d'acqua e' un fattore derivato dai parametri di temperatura e salinita'.
Il quadrato della stabilita' deve essere definito nel modo seguente:

$$N^2 = \frac{g}{\rho} \cdot \frac{d\rho}{dz}$$

dove:
g e' l'accelerazione di gravita' espressa in m/sec^2, ρ e' la densita' espressa in kg/m^3, dρ/dz rappresenta il gradiente verticale di densita', con z profondita' espressa in metri.
Per calcolare, con l'approssimazione richiesta, il gradiente verticale di densita' e quindi il coefficiente di stabilita' statica N si segue la procedura sotto indicata:
1. per ogni profilo verticale di densita' (solitamente espressa come anomalia di densita': σ_t)[2] e relativo ad una data stazione di misura, si calcola la profondita' del picnoclino;[3]
2. il profilo di densita' viene quindi suddiviso in due strati: il primo dalla superficie alla profondita' del picnoclino (box 1), il secondo dal picnoclino al fondo (box 2);
3. si procede poi al calcolo della differenza fra la densita' media nel box 2 e quella nel box 1 e si ottiene dρ;
4. analogamente si calcola la differenza fra la profondita' media del box 2 e quella del box 1 ottenendo dz;
5. si divide infine dρ per dz (si calcola cioe' il gradiente di densita' verticale dρ/dz). Tale gradiente, moltiplicato per g (9.81 m/sec^2) e diviso per la densita' media su tutto il profilo ρ, fornisce il valore di N^2 (sec^{-2}).
La quantita' N = $\sqrt{N^2}$, gia' definita come coefficiente di stabilita' statica, dimensionalmente e' una frequenza, meglio nota con il nome di Frequenza di Brunt-Väisälä.
La figura 3.1, relativa ad un profilo verticale-tipo di densita', consente di valutare un valore di N pari a 0.15 sec^{-1}, che deriva dalle seguenti misure:
-g = -9.81 m/sec^2,
ρ (come sigma-t) =25.72 Kg/m^3,
dρ 0.38 Kg/m^3,
dz = -6.62 m.

---

[2] Il parametro di densita' piu' usato in oceanografia e' la cosiddetta "sigma-t", cioe' la densita' sigma ridotta alla pressione atmosferica: $\sigma_t = (\rho (\rho = 1, T, S) - 1) \cdot 10^3$
[3] Il picnoclino indica la profondita' z a cui corrisponde la massima variazione di densita'.

Parte di provvedimento in formato grafico

Figura 3.1 Relazione tra profondita' e densita'

Sulla base della elaborazione dei risultati di cui al programma nazionale di monitoraggio della qualita' degli ambienti marini costieri italiani del Ministero dell'ambiente e della tutela del territorio e del mare, si possono caratterizzare tutte le acque costiere italiane con i relativi valori medi annuali di stabilita' verticale, secondo le tre tipologie:
- alta stabilita': N ≥ 0.3
- media stabilita': 0.15 < N < 0.3
- bassa stabilita': N ≤ 0.15
L'ICRAM - Istituto Centrale per la Ricerca Scientifica e Tecnologica Applicata al Mare - fornisce supporto tecnico alle regioni in relazione ai dati di stabilita', ai fini dell'omogeneita' di applicazione sul territorio nazionale

A.3.2 Definizione dei tipi costieri
Integrando le classi di tipologia costiera basate sui descrittori geomorfologici di cui al paragrafo A.3.1.1 con le tre classi di stabilita' della colonna d'acqua, vengono identificate i tipi della fascia costiera italiana secondo lo schema riportato in tabella 3.2.

Tabella 3.2 - Tipi costieri italiani secondo i criteri geomorfologici e idrologici

Criteri geomorfologici	Criteri idrologici: Stabilita'		
	(1) alta	(2) media	(3) bassa
(A) Rilievi montuosi	A1	A2	A3
(B) Terrazzi	B1	B2	B3
(C) Pianura litoranea	C1	C2	C3
(D) Pianura di fiumara	D1	D2	D3
(E) Pianura alluvionale	E1	E2	E3
(F) Pianura di dune	F1	F2	F3

A.4 Metodologia per l'individuazione dei tipi delle acque di transizione
Il processo da attuare per la tipizzazione delle acque di transizione e' costituito dall'applicazione di descrittori prioritari e relative soglie di riferimento definite a livello nazionale dal presente allegato.

A.4.1 Definizione operazionale di acque di transizione

Gli ecosistemi acquatici di transizione a causa della loro peculiare collocazione, tra terra emersa e terre completamente sommerse, presentano caratteristiche ecologiche peculiari e una intrinseca eterogeneita', rappresentata da un'ampia variabilita' degli-habitat e dei parametri chimico-fisici (e.g. salinita', nutrienti, idrodinamismo e geomorfologia). Ai sensi dell'art. 54 del presente decreto legislativo le "acque di transizione" vengono definite: "i corpi idrici superficiali in prossimita' della foce di un fiume, che sono parzialmente di natura salina a causa della loro vicinanza alle acque costiere, ma sostanzialmente influenzati dai flussi di acqua dolce".
Per una piu' precisa ed univoca individuazione dei corpi idrici appartenenti alla categoria delle acque di transizione si rende necessario introdurre una definizione delle medesime, che e' stata qualificata nel titolo del presente paragrafo come "operazionale", dato che tale definizione e' di tipo convenzionale ed ha un taglio prevalentemente applicativo
All'interno del territorio nazionale sono attribuiti alla categoria "acque di transizione" i corpi idrici di superficie > 0,5 Km^2 conformi all'art.2 della Direttiva, delimitati verso monte (fiume) dalla zona ove arriva il cuneo salino (definito come la sezione dell'asta fluviale nella quale tutti i punti monitorati sulla colonna d'acqua hanno il valore di salinita' superiore a 0.5 psu) in bassa marea e condizioni di magra idrologica e verso valle (mare) da elementi fisici quali scanni, cordoni litoranei e/o barriere artificiali, o piu' in generale dalla linea di costa.
Sono attribuiti alla categoria "acque di transizione" anche gli

stagni costieri che, a causa di intensa e prevalente evaporazione, assumono valori di salinita' superiori a quelli del mare antistante. Oltre alle foci fluviali direttamente sversanti in mare, saranno classificati come "acque di transizione", ma tipologicamente distinti dalle lagune in quanto foci fluviali, quei tratti di corsi d'acqua che, pur sfociando in una laguna, presentano dimensioni non inferiori a 0.5 km^2. Gli ecosistemi di transizione individuati mediante la definizione di cui sopra, con superficie inferiore a 0.5 km^2, non sono obbligatoriamente soggetti a tipizzazione ed al successivo monitoraggio e classificazione ai sensi della Direttiva.

Possono essere considerati corpi idrici di transizione anche corpi idrici di dimensioni inferiori a 0.5 km^2, qualora sussistano motivazioni rilevanti ai fini della conservazione di habitat prioritari, eventualmente gia' tradotte in idonei strumenti di tutela, in applicazione di direttive Europee o disposizioni nazionali o regionali, o qualora sussistano altri motivi rilevanti che giustifichino questa scelta. Fra essi possono essere citati:
- l'appartenenza totale o parziale ad aree protette;
- la specifica valenza ecologica;
- la presenza di aree considerabili come siti di riferimento;
- la rilevanza socio-economica;
- l'esistenza di elementi di pressione specifici e distinti;
- l'elevata influenza sui corpi idrici circostanti.

Alle acque di transizione cosi' definite si applicano i criteri di tipizzazione stabiliti nel seguito.

A.4.2 Criteri di tipizzazione
La caratterizzazione delle acque di transizione deve essere effettuata sulla base dei descrittori di cui alla tabella 4.1

Tab. 4.1. Descrittori per la suddivisione delle acque di transizione in diversi tipi

LOCALIZZAZIONE GEOGRAFICA	APPARTENENZA AD UNA ECOREGIONE (1)
GEOMORFOLOGIA	Lagune costiere o foci fluviali
ESCURSIONE DI MAREA	> 50 cm < 50 cm
SUPERFICIE (S)	> 2,5 km2 0,5 < s < 2,5 km2
SALINITA'	Oligoaline < 5 psu Mesoaline 5-20 psu Polialine 20-30 psu Eurialine 30-40 psu Iperaline > 40 psu

(1) l'Italia si trova all'interno dell'ecoregione Mediterranea

1. La prima distinzione delle acque di transizione viene effettuata tenendo in considerazione le caratteristiche geomorfologiche delle acque di transizione, che corrispondono alle lagune costiere ed alle foci fluviali.
2. Le lagune costiere sono successivamente distinte in base all'escursione di marea in:
   a) micro tidali (escursione di marea > 50 cm)
   b) non tidali (escursione di marea < 50 cm) (*)
(*) rientrano in questa categoria i laghi costieri salmastri
3. L'ulteriore distinzione tipologica deve essere effettuata sulla base di due parametri prioritari da tenere in considerazione per una definizione piu' accurata dei tipi delle acque di transizione:

superficie e salinita'.

A.4.3 Definizione dei tipi
Dall'applicazione dei descrittori vengono individuate complessivamente 21 tipi di acque di transizione (Figura 4.1)

Parte di provvedimento in formato grafico

Fig. 4.1 Diagramma di tipizzazione per le acque di transizione.

A.4.4 Criteri di sub-tipizzazione da applicare eventualmente a livello regionale
Per raggiungere un adeguato livello di tipizzazione i descrittori utilizzati a livello nazionale possono non essere sufficienti. Per questo motivo il sistema nazionale di tipizzazione prevede che le acque di transizione che presentano una significativa eterogeneita' ambientale interna, evidenziabile essenzialmente su base geomorfologica ed idrodinamica, possano essere ulteriormente "sub-tipizzate" a livello regionale, mediante l'applicazione dei descrittori geomorfologici, idrologici e sedimentologici, riportati in tabella 4.2, la cui idoneita' ed appropriatezza dovra' essere opportunamente dimostrata. Tale ulteriore divisione potra' rendersi necessaria in particolare per gli ambienti lentici, specie se di grandi dimensioni.
Per le foci fluviali, invece, potrebbe verificarsi la necessita' di introdurre quale criterio di subtipizzazione la salinita', gia' presente nello schema di tipizzazione per gli ambienti lentici.
I risultati di livello 3 devono essere utilizzati per una ridefinizione piu' accurata dei criteri/limiti utilizzati nei due livelli precedenti.

Tab. 4.2. Fattori opzionali del Sistema di classificazione B (Allegato II della Direttiva 2000/60/CE).

Fattori opzionali	Profondita' Velocita' della corrente Esposizione alle onde Tempo di residenza Temperatura media dell'acqua Caratteristiche di mescolamento torbidita' Composizione media del substrato Configurazione (forma) Intervallo delle temperature dell'acqua

La eventuale sub-tipizzazione regionale, (terzo livello di indagine) deve essere gerarchicamente successiva alla tipizzazione nazionale, in modo tale che sia possibile riportarsi ad un livello di classificazione comune.
La sub-tipizzazione deve affiancare l'individuazione dei corpi idrici ai sensi all'art. 74, comma 2, lettera h), del presente decreto legislativo e alla sezione B del presente allegato, e consentire la definizione di eventuali sottotipi, che dovranno essere posti in relazione a diverse condizioni di riferimento.

A.4.5 Valutazioni sulle scale spaziali e temporali ai fini della tipizzazione
L'applicazione del criterio di tipizzazione sopra descritto a ciascuna area con acque di transizione, sia essa rappresentata da una foce fluviale o da un ambiente lentico, richiede di considerare attentamente le scale spaziali e le scale temporali, in

considerazione delle caratteristiche specifiche dell'area da tipizzare e dei passaggi successivi previsti dalla Direttiva per i corpi idrici, fino al piano di gestione per il raggiungimento o il mantenimento del buono stato chimico ed ecologico.
Le condizioni di riferimento, in base alle quali si determinano gli RQE (Rapporto di Qualita' Ecologica) e quindi la qualita' dei corpi idrici, sono tipo-specifiche. Questo deve rappresentare un concetto guida per tutto il processo di tipizzazione dei corpi idrici superficiali, in fase di determinazione della scala spaziale e del grado di specificita' da raggiungere nella suddivisione delle acque superficiali.
Sulla base dei criteri descritti in precedenza, per le acque di transizione sono state definite a livello nazionale 21 tipi. E' importante sottolineare che un ambiente di transizione puo' essere suddiviso in piu' tipi. La suddivisione in tipi deve infatti rispondere alla necessita' di considerare la variabilita' intrinseca degli ambienti acquatici di transizione, ognuno dei quali deve essere rappresentato da specifiche condizioni di riferimento.
Un tipo, o sottotipo, deve corrispondere alla scala spaziale minima in cui si riconoscano le condizioni di riferimento e alla quale, nel momento in cui un'area tipizzata viene attribuita ad uno o piu' corpi idrici, va applicato il monitoraggio.
Il tema della scala temporale si ricollega al tema della definizione delle condizioni di riferimento, alla misura degli indicatori di stato piu' idonei e conseguentemente alla classificazione del corpo idrico. Considerato cio', e' opportuno ottimizzare la definizione di tipi e sottotipi tenendo conto dello sforzo di campionamento richiesto per il controllo dello stato ecologico in un numero elevato di tipi (o sottotipi). L'eccessiva parcellizzazione di un'area in piu' tipi, e conseguentemente in piu' corpi idrici, animata dall'intenzione di considerare interamente la variabilita' biologica e di habitat presenti, puo' portare ad un appesantimento eccessivo ed ingiustificato degli oneri di monitoraggio e di gestione.
La scala temporale e' legata a due componenti:
- la stagionalita' ed il regime tidale;
- le variazioni della geomorfologia (es. crescita o arretramento delle frecce litorali, approfondimento o interrimento di un bassofondo o di un canale).
Quest'ultima puo' avere particolare rilievo ai fini della tipizzazione, mentre ai fini del monitoraggio puo' assumere maggiore importanza la stagionalita' ed il regime tidale.
Con riferimento specifico al parametro "salinita'", in conformita' a quanto riportato nell'allegato II della direttiva 2000/60/CE, deve intendersi "salinita' media annuale".

Documenti di riferimento
Si riportano di seguito i documenti contenenti informazioni di dettaglio in merito alla tipizzazione dei corpi idrici:
- Elementi di base per la definizione di una tipologia per i fiumi italiani in applicazione della Direttiva 2000/60/CE. Notiziario dei Metodi Analitici, CNR-IRSA Dicembre 2006 (1): 2-19;
- Approccio delle Idro-Ecoregioni europee e tipologia fluviale in Francia per la Direttiva Quadro sulle Acque (EC 2000/60). Notiziario dei Metodi Analitici IRSA-CNR 2006 (1): 20-38.;
- Definition des Hydro-ecoregions francaises metropolitaines. Approche regionale de la typologie des eaux courantes et elements pour la definition des poulements de reference d'invertebres. Rapport, Ministere de l'Amenagement du Territoire et de l'Environment, Cemagref Lyon BEA/LHQ 2002: 1-190;
- Characterization of the Italian lake-types and identification of their reference sites using anthropogenic pressure factors. J. Limnol., 64 (1): 75-84;
- Relationships between hydrological and water quality parameters as a key issue in the modelling of trophic ecosystem responses for

Mediterranean coastal water types. 2006. (In pubblicazione su Hydrobiologia).

SEZIONE B: CRITERI METODOLOGICI DI INDIVIDUAZIONE
DEI CORPI IDRICI SUPERFICIALI

B.1 Introduzione
La presente sezione riporta criteri generali per l'identificazione dei corpi idrici superficiali. Le Regioni per quanto di competenza, in relazione alle caratteristiche e peculiarita' del proprio territorio possono applicare criteri diversi fornendone motivazione.
I "corpi idrici" sono le unita' a cui fare riferimento per riportare e accertare la conformita' con gli obiettivi ambientali di cui al presente decreto legislativo.
I criteri per l'identificazione dei corpi idrici tengono conto principalmente delle differenze dello stato di qualita', delle pressioni esistenti sul territorio e dell'estensione delle aree protette. Una corretta identificazione dei corpi idrici e' di particolare importanza, in quanto gli obiettivi ambientali e le misure necessarie per raggiungerli si applicano in base alle caratteristiche e le criticita' dei singoli "corpi idrici". Un fattore chiave in questo contesto e' pertanto lo "stato" di questi corpi. Se l'identificazione dei corpi idrici e' tale da non permettere una descrizione accurata dello stato degli ecosistemi acquatici, non sara' possibile applicare correttamente gli obiettivi fissati dalla normativa vigente

B.2 Corpo idrico superficiale
L'uso dei termini "distinto e significativo" nella definizione di "corpo idrico superficiale", di cui all'articolo 74, comma 2, lettera h) del presente decreto legislativo presuppone che i "corpi idrici" non sono una suddivisione arbitraria nell'ambito dei distretti idrografici. Ogni corpo idrico e' identificato in base alla propria "distinguibilita' e significativita'" nel contesto delle finalita', degli obiettivi e delle disposizioni del decreto legislativo 152/06

B.3 Processo per l'identificazione dei corpi idrici
L'identificazione dei corpi idrici deve essere effettuata successivamente al processo di tipizzazione di cui alla sezione A del presente allegato, secondo lo schema di seguito riportato. Il processo di identificazione dei corpi idrici e' suddiviso nelle 5 fasi dettagliate nei paragrafi successivi.

B.3.1 FASE I - Delimitazione categorie e tipi
Al fine della delimitazione dei corpi idrici e' necessario, innanzitutto, identificare i limiti delle categorie di acque superficiali (vedi sezione A). Un corpo idrico non deve essere diviso tra diverse categorie di acque (fiumi, laghi/invasi, acque di transizione e acque costiere), deve appartenere ad una sola categoria e ad un unico tipo.

B.3.2 FASE II - Criteri dimensionali
Per delineare i corpi idrici e' necessario identificare i limiti dimensionali.
In questa fase occorre individuare quali parti di acque superficiali debbano essere identificate come corpi idrici poiche' esse includono un gran numero di elementi molto piccoli e l'identificazione di tutti gli elementi come corpi idrici separati causerebbe difficolta' logistiche rilevanti. Per evitare tale inconveniente almeno nella fase iniziale si applicano i criteri dimensionali, riportati nella tabella 1. Elementi di acque superficiali piu' piccoli di tali

criteri dimensionali possono essere identificati come corpi idrici individuali nel caso in cui sia soddisfatto almeno un criterio tra quelli fissati nel paragrafo B.3.5.1

Tab.1 Criteri dimensionali per fiumi, laghi/invasi e acque di transizione

Elementi di acque superficiali appartenenti alle categorie sotto riportate sono identificati come corpi idrici se:		
Fiumi	Laghi/invasi	Acque di transizione
Il loro bacino scolante e' ≥ 10 km2	L'area della loro superficie e' ≥ 0.5 km2	L'area della loro superficie e' > 0.5 km2
Sono soddisfatti uno o piu' criteri fissati nel paragrafo B.3.5.1	Sono soddisfatti uno o piu' criteri fissati nel paragrafo B.3.5.1	Sono soddisfatti uno o piu' criteri fissati nel paragrafo B.3.5.1

B.3.3 FASE III - Caratteristiche fisiche
Per assicurare che i corpi idrici rappresentino elementi distinti e significativi di acque superficiali, la fase III e' necessaria per identificare i limiti attraverso le caratteristiche fisiche significative in riferimento agli obiettivi da perseguire, alcune delle quali sono riportate in tabella 2. La confluenza di corsi d'acqua potrebbe chiaramente demarcare un limite geografico e idromorfologico preciso di un corpo idrico.

Tab. 2 Alcune delle caratteristiche fisiche per l'individuazione di corpi idrici

Fiumi	Laghi/invasi	Acque di transizione	Acque costiere
Confluenze	Componenti morfologiche che separano i vari bacini (es. soglia subacquea) 4	Variazioni di salinita'	Presenza/assenza di una forte sorgente di acqua dolce
Variazioni di pendenza		Strutture morfologiche che determinano un diverso grado di confinamento (es. barene)	Discontinuita' importanti nella struttura della fascia litoranea per la presenza ad esempio di foci fluviali
Variazioni di morfologia dell'alveo		Cordoni litoranei	
Variazioni della forma della valle			
Differenze idrologiche			

Apporti sorgivi rilevanti		
Variazioni nell'interazione con la falda		
Discontinuita' importanti nella struttura della fascia riparia		

---

[4] Si fa comunque presente che la necessita' di suddividere i laghi sulla base di caratteristiche fisiche naturali risulta essere molto rara sul territorio nazionale.

Sulla base di quanto sopra detto puo' essere identificato come corpo idrico anche una parte di un fiume o una parte di acque di transizione.
Al fine di assicurare un'adeguata e quindi significativa identificazione dei corpi idrici, bisogna identificare i limiti in base ad ulteriori criteri rilevanti (paragrafo B.3.4), necessari anche per l'identificazione dei corpi idrici fortemente modificati e artificiali (paragrafo B.4).

B.3.4 Fase IV - Stato delle acque e limiti delle aree protette
Le fasi descritte nei paragrafi precedenti consentono di effettuare una prima generale delimitazione dei"corpi idrici" da confermare sulla base dei s criteri di seguito dettagliati:
1) Stato delle acque superficiali e relative pressioni;
2) Limiti delle aree protette di cui all'art 117 comma 3

B.3.4.1 Suddivisioni delle acque superficiali per rispecchiare il loro stato (ecologico e chimico)
Una conoscenza accurata dello stato degli ecosistemi acquatici e' fondamentale per l'identificazione dei corpi idrici.
La necessita' di tenere separati due o piu' corpi idrici contigui, sebbene appartenenti allo stesso tipo, dipende dalle pressioni e dai risultanti impatti e quindi dalla necessita' di gestirli diversamente.
Un "corpo idrico" deve essere nelle condizioni tali da poter essere assegnato a una singola classe di stato delle acque superficiali con sufficiente attendibilita' e precisione sulla base dei risultati dei programmi di monitoraggio effettuati. I cambi dello stato di qualita' nelle acque superficiali si utilizzano per delineare i limiti del corpo idrico.
Il processo di suddivisione delle acque superficiali per rispecchiare le differenze nello stato e' un processo iterativo non solo dipendente dai risultati dei programmi di monitoraggio ma anche dalle informazioni che derivano dall'aggiornamento delle analisi delle pressioni e degli impatti.
Inizialmente, specialmente durante il periodo antecedente la pubblicazione del primo Piano di gestione, nel caso di assenza di informazioni sufficienti per definire accuratamente lo stato delle acque, la procedura di valutazione delle pressioni e degli impatti, condotta secondo le indicazioni di cui alla sezione C del presente allegato, fornira' stime sui cambiamenti dello stato che potranno essere utilizzate per tracciare i limiti per l'identificazione dei corpi idrici. I programmi di monitoraggio forniranno le informazioni necessarie a confermare i limiti basati sullo stato di qualita'.

La delineazione di corpi idrici deve essere effettuata nei tempi adeguati, al fine di permettere la preparazione del piano di gestione. E' sottinteso che a un miglioramento dello stato puo' conseguire un aggiustamento dei limiti dei corpi idrici,
Si riconosce pero' che un'eccessiva suddivisione, delle acque in unita' sempre piu' piccole cosi' come un esagerato accorpamento per la definizione di corpi idrici molto estesi, puo' creare difficolta' significative di gestione e di adozione di misure corrette per la protezione o il miglioramento degli ambienti acquatici.
Nell'identificazione delle acque marino-costiere non devono essere considerate le acque di porto in quanto non rientrano nella definizione di corpo idrico. A tal proposito si chiarisce che le aree portuali sono da considerarsi sorgenti di inquinamento.
Per quanto riguarda i laghi/invasi il singolo corpo idrico individuato sulla base di caratteristiche fisiche (tipizzazione e successiva suddivisione dei tipi) in generale non e' soggetto ad ulteriori suddivisioni in base alla qualita' delle acque, che apparterranno quindi ad una sola classe; l'esistenza di eventuali stati di qualita' differenti rappresenta un'eccezione.
In merito alle acque di transizione il problema si pone soprattutto per le fonti di inquinamento puntuali, la cui superficie di influenza dipende dalle caratteristiche idro-morfologiche del corpo idrico e talvolta puo' essere di dimensioni ridotte.
In questi casi se l'area di impatto e' ridotta, sia in valore assoluto sia in relazione alle dimensioni del corpo idrico cui appartiene, e' preferibile non considerarla corpo idrico indipendente. E' necessario comunque considerare il caso in cui l'area impattata, anche se limitata, condiziona in maniera rilevante l'intero corpo idrico (ad esempio comprometendo un habitat unico e importante per specifici elementi di qualita' biologica). Le aree di maggior impatto, anche se non individuate come specifici corpi idrici, devono essere attentamente considerate nei piani di monitoraggio, prevedendo l'eventuale individuazione di specifiche stazioni.

B.3.4.2 Suddivisioni delle acque superficiali in relazione alle aree protette
Le aree protette, di cui all'allegato IX del presente decreto legislativo, sono identificate in base a specifiche discipline. Tali aree devono essere considerate nella delimitazione dei corpi idrici per una razionalizzazione della suddivisione dei corpi idrici e della relativa gestione integrata.
Le acque che ricadono all'interno di un'area protetta sono assoggettati ad obiettivi aggiuntivi; pertanto nel definire i limiti dei corpi idrici devono essere considerati anche i confini delle aree protette.
I limiti dei corpi idrici e delle aree protette nella maggior parte dei casi non coincideranno in quanto tali aree vengono definite per scopi diversi, quindi in base a criteri diversi.
Le autorita' competenti nel definire i limiti dei corpi idrici superficiali potranno decidere se adattarli a quelli delle aree protette, eventualmente suddividendo il corpo idrico, con la finalita' di razionalizzare la gestione delle acque, fermo restando il rispetto delle differenze dello stato di qualita' delle acque.

B.3.5 FASE V - Altri criteri
B.3.5.1 Identificazione di piccoli elementi di acque superficiali come corpi idrici
Se in generale un piccolo elemento di acque superficiali non viene identificato come un corpo idrico (ad esempio perche' non sono soddisfatte le soglie dimensionali riportate nel paragrafo B.3.2), questo puo' ancora essere identificato come un corpo idrico separato quando e' applicabile almeno uno dei casi di seguito riportati (punti a-g):
  a) laddove l'elemento di acque superficiali e' utilizzato, o

designato a essere utilizzato, per l'estrazione di acque destinate al consumo umano che fornisce in media oltre 10 m^3 al giorno o serve piu' di 50 persone, viene identificato come un corpo idrico, e quindi come area protetta per le acque potabili a norma dell'articolo 7 della Direttiva;

b) il raggiungimento di qualsiasi standard e obiettivi per una ZPS o candidata ZPS, identificata secondo la Direttiva 79/409/CEE (direttiva uccelli), o per una ZSC o candidata ZSC identificata secondo la Direttiva 92/43/CEE (direttiva habitat), dipende dal mantenimento o dal miglioramento dello stato dell'elemento di acque superficiali;

c) il raggiungimento di qualsiasi standard e obiettivi per tutte le aree di particolare pregio ambientale dipende dal mantenimento o dal miglioramento dello stato dell'elemento di acque superficiali, l'elemento e' quindi di importanza ecologica all'interno del bacino idrografico;

d) all'interno del processo di pianificazione della gestione del bacino idrografico si stabilisce che il mantenimento o il miglioramento dello stato dell'elemento di acque superficiali e' importante al raggiungimento di traguardi della biodiversita' nazionale o internazionale e l'elemento e' quindi di importanza ecologica all'interno del bacino idrografico;

e) nel caso l'elemento di acque superficiali e' stato identificato, attraverso l'appropriata procedura, come sito/ambiente di riferimento;

f) il piccolo elemento di acque superficiali e' di tale importanza nel bacino idrografico che (i) gli impatti, o i rischi di impatti, su di esso sono responsabili di non raggiungere gli obiettivi per un corpo, o corpi idrici dello stesso bacino idrografico, e (ii) la competente autorita' reputa che l'identificazione del piccolo elemento come corpo idrico separato sia il modo piu' efficace per mettere in evidenza i rischi e gestirli. Si osservi che il rischio di non raggiungere gli obiettivi per uno o piu' corpi idrici, deve essere gestito anche nel caso in cui tali piccoli elementi di acque superficiali non siano identificati come corpi idrici;

g) il piccolo elemento di acque superficiali ricade nelle aree di seguito riportate:
 - area sensibile di cui all'articolo 91 del presente decreto legislativo;
 - zona vulnerabile di cui all'articolo 92 del presente decreto legislativo;
 - acque di balneazione ai sensi del DPR 470/82;
 - acque destinate alla vita dei molluschi ai sensi dell'articolo 87 del presente decreto legislativo;
 - acque dolci idonee alla vita dei pesci ai sensi dell'articolo 84 del presente decreto legislativo;

e la competente autorita' reputa che l'identificazione del piccolo elemento, come corpo idrico separato aiutera' nel raggiungimento degli obiettivi specifici previsti dal presente decreto per le suddette aree.

B.3.5.2 Accorpamento di piccoli elementi in corpi idrici superficiali contigui

I piccoli elementi di acque superficiali, dove possibile, sono accorpati all'interno di un corpo idrico piu' grande contiguo della stessa categoria di acque superficiali e dello stesso tipo.Al fine di semplificare la mappa dei corpi idrici fluviali non e' necessario che siano mostrati nella stessa gli affluenti minori accorpati all'interno del corpo idrico.

Per impedire l'esclusione di piccoli corsi d'acqua prossimi all'origine, che hanno un bacino scolante, < 10 km^2, a monte della loro confluenza con un lago/invaso, quest'ultimo identificato come corpo idrico,, tali corsi d'acqua si considerano come contigui con il fiume, identificato come corpo idrico, a valle del lago/invaso.

Dopotutto, la creazione di limiti ad ogni confluenza di un corso d'acqua con un lago/invaso potrebbe indurre alla delimitazione di un numero grande non necessario di piccoli corpi idrici fluviali. Inoltre, ove i laghi/invasi sono separati da tratti corti di fiume, questi tratti di fiume potrebbero essere troppo piccoli per giustificare l'identificazione come corpo idrico, inducendo a dei buchi nella copertura dello stato delle mappe. Per superare questi potenziali problemi, i fiumi che sfociano in laghi/invasi possono essere considerati come contigui con il fiume, identificato come corpo idrico, di valle.

Alcuni corpi idrici lacustri possono essere connessi a corpi idrici costieri o a corpi idrici di transizione da un fiume corto con un bacino scolante < 10 km^2 . A meno che il fiume non sia identificato come corpo idrico separato secondo i casi fissati nel paragrafo B.3.5.1, non viene identificato come corpo idrico ma viene incluso, per fini gestionali, nel corpo idrico lacustre.

Laddove una piccola laguna o foce fluviale non soddisfa i criteri dimensionali e non e' verificato nessuno dei casi riportati nel paragrafo B.3.5.1 ma e' ubicata tra un corpo idrico costiero e un corpo idrico fluviale, per evitare buchi nella continuita' dello stato delle mappe viene incorporata nell'adiacente corpo idrico fluviale o, ove piu' appropriato, nell'adiacente corpo idrico costiero.

B.4 Corpi idrici fortemente modificati e artificiali

I corpi idrici fortemente modificati e artificiali come definiti all'art. 74, comma 2, lettere f) e g), possono essere identificati e designati, secondo le prescrizioni riportate all'art. 77 comma 5, nei casi in cui lo stato ecologico buono non e' raggiungibile a causa degli impatti sulle caratteristiche idromorfologiche delle acque superficiali dovuti ad alterazioni fisiche.

I corpi idrici fortemente modificati e artificiali devono essere almeno provvisoriamente identificati al termine del processo sopra riportato. Le designazioni devono essere riviste con la stessa ciclicita' prevista per i piani di gestioni e di tutela delle acque. I limiti dei corpi idrici fortemente modificati sono soprattutto delineati dall'entita' dei cambiamenti delle caratteristiche idromorfologiche che:

  (a) Risultano dalle alterazioni fisiche causate dall'attivita' umana;
  (b) Ostacolano il raggiungimento dello stato ecologico buono.

((B.4.1 METODOLOGIA DI IDENTIFICAZIONE E DESIGNAZIONE DEI CORPI IDRICI FORTEMENTE MODIFICATI E ARTIFICIALI PER LE ACQUE FLUVIALI E LACUSTRI

B.4.1.1 DEFINIZIONI
Alterazione fisica: pressione che produce una modificazione idromorfologica di un corpo idrico causata dall'attivita' umana. Ogni alterazione e' legata ad un "uso specifico" attuale o storico.
Modificazione: un cambiamento apportato al corpo idrico superficiale dall'attivita' umana (che puo' portare al non raggiungimento del buono stato ecologico).
Alterazione fisica significativa: alterazione fisica la cui significativita' viene valutata attraverso i criteri riportati nella fase 3 del livello 1 della seguente procedura.
Modificazione significativa: modificazione la cui significativita' viene valutata attraverso i criteri riportati nella fase 3 del livello 1 della seguente procedura.

B.4.1.2 PREMESSA
La procedura per il riconoscimento dei corpi idrici fortemente modificati (CIFM) e artificiali (CIA) per le acque fluviali e lacustri si articola in due livelli successivi, di seguito indicati, ciascuno dei quali e' composto da piu' fasi:
  - LIVELLO 1 - "Identificazione preliminare" basata su valutazioni

idromorfologiche ed ecologiche;
- LIVELLO 2 - "Designazione" basata su valutazioni tecniche idromorfologiche, ecologiche, e socio-economiche.

Parte di provvedimento in formato grafico

Fig. 1 - Procedura per l'identificazione e la designazione dei corpi idrici fortemente modificati e artificiali

La designazione e' un processo iterativo, puo' accadere quindi che corpi idrici definiti fortemente modificati o artificiali nel primo piano di gestione, possano essere considerati corpi idrici naturali nei successivi piani e viceversa.
Nel caso della presenza di sbarramenti su un fiume, prima dell'applicazione della procedura occorre stabilire se il corpo idrico a monte dello sbarramento e' ancora da considerarsi fluviale ovvero, se conformemente a quanto definito al punto A.2.1 del presente allegato, abbia cambiato categoria e sia ascrivibile alla nuova categoria di "lago". Qualora il corpo idrico risulti lacustre, ossia si tratti di un invaso, e' identificato preliminarmente come fortemente modificato senza che venga applicato il livello 1. Gli invasi sono, infatti, dei corpi idrici con caratteristiche idromorfologiche alterate in maniera significativa e permanente, profonda ed estesa, e pertanto soddisfano i criteri delle fasi 4 e 5 del livello 1. Per tali corpi idrici si procede, quindi, direttamente all'applicazione del livello 2. Qualora invece il corpo idrico modificato mantenga la categoria "fiume" si procede all'applicazione del livello 1 specifico per i fiumi e, nel caso questo fosse identificato preliminarmente come fortemente modificato, alla successiva applicazione del livello 2.
Il Ministero dell'Ambiente e della Tutela del Territorio e del Mare, avvalendosi dell'ISPRA e del CNR-ISE, avvia un'attivita' di coordinamento con le Regioni, le Province autonome di Trento e Bolzano, le ARPA e le APPA al fine della validazione dell'applicazione della metodologia riportata alla presente lettera B.4.1. Allo scopo le Regioni e le Province autonome di Trento e Bolzano rendono disponibili i dati necessari. In tale attivita', a seguito della prima applicazione della metodologia, si valuta la necessita' di integrare la stessa con ulteriori specifici criteri, tenendo conto delle peculiarita' territoriali.

B.4.1.3 LIVELLO 1 - IDENTIFICAZIONE PRELIMINARE DEI CORPI IDRICI FORTEMENTE MODIFICATI E ARTIFICIALI
Come riportato nello schema di figura 2, il livello 1 e' composto da fasi successive alcune delle quali presentano criteri distinti per i fiumi e per i laghi. Il livello 1 si applica ai corpi idrici, cosi' come definiti alla lettera h), comma 2, dell'articolo 74 del presente decreto, identificati sulla base delle modalita' riportate nella sezione B del presente allegato.
Per quanto riguarda l'identificazione preliminare dei CIFM nelle fasi del livello 1 viene verificato se sono soddisfatte tutte le seguenti condizioni:
  1) il mancato raggiungimento del buono stato ecologico e' dovuto ad alterazioni fisiche che comportano modificazioni delle caratteristiche idromorfologiche del corpo idrico e non dipende da altri impatti;
  2) il corpo idrico risulta sostanzialmente mutato nelle proprie caratteristiche in modo permanente;
  3) la sostanziale modifica delle caratteristiche del corpo idrico deriva dall'uso specifico a cui esso e' destinato.
Pertanto la procedura di identificazione e designazione puo' non essere applicata ai corpi idrici di stato ecologico uguale o superiore al "buono".
Per quanto riguarda invece l'identificazione preliminare dei CIA, il livello 1 e' applicato solo per le fasi 1 e 4.

Parte di provvedimento in formato grafico

Fig. 2 - Fasi del livello 1 per l'identificazione preliminare dei corpi idrici fortemente modificati e artificiali

Fase 1 - Il corpo idrico e' artificiale?
In questa fase si identificano i corpi idrici artificiali cosi' come definiti alla lettera f, comma 2, dell'articolo 74 del presente decreto. Inoltre, conformemente a quanto riportato nella "Guidance Document n. 4: identification and designation of heavily modified and artificial water bodies" della Commissione Europea (2003), si precisa che un corpo idrico artificiale e' un corpo idrico superficiale creato in un luogo dove non esistevano acque superficiali o comunque non vi erano elementi di acque superficiali tali da poter essere considerati distinti e significativi e pertanto non identificabili come corpi idrici.
Per i corpi idrici artificiali si passa direttamente dalla fase 1 alla fase 4 al fine di valutare la probabilita' che il corpo idrico possa raggiungere il buono stato ecologico ed in tal caso possa essere considerato come "naturale".

Fase 2 - Ci sono modificazioni nelle caratteristiche idromorfologiche del corpo idrico?
Questa fase e' necessaria per selezionare quei corpi idrici con alterazioni fisiche tali da comportare modificazioni idromorfologiche. Infatti requisito fondamentale per l'assegnazione a corpo idrico fortemente modificato e' la presenza di alterazioni che incidono sull'idromorfologia dello stesso modificandone lo stato naturale.
Nel selezionare questi corpi idrici e' necessario tenere conto della caratterizzazione delle acque superficiali effettuata ai sensi dell'articolo 118 del presente decreto, nonche' degli usi specifici che comportano alterazioni idromorfologiche dell'ambiente indicati alla lettera a), comma 5 dell' art. 77, quali:
  - navigazione, comprese le infrastrutture portuali, o il diporto;
  - regimazione delle acque, la protezione dalle inondazioni o il drenaggio agricolo;
  - attivita' per le quali l'acqua e' accumulata, quali la fornitura di acqua potabile, la produzione di energia o l'irrigazione;
  - altre attivita' sostenibili di sviluppo umano ugualmente importanti.

Fiumi
Sono selezionati i corpi idrici fluviali nei quali sono presenti:
   - opere trasversali (incluse soglie e rampe)
   - difese di sponda e/o argini a contatto
   - rivestimenti del fondo
   - dighe, briglie di trattenuta non filtrante o traverse assimilabili a dighe poste all'estremita' di monte del corpo idrico
   - opere trasversali (briglie o traverse) all'interno del corpo idrico o alla sua estremita' di valle che determinano forti modificazioni delle condizioni idrodinamiche
   - tratti a regime idrologico fortemente alterato
   - modificazione delle caratteristiche idrodinamiche del corpo idrico dovute a fenomeni di oscillazioni periodiche di portata (hydropeaking)

Laghi
Sono selezionati i corpi idrici lacustri nei quali sono presenti:
   - manufatti come porti, dighe, traverse;
   - artificializzazioni delle sponde e/o delle zone litorali;
   - prelievi d'acqua e/o deviazioni delle acque fuori dal bacino e/o immissioni da altri bacini.

Fase 3 - Valutazione delle modificazioni idromorfologiche significative
Lo scopo di questa fase e' individuare, in base ai criteri di seguito riportati, le modificazioni idromorfologiche significative, connesse "all'uso specifico" e derivanti da alterazioni fisiche significative, e che possono incidere sullo stato ecologico del corpo idrico. Qualora per il corpo idrico in esame anche una sola delle modificazioni idromorfologiche risulti significativa e' necessario proseguire con la successiva fase 4.

Fiumi
Come di seguito indicato sui corpi idrici selezionati in fase 2 si effettua una valutazione basata su:
 - alcuni indicatori di artificialita' dell'indice IQM - Indice di Qualita' Morfologica, di cui all'Allegato 1del presente decreto e al "Manuale tecnico-operativo per la valutazione ed il monitoraggio dello stato morfologico dei corsi d'acqua" (ISPRA, 2011);
 - la presenza di determinate pressioni idrologiche.
La valutazione degli indicatori di artificialita' consiste sostanzialmente nella descrizione delle pressioni idromorfologiche le cui informazioni sono acquisibili presso il catasto delle opere idrauliche, tramite l'utilizzo di immagini telerilevate e, se necessario, con l'ausilio dei dati idrologici.
In tabella 1 sono riportate le varie tipologie di modificazioni idromorfologiche e i criteri per la valutazione della significativita', ed i casi (da 1 a 8) da considerare in questa fase per la valutazione delle modificazioni idromorfologiche significative.
Non rientrano tra le alterazioni da considerare significative i casi di corpi idrici che, pur avendo subito variazioni morfologiche pregresse molto intense (es. incisione del fondo, restringimento, ecc.), non sono attualmente interessati dalla pressione ovvero da elementi di artificialita'. Tipico e' il caso di corsi d'acqua dove l'attivita' estrattiva del passato aveva causato notevoli variazioni morfologiche tuttora presenti. Tali situazioni non sono da considerare "significative" in quanto non presentano piu' il requisito di permanenza (di cui alla fase 5) della causa dell'alterazione che e' una delle condizioniper l'identificazione dei corpi idrici come fortemente modificati.
Similmente, non possono venir considerati come fortemente modificati i corpi idrici soggetti periodicamente a risagomatura e ricalibratura delle sezioni a fini di difesa idraulica - in assenza degli elementi di artificialita' previsti in tabella 1 - in quanto si tratta di interventi di manutenzione i cui effetti morfologici non sono permanenti e risultano reversibili anche nel breve periodo.

Laghi
La significativita' delle modificazioni idromorfologiche dei corpi idrici selezionati in fase 2 e' valutata secondo i criteri di seguito riportati:

1. Presenza di opere di sbarramento
Valutare l'altezza dello sbarramento e il volume invasato. Le alterazioni si considerano significative nei casi in cui l'altezza dello sbarramento superi i 10 m o la percentuale tra il volume invasato ed il volume prelevato superi il 50%.
2. Percentuale di zona litorale e sublitorale artificializzata e zona adibita a infrastrutture portuali e affini Valutare la presenza di arginature e artificializzazioni delle sponde e del substrato della zona litorale misurandone l'estensione lineare. Calcolare la percentuale di estensione lineare di tali zone rispetto al perimetro totale del lago e valutare se la percentuale e' maggiore o minore del 50%. L'alterazione risulta significativa se tale percentuale e' superiore al 50%.
3. Variazione di livello nel tempo

La variazione di livello nel tempo (ΔL) e' quella dovuta alla naturale risposta del corpo idrico alle condizioni meteorologiche (piogge o siccita') sommata a quella derivante dall'utilizzo delle acque superficiali e/o sotterranee nel bacino imbrifero, del corpo idrico in questione, attraverso opere di prelievo, captazione, dighe, traverse, canali, pozzi, diversioni etc.. Per definire la variazione del livello dovuta a cause naturali (ΔLn) e' necessario disporre di una serie di dati acquisiti in un arco temporale di almeno 20 anni. Si procede effettuando per ogni anno la media delle misure di livello acquisite nell'arco dell'anno; quindi la variazione naturale di livello (ΔLn) e' data dalla differenza tra il valore massimo ed il valore minimo delle suddette medie annuali calcolate nell'arco dei 20 anni.
Se non e' possibile calcolare tale variazione naturale di livello (ΔLn), la si puo' assumere pari a:
a) 2 m - per i laghi tipo AL-3 di cui all'allegato 3 del presente Decreto
b) 0,8 m - per tutti gli altri laghi
La variazione di livello (ΔL) risulta significativa qualora si verifichi una delle due seguenti situazioni:

$\Delta L < \Delta Ln - 50\% \Delta Ln$
$\Delta L > \Delta Ln + 50\% \Delta Ln$

Fase 4 - E' probabile che il corpo idrico non raggiunga il buono stato ecologico a causa delle alterazioni idromorfologiche o perche' artificiale?
In questa fase si valuta il rischio di non poter raggiungere il buono stato ecologico sulla base di quanto definito all'allegato 1 del presente decreto a causa delle modificazioni idromorfologiche significative o a causa delle caratteristiche artificiali.
Il rischio di non raggiungere il buono stato ecologico deve dipendere dalle sole alterazioni morfologiche e idrologiche o dalle caratteristiche artificiali e non da altre pressioni, come la presenza di sostanze tossiche, o da altri problemi di qualita'; in questo secondo caso, il corpo idrico non puo' essere identificato come fortemente modificato o artificiale.

Fase 5 - Il corpo idrico e' sostanzialmente mutato nelle sue caratteristiche idromorfologiche a causa di alterazioni fisiche dovute all'attivita' antropica?
Lo scopo di questa fase e' di selezionare i corpi idrici in cui le alterazioni fisiche provocano modificazioni sostanziali nelle caratteristiche del corpo idrico al fine di poterli preliminarmente identificare come fortemente modificati. Al contrario, quei corpi idrici che rischiano di non raggiungere il buono stato ecologico, ma le cui caratteristiche non sono sostanzialmente mutate, non possono essere considerati fortemente modificati e sono da considerarsi corpi idrici naturali.
Il corpo idrico risulta sostanzialmente mutato nelle proprie caratteristiche quando:
  - Le modificazioni del corpo idrico rispetto alle condizioni naturali sono molto evidenti;
  - il cambiamento nelle caratteristiche del corpo idrico e' esteso/diffuso o profondo (tipicamente questo implica mutamenti sostanziali sia dal punto di vista idrologico che morfologico);
  - il cambiamento nelle caratteristiche del corpo idrico e' permanente e non temporaneo o intermittente.
Allo scopo di effettuare la verifica di cui sopra, per i fiumi si deve tener conto di quanto di seguito riportato.

Fiumi
Per confermare l'identificazione preliminare a CIFM dei corpi idrici fluviali individuati nelle precedenti fasi, sono previste le verifiche riportate in tabella 1, basate sull'applicazione di alcuni

indicatori dell'IQM o dell'indice per intero e sulla valutazione di pressioni idrologiche aggiuntive (applicazione indice IARI - Indice di Alterazione del Regime Idrologico), relativamente agli 8 casi descritti in tabella 1.
Nei casi sopraesposti in cui si debba applicare la valutazione completa dell'IQM risulta necessario suddividere il corpo idrico in tratti, secondo quanto previsto nel Manuale ISPRA (IDRAIM, 2011), ed effettuare la media ponderata dei diversi tratti componenti il corpo idrico sulla lunghezza, per assegnare un unico valore di IQM al corpo idrico in analisi.

Laghi
Il rispetto di una delle condizioni riportate alla fase 3 sono sufficienti per l'identificazione preliminare dei corpi idrici fortemente modificati. Non sono necessarie ulteriori verifiche.

Parte di provvedimento in formato grafico

B.4.1.4 LIVELLO 2: DESIGNAZIONE DEI CORPI IDRICI FORTEMENTE MODIFICATI E ARTIFICIALI
Ai corpi idrici identificati preliminarmente attraverso il livello 1 si applicano le due fasi (fase 6 e 7) del livello 2 (figura 3) per pervenire alla designazione dei corpi idrici fortemente modificati e artificiali da considerare nel piano di tutela e nel piano di gestione.
Si riportano di seguito le specifiche per la sottofase 7.4.
Per la designazione di corpo idrico come fortemente modificato o artificiale occorre procedere a verificare se le esigenze e i benefici derivanti dall'uso corrente non siano raggiungibili con altri mezzi che non comportino costi sproporzionati.
Un costo e' considerato sproporzionato qualora:
  1. i costi stimati superano i benefici e il margine tra i costi e i benefici e' apprezzabile e ha un elevato grado di attendibilita';
  2. non vi e' sostenibilita' socioeconomica.
Per ulteriori dettagli relativi al livello 2 si rimanda alla "Guidance Document n. 4: identification and designation of heavily modified and artificial water bodies" e alla "Guidance document n.1: economics and the environment. The implementation challenge of the Water Framework Directive", elaborate nell'ambito dei documenti predisposti per l'attuazione della direttiva 2000/60/CE, consultabili nel sito WEB del Ministero dell'ambiente e della tutela del territorio e del mare.

Parte di provvedimento in formato grafico

Fig. 3 - Fasi del livello 2 per la designazione dei corpi idrici fortemente modificati e artificiali

Note alla figura 3:
*se si verifica la condizione di cui alla sottofase 6.2, e' possibile procedere direttamente con la fase 7.
Tuttavia per una migliore giustificazione della designazione si puo' anche applicare la sottofase 6.3.))

SEZIONE C: METODOLOGIA PER L'ANALISI
DELLE PRESSIONI E DEGLI IMPIANTI

C.1 Finalita' e approccio
Le Regioni, ai sensi degli articoli 118 e 120 del presente decreto legislativo, devono condurre l'analisi delle pressioni e degli impatti sui corpi idrici.
Al fine di mettere in atto adeguate misure di ripristino e di tutela dei corpi idrici, e' necessario che per ciascun corpo idrico venga

sviluppata, in relazione anche al bacino idrografico di appartenenza, una corretta e dettagliata conoscenza:
1. delle attivita' antropiche;
2. delle pressioni che le suddette attivita' provocano ossia le azioni dell'attivita' antropica sui corpi idrici (scarichi di reflui, modificazioni morfologiche, prelievi idrici, uso fitosanitari, surplus di fertilizzanti in agricoltura);
3. degli impatti, ovvero dell'effetto ambientale causato dalla pressione.

Attraverso l'attivita' conoscitiva e' possibile effettuare una valutazione della vulnerabilita' dello stato dei corpi idrici superficiali rispetto alle pressioni individuate. Sulla base delle informazioni sulle attivita' antropiche presenti nel bacino idrografico e dei dati di monitoraggio ambientale e' possibile, infatti, pervenire ad una previsione circa la capacita' di un corpo idrico di raggiungere o meno, nei tempi previsti dalla direttiva, gli obiettivi di qualita' di cui all'articolo 76 e gli obiettivi specifici previsti dalle leggi istitutive delle aree protette di cui all'allegato 9 del presente decreto legislativo . Nel caso di previsione di mancato raggiungimento dei predetti obiettivi il corpo idrico viene definito " a rischio". Per facilitare tale valutazione le autorita' competenti possono avvalersi di tecniche di modellizzazione.

Sulla base delle informazioni acquisite ai sensi della normativa pregressa, compresi i dati esistenti sul monitoraggio ambientale e sulle pressioni, le Regioni, sentite le Autorita' di bacino competenti, identificano i corpi idrici "a rischio", "non a rischio" e "probabilmente a rischio".

C.2. Prima identificazione di corpi idrici a rischio
In attesa dell'attuazione definitiva di tutte le fasi che concorrono alla classificazione dei corpi idrici, inoltre le Regioni identificano come i corpi idrici a rischio, i seguenti:
 - Acque a specifica destinazione funzionale di cui al CAPO II del presente decreto legislativo (acque destinate alla produzione di acqua potabile, acque di balneazione, acque dolci idonee alla vita dei pesci, acque destinate alla vita dei molluschi) non conformi agli specifici obiettivi di qualita';
 - Aree sensibili ai sensi dell'art. 91 del presente decreto legislativo e secondo i criteri di cui all'allegato 6 al medesimo decreto (Direttiva 91/271/CEE);
 - corpi idrici ubicati in zone vulnerabili da nitrati di origine agricola e da prodotti fitosanitari ai sensi degli articoli 92 e 93 del presente decreto legislativo e individuate secondo i criteri di cui all'allegato 7 dello stesso decreto qualora, anche a seguito dell'attuazione dei programmi di controllo e d'azione predisposti dalle Regioni, si ritenga improbabile il raggiungimento dell'obiettivo ambientale entro il 2015;
 - Corpi idrici ubicati in aree contaminate, identificate come siti di bonifica, ai sensi della parte quarta titolo V del presente decreto legislativo;
 - corpi idrici che, sulla base delle caratteristiche di qualita' emerse da monitoraggi pregressi, presentano gli indici di qualita' e i parametri correlati alla attivita' antropica che incide sul corpo idrico, non conformi con l'obiettivo di qualita' da raggiungere entro il 2015 e per i quali, in relazione allo sviluppo atteso delle pressioni antropiche e alle peculiarita' e fragilita' degli stessi corpi idrici e dei relativi ecosistemi acquatici, risulta improbabile il raggiungimento degli stessi obiettivi entro il 2015;

Le regioni valutano l'opportunita' di considerare a rischio anche i corpi idrici per i quali la particolarita' e dimensione delle pressioni antropiche in essi incidenti, le peculiarita' e fragilita' degli stessi corpi idrici e dei relativi ecosistemi acquatici, possono comportare un rischio per il mantenimento della condizione di stato di qualita' buono.

C.2.1 Classi di rischio dei corpi idrici - Prima identificazione di corpi idrici non a rischio e probabilmente a rischio
Sulla base delle informazioni acquisite ai sensi della normativa pregressa compresi i dati esistenti sul monitoraggio ambientale, le Regioni, sentite le Autorita' di bacino competenti, identificano inoltre come "corpi idrici non a rischio" quelli sui quali non esistono attivita' antropiche o per i quali e' provato, da specifico controllo dei parametri di qualita' correlati alle attivita' antropiche presenti, che queste non incidono sullo stato di qualita' del corpo idrico.
I corpi idrici, per i quali non esistono dati sufficienti sulle attivita' antropiche e sulle pressioni o, qualora sia nota l'attivita' antropica ma non sia possibile una valutazione dell'impatto provocato dall'attivita' stessa, per mancanza di un monitoraggio pregresso sui parametri ad essa correlati, sono provvisoriamente classificati come "probabilmente a rischio".
A conclusione della prima analisi di rischio i corpi idrici sono pertanto distinti nelle seguenti classi di rischio:
- a rischio
- non a rischio
- probabilmente a rischio.
L'attribuzione di categorie di rischio ha lo scopo di individuare un criterio di priorita', basato sul rischio, attraverso il quale orientare i programmi di monitoraggio.

C.2.2 Elenco dei corpi idrici a rischio
Le Regioni, sentite le Autorita' di bacino, sulla base della prima identificazione di cui al paragrafo C.2, compilano gli elenchi dei corpi idrici a rischio indicando, per ciascuno di essi, il bacino idrografico di appartenenza. Tali elenchi devono essere aggiornati sulla base dei risultati del monitoraggio periodico effettuato anche ai sensi delle normative che istituiscono le aree protette (es. balneazione vita dei pesci ....), delle modifiche dell'uso del territorio e dell'aggiornamento dell'analisi delle pressioni e degli impatti.

C.2.2.1 Per i corpi idrici che si reputa rischino di non conseguire gli obiettivi di qualita' ambientale e' effettuata, ove opportuno, una caratterizzazione ulteriore per ottimizzare la progettazione dei programmi di monitoraggio di cui all'articolo 120 e dei programmi di misure prescritti all'articolo 116.

C.3 Aggiornamento dell'attivita' conoscitiva delle pressioni
Ai fini della validazione della classificazione di rischio dei corpi idrici e' necessario aggiornare il rilevamento dell'impatto causato dalla attivita' antropica presente nei vari bacini idrografici che influenzano o possono influenzare le risorse idriche. Nell'effettuare tale ricognizione devono essere identificate le pressioni antropiche significative, dove per significative devono intendersi quelle che possono produrre un "inquinamento significativo", che determina un rischio per il raggiungimento degli obiettivi, nelle seguenti categorie:
1) stima e individuazione dell'inquinamento da fonte puntuale, in particolare l'inquinamento dovuto alle sostanze inquinanti di cui all'allegato VIII del presente decreto legislativo, provenienti da attivita' e impianti urbani, industriali, agricoli e di altro tipo, informazioni acquisite anche a norma delle direttive di seguito riportate:
  a. 91/271/CEE (Trattamento delle acque reflue urbane);
  b. 96/61/CE e s.m. (Prevenzione integrata dell'inquinamento);
e, ai fini del primo piano di gestione del bacino idrografico:
  c. 76/464/CEE (Sostanze pericolose scaricate nell'ambiente idrico);
  d. Decisione 2455/2001/CE del 20 novembre 2001 (Elenco di sostanze prioritarie in materia di acque);

e. 75/440/CEE (Acque potabili), 76/160/CEE e s.m. (Acque di balneazione), 78/659/CEE (Acque idonee alla vita dei pesci) e 79/923/CEE e s.m. (Acque destinate alla molluschicoltura);
2) stima e individuazione dell'inquinamento da fonte diffusa, in particolare l'inquinamento dovuto alle sostanze inquinanti proveniente da attivita' e impianti urbani, industriali, agricoli e di altro tipo, tra l'altro in base alle informazioni raccolte a norma delle direttive di seguito riportate:
  a. 91/676/CEE (Inquinamento provocato da nitrati di origine agricola);
  b. 91/414/CEE (Immissione in commercio di prodotti fitosanitari);
  c. 98/8/CE (Immissione sul mercato dei biocidi);
e, ai fini del primo piano di gestione del bacino idrografico:
  d. 76/464/CEE;
  e. Decisione 2455/2001/CE del 20 novembre 2001 (Elenco di sostanze prioritarie in materia di acque);
  f. 75/440/CEE, 2006/7/CE, 78/659/CEE e 79/923/CEE;
3) stima e individuazione delle estrazioni di acqua per usi urbani, industriali, agricoli e di altro tipo, comprese le variazioni stagionali, la domanda annua complessiva e le perdite dai sistemi di distribuzione;
4) stima e individuazione dell' impatto delle regolazioni del flusso idrico, compresi trasferimenti e deviazioni delle acque, sulle caratteristiche complessive del flusso e sugli equilibri idrici;
5) individuazione delle alterazioni morfologiche dei corpi idrici;
6) stima e individuazione di altri impatti antropici sullo stato delle acque superficiali;
7) analisi dell'uso del suolo che comprenda l'individuazione delle principali aree urbane, industriali e agricole, nonche' - ove pertinente - delle zone di pesca e delle foreste.

C.4 Relazione tra analisi di rischio e monitoraggio
L'analisi di rischio effettuata sulla base di quanto riportato nei precedenti paragrafi e' confermata, entro il 2008, sulla base dei risultati ottenuti con il primo monitoraggio di sorveglianza e deve essere stabilito l'elenco fmale dei corpi idrici "a rischio" e "non a rischio".
Pertanto i corpi idrici indicati inizialmente come probabilmente a rischio sono attribuiti ad una delle due classi sopra riportate.

1.1.1 - FISSAZIONE DELLE CONDIZIONI DI RIFERIMENTO TIPO-SPECIFICHE PER I CORPI IDRICI SUPERFICIALI

D.1. Premessa
Per ciascun tipo di corpo idrico superficiale, individuato in base a quanto riportato nella precedente sezione A al presente punto, sono definite:
  a) le condizioni idromorfologiche e fisico-chimiche tipo-specifiche che rappresentano i valori degli elementi di qualita' idromorfologica e fisico-chimica che l'Allegato 1, punto A.1 alla parte terza del presente decreto legislativo, stabilisce per tale tipo di corpo idrico superficiale in stato ecologico elevato, quale definito nella pertinente tabella dell'Allegato 1, punto A.2;
  b) le condizioni biologiche di riferimento tipo-specifiche che rappresentano i valori degli elementi di qualita' biologica che l'Allegato 1, punto A.1 specifica per tale tipo di corpo idrico superficiale in stato ecologico elevato, quale definito nella pertinente tabella dell'Allegato 1, punto A.2.
Nell'applicare le procedure previste nella presente sezione ai corpi idrici superficiali fortemente modificati o corpi idrici artificiali, i riferimenti allo stato ecologico elevato sono considerati riferimenti al potenziale ecologico massimo definito nell'Allegato 1, tabella A.2.5. I valori relativi al potenziale ecologico massimo per un corpo idrico sono riveduti ogni sei anni.

D.2. Funzione delle condizioni di riferimento:
Le condizioni di riferimento:
- rappresentano uno stato corrispondente a pressioni molto basse senza gli effetti dell'industrializzazione di massa, dell'urbanizzazione e dell'agricoltura intensiva e con modificazioni molto lievi degli elementi di qualita' biologica, idro-morfologica e chimicofisica;
- sono stabilite per ogni tipo individuato all'interno delle categorie di acque superficiali, esse sono pertanto tipo-specifiche;
- non coincidono necessariamente con le condizioni originarie indisturbate e possono includere disturbi molto lievi, cioe' la presenza di pressioni antropiche e' ammessa purche' non siano rilevabili alterazioni a carico degli elementi di qualita' o queste risultino molto lievi;
- consentono di derivare i valori degli elementi di qualita' biologica necessari per la classificazione dello stato ecologico del corpo idrico;
- vengono espresse come intervallo di valori, in modo tale da rappresentare la variabilita' naturale degli ecosistemi.

D.2.1. Condizioni di riferimento e Rapporto di Qualita' Ecologica (RQE)
L'individuazione delle condizioni di riferimento consente di calcolare, sulla base dei risultati del monitoraggio biologico per ciascun elemento di qualita', il "rapporto di qualita' ecologica" (RQE). L'RQE viene espresso come un valore numerico che varia tra 0 e 1, dove lo stato elevato e' rappresentato dai valori vicino ad 1, mentre lo stato pessimo e' rappresentato da valori numerici vicino allo 0.
L'RQE mette in relazione i valori dei parametri biologici osservati in un dato corpo idrico e il valore per quegli stessi parametri riferiti alle condizioni di riferimento applicabili al corrispondente tipo di corpo idrico e serve a quantificare lo scostamento dei valori degli elementi di qualita' biologica, osservati in un dato sito, dalle condizioni biologiche di riferimento applicabili al corrispondente tipo di corpo idrico. L'entita' di tale scostamento concorre ad effettuare la classificazione dello stato ecologico di un corpo idrico secondo lo schema a 5 classi di cui Allegato 1 punto A2 del presente decreto legislativo.

D.3. Metodi per stabilire le condizioni di riferimento I principali metodi per la definizione delle condizioni di riferimento sono:
- Metodo spaziale, basato sull'uso dei dati provenienti da siti di monitoraggio;
- Metodo teorico basato su modelli statistici, deterministici o empirici di previsione dello stato delle condizioni naturali indisturbate;
- Metodo temporale, basato sull'utilizzazione di dati di serie storiche o paleoricostruzione o una combinazione di entrambi;
- Una combinazione dei precedenti approcci;
Tra i metodi citati e' utilizzato prioritariamente quello spaziale. Qualora tale approccio non risulti applicabile si ricorre agli altri metodi elencati. Puo' essere inoltre utilizzato un metodo basato sul giudizio degli esperti solo nel caso in cui sia comprovata l'impossibilita' dell'applicazione dei metodi sopra riportati.

D.3.1 Metodo spaziale Il metodo spaziale si basa sui dati di monitoraggio qualora siano disponibili siti, indisturbati o solo lievemente disturbati, idonei a delineare le "condizioni di riferimento" e pertanto identificati come "siti di riferimento". I siti di riferimento sono individuati attraverso l'applicazione dei criteri di selezione basati sull'analisi delle pressioni esistenti e dalla successiva validazione biologica. Possono essere individuati siti diversi per ogni elemento di qualita' biologica. Per l'individuazione dei siti si fa riferimento alle metodologie riportate nei manuali ISPRA, per le acque marino- costiere e di transizione, e CNR-IRSA, per i corsi d'acqua e le acque lacustri.

D.4. Processo per la determinazione delle Condizioni di Riferimento
Le Regioni, sentite le Autorita' di bacino, all'interno del proprio territorio, individuano, per ciascuna categoria e tipo di corpo idrico, i potenziali siti di riferimento sulla base dei dati e delle conoscenze relative al proprio territorio in applicazione delle metodologie richiamate al punto D.3 e provvedono a inviare le relative informazioni al MATTM.
Le condizioni di cui alle lettere a) e b) del precedente punto D.1, tenendo conto dei siti di riferimento e dei relativi dati comunicati dalle Regioni, sono stabilite con decreto del Ministero dell'Ambiente e della Tutela del Territorio e del Mare, da emanarsi ai sensi dell'art. 75, comma 3, del presente decreto legislativo.
Se non risulta possibile stabilire, per un elemento qualitativo in un determinato tipo di corpo idrico superficiale, condizioni di riferimento tipo-specifiche attendibili a causa della grande variabilita' naturale cui l'elemento e' soggetto (non soltanto in conseguenza delle variazioni stagionali) detto elemento puo' essere escluso dalla valutazione dello stato ecologico per tale tipo di acque superficiali. In questo caso i motivi dell'esclusione sono specificati nel piano di gestione del bacino idrografico.
Un numero sufficiente di siti in condizioni di riferimento, per ogni tipo individuato, nelle varie categorie di corpi idrici, sono identificati, dal MATTM con il supporto dell'ISPRA e degli altri istituti scientifici, per la costituzione di una rete di controllo, che costituisce parte integrante della rete nucleo di cui al punto A.3.2.4. dell'Allegato 1 al presente decreto legislativo, per lo studio della variazioni, nel tempo, dei valori delle condizioni di riferimento per i diversi tipi.
Le condizioni di riferimento sono aggiornate qualora si presentano variazioni per cause naturali nei siti di riferimento.

1.1.2 PUNTO ABROGATO DAL DECRETO 16 GIUGNO 2008, N. 131.

1.1.3 PUNTO ABROGATO DAL DECRETO 16 GIUGNO 2008, N. 131.

1.2 ARCHIVIO ANAGRAFICO DEI CORPI IDRICI
Per ciascun corpo idrico e' predisposta una scheda informatizzata che contenga: i dati derivati dalle attivita' di cui alle sezioni A, B e C, del punto 1.1 del presente allegato; i dati derivanti dalle azioni di monitoraggio e classificazione di cui all'allegato 1 del presente decreto legislativo.

2 ACQUE SOTTERRANEE

2.1 Parte B - Caratterizzazione dei corpi idrici sotterranei

B.1 Finalita'
Le regioni, ai sensi degli articoli 118 e 120 del decreto legislativo n.152 del 2006, conducono l'analisi delle pressioni e degli impatti sui corpi idrici sotterranei ed il rilevamento dello stato di qualita' degli stessi.
Al fine di mettere in atto adeguate misure di ripristino e di tutela dei corpi idrici e di individuare le eventuali misure da attuare a norma dell'articolo 116, e' necessario che per ciascuno di essi venga sviluppata, in relazione anche al bacino idrografico di appartenenza, una corretta e dettagliata conoscenza di:
  - attivita' antropiche;
  - pressioni che le suddette attivita' esercitano sui corpi idrici sotterranei (scarichi di reflui, prelievi idrici, uso di prodotti fitosanitari e di fertilizzanti, ravvenamento artificiale);
  - impatti, ossia gli effetti ambientali causati dalle pressioni.

Attraverso attivita' conoscitiva e' possibile effettuare una valutazione della vulnerabilita' dei corpi idrici sotterranei rispetto alle pressioni individuate. Sulla base delle informazioni sulle attivita' antropiche presenti nel bacino idrografico e dei dati di monitoraggio ambientale e' possibile, infatti, pervenire ad una previsione circa la capacita' di un corpo idrico di raggiungere o meno gli obiettivi di qualita' di cui agli articoli 76 e 77 del decreto n.152 del 2006, gli obiettivi specifici, ove pertinenti, previsti (bile leggi istitutive delle aree protette di cui all'Allegato 9 del citato decreto, gli obiettivi di cui all'articolo 3, comma 6, e all'articolo 6, comma 1. Nel caso di previsione di mancato raggiungimento dei predetti obiettivi il corpo idrico viene definito "a rischio".

Per facilitare tale valutazione le regioni si avvalgono del modello concettuale di cui alla Parte C. Sulla base delle informazioni pregresse acquisite ai sensi della normativa comunitaria e nazionale di settore, compresi i dati esistenti sul monitoraggio ambientale e sulle pressioni, le regioni, sentite le autorita' di bacino competenti, effettuano una prima definizione dei corpi idrici come "a rischio", "non a rischio" e "probabilmente a rischio".

L'attribuzione di categorie di rischio ha lo scopo di individuare un criterio di priorita', basato sul rischio, attraverso il quale orientare i programmi di monitoraggio.

B.2 Classi di rischio dei corpi idrici

B.2.1 Prima identificazione di corpi idrici a rischio
Nelle more dell'attuazione definitiva di tutte le fasi che concorrono alla definizione del rischio dei corpi idrici, le regioni, sentite le autorita' di bacino competenti, identificano come corpi idrici a rischio i seguenti:

 a) corpi idrici sotterranei destinati alla produzione di acqua potabile le cui caratteristiche non sono conformi alle disposizioni di cui al decreto n. 31 del 2001 limitatamente alle sostanze chimiche;

 b) corpi idrici sotterranei correlati a zone vulnerabili da nitrati di origine agricola e da prodotti fitosanitari di cui agli articoli 92 e 93 del decreto n.152 del 2006;

 c) corpi idrici sotterranei interessati da aree contaminate, identificate come siti di bonifica, ai sensi della Parte quarta, Titolo V, del decreto n.152 del 2006;

 d) corpi idrici che, sulla base delle caratteristiche di qualita' emerse da monitoraggi pregressi, presentano gli indici di qualita' e i parametri correlati all' attivita' antropica che incide sul corpo idrico non conformi con l'obiettivo di qualita' da raggiungere entro il 2015 e per i quali, in relazione allo sviluppo atteso delle pressioni antropiche e alle peculiarita' e fragilita' degli stessi corpi idrici e degli eventuali ecosistemi acquatici connessi, risulta improbabile il raggiungimento degli stessi obiettivi entro il 2015. Possono essere identificati altresi' come a rischio i corpi idrici sotterranei connessi a corpi idrici superficiali dichiarati come aree sensibili ai sensi dell'articolo 91 del decreto n. 152 del 2006. Le regioni, inoltre, valutano l'opportunita' di considerare a rischio anche i corpi idrici per i quali la particolarita' ed intensita' delle pressioni antropiche in essi incidenti, le peculiarita' e fragilita' degli stessi corpi idrici e degli eventuali ecosistemi acquatici connessi possono comportare un rischio per il mantenimento del buono stato di qualita'.

B.2.2 Prima identificazione di corpi idrici non a rischio e probabilmente a rischio
Sulla base delle informazioni pregresse acquisite ai sensi della normativa comunitaria e nazionale di settore, compresi i dati esistenti sul monitoraggio ambientale, le regioni, sentite le autorita' di bacino competenti, identificano come corpi idrici "non a

rischio" quelli sui quali non insistono attivita' antropiche o per i quali e' provato, da specifico controllo dei parametri di qualita' correlati alle attivita' antropiche presenti, che queste non incidono sullo stato di qualita' del corpo idrico.

I corpi idrici, per i quali non esistono dati sufficienti sulle attivita' antropiche e sulle pressioni o, qualora sia nota l'attivita' antropica ma non sia possibile una valutazione dell'impatto provocato dall'attivita' stessa, per mancanza di un monitoraggio pregresso sui parametri ad essa correlati, sono provvisoriamente identificati come "probabilmente a rischio".

B.3 Elenco dei corpi idrici a rischio
Le regioni, sentite le autorita' di bacino competenti, sulla base della prima identificazione di cui al paragrafo B.2.1, compilano gli elenchi dei corpi idrici a rischio indicando, per ciascuno di essi, il bacino idrografico di appartenenza. Tali elenchi devono essere aggiornati sulla base dei risultati del riesame dell'impatto delle attivita' antropiche di cui al paragrafo B.4, dei risultati del monitoraggio di cui all'Allegato 4 e di quello effettuato anche ai sensi delle normative che istituiscono le aree protette, ove pertinenti, nonche' delle modifiche dell'uso del suolo.

B.4 Riesame dell'impatto delle attivita' antropiche sulle acque sotterranee
Oltre che alle finalita' di cui al paragrafo B.3, il riesame dell'impatto delle attivita' antropiche sulle acque sotterranee, affiancato ai risultati dell'attivita' del primo monitoraggio di sorveglianza, di cui al punto 4.2.1 dell'Allegato 4, mira a stabilire, entro il 2009, l'elenco finale dei corpi idrici "a rischio" e "non a rischio" attraverso l'attribuzione ad una delle due categorie dei corpi idrici provvisoriamente classificati come "probabilmente a rischio".

Tale riesame e' ottenuto attraverso la raccolta e l'aggiornamento delle seguenti informazioni:
  a) ubicazione dei punti del corpo idrico sotterraneo usati per l'estrazione di acqua, con l'eccezione dei:
    1) punti di estrazione che forniscono, in media, meno di 10 mc al giorno o
    2) dei punti di estrazione di acqua destinata al consumo umano che forniscono, in media, meno di 10 m3 al giorno o servono meno di 50 persone;
  b) medie annue delle portate di estrazione da tali punti;
  c) composizione chimica dell'acqua estratta dal corpo idrico sotterraneo;
  d) ubicazione dei punti del corpo idrico sotterraneo in cui siano presenti scarichi autorizzati ai sensi delle lettere a), b), e), d), e) e f), comma 1, dell'articolo 103 ed ai sensi dei commi 2 e 4 dell'articolo 104 del decreto n.152 del 2006;
  e) portata degli scarichi in tali punti;
  f) composizione chimica degli scarichi nel corpo idrico sotterraneo;
  g) utilizzazione del suolo nel bacino o nei bacini idrografici da cui il corpo idrico sotterraneo si alimenta (area di ricarica), comprese le immissioni di inquinanti e le alterazioni antropiche delle caratteristiche di deflusso e di ricarica naturale, come la diversione delle acque meteoriche o del deflusso superficiale causati da impermeabilizzazione del suolo, opere di sbarramento o drenaggio.

B.5 Riesame dell'impatto delle variazioni dei livelli delle acque sotterranee
Le regioni individuano i corpi idrici sotterranei per cui devono essere fissati obiettivi meno rigorosi a norma dell'articolo 77, comma 7, del decreto legislativo 152 del 2006, e comunque nel rispetto delle disposizioni di' cui al comma 8 del medesimo articolo, anche prendendo in considerazione gli effetti dello stato del corpo:

a) sulle acque superficiali e gli ecosistemi terrestri connessi;
b) sulla regolazione delle acque, la protezione dalle inondazioni e il drenaggio dei terreni;
c) sullo sviluppo antropico.

B.6 Riesame dell'impatto dell'inquinamento sulla qualita' delle acque sotterranee

Le regioni identificano i corpi idrici sotterranei per i quali devono essere specificati obiettivi meno rigorosi ai sensi dell'articolo 77, comma 7, del decreto n.152 del 2006, e comunque nel rispetto delle disposizioni di cui al comma 8 del medesimo articolo, laddove in conseguenza dell'impatto dell'attivita' antropica, determinata ai sensi dell'articolo 118 del decreto n.152 del 2006, il corpo idrico sotterraneo sia talmente inquinato da rendere impraticabile oppure sproporzionatamente dispendioso ottenere un buono stato chimico delle acque sotterranee.

2.2 ARCHIVIO ANAGRAFICO DEI PUNTI D'ACQUA

Deve essere istituito un catasto anagrafico debitamente codificato al fine di disporre di un data-base aggiornato dei punti d'acqua esistenti (pozzi, piezometri, sorgenti e altre emergenze della falda come fontanili, ecc.) e dei nuovi punti realizzati. A ciascun punto d'acqua dovra' essere assegnato un numero di codice univoco stabilito in base alle modalita' di codifica che saranno indicate con decreto.

Per quanto riguarda le sorgenti andranno codificate tutte quelle utilizzate e comunque quelle che presentano una portata media superiore a 10 L/s e quelle di particolare interesse ambientale.

Per le nuove opere e' fatto obbligo all'Ente competente di verificare all'atto della domanda di ricerca e sfruttamento della risorsa idrica sotterranea, l'avvenuta assegnazione del codice.

In assenza di tale codice i rapporti di prova relativi alla qualita' delle acque, non potranno essere accettati dalla Pubblica Amministrazione.

Inoltre per ciascun punto d'acqua dovra' essere predisposta una scheda informatizzata che contenga i dati relativi alle caratteristiche geografiche, anagrafiche, idrogeologiche, strutturali, idrauliche e funzionali derivate dalle analisi conoscitive di cui al punto 1.

Le schede relative ai singoli punti d'acqua, assieme alle analisi conoscitive di cui al punto 1 ed a quelle che potranno essere raccolte per ciascun punto d'acqua dovranno contenere poi le informazioni relative a:

a) le caratteristiche chimico fisiche dei singoli complessi idrogeologici e del loro grado di sfruttamento, utilizzando i dati a vario titolo in possesso dei vari Enti (analisi chimiche effettuate dai laboratori pubblici, autodenunce del sollevato etc.) nonche' stime delle direzioni e delle velocita' di scambio dell'acqua fra il corpo idrico sotterraneo ed i sistemi superficiali connessi.

b) l'impatto esercitato dalle attivita' umane sullo stato delle acque sotterranee all'interno di ciascun complesso idrogeologico.

Tale esame dovra' riguardare i seguenti aspetti:
1. stima dell'inquinamento da fonte puntuale (cosi' come indicato al punto relativo alle acque superficiali)
2. stima dell'inquinamento da fonte diffusa
3. dati derivanti dalle misure relative all'estrazione delle acque
4. stima del ravvenamento artificiale
5. analisi delle altre incidenze antropiche sullo stato delle acque.

3 MODALITA' DI ELABORAZIONE, GESTIONE E DIFFUSIONE DEI DATI

Le Regioni organizzeranno un proprio Centro di Documentazione che curera' l'accatastamento dei dati e la relativa elaborazione, gestione e diffusione. Tali dati sono organizzati secondo i criteri stabiliti con decreto e devono periodicamente essere aggiornati con i dati prodotti dal monitoraggio secondo le indicazioni di cui

all'allegato 1.
Le misure quantitative e qualitative dovranno essere organizzate secondo quanto previsto nel decreto attuativo relativo alla standardizzazione dei dati. A tali modalita' si dovranno anche attenere i soggetti tenuti a predisporre i protocolli di garanzia e di qualita'.
L'interpretazione dei dati relativi alle acque sotterranee in un acquifero potra' essere espressa in forma sintetica mediante: tabelle, grafici, diagrammi, serie temporali, cartografie tematiche, elaborazioni statistiche, ecc.
Il Centro di documentazione annualmente curera' la redazione di un rapporto sull'evoluzione quali-quantitativa dei complessi idrogeologici monitorati e rendera' disponibili tutti i dati e le elaborazioni effettuate, a tutti gli interessati.
Compito del Centro di documentazione sara' inoltre la redazione di carte di sintesi delle aree su cui esiste un vincolo riferito alle acque sotterranee, carte di vulnerabilita' e rischio delle acque sotterranee.
Una volta ultimata la presentazione finale dei documenti e degli elaborati grafici ed informatizzati del prodotto, saranno individuati i canali piu' idonei alla sua diffusione anche mediante rapporti di sintesi e seminari, a tal scopo verra' predisposto un piano contenente modalita' e tempi dell'attivita' di diffusione. Allo scopo dovra' essere prevista da parte del Centro di documentazione la disponibilita' degli stessi tramite sistemi geografici informatizzati (GIS) disponibili su reti multimediali.
La scala delle elaborazioni cartografiche dovra' essere di almeno 1:100.000 salvo necessita' di superiore dettaglio.

ALLEGATO 4

CONTENUTI DEI PIANI

Parte A. Piani di gestione dei bacini idrografici
A. I piani di gestione dei bacini idrografici comprendono i seguenti elementi.
1. Descrizione generale delle caratteristiche del distretto idrografico, a norma dell'allegato 3. Essa include:
1.1. Per le acque superficiali:
- rappresentazione cartografica dell'ubicazione e del perimetro dei corpi idrici,
- rappresentazione cartografica delle ecoregioni e dei tipi di corpo idrico superficiale presenti nel bacino idrografico,
- segnalazione delle condizioni di riferimento per i tipi di corpo idrico superficiale.
1.2. Per le acque sotterranee:
- rappresentazione cartografica dell'ubicazione e del perimetro dei corpi idrici sotterranei.
2. Sintesi delle pressioni e degli impatti significativi esercitati dalle attivita' umane sullo stato delle acque superficiali e sotterranee, comprese:
- stime sull'inquinamento da fonti puntuali, stime sull'inquinamento da fonti diffuse, con sintesi delle utilizzazioni del suolo,
- stime delle pressioni sullo stato quantitativo delle acque, estrazioni comprese,
- analisi degli altri impatti antropici sullo stato delle acque.
3. Specificazione e rappresentazione cartografica delle aree protette, come prescritto dall'articolo 117 e dall'allegato 9 alla parte terza del presente decreto.
4. Mappa delle reti di monitoraggio istituite ai fini dell'allegato 1 alla parte terza del presente decreto e rappresentazione cartografica dei risultati dei programmi di monitoraggio effettuati a norma di dette disposizioni per verificare lo stato delle:
4.1. acque superficiali (stato ecologico e chimico);

4.2. acque sotterranee (stato chimico e quantitativo);
4.3. aree protette.
5. Elenco degli obiettivi ambientali fissati per acque superficiali, acque sotterranee e aree protette, compresa in particolare la specificazione dei casi in cui e' stato fatto ricorso all'articolo 77, comma 6, 7, 8, 10 e alle informazioni connesse imposte da detto articolo.
6. Sintesi dell'analisi economica sull'utilizzo idrico prescritta dall'allegato 10 alla parte terza del presente decreto.
7. Sintesi del programma o programmi di misure adottati, compresi i conseguenti modi in cui realizzare gli obiettivi.
7.1. Sintesi delle misure necessarie per attuare la normativa comunitaria sulla protezione delle acque.
7.2. Relazione sulle iniziative e misure drastiche adottate in applicazione del principio del recupero dei costi dell'utilizzo idrico.
7.3. Sintesi delle misure adottate per soddisfare i requisiti previsti.
7.4. Sintesi dei controlli sull'estrazione e l'arginamento delle acque, con rimando ai registri e specificazione dei casi in cui sono state concesse esenzioni.
7.5. Sintesi dei controlli decisi per gli scarichi in fonti puntuali e per altre attivita' che producono un impatto sullo stato delle acque.
7.6. Specificazione dei casi in cui sono stati autorizzati scarichi diretti nelle acque sotterranee.
7.7. Sintesi delle misure adottate sulle sostanze prioritarie.
7.8. Sintesi delle misure adottate per prevenire o ridurre l'impatto degli episodi di inquinamento accidentale.
7.9. Sintesi delle misure adottate per i corpi idrici per i quali il raggiungimento degli obiettivi enunciati e' improbabile,
7.10. Particolari delle misure supplementari ritenute necessarie per il conseguimento degli obiettivi ambientali fissati.
7.11. Particolari delle misure adottate per scongiurare un aumento dell'inquinamento delle acque marine.
8. Repertorio di eventuali programmi o piani di gestione piu' dettagliati adottati per il distretto idrografico e relativi a determinati sottobacini, settori, tematiche o tipi di acque, corredato di una sintesi del contenuto.
9. Sintesi delle misure adottate in materia di informazione e consultazione pubblica, con relativi risultati e eventuali conseguenti modifiche del piano.
10. Elenco delle autorita' competenti all'interno di ciascun distretto.
11. Referenti e procedure per ottenere la documentazione e le informazioni di base, in particolare dettagli sulle misure di controllo adottate e sugli effettivi dati del monitoraggio raccolti a norma dell'allegato 1 alla parte terza del presente decreto.

B. Il primo e i successivi aggiornamenti del piano di gestione del bacino idrografico comprendono anche quanto segue:
1. sintesi di eventuali modifiche o aggiornamenti alla versione precedente del piano di gestione, compresa una sintesi delle revisioni da effettuare;
2. valutazione dei progressi registrati per il raggiungimento degli obiettivi ambientali, con rappresentazione cartografica dei risultati del monitoraggio relativi al periodo coperto dal piano precedente, e motivazione per l'eventuale mancato raggiungimento degli stessi;
3. sintesi e illustrazione delle misure previste nella versione precedente del piano di gestione e non realizzate;
4. sintesi di eventuali misure supplementari temporanee adottate, successivamente alla pubblicazione della versione precedente del piano di gestione del bacino idrografico.

Parte B. Piani di tutela delle acque

a) I Piani di tutela delle acque devono contenere:
1. Descrizione generale delle caratteristiche del bacino idrografico ai sensi dell'allegato 3. Tale descrizione include:
1.1 Per le acque superficiali:
- rappresentazione cartografica dell'ubicazione e del perimetro dei corpi idrici con indicazione degli ecotipi presenti all'interno del bacino idrografico e dei corpi idrici di riferimento cosi' come indicato all'allegato 1, come modificato dall'Allegato 8 alla parte terza del presente decreto.
1.2 Per le acque sotterranee:
- rappresentazione cartografica della geometria e delle caratteristiche litostratografiche e idrogeologiche delle singole zone
- suddivisione del territorio in zone acquifere omogenee
2. Sintesi delle pressioni e degli impatti significativi esercitati dall'attivita' antropica sullo stato delle acque superficiali e sotterranee. Vanno presi in considerazione:
- stima dell'inquinamento in termini di carico (sia in tonnellate/anno che in tonnellate/mese) da fonte puntuale (sulla base del catasto degli scarichi),
- stima dell'impatto da fonte diffusa, in termine di carico, con sintesi delle utilizzazioni del suolo,
- stima delle pressioni sullo stato quantitativo delle acque, derivanti dalle concessioni e dalle estrazioni esistenti,
- analisi di altri impatti derivanti dall'attivita' umana sullo stato delle acque.
3. Elenco e rappresentazione cartografica delle aree indicate al Titolo III, capo I, in particolare per quanto riguarda le aree sensibili e le zone vulnerabili cosi' come risultano dalla eventuale reidentificazione fatta dalle Regioni.
4. Mappa delle reti di monitoraggio istituite ai sensi dell'articolo 120 e dell'allegato 1 alla parte terza del presente decreto ed una rappresentazione in formato cartografico dei risultati dei programmi di monitoraggio effettuati in conformita' a tali disposizioni per lo stato delle:
4.1 acque superficiali (stato ecologico e chimico)
4.2 acque sotterranee (stato chimico e quantitativo)
4.3 aree a specifica tutela
5. Elenco degli obiettivi definiti dalle autorita' di bacino e degli obiettivi di qualita' definiti per le acque superficiali, le acque sotterranee, includendo in particolare l'identificazione dei casi dove si e' ricorso alle disposizioni dell'articolo 77, commi 4 e 5 e le associate informazioni richieste in conformita' al suddetto articolo.
6. Sintesi del programma o programmi di misure adottati che deve contenere:
6.1 programmi di misure per il raggiungimento degli obiettivi di qualita' ambientale dei corpi idrici
6.2 specifici programmi di tutela e miglioramento previsti ai fini del raggiungimento dei singoli obiettivi di qualita' per le acque a specifica destinazione di cui al titolo II capo II
6.3 misure adottate ai sensi del Titolo III capo I
6.4 misure adottate ai sensi del titolo III capo II, in particolare:
- sintesi della pianificazione del bilancio idrico
- misure di risparmio e riutilizzo
6.5 misure adottate ai sensi titolo III del capo III, in particolare:
- disciplina degli scarichi
- definizione delle misure per la riduzione dell'inquinamento degli scarichi da fonte puntuale
- specificazione dei casi particolari in cui sono stati autorizzati scarichi
6.6 informazioni su misure supplementari ritenute necessarie al

fine di soddisfare gli obiettivi ambientali definiti

6.7 informazioni delle misure intraprese al fine di evitare l'aumento dell'inquinamento delle acque marine in conformita' alle convenzioni internazionali

6.8 relazione sulle iniziative e misure pratiche adottate per l'applicazione del principio del recupero dei costi dei servizi idrici e sintesi dei piani finanziari predisposti ai sensi del presente decreto

7. Sintesi dei risultati dell'analisi economica, delle misure definite per la tutela dei corpi idrici e per il perseguimento degli obiettivi di qualita', anche allo scopo di una valutazione del rapporto costi benefici delle misure previste e delle azioni relative all'estrazione e distribuzione delle acque dolci, della raccolta e depurazione e riutilizzo delle acque reflue.

8. Sintesi dell'analisi integrata dei diversi fattori che concorrono a determinare lo stato di qualita' ambientale dei corpi idrici, al fine di coordinare le misure di cui al punto 6.3 e 6.4 per assicurare il miglior rapporto costi benefici delle diverse misure in particolare vanno presi in considerazione quelli riguardanti la situazione quantitativa del corpo idrico in relazione alle concessioni in atto e la situazione qualitativa in relazione al carico inquinante che viene immesso nel corpo idrico.

9. relazione sugli eventuali ulteriori programmi o piani piu' dettagliati adottati per determinati sottobacini.

b) Il primo aggiornamento del Piano di tutela delle acque tutti i successivi aggiornamenti dovranno inoltre includere:

1. sintesi di eventuali modifiche o aggiornamenti della precedente versione del Piano di tutela delle acque, incluso una sintesi delle revisioni da effettuare

2. valutazione dei progressi effettuati verso il raggiungimento degli obiettivi ambientali, con la rappresentazione cartografica dei risultati del monitoraggio per il periodo relativo al piano precedente, nonche' la motivazione per il mancato raggiungimento degli obiettivi ambientali

3. sintesi e illustrazione delle misure previste nella precedente versione del Piano di gestione dei bacini idrografici non realizzate

4. sintesi di eventuali misure supplementari adottate successivamente alla data di pubblicazione della precedente versione del Piano di tutela del bacino idrografico.

ALLEGATO 5

LIMITI DI EMISSIONE DEGLI SCARICHI IDRICI

1. SCARICHI IN CORPI D'ACQUA SUPERFICIALI

1.1 ACQUE REFLUE URBANE

Gli scarichi provenienti da impianti di trattamento delle acque reflue urbane devono conformarsi, secondo le cadenze temporali indicate, ai valori limiti definiti dalle Regioni in funzione degli obiettivi di qualita' e, nelle more della suddetta disciplina, alle leggi regionali vigenti alla data di entrata in vigore del presente decreto.

Gli scarichi provenienti da impianti di trattamento delle acque reflue urbane:

- se esistenti devono conformarsi secondo le cadenze temporali indicate al medesimo articolo alle norme di emissione riportate nella tabella 1,

- se nuovi devono essere conformi alle medesime disposizioni dalla loro entrata in esercizio.

Gli scarichi provenienti da impianti di trattamento delle acque reflue urbane devono essere conformi alle norme di emissione riportate nelle tabelle 1 e 2. Per i parametri azoto totale e fosforo totale le concentrazioni o le percentuali di riduzione del carico inquinante indicate devono essere raggiunti per uno od entrambi i parametri a seconda della situazione locale.

Devono inoltre essere rispettati nel caso di fognature che convogliano anche scarichi di acque reflue industriali i valori limite di tabella 3 ovvero quelli stabiliti dalle Regioni.

Tabella 1. Limiti di emissione per gli impianti di acque reflue urbane.

Parte di provvedimento in formato grafico

(1) Le analisi sugli scarichi provenienti da lagunaggio o fitodepurazione devono essere effettuati su campioni filtrati, la concentrazione di solidi sospesi non deve superare i 150 mg/L
(2) La misurazione deve essere fatta su campione omogeneizzato non filtrato, non decantato. Si esegue la determinazione dell'ossigeno disciolto anteriormente e posteriormente ad un periodo di incubazione di 5 giorni a 20 °C ± 1 °C, in completa oscurita', con aggiunta di inibitori di nitrificazione.
(3) La misurazione deve essere fatta su campione omogeneizzato non filtrato, non decantato con bicromato di potassio.
(4) La misurazione deve essere fatta mediante filtrazione di un campione rappresentativo attraverso membrana filtrante con porosita' di 0,45 hm ed essiccazione a 105 °C con conseguente calcolo del peso, oppure mediante centrifugazione per almeno 5 minuti (accelerazione media di 2800-3200 g), essiccazione a 105 °C e calcolo del peso.
(5) la percentuale di riduzione del BOD5 non deve essere inferiore a 40. Per i solidi sospesi la concentrazione non deve superare i 70 mg/L e la percentuale di abbattimento non deve essere inferiore al 70%.

Tabella 2. Limiti di emissione per gli impianti di acque reflue urbane recapitanti in aree sensibili.

Parte di provvedimento in formato grafico

(1) Il metodo di riferimento per la misurazione e' la spettrofotometria di assorbimento molecolare.
(2) Per azoto totale si intende la somma dell'azoto Kieldahl (N. organico + NH3) + azoto nitrico + azoto nitroso. Il metodo di riferimento per la misurazione e' la spettrofotometria di assorbimento molecolare.
(3) In alternativa al riferimento alla concentrazione media annua, purche' si ottenga un analogo livello di protezione ambientale, si puo' fare riferimento alla concentrazione media giornaliera che non puo' superare i 20 mg/L per ogni campione in cui la temperatura dell'effluente sia pari o superiore a 12 gradi centigradi. Il limite della concentrazione media giornaliera puo' essere applicato ad un tempo operativo limitato che tenga conto delle condizioni climatiche locali.

Il punto di prelievo per i controlli deve essere sempre il medesimo e deve essere posto immediatamente a monte del punto di immissione nel corpo recettore. Nel caso di controllo della percentuale di riduzione dell'inquinante, deve essere previsto un punto di prelievo anche all'entrata dell'impianto di trattamento. Di tali esigenze si dovra' tener conto anche nella progettazione e modifica degli impianti, in modo da agevolare l'esecuzione delle attivita' di controllo.

Per il controllo della conformita' dei limiti indicati nelle tabelle 1 e 2 e di altri limiti definiti in sede locale vanno considerati i campioni medi ponderati nell'arco di 24 ore.

Per i parametri di tabella 1 il numero di campioni, ammessi su base annua, la cui media giornaliera puo' superare i limiti tabellari, e' definito in rapporto al numero di misure come da schema seguente.

Parte di provvedimento in formato grafico

In particolare si precisa che, per i parametri sotto indicati, i campioni che risultano non conformi, affinche' lo scarico sia considerato in regola, non possono comunque superare le concentrazioni riportate in tabella 1 oltre la percentuale sotto indicata:
BOD5: 100%
COD: 100%
Solidi Sospesi 150%
Il numero minimo annuo di campioni per i parametri di cui alle tabelle 1 e 2 e' fissato in base alla dimensione dell'impianto di trattamento e va effettuato dall'autorita' competente ovvero dal gestore qualora garantisca un sistema di rilevamento e di trasmissione dati all'autorita' di controllo, ritenuto idoneo da quest'ultimo, con prelievi ad intervalli regolari nel corso dell'anno, in base allo schema seguente.

Parte di provvedimento in formato grafico

I gestori degli impianti devono inoltre assicurare un sufficiente numero di autocontrolli (almeno uguale a quello del precedente schema) sugli scarichi dell'impianto di trattamento e sulle acque in entrata.
L'autorita' competente per il controllo deve altresi' verificare, con la frequenza minima di seguito indicata, il rispetto dei limiti indicati nella tabella 3. I parametri di tabella 3 che devono essere controllati sono solo quelli che le attivita' presenti sul territorio possono scaricare in fognatura.

Parte di provvedimento in formato grafico

Valori estremi per la qualita' delle acque in questione non sono presi in considerazione se essi sono il risultato di situazioni eccezionali come quelle dovute a piogge abbondanti.
I risultati delle analisi di autocontrollo effettuate dai gestori degli impianti devono essere messi a disposizione degli enti preposti al controllo. I risultati dei controlli effettuati dall'autorita' competente e di quelli effettuati a cura dei gestori devono essere archiviati su idoneo supporto informatico secondo le indicazioni riportate nell'apposito decreto attuativo.
Ove le caratteristiche dei rifiuti da smaltire lo richiedano per assicurare il rispetto, da parte dell'impianto di trattamento di acque reflue urbane, dei valori limite di emissione in relazione agli standard di qualita' da conseguire o mantenere nei corpi recettori interessati dallo scarico dell'impianto, l'autorizzazione prevede:
  a) l'adozione di tecniche di pretrattamento idonee a garantire, all'ingresso dell'impianto di trattamento delle acque reflue, concentrazioni di inquinanti che non compromettono l'efficienza depurativa dell'impianto stesso;
  b) l'attuazione di un programma di caratterizzazione quali-quantitativa che, in relazione a quanto previsto alla precedente lettera a), consenta controlli sistematici in entrata e in uscita agli impianti di pretrattamento dei rifiuti liquidi e a quelli di depurazione delle acque reflue;
  c) l'adozione di sistemi di stoccaggio dei rifiuti liquidi da trattare tale da evitare la miscelazione con i reflui che hanno gia' subito il trattamento finale;
  d) standard gestionali adeguati del processo depurativo e specifici piani di controllo dell'efficienza depurativa;
  e) l'adozione di un sistema di autocontrolli basato, per quanto concerne la frequenza e le modalita' di campionamento, su criteri statistici o di tipo casuale, comunque tali da rappresentare l'andamento nel tempo della/e reale/i concentrazione/i della/e sostanza/e da misurare analiticamente e da verificare, con un coefficiente di confidenza di almeno il 90%, la conformita' o meno

dei livelli di emissione ai relativi limiti. I risultati degli autocontrolli sono tenuti a disposizione delle autorita' competenti per i quattro anni successivi alla data di rilascio/rinnovo dell'autorizzazione;

f) controlli dell'idoneita' o meno all'utilizzo in agricoltura dei fanghi biologici prodotti dall'impianto di trattamento delle acque reflue in relazione a quanto disposto dal D.Lgs. 99/1992.

1.2 ACQUE REFLUE INDUSTRIALI.

1.2.1 Prescrizioni generali

Gli scarichi di acque reflue industriali in acque superficiali, devono essere conformi ai limiti di emissione indicati nella successiva tabella 3 o alle relative norme disposte dalle Regioni.

I valori limite di emissione che gli scarichi interessati non devono superare sono espressi, in linea di massima, in concentrazione.

Tuttavia, le regioni, nell'esercizio della loro autonomia, in attuazione dei piani di tutela delle acque, tenendo conto dei carichi massimi ammissibili, delle migliori tecniche disponibili, definiscono i valori-limite di emissione, diversi da quelli di cui alla tabella 3 sia in concentrazione massima. ammissibile sia in quantita' massima per unita' di tempo.

In questo caso, i valori limite espressi in concentrazione devono essere coerenti, e comunque non possono essere superiori, con quelli in peso dell'elemento caratteristico dell'attivita' ed il relativo fabbisogno d'acqua, parametro quest'ultimo che varia in funzione dei singoli processi e stabilimenti.

Nel caso di attivita' ricadenti nell'allegato I del D.Lgs. 18 febbraio 2005 n. 59 valori limite di emissione possono essere definiti, in alternativa, per unita' di prodotto in linea con quanto previsto con i BAT references comunitari e con le linee guida settoriali nazionali

Anche in questa ipotesi i valori limite espressi in quantita' devono essere coerenti con quelli espressi in concentrazione, tenuto conto del fabbisogno d'acqua, parametro quest'ultimo che varia in funzione dei singoli processi e stabilimenti.

1.2.2 Determinazioni analitiche

Le determinazioni analitiche ai fini del controllo di conformita' degli scarichi di acque reflue industriali sono di norma riferite ad un campione medio prelevato nell'arco di tre ore. L'autorita' preposta al controllo puo', con motivazione espressa nel verbale di campionamento, effettuare il campionamento su tempi diversi al fine di ottenere il campione piu' adatto a rappresentare lo scarico qualora lo

giustifichino particolari esigenze quali quelle derivanti dalle prescrizioni contenute nell'autorizzazione dello scarico, dalle caratteristiche del ciclo tecnologico, dal tipo di scarico (in relazione alle caratteristiche di continuita' dello stesso), il tipo di accertamento (accertamento di routine, accertamento di emergenza, ecc.).

1.2.3 Specifiche prescrizioni per gli scarichi contenenti sostanze pericolose

1. tenendo conto del carico massimo ammissibile, ove definito, della persistenza, bioaccumulabilita' e della pericolosita' delle sostanze, nonche' della possibilita' di utilizzare le migliori tecniche disponibili, le Regioni stabiliscono opportuni limiti di emissione in massa nell'unita' di tempo (kg/mese).

2. Per cicli produttivi specificati nella tabella 3/A devono essere rispettati i limiti di emissione in massa per unita' di prodotto o di materia prima di cui alla stessa tabella. Per gli stessi cicli produttivi valgono altresi' i limiti di concentrazione indicati nelle tabella 3 allo scarico finale.

3. Tra i limiti di emissione in termini di massa per unita' di prodotto, indicati nella tabella 3/A, e quelli stabiliti dalle

Regioni in termini di massa nell'unita' di tempo valgono quelli piu' cautelativi.

4. Ove il piano di tutela delle acque lo preveda per il raggiungimento degli standard di cui all'allegato 1 del presente decreto, l'autorita' competente puo' individuare conseguenti prescrizioni adeguatamente motivate all'atto del rilascio e/o del rinnovo delle autorizzazioni agli scarichi che contengono le sostanze di cui all'allegato 5. Dette specifiche prescrizioni possono comportare:

a) l'adozione di misure tecniche, di progettazione, costruzione, esercizio o manutenzione dell'impianto in grado di assicurare il rispetto di valori limite di emissione piu' restrittivi di quelli fissati in tabella 3, fatto salvo il caso in cui sia accertato, attraverso campionamenti a monte ed a valle dell'area di impatto dello scarico, che la presenza nello scarico stesso di una o piu' sostanze non origina dal ciclo produttivo dell'insediamento ovvero e' naturalmente presente nel corpo idrico. Il valore limite di emissione sara' fissato in rapporto con le priorita' e le cadenze temporali degli interventi previsti nel piano di tutela delle acque approvato dalla regione e, in particolare, con quanto previsto nello stesso piano per assicurare la qualita' delle acque a specifica destinazione funzionale;

b) l'adozione di un sistema di autocontrolli basato, per quanto concerne la frequenza e le modalita' di campionamento, su criteri statistici o di tipo casuale, comunque tali da rappresentare l'andamento nel tempo della/e reale/i concentrazione/i della/e sostanza/e da misurare analiticamente e da verificare, con un coefficiente di confidenza di almeno il 90%, la conformita' o meno dei livelli di emissione ai relativi limiti. I risultati degli autocontrolli sono tenuti a disposizione delle autorita' competenti per i quattro anni successivi alla data di rilascio/rinnovo dell'autorizzazione.

1. le acque di raffreddamento di impianti pre-esistenti possono essere convogliate verso il corpo idrico recettore tramite un unico scarico comune ad altre acque di scarico, a condizione sia posto in essere un sistema di sorveglianza dello scarico che consenta la sistematica rilevazione e verifica dei limiti a monte il punto di miscelazione.

2. I punti 4 e 5 non si applicano agli scarichi che provengono da attivita' commerciali caratterizzate da modesta significativita' con riferimento ai quantitativi annui di acque reflue complessivamente scaricate e che recapitano in pubblica fognatura.

2 SCARICHI SUL SUOLO
Nei casi previsti dall'articolo 103 comma 1 punto c), gli scarichi sul suolo devono rispettare i limiti previsti nella tabella 4.
Il punto di prelievo per i controlli e' immediatamente a monte del punto di scarico sul suolo. Per gli impianti di depurazione naturale (lagunaggio, fitodepurazione) il punto di scarico corrisponde e' quello all'uscita dall'impianto.
Le determinazioni analitiche ai fini del controllo di conformita' degli scarichi di acque reflue industriali sono di norma riferite ad un campione medio prelevato nell'arco di tre ore. L'autorita' preposta al controllo puo', con motivazione espressa nel verbale di campionamento, effettuare il campionamento su tempi diversi al fine di ottenere il campione piu' adatto a rappresentare lo scarico qualora lo giustifichino particolari esigenze quali quelle derivanti dalle prescrizioni contenute nell'autorizzazione dello scarico, dalle caratteristiche del ciclo tecnologico, dal tipo di scarico (in relazione alle caratteristiche di continuita' dello stesso), il tipo di accertamento (accertamento di routine, accertamento di emergenza, ecc.).
Per gli impianti di trattamento delle acque reflue urbane si fa riferimento a un campione medio ponderato nell'arco di 24 ore.
Le distanze dal piu' vicino corpo idrico superficiale oltre le quali

e' permesso lo scarico sul suolo sono rapportate al volume dello scarico stesso secondo il seguente schema:
   a) per quanto riguarda gli scarichi di acque reflue urbane:
      - metri - per scarichi con portate giornaliere medie inferiori a 500 m^3
      - 2.500 metri - per scarichi con portate giornaliere medie tra 501 e 5000 m^3
      - 5.000 metri - per scarichi con portate giornaliere medie tra 5001 e 10.000 m^3
   b) per quanto riguarda gli scarichi di acque reflue industriali.
      - 1.000 metri - per scarichi con portate giornaliere medie inferiori a 100 m^3
      - 2.500 metri - per scarichi con portate giornaliere medie tra 101 e 500 m^3
      - 5.000 metri - per scarichi con portate giornaliere medie tra 501 e 2.000 m^3

Gli scarichi aventi portata maggiore di quelle su indicate devono in ogni caso essere convogliati in corpo idrico superficiale, in fognatura o destinate al riutilizzo.

Per gli scarichi delle acque reflue urbane valgono gli stessi obblighi di controllo e di autocontrollo previsti per gli scarichi in acque superficiali.

L'autorita' competente per il controllo deve verificare, con la frequenza minima di seguito indicata, il rispetto dei limiti indicati nella tabella 4. I parametri di tabella 4 da controllare sono solo quelli che le attivita' presenti sul territorio possono scaricare in fognatura.

volume scarico	numero controlli
sino a 2000 m cubi al giorno	4 volte l'anno
oltre a 2000 m cubi al giorno	8 volte l'anno

2.1 SOSTANZE PER CUI ESISTE IL DIVIETO DI SCARICO
Restano fermi i divieti di scarico sul suolo e nel sottosuolo delle seguenti sostanze:
   - composti organo alogenati e sostanze che possono
   - dare origine a tali composti nell'ambiente idrico
   - composti organo fosforici
   - composti organo stannici
   - sostanze che hanno potere cancerogeno, mutageno e teratogeno in ambiente idrico o in concorso dello stesso
   - mercurio e i suoi composti
   - cadmio e i suoi composti
   - oli minerali persistenti e idrocarburi di origine petrolifera persistenti
   - cianuri
   - materie persistenti che possono galleggiare, restare in sospensione o andare a fondo e che possono disturbare ogni tipo di utilizzazione delle acque.

Tali sostanze, si intendono assenti quando sono in concentrazioni non superiori ai limiti di rilevabilita' delle metodiche di rilevamento in essere all'entrata in vigore del presente decreto o dei successivi aggiornamenti.

Persiste inoltre il divieto di scarico diretto nelle acque sotterranee, in aggiunta alle sostanze su elencate, di:

1: zinco rame nichel cromo
   piombo selenio arsenico antimonio

molibdeno titanio stagno bario
berillio boro uranio vanadio
cobalto tallio tellurio argento

2: Biocicli e loro derivati non compresi nell'elenco del paragrafo precedente
3: Sostanze che hanno un effetto nocivo sul sapore ovvero sull'odore dei prodotti consumati dall'uomo derivati dall'ambiente idrico, nonche' i composti che possono dare origine a tali sostanze nelle acque
4: Composti organosilicati tossici o persistenti e che possono dare origine a tali composti nelle acque ad eccezione di quelli che sono biologicamente innocui o che si trasformano rapidamente nell'acqua in sostanze innocue
5: Composti inorganici del fosforo e fosforo elementare
6: Oli minerali non persistenti ed idrocarburi di origine petrolifera non persistenti
7: Fluoruri
8: Sostanze che influiscono sfavorevolmente sull'equilibrio dell'ossigeno, in particolare ammoniaca e nitriti.
Tali sostanze, si intendono assenti quando sono in concentrazioni non superiori ai limiti di rilevabilita' delle metodiche di rilevamento in essere all'entrata in vigore del presente decreto o dei successivi aggiornamenti.

3 INDICAZIONI GENERALI
I punti di scarico degli impianti i trattamento delle acque reflue urbane devono essere scelti, per quanto possibile, in modo da ridurre al minimo gli effetti sulle acque recettrici.
Tutti gli impianti di trattamento delle acque reflue urbane, con potenzialita' superiore a 2.000 abitanti equivalenti, ad esclusione degli impianti di trattamento che applicano tecnologie depurative di tipo naturale quali la fitodepurazione e il lagunaggio, dovranno essere dotati di un trattamento di disinfezione da utilizzarsi in caso di eventuali emergenze relative a situazioni di rischio sanitario ovvero per garantire il raggiungimento degli obiettivi di qualita' ambientali o gli usi in atto del corpo idrico recettore.
In sede di approvazione del progetto dell'impianto di trattamento delle acque reflue urbane l'autorita' competente dovra' verificare che l'impianto sia in grado di che la concentrazione media giornaliera dell'azoto ammoniacale (espresso come N), in uscita dall'impianto di trattamento non superi il 30% del valore della concentrazione dell'azoto totale (espresso come N) in uscita dall'impianto di trattamento. Tale prescrizione non vale per gli scarichi in mare,
In sede di autorizzazione allo scarico, l'autorita' competente:
   a) fissera' il sistema di riferimento per il controllo degli scarichi di impianti di trattamento rispettivamente a: l'opzione riferita al rispetto della concentrazione o della percentuale di abbattimento il riferimento alla concentrazione media annua a alla concentrazione media giornaliera per il parametro "azoto totale" della tabella 2
   b) fissera' il limite opportuno relativo al parametro "Escherichia coli" espresso come UFC/100 mL. Si consiglia un limite non superiore a 5000 UFC/100 mL.
I trattamenti appropriati devono essere individuati con l'obiettivo di:
   a) rendere semplice la manutenzione e la gestione
   b) essere in grado di sopportare adeguatamente forti variazioni orarie del carico idraulico e organico
   c) minimizzare i costi gestionali.
Questa tipologia di trattamento puo' equivalere ad un trattamento primario o ad un trattamento secondario a seconda della soluzione tecnica adottata e dei risultati depurativi raggiunti.
Per tutti gli agglomerati con popolazione equivalente compresa tra 50

e 2000 a.e, si ritiene auspicabile il ricorso a tecnologie di depurazione naturale quali il lagunaggio o la fitodepurazione, o tecnologie come i filtri percolatori o impianti ad ossidazione totale.
Peraltro tali trattamenti possono essere considerati adatti se opportunamente dimensionati, al fine del raggiungimento dei limiti della tabella 1, anche per tutti gli agglomerati in cui la popolazione equivalente fluttuante sia superiore al 30% della popolazione residente e laddove le caratteristiche territoriali e climatiche lo consentano.
Tali trattamenti si prestano, per gli agglomerati di maggiori dimensioni con popolazione equivalente compresa tra i 2000 e i 25000 a.e, anche a soluzioni integrate con impianti a fanghi attivi o a biomassa adesa, a valle del trattamento, con funzione di affinamento.

4 METODI DI CAMPIONAMENTO ED ANALISI
Fatto salvo quanto diversamente specificato nelle tabelle 1, 2, 3, 4 circa i metodi analitici di riferimento, rimangono valide le procedure di controllo, campionamento e misura definite dalle normative in essere prima dell'entrata in vigore del presente decreto. Le metodiche di campionamento ed analisi saranno aggiornate con apposito decreto ministeriale su proposta dell'APAT.

((115))

Tabella 3. Valori limiti di emissione in acque superficiali e in fognatura.

Parte di provvedimento in formato grafico

(*) I limiti per lo scarico in rete fognaria sono obbligatori in assenza di limiti stabiliti dall'autorita' competente o in mancanza di un impianto finale di trattamento in grado di rispettare i limiti di emissione dello scarico finale. Limiti diversi devono essere resi conformi a quanto indicato alla nota 2 della tabella 5 relativa a sostanze pericolose.
(1) Per i corsi d'acqua la variazione massima tra temperature medie di qualsiasi sezione del corso d'acqua a monte e a valle del punto di immissione non deve superare i 3 °C. Su almeno meta' di qualsiasi sezione a valle tale variazione non deve superare 1 °C Per i laghi la temperatura dello scarico non deve superare i 30 °C e l'incremento di temperatura del corpo recipiente non deve in nessun caso superare i 3 °C oltre 50 metri di distanza dal punto di immissione. Per i canali artificiali, il massimo valore medio della temperatura dell'acqua di qualsiasi sezione non deve superare i 35 °C, la condizione suddetta e' subordinata all'assenso del soggetto che gestisce il canale. Per il mare e per le zone di foce di corsi d'acqua non significativi, la temperatura dello scarico non deve superare i 35 °C e l'incremento di temperatura del corpo recipiente non deve in nessun caso superare i 3 °C oltre i 1000 metri di distanza dal punto di immissione. Deve inoltre essere assicurata la compatibilita' ambientale dello scarico con il corpo recipiente ed evitata la formazione di barriere termiche alla foce dei fiumi.
(2) Per quanto riguarda gli scarichi di acque reflue urbane valgono i limiti indicati in tabella 1 e, per le zone sensibili anche quelli di tabella 2. Per quanto riguarda gli scarichi di acque reflue industriali recapitanti in zone sensibili la concentrazione di fosforo totale e di azoto totale deve essere rispettivamente di 1e 10 mg/L.
(2-bis) Tali limiti non valgono per gli scarichi in mare delle installazioni di cui all'allegato VIII alla parte seconda, per i quali i rispettivi documenti di riferimento sulle migliori tecniche disponibili di cui all'articolo 5, lettera 1-ter.2), prevedano livelli di prestazione non compatibili con il medesimo

valore limite. In tal caso, le Autorizzazioni Integrate Ambientali rilasciate per l'esercizio di dette installazioni possono prevedere valori limite di emissione anche piu' elevati e proporzionati ai livelli di produzione, fermo restando l'obbligo di rispettare le direttive e i regolamenti dell'Unione europea, nonche' i valori limite stabiliti dalle Best Available Technologies Conclusion e le prestazioni ambientali fissate dai documenti BREF dell'Unione europea per i singoli settori di attivita'.

(3) Tali limiti non valgono per lo scarico in mare, in tal senso le zone di foce sono equiparate alle acque marine costiere, purche' almeno sulla meta' di una qualsiasi sezione a valle dello scarico non vengono disturbate le naturali variazioni della concentrazione di solfati o di cloruri.

(4) In sede di autorizzazione allo scarico dell'impianto per il trattamento di acque reflue urbane, da parte dell'autorita' competente andra' fissato il limite piu' opportuno in relazione alla situazione ambientale e igienico sanitaria del corpo idrico recettore e agli usi esistenti. Si consiglia un limite non superiore ai 5000 UFC/100 mL.

(5) saggio di tossicita' e' obbligatorio. Oltre al saggio su Daphnia magna, possono essere eseguiti saggi di tossicita' acuta su Ceriodaphnia dubia, Selenastrum capricornutum, batteri bioluminescenti o organismi quali Artemia salina, per scarichi di acqua salata o altri organismi tra quelli che saranno indicati ai sensi del punto 4 del presente allegato. In caso di esecuzione di piu' test di tossicita' si consideri il risultato peggiore. Il risultato positivo della prova di tossicita' non determina l'applicazione diretta delle sanzioni di cui al titolo V, determina altresi' l'obbligo di approfondimento delle indagini analitiche, la ricerca delle cause di tossicita' e la loro rimozione.

Tabella 3/A. Limiti di emissione per unita' di prodotto riferiti a specifici cicli produttivi (**)

Parte di provvedimento in formato grafico

Note alla tabella 3/A
(*) Qualora non diversamente indicato, i valori indicati sono riferiti a medie mensili. Ove non indicato esplicitamente si consideri come valore delle media giornaliera il doppio di quella mensile.
(**) Per i cieli produttivi che hanno uno scarico della sostanza pericolosa in questione, minore al quantitativo annuo indicato nello schema seguente, le autorita' competenti all'autorizzazione possono evitare il procedimento autorizzativo. In tal caso valgono solo i limiti di tabella 3.

Parte di provvedimento in formato grafico

(1) Per questi cieli produttivi non vi sono limiti di massa per unita' di prodotto,devono essere rispettati, solo i limiti di concentrazione indicati in tabella 3 in relazione alla singola sostanza o alla famiglia di sostanze di appartenenza.
(2) Per questi cicli produttivi non vengono indicati i limiti di massa per unita' di prodotto, ma devono essere rispettati, oltre ai limiti di concentrazione indicati in tabella 3 per la famiglia di sostanze di appartenenza, i seguenti limiti di concentrazione:

Parte di provvedimento in formato grafico

Per verificare che gli scarichi soddisfano i limiti indicati nella tabella 3/A deve essere prevista una procedura di controllo che prevede:

- il prelievo quotidiano di un campione rappresentativo degli scarichi effettuati nel giro di 24 ore e la misurazione della concentrazione della sostanza in esame;
- la misurazione del flusso totale degli scarichi nello stesso arco di tempo.
La quantita' di sostanza scaricata nel corso di un mese si calcola sommando le quantita' scaricate ogni giorno nel corso del mese. Tale quantita' va divisa per la quantita' totale di prodotto o di materia prima.

Tabella 4. Limiti di emissione per le acque reflue urbane ed industriali che recapitano sul suolo

Parte di provvedimento in formato grafico

(1) In sede di autorizzazione allo scarico dell'impianto per il trattamento di acque reflue urbane, da parte dell'autorita' competente andra' fissato il limite piu' opportuno in relazione alla situazione ambientale e igienico sanitaria del corpo idrico recettore e agli usi esistenti. Si consiglia un limite non superiore ai 5000 UFC/100 mL.

Tabella 5. Sostanze per le quali non possono essere adottati limiti meno restrittivi di quelli indicati in tabella 3, per lo scarico in acque superficiali (1) e per lo scarico in rete fognaria (2), o in tabella 4 per lo scarico sul suolo

1	Arsenico
2	Cadmio
3	Cromo totale
4	Cromo esavalente
5	Mercurio
6	Nichel
7	Piombo
8	Rame
9	Selenio
10	Zinco
11	Fenoli
12	Oli minerali persistenti e idrocarburi di origine petrolifera persistenti
13	Solventi organici aromatici
14	Solventi organici azotati
15	Composti organici alogenati (compresi i pesticidi clorurati)
16	Pesticidi fosforiti
17	Composti organici dello stagno

| 18 | Sostanze classificate contemporaneamente "cancerogene" (R45) e "pericolose per l'ambiente acquatico" (R50 e 51/53) ai sensi del decreto legislativo 3 febbraio 1997, n. 52, e successive modifiche |

(1) Per quanto riguarda gli scarichi in corpo idrico superficiale, nel caso di insediamenti produttivi aventi scarichi con una portata complessiva media giornaliera inferiore a 50 m^3, per i parametri della tabella 5, ad eccezione di quelli indicati sotto i numeri 2, 4, 5, 7, 15, 16, 17 e 18 le regioni e le province autonome nell'ambito dei piani di tutela, possono ammettere valori di concentrazione che superano di non oltre il 50% i valori indicati nella tabella 3, purche' sia dimostrato che cio' non comporti un peggioramento della situazione ambientale e non pregiudica il raggiunti mento gli obiettivi ambientali.

(2) Per quanto riguarda gli scarichi in fognatura, purche' sia garantito che lo scarico finale della fognatura rispetti i limiti di tabella 3, o quelli stabiliti dalle regioni, l'ente gestore puo' stabilire per i parametri della tabella 5, ad eccezione di quelli indicati sotto i numeri 2, 4, 5, 7, 14, 15, 16 e 17, limiti di accettabilita' i cui valori di concentrazione superano quello indicato in tabella 3.

Tabella 6 - Peso vivo medio corrispondente ad una produzione di 340 Kg di azoto per anno, al netto delle perdite di rimozione e stoccaggio, da considerare ai fini dell'assimilazione alle acque reflue domestiche (art. 101, co. 7, lett. b))

Categoria animale allevata	Peso vivo medio per anno (t)
Scrofe con suinetti fino a 30 kg	3,4
Suini in accrescimento/ingrasso	3,0
Vacche da latte in produzione	2,5
Rimonta vacche da latte	2,8
Bovini all'ingrasso	4,0
Galline ovaiole	1,5
Polli da carne	1,4
Tacchini	2,0
Cunicoli	2,4
Ovicaprini	3,4
Equini	4,9

ALLEGATO 6

CRITERI PER LA INDIVIDUAZIONE DELLE AREE SENSIBILI

Si considera area sensibile un sistema idrico classificabile in uno dei seguenti gruppi:
  a) laghi naturali, altre acque dolci, estuari e acque del litorale

gia' eutrofizzati, o probabilmente esposti a prossima eutrofizzazione, in assenza di interventi protettivi specifici.

Per individuare il nutriente da ridurre mediante ulteriore trattamento, vanno tenuti in considerazione i seguenti elementi:

i) nei laghi e nei corsi d'acqua che si immettono in laghi/bacini/baie chiuse con scarso ricambio idrico e ove possono verificarsi fenomeni di accumulazione la sostanza da eliminare e' il fosforo, a meno che non si dimostri che tale intervento non avrebbe alcuno effetto sul livello dell'eutrofizzazione. Nel caso di scarichi provenienti da ampi agglomerati si puo' prevedere di eliminare anche l'azoto;

ii) negli estuari, nelle baie e nelle altre acque del litorale con scarso ricambio idrico, ovvero in cui si immettono grandi quantita' di nutrienti, se, da un lato, gli scarichi provenienti da piccoli agglomerati urbani sono generalmente di importanza irrilevante, dall'altro, quelli provenienti da agglomerati piu' estesi rendono invece necessari interventi di eliminazione del fosforo c/o dell'azoto, a meno che non si dimostri che cio' non avrebbe comunque alcun effetto sul livello dell'eutrofizzazione.

b) acque dolci superficiali destinate alla produzione di acqua potabile che potrebbero contenere, in assenza di interventi, una concentrazione di nitrato superiore a 50 mg/T, (stabilita conformemente alle disposizioni pertinenti della direttiva 75/440 concernente la qualita' delle acque superficiali destinate alla produzione d'acqua potabile);

c) aree che necessitano, per gli scarichi afferenti, di un trattamento supplementare al trattamento secondario al fine di conformarsi alle prescrizioni previste dalla presente norma.

Ai sensi del comma 1 lettera a) dell'articolo 91, sono da considerare in prima istanza come sensibili i laghi posti ad un'altitudine sotto i 1.000 sul livello del mare e aventi una superficie dello specchio liquido almeno di 0,3 km(elevato)2.

Nell'identificazione di ulteriori aree sensibili, oltre ai criteri di cui sopra, le Regioni dovranno prestare attenzione a quei corpi idrici dove si svolgono attivita' tradizionali di produzione ittica.

ALLEGATO 7

PARTE A - ZONE VULNERABILI DA NITRATI DI ORIGINE AGRICOLA

Parte AI
Criteri per l'individuazione delle zone vulnerabili

Si considerano zone vulnerabili le zone di territorio che scaricano direttamente o indirettamente composti azotati in acque gia' inquinate o che potrebbero esserlo in conseguenza di tali di scarichi.

Tali acque sono individuate, in base tra l'altro dei seguenti criteri:

1. la presenza di nitrati o la loro possibile presenza ad una concentrazione superiore a 50 mg/L (espressi come NO(base)-3) nelle acque dolci superficiali, in particolare quelle destinate alla produzione di acqua potabile, se non si interviene;

2. la presenza di nitrati o la loro possibile presenza ad una concentrazione superiore a 50 mg/L (espressi come NO(base)-3) nelle acque dolci sotterranee, se non si interviene;

3. la presenza di eutrofizzazione oppure la possibilita' del verificarsi di tale fenomeno nell'immediato futuro nei laghi naturali di acque dolci o altre acque dolci, estuari, acque costiere e marine, se non si interviene.

Nell'individuazione delle zone vulnerabili, le regioni tengono conto pertanto:

1. delle caratteristiche fisiche e ambientali delle acque e dei terreni che determinano il comportamento dei nitrati nel sistema acqua/terreno;

2. del risultato conseguibile attraverso i programmi d'azione adottati;
3. delle eventuali ripercussioni che si avrebbero nel caso di mancato intervento.

Controlli da eseguire ai fini della revisione delle zone vulnerabili
Ai fini di quanto disposto dal comma 4 dell'articolo 92, la concentrazione dei nitrati deve essere controllata per il periodo di durata pari almeno ad un anno:
- nelle stazioni di campionamento previste per la classificazione dei corpi idrici sotterranei e superficiali individuate secondo quanto previsto dall'allegato 1 al decreto;
- nelle altre stazioni di campionamento previste al Titolo II Capo II relativo al controllo delle acque destinate alla produzione di acque potabili, almeno una volta al mese e piu' frequentemente nei periodi di piena;
- nei punti di prelievo, controllati ai sensi del D.P.R. n. 236/1988, delle acque destinate al consumo umano.
Il controllo va ripetuto almeno ogni quattro anni. Nelle stazioni dove si e' riscontrata una concentrazione di nitrati inferiore a 25 mg/L (espressi come NO_3^-) il programma di controllo puo' essere ripetuto ogni otto anni, purche' non si sia manifestato alcun fattore nuovo che possa aver incrementato il tenore dei nitrati.
Ogni quattro anni e' sottoposto a riesame lo stato eutrofico delle acque dolci superficiali, di transizione e costiere, adottando di conseguenza i provvedimenti del caso.
Nei programmi di controllo devono essere applicati i metodi di misura di riferimento previsti al successivo punto.

Metodi di riferimento
Concimi chimici
Il metodo di analisi dei composti dell'azoto e' stabilito in conformita' al D.M. 19 luglio 1989 - Approvazione dei metodi ufficiali di analisi per i fertilizzanti.
Acque dolci, acque costiere e acque marine
Il metodo di analisi per la rilevazione della concentrazione di nitrati e' la spettrofotometria di assorbimento molecolare. I laboratori che utilizzano altri metodi di misura devono accertare la comparabilita' dei risultati ottenuti.

Parte AII
Aspetti metodologici

1. L'individuazione delle zone vulnerabili viene effettuata tenendo conto dei carichi (specie animali allevate, intensita' degli allevamenti e loro tipologia, tipologia dei reflui che ne derivano e modalita' di applicazione al terreno, coltivazioni e fertilizzazioni in uso) nonche' dei fattori ambientali che possono concorrere a determinare uno stato di contaminazione.
Tali fattori dipendono:
- dalla vulnerabilita' intrinseca delle formazioni acquifere ai fluidi inquinanti (caratteristiche litostrutturali, idrogeologiche e idrodinamiche del sottosuolo e degli acquiferi);
- dalla capacita' di attenuazione del suolo nei confronti dell'inquinante (caratteristiche di tessitura, contenuto di sostanza organica ed altri fattori relativi alla sua composizione e reattivita' chimico-biologica);
- dalle condizioni climatiche e idrologiche;
- dal tipo di ordinamento colturale e dalle relative pratiche agronomiche.
Gli approcci metodologici di valutazione della vulnerabilita' richiedono un'idonea ed omogenea base di dati e a tal proposito si osserva che sul territorio nazionale sono presenti:
- aree per cui sono disponibili notevoli conoscenze di base e gia' e' stata predisposta una mappatura della vulnerabilita' a scala di

dettaglio sia con le metodologie CNR-GNDCI [2] che con sistemi parametrici;
- aree nelle quali, pur mancando studi e valutazioni di vulnerabilita', sono disponibili dati sufficienti per effettuare un'indagine di carattere orientativo e produrre un elaborato cartografico a scala di' riconoscimento;
- aree in cui le informazioni sono molto carenti o frammentarie ed e' necessario ricorrere ad una preventiva raccolta di dati al fine di applicare le metodologie di base studiate in ambito CNR-GNDCI.
Al fine di individuare sull'intero territorio nazionale le zone vulnerabili ai nitrati si ritiene opportuno procedere ad un'indagine preliminare di riconoscimento, che deve essere in seguito revisionata sulla base di aggiornamenti successivi conseguenti anche ad eventuali ulteriori indagini di maggiore dettaglio.

----
[2] Gruppo Nazionale per la Difesa dalle Catastrofi Idrogeologiche.

2. Indagine preliminare di riconoscimento
La scala cartografica di rappresentazione prescelta e' 1:250.000 su base topografica preferibilmente informatizzata.
Obiettivo dell'indagine di riconoscimento e' l'individuazione delle porzioni di territorio dove le situazioni pericolose per le acque sotterranee sono particolarmente evidenti. In tale fase dell'indagine non e' necessario separare piu' classi di vulnerabilita'.
In prima approssimazione i fattori critici da considerare nell'individuazione delle zone vulnerabili sono:
    a) presenza di un acquifero libero o parzialmente confinato (ove la connessione idraulica con la superficie e' possibile) e, nel caso di rocce litoidi fratturate, presenza di un acquifero a profondita' inferiore a 50 m, da raddoppiarsi in zona a carsismo evoluto;
    b) presenza di una litologia di superficie e dell'insaturo prevalentemente permeabile (sabbia, ghiaia o litotipi fratturati);
    c) presenza di suoli a capacita' di attenuazione tendenzialmente bassa (ad es. suoli prevalentemente sabbiosi, o molto ghiaiosi, con basso tenore di sostanza organica, poco profondi).
La concomitanza delle condizioni sopra esposte identifica le situazioni di maggiore vulnerabilita'.
Vengono escluse dalle zone vulnerabili le situazioni in cui la natura dei corpi rocciosi impedisce la formazione di un acquifero o dove esiste una protezione determinata da un orizzonte scarsamente permeabile purche' continuo.
L'indagine preliminare di riconoscimento delle zone vulnerabili viene effettuata:
    a) per le zone ove e' gia' disponibile una mappatura a scala di dettaglio o di sintesi, mediante accorpamento delle aree classificate ad alta, elevata ed estremamente elevata vulnerabilita';
    b) per le zone dove non e' disponibile una mappatura ma esistono sufficienti informazioni geo-pedologico-ambientali, mediante il metodo di valutazione di zonazione per aree omogenee (metodo CNR-GNDCI) o il metodo parametrico;
    c) per le zone dove non esistono sufficienti informazioni, mediante dati esistenti e/o rapidamente acquisibili e applicazione del metodo CNR-GNDCI, anche ricorrendo a criteri di similitudine.
3. Aggiornamenti successivi.
L'indagine preliminare di riconoscimento puo' essere suscettibile di sostanziali approfondimenti e aggiornamenti sulla base di nuove indicazioni, tra cui, in primo luogo, i dati provenienti da attivita' di monitoraggio che consentono una caratterizzazione e una delimitazione piu' precisa delle aree vulnerabili.
Con il supporto delle ARPA, ove costituite, deve essere avviata una indagine finalizzata alla stesura di una cartografia di maggiore dettaglio (1:50.000-100.000) per convogliare la maggior parte delle risorse tecnico-scientifiche sullo studio delle zone piu' problematiche.

Obiettivo di questa indagine e' l'individuazione dettagliata della "vulnerabilita' specifica", degli acquiferi e in particolare delle classi di grado piu' elevato. Si considerano, pertanto, i fattori inerenti la "vulnerabilita' intrinseca" degli acquiferi e la capacita' di attenuazione del suolo, dell'insaturo e dell'acquifero.

Il prodotto di tale indagine puo' essere soggetto ad aggiornamenti sulla base di nuove conoscenze e dei risultati della sperimentazione. E' opportuno gestire i dati raccolti mediante un sistema GIS.

4. Le amministrazioni possono comunque intraprendere studi di maggior dettaglio quali strumenti di previsione e di' prevenzione dei fenomeni di inquinamento. Questi studi sono finalizzati alla valutazione della vulnerabilita' e dei rischi presenti in siti specifici (campi, pozzi, singole aziende, comprensori, ecc.), all'interno delle piu' vaste aree definite come vulnerabili, e possono permettere di indicare con maggiore definizione le eventuali misure da adottare nel tempo e nello spazio.

Parte AIII
Zone vulnerabili designate

In fase di prima attuazione sono designate vulnerabili all'inquinamento da nitrati provenienti da fonti agricole le seguenti zone:
- quelle gia' individuate dalla Regione Lombardia con il regolamento attuativo della legge regionale 15 dicembre 1993, n. 37;
- quelle gia' individuate dalla Regione Emilia-Romagna con la deliberazione del Consiglio regionale 11 febbraio 1997, n. 570;
- la zona delle conoidi delle province di Modena, Reggio Emilia e Parma;
- l'area dichiarata a rischio di crisi ambientale di cui all'articolo 6 della legge 28 agosto 1989, n. 305 del bacino Burana Po di Volano della provincia di Ferrara;
- l'area dichiarata a rischio di crisi ambientale di cui all'articolo 6 della legge 28 agosto 1989, n. 305 dei bacini dei fiumi Fissero, Canal Bianco e Po di Levante (della regione Veneto).

Tale elenco viene aggiornato, su proposta delle Regioni interessate, sulla base dei rilevamenti e delle indagini svolte.

Parte AIV
Indicazioni e misure per i programmi d'azione.

I programmi d'azione sono obbligatori per le zone vulnerabili e tengono conto dei dati scientifici e tecnici disponibili, con riferimento principalmente agli apporti azotati rispettivamente di origine agricola o di altra origine, nonche' delle condizioni ambientale locali.

1. I programmi d'azione includono misure relative a:

1.1) i periodi in cui e' proibita l'applicazione al terreno di determinati tipi di fertilizzanti;

1.2) la capacita' dei depositi per effluenti di allevamento; tale capacita' deve superare quella necessaria per l'immagazzinamento nel periodo piu' lungo, durante il quale e' proibita l'applicazione al terreno di effluenti nella zona vulnerabile, salvo i casi in cui sia dimostrato all'autorita' competente che qualsiasi quantitativo di effluente superiore all'effettiva capacita' d'immagazzinamento verra' gestito senza causare danno all'ambiente;

1.3) la limitazione dell'applicazione al terreno di fertilizzanti conformemente alla buona pratica agricola e in funzione delle caratteristiche della zona vulnerabile interessata; in particolare si deve tener conto:

 a) delle condizioni, del tipo e della pendenza del suolo;
 b) delle condizioni climatiche, delle precipitazioni e dell'irrigazione;
 c) dell'uso del terreno e delle pratiche agricole, inclusi i sistemi di rotazione e di avvicendamento colturale.

Le misure si basano sull'equilibrio tra il prevedibile fabbisogno di azoto delle colture, e l'apporto di azoto proveniente dal terreno e dalla fertilizzazione, corrispondente:
   - alla quantita' di azoto presente nel terreno nel momento in cui la coltura comincia ad assorbirlo in misura significativa (quantita' rimanente alla fine dell'inverno);
   - all'apporto di composti di azoto provenienti dalla mineralizzazione netta delle riserve di azoto organico presenti nel terreno;
   - all'aggiunta di composti di azoto provenienti da effluenti di allevamento;
   - all'aggiunta di composti di azoto provenienti da fertilizzanti chimici e da altri fertilizzanti.
I programmi di azione devono contenere almeno le indicazioni riportate nel Codice di Buona Pratica Agricola, ove applicabili.
   2. Le misure devono garantire che, per ciascuna azienda o allevamento, il quantitativo di effluente zootecnico sparso sul terreno ogni anno, compreso quello depositato dagli animali stessi, non superi un apporto pari a 170 kg di azoto per ettaro.
Tuttavia per i primi due anni del programma di azione il quantitativo di affluente utilizzabile puo' essere elevato fino ad un apporto corrispondente a 210 kg di azoto per ettaro. I predetti quantitativi sono calcolati sulla base del numero e delle categorie degli animali.
Ai fini del calcolo degli apporti di azoto provenienti dalle diverse tipologie di allevamento si terra' conto delle indicazioni contenute nel decreto del Ministero delle politiche agricole e forestali.
   3. Durante e dopo i primi quattro anni di applicazione del programma d'azione le regioni in casi specifici possono fare istanza al Ministero dell'ambiente per lo spargimento di quantitativi di effluenti di allevamento diversi da quelli sopra indicati, ma tali da non compromettere le finalita', da motivare e giustificare in base a criteri obiettivi relativi alla gestione del suolo e delle colture, quali:
   - stagioni di crescita prolungate;
   - colture con grado elevato di assorbimento di azoto;
   - terreni con capacita' eccezionalmente alta di denitrificazione.
Il Ministero dell'ambiente, acquisito il parere favorevole della Commissione europea, che lo rende sulla base delle procedure previste all'articolo 9 della direttiva 91/676/CEE, puo' concedere lo spargimento di tali quantitativi.

PARTE B - ZONE VULNERABILI DA PRODOTTI FITOSANITARI
Parte BI
Criteri per l'individuazione

   1. Le Regioni e le Province autonome individuano le aree in cui richiedere limitazioni o esclusioni d'impiego, anche temporanee, di prodotti fitosanitari autorizzati, allo scopo di proteggere le risorse idriche e altri comparti rilevanti per la tutela sanitaria o ambientale, ivi inclusi l'entomofauna utile e altri organismi utili, da possibili fenomeni di contaminazione. Un'area e' considerata area vulnerabile quando l'utilizzo al suo interno dei prodotti fitosanitari autorizzati pone in condizioni di rischio le risorse idriche e gli altri comparti ambientali rilevanti.
   2. Il Ministero della Sanita' ai sensi dell'art. 5, comma 20 del decreto legislativo 17 marzo 1995, n. 194, su documentata richiesta delle Regioni e delle Province autonome, sentita la Commissione consultiva di cui all'articolo 20 dello stesso decreto legislativo, dispone limitazioni o esclusioni d'impiego, anche temporanee, dei prodotti fitosanitari autorizzati nelle aree individuate come zone vulnerabili da prodotti fitosanitari.
   3. Le Regioni e le Province autonome provvedono entro un anno, sulla base dei criteri indicati nella parte BIII di questo allegato,

alla prima individuazione e cartografia delle aree vulnerabili ai prodotti fitosanitari ai fini della tutela delle risorse idriche sotterranee.

Successivamente alla prima individuazione, tenendo conto degli aspetti metodologici indicati nella parte BIII, punto 3, le Regioni e le Province autonome provvedono ad effettuare la seconda individuazione e la stesura di una cartografia di maggiore dettaglio delle zone vulnerabili dai prodotti fitosanitari.

4. Possono essere considerate zone vulnerabili dai prodotti fitosanitari ai fini della tutela di zone di rilevante interesse naturalistico e della protezione di organismi utili, ivi inclusi insetti e acari utili, uccelli insettivori, mammiferi e anfibi, le aree naturali protette, o porzioni di esse, indicate nell'Elenco Ufficiale di cui all'art. 5 della legge 6 dicembre 1991, n. 394.

5. Le Regioni e le Province autonome predispongono programmi di controllo per garantire il rispetto delle limitazioni o esclusioni d'impiego dei prodotti fitosanitari disposte, su loro richiesta, dal Ministero della Sanita'. Esse forniscono al Ministero dell'Ambiente e all'Agenzia Nazionale per la protezione dell'ambiente e per i servizi tecnici (APAT) i dati relativi all'individuazione e alla cartografia delle aree di protezione dai prodotti fitosanitari.

6. L'APAT e le Agenzie Regionali per la Protezione dell'Ambiente forniscono supporto tecnico-scientifico alle Regioni e alle Province autonome al fine di:

    a) promuovere uniformita' d'intervento nelle fasi di valutazione e cartografia delle aree di protezione dai prodotti fitosanitari;

    b) garantire la congruita' delle elaborazioni cartografiche e verificare la qualita' delle informazioni ambientali di base (idrogeologiche, pedologiche, ecc.).

7. L'APAT promuove attivita' di ricerca nell'ambito delle problematiche relative al destino ambientale dei prodotti fitosanitari autorizzati. Tali attivita' hanno il fine di acquisire informazioni intese a migliorare e aggiornare i criteri di individuazione delle aree vulnerabili per i comparti del suolo, delle acque superficiali e sotterranee, nonche' degli organismi non bersaglio.

Il Ministero dell'Ambiente e della tutela del territorio provvede, tenuto conto delle informazioni acquisite e sentita la Conferenza permanente per i rapporti tra lo Stato, le Regioni e le Province autonome di Trento e Bolzano, ad aggiornare i criteri per l'individuazione delle aree vulnerabili.

Parte BII
Aspetti metodologici

1. Come per le zone vulnerabili da nitrati, anche nel caso dei fitofarmaci si prevedono due fasi di individuazione delle aree interessate dal fenomeno: una indagine di riconoscimento (prima individuazione) e un'indagine di maggiore dettaglio (seconda individuazione).

2. Indagine preliminare di riconoscimento.

Per la prima individuazione delle aree vulnerabili da prodotti fitosanitari si adotta un tipo di indagine, alla scala di 1:250.000, simile a quella indicata in precedenza nella Parte ATI di questo allegato.

2.1 La prima individuazione delle aree vulnerabili comprende, comunque, le aree per le quali le attivita' di monitoraggio hanno gia' evidenziato situazioni di compromissione dei corpi idrici sotterranei sulla base degli standard delle acque destinate al consumo umano indicati dal D.P.R. n. 236 del 1988 per il parametro 55 (antiparassitari e prodotti assimilabili).

Sono escluse, invece, le situazioni in cui la natura delle formazioni rocciose impedisce la presenza di una falda, o dove esiste la protezione determinata da un orizzonte scarsamente permeabile o da un suolo molto reattivo.

Vengono escluse dalle aree vulnerabili le situazioni in cui la natura dei corpi rocciosi impedisce la formazione di un acquifero o dove esiste una protezione determinata da un orizzonte scarsamente permeabile, purche' continuo, o da un suolo molto reattivo.

2.2 Obiettivo dell'indagine preliminare di riconoscimento non e' la rappresentazione sistematica delle caratteristiche di vulnerabilita' degli acquiferi, quanto piuttosto la individuazione delle porzioni di territorio dove le situazioni pericolose per le acque sotterranee sono particolarmente evidenti.

Per queste attivita' si rinvia agli aspetti metodologici gia' indicati nella. Parte ATI di questo allegato.

2.3 Ai fini della individuazione dei prodotti per i quali le amministrazioni potranno chiedere l'applicazione di eventuali limitazioni o esclusioni d'impiego ci si potra' avvalere di parametri, indici, modelli e sistemi di classificazione che consentano di raggruppare i prodotti fitosanitari in base al loro potenziale di percolazione.

3. Aggiornamenti successivi

L'indagine preliminare di riconoscimento puo' essere suscettibile di sostanziali approfondimenti e aggiornamenti sulla base di nuove indicazioni, tra cui, in primo luogo, i dati provenienti da attivita' di monitoraggio che consentono una caratterizzazione e una delimitazione piu' precisa delle aree vulnerabili.

Questa successiva fase di lavoro, che puo' procedere parallelamente alle indagini e cartografie maggiore dettaglio, puo' prevedere inoltre la designazione di piu' di una classe di vulnerabilita' (al massimo 3) riferita ai gradi piu' elevati e la valutazione della vulnerabilita' in relazione alla capacita' di attenuazione del suolo, in modo tale che si possa tenere conto delle caratteristiche intrinseche dei prodotti fitosanitari per poterne stabilire limitazioni o esclusioni di impiego sulla base di criteri quanto piu' possibile obiettivi.

3.1 La seconda individuazione e cartografia e' restituita ad una scala maggiormente dettagliata (1:50.000-1:100.000): successivamente o contestualmente alle fasi descritte in precedenza, compatibilmente con la situazione conoscitiva di partenza e con le possibilita' operative delle singole amministrazioni, deve essere avviata una indagine con scadenze a medio/lungo termine. Essa convoglia la maggior parte delle risorse tecnico-scientifiche sullo studio delle aree piu' problematiche, gia' individuate nel corso delle fasi precedenti.

Obiettivo di questa indagine e' l'individuazione della vulnerabilita' specifica degli acquiferi e in particolare delle classi di grado piu' elevato. Si considerano, pertanto, i fattori inerenti la vulnerabilita' intrinseca degli acquiferi, la capacita' di attenuazione del suolo e le caratteristiche chemiodinamiche dei prodotti fitosanitari.

Ai fini della individuazione dei prodotti per i quali le amministrazioni potranno chiedere l'applicazione di eventuali limitazioni o esclusioni d'impiego ci si potra' avvalere di parametri o indici che consentano di raggruppare i prodotti fitosanitari in base al loro potenziale di percolazione. Si cita, ad esempio, l'indice di Gustafson.

3.2 Le Regioni e le Province Autonome redigono un programma di massima con l'articolazione delle fasi di lavoro e i tempi di attuazione. Tale programma e' inviato al Ministero dell'Ambiente e all'APAT, i quali forniscono supporto tecnico e scientifico alle Regioni e alle Province Autonome.

Le maggiori informazioni derivanti dall'indagine di medio-dettaglio consentiranno di disporre di uno strumento di lavoro utile per la pianificazione dell'impiego dei prodotti fitosanitari a livello locale e permetteranno di precisare, rispetto all'indagine preliminare di riconoscimento, le aree suscettibili di restrizioni o esclusioni d'impiego.

Non si esclude, ovviamente, la possibilita' di intraprendere studi di maggior dettaglio a carattere operativo-progettuale, quali strumenti di previsione e, nell'ambito della pianificazione, di prevenzione dei fenomeni di inquinamento. Questi studi sono finalizzati al rilevamento della vulnerabilita' e dei rischi presenti in siti specifici (campi pozzi, singole aziende, comprensori, ecc.), all'interno delle piu' vaste aree definite come vulnerabili, e possono permettere di indicare piu' nel dettaglio le eventuali restrizioni nel tempo e nello spazio nonche' gli indirizzi tecnici cui attenersi nella scelta dei prodotti fitosanitari, dei tempi e delle modalita' di esecuzione dei trattamenti.

Parte BIII
Aspetti generali per la cartografia delle aree ove le acque sotterranee sono potenzialmente vulnerabili

1. Le valutazioni sulla vulnerabilita' degli acquiferi all'inquinamento si puo' avvalere dei Sistemi Informativi Geografici (GIS) quali strumenti per l'archiviazione, l'integrazione, l'elaborazione e la presentazione dei dati geograficamente identificati (georeferenziati). Tali sistemi permettono di integrare, sulla base della loro comune distribuzione nello spazio, grandi masse di informazioni anche di origine e natura diverse.

Le valutazioni possono essere verificate ed eventualmente integrate alla luce di dati diretti sulla qualita' delle acque che dovessero rendersi disponibili.

Nel caso in cui si verifichino discordanze con le previsioni effettuate sulla base di valutazioni si procede ad un riesame di queste ultime ed alla ricerca delle motivazioni tecniche di tali divergenze.

Il quadro di riferimento tecnico-scientifico e procedurale prevede di considerare la vulnerabilita' su due livelli: vulnerabilita' intrinseca degli acquiferi e vulnerabilita' specifica.

2. I Livello: Vulnerabilita' intrinseca degli acquiferi. La valutazione della vulnerabilita' intrinseca degli acquiferi considera essenzialmente le caratteristiche litostrutturali, idrogeologiche e idrodinamiche del sottosuolo e degli acquiferi presenti. Essa e' riferita a inquinanti generici e non considera le caratteristiche chemiodinamiche delle sostanze.

2.1 Sono disponibili tre approcci alla valutazione e cartografia della vulnerabilita' intrinseca degli acquiferi: metodi qualitativi, metodi parametrici e numerici.

La selezione di uno dei tre metodi dipende dalla disponibilita' di dati, dalla scala di riferimento e dalla finalita' dell'indagine.

2.2 I metodi qualitativi prevedono la zonizzazione per aree omogenee, valutando la vulnerabilita' per complessi e situazioni idrogeologiche generalmente attraverso la tecnica della sovrapposizione cartografica. La valutazione viene fornita per intervalli preordinati e situazioni tipo. Il metodo elaborato dal GNDCI-CNR valuta la vulnerabilita' intrinseca mediante la classificazione di alcune caratteristiche litostrutturali delle formazioni acquifere e delle condizioni di circolazione idrica sotterranea.

2.3 I metodi parametrici sono basati sulla valutazione di parametri fondamentali dell'assetto del sottosuolo e delle relazioni col sistema idrologico superficiale, ricondotto a scale di gradi di vulnerabilita'. Essi prevedono l'attribuzione a ciascun parametro, suddiviso in intervalli di valori, di un punteggio prefigurato crescente in funzione dell'importanza da esso assunta nella valutazione complessiva. I metodi parametrici sono in genere piu' complessi poiche' richiedono la conoscenza approfondita di un elevato numero di parametri idrogeologici e idrodinamici.

2.4 I metodi numerici sono basati sulla stima di un indice di vulnerabilita'. (come ad esempio il tempo di permanenza) basato su relazioni matematiche di diversa complessita'.

2.5 In relazione allo stato e all'evoluzione delle conoscenze potra' essere approfondito ed opportunamente considerato anche il diverso peso che assume il suolo superficiale nella valutazione della vulnerabilita' intrinseca; tale caratteristica viene definita come "capacita' di attenuazione del suolo" e presuppone la disponibilita' di idonee cartografie geo-pedologiche.

3. II Livello: Vulnerabilita' specifica

Con vulnerabilita' specifica s'intende la combinazione della valutazione e cartografia della vulnerabilita' intrinseca degli acquiferi con quella della capacita' di attenuazione del suolo per una determinata sostanza o gruppo di sostanze. Questa si ottiene dal confronto di alcune caratteristiche chemio-dinamiche della sostanza (capacita' di assorbimento ai colloidi del suolo resistenza ai processi di degradazione, solubilita' in acqua, polarita', etc.) con le caratteristiche fisiche, chimiche ed idrauliche del suolo.

La compilazione di cartografie di vulnerabilita' specifica deriva da studi approfonditi ed interdisciplinari e richiede l'uso di opportuni modelli di simulazione.

ALLEGATO 8

ELENCO INDICATIVO DEI PRINCIPALI INQUINANTI

1. Composti organoalogenati e sostanze che possano dare origine a tali composti nell'ambiente acquatico
2. Composti organofosforici
3. Composti organostannici
4. Sostanze e preparati, o i relativi prodotti di decomposizione, di cui e' dimostrata la cancerogenicita' o mutagenicita' e che possono avere ripercussioni sulle funzioni steroidea, tiroidea, riproduttiva o su altre funzioni endocrine connesse nell'ambiente acquatico o attraverso di esso
5. Idrocarburi persistenti e sostanze organiche tossiche persistenti e bioaccumulabili
6. Cianuri
7. Metalli e relativi composti
8. Arsenico e relativi composti
9. Biocicli e prodotti fitosanitari
10. Materia in sospensione
11. Sostanze che contribuiscono all'eutrofizzazione (in particolare nitrati e fosfati)
12. Sostanze che hanno effetti negativi sul bilancio dell'ossigeno (e che possono essere misurate con parametri come la BOD, COD, ecc.)

ALLEGATO 9

AREE PROTETTE

1. Il registro delle aree protette comprende i seguenti tipi di aree protette:

   i) aree designate per l'estrazione di acque destinate al consumo umano

   ii) aree designate per la protezione di specie acquatiche significative dal punto di vista economico;

   iii) corpi idrici intesi a scopo ricreativo, comprese le aree designate come acque di balneazione a norma della direttiva 76/160/CEE;

   iv) aree sensibili rispetto ai nutrienti, comprese quelle designate come zone vulnerabili a norma della direttiva 91/676/CEE e le zone designate come aree sensibili a norma della direttiva 91/271/CEE;

   v) aree designate per la protezione degli habitat e delle specie, nelle quali mantenere o migliorare lo stato delle acque e' importante per la loro protezione, compresi i siti pertinenti della rete Natura 2000 istituiti a norma della direttiva 79/409/CEE e 92/43/CEE, recepite rispettivamente con la Legge dell'11 febbraio 1992, n. 157 e con D.P.R. dell'8 settembre 1997, n. 357 come modificato dal D.P.R. 12 marzo 2003, n. 120.

2. Le regioni inseriscono nel Piano di Tutela una sintesi del registro delle aree protette ricadenti nel loro territorio di competenza. Tale sintesi contiene mappe che indicano l'ubicazione di ciascuna arca protetta, oltre che la descrizione della normativa comunitaria, nazionale o locale che le ha istituite.

ALLEGATO 10

ANALISI ECONOMICA

L'analisi economica riporta informazioni sufficienti e adeguatamente dettagliate (tenuto conto dei costi connessi alla raccolta dei dati pertinenti) al fine di:
    a) effettuare i pertinenti calcoli necessari per prendere in considerazione il principio del recupero dei costi dei servizi idrici, tenuto conto delle previsioni a lungo termine riguardo all'offerta e alla domanda di acqua nel distretto idrografico in questione e, se necessario:
      - stime del volume, dei prezzi e dei costi connessi ai servizi idrici,
      - stime dell'investimento corrispondente, con le relative previsioni;
    b) formarsi un'opinione circa la combinazione delle misure piu' redditizie, relativamente agli utilizzi idrici, da includere nel programma di misure in base ad una stima dei potenziali costi di dette misure.

ALLEGATO 11

ELENCHI DEGLI ELEMENTI DA INSERIRE NEI PROGRAMMI DI MISURE

Misure di base richieste ai sensi delle seguenti direttive:
   i) direttiva 76/160/CEE sulle acque di balneazione
   ii) direttiva 79/409/CEE sugli uccelli selvatici
   iii) direttiva 80/778/CEE sulle acque destinate al consumo umano, modificata dalla direttiva 98/83/CE
   iv) direttiva 96/82/CE sugli incidenti rilevanti (Seveso) v) direttiva 85/337/CEE sulla valutazione dell'impatto ambientale
   vi) direttiva 86/278/CEE sulla protezione dell'ambiente nell'utilizzazione dei fanghi di depurazione
   vii) direttiva 91/271/CEE sul trattamento delle acque reflue urbane
   viii) direttiva 91/414/CEE sui prodotti fitosanitari
   ix) direttiva 91/676/CEE sui nitrati
   x) direttiva 92/43/CEE sugli habitat
   xi) direttiva 96/61/CE sulla prevenzione e la riduzione integrate dell'inquinamento

ELENCO INDICATIVO DELLE MISURE SUPPLEMENTARI DA INSERIRE NEI PROGRAMMI DI MISURE
Elenco delle eventuali misure supplementari che le regioni possono decidere di adottare all'interno di ciascun distretto idrografico ricadente nel territorio di competenza nell'ambito del programma di misure.
   i) provvedimenti legislativi
   ii) provvedimenti amministrativi
   iii) strumenti economici o fiscali.
   iv) accordi negoziati in materia ambientale
   v) riduzione delle emissioni
   vi) codici di buona prassi
   vii) ricostituzione e ripristino delle zone umide
   viii) riduzione delle estrazioni
   ix) misure di gestione della domanda, tra le quali la promozione di una produzione agricola adeguata alla situazione, ad esempio raccolti a basso fabbisogno idrico nelle zone colpite da siccita'
   x) misure tese a favorire l'efficienza e il riutilizzo, tra le

quali l'incentivazione delle tecnologie efficienti dal punto di vista
idrico nell'industria e tecniche di irrigazione a basso consumo
idrico
   xi) progetti di costruzione
   xii) impianti di desalinizzazione
   xiii) progetti di ripristino
   xiv) ravvenamento artificiale delle falde acquifere
   xv) progetti educativi
   xvi) progetti di ricerca, sviluppo e dimostrazione
   xvii) altre misure opportune
                ((ALLEGATI AL TITOLO I DELLA PARTE QUARTA

ALLEGATO B - elenco non esaustivo delle operazioni di smaltimento

ALLEGATO C - elenco non esaustivo delle operazioni di recupero

ALLEGATO D - elenco dei rifiuti

ALLEGATO E

ALLEGATO F - Criteri da applicarsi sino all'entrata, in vigore del
            decreto interministeriale di cui all'articolo 226, comma
            3

ALLEGATO I - caratteristiche di pericolo per i rifiuti

ALLEGATO L - Esempi di misure di prevenzione dei rifiuti))

                            ALLEGATO A
        ((ALLEGATO ABROGATO DAL D.LGS. 3 DICEMBRE 2010, N. 205))

                            ALLEGATO B
                    ((Operazioni di smaltimento

D1 Deposito sul o nel suolo (ad esempio discarica).
D2 Trattamento in ambiente terrestre (ad esempio biodegradazione di rifiuti liquidi o fanghi nei suoli).
D3 Iniezioni in profondita' (ad esempio iniezioni dei rifiuti pompabili in pozzi, in cupole saline o faglie geologiche naturali).
D4 Lagunaggio (ad esempio scarico di rifiuti liquidi o di fanghi in pozzi, stagni o lagune, ecc.).
D5 Messa in discarica specialmente allestita (ad esempio sistematizzazione in alveoli stagni, separati, ricoperti o isolati gli uni dagli altri e dall'ambiente).
D6 Scarico dei rifiuti solidi nell'ambiente idrico eccetto l'immersione.
D7 Immersione, compreso il seppellimento nel sottosuolo marino.
D8 Trattamento biologico non specificato altrove nel presente allegato, che dia origine a composti o a miscugli che vengono eliminati secondo uno dei procedimenti elencati nei punti da D1 a D12.
D9 Trattamento fisico-chimico non specificato altrove nel presente allegato, che dia origine a composti o a miscugli eliminati secondo uno dei procedimenti elencati nei punti da D1 a D12 (ad esempio evaporazione, essiccazione, calcinazione, ecc.)
D10 Incenerimento a terra.
D11 Incenerimento in mare.[1]
D12 Deposito permanente (ad esempio sistemazione di contenitori in una miniera).
D13 Raggruppamento preliminare prima di una delle operazioni di cui ai punti da D1 a D12.[2]
D14 Ricondizionamento preliminare prima di una delle operazioni di

cui ai punti da D1 a D13.
D15 Deposito preliminare prima di uno delle operazioni di cui ai punti da D1 a D14 (escluso il deposito temporaneo, prima della raccolta, nel luogo in cui sono prodotti).[3]

------

[1] Questa operazione e' vietata dalla normativa UE e dalle convenzioni internazionali.

[2] In mancanza di un altro codice D appropriato, puo' comprendere le operazioni preliminari precedenti allo smaltimento, incluso il pretrattamento come, tra l'altro, la cernita, la frammentazione, la compattazione, la pellettizzazione, l'essiccazione, la triturazione, il condizionamento o la separazione prima di una delle operazioni indicate da D1 a D12.))

ALLEGATO C
Operazioni di recupero

R1 Utilizzazione principalmente come combustibile o come altro mezzo per produrre energia[4]
R2 Rigenerazione/recupero di solventi
((R3 - Riciclaggio/recupero delle sostanze organiche non utilizzate come solventi (comprese le operazioni di compostaggio e altre trasformazioni biologiche (**);
R4 - Riciclaggio /recupero dei metalli e dei composti metallici (***);
R5 - Riciclaggio/recupero di altre sostanze inorganiche (****)))
R6 Rigenerazione degli acidi o delle basi
R7 Recupero dei prodotti che servono a ridurre l'inquinamento
R8 Recupero dei prodotti provenienti dai catalizzatori
R9 Rigenerazione o altri reimpieghi degli oli
R10 Trattamento in ambiente terrestre a beneficio dell'agricoltura o dell'ecologia
R11 Utilizzazione di rifiuti ottenuti da una delle operazioni indicate da R1 a R10
R12 Scambio di rifiuti per sottoporli a una delle operazioni indicate da R1 a R11[7]
R13 Messa in riserva di rifiuti per sottoporli a una delle operazioni indicate nei punti da R1 a R12 (escluso il deposito temporaneo, prima della raccolta, nel luogo in cui sono prodotti)[8]

(((**) Sono compresi la preparazione per il riutilizzo, la gassificazione e la pirolisi che utilizzano i componenti come sostanze chimiche e il recupero di materia organica sotto forma di riempimento.
(***) E' compresa la preparazione per il riutilizzo.
(****) Sono compresi la preparazione per il riutilizzo, il riciclaggio di materiali da costruzione inorganici, il recupero di sostanze inorganiche sotto forma di riempimento e la pulizia del suolo risultante in un recupero del suolo.))
[4] Gli impianti di incenerimento dei rifiuti solidi urbani sono compresi solo se la loro efficienza energetica e' uguale o superiore a:
 - 0,60 per gli impianti funzionanti e autorizzati in conformita' della normativa comunitaria applicabile anteriormente al 1° gennaio 2009,
 - 0,65 per gli impianti autorizzati dopo il 31 dicembre 2008,
 calcolata con la seguente formula:
 Efficienza energetica = $[(E_p - (E_f + E_i))/(0,97 \times (E_w + E_f))] * CCF$
 dove:
 E_p = energia annua prodotta sotto forma di energia termica o elettrica. E' calcolata moltiplicando l'energia sotto forma di elettricita' per 2,6 e l'energia termica prodotta per uso commerciale per 1,1 (GJ/anno)

Ef = alimentazione annua di energia nel sistema con combustibili che contribuiscono alla produzione di vapore (GJ/anno)
Ew = energia annua contenuta nei rifiuti trattati calcolata in base al potere calorifico netto dei rifiuti (GJ/anno)
Ei = energia annua importata, escluse Ew ed Ef (GJ/anno)
0,97 = fattore corrispondente alle perdite di energia dovute alle ceneri pesanti (scorie) e alle radiazioni.
CCF = valore del fattore di correzione corrispondente all'area climatica nella quale insiste l'impianto di incenerimento (Climate Correction Factor).
1. Per gli impianti funzionanti e autorizzati in conformita' alla legislazione applicabile nell'Unione europea prima del 1 settembre 2015, CCF e' uguale a:
CCF = 1 se HDDLLT >= 3350
CCF = 1,25 se HDDLLT <= 2150
CCF = - (0,25/1200) × HDDLLT + 1,698 se 2150 < HDDLLT < 3350
2. Per gli impianti autorizzati dopo il 31 agosto 2015 e per gli impianti di cui al punto 1 dopo il 31 dicembre 2029, CCF e' uguale a:
CCF = 1 se HDDLLT >= 3350
CCF = 1,12 se HDDLLT <= 2150
CCF = - (0,12/1200) x HDDLLT + 1,335 se 2150 < HDDLLT < 3350
I valori di CCF sono approssimati alla terza cifra decimale.
Dove:
HDDLLT, ovvero HDD locale a lungo termine, e' uguale alla media ventennale dei valori di HDDanno calcolati nell'area di riferimento come segue:

Parte di provvedimento in formato grafico

HDDanno e' il grado di riscaldamento annuo calcolati nell'area di riferimento come segue:
HDDanno = ΣHDDi
HDDi e' il grado di riscaldamento giornaliero dello i-esimo giorno
Pari a:
HDDi = (18°C - Tm) se Tm ≤ 15°C
HDDi = 0 se Tm > 15°C
Essendo Tm la temperatura media giornaliera, calcolata come (Tmin + Tmax)/2, del giorno "i" dell'anno di riferimento nell'area di riferimento.
I valori di temperatura sono quelli ufficiali dell'aeronautica militare della stazione meteorologica piu' rappresentativa in termini di prossimita' e quota del sito dell'impianto di incenerimento. Se nessuna stazione dell'aeronautica militare e' rappresentativa del sito dell'impianto di incenerimento o non presenta una sufficiente disponibilita' di dati e' possibile fare riferimento a dati di temperatura acquisiti da altre istituzioni del territorio, quali ad esempio le ARPA regionali o altre reti locali.
La formula si applica conformemente al documento di riferimento sulle migliori tecniche disponibili per l'incenerimento dei rifiuti.
[7] In mancanza di un altro codice R appropriato, puo' comprendere le operazioni preliminari precedenti al recupero, incluso il pretrattamento come, tra l'altro, la cernita, la frammentazione, la compattazione, la pellettizzazione, l'essiccazione, la triturazione, il condizionamento, il ricondizionamento, la separazione, il raggruppamento prima di una delle operazioni indicate da R 1 a R 11.

((Allegati alla Parte Quarta
Allegato D - Elenco dei rifiuti.
Classificazione dei rifiuti.

"Indice. Capitoli dell'elenco
01 Rifiuti derivanti da prospezione, estrazione da miniera o cava, nonche' dal trattamento fisico o chimico di minerali

01 01 Rifiuti da estrazione di minerali
01 01 01 rifiuti da estrazione di minerali metalliferi
01 01 02 rifiuti da estrazione di minerali non metalliferi
01 03 rifiuti prodotti da trattamenti chimici e fisici di minerali metalliferi
01 03 04 * sterili che possono generare acido prodotti dalla lavorazione di minerale solforoso
01 03 05 * altri sterili contenenti sostanze pericolose
01 03 06 sterili diversi da quelli di cui alle voci 01 03 04 e 01 03 05
01 03 07 * altri rifiuti contenenti sostanze pericolose prodotti da trattamenti chimici e fisici di minerali metalliferi
01 03 08 polveri e residui affini diversi da quelli di cui alla voce 01 03 07
01 03 09 fanghi rossi derivanti dalla produzione di allumina, diversi da quelli di cui alla voce 01 03 10
01 03 10* fanghi rossi derivanti dalla produzione di allumina contenenti sostanze pericolose, diversi da quelli di cui alla voce 01 03 07
01 03 99 rifiuti non specificati altrimenti
01 04 rifiuti prodotti da trattamenti chimici e fisici di minerali non metalliferi
01 04 07 * rifiuti contenenti sostanze pericolose, prodotti da trattamenti chimici e fisici di minerali non metalliferi
01 04 08 scarti di ghiaia e pietrisco, diversi da quelli di cui alla voce 01 04 07
01 04 09 scarti di sabbia e argilla
01 04 10 polveri e residui affini, diversi da quelli di cui alla voce 01 04 07
01 04 11 rifiuti della lavorazione di potassa e salgemma, diversi da quelli di cui alla voce 01 04 07
01 04 12 sterili ed altri residui del lavaggio e della pulitura di minerali, diversi da quelli di cui alle voci 0104 07 e 01 04 11
01 04 13 rifiuti prodotti dal taglio e dalla segagione della pietra, diversi da quelli di cui alla voce 01 04 07
01 04 99 rifiuti non specificati altrimenti
01 05 fanghi di perforazione ed altri rifiuti di perforazione
01 05 04 fanghi e rifiuti di perforazione di pozzi per acque dolci
01 05 05 * fanghi e rifiuti di perforazione contenenti oli
01 05 06 * fanghi di perforazione ed altri rifiuti di perforazione contenenti sostanze pericolose
01 05 07 fanghi e rifiuti di perforazione contenenti barite, diversi da quelli delle voci 01 05 05 e 01 05 06
01 05 08 fanghi e rifiuti di perforazione contenenti cloruri, diversi da quelli delle voci 01 05 05 e 01 05 06
01 05 99 rifiuti non specificati altrimenti
02 Rifiuti prodotti da agricoltura, orticoltura, acquacoltura, selvicoltura, caccia e pesca, preparazione e lavorazione di alimenti
02 01 rifiuti prodotti da agricoltura, orticoltura, acquacoltura, selvicoltura, caccia e pesca
02 01 01 fanghi da operazioni di lavaggio e pulizia
02 01 02 scarti di tessuti animali
02 01 03 scarti di tessuti vegetali
02 01 04 rifiuti plastici (ad esclusione degli imballaggi)
02 01 06 feci animali, urine e letame (comprese le lettiere usate), effluenti, raccolti separatamente e trattati fuori sito
02 01 07 rifiuti derivanti dalla silvicoltura
02 01 08 * rifiuti agrochimici contenenti sostanze pericolose
02 01 09 rifiuti agrochimici diversi da quelli della voce 02 01 08
02 01 10 rifiuti metallici
02 01 99 rifiuti non specificati altrimenti
02 02 rifiuti della preparazione e della trasformazione di carne, pesce ed altri alimenti di origine animale
02 02 01 fanghi da operazioni di lavaggio e pulizia

02 02 02 scarti di tessuti animali
02 02 03 scarti inutilizzabili per il consumo o la trasformazione
02 02 04 fanghi da trattamento in loco degli effluenti
02 02 99 rifiuti non specificati altrimenti
02 03 rifiuti della preparazione e del trattamento di frutta, verdura, cereali, oli alimentari, cacao, caffe', te' e tabacco; della produzione di conserve alimentari; della produzione di lievito ed estratto di lievito; della preparazione e fermentazione di melassa
02 03 01 fanghi prodotti da operazioni di lavaggio, pulizia, sbucciatura, centrifugazione e separazione
02 03 02 rifiuti legati all'impiego di conservanti
02 03 03 rifiuti prodotti dall'estrazione tramite solvente
02 03 04 scarti inutilizzabili per il consumo o la trasformazione
02 03 05 fanghi da trattamento in loco degli effluenti
02 03 99 rifiuti non specificati altrimenti
02 04 rifiuti prodotti dalla raffinazione dello zucchero
02 04 01 terriccio residuo delle operazioni di pulizia e lavaggio delle barbabietole
02 04 02 carbonato di calcio fuori specifica
02 04 03 fanghi da trattamento in loco degli effluenti
02 04 99 rifiuti non specificati altrimenti
02 05 rifiuti dell'industria lattiero-casearia
02 05 01 scarti inutilizzabili per il consumo o la trasformazione
02 05 02 fanghi da trattamento in loco degli effluenti
02 05 99 rifiuti non specificati altrimenti
02 06 rifiuti dell'industria dolciaria e della panificazione
02 06 01 scarti inutilizzabili per il consumo o la trasformazione
02 06 02 rifiuti prodotti dall'impiego di conservanti
02 06 03 fanghi da trattamento in loco degli effluenti
02 06 99 rifiuti non specificati altrimenti
02 07 rifiuti della produzione di bevande alcoliche e analcoliche (tranne caffe', te' e cacao)
02 07 01 rifiuti prodotti dalle operazioni di lavaggio, pulizia e macinazione della materia prima
02 07 02 rifiuti prodotti dalla distillazione di bevande alcoliche
02 07 03 rifiuti prodotti dai trattamenti chimici
02 07 04 scarti inutilizzabili per il consumo o la trasformazione
02 07 05 fanghi da trattamento in loco degli effluenti
02 07 99 rifiuti non specificati altrimenti
03 Rifiuti della lavorazione del legno e della produzione di pannelli, mobili, polpa, carta e cartone
03 01 rifiuti della lavorazione del legno e della produzione di pannelli e mobili
03 01 01 scarti di corteccia e sughero
03 01 04 * segatura, trucioli, residui di taglio, legno, pannelli di truciolare e piallacci contenenti sostanze pericolose
03 01 05 segatura, trucioli, residui di taglio, legno, pannelli di truciolare e piallacci diversi da quelli di cui alla voce 03 01 04
03 01 99 rifiuti non specificati altrimenti
03 02 rifiuti dei trattamenti conservativi del legno
03 02 01 * preservanti del legno contenenti composti organici non alogenati
03 02 02 * prodotti per trattamenti conservativi del legno contenenti composti organici clorurati
03 02 03 * prodotti per trattamenti conservativi del legno contenenti composti organometallici
03 02 04 * prodotti per trattamenti conservativi del legno contenenti composti inorganici
03 02 05 * altri prodotti per trattamenti conservativi del legno contenenti sostanze pericolose
03 02 99 prodotti per trattamenti conservativi del legno non specificati altrimenti
03 03 rifiuti della produzione e della lavorazione di polpa, carta e cartone
03 03 01 scarti di corteccia e legno

03 03 02 fanghi di recupero dei bagni di macerazione (green liquor)
03 03 05 fanghi derivanti da processi di deinchiostrazione nel riciclaggio della carta
03 03 07 scarti della separazione meccanica nella produzione di polpa da rifiuti di carta e cartone
03 03 08 scarti della selezione di carta e cartone destinati ad essere riciclati
03 03 09 fanghi di scarto contenenti carbonato di calcio
03 03 10 scarti di fibre e fanghi contenenti fibre, riempitivi e prodotti di rivestimento generati dai processi di separazione meccanica
03 03 11 fanghi prodotti dal trattamento in loco degli effluenti, diversi da quelli di cui alla voce 03 03 10
03 03 99 rifiuti non specificati altrimenti
04 Rifiuti della lavorazione di pelli e pellicce, e dell'industria tessile
04 01 rifiuti della lavorazione di pelli e pellicce
04 01 01 carniccio e frammenti di calce
04 01 02 rifiuti di calcinazione
04 01 03 * bagni di sgrassatura esauriti contenenti solventi senza fase liquida
04 01 04 liquido di concia contenente cromo
04 01 05 liquido di concia non contenente cromo
04 01 06 fanghi, prodotti in particolare dal trattamento in loco degli effluenti, contenenti cromo
04 01 07 fanghi, prodotti in particolare dal trattamento in loco degli effluenti, non contenenti cromo
04 01 08 rifiuti di cuoio conciato (scarti, cascami, ritagli, polveri di lucidatura) contenenti cromo
04 01 09 rifiuti delle operazioni di confezionamento e finitura
04 01 99 rifiuti non specificati altrimenti
04 02 rifiuti dell'industria tessile
04 02 09 rifiuti da materiali compositi (fibre impregnate, elastomeri, plastomeri)
04 02 10 materiale organico proveniente da prodotti naturali (ad es. grasso, cera)
04 02 14 * rifiuti provenienti da operazioni di finitura, contenenti solventi organici
04 02 15 rifiuti da operazioni di finitura, diversi da quelli di cui alla voce 04 02 14
04 02 16 * tinture e pigmenti contenenti sostanze pericolose
04 02 17 tinture e pigmenti, diversi da quelli di cui alla voce 04 02 16
04 02 19 * fanghi prodotti dal trattamento in loco degli effluenti, contenenti sostanze pericolose
04 02 20 fanghi prodotti dal trattamento in loco degli effluenti, diversi da quelli di cui alla voce 04 02 19
04 02 21 rifiuti da fibre tessili grezze
04 02 22 rifiuti da fibre tessili lavorate
04 02 99 rifiuti non specificati altrimenti
05 Rifiuti della raffinazione del petrolio, purificazione del gas naturale e trattamento pirolitico del carbone
05 01 rifiuti della raffinazione del petrolio
05 01 02 * fanghi da processi di dissalazione
05 01 03 * morchie da fondi di serbatoi
05 01 04 * fanghi acidi prodotti da processi di alchilazione
05 01 05 * perdite di olio
05 01 06 * fanghi oleosi prodotti dalla manutenzione di impianti e apparecchiature
05 01 07 * catrami acidi
05 01 08 * altri catrami
05 01 09 * fanghi prodotti dal trattamento in loco degli effluenti, contenenti sostanze pericolose
05 01 10 fanghi prodotti dal trattamento in loco degli effluenti, diversi da quelli di cui alla voce 05 01 09

05 01 11 * rifiuti prodotti dalla purificazione di carburanti mediante basi
05 01 12 * acidi contenenti oli
05 01 13 fanghi residui dell'acqua di alimentazione delle caldaie
05 01 14 rifiuti prodotti dalle torri di raffreddamento
05 01 15 * filtri di argilla esauriti
05 01 16 rifiuti contenenti zolfo prodotti dalla desolforizzazione del petrolio
05 01 17 bitume
05 01 99 rifiuti non specificati altrimenti
05 06 rifiuti prodotti dal trattamento pirolitico del carbone
05 06 01 * catrami acidi
05 06 03 * altri catrami
05 06 04 rifiuti prodotti dalle torri di raffreddamento
05 06 99 rifiuti non specificati altrimenti
05 07 rifiuti prodotti dalla purificazione e dal trasporto di gas naturale
05 07 01 * rifiuti contenenti mercurio
05 07 02 rifiuti contenenti zolfo
05 07 99 rifiuti non specificati altrimenti
06 Rifiuti dei processi chimici inorganici
06 01 rifiuti della produzione, formulazione, fornitura e uso di acidi
06 01 01 * acido solforico ed acido solforoso
06 01 02 * acido cloridrico
06 01 03 * acido fluoridrico
06 01 04 * acido fosforico e fosforoso
06 01 05 * acido nitrico e acido nitroso
06 01 06 * altri acidi
06 01 99 rifiuti non specificati altrimenti
06 02 rifiuti della produzione, formulazione, fornitura e uso di basi
06 02 01 * idrossido di calcio
06 02 03 * idrossido di ammonio
06 02 04 * idrossido di sodio e di potassio
06 02 05 * altre basi
06 02 99 rifiuti non specificati altrimenti
06 03 rifiuti della produzione, formulazione, fornitura e uso di sali, loro soluzioni e ossidi metallici
06 03 11 * sali e loro soluzioni, contenenti cianuri
06 03 13 * sali e loro soluzioni, contenenti metalli pesanti
06 03 14 sali e loro soluzioni, diversi da quelli di cui alle voci 06 03 11 e 06 03 13
06 03 15 * ossidi metallici contenenti metalli pesanti
06 03 16 ossidi metallici, diversi da quelli di cui alla voce 06 03 15
06 03 99 rifiuti non specificati altrimenti
06 04 rifiuti contenenti metalli, diversi da quelli di cui alla voce 06 03
06 04 03 * rifiuti contenenti arsenico
06 04 04 * rifiuti contenenti mercurio
06 04 05 * rifiuti contenenti altri metalli pesanti
06 04 99 rifiuti non specificati altrimenti
06 05 fanghi da trattamento in loco degli effluenti
06 05 02 * fanghi da trattamento in loco di effluenti, contenenti sostanze pericolose
06 05 03 fanghi prodotti dal trattamento in loco degli effluenti, diversi da quelli di cui alla voce 06 05 02
06 06 rifiuti della produzione, formulazione, fornitura e uso di prodotti chimici contenenti zolfo, dei processi chimici dello zolfo e dei processi di desolforazione
06 06 02 * rifiuti contenenti solfuri pericolosi
06 06 03 rifiuti contenenti solfuri, diversi da quelli di cui alla voce 06 06 02
06 06 99 rifiuti non specificati altrimenti

06 07 rifiuti della produzione, formulazione, fornitura e uso di prodotti alogeni e dei processi chimici degli alogeni
06 07 01 * rifiuti dei processi elettrolitici, contenenti amianto
06 07 02 * carbone attivato dalla produzione di cloro
06 07 03 * fanghi di solfati di bario, contenenti mercurio
06 07 04 * soluzioni ed acidi, ad esempio acido di contatto
06 07 99 rifiuti non specificati altrimenti
06 08 rifiuti della produzione, formulazione, fornitura e uso del silicio e dei suoi derivati
06 08 02 * rifiuti contenenti clorosilani pericolosi
06 08 99 rifiuti non specificati altrimenti
06 09 rifiuti della produzione, formulazione, fornitura e uso di prodotti fosforosi e dei processi chimici del fosforo
06 09 02 scorie fosforose
06 09 03 * rifiuti prodotti da reazioni a base di calcio contenenti o contaminati da sostanze pericolose
06 09 04 rifiuti prodotti da reazioni a base di calcio, diversi da quelli di cui alla voce 06 09 03
06 09 99 rifiuti non specificati altrimenti
06 10 rifiuti della produzione, formulazione, fornitura e uso di prodotti chimici contenenti azoto, dei processi chimici dell'azoto e della produzione di fertilizzanti
06 10 02 * rifiuti contenenti sostanze pericolose
06 10 99 rifiuti non specificati altrimenti
06 11 rifiuti dalla produzione di pigmenti inorganici e opacificanti
06 11 01 rifiuti prodotti da reazioni a base di calcio nella produzione di diossido di titanio
06 11 99 rifiuti non specificati altrimenti
06 13 rifiuti di processi chimici inorganici non specificati altrimenti
06 13 01 * prodotti fitosanitari, agenti conservativi del legno ed altri biocidi inorganici
06 13 02 * carbone attivo esaurito (tranne 06 07 02)
06 13 03 nerofumo
06 13 04 * rifiuti derivanti dai processi di lavorazione dell'amianto
06 13 05 * fuliggine
06 13 99 rifiuti non specificati altrimenti
07 Rifiuti dei processi chimici organici
07 01 rifiuti della produzione, formulazione, fornitura e uso di prodotti chimici organici di base
07 01 01 * soluzioni acquose di lavaggio ed acque madri
07 01 03 * solventi organici alogenati, soluzioni di lavaggio ed acque madri
07 01 04 * altri solventi organici, soluzioni di lavaggio ed acque madri
07 01 07 * fondi e residui di reazione, alogenati
07 01 08 * altri fondi e residui di reazione
07 01 09 * residui di filtrazione e assorbenti esauriti alogenati
07 01 10 * altri residui di filtrazione e assorbenti esauriti
07 01 11 * fanghi prodotti dal trattamento in loco degli effluenti, contenenti sostanze pericolose
07 01 12 fanghi prodotti dal trattamento in loco degli effluenti, diversi da quelli di cui alla voce 07 01 11
07 01 99 rifiuti non specificati altrimenti
07 02 rifiuti della produzione, formulazione, fornitura ed uso di plastiche, gomme sintetiche e fibre artificiali
07 02 01 * soluzioni acquose di lavaggio ed acque madri
07 02 03 * solventi organici alogenati, soluzioni di lavaggio ed acque madri
07 02 04 * altri solventi organici, soluzioni di lavaggio ed acque madri
07 02 07 * fondi e residui di reazione, alogenati

07 02 08 * altri fondi e residui di reazione
07 02 09 * residui di filtrazione e assorbenti esauriti alogenati
07 02 10 * altri residui di filtrazione e assorbenti esauriti
07 02 11 * fanghi prodotti dal trattamento in loco degli effluenti, contenenti sostanze pericolose
07 02 12 fanghi prodotti dal trattamento in loco degli effluenti, diversi da quelli di cui alla voce 07 02 11
07 02 13 rifiuti plastici
07 02 14 * rifiuti prodotti da additivi, contenenti sostanze pericolose
07 02 15 rifiuti prodotti da additivi, diversi da quelli di cui alla voce 07 02 14
07 02 16 * rifiuti contenenti siliconi pericolosi
07 02 17 rifiuti contenenti siliconi diversi da quelli di cui alla voce 07 02 16
07 02 17* rifiuti contenenti siliconi, diversi da quelli di cui alla voce 07 02 16
07 02 99 rifiuti non specificati altrimenti
07 03 rifiuti della produzione, formulazione, fornitura ed uso di coloranti e pigmenti organici (tranne 06 11)
07 03 01 * soluzioni acquose di lavaggio ed acque madri
07 03 03 * solventi organici alogenati, soluzioni di lavaggio ed acque madri
07 03 04 * altri solventi organici, soluzioni di lavaggio ed acque madri
07 03 07 * fondi e residui di reazione, alogenati
07 03 08 * altri fondi e residui di reazione
07 03 09 * residui di filtrazione e assorbenti esauriti, alogenati
07 03 10 * altri residui di filtrazione e assorbenti esauriti
07 03 11 * fanghi prodotti dal trattamento in loco degli effluenti, contenenti sostanze pericolose
07 03 12 fanghi prodotti dal trattamento in loco degli effluenti, diversi da quelli di cui alla voce 07 03 11
07 03 99 rifiuti non specificati altrimenti
07 04 rifiuti della produzione, formulazione, fornitura ed uso di prodotti fitosanitari (tranne 02 01 08 e 02 01 09), agenti conservativi del legno (tranne 03 02) ed altri biocidi, organici
07 04 01 * soluzioni acquose di lavaggio ed acque madri
07 04 03 * solventi organici alogenati, soluzioni di lavaggio ed acque madri
07 04 04 * altri solventi organici, soluzioni di lavaggio ed acque madri
07 04 07 * fondi e residui di reazione, alogenati
07 04 08 * altri fondi e residui di reazione
07 04 09 * residui di filtrazione e assorbenti esauriti, alogenati
07 04 10 * altri residui di filtrazione e assorbenti esauriti
07 04 11 * fanghi prodotti dal trattamento in loco degli effluenti, contenenti sostanze pericolose
07 04 12 fanghi prodotti dal trattamento in loco degli effluenti, diversi da quelli di cui alla voce 07 04 11
07 04 13 * rifiuti solidi contenenti sostanze pericolose
07 04 99 rifiuti non specificati altrimenti
07 05 rifiuti della produzione, formulazione, fornitura e uso di prodotti farmaceutici
07 05 01 * soluzioni acquose di lavaggio ed acque madri
07 05 03 * solventi organici alogenati, soluzioni di lavaggio ed acque madri
07 05 04 * altri solventi organici, soluzioni di lavaggio ed acque madri
07 05 07 * fondi e residui di reazione, alogenati
07 05 08 * altri fondi e residui di reazione
07 05 09 * residui di filtrazione e assorbenti esauriti, alogenati
07 05 10 * altri residui di filtrazione e assorbenti esauriti
07 05 11 * fanghi prodotti dal trattamento in loco degli effluenti, contenenti sostanze pericolose

07 05 12 fanghi prodotti dal trattamento in loco degli effluenti, diversi da quelli di cui alla voce 07 05 11
07 05 13 * rifiuti solidi contenenti sostanze pericolose
07 05 14 rifiuti solidi diversi da quelli di cui alla voce 07 05 13
07 05 99 rifiuti non specificati altrimenti
07 06 rifiuti della produzione, formulazione, fornitura ed uso di grassi, lubrificanti, saponi, detergenti, disinfettanti e cosmetici
07 06 01 * soluzioni acquose di lavaggio ed acque madri
07 06 03 * solventi organici alogenati, soluzioni di lavaggio ed acque madri
07 06 04 * altri solventi organici, soluzioni di lavaggio ed acque madri
07 06 07 * fondi e residui di reazione, alogenati
07 06 08 * altri fondi e residui di reazione
07 06 09 * residui di filtrazione e assorbenti esauriti alogenati
07 06 10 * altri residui di filtrazione e assorbenti esauriti
07 06 11 * fanghi prodotti dal trattamento in loco degli effluenti, contenenti sostanze pericolose
07 06 12 fanghi prodotti dal trattamento in loco degli effluenti, diversi da quelli di cui alla voce 07 06 11
07 06 99 rifiuti non specificati altrimenti
07 07 rifiuti della produzione, formulazione, fornitura e uso di prodotti della chimica fine e di prodotti chimici non specificati altrimenti
07 07 01 * soluzioni acquose di lavaggio ed acque madri
07 07 03 * solventi organici alogenati, soluzioni di lavaggio ed acque madri
07 07 04 * altri solventi organici, soluzioni di lavaggio ed acque madri
07 07 07 * fondi e residui di reazione, alogenati
07 07 08 * altri fondi e residui di reazione
07 07 09 * residui di filtrazione e assorbenti esauriti, alogenati
07 07 10 * altri residui di filtrazione e assorbenti esauriti
07 07 11 * fanghi prodotti dal trattamento in loco degli effluenti, contenenti sostanze pericolose
07 07 12 fanghi prodotti dal trattamento in loco degli effluenti, diversi da quelli di cui alla voce 07 07 11
07 07 99 rifiuti non specificati altrimenti
08 Rifiuti della produzione, formulazione, fornitura ed uso di rivestimenti (pitture, vernici e smalti vetrati), adesivi, sigillanti e inchiostri per stampa
08 01 rifiuti della produzione, formulazione, fornitura ed uso nonche' della rimozione di pitture e vernici
08 01 11 * pitture e vernici di scarto, contenenti solventi organici o altre sostanze pericolose
08 01 12 pitture e vernici di scarto, diverse da quelle di cui alla voce 08 01 11
08 01 13 * fanghi prodotti da pitture e vernici, contenenti solventi organici o altre sostanze pericolose
08 01 14 fanghi prodotti da pitture e vernici, diversi da quelli di cui alla voce 08 01 13
08 01 15 * fanghi acquosi contenenti pitture e vernici, contenenti solventi organici o altre sostanze pericolose
08 01 16 fanghi acquosi contenenti pitture e vernici, diversi da quelli di cui alla voce 08 01 15
08 01 17 * fanghi prodotti dalla rimozione di pitture e vernici, contenenti solventi organici o altre sostanze pericolose
08 01 18 fanghi prodotti dalla rimozione di pitture e vernici, diversi da quelli di cui alla voce 08 01 17
08 01 19 * sospensioni acquose contenenti pitture e vernici, contenenti solventi organici o altre sostanze pericolose
08 01 20 sospensioni acquose contenenti pitture e vernici, diverse da quelle di cui alla voce 08 01 19
08 01 21 * residui di pittura o di sverniciatori
08 01 99 rifiuti non specificati altrimenti

08 02 rifiuti della produzione, formulazione, fornitura e uso di altri rivestimenti (inclusi materiali ceramici)
08 02 01 polveri di scarti di rivestimenti
08 02 02 fanghi acquosi contenenti materiali ceramici
08 02 03 sospensioni acquose contenenti materiali ceramici
08 02 99 rifiuti non specificati altrimenti
08 03 rifiuti della produzione, formulazione, fornitura e uso di inchiostri per stampa
08 03 07 fanghi acquosi contenenti inchiostro
08 03 08 rifiuti liquidi acquosi contenenti inchiostro
08 03 12 * scarti di inchiostro, contenenti sostanze pericolose
08 03 13 scarti di inchiostro, diversi da quelli di cui alla voce 08 03 12
08 03 14 * fanghi di inchiostro, contenenti sostanze pericolose
08 03 15 fanghi di inchiostro, diversi da quelli di cui alla voce 08 03 14
08 03 16 * residui di soluzioni per incisione
08 03 17 * toner per stampa esauriti, contenenti sostanze pericolose
08 03 18 toner per stampa esauriti, diversi da quelli di cui alla voce 08 03 17
08 03 19 * oli dispersi
08 03 99 rifiuti non specificati altrimenti
08 04 rifiuti della produzione, formulazione, fornitura e uso di adesivi e sigillanti (inclusi i prodotti impermeabilizzanti)
08 04 09 * adesivi e sigillanti di scarto, contenenti solventi organici o altre sostanze pericolose
08 04 10 adesivi e sigillanti di scarto, diversi da quelli di cui alla voce 08 04 09
08 04 11 * fanghi di adesivi e sigillanti, contenenti solventi organici o altre sostanze pericolose
08 04 12 fanghi di adesivi e sigillanti, diversi da quelli di cui alla voce 08 04 11
08 04 13 * fanghi acquosi contenenti adesivi o sigillanti, contenenti solventi organici o altre sostanze pericolose
08 04 14 fanghi acquosi contenenti adesivi o sigillanti, diversi da quelli di cui alla voce 08 04 13
08 04 15 * rifiuti liquidi acquosi contenenti adesivi o sigillanti, contenenti solventi organici o altre sostanze pericolose
08 04 16 rifiuti liquidi acquosi contenenti adesivi o sigillanti, diversi da quelli di cui alla voce 08 04 15
08 04 17 * olio di resina
08 04 99 rifiuti non specificati altrimenti
08 05 rifiuti non specificati altrimenti alla voce 08
08 05 01 * isocianati di scarto
09 Rifiuti dell'industria fotografica
09 01 rifiuti dell'industria fotografica
09 01 01 * soluzioni di sviluppo e soluzioni attivanti a base acquosa
09 01 02 * soluzioni di sviluppo per lastre offset a base acquosa
09 01 03 * soluzioni di sviluppo a base di solventi
09 01 04 * soluzioni di fissaggio
09 01 05* soluzioni di lavaggio e soluzioni di arresto-fissaggio
09 01 06 * rifiuti contenenti argento prodotti dal trattamento in loco di rifiuti fotografici
09 01 07 carta e pellicole per fotografia, contenenti argento o composti dell'argento
09 01 08 carta e pellicole per fotografia, non contenenti argento o composti dell'argento
09 01 10 macchine fotografiche monouso senza batterie
09 01 11 * macchine fotografiche monouso contenenti batterie incluse nelle voci 16 06 01, 16 06 02 o 16 06 03
09 01 12 macchine fotografiche monouso diverse da quelle di cui alla voce 09 01 11
09 01 13 * rifiuti liquidi acquosi prodotti dal recupero in loco

dell'argento, diversi da quelli di cui alla voce 09 01 06
09 01 99 rifiuti non specificati altrimenti
10 Rifiuti provenienti da processi termici
10 01 rifiuti prodotti da centrali termiche ed altri impianti termici (tranne 19)
10 01 01 ceneri pesanti, scorie e polveri di caldaia (tranne le polveri di caldaia di cui alla voce 10 01 04)
10 01 02 ceneri leggere di carbone
10 01 03 ceneri leggere di torba e di legno non trattato
10 01 04 * ceneri leggere di olio combustibile e polveri di caldaia
10 01 05 rifiuti solidi prodotti da reazioni a base di calcio nei processi di desolforazione dei fumi
10 01 07 rifiuti fangosi prodotti da reazioni a base di calcio nei processi di desolforazione dei fumi
10 01 09 * acido solforico
10 01 13 * ceneri leggere prodotte da idrocarburi emulsionati usati come combustibile
10 01 14 * ceneri pesanti, scorie e polveri di caldaia prodotte dal coincenerimento, contenenti sostanze pericolose
10 01 15 ceneri pesanti, scorie e polveri di caldaia prodotte dal coincenerimento, diversi da quelli di cui alla voce 10 01 14
10 01 16 * ceneri leggere prodotte dal coincenerimento, contenenti sostanze pericolose
10 01 17 ceneri leggere prodotte dal coincenerimento, diverse da quelle di cui alla voce 10 01 16
10 01 18 * rifiuti prodotti dalla depurazione dei fumi, contenenti sostanze pericolose
10 01 19 rifiuti prodotti dalla depurazione dei fumi, diversi da quelli di cui alle voci 10 01 05, 10 01 07 e 10 01 18
10 01 20 * fanghi prodotti dal trattamento in loco degli effluenti, contenenti sostanze pericolose
10 01 21 fanghi prodotti dal trattamento in loco degli effluenti, diversi da quelli di cui alla voce 10 01 20
10 01 22 * fanghi acquosi da operazioni di pulizia di caldaie, contenenti sostanze pericolose
10 01 23 fanghi acquosi da operazioni di pulizia di caldaie, diversi da quelli di cui alla voce 10 01 22
10 01 24 sabbie dei reattori a letto fluidizzato
10 01 25 rifiuti dell'immagazzinamento e della preparazione del combustibile delle centrali termoelettriche a carbone
10 01 26 rifiuti prodotti dal trattamento delle acque di raffreddamento
10 01 99 rifiuti non specificati altrimenti
10 02 rifiuti dell'industria siderurgica
10 02 01 rifiuti del trattamento delle scorie
10 02 02 scorie non trattate
10 02 07 * rifiuti solidi prodotti dal trattamento dei fumi, contenenti sostanze pericolose
10 02 08 rifiuti solidi prodotti dal trattamento dei fumi, diversi da quelli di cui alla voce 10 02 07
10 02 10 scaglie di laminazione
10 02 11 * rifiuti prodotti dal trattamento delle acque di raffreddamento, contenenti oli
10 02 12 rifiuti prodotti dal trattamento delle acque di raffreddamento, diversi da quelli di cui alla voce 10 02 11
10 02 13 * fanghi e residui di filtrazione prodotti dal trattamento dei fumi, contenenti sostanze pericolose
10 02 14 fanghi e residui di filtrazione prodotti dal trattamento dei fumi, diversi da quelli di cui alla voce 10 02 13
10 02 15 altri fanghi e residui di filtrazione
10 02 99 rifiuti non specificati altrimenti
10 03 rifiuti della metallurgia termica dell'alluminio
10 03 02 frammenti di anodi
10 03 04 * scorie della produzione primaria
10 03 05 rifiuti di allumina

10 03 08 * scorie saline della produzione secondaria
10 03 09 * scorie nere della produzione secondaria
10 03 15 * schiumature infiammabili o che rilasciano, al contatto con l'acqua, gas infiammabili in quantita' pericolose
10 03 16 schiumature diverse da quelle di cui alla voce 10 03 15
10 03 17 * rifiuti contenenti catrame derivanti dalla produzione di anodi
10 03 18 rifiuti contenenti carbonio derivanti dalla produzione degli anodi, diversi da quelli di cui alla voce 10 03 17
10 03 19 * polveri dei gas di combustione, contenenti sostanze pericolose
10 03 20 polveri dei gas di combustione, diverse da quelle di cui alla voce 10 03 19
10 03 21 * altre polveri e particolati (compresi quelli prodotti da mulini a palle), contenenti sostanze pericolose
10 03 22 altre polveri e particolati (compresi quelli prodotti da mulini a palle), diverse da quelle di cui alla voce 10 03 21
10 03 23 * rifiuti solidi prodotti dal trattamento dei fumi, contenenti sostanze pericolose
10 03 24 rifiuti solidi prodotti dal trattamento dei fumi, diversi da quelli di cui alla voce 10 03 23
10 03 25 * fanghi e residui di filtrazione prodotti dal trattamento dei fumi, contenenti sostanze pericolose
10 03 26 fanghi e residui di filtrazione prodotti dal trattamento dei fumi, diversi da quelli di cui alla voce 10 03 25
10 03 27 * rifiuti prodotti dal trattamento delle acque di raffreddamento, contenenti oli
10 03 28 rifiuti prodotti dal trattamento delle acque di raffreddamento, diversi da quelli di cui alla voce 10 03 27
10 03 29 * rifiuti prodotti dal trattamento di scorie saline e scorie nere, contenenti sostanze pericolose
10 03 30 rifiuti prodotti dal trattamento di scorie saline e scorie nere, diversi da quelli di cui alla voce 10 03 29
10 03 99 rifiuti non specificati altrimenti
10 04 rifiuti della metallurgia termica del piombo
10 04 01 * scorie della produzione primaria e secondaria
10 04 02 * scorie e schiumature della produzione primaria e secondaria
10 04 03 * arsenato di calcio
10 04 04 * polveri dei gas di combustione
10 04 05 * altre polveri e particolato
10 04 06 * rifiuti solidi prodotti dal trattamento dei fumi
10 04 07 * fanghi e residui di filtrazione prodotti dal trattamento dei fumi
10 04 09 * rifiuti prodotti dal trattamento delle acque di raffreddamento, contenenti oli
10 04 10 rifiuti prodotti dal trattamento delle acque di raffreddamento, diversi da quelli di cui alla voce 10 04 09
10 04 99 rifiuti non specificati altrimenti
10 05 rifiuti della metallurgia termica dello zinco
10 05 01 scorie della produzione primaria e secondaria
10 05 03 * polveri dei gas di combustione
10 05 04 altre polveri e particolato
10 05 05 * rifiuti solidi derivanti dal trattamento dei fumi
10 05 06 * fanghi e residui di filtrazione prodotti dal trattamento dei fumi
10 05 08 * rifiuti prodotti dal trattamento delle acque di raffreddamento, contenenti oli
10 05 09 rifiuti prodotti dal trattamento delle acque di raffreddamento, diversi da quelli di cui alla voce 10 05 08
10 05 10 * scorie e schiumature infiammabili o che rilasciano, al contatto con l'acqua, gas infiammabili in quantita' pericolose
10 05 11 scorie e schiumature diverse da quelle di cui alla voce 10 05 10
10 05 99 rifiuti non specificati altrimenti

10 06 rifiuti della metallurgia termica del rame
10 06 01 scorie della produzione primaria e secondaria
10 06 02 scorie e schiumature della produzione primaria e secondaria
10 06 03 * polveri dei gas di combustione
10 06 04 altre polveri e particolato
10 06 06 * rifiuti solidi prodotti dal trattamento dei fumi
10 06 07 * fanghi e residui di filtrazione prodotti dal trattamento dei fumi
10 06 09 * rifiuti prodotti dal trattamento delle acque di raffreddamento, contenenti oli
10 06 10 rifiuti prodotti dal trattamento delle acque di raffreddamento, diversi da quelli di cui alla voce 10 06 09
10 06 99 rifiuti non specificati altrimenti
10 07 rifiuti della metallurgia termica di argento, oro e platino
10 07 01 scorie della produzione primaria e secondaria
10 07 02 scorie e schiumature della produzione primaria e secondaria
10 07 03 rifiuti solidi prodotti dal trattamento dei fumi
10 07 04 altre polveri e particolato
10 07 05 fanghi e residui di filtrazione prodotti dal trattamento dei fumi
10 07 07 * rifiuti prodotti dal trattamento delle acque di raffreddamento, contenenti oli
10 07 08 rifiuti prodotti dal trattamento delle acque di raffreddamento, diversi da quelli di cui alla voce 10 07 07
10 07 99 rifiuti non specificati altrimenti
10 08 rifiuti della metallurgia termica di altri minerali non ferrosi
10 08 04 polveri e particolato
10 08 08 * scorie saline della produzione primaria e secondaria
10 08 09 altre scorie
10 08 10 * scorie e schiumature infiammabili o che rilasciano, al contatto con l'acqua, gas infiammabili in quantita' pericolose
10 08 11 scorie e schiumature diverse da quelle di cui alla voce 10 08 10
10 08 12 * rifiuti contenenti catrame derivante dalla produzione degli anodi
10 08 13 rifiuti contenenti carbonio della produzione degli anodi, diversi da quelli di cui alla voce 10 08 12
10 08 14 frammenti di anodi
10 08 15 * polveri dei gas di combustione, contenenti sostanze pericolose
10 08 16 polveri dei gas di combustione, diverse da quelle di cui alla voce 10 08 15
10 08 17 * fanghi e residui di filtrazione prodotti dal trattamento dei fumi, contenenti sostanze pericolose
10 08 18 fanghi e residui di filtrazione prodotti dal trattamento dei fumi, diversi da quelli di cui alla voce 10 08 17
10 08 19 * rifiuti prodotti dal trattamento delle acque di raffreddamento, contenenti oli
10 08 20 rifiuti prodotti dal trattamento delle acque di raffreddamento, diversi da quelli di cui alla voce 10 08 19
10 08 99 rifiuti non specificati altrimenti
10 09 rifiuti della fusione di materiali ferrosi
10 09 03 scorie di fusione
10 09 05 * forme e anime da fonderia inutilizzate, contenenti sostanze pericolose
10 09 06 forme e anime da fonderia inutilizzate, diverse da quelle di cui alla voce 10 09 05
10 09 07 * forme e anime da fonderia utilizzate, contenenti sostanze pericolose
10 09 08 forme e anime da fonderia utilizzate, diverse da quelle di cui alla voce 10 09 07
10 09 09 * polveri dei gas di combustione contenenti sostanze

pericolose
10 09 10 polveri dei gas di combustione diverse, da quelle di cui alla voce 10 09 09
10 09 11 * altri particolati contenenti sostanze pericolose
10 09 12 altri particolati diversi da quelli di cui alla voce 10 09 11
10 09 13 * scarti di leganti contenenti sostanze pericolose
10 09 14 scarti di leganti diversi da quelli di cui alla voce 10 09 13
10 09 15 * scarti di rilevatori di crepe, contenenti sostanze pericolose
10 09 16 scarti di rilevatori di crepe, diversi da quelli di cui alla voce 10 09 15
10 09 99 rifiuti non specificati altrimenti
10 10 rifiuti della fusione di materiali non ferrosi
10 10 03 scorie di fusione
10 10 05 * forme e anime da fonderia inutilizzate, contenenti sostanze pericolose
10 10 06 forme e anime da fonderia inutilizzate, diverse da quelle di cui alla voce 10 10 05
10 10 07 * forme e anime da fonderia utilizzate, contenenti sostanze pericolose
10 10 08 forme e anime da fonderia utilizzate, diverse da quelle di cui alla voce 10 10 07
10 10 09 * polveri di gas di combustione, contenenti sostanze pericolose
10 10 10 polveri dei gas di combustione, diverse da quelle di cui alla voce 10 10 09
10 10 11 * altri particolati contenenti sostanze pericolose
10 10 12 altri particolati diversi da quelli di cui alla voce 10 10 11
10 10 13 * scarti di leganti contenenti sostanze pericolose
10 10 14 scarti di leganti diversi da quelli di cui alla voce 10 10 13
10 10 15 * scarti di rilevatori di crepe, contenenti sostanze pericolose
10 10 16 scarti di rilevatori di crepe, diversi da quelli di cui alla voce 10 10 15
10 10 99 rifiuti non specificati altrimenti
10 11 rifiuti della fabbricazione del vetro e di prodotti di vetro
10 11 03 scarti di materiali in fibra a base di vetro
10 11 05 polveri e particolato
10 11 09 * residui di miscela di preparazione non sottoposti a trattamento termico, contenenti sostanze pericolose
10 11 10 residui di miscela di preparazione non sottoposti a trattamento termico, diverse da quelle di cui alla voce 10 11 09
10 11 11 * rifiuti di vetro in forma di particolato e polveri di vetro contenenti metalli pesanti (provenienti ad esempio da tubi a raggi catodici)
10 11 12 rifiuti di vetro diversi da quelli di cui alla voce 10 11 11
10 11 13 * fanghi provenienti dalla lucidatura e dalla macinazione del vetro, contenenti sostanze pericolose
10 11 14 fanghi provenienti dalla lucidatura e dalla macinazione del vetro, diversi da quelli di cui alla voce 10 11 13
10 11 15 * rifiuti solidi prodotti dal trattamento di fumi, contenenti sostanze pericolose
10 11 16 rifiuti prodotti dal trattamento di fumi, diversi da quelli di cui alla voce 10 11 15
10 11 17 * fanghi e residui di filtrazione prodotti dal trattamento di fumi, contenenti sostanze pericolose
10 11 18 fanghi e residui di filtrazione prodotti dal trattamento di fumi, diversi da quelli di cui alla voce 10 11 17
10 11 19 * rifiuti solidi prodotti dal trattamento in loco degli effluenti, contenenti sostanze pericolose

10 11 20 rifiuti solidi prodotti dal trattamento in loco degli effluenti, diversi da quelli di cui alla voce 10 11 19
10 11 99 rifiuti non specificati altrimenti
10 12 rifiuti della fabbricazione di prodotti di ceramica, mattoni, mattonelle e materiali da costruzione
10 12 01 residui di miscela non sottoposti a trattamento termico
10 12 03 polveri e particolato
10 12 05 fanghi e residui di filtrazione prodotti dal trattamento dei fumi
10 12 06 stampi di scarto
10 12 08 scarti di ceramica, mattoni, mattonelle e materiali da costruzione (sottoposti a trattamento termico)
10 12 09 * rifiuti solidi prodotti dal trattamento dei fumi, contenenti sostanze pericolose
10 12 10 rifiuti solidi prodotti dal trattamento dei fumi, diversi da quelli di cui alla voce 10 12 09
10 12 11 * rifiuti delle operazioni di smaltatura, contenenti metalli pesanti
10 12 12 rifiuti delle operazioni di smaltatura diversi da quelli di cui alla voce 10 12 11
10 12 13 fanghi prodotti dal trattamento in loco degli effluenti
10 12 99 rifiuti non specificati altrimenti
10 13 rifiuti della fabbricazione di cemento, calce e gesso e manufatti di tali materiali
10 13 01 residui di miscela non sottoposti a trattamento termico
10 13 04 rifiuti di calcinazione e di idratazione della calce
10 13 06 polveri e particolato (eccetto quelli delle voci 10 13 12 e 10 13 13)
10 13 07 fanghi e residui di filtrazione prodotti dal trattamento dei fumi
10 13 09 * rifiuti della fabbricazione di cemento-amianto, contenenti amianto
10 13 10 rifiuti della fabbricazione di cemento-amianto, diversi da quelli di cui alla voce 10 13 09
10 13 11 rifiuti della produzione di materiali compositi a base di cemento, diversi da quelli di cui alle voci 10 13 09 e 10 13 10
10 13 12 * rifiuti solidi prodotti dal trattamento dei fumi, contenenti sostanze pericolose
10 13 13 rifiuti solidi prodotti dal trattamento dei fumi, diversi da quelli di cui alla voce 10 13 12
10 13 14 rifiuti e fanghi di cemento
10 13 99 rifiuti non specificati altrimenti
10 14 rifiuti prodotti dai forni crematori
10 14 01 * rifiuti prodotti dalla depurazione dei fumi, contenenti mercurio
11 Rifiuti prodotti dal trattamento chimico superficiale e dal rivestimento di metalli ed altri materiali; idrometallurgia non ferrosa
11 01 rifiuti prodotti dal trattamento chimico superficiale e rivestimento di metalli (ad esempio, processi galvanici, zincatura, decappaggio, pulitura elettrolitica, fosfatazione, sgrassaggio con alcali, anodizzazione)
11 01 05 * acidi di decappaggio
11 01 06 * acidi non specificati altrimenti
11 01 07 * basi di decappaggio
11 01 08 * fanghi di fosfatazione
11 01 09 * fanghi e residui di filtrazione, contenenti sostanze pericolose
11 01 10 fanghi e residui di filtrazione, diversi da quelli di cui alla voce 11 01 09
11 01 11 * soluzioni acquose di lavaggio, contenenti sostanze pericolose
11 01 12 soluzioni acquose di lavaggio, diverse da quelle di cui alla voce 11 01 11
11 01 13 * rifiuti di sgrassaggio contenenti sostanze pericolose

11 01 14 rifiuti di sgrassaggio diversi da quelli di cui alla voce 11 01 13
11 01 15 * eluati e fanghi di sistemi a membrana o sistemi a scambio ionico, contenenti sostanze pericolose
11 01 16 * resine a scambio ionico saturate o esaurite
11 01 98 * altri rifiuti contenenti sostanze pericolose
11 01 99 rifiuti non specificati altrimenti
11 02 rifiuti prodotti dalla lavorazione idrometallurgica di metalli non ferrosi
11 02 02 * fanghi della lavorazione idrometallurgica dello zinco (compresi jarosite, goethite)
11 02 03 rifiuti della produone di anodi per processi elettrolitici acquosi
11 02 05 * rifiuti della lavorazione idrometallurgica del rame, contenenti sostanze pericolose
11 02 06 rifiuti della lavorazione idrometallurgica del rame, diversi da quelli della voce 11 02 05
11 02 07 * altri rifiuti contenenti sostanze pericolose
11 02 99 rifiuti non specificati altrimenti
11 03 rifiuti solidi e fanghi prodotti da processi di rinvenimento
11 03 01 * rifiuti contenenti cianuro
11 03 02 * altri rifiuti
11 05 rifiuti prodotti da processi di galvanizzazione a caldo
11 05 01 zinco solido
11 05 02 ceneri di zinco
11 05 03 * rifiuti solidi prodotti dal trattamento dei fumi
11 05 04 * fondente esaurito
11 05 99 rifiuti non specificati altrimenti
12 Rifiuti prodotti dalla sagomatura e dal trattamento fisico e meccanico superficiale di metalli e plastica
12 01 rifiuti prodotti dalla lavorazione e dal trattamento fisico e meccanico superficiale di metalli e plastica
12 01 01 limatura e trucioli di metalli ferrosi
12 01 02 polveri e particolato di metalli ferrosi
12 01 03 limatura e trucioli di metalli non ferrosi
12 01 04 polveri e particolato di metalli non ferrosi
12 01 05 limatura e trucioli di materiali plastici
12 01 06 * oli minerali per macchinari, contenenti alogeni (eccetto emulsioni e soluzioni)
12 01 07 * oli minerali per macchinari, non contenenti alogeni (eccetto emulsioni e soluzioni)
12 01 08 * emulsioni e soluzioni per macchinari, contenenti alogeni
12 01 09 * emulsioni e soluzioni per macchinari, non contenenti alogeni
12 01 10 * oli sintetici per macchinari
12 01 12 * cere e grassi esauriti
12 01 13 rifiuti di saldatura
12 01 14 * fanghi di lavorazione, contenenti sostanze pericolose
12 01 15 fanghi di lavorazione, diversi da quelli di cui alla voce 12 01 14
12 01 16 * residui di materiale di sabbiatura, contenente sostanze pericolose
12 01 17 residui di materiale di sabbiatura, diversi da quelli di cui alla voce 12 01 16
12 01 18 * fanghi metallici (fanghi di rettifica, affilatura e lappatura) contenenti oli
12 01 19 * oli per macchinari, facilmente biodegradabili
12 01 20 * corpi d'utensile e materiali di rettifica esauriti, contenenti sostanze pericolose
12 01 21 corpi d'utensile e materiali di rettifica esauriti, diversi da quelli di cui alla voce 12 01 20
12 01 99 rifiuti non specificati altrimenti
12 03 rifiuti prodotti da processi di sgrassatura ad acqua e vapore (tranne 11)
12 03 01 * soluzioni acquose di lavaggio

12 03 02 * rifiuti prodotti da processi di sgrassatura a vapore
13 Oli esauriti e residui di combustibili liquidi (tranne oli commestibili ed oli di cui ai capitoli 05, 12 e 19)
13 01 scarti di oli per circuiti idraulici
13 01 01 * oli per circuiti idraulici contenenti PCB
13 01 04 * emulsioni clorurate
13 01 05 * emulsioni non clorurate
13 01 09 * oli minerali per circuiti idraulici, clorurati
13 01 10 * oli minerali per circuiti idraulici, non clorurati
13 01 11 * oli sintetici per circuiti idraulici
13 01 12 * oli per circuiti idraulici, facilmente biodegradabili
13 01 13 * altri oli per circuiti idraulici
13 02 scarti di olio motore, olio per ingranaggi e oli lubrificanti
13 02 04 * oli minerali per motori, ingranaggi e lubrificazione, clorurati
13 02 05 * oli minerali per motori, ingranaggi e lubrificazione, non clorurati
13 02 06 * oli sintetici per motori, ingranaggi e lubrificazione
13 02 07 * oli per motori, ingranaggi e lubrificazione, facilmente biodegradabili
13 02 08 * altri oli per motori, ingranaggi e lubrificazione
13 03 oli isolanti e oli termoconduttori usati
13 03 01 * oli isolanti o oli termoconduttori, contenenti PCB
13 03 06 * oli minerali isolanti e termoconduttori clorurati, diversi da quelli di cui alla voce 13 03 01
13 03 07 * oli minerali isolanti e termoconduttori non clorurati
13 03 08 * oli sintetici isolanti e oli termoconduttori
13 03 09 * oli isolanti e oli termoconduttori, facilmente biodegradabili
13 03 10 * altri oli isolanti e oli termoconduttori
13 04 oli di sentina
13 04 01 * oli di sentina da navigazione interna
13 04 02 * oli di sentina derivanti dalle fognature dei moli
13 04 03 * oli di sentina da un altro tipo di navigazione
13 05 prodotti di separazione olio/acqua
13 05 01 * rifiuti solidi delle camere a sabbia e di prodotti di separazione olio/acqua
13 05 02 * fanghi di prodotti di separazione olio/acqua
13 05 03 * fanghi da collettori
13 05 06 * oli prodotti da separatori olio/acqua
13 05 07 * acque oleose prodotte da separatori olio/acqua
13 05 08 * miscugli di rifiuti prodotti da camere a sabbia e separatori olio/acqua
13 07 residui di combustibili liquidi
13 07 01 * olio combustibile e carburante diesel
13 07 02 * benzina
13 07 03 * altri carburanti (comprese le miscele)
13 08 rifiuti di oli non specificati altrimenti
13 08 01 * fanghi ed emulsioni da processi di dissalazione
13 08 02 * altre emulsioni
13 08 99 * rifiuti non specificati altrimenti
14 Solventi organici, refrigeranti e propellenti di scarto (tranne 07 e 08)
14 06 rifiuti di solventi organici, refrigeranti e propellenti di schiuma/aerosol
14 06 01 * clorofluorocarburi, HCFC, HFC
14 06 02 * altri solventi e miscele di solventi, alogenati
14 06 03 * altri solventi e miscele di solventi
14 06 04 * fanghi o rifiuti solidi, contenenti solventi alogenati
14 06 05 * fanghi o rifiuti solidi, contenenti altri solventi
15 Rifiuti di imballaggio; assorbenti, stracci, materiali filtranti e indumenti protettivi (non specificati altrimenti)
15 01 imballaggi (compresi i rifiuti urbani di imballaggio oggetto di raccolta differenziata)
15 01 01 imballaggi di carta e cartone

15 01 02 imballaggi di plastica
15 01 03 imballaggi in legno
15 01 04 imballaggi metallici
15 01 05 imballaggi compositi
15 01 06 imballaggi in materiali misti
15 01 07 imballaggi di vetro
15 01 09 imballaggi in materia tessile
15 01 10 * imballaggi contenenti residui di sostanze pericolose o contaminati da tali sostanze
15 01 11 * imballaggi metallici contenenti matrici solide porose pericolose (ad esempio amianto), compresi i contenitori a pressione vuoti
15 02 assorbenti, materiali filtranti, stracci e indumenti protettivi
15 02 02 * assorbenti, materiali filtranti (inclusi filtri dell'olio non specificati altrimenti), stracci e indumenti protettivi, contaminati da sostanze pericolose
15 02 03 assorbenti, materiali filtranti, stracci e indumenti protettivi, diversi da quelli di cui alla voce 15 02 02
16 Rifiuti non specificati altrimenti nell'elenco
16 01 veicoli fuori uso appartenenti a diversi modi di trasporto (comprese le macchine mobili non stradali) e rifiuti prodotti dallo smantellamento di veicoli fuori uso e dalla manutenzione di veicoli (tranne 13, 14, 16 06 e 16 08)
16 01 03 pneumatici fuori uso
16 01 04 * veicoli fuori uso
16 01 06 veicoli fuori uso, non contenenti liquidi ne' altre componenti pericolose
16 01 07 * filtri dell'olio
16 01 08 * componenti contenenti mercurio
16 01 09 * componenti contenenti PCB
16 01 10 * componenti esplosivi (ad esempio "air bag")
16 01 11 * pastiglie per freni, contenenti amianto
16 01 12 pastiglie per freni, diverse da quelle di cui alla voce 16 01 11
16 01 13 * liquidi per freni
16 01 14 * liquidi antigelo contenenti sostanze pericolose
16 01 15 liquidi antigelo diversi da quelli di cui alla voce 16 01 14
16 01 16 serbatoi per gas liquefatto
16 01 17 metalli ferrosi
16 01 18 metalli non ferrosi
16 01 19 plastica
16 01 20 vetro
16 01 21 * componenti pericolosi diversi da quelli di cui alle voci da 16 01 07 a 16 01 11, 16 01 13 e 16 01 14
16 01 22 componenti non specificati altrimenti
16 01 99 rifiuti non specificati altrimenti
16 02 rifiuti provenienti da apparecchiature elettriche ed elettroniche
16 02 09 * trasformatori e condensatori contenenti PCB
16 02 10 * apparecchiature fuori uso contenenti PCB o da essi contaminate, diverse da quelle di cui alla voce 16 02 09
16 02 11 * apparecchiature fuori uso, contenenti clorofluorocarburi, HCFC, HFC
16 02 12 * apparecchiature fuori uso, contenenti amianto in fibre libere
16 02 13 * apparecchiature fuori uso, contenenti componenti pericolosi (1) diversi da quelli di cui alle voci 16 02 09 e 16 02 12

---

(1) Fra i componenti pericolosi di apparecchiature elettriche ed elettroniche possono rientrare gli accumulatori e le batterie di cui alle voci 16 06, contrassegnati come pericolosi; commutatori a mercurio, vetri di tubi a raggi catodici ed altri vetri radioattivi ecc.

16 02 14 apparecchiature fuori uso, diverse da quelle di cui alle voci da 16 02 09 a 16 02 13

16 02 15 * componenti pericolosi rimossi da apparecchiature fuori uso

16 02 16 componenti rimossi da apparecchiature fuori uso diversi da quelli di cui alla voce 16 02 15

16 03 prodotti fuori specifica e prodotti inutilizzati

16 03 03 * rifiuti inorganici contenenti sostanze pericolose

16 03 04 rifiuti inorganici, diversi da quelli di cui alla voce 16 03 03

16 03 05 * rifiuti organici contenenti sostanze pericolose

16 03 06 rifiuti organici, diversi da quelli di cui alla voce 16 03 05

16 03 07* mercurio metallico

16 04 esplosivi di scarto

16 04 01 * munizioni di scarto

16 04 02 * fuochi artificiali di scarto

16 04 03 * altri esplosivi di scarto

16 05 gas in contenitori a pressione e sostanze chimiche di scarto

16 05 04 * gas in contenitori a pressione (compresi gli halon), contenenti sostanze pericolose

16 05 05 gas in contenitori a pressione, diversi da quelli di cui alla voce 16 05 04

16 05 06 * sostanze chimiche di laboratorio contenenti o costituite da sostanze pericolose, comprese le miscele di sostanze chimiche di laboratorio

16 05 07 * sostanze chimiche inorganiche di scarto contenenti o costituite da sostanze pericolose

16 05 08 * sostanze chimiche organiche di scarto contenenti o costituite da sostanze pericolose

16 05 09 sostanze chimiche di scarto diverse da quelle di cui alle voci 16 05 06, 16 05 07 e 16 05 08

16 06 batterie ed accumulatori

16 06 01 * batterie al piombo

16 06 02 * batterie al nichel-cadmio

16 06 03 * batterie contenenti mercurio

16 06 04 batterie alcaline (tranne 16 06 03)

16 06 05 altre batterie ed accumulatori

16 06 06 * elettroliti di batterie ed accumulatori, oggetto di raccolta differenziata

16 07 rifiuti della pulizia di serbatoi e di fusti per trasporto e stoccaggio (tranne 05 e 13)

16 07 08 * rifiuti contenenti oli

16 07 09 * rifiuti contenenti altre sostanze pericolose

16 07 99 rifiuti non specificati altrimenti

16 08 catalizzatori esauriti

16 08 01 catalizzatori esauriti contenenti oro, argento, renio, rodio, palladio, iridio o platino (tranne 16 08 07)

16 08 02* catalizzatori esauriti contenenti metalli di transizione pericolosi o composti di metalli di transizione pericolosi

16 08 03 catalizzatori esauriti contenenti metalli di transizione o composti di metalli di transizione, non specificati altrimenti

16 08 04 catalizzatori liquidi esauriti per il cracking catalitico (tranne 16 08 07)

16 08 05 * catalizzatori esauriti contenenti acido fosforico

16 08 06 * liquidi esauriti usati come catalizzatori

16 08 07 * catalizzatori esauriti contaminati da sostanze pericolose

16 09 sostanze ossidanti

16 09 01 * permanganati, ad esempio permanganato di potassio

16 09 02 * cromati, ad esempio cromato di potassio, dicromato di potassio o di sodio

16 09 03 * perossidi, ad esempio perossido d'idrogeno

16 09 04 * sostanze ossidanti non specificate altrimenti

16 10 rifiuti liquidi acquosi destinati ad essere trattati fuori

sito
16 10 01 * rifiuti liquidi acquosi, contenenti sostanze pericolose
16 10 02 rifiuti liquidi acquosi, diversi da quelle di cui alla voce 16 10 01
16 10 03 * concentrati acquosi, contenenti sostanze pericolose
16 10 04 concentrati acquosi, diversi da quelli di cui alla voce 16 10 03
16 11 rifiuti di rivestimenti e materiali refrattari
16 11 01 * rivestimenti e materiali refrattari a base di carbone provenienti da processi metallurgici, contenenti sostanze pericolose
16 11 02 rivestimenti e materiali refrattari a base di carbone provenienti dalle lavorazioni metallurgiche, diversi da quelli di cui alla voce 16 11 01
16 11 03 * altri rivestimenti e materiali refrattari provenienti da processi metallurgici, contenenti sostanze pericolose
16 11 04 altri rivestimenti e materiali refrattari provenienti da processi metallurgici, diversi da quelli di cui alla voce 16 11 03
16 11 05 * rivestimenti e materiali refrattari provenienti da lavorazioni non metallurgiche, contenenti sostanze pericolose
16 11 06 rivestimenti e materiali refrattari provenienti da lavorazioni non metallurgiche, diversi da quelli di cui alla voce 16 11 05
17 Rifiuti dalle attivita' di costruzione e demolizione (compreso il terreno prelevato da siti contaminati
17 01 cemento, mattoni, mattonelle e ceramiche
17 01 01 cemento
17 01 02 mattoni
17 01 03 mattonelle e ceramiche
17 01 06 * miscugli o frazioni separate di cemento, mattoni, mattonelle e ceramiche, contenenti sostanze pericolose
17 01 07 miscugli di cemento, mattoni, mattonelle e ceramiche, diversi da quelle di cui alla voce
17 01 06
17 02 legno, vetro e plastica
17 02 01 legno
17 02 02 vetro
17 02 03 plastica
17 02 04 * vetro, plastica e legno contenenti sostanze pericolose o da esse contaminati
17 03 miscele bituminose, catrame di carbone e prodotti contenenti catrame
17 03 01 * miscele bituminose contenenti catrame di carbone
17 03 02 miscele bituminose diverse da quelle di cui alla voce 17 03 01
17 03 03 * catrame di carbone e prodotti contenenti catrame
17 04 metalli (incluse le loro leghe)
17 04 01 rame, bronzo, ottone
17 04 02 alluminio
17 04 03 piombo
17 04 04 zinco
17 04 05 ferro e acciaio
17 04 06 stagno
17 04 07 metalli misti
17 04 09 * rifiuti metallici contaminati da sostanze pericolose
17 04 10 * cavi impregnati di olio, di catrame di carbone o di altre sostanze pericolose
17 04 11 cavi, diversi da quelli di cui alla voce 17 04 10
17 05 terra (compresa quella proveniente da siti contaminati), rocce e materiale di dragaggio
17 05 03 * terra e rocce, contenenti sostanze pericolose
17 05 04 terra e rocce, diverse da quelle di cui alla voce 17 05 03
17 05 05 * materiale di dragaggio, contenente sostanze pericolose
17 05 06 materiale di dragaggio, diverso da quello di cui alla voce 17 05 05
17 05 07 * pietrisco per massicciate ferroviarie, contenente

sostanze pericolose

17 05 08 pietrisco per massicciate ferroviarie, diverso da quello di cui alla voce 17 05 07

17 06 materiali isolanti e materiali da costruzione contenenti amianto

17 06 01 * materiali isolanti, contenenti amianto

17 06 03 * altri materiali isolanti contenenti o costituiti da sostanze pericolose

17 06 04 materiali isolanti, diversi da quelli di cui alle voci 17 06 01 e 17 06 03

17 06 05 * materiali da costruzione contenenti amianto

17 08 materiali da costruzione a base di gesso

17 08 01 * materiali da costruzione a base di gesso contaminati da sostanze pericolose

17 08 02 materiali da costruzione a base di gesso, diversi da quelli di cui alla voce 17 08 01

17 09 altri rifiuti dell'attivita' di costruzione e demolizione

17 09 01 * rifiuti dell'attivita' di costruzione e demolizione, contenenti mercurio

17 09 02 * rifiuti dell'attivita' di costruzione e demolizione, contenenti PCB (ad esempio sigillanti contenenti PCB, pavimentazioni a base di resina contenenti PCB, elementi stagni in vetro contenenti PCB, condensatori contenenti PCB)

17 09 03 * altri rifiuti dell'attivita' di costruzione e demolizione (compresi rifiuti misti) contenenti sostanze pericolose

17 09 04 rifiuti misti dell'attivita' di costruzione e demolizione, diversi da quelli di cui alle voci 17 09 01, 17 09 02 e 17 09 03

18 Rifiuti prodotti dal settore sanitario e veterinario o da attivita' di ricerca collegate (tranne i rifiuti di cucina e di ristorazione non direttamente provenienti da trattamento terapeutico)

18 01 rifiuti dei reparti di maternita' e rifiuti legati a diagnosi, trattamento e prevenzione delle malattie negli esseri umani

18 01 01 oggetti da taglio (eccetto 18 01 03)

18 01 02 parti anatomiche ed organi incluse le sacche per il plasma e le riserve di sangue (tranne 18 01 03)

18 01 03 * rifiuti che devono essere raccolti e smaltiti applicando precauzioni particolari per evitare infezioni

18 01 04 rifiuti che non devono essere raccolti e smaltiti applicando precauzioni particolari per evitare infezioni (es. bende, ingessature, lenzuola, indumenti monouso, assorbenti igienici)

18 01 06 * sostanze chimiche pericolose o contenenti sostanze pericolose

18 01 07 sostanze chimiche diverse da quelle di cui alla voce 18 01 06

18 01 08 * medicinali citotossici e citostatici

18 01 09 medicinali diversi da quelli di cui alla voce 18 01 08

18 01 10 * rifiuti di amalgama prodotti da interventi odontoiatrici

18 02 Rifiuti legati alle attivita' di ricerca, diagnosi, trattamento e prevenzione delle malattie negli animali

18 02 01 oggetti da taglio (eccetto 18 02 02)

18 02 02 * rifiuti che devono essere raccolti e smaltiti applicando precauzioni particolari per evitare infezioni

18 02 03 rifiuti che non devono essere raccolti e smaltiti applicando precauzioni particolari per evitare infezioni

18 02 05 * sostanze chimiche pericolose o contenenti sostanze pericolose

18 02 06 sostanze chimiche diverse da quelle di cui alla voce 18 02 05

18 02 07 * medicinali citotossici e citostatici

18 02 08 medicinali diversi da quelli di cui alla voce 18 02 07

19 Rifiuti prodotti da impianti di trattamento dei rifiuti, impianti di trattamento delle acque reflue fuori sito, nonche' dalla potabilizzazione dell'acqua e dalla sua preparazione per uso industriale

19 01 rifiuti da incenerimento o pirolisi di rifiuti

19 01 02 materiali ferrosi estratti da ceneri pesanti
19 01 05 * residui di filtrazione prodotti dal trattamento dei fumi
19 01 06 * rifiuti liquidi acquosi prodotti dal trattamento dei fumi e altri rifiuti liquidi acquosi
19 01 07 * rifiuti solidi prodotti dal trattamento dei fumi
19 01 10 * carbone attivo esaurito, prodotto dal trattamento dei fumi
19 01 11 * ceneri pesanti e scorie, contenenti sostanze pericolose
19 01 12 ceneri pesanti e scorie, diverse da quelle di cui alla voce 19 01 11
19 01 13 * ceneri leggere, contenenti sostanze pericolose
19 01 14 ceneri leggere, diverse da quelle di cui alla voce 19 01 13
19 01 15 * polveri di caldaia, contenenti sostanze pericolose
19 01 16 polveri di caldaia, diverse da quelle di cui alla voce 19 01 15
19 01 17 * rifiuti della pirolisi, contenenti sostanze pericolose
19 01 18 rifiuti della pirolisi, diversi da quelli di cui alla voce 19 01 17
19 01 19 sabbie dei reattori a letto fluidizzato
19 01 99 rifiuti non specificati altrimenti
19 02 Rifiuti prodotti da trattamenti chimico-fisici di rifiuti (comprese decromatazione, decianizzazione, neutralizzazione)
19 02 03 rifiuti premiscelati composti esclusivamente da rifiuti non pericolosi
19 02 04 * rifiuti premiscelati contenenti almeno un rifiuto pericoloso
19 02 05 * fanghi prodotti da trattamenti chimico-fisici, contenenti sostanze pericolose
19 02 06 fanghi prodotti da trattamenti chimico-fisici, diversi da quelli di cui alla voce 19 02 05
19 02 07 * oli e concentrati prodotti da processi di separazione
19 02 08 * rifiuti combustibili liquidi, contenenti sostanze pericolose
19 02 09 * rifiuti combustibili solidi, contenenti sostanze pericolose
19 02 10 rifiuti combustibili, diversi da quelli di cui alle voci 19 02 08 e 19 02 09
19 02 11 * altri rifiuti contenenti sostanze pericolose
19 02 99 rifiuti non specificati altrimenti
19 03 Rifiuti stabilizzati/solidificati
19 03 04 * rifiuti contrassegnati come pericolosi, parzialmente stabilizzati diversi da quelli di cui al punto 19 03 08
19 03 05 rifiuti stabilizzati diversi da quelli di cui alla voce 19 03 04
19 03 06 * rifiuti contrassegnati come pericolosi, solidificati
19 03 07 rifiuti solidificati diversi da quelli di cui alla voce 19 03 06
19 03 08* mercurio parzialmente stabilizzato
19 04 Rifiuti vetrificati e rifiuti di vetrificazione
19 04 01 rifiuti vetrificati
19 04 02 * ceneri leggere ed altri rifiuti dal trattamento dei fumi
19 04 03 * fase solida non vetrificata
19 04 04 rifiuti liquidi acquosi prodotti dalla tempra di rifiuti vetrificati
19 05 rifiuti prodotti dal trattamento aerobico di rifiuti solidi
19 05 01 parte di rifiuti urbani e simili non compostata
19 05 02 parte di rifiuti animali e vegetali non compostata
19 05 03 compost fuori specifica
19 05 99 rifiuti non specificati altrimenti
19 06 Rifiuti prodotti dal trattamento anaerobico dei rifiuti
19 06 03 liquidi prodotti dal trattamento anaerobico di rifiuti urbani
19 06 04 digestato prodotto dal trattamento anaerobico di rifiuti urbani

19 06 05 liquidi prodotti dal trattamento anaerobico di rifiuti di origine animale o vegetale
19 06 06 digestato prodotto dal trattamento anaerobico di rifiuti di origine animale o vegetale
19 06 99 rifiuti non specificati altrimenti
19 07 Percolato di discarica
19 07 02 * percolato di discarica, contenente sostanze pericolose
19 07 03 percolato di discarica, diverso da quello di cui alla voce 19 07 02
19 08 Rifiuti prodotti dagli impianti per il trattamento delle acque reflue, non specificati altrimenti
19 08 01 residui di vagliatura
19 08 02 rifiuti da dissabbiamento
19 08 05 fanghi prodotti dal trattamento delle acque reflue urbane
19 08 06 * resine a scambio ionico saturate o esaurite
19 08 07 * soluzioni e fanghi di rigenerazione degli scambiatori di ioni
19 08 08 * rifiuti prodotti da sistemi a membrana, contenenti sostanze pericolose
19 08 09 miscele di oli e grassi prodotte dalla separazione olio/acqua, contenenti esclusivamente oli e grassi commestibili
19 08 10 * miscele di oli e grassi prodotte dalla separazione olio/acqua, diverse da quelle di cui alla voce 19 08 09
19 08 11 * fanghi prodotti dal trattamento biologico delle acque reflue industriali, contenenti sostanze pericolose
19 08 12 fanghi prodotti dal trattamento biologico delle acque reflue industriali, diversi da quelli di cui alla voce 19 08 11
19 08 13 * fanghi contenenti sostanze pericolose prodotti da altri trattamenti delle acque reflue industriali
19 08 14 fanghi prodotti da altri trattamenti delle acque reflue industriali, diversi da quelli di cui alla voce 19 08 13
19 08 99 rifiuti non specificati altrimenti
19 09 Rifiuti prodotti dalla potabilizzazione dell'acqua o dalla sua preparazione per uso industriale
19 09 01 rifiuti solidi prodotti dai processi di filtrazione e vaglio primari
19 09 02 fanghi prodotti dai processi di chiarificazione dell'acqua
19 09 03 fanghi prodotti dai processi di decarbonatazione
19 09 04 carbone attivo esaurito
19 09 05 resine a scambio ionico saturate o esaurite
19 09 06 soluzioni e fanghi di rigenerazione delle resine a scambio ionico
19 09 99 rifiuti non specificati altrimenti
19 10 Rifiuti prodotti da operazioni di frantumazione di rifiuti contenenti metallo
19 10 01 rifiuti di ferro e acciaio
19 10 02 rifiuti di metalli non ferrosi
19 10 03 * fluff - frazione leggera e polveri, contenenti sostanze pericolose
19 10 04 fluff - frazione leggera e polveri, diverse da quelle di cui alla voce 19 10 03
19 10 05 * altre frazioni, contenenti sostanze pericolose
19 10 06 altre frazioni, diverse da quelle di cui alla voce 19 10 05
19 11 Rifiuti prodotti dalla rigenerazione degli oli
19 11 01 * filtri di argilla esauriti
19 11 02 * catrami acidi
19 11 03 * rifiuti liquidi acquosi
19 11 04 * rifiuti prodotti dalla purificazione di carburanti tramite basi
19 11 05 * fanghi prodotti dal trattamento in loco degli effluenti, contenenti sostanze pericolose
19 11 06 fanghi prodotti dal trattamento in loco degli effluenti, diversi da quelli di cui alla voce 19 11 05
19 11 07 * rifiuti prodotti dalla depurazione di fumi

19 11 99 rifiuti non specificati altrimenti
19 12 Rifiuti prodotti dal trattamento meccanico dei rifiuti (ad esempio selezione, triturazione, compattazione, riduzione in pellet) non specificati altrimenti
19 12 01 carta e cartone
19 12 02 metalli ferrosi
19 12 03 metalli non ferrosi
19 12 04 plastica e gomma
19 12 05 vetro
19 12 06 * legno, contenente sostanze pericolose
19 12 07 legno diverso da quello di cui alla voce 19 12 06
19 12 08 prodotti tessili
19 12 09 minerali (ad esempio sabbia, rocce)
19 12 10 rifiuti combustibili (combustibile da rifiuti)
19 12 11 * altri rifiuti (compresi materiali misti) prodotti dal trattamento meccanico dei rifiuti, contenenti sostanze pericolose
19 12 12 altri rifiuti (compresi materiali misti) prodotti dal trattamento meccanico dei rifiuti, diversi da quelli di cui alla voce 19 12 11
19 13 Rifiuti prodotti dalle operazioni di bonifica di terreni e risanamento delle acque di falda
19 13 01 * rifiuti solidi prodotti dalle operazioni di bonifica dei terreni, contenenti sostanze pericolose
19 13 02 rifiuti solidi prodotti dalle operazioni di bonifica dei terreni, diversi da quelli di cui alla voce 19 13 01
19 13 03 * fanghi prodotti dalle operazioni di bonifica dei terreni, contenenti sostanze pericolose
19 13 04 fanghi prodotti dalle operazioni di bonifica dei terreni, diversi da quelli di cui alla voce 19 13 03
19 13 05 * fanghi prodotti dalle operazioni di risanamento delle acque di falda, contenenti sostanze pericolose
19 13 06 fanghi prodotti dalle operazioni di risanamento delle acque di falda, diversi da quelli di cui alla voce 19 13 05
19 13 07 * rifiuti liquidi acquosi e rifiuti concentrati acquosi prodotti dalle operazioni di risanamento delle acque di falda, contenenti sostanze pericolose
19 13 08 rifiuti liquidi acquosi e rifiuti concentrati acquosi prodotti dalle operazioni di risanamento delle acque di falda, diversi da quelli di cui alla voce 19 13 07
20 Rifiuti urbani (rifiuti domestici e assimilabili prodotti da attivita' commerciali e industriali nonche' dalle istituzioni) inclusi i rifiuti della raccolta differenziata
20 01 frazioni oggetto di raccolta differenziata (tranne 15 01)
20 01 01 carta e cartone
20 01 02 vetro
20 01 08 rifiuti biodegradabili di cucine e mense
20 01 10 abbigliamento
20 01 11 prodotti tessili
20 01 13 * solventi
20 01 14 * acidi
20 01 15 * sostanze alcaline
20 01 17 * prodotti fotochimici
20 01 19 * pesticidi
20 01 21 * tubi fluorescenti ed altri rifiuti contenenti mercurio
20 01 23 * apparecchiature fuori uso contenenti clorofluorocarburi
20 01 25 oli e grassi commestibili
20 01 26 * oli e grassi diversi da quelli di cui alla voce 20 01 25
20 01 27 * vernici, inchiostri, adesivi e resine contenenti sostanze pericolose
20 01 28 vernici, inchiostri, adesivi e resine, diversi da quelli di cui alla voce 20 01 27
20 01 29 * detergenti, contenenti sostanze pericolose
20 01 30 detergenti diversi da quelli di cui alla voce 20 01 29
20 01 31 * medicinali citotossici e citostatici
20 01 32 medicinali diversi da quelli di cui alla voce 20 01 31

20 01 33 * batterie e accumulatori di cui alle voci 16 06 01, 16 06 02 e 16 06 03, nonche' batterie e accumulatori non suddivisi contenenti tali batterie
20 01 34 batterie e accumulatori, diversi da quelli di cui alla voce 20 01 33
20 01 35 * apparecchiature elettriche ed elettroniche fuori uso, diverse da quelle di cui alla voce 20
01 21 e 20 01 23, contenenti componenti pericolosi (2)

_____
(2) Fra i componenti pericolosi di apparecchiature elettriche ed elettroniche possono rientrare gli accumulatori e le batterie di cui alle voci 16 06, contrassegnati come pericolosi; commutatori a mercurio, vetri di tubi a raggi catodici ed altri vetri radioattivi ecc.
20 01 36 apparecchiature elettriche ed elettroniche fuori uso, diverse da quelle di cui alle voci 20 01 21, 20 01 23 e 20 01 35
20 01 37 * legno contenente sostanze pericolose
20 01 38 legno diverso da quello di cui alla voce 20 01 37
20 01 39 plastica
20 01 40 metalli
20 01 41 rifiuti prodotti dalla pulizia di camini e ciminiere
20 01 99 altre frazioni non specificate altrimenti
20 02 Rifiuti prodotti da giardini e parchi (inclusi i rifiuti provenienti da cimiteri)
20 02 01 rifiuti biodegradabili
20 02 02 terra e roccia
20 02 03 altri rifiuti non biodegradabili
20 03 Altri rifiuti urbani
20 03 01 rifiuti urbani non differenziati
20 03 02 rifiuti dei mercati
20 03 03 residui della pulizia stradale
20 03 04 fanghi delle fosse settiche
20 03 06 rifiuti della pulizia delle fognature
20 03 07 rifiuti ingombranti
20 03 99 rifiuti urbani non specificati altrimenti.))

ALLEGATO E

1) Obiettivi di recupero e di riciclaggio
Entro il 31 dicembre 2008 almeno il 60 % in peso dei rifiuti di imballaggio sara' recuperato o sara' incenerito in impianti di incenerimento rifiuti con recupero di energia;
entro il 31 dicembre 2008 sara' riciclato almeno il 55 % e fino all'80 % in peso dei rifiuti di imballaggio; entro il 31 dicembre 2008 saranno raggiunti i seguenti obiettivi minimi di riciclaggio per i materiali contenuti nei rifiuti di' imballaggio:
60 % in peso per il vetro;
60% in peso per la carta e il cartone;
50% in peso per i metalli;
26% in peso per la plastica, tenuto conto esclusivamente dei materiali riciclati sottoforma di plastica;
35% in peso per il legno.
((Entro il 31 dicembre 2025 almeno il 65% in peso di tutti i rifiuti di imballaggio sara' riciclato entro il 31 dicembre 2025, saranno conseguiti i seguenti obiettivi minimi di riciclaggio, in termini di peso, per quanto concerne i seguenti materiali specifici contenuti nei rifiuti di imballaggio:
50% per la plastica;
25% per il legno;
70% per i metalli ferrosi;
50% per l'alluminio;
70% per il vetro;
75% per la carta e il cartone;
entro il 31 dicembre 2030 almeno il 70% in peso di tutti i rifiuti di imballaggio sara' riciclato;

entro il 31 dicembre 2030, saranno conseguiti i seguenti obiettivi minimi di riciclaggio, in termini di peso, per quanto concerne i seguenti materiali specifici contenuti nei rifiuti di imballaggio:
  55% per la plastica;
  30% per il legno;
  80% per i metalli ferrosi;
  60% per l'alluminio;
  75% per il vetro;
  85% per la carta e il cartone.

Il calcolo del livello rettificato, di cui all'articolo 219, comma 5-bis, e' effettuato come segue:
  sottraendo dagli obiettivi di riciclaggio relativi a tutti i rifiuti di imballaggio da conseguire entro il 31 dicembre 2025 ed entro il 31 dicembre 2030, la quota media, nei tre anni precedenti, di imballaggi riutilizzabili e riutilizzati nell'ambito di un sistema di riutilizzo degli imballaggi, rispetto alla totalita' degli imballaggi per la vendita immessi sul mercato;
  sottraendo dagli obiettivi di riciclaggio relativi ai materiali specifici contenuti nei rifiuti di imballaggio da conseguire entro il 31 dicembre 2025 ed entro il 31 dicembre 2030, la medesima quota media nei tre anni precedenti, di imballaggi riutilizzabili e riutilizzati nell'ambito di un sistema di riutilizzo degli imballaggi di cui sopra costituiti dal rispettivo materiale di imballaggio, rispetto alla totalita' degli imballaggi per la vendita, costituiti da tale materiale, immessi sul mercato.

Non si tengono in considerazione piu' di cinque punti percentuali di tale quota ai fini del calcolo del corrispondente livello rettificato degli obiettivi.

Ai fini del calcolo degli obiettivi di riciclaggio di cui al presente allegato, relativi a tutti i rifiuti di imballaggio da conseguire entro il 31 dicembre 2025 ed entro il 31 dicembre 2030, nonche' di quelli relativi al legno contenuto nei rifiuti di imballaggio da conseguire entro il 31 dicembre 2025 ed entro il 31 dicembre 2030, possono essere prese in considerazione le quantita' di imballaggi in legno riparati per il riutilizzo.))

2) Criteri interpretativi per la definizione di imballaggio ai sensi della Direttiva 2004/12/CE

i) Sono considerati imballaggi gli articoli che rientrano nella definizione di cui sopra, fatte salve altre possibili funzioni dell'imballaggio, a meno che tali articoli non siano parti integranti di un prodotto e siano necessari per contenere, sostenere o preservare tale prodotto per tutto il suo ciclo di vita e tutti gli elementi siano destinati ad essere utilizzati, consumati o eliminati insieme;

ii) sono considerati imballaggi gli articoli progettati e destinati ad essere riempiti nel punto vendita e gli elementi usa e getta venduti, riempiti o progettati e destinati ad essere riempiti nel punto vendita, a condizione che svolgano una funzione di imballaggio;

iii) i componenti dell'imballaggio e gli elementi accessori integrati nell'imballaggio sono considerati parti integranti dello stesso. Gli elementi accessori direttamente fissati o attaccati al prodotto e che svolgono funzioni di imballaggio sono considerati imballaggio a meno che non siano parte integrante del prodotto e tutti gli elementi siano destinati ad essere consumati o eliminati insieme. Esempi illustrativi per i criteri sopra citati sono:

Esempi illustrativi per il criterio i).
Articoli considerati imballaggio.
Scatole per dolci.
Pellicola che ricopre le custodie di CD.
Buste a sacco per l'invio di cataloghi e riviste (contenenti riviste).
Pizzi per torte venduti con le torte.
Rotoli, tubi e cilindri sui quali e' avvolto materiale flessibile (come ad esempio pellicola, fogli di alluminio, carta), eccetto i rotoli, i tubi e i cilindri che sono parti di macchinari di

produzione e non sono utilizzati per presentare un prodotto come un'unita' di vendita.
Vasi da fiori da usare solo per la vendita e il trasporto di piante e non destinati a restare con la pianta per tutta la sua durata di vita.
Bottiglie di vetro per soluzioni iniettabili.
Spine di contenimento per CD (spindle) (vendute con i CD, non destinate ad essere usate per riporli).
Grucce per indumenti (vendute con un indumento).
Scatole di fiammiferi.
Sistemi di barriera sterili (involucri, vassoi e materiali necessari per preservare la sterilita' del prodotto).
Capsule per sistemi erogatori di bevande (caffe', cioccolata e latte) che sono lasciate vuote dopo l'uso.
Recipienti di acciaio ricaricabili per gas di vario tipo, esclusi gli estintori.
Articoli non considerati imballaggio.
Vasi da fiori destinati a restare con la pianta per tutta la sua durata di vita.
Cassette di attrezzi.
Bustine da te'.
Rivestimenti di cera dei formaggi.
Budelli per salsicce.
Grucce per indumenti (vendute separatamente).
Capsule per sistemi erogatori di caffe', sacchetti di alluminio per caffe' e bustine di carta per caffe' filtro che si gettano insieme al caffe' usato.
Cartucce per stampanti.
Custodie per CD, DVD e videocassette (vendute insieme ai CD, DVD e alle videocassette).
Spine di contenimento per CD (spindle) (venduti vuoti, destinati ad essere usati per custodire i CD).
Bustine solubili per detersivi.
Lumini per tombe (contenitori per candele).
Macinini meccanici (integrati in recipienti ricaricabili, ed es. macinapepe ricaricabile).
   Esempi illustrativi per il criterio ii).
Articoli da imballaggio progettati e destinati ad essere riempiti nel punto vendita.
Sacchetti o borse di carta o di plastica.
Piatti e tazze monouso.
Pellicola retrattile.
Sacchetti per panini.
Fogli di alluminio.
Pellicola di plastica per gli indumenti lavati nelle lavanderie.
Articoli non considerati imballaggio.
Agitatori.
Posate monouso.
Carta da imballaggio (venduta separatamente).
Forme di carta per prodotti da forno (vendute vuote).
Pizzi per torte venduti senza le torte.
   Esempi illustrativi per il criterio iii).
Articoli considerati imballaggio.
Etichette fissate direttamente o apposte sul prodotto.
Articoli considerati parti di imballaggio.
Spazzolini per mascara che fanno parte integrante della chiusura dei recipienti.
Etichette adesive apposte su un altro articolo di imballaggio.
Graffette.
Fascette di plastica.
Dispositivo di dosaggio che fa parte integrante della chiusura della confezione dei detersivi.
Macinini meccanici (integrati in recipienti non ricaricabili, riempiti con un prodotto, ed es. macinapepe contenente pepe).
Articoli non considerati imballaggio.

Etichette di identificazione a radiofrequenza (RIFID).

((Allegato F - Criteri da applicarsi sino all'entrata in vigore del decreto interministeriale di cui all'articolo 226, comma 3.

Requisiti essenziali concernenti la composizione e la riutilizzabilita' e la recuperabilita' (in particolare la riciclabilita') degli imballaggi:
   gli imballaggi sono fabbricati in modo da limitare il volume e il peso al minimo necessario per garantire il necessario livello di sicurezza, igiene e accettabilita' tanto per il prodotto imballato quanto per il consumatore;
   gli imballaggi sono concepiti, prodotti e commercializzati in modo da permetterne il reimpiego riutilizzo o il recupero, compreso il riciclaggio, in linea con la gerarchia dei rifiuti, e da ridurne al minimo l'impatto sull'ambiente derivante dallo smaltimento dei rifiuti di imballaggio o dei residui delle operazioni di gestione dei rifiuti di imballaggio;
   gli imballaggi sono fabbricati in modo che la presenza di metalli nocivi e di altre sostanze e materiali pericolosi come costituenti del materiale di imballaggio o di qualsiasi componente dell'imballaggio sia limitata al minimo con riferimento alla loro presenza nelle emissioni, nelle ceneri o nei residui di lisciviazione se gli imballaggi o i residui delle operazioni di gestione dei rifiuti di imballaggio sono inceneriti o interrati.
Requisiti per la riutilizzabilita' di un imballaggio. I seguenti requisiti devono essere soddisfatti simultaneamente:
   1) le proprieta' fisiche e le caratteristiche dell'imballaggio devono consentire una serie di spostamenti o rotazioni in condizioni di impiego normalmente prevedibili;
   2) possibilita' di trattare gli imballaggi usati per ottemperare ai requisiti in materia di salute e di sicurezza dei lavoratori;
   3) osservanza dei requisiti specifici per gli imballaggi recuperabili se l'imballaggio non e' piu' utilizzato e diventa quindi un rifiuto;
Requisiti per la recuperabilita' di un imballaggio:
   a) Imballaggi recuperabili sotto forma di riciclaggio del materiale:
      l'imballaggio deve essere prodotto in modo tale da consentire il riciclaggio di una determinata percentuale in peso dei materiali usati, nella fabbricazione di prodotti commerciabili, rispettando le norme in vigore nella Unione europea. La determinazione di tale percentuale puo' variare a seconda del tipo di materiale che costituisce l'imballaggio;
   b) Imballaggi recuperabili sotto forma di recupero energetico. I rifiuti di imballaggio trattati a scopi di recupero energetico devono avere un valore calorifico minimo inferiore per permettere di ottimizzare il recupero energetico;
   c) Imballaggi recuperabili sotto forma di compost:
      i rifiuti di imballaggio trattati per produrre compost devono essere sufficientemente biodegradabili in modo da non ostacolare la raccolta separata differenziata e il processo o l'attivita' di compostaggio in cui sono introdotti.
   d) Imballaggi biodegradabili:
      i rifiuti di imballaggio biodegradabili devono essere di natura tale da poter subire una decomposizione fisica, chimica, termica o biologica grazie alla quale la maggior parte del compost risultante finisca per decomporsi in biossido di carbonio, biomassa e acqua. Gli imballaggi oxodegradabili in plastica non sono considerati biodegradabili.))
ALLEGATO G

((ALLEGATO ABROGATO DAL D.LGS. 3 DICEMBRE 2010, N. 205))

ALLEGATO H

((ALLEGATO ABROGATO DAL D.LGS. 3 DICEMBRE 2010, N. 205))

ALLEGATO I
Caratteristiche di pericolo per i rifiuti

H1 «Esplosivo»: sostanze e preparati che possono esplodere per effetto della fiamma o che sono sensibili agli urti e agli attriti piu' del dinitrobenzene;
H2 «Comburente»: sostanze e preparati che, a contatto con altre sostanze, soprattutto se infiammabili, presentano una forte reazione esotermica;
H3-A «Facilmente infiammabile»: sostanze e preparati:
- liquidi il cui punto di infiammabilita' e' inferiore a 21° C (compresi i liquidi estremamente infiammabili), o - che a contatto con l'aria, a temperatura ambiente e senza apporto di energia, possono riscaldarsi e infiammarsi, o
- solidi che possono facilmente infiammarsi per la rapida azione di una sorgente di accensione e che continuano a bruciare o a consumarsi anche dopo l'allontanamento della sorgente di accensione, o
- gassosi che si infiammano a contatto con l'aria a pressione normale,
o
- che, a contatto con l'acqua o l'aria umida, sprigionano gas facilmente
infiammabili in quantita' pericolose;
H3-B «Infiammabile»: sostanze e preparati liquidi il cui punto di infiammabilita' e' pari o superiore a 21° C e inferiore o pari a 55° C;
H4 «Irritante»: sostanze e preparati non corrosivi il cui contatto immediato, prolungato o ripetuto con la pelle o le mucose puo' provocare una reazione infiammatoria;
H5 «Nocivo»: sostanze e preparati che, per inalazione, ingestione o penetrazione cutanea, possono comportare rischi per la salute di gravita' limitata;
H6 «Tossico»: sostanze e preparati (comprese le sostanze e i preparati molto tossici) che, per inalazione, ingestione o penetrazione cutanea, possono comportare rischi per la salute gravi, acuti o cronici e anche la morte;
H7 «Cancerogeno»: sostanze e preparati che, per inalazione, ingestione o penetrazione cutanea, possono produrre il cancro o aumentarne l'incidenza;
H8 «Corrosivo»: sostanze e preparati che, a contatto con tessuti vivi, possono esercitare su di essi un'azione distruttiva;
H9 «Infettivo»: sostanze contenenti microrganismi vitali o loro tossine, conosciute o ritenute per buoni motivi come cause di malattie nell'uomo o in altri organismi viventi;
H10 «Tossico per la riproduzione»: sostanze e preparati che, per inalazione, ingestione o penetrazione cutanea, possono produrre malformazioni congenite non ereditarie o aumentarne la frequenza;
H11 «Mutageno»: sostanze e preparati che, per inalazione, ingestione o penetrazione cutanea, possono produrre difetti genetici ereditari o aumentarne l'incidenza;
H12 Rifiuti che, a contatto con l'acqua, l'aria o un acido, sprigionano un gas tossico o molto tossico;
H13 «Sensibilizzanti»[9] : sostanze o preparati che per inalazione o penetrazione cutanea, possono dar luogo a una reazione di ipersensibilizzazione per cui una successiva esposizione alla sostanza o al preparato produce effetti nefasti caratteristici;
H14 «Ecotossico»: rifiuti che presentano o possono presentare rischi immediati o differiti per uno o piu' comparti ambientali.
H15 Rifiuti suscettibili, dopo l'eliminazione, di dare origine in qualche modo ad un'altra sostanza, ad esempio a un prodotto di lisciviazione avente una delle caratteristiche sopra elencate.
Note
1. L'attribuzione delle caratteristiche di pericolo «tossico» (e

«molto tossico»), «nocivo», «corrosivo» e «irritante» «cancerogeno», «tossico per la riproduzione», «mutageno» ed «ecotossico» e' effettuata secondo i criteri stabiliti nell'allegato VI, parte I.A e parte II.B della direttiva 67/548/CEE del Consiglio, del 27 giugno 1967 e successive modifiche e integrazioni, concernente il ravvicinamento delle disposizioni legislative, regolamentari ed amministrative relative alla classificazione, all'imballaggio e all'etichettatura delle sostanze pericolose.
2. Ove pertinente si applicano i valori limite di cui agli allegati II e III della direttiva 1999/45/CE del Parlamento europeo e del Consiglio del 31 maggio 1999 concernente il ravvicinamento delle disposizioni legislative, regolamentari ed amministrative degli Stati membri relative alla classificazione, all'imballaggio e all'etichettatura dei preparati pericolosi.
Metodi di prova:
I metodi da utilizzare sono quelli descritti nell'allegato V della direttiva 67/548/CEE e in altre pertinenti note del CEN.

-----
[9] Se disponibili metodi di prova.

ALLEGATO L
Esempi di misure di prevenzione dei rifiuti

Misure che possono incidere sulle condizioni generali relative alla produzione di rifiuti
1. Ricorso a misure di pianificazione o ad altri strumenti economici che promuovono l'uso efficiente delle risorse.
2. Promozione di attivita' di ricerca e sviluppo finalizzate a realizzare prodotti e tecnologie piu' puliti e capaci di generare meno rifiuti; diffusione e utilizzo dei risultati di tali attivita'.
3. Elaborazione di indicatori efficaci e significativi delle pressioni ambientali associate alla produzione di rifiuti volti a contribuire alla prevenzione della produzione di rifiuti a tutti i livelli, dalla comparazione di prodotti a livello comunitario attraverso interventi delle autorita' locali fino a misure nazionali.
Misure che possono incidere sulla fase di progettazione e produzione e di distribuzione
4. Promozione della progettazione ecologica (cioe' l'integrazione sistematica degli aspetti ambientali nella progettazione del prodotto al fine di migliorarne le prestazioni ambientali nel corso dell'intero ciclo di vita).
5. Diffusione di informazioni sulle tecniche di prevenzione dei rifiuti al fine di agevolare l'applicazione delle migliori tecniche disponibili da parte dell'industria.
6. Organizzazione di attivita' di formazione delle autorita' competenti per quanto riguarda l'integrazione delle prescrizioni in materia di prevenzione dei rifiuti nelle autorizzazioni rilasciate a norma della presente direttiva e della direttiva 96/61/CE.
7. Introduzione di misure per prevenire la produzione di rifiuti negli impianti non soggetti ((al Titolo III-bis alla Parte Seconda)). Tali misure potrebbero eventualmente comprendere valutazioni o piani di prevenzione dei rifiuti.
((7-bis Introduzione delle misure indicate nei documenti di riferimento sulle BAT per prevenire la produzione di rifiuti da installazioni soggette al Titolo III-bis alla Parte Seconda. Sono a tal fine pertinenti le operazioni di riutilizzo, riciclo, ricupero effettuate all'interno delle stesse installazioni in cui si generano i materiali)).
8. Campagne di sensibilizzazione o interventi per sostenere le imprese a livello finanziario, decisionale o in altro modo.
Tali misure possono essere particolarmente efficaci se sono destinate specificamente (e adattate) alle piccole e medie imprese e se operano attraverso reti di imprese gia' costituite.

9. Ricorso ad accordi volontari, a panel di consumatori e produttori o a negoziati settoriali per incoraggiare le imprese o i settori industriali interessati a predisporre i propri piani o obiettivi di prevenzione dei rifiuti o a modificare prodotti o imballaggi che generano troppi rifiuti.

10. Promozione di sistemi di gestione ambientale affidabili, come l'EMAS e la norma ISO 14001.

Misure che possono incidere sulla fase del consumo e dell'utilizzo

11. Ricorso a strumenti economici, ad esempio incentivi per l'acquisto di beni e servizi meno inquinanti o imposizione ai consumatori di un pagamento obbligatorio per un determinato articolo o elemento dell'imballaggio che altrimenti sarebbe fornito gratuitamente.

12. Campagne di sensibilizzazione e diffusione di informazioni destinate al pubblico in generale o a specifiche categorie di consumatori.

13. Promozione di marchi di qualita' ecologica affidabili.

14. Accordi con l'industria, ricorrendo ad esempio a gruppi di studio sui prodotti come quelli costituiti nell'ambito delle politiche integrate di prodotto, o accordi con i rivenditori per garantire la disponibilita' di informazioni sulla prevenzione dei rifiuti e di prodotti a minor impatto ambientale.

15. Nell'ambito degli appalti pubblici e privati, integrazione dei criteri ambientali e di prevenzione dei rifiuti nei bandi di gara e nei contratti, coerentemente con quanto indicato nel manuale sugli appalti pubblici ecocompatibili pubblicato dalla Commissione il 29 ottobre 2004.

16. Promozione del riutilizzo e/o della riparazione di determinati prodotti scartati, o loro componenti in particolare attraverso misure educative, economiche, logistiche o altro, ad esempio il sostegno o la creazione di centri e reti accreditati di riparazione/riutilizzo, specialmente in regioni densamente popolate.

Allegato L-bis
(articolo 206-quater, comma 2)

Categorie di prodotti che sono oggetto di incentivi economici all'acquisto, ai sensi dell'articolo 206-quater, comma 2

Categoria di prodotto	Percentuale minima in peso di materiale polimerico riciclato sul peso complessivo del componente sostituito	Incentivo in percentuale sul prezzo di vendita del prodotto al consumatore
Cicli e veicoli a motore	>10%	10%
Elettrodomestici	>20%	10%
Contenitori per uso di igiene ambientale	>50%	5%
Arredo per interni	>50%	5%
Arredo urbano	>70%	15%
Computer	>10%	10%
Prodotti per la casa e per l'ufficio	>10%	10%

| Pannelli fonoassorbenti, barriere e segnaletica stradale | >30% | 10% |

((Allegato L-ter (esempi di strumenti economici e altre misure per incentivare l'applicazione della gerarchia dei rifiuti di cui all'articolo 179).

1. tasse e restrizioni per il collocamento in discarica e l'incenerimento dei rifiuti che incentivano la prevenzione e il riciclaggio, lasciando il collocamento in discarica come opzione di gestione dei rifiuti meno preferibile;
2. regimi di tariffe puntuali (pay-as-you-throw) che gravano sui produttori di rifiuti sulla base della quantita' effettiva di rifiuti prodotti e forniscono incentivi alla separazione alla fonte dei rifiuti riciclabili e alla riduzione dei rifiuti indifferenziati;
3. incentivi fiscali per la donazione di prodotti, in particolare quelli alimentari;
4. regimi di responsabilita' estesa del produttore per vari tipi di rifiuti e misure per incrementarne l'efficacia, l'efficienza sotto il profilo dei costi e la governance;
5. sistemi di cauzione-rimborso e altre misure per incoraggiare la raccolta efficiente di prodotti e materiali usati;
6. solida pianificazione degli investimenti nelle infrastrutture per la gestione dei rifiuti, anche per mezzo dei fondi dell'Unione;
7. appalti pubblici sostenibili per incoraggiare una migliore gestione dei rifiuti e l'uso di prodotti e materiali riciclati;
8. eliminazione graduale delle sovvenzioni in contrasto con la gerarchia dei rifiuti;
9. ricorso a misure fiscali o altri mezzi per promuovere la diffusione di prodotti e materiali che sono preparati per il riutilizzo o riciclati;
10. sostegno alla ricerca e all'innovazione nelle tecnologie avanzate di riciclaggio e nella ricostruzione;
11. utilizzo delle migliori tecniche disponibili per il trattamento dei rifiuti;
12. incentivi economici per le autorita' locali e regionali, volti in particolare a promuovere la prevenzione dei rifiuti e intensificare i regimi di raccolta differenziata, evitando nel contempo di sostenere il collocamento in discarica e l'incenerimento;
13. campagne di sensibilizzazione pubblica, in particolare sulla raccolta differenziata, sulla prevenzione della produzione dei rifiuti e sulla riduzione della dispersione dei rifiuti, e integrazione di tali questioni nell'educazione e nella formazione;
14. sistemi di coordinamento, anche per via digitale, tra tutte le autorita' pubbliche competenti che intervengono nella gestione dei rifiuti;
15. promozione di un dialogo e una cooperazione continui tra tutte le parti interessate alla gestione dei rifiuti, incoraggiamento di accordi volontari e della trasmissione delle informazioni sui rifiuti da parte delle aziende.))

((Allegato L-quater - Elenco dei rifiuti di cui all'articolo 183, comma 1, lettera b-ter), punto 2).

Frazione	Descrizione	EER
RIFIUTI ORGANICI	Rifiuti biodegradabili di cucine e mense	200108
	Rifiuti biodegradabili	200201

	Rifiuti dei mercati	200302
CARTA E CARTONE	Imballaggi in carta e cartone	150101
	Carta e cartone	200101
PLASTICA	Imballaggi in plastica	150102
	Plastica	200139
LEGNO	Imballaggi in legno	150103
	Legno, diverso da quello di cui alla voce 200137*	200138
METALLO	Imballaggi metallici	150104
	Metallo	200140
IMBALLAGGI COMPOSITI	Imballaggi materiali compositi	150105
MULTIMATERIALE	Imballaggi in materiali misti	150106
VETRO	Imballaggi in vetro	150107
	Vetro	200102
TESSILE	Imballaggi in materia tessile	150109
	Abbigliamento	200110
	Prodotti tessili	200111
TONER	Toner per stampa esauriti diversi da quelli di cui alla voce 080317*	080318
INGOMBRANTI	Rifiuti ingombranti	200307
VERNICI, INCHIOSTRI, ADESIVI E RESINE	Vernici, inchiostri, adesivi e resine diversi da quelli di cui alla voce 200127	200128
DETERGENTI	Detergenti diversi da quelli di cui alla voce 200129*	200130
ALTRI RIFIUTI	Altri rifiuti non biodegradabili	200203
RIFIUTI URBANI INDIFFERENZIATI	Rifiuti urbani indifferenziati	200301

Rimangono esclusi i rifiuti derivanti da attivita' agricole e connesse di cui all'articolo 2135 del codice civile.))

Allegato 1 al Titolo III-bis alla Parte Quarta

Norme tecniche e valori limite di emissione per gli impianti di incenerimento di rifiuti

A. VALORI LIMITE DI EMISSIONE IN ATMOSFERA

1. Valori limite di emissione medi giornalieri espressi in mg/Nm3

Polvere totale	10
Sostanze organiche sotto forma di gas e vapori espresse come carbonio organico totale (TOC)	10
Acido cloridrico (HCl)	10
Acido fluoridrico (HF)	1
Biossido di zolfo (SO2)	50
Monossido di azoto (NO) e biossido di azoto (NO2) espressi come NO2 per gli impianti di incenerimento dei rifiuti esistenti dotati di una capacita' nominale superiore a 6 t/ora e per i nuovi impianti di incenerimento dei rifiuti	200
Monossido di azoto (NO) e biossido di azoto (NO2) espressi come NO2 per gli impianti di incenerimento dei rifiuti esistenti con una capacita' nominale pari o inferiore a 6 t/ora	400
Ammoniaca (NH3)	30

2. Valori limite di emissione medi su 30 minuti espressi in mg/Nm3

	(100%) A	(97%) B
a) Polveri totali	30	10
a) Sostanze organiche sotto forma di gas e vapori espresse come carbonio organico totale (TOC)	20	10
a) Acido cloridrico (HCl)	60	10
a) Acido fluoridrico (HF)	4	2
a) Biossido di zolfo (SO2)	200	50
a) Monossido di azoto (NO) e biossido di azoto (NO2) espressi come NO2 per gli impianti di incenerimento dei rifiuti esistenti dotati di una capacita' nominale superiore a 6 t/ora e per i nuovi impianti di incenerimento dei rifiuti	400	200
a) Ammoniaca (NH^3)	60	30

3. Valori limite di emissione medi ottenuti con periodo di campionamento minimo di 30 minuti e massimo di 8 ore espressi in mg/Nm3

I valori medi di concentrazione degli inquinanti si ottengono secondo i metodi fissati ed aggiornati ai sensi della tabella di cui alla lettera C

Cadmio e suoi composti, espressi come cadmio (Cd)	0,05 in totale
Tallio e suoi composti espressi come tallio (Tl)	
Mercurio e suoi composti espressi come mercurio (Hg)	0,05
Antimonio e suoi composti espressi come antimonio (Sb)	
Arsenico e suoi composti espressi come arsenico (As)	
Piombo e suoi composti espressi come piombo (Pb)	
Cromo e suoi composti espressi come cromo (Cr)	
Cobalto e suoi composti espressi come cobalto (Co)	0,5 in totale
Rame e suoi composti espressi come rame (Cu)	
Manganese e suoi composti espressi come manganese (Mn)	
Nickel e suoi composti espressi come nickel (Ni)	
Vanadio e suoi composti espressi come vanadio (V)	

I suddetti valori medi comprendono anche le emissioni sotto forma di polveri, gas e vapori dei metalli presenti nei relativi composti.

4. Valori limite di emissione medi ottenuti con periodo di campionamento minimo di 6 ore e massimo di 8 ore.

I valori medi di concentrazione degli inquinanti si ottengono secondo i metodi fissati ed aggiornati ai sensi della tabella di cui alla lettera C.

   a) Diossine e furani (PCDD + PCDF) (1) 0,1 ng/Nm3

   b) Idrocarburi policiclici aromatici (IPA) (2) 0,01 mg/Nm3

   c) PCB-DL (3) 0,1 ng/Nm3

----

(1) I valori limite di emissione si riferiscono alla concentrazione totale di diossine e furani, calcolata come concentrazione "tossica equivalente". Per la determinazione della concentrazione "tossica equivalente", le concentrazioni di massa delle seguenti policloro-dibenzo-p-diossine e policloro-dibenzofurani misurate nell'effluente gassoso devono essere moltiplicate per i fattori di equivalenza tossica (FTE) di seguito riportati, prima di eseguire la somma.

	FTE

2, 3, 7, 8 Tetraclorodibenzodiossina (TCDD)	1
1, 2, 3, 7, 8 - Pentaclorodibenzodiossina (PeCDD)	0,5
1, 2, 3, 4, 7, 8 - Esaclorodibenzodiossina (HxCDD)	0,1
1, 2, 3, 7, 8, 9 - Esaclorodibenzodiossina (HxCDD)	0,1
1, 2, 3, 6, 7, 8 - Esaclorodibenzodiossina (HxCDD)	0,1
1, 2, 3, 4, 6, 7, 8 Eptaclorodibenzodiossina (HpCDD)	0,01
Octaclorodibenzodiossina (OCDD)	0,001
2, 3, 7, 8 - Tetraclorodibenzofurano (TCDF)	0,1
2, 3, 4, 7, 8 - Pentaclorodibenzofurano (PeCDF)	0,5
1, 2, 3, 7, 8 - Pentaclorodibenzofurano (PeCDF)	0,05
1, 2, 3, 4, 7, 8 - Esaclorodibenzofurano (HxCDF)	0,1
1, 2, 3, 7, 8, 9 - Esaclorodibenzofurano (HxCDF	0,1
1, 2, 3, 6, 7, 8 - Esaclorodibenzofurano (HxCDF)	0,1
2, 3, 4, 6, 7, 8 - Esaclorodibenzofurano (HxCDF)	0,1
1, 2, 3, 4, 6, 7, 8 - Eptaclorodibenzofurano (HpCDF)	0,01
1, 2, 3, 4, 7, 8, 9 - Eptaclorodibenzofurano (HpCDF)	0,01
Octaclorodibenzofurano (OCDF)	0,001

(2) Gli idrocarburi policiclici aromatici (IPA) sono determinati come somma di:

Benz[a]antracene

Dibenz[a, h]antracene

Benzo[b]fluorantene

Benzo[j]fluorantene

Benzo[k]fluorantene

Benzo[a]pirene

Dibenzo[a, e]pirene

Dibenzo[a, h]pirene

Dibenzo[a, i]pirene

Dibenzo[a, l]pirene

Indeno [1,2,3 - cd] pirene

(3) I valori limite di emissione si riferiscono alla concentrazione totale di PCB-Dl, calcolata come concentrazione "tossica

equivalente". Per la determinazione della concentrazione "tossica equivalente", le concentrazioni di massa dei seguenti PCB misurati nell'effluente gassoso devono essere moltiplicati per i fattori di equivalenza tossica (FTE) di seguito riportati, prima di eseguire la somma.

Congenere	Nome IUPAC	WHO-TEF
3,3',4,4'-TetraCB	PCB77	0,0001
3,4,4',5-TetraCB	PCB81	0,0003
2,3,3'4,4'-PentaCB	PCB 105	0,00003
2,3,4,4',5-PentaCB	PCB 114	0,00003
2,3',4,4',5-PentaCB	PCB 118	0,00003
2',3,4,4',5-PentaCB	PCB 123	0,00003
3,3',4,4',5-PentaCB	PCB 126	0,1
2,3,3',4,4',5-HexaCB	PCB 156	0,00003
2,3,3',4,4',5'-HexaCB	PCB 157	0,00003
2,3',4,4',5,5'-HexaCB	PCB 167	0,00003
3,3',4,4',5,5'-HexaCB	PCB 169	0,03
2,3,3',4,4',5,5'-HeptaCB	PCB 189	0,00003

5. Valori limite di emissione per il monossido di carbonio (CO)

I seguenti valori limite di emissione per le concentrazioni di monossido di carbonio (CO) non devono essere superati nei gas di combustione (escluse le fasi di avviamento ed arresto):

- 50 mg/Nm3 come valore medio giornaliero;

- 100 mg/Nm3 come valore medio su 30 minuti;

- il valore di 150 mg/Nm3 come valore medio su 10 minuti.

L'autorita' competente puo' concedere deroghe per gli impianti di incenerimento che utilizzano la tecnologia del letto fluido, purche' l'autorizzazione preveda un valore limite di emissione per il monossido di carbonio (CO) non superiore a 100 mg/m^3 come valore medio orario.

B. NORMALIZZAZIONE

Condizioni di cui all'articolo 237-nonies del Titolo III-bis della Parte IV:

- pressione 101,3 kPa;

- gas secco,

nonche' un tenore di ossigeno di riferimento nell'effluente gassoso secco pari all'11% in volume, utilizzando la seguente formula

$$Es. = \frac{21 - Os}{21 - Om} \times Em$$

nella quale:

Es = concentrazione di emissione calcolata al tenore di ossigeno di riferimento;

Em = concentrazione di emissione misurata;

Os = tenore di ossigeno di riferimento;

Om = tenore di ossigeno misurato.

Nel caso di incenerimento unicamente di oli usati, come definiti all'articolo 183, comma 1, lett. c), del decreto legislativo 3 aprile 2006, n. 152, l'ossigeno di riferimento negli effluenti gassosi secchi e' pari al 3%.

Se i rifiuti sono inceneriti in una atmosfera arricchita di ossigeno, l'autorita' competente puo' fissare un tenore di ossigeno di riferimento diverso che rifletta le speciali caratteristiche dell'incenerimento.

Nel caso di incenerimento di rifiuti pericolosi, la normalizzazione in base al tenore di ossigeno viene applicata soltanto se il tenore di ossigeno misurato supera il pertinente tenore di ossigeno di riferimento.

C. VALUTAZIONE DELL'OSSERVANZA DEI VALORI LIMITE DI EMISSIONE IN ATMOSFERA

1. Valutazione dei risultati delle misurazioni

((Le misurazioni relative alla determinazione delle concentrazioni di inquinanti nell'atmosfera sono eseguite in modo rappresentativo.)) Per le misurazioni in continuo i valori limite di emissione si intendono rispettati se:

a) nessuno dei valori medi giornalieri supera uno qualsiasi dei valori limite di emissione stabiliti al paragrafo A, punto 1;

b) per il monossido di carbonio (CO):

- almeno il 97% dei valori medi giornalieri nel corso dell'anno non supera il valore limite di emissione di cui al paragrafo A, punto 5, primo trattino;

- almeno il 95% di tutti i valori medi su 10 minuti in un qualsiasi periodo di 24 ore oppure tutti i valori medi su 30 minuti nello stesso periodo non superano i valori limite di emissione di cui al paragrafo A, punto 5, secondo e terzo trattino";

c) nessuno dei valori medi su 30 minuti supera uno qualsiasi dei valori limite di emissione di cui alla colonna A del paragrafo A, punto 2, oppure, in caso di non totale rispetto di tale limite per il parametro in esame, almeno il 97% dei valori medi su 30 minuti nel corso dell'anno non supera il relativo valore limite di emissione di cui alla colonna B del paragrafo A, punto 2;

d) nessuno dei valori medi rilevati per i metalli pesanti, le diossine e i furani, gli idrocarburi policiclici aromatici, e i policlorobifenili (PCB-DL), durante il periodo di campionamento supera i pertinenti valori limite di emissione stabiliti al paragrafo A, punti 3 e 4;

I valori medi su 30 minuti e i valori medi su 10 minuti sono determinati durante il periodo di effettivo funzionamento (esclusi i periodi di avvio e di arresto se non vengono inceneriti rifiuti) in base ai valori misurati, previa sottrazione del rispettivo valore dell'intervallo di confidenza al 95% riscontrato sperimentalmente.((Il campionamento e l'analisi di tutte le sostanze inquinanti, ivi compresi le diossine e i furani, sono effettuati conformemente alle norme CEN. Se non sono disponibili norme CEN, si applicano norme ISO, norme nazionali o altre norme internazionali che assicurino dati equivalenti sotto il profilo della qualita' scientifica.))

L'assicurazione di qualita' dei sistemi automatici di misurazione e la loro taratura in base ai metodi di misurazione di riferimento devono essere eseguiti in conformita' alla norma UNI EN 14181 ((. I sistemi automatici sono sottoposti a controllo per mezzo di misurazioni parallele in base ai metodi di misurazione di riferimento almeno una volta all'anno.))

I valori degli intervalli di confidenza di ciascun risultato delle misurazioni effettuate, non possono eccedere le seguenti percentuali dei valori limite di emissione riferiti alla media giornaliera:

Polveri totali	30%
Carbonio organico totale	30%
Acido cloridrico	40%
Acido fluoridrico	40%
Biossido di zolfo	20%
Biossido di azoto	20%
Monossido di carbonio	10%
Ammoniaca	30%

I valori medi giornalieri sono determinati in base ai valori medi convalidati.

Per ottenere un valore medio giornaliero valido non possono essere scartati, a causa di disfunzioni o per ragioni di manutenzione del sistema di misurazione in continuo, piu' di 5 valori medi su 30 minuti in un giorno qualsiasi. Non piu' di 10 valori medi giornalieri all'anno possono essere scartati a causa di disfunzioni o per ragioni di manutenzione del sistema di misurazione in continuo.((I valori medi durante il periodo di campionamento e i valori medi in caso di misurazioni periodiche di HF, HCl e SO_2 sono determinati in fase di autorizzazione dall'autorita' competente, insieme con la localizzazione dei punti di campionamento e misurazione da utilizzare per il controllo delle emissioni, secondo quanto previsto nel presente paragrafo C.))

Per le misurazioni periodiche, la valutazione della rispondenza delle misurazioni ai valori limite di emissione si effettua sulla base di quanto previsto dalle norme tecniche di seguito riportate:

Parametro	Metodo
Temperatura	UNI EN ISO 16911:2013
Pressione	UNI EN ISO 16911:2013
Velocita'	UNI EN ISO 16911:2013
Portata	UNI EN ISO 16911:2013
Umidita'	UNI EN 14790:2006
Ossigeno (O2)	UNI EN 14789:2006
Acido Cloridrico (HCl)	UNI EN 1911:2010
Acido Fluoridrico (HF)	ISO15713 :2006
Ossidi Di Azoto (NOx) Espressi Come NO2	UNI EN 14792 : 2006
Ammoniaca (NH3)	EPA CTM-027 :1997
Biossido Di Zolfo (SO2)	UNI EN 14791:2006
Monossido Di Carbonio (CO)	UNI EN 15058:2006
TOC Espresso Come C	UNI EN 12619 : 2013
PCDD/PCDF Come (Teq)	UNI EN 1948-1,2,3 : 2006
PCB-Dl come (Teq)	UNI EN 1948-1,2,3,4 :2010
IPA	ISO 11338 -1 e 2 : 2003
Polveri	UNI EN 13284-1: 2003
Mercurio (Hg)	UNI EN 13211:2003
Metalli Pesanti (As,Cd, Cr, Co, Cu, Mn, Ni, Pb, Sb, Tl, V)	UNI EN 14385:2004

In caso di misure discontinue, al fine di valutare la conformita' delle emissioni convogliate ai valori limite di emissioni, la concentrazione e' calcolata preferibilmente come media di almeno tre campionamenti consecutivi e riferiti ciascuno ai periodi di campionamento indicati all'Allegato 1, lettera A nelle condizioni di esercizio piu' gravose dell'impianto.

D. ACQUE DI SCARICO DALL'IMPIANTO DI INCENERIMENTO

1. Valori limite di emissione negli scarichi di acque reflue derivanti dalla depurazione degli effluenti gassosi

Sono di seguito riportati i valori limite di emissione di inquinanti negli scarichi di acque reflue derivanti dalla depurazione degli effluenti gassosi, espressi in concentrazioni di massa per campioni non filtrati.

	95%	100%
a) Solidi sospesi totali	30 mg/l	45 mg/l
b) Mercurio e suoi composti, espressi come mercurio (Hg)		0,03 mg/l
c) Cadmio e suoi composti, espressi come cadmio (Cd)		0,05 mg/l
d) Tallio e suoi composti, espressi come tallio (Tl)		0,05 mg/l
e) Arsenico e suoi composti, espressi come arsenico As		0,15 mg/l
f) Piombo e suoi composti, espressi come piombo (Pb)		0,2 mg/l
g) Cromo e suoi composti, espressi come cromo (Cr)		0,5 mg/l
h) Rame e suoi composti, espressi come rame (Cu)		0,5 mg/l
i) Nichel e suoi composti, espressi come nichel (Ni)		0,5 mg/l
l) Zinco e suoi composti, espressi come zinco (Zn)		1,5 mg/l
m) Diossine e furani (PCDD + PCDF) come Teq		0,3 ng/l
n) Idrocarburi policiclici aromatici (IPA)		0,0002 mg/l
o) Policlorobifenili (PCB-Dl) come Teq		0,3 ng/l

E. CAMPIONAMENTO, ANALISI E VALUTAZIONE DELLE EMISSIONI NELLE ACQUE DI SCARICO

1. Misurazioni

a) misurazioni continue del pH, della temperatura e della portata;

b) misurazioni giornaliere dei solidi sospesi totali effettuate su campioni per sondaggio;

c) misurazioni almeno mensili, su di un campione rappresentativo proporzionale al flusso dello scarico su un periodo di 24 ore, degli inquinanti di cui al paragrafo D, punto 1, lettere da b) a l);

d) misurazioni almeno semestrali di diossine e furani e degli idrocarburi policiclici aromatici; per i primi dodici mesi di funzionamento dell'impianto, tali sostanze devono essere misurate almeno ogni tre mesi.

((d-bis) le misurazioni relative alla determinazione delle concentrazioni di inquinanti nell'acqua sono eseguite in modo rappresentativo)).

2. Valutazione dei risultati delle misurazioni

I valori limite di emissione si intendono rispettati se:

a) il 95% e il 100% dei valori misurati per i solidi sospesi totali non superano i rispettivi valori limite di emissione stabiliti al paragrafo D, punto 1, lett. a);

b) non piu' di una misurazione all'anno per i metalli pesanti supera i valori limite di emissione stabiliti al paragrafo D, punto 1, lettere da b) a l);

c) le misurazioni semestrali per le diossine e i furani e per gli idrocarburi policiclici aromatici non superano i valori limite di emissione stabiliti al paragrafo D, punto 1, lettere m) e n).

Allegato 2 al Titolo III-bis alla Parte Quarta del decreto legislativo 3 aprile 2006, n. 152

Norme tecniche e valori limite di emissione per gli impianti di coincenerimento

A. VALORI LIMITE DI EMISSIONE IN ATMOSFERA

1. Formula di miscelazione

La seguente "formula di miscelazione" deve essere applicata ogniqualvolta non sia stato stabilito uno specifico valore limite totale di emissione "C" nel presente Allegato.

Il valore limite per ciascun agente inquinante e per il monossido di carbonio presenti nell'effluente gassoso derivante dal coincenerimento dei rifiuti e' calcolato come segue:

$$\frac{V_{rifiuti} \times C_{rifiuti} + V_{processo} \times C_{processo}}{V_{rifiuti} + C_{processo}} = C$$

$V_{rifiuti}$: volume dell'effluente gassoso derivante dall'incenerimento dei soli rifiuti, determinato in base ai rifiuti che hanno il piu' basso potere calorifico specificato nell'autorizzazione e normalizzato alle condizioni indicate al paragrafo B dell'Allegato 1.

Qualora il calore liberato dall'incenerimento di rifiuti pericolosi sia inferiore al 10% del calore totale liberato nell'impianto, $V_{rifiuti}$ deve essere calcolato in base ad un quantitativo (fittizio) di rifiuti che, se incenerito, libererebbe un calore pari al 10% del calore totale liberato nell'impianto.

$C_{rifiuti}$: valori limite di emissione per gli impianti di incenerimento stabiliti al paragrafo A dell'Allegato 1.

Vprocesso : volume dell'effluente gassoso derivante dal processo dell'impianto, inclusa la combustione dei combustibili autorizzati normalmente utilizzati nell'impianto (esclusi i rifiuti), determinato sulla base dei tenori di ossigeno previsti dalla normativa ai fini della normalizzazione delle emissioni. In assenza di normativa per il pertinente tipo di impianto, si deve utilizzare il tenore reale di ossigeno dell'effluente gassoso non diluito con aggiunta di aria non indispensabile per il processo. La normalizzazione per le altre condizioni e' quella specificata al paragrafo B.

Cprocesso : valori limite di emissione indicati nel presente Allegato per taluni settori industriali o, in caso di assenza di tali valori, valori limite di emissione degli inquinanti e del monossido di carbonio fissati dalla normativa statale o regionale per tali impianti quando vengono bruciati i combustibili normalmente autorizzati (rifiuti esclusi). In mancanza di tali disposizioni si applicano i valori limite di emissione che figurano nell'autorizzazione. Se in questa non sono menzionati tali valori, si ricorre alle concentrazioni reali in massa.

C: valori limite totali di emissione e tenore di ossigeno individuati nel presente Allegato per taluni settori industriali e per taluni inquinanti o, in caso di assenza di tali valori, valori limite totali di emissione da rispettare per ciascun agente inquinante e per il monossido di carbonio. Il tenore totale di ossigeno di riferimento, che sostituisce il tenore di ossigeno di riferimento per la normalizzazione di cui al successivo paragrafo B, e' calcolato sulla base dei tenori di ossigeno sopraindicati per Vrifiuti e per Vprocesso , rispettando i volumi parziali.

I valori limite totali di emissione (C) per gli inquinanti di cui all'Allegato 1, paragrafo A, punti 3 e 4, sono quelli fissati nei suddetti punti, e non sono soggetti alla applicazione della "formula di miscelazione".

2. Disposizioni speciali relative ai forni per cemento che coineneriscono rifiuti

2.1. I valori limite di emissione di cui ai punti 2.2 e 2.3 si applicano come valori medi giornalieri di polveri totali, HCl, HF, NOx, SO2 , TOC, -NH3 barrato- (per misurazioni in continuo), come valori medi in un periodo di campionamento minimo di 30 minuti e massimo di 8 ore per i metalli pesanti e come valori medi in un periodi di campionamento minimo di 6 ore e massimo di 8 ore per diossine e furani.

Tutti i valori sono normalizzati a ossigeno 10 %.

I valori medi su 30 minuti sono necessari solo ai fini del calcolo dei valori medi giornalieri.

2.2. C - Valori limite totali di emissione (espressi in mg/Nm3 tranne che per diossine e furani, IPA e PCB-Dl) per le seguenti sostanze inquinanti

Sostanza inquinante	C
Polveri totali	30
HCl	10
HF	1

NOx	500 (1)
Cd + Tl	0,05
Hg	0,05
Sb + As + Pb + Cr + Co + Cu + Mn + Ni + V	0,5
Diosine e furani (ng/Nm³)	C
IPA	C
PCB-Dl (ng/Nm³)	C

(1) Fino al 1° gennaio 2016 l'autorita' competente puo' autorizzare dal valore limite per i NOx per i forni Lepol e per i forni rotativi lunghi purche' l'autorizzazione stabilisca un valore limite di emissione complessivo per i NOx inferiore o pari a 800 mg/Nm3.

2.3. C - Valori limite totali di emissione (espressi in mg/Nm3) per SO2 e TOC

Inquinanti	C
SO2	50
TOC	10

L'autorita' competente puo' concedere deroghe rispetto ai valori limite di emissione di cui al presente punto nei casi in cui il coincenerimento di rifiuti non dia luogo a TOC e SO2.

2.4. C - Valori limite di emissione complessivi per il CO

L'autorita' competente puo' stabilire valori limite di emissione per il CO

3. Disposizioni speciali per impianti di combustione che coinceneriscono rifiuti

3.1. Cprocesso espresso come valori medi giornalieri (in mg/Nm3) valido fino alle seguenti date:

a) 31 dicembre 2015 per gli impianti che hanno ottenuto un'autorizzazione prima del 7 gennaio 2013, o i cui gestori hanno presentato una domanda completa per un'autorizzazione entro tale data, a condizione che detti impianti siano messi in servizio al piu' tardi entro il 7 gennaio 2014;

b) 7 gennaio 2013 per gli impianti di combustione non coperti dal comma precedente.

Per determinare la potenza termica nominale totale degli impianti di combustione si applicano le norme sul cumulo delle emissioni di cui all'Allegato 4. I valori medi su 30 minuti sono necessari solo ai fini del calcolo dei valori medi giornalieri.

Per determinare la potenza termica nominale totale degli impianti di combustione si applicano le norme sul cumulo delle emissioni. I valori medi su 30 minuti sono necessari solo ai fini del calcolo dei valori medi giornalieri.

Cprocesso per combustibili solidi esclusa la biomassa (tenore di O2 6 %):

Sostanza inquinante	50 MWth	da 50 a 100 MWth	da 100 a 300 MWth	300 MWth
SO2	-	850	200	200
NOx	-	400	200	200
Polvere	50	50	30	30

Cprocesso per la biomassa (tenore di O2 6 %):

Sostanza inquinante	50 MWth	da 50 a 100 MWth	da 100 a 300 MWth	300 MWth
SO2	-	200	200	200
NOx	-	350	300	200
Polvere	50	50	30	30

Cprocesso per i combustibili liquidi (tenore di O2 3 %):

Sostanza inquinante	50 MWth	da 50 a 100 MWth	da 100 a 300 MWth	300 MWth
SO2	-	850	da 400 a 200 (decremento lineare da 100 a 300 MWth)	200
NOx	-	400	200	200
Polvere	50	50	30	30

3.2. Cprocesso espresso in valori medi giornalieri (in mg/Nm^3) valido fino alle seguenti date:

a) 1° gennaio 2016 per gli impianti di combustione che hanno ottenuto l'autorizzazione prima del 7 gennaio 2013 o i cui gestori hanno presentato una domanda completa per un'autorizzazione entro tale data, a condizione che detti impianti siano messi in servizio entro il 7 gennaio 2014;

b) 7 gennaio 2013 per gli impianti di combustione diversi da quelli di cui al punto a).

Per determinare la potenza termica nominale totale degli impianti di combustione si applicano le norme sul cumulo delle emissioni. I valori medi su 30 minuti sono necessari solo ai fini del calcolo dei valori medi giornalieri.

3.2.1. Cprocesso per gli impianti di combustione che hanno ottenuto l'autorizzazione prima del 7 gennaio 2013 o i cui gestori hanno presentato una domanda completa per un'autorizzazione entro tale data, purche' siano messi in servizio entro il 7 gennaio 2014, ad eccezione delle turbine a gas e dei motori a gas

Cprocesso per i combustibili solidi ad eccezione della biomassa (tenore di O2 6 %):

Sostanza inquinante	50 MWth	da 50 a 100 MWth	da 100 a 300 MWth	300 MWth
SO2	-	400 per la torba: 300	200	200
NOx	-	300 per la polverizzata: 400	200	200
Polvere	50	30	25 per la torba: 20	20

Cprocesso per la biomassa (tenore di O2 6 %):

Sostanza inquinante	50 MWth	da 50 a 100 MWth	da 100 a 300 MWth	300 MWth
SO2	-	200	200	200
NOx	-	300	250	200
Polvere	50	30	20	20

Cprocesso per i combustibili liquidi (tenore di O2 3 %):

Sostanza inquinante	50 MWth	da 50 a 100 MWth	da 100 a 300 MWth	300 MWth
SO2	-	350	250	200

NOx	-	400	200	150
Polvere	50	30	25	20

3.2.2. Cprocesso per gli impianti di combustione diversi da quelli di cui al punto 3.2.1, ad eccezione delle turbine a gas e dei motori a gas

Cprocesso per i combustibili solidi ad eccezione della biomassa (tenore di O2 6 %):

Sostanza inquinante	50 MWth	da 50 a 100 MWth	da 100 a 300 MWth	300 MWth
SO2	-	400 per la torba: 300	200 per la torba: 300, tranne nel caso di combustione a letto fluido: 250	150 per combustione a letto fluido circolante o a letto fluido oppure, nel caso di combustione di torba, per tutti i tipi di combustione a letto fluido: 200
NOx	-	300 per la torba: 250	200	150 per la combustione di lignite polverizzata: 200
Polvere	50	20	20	10 per la torba: 20

Cprocesso per la biomassa (tenore di O2 6 %):

Sostanza inquinante	50 MWth	da 50 a 100 MWth	da 100 a 300 MWth	300 MWth
SO2	-	200	200	150
NOx	-	250	200	150
Polvere	50	20	20	20

Cprocesso per i combustibili liquidi (tenore di O2 3 %):

Sostanza inquinante	50 MWth	da 50 a 100 MWth	da 100 a 300 MWth	300 MWth
SO2	-	350	200	150

```
|NOx                    |    -   |   300   |   150   |   100   |
+-----------------------+--------+---------+---------+---------+
|Polvere                |   50   |    20   |    20   |    10   |
+-----------------------+--------+---------+---------+---------+
```

3.3. C - Valori limite totali di emissione per metalli pesanti (in mg/Nm3) espresso come valori medi in un periodo di campionamento minimo di 30 minuti e massimo di 8 ore (tenore di O2 6 % per i combustibili solidi e 3 % per i combustibili liquidi).

```
-------------------------------------------------
Sostanze inquinanti                       C

Cd + Tl                                  0,05

Hg                                       0,05

Sb + As + Pb + Cr + Co + Cu + Mn + Ni + V   0,5
-------------------------------------------------
```

a. C - valori limite totali di emissione per diossine e furani, IPA e PCB-Dl espresso come valore medio misurato in un periodo di campionamento minimo di 6 ore e massimo di 8 ore (tenore di O2 6 % per i combustibili solidi e 3 % per i combustibili liquidi).

```
-------------------------------------------------
Sostanza inquinante                       C

Diossine e furani (come Teq)          0,1 ng/Nm³

IPA                                   0,01 mg/Nm³

PCB-Dl (come Teq)                     0,1 ng/Nm³
-------------------------------------------------
```

4. Disposizioni speciali per gli impianti di coincenerimento di rifiuti nei settori industriali non contemplati nei punti 2 e 3 della presente parte

4.1. C - valore limite totale di emissione per diossine e furani, IPA e PCB DL espresso come valore medio misurato in un periodo di campionamento minimo di 6 ore e massimo di 8 ore:

```
-------------------------------------------------
Sostanza inquinante                       C

Diossine e furani (come Teq)          0,1 ng/Nm³

IPA                                   0,01 mg/Nm³

PCB-Dl (come Teq)                     0,1 ng/Nm³
-------------------------------------------------
```

4.2. C - valori limite totali di emissione (in mg/Nm3) per i metalli pesanti espresso come valori medi misurati in un periodo di campionamento minimo di 30 minuti e massimo di 8 ore:

```
------------------------------------
Sostanze inquinanti              C

Cd + Tl                          0,05
Hg                               0,05
------------------------------------
```

B. NORMALIZZAZIONE

Condizioni di cui all'articolo 237 nonies del Titolo III-bis della Parte IV del presente decreto legislativo

- temperatura 273,15 °K;

- pressione 101,3 kPa.

- gas secco.

nonche' ad un tenore di ossigeno di riferimento nell'effluente gassoso secco stabilito o determinato in accordo a quanto previsto al precedente paragrafo A, utilizzando la seguente formula:

$$Es = \frac{21 - Os}{21 - Om} \times Em$$

nella quale:

Es = concentrazione di emissione calcolata al tenore di ossigeno di riferimento;

Em = concentrazione di emissione misurata;

Os = tenore di ossigeno di riferimento;

Om = tenore di ossigeno misurato.

Se i rifiuti sono coinceneriti in una atmosfera arricchita di ossigeno, l'autorita' competente puo' fissare un tenore di ossigeno di riferimento diverso che rifletta le speciali caratteristiche dell'incenerimento.

Nel caso di coincenerimento di rifiuti pericolosi, la normalizzazione in base al tenore di ossigeno e' applicata soltanto se il tenore di ossigeno misurato supera il pertinente tenore di ossigeno di riferimento.

C. METODI DI CAMPIONAMENTO, ANALISI E VALUTAZIONE DELL'OSSERVANZA DEI VALORI LIMITE DELLE EMISSIONI IN ATMOSFERA

1. Valutazione dei risultati delle misurazioni

((Le misurazioni relative alla determinazione delle concentrazioni di inquinanti nell'atmosfera sono eseguite in modo rappresentativo.)) Per le misurazioni in continuo i valori limite di emissione si intendono rispettati se:

a) nessuno dei valori medi giornalieri supera uno qualsiasi dei pertinenti valori limite di emissione stabiliti nel presente Allegato;

b) nessuno dei valori medi rilevati per i metalli pesanti, per le diossine e i furani e per gli idrocarburi policiclici aromatici e PCB-DL supera i pertinenti valori limite di emissione stabiliti nel presente Allegato.

I valori medi su 30 minuti sono determinati durante il periodo di effettivo funzionamento (esclusi i periodi di avvio e di arresto se non vengono inceneriti rifiuti) in base ai valori misurati, previa sottrazione del rispettivo valore dell'intervallo di confidenza al 95% riscontrato sperimentalmente. ((Il campionamento e l'analisi di tutte le sostanze inquinanti, ivi compresi le diossine e i furani, sono effettuati conformemente alle norme CEN. Se non sono disponibili norme CEN, si applicano norme ISO, norme nazionali o altre norme internazionali che assicurino dati equivalenti sotto il profilo della qualita' scientifica.))

L'assicurazione di qualita' dei sistemi automatici di misurazione e la loro taratura in base ai metodi di misurazione di riferimento devono essere eseguiti in conformita' alla norma UNI EN 14181 ((. I sistemi automatici sono sottoposti a controllo per mezzo di misurazioni parallele in base ai metodi di misurazione di riferimento almeno una volta all'anno.))

I valori degli intervalli di confidenza di ciascun risultato delle misurazioni effettuate, non possono eccedere le seguenti percentuali dei valori limite di emissione riferiti alla media giornaliera:

Polveri totali	30%
Carbonio organico totale	30%
Acido cloridrico	40%
Acido fluoridrico	40%
Biossido di zolfo	20%
Biossido di azoto	20%
Monossido di carbonio	10%
Ammoniaca	30%

I valori medi giornalieri sono determinati in base ai valori medi convalidati.

Per ottenere un valore medio giornaliero valido non possono essere scartati piu' di 5 valori medi su 30 minuti in un giorno qualsiasi a causa di disfunzioni o per ragioni di manutenzione del sistema di misurazione in continuo. Non piu' di 10 valori medi giornalieri all'anno possono essere scartati a causa di disfunzioni o per ragioni di manutenzione del sistema di misurazione in continuo.

Per le misurazioni periodiche, la valutazione della rispondenza delle misurazioni ai valori limite di emissione si effettua secondo i seguenti metodi:

Parametro	Metodo
Temperatura	UNI EN ISO 16911:2013
Pressione	UNI EN ISO 16911:2013
Velocita'	UNI EN ISO 16911:2013
Portata	UNI EN ISO 16911:2013
Umidita'	UNI EN 14790:2006
Ossigeno (O_2)	UNI EN 14789:2006
Acido Cloridrico (HCl)	UNI EN 1911:2010
Acido Fluoridrico (HF)	ISO15713 :2006
Ossidi Di Azoto (NOx) Espressi Come NO_2	UNI EN 14792 : 2006
Ammoniaca (NH^3)	EPA CTM-027 :1997
Biossido Di Zolfo (SO_2)	UNI EN 14791:2006
Monossido Di Carbonio (CO)	UNI EN 15058:2006
TOC Espresso Come C	UNI EN 12619 : 2013
PCDD/PCDF Come (Teq)	UNI EN 1948-1,2,3 : 2006
PCB-Dl come (Teq)	UNI EN 1948-1,2,3,4 :2010
IPA	ISO 11338 -1 e 2:2003
Polveri	UNI EN 13284-1:2003
Mercurio (Hg)	UNI EN 13211:2003
Metalli Pesanti (As,Cd, Cr, Co, Cu, Mn, Ni, Pb, Sb, Tl, V)	UNI EN 14385:2004

In caso di misure discontinue, al fine di valutare la conformita' delle emissioni convogliate ai valori limite di emissioni, la concentrazione e' calcolata preferibilmente come media di almeno tre campionamenti consecutivi e riferiti ciascuno ai periodi di campionamento indicati all'Allegato 1, lettera A nelle condizioni di esercizio piu' gravose dell'impianto. ((I valori medi durante il periodo di campionamento e i valori medi in caso di misurazioni periodiche di HF, HCl e SO2 sono determinati in fase di autorizzazione dall'autorita' competente, insieme con la localizzazione dei punti di campionamento e misurazione da utilizzare per il controllo delle emissioni, secondo quanto previsto nel presente paragrafo C.))

D. ACQUE DI SCARICO DALL'IMPIANTO DI COINCENERIMENTO E RELATIVE NORME SU CAMPIONAMENTO, ANALISI E VALUTAZIONE

Per gli impianti di coincenerimento valgono le disposizioni dei paragrafi D ed E dell'Allegato 1, relative agli impianti di incenerimento.

((Allegato 3 al Titolo III-bis alla Parte Quarta

NORME TECNICHE PER IL COINCENERIMENTO DEI PRODOTTI TRASFORMATI DERIVATI DA MATERIALI DI CATEGORIA 1, 2 E 3 DI CUI AL REGOLAMENTO (CE) 1069/2009.))

((1. Tipologia: Prodotti trasformati e derivati da materiali di
categoria 1, 2 e 3, ivi compresi i grassi; partite di alimenti zootecnici' contenenti frazioni dei materiali predetti.

1.1 Provenienza: impianti di trasformazione riconosciuti ai sensi del regolamento (CE) 1069/2009 del Parlamento europeo e del Consiglio, del 21 ottobre 2009, per le partite di alimenti zootecnici contenenti frazioni dei materiali predetti e' ammessa qualsiasi provenienza

1.2 Caratteristiche:

a) farina proteica animale e/o alimenti zootecnici aventi le seguenti caratteristiche:

P.C.I. sul tal quale 12.000 kJ/kg min;

umidita' 10% max;

ceneri sul secco 40% max.

b) grasso animale avente le seguenti caratteristiche:

P.C.I. sul tal quale 30.000 kJ/kg min;

umidita' 2% max;

ceneri sul secco 2% max.

I parametri di cui ai punti a) e b) devono essere documentati dal produttore in aggiunta alla documentazione sanitaria prevista dalla vigente normativa.

1.3 Il coincenerimento con recupero energetico, comprende anche la relativa messa in riserva presso l'impianto. Durante tutte le fasi dell'attivita' devono essere evitati il contatto diretto e la manipolazione dei rifiuti di cui al punto 1.2, nonche' qualsiasi forma di dispersione ambientale degli stessi.))

((ALLEGATI AL TITOLO V DELLA PARTE QUARTA))

ALLEGATO 1 - Criteri generali per l'analisi di rischio sanitario ambientale sito-specifica

ALLEGATO 2 - Criteri generali per la caratterizzazione dei siti contaminati

ALLEGATO 3 - Criteri generali per la selezione e l'esecuzione degli interventi di bonifica e ripristino ambientale, di messa in sicurezza (d'urgenza, operativa o permanente), nonche' per l'individuazione delle migliori tecniche d'intervento a costi sopportabili

ALLEGATO 4 - Criteri generali per l'applicazione di procedure semplificate

ALLEGATO 5 - Valori di concentrazione limite accettabili nel suolo e

nel sottosuolo riferiti alla specifica destinazione d'uso dei siti da bonificare
ALLEGATO 1

CRITERI GENERALI PER L'ANALISI DI RISCHIO SANITARIO AMBIENTALE SITO-SPECIFICA

PREMESSA

Il presente allegato definisce gli elementi necessari per la redazione dell'analisi di rischio sanitario ambientale sito-specifica (nel seguito analisi di rischio), da utilizzarsi per la definizione degli obiettivi di bonifica.

L'analisi di rischio si puo' applicare prima, durante e dopo le operazioni di bonifica o messa in sicurezza.

L'articolato normativo fa riferimento a due criteri-soglia di intervento: il primo (CSC) da considerarsi valore di attenzione, superato il quale occorre svolgere una caratterizzazione ed il secondo (CSR) che identifica i livelli di contaminazione residua accettabili, calcolati mediante analisi di rischio, sui quali impostare gli interventi di messa in sicurezza e/o di bonifica.

Il presente allegato definisce i criteri minimi da applicare nella procedura di analisi di rischio inversa che verra' utilizzata per il calcolo delle CSR, cioe' per definire in modo rigoroso e cautelativo per l'ambiente gli obiettivi di bonifica aderenti alla realta' del sito, che rispettino i criteri di accettabilita' del rischio cancerogeno e dell'indice di rischio assunti nei punti di conformita' prescelti.

CONCETTI E PRINCIPI BASE

Nell'applicazione dell'analisi di rischio dei siti contaminati ed ai fini di una interpretazione corretta dei risultati finali occorre tenere conto dei seguenti concetti:

la grandezza rischio, in tutte le sue diverse accezioni, ha costantemente al suo interno componenti probabilistiche. Nella sua applicazione per definire gli obiettivi di risanamento e importante sottolineare che la probabilita' non e' legata all'evento di contaminazione (gia' avvenuto), quanto alla natura probabilistica degli effetti nocivi che la contaminazione, o meglio l'esposizione ad un certo contaminante, puo' avere sui ricettori finali.

Ai fini di una piena accettazione dei risultati dovra' essere posta una particolare cura nella scelta dei parametri da utilizzare nei calcoli, scelta che dovra' rispondere sia a criteri di conservativita', il principio della cautela e' intrinseco alla procedura di analisi di rischio, che a quelli di sito-specificita' ricavabili dalle indagini di caratterizzazione svolte.

L'individuazione e l'analisi dei potenziali percorsi di esposizione e dei bersagli e la definizione degli obiettivi di bonifica, in coerenza con gli orientamenti strategici piu' recenti, devono tenere presente la destinazione d'uso del sito prevista dagli strumenti di programmazione territoriale.

COMPONENTI DELL'ANALISI DI RISCHIO DA PARAMETRIZZARE

Sulla base della struttura del processo decisionale di "analisi di rischio", indipendentemente dal tipo di metodologia impiegata, dovranno essere parametrizzate le seguenti componenti: contaminanti indice, sorgenti, vie e modalita' di esposizione, ricettori finali.

Di seguito si presentano gli indirizzi necessari per la loro definizione ai fini dei calcoli.

Contaminanti indice

Particolare attenzione dovra' essere posta nella scelta delle sostanze di interesse (contaminanti indice) da sottoporre ai calcoli di analisi di rischio.

La scelta dei contaminanti indice, desunti dai risultati della caratterizzazione, deve tener conto dei seguenti fattori:
- Superamento della o delle CSC, ovvero dei valori di fondo naturali.
- Livelli di tossicita'.

- Grado di mobilita' e persistenza nelle varie matrici ambientali.
- Correlabilita' ad attivita' svolta nel sito
- Frequenza dei valori superiori al CSC.

Sorgenti

Le indagini di caratterizzazione dovranno portare alla valutazione della geometria della sorgente: tale valutazione dovra' necessariamente tenere conto delle dimensioni globali del sito, in modo da procedere, eventualmente, ad una suddivisione in aree omogenee sia per le caratteristiche idrogeologiche che per la presenza di sostanze contaminanti, da sottoporre individualmente ai calcoli di' analisi di rischio.

In generale l'esecuzione dell'analisi di rischio richiede l'individuazione di valori di concentrazione dei contaminanti rappresentativi in corrispondenza di ogni sorgente di contaminazione (suolo superficiale, suolo profondo, falda) secondo modalita' e criteri che si diversificano in funzione del grado di approssimazione richiesto.

Tale valore verra' confrontato con quello ricavato dai calcoli di analisi di rischio, per poter definire gli interventi necessari.

Salvo che per le contaminazioni puntuali (hot-spots), che verranno trattate in modo puntuale, tali concentrazioni dovranno essere di norma stabilite su basi statistiche (media aritmetica, media geometrica, UCI, 95% del valore medio).

Le vie e le modalita' di esposizione

Le vie di esposizione sono quelle mediante le quali il potenziale bersaglio entra in contatto con le sostanze inquinanti.

Si ha una esposizione diretta se la via di esposizione coincide con la sorgente di contaminazione; si ha una esposizione indiretta nel caso in cui il contatto del recettore con la sostanza inquinante avviene a seguito della migrazione dello stesso e quindi avviene ad una certa distanza dalla sorgente.

Le vie di esposizione per le quali occorre definire i parametri da introdurre nei calcoli sono le seguenti:
- Suolo superficiale (compreso fra piano campagna e 1 metro di profondita'). - Suolo profondo (compreso fra la base del precedente e la massima profondita' indagata).
- Aria outdoor (porzione di ambiente aperto, aeriforme, dove si possono avere evaporazioni di sostanze inquinanti provenienti dai livelli piu' superficiali. - Aria indoor (porzione di ambiente aeriforme confinata in ambienti chiusi). - Acqua sotterranea (falda superficiale e/o profonda).

Le modalita' di esposizione attraverso le quali puo' avvenire il contatto tra l'inquinante ed il bersaglio variano in funzione delle vie di esposizione sopra riportate e sono distinguibili in:
- ingestione di acqua potabile.
- ingestione di suolo.
- contatto dermico.
- inalazione di vapori e particolato.

I recettori o bersagli della contaminazione

Sono i recettori umani, identificabili in residenti e/o lavoratori presenti nel sito (on-site) o persone che vivono al di fuori del sito (off-site).

Di fondamentale importanza e' la scelta del punto di conformita' (soprattutto quello per le acque sotterranee) e del livello di rischio accettabile sia per le sostanze cancerogene che non-cancerogene.

- punto di conformita' per le acque sotterranee

((Il punto di conformita' per le acque sotterranee rappresenta il punto a valle idrogeologico della sorgente al quale deve essere garantito il ripristino dello stato originale (ecologico, chimico e/o quantitativo) del corpo idrico sotterraneo, onde consentire tutti i suoi usi potenziali, secondo quanto previsto nella parte terza (in particolare articolo 76) e nella parte sesta del presente decreto (in particolare articolo 300). Pertanto in attuazione del principio generale di precauzione, il punto di conformita' deve essere di norma fissato non oltre i confini del sito contaminato oggetto di bonifica e la relativa CSR per ciascun contaminante deve essere fissata equivalente alle CSC di cui all'Allegato 5 della parte quarta del presente decreto. Valori superiori possono essere ammissibili solo in caso di fondo naturale piu' elevato o di modifiche allo stato originario dovute all'inquinamento diffuso, ove accertati o validati dalla Autorita' pubblica competente, o in caso di specifici minori obiettivi di qualita' per il corpo idrico sotterraneo o per altri corpi idrici recettori, ove stabiliti e indicati dall'Autorita' pubblica competente, comunque compatibilmente con l'assenza di rischio igienico-sanitario per eventuali altri recettori a valle. A monte idrogeologico del punto di conformita' cosi' determinato e comunque limitatamente alle aree interne del sito in considerazione, la concentrazione dei contaminanti puo' risultare maggiore della CSR cosi' determinata, purche' compatibile con il rispetto della CSC al punto di conformita' nonche' compatibile con l'analisi del rischio igienico sanitario per ogni altro possibile recettore nell'area stessa)).

- criteri di accettabilita' del rischio cancerogeno e dell'indice di rischio

Si propone 1×10^{-5} come valore di rischio incrementale accettabile nel corso della vita come obiettivo di bonifica nei riguardi delle sostanze cancerogene, mentre per le sostanze non cancerogene si propone il criterio universalmente accettato del non superamento della dose tollerabile o accettabile (ADI o TDI) definita per la sostanza. (< 1).

PROCEDURE DI CALCOLO E STIMA DEL RISCHIO

Le procedure di calcolo finalizzate alla caratterizzazione quantitativa del rischio, data l'importanza della definizione dei livelli di bonifica (CSR), dovranno essere condotte mediante l'utilizzo di metodologie quale ad esempio ASTM PS 104, di comprovata validita' sia dal punto di vista delle basi scientifiche che supportano gli algoritmi di calcolo, che della riproducibilita' dei risultati.

PROCEDURA DI VALIDAZIONE

Al fine di consentire la validazione dei risultati ottenuti da parte degli enti di controllo e' necessario avere la piena rintracciabilita' dei dati di input con relative fonti e dei criteri utilizzati per i calcoli.

Gli elementi piu' importanti sono di seguito riportati:
- Criteri di scelta dei contaminanti indice.
- Modello concettuale del sito alla luce dei risultati delle indagini di caratterizzazione con percorsi di esposizione e punti di conformita'.
- Procedure di calcolo utilizzate.
- Fonti utilizzate per la determinazione dei parametri di input degli algoritmi di calcolo.

ALLEGATO 2

CRITERI GENERALI PER LA CARATTERIZZAZIONE DEI SITI CONTAMINATI

PREMESSA

La caratterizzazione ambientale di un sito e' identificabile con l'insieme delle attivita' che permettono di ricostruire i fenomeni di contaminazione a carico delle matrici ambientali, in modo da ottenere le informazioni di base su cui prendere decisioni realizzabili e sostenibili per la messa in sicurezza e/o bonifica del sito. Le attivita' di caratterizzazione devono essere condotte in modo tale da permettere la validazione dei risultati finali da parte delle Pubbliche Autorita' in un quadro realistico e condiviso delle situazioni di contaminazione eventualmente emerse.

Per caratterizzazione dei siti contaminati si intende quindi l'intero processo costituito dalle seguenti fasi:
1. Ricostruzione storica delle attivita' produttive svolte sul

sito.

2. Elaborazione del Modello Concettuale Preliminare del sito e predisposizione di un piano di indagini ambientali finalizzato alla definizione dello stato ambientale del suolo, del sottosuolo e delle acque sotterranee.

3. Esecuzione del piano di indagini e delle eventuali indagini integrative necessarie alla luce dei primi risultati raccolti.

4. Elaborazione dei risultati delle indagini eseguite e dei dati storici raccolti e rappresentazione dello stato di contaminazione del suolo, del sottosuolo e delle acque sotterranee.

5. Elaborazione del Modello Concettuale Definitivo.

6. Identificazione dei livelli di concentrazione residua accettabili - sui quali impostare gli eventuali interventi di messa in sicurezza e/o di bonifica, che si rendessero successivamente necessari a seguito dell'analisi di rischio-calcolati mediante analisi di rischio eseguita secondo i criteri di cui in Allegato

La Caratterizzazione ambientale, sara' avviata successivamente alla approvazione da parte delle Autorita' Competenti del Piano di indagini di cui al punto i e si riterra' conclusa con l'approvazione, in unica soluzione, da parte delle Autorita' Competenti dell'intero processo sopra riportato, al termine delle attivita' di cui al punto 5 nel caso di non superamento delle CSC e al termine dell'attivita' di cui al punto 6 qualora si riscontri un superamento delle suddette concentrazioni.

Nel fase di attuazione dell'intero processo, l'Autorita' competente potra' richiedere al Proponente stati di avanzamento dei lavori per ognuna delle fasi sopra riportate, rilasciando eventuali prescrizioni per ognuna delle fasi di cui sopra in un'unica soluzione. Per i Siti di interesse nazionale, i tempi e le modalita' di approvazione delle fasi di cui sopra potranno essere disciplinate con appositi Accordi di Programma.

Il presente documento fa riferimento ai siti potenzialmente contaminati che non rientrano nella fattispecie a cui si applicano le procedure semplificate dell'Allegato 4.

PREDISPOSIZIONE DEL PIANO DI INDAGINI AMBIENTALI FINALIZZATO ALLA DEFINIZIONE DELLO STATO AMBIENTALE DEL SOTTOSUOLO

Tale fase si attua attraverso:

1. Raccolta dei dati esistenti ed elaborazione del Modello Concettuale Preliminare

2. Elaborazione del Piano di Investigazione Iniziale comprendente: indagini, campionamenti e analisi da svolgere mediante prove in sito ed analisi di laboratorio

3. Ogni altra indagine, campionamento e analisi finalizzati alla definizione dello stato ambientale del sottosuolo e dei livelli di concentrazione accettabili per il terreno e le acque sotterranee

Modello concettuale preliminare

Il modello concettuale preliminare e' realizzato sulla base delle informazioni storiche disponibili prima dell'inizio del Piano di investigazione, nonche' di eventuali indagini condotte nelle varie matrici ambientali nel corso della normale gestione del sito. Con il modello concettuale preliminare vengono infatti descritte: caratteristiche specifiche del sito in termini di potenziali fonti della contaminazione; estensione, caratteristiche e qualita' preliminari delle matrici ambientali influenzate dalla presenza dell'attivita' esistente o passata svolta sul sito; potenziali percorsi di migrazione dalle sorgenti di contaminazione ai bersagli individuati. Tale modello deve essere elaborato prima di condurre l'attivita' di campo in modo da guidare la definizione del Piano di investigazione. Parte integrante e fondamentale del modello concettuale del sito e' la definizione preliminare, sulla base delle informazioni storiche a disposizione, delle caratteristiche idrogeologiche degli acquiferi superficiali e profondi in quanto possibili veicoli della contaminazione.

Per la redazione del Modello Concettuale preliminare dovranno essere considerate le eventuali indagini condotte nelle varie matrici ambientali nel corso della normale gestione del sito, prima dell'attuazione del piano di indagini.

Piano di indagini

Il piano di indagini dovra' contenere la dettagliata descrizione delle attivita' che saranno svolte in campo ed in laboratorio per la caratterizzazione ambientale del sito. Il Proponente dovra' includere in tale documento le specifiche tecniche per l'esecuzione delle attivita' (procedure di campionamento, le misure di campo, modalita' di identificazione, conservazione e trasporto dei campioni, metodiche analitiche, ecc.) che una volta approvate dalle Autorita' Competenti, prima dell'inizio dei lavori, costituiranno il protocollo applicabile per la caratterizzazione del sito.

Le fonti potenziali di inquinamento sono definite sulla base del Modello Concettuale Preliminare del sito e comprendono: luoghi di accumulo e stoccaggio di rifiuti e materiali, vasche e serbatoi interrati e fuori terra, pozzi disperdenti, cumuli di rifiuti in contenitori o dispersi, tubazioni e fognature, ecc...

Le indagini avranno l'obiettivo di:

verificare l'esistenza di inquinamento di suolo, sottosuolo e acque sotterranee;

definire il grado, l'estensione volumetrica dell'inquinamento;

delimitare il volume delle aree di interramento di rifiuti;

individuare le possibili vie di dispersione e migrazione degli inquinanti dalle fonti verso i potenziali ricettori;

ricostruire le caratteristiche geologiche ed idrogeologiche dell'area al fine di sviluppare il modello concettuale definitivo del sito;

ottenere i parametri necessari a condurre nel dettaglio l'analisi di rischio sito specifica;

individuare i possibili ricettori.

A tal fine devono essere definiti:

l'ubicazione e tipologia delle indagini da svolgere, sia di tipo diretto, quali sondaggi e piezometri, sia indiretto, come i rilievi geofisici;

il piano di campionamento di suolo, sottosuolo, rifiuti e acque sotterranee;

il piano di analisi chimico-fisiche e le metodiche analitiche;

la profondita' da raggiungere con le perforazioni, assicurando la protezione degli acquiferi profondi ed evitando il rischio di contaminazione indotta dal campionamento;

le metodologie di interpretazione e restituzione dei risultati.

Ubicazione dei punti di campionamento

L'ubicazione dei punti di campionamento deve essere stabilita in modo da corrispondere agli obiettivi indicati nei criteri generali.

Per ogni matrice ambientale investigata (suolo, sottosuolo, acque sotterranee) si possono presentare due principali strategie per selezionare l'ubicazione dei punti di sondaggio e prelievo:

1. La scelta e' basata sull'esame dei dati storici a disposizione e su tutte le informazioni sintetizzate nel modello concettuale preliminare e deve essere mirata a verificare le ipotesi formulate nel suddetto modello in termini di presenza, estensione e potenziale diffusione della contaminazione; questa scelta e' da preferirsi per i siti complessi qualora le informazioni storiche e impiantistiche a disposizione consentano di prevedere la localizzazione delle aree piu' vulnerabili e delle piu' probabili fonti di contaminazione ubicazione "ragionata".

2. la scelta della localizzazione dei punti e' effettuata sulla base di un criterio di tipo casuale o statistico, ad esempio campionamento sulla base di una griglia predefinita o casuale; questa scelta e' da preferirsi ogni volta che le dimensioni dell'area o la scarsita' di informazioni storiche e impiantistiche sul sito non permettano di ottenere una caratterizzazione preliminare soddisfacente e di prevedere la localizzazione delle piu' probabili fonti di contaminazione ["ubicazione sistematica"]

A seconda della complessita' del sito, i due approcci di cui sopra possono essere applicati contemporaneamente in funzione del differente utilizzo delle aree del sito. In particolare, nella scelta dei punti di indagine si terra' conto della diversita' tra aree dismesse e/o libere da impianti e aree occupate da impianti, collocando i
punti di campionamento in corrispondenza dei punti di criticita', valutando nel contempo la configurazione impiantistica e lo schema dei relativi sottoservizi.

Oltre ai criteri di cui sopra, l'applicazione di tecniche indirette di indagine, la dove applicabili (analisi del gas interstiziale del suolo, indagini geofisiche indirette, ecc.), potra' essere utilizzata al fine di determinare una migliore ubicazione dei punti di indagine diretta (prelievi di terreno e acqua) ed ottenere una maggiore copertura arcale delle informazioni. In tal caso il proponente potra' presentare un piano di indagini per approfondimenti successivi utilizzando le indagini indirette per formulare il modello concettuale preliminare del sito e concordando con le Autorita' competenti modalita' di discussione ed approvazione degli stati di avanzamento delle indagini. In tal caso il piano di indagini dovra' contenere una dettagliata descrizione della validita' e della applicabilita' delle tecniche di indagine indirette utilizzate.

Al fine di conoscere la qualita' delle matrici ambientali (valori di fondo) dell'ambiente in cui e' inserito il sito potra' essere necessario prelevare campioni da aree adiacenti il sito. Tali campioni verranno utilizzati per determinare i valori di concentrazione delle sostanze inquinanti per ognuna delle componenti ambientali rilevanti per il sito in esame; nel caso di campionamento di suoli, la profondita' ed il tipo di terreno da campionare deve corrispondere, per quanto possibile, a quelli dei campioni raccolti nel sito.

Selezione delle sostanze inquinanti da ricercare

La selezione dei parametri dovra' avvenire essenzialmente sulla base seguente processo:

Esame del ciclo produttivo e/o dei dati storici del sito (processo industriale, materie prime, intermedi, prodotti e reflui generati nel caso di un'area industriale dimessa; materiali smaltiti nel caso di una discarica; prodotti coinvolti nel caso di versamenti accidentali, eventuali analisi esistenti, etc.), per la definizione di un "set standard" di analiti (sia per le analisi dei terreni sia per quelle delle acque sotterranee) concettualmente applicabile, nel corso delle indagini, alla generalita' delle aree di interesse.

Esame dello stato fisico, della stabilita' e delle caratteristiche di reale pericolosita' delle sostanze individuate nel "set standard" di analiti di cui al punto precedente per eseguire solo su queste la caratterizzazione completa di laboratorio; Nei punti distanti dalle possibili sorgenti di contaminazione si potra' inoltre selezionare un numero limitato di parametri indicatori, scelti sulla base della tossicita' e mobilita' dei contaminanti e dei relativi prodotti di trasformazione.

Il percorso logico di cui sopra dovra' essere validato prima dell'inizio dei lavori con l'approvazione del Piano di Indagini presentato dal proponente.

Si potra' valutare la possibilita' e l'opportunita' di modulare il piano analitico in funzione delle peculiarita' delle varie sub aree di interesse, individuando set specifici.

Modalita' di esecuzione sondaggi e piezometri

I sondaggi saranno eseguiti, per quanto possibile, mediante carotaggio continuo a infissione diretta, rotazione/rotopercussione a secco, utilizzando un carotiere di diametro idoneo ed evitando fenomeni di surriscaldamento.

I sondaggi da attrezzare a piezometro saranno realizzati, per quanto possibile, a carotaggio continuo a rotazione/rotopercussione a secco, utilizzando un carotiere di diametro idoneo.

Campionamento terreni e acque sotterranee

Tutte le operazioni che saranno svolte per il campionamento delle matrici ambientali, il prelievo, la formazione, il trasporto e la conservazione del campione e per le analisi di laboratorio dovranno essere documentate con verbali quotidiani.

Dovra' inoltre essere riportato l'elenco e la descrizione dei materiali e delle principali attrezzature utilizzati.

Il piano di indagini dovra' contenere una dettagliata descrizione delle procedure di campionamento dei terreni e delle acque, le misure da effettuare in campo, le modalita' di identificazione, conservazione e trasporto dei campioni, che una volta approvate dalle Autorita' Competenti, prima dell'inizio dei lavori, costituiranno l'unico protocollo applicabile per la caratterizzazione del sito.

Ogni campione e' suddiviso in due aliquote, una per l'analisi da condurre ad opera dei soggetti privati, una per archivio a disposizione dell'ente di controllo. L'eventuale terza aliquota, quando richiesta, sara' confezionata in contraddittorio solo alla presenza dell'ente di controllo, sigillando il campione che verra' firmato dagli addetti incaricati, verbalizzando il relativo prelievo. La copia di archivio verra' conservata a temperatura idonea, sino all'esecuzione e validazione delle analisi di laboratorio da parte dell'ente di controllo preposto.

Terreni

I criteri che devono essere adottati nella formazione di campioni di terreno che si succedono lungo la colonna di materiali prelevati sono:

ottenere la determinazione della concentrazione delle sostanze inquinanti per strati omogenei dal punto di vista litologico;

prelevare separatamente, in aggiunta ai campioni previsti per sondaggio, materiali che si distinguono per evidenze di inquinamento o per caratteristiche organolettiche, chimico-fisiche e litologico-stratigrafiche. Analisi di campo e analisi semiquantitative (p.es. test in sito dello spazio di testa) potranno essere utilizzate, laddove applicabili, per selezionare tali campioni e per ottenere una maggiore estensione delle informazioni sulla verticale. I campioni relativi a particolari evidenze o anomalie sono formati per spessori superiori ai 50 cm.

Per corrispondere ai criteri indicati, da ciascun sondaggio i campioni dovranno essere formati distinguendo almeno:

campione 1: da 0 a -1 metro dal piano campagna;

campione 2: 1 m che comprenda la zona di frangia capillare;

campione 3: 1 nella zona intermedia tra i due campioni precedenti.

Con eccezione dei casi in cui esista un accumulo di rifiuti nella zona satura, la caratterizzazione del terreno sara' concentrata sulla zona insatura. Quando il campionamento dei terreni e' specificatamente destinato a composti volatili, non viene previsto il campionamento in doppia aliquota.

Il campione dovra' essere formato immediatamente a seguito dell'estrusione del materiale dal carotiere in quantita' significative e rappresentative.

Un apposito campione dovra' essere prelevato nel Caso in cui si debba provvedere alla classificazione granulometrica del terreno.

Quando sono oggetto di indagine rifiuti interrati, in particolare quando sia prevista la loro rimozione e smaltimento come rifiuto, si procedera' al prelievo e all'analisi di un campione medio del materiale estratto da ogni posizione di sondaggio.

I sondaggi, dopo il prelievo dei campioni di terreno, saranno sigillati con riempimento dall'alto o iniezione di miscele bentonitiche dal fondo.

Acque sotterranee

Ai fini del presente documento si intende rappresentativo della composizione delle acque sotterranee il campionamento dinamico

Qualora debba essere prelevata solamente la fase separata di sostanze non miscibili oppure si sia in presenza di acquiferi poco produttivi, puo' essere utilizzato il campionamento statico.

Qualora sia rinvenuto nei piezometri del prodotto surnatante in fase libera, occorrera'. provvedere ad un campionamento selettivo del prodotto; sui campioni prelevati saranno condotti i necessari accertamenti di laboratorio finalizzati alla sua caratterizzazione per determinarne se possibile l'origine,

Metodiche analitiche

Le attivita' analitiche verranno eseguite da laboratori pubblici o privati che garantiscano di corrispondere ai necessari requisiti di qualita'. Le metodiche analitiche applicate dovranno essere concordate fra le parti prima dell'inizio dei lavori, in fase di approvazione del piano di indagine proposto.

Analisi chimica dei terreni

Ai fini di ottenere l'obiettivo di ricostruire il profilo verticale della concentrazione degli inquinanti nel terreno, i campioni da portare in laboratorio dovranno essere privi della frazione maggiore di 2 cm (da scartare in campo) e le determinazioni analitiche in laboratorio dovranno essere condotte sull'aliquota di granulometria inferiore a 2 mm. La concentrazione del campione dovra' essere determinata riferendosi alla totalita' dei materiali secchi, comprensiva anche dello scheletro.

Le analisi chimiche saranno condotte adottando metodologie ufficialmente riconosciute, tali da garantire l'ottenimento di valori 10 volte inferiori rispetto ai valori di concentrazione limite.

Analisi chimica delle acque

Le analisi chimiche saranno condotte adottando metodologie ufficialmente riconosciute, tali da garantire l'ottenimento di valori 10 volte inferiori rispetto ai valori (li concentrazione limite.

Atti di controllo

Le attivita' di controllo da parte della Pubblica Autorita' sara' soprattutto qualitativo e potra' essere realizzato durante lo svolgimento delle attivita' di campo, attraverso la verifica dell'applicazione delle specifiche definite nel Piano di

Indagini. Le attivita' di campo, saranno descritte e cura del responsabile del sito, con la redazione del Giornale dei Lavori, che sara' verificato e validato dai Responsabili degli Enti preposti al controllo.

Le attivita' di controllo da parte degli enti preposti, potra' essere realizzato durante lo svolgimento delle analisi di laboratorio, seguendone le diverse fasi. I Responsabili degli Enti preposti al controllo, potranno pertanto verificare, attraverso un sistema di controllo qualita', la corretta applicazione :

delle metodiche analitiche;

dei sistemi utilizzati;

del rispetto delle Buone Pratiche di Laboratorio.

Tutte le fasi operative di laboratorio, comprese le attivita' di controllo degli Enti preposti, saranno descritte nel giornale lavori di laboratorio, che potra' essere verificato e validato dai Responsabili degli stessi Enti.

La validazione dell'intero percorso analitico, dal prelievo dal campione alla restituzione del dato, potra' essere eseguita dagli Enti di Controllo, attraverso l'approvazione dei certificati analitici.

ESECUZIONE DI EVENTUALI INDAGINI INTEGRATIVE

Sulla base dei risultati del Piano di Indagini eseguito in conformita' con le specifiche in esso contenute, il Proponente potra' procedere, se ritenuto necessario, alla predisposizione di indagini integrative mirate alla migliore definizione del Modello Concettuale Definitivo del sito.

Per indagini integrative si intendono quindi tutte le indagini mirate alla definizione dei parametri sito specifici necessari per l'applicazione dell'analisi di rischio ed eventualmente alla migliore calibrazione dei modelli di calcolo impiegati, che non sia stati possibile caratterizzare con le indagini iniziali. Tali indagini possono includere: campionamenti e analisi di terreno e acque sotterranee con le modalita' riportate ai paragrafi precedenti; prove specifiche per verificare la stabilita' e la mobilita' dei contaminanti (test di permeabilita', test di cessione, ecc.); prove e test in sito per verificare la naturale attenuazione dei contaminanti nel terreno e nelle acque sotterranee.

Tutte le indagini integrative proposte saranno dettagliatamente descritte e motivate in un documento tecnico che sara' presentato dal Proponente, prima dell'inizio dei lavori, alla Autorita' Competenti, per eventuali prescrizioni.

RAPPRESENTAZIONE DELLO STATO DI CONTAMINAZIONE DEL SOTTOSUOLO

Tutti i risultati analitici ricavati nel corso delle fasi di indagine costituiscono la base di dati a cui riferirsi per definire il modello concettuale del sito e definire il grado e l'estensione della contaminazione nel sito.

L'obiettivo e' quello di raccogliere e rappresentare tutti gli elementi che servono a definire: l'estensione dell'area da bonificare; i volumi di suolo contaminato; le caratteristiche rilevanti dell'ambiente naturale e costruito; il grado di inquinamento delle diverse matrici ambientali.

L'elaborazione dei risultati analitici deve esprimere l'incertezza del valore di concentrazione determinato per ciascun campione: in considerazione della eterogeneita' delle matrici suolo, sottosuolo e materiali di riporto la deviazione standard per ogni valore di concentrazione determinato, da confrontare con i valori di concentrazione limite accettabili, dovra' essere stabilita sulla base del confronto delle metodologie che si intendono adottare per il campionamento e per le analisi dei campioni di terreno e di acqua.

Nella relazione che accompagna la presentazione dei risultati delle analisi devono essere riportati i metodi e calcoli statistici adottati nell'espressione dei risultati e della deviazione standard.

I risultati delle attivita' di indagine svolte sul sito e in laboratorio devono essere espressi sotto forma di tabelle di sintesi, di rappresentazioni grafiche e cartografiche, tra cui devono essere realizzate:

carte geologiche, strutturali ed idrogeologiche;

carte dell'ubicazione delle indagini svolte e dei punti di campionamento;

carte piezometriche, con evidenziazione delle direzioni prevalenti di flusso e dei punti di misura;

carte di rappresentazione della contaminazione.

In particolare, carte di rappresentazione della isoconcentrazione dei contaminanti (es. curve di isoconcentrazione) potranno essere utilizzate principalmente per le acque sotterranee e applicate alla contaminazione del terreno qualora le condizioni di omogeneita' del sottosuolo lo consentano.

Per i Siti di Interesse nazionale, potra' essere realizzata una banca-dati informatizzata collegata ad un Sistema Informativo Territoriale (SIT/GIS) per permettere la precisa archiviazione di tutti dati relativi al sito e dei risultati di ogni tipo di investigazione.

ELABORAZIONE DI UN MODELLO CONCETTUALE DEFINITIVO DEL SITO

L'elaborazione di un Modello Concettuale Definitivo del sito e' mirata alla rappresentazione dell'interazione tra lo stato di contaminazione del sottosuolo, ricostruita e rappresentala conformemente al paragrafo precedente, e l'ambiente naturale e/o costruito. Il Modello Concettuale costituisce pertanto la base per l'applicazione dell'Analisi di Rischio che dovra' verificare gli scenari di esposizione in esso definiti. Il Modello Concettuale Definitivo include:

- le caratteristiche specifiche del sito in termini di stato delle potenziali fonti della contaminazione (attive, non attive, in sicurezza, ecc.);

- grado ed estensione della contaminazione del suolo, del sottosuolo, delle acque superficiali e sotterranee del sito e dell'ambiente da questo influenzato; a tale fine dovranno essere individuati dei parametri specifici di rappresentazione (ad esempio;

concentrazione media della sorgente secondaria di contaminazione);
- percorsi di migrazione dalle sorgenti di contaminazione ai bersagli individuati nello scenario attuale (siti in esercizio) o nello scenario futuro (in caso di riqualificazione dell'area).

Informazioni di dettaglio sulla formulazione del Modello Concettuale Definitivo ai fini dell'applicazione dell'Analisi di Rischio sono riportate nell'Allegato 1. In particolare, nel caso di siti in esercizio, il modello concettuale dovra' inoltre includere tutte le informazioni necessarie per stabilire le priorita' di intervento per la eventuale verifica delle sorgenti primarie di contaminazione e la messa in sicurezza e bonifica del sottosuolo.

Parte integrante del modello concettuale del sito e' la definizione del modello idrogeologico dell'area che descrive in dettaglio le caratteristiche idrogeologiche degli acquiferi superficiali e profondi in quanto possibili veicoli della contaminazione.

IDENTIFICAZIONE DEI LIVELLI DI CONCENTRAZIONE RESIDUA ACCETTABILI

Fatto salvo quanto previsto per i casi in cui si applicano le procedure semplificate di cui in Allegato 4, la Caratterizzazione del sito si riterra' conclusa con la definizione da parte del Proponente e l'approvazione da parte delle Autorita' Competenti, dei livelli di concentrazione residua accettabili nel terreno e nelle acque sotterranee mediante l'applicazione dell'analisi di rischio secondo quanto previsto dall'Allegato 1.

L'Analisi di Rischio dovra' essere sviluppata verificando i percorsi di esposizione attivi individuati dal Modello Concettuale di cui al paragrafo precedente.

ALLEGATO 3

CRITERI GENERALI PER LA SELEZIONE E L'ESECUZIONE DEGLI INTERVENTI DI BONIFICA E RIPRISTINO AMBIENTALE, DI MESSA IN SICUREZZA (D'URGENZA, OPERATIVA O PERMANENTE), NONCHE' PER L'INDIVIDUAZIONE DELLE MIGLIORI TECNICHE D'INTERVENTO A COSTI SOPPORTABILI

Premessa

Il presente allegato si propone di illustrare i criteri generali da seguire sia nella selezione che nell'esecuzione degli interventi di bonifica e ripristino ambientale, di messa in sicurezza d'urgenza, messa in sicurezza operativa, messa in sicurezza permanente, nonche' degli interventi in cui si faccia ricorso a batteri, ceppi batterici mutanti e stimolanti di batteri naturalmente presenti nel suolo.

Sono presentate, quindi, le diverse opzioni da prendere in considerazione sia per pervenire ad un'effettiva eliminazione/riduzione della contaminazione, sia per conseguire un"efficace azione di protezione delle matrici ambientali influenzate dagli effetti del sito, mediante la messa in sicurezza dello stesso, qualora le tecniche di bonifica dovessero risultare meno efficaci, ovvero non sostenibili economicamente ovvero non compatibili con la prosecuzione delle attivita' produttive.

Per i siti "in esercizio", infatti, laddove un intervento di bonifica intensivo comporterebbe delle limitazioni se non l'interruzione delle attivita' di produzione, il soggetto responsabile dell'inquinamento o il proprietario del sito puo' ricorrere, in alternativa, ad interventi altrettanto efficaci di messa in sicurezza dell'intero sito, finalizzati alla protezione delle matrici ambientali sensibili mediante il contenimento degli inquinanti all'interno dello stesso, e provvedere gradualmente all'eliminazione delle sorgenti inquinanti secondarie in step successivi programmati, rimandando la bonifica alla dismissione delle attivita'.

Le modalita' di gestione dei rifiuti e delle acque di scarico, o meglio, gli accorgimenti tecnici che possono essere previsti e progettati per evitare la produzione di rifiuti (per es. il riutilizzo delle acque e dei terreni) incidono in maniera determinante sui costi di un intervento a parita' di obiettivi di bonifica o di messa in sicurezza da raggiungere.

Tale situazione e' particolarmente rilevante nel caso di siti in esercizio.

Criteri generali per gli interventi di bonifica e di messa in sicurezza Interventi di bonifica

La bonifica di un sito inquinato e' finalizzata ad eliminare l'inquinamento delle matrici ambientali o a ricondurre le concentrazioni delle sostanze inquinanti in

suolo, sottosuolo, acque sotterranee e superficiali, entro i valori soglia di contaminazione (CSC) stabiliti per la destinazione d'uso prevista o ai valori di concentrazione soglia di rischio (CSR) definiti in base ad una metodologia di Analisi di Rischio condotta per il sito specifico sulla base dei criteri indicati nell'Allegato I.

Interventi di messa in sicurezza

Gli interventi di messa in sicurezza sono finalizzati alla rimozione e all'isolamento delle fonti inquinanti, e al contenimento della diffusione degli inquinanti per impedirne il contatto con l'uomo e con i recettori ambientali circostanti.

Essi hanno carattere di urgenza in caso di rilasci accidentali o di improvviso accertamento di una situazione di contaminazione o di pericolo di

contaminazione (messa in sicurezza d'urgenza), ovvero di continuita' e compatibilita' con le lavorazioni svolte nei siti produttivi in esercizio (messa in sicurezza operativa), ovvero di definitivita' nei casi in cui, nei siti non interessati da attivita' produttive in esercizio, non sia possibile procedere alla rimozione degli inquinanti pur applicando le migliori tecnologie disponibili a costi sopportabili di cui al presente allegato (messa in sicurezza permanente).

La messa in sicurezza di un sito inquinato e' comprensiva delle azioni di monitoraggio e controlli) finalizzate alla verifica nel tempo delle soluzioni adottate ed il mantenimento dei valori di concentrazione degli inquinanti nelle matrici ambientali interessate al di sotto dei valori soglia di rischio (CSR).

Gli interventi di bonifica e di messa in sicurezza devono essere condotti secondo i seguenti criteri tecnici generali:

a) privilegiare le tecniche di bonifica che riducono permanentemente e significativamente la concentrazione nelle diverse matrici ambientali, gli effetti tossici e la mobilita' delle sostanze inquinanti;

b) privilegiare le tecniche di bonifica tendenti a trattare e riutilizzare il suolo nel sito, trattamento in-situ ed on-site del suolo contaminato, con conseguente riduzione dei rischi derivanti dal trasporto e messa a discarica di terreno inquinato;

c) privilegiare le tecniche di bonifica/messa in sicurezza permanente che blocchino le sostanze inquinanti in composti chimici stabili (ed es. fasi cristalline stabili per metalli pesanti).

a) privilegiare le tecniche di bonifica che permettono il trattamento e il riutilizzo nel sito anche dei materiali eterogenei o di risulta utilizzati nel sito come materiali di riempimento;

b) prevedere il riutilizzo del suolo e dei materiali eterogenei sottoposti a trattamenti off-site sia nel sito medesimo che in altri siti che presentino le caratteristiche ambientali e sanitarie adeguate;

c) privilegiare negli interventi di bonifica e ripristino ambientale l'impiego di materiali organici di adeguata qualita' provenienti da attivita' di recupero di rifiuti urbani;

d) evitare ogni rischio aggiuntivo a quello esistente di inquinamento dell'aria, delle acque sotterranee e superficiali, del suolo e sottosuolo, nonche' ogni inconveniente derivante da rumori e odori;

e) evitare rischi igienico-sanitari per la popolazione durante lo svolgimento degli interventi;

f) adeguare gli interventi di ripristino ambientale alla destinazione d'uso e alle caratteristiche morfologiche, vegetazionali e paesistiche dell'area.

g) per la messa in sicurezza privilegiare gli interventi che permettano il trattamento in situ ed il riutilizzo industriale dei terreni, dei materiali di risulta e delle acque estratte dal sottosuolo, al fine di conseguire una riduzione del volume di rifiuti prodotti e della loro pericolosita';

h) adeguare le misure di sicurezza alle caratteristiche specifiche del sito e dell'ambiente da questo influenzato;

i) evitare ogni possibile peggioramento dell'ambiente e del paesaggio dovuto dalle opere da realizzare.

Nel progetto relativo agli interventi da adottare si dovra' presentare, infatti, una dettagliata analisi comparativa delle diverse tecnologie di intervento applicabili al sito in esame, in considerazione delle specifiche caratteristiche dell'area, in termini di' efficacia nel raggiungere gli obiettivi finali, concentrazioni residue, tempi di esecuzione, impatto sull'ambiente circostante degli interventi; questa analisi deve essere corredata da un'analisi dei costi delle diverse tecnologie. Le alternative presentate dovranno permettere di comparare l'efficacia delle tecnologie anche in considerazione delle risorse economiche disponibili per l'esecuzione degli interventi.

Nel progetto si dovra' inoltre indicare se, qualora previste, si dovra' procedere alla rimozione o al mantenimento a lungo termine delle misure di sicurezza, e dei relativi controlli e monitoraggi.

Messa in sicurezza d'urgenza

Gli interventi di messa in sicurezza (l'urgenza sono mirati a rimuovere le fonti inquinanti primarie e secondarie, ad evitare la diffusione dei contaminanti dal sito verso zone non inquinate e matrici ambientali adiacenti, ad impedire il contatto diretto della popolazione con la contaminazione presente.

Gli interventi di messa in sicurezza d'urgenza devono essere attuati tempestivamente a seguito di incidenti o all'individuazione di una chiara situazione di pericolo di inquinamento dell'ambiente o di rischio per la salute umana, per rimuovere o isolare le fonti di contaminazione e attuare azioni mitigative per prevenire ed eliminare pericoli immediati verso l'uomo e l'ambiente circostante. Tali interventi, in assenza di dati specifici, vengono definiti in base ad ipotesi cautelative.

Di seguito vengono riportate le principali tipologie di interventi di messa in sicurezza d'urgenza:

- rimozione dei rifiuti ammassati in superficie, svuotamento di vasche, raccolta sostanze pericolose sversate;
- pompaggio liquidi inquinanti galleggianti, disciolti o depositati in acquiferi superficiali o sotterranei;
- installazione di recinzioni, segnali di pericolo e altre misure di sicurezza e sorveglianza;
- installazione di trincee drenanti di recupero e controllo;
- costruzione o stabilizzazione di argini;
- copertura o impermeabilizzazione temporanea di suoli e fanghi contaminati;
- rimozione o svuotamento di bidoni o container abbandonati, contenenti materiali o sostanze potenzialmente pericolosi.

In caso di adozione di interventi di messa in sicurezza d"urgenza sono previste attivita' di monitoraggio e controllo finalizzate a verificare il permanere nel tempo delle condizioni che assicurano la protezione ambientale e della salute pubblica.

Messa in sicurezza operativa

Gli interventi di messa in sicurezza operativa si applicano ai siti contaminati in cui siano presenti attivita' produttive in esercizio.

Tali interventi sono finalizzati a minimizzare o ridurre il rischio per la salute pubblica e per l'ambiente a livelli di accettabilita' attraverso il contenimento degli inquinanti all'interno dei confini del sito, alla protezione delle matrici ambientali sensibili, e alla graduale eliminazione delle sorgenti inquinanti secondarie mediante tecniche che siano compatibili col proseguimento delle attivita' produttive svolte nell'ambito del sito.

Gli interventi di messa in sicurezza operativa sono accompagnati da idonei sistemi di monitoraggio e controllo atti a verificare l'efficacia delle misure adottate e il mantenimento nel tempo delle condizioni di accettabilita' del rischio.

E' opportuno progettare tali interventi dopo aver eseguito la caratterizzazione ambientale del sito, finalizzala ad un'analisi di rischio sito-specifica.

Devono pertanto essere acquisite sufficienti informazioni sulla contaminazione presente, sulle caratteristiche degli acquiferi sottostanti e delle altre possibili vie di migrazione degli inquinanti, sui possibili punti di esposizione, e sui probabili bersagli ambientali ed umani.

Nelle operazioni di messa in sicurezza devono essere privilegiate le soluzioni tecniche che consentano di minimizzare la produzione di rifiuti e pertanto favoriscano:
- il trattamento on-site ed il riutilizzo del terreno eventualmente estratto dal sottosuolo;
- il riutilizzo nel sito come materiali di riempimento anche dei materiali eterogenei e di risulta;
- la reintroduzione nel ciclo di lavorazione delle materie prime recuperate;
- il risparmio idrico mediante il riutilizzo industriale delle acque emunte dal sottosuolo;

Le misure di messa in sicurezza operativa si distinguono in:
- mitigative;
- di contenimento.

Misure mitigative

Per misure mitigative della messa in sicurezza operativa si intendono gli interventi finalizzati ad isolare, immobilizzare, rimuovere gli inquinanti dispersi nel suolo, sottosuolo, acque superficiali e sotterranee.

Esse sono attuate in particolare con:
- sistemi fissi o mobili di emungimento e recupero con estrazione monofase o plurifase;
- trincee drenanti;
- sistemi di ventilazione del sottosuolo insaturo e degli acquiferi ed estrazione dei vapori;
- sistemi gestionali di pronto intervento in caso di incidente che provochi il rilascio di sostanze inquinanti sul suolo, sottosuolo, corpi idrici;

Misure di contenimento

Esse hanno il compito di impedire la migrazione dei contaminanti verso ricettori ambientali sensibili, quali acque superficiali e sotterranee. Esse sono generalmente applicate in prossimita' dei confini del sito produttivo.

Esse si dividono in:
- misure di sbarramento passive di natura fisica o statica;
- misure di sbarramento attive di natura idraulica o dinamica;
- misure di sbarramento reattive di natura chimica.

Tra le prime si possono elencare:
- barriere o diaframmi verticali in acciaio o in altri materiali impermeabili; essi possono essere realizzati mediante infissione, escavazione, gettiniezione, iniezione, congelamento, miscelazione in situ, o misti di due o piu' delle precedenti tipologie;
- sistemi di impermeabilizzazione sotterranei e di immobilizzazione degli inquinanti.

Tra le misure attive e di natura idraulica vi sono:
- sbarramenti realizzati con pozzi di emungimento con pompaggio adeguato ad intercettare il flusso di sostanze inquinanti presenti nelle acque sotterranee;
- trincee di drenaggio delle acque sotterranee possibilmente dotate di sistemi di prelievo di acque contaminate;
- sistemi idraulici di stabilizzazione degli acquiferi sotterranei;

Le misure di sbarramento di tipo reattivo operano l'abbattimento delle concentrazioni degli inquinanti nelle acque di falda mediante sistemi costituiti da sezioni filtranti in cui vengono inseriti materiali in grado di degradare i contaminanti (barriere reattive permeabili).

Bonifica e ripristino ambientale; messa in sicurezza permanente

Tali tipologie possono considerarsi come interventi definitivi da realizzarsi sul sito non interessato da attivita' produttive in esercizio, al fine di renderlo fruibile per gli utilizzi previsti dagli strumenti urbanistici.

La definizione e la realizzazione degli interventi di bonifica/messa in sicurezza permanente devono essere precedute da un'accurata attivita' di caratterizzazione del sito inquinato e dell'area soggetta agli effetti dell'inquinamento presente nel sito, sulla base dei criteri di cui all'Allegato 2.

Gli obiettivi di bonifica o della messa in sicurezza permanente sono determinati mediante un"analisi di rischio condotta per il sito specifico secondo i criteri di cui all'Allegato 1, e devono tener conto della specifica destinazione d'uso prevista.

La scelta della soluzione da adottare tiene conto del processo di valutazione dei benefici ambientali e della sostenibilita' dei costi delle diverse tecniche applicabili, secondo i criteri di seguito, anche in relazione alla destinazione d'uso del sito.

La definizione di un programma di bonifica/messa in sicurezza permanente e ripristino ambientale di un sito inquinato puo' essere schematizzata in questo modo:
- definizione della destinazione d'uso del sito prevista dagli strumenti urbanistici;
- acquisizione dei dati di caratterizzazione del sito, dell'ambiente e del territorio influenzati, secondo i criteri defunti nell'Allegato 2;
- definizione degli obiettivi da raggiungere, secondo i criteri definiti nell'Allegato 1, e selezione della tecnica di bonifica.
- selezione della tecnica di bonifica e definizione degli obiettivi da raggiungere, secondo i criteri definiti nell'Allegato 1;
- selezione delle eventuali misure di sicurezza aggiuntive;
- studio della compatibilita' ambientale degli interventi;
- definizione dei criteri di accettazione dei risultati;
- controllo e monitoraggio degli interventi di bonifica/messa in sicurezza permanente e delle eventuali misure di sicurezza,
- definizione delle eventuali limitazioni e prescrizioni all'uso del sito.

Gli interventi di bonifica/messa in sicurezza permanente devono assicurare per ciascun sito in esame il raggiungimento degli obiettivi previsti col minor impatto ambientale e la maggiore efficacia, in termini di accettabilita' del rischio di eventuali concentrazioni residue nelle matrici ambientali e di protezione dell'ambiente e della salute pubblica.

Il sistema di classificazione generalmente adottato per individuare la tipologia di intervento definisce:
- interventi in-situ: effettuati senza movimentazione o rimozione del suolo;
- interventi ex situ on-site: cori movimentazione e rimozione di materiali e suolo inquinato, ma con trattamento nell'area del sito stesso e possibile riutilizzo;
- interventi ex situ off-site: con movimentazione e rimozione di materiali e suolo inquinato fuori dal sito stesso, per avviare i materiali e il suolo negli impianti di trattamento autorizzati o in discarica.

Il collaudo degli interventi di bonifica/messa in sicurezza permanente dovra' valutare la rispondenza tra il progetto definitivo e la realizzazione in termini di:
- raggiungimento delle concentrazioni soglia di contaminazione (CSC) o di concentrazioni soglia di rischio (CSR) in caso di intervento di bonifica;
- efficacia delle misure di sicurezza in caso di messa in sicurezza

permanente, in particolare di quelle adottate al fine di impedire la migrazione degli inquinanti all'esterno dell'area oggetto dell'intervento;

- efficienza di sistemi, tecnologie, strumenti e mezzi utilizzati per la bonifica/messa in sicurezza permanente, sia durante l'esecuzione che al termine delle attivita' di bonifica e ripristino ambientale o della messa in sicurezza permanente.

Protezione dei lavoratori

L'applicazione di un intervento di bonifica/messa in sicurezza permanente e ripristino ambientale di un sito inquinato deve garantire che non si verifichino emissioni di sostanze o prodotti intermedi pericolosi per la salute degli operatori che operano sul sito, sia durante l'esecuzione delle indagini, dei sopralluoghi, del monitoraggio, del campionamento e degli interventi.

Per ciascun sito in cui i lavoratori sono potenzialmente esposti a sostanze pericolose sara' previsto un piano di protezione con lo scopo di indicare i pericoli per la sicurezza e la salute che possono esistere in ogni fase operativa ed identificare le procedure per la protezione dei dipendenti. Il piano di protezione sara' definito in conformita' a quanto previsto dalle norme vigenti in materia di protezione dei lavoratori.

Monitoraggio

Le azioni di monitoraggio e controllo devono essere effettuate nel corso e al termine di tutte le fasi previste per la messa in sicurezza, per la bonifica e il ripristino ambientale del sito inquinato, al fine di verificare l'efficacia degli interventi nel raggiungere gli obiettivi prefissati.

In particolare:

- al termine delle azioni di messa in sicurezza d'emergenza e operativa;

- a seguito della realizzazione delle misure di sicurezza a valle della bonifica, per verificare che: i valori di contaminazione nelle matrici ambientali influenzate dal sito corrispondano ai livelli di concentrazione residui accettati in fase di progettazione; non siano in atto fenomeni di migrazione dell'inquinamento; sia tutelata la salute pubblica;

- nel corso delle attivita' di bonifica/messa in sicurezza permanente per verificare la congruita' con i requisiti di progetto;

- a seguito del completamento delle attivita' di bonifica/messa in sicurezza permanente e ripristino ambientale, per verificare, durante un congruo periodo di tempo, l'efficacia dell'intervento di bonifica e delle misure di sicurezza.

Criteri generali per gli interventi in cui si faccia ricorso a batteri, ceppi batterici mutanti e stimolanti di batteri naturalmente presenti nel suolo

a) L'uso di inoculi costituiti da microrganismi geneticamente modificati (MGM) negli interventi di bonifica biologica di suolo, sottosuolo, acque sotterranee o superficiali e' consentito limitatamente a sistemi di trattamento completamente chiusi, di seguito indicati come bioreattori. Per bioreattori si intendono strutture nelle quali e' possibile isolare completamente dall'ambiente esterno le matrici da bonificare, una volta asportate dalla giacitura originaria. In questo caso, le reazioni biologiche avvengono all'interno di contenitori le cui vie di ingresso (per l'alimentazione) e di uscita (per il monitoraggio del processo e lo scarico) devono essere a tenuta, in modo da prevenire il rilascio di agenti biologici nell'ambiente circostante.

b) Nei casi previsti in a) e' consentito l'impiego di soli MGM appartenenti al Gruppo 1 di cui alla direttiva 90/219/CEE, recepita col Dlgs. 3 marzo 1993, con emendamenti introdotti dalla Direttiva 94/51 CEE.

c) Il titolare dell'intervento di bonifica che intenda avvalersi di MGM, limitatamente a quanto specificato al capoverso a) deve inoltrare documentata richiesta al Ministero dell'ambiente (o ad altra autorita' competente da designarsi), fornendo le informazioni specificate nell'allegato VB della succitata direttiva. L'impiego di MGM del Gruppo 1 in sistemi chiusi puo' avvenire solo previo rilascio di autorizzazione da parte dell'autorita' competente, la quale e' obbligata a pronunciarsi entro 90 giorni dall'inoltro della richiesta da parte del titolare dell'intervento di bonifica.

d) Una volta terminato il ciclo di trattamento in bioreattore, le matrici, prima di una eventuale ricollocazione nella giacitura originaria, devono essere sottoposte a procedure atte a favorire una diffusa ricolonizzazione da parte di comunita' microbiche naturali, in modo da ricondurre il numero dei MGM inoculati a valori < 103 UFC (unita' formanti colonie) per g di suolo o mL di acqua sottoposti a trattamento di bonifica.

e) Non sono soggetti a limitazioni particolari, anche per gli interventi di bonifica condotti in sistemi non confinati, gli interventi di amplificazione (bioaugmentation) delle comunita' microbiche degradatrici autoctone alle matrici da sottoporre a trattamento biologico ovvero l'inoculazione delle stesse con microrganismi o consorzi microbici naturali, fatta salva la non patogenicita' di questi per l'uomo, gli animali e le piante.

Migliori tecniche disponibili (BAT)

Principi generali e strumenti per la selezione delle migliori tecniche disponibili (BAT)

La scelta della migliore tra le possibili tipologie di intervento descritte nei paragrafi precedenti applicabile in un determinato caso di inquinamento di un sito comporta il bilanciamento di vari interessi in presenza di numerose variabili, sia di ordine generale che soprattutto sito-specifiche, quali in particolare:

- il livello di protezione dell'ambiente che sarebbe desiderabile conseguire;
- l'esistenza o meno di tecniche affidabili in grado di conseguire e mantenere nel tempo detti livelli di protezione;
- l'entita' dei costi di progettazione, realizzazione, gestione monitoraggio, etc da sostenere nelle varie fasi dell'intervento.

La formulazione piu' evoluta cui deve ispirarsi tale bilanciamento di interessi e' data dalla definizione di "migliori tecniche disponibili", contenuta nella Direttiva 96/61/CE, recepita nel nostro ordinamento, che per la prevenzione ed il controllo integrati dell'inquinamento di talune categorie di impianti considera tale "la piu' efficiente ed avanzata fase di sviluppo di attivita' e relativi metodi di esercizio indicanti l'idoneita' pratica di determinate tecniche a costituire, in linea di massima, la base dei valori limite di emissione intesi ad evitare oppure, ove cio' si riveli impossibile, a ridurre in modo generale le emissioni e l'impatto sull'ambiente nel suo complesso". E specifica che si intende per

- "tecniche", sia le tecniche impiegate sia le modalita' di progettazione, costruzione, manutenzione, esercizio e chiusura dell'impianto;
- "disponibili", le tecniche sviluppate su una scala che ne consenta l'applicazione in condizioni economicamente e tecnicamente valide nell'ambito del pertinente comparto industriale, prendendo in considerazione i costi e i vantaggi, indipendentemente dal fatto che siano o meno applicate o prodotte nello Stato membro di cui si tratta, purche' il gestore possa avervi accesso a condizioni ragionevoli;
- "migliori", le tecniche piu' efficaci per ottenere un elevato livello di protezione dell'ambiente nel suo complesso.

Strumenti di supporto nel processo decisionale che porta alla scelta sito-specifica della "migliore tecnica disponibile" da adottare sono costituiti dalle metodiche di analisi costi - efficacia e/o costi - benefici.

ALLEGATO 4

CRITERI GENERALI PER L'APPLICAZIONE DI PROCEDURE SEMPLIFICATE

PREMESSA

Il presente allegato riporta le procedure amministrative e tecnico/operative con le quali gestire situazioni di rischio concreto o potenziale di superamento delle soglie di contaminazione (CSC) per i siti di ridotte dimensioni (quali, ad esempio, la rete di distribuzione carburanti) oppure per eventi accidentali che interessino aree circoscritte, anche nell'ambito di siti industriali, di superficie non superiore a 1000 metri quadri.

CRITERI GENERALI

Il principio che guida gli interventi si basa sulla semplificazione delle procedure amministrative da seguire nel caso di superamento delle CSC nei casi di cui al punto precedente.

PROCEDURE AMMINISTRATIVE

Nel caso in cui anche uno solo dei valori di concentrazione delle sostanze inquinanti presenti in una delle matrici ambientali risulti superiore ai valori delle concentrazioni soglia di contaminazione (CSC), il responsabile deve effettuare una comunicazione di potenziale contaminazione di sito con le seguenti modalita':

1. Comunicazione a Comune, Provincia e Regione territorialmente competente, della constatazione del superamento o del pericolo di superamento delle soglie di contaminazione CSC;

2. - 1° caso

Qualora gli interventi di messa in sicurezza d'emergenza effettuati riportino i valori di contaminazione del sito al di sotto delle CSC, la comunicazione di cui al punto precedente sara' aggiornata, entro trenta giorni, con una relazione tecnica che descriva gli interventi effettuati ed eventuale autocertificazione di avvenuto ripristino della situazione antecedente il superamento con annullamento della comunicazione.

- 2° caso

Qualora invece oltre agli interventi di messa in sicurezza d'emergenza siano necessari interventi di bonifica, il soggetto responsabile puo' scegliere una delle seguenti alternative:

a) Bonifica riportando i valori di contaminazione del sito ai livelli di soglia di contaminazione CSC (senza effettuare l'analisi di rischio).

b) Bonifica portando i valori di contaminazione del sito ai livelli di soglia di rischio CSR effettuando l'analisi di rischio sulla base dei criteri di cui all'allegato 1.

In entrambi i casi verra' presentato alle Autorita' competenti un unico progetto di bonifica che comprendera':

1. la descrizione della situazione di contaminazione riscontrata a seguito delle attivita' di caratterizzazione eseguite,

2. gli eventuali interventi di messa in sicurezza d"emergenza adottati o in fase di esecuzione per assicurare la tutela della salute e dell'ambiente,

3. la descrizione degli interventi di bonifica da eseguire sulla base:

a) dei risultati della caratterizzazione per riportare la contaminazione ai valori di CSC;

oppure

b) dell'analisi di rischio sito-specifica di cui all'allegato 1 per portare la contaminazione ai valori di CSR.

Tale progetto di bonifica dovra' essere approvato dalle autorita' competenti, entro 60 giorni dalla presentazione dello stesso, prima dell'esecuzione degli interventi di bonifica.

- 3° caso

Qualora si riscontri una contaminazione della falda, il soggetto responsabile provvedera' alla presentazione alle autorita' competenti entro novembre di un unico progetto di bonifica che comprendera':

1) la descrizione della situazione di contaminazione riscontrata a seguito delle attivita' di caratterizzazione eseguite,

2) gli eventuali interventi di messa in sicurezza d'emergenza adottati o in fase di esecuzione per assicurare la tutela della salute e dell'ambiente,

3) la descrizione degli interventi di bonifica da eseguire sulla base dell'analisi di rischio sito-specifica di cui all'allegato 1 per portare la contaminazione ai valori di CSR.

Tale progetto di bonifica dovra' essere approvato dalle autorita' competenti, entro sessanta giorni dalla presentazione dello stesso, prima dell'esecuzione degli interventi di bonifica.

4. notifica di ultimazione interventi per richiesta di certificazione da parte dell'autorita' competente.

Procedure Tecniche e Operative

Attivita' di Messa in sicurezza d'urgenza

Le attivita' di messa in sicurezza d'urgenza vengono realizzate a partire dalla individuazione della sorgente di contaminazione, allo scopo di evitare la diffusione dei contaminanti dal sito verso zone non inquinate; tali attivita' possono essere sostitutive degli interventi di bonifica qualora si dimostri che tramite gli interventi effettuati non sussista piu' il superamento delle CSC.

Le attivita' di messa in sicurezza d'urgenza vanno in deroga a qualsiasi autorizzazione, concessione, o nulla osta eventualmente necessario per lo svolgimento delle attivita' inerenti l'intervento.

Caratterizzazione del sito

Per la caratterizzazione del sito valgono i criteri generali di cui all'allegato 2 viste le ridotte dimensioni dei siti oggetto della procedura, si definisce essere 3 il numero minimo di perforazioni da attrezzare eventualmente a piezometro qualora si supponga una contaminazione della falda.

A integrazione delle indagini dirette posso essere previste indagini indirette (rilievi geofisici, soil gas survey, etc.) al fine di ottenere un quadro ambientale piu' esaustivo. Non e' richiesta la elaborazione di un GIS/SIT.

Analisi di rischio sito-specifica (casi 2 b e 3 di cui al punto precedente)

I risultati della caratterizzazione serviranno alla definizione del Modello Concettuale Definitivo; tale strumento sara' la base per la costruzione e la esecuzione dell'analisi di rischio sito-specifica secondo i criteri di cui in Allegato

Bonifica (casi 2 a e b , 3 di cui al punto precedente)

Ove dall'indagine di caratterizzazione e successivamente dall'analisi di rischio emergesse la necessita' di eseguire interventi di bonifica del sito, gli stessi verranno realizzati secondo i criteri previsti dalla normativa vigente.

La scelta della tecnologia da applicare al caso specifico di inquinamento deve scaturire da un processo decisionale nel quale devono essere presi in considerazione non solo gli aspetti tecnici ma anche quelli economici.

ALLEGATO 5

Concentrazione soglia di contaminazione nel suolo, nel sottosuolo e nelle acque sotterranee in relazione alla specifica destinazione d'uso dei siti

Tabella 1: Concentrazione soglia di contaminazione nel suolo e nel sottosuolo riferiti alla specifica destinazione d'uso dei siti da bonificare

Parte di provvedimento in formato grafico

(1) In Tabella sono selezionate, per ogni categoria chimica, alcune sostanze frequentemente rilevate nei siti contaminati. Per le sostanze non esplicitamente indicate in Tabella i valori di concentrazione limite accettabili sono ricavati adottando quelli indicati per la sostanza tossicologicamente piu' affine.

(*) Corrisponde al limite di rilevabilita' della tecnica analitica (diffrattometria a raggi X oppure I.R. - Trasformata di Fourier)

Tabella 2. Concentrazione soglia di contaminazione nelle acque sotteranee

Parte di provvedimento in formato grafico

(*) Non sono disponibili dati di letteratura tranne il valore di 7 milioni fibre/l comunicato da ISS, ma giudicato da ANPA e dallo stesso ISS troppo elevato. Per la definizione del limite si propone un confronto con ARPA e Regioni.

ALLEGATI ALLA PARTE QUINTA

ALLEGATO I
Valori di emissione e prescrizioni

ALLEGATO II
Grandi impianti di combustione

ALLEGATO III
Emissioni di composti organici volatili

ALLEGATO IV
Impianti e attivita' in deroga

ALLEGATO V
Polveri e sostanze organiche liquide

ALLEGATO VI
Criteri per la valutazione della conformita' dei valori misurati ai valori limite di emissione

ALLEGATO VII
Operazioni di deposito della benzina e sua distribuzione dai terminali agli impianti di distribuzione

ALLEGATO VIII
Impianti di distribuzione di benzina

ALLEGATO IX
Impianti termici civili

ALLEGATO X
Disciplina dei combustibili

ALLEGATO I

Valori di emissione e prescrizioni

Parte I
Disposizioni generali

1. Il presente allegato fissa, nella Parte II, i valori di emissione per le sostanze inquinanti, nella Parte III, i valori di emissione per le sostanze inquinanti di alcune tipologie di impianti e le relative prescrizioni. Per gli impianti previsti nella Parte III i valori di emissione ivi stabiliti si applicano in luogo di quelli stabiliti per le stesse sostanze nella Parte II. Per le sostanze per cui non sono stabiliti valori di emissione nella Parte III si applicano, anche per gli impianti previsti alla Parte III, i valori di emissione stabiliti alla Parte II. Per gli impianti delle installazioni di cui alla Parte Seconda del presente decreto, per i quali sono state emanate apposite BAT-AEL, i valori limite previsti nelle BAT-AEL, in relazione alle sostanze ivi considerate, si applicano in luogo di quelli previsti, per le stesse sostanze, alle Parti II e III del presente allegato.

2. Il presente allegato fissa, alla Parte IV, i valori di emissione

e le prescrizioni relativi agli impianti per la coltivazione di idrocarburi e dei flussi geotermici. A tali impianti si applicano esclusivamente i valori di emissione e le prescrizioni ivi stabiliti.

3. Nei casi in cui le Parti II e III stabiliscano soglie di rilevanza delle emissioni, i valori di emissione, salvo diversamente previsto, devono essere rispettati solo se tali soglie sono raggiunte o superate.

4. L'autorita' competente fa riferimento ai valori di emissione del presente allegato, nell'ambito dell'istruttoria autorizzativa prevista all'articolo 271, commi 5 e 7, che stabilisce i valori limite sulla base di una valutazione delle migliori tecniche disponibili, della normativa regionale e dei piani regionali di qualita' dell'aria e di tutti gli altri parametri previsti da tali commi. L'autorizzazione deve specificamente indicare le sostanze a cui si applicano i valori limite di emissione, previa valutazione della pertinenza di tali sostanze al ciclo produttivo degli stabilimenti da autorizzare.

5. Ove non espressamente specificato i limiti riportati nelle tabelle del presente allegato sono riferiti all'ossigeno di processo.

Parte II
Valori di emissione
1.1. Sostanze ritenute cancerogene e/o tossiche per la riproduzione e/o mutagene (tabella A1)

In via generale le emissioni di sostanze ritenute cancerogene e/o tossiche per la riproduzione c/o mutagene devono essere limitate nella maggiore misura possibile dal punto di vista tecnico e dell'esercizio.

Per le sostanze della tabella A1, i valori di emissione, che rappresentano valori minimi e massimi coincidenti, sono:

Parte di provvedimento in formato grafico

Fermi restando i valori di emissione sopra indicati, ai fini del calcolo del flusso di massa e di concentrazione:
- in caso di presenza di piu' sostanze della stessa classe le quantita' delle stesse devono essere sommate;
- in caso di presenza di piu' sostanze di classi diverse, alle quantita' di sostanze della classe II devono essere sommate le quantita' di sostanze di classe I e alle quantita' di sostanze della classe III devono essere sommate le quantita' di sostanze delle classi I e II.

Fermi restando i valori di emissione sopra indicati, al fine del rispetto del limite in concentrazione:
- in caso di presenza di piu' sostanze delle classi I e II la concentrazione totale non deve superare il limite della classe II
- in caso di presenza di piu' sostanze delle classi I, II e III, la concentrazione totale non deve superare il limite della classe III.

Tabella A1
  CLASSE I
  - Asbesto (crisotilo, crocidolite, amosite, antofillite, aetinolite e tremolite)
  - Benzo(a)pirene
  - Berillio e i suoi composti espressi come Be
  - Dibenzo(a,h)antracene
  - 2-naftilammina e suoi sali
  - Benzo(a)antracene
  - Benzo(b)fluorantene
  - Benzo(j)fluorantene Benzo(k)fluorantene
  - Dibenzo (a,h)acridina
  - Dibenzo(a,j)acridina
  - Dibenzo(a,e)pirene

- Dibenzo(a,h)pirene
- Dibenzo(a,i)pirene
- Dibenzo (a,l) pirene
- Cadmio e suoi composti, espressi come Cd (1)
- Dimetilnitrosamina
- Indeno (1,2,3-cd) pirene (1)
- 5-Nitroacenaftene
- 2-Nitronaftalene
- 1-Metil-3-Nitro- 1 - Nitrosoguanidina

(1) Il valore di emissione e la soglia ordinario di rilevanza alla previsti dal presente punto si applicano a decorrere dalla data indicata nelle autorizzazioni rilasciate ai sensi dell'articolo 281, comma 1.

CLASSE II
- Arsenico e suoi composti, espressi come As
- Cromo (VI) e suoi composti, espressi come Cr
- Cobalto e suoi composti, espressi come Co
- 3,3'-Diclorobenzidina e suoi sali
- Dimetilsolfato
- Etilenimmina
- Nichel e suoi composti espressi come Ni (2)
- 4- aminobifenile e suoi sali
- Benzidina e suoi sali
- 4,4'-Metilen bis (2-Cloroanilina) e suoi sali
- Dietilsolfato
- 3,3'-Dimetilbenzidina e suoi Sali
- Esametilfosforotriamide
- 2-Metilaziridina
- Metil ONN Azossimetile Acetato
- Sulfallate
- Dimetilcarbammoilcloruro
- 3,3'-Dimetossibenzidina e suoi sali

(2) Riferito ad emissioni in atmosfera nella forma respirabile ed insolubile.

CLASSE III
- Acrilonitrile
- Benzene
- 1,3-butadiene
- 1-cloro-2,3-epossipropano (epicloridrina)
- 1,2-dibromoetano
- 1,2-epossipropano
- 1,2-dicloroetano
- vinile cloruro
- 1,3-Dicloro-2 -propanolo
- Clorometil (Metil) Etere
- NN-Dimetilidrazina
- Idrazina
- Ossido di etilene
- Etilentiourea
- 2-Nitropropano
- Bis-Clorometiletere
- 3-Propanolide
- 1,3-Propansultone
- Stirene Ossido

1.2. Sostanze di tossicita' e cumulabilita' particolarmente elevate (tabella A2)

Le emissioni di sostanze di tossicita' e cumulabilita' particolarmente elevate devono essere limitate nella maggiore misura possibile dal punto di vista tecnico e dell'esercizio.

I valori di emissione, che rappresentano valori minimi e massimi coincidenti, sono:

Parte di provvedimento in formato grafico

Fermi restando i valori di emissione sopra indicati, ai fini del calcolo del flusso di massa e di concentrazione, in caso di presenza di piu' sostanze della stessa classe le quantita' delle stesse devono essere sommate.

Parte di provvedimento in formato grafico

2. Sostanze inorganiche che si presentano prevalentemente sotto forma di polvere (tabella B)
I valori di emissione sono quelli riportati nella tabella seguente:

Parte di provvedimento in formato grafico

Fermi restando i valori di emissione sopra indicati
a) ai fini del calcolo di flusso di massa e di concentrazione:
- in caso di presenza di piu' sostanze della stessa classe le quantita' delle stesse devono essere sommate-
- in caso di presenza di piu' sostanze di classi diverse, alle quantita' di sostanze della classe II devono essere sommate le quantita' di sostanze della classe I e alle quantita' di sostanze della classe III devono essere sommate le quantita' di sostanze delle classi I e II.
b) al fine del rispetto del limite di concentrazione:
- in caso di presenza di piu' sostanze delle classi I e II, ferme restando il limite stabilito per ciascuna, la concentrazione totale non deve superare il limite della classe II; in caso di presenza di piu' sostanze delle classi I, II e III, fermo restando il limite stabilito per ciascuna, la concentrazione totale non deve superare il limite della classe III.

Ove non indicato diversamente nella tabella B devono essere considerate anche le eventuali quantita' di sostanze presenti nell'effluente gassoso sotto forma di gas o vapore.

Tabella B
CLASSE I
- Cadmio e suoi composti, espressi come Cd (1)
- Mercurio e suoi composti espressi come Hg
- Tallio e suoi composti, espressi come Tl
(1) Fatto salvo quanto previsto dalla Tabella A1

CLASSE II
- Selenio e suoi composti, espressi come Se
- Tellurio e suoi composti, espressi come Te
- Nichel e suoi composti, espressi come Ni, in forma di polvere

CLASSE III
- Antimonio e suoi composti, espressi come Sb Cianuri, espressi come CN
- Cromo (III) e suoi composti, espressi come Cr
- Manganese e suoi composti, espressi come Mn
- Palladio e suoi composti, espressi come Pd
- Piombo e suoi composti, espressi come Pb
- Platino e suoi composti, espressi come Pt
- Quarzo in polvere, se sotto forma di silice cristallina, espressi come SiO2
- Rame e suoi composti, espressi come Cu
- Rodio e suoi composti, espressi come Rh
- Stagno e suoi composti, espressi come Sn
- Vanadio e suoi composti, espressi come V

3. Sostanze inorganiche che si presentano prevalentemente sotto

forma di gas o vapore (tabella C)
I valori di emissione sono:

Parte di provvedimento in formato grafico

I flussi di massa e i valori di emissione si riferiscono alle singole sostanze o famiglie di sostanze.

CLASSE I
- Clorocianuro
- Fosfina
- Fosgene

CLASSE II
- Acido cianidrico
- Bromo e suoi composti, espressi come acido bromidrico
- Cloro
- Fluoro e suoi composti, espressi come acido fluoridrico
- Idrogeno solforato

CLASSE III
- Composti inorganici del cloro sotto forma di gas o vapore, esclusi clorocianuro e fosgene, espressi come acido cloridrico.

CLASSE IV
- Ammoniaca

CLASSE V
- ((ossidi di azoto (NOx))) (monossido e biossido), espressi come biossido di
azoto
- Ossidi di zolfo (biossido e triossido), espressi come biossido di zolfo

4. Composti organici sotto forma di gas, vapori o polveri (tabella D)
I valori di emissione sono:

Parte di provvedimento in formato grafico

Fermi restando i valori di emissione sopra indicati, ai fini del calcolo del flusso di massa e di concentrazione:
- in caso di presenza di piu' sostanze della stessa classe le quantita' delle stesse devono essere sommate;
- in caso di presenza di piu' sostanze di classi diverse, alle quantita' di sostanze di ogni classe devono essere sommate le quantita' di sostanze delle classi inferiori.
Al fine del rispetto del limite di concentrazione, in caso di presenza di piu' sostanze di classe diverse, fermo restando il limite stabilito per ciascuna, la concentrazione totale non deve superare il limite della classe piu' elevata.
Per i composti organici sotto forma di polvere devono essere rispettate anche le condizioni contenute nel paragrafo 5.

CLASSE I
- Anisidina
- Butilmercaptano
- Cloropicrina
- Diazometano
- Dicloroacetilene Dinitrobenzene
- Dinitrocresolo
- Esaclorobutadiene

- Esaclorociclopentadiene
- Esafluoroacetone
- Etere diglicidilico
- Etilacrilato
- Etilenimina
- Etilmercaptano
- Isocianati Metilacrilato
- Nitroglicerina
- Perclorometilmercaptano
- 1,4-diossano

CLASSE II
- Acetaldeide
- Acido cloroacetico
- Acido formico
- Acido tioglicolico
- Acido tricloroacetico
- Anidride ftalica
- Anidride maleica
- Anilina
- Benzilcloruro
- Bifenile
- Butilacrilato
- Butilammina
- Canfora sintetica
- Carbonio tetrabromuro
- Carbonio tetracloruro
- Cicloesilammina
- Cloroacetaldeide
- 1 -Cloro- 1 -nitropentano
- Cresoli
- Crotonaldeide
- 1,2-Dibutilaminoetanolo
- Dibutilfosfato o-diclorobenzene
- 1,1-dicloroetilene
- Dicloroetiletere
- Diclorofenolo
- Diclorometano
- Dietilammina
- Difenilammina
- Diisopropilammina
- Dimetilammina
- Etilammina
- Etanolammina
- 2-etossietanolo
- 2-etossietilacetato
- Fenolo
- Ftalati
- 2-Furaldeide Furfurolo
- Iodoformio
- Iosoforone
- Iosopropilammina
- Metilacrilonitrile
- Metilammina
- Metilanilina
- Metilbromuro
- Metil n-butilbromuro
- Metilcloruro
- Metil-2-cianoacrilato
- Metilstirene
- 2-Metossietanolo
- 2-Metossietanolo acetato
- Nitroetano
- Nitrometano
- 1-Nitropropano

- Nitrotoluene
- Piretro
- Piridina
- Piomboalchili
- 2-Propenale
- 1,1,2,2,-tetracloroetano
- Tetracloroetilene
- Tetranitrometano
- m, p toluidina
- Tributilfosfato
- Triclorofenolo
- Tricloroetilene
- Triclorometano
- Trietilammina
- Trimetilammina
- Trimetilfosfina
- Vinilbromuro
- Xilenolo (escluso 2,4-xilenolo)
- Formaldeide

CLASSE III
- Acido acrilico
- Acetonitrile
- Acido propinico
- Acido acetico
- Alcool n-butilico Alcool iso-butilico
- Alcool sec-butilico
- Alcool terb-utilico
- Alcool metilico
- Butirraldeide
- p-ter-butiltoluene
- 2-butossietanolo
- Caprolattame
- Disolfuro di carbonio
- Cicloesanone
- Ciclopentadiene
- Clorobenzene
- 2-cloro-1,3-butadiene
- o-clorostirene
- o-clorotoluente
- p-clorotoluene
- Cumene
- Diacetonalcool
- 1,4-diclorobenzene
- 1,1-dicloroetano
- Dicloropropano
- Dietanolammina
- Dietilformammide Diisobutilchetone
- N,N-Dimetilacetammide
- N,N-Dimetilformammide
- Dipropilchetone
- Esametilendiammina
- n-esano Etilamilchetone
- Etilbenzene
- Etilbutilchetone
- Etilenglicole
- Isobutilglicidiletere
- Isopropossietanolo
- Metilmetacrilato
- Metilamilchetone
- o-metilcicloesanone
- Metilcloroformio
- Metilformiato Metilisobutilchetone
- Metilisobutilcarbinolo
- Naftalene

- Propilenglicole
- Propilenglicolcmonometiletere
- Propionaldeide
- Stirene
- Tetraidrofurano
- Trimetilbenzene
- n-veratraldeide
- Vinilacetato
- Viniltoluene
2,4-xilenolo

CLASSE IV
- Alcool propilico
- Alcool isopropilico
- n-amilacetato
- sec-amilacetato
- Renzoato di metile
- n-butilacetato
- isobutilacctato
- Dietilche Lone
- Difluorodibromonetano
- Sec-esilacetato
- Etilformiato
- Metilacetato
- Metiletilchetone
- Metilisopropilchetone
- N-metilpirrolidone
- Pinene
- n-propilacetato
- iso-propilenacetato
- Toluene
- Xilene

CLASSE V
- Acetone
- Alcool etilico
- Butano
- Cicloesano
- Cicloesene
- Cloropentano
- Clorobromometano
- Clorodifluorometano
- Cloropentafluoroetano
- Dibromodifluoroetano
- Dibutiletere
- Diclorofluorometano
- Diclorotetrafluoroetano
- Dietiletere
- Diisopropiletere Dimetiletere
- Eptano
- Esano tecnico
- Etere i sopropilico
- Etilacetato
- Metilacetilene
- Metilcicloesano
- Pentano
- 1, 1,1,2-tetracloro-2,2- difluoroetano
- 1, 1,1,2-tetracloro-1,2- difluoroetano
- Triclorofluorometano
- 1, 1,2- tricloro- 1,2,2 -trifluoroetano
- Trifluorometano
- Triflu orobromometano
5. Polveri totali.
Il valore di emissione e' pari a:

50 mg/Nm3 se il flusso di massa e' pari o superiore a 0,5 kg/h il valore di emissione;

150 mg/Nm3 se il flusso di massa e' pari o superiore alla soglia di rilevanza corrispondente a 0,1 kg/h ed e' inferiore a 0,5 kg/h.

Parte III
Valori di emissione per specifiche tipologie di impianti
(1) Impianti di combustione con potenza termica nominale inferiore a 50 MW
1.1. Impianti nei quali sono utilizzati combustibili solidi.

Medi impianti di combustione esistenti alimentati a combustibili solidi (valori previsti dalla normativa vigente prima del 19 dicembre 2017, da rispettare ai sensi dell'articolo 273-bis, comma 5, ultimo periodo) e impianti di combustione di potenza inferiore a 1 MW. Valori riferiti ad un tenore di ossigeno nell'effluente gassoso del 6%.

Potenza termica nominale (MW)	≤ 5	>5
polveri	100-150 mg/Nm³	50 mg/Nm³
COV	50 mg/Nm³	50 mg/Nm³
((ossidi di azoto (NOx))) (NO2)	650 mg/Nm³	650 mg/Nm³
ossidi di zolfo (SO2)	600 mg/Nm³ per gli impianti a letto fluido 2000 mg/Nm³ per tutti gli altri impianti I valori si considerano rispettati se sono utilizzati combustibili con contenuto di zolfo uguale o inferiore all'1%.	

Medi impianti di combustione esistenti alimentati a combustibili solidi (valori da rispettare entro le date previste all'articolo 273-bis, comma 5). Valori riferiti ad un tenore di ossigeno nell'effluente gassoso del 6%.

Potenza termica nominale (MW)	(($\geq 1 \div \leq 5$))	>5
polveri	50 mg/Nm³	30 mg/Nm³ [1]
COV	50 mg/Nm³	50 mg/Nm³
((ossidi di azoto (NOx))) (NO2)	650 mg/Nm³	650 mg/Nm³
ossidi di zolfo (SO2)	1.100 mg/Nm³ [2]	400 mg/Nm³ [3]

[1] 50 mg/Nm³ per gli impianti di potenza superiore a 5 MW e inferiore a 20 MW.

[2] 600 mg/Nm³ per gli impianti a letto fluido.
[3] 1.100 mg/Nm³ per gli impianti di potenza superiore a 5 MW e inferiore a 20 MW (600 mg/Nm³ per quelli a letto fluido).

Medi impianti di combustione nuovi alimentati a combustibili solidi. Valori riferiti ad un tenore di ossigeno nell'effluente gassoso del 6%.

Potenza termica nominale (MW)	≥ 1 ÷ ≤ 5	>5
polveri	50 mg/Nm³	20 mg/Nm³ [1]
COV	50 mg/Nm³	50 mg/Nm³
((ossidi di azoto (NOx))) (NO2)	500 mg/Nm³	300 mg/Nm³
ossidi di zolfo (SO2)	400 mg/Nm³	400 mg/Nm³

[1] 50 mg/Nm³ per gli impianti di potenza superiore a 5 MW e inferiore a 20 MW.

Medi impianti di combustione esistenti alimentati a biomasse solide e impianti di combustione a biomasse solide di potenza inferiore a 1 MW installati prima del 19 dicembre 2017 (valori previsti dalla normativa vigente prima del 19 dicembre 2017, da rispettare ai sensi dell'articolo 273-bis, comma 5, ultimo periodo, ed ai sensi dell'articolo 273-bis, comma 14, ultimo periodo). Valori riferiti ad un tenore di ossigeno nell'effluente gassoso dell'11%.

Potenza termica nominale (MW)	>0,15 ÷ ≤ 3	>3 ÷ ≤ 6	>6 ÷ ≤ 20	>20
polveri [1]	100 mg/Nm³	30 mg/Nm³	30 mg/Nm³	30 mg/Nm³
carbonio organico totale (COT)	-	-	30 mg/Nm³	20 mg/Nm³ 10 mg/Nm³ [2]
((monossido di carbonio (CO)	350 mg/Nm³	300 mg/Nm³	250 mg/Nm³	200 mg/Nm³
			150 mg/Nm³	100 mg/Nm³
			[2]	[2]
ossidi di azoto (NOx)	500 mg/Nm³	500 mg/Nm³	400 mg/Nm³	400 mg/Nm³
			300 mg/Nm³	200 mg/Nm³
			[2]	[2]))
ossidi di zolfo (SO2)	200 mg/Nm³	200 mg/Nm³	200 mg/Nm³	200 mg/Nm³

[1] 200 mg/Nm³ per gli impianti di potenza termica pari o superiore a 0,035 MW e non superiore a 0,15 MW.
[2] Valori medi giornalieri.

Medi impianti di combustione esistenti alimentati a biomasse solide (valori da rispettare entro le date previste all'articolo 273-bis, comma 5) e impianti di combustione a biomasse solide di potenza inferiore a 1 MW installati prima del 19 dicembre 2017 (valori da rispettare entro le date previste all'articolo 273-bis, comma 14). Valori riferiti ad un tenore di ossigeno nell'effluente gassoso del 6%.

Potenza termica nominale (MW)	>0,15 ÷ <1	≥ 1 ÷ ≤ 5	>5 ÷ ≤ 20	>20
polveri [1] [2]	75 mg/Nm³	45 mg/Nm³ [3]	45 mg/Nm³ 30 mg/Nm³ [*]	30 mg/Nm³
carbonio organico totale (COT)	-	-	45 mg/Nm³	30 mg/Nm³
monossido di carbonio (CO)	525 mg/Nm³	450 mg/Nm³	300 mg/Nm³	300 mg/Nm³
ammoniaca [4]	7,5 mg/Nm³	7,5 mg/Nm³	7,5 mg/Nm³	7,5 mg/Nm³
((ossidi di azoto)) ((NOx)) (NO2) [2]	650 mg/Nm³ 525 mg/Nm³ [*]	650 mg/Nm³ 450 mg/Nm³ [*]	600 mg/Nm³ 300 mg/Nm³ [*][5]	450 mg/Nm³ 300 mg/Nm³ [*][5]
ossidi di zolfo (SO2) [2] [6]	225 mg/Nm³	200 mg/Nm³	200 mg/Nm³	200 mg/Nm³

[*] Valore guida per i provvedimenti di attuazione dell'articolo 271, commi 3, 4 e 5, in caso di stabilimenti localizzati in zone dove sono stati registrati superamenti di un valore limite di qualita' dell'aria previsto dal decreto legislativo n. 155/2010 in quantomeno uno degli ultimi tre anni civili.
[1] 150 mg/Nm³ per gli impianti di potenza termica nominale compresa tra 0,035 MW e 0,15 MW.
[2] In caso di utilizzo di pollina si applicano, indipendentemente dalla potenza termica, valori pari a 10 mg/Nm³ per le polveri, 200 mg/Nm³ per gli ((ossidi di azoto (NOx))) e 50 mg/Nm³ per gli ossidi di zolfo.
[3] 50 mg/Nm³ per gli impianti di potenza pari o superiore a 1 MW e pari o inferiore a 3 MW.
[4] Si applica nel caso siano adottati impianti di abbattimento per gli ((ossidi di azoto (NOx))) con urea o ammoniaca.
[5] Se e' utilizzato un sistema di monitoraggio in continuo delle emissioni il valore guida si applica come media giornaliera. Se non e' utilizzato un sistema di monitoraggio in continuo delle emissioni il valore guida si applica come media oraria.
[6] Il valore limite si considera rispettato in caso di impianti alimentati esclusivamente a legna.

Medi impianti di combustione nuovi alimentati a biomasse solide e impianti di combustione a biomasse solide di potenza inferiore a 1 MW installati dal 19 dicembre 2017. Valori riferiti ad un tenore di ossigeno nell'effluente gassoso del 6%.

Potenza termica nominale	>0,15÷≤ 0,5	>0,5÷<1	≥1÷ ≤ 5	>5÷≤ 20	>20

(MW)

polveri [1] [2]	75 mg/Nm³ 45 mg/Nm³ [*]	60 mg/Nm³ 45 mg/Nm³ [*]	45 mg/Nm³ [3] 15 mg/Nm³ [*]	30 mg/Nm³ 15 mg/Nm³ [*]	20 mg/Nm³ 15 mg/Nm³ [*]
carbonio organico totale (COT)	75 mg/Nm³	75 mg/Nm³	45 mg/Nm³	30 mg/Nm³	15 mg/Nm³
monossido di carbonio (CO)	525 mg/Nm³	375 mg/Nm³	375 mg/Nm³	300 mg/Nm³	225 mg/Nm³
ammoniaca [4]	7,5 mg/Nm³	7,5 mg/Nm³	7,5 mg/Nm³	7,5 mg/Nm³	7,5 mg/Nm³
((ossidi di)) mg/Nm³ ((azoto (NOx))) [5] (NO2) [2]	500 mg/Nm³	500 mg/Nm³	500 mg/Nm³ 300 mg/Nm³ [*]	300 mg/Nm³	300 [5]
ossidi di zolfo (SO2) [2] [6]	150 mg/Nm³	150 mg/Nm³	150 mg/Nm³	150 mg/Nm³	150 mg/Nm³

[*] Valore guida per i provvedimenti di attuazione dell'articolo 271, commi 3, 4 e 5, in caso di stabilimenti localizzati in zone dove sono stati registrati superamenti di un valore limite di qualita' dell'aria previsto dal decreto legislativo n. 155/2010 in quantomeno uno degli ultimi tre anni civili.
[1] 105 mg/Nm³ per gli impianti di potenza termica nominale compresa tra 0,035 MW e 0,15 MW.
[2] In caso di utilizzo di pollina si applicano, indipendentemente dalla potenza termica, valori pari a 10 mg/Nm³ per le polveri, 200 mg/Nm³ per gli ((ossidi di azoto (NOx))) e 50 mg/Nm³ per gli ossidi di zolfo.
[3] 50 mg/Nm³ per gli impianti di potenza pari o superiore a 1 MW e pari o inferiore a 3 MW.
[4] Si applica nel caso siano adottati impianti di abbattimento per gli ((ossidi di azoto (NOx))) con urea o ammoniaca.
[5] Se e' utilizzato un sistema di monitoraggio in continuo delle emissioni il valore si applica come media giornaliera. Se non e' utilizzato un sistema di monitoraggio in continuo delle emissioni il valore si applica come media oraria.
[6] Il valore limite si considera rispettato in caso di impianti alimentati esclusivamente a legna.

1.2. Impianti nei quali sono utilizzati combustibili liquidi.

Medi impianti di combustione esistenti alimentati a combustibili liquidi (valori previsti dalla normativa vigente prima del 19 dicembre 2017, da rispettare ai sensi dell'articolo 273-bis, comma 5, ultimo periodo) e impianti di combustione di potenza inferiore a 1 MW. Valori riferiti ad un tenore di ossigeno nell'effluente gassoso del 3% e, se e' utilizzata come combustibile la liscivia proveniente dalla produzione di cellulosa, 6%.

Potenza termica nominale (MW)	≤ 5	>5
Polveri [1]	150 mg/Nm³	100 mg/Nm³
((ossidi di azoto (NOx)))(NO2)	500 mg/Nm³	500 mg/Nm³
ossidi di zolfo (SO2)	1700 mg/Nm³ [2]	

[1] Non si applica la parte II, paragrafo 2 se il valore limite e' rispettato senza l'impiego di un impianto di abbattimento.
[2] Il valore si considera rispettato se sono utilizzati combustibili con contenuto di zolfo uguale o inferiore all'1%.

Medi impianti di combustione esistenti alimentati a combustibili liquidi (valori da rispettare entro le date previste all'articolo 273-bis, comma 5). Valori riferiti ad un tenore di ossigeno nell'effluente gassoso del 3%.

Potenza termica nominale (MW)	≥ 1 ÷ ≤ 5	>5
polveri	50 mg/Nm³	30 mg/Nm³
((ossidi di azoto (NOx))) (NO2)	500 mg/Nm³ [1]	500 mg/Nm³ [1]
ossidi di zolfo (SO2)	350 mg/Nm³ [2]	350 mg/Nm³ [2] [3]

[1] 200 mg/Nm³ in caso di utilizzo di gasolio.
[2] Il valore si considera rispettato se e' utilizzato gasolio.
[3] 850 mg/Nm³ fino al 1° gennaio 2027 in caso di impianti di potenza termica superiore a 5 MW e pari o inferiore a 20 MW alimentati a olio combustibile pesante.

Medi impianti di combustione nuovi alimentati a combustibili liquidi. Valori riferiti ad un tenore di ossigeno nell'effluente gassoso del 3%.

Potenza termica nominale (MW)	≥ 1 ÷ ≤ 5	>5
polveri	50 mg/Nm³	20 mg/Nm³
((ossidi di azoto (NOx))) (NO2)	300 mg/Nm³ [1]	300 mg/Nm³ [1]
ossidi di zolfo (SO2)	200 mg/Nm³	200 mg/Nm³

[1] 200 mg/Nm³ in caso di utilizzo di gasolio

Medi impianti di combustione esistenti alimentati a biomasse liquide (valori da rispettare entro le date previste dall'articolo 273-bis, comma 5) e impianti di combustione a biomasse liquide di potenza inferiore a 1 MW installati prima del 19 dicembre 2017 (valori da rispettare entro le date previste all'articolo 273-bis, comma 14). Valori riferiti ad un tenore di ossigeno nell'effluente gassoso del 3%.

Potenza termica nominale (MW)	≤ 5	> 5

polveri	50 mg/Nm³	30 mg/Nm³
	30 mg/Nm³ [*]	20 mg/Nm³ [*]
((ossidi di azoto (NOx)))(NO2)	500 mg/Nm³	500 mg/Nm³
	200 mg/Nm³ [*]	200 mg/Nm³ [*]
ossidi di zolfo (SO2)	350 mg/Nm³	350 mg/Nm³
	200 mg/Nm³ [*]	200 mg/Nm³ [*]
monossido di carbonio (CO)	100 mg/Nm³	100 mg/Nm³
ammoniaca [1]	10 mg/Nm³	10 mg/Nm³

[*] Valore guida per i provvedimenti di attuazione dell'articolo 271, commi 3, 4 e 5, in caso di stabilimenti localizzati in zone dove sono stati registrati superamenti di un valore limite di qualita' dell'aria previsto dal decreto legislativo n. 155/2010 in quantomeno uno degli ultimi tre anni civili.
[1] Si applica nel caso siano adottati impianti di abbattimento per gli ((ossidi di azoto (NOx))) con urea o ammoniaca.

Medi impianti di combustione nuovi alimentati a biomasse liquide e impianti di combustione a biomasse liquide di potenza inferiore a 1 MW installati dal 19 dicembre 2017. Valori riferiti ad un tenore di ossigeno nell'effluente gassoso del 3%.

Potenza termica nominale (MW)	≤ 5	> 5
polveri	50 mg/Nm³	20 mg/Nm³
	20 mg/Nm³ [*]	10 mg/Nm³ [*]
((ossidi di azoto (NOx))) (NO2)	300 mg/Nm³	300 mg/Nm³
	200 mg/Nm³ [*]	200 mg/Nm³ [*]
ossidi di zolfo (SO2)	350 mg/Nm³	350 mg/Nm³
	200 mg/Nm³ [*]	200 mg/Nm³ [*]
monossido di carbonio (CO)	100 mg/Nm³	100 mg/Nm³
ammoniaca [1]	5 mg/Nm³	5 mg/Nm³

[*] Valore guida per i provvedimenti di attuazione dell'articolo 271, commi 3, 4 e 5, in caso di stabilimenti localizzati in zone dove sono stati registrati superamenti di un valore limite di qualita' dell'aria previsto dal decreto legislativo n. 155/2010 in quantomeno uno degli ultimi tre anni civili.
[1] Si applica nel caso siano adottati impianti di abbattimento per gli ((ossidi di azoto (NOx))) con urea o ammoniaca.

1.3. Impianti nei quali sono utilizzati combustibili gassosi.

Medi impianti di combustione esistenti alimentati a combustibili gassosi (valori previsti dalla normativa vigente prima del 19 dicembre 2017, da rispettare ai sensi dell'articolo 273-bis, comma 5, ultimo periodo) e impianti di combustione di potenza inferiore a 1 MW. Valori riferiti ad un tenore di ossigeno nell'effluente gassoso del 3%.

Potenza termica nominale (MW)	< 50

polveri	5 mg/Nm³ [1] [2]
ossidi di zolfo (SO2)	35 mg/Nm³ [2] [3]
((ossidi di azoto (NOx))) (NO2)	350 mg/Nm³ [4]

[1] 15-20 mg/Nm³ se il combustibile utilizzato e' gas da altoforno.
[2] Il valore limite di emissione si considera rispettato se e' utilizzato come combustibile metano o GPL.
[3] 1700 mg/Nm³ se il combustibile utilizzato e' gas da forno a coke; 800 mg/Nm³ se il combustibile utilizzato e' gas da forno a coke e gas da altoforno (o di acciaieria).
[4] Se il combustibile utilizzato e' un gas di processo contenente composti dell'azoto non si applica un valore limite; le emissioni devono comunque essere ridotte per quanto possibile.

Medi impianti di combustione esistenti alimentati a combustibili gassosi (valori da rispettare entro le date previste all'articolo 273-bis, comma 5). Valori riferiti ad un tenore di ossigeno nell'effluente gassoso del 3%.

Potenza termica nominale (MW)	≤ 5	> 5
((polveri	5 mg/Nm3 [1] [4]	5 mg/Nm3 [1] [4]))
((ossidi di azoto (NOx))) (NO2)	250 mg/Nm³	250 mg/Nm³ [2]
ossidi di zolfo (SO2)	35 mg/Nm³ [3] [4]	35 mg/Nm³ [3] [4]

[1] 15-20 mg/Nm³ in caso di utilizzo di gas da altoforno.
[2] 200 mg/Nm³ in caso di utilizzo di gas naturale.
[3] 400 mg/Nm³ in caso di utilizzo di gas a basso potere calorifico da forno a coke dell'industria siderurgica; 200 mg/Nm³ in caso di utilizzo di gas a basso potere calorifico da altoforno dell'industria siderurgica.
[4] Il valore limite di emissione si considera rispettato in caso di utilizzo di gas naturale.

Medi impianti di combustione nuovi alimentati a combustibili gassosi. Valori riferiti ad un tenore di ossigeno nell'effluente gassoso del 3%.

Potenza termica nominale (MW)	≤ 5	> 5
((polveri))	5 mg/Nm3 [3]	5 mg/Nm3 [3]
((ossidi di azoto (NOx))) (NO2) [1]	200 mg/Nm³ [1]	200 mg/Nm³
ossidi di zolfo (SO2)	35 mg/Nm³ [2] [3]	35 mg/Nm³ [2] [3]

[1] 100 mg/Nm³ in caso di utilizzo di gas naturale.
[2] 400 mg/Nm³ in caso di utilizzo di gas a basso potere calorifico da forno a coke dell'industria siderurgica; 200 mg/Nm³ in caso di utilizzo di gas a basso potere calorifico da altoforno dell'industria

siderurgica.
[3] Il valore limite di emissione si considera rispettato in caso di utilizzo di gas naturale.

Medi impianti di combustione esistenti alimentati a biogas e impianti di combustione a biogas di potenza inferiore a 1 MW installati prima del 19 dicembre 2017 (valori previsti dalla normativa vigente prima del 19 dicembre 2017, da rispettare ai sensi dell'articolo 273-bis, comma 5, ultimo periodo, ed ai sensi dell'articolo 273-bis, comma 14, ultimo periodo). Valori riferiti ad un tenore di ossigeno nell'effluente gassoso del 3%.

Potenza termica nominale (MW)	≤3	> 3
((ossidi di azoto (NOx))) (NO2)	300 mg/Nm^3	200 mg/Nm^3
monossido di carbonio (CO)	150 mg/Nm^3	100 mg/Nm^3
carbonio organico totale (COT) [1]	20 mg/Nm^3	20 mg/Nm^3
((composti inorganici del cloro sotto forma di gas o vapori (come HCl)))	30 mg/Nm3	30 mg/Nm3

[1] Escluso il metano, salvo il caso in cui i provvedimenti di cui all'articolo 271, comma 3 o le autorizzazioni di cui all'articolo 271, comma 5, ne prevedano l'inclusione

Medi impianti di combustione esistenti alimentati a biogas o gas di sintesi da gassificazione di biomasse (valori da rispettare entro le date previste all'articolo 273-bis, comma 5) e impianti di combustione a biogas o gas di sintesi da gassificazione di biomasse di potenza inferiore a 1 MW installati prima del 19 dicembre 2017 (valori da rispettare entro le date previste all'articolo 273-bis, comma 14). Valori riferiti ad un tenore di ossigeno nell'effluente gassoso del 3%.

Potenza termica nominale (MW)	≤ 3	> 3 - ≤ 5	> 5
polveri	20 mg/Nm^3 5 mg/Nm^3 [*]	10 mg/Nm^3 5 mg/Nm^3 [*]	10 mg/Nm^3 5 mg/Nm^3 [*]
((ossidi di azoto)) (((NOx)))(NO2)	250 mg/Nm^3	200 mg/Nm^3	200 mg/Nm^3
ossidi di zolfo (SO2)	200 mg/Nm^3	200 mg/Nm^3	170 mg/Nm^3
monossido di carbonio (CO)	150 mg/Nm^3 100 mg/Nm^3 [*]	100 mg/Nm^3	100 mg/Nm^3
carbonio organico totale (COT) [2]	20 mg/Nm^3	20 mg/Nm^3	20 mg/Nm^3
ammoniaca [3]	5 mg/Nm^3	5 mg/Nm^3	5 mg/Nm^3

[*] Valore guida per i provvedimenti di attuazione dell'articolo 271, commi 3, 4 e 5, in caso di stabilimenti localizzati in zone dove sono stati registrati superamenti di un valore limite di qualita'

dell'aria previsto dal decreto legislativo n. 155/2010 in quantomeno uno degli ultimi tre anni civili.
[2] Escluso il metano, salvo il caso in cui i provvedimenti di cui all'articolo 271, comma 3 o le autorizzazioni di cui all'articolo 271, comma 5, ne prevedano l'inclusione
[3] Si applica nel caso siano adottati impianti di abbattimento per gli ((ossidi di azoto (NOx))) con urea o ammoniaca.

Medi impianti di combustione nuovi alimentati a biogas o gas di sintesi da gassificazione di biomasse e impianti di combustione a biogas o gas di sintesi da gassificazione di biomasse di potenza inferiore a 1 MW installati dal 19 dicembre 2017. Valori riferiti ad un tenore di ossigeno nell'effluente gassoso del 3%.

Potenza termica nominale (MW)	≤ 3	> 3 MW - ≤ 5	> 5
polveri	20 mg/Nm³ 5 mg/Nm³ [*]	10 mg/Nm³ 5 mg/Nm³ [*]	10 mg/Nm³ 5 mg/Nm³ [*]
((ossidi di azoto)) (((NOx))) (NO2)	200 mg/Nm³	200 mg/Nm³	200 mg/Nm³
ossidi di zolfo (SO2)	100 mg/Nm³	100 mg/Nm³	100 mg/Nm³
monossido di carbonio (CO)	150 mg/Nm³ 100 mg/Nm³ [*]	100 mg/Nm³	100 mg/Nm³
carbonio organico totale (COT) [2]	20 mg/Nm³	20 mg/Nm³	20 mg/Nm³
Ammoniaca [3]	5 mg/Nm³	5 mg/Nm³	5 mg/Nm³

[*] Valore guida per i provvedimenti di attuazione dell'articolo 271, commi 3, 4 e 5, in caso di stabilimenti localizzati in zone dove sono stati registrati superamenti di un valore limite di qualita' dell'aria previsto dal decreto legislativo n. 155/2010 in quantomeno uno degli ultimi tre anni civili.
[2] Escluso il metano, salvo il caso in cui i provvedimenti di cui all'articolo 271, comma 3 o le autorizzazioni di cui all'articolo 271, comma 5, ne prevedano l'inclusione.
[3] Si applica nel caso siano adottati impianti di abbattimento per gli ((ossidi di azoto (NOx))) con urea o ammoniaca.

1.4. Impianti multicombustibile

1.4.1. In caso di impiego simultaneo di due o piu' combustibili i valori di emissione sono determinati nel modo seguente: - assumendo ai punti 1.1, 1.2 e 1.3 e 3 il valore di emissione relativo a ciascun combustibile e a ciascun inquinante - calcolando i valori di emissione ponderati per combustibile; detti valori si ottengono moltiplicando ciascuno dei valori di emissione per la potenza termica fornita da ciascun combustibile e dividendo il risultato di ciascuna moltiplicazione per la somma delle potenze termiche fornite da tutti i combustibili - addizionando i valori di emissione ponderati per combustibile.

1.4.2. In caso di impiego alternato di due o piu' combustibili i valori di emissione sono quelli relativi al combustibile di volta in volta utilizzato.

1.4.3. Per gli impianti multicombustibile a letto fluido si applicano, per le emissioni di polveri, i valori limite previsti ai sensi del presente punto 1.4 o, se piu' restrittivi, i seguenti: - per impianti di potenza termica superiore a 5 MW: 50 mg/Nm³. - per impianti di potenza termica uguale o inferiore a 5 MW: 150 mg/Nm³.

(2) Impianti di essiccazione

I valori di emissione per gli impianti di essiccazione nei quali i gas combusti o le fiamme vengono a contatto diretto con i materiali da essiccare si riferiscono ad un tenore di ossigeno nell'effluente gassoso del 17%. Il presente paragrafo non si applica, salvo diversa disposizione autorizzativa, agli impianti di essiccazione di materiali agricoli.

(3) Motori fissi a combustione interna.

Motori fissi costituenti medi impianti di combustione esistenti (valori previsti dalla normativa vigente prima del 19 dicembre 2017, da rispettare ai sensi dell'articolo 273-bis, comma 5, ultimo periodo) e motori fissi di potenza inferiore a 1 MW. Valori riferiti ad un tenore di ossigeno nell'effluente gassoso del 5%.

Potenza termica nominale (MW)	< 50
((ossidi di azoto (NOx)))	[1]
monossido di carbonio	650 mg/Nm³
polveri	130 mg/Nm³

[1] 2000 mg/Nm³ per i motori ad accensione spontanea di potenza uguale o superiore a 3 MW; 4000 mg/Nm³ per i motori ad accensione spontanea di potenza inferiore a 3 MW; 500 mg/Nm³ per gli altri motori a quattro tempi; 800 mg/Nm³ per gli altri motori a due tempi.

Motori fissi costituenti medi impianti di combustione esistenti alimentati a combustibili liquidi (valori da rispettare entro le date previste all'articolo 273-bis, comma 5). Valori riferiti ad un tenore di ossigeno nell'effluente gassoso del 15%.

Potenza termica nominale (MW)	< 50
((ossidi di azoto (NOx)))	190 mg/Nm³ [1] [2] [3] [4]
monossido di carbonio	240 mg/Nm³
ossidi di zolfo	120 mg/Nm³ [5]
polveri	50 mg/Nm³ [6]

[1] In caso di motori diesel la cui costruzione e' iniziata prima del 18 maggio 2006: 1.500 mg/Nm³ se la potenza termica nominale e' inferiore a 3 MW; 750 mg/Nm³ se la potenza termica nominale e' uguale o superiore a 3 MW.
[2] In caso di motori a doppia alimentazione durante il funzionamento a combustibile liquido: 1.500 mg/Nm³ se la potenza termica nominale e' inferiore a 3 MW; 750 mg/Nm³ se la potenza termica nominale e' uguale o superiore a 3 MW;

[3] In caso di motori di potenza termica nominale pari o superiore a 1 MW e pari o inferiore a 5 MW: 250 mg/Nm³ se il motore e' diesel oppure a due tempi.
[4] 225 mg/Nm³ in caso di motori a due tempi di potenza termica nominale superiore a 5 MW e pari o inferiore a 20 MW se sono utilizzati combustibili liquidi diversi dal gasolio.
[5] In caso di motori alimentati a combustibili liquidi diversi dal gasolio.
(([6])) 20 mg/Nm³ in caso di motori alimentati a combustibili liquidi diversi dal gasolio di potenza termica nominale pari o superiore a 1 MW e pari o inferiore a 20 MW; 10 mg/Nm³ in caso di motori alimentati a combustibili liquidi diversi dal gasolio di potenza termica nominale superiore a 20 MW.

Motori fissi costituenti medi impianti di combustione nuovi alimentati a combustibili liquidi. Valori riferiti ad un tenore di ossigeno nell'effluente gassoso del 15%.

Potenza termica nominale (MW)	< 50
((ossidi di azoto (NOx)))	190 mg/Nm³ [1] [2] [3]
monossido di carbonio	240 mg/Nm³
ossidi di zolfo	120 mg/Nm³ [4]
polveri	50 mg/Nm³ [5]

[1] 225 mg/Nm³ in caso di motori a doppia alimentazione durante il funzionamento a combustibile liquido.
[2] 225 mg/Nm³ in caso di motori diesel alimentati a combustibili liquidi diversi dal gasolio di potenza termica nominale totale pari o inferiore a 20 MW a ≤ 1 200 giri al minuto.
[3] L'autorizzazione dello stabilimento in cui sono ubicati medi impianti di combustione nuovi sono in funzione un numero di ore operative all'anno compreso tra 500 e 1.500 puo' esentare tali impianti dall'applicazione del valore limite. La domanda di autorizzazione contiene l'impegno del gestore a rispettare tale numero di ore operative. L'istruttoria autorizzativa di cui all'articolo 271, comma 5, individua valori limite non inferiori a:
- per i motori a doppia alimentazione durante il funzionamento a combustibile liquido: 1.500 mg/Nm³ se la potenza termica nominale e' inferiore a 3 MW; 750 mg/Nm³ se la potenza termica nominale e' uguale o superiore a 3 MW;
- per i motori diesel di potenza termica nominale totale pari o inferiore a 20 MW a ≤ 1.200 giri al minuto: 1.300 mg/Nm³ se la potenza termica nominale e' inferiore a 3 MW; 750 mg/Nm³ se la potenza termica nominale e' uguale o superiore a 3 MW;
- per i motori diesel di potenza termica nominale totale superiore a 20 MW: 750 mg/Nm³;
- per i motori diesel a > 1.200 giri al minuto: 750 mg/Nm³.
I valori limite individuati dall'autorizzazione devono essere inoltre non meno restrittivi di quelli previsti dalla normativa vigente prima del 19 dicembre 2017.
[4] In caso di motori alimentati a combustibili liquidi diversi dal gasolio.
[5] 20 mg/Nm³ in caso di motori alimentati a combustibili liquidi diversi dal gasolio di potenza termica nominale pari o superiore a 1 MW e pari o inferiore a 5 MW; 10 mg/Nm³ in caso di motori alimentati a combustibili liquidi diversi dal gasolio di potenza termica nominale superiore a 5 MW.

Motori fissi costituenti medi impianti di combustione esistenti alimentati a combustibili gassosi (valori da rispettare entro le date previste all'articolo 273-bis, comma 5). Valori riferiti ad un tenore di ossigeno nell'effluente gassoso del 15%.

Potenza termica nominale (MW)	< 50
((ossidi di azoto (NOx)))	190 mg/Nm³ [1]
monossido di carbonio	240 mg/Nm³
ossidi di zolfo	15 mg/Nm³ [2] [3]
polveri	50 mg/Nm³

[1] 300 mg/Nm³ per motori a doppia alimentazione alimentati a combustibili gassosi in modalita' a gas.
[2] Il valore limite di emissione si considera rispettato in caso di utilizzo di gas naturale.
[3] 130 mg/Nm³ in caso di utilizzo di gas a basso potere calorifico da forno a coke e 65 mg/Nm³ in caso di utilizzo di gas a basso potere calorifico d'altoforno dell'industria siderurgica.

Motori fissi costituenti medi impianti di combustione nuovi alimentati a combustibili gassosi. Valori riferiti ad un tenore di ossigeno nell'effluente gassoso del 15%.

Potenza termica nominale (MW)	< 50
((ossidi di azoto (NOx)))	190 [1] [2]
monossido di carbonio	240 mg/Nm³
ossidi di zolfo	15 mg/Nm³ [3]
polveri	50 mg/Nm³

[1] In caso di motori alimentati a gas naturale: 95 mg/Nm³ e, per i motori a doppia alimentazione in modalita' a gas, 190 mg/Nm³.
[2] L'autorizzazione dello stabilimento in cui sono ubicati medi impianti di combustione nuovi sono in funzione un numero di ore operative all'anno compreso tra 500 e 1.500 puo' esentare tali impianti dall'applicazione del valore limite. La domanda di autorizzazione contiene l'impegno del gestore a rispettare tale numero di ore operative. L'istruttoria autorizzativa di cui all'articolo 271, comma 5, individua valori limite non inferiori a 300 mg/Nm³ per motori a doppia alimentazione durante il funzionamento a gas. I valori limite individuati dall'autorizzazione devono essere inoltre non meno restrittivi di quelli previsti dalla normativa vigente prima del 19 dicembre 2017.
[3] Il valore limite di emissione si considera rispettato in caso di utilizzo di gas naturale.

Motori fissi costituenti medi impianti di combustione esistenti alimentati a biomasse liquide (valori da rispettare entro le date previste all'articolo 273-bis, comma 5) e motori fissi di potenza inferiore a 1 MW alimentati a biomasse liquide installati prima del

19 dicembre 2017 (valori da rispettare entro le date previste all'articolo 273-bis, comma 14). Valori riferiti ad un tenore di ossigeno nell'effluente gassoso del 15%.

Potenza termica nominale (MW)	< 50
polveri	20 mg/Nm³ [1] 10 mg/Nm³ [*]
((ossidi di azoto (NOx)))	190 mg/Nm³ [2] [3] [4] [5] 75 mg/Nm³ [*]
ossidi di zolfo	120 mg/Nm³ 75 mg/Nm³ [*]
monossido di carbonio	240 mg/Nm³ 75 mg/Nm³ [*]
carbonio organico totale (COT)	20 mg/Nm³
ammoniaca [6]	5 mg/Nm³

[*] Valore guida per i provvedimenti di attuazione dell'articolo 271, commi 3, 4 e 5, in caso di stabilimenti localizzati in zone dove sono stati registrati superamenti di un valore limite di qualita' dell'aria previsto dal decreto legislativo n. 155/2010 in quantomeno uno degli ultimi tre anni civili.
[1] 10 mg/Nm³ in caso di impianti di potenza termica nominale superiore a 20 MW.
[2] In caso di motori diesel la cui costruzione e' iniziata prima del 18 maggio 2006: 1.500 mg/Nm³ se la potenza termica nominale e' inferiore a 3 MW; 750 mg/Nm³ se la potenza termica nominale e' uguale o superiore a 3 MW.
[3] In caso di motori a doppia alimentazione durante il funzionamento a combustibile liquido: 1.500 mg/Nm³ se la potenza termica nominale e' inferiore a 3 MW; 750 mg/Nm³ se la potenza termica nominale e' uguale o superiore a 3 MW;
[4] In caso di motori di potenza termica nominale pari o superiore a 1 MW e pari o inferiore a 5 MW: 250 mg/Nm³ se il motore e' diesel oppure a due tempi.
[5] 225 mg/Nm³ in caso di motori a due tempi di potenza termica nominale superiore a 5 MW e pari o inferiore a 20 MW. [6] Si applica nel caso siano adottati impianti di abbattimento per gli ((ossidi di azoto (NOx))) con urea o ammoniaca.

Motori fissi costituenti medi impianti di combustione nuovi alimentati a biomasse liquide e motori fissi di potenza inferiore a 1 MW alimentati a biomasse liquide installati dal 19 dicembre 2017. Valori riferiti ad un tenore di ossigeno nell'effluente gassoso del 15%.

Potenza termica nominale (MW)	< 50
polveri	20 mg/Nm³ [1]

	10 mg/Nm³ [*]
((ossidi di azoto (NOx)))	190 mg/Nm³ [2] [3] [4] 75 mg/Nm³ [*]
ossidi di zolfo	120 mg/Nm³ 60 mg/Nm³ [*]
monossido di carbonio	240 mg/Nm³ 75 mg/Nm³ [*]
carbonio organico totale (COT)	20 mg/Nm³
ammoniaca [5]	5 mg/Nm³

[1] 10 mg/Nm³ in caso di impianti di potenza termica nominale superiore a 5 MW.
[2] 225 mg/Nm³ in caso di motori a doppia alimentazione durante il funzionamento a combustibile liquido.
[3] 225 mg/Nm³ in caso di motori diesel di potenza termica nominale totale pari o inferiore a 20 MW a ≤ 1 200 giri al minuto.
[4] L'autorizzazione dello stabilimento in cui sono ubicati medi impianti di combustione nuovi sono in funzione un numero di ore operative all'anno compreso tra 500 e 1.500 puo' esentare tali impianti dall'applicazione del valore limite. La domanda di autorizzazione contiene l'impegno del gestore a rispettare tale numero di ore operative. L'istruttoria autorizzativa di cui all'articolo 271, comma 5, individua valori limite non inferiori a:
- per i motori a doppia alimentazione durante il funzionamento a combustibile liquido: 1.500 mg/Nm³ se la potenza termica nominale e' inferiore a 3 MW; 750 mg/Nm³ se la potenza termica nominale e' uguale o superiore a 3 MW;
- per i motori diesel di potenza termica nominale totale pari o inferiore a 20 MW a ≤ 1.200 giri al minuto: 1.300 mg/Nm³ se la potenza termica nominale e' inferiore a 3 MW; 750 mg/Nm³ se la potenza termica nominale e' uguale o superiore a 3 MW;
- per i motori diesel di potenza termica nominale totale superiore a 20 MW: 750 mg/Nm³;
- per i motori diesel a > 1.200 giri al minuto: 750 mg/Nm³. I valori limite individuati dall'autorizzazione devono essere inoltre non meno restrittivi di quelli previsti dalla normativa vigente prima del 19 dicembre 2017.
[5] Si applica nel caso siano adottati impianti di abbattimento per gli ((ossidi di azoto (NOx))) con urea o ammoniaca.

Motori fissi costituenti medi impianti di combustione esistenti alimentati a biogas e motori fissi di potenza inferiore a 1 MW alimentati a biogas installati prima del 19 dicembre 2017 (valori previsti dalla normativa vigente prima del 19 dicembre 2017, da rispettare ai sensi dell'articolo 273-bis, comma 5, ultimo periodo, ed ai sensi dell'articolo 273-bis, comma 14, ultimo periodo). Valori riferiti ad un tenore di ossigeno nell'effluente gassoso del 5%.

Potenza termica nominale installata (MW)	≤ 3	> 3
((ossidi di azoto (NOx)))	500 mg/Nm³	450 mg/Nm³
monossido di carbonio	800 mg/Nm³	650 mg/Nm³

carbonio organico totale (COT) [1]	100 mg/Nm³	100 mg/Nm³
composti inorganici del cloro sotto forma di gas o vapori (come HCl)	10 mg/Nm³	10 mg/Nm³

[1] Escluso il metano, salvo il caso in cui i provvedimenti di cui all'articolo 271, comma 3 o le autorizzazioni di cui all'articolo 271, comma 5, ne prevedano l'inclusione

Motori fissi costituenti medi impianti di combustione esistenti alimentati a biogas o gas di sintesi da gassificazione di biomasse (valori da rispettare entro le date previste dall'articolo 273bis, comma 5) e motori fissi di potenza inferiore a 1 MW alimentati a biogas e gas di sintesi da gassificazione di biomasse installati prima del 19 dicembre 2017 (valori da rispettare entro le date previste all'articolo 273-bis, comma 14). Valori riferiti ad un tenore di ossigeno nell'effluente gassoso del 15%.

Potenza termica nominale (MW)	≤ 0,3	> 0,3 - ≤ 5	> 5
((ossidi di azoto)) mg/Nm³ (((NOx))) mg/Nm³ [*]	190 mg/Nm³	190 mg/Nm³ [1] 150 mg/Nm³ [*] se ≤ 0,3 - ≤ 1,5 MW 95 mg/Nm³ [*] se > 1,5 MW	170 95
ossidi di zolfo	130	130 [2]	60
monossido di carbonio	300 mg/Nm³ 240 mg/Nm³ [*]	300 mg/Nm³ [3] 190 mg/Nm³ [*] se ≤ 0,3 - ≤ 1,5 MW 95 mg/Nm³ [*] se > 1,5 MW	240 mg/Nm³ 95 mg/Nm³ [*]
carbonio organico totale (COT) [4]	40 mg/Nm³	40 mg/Nm³	40 mg/Nm³
ammoniaca [5]	4 mg/Nm³	4 mg/Nm³	4 mg/Nm³
composti inorganici del cloro sotto forma di gas o vapori (come HCl)	4 mg/Nm³	4 mg/Nm³	4 mg/Nm³

[*] Valore guida per i provvedimenti di attuazione dell'articolo 271, commi 3, 4 e 5, in caso di stabilimenti localizzati in zone dove sono stati registrati superamenti di un valore limite di qualita' dell'aria previsto dal decreto legislativo n. 155/2010 in quantomeno uno degli ultimi tre anni civili.
[1] 170 mg/Nm³ in caso di impianti di potenza termica nominale superiore a 3 MW.
[2] 60 mg/Nm³ in caso di impianti di potenza termica nominale pari o superiore a 1 MW.
[3] 240 mg/Nm³ in caso di impianti di potenza termica nominale superiore a 3 MW.
[4] Escluso il metano, salvo il caso in cui i provvedimenti di cui

all'articolo 271, comma 3 o le autorizzazioni di cui all'articolo 271, comma 5, ne prevedano l'inclusione
[5] Si applica nel caso siano adottati impianti di abbattimento per gli ((ossidi di azoto (NOx))) con urea o ammoniaca.

Motori fissi costituenti medi impianti di combustione nuovi alimentati a biogas o gas di sintesi da gassificazione di biomasse e motori fissi di potenza inferiore a 1 MW alimentati a biogas o gas di sintesi da gassificazione di biomasse installati dal 19 dicembre 2017. Valori riferiti ad un tenore di ossigeno nell'effluente gassoso del 15%.

Potenza termica nominale (MW)	≤ 0,3 MW	> 0,3 - ≤ 5 MW	> 5 MW
((ossidi di azoto)) ((NOx)) [*]	190 mg/Nm³	190 mg/Nm³ [1] 150 mg/Nm³ [*] se ≤ 0,3 - ≤ 1,5 MW 95 mg/Nm³ [*] se > 1,5 MW	170 mg/Nm³ 75 mg/Nm³
ossidi di zolfo	60 mg/Nm³	60 mg/Nm³ [2]	40
monossido di carbonio	300 mg/Nm³ 240 mg/Nm³ [*]	300 mg/Nm³ [3] 190 mg/Nm³ [*] se ≤ 0,3 - ≤ 1,5 MW 95 mg/Nm³ [*] se > 1,5 MW	240 mg/Nm³ 95 mg/Nm³ [*]
carbonio organico totale (COT) [4]	40 mg/Nm³	40 mg/Nm³	40 mg/Nm³
ammoniaca [5]	2 mg/Nm³	2 mg/Nm³	2 mg/Nm³
composti inorganici del cloro sotto forma di gas o vapori (come HCl)	2 mg/Nm³	2 mg/Nm³	2 mg/Nm³

[*] Valore guida per i provvedimenti di attuazione dell'articolo 271, commi 3, 4 e 5, in caso di stabilimenti localizzati in zone dove sono stati registrati superamenti di un valore limite di qualita' dell'aria previsto dal decreto legislativo n. 155/2010 in quantomeno uno degli ultimi tre anni civili.
[1] 170 mg/Nm³ in caso di impianti di potenza termica nominale superiore a 3 MW.
[2] 40 mg/Nm³ in caso di impianti di potenza termica nominale superiore a 1 MW.
[3] 240 mg/Nm³ in caso di impianti di potenza termica nominale superiore a 3 MW.
[4] Escluso il metano, salvo il caso in cui i provvedimenti di cui all'articolo 271, comma 3 o le autorizzazioni di cui all'articolo 271, comma 5, ne prevedano l'inclusione
[5] Si applica nel caso siano adottati impianti di abbattimento per gli ((ossidi di azoto (NOx))) con urea o ammoniaca.

(4) Turbine a gas fisse

Turbine a gas costituenti medi impianti di combustione esistenti (valori previsti dalla normativa vigente prima del 19 dicembre 2017, da rispettare ai sensi dell'articolo 273-bis, comma 5, ultimo periodo). Valori riferiti ad un tenore di ossigeno nell'effluente gassoso del 15 % (se la turbina a gas e' accoppiata ad una caldaia di recupero con o senza sistema di postcombustione i valori di emissione misurati al camino della caldaia si riferiscono ad un tenore di ossigeno del 15%). Per le turbine utilizzate nei cicli combinati i valori di riferimento sono riferiti al combustibile principale.

Potenza termica nominale (MW)	< 50
((ossidi di azoto (NOx)))	450 mg/Nm³ [1] [2] [3]
monossido di carbonio	100 mg/Nm³

[1] 400 mg/Nm³ se il flusso in volume dei gas di scarico e' uguale o superiore a 60.000 Nm³/h.
[2] 600 mg/Nm³ se il combustibile utilizzato e' gasolio.
[3] In caso di rendimento termico superiore al 30% i valori di emissione della tabella e delle note 1 e 2 sono calcolati aumentando i valori di emissione in proporzione all'aumento del rendimento.

Turbine a gas costituenti medi impianti di combustione esistenti alimentati a combustibili liquidi (valori da rispettare entro le date previste all'articolo 273-bis, comma 5). Valori riferiti ad un tenore di ossigeno nell'effluente gassoso del 15%.

Potenza termica nominale (MW)	< 50
((ossidi di azoto (NOx)))	200 mg/Nm³ [1]
monossido di carbonio	100 mg/Nm³
ossidi di zolfo	120 mg/Nm³
polveri	10 mg/Nm³ [2]

[1] Valore limite applicabile solo in caso di carico di processo superiore al 70%.
[2] 20 mg/Nm³ per gli impianti di potenza pari o superiore a 1 MW e pari o inferiore a 20 MW.

Turbine a gas costituenti medi impianti di combustione nuovi alimentati a combustibili liquidi. Valori riferiti ad un tenore di ossigeno nell'effluente gassoso del 15%.

Potenza termica nominale (MW)	< 50
((ossidi di azoto (NOx))) [1]	75 mg/Nm³
monossido di carbonio	100 mg/Nm³
ossidi di zolfo	120 mg/Nm³
polveri	10 mg/Nm³ [2]

[1] Valori limite applicabili solo in caso di carico di processo superiore al 70%.

[2] 20 mg/Nm³ per gli impianti di potenza pari o superiore a 1 MW e pari o inferiore a 5 MW.

Turbine a gas costituenti medi impianti di combustione esistenti alimentati a combustibili gassosi (valori da rispettare entro le date previste all'articolo 273-bis, comma 5). Valori riferiti ad un tenore di ossigeno nell'effluente gassoso del 15%.

Potenza termica nominale (MW)	< 50
((ossidi di azoto (NOx))) [1]	200 mg/Nm³ [2]
monossido di carbonio	100 mg/Nm³
ossidi di zolfo	15 mg/Nm³ [3] [4]

[1] Valori limite applicabili solo in caso di carico di processo superiore al 70%.
[2] 150 mg/Nm³ in caso di utilizzo e' gas naturale.
[3] Il valore limite si considera rispettato in caso di utilizzo di gas naturale.
[4] 130 mg/Nm³ in caso di utilizzo di gas a basso potere calorifico da forno a coke dell'industria siderurgia; 65 mg/Nm³ in caso di utilizzo di gas a basso potere calorifico d'altoforno dell'industria siderurgica.

Turbine a gas costituenti medi impianti di combustione nuovi alimentati a combustibili gassosi. Valori riferiti ad un tenore di ossigeno nell'effluente gassoso del 15%.

Potenza termica nominale (MW)	< 50
((ossidi di azoto (NOx))) [1]	75 mg/Nm³ [2]
monossido di carbonio	100 mg/Nm³
ossidi di zolfo	15 mg/Nm³ [3]

[1] Valori limite applicabili solo in caso di carico di processo superiore al 70%.
[2] 50 mg/Nm³ in caso di utilizzo di gas naturale.
[3] Il valore limite si considera rispettato in caso di utilizzo di gas naturale.

Turbine a gas costituenti medi impianti di combustione esistenti alimentate a biogas installate prima del 19 dicembre 2017 (valori previsti dalla normativa vigente prima del 19 dicembre 2017, da rispettare ai sensi dell'articolo 273-bis, comma 5, ultimo periodo). Valori riferiti ad un tenore di ossigeno nell'effluente gassoso del 15%.

Potenza termica nominale (MW)	≤ 8	> 8 - ≤ 15	> 15 - ≤ 50
((ossidi di azoto (NOx)	150 mg/Nm³	80 mg/Nm³	80 mg/Nm³))
monossido di carbonio	100 mg/Nm³	80 mg/Nm³	60 mg/Nm³

carbonio organico totale (COT) [1]	50 mg/Nm³	50 mg/Nm³	50 mg/Nm³
composti inorganici del cloro sotto forma di gas o vapori (come HCI)	5 mg/Nm³	5 mg/Nm³	5 mg/Nm³

[1] Escluso il metano, salvo il caso in cui i provvedimenti di cui all'articolo 271, comma 3 o le autorizzazioni di cui all'articolo 271, comma 5, ne prevedano l'inclusione

Turbine a gas costituenti medi impianti di combustione esistenti alimentate a biogas o gas di sintesi da gassificazione di biomasse (valori da rispettare entro le date previste all'articolo 273-bis, comma 5). Valori riferiti ad un tenore di ossigeno nell'effluente gassoso del 15%.

Potenza termica nominale (MW)	≤ 8	> 8 - ≤ 15	> 15 MW - ≤ 50
((ossidi di azoto)) [1] (((NOx)))	180 mg/Nm³ 75 mg/Nm³ [*]	75 mg/Nm³	75 mg/Nm³
monossido di carbonio	100 mg/Nm³ 80 mg/Nm³ [*]	80 mg/Nm³	60 mg/Nm³
ossidi di zolfo [*]	60 mg/Nm³ 35 mg/Nm³ [*]	60 mg/Nm³ 35 mg/Nm³ [*]	60 mg/Nm³ 35 mg/Nm³
carbonio organico totale (COT) [2]	50 mg/Nm³	50 mg/Nm³	50 mg/Nm³
composti inorganici del cloro sotto forma di gas o vapori (come HCI)	50 mg/Nm³	50 mg/Nm³	50 mg/Nm³
ammoniaca [3]	5 mg/Nm³	5 mg/Nm³	5 mg/Nm³

[*] Valore guida per i provvedimenti di attuazione dell'articolo 271, commi 3, 4 e 5, in caso di stabilimenti localizzati in zone dove sono stati registrati superamenti di un valore limite di qualita' dell'aria previsto dal decreto legislativo n. 155/2010 in quantomeno uno degli ultimi tre anni civili.
[1] Valori limite applicabili solo in caso di carico di processo superiore al 70%.
[2] Escluso il metano, salvo il caso in cui i provvedimenti di cui all'articolo 271, comma 3 o le autorizzazioni di cui all'articolo 271, comma 5, ne prevedano l'inclusione.
[3] Si applica nel caso siano adottati impianti di abbattimento per gli ((ossidi di azoto (NOx))) con urea o ammoniaca.

Turbine a gas costituenti medi impianti di combustione nuovi, alimentate a biogas o gas di sintesi da gassificazione di biomasse. Valori riferiti ad un tenore di ossigeno nell'effluente gassoso del 15%.

Potenza termica	≤ 8	> 8 - ≤ 15	> 15 - ≤ 50

nominale (MW)

((ossidi di azoto)) (((NOx))) [1]	75 mg/Nm³	75 mg/Nm³	75 mg/Nm³
monossido di carbonio	100 mg/Nm³ 80 mg/Nm³ [*]	80 mg/Nm³	60 mg/Nm³
ossidi di zolfo	40 mg/Nm³ 35 mg/Nm³ [*]	40 mg/Nm³ 35 mg/Nm³ [*]	40 mg/Nm³ 35 mg/Nm³ [*]
carbonio organico totale (COT) [2]	50 mg/Nm³	50 mg/Nm³	50 mg/Nm³
composti inorganici del cloro sotto forma di gas o vapori (come HCI)	50 mg/Nm³	50 mg/Nm³	50 mg/Nm³
ammoniaca [3]	5 mg/Nm³	5 mg/Nm³	5 mg/Nm³

[*] Valore guida per i provvedimenti di attuazione dell'articolo 271, commi 3, 4 e 5, in caso di stabilimenti localizzati in zone dove sono stati registrati superamenti di un valore limite di qualita' dell'aria previsto dal decreto legislativo n. 155/2010 in quantomeno uno degli ultimi tre anni civili.
[1] Valori limite applicabili solo in caso di carico di processo superiore al 70%.
[2] Escluso il metano, salvo il caso in cui i provvedimenti di cui all'articolo 271, comma 3 o le autorizzazioni di cui all'articolo 271, comma 5, ne prevedano l'inclusione
[3] Si applica nel caso siano adottati impianti di abbattimento per gli ((ossidi di azoto (NOx))) con urea o ammoniaca.

(5) Cementifici
   I valori di emissione riportati nella tabella seguente si riferiscono agli effluenti gassosi umidi.

        Parte di provvedimento in formato grafico

   (6) Forni per la calcinazione di bauxite, dolomite, gesso, calcare, diatomite, magnesite, quarzite
   I valori di emissione di seguito riportati si riferiscono agli effluenti gassosi umidi, per gli impianti di produzione di calce spenta e di dolomite idrata.
   - Cromo
   Nella calcinazione di materiali contenenti cromo, il valore di emissione per il cromo [III] e i suoi composti, espressi come cromo, sotto forma di polvere e' 10 mg/Nm³.
   - ((ossidi di azoto (NOx)))
   Il valore di emissione e' 1800-3000 mg/Nm³.
   - Composti del fluoro
   Per i forni usati periodicamente per la calcinazione di quarzite, il valore di emissione di composti inorganici gassosi del fluoro espressi come acido fluoridrico e' 10 mg/Nm³.
   (7) Forni per la produzione di vetro
   Per i forni a bacino a lavorazione continua i valori di emissione si riferiscono ad un tenore di ossigeno nell'effluente gassoso dell'8% e per i forni a crogiolo e quelli a bacino a lavorazione giornaliera ad un tenore di ossigeno del 13%.
   I valori di emissione per gli ((ossidi di azoto (NOx))) sono:

Parte di provvedimento in formato grafico

Forni per la cottura di prodotti ceramici a base di argilla
I valori di emissione riportati nella tabella seguente si riferiscono ad un tenore di ossigeno nell'effluente gassoso del 18%

Parte di provvedimento in formato grafico

(9) Impianti per la fusione di prodotti minerali, in particolare di basalto, di diabase o di scorie
In caso di utilizzo di combustibile solido i valori alla di emissione si riferiscono ad un tenore di ossigeno nell'effluente gassoso dell'8%. valori di emissione per gli ((ossidi di azoto (NOx))) sono:

Parte di provvedimento in formato grafico

Impianti per la produzione di piastrelle in ceramica.
Si applicano i seguenti valori di emissione

Parte di provvedimento in formato grafico

(11) impianti per l'agglomerazione di perlite, scisti o argilla espansa
I valori di emissione riportati nella tabella seguente si riferiscono agli effluenti gassosi umidi ed a un tenore di ossigeno del 14%.

Parte di provvedimento in formato grafico

(12) Impianti per la produzione o la fusione di miscele composte da bitumi o da catrami e prodotti minerali, compresi gli impianti per la preparazione di materiali da costruzione stradali a base di bitume e gli impianti per la produzione di pietrisco di catrame
I valori di emissione riportati nella tabella seguente si riferiscono ad un tenore, di ossigeno nell'effluente gassoso del 17%.

Parte di provvedimento in formato grafico

(13) Impianti di distillazione a secco del carbone (cokerie)
13.1 Forno inferiore
I valori di emissione di seguito indicati si riferiscono ad un tenore di ossigeno nell'effluente gassoso del 5%.
- Polveri
Devono essere adottate tutte le misure atte a contenere le emissioni di polveri dalle camere di combustione in base allo stato attuale della tecnica.
Sino alla ricostruzione del forno a coke, il valore di emissione e'

100 mg/Nm³ .
- Ossidi di zolfo
Se il combustibile utilizzato e' gas da forno a coke, il valore di emissione e' 1.700 mg/Nm³ .
Se il combustibile utilizzato e' gas da forno a coke e gas da altoforno (o d'acciaieria) il valore di emissione e' 800 mg/Nm³ .
- ((ossidi di azoto (NOx)))

II valore di emissione e' 600 mg/Nm3 II valore di emissione e' 600 mg/Nm

Devono essere adottate tutte le misure atte a contenere le emissioni di ((ossidi di azoto (NOx))) dalle camere di combustione in base allo stato attuale della tecnica. Le emissioni di ((ossidi di azoto (NOx))), sino alla ricostruzione del forno a coke, non devono essere superiori a 800 mg/Nm³ .

13.2 Caricamento dei forni da coke

Devono essere evitate le emissioni di polvere nel prelevare il carbone dalle tramogge e nel caricare i carrelli.

I gas di caricamento devono essere raccolti.

Nelle operazioni di versamento, i gas di caricamento devono essere deviati nel gas grezzo, o in un forno vicino, ove non fosse possibile utilizzarli per lavorare i catrame grezzo.

Nelle operazioni di pigiatura, i gas di caricamento devono essere deviati il piu' possibile nel gas grezzo.

I gas di caricamento che non possono essere deviati devono essere convogliati ad un impianto di combustione cui si applica il valore di emissione per le polveri di 25 mg/Nm³ .

Nelle operazioni di spianamento del carbone le emissioni dei gas di caricamento devono essere limitate assicurando la tenuta delle aperture che servono a tali operazioni.

13.3 Coperchio portello di carica

Le emissioni dal coperchio di carica devono essere evitate quanto piu' possibile, usando porte a elevata tenuta, spruzzando i coperchi dei portelli dopo ogni carica dei forni, pulendo regolarmente gli stipiti e i coperchi dei portelli di carica prima di chiudere. La copertura del forno deve essere mantenuta costantemente pulita da resti di carbone.

13.4 Coperchio tubo di mandata

I coperchi dei tubi di mandata, per evitare emissioni di gas o di catrame, devono essere dotati di dispositivi ad immersione in acqua, o sistemi analoghi, di pari efficacia; i tubi di mandata devono venire costantemente puliti.

13.5 Macchine ausiliari per forno a coke

Le macchine ausiliarie adibite al funzionamento del foro a coke devono essere dotate di dispositivo per mantenere pulite le guarnizioni applicate agli stipiti dei portelli di carica.

13.6. Porte del forno a coke

Si devono usare porte ad elevate tenuta. Le guarnizioni delle porte dei forni devono essere regolarmente pulite.

13.7. Sfornamento del coke

Nella ricostruzione delle batterie di forni a coke queste devono essere progettate in modo da permettere che vengano installati, sul lato macchina e sul lato coke, impianti di captazione e abbattimento delle emissioni di polveri allo sforamento del coke, in modo che le emissioni non superino 5 g/t di coke prodotto.

Sino alla ricostruzione del forno a coke, gli effluenti gassosi devono essere raccolti e convogliati ad un impianto di abbattimento delle polveri, ove tecnicamente possibile.

13.8. Raffreddamento del coke

Per il raffreddamento del coke devono essere limitate, per quanto possibile, le emissioni. Nel caso in cui la tecnologia adottata sia quella del raffreddamento a secco, il valore di emissione per le polveri e' 20 mg/Nm³ .

(14) Impianti per l'agglomerazione del minerale di ferro

I valori di emissione riportati nella tabella seguente si riferiscono agli effluenti gassosi umidi.

Parte di provvedimento in formato grafico

Impianti per la produzione di ghisa
Fino al rifacimento del rivestimento in refrattario dell'altoforno il valore di emissione per le polveri e' 150 mg/Nm^3 .
(16) Impianti per la produzione d'acciaio per mezzo di convertitori, forni ad arco elettrici, e forni di fusione sotto vuoto
Si applicano i seguenti valori di emissione:

Parte di provvedimento in formato grafico

(17) Fonderie di ghisa, d'acciaio.
Si applicano i seguenti valori di emissione:

Parte di provvedimento in formato grafico

Forni di riscaldo e per trattamenti termici, per impianti di laminazione ed altre deformazioni plastiche
I valori di emissione, riportati nella tabella seguente, si riferiscono ad un tenore di ossigeno nell'effluente gassoso del 5%:

Parte di provvedimento in formato grafico

(19) Impianti di zincatura a caldo
Si applicano i seguenti valori di emissione:

Parte di provvedimento in formato grafico

Impianti di trattamento di superfici metalliche con uso di acido nitrico
Agli impianti di decapaggio funzionanti in continuo si applica il valore di emissione per gli ((ossidi di azoto (NOx))) di 1500 mg/Nm^3 .
(21) Impianti per la produzione di ferroleghe mediante processi elettrotermici o pirometallurgici
Per le polveri i valori di emissione minimo e massimo sono pari rispettivamente a 20 mg/Nm^3 e 40 mg/Nm^3 .
Impianti per la produzione primaria di metalli non ferrosi
Si applicano i seguenti valori di emissione:

Parte di provvedimento in formato grafico

(23) Impianti per la produzione di alluminio
I forni elettrolitici devono essere chiusi, le dimensioni dell'apertura del forno devono essere quelle minime indispensabili per il funzionamento e il meccanismo di apertura deve essere, per quanto possibile, automatizzato. Si applicano i seguenti valori di

emissione:

Parte di provvedimento in formato grafico

Impianti per la fusione dell'alluminio
Si applicano i seguenti valori di emissione:

Parte di provvedimento in formato grafico

(25) Impianti per la seconda fusione degli altri metalli non ferrosi e delle loro leghe.
Si applicano i seguenti valori di emissione:

Parte di provvedimento in formato grafico

Impianti per la produzione di accumulatori al piombo
Per le polveri, se il flusso di massa e' uguale o superiore a 5 g/h, si applica il valore di emissione di 0,5 mg/Nm^3.
Impianti per la produzione di ossidi di zolfo, acido solforico e oleum
Negli impianti per la produzione di ossidi di zolfo allo stato liquido l'effluente gassoso deve essere convogliato ad un impianto per la produzione di acido solforico o ad altri impianti di trattamento.
Nei processi a doppio contatto deve essere mantenuta una resa di conversione minima del 99%. Per concentrazioni di biossido di zolfo nel gas d'alimentazione uguali o superiori all'8% in volume deve essere mantenuta:
- una resa del 99,5% in condizioni variabili del gas
- una resa del 99,6% in condizioni costanti del gas
Le emissioni di biossido di zolfo devono essere ulteriormente limitate con adeguati processi di trattamento, se superano 1200 mg/Nm^3.
Nei processi a contatto semplice deve essere mantenuta una resa di conversione minima del 97,5%. Per concentrazioni di biossido di zolfo nel gas d'alimentazione inferiori al 6% le emissioni devono essere ulteriormente limitate.
Nei processi di catalisi ad umido deve essere mantenuta una resa di conversione di almeno il 97,5%.
Per l'acido solforico si applicano valori di emissione minimo e massimo rispettivamente pari a 80 mg/Nm^3 e 100 mg/Nm^3.
Impianti per la produzione di cloro
Si applicano i seguenti valori di emissione

Parte di provvedimento in formato grafico

(29) Impianti Claus per la produzione di zolfo
Gli effluenti gassosi devono essere convogliati ad un impianto di combustione. Per l'idrogeno solforato si applica un valore di emissione di 10 mg/Nm^3.
(30) Impianti per la produzione, granulazione ed essiccamento di fertilizzanti fosfatici, azotati o potassici.
Si applicano i seguenti valori di emissioni:

Parte di provvedimento in formato grafico

(31) Impianti per la produzione di acrilonitrile

L'effluente gassoso prodotto dal reattore e dall'assorbitore deve essere combusto. L'effluente gassoso prodotto durante la purificazione per distillazione dei prodotti di reazione e quello proveniente dal processo di travaso deve essere convogliato ad idonei sistemi di abbattimento.

Impianti per la produzione di principi attivi antiparassitari

Per le polveri, se il flusso di massa e' uguale o superiore a 25 g/h, si applica un valore di emissione di 5 mg/Nm^3 .

(33) Impianti per la produzione di polivinile cloruro (PVC)

I tenori residui in cloruro di vinile monomero (CVM) nel polimero devono essere ridotti al massimo. Nella zona di passaggio dal sistema chiuso a quello aperto il tenore residuo non puo' superare i seguenti valori:

Parte di provvedimento in formato grafico

Al fine di ridurre ulteriormente la concentrazione di cloruro di vinile nell'effluente gassoso proveniente dall'essiccatore tale effluente deve, per quanto possibile, essere utilizzato come comburente in un impianto di combustione.

(34) Impianti per la produzione di polimeri in poliacrilonitrile

I gas provenienti dal reattore e dall'assorbitore devono essere convogliati ad un efficace sistema di combustione. I gas provenienti dalla purificazione per distillazione e dalle operazioni di travaso devono essere convogliati ad idonei sistemi di abbattimento.

34.1. Produzione e lavorazione di polimeri acrilici per fibre

Se la polimerizzazione e' effettuata in soluzione acquosa, agli impianti di polimerizzazione, di essiccamento del polimero e di filatura si applica un valore di emissione per l'acrilonitrile pari a 25 mg/Nm^3 .

Se la polimerizzazione e' effettuata in solvente, agli impianti di polimerizzazione si applica un valore di emissione di acrilonitrile pari a 5 mg/Nm^3 ed agli impianti di filatura, lavaggio ed essiccamento si applica un valore di emissione di acrilonitrile pari a 50 mg/Nm^3 .

34.2. Produzione di materie plastiche ABS e SAN

- Polimerizzazione in emulsione: l'effluente gassoso contenente acrilonitrile proveniente dalla polimerizzazione, dalla precipitazione e dalla pulizia del reattore deve essere convogliato ad un termocombustore. A tale effluente si applica, per l'acrilonitrile, un valore di emissione di 25 mg/Nm^3 .

- Polimerizzazione combinata in soluzione/emulsione: l'effluente gassoso contenente acrilonitrile proveniente dalla polimerizzazione, dai serbatoi di stoccaggio intermedi, dalla precipitazione, dalla disidratazione, dal recupero dei solventi e dai miscelatori, deve essere convogliato ad un termocombustore. Alle emissioni che si formano nella zona di uscita dei miscelatori si applica, per l'acrilonitrile, un valore di emissione di 10 mg/Nm^3 .

34.3. Produzione di gomma acrilonitrilica (NBR)

L'effluente gassoso contenente acrilonitrile proveniente dal recupero di butadiene, dal deposito di lattice, dal lavaggio del caucciu' solido, deve essere convogliato ad un termocombustore. L'effluente gassoso proveniente dal recupero dell'acrilonitrile deve essere convogliato ad un impianto di lavaggio. Agli essiccatori si applica, per l'acrilonitrile, un valore di emissione di 15 mg/Nm^3 .

34.4. Produzione di lattice per polimerizzazione, in emulsione, di acrilonitrile. L'effluente gassoso contenente acrilonitrile e proveniente dai contenitori di monomeri, dai reattori, dai serbatoi di stoccaggio e dai condensatori deve essere convogliato ad un impianto di abbattimento se la concentrazione di acrilonitrile nell'effluente gassoso e' superiore a 5 mg/Nm^3 .

(35) Impianti per la produzione e la lavorazione della viscosa.

35.1. Le emissioni dalla produzione di viscosa, dalla preparazione del bagno di rilavatura e dai trattamenti successivi connessi alla produzione di rayon tessile, devono essere convogliate ad un impianto di abbattimento. A tali attivita' si applicano i seguenti valori di emissione:

Parte di provvedimento in formato grafico

35.2. Nella produzione di fibra cellulosica in fiocco e cellofane, i gas provenienti dai filatoi e dal trattamento successivo devono essere convogliati ad un impianto di abbattimento. A tali attivita' si applicano i seguenti valori di emissione:

Parte di provvedimento in formato grafico

35.3. Nella produzione di prodotti da viscosa all'impianto di aspirazione generale e agli aspiratori delle macchine, si applica un valore di emissione per l'idrogeno solforato pari a 50 mg/Nm^3, mentre per il solfuro di carbonio si applicano i seguenti valori emissione:

Parte di provvedimento in formato grafico

Impianti per la produzione di acido nitrosilsolforico
Per la fase di concentrazione i valori di emissione sono:

Parte di provvedimento in formato grafico

(37) Impianti di produzione di poliesteri
Negli impianti di produzione di acido tereftalico e di dimetiltereftalato facenti parte di cicli di produzione di polimeri e fibre poliesteri per flussi di massa superiori a 3 kg/h il valore di emissione delle sostanze organiche, espresso come carbonio organico totale, e' 350 mg/Nm^3
(38) Impianti di produzione di acetato di cellulosa per fibre.
Negli impianti di polimerizzazione, dissoluzione e filatura di acetato di cellulosa per flussi di massa superiori a 3 kg/h il valore di emissione di acetone e' pari a 400 mg/Nm^3.
(39) Impianti di produzione di fibre poliammidiche
Negli impianti di filatura per fili continui del polimero "poliammide 6" per flussi di massa superiori a 2 kg/h il valore di emissione del caprolattame e' 100 mg/Nm^3. Negli impianti di filatura per fiocco il valore di emissione del caprolattame e' 150 mg/Nm^3.
Impianti perla formulazione di preparati antiparassitari
Le emissioni contenenti polveri devono essere convogliate ad un impianto di abbattimento. Il valore di emissione per le polveri e' pari a 10 mg/Nm^3.
Impianti per la nitrazione della cellulosa
Il valore di emissione per gli ((ossidi di azoto (NOx))) e' pari a 2000 mg/Nm^3.
(42) Impianti per la produzione di biossido di titanio
Il valore di emissione per gli ossidi di zolfo provenienti dalla digestione e dalla calcinazione e' pari a 10 kg/t di biossido di titanio prodotto. Il valore di emissione per gli ossidi di zolfo provenienti dalla concentrazione degli acidi residui e' pari a 500 mg/Nm^3.
(43) Impianti per la produzione di fibre acriliche

Se il flusso di massa di N,N-dimetilacetamide e N.N-dimetilformamide e' uguale o superiore a 2 kg/h si applica, per tali sostanze, un valore di emissione di 150 mg/Nm^3.

(44) Impianti per la produzione di policarbonato
Il valore di emissione per il diclorometano e' pari a 100 mg/Nm^3.
Impianti per la produzione di nero carbonio
I valori di emissione, riportati nella tabella seguente, si riferiscono agli effluenti gassosi umidi. L'effluente gassoso contenente idrogeno solforato, monossido di carbonio o sostanze organiche deve essere convogliato ad un termocombustore.

Parte di provvedimento in formato grafico

(46) Impianti per la produzione di carbone o elettrografite mediante cottura, ad esempio per la fabbricazione di elettrodi
Per le sostanze organiche si applicano i seguenti valori di emissione, espressi come carbonio organico totale:
(47) Impianti per la verniciatura in serie, inclusi gli impianti in cui si effettuano i trattamenti preliminari, delle carrozzerie degli autoveicoli e componenti degli stessi, eccettuate le carrozzerie degli autobus
Fatto salvo quanto previsto dall'articolo 275, si applicano i seguenti valori di emissione, espressi in grammi di solvente per metro quadrato di manufatto trattato, inclusi i solventi emessi dagli impianti in cui si effettuano i trattamenti preliminari:
a) vernici a due strati 120 g/m^2 a) vernici a due strati 120 g/m
b) altre vernici 60 g/m^2.
Per le zone d'applicazione della vernice all'aria di ventilazione delle cabine di verniciatura non si applicano i valori di emissione indicati nella parte II, paragrafo 4, classi III, IV e V.
Per gli essiccatori il valore di emissione per le sostanze organiche, espresse come carbonio organico totale, e' pari a 50 mg/Nm^3. Il valore di emissione per le polveri e' pari a 3 mg/Nm^3.
(48) Altri impianti di verniciatura
48.1 Verniciatura del legno
Fatto salvo quanto previsto dall'articolo 275, il valore di emissione per la verniciatura piana, espresso in grammi di solvente per metro quadro di superficie verniciata e' 40 g/m^2. Il valore di emissione per le polveri e' pari a 10 mg/Nm^3.
48.2 Verniciatura manuale a spruzzo
Fatto salvo quanto previsto dall'articolo 275, per l'aria di ventilazione delle cabine di verniciatura nelle quali si vernicia a mano con pistola a spruzzo non si applicano i valori di emissione indicati nella parte II, paragrafo 4, classi III, IV e V; devono comunque essere prese le misure possibili per ridurre le emissioni, facendo ricorso a procedimenti di applicazione della vernice particolarmente efficaci, assicurando un efficace ricambio dell'aria e il suo convogliamento ad un impianto di abbattimento, oppure utilizzando vernici prodotte secondo le migliori tecnologie. Il valore di emissione per le polveri e' pari a 3 mg/Nm^3.
48.3 Essiccatori
Fatto salvo quanto previsto dall'articolo 275, il valore di emissione per le sostanze organiche, espresse con carbonio totale, e' 50 mg/Nm^3.
(49) Impianti per la produzione di manufatti in gomma
Per le polveri, nella fase di preparazione mescole, i valori di emissione minimo e massimo sono rispettivamente pari a 20 mg/Nm^3 e 50 mg/Nm^3.
(50) Impianti per impregnare di resine le fibre di vetro o le fibre minerali
Le emissioni di sostanze di cui alla parte II, paragrafo 4, classe I non devono superare 40 mg/Nm^3 e devono essere adottate le possibili

soluzioni atte a limitare le emissioni, come la postcombustione, o altre misure della medesima efficacia.

Impianti per la produzione di zucchero
- Ossidi di zolfo Il valore di emissione e' 1700 mg/Nm^3.
- Ammoniaca Se il flusso di massa supera 1,5 kg/h, i valori di emissione sono:

Parte di provvedimento in formato grafico

- Polveri

Il valore di emissione e' pari a 75 mg/Nm3 , e, nella fase di movimentazione e condizionamento zucchero, e' pari a 20 mg/Nm^3.

(52) Impianti per l'estrazione e la raffinazione degli oli di sansa di oliva
I valori di emissione sono:

Parte di provvedimento in formato grafico

Impianti per l'estrazione e la raffinazione di oli di semi I valori di emissione per le polveri sono i seguenti:

Parte di provvedimento in formato grafico

Parte IV
Sezione 1
    SEZIONE SOPPRESSA DAL D.LGS. 15 NOVEMBRE 2017, N. 183

Sezione 2
Impianti per la coltivazione degli idrocarburi e dei fluidi geotermici
1. L'autorita' competente si avvale delle competenti Sezioni dell'Ufficio nazionale Minerario per gli Idrocarburi e la Geotermia ai fini del rilascio dell'autorizzazione alle emissioni degli impianti per la coltivazione degli idrocarburi e dei fluidi geotermici.
2. Coltivazione di idrocarburi
2.1. Disposizioni generali.
Le emissioni devono essere limitate all'origine, convogliate ed abbattute utilizzando la migliore tecnologia disponibile.
2.2. Emissioni da combustione di gas di coda.
I gas di coda derivanti dalle centrali di raccolta e trattamento di idrocarburi liquidi e gassosi, se non utilizzati come combustibili, devono essere convogliati ad unita' di termodistruzione in cui la combustione deve avvenire ad una temperatura minima di 950 °C per un tempo di almeno 2 secondi e con eccesso di ossigeno non inferiore al 6%. A tali emissioni si applicano i limiti seguenti:

Parte di provvedimento in formato grafico

Quale unita' di riserva a quella di termodistruzione deve essere prevista una torcia, con pilota, in grado di assicurare una efficienza minima di combustione del 99% espressa come CO_2 / (CO_2 +CO).

2.3. Emissioni da impianti di combustione utilizzanti il gas naturale del giacimento.

a) Nel caso di impiego di gas naturale proveniente dal giacimento con contenuto di H_2S massimo fino a 5 mg/Nm³ i valori di emissione si intendono comunque rispettati.

b) Nel caso che il contenuto di H_2S sia superiore a 5 mg/Nm3 o che il gas naturale venga miscelato con gas di coda e/o con gas di saturazione, si applicano i seguenti limiti:

ossidi di zolfo (espressi come SO_2)	800 mg/Nm³
ossidi di azoto (NOx) (espressi come NO_2)	350 mg/Nm³
monossido di carbonio (CO)	100 mg/Nm³
sostanze organiche volatili (espresse come COT)	10 mg/Nm³
polveri	10 mg/Nm³

2.4. Emissioni da stoccaggi in attivita' di coltivazione

Per lo stoccaggio degli idrocarburi estratti dal giacimento e dei prodotti ausiliari aventi tensione di vapore superiore a 13 mbar alla temperatura di 20°C devono essere usati i seguenti sistemi:

a) i serbatoi a tetto galleggiante devono essere dotati di sistemi di tenuta di elevata efficienza realizzati secondo la migliore tecnologia disponibile;

b) i serbatoi a tetto fisso devono essere dotati di sistemi di condotte per l'invio dei gas di sfiato e/o di flussaggio ad una unita' di combustione o termodistruzione;

c) le superfici esterne dei serbatoi devono essere trattate in modo tale che venga riflesso inizialmente almeno il 70% dell'energia solare, Detta protezione e' ripristinata quando il valore di riflessione diventa inferiore al 45%.

2.5. Vapori di rigenerazione termica di glicoli etilenici (DEG e/o TEG) usati per la disidratazione del gas naturale.

I vapori di rigenerazione termica di glicoli etilenici devono essere convogliati ad una unita' di termodistruzione oppure miscelati al gas combustibile primario.

Solo nel caso di piccoli impianti (fino a 200.000 Nm3 /giorno di gas naturale trattato) e/o per flussi di massa non superiori a 200 g/h come HAS e' consentita l'emissione in atmosfera cui si applicano i seguenti valori di emissione:

Parte di provvedimento in formato grafico

2.6. Emissioni da piattaforme di coltivazione di idrocarburi off shore ossia ubicate nel mare territoriale e nella piattaforma continentale italiana.

Se la collocazione geografica della piattaforma assicura una ottimale dispersione delle emissioni, evitando che le stesse interessino localita' abitate, i limiti di emissione si intendono

rispettati quando in torcia viene bruciato esclusivamente gas naturale.
In caso contrario si applicano i valori di emissione indicati alla parte II, paragrafo 3, per le sostanze gassose e un valore pari a 10 mg/Nm^3 per le polveri totali. Per i motori a combustione interna e le turbine a gas si applicano i pertinenti paragrafi della parte III in cui si individuano i valori limite previsti dalla normativa vigente prima del 19 dicembre 2017.
3. Impianti che utilizzano fluidi geotermici
1. Gli effluenti gassosi negli impianti che utilizzano i fluidi geotermici di cui all'articolo 1 della legge 9 dicembre 1986, n. 896, devono essere dispersi mediante torri refrigeranti e camini di caratteristiche adatte. Per ciascuno dei due tipi di emissione i valori di emissione minimi e massimi, di seguito riportati, sono riferiti agli effluenti gassosi umidi ed intesi come media oraria su base mensile:

Parte di provvedimento in formato grafico

Parte IV-bis

Elementi minimi dell'autorizzazione e della registrazione dei medi impianti di combustione e dei medi impianti termici civili

1. Elementi minimi in caso di medi impianti di combustione:
    a) Nome e sede legale del gestore e sede dello stabilimento in cui sono ubicati gli impianti, se fissi;
    b) Classificazione secondo le definizioni dell'articolo 268, comma 1, lett. da gg-bis) a gg-septies);
    c) Classificazione dei combustibili utilizzati (biomassa solida, altri combustibili solidi, gasolio, altri combustibili liquidi, gas naturale, altri combustibili gassosi) e relativa quantitativi;
    d) Potenza termica nominale;
    e) Numero previsto di ore operative annue;
    f) Carico medio di processo;
    g) Data di messa in esercizio o, se tale data non e' nota, prove che la messa in esercizio dei medi impianti di combustione esistenti sia antecedente al 20 dicembre 2018.
    h) Settore di attivita' dello stabilimento o del medio impianto di combustione secondo il codice NACE.
2. Elementi minimi in caso di medi impianti termici civili:
    a) Nome e sede legale del responsabile dell'esercizio e della manutenzione e sede dell'impianto;
    b) Classificazione secondo le definizioni dell'articolo 268, comma 1, lett. da gg-bis) a gg-septies);
    c) Classificazione dei combustibili utilizzati (biomassa solida, altri combustibili solidi, gasolio, altri combustibili liquidi, gas naturale, altri combustibili gassosi) e relativi quantitativi;
    d) Potenza termica nominale;
    e) Numero previsto di ore operative;
    f) Data di messa in esercizio o, se tale data non e' nota, prove che la messa in esercizio dei medi impianti termici civili di cui all'articolo 284, comma 2-ter, sia antecedente al 20 dicembre 2018.

ALLEGATO II

Grandi impianti di combustione

Parte I
Disposizioni generali

1. Definizioni.
Ai fini del presente allegato si intende per
    a) impianto multicombustibile: qualsiasi impianto di combustione

che possa essere alimentato simultaneamente o alternativamente da due o piu' tipi di combustibile;

b) grado di desolforazione: il rapporto tra la quantita' di zolfo non emessa nell'atmosfera nel sito dell'impianto di combustione per un determinato periodo di tempo e la quantita' di zolfo contenuta nel combustibile introdotto nei dispositivi dell'impianto di combustione e utilizzata per lo stesso periodo di tempo;

c) biomassa: prodotti, costituiti interamente o in parte di materia vegetale, di provenienza agricola o forestale, utilizzabili come combustibile ai sensi della normativa vigente per recuperarne il contenuto energetico, ed i seguenti rifiuti usati come combustibile:
  - rifiuti vegetali derivanti da attivita' agricole e forestali;
  - rifiuti vegetali derivanti dalle industrie alimentari di trasformazione, se l'energia termica generata e' recuperata;
  - rifiuti vegetali fibrosi della produzione di pasta di carta grezza e della produzione di carta dalla pasta, se gli stessi sono coinceneriti sul luogo di produzione e se l'energia termica generata e' recuperata;
  - rifiuti di sughero;
  - rifiuti di legno, ad eccezione di quelli che possono contenere composti organici alogenati o metalli pesanti, a seguito di un trattamento o di rivestimento, inclusi in particolare i rifiuti di legno, ricadenti in questa definizione, derivanti dai rifiuti edilizi e di demolizione.

d) turbina a gas: qualsiasi macchina rotante, che trasforma energia termica in meccanica, costituita principalmente da un compressore, da un dispositivo termico in cui il combustibile e' ossidato per riscaldare il fluido motore e da una turbina;

e) ore operative: il numero delle ore in cui l'impianto e' in funzione, con l'esclusione dei periodi di avviamento e di arresto e dei periodi di guasto, salvo diversamente stabilito dalle normative adottate ai sensi dell'articolo 271, comma 3, o dall'autorizzazione.

1-bis. Condizioni generali

I valori limite di emissione previsti dal presente Allegato sono calcolati in condizioni normali (temperatura di 273,15 K, e pressione di 101,3 kPa) previa detrazione del tenore di vapore acqueo degli scarichi gassosi e ad un tenore standard di O2 pari al 6% per gli impianti che utilizzano combustibili solidi, al 3% per gli impianti, diversi dalle turbine a gas e dai motori a gas, che utilizzano combustibili liquidi e gassosi ed al 15 % per le turbine a gas e per i motori a gas. Nel caso delle turbine a gas usate in impianti nuovi a ciclo combinato dotati di un bruciatore supplementare, il tenore di O2 standard puo' essere definito dall'autorita' competente in funzione delle caratteristiche dell'installazione.

2. Procedura di esenzione per gli impianti anteriori al 1988.

2.1 I gestori degli impianti anteriori al 1988 presentano all'autorita' competente, nell'ambito della richiesta di autorizzazione integrata ambientale, una dichiarazione scritta contenente l'impegno a non far funzionare l'impianto per piu' di 20.000 ore operative a partire dal 1° gennaio 2008 ed a non farlo funzionare oltre il 31 dicembre 2015. Per gli impianti di potenza termica nominale pari a 50 MW la dichiarazione e' presentata entro 3 mesi dalla data di entrata in vigore del presente titolo e l'autorita' competente, in caso di approvazione della richiesta di esenzione, provvede ad aggiornare l'autorizzazione in atto con la procedura prevista dall'articolo 269. La richiesta di esenzione e' approvata soltanto se compatibile con le misure stabilite nei piani e nei programmi di cui al decreto legislativo n. 351 del 1999 ove tali misure siano necessarie per il conseguimento degli obiettivi di qualita' dell'aria e se compatibile con le condizioni stabilite dalla normativa vigente in materia di autorizzazione integrata ambientale. Tutti i predetti provvedimenti autorizzativi indicano le ore operative approvate per ogni anno del funzionamento residuo degli impianti. In caso di approvazione il gestore e' tenuto a presentare ogni anno all'autorita' competente un documento in cui e' riportata la registrazione delle ore operative utilizzate e quelle non utilizzate che sono state autorizzate per il restante periodo di funzionamento degli impianti.

2.2 La richiesta di esenzione di cui al punto precedente decade se il gestore presenta, successivamente al rilascio dell'autorizzazione integrata ambientale e comunque non oltre il 31 maggio 2007, la relazione tecnica o il progetto di adeguamento di cui all'articolo 273, comma 6, nell'ambito di una richiesta di aggiornamento dell'autorizzazione integrata ambientale. Per gli impianti di potenza termica nominale pari a 50 MW, la richiesta di esenzione decade se il gestore trasmette all'autorita' competente, entro il 1° agosto 2007, la relazione tecnica o il progetto di adeguamento di cui all'articolo 273, comma 7. La richiesta di esenzione non si considera decaduta nel caso in cui l'autorita' competente non approvi la relazione tecnica o il progetto di adeguamento

2.3 Gli impianti per cui l'esenzione e' stata approvata ai sensi del punto 2.1 e non e' decaduta ai sensi del punto 2.2 non possono, in alcun caso, funzionare per piu' di 20.000 ore operative nel periodo compreso tra il 1° gennaio 2008 e il 31 dicembre 2015.

3. Impianti multicombustibili

3.1 Per gli impianti multicombustibili che comportano l'impiego simultaneo di due o piu' combustibili, l'autorita' competente, in sede di autorizzazione, stabilisce i valori limite di emissione per il biossido di zolfo, gli ((ossidi di azoto (NOx))), il monossido di carbonio, le polveri e i metalli nei modi previsti dal punto 3.2 o applicando le deroghe previste ai punti 3.3 e 3.4.

3.2. L'autorita' competente applica la seguente procedura:

a) individuare il valore limite di emissione relativo a ciascun combustibile ed a ciascun inquinante, corrispondente alla potenza termica nominale dell'intero impianto di combustione secondo quanto stabilito dalla Parte II, sezioni da 1 a 6;

b) determinare i valori limite di emissione ponderati per combustibile, moltiplicando ciascuno dei valori limite di emissione di cui alla lettera a) per la potenza termica fornita da ciascun combustibile e dividendo il risultato di ciascuna moltiplicazione per la somma delle potenze termiche fornite da tutti i combustibili;

c) addizionare i valori limite di emissione ponderati per combustibile.

3.3. In deroga al punto 3.2 l'autorita' competente, in sede di autorizzazione, puo' applicare le disposizioni concernenti il combustibile determinante, inteso come il combustibile con il piu' elevato valore limite di emissione, per gli impianti multi combustibile anteriori al 2013 che utilizzano i residui di distillazione e di conversione della raffinazione del petrolio greggio, da soli o con altri combustibili, per i propri consumi propri dell'installazione, sempre che, durante il funzionamento dell'impianto la proporzione di calore fornito da tale combustibile risulti pari ad almeno il 50% della somma delle potenze termiche fornite da tutti i combustibili. Se la proporzione del calore fornito dal combustibile determinante e' inferiore al 50% della somma delle potenze termiche fornite da tutti i combustibili, l'autorita' competente determina il valore limite di emissione, applicando la seguente procedura:

a) individuare il valore limite di emissione relativo a ciascun combustibile ed a ciascun inquinante, corrispondente alla potenza termica nominale dell'impianto secondo quanto stabilito dalla parte II, sezioni da 1 a 6;

b) calcolare il valore limite di emissione per il combustibile determinante, inteso come il combustibile con il valore limite di emissione piu' elevato in base a quanto stabilito dalla parte II, sezioni da 1 a 6, e inteso, in caso di combustibili aventi il medesimo valore limite, come il combustibile che fornisce la quantita' piu' elevata di calore. Tale valore limite si ottiene moltiplicando per due il valore limite di emissione del combustibile determinante, previsto dalla parte II, sezioni da 1 a 6, e sottraendo il valore limite di emissione relativo al combustibile con il valore limite di emissione meno elevato;

c) determinare i valori limite di emissione ponderati per combustibile, moltiplicando il valore limite di emissione del combustibile calcolato in base alla lettera b) per la quantita' di calore fornita da ciascun combustibile determinante, moltiplicando ciascuno degli altri valori limite di emissione per la quantita' di calore fornita da ciascun combustibile e dividendo il risultato di ciascuna moltiplicazione per la somma delle potenze termiche fornite da tutti i combustibili;

d) addizionare i valori limite di emissione ponderati per combustibile.

3.4 In alternativa a quanto previsto al punto 3.3, ad eccezione delle turbine a gas e dei motori a gas, per gli impianti multicombustibili, ricompresi in una installazione che svolge attivita' di raffinazione, alimentati con i residui di distillazione e di conversione della raffinazione del petrolio greggio, da soli o con altri combustibili, per i consumi propri dell'installazione, l'autorizzazione puo' applicare un valore limite medio di emissione di anidride solforosa pari a 1.000 mg/Nm^3 per gli impianti anteriori al 2002 e pari a 600 mg/Nm^3 per gli altri impianti anteriori al 2013.

I valori medi da confrontare con tali valori limite sono calcolati ad una temperatura di 273,15 K ed una pressione di 101,3 kPa, previa detrazione del tenore di vapore acqueo degli effluenti gassosi, e ad un tenore standard di O2 pari al 6% per i combustibili solidi e al 3% per i combustibili liquidi e gassosi, come rapporto ponderato tra la sommatoria delle masse di biossido di zolfo emesse e la sommatoria dei volumi di effluenti gassosi relativi agli impianti.

Tali valori limite medi sono rispettati se superiori alla media, calcolata su base mensile, delle emissioni di tutti i detti impianti, indipendentemente dalla miscela di combustibili usata, qualora cio' non determini un aumento delle emissioni rispetto a quelle previste dalle autorizzazioni in atto.

3.5 Per gli impianti multicombustibili che comportano l'impiego alternativo di due o piu' combustibili, sono applicabili i valori limite di emissione di cui alla parte II, sezioni da 1 a 6, corrispondenti a ciascuno dei combustibili utilizzati.

4. Monitoraggio e controllo delle emissioni

4.1 Negli impianti di combustione con una potenza termica nominale totale pari o superiore a 100 MW le misurazioni delle concentrazioni di biossido di zolfo, ((ossidi di azoto (NOx))) e polveri nell'effluente gassoso sono effettuate in continuo. Se l'impianto con una potenza termica nominale totale pari o superiore a 100 MW e' alimentato con combustibili gassosi, anche la misurazione della concentrazione di CO nell'effluente gassoso e' effettuata in continuo. 76

4.2. In deroga al punto 4.1 le misurazioni continue non sono richieste nei seguenti casi:

4) per il biossido di zolfo e per le polveri degli impianti di combustione alimentati con gas naturale;

b) per il biossido di zolfo degli impianti di combustione alimentate a combustibile liquido con tenore di zolfo noto, in assenza di apparecchiature di desolforazione.

4.3. In deroga al punto 4.1, l'autorita' competente puo' non richiedere misurazioni continue nei seguenti casi:

a) per gli impianti di combustione con un ciclo di vita inferiore a 10.000 ore di funzionamento;

b) per il biossido di zolfo degli impianti di combustione alimentati con biomassa se il gestore puo' provare che le emissioni di biossido di zolfo non possono in nessun caso superare i valori limite di emissione previsti dal presente decreto.

4.4. Nei casi previsti dai punti 4.2 e 4.3, l'autorita' competente stabilisce, in sede di autorizzazione, l'obbligo di effettuare misurazioni discontinue degli inquinanti per cui vi e' la deroga almeno ogni sei mesi ovvero, in alternativa, individua opportune procedure di determinazione per valutare le concentrazioni del biossido di zolfo e degli ((ossidi di azoto (NOx))) nelle emissioni. Tali procedure devono essere conformi alle pertinenti norme CEN o, laddove queste non sono disponibili, alle pertinenti norme ISO, ovvero alle norme nazionali o internazionali che assicurino dati equivalenti sotto il profilo della qualita' scientifica.

4.5. Per gli impianti di combustione alimentati a carbone o lignite, le emissioni di mercurio totale devono essere misurate almeno una volta all'anno.

4.6 La modifiche relative al combustibile utilizzato e alle modalita' di esercizio costituiscono modifica ai sensi dell'articolo 268, comma 1, lettera m). In tal caso l'autorita' competente valuta anche, in sede di autorizzazione, se rivedere le prescrizioni imposte ai sensi dei punti da 4.1 a 4.5.

4.7. L'autorita' competente in sede di autorizzazione puo' stabilire che le misurazioni di biossido di zolfo, ((ossidi di azoto (NOx))) e polveri nell'effluente gassoso siano effettuate in continuo anche nei casi non previsti dai paragrafi precedenti.

4.8. Il controllo del livello di inquinanti nelle emissioni degli impianti di combustione e di tutti gli altri parametri stabiliti dal presente decreto deve essere realizzato in conformita' alle prescrizioni contenute nella parte II, sezione 8, e alle prescrizioni dell'allegato VI.

4.9. Le autorita' competenti stabiliscono, in sede di autorizzazione, le modalita' e la periodicita' secondo cui i gestori devono informare le stesse autorita' circa i risultati delle misurazioni continue, i risultati della verifica del funzionamento delle apparecchiature di misurazione, i risultati delle misurazioni discontinue, nonche' circa i risultati di tutte le altre misurazioni effettuate per valutare il rispetto delle pertinenti disposizioni del presente decreto.

4.10. Nel caso di impianti che devono rispondere ai gradi di desolforazione fissati nella parte II sezione 1, l'autorita' competente, in sede di autorizzazione, individua opportune procedure di determinazione per valutare le concentrazioni del biossido di zolfo nelle emissioni. Tali procedure devono essere conformi alle pertinenti norme CEN o, laddove queste non sono disponibili, alle pertinenti norme ISO, ovvero alle norme nazionali o internazionali, che assicurino dati equivalenti sotto il profilo della qualita' scientifica. L'autorita' competente stabilisce inoltre, in sede di autorizzazione, l'obbligo di effettuare regolari controlli del tenore di zolfo nel combustibile introdotto nell'impianto.

5. Conformita' ai valori limite di emissione

5.1. In caso di misurazioni continue, i valori limite di emissione indicati nella parte II, sezioni da 1 a 5, si considerano rispettati se la valutazione dei risultati evidenzia che, nelle ore operative, durante un anno civile:

nessun valore medio mensile convalidato supera i pertinenti valori limite, e

nessun valore medio giornaliero convalidato degli impianti nuovi supera i pertinenti valori limite,

nessun valore medio giornaliero convalidato degli impianti anteriori al 2002 e anteriori al 2013 supera il 110 per cento dei pertinenti valori limite,

il 95 per cento di tutti i valori medi orari convalidati nell'arco dell'anno non supera il 200 per cento dei pertinenti valori limite.

5.2. Nel caso in cui l'autorita' competente in sede di rilascio dell'autorizzazione, richieda soltanto misurazioni discontinue o altre opportune procedure di determinazione, i valori limite di emissione indicati nella parte II, sezioni da 1 a 6, si considerano rispettati se i risultati di ogni serie di misurazioni o delle altre procedure disciplinate nell'allegato VI non superano tali valori limite di emissione.

5.3. PUNTO SOPPRESSO DALLA L. 20 NOVEMBRE 2017, N. 167.

5.4. I valori medi convalidati di cui al punto 5.3. sono determinati in conformita' alle prescrizioni contenute nella parte II, sezione 8, paragrafo 5.

6. Anomalie o guasti degli impianti di abbattimento

6.1. L'autorita' competente puo' concedere sospensioni dell'applicazione dei valori limite di emissione di cui all'articolo 273 per il biossido di zolfo, per periodi massimi di sei mesi, a favore degli impianti che, ai fini del rispetto di tali valori utilizzano un combustibile a basso tenore di zolfo e che, a causa di un'interruzione delle forniture dello stesso combustibile, derivante da una grave ed eccezionale difficolta' di reperimento sul mercato, non siano in grado di rispettare i predetti valori limite.

6.2. L'autorita' competente puo' concedere deroghe all'applicazione dei valori limite di emissione previsti dall'articolo 273, a favore degli impianti che normalmente utilizzano soltanto combustibili gassosi e che sarebbero altrimenti soggetti all'obbligo di dotarsi di un dispositivo di depurazione degli effluenti gassosi, nel caso in cui, a causa di una improvvisa interruzione della fornitura di gas, tali impianti debbano eccezionalmente ricorrere all'uso di altri combustibili per un periodo non superiore a 10 giorni o, se esiste una assoluta necessita' di continuare le forniture di energia, per un periodo piu' lungo.

6.3. L'autorita' competente, se diversa dal Ministero dell'ambiente e della tutela del territorio e del mare, informa tempestivamente tale Ministero in merito a tutte le sospensioni e le deroghe concesse per i periodi di anomalo funzionamento di cui ai punti 6.1. e 6.2.

6.4. In caso di guasti tali da non permettere il rispetto dei valori limite di emissione, il ripristino funzionale dell'impianto deve avvenire nel piu' breve tempo possibile e comunque entro le successive 24 ore. In caso di mancato ripristino funzionale l'autorita' competente puo' prescrivere la riduzione o la cessazione dell'attivita' oppure l'utilizzo di combustibili a minor impatto ambientale rispetto a quelli autorizzati. Un impianto di combustione non puo' funzionare in assenza di impianti di abbattimento per un periodo complessivo che ecceda le centoventi ore nell'arco di qualsiasi periodo di dodici mesi consecutivi preso in esame. L'autorizzazione prevede l'installazione di idonei sistemi di misurazione dei periodi di funzionamento degli impianti di abbattimento.

6.5. Nei casi in cui siano effettuate misurazioni continue il punto 6.4 si applica soltanto se da tali misurazioni risulti un superamento dei valori limite di emissione previsti negli atti autorizzativi.

6.6. L'autorita' competente puo' concedere deroghe al limite di ventiquattro ore ed al limite di centoventi ore, previsti dal punto 6.4, nei casi in cui sussista la necessita' assoluta di mantenere la fornitura energetica e nei casi in cui l'impianto sarebbe sostituito, per il periodo di tempo corrispondente alla durata della deroga, da un impianto in grado di causare un aumento complessivo delle emissioni.

Parte II
Valori limite di emissione

Sezione 1

Valori limite di emissione di SO2 - Combustibili solidi

A.

1. Valori limite di emissione SO2 espressi in mg/Nm³ (tenore di O2 di riferimento: 6%) che devono essere applicati agli impianti anteriori al 2013 che utilizzano combustibili solidi, ad eccezione

delle turbine a gas e dei motori a gas:

Potenza termica nominale totale (MWth)	Carbone e lignite e altri combustibili solidi	Biomassa	Torba
50-100	400	200	300
100-300	250	200	300
> 300	200	200	200

2. In deroga al paragrafo 1, l'autorizzazione puo' prevedere un valore limite di emissione di biossido di zolfo pari a 800 mg/Nm³ per gli impianti anteriori al 2002 che, negli anni successivi al rilascio, non saranno in funzione per piu' di 1.500 ore operative annue calcolate come media mobile su ciascun periodo di cinque anni e, comunque, per piu' di 3.000 ore operative all'anno. Il gestore e' tenuto a presentare, entro il 31 maggio di ogni anno, all'autorita' competente e, comunque, al Ministero dell'ambiente e della tutela del territorio e del mare un documento in cui sono registrate le ore operative annue degli impianti soggetti alla deroga.

B.

Valori limite di emissione SO2 espressi in mg/Nm³ (tenore di O2 di riferimento: 6%) che devono essere applicati agli impianti nuovi che utilizzano combustibili solidi ad eccezione delle turbine a gas e dei motori a gas.

Potenza termica nominale totale (MWth)	Carbone e lignite e altri combustibili solidi	Biomassa	Torba
50-100	200	100	200
100-300	100	100	100
> 300	75	75	75

C.

1. Per gli impianti alimentati a combustibili solidi indigeni, se il gestore dimostra che i valori limite di emissione delle lettere A) e B) non possono essere rispettati a causa delle caratteristiche del combustibile, l'autorizzazione puo' prevedere un grado minimo di desolforazione quantomeno pari ai seguenti valori, intesi come valori limite medi mensili:

| Potenza termica | | Impianti | |

nominale totale (MW)	Impianti anteriori al 2002	anteriori al 2013	Altri impianti
50-100	80 %	92 %	93 %
100-300	90 %	92 %	93 %
> 300	96 % (*)	96 %	97 %

(*) per impianti alimentati a scisti bituminosi: 95%

2. Per gli impianti alimentati a combustibili solidi indigeni in cui sono coinceneriti anche rifiuti, se il gestore dimostra che non possono essere rispettati i valori limite Cprocesso per il biossido di zolfo di cui alla parte 4, punti 3.1 o 3.2, dell'Allegato I al Titolo I-bis della Parte Quarta del presente decreto, a causa delle caratteristiche del combustibile, l'autorizzazione puo' prevedere, in alternativa, un grado minimo di desolforazione quantomeno pari ai valori del precedente paragrafo. In tal caso, il valore Crifiuti di cui a tale parte 4, punto 1, e' pari a 0 mg/Nm^3.

3. Nei casi previsti dai paragrafi 1 e 2 il gestore, entro il 31 maggio di ogni anno, a partire dal 2017, e' tenuto a presentare all'autorita' competente e, comunque, al Ministero dell'ambiente e della tutela del territorio e del mare un documento che riporta il tenore di zolfo del combustibile solido indigeno usato e il grado di desolforazione raggiunto come media mensile; la prima comunicazione indica anche la motivazione tecnica dell'impossibilita' di rispettare i valori limite di emissione oggetto di deroga.

Sezione 2

Valori limite di emissione di SO2 - Combustibili liquidi

A.

1. Valori limite di emissione SO2 espressi in mg/Nm^3 (tenore di O2 di riferimento: 3%) che devono essere applicati agli impianti anteriori al 2013 che utilizzano combustibili liquidi, ad eccezione delle turbine a gas, dei motori a gas e dei motori diesel:

Potenza termica nominale totale (MWth)	valore limite di emissione di SO2 (mg/Nm^3)
50-100	350
100-300	250
> 300	200

2. In deroga al paragrafo 1, per gli impianti anteriori al 2002, l'autorizzazione puo' prevedere un valore limite di emissione di biossido di zolfo pari a 850 mg/Nm^3 per gli impianti con potenza non superiore a 300 MW e pari a 400 mg/Nm^3 per gli impianti con potenza superiore a 300 MW, che, negli anni successivi al rilascio, non saranno in funzione per piu' di 1.500 ore operative annue calcolate come media mobile su ciascun periodo di cinque anni e, comunque, per piu' di 3.000 ore operative all'anno.. Il gestore e' tenuto a presentare, entro il 31 maggio di ogni anno, all'autorita' competente

e, comunque, al Ministero dell'ambiente e della tutela del territorio e del mare un documento in cui sono registrate le ore operative annue degli impianti soggetti alla deroga.

B.

Valori limite di emissione SO2 espressi in mg/Nm³ (tenore di O2 di riferimento: 3%) che devono essere applicati agli impianti nuovi, che utilizzano combustibili liquidi ad eccezione delle turbine a gas, dei motori a gas e dei motori diesel:

Potenza termica nominale totale (MWth)	valore limite di emissione di SO2 (mg/Nm³)
50-100	350
100-300	200
> 300	150

Sezione 3

Valori limite di emissione di SO2 - Combustibili gassosi

A.

Valori limite di emissione SO2 espressi in mg/Nm³ (tenore di O2 di riferimento: 3%) che devono essere applicati agli impianti alimentati a combustibile gassoso ad eccezione delle turbine a gas e dei motori a gas:

Gas naturale ed altri gas	35
Gas liquido	5
Gas a basso potere calorifico originati da forni a coke	400
Gas a basso potere calorifico originati da altiforni	200

Per gli impianti di combustione anteriori al 2002 alimentati con gas a basso potere calorifico originati dalla gassificazione dei residui delle raffinerie si applica un limite pari a 800 mg/Nm³.

Sezione 4

Valori limite di emissione di NOx (misurati come NO2) e di CO

A.

1. Valori limite di emissione di NOx espressi in mg/Nm³ (tenore di O2 di riferimento: 6% per i combustibili solidi, 3% per i combustibili liquidi e gassosi) che devono essere applicati agli impianti anteriori al 2013 alimentati con combustibili solidi o liquidi, ad eccezione delle turbine a gas, dei motori a gas e dei

motori diesel.

Potenza termica nominale totale (MWth)	Carbone e lignite e altri combustibili solidi	Biomassa e torba	Combustibili liquidi
50-100	300 (4)	300 (4)	450
100-300	200 (4)	250 (4)	200 (2)(3)(4)
> 300	200 (4)(5)	200 (4)(5)	150 (1)(2)(3)(4)(5)

(1) L'autorizzazione puo' prevedere un valore limite di emissione di NOx pari a 400 mg/Nm³ per impianti anteriori al 2002 con una potenza termica nominale totale superiore a 500 MW, alimentati a combustibile liquido, che, negli anni successivi al rilascio, non saranno in funzione per piu' di 1.500 ore operative annue calcolate come media mobile su ciascun periodo di cinque anni e, comunque, per piu' di 3.000 ore operative all'anno. Il gestore e' tenuto a presentare, entro il 31 maggio di ogni anno, all'autorita' competente e, comunque, al Ministero dell'ambiente e della tutela del territorio e del mare un documento in cui sono registrate le ore operative annue degli impianti soggetti alla deroga.

(2) L'autorizzazione puo' prevedere un valore limite di emissione di NOx pari a 450 mg/Nm³ per impianti di combustione anteriori al 2002 con una potenza termica nominale totale non superiore a 500 MW che utilizzano residui di distillazione e di conversione della raffinazione del petrolio greggio ai fini del processo di raffinazione.

(3) L'autorizzazione puo' prevedere un valore limite di emissione di NOx pari a 450 mg/Nm³ per impianti di combustione anteriori al 2002 con una potenza termica nominale totale non superiore a 500 MW, situati all'interno di installazioni chimiche, alimentati con residui liquidi di produzione di cui non e' ammesso il commercio utilizzati ai fini del processo di produzione.

(4) L'autorizzazione puo' prevedere un valore limite di emissione di NOx pari a 450 mg/Nm³ per impianti di combustione anteriori al 2002 con una potenza termica nominale totale non superiore a 500 MW, alimentati a combustibile solido o liquido, che, negli anni successivi al rilascio, non saranno in funzione per piu' di 1.500 ore operative annue calcolate come media mobile su ciascun periodo di cinque anni e, comunque, per piu' di 3.000 ore operative all'anno. Il gestore e' tenuto a presentare, entro il 31 maggio di ogni anno, all'autorita' competente e, comunque, al Ministero dell'ambiente e della tutela del territorio e del mare un documento in cui sono registrate le ore operative annue degli impianti soggetti alla deroga.

(5) L'autorizzazione puo' prevedere un valore limite di emissione di NOx pari a 450 mg/Nm³ per impianti di combustione autorizzati prima del 1° luglio 1987, anche se con una potenza termica nominale totale superiore a 500 MW, alimentati a combustibile solido, che, negli anni successivi al rilascio, non saranno in funzione per piu' di 1.500 ore operative annue calcolate come media mobile su ciascun

periodo di cinque anni e, comunque, per piu' di 3.000 ore operative all'anno. Il gestore e' tenuto a presentare, entro il 31 maggio di ogni anno, all'autorita' competente e, comunque, al Ministero dell'ambiente e della tutela del territorio e del mare un documento in cui sono registrate le ore operative annue degli impianti soggetti alla deroga.

2. Le turbine a gas (comprese le turbine a gas a ciclo combinato - CCGT) di impianti che utilizzano distillati leggeri e medi come combustibili liquidi sono soggette ad un valore limite di emissione di NOx pari a 90 mg/Nm^3 e di CO pari a 100 mg/Nm^3.

3. Le turbine a gas per casi di emergenza che sono in funzione per meno di 500 ore operative annue non sono soggette ai valori limite di emissione di cui alla presente lettera A. Il gestore e' tenuto a presentare ogni anno all'autorita' competente un documento in cui sono registrate le ore operative annue utilizzate.

A-bis

1. Valori limite di emissione di NOx e di CO espressi in mg/Nm^3 (tenore di O2 di riferimento: 15% per le turbine e motori a gas e 3% negli altri casi) che devono essere applicati per gli impianti di combustione alimentati a combustibile gassoso anteriori al 2013:

Tipo impianto	NOx	CO
alimentato con gas naturale,* ad eccezione delle turbine a gas e dei motori a gas	100	100
alimentato con gas di altoforno, gas da forno a coke o gas a basso potere calorifico originati dalla gassificazione dei residui delle raffinerie, ad eccezione delle turbine a gas e dei motori a gas	200 (300 per impianti anteriori al 2002 di potenza termica totale non superiore ai 500 MW)	-
alimentato con gas diversi da quelli specificamente previsti dalla presente tabella, ad eccezione delle turbine a gas e dei motori a gas	200 (300 per impianti anteriori al 2002 di potenza termica totale non superiore ai 500 MW)	-
Turbine a gas (comprese le CCGT) alimentate a gas naturale*	50	100
Turbine a gas (comprese le CCGT) alimentate con gas diversi dal gas naturale*	120	-
Motori a gas	100	100

* Il gas naturale e' il metano presente in natura con non piu' del

20% in volume di inerti ed altri costituenti.

2. In deroga al paragrafo 1, sono soggette ad un valore limite di emissione di NOx pari a 75 mg/Nm³ le turbine a gas (comprese le CCGT) alimentate a gas naturale usate:

  - in un sistema di produzione combinata di calore e di elettricita' che abbia un grado di rendimento globale superiore al 75%;

  - in impianti a ciclo combinato che abbiano un grado di rendimento elettrico globale medio annuo superiore al 55%;

  - per trasmissioni meccaniche.

Per le turbine a gas (comprese le CCGT) alimentate a gas naturale che non rientrano in una delle categorie di cui sopra e che hanno un grado di efficienza µ, determinato alle condizioni ISO di carico base, superiore al 35%, il valore limite di emissione di NOx e' pari a 50 x µ/35%.

3. In deroga ai paragrafi 1, 2 e 4, l'autorizzazione puo' prevedere, per le turbine a gas (comprese le CCGT) anteriori al 2002 che, negli anni successivi al rilascio, non saranno in funzione per piu' di 1.500 ore operative annue calcolate come media mobile su ciascun periodo di cinque anni e, comunque, per piu' di 3.000 ore operative all'anno, un valore limite di emissione di NOx pari a 150 mg/Nm³ se le turbine sono alimentate a gas naturale e a 200 mg/Nm³ se le turbine sono alimentate con altri gas o combustibili liquidi. Il gestore e' tenuto a presentare, entro il 31 maggio di ogni anno, all'autorita' competente e, comunque, al Ministero dell'ambiente e della tutela del territorio e del mare un documento in cui sono registrate le ore operative annue degli impianti soggetti alla deroga.

4. Per le turbine a gas di potenza termica nominale maggiore o uguale a 300 MW ubicate nelle zone nelle quali i livelli di ((ossidi di azoto (NOx))) comportano il rischio di superamento dei valori di qualita' dell'aria previsti dalla vigente normativa, l'autorizzazione deve prevedere un valore limite di ((ossidi di azoto (NOx))) pari o inferiore a 40 mg/Nm³.

5. Le turbine a gas e i motori a gas per casi di emergenza che sono in funzione per meno di 500 ore operative annue non sono soggette ai valori limite di emissione di cui alla presente lettera A-bis. Il gestore e' tenuto a presentare ogni anno all'autorita' competente un documento in cui sono registrate le ore operative annue utilizzate.

B.

1. Valori limite di emissione NOx espressi in mg/Nm³ (tenore di O2 di riferimento: 6% per i combustibili solidi, 3% per i combustibili liquidi e gassosi) che devono essere applicati agli impianti nuovi che utilizzano combustibili solidi o liquidi, ad eccezione delle turbine, dei motori a gas e dei motori diesel.

Potenza termica nominale totale (MWth)	Carbone e lignite e altri combustibili solidi	Biomassa e torba	Combustibili liquidi
		180 per	

50-100	150	biomasse solide e torba 200 per biomasse liquide	150	
100-300	100	180 per biomasse solide e torba 200 per biomasse liquide	100	
> 300	100	150	100	

2. Le turbine a gas (comprese le CCGT) che utilizzano distillati leggeri e medi come combustibili liquidi sono soggette ad un valore limite di emissione di NOx pari a 50 mg/Nm^3 e di CO pari a 100 mg/Nm^3.

3. Le turbine a gas per casi di emergenza che sono in funzione per meno di 500 ore operative annue non sono soggette ai valori limite di emissione di cui alla presente lettera B. Il gestore e' tenuto a presentare ogni anno all'autorita' competente un documento in cui sono registrate le ore operative annue utilizzate.

B-bis

1. Valori limite di emissione di NOx e CO espressi in mg/Nm^3 per impianti di combustione nuovi alimentati a combustibile gassoso (tenore di O2 di riferimento: 15% per le turbine e motori a gas e 3% negli altri casi).

Tipo impianto	NOx	CO
diverso dalle turbine a gas e dei motori a gas	100	100
Turbine a gas (comprese le CCGT)	30 *	100
Turbine a gas per trasmissione meccanica (comprese le CCGT)	50 *	100
Motori a gas	75	100

* Se il grado di efficienza μ, determinato alle condizioni ISO di carico base, supera il 35%, il valore limite di emissione di NOx e' pari a 30 x μ/35%, o in caso di CCGT utilizzate per trasmissioni meccaniche e' pari a 50 x μ/35%.

2. Le turbine a gas per casi di emergenza che sono in funzione per meno di 500 ore operative annue non sono soggette ai valori limite di emissione di cui alla presente lettera B-bis. Il gestore e' tenuto a presentare ogni anno all'autorita' competente un documento in cui sono registrate le ore operative annue utilizzate.

Sezione 5

Valori limite di emissione delle polveri

A.

1. Valori limite di emissione di polveri espressi in mg/Nm³ (tenore di O2 di riferimento: 6% per i combustibili solidi, 3% per i combustibili liquidi) che devono essere applicati agli impianti anteriori al 2013 che utilizzano combustibili solidi o liquidi, ad eccezione delle turbine a gas, dei motori a gas e dei motori diesel.

Potenza termica nominale totale (MWth)	Carbone e lignite ed altri combustibili solidi	Biomassa e torba	Combustibili liquidi
50-100	30	30	30
100-300	25	20	25
> 300	20	20	20

2. In deroga al paragrafo 1, l'autorizzazione puo' prevedere un valore limite di emissione di polveri pari a 50 mg/Nm³ per gli impianti di combustione anteriori al 2002 con una potenza termica nominale totale non superiore a 500 MW che utilizzano residui di distillazione e di conversione della raffinazione del petrolio greggio ai fini del processo di raffinazione.

B.

1. Valori limite di emissione di polveri, espressi in mg/Nm³ (tenore di O2 di riferimento: 6% per i combustibili solidi, 3% per i combustibili liquidi) che devono essere applicati agli impianti nuovi che utilizzano combustibili solidi o liquidi, ad eccezione delle turbine a gas, dei motori a gas e dei motori diesel.

Potenza termica nominale totale (MWth)	Biomassa e torba	altri combustibili solidi o liquidi
50-300	18 per biomasse solide e torba 10 per biomasse liquide	20
> 300	18 per biomasse solide e torba 10 per biomasse liquide	10

2. Valori limite di emissione di polveri, espressi in mg/Nm³ (tenore di O2 di riferimento 3%) che devono essere applicati a tutti

gli impianti che utilizzano combustibili gassosi ad eccezione delle turbine a gas e dei motori a gas.

Gas diversi da quelli indicati nella presente tabella	5
Gas di altiforni	10
Gas prodotti dall'industria siderurgica che possono essere usati in stabilimenti diversi da quello di produzione	30

Sezione 6

Valori limiti di emissione per alcuni metalli e loro composti[10]

Parte di provvedimento in formato grafico

---

10 I valori limite di emissione della presente sezione non si applicano agli impianti che utilizzano esclusivamente combustibili gassosi oppure biomasse.

Sezione 7

Valori limite di emissione di alcuni inquinanti espressi in mg/Nm^3 (tenore di O_2 di riferimento: 6% per i combustibili solidi 3% per i combustibili liquidi).

Parte di provvedimento in formato grafico

---

11 L'autorita' competente puo' fissare, per particolari situazioni impiantistiche, un valore limite di emissione maggiore del valore di emissione sopra indicato. Restano in ogni caso fermi i valori limite di CO indicati nella sezione 4, lettere A-bis e B-bis.

Sezione 8
Misurazione e valutazione delle emissioni
 1. Le misurazioni in continuo di cui alla parte I, paragrafo 4, devono essere effettuate contestualmente alla misurazione in continuo dei seguenti parametri di processo: tenore di ossigeno, temperatura, pressione e tenore di vapore acqueo. La misurazione in continuo del tenore di vapore acqueo dell'effluente gassoso puo' non essere effettuata qualora l'effluente gassoso prelevato sia essiccato prima dell'analisi delle emissioni.
 2. Il campionamento e l'analisi dei pertinenti inquinanti e dei parametri di processo e i metodi di misurazione di riferimento per calibrare i sistemi di misura automatici devono essere conformi alle pertinenti norme CEN o, laddove queste non sono disponibili, alle pertinenti norme ISO ovvero alle norme nazionali o internazionali

clic assicurino dati equivalenti sotto il profilo della qualita' scientifica.

3. I sistemi di misurazione continua sono soggetti a verifica mediante misurazioni parallele secondo i metodi di riferimento, almeno una volta all'anno. I gestori informano l'autorita' competente dei risultati di tale verifica.

4. I valori degli intervalli di fiducia al 95% di un singolo risultato di misurazione non possono superare le seguenti percentuali dei valori limite di emissione:
   Biossido di zolfo 20%
   ((ossidi di azoto (NOx))) 20%
   Polveri 30%
   Monossido di carbonio 10%

5. I valori medi orari e giornalieri convalidati sono determinati in base ai valori medi orari validi misurati previa detrazione del valore dell'intervallo di fiducia di cui al punto 4. Qualsiasi giorno nel quale piu' di 3 valori medi orari non sono validi, a causa di malfunzionamento o manutenzione del sistema di misure in continuo, non e' considerato valido. Se in un anno piu' di dieci giorni non sono considerati validi per tali ragioni, l'autorita' competente per il controllo prescrive al gestore di assumere adeguati provvedimenti per migliorare l'affidabilita' del sistema di controllo in continuo.

6. In caso di impianti a cui si applicano i gradi di desolforazione di cui alla sezione 1, lettera C, l'autorizzazione prescrive le modalita' atte ad assicurare anche un controllo periodico del tenore di zolfo del combustibile utilizzato. Le modifiche relative al combustibile utilizzato costituiscono modifica ai sensi dell'articolo 268, comma 1, lettera m).

Parte III
Modello di trasmissione informazioni a cura del gestore dell'impianto

Parte di provvedimento in formato grafico

Parte IV
Determinazione delle emissioni totali di biossido di zolfo, ((ossidi di azoto (NOx))) e polveri per la elaborazione della relazione alla Commissione europea.

1. Il Ministero dell'ambiente e della tutela del territorio e del mare elabora la relazione di cui all'articolo 274, comma 1, sulla base dei dati sulle emissioni totali annue di biossido di zolfo e ((ossidi di azoto (NOx))), trasmessi dai gestori ai sensi dell'articolo 274, comma 4. Qualora si usi il controllo continuo, il gestore dell'impianto di combustione addiziona separatamente, per ogni inquinante, la massa di inquinante emesso quotidianamente, sulla base delle portate volumetriche degli effluenti gassosi. Qualora non si usi il controllo continuo, le stime delle emissioni annue totali sono determinate dal gestore sulla base delle disposizioni di cui alla parte I, paragrafo 4, secondo quanto stabilito dalle autorita' competenti in sede di rilascio delle autorizzazioni. Ai fini della trasmissione dei dati previsti dall'articolo 274, le emissioni annue e le concentrazioni delle sostanze inquinanti negli effluenti gassosi sono determinate nel rispetto di quanto stabilito dalle disposizioni della parte I, paragrafi 4 e 5.

Parte V
PARTE SOPPRESSA DAL D.LGS. 4 MARZO 2014, N. 46.

ALLEGATO III

Emissioni di composti organici volatili

Parte I
Disposizioni generali

1. Definizioni
   1.1. Ai fini del presente allegato si intende per:
   a) adesivo: qualsiasi miscela, compresi tutti i solventi organici o le miscele contenenti solventi organici necessari per una sua corretta applicazione, usato per far aderire parti separate di un prodotto;
   b) inchiostro: un miscela, compresi tutti i solventi organici o le miscele contenenti i solventi organici necessari per una sua corretta applicazione, usato in un'attivita' di stampa per imprimere testi o immagini su una superficie;
   c) input: la quantita' di solventi organici e la loro quantita' nelle miscele utilizzati nello svolgimento di un'attivita'; sono inclusi i solventi recuperati all'interno e all'esterno del luogo in cui l'attivita' e' svolta, i quali devono essere registrati tutte le volte in cui sono riutilizzati per svolgere l'attivita';
   d) miscela: le miscele o le soluzioni composte di due o piu' sostanze;
   e) rivestimento: ogni miscela, compresi tutti i solventi organici o le miscele contenenti solventi organici necessari per una sua corretta applicazione, usato per ottenere su una superficie un effetto decorativo, protettivo o funzionale;
   f) soglia di produzione: la quantita' espressa in numero di pezzi prodotti/anno di cui all'appendice 1 della parte III, riferita alla potenzialita' di prodotto per cui le attivita' sono progettate;
   g) solvente organico alogenato: un solvente organico che contiene almeno un atomo di bromo, cloro, fluoro o iodio per molecola;
   h) vernice: un rivestimento trasparente.
2. Emissioni di sostanze caratterizzate da particolari rischi per la salute e l'ambiente
   2.1. Le sostanze e le miscele alle quali, a causa del loro tenore di COV classificati dal regolamento 1272/2008 come cancerogeni, mutageni o tossici per la riproduzione, sono state assegnate o sulle quali devono essere apposte le indicazioni di pericolo H340, H350, H350i, H360D o H360F sono sostituite quanto prima con sostanze e miscele meno nocive, tenendo conto delle linee guida della Commissione europea, ove emanate.
   2.2. Agli effluenti gassosi che emettono i COV di cui al punto 2.1 in una quantita' complessivamente uguale o superiore a 10 g/h, si applica un valore limite di 2 mg/Nm^3, riferito alla somma delle masse dei singoli COV.
   2.3. Agli effluenti gassosi che emettono COV ai quali sono state assegnate o sui quali devono essere apposte le indicazioni di pericolo H341 o H351 in una quantita' complessivamente uguale o superiore a 100 g/h, si applica un valore limite di emissione di 20 mg/Nm^3, riferito alla somma delle masse dei singoli COV.
   2.4. Al fine di tutelare la salute umana e l'ambiente, le emissioni dei COV di cui ai punti 2.1 e 2.3 devono essere sempre convogliate.
   2.5. Alle emissioni di COV ai quali, successivamente al 12 marzo 2004, sono assegnate etichette con una delle indicazioni di pericolo di cui ai punti 2.1 e 2.3, si applicano, quanto prima, e comunque entro un anno dall'entrata in vigore del provvedimento di attuazione delle relative disposizioni comunitarie, i valori limite di emissione previsti da tali punti. Se il provvedimento di attuazione e' anteriore al 31 ottobre 2006 tali valori limite, nei casi previsti dall'articolo 275, commi 8 e 9, si applicano a partire dal 31 ottobre 2007. (48)
3. Controlli
   3.1. Il gestore, in conformita' alle prescrizioni dell'autorizzazione e, comunque almeno una volta all'anno, fornisce all'autorita' competente i dati di cui al punto 4.1 e tutti gli altri dati che consentano di verificare la conformita' dell'impianto o delle attivita' alle prescrizioni del presente decreto.
   3.2. Il gestore installa apparecchiatine per la misura e per la registrazione in continuo delle emissioni che, a valle dei

dispositivi di abbattimento, presentano un flusso di massa di COV, espressi come carbonio organico totale, superiore a 10 kg/h, al fine di verificarne la conformita' ai valori limite per le emissioni convogliate. Se tale flusso di massa e' inferiore, il gestore effettua misurazioni continue o periodiche, e, nel caso di misurazioni periodiche, assicura almeno tre letture durante ogni misurazione; anche in tal caso l'autorita' competente puo' comunque, ove lo ritenga necessario, richiedere l'installazione di apparecchiature per la misura e per la registrazione in continuo delle emissioni,

3.3. Per la verifica dei valori limite espressi come concentrazione sono utilizzati i metodi analitici indicati nella parte VI.

3.4. ((In caso di emissioni che, a valle dei dispositivi di abbattimento, presentano un flusso di massa di COV, espressi come carbonio organico totale, non superiore a 10 kg/h,)) l'autorita' competente puo' consentire l'installazione di strumenti per la misura e per la registrazione in continuo di parametri significativi ed indicativi del corretto stato di funzionamento dei dispositivi di abbattimento.

4. Conformita' ai valori limite di emissione

4.1. Il gestore dimostra all'autorita' competente, ai sensi del punto 3.1, la conformita' delle emissioni:

   a) ai valori limite di emissione di cui all'articolo 275, comma 2;
   b) all'emissione totale annua di cui all'articolo 275, comma 6;
   c) alle disposizioni di cui all'articolo 275, comma 12 e 13, ove applicabili.

4.2. Ai fini dell'applicazione del punto 4.1, il gestore effettua, secondo le prescrizioni dell'autorizzazione e secondo i punti 3.2, 3.3. e 3.4, misurazioni di COV continue o periodiche nelle emissioni convogliate ed elabora e aggiorna, con la periodicita' prevista dall'autorizzazione, e comunque almeno una volta all'anno, un piano di gestione dei solventi, secondo le indicazioni contenute nella parte V.

4.3. La conformita' delle emissioni ai valori limite del paragrafo 2 e' verificata sulla base della somma delle concentrazioni di massa dei singoli COV interessati. In tutti gli altri casi, la conformita' delle emissioni ai valori limite di cui all'articolo 275, comma 2, ove non altrimenti previsto nella parte III, e' verificata sulla base della massa totale di carbonio organico emesso.

4.3-bis Nel determinare la concentrazione di massa dell'inquinante nell'effluente gassoso non sono presi in considerazione i volumi di gas che possono essere aggiunti, ove tecnicamente giustificato, per scopi di raffreddamento o di diluizione.

5. Comunicazioni alla Commissione europea.

5.1 La comunicazione alla Commissione europea prevista dall'art. 29-terdecies, comma 1, e dai relativi decreti di attuazione prevede le seguenti informazioni inerenti agli stabilimenti disciplinati dall'art. 275:

   lista degli stabilimenti per i quali sono state applicate le prescrizioni alternative di cui all'allegato III, parte IV, alla parte quinta del decreto legislativo n. 152/2006 (emissioni totali equivalenti a quelle conseguibili applicando i valori limite di emissione convogliata e i valori limite di emissione diffusa, definite emissioni bersaglio), corredata delle seguenti informazioni:

   nome del gestore,
   indirizzo dello stabilimento,
   attivita' svolta (secondo l'allegato III, parte II, alla parte quinta del decreto legislativo n. 152/2006),
   autorizzazione che ha applicato l'emissione bersaglio e autorita' che ha rilasciato l'autorizzazione,
   descrizione del processo di conseguimento delle emissioni bersaglio che e' stato autorizzato e dei risultati ottenuti, negli anni di riferimento, in termini di ottenimento di una riduzione delle emissioni equivalente a quella conseguibile applicando i valori limite di emissione convogliata e i valori limite di emissione

diffusa.

lista degli stabilimenti per i quali sono state concesse le deroghe previste dall'art. 275, comma 12 e comma 13, corredata delle seguenti informazioni:
nome del gestore,
indirizzo dello stabilimento,
attivita' svolta (secondo l'allegato III, parte II, alla parte quinta del decreto legislativo n. 152/2006),
tipo di deroga concessa (comma 12 o comma 13),
autorizzazione che ha concesso la deroga e autorita' che ha rilasciato l'autorizzazione,
motivazioni della concessione della deroga.

Parte II
Attivita' e soglie di consumo di solvente
1. Rivestimento adesivo con una soglia di consumo di solvente superiore a 5 tonnellate/anno
Qualsiasi attivita' in cui un adesivo e' applicato ad una superficie, ad eccezione dei rivestimenti e dei laminati adesivi nelle attivita' di stampa.
2. Attivita' di rivestimento
Qualsiasi attivita' in cui un film continuo di un rivestimento e' applicato in una sola volta o in piu' volte su:
a) autoveicoli, con una soglia di consumo di solvente superiore a 0,5 tonnellate/anno appartenenti alle categorie definite nel decreto ministeriale 29 marzo 1974, e precisamente:
- autovetture nuove definite come autoveicoli della categoria M1 e della categoria N1, nella misura in cui sono trattati nello stesso impianto con gli autoveicoli M1;
- cabine di autocarri, definite come la cabina per il guidatore e tutto l'alloggiamento integrato per l'apparecchiatura tecnica degli autoveicoli delle categorie N2 e N3;
- furgoni e autocarri, definiti come autoveicoli delle categorie N1, N2 e N3, escluse le cabine di autocarri;
- autobus, definiti come autoveicoli delle categorie M2 e M3.
b) rimorchi, con una soglia di consumo di solvente superiore a 0,5 tonnellate/anno, come definiti nelle categorie O1, O2, O3 e O4 nel decreto del Ministro dei trasporti 29 marzo 1974;
c) superfici metalliche e di plastica (comprese le superfici di aeroplani, navi, treni), con una soglia di consumo di solvente superiore a 5 tonnellate/anno;
d) superfici di legno, con una soglia di consumo di solvente superiore a 15 tonnellate/anno;
e) superfici tessili, di tessuto, di film e di carta, con una soglia di consumo di solvente superiore a 5 tonnellate/anno;
f) cuoio, con una soglia di consumo di solvente superiore a 10 tonnellate/anno.
Non e' compreso il rivestimento metallico di substrati mediante tecniche di elettroforesi e di spruzzatura chimica. Le fasi di stampa di un substrato inserite in una attivita' di rivestimento si considerano, indipendentemente dalla tecnica utilizzata, come parte dell'attivita' di rivestimento. Le attivita' di stampa a se' stanti rientrano nel paragrafo 8, nel caso in cui superino le soglie ivi indicate.
3. Verniciatura in continuo di metalli (coil coating) con una soglia di consumo di solvente superiore a 25 tonnellate/anno
Qualsiasi attivita' per rivestire acciaio in bobine, acciaio inossidabile, acciaio rivestito, leghe di rame o nastro di alluminio con rivestimento filmogeno o rivestimento con lamine in un processo in continuo.
4. Pulitura a secco
Qualsiasi attivita' industriale o commerciale che utilizza COV in un impianto di pulitura di indumenti, di elementi di arredamento e di prodotti di consumo analoghi, ad eccezione della rimozione manuale di macchie e di chiazze nell'industria tessile e dell'abbigliamento.

5. Fabbricazione di calzature con una soglia di consumo di solvente superiore a 5 tonnellate/anno

Qualsiasi attivita' di produzione di calzature, o di parti di esse.

6. Fabbricazione di miscele per rivestimenti, vernici, inchiostri e adesivi con una soglia di consumo di solvente superiore a 100 tonnellate/anno.

La fabbricazione dei prodotti finali sopra indicati e di quelli intermedi se effettuata nello stesso luogo, mediante miscela di pigmenti, di resine e di materiali adesivi con solventi organici o altre basi, comprese attivita' di dispersione e di dispersione preliminare, di correzione di viscosita' e di tinta, nonche' operazioni di riempimento del contenitore con il prodotto finale.

7. Fabbricazione di prodotti farmaceutici con una soglia di consumo di solvente superiore a 50 tonnellate/anno.

Sintesi chimica, fermentazione, estrazione, formulazione e finitura di prodotti farmaceutici e, se effettuata nello stesso luogo, la fabbricazione di prodotti intermedi.

8. Stampa

Qualsiasi attivita' di riproduzione di testi o di immagini nella quale, mediante un supporto dell'immagine, l'inchiostro e' trasferito su qualsiasi tipo di superficie, incluse le tecniche correlate di verniciatura, di rivestimento e di laminazione, limitatamente ai seguenti processi, purche' il consumo di solvente sia superiore alle soglie indicate:

a) flessografia intesa come un'attivita' di stampa rilievografica, con un supporto dell'immagine di gomma o di fotopolimeri elastici, in cui la zona stampante si trova al di sopra della zona non stampante, che impiega inchiostri a bassa viscosita' che seccano mediante evaporazione. Soglia di consumo di solvente: >15 tonnellate/anno.

b) Offset intesa come un'attivita' di stampa con sistema a bobina con un supporto dell'immagine in cui la zona stampante e quella non stampante sono sullo stesso piano. Soglia di consumo di solvente: >15 tonnellate/anno. Per sistema a bobina si intende un sistema in cui il materiale da stampare non e' immesso nella macchina in lamine separate, ma attraverso una bobina. La zona non stampante e' trattata in modo da attirare acqua e, quindi, respingere inchiostro. La zona stampante e' trattata per assorbire e per trasmettere inchiostro sulla superficie da stampare. L'evaporazione avviene in un forno dove si utilizza aria calda per riscaldare il materiale stampato.

c) Laminazione associata all'attivita' di stampa intesa come un'attivita' in cui si opera l'adesione di due o piu' materiali flessibili per produrre laminati. Soglia di consumo di solvente: >15 tonnellate/anno.

d) Rotocalcografia per pubblicazioni intesa come rotocalcografia per stampare carta destinata a riviste, a opuscoli, a cataloghi o a prodotti simili, usando inchiostri a base di toluene. Soglia di consumo di solvente: >25 tonnellate/anno.

e) Rotocalcografia intesa come un'attivita' di stampa incavografica nella quale il supporto dell'immagine e' un cilindro in cui la zona stampante si trova al di sotto della zona non stampante e vengono usati inchiostri liquidi che asciugano mediante evaporazione. Le cellette sono riempite con inchiostro e l'eccesso e' rimosso dalla zona non stampante prima che la zona stampante venga a contatto del cilindro ed assorba l'inchiostro dalle cellette. Soglia di consumo di solvente: >15 tonnellate/anno.

f) Offset dal rotolo intesa come un'attivita' di stampa con sistema a bobina, nella quale l'inchiostro e' trasferito sulla superficie da stampare facendolo passare attraverso un supporto dell'immagine poroso in cui la zona stampante e' aperta e quella non stampante e' isolata ermeticamente, usando inchiostri liquidi che seccano soltanto mediante evaporazione. Soglia di consumo di solvente: >15 tonnellate/anno. Per sistema a bobina si intende un sistema in cui il materiale da stampare non e' immesso nella macchina in lamine separate, ma attraverso una bobina.

g) Laccatura intesa come un'attivita' di applicazione di una vernice o di un rivestimento adesivo ad un materiale flessibile in vista della successiva sigillatura del materiale di imballaggio. Soglia di consumo di solvente: >15 tonnellate/anno.

9. Conversione di gomma con una soglia di consumo di solvente superiore a 15 tonnellate/anno

Qualsiasi attivita' di miscela, di macinazione, di dosaggio, di calandratura, di estrusione e di vulcanizzazione di gomma naturale o sintetica e ogni operazione ausiliaria per trasformare gomma naturale o sintetica in un prodotto finito.

10. Pulizia di superficie, con una soglia di consumo di solvente superiore a 1 tonnellata/anno nel caso si utilizzino i COV di cui al paragrafo 2 della parte I del presente allegato e superiore a 2 tonnellate/anno negli altri casi.

Qualsiasi attivita', a parte la pulitura a secco, che utilizza solventi organici per eliminare la contaminazione dalla superficie di materiali, compresa la sgrassatura, anche effettuata in piu' fasi anteriori o successive ad altre fasi di lavorazione. E' incussa la pulizia della superficie dei prodotti. E' esclusa la pulizia dell'attrezzatura.

11. Estrazione di olio vegetale e grasso animale e attivita' di raffinazione di olio vegetale con una soglia di consumo di solvente superiore a 10 tonnellate/anno

Qualsiasi attivita' di estrazione di olio vegetale da semi e da altre sostanze vegetali, la lavorazione di residui secchi per la produzione di mangimi, la depurazione di grassi e di olii vegetali ricavati da semi, da sostanze vegetali o da sostanze animali.

12. Finitura di autoveicoli con una soglia di consumo di solvente superiore a 0,5 tonnellate/anno

Qualsiasi attivita' industriale o commerciale di rivestimento nonche' attivita' associata di sgrassatura riguardante:

a) il rivestimento di autoveicoli, come definiti nel decreto ministeriale 29 marzo 1974, o parti di essi, eseguito a fini di riparazione, di manutenzione o di decorazione al di fuori degli stabilimenti di produzione;

b) il rivestimento originale di autoveicoli come definiti nel decreto del Ministro dei trasporti 29 marzo 1974, o parti di essi, con rivestimenti del tipo usato per la finitura se il trattamento e' eseguito al di fuori della linea originale di produzione;

c) il rivestimento di rimorchi, compresi i semirimorchi (categoria 0).

13. Rivestimento di filo per avvolgimento con una soglia di consumo di solvente superiore a 5 tonnellate/anno

Qualsiasi attivita' di rivestimento di conduttori metallici usati per avvolgimenti di trasformatori, di motori, e altre apparecchiature simili.

14. Impregnazione del legno con una soglia di consumo di solvente superiore a 25 tonnellate/anno

Qualsiasi attivita' di applicazione al legno di antisettici.

15. Stratificazione di legno e plastica con una soglia di consumo di solvente superiore a 5 tonnellate/anno

Qualsiasi attivita' in cui si opera l'adesione di legno con legno, di plastica con plastica o di legno con plastica, per produrre laminati.

Parte III
Valori limite di emissione

Parte di provvedimento in formato grafico

(48)

Appendice 1
Attivita' di rivestimento di autoveicoli con una soglia di consumo di solvente superiore a 15 tonnellate/anno

1. I valori limite di emissione totale sono, a scelta del gestore, espressi in grammi di solvente emesso per metro quadrato di superficie del prodotto o in chilogrammi di solvente emesso rapportati alla carrozzeria del singolo veicolo.

2. La superficie di ogni prodotto di cui alla tabella sottostante e' alternativamente definita come:
- la superficie calcolata sulla base del rivestimento per elettroforesi totale piu' la superficie di tutte le parti eventualmente aggiunte nelle fasi successive del processo di rivestimento, se rivestite con gli stessi rivestimenti usati per il prodotto in questione,
  oppure
- la superficie totale del prodotto rivestito nell'impianto.

2.1 La superficie del rivestimento per elettroforesi e' calcolata con la formula:
(2 x peso totale della scocca)/(spessore medio della lamiera x densita' della lamiera)
Nello stesso modo si calcola la superficie delle altre parti di lamiera rivestite.

2.2 La superficie delle altre parti aggiunte e la superficie totale rivestita nell'impianto sono calcolate tramite la progettazione assistita da calcolatore o altri metodi equivalenti.

3. Nella tabella, il valore limite di emissione totale espresso come fattore di emissione si riferisce a tutte le fasi del processo che si svolgono nello stesso impianto, dal rivestimento mediante elettroforesi o altro processo, sino alle operazioni di lucidatura finale comprese, nonche' al solvente utilizzato per pulire l'attrezzatura, compresa la pulitura delle cabine di verniciatura a spruzzo e delle altre attrezzature fisse, sia durante il tempo di produzione che al di fuori di esso. Il valore limite di emissione totale e' espresso come somma della massa totale di composti organici per metro quadro della superficie totale del prodotto trattato o come somma della massa dei composti organici per singola carrozzeria.

Parte di provvedimento in formato grafico

Gli impianti di rivestimento di autoveicoli con soglie di consumo di solvente inferiori ai valori della tabella 2 devono rispettare i requisiti di cui al punto 6.1 della tabella 1.

Parte IV
Prescrizioni alternative alla Parte III
1. Principi
La presente parte e' riferita alle attivita' per cui non sono individuati nella parte III specifici valori di emissione totale. Sulla base dei paragrafi che seguono il gestore ha la possibilita' di conseguire, a partire da uno scenario emissivo di riferimento, con mezzi diversi, emissioni totali equivalenti a quelle conseguibili applicando i valori limite di emissione convogliata e i valori limite di emissione diffusa. Tali emissioni totali equivalenti si definiscono emissioni bersaglio.
La presente parte si applica altresi' alle attivita' di cui all'articolo 275, comma 13. Per scenario emissivo di riferimento si intende il livello di emissioni totali dell'attivita' che corrisponde il piu' fedelmente possibile a quello che si avrebbe in assenza di interventi e di impianti di abbattimento e con l'uso di materie prime ad alto contenuto di solvente, in funzione della potenzialita' di prodotto per cui l'attivita' e' progettata.
PERIODO SOPPRESSO DAL D.LGS. 4 MARZO 2014, N. 46.
2. Procedura
2.1. Per le attivita' di cui alla seguente tabella per le quali puo' essere ipotizzato un tenore costante di materia solida nelle materie prime, le emissioni bersaglio e lo scenario emissivo di

riferimento possono essere individuati secondo il metodo descritto al punto 2.2. Qualora tale metodo risulti inadeguato e in tutti i casi in cui non sia previsto uno specifico fattore di moltiplicazione, l'autorita' competente puo' autorizzare il gestore ad applicare qualsiasi metodo alternativo che soddisfi i principi di cui al paragrafo 1. Al fine di conseguire l'emissione bersaglio, il progetto o la domanda di autorizzazione prevedono la diminuzione del tenore medio di solvente nelle materie prime utilizzate e una maggiore efficienza nell'uso delle materie solide.

2.2 Ai fini di quanto previsto nel punto 2.1, per ciascun anno, si applica un metodo articolato nelle seguenti fasi:

a) calcolo della massa totale annua di materia solida nella quantita' di rivestimento, di inchiostro, di vernice o di adesivo in funzione della potenzialita' di prodotto per cui l'attivita' e' progettata. Per materia solida si intendono tutte le sostanze contenute nelle vernici, negli inchiostri e negli adesivi che diventano solide dopo l'evaporazione dell'acqua o dei COV.

b) moltiplicazione della massa calcolata ai sensi della lettera a) per l'opportuno fattore elencato nella tabella seguente. Si ottiene in tal modo l'emissione annua di riferimento. Le autorita' competenti possono modificare tali fattori per singole attivita' sulla base del provato aumento di efficienza nell'uso di materia solida e sulla base delle caratteristiche del processo e della tipologia di manufatti oggetto della produzione.

Parte di provvedimento in formato grafico

c) determinazione dell'emissione bersaglio attraverso la moltiplicazione dell'emissione annua di riferimento per una percentuale pari:
- al valore di emissione diffusa + 15, per le attivita' che rientrano nei punti 5.1 e 6.3 e nella fascia di soglia inferiore dei punti 8 e 10 della parte III;
- al valore di emissione diffusa + 5, per tutte le altre attivita'.
3. Adeguamento degli impianti e delle attivita'

In caso di applicazione dei paragrafi che precedono, l'adeguamento degli impianti e delle attivita' di cui all'articolo 275, commi 8 e 9 e' effettuato in due fasi in conformita' alla seguente tabella:

Parte di provvedimento in formato grafico

3. PARAGRAFO SOPPRESSO DAL D.LGS. 4 MARZO 2014, N. 46.

Parte V
Piano di gestione dei solventi
  1. Principi
  1.1. Il piano di gestione dei solventi e' elaborato dal gestore, con la periodicita' prevista nell'autorizzazione e, comunque, almeno una volta all'anno, ai fini previsti dalla parte I, paragrafo 4, ed al fine di individuare le future opzioni di riduzione e di consentire all'autorita' competente di mettere a disposizione del pubblico le informazioni di cui all'articolo 281, comma 6.
  1.2. Per valutare la conformita' ai requisiti dell'articolo 275, comma 15, il piano di gestione dei solventi deve essere elaborato per determinare le emissioni totali di tutte le attivita' interessate; questo valore deve essere poi comparato con le emissioni totali che si sarebbero avute se fossero stati rispettati, per ogni singola attivita', i requisiti di cui all'articolo 275, comma 2.
  2. Definizioni
  Ai fini del calcolo del bilancio di massa necessario per l'elaborazione del piano di gestione dei solventi si applicano le seguenti definizioni. Per il calcolo di tale bilancio tutte le

grandezze devono essere espresse nella stessa unita' di massa.

a) Input di solventi organici [I]:

I1. La quantita' di solventi organici o la loro quantita' nei preparati acquistati che sono immessi nel processo nell'arco di tempo in cui viene calcolato il bilancio di massa.

I2. La quantita' di solventi organici o la loro quantita' nei preparati recuperati e reimmessi come solvente nel processo (il solvente riutilizzato e' registrato ogni qualvolta sia usato per svolgere l'attivita').

b) Output di solventi organici [O]:

O1. Emissioni negli effluenti gassosi.

O2. La quantita' di solventi organici scaricati nell'acqua, tenendo conto, se del caso, del trattamento delle acque reflue nel calcolare O5.

O3. La quantita' di solventi organici che rimane come contaminante o residuo nei prodotti all'uscita del processo.

O4. Emissioni diffuse di solventi organici nell'aria. E' inclusa la ventilazione generale dei locali nei quali l'aria e scaricata all'esterno attraverso finestre, porte, sfiati e aperture simili.

O5. La quantita' di solventi e composti organici persi a causa di reazioni chimiche o fisiche (inclusi ad esempio quelli distrutti mediante incenerimento o altri trattamenti degli effluenti gassosi o delle acque reflue, o catturati ad esempio mediante adsorbimento, se non sono stati considerati ai sensi dei punti O6, O7 o O8).

O6. La quantita' di solventi organici contenuti nei rifiuti raccolti.

O7. La quantita' di solventi organici da soli o solventi organici contenuti in miscele che sono o saranno venduti come prodotto avente i requisiti richiesti per il relativo commercio.

O8. La quantita' di solventi organici contenuti nei preparati recuperati per riuso, ma non per riutilizzo nel processo, se non sono stati considerati ai sensi del punto O7.

O9. La quantita' di solventi organici scaricati in altro modo.

3. Formule di calcolo

a) L'emissione diffusa e' calcolata secondo la seguente formula:

$F = I1 - O1 - O5 - O6 - O7 - O8$

oppure

$F = O2 + O3 + O4 + O9$

Questo parametro puo' essere determinato mediante misurazioni dirette delle quantita'. Alternativamente, si puo' effettuare un calcolo equivalente con altri mezzi, ad esempio utilizzando l'efficienza di captazione del processo. La determinazione delle emissioni diffuse puo' essere effettuata mediante una serie completa di misurazioni e non deve essere ripetuta sino all'eventuale modifica dell'impianto.

b) Le emissioni totali [E] sono calcolate con la formula seguente:

$E = F + O1$

dove F e' l'emissione diffusa quale definita sopra. Per valutare la conformita' al valore limite di emissione totale espresso come fattore di emissione in riferimento a taluni parametri specifici, stabilito nell'autorizzazione, il valore [E] e riferito al pertinente parametro specifico.

c) Il consumo ove applicabile si calcola secondo la formula seguente:

$C = I1 - O8$

d) L'input per la verifica del limite per le emissioni diffuse o per altri scopi si calcola con la seguente formula:

$I = I1 + I2$

Parte VI
Metodi di campionamento ed analisi per le emissioni convogliate

1. Ai fini della valutazione della conformita' dei valori di emissione misurati ai valori limite per le emissioni convogliate si applicano i metodi di misura indicati nella tabella seguente:

Parte di provvedimento in formato grafico

PARTE VII
Sezione 1
Modello di domanda di autorizzazione per la costruzione e la modifica degli impianti a ciclo chiuso per la pulizia a secco di tessuti e di pellami, escluse le pellicce, e delle pulitintolavanderie a ciclo chiuso.

Parte di provvedimento in formato grafico

Sezione 2
Modello di domanda di autorizzazione per la continuazione dell'esercizio degli impianti a ciclo chiuso per la pulizia a secco di tessuti e di pellami, escluse le pellicce, e delle pulitintolavanderie a ciclo chiuso.

Parte di provvedimento in formato grafico

Appendice
Requisiti tecnico costruttivi e gestionali per gli impianti a ciclo chiuso per la pulizia a secco di tessuti e pellami, escluse le pellicce, e per le pulitintolavanderie a ciclo chiuso
1. Caratteristiche tecnico-costruttive degli impianti

Negli impianti a ciclo chiuso per la pulizia a secco di tessuti e pellami, escluse le pellicce, e nelle pulitintolavanderie a ciclo chiuso possono essere utilizzati solventi organici o solventi organici clorurati con l'esclusione delle sostanze di cui alla legge 28 dicembre 1993 n. 549 e delle sostanze o miscele classificati ai sensi del decreto legislativo 3 febbraio 1997, n. 52, come cancerogeni, mutageni o tossici per la riproduzione, ai quali sono state assegnate etichette con le frasi di rischio R45, R46, R49, R60, R61.

Tali impianti lavorano secondo cicli di lavaggio che comprendono le seguenti fasi:
  - lavaggio
  - centrifugazione
  - asciugatura
  - deodorizzazione
  - distillazione e recupero solvente

Tutte le fasi sono svolte in una macchina ermetica la cui unica emissione di solvente nell'aria puo' avvenire al momento dell'apertura dell'oblo' al termine del ciclo di lavaggio.

Gli impianti sono dotati di un ciclo frigorifero in grado di fornire le frigorie necessarie per avere la massima condensazione del solvente (per il percloroetilene, temperature inferiori a -10 °C), in modo da ridurre al minimo le emissioni di solvente.

Gli impianti devono avere una emissione di solvente inferiore ai 20 g di solvente per ogni kg di prodotto pulito e asciugato.

2. Prescrizioni relative all'installazione e all'esercizio:

  a) L'esercizio e la manutenzione degli impianti devono essere tali da garantire le condizioni operative e il rispetto del limite di emissione indicati al paragrafo 1.

  b) Qualunque anomalia di funzionamento dell'impianto tale da non permettere il rispetto delle condizioni operative fissate comporta la sospensione della lavorazione per il tempo necessario alla rimessa in efficienza dell'impianto stesso.

  c) Il gestore che ha installato, modificato o trasferito una o piu' impianti deve comunicare, con almeno 15 giorni di anticipo, all'autorita' competente, al sindaco e al Dipartimento provinciale dell'Agenzia regionale per la protezione dell'ambiente territorialmente competente, la data in cui intende dare inizio alla messa in esercizio degli impianti. Il termine per la messa a regime dell'impianto e' stabilito in 30 giorni a partire dalla data di inizio della messa in esercizio.

d) Al fine di dimostrare la conformita' dell'impianto al valore limite di emissione ed elaborare annualmente il piano di gestione dei solventi di cui alla parte V, il gestore deve registrare per ciascuna macchina lavasecco installata:
- il quantitativo di solvente presente nella macchina all'inizio dell'anno solare considerato, in kg (A)
- la data di carico o di reintegro e il quantitativo di solvente caricato o reintegrato, in kg (B)
- giornalmente, il quantitativo di prodotto pulito e asciugato, in kg (C), ovvero il numero di cicli di lavaggio effettuati e il carico/ciclo massimo della macchina in kg
- la data di smaltimento e il contenuto di solvente presente nei rifiuti smaltiti, kg (D)
- il quantitativo di solvente presente nella macchina al termine dell'anno solare considerato, in kg (E)

e) Annualmente deve essere elaborato il piano di gestione dei solventi verificando che la massa di solvente emesso per chilogrammo di prodotto pulito o asciugato sia inferiore a 20g/kg, ovvero che:

$(A + \Sigma B - \Sigma D - E)/(\Sigma C) < 0,020$

dover indica la sommatoria di tutte le registrazioni effettuate nell'anno solare considerato

Il gestore deve conservare nella sede presso cui e' localizzato l'impianto, a disposizione dell'autorita' competente per il controllo copia della documentazione trasmessa all'autorita' competente per aderire alla presente autorizzazione, copia delle registrazioni di cui alla lettera d) e del piano di gestione dei solventi di cui alla lettera e).

ALLEGATO IV

Impianti e attivita' in deroga

Parte I
Impianti ed attivita' di cui all'articolo 272, comma 1

1. Elenco degli impianti e delle attivita':
a) Lavorazioni meccaniche dei metalli, con esclusione di attivita' di verniciatura e trattamento superficiale e smerigliature con consumo complessivo di olio (come tale o come frazione oleosa delle emulsioni) inferiore a 500 kg/anno;
b) laboratori orafi in cui non e' effettuata la fusione di metalli, laboratori odontotecnici, esercizi in cui viene svolta attivita' estetica, sanitaria e di servizio e cura della persona, officine ed altri laboratori annessi a scuole.
c) Decorazione di piastrelle ceramiche senza procedimento di cottura.
d) Le seguenti lavorazioni tessili:
- preparazione, filatura, tessitura della trama, della catena o della maglia di fibre naturali, artificiali o sintetiche, con eccezione dell'operazione di testurizzazione delle fibre sintetiche e del bruciapelo;
- nobilitazione di fibre, di filati, di tessuti limitatamente alle fasi di purga, lavaggio, candeggio (ad eccezione dei candeggi effettuati con sostanze in grado di liberare cloro e/o suoi composti), tintura e finissaggio a condizione che tutte le citate fasi della nobilitazione siano effettuate nel rispetto delle seguenti condizioni:
1) le operazioni in bagno acquoso devono essere condotte a

temperatura inferiore alla temperatura di ebollizione del bagno, oppure, nel caso in cui siano condotte alla temperatura di ebollizione del bagno, cio' deve avvenire senza utilizzazione di acidi, di alcali o di prodotti volatili, organici o inorganici, o, in alternativa, all'interno di macchinari chiusi;
2) le operazioni di asciugamento o essiccazione e i trattamenti con vapore espanso o a bassa pressione devono essere effettuate a temperatura inferiore a 150° e nell'ultimo bagno acquoso applicato alla merce non devono essere stati utilizzati acidi, alcali o prodotti volatili, organici od inorganici.
e) Cucine, esercizi di ristorazione collettiva, mense, rosticcerie e friggitorie.
f) Panetterie, pasticcerie ed affini con un utilizzo complessivo giornaliero di farina non superiore a 300 kg.
g) Stabulari acclusi a laboratori di ricerca e di analisi.
h) Serre.
i) Stirerie.
j) Laboratori fotografici.
k) Autorimesse e officine meccaniche di riparazioni veicoli, escluse quelle in cui si effettuano operazioni di verniciatura.
l) Autolavaggi.
m) Silos per materiali da costruzione ad esclusione di quelli asserviti ad altri impianti nonche' silos per i materiali vegetali.
n) Macchine per eliografia.
o) Stoccaggio e movimentazione di prodotti petrolchimici ed idrocarburi naturali estratti da giacimento, stoccati e movimentati a ciclo chiuso o protetti da gas inerte.
p) Impianti di trattamento delle acque, escluse le linee di trattamento dei fanghi, fatto salvo quanto previsto dalla lettera p-bis).
p-bis) Linee di trattamento dei fanghi che operano nell'ambito di impianti di trattamento delle acque reflue con potenzialita' inferiore a 10.000 abitanti equivalenti per trattamenti di tipo biologico e inferiore a 10 m³/h di acque trattate per trattamenti di tipo chimico/fisico; in caso di impianti che prevedono sia un trattamento biologico, sia un trattamento chimico/fisico, devono essere rispettati entrambi i requisiti.
q) Macchinari a ciclo chiuso di concerie e pelliccerie.
r) Attivita' di seconde lavorazioni del vetro, successive alle fasi iniziali di fusione, formatura e tempera, ad esclusione di quelle comportanti operazioni di acidatura e satinatura.
s) Forni elettrici a volta fredda destinati alla produzione di vetro.
t) Trasformazione e conservazione, esclusa la surgelazione, di frutta, ortaggi, funghi con produzione giornaliera massima non superiore a 350 kg.
u) Trasformazione e conservazione, esclusa la surgelazione, di carne con produzione giornaliera massima non superiore a 350 kg.
v) Molitura di cereali con produzione giornaliera massima non superiore a 500 kg.
v-bis) impianti di essiccazione di materiali vegetali impiegati da imprese agricole o a servizio delle stesse con potenza termica nominale, uguale o inferiore a 1 MW, se alimentati a bio-masse o a biodiesel o a gasolio come tale o in emulsione con biodiesel, e uguale o inferiore a 3 MW, se alimentati a metano o a gpl o a biogas.
w) Lavorazione e conservazione, esclusa surgelazione, di pesce ed altri prodotti alimentari marini con produzione giornaliera massima non superiore a 350 kg.
x) Lavorazioni manifatturiere alimentari con utilizzo giornaliero di materie prime non superiore a 350 kg.
y) Trasformazioni lattiero-casearie con produzione giornaliera massima non superiore a 350 kg.
z) Allevamenti effettuati in ambienti confinati in cui il numero di capi presenti e' inferiore a quello indicato, per le diverse categorie di animali, nella seguente tabella. Per allevamento effettuato in ambiente confinato si intende l'allevamento il cui

ciclo produttivo prevede il sistematico utilizzo di una struttura coperta per la stabulazione degli animali.

Categoria animale e tipologia di allevamento N° capi

Vacche specializzate per la produzione di Meno di 200
  latte (peso vivo medio: 600 kg/capo)
Rimonta vacche da latte (peso vivo medio:
  300 kg/capo) Meno di 300
Altre vacche (nutrici e duplice attitudine) Meno di 300
Bovini all'ingrasso (peso vivo medio:
  400 kg/capo) Meno di 300
Vitelli a carne bianca (peso vivo medio:
  130 kg/capo) Meno di 1000
Suini: scrofe con suinetti destinati allo
  svezzamento Meno di 400
Suini: accrescimento/ingrasso Meno di 1000
Ovicaprini (peso vivo medio: 50 kg/capo) Meno di 2000
Ovaiole e capi riproduttori (peso vivo medio:
  2 kg/capo) Meno di 25000
Pollastre (peso vivo medio: 0,7 kg/capo) Meno di 30000
Polli da carne (peso vivo medio: 1 kg/capo) Meno di 30000
Altro pollame Meno di 30000
Tacchini: maschi (peso vivo medio: 9 kg/capo) Meno di 7000
Tacchini: femmine (peso vivo medio:
  4,5 kg/capo) Meno di 14000
Faraone (peso vivo medio: 0,8 kg/capo) Meno di 30000
Cunicoli: fattrici (peso vivo medio:
  3,5 kg/capo) Meno di 40000
Cunicoli: capi all'ingrasso (peso vivo
  medio: 1,7 kg/capo) Meno di 24000
Equini (peso vivo medio: 550 kg/capo) Meno di 250
Struzzi Meno di 700

aa) Allevamenti effettuati in ambienti non confinati.
bb) Impianti di combustione, compresi i gruppi elettrogeni e i gruppi elettrogeni di cogenerazione, di potenza termica nominale inferiore a 1 MW, alimentati a biomasse di cui all'allegato X alla parte quinta del presente decreto, e di potenza termica inferiore a 1 MW, alimentati a gasolio, come tale o in emulsione, o a biodiesel.
cc) Impianti di combustione alimentati ad olio combustibile, come tale o in emulsione, di potenza termica nominale inferiore a 0,3 MW.
dd) Impianti di combustione alimentati a metano o a GPL, di potenza termica nominale inferiore a 1 MW.
ee) Impianti di combustione, compresi i gruppi elettrogeni e i gruppi elettrogeni di cogenerazione, ubicati all'interno di impianti di smaltimento dei rifiuti, alimentati da gas di discarica, gas residuati dai processi di depurazione e biogas, di potenza termica nominale non superiore a 3 MW, se l'attivita' di recupero e' soggetta alle procedure autorizzative semplificate previste dalla parte quarta del presente decreto e tali procedure sono state espletate .
ff) Impianti di combustione, compresi i gruppi elettrogeni e i gruppi elettrogeni di cogenerazione, alimentati a biogas di cui all'allegato X alla parte quinta del presente decreto, di potenza termica nominale inferiore o uguale a 1 MW.
gg) Gruppi elettrogeni e gruppi elettrogeni di cogenerazione alimentati a metano o a GPL, di potenza termica nominale inferiore a 1 MW.
hh) Gruppi elettrogeni e gruppi elettrogeni di cogenerazione alimentati a benzina di potenza termica nominale inferiore a 1 MW.
ii) Impianti di combustione connessi alle attivita' di stoccaggio dei prodotti petroliferi funzionanti per meno di 2200 ore annue, di potenza termica nominale inferiore a 1 MW se alimentati a metano o GPL ed inferiore a 1 MW se alimentati a gasolio.
jj) Laboratori di analisi e ricerca, impianti pilota per prove,

ricerche, sperimentazioni, individuazione di prototipi. PERIODO SOPPRESSO DAL D.LGS. 15 NOVEMBRE 2017, N. 183.
kk) Dispositivi mobili utilizzati all'interno di uno stabilimento da un gestore diverso da quello dello stabilimento o non utilizzati all'interno di uno stabilimento.
kk-bis) Cantine che trasformano fino a 600 tonnellate l'anno di uva nonche' stabilimenti di produzione di aceto o altre bevande fermentate, con una produzione annua di 250 ettolitri per i distillati e di 1.000 ettolitri per gli altri prodotti. Nelle cantine e negli stabilimenti che superano tali soglie sono comunque sempre escluse, indipendentemente dalla produzione annua, le fasi di fermentazione, movimentazione, travaso, addizione, trattamento meccanico, miscelazione, confezionamento e stoccaggio delle materie prime e dei residui effettuate negli stabilimenti di cui alla presente lettera.
kk-ter: Frantoi di materiali vegetali.
kk-quater) Attivita' di stampa «3d» e stampa «ink jet»;
kk-quinquies) Attivita' di taglio, incisione e marcatura laser su carta o tessuti.
((kk-sexies) turbine a gas e motori a gas esclusivamente usati su piattaforme off-shore, inclusi gruppi elettrogeni e gruppi elettrogeni di cogenerazione, di potenza termica nominale inferiore a 3 MW se alimentati a metano o a GPL, inferiore o uguale a 3 MW se alimentati a biogas.))

Parte II
Impianti ed attivita' di cui all'articolo 272, comma 2

1. Elenco degli impianti e delle attivita':
a) Riparazione e verniciatura di carrozzerie di autoveicoli, mezzi e macchine agricole con utilizzo di impianti a ciclo aperto e utilizzo complessivo di prodotti vernicianti pronti all'uso giornaliero massimo complessivo non superiore a 20 kg.
b) Tipografia, litografia, serigrafia, con utilizzo di prodotti per la stampa (inchiostri, vernici e similari) giornaliero massimo complessivo non superiore a 30 kg.
c) Produzione di prodotti in vetroresine con utilizzo giornaliero massimo complessivo di resina pronta all'uso non superiore a 200 kg.
d) Produzione di articoli in gomma e prodotti delle materie plastiche con utilizzo giornaliero massimo complessivo di materie prime non superiore a 500 kg.
e) Produzione di mobili, oggetti, imballaggi, prodotti semifiniti in materiale a base di legno con utilizzo giornaliero massimo complessivo di materie prime non superiore a 2000 kg.
f) Verniciatura, laccatura, doratura di mobili ed altri oggetti in legno con utilizzo complessivo di prodotti vernicianti pronti all'uso non superiore a 50 kg/g.
g) Verniciatura di oggetti vari in metalli o vetro con utilizzo complessivo di prodotti vernicianti pronti all'uso non superiore a 50 kg/ g.
h) Panificazione, pasticceria e affini con consumo di farina non superiore a 1500 kg/g.
i) Torrefazione di caffe' ed altri prodotti tostati con produzione non superiore a 450 kg/g.
l) Produzione di mastici, pitture, vernici, cere, inchiostri e affini con produzione complessiva non superiore a 500 kg/h.
m) Sgrassaggio superficiale dei metalli con consumo complessivo di solventi non superiore a 10 kg/g.
n) Laboratori orafi con fusione di metalli con meno di venticinque addetti.
o) Anodizzazione, galvanotecnica, fosfatazione di superfici metalliche con consumo di prodotti chimici non superiore a 10 kg/ g.
p) Utilizzazione di mastici e colle con consumo complessivo di sostanze collanti non superiore a 100 kg/g.
q) Produzione di sapone e detergenti sintetici prodotti per l'igiene

e la profumeria con utilizzo di materie prime non superiori a 200 kg/g.
r) Tempra di metalli con consumo di olio non superiore a 10 kg/g.
s) Produzione di oggetti artistici in ceramica, terracotta o vetro in forni in muffola discontinua con utilizzo nel ciclo produttivo di smalti, colori e affini non superiore a 50 kg/g.
t) Trasformazione e conservazione, esclusa la surgelazione, di frutta, ortaggi, funghi con produzione non superiore a 1000 kg/g.
u) Trasformazione e conservazione, esclusa la surgelazione, di carne con produzione non superiore a 1000 kg/g.
v) Molitura cereali con produzione non superiore a 1500 kg/g.
v-bis) impianti di essiccazione di materiali vegetali impiegati o a servizio di imprese agricole non ricompresi nella parte I del presente allegato.
z) Lavorazione e conservazione, esclusa la surgelazione, di pesce ed altri prodotti alimentari marini con produzione non superiore a 1000 kg/g.
aa) Prodotti in calcestruzzo e gesso in quantita' non superiore a 1500 kg/g.
bb) Pressofusione con utilizzo di metalli e leghe in quantita' non superiore a 100 kg/g.
cc) Lavorazioni manifatturiere alimentari con utilizzo di materie prime non superiori a 1000 kg/g.
dd) Lavorazioni conciarie con utilizzo di prodotti vernicianti pronti all'uso giornaliero massimo non superiore a 50 kg.
ee) Fonderie di metalli con produzione di oggetti metallici giornaliero massimo non superiore a 100 kg.
ff) Produzione di ceramiche artistiche esclusa la decoratura con utilizzo di materia prima giornaliero massimo non superiore a 3000 kg.
gg) Produzione di carta, cartone e similari con utilizzo di materie prime giornaliero massimo non superiore a 4000 kg.
hh) Saldatura di oggetti e superfici metalliche.
ii) Trasformazioni lattiero-casearie con produzione giornaliera non superiore a 1000 kg.
((ll) Impianti termici civili aventi potenza termica nominale non inferiore a 3 MW e inferiore a 10 MW.))
mm) impianti a ciclo chiuso per la pulizia a secco di tessuti e di pellami, escluse le pellicce, e delle pulitintolavanderie a ciclo chiuso.
nn) Allevamenti effettuati in ambienti confinati in cui il numero di capi potenzialmente presenti e' compreso nell'intervallo indicato, per le diverse categorie di animali, nella seguente tabella. Per allevamento effettuato in ambiente confinato si intende l'allevamento il cui ciclo produttivo prevede il sistematico utilizzo di una struttura coperta per la stabulazione degli animali.

Categoria animale e tipologia di allevamento	N° capi
Vacche specializzate per la produzione di latte (peso vivo medio: 600 kg/capo)	Da 200 a 400
Rimonta vacche da latte (peso vivo medio: 300 kg/capo)	Da 300 a 600
Altre vacche (nutrici e duplice attitudine)	Da 300 a 600
Bovini all'ingrasso (peso vivo medio: 400 kg/capo)	Da 300 a 600
Vitelli a carne bianca (peso vivo medio: 130 kg/capo)	Da 1000 a 2.500
Suini: scrofe con suinetti destinati allo svezzamento	Da 400 a 750
Suini: accrescimento/ingrasso	Da 1000 a 2.000
Ovicaprini (peso vivo medio: 50 kg/capo)	Da 2000 a 4.000
Ovaiole e capi riproduttori (peso vivo medio: 2 kg/capo)	Da 25000 a 40.000
Pollastre (peso vivo medio: 0,7 kg/capo)	Da 30000 a 40.000
Polli da carne (peso vivo medio:	

1 kg/capo) Da 30000 a 40.000
Altro pollame Da 30000 a 40.000
Tacchini: maschi (peso vivo medio:
9 kg/capo) Da 7000 a 40.000
Tacchini: femmine (peso vivo medio:
4,5 kg/capo) Da 14000 a 40.000
Faraone (peso vivo medio: 0,8 kg/capo) Da 30000 a 40.000
Cunicoli: fattrici (peso vivo medio:
3,5 kg/capo) Da 40000 a 80000
Cunicoli: capi all'ingrasso (peso vivo
  medio: 1,7 kg/capo) Da 24000 a 80.000
Equini (peso vivo medio: 550 kg/capo) Da 250 a 500
Struzzi Da 700 a 1.500

oo) Lavorazioni meccaniche dei metalli con consumo complessivo di olio (come tale o come frazione oleosa delle emulsioni) uguale o superiore a 500 kg/anno.
oo-bis) Stabilimenti di produzione di vino, aceto o altre bevande fermentate non ricompresi nella parte I del presente allegato.
ALLEGATO V

((alla Parte Quinta del decreto legislativo 3 aprile 2006, n. 152

Parte I

Emissioni di polveri provenienti da attivita' di produzione, manipolazione, trasporto, carico, scarico o stoccaggio di materiali polverulenti.

1. Disposizioni generali
1.1. Nei casi in cui in uno stabilimento siano prodotti manipolati, trasportati, immagazzinati, caricati e scaricati materiali polverulenti, il gestore deve adottare apposite misure per il contenimento delle emissioni di polveri.
1.2. Nei casi di cui al punto 1.1. l'autorita' competente puo' altresi' stabilire specifiche prescrizioni per il contenimento delle emissioni di polveri tenendo conto, in particolare, dei seguenti elementi:
  - pericolosita' delle polveri;
  - flusso di massa delle emissioni;
  - durata delle emissioni;
  - condizioni meteorologiche;
  - condizioni dell'ambiente circostante.
2. Produzione e manipolazione di materiali polverulenti.
2.1. I macchinari e i sistemi usati per la preparazione o la produzione (comprendenti, per esempio, la frantumazione, la cernita, la miscelazione, il riscaldamento, il raffreddamento, la pellettizzazione e la bricchettazione) di materiali polverulenti devono essere incapsulati.
2.2. Se l'incapsulamento non puo' assicurare il contenimento ermetico delle polveri, le emissioni, con particolare riferimento ai punti di introduzione, estrazione e trasferimento dei materiali polverulenti, devono essere convogliate ad un idoneo impianto di abbattimento.
3. Trasporto, carico e scarico dei materiali polverulenti.
3.1. Per il trasporto di materiali polverulenti devono essere utilizzati dispositivi chiusi.
3.2. Se l'utilizzo di dispositivi chiusi non e', in tutto o in parte, possibile, le emissioni polverulenti devono essere convogliate ad un idoneo impianto di abbattimento.
3.3. Per il carico e lo scarico dei materiali polverulenti, ove tecnologicamente possibile, devono essere installati impianti di aspirazione e di abbattimento nei seguenti punti:
  - punti fissi, nei quali avviene il prelievo, il trasferimento, lo sgancio con benne, pale caricatrici, attrezzature di trasporto;

- sbocchi di tubazione di caduta delle attrezzature di caricamento;
- attrezzature di ventilazione, operanti come parte integrante di impianti di scarico pneumatici o - canali di scarico per veicoli su strada o rotaie;
- convogliatori aspiranti.

3.4. Se nella movimentazione dei materiali polverulenti non e' possibile assicurare il convogliamento delle emissioni di polveri, si deve mantenere, possibilmente in modo automatico, una adeguata altezza di caduta e deve essere assicurata, nei tubi di scarico, la piu' bassa velocita' che e' tecnicamente possibile conseguire per l'uscita del materiale trasportato, ad esempio mediante l'utilizzo di deflettori oscillanti.

3.5. Nel caricamento di materiali polverulenti in contenitori da trasporto chiusi, l'aria di spostamento deve essere raccolta e convogliata ad un impianto di abbattimento.

3.6. La copertura delle strade, ove possibile, deve essere realizzata in materiali che ne consentano la regolare pulizia; ove cio' non sia possibile, deve essere presente un adeguato sistema di bagnatura.

3.7 Nel caso di operazioni di carico di silos da autobotte, la tubazione di raccordo, al termine delle operazioni di carico, deve essere svuotata prima di essere scollegata; in alternativa deve essere previsto uno specifico impianto di captazione e trattamento delle polveri residue presenti all'interno della tubazione di raccordo.

4. Stoccaggio di materiali polverulenti.

4.1. L'autorita' competente puo' stabilire specifiche prescrizioni per lo stoccaggio dei materiali polverulenti tenendo conto, in particolare, dei seguenti elementi:
- possibilita' di stoccaggio in silos;
- possibilita' di realizzare una copertura della sommita' e di tutti i lati del cumulo di materiali sfusi, incluse tutte le attrezzature ausiliarie;
- possibilita' di realizzare una copertura della superficie, per esempio utilizzando stuoie;
- possibilita' di stoccaggio su manti erbosi;
- possibilita' di costruire terrapieni coperti di verde, piantagioni e barriere frangivento;
- umidificazione costante e sufficiente della superficie del suolo.

5. Materiali polverulenti contenenti specifiche categorie di sostanze.

5.1. Si applica sempre la prescrizione piu' severa tra quelle previste ai punti precedenti, nel caso in cui i materiali polverulenti contengano sostanze comprese nelle classi riportate nella seguente tabella al di sopra di 50 mg/kg, riferiti al secco:

Classe	Indicazione di pericolo
Classe I	H340, H350, H360
Classe II	H341, H351, H361, H300, H310, H330,

Parte II

Emissioni in forma i gas o vapore derivanti alla lavorazione, trasporto, travaso e stoccaggio di sostanze organiche liquide

1. Pompe.

1.1. Il gestore deve garantire una tenuta efficace delle pompe utilizzate per la movimentazione di sostanze organiche liquide.

1.2 Nei casi previsti dal punto 1.1, ove non possa essere garantita l'efficace tenuta delle pompe, devono essere installati idonei sistemi di aspirazione delle perdite di gas o vapore e sistemi di convogliamento ad impianti di abbattimento.

2. Compressori.

2.1. Il gestore deve effettuare il degasaggio del liquido residuo conseguente all'arresto dei compressori utilizzati per i gas. 3. Raccordi a flangia.

3.1. I raccordi a flangia, con particolare riferimento al caso in cui vi defluiscono miscele, devono essere usati soltanto se garantiscono un buon livello di tenuta.

4. Valvolame.

4.1. Le valvole devono essere rese ermetiche con adeguati sistemi di tenuta.

5. Campionamento.

5.1. I punti in cui si prelevano campioni di sostanze organiche liquide devono essere incapsulati o dotati di dispositivi di bloccaggio, al fine di evitare emissioni durante il prelievo.

5.2. Durante il prelievo dei campioni il prodotto di testa deve essere rimesso in circolo o completamente raccolto.

6. Caricamento.

6.1 Nel caricamento di sostanze organiche liquide devono essere assunte speciali misure per il contenimento delle emissioni, come l'aspirazione e il convogliamento dei gas di scarico in un impianto di abbattimento.))

ALLEGATO VI

Criteri per i controlli e per il monitoraggio delle emissioni

1. Definizioni

1.1. Ai fini del presente allegato si intende per:

a) misura diretta: misura effettuata con analizzatori che forniscono un segnale di risposta direttamente proporzionale alla concentrazione dell'inquinante;

b) misura indiretta: misura effettuata con analizzatori che forniscono un segnale di risposta direttamente proporzionale ad un parametro da correlare, tramite ulteriori misure, alle concentrazioni dell'inquinante, come, ad esempio, la misura di trasmittanza o di estinzione effettuata dagli analizzatori di tipo ottico;

c) periodo di osservazione: intervallo temporale a cui si riferisce il limite di emissione da rispettare. Tale periodo, a seconda della norma da applicare, puo' essere orario, giornaliero, di 48 ore, di sette giorni, di un mese, di un anno. In relazione a ciascun periodo di osservazione, devono essere considerate le ore di normale funzionamento;

d) ore di normale funzionamento: il numero delle ore in cui l'impianto e' in funzione, con l'esclusione dei periodi di avviamento e di arresto e dei periodi di guasto, salvo diversamente stabilito dal presente decreto, dalle normative adottate ai sensi dell'articolo 271, comma 3, o dall'autorizzazione;

e) valore medio orario o media oraria: media aritmetica delle misure istantanee valide effettuate nel corso di un'ora solare;

f) valore medio giornaliero o media di 24 ore: media aritmetica dei valori medi orari validi rilevati dalle ore 00:00:00 alle ore 23.59.59;

g) valore di 48 ore o media di 48 ore: media aritmetica dei valori medi orari validi rilevati nel corso di 48 ore di normale funzionamento, anche non consecutive;

h) valore medio mensile: media aritmetica dei valori medi orari validi rilevati nel corso del mese; per mese, salvo diversamente specificato, si intende il mese di calendario;

i) valore medio annuale: media aritmetica dei valori medi orari rilevati nel corso del periodo compreso tra il 1° gennaio e il 31 dicembre successivo;

j) media mensile mobile: valore medio mensile riferito agli ultimi 30 giorni interi, vale a dire alle 24 ore di ogni giorno; le elaborazioni devono essere effettuate al termine di ogni giorno;

k) media mobile di sette giorni: media aritmetica dei valori medi orari validi rilevati durante gli ultimi 7 giorni interi; le elaborazioni devono essere effettuate al termine di ogni giorno;

l) disponibilita' dei dati elementari: la percentuale del numero delle misure elementari valide acquisite, relativamente ad un valore medio orario di una misura, rispetto al numero dei valori teoricamente acquisibili nell'arco dell'ora;

m) sistemi di misura estrattivi: sistemi basati sull'estrazione del campione dall'effluente gassoso; l'estrazione avviene direttamente, nel caso dei sistemi ad estrazione diretta, o con diluizione del campione, negli altri casi;

n) sistemi di misura non estrattivi o analizzatoti in sito: sistemi basati sulla misura eseguita direttamente su un volume definito di effluente, all'interno del condotto degli effluenti gassosi; tali sistemi possono prevedere la misura lungo un diametro del condotto, e in tal caso sono definiti strumenti M situ lungo percorso o strumenti in situ path, o la misura in un punto o in un tratto molto limitato dell'effluente gassoso, e in tal caso sono definiti strumenti in situ puntuale o strumenti in situ point.

o) calibrazione: procedura di verifica dei segnali di un analizzatore a risposta lineare sullo zero e su un prefissato punto intermedio della scala (span), il quale corrisponde tipicamente all'80% del fondo scala.

2. Metodi di valutazione delle misure effettuate dal gestore dell'impianto e delle misure effettuate dall'autorita' competente per il controllo

2.1 Ai fini di una corretta interpretazione dei dati, alle misure di emissione effettuate con metodi discontinui o con metodi continui automatici devono essere associati i valori delle grandezze piu' significative dell'impianto, atte a caratterizzarne lo stato di funzionamento (ad esempio: produzione di vapore, carico generato, assorbimento elettrico dei filtri di captazione, ecc.).

2.2. Salvo diversamente indicato nel presente decreto, in caso di misure in continuo, le emissioni convogliate si considerano conformi ai valori limite se nessuna delle medie di 24 ore supera i valori limite di emissione e se nessuna delle medie orarie supera i valori limite di emissione di un fattore superiore a 1,25.

2.3. Salvo quanto diversamente previsto dal presente decreto, in caso di misure discontinue, le emissioni convogliate si considerano conformi ai valori limite se, nel corso di una misurazione, la concentrazione, calcolata come media dei valori analitici di almeno tre campioni consecutivi che siano effettuati secondo le prescrizioni dei metodi di campionamento individuati nell'autorizzazione e che siano rappresentativi di almeno un'ora di funzionamento dell'impianto , non supera il valore limite di emissione. Nel caso in cui i metodi di campionamento individuati nell'autorizzazione prevedano, per specifiche sostanze, un periodo minimo di campionamento superiore alle tre ore, e' possibile utilizzare un unico campione ai fini della valutazione della conformita' delle emissioni ai valori limite. L'autorizzazione puo' stabilire che, per ciascun prelievo, sia effettuato un numero di campioni o sia individuata una sequenza temporale differente rispetto a quanto previsto dal presente punto 2.3 nei casi in cui, per necessita' di natura analitica e per la durata e le caratteristiche del ciclo da cui deriva l'emissione, non sia possibile garantirne l'applicazione.

2.4. Il sistema di misura in continuo di ciascun inquinante deve assicurare un indice di disponibilita' mensile delle medie orarie, come definito al punto 5.5, non inferiore all'80%. Nel caso in cui tale valore non sia raggiunto, il gestore e' tenuto a predisporre azioni correttive per migliorare il funzionamento del sistema di misura, dandone comunicazione all'autorita' competente per il controllo.

2.5. Il gestore il quale preveda che le misure in continuo di uno o piu' inquinanti non potranno essere effettuate o registrate per periodi superiori a 48 ore continuative, e' tenuto ad informare tempestivamente l'autorita' competente per il controllo. In ogni caso in cui, per un determinato periodo, non sia possibile effettuare misure in continuo, laddove queste siano prescritte dall'autorizzazione, il gestore e' tenuto, ove tecnicamente ed economicamente possibile, ad attuare forme alternative di controllo delle emissioni basate su misure discontinue, correlazioni con parametri di esercizio o con specifiche caratteristiche delle materie prime utilizzate. Per tali periodi l'autorita' competente per il controllo stabilisce, sentito il gestore, le procedure da adottare per la stima delle emissioni. La disposizione data da tale autorita' deve essere allegata al registro di cui al punto 2.7.

2.6. 1 dati misurati o stimati con le modalita' di cui al punto 2.5 concorrono ai fini della verifica del rispetto dei valori limite.

2.7. I dati relativi ai controlli analitici discontinui previsti nell'autorizzazione cd ai controlli previsti al punto 2.5 devono essere riportati dal gestore su appositi registri ai quali devono essere allegati i certificati analitici. I registri devono essere tenuti a disposizione dell'autorita' competente per il controllo. Uno schema esemplificativo per la redazione dei registri e' riportato in appendice 1. Per i medi impianti di combustione il registro e' sostituito dall'archiviazione prevista al punto 5-bis.2.

2.8. Ogni interruzione del normale funzionamento degli impianti di abbattimento (manutenzione ordinaria e straordinaria, guasti, malfunzionamenti, interruzione del funzionamento dell'impianto produttivo) deve essere annotata su un apposito registro. Il registro deve essere tenuto a disposizione dell'autorita' competente per il controllo. Uno schema esemplificativo per la redazione del registro e' riportato in appendice 2. Per i medi impianti di combustione il registro e' sostituito dall'archiviazione prevista al punto 5-bis.2.

2.9. ai fini della verifica del rispetto dei valori limite si applicano le procedure di calibrazione degli strumenti di misura stabilite dall'autorita' competente per il controllo sentito il gestore.

3. Requisiti e prescrizioni funzionali dei sistemi di monitoraggio in continuo delle emissioni

3.1. Nella realizzazione e nell'esercizio dei sistemi di rilevamento devono essere perseguiti, per la misura di ogni singolo parametro, elevati livelli di accuratezza e di disponibilita' dei dati elementari. Il sistema di rilevamento deve essere realizzato con una configurazione idonea al funzionamento continuo non presidiato in tutte le condizioni ambientali e di processo. Il gestore e' tenuto a garantire la qualita' dei dati mediante l'adozione di procedure che documentino le modalita' e l'avvenuta esecuzione degli interventi manutentivi programmati e straordinari e delle operazioni di calibrazione e taratura della strumentazione di misura. Tali procedure sono stabilite dall'autorita' competente per il controllo sentito il gestore e devono, in particolare, prevedere:

a) la verifica periodica, per ogni analizzatore, della risposta strumentale su tutto l'intervallo di misura tramite prove e tarature fuori campo;

b) il controllo e la correzione in campo delle normali derive strumentali o dell'influenza esercitata sulla misura dalla variabilita' delle condizioni ambientali;

c) l'esecuzione degli interventi manutentivi periodici per il mantenimento dell'integrita' e dell'efficienza del sistema, riguardanti, ad esempio, la sostituzione dei componenti attivi soggetti ad esaurimento, la pulizia di organi filtranti, ecc.;

d) la verifica periodica in campo delle curve di taratura degli analizzatori. In caso di grandi impianti di combustione, cementifici, vetrerie e acciaierie, le procedure di garanzia di qualita' dei sistemi di monitoraggio delle emissioni sono soggette alla norma UNI EN 14181. In tali casi non si applica il paragrafo 4 del presente allegato.

3.2. Per ogni strumento devono essere registrate le azioni di manutenzione periodica e straordinaria mediante la redazione di una tabella di riepilogo degli interventi, di cui e' riportato uno schema esemplificativo in appendice 3. Per i medi impianti di combustione la registrazione e' effettuata nell'ambito dell'archiviazione prevista al punto 5-bis.2.

3.3 L'idoneita' degli analizzatori in continuo deve essere attestata, ai sensi della norma UNI EN 15267, sulla base del procedimento di valutazione standardizzata delle caratteristiche degli strumenti previsto da tale norma tecnica. Resta fermo l'utilizzo degli analizzatori autorizzati, sulla base delle norme all'epoca vigenti, prima dell'entrata in vigore della norma UNI EN 15267:2009.

3.4. La misura in continuo delle grandezze deve essere realizzata con un sistema che espleti le seguenti funzioni:
- campionamento ed analisi;
- calibrazione;
- acquisizione, validazione, elaborazione automatica dei dati.

Tali funzioni possono essere svolte da sottosistemi a se' stanti, eventualmente comuni a piu' analizzatori, oppure da una singola apparecchiatura di analisi.

3.5. La sezione di campionamento deve essere posizionata secondo la norma UNI EN 15259. La sezione di campionamento deve essere resa accessibile e agibile, con le necessarie condizioni di sicurezza, per le operazioni di rilevazione.

3.6. Ogni analizzatore installato deve avere un sistema di calibrazione in campo. Il sistema di calibrazione, ove tecnicamente possibile in relazione al tipo di analizzatore utilizzato, deve essere di tipo automatico e puo' utilizzare:
- sistemi di riferimento esterni, quali bombole con concentrazioni certificate o calibratori dinamici,
oppure, se l'utilizzo dei sistemi di riferimento esterni non e' tecnicamente o economicamente possibile,
- sistemi interni agli analizzatori stessi.

3.7. Il sistema per l'acquisizione, la validazione e l'elaborazione dei dati, in aggiunta alle funzioni di cui ai punti seguenti, deve consentire:
- la gestione delle segnalazioni di allarme e delle anomalie provenienti dalle varie apparecchiature;
- la gestione delle operazioni di calibrazione automatica, ove prevista;
- l'elaborazione dei dati e la redazione di tabelle in formato idoneo per il confronto con i valori limite; tali tabelle sono redatte secondo le indicazioni riportate nel punto 5.4.

3.7.1. L'acquisizione dei dati comprende le seguenti funzioni :
- la lettura istantanea, con opportuna frequenza, dei segnali elettrici di risposta degli analizzatori o di altri sensori;
- la traduzione dei segnali elettrici di risposta in valori elementari espressi nelle unita' di misura pertinenti alla grandezza misurata;
- la memorizzazione dei segnali validi;
- il rilievo dei segnali di stato delle apparecchiature principali ed ausiliarie necessarie per lo svolgimento delle funzioni precedenti.

Per lo svolgimento di tali funzioni e per le elaborazioni dei segnali acquisiti e' ammesso l'intervento dell'operatore, il quale puo' introdurre nel sistema dati e informazioni. Tali dati e informazioni devono essere archiviati e visualizzati con gli stessi criteri degli altri parametri misurati.

3.7.2. Il sistema di validazione delle misure deve provvedere automaticamente, sulla base di procedure di verifica predefinite, a validare sia i valori elementari acquisiti, sia i valori medi orari calcolati. Le procedure di validazione adottate in relazione al tipo di processo e ad ogni tipo di analizzatore, devono essere stabilite dall'autorita' competente per il controllo, sentito il gestore. Per i grandi impianti di combustione, i dati non sono comunque validi se:
- i dati elementari sono stati acquisiti in presenza di segnalazioni di anomalia del sistema di misura tali da rendere inaffidabile la misura stessa;
- i segnali elettrici di risposta dei sensori sono al di fuori di tolleranze predefinite;

- lo scarto tra l'ultimo dato elementare acquisito ed il valore precedente supera una soglia massima che deve essere fissata dall'autorita' competente per il controllo;
- il numero di dati elementari validi che hanno concorso al calcolo del valore medio orario e' inferiore al 70% del numero dei valori teoricamente acquisibili nell'arco dell'ora;
- il massimo scarto tra le misure elementari non e' compreso in un intervallo fissato dall'autorita' competente per il controllo;
- il valore medio orario non e' compreso in un intervallo fissato dall'autorita' competente per il controllo;

3.7.3 Le soglie di validita' di cui al punto precedente devono essere fissate in funzione del tipo di processo e del sistema di misura. 1 valori medi orari archiviati devono essere sempre associati ad un indice di validita' che permetta di escludere automaticamente i valori non validi o non significativi dalle elaborazioni successive.

3.7.4. Per preelaborazione dei dati si intende l'insieme delle procedure di calcolo che consentono di definire i valori medi orari espressi nelle unita' di misura richieste e riferiti alle condizioni fisiche prescritte, partendo dai valori elementari acquisiti nelle unita' di misura pertinenti alla grandezza misurata. Nel caso in cui sia prevista la calibrazione automatica degli analizzatori, la preelaborazione include anche la correzione dei valori misurati sulla base dei risultati dell'ultima calibrazione valida.

3.8. Se la misura di concentrazione e' effettuata sui effluenti gassosi umidi e deve essere riportata ad un valore riferito agli effluenti gassosi secchi si applica la seguente formula:

Parte di provvedimento in formato grafico

dove:
- C_s e' la concentrazione riferita agli effluenti gassosi secchi;
- C_a e' la concentrazione riferita agli effluenti gassosi umidi;
- Cf e' il contenuto di vapor d'acqua negli effluenti gassosi espresso come rapporto in volume (v/v).

3.8.1. Per i sistemi di misura di tipo estrattivo dotati di apparato di deumidificazione del campione con umidita' residua corrispondente all'umidita' di saturazione ad una temperatura non superiore a 4 °C, le concentrazioni misurate possono essere considerate come riferite agli effluenti gassosi secchi. In tal caso non e' necessaria la correzione di cui al punto precedente.

3.8.2. Ove le caratteristiche del processo produttivo sono tali per cui la percentuale di umidita' dipende da parametri noti e' ammessa la determinazione del tenore di umidita' a mezzo calcolo tramite dati introdotti nel sistema dall'operatore

3.9. Quando in un processo di produzione e' stato verificato che nelle emissioni la concentrazione di NO_2 e' inferiore o uguale al 5% della concentrazione totale di NOx (NOx= NO + NO_2), e' consentita la misura del solo monossido di azoto (NO). In tal caso la concentrazione degli ossidi di azoto NOx si ottiene tramite il seguente calcolo: NOx = NO/0,95.

3.10. Ove opportuno puo' essere adottato un criterio analogo a quello del punto 3.9. per la misura degli ossidi di zolfo (SO_x = SO_2 + SO_3).

4. Tarature e verifiche

4.1. Le verifiche periodiche, di competenza del gestore, consistono nel controllo periodico della risposta su tutto il campo di misura dei singoli analizzatori, da effettuarsi con periodicita' almeno annuale. Tale tipo di verifica deve essere effettuata anche dopo interventi manutentivi conseguenti ad un guasto degli analizzatori.

4.2. Nel caso di analizzatori utilizzati nei sistemi estrattivi, la taratura coincide con le operazioni di calibrazione strumentale. La periodicita' dipende dalle caratteristiche degli analizzatori e dalle condizioni ambientali di misura e deve essere stabilita dall'autorita' competente per il controllo, sentito il gestore.

4.2.1 Nel caso di analizzatori in situ per la misura di gas o di polveri, che forniscono una misura indiretta del valore della concentrazione, la taratura consiste nella determinazione in campo della curva di correlazione tra risposta strumentale ed i valori forniti da un secondo sistema manuale o automatico che rileva la grandezza in esame. In questo caso la curva di taratura e' definita con riferimento al volume di effluente gassoso nelle condizioni di pressione, temperatura e percentuale di ossigeno effettivamente presenti nel condotto e senza detrazioni della umidita' (cioe' in mg/m^3 e su tal quale). I valori determinati automaticamente dal sistema in base a tale curva sono riportati, durante la fase di preelaborazione dei dati, alle condizioni di riferimento prescritte. La curva di correlazione si ottiene per interpolazione, da effettuarsi col metodo dei minimi quadrati o con altri criteri statistici, dei valori rilevati attraverso piu' misure riferite a diverse concentrazioni di inquinante nell'effluente gassoso. Devono essere effettuate almeno tre misure per tre diverse concentrazioni di inquinante. L'interpolazione puo' essere di primo grado (lineare) o di secondo grado (parabolica) in funzione del numero delle misure effettuate a diversa concentrazione, del tipo di inquinante misurato e del tipo di processo. Deve essere scelta la curva avente il coefficiente di correlazione piu' prossimo all'unita'. Le operazioni di taratura sopra descritte devono essere effettuate con periodicita' almeno annuale.

4.2.2. La risposta strumentale sullo zero degli analizzatori in situ con misura diretta deve essere verificata nei periodi in cui l'impianto non e' in funzione.

4.3. Le verifiche in campo sono le attivita' destinate all'accertamento della correttezza delle operazioni di misura. Tali attivita' sono effettuate dall'autorita' competente per il controllo o dal gestore sotto la supervisione della stessa.

4.3.1. Per gli analizzatori in situ che forniscono una misura indiretta le verifiche in campo coincidono con le operazioni di taratura indicate nel punto 4.2.

1.3.2 Per le misure di inquinanti gassosi basati su analizzatori in situ con misura diretta e di tipo estrattivo, la verifica in campo consiste nella determinazione dell'indice di accuratezza relativo da effettuare come descritto nel punto 4.4. e con periodicita' almeno annuale.

4.4. La verifica di accuratezza di una misura si effettua confrontando le misure rilevate dal sistema in esame con le misure rilevate nello stesso punto o nella stessa zona di campionamento da un altro sistema di misura assunto come riferimento. L'accordo tra i due sistemi si valuta, effettuando almeno tre misure di confronto, tramite l'indice di accuratezza relativo (IAR). Tale indice si calcola, dopo aver determinato i valori assoluti (x_i) delle differenze delle concentrazioni misurate dai due sistemi nelle N prove effettuate, applicando la formula seguente:

Parte di provvedimento in formato grafico

dove:
- M e' la media aritmetica degli N valori x_i
- Mr e' la media dei valori delle concentrazioni rilevate dal sistema di riferimento;
- Ic e' il valore assoluto dell'intervallo di confidenza calcolato per la media degli N valori x_i ossia:

Parte di provvedimento in formato grafico

dove:
- N e' il numero delle misure effettuate
- S e' la deviazione standard dei valori x_i cioe':

Parte di provvedimento in formato grafico

- tn e' la variabile casuale t di Student calcolata per un livello di fiducia del 95% e per n gradi di liberta' pari a (N - 1). I valori di tn sono riportati nella tabella seguente in funzione di N:

Parte di provvedimento in formato grafico

La correttezza delle operazioni di misura e' verificata se l'indice di accuratezza relativo delle due misure e' superiore all'80%.
5. Elaborazione, presentazione e valutazione dei risultati
5.1. In fase di preelaborazione dei dati il valore medio orario deve essere invalidato se la disponibilita' dei dati elementari e' inferiore al 70%.
5.1.1. Salvo diversamente disposto dall'autorizzazione, i valori medi su periodi di osservazione diversi dall'ora sono calcolati, ai fini del confronto con i pertinenti valori limite, a partire dal valore medio orario.
5.1.2. I valori medi orari calcolati sono utilizzabili nelle elaborazioni successive ai fini della verifica dei valori limite se, oltre ad essere validi relativamente alla disponibilita' dei dati elementari, si riferiscono ad ore di normale funzionamento. Il sistema di acquisizione o elaborazione dei dati deve essere pertanto in grado di determinare automaticamente, durante il calcolo delle medie per periodi di osservazione superiori all'ora, la validita' del valore medio orario. I valori di concentrazione devono essere riportati alle condizioni di riferimento e sono ritenuti validi se sono valide le misure, effettuate contemporaneamente, di tutte le grandezze necessarie alla determinazione di tali valori, fatto salvo quanto previsto dal punto 3.8.2.
5.2. Salvo diversamente disposto nell'autorizzazione, i limiti alle emissioni si intendono riferiti alle concentrazioni mediate sui periodi temporali (medie mobili di 7 giorni, mensili, giornaliere ecc.) indicati, per le diverse tipologie di impianto, nel presente decreto.
5.2.1. Qualora i valori limite di emissione si applichino alle concentrazioni medie giornaliere, allo scadere di ogni giorno devono essere calcolati ed archiviati i valori di concentrazione medi giornalieri secondo quanto indicato al punto 5.1.1. Nel caso in cui la disponibilita' delle medie orarie riferite al giorno sia inferiore al 70% il valore medio giornaliero e' invalidato. In questi casi la verifica del rispetto del limite giornaliero deve essere effettuata con le procedure previste nel punto 5.5.1. Il valore medio giornaliero non deve essere calcolato nel caso in cui le ore di normale funzionamento nel giorno siano inferiori a 6. In tali casi si ritiene non significativo il valore medio giornaliero. Ove prescritto nell'autorizzazione o richiesto dall'autorita' competente per il controllo, nel caso in cui l'autorizzazione stabilisca un valore limite di emissione riferito ad un periodo di osservazione inferiore al mese, allo scadere di ogni giorno devono essere registrati i casi in cui il valore medio giornaliero e' risultato superiore al valore limite; tale superamento deve essere espresso come incremento percentuale rispetto al valore limite.
5.2.2. Qualora i valori limite di emissione si applichino alle concentrazioni medie mobili di 7 giorni, allo scadere di ogni giorno

devono essere calcolati ed archiviati i valori di concentrazione media degli ultimi sette giorni trascorsi (media mobile di sette giorni). Nel caso in cui la disponibilita' delle medie orarie calcolate nei sette giorni sia inferiore al 70% il valore medio e' invalidato. La media dei sette giorni non deve essere calcolata nel caso in cui le ore di normale funzionamento nei sette giorni sono inferiori a 42. In tali casi si ritiene non significativo il valore della media.

5.2.3. Qualora i valori limite di emissione si applichino alle concentrazioni medie mensili, allo scadere di ogni mese civile devono essere calcolati ed archiviati il valore limite relativo al mese trascorso (nel caso di impianti multicombustibile) ed il valore medio di emissione relativo allo stesso periodo. Il valore medio mensile non deve essere calcolato nel caso in cui le ore di normale funzionamento nel mese civile siano inferiori a 144. In tali casi si ritiene non significativo il valore medio mensile. Nel caso in cui la disponibilita' delle medie orarie nel mese, calcolata secondo quanto indicato al punto 5.5, sia inferiore all'80%, il valore medio mensile calcolato automaticamente non deve essere considerato direttamente utilizzabile per la verifica del rispetto del valore limite. In questi casi la verifica del rispetto del limite mensile deve essere effettuata ai sensi del punto 5.5.1.

5.2.4. Fermo restando quanto stabilito al punto 5.3, per gli impianti di cui all'allegato I, parte IV, sezione 1, il mese, salvo diversa prescrizione autorizzativa, e' inteso come una sequenza di 720 ore di normale funzionamento. Il valore medio mensile e' la media aritmetica dei valori medi orari validi rilevati nel corso di ognuna delle sequenze consecutive di 720 ore considerate.

5.2.5 I valori medi mensili calcolati ai sensi del punto 5.2.4. sono archiviati e, ove richiesto dall'autorita' competente per il controllo, trasmessi alla stessa unitamente ai riferimenti di inizio e fine periodo del calcolo nonche' al numero dei dati validi che concorrono al calcolo stesso. Nel caso in cui la disponibilita' delle medie orarie valide nelle 720 ore considerate sia inferiore alt 80%, il valore medio mensile calcolato automaticamente non e' considerato direttamente utilizzabile per la verifica del rispetto del valore limite. In questi casi la verifica del rispetto del limite deve essere effettuata con le procedure previste nel punto 5.5.1.

5.3. Per i grandi impianti di combustione, di cui all'allegato II, parte I, paragrafo 3, relativamente agli inquinanti SO_2 ed NO_x e polveri, allo scadere di ogni mese civile sono calcolati ed archiviati i seguenti valori:
 - il valore limite di emissione relativo al mese trascorso, calcolato secondo quanto previsto nello stesso paragrafo;
 - il valore medio di emissione relativo allo stesso periodo.

Fermo restando il calcolo delle medie di 48 ore per gli impianti di combustione anteriori al 1988 e anteriori al 2006 e salvo diversa disposizione autorizzativa o data dall'autorita' competente per il controllo, il valore medio mensile non viene calcolato nel caso in cui le ore di normale funzionamento nel mese civile siano inferiori a 240. In tali casi si ritiene non significativo il valore medio mensile. Nel caso in cui la disponibilita' delle medie orarie nel mese calcolate ai sensi del punto 5.5. sia inferiore all'80%, il valore medio mensile calcolato automaticamente non e considerato direttamente utilizzabile per la verifica del rispetto del valore limite. In questi casi la verifica del rispetto del limite mensile e' effettuata ai sensi del punto 5.5.1.

5.3.1 Il calcolo delle medie di 48 ore si riferisce a sequenze consecutive di 48 ore di normale funzionamento. Ogni media e' archiviata allo scadere del periodo a cui il calcolo si riferisce. Contestualmente deve essere calcolato, ai sensi dell'allegato II, parte I, paragrafo 3, e archiviato il valore limite relativo alle stesse 48 ore operative, Nel caso in cui la disponibilita' delle medie orarie nelle 48 ore considerate sia inferiore al 70% il valore medio non e' considerato valido ai fini della verifica del rispetto del limite sulle medie di 48 ore. Allo scadere di ognuno dei periodi di calcolo si provvede ad aggiornare e archiviare l'elenco dei casi in cui le medie di 48 ore hanno superato il 110% del limite corrispondente ed il numero delle medie di 48 ore valide dall'inizio dell'anno. Nel calcolare le percentuali delle medie di 48 ore da sottoporre a verifica si fa riferimento alle medie di 48 ore valide e si approssima il numero risultante per eccesso o per difetto al numero intero piu' vicino.

5.4. Il gestore e' tenuto a conservare e a mettere a disposizione dell'autorita' competente per il controllo, per un periodo minimo di cinque anni, salvo diversa disposizione autorizzativa, i dati rilevati ed elaborati secondo quanto previsto ai punti 5.1, 5.2. e 5.3 utilizzando, per l'archiviazione, appositi formati predisposti dall'autorita' competente per il controllo, sentito il gestore. Si riporta in appendice 4 un esempio di tale formato relativo ai grandi impianti di combustione. Per i medi impianti di combustione l'archiviazione dei dati e' effettuata ai sensi del punto 5-bis.2.

5.5. L'indice di disponibilita' mensile delle medie orarie del singolo inquinante, si calcola nel seguente modo:

Parte di provvedimento in formato grafico

dove:
- Ns e' il numero delle medie orarie valide registrate dal sistema di acquisizione.
- Onf sono le ore di normale funzionamento dell'impianto nel mese.

Il gestore e' tenuto a riportare nella documentazione di cui al punto 5.4 le cause di indisponibilita' dei dati.

5.5.1. Qualora l'indice di cui al punto 5.5. sia inferiore all'80%, la verifica del rispetto dei valori limite deve essere effettuata integrando i dati rilevati automaticamente con i dati e le informazioni raccolti in conformita' a quanto indicato nei punti 2.5, 2.b e 2.7.

5-bis. Medi impianti di combustione

5-bis.1. Ai medi impianti di combustione si applicano, in aggiunta alle disposizioni dei paragrafi 1, 2, 3, 4, e 5, le specifiche disposizioni del presente paragrafo. Se e' utilizzato un sistema di monitoraggio in continuo delle emissioni si applicano, in luogo delle pertinenti disposizioni dei paragrafi 2, 3 e 5, i punti 4 e 5 della sezione 8 della Parte II dell'allegato II alla Parte Quinta ed i valori limite di emissione si considerano rispettati se, nelle ore di normale funzionamento, durante un anno civile:

il 95 per cento di tutti i valori medi orari convalidati non supera il 200 per cento dei pertinenti valori limite di emissione,

nessun valore medio giornaliero convalidato supera il 110 per cento dei pertinenti valori limite di emissione o, in caso di impianti composti esclusivamente da caldaie alimentate a carbone, il 150 per cento dei pertinenti valori limite di emissione,

nessun valore medio mensile convalidato supera i pertinenti valori limite di emissione.

5-bis.2. Il gestore di stabilimenti in cui sono ubicati medi impianti di combustione archivia e conserva, per ciascun medio impianto di combustione, sulla base dello schema previsto all'appendice 4-bis i dati previsti ai punti 2.7, 2.8 e 3.2, i dati di monitoraggio previsti al punto 5.4, le comunicazioni previste al punto 5-bis.3 e gli interventi posti in essere ai sensi dell'articolo 271, commi 14, 20-bis e 20-ter.

5-bis.3. Le comunicazioni delle anomalie o dei guasti tali da non permettere il rispetto di valori limite di emissione e le comunicazioni delle non conformita' accertate nel monitoraggio di competenza del gestore, ai sensi dell'articolo 271, commi 14 e 20, sono effettuate secondo il formato stabilito dalla normativa regionale.

5-bis.4. L'autorizzazione o, in caso di impianti di stabilimenti non soggetti ad autorizzazione, l'autorita' competente per il controllo puo' disporre che i dati di monitoraggio e altri dati previsti al punto 5-bis.2 siano soggetti ad invio periodico, anche utilizzando, in caso di sistemi di monitoraggio in continuo, procedure di trasmissione basate su sistemi informatici automatici.

5-bis.5. I dati previsti al punto 5-bis.2 e l'autorizzazione di cui agli articoli 269, 272 o 272-bis, sono messi senza ritardo a disposizione dell'autorita' competente per il controllo che ne richieda l'acquisizione. Tali dati, relativi ad un anno civile, sono conservati per almeno i sei anni civili successivi. L'autorita' competente per il controllo richiede l'acquisizione dei dati a fini di controllo e quando un cittadino formuli una richiesta di accesso ai dati ivi contenuti.

5-bis.6. Per i medi impianti di combustione multicombustibili i valori limite di emissione sono misurati nei periodi di normale funzionamento dell'impianto in cui e' utilizzato il combustibile o la miscela di combustibili che puo' determinare il livello piu' elevato di emissioni.

5-bis.7. Il gestore assicura, nei modi previsti dall'autorizzazione, la misura delle sostanze per cui sono prescritti valori limite di emissione e, anche quando non sia prescritto un valore limite, la misura del monossido di carbonio.

5-bis.8. Se e' utilizzato un sistema di monitoraggio in continuo delle emissioni l'autorizzazione prescrive una verifica almeno annuale mediante misurazioni parallele, svolte con il metodo utilizzato per i controlli dell'autorita' competente, e disciplina le modalita' per la comunicazione dei risultati della verifica all'autorita' competente.

5-bis.9. L'autorizzazione che prevede, per il monitoraggio di competenza del gestore, misure periodiche basate su metodi discontinui, ne prescrive l'esecuzione quantomeno annuale.

5-bis.10. Le misure periodiche del punto 5-bis.9 si effettuano per la prima volta entro quattro mesi dalla piu' recente tra la data di messa in esercizio dell'impianto e quella di rilascio dell'autorizzazione o di perfezionamento della procedura di adesione alle autorizzazioni generali, relative agli stabilimenti in cui sono ubicati medi impianti di combustione.

5-bis.11. Il presente paragrafo si applica ai medi impianti di combustione esistenti a decorrere dalle date previste all'articolo 273-bis, comma 5. Fino a tali date continuano ad applicarsi le sole disposizioni dei paragrafi 1, 2, 3, 4, e 5.

Appendice 1
Schema esemplificativo dei registri relativi ai controlli discontinui di cui ai punti 2.5 e 2.7

Parte di provvedimento in formato grafico

Appendice 2
Schema esemplificativo del registro relativo ai casi di interruzione del normale funzionamento degli impianti di abbattimento (manutenzione ordinaria e straordinaria, guasti, malfunzionamenti, interruzione dell'impianto produttivo) (punto 2.8.)

Parte di provvedimento in formato grafico

Appendice 3
Schema esemplificativo della tabella di riepilogo degli interventi di

manutenzione periodica e straordinaria degli strumenti di misura (punto 3.2.)

Parte di provvedimento in formato grafico

Appendice 4
Esempio di formato per l'archiviazione dei dati relativi ai grandi impianti di combustione (punto 5.4).
Tabella dei dati giornalieri
Dati di riferimento:
  - numero delle ore di normale funzionamento nelle 48 ore trascorse (dalle 24 del giorno corrente alle ore 0 del giorno precedente);
  - frazione della potenza media generata (elettrica o termica) con i diversi combustibili nel giorno e nelle 48 ore trascorse (proporzione in ragione del calore prodotto dai diversi combustibili);
  - tenore di ossigeno di riferimento nelle 48 ore trascorse;
  - tenore medio di ossigeno misurato nelle 48 ore trascorse;
Dati per inquinante:
  - limiti applicabili nelle 48 ore;
  - concentrazione media nelle 48 ore trascorse;
  - numero delle medie orarie valide nelle 48 ore trascorse;
Tabella dei dati mensili e di sintesi
La tabella riporta i valori medi mensili di consuntivo e i dati di sintesi per i parametri da valutare su base annuale.
Dati di riferimento:
  - numero delle ore di normale funzionamento nel mese;
  - tenore di ossigeno di riferimento (puo' essere variabile nel caso di impianti multicombustibile);
  - tenore medio di ossigeno misurato;
  - frazione della potenza generata (elettrica o termica) con i diversi combustibili nel mese.
Dati per inquinante:
  - concentrazioni medie mensili rilevate;
  - numero delle medie orarie valide rilevate nel mese;
  - limiti applicabili nel mese;
  - numero delle 48 ore caratterizzate da media valida;
  - numero delle medie di 48 ore che nel mese hanno superato il 110% del limite corrispondente.
Tabella dei dati annuali
La tabella riporta il riepilogo di tutti i valori mensili consuntivati ed il consuntivo per inquinante dei dati da valutare su base annuale.
Doti su base annuale:
  - numero delle ore di normale funzionamento nell'anno;
  - numero delle 48 ore caratterizzate da media valida ed il calcolo del 5% o del 3% di tale numero (cioe' del complemento al 95 e al 97%);
  - numero delle medie di 48 ore che nell'anno hanno superato il 110% del limite corrispondente.

Appendice 4-bis

Schema dei dati da archiviare in caso di medi impianti di combustione
(punto 5-bis.2)

  - punti di emissione e origine delle relative emissioni;
  - indice di disponibilita' mensile delle medie orarie;
  - numero delle medie orarie valide durante il periodo di mediazione;
  - valore limite per ciascun inquinante;
  - concentrazioni medie rilevate per ciascun inquinante, con evidenza delle non conformita';

- concentrazioni medie orarie di ciascun inquinante rilevate, con applicazione del tenore di ossigeno di riferimento, durante il periodo di mediazione e correlati valori medi su base oraria rilevati dei seguenti parametri di processo:
  - tenore di O2 libero,
  - tenore di vapore acqueo,
  - temperatura dell'emissione,
  - stato di impianto (produttivita'),
  - portata;
  - tipo e quantitativo di combustibili utilizzati;
  - tipo di impianto di abbattimento delle emissioni e prove del funzionamento effettivo e costante di tale impianto, inclusa la documentazione relativa ad ogni interruzione del normale funzionamento ed alla manutenzione ordinaria e straordinaria;
  - dati relativi alle comunicazioni effettuate ai sensi dell'articolo 271, commi 14 e 20;
  - dati relativi agli interventi effettuati ai sensi dell'articolo 271, commi 14, 20-bis e 20-ter.

ALLEGATO VII

Operazioni di deposito della benzina e sua distribuzione dai terminali agli impianti di distribuzione

Parte I

1. Definizioni
Ai fini del presente allegato si intende per:
a) vapori: composti aeriformi che evaporano dalla benzina;
b) vapori di ritorno: vapori provenienti da impianti di deposito o da cisterne mobili in fase di caricamento;
c) vapori residui: vapori che rimangono nella cisterna dopo lo scarico di benzina agli impianti di deposito;
d) sistema di recupero dei vapori: l'attrezzatura per il recupero di benzina dai vapori durante le operazioni di caricamento presso i terminali;
e) carro-cisterna: una cisterna mobile costituita da una sovrastruttura che comprende una o piu' cisterne ed i relativi equipaggiamenti, e da un telaio munito dei propri equipaggiamenti (ruote, sospensioni), destinata al trasporto di benzine su rotaia;
f) nave-cisterna: una cisterna mobile costituite da una nave destinata alla navigazione interna quale definita nel capitolo 1 della direttiva 82/714/CEE del Consiglio, del 4 ottobre 1982, destinata al trasporto di benzine in cisterne;

Parte II

1. Requisiti per gli impianti di deposito di benzina presso i terminali
1.1 Rivestimenti
Le pareti esterne ed i tetti degli impianti di deposito di superficie devono essere dipinti di un colore con riflessione totale del calore radiante pari o superiore al 70%. Il rispetto di tali adempimenti deve essere certificato dal gestore con una dichiarazione in cui si attesti che, per la verniciatura, sono state utilizzate vernici certificate dal fornitore come rispondenti alle norme contenute nell'appendice, applicate secondo regole di buona tecnica.
Detta disposizione non si applica agli impianti di deposito collegati ad un sistema di recupero dei vapori conforme ai requisiti di cui al punto 2.3.
Le operazioni di verniciatura possono essere programmate in modo da essere effettuate conio parte dei normali cicli di manutenzione degli impianti di deposito. Il programma delle manutenzioni deve essere conservato dal gestore e reso disponibile su richiesta dell'autorita'

competente per il controllo.

1.2 Dispositivi per il contenimento dei vapori di benzina

Gli impianti di deposito con tetto galleggiante esterno devono essere dotati di un dispositivo primario di tenuta che copra lo spazio anulare tra la parete del serbatoio e il perimetro esterno del tetto galleggiante, nonche' di un dispositivo secondario fissato su quello primario. Tali dispositivi devono essere progettati in modo da assicurare un contenimento complessivo dei vapori pari o superiore al 95% di quello di un serbatoio similare, a tetto fisso, privo di dispositivi di controllo per il contenimento dei vapori ovvero di un serbatoio a tetto fisso dotato solo di valvola limitatrice di pressione. Il rispetto di tali adempimenti deve essere certificato dal gestore con una dichiarazione in cui si attesti che la progettazione del sistema a doppia tenuta risponde a quanto previsto dal presente punto 1.2, verificato sulla base delle procedure di stima, contenute nella normativa API (American Petroleum Institute) MPMS, Chapter 19, e che tale sistema e stato installato a regola d'arte. A tal fine si utilizza il "Manual of Petroleum Measurement Standards" - capitolo 19 - "Evaporative loss measurement", sezione 1 - "Evaporative loss from fixed - roof tanks" e sezione 2 - "Evaporative loss from floating - roof tanks".

I dispositivi di controllo per il contenimento dei vapori degli impianti di deposito devono essere sottoposti a manutenzione periodica secondo le modalita' previste dalla regola d'arte.

1.3. Sistemi per il recupero dei vapori di benzina

- Gli impianti di deposito presso terminali la cui costruzione e' stata autorizzata dopo il 3 dicembre 1997, ai sensi della normativa vigente al momento dell'autorizzazione, costituiti da serbatoi a tetto fisso, devono essere collegati ad un sistema di recupero dei vapori in conformita' ai requisiti di cui al paragrafo 2. In alternativa, detti depositi devono essere progettati con un tetto galleggiante, interno o esterno, e dotati di dispositivi primari e secondari a tenuta in modo da rispondere ai requisiti relativi alle prestazioni stabiliti dal punto 1.2.

- Gli altri impianti di deposito presso i terminali, costituiti da serbatoi a tetto fisso, devono essere collegati ad un sistema di recupero dei vapori in conformita' alle disposizioni contenute nel paragrafo 2. In alternativa, detti depositi devono essere dotati di un tetto galleggiante interno con un dispositivo primario a tenuta progettato in modo da assicurare un contenimento complessivo dei vapori pari o superiore al 90% di quello di un serbatoio similare a tetto fisso privo di dispositivi di controllo dei vapori.

1.4 Ai serbatoi a tetto fisso situati presso i terminali cui e' consentito, ai sensi del punto 2.2, il deposito temporaneo dei vapori non si applicano i requisiti relativi ai dispositivi per il contenimento dei vapori di benzina di cui al punto 1.3.

Appendice
Misura del fattore di riflessione delle superfici dei serbatoi.

Ai fini di quanto prescritto al punto 1.2. per la determinazione del fattore di riflessione delle superfici dei serbatoi, puo' essere utilizzato uno dei seguenti metodi di misura,

a) Metodo basato sulla misura del fattore di riflessione totale del calore radiante. Per riflessione totale del calore radiante si intende la riflessione dell'energia solare totale incidente, misurata nello spettro compreso fra 0,3 ÷ 2,5 µm di lunghezza d'onda (spettro solare incidente a livello della superficie terrestre).

Specifiche di prova: la procedura di prova per la determinazione del fattore di riflessione di una superficie (ottenuta in laboratorio su provini campione), si basa sulle seguenti norme tecniche di riferimento: ASTM E 903-82 (1) ed ISO 9050 (2). Il fattore di riflessione della superficie deve essere superiore o uguale al 70%.

b) Metodo basato sulla misura del fattore di riflessione totale dell'energia luminosa.

Tale metodo si riferisce alla misura del solo fattore di riflessione totale dell'energia luminosa ed e' quindi relativo alla sola parte della radiazione solare contenuta nel campo dello spettro visibile (0,38 ÷ 0,78 um).

Specifiche di prova: la procedura di prova per la determinazione del fattore di riflessione totale dell'energia luminosa di una superficie (ottenuta su provini campione in laboratorio) si basa sulla normativa di riferimento applicabile UNI 9389 (3) ed ISO 2813 (4).

Il fattore di riflessione della superficie all'energia luminosa deve essere superiore o uguale al 70%.

Nel caso in cui siano presenti serbatoi con superfici di materiale diverso o verniciati con colori diversi il valore medio di riflessione puo' essere calcolato dagli indici di riflessione (misurati su campioni con uno dei precedenti metodi per i singoli colori), pesati con le estensioni delle relative aree di serbatoio. Il valore medio di riflessione cosi' calcolato deve essere superiore o eguale al 70%.

Riferimenti:

(1) ASTM E 903-82: Standard test method for solar absorptance, reflectance and trasmittance of materials using integrating spheres".

(2) ISO 9050: "Glass in building. Determination of light trasmittance, direct solar trasmittance, total solar energy trasmittance and ultraviolet trasmittance, and related glazing factors".

(3) UNI 9389: "Misura della riflessione di pellicole di prodotti vernicianti non metallizzanti".

(4) ISO 2813: "Paints and varnishes-Determination of specular gloss of nonmetallic paint films at 20°, 60° and 85°,

2. Requisiti per gli impianti di caricamento presso i terminali.

2.1 Attrezzature per il caricamento dal basso

Le torri di caricamento di veicoli-cisterna presenti presso i terminali devono soddisfare le specifiche relative alle attrezzature per il caricamento dal basso previste dal punto 3.2.

2.7. Recupero di vapori

I vapori di ritorno provenienti da una cisterna mobile in fase di caricamento devono essere convogliati, tramite una linea di collegamento a tenuta di vapore, verso un sistema di recupero di vapori. Tale disposizione non si applica alle operazioni di caricamento dall'alto di cisterne mobili che, in accordo con le deroghe previste all'articolo 276, comma 5, non sono conformi alle prescrizioni per il caricamento dal basso stabilite al punto 3.2.

Nei terminali presso i quali negli tre anni civili precedenti l'anno in corso e' stata movimentata una quantita' di benzina inferiore a 25.000 tonnellate/anno, il deposito temporaneo dei vapori puo' sostituire il recupero immediato dei vapori presso il terminale. Il serbatoio adibito esclusivamente a tale uso deve essere chiaramente identificato. Per quantita' movimentata si intende la quantita' totale annua massima di benzina caricata in cisterne mobili dagli impianti di deposito del terminale.

Nei terminali in cui la benzina e' caricata su navi, puo' essere adottato un sistema di combustione dei vapori, se ogni altra operazione di recupero dei vapori e' pericolosa o tecnicamente impossibile a causa del volume dei vapori di ritorno. I gestori degli impianti di caricamento che producono emissioni in atmosfera provenienti dai sistemi di recupero dei vapori o dalle unita' di combustione di vapori devono ottenere l'autorizzazione alle emissioni ai sensi del titolo I del presente decreto.

2.3. Valori limite di emissione, criteri per la valutazione della conformita' dei valori misurati ai valori limite di emissione

Agli effluenti gassosi emessi dai sistemi di recupero dei vapori si applica il valore limite di emissione pari a 10 g/Nm$_3$ espressi come media oraria.

Le misurazioni effettuate ai fini della valutazione della conformita' delle emissioni ai valori limite devono essere effettuate per un'intera giornata lavorativa (minimo sette ore) in condizioni di normale movimentazione.

Dette misurazioni possono essere continue o discontinue. Le misurazioni discontinue devono essere rilevate almeno quattro volte ogni ora.

L'errore totale di misurazione dovuto alle attrezzature utilizzate, al gas di taratura e al metodo applicato, non deve superare il 10% del valore misurato.

L'apparecchiatura utilizzata deve essere in grado di misurare almeno concentrazioni di 1 g/Nm$_3$.

La precisione della misura deve essere almeno pari al 95% del valore misurato. I controlli di competenza del gestore sono effettuati con periodicita' semestrale.

2.4. Misure per la prevenzione di emissioni diffuse

Prima della messa in servizio dei sistemi di recupero dei vapori, il gestore e' tenuto effettuare le procedure di prova cui sottoporre le linee di collegamento di vapori di cui al punto 2.2 e ad istituire ed effettuare apposite procedure di controllo periodico secondo quanto indicato nella seguente appendice. E' tenuto altresi' a seguire le procedure previste nella medesima appendice in caso di mancato funzionamento dei sistemi di recupero.

2.5. Perdite accidentali

In caso di perdita accidentale di vapore, le operazioni di caricamento devono essere immediatamente arrestate a livello della torre di caricamento attraverso dispositivi automatici di arresto che devono essere installati sulla torre.

2.6. Operazioni di caricamento di veicoli cisterna dall'alto

Durante le operazioni di caricamento dall'alto di veicoli cisterna che, in accordo con le deroghe previste all'articolo 276, comma 5, non sono conformi alle prescrizioni per il caricamento dal basso stabilite al punto 3.2 l'uscita del braccio di caricamento deve essere mantenuta vicino al fondo della cisterna mobile, per evitare spruzzi di benzina, ed il braccio di carico deve essere dotato di un dispositivo di captazione dei vapori.

Appendice

Procedure di prova cui sottoporre le linee di collegamento di vapore prima della messa in servizio dei sistemi di recupero dei vapori e nel corso della manutenzione periodica e procedure da seguire in caso di mancato funzionamento dei sistemi di recupero

a) Prove di tenuta del sistema di trasferimento (l).

Le tubazioni di convogliamento del vapore devono essere provate, prima della messa in servizio dell'impianto, al fine di verificarne accuratamente la tenuta:
- prima di allacciare le apparecchiature, l'impianto deve essere provato con aria o gas inerte ad una pressione di almeno 100 mbar;
- la durata di prova deve essere di almeno 30 minuti;
- la tenuta deve essere controllata mediante manometro ad acqua od apparecchi di equivalente sensibilita';
- il manometro non deve accusare una caduta di pressione fra le due letture eseguite all'inizio ed al termine del secondo quarto d'ora di prova;
- se si verificano delle perdite, queste devono essere ricercate con l'ausilio di una soluzione saponosa;
- le parti difettose devono essere sostituite e le guarnizioni rifatte;
- non si devono riparare dette parti con mastici, ovvero cianfrinarle;
- una volta eliminate le perdite occorre ripetere la prova di tenuta;
- le prove di tenuta precedenti devono essere ripetute con frequenza triennale;
- se i sistemi sono assemblati con collegamenti fissi (per esempio saldati o cementati), essi devono essere testati su tutto

l'assemblaggio, con le stesse modalita' di prova sopra descritte

b) Collegamento delle apparecchiature e messa in servizio dell'impianto. Effettuato il collegamento delle apparecchiature alle parti fisse, ad allacciamento terminato, dovra' essere controllata, mediante soluzione saponosa od altro idoneo equivalente mezzo, la perfetta tenuta dell'impianto, con particolare riguardo ai collegamenti.

c) Avviamento dell'impianto.

Deve essere effettuata una verifica del buon funzionamento delle apparecchiature e degli eventuali dispositivi di sicurezza.

d) Manutenzione periodica.

La manutenzione che il gestore deve assicurare consiste nel frequente controllo dello stato di efficienza delle tubazioni e dei collegamenti, con particolare riguardo per i tubi flessibili e le guarnizioni. Le parti difettose devono essere sostituite. Il monitoraggio in servizio deve comprendere un esame visivo del sistema per verificare eventuali danneggiamenti, disallineamenti o corrosioni del sistema di tubazioni e nei giunti.

Deve essere eseguito un esame visivo delle tubazioni flessibili usate per collegare contenitori mobili al sistema di tubazioni di raccolta del vapore, al fine di individuarne eventuali danneggiamenti.

Gli esami visivi devono essere ripetuti con frequenza almeno trimestrale.

e) Procedure di notifica da seguire in caso di mancato funzionamento dei sistemi di recupero dei vapori.

Il gestore, deve informare l'autorita' competente, prima di un pianificalo spegnimento di un sistema di recupero vapori che comporti una fermata superiore ai tre giorni.

Deve inoltre specificare la data, il periodo previsto ed il motivo dell'arresto. Nel caso di un arresto non pianificato, il gestore deve informare l'autorita' competente della causa dell'arresto, dei provvedimenti attuati al fine di riportare in operazione l'unita' e del probabile periodo di non funzionamento. L'autorita' competente dispone i provvedimenti necessari ai sensi dell'articolo 271, comma 14.

Il gestore deve adoperarsi per assicurare che il sistema sia riportato in condizioni di operativita' il piu' rapidamente possibile e deve tempestivamente informare l'autorita' competente qualora l'arresto si prolunghi per un periodo di tempo superiore a quello originariamente previsto e comunicato all'autorita' stessa. Il gestore provvede ad annotare su un apposito registro i periodi di mancata operativita' del sistema di recupero dei vapori.

Riferimenti:

(1) UNI 7131- 72: "Impianti a gas di petrolio liquefatti per uso domestico non alimentati da rete di distribuzione".

3. Requisiti per le cisterne mobili e per i veicoli cisterna.

3.1 Contenimento dei vapori di benzina

3.1.1. I vapori residui devono essere trattenuti nella cisterna mobile dopo lo scarico della benzina.

3.1.2. Le cisterne mobili sono progettate e utilizzate in modo che i vapori di ritorno provenienti dagli impianti di deposito situati presso gli impianti di distribuzione o presso i terminali siano raccolti e trattenuti nelle stesse. Il sistema di raccolta deve consentire la tenuta dei vapori durante le operazioni di trasferimento della benzina. Per i carro-cisterna le suddette prescrizioni trovano applicazione solo se gli stessi forniscono la benzina a impianti di distribuzione o la caricano presso i terminali in cui e' consentito ai sensi del paragrafo 2, punto 2.2, il deposito temporaneo dei vapori.

3.1.3. Salva l'emissione attraverso le valvole di sfiato previste dalla vigente normativa, i vapori menzionati ai punti 3.1.1. e 3.1.2. sono trattenuti nella cisterna mobile sino alla successiva operazione di caricamento presso il terminale.

3.1.4. Le cisterne montate su veicoli-cisterna devono essere sottoposte a verifiche triennali della tenuta della pressione dei vapori e del corretto funzionamento delle valvole di sfiato.

3.2. Specifiche per il caricamento dal basso, la raccolta dei vapori e la protezione contro il troppo pieno nei veicoli cisterna.

3.2.1. Accoppiatori.

a) L'accoppiatore per i liquidi sul braccio di caricamento deve essere un accoppiatore femmina, cui corrisponde un adattatore maschio API di 4 pollici (101,6 mm) posizionato sul veicolo cisterna, quale definito dalla: API RECOMMENDED PRACTICE 1004 SEVENTH EDITION, NOVEMBER 1988 - Bottom Loading and Vapour Recovery for MC-306 Tank Motor Vehicles (Section 2.1.1.1 - Type of Adapter used for Bottom Loading).

b) L'accoppiatore per la raccolta dei vapori sul tubo di raccolta dei vapori della torre di caricamento deve essere un accoppiatore femmina a camma e scanalatura cui corrisponde un adattatore maschio a camma e scanalatura di 1 pollici (101,6 mm) posizionato sul veicolo-cisterna, quale definito dalla: "API RECOMMENDED PRACTICE 1004 SEVENTH EDITION, NOVEMBER 1988 - Bottom Loading and Vapour Recovery for MC-306 Tank Motor. Vehicles (Section 4.1.1.2 - Vapour Recoyery Adapter)".

3.2.2. Condizioni di caricamento.

a) Il caricamento normale per i liquidi e' di 2.300 litri al minuto (massimo: 2.500 litri al minuto) per braccio di caricamento.

b) Quando il terminale lavora a regime massimo, il sistema di raccolta dei vapori della torre di caricamento, ivi compreso il sistema di recupero dei vapori, puo' generare una contropressione massima di 55 millibar sul lato del veicolo-cisterna dov'e' posizionato l'adattatore per la raccolta dei vapori.

c) Tutte le cisterne montate su veicoli, idonee al caricamento dal basso sono munite di una targa di identificazione che specifica il numero massimo di bracci di caricamento che possono operare simultaneamente purche', in corrispondenza della contropressione massima dell'impianto di cui alla lettera l)), non fuoriescano vapori dai compartimenti e dalle valvole.

3.2.3. Collegamento della messa a terra e del rivelatore di dispersione/troppopieno del veicolo-cisterna.

a) La torre di caricamento deve essere munita di un rivelatore di troppopieno che, collegato al veicolo-cisterna, emette un segnale di consenso all'operazione con logica di interruzione in raso di guasto n malfunzionamento. il caricamento e' consentito ai sensi del punto 2.2., se nessun sensore di troppopieno nei vari compartimenti rileva un livello elevato.

b) Il veicolo-cisterna deve essere collegato al rilevatore collocato sulla torre di caricamento con un connettore elettrico industriale standard a 10 conduttori. Il connettore maschio deve essere montato sul veicolo-cisterna, mentre il connettore femmina deve essere fissato ad un cavo volante raccordato al rilevatore posizionato sulla torre.

c) I rilevatori del livello installati sul veicolo-cisterna devono essere termistori due fili, sensori ottici a due fili, sensori ottici a cinque fili o dispositivi equivalenti compatibili, purche' il sistema sia tale da disporsi automaticamente in condizioni di sicurezza in caso di guasto. I termistori devono avere un coefficiente negativo di temperatura.

d) Il rilevatore collocato sulla torre di caricamento deve essere compatibile con i sistemi a due o a cinque fili montati sul veicolo-cisterna.

e) Il veicolo-cisterna deve essere collegato alla torre di caricamento attraverso il filo comune di terra dei sensori di troppopieno, collegato al conduttore n. 10 del connettore maschio attraverso il telaio del veicolo-cisterna. Il conduttore n. 10 del connettore femmina deve essere collegato al telaio del rilevatore, a sua volta collegato alla terra della torre.

f) Tutte le cisterne idonee al caricamento dal basso sono munite della targa di identificazione di cui al punto 3.2.2, lettera c) che specifica il tipo di sensori per il rilevamento del troppopieno installati (ad esempio, a due o cinque fili).

3.2.4. Posizionamento dei collegamenti.

a) La progettazione delle strutture per il caricamento dei liquidi e la raccolta dei vapori sulla torre di caricamento si basa sul seguente posizionamento dei collegamenti sul veicolo-cisterna:

L'altezza della linea centrale degli accoppiatori per i liquidi non deve essere superiore a 1,4 metri (senza carico) e inferiore a d 0,5 metri (sotto carico); l'altezza ideale e' compresa tra 0,7 e I metro.

La distanza orizzontale tra gli accoppiatori non deve essere inferiore a 0,25 metri; la distanza minima ideale e' pari a 0,3 metri.

Tutti gli accoppiatori per i liquidi sono posizionati in un alloggiamento di lunghezza non superiore a 2,5 metri.

L'accoppiatore per la raccolta dei vapori, ove tecnicamente possibile ed economicamente sostenibile, deve essere posizionato alla sinistra degli accoppiatori per i liquidi, ad un altezza non superiore a 1,5 metri (senza carico) e non inferiore a 0,5 metri (sotto carico).

b) Il connettore per la messa a terra/troppopieno, ove tecnicamente possibile ed economicamente sostenibile, deve essere posizionato alla sinistra degli accoppiatori per i liquidi e per la raccolta dei vapori, ad un'altezza non superiore a 1,5 metri (senza carico) e non inferiore a 0,5 metri (sotto carico).

c) I collegamenti sopra descritti sono posizionati su un unico lato del veicolo-cisterna.

3.2.5. Blocchi di sicurezza.

a) Messa a terra e dispositivo di troppo pieno.

Il caricamento e' consentito soltanto quando il rilevatore combinato di messa a terra/troppopieno emette un segnale di autorizzazione. In caso di troppo pieno o di mancanza di messa a terra del veicolo-cisterna, il rivelatore montato sulla torre deve chiudere la valvola di controllo del caricamento.

b) Rilevatore di raccolta dei vapori.

Il caricamento e' consentito soltanto se il tubo per il recupero dei vapori e' collegato al veicolo-cisterna e i vapori spostati possono liberamente fluire dal veicolo-cisterna al sistema di recupero dei vapori dell'impianto.

4. Requisiti per gli impianti di deposito presso gli impianti di distribuzione e per le operazioni di trasferimento della benzina presso gli impianti di distribuzione e presso terminali in cui e' consentito il deposito temporaneo di vapori

4.1. I vapori di ritorno durante le operazioni di trasferimento della benzina negli impianti di deposito presso gli impianti di distribuzione dei carburanti devono essere convogliati, tramite una linea di collegamento a tenuta di vapore, verso la cisterna mobile che distribuisce la benzina. Le operazioni di trasferimento possono essere effettuate soltanto se detti dispositivi sono installati e funzionano correttamente.

Il gestore dell'impianto di distribuzione deve predisporre idonee procedure per gli autisti dei veicoli-cisterna che dovranno includere istruzioni sul collegamento della tubazione di bilanciamento del vapore prima del trasferimento della benzina all'impianto di distribuzione dei carburanti. Le procedure devono inoltre contenere istruzioni per la fase di distacco delle tubazioni alla fine delle operazioni di trasferimento.

Le operazioni di trasferimento devono essere riportate nel registro di carico e scarico dell'impianto di distribuzione del carburante e controfirmate dal gestore dell'impianto di distribuzione e dall'autista del veicolo-cisterna.

4.2. Nei terminali cui e' consentito il deposito temporaneo dei vapori, i vapori spostati durante le operazioni di trasferimento della benzina devono essere riconvogliati, tramite una linea di collegamento a tenuta di vapore, verso la cisterna mobile che distribuisce la benzina. Le operazioni di carico possono essere

effettuate soltanto se detti dispositivi sono installati e funzionano correttamente.
ALLEGATO VIII

Impianti di distribuzione di benzina

1. Definizioni
   Ai fini del presente allegato si intende per:
   a) efficienza del sistema di recupero: il rapporto percentuale tra il peso dei vapori di benzina recuperati e il peso degli stessi che risulterebbe rilasciato nell'ambiente in assenza del sistema di recupero;
   b) pompa di erogazione macchina idraulica atta all'estrazione della benzina dall'impianto di deposito verso il distributore, ai fini dell'erogazione;
   c) rapporto V/L: rapporto tra il volume di vapori di benzina ed aria recuperati (V) e il volume di benzina erogato (L);
   d) testata contometrica: dispositivo per l'indicazione e il calcolo delle quantita' di benzina erogata, la cui adozione e' obbligatoria per distributori inseriti in un impianto di distribuzione dei carburanti in rapporto con il pubblico;
   e) pompa del vuoto: componente del sistema di recupero dei vapori costituito da una macchina idraulica atta a creare una depressione che facilita il passaggio dei vapori di benzina dal serbatoio del veicolo verso l'impianto di deposito;
   f) circolatore idraulico: componente del sistema di recupero dei vapori costituito da un dispositivo atto a creare una depressione che facilita il passaggio dei vapori di benzina dal serbatoio del veicolo verso l'impianto di deposito;
   g) ripartitore: componente del sistema di recupero dei vapori costituito da un dispositivo atto a separare la linea di erogazione del carburante dalla linea di recupero dei vapori, dal quale tali linee si dipartono distintamente;
   h) tubazione di erogazione: componente del sistema di recupero dei vapori costituito da un tubo flessibile per l'erogazione della benzina;
   i) tubazione coassiale: componente del sistema di recupero dei vapori costituito da un tubo flessibile costituito da due tubi concentrici per il passaggio rispettivamente della benzina erogata e dei vapori recuperati;
   l) tubazioni gemellate: componente del sistema di recupero dei vapori costituito da due tubi flessibili distinti per il passaggio rispettivamente del carburante erogato e dei vapori recuperati;
   m) pistola erogatrice: componente del sistema di recupero dei vapori costituito da un apparecchio per il controllo del flusso del carburante durante una operazione di erogazione.

2. Requisiti di efficienza dei sistemi di recupero dei vapori di fase II.
   Il sistema di recupero deve prevedere il trasferimento dei vapori di benzina in un impianto di deposito presso l'impianto di distribuzione o il riconvogliamento degli stessi al distributore per la reimmissione in commercio. Ai fini dell'omologazione, l'efficienza del sistema di recupero dei vapori non deve essere inferiore all'85%. In caso di sistemi che prevedono il trasferimento dei vapori di benzina in un impianto di deposito presso l'impianto di distribuzione, il rapporto V/L del sistema deve sempre mantenersi in un intervallo compreso tra 0,95 e 1,05, estremi inclusi. Il raggiungimento di tale valore di efficienza del sistema di recupero deve essere comprovato da una prova effettuata su prototipo. Per tale certificazione si applicano i paragrafi 2-ter e 2-quinquies.
2-bis. Requisiti di efficienza degli altri sistemi di recupero dei vapori ammessi presso gli impianti di cui all'articolo 277, comma 6.
   Il sistema di recupero deve prevedere il trasferimento dei vapori di benzina in un impianto di deposito presso l'impianto di

distribuzione. Ai fini dell'omologazione, l'efficienza media del sistema di recupero dei vapori non deve essere inferiore all'80%, raggiunto con un valore medio del rapporto V/L compreso tra 0,95 e 1,05, estremi inclusi. Il rapporto V/L del sistema deve sempre mantenersi entro tale intervallo. Il raggiungimento di tale valore di efficienza del sistema di recupero deve essere comprovato da una prova effettuata su prototipo. Per tale certificazione si applicano i paragrafi 2-quater e 2-quinquies. Se l'efficienza certificata ai sensi del paragrafo 2-ter e' pari o superiore all'85%, con un valore medio del rapporto V/L sempre compreso tra 0,95 e 1,05, estremi inclusi, il sistema di recupero deve essere comunque considerato di fase II.

2-ter. Certificazione dell'efficienza dei sistemi di recupero dei vapori di fase II.

L'efficienza dei sistemi di recupero che prevedono il trasferimento dei vapori di benzina in un impianto di deposito presso l'impianto di distribuzione e' determinata in base a quanto disposto dalla norma EN 16321-1.

2-quater. Certificazione dell'efficienza dei sistemi di recupero dei vapori ammessi presso gli impianti di cui all'articolo 277, comma 6.

Nelle more dell'emanazione di una specifica norma tecnica da parte dei competenti enti di normazione, l'efficienza dei sistemi di recupero che prevedono il trasferimento dei vapori di benzina in un impianto di deposito presso l'impianto di distribuzione e' determinata misurando le perdite di vapori di benzina globali, incluse quelle degli sfiati degli impianti di deposito interrati, attraverso apposite prove effettuate con sistemi di misura che utilizzano il metodo volumetrico-gravimetrico del TÜV Rheinland, ovvero altro metodo equivalente. L'equivalenza del metodo deve risultare da apposite prove.

2-quinquies. Certificazione dell'efficienza dei prototipi.

La certificazione comprovante l'efficienza del prototipo e' rilasciata da un laboratorio accreditato secondo le norme UNI CEI EN ISO/IEC 17025. Per laboratorio accreditato s'intende un laboratorio accreditato da un organismo riconosciuto dall'European Co-operation for accreditation.

2-sexies. Atti di conformita' di cui al decreto del Presidente della Repubblica 23 marzo 1998, n. 126.

Restano fermi, per i sistemi di recupero dei vapori di benzina messi in commercio o in esercizio dopo il 30 giugno 2003, gli obblighi relativi alle procedure ed agli atti di conformita' previsti dal decreto Presidente della Repubblica 23 marzo 1998, n. 126.

3. Requisiti costruttivi e di installazione.

3.1. Il presente paragrafo si applica, fino all'emanazione di una specifica norma tecnica da parte dei competenti enti di normazione, ai sistemi di recupero che prevedono il trasferimento dei vapori di benzina in un impianto di deposito presso l'impianto di distribuzione.

3.1-bis. L'insieme dei dispositivi dei sistemi di recupero dei vapori comprende pistole di erogazione predisposte per il recupero dei vapori, tubazioni flessibili coassiali o gemellate, ripartitori per la separazione della linea dei vapori dalla linea di erogazione della benzina, collegamenti interni ai distributori, linee interrate per il passaggio dei vapori verso i serbatoi, e tutte le apparecchiature e i dispositivi atti a garantire il funzionamento degli impianti in condizioni di sicurezza ed efficienza.

3.2 I sistemi di recupero dei vapori sono classificati, sulla base del principio di funzionamento, in sistemi di recupero dei vapori a circolazione naturale e sistemi di recupero dei vapori a circolazione forzata, come definiti dai punti 3.3. e 3.4, i quali stabiliscono altresi' i requisiti tecnici di carattere generale di tali impianti.

3.3. Sistemi di recupero dei vapori a circolazione naturale. In tali sistemi la pressione esistente nel serbatoio del veicolo e la depressione che si crea nell'impianto di deposito quando si estrae il carburante determinano il passaggio dei vapori dal serbatoio del veicolo verso l'impianto di deposito durante il rifornimento, senza l'impiego di pompe a vuoto, aspiratori o altri dispositivi atti a facilitare la circolazione dei vapori.

3.4 Sistemi di recupero dei vapori a circolazione forzata. Tali sistemi prevedono l'impiego di dispositivi che, in aggiunta alla differenza di pressione che si determina tra il serbatoio del veicolo e l'impianto di deposito, facilitano il passaggio dei vapori dal serbatoio del veicolo all'impianto di deposito durante il rifornimento. In base al tipo di dispositivo impiegato tali sistemi sono classificati:

a) Sistemi assistiti da pompe. Tali sistemi prevedono l'impiego di una o piu' pompe del vuoto atte a creare una depressione che facilita il passaggio dei vapori stessi dal serbatoio del veicolo verso gli impianti di deposito. Sulla base del numero e della disposizione delle pompe a vuoto impiegate, tali sistemi vengono classificati in:

- sistemi dedicati. Tali sistemi prevedono l'impiego di almeno una pompa del vuoto installata nel corpo di ciascun distributore, e messa in funzione all'atto dell'erogazione del carburante. Il sistema deve avere requisiti tali da garantire la proporzionalita' del volume di vapore recuperato in funzione del volume di carburante erogato, secondo quanto indicato ai paragrafi 2 e 2-bis La pompa del vuoto deve essere dotata di idonei dispositivi tagliafiamma posti sulla mandata e sull'aspirazione; il motore della pompa del vuoto deve avere un grado di protezione adeguato alla zona di pericolo in cui e' ubicato.

- sistemi centralizzati. Tali sistemi prevedono l'impiego di un'unica pompa del vuoto centralizzata asservita a piu' distributori, installata lungo la linea di ritorno dei vapori e messa in funzione all'atto dell'erogazione del carburante. Il sistema deve avere requisiti tali da garantire la proporzionalita' del volume di vapore recuperato in funzione del volume di carburante erogato, secondo quanto indicato ai paragrafi 2 e 2-bis La pompa del vuoto deve essere dotata di idonei dispositivi tagliafiamma posti sulla mandata e sull'aspirazione; il motore della pompa del vuoto deve avere un grado di protezione adeguato alla zona di pericolo in cui e' ubicato.

b) Sistemi a circolatore idraulico. Tali sistemi prevedono l'impiego di un circolatore idraulico (pompa a getto, aspiratore Venturi o altro dispositivo) al fine di ottenere una depressione atta a facilitare il passaggio dei vapori dal serbatoio del veicolo agli impianti di deposito durante la fase del rifornimento. Il circolatore idraulico puo' essere installato presso il distributore o presso la pompa di erogazione del carburante, e deve avere requisiti tali da garantire la proporzionalita' del volume di vapore recuperato in funzione del volume di carburante erogato, secondo quanto indicato ai paragrafi 2 e 2-bis; la mandata del circolatore idraulico deve essere dotata di idoneo dispositivo tagliafiamma.

3.5 Le pistole erogatrici (la impiegarsi nei distributori dotati di sistema per il recupero dei vapori) devono avere requisiti tali da garantire l'esercizio dell'impianto in condizioni di sicurezza e di efficienza. Esse devono essere provviste di un condotto separato per il passaggio dei vapori, di una valvola di ritegno per mantenere chiuso il circuito dei vapori tra due successive operazioni di erogazione e di idonei dispositivi atti a garantire l'arresto dell'erogazione per serbatoio pieno e per caduta a terra della pistola. Se l'impianto e' dotato di sistema di recupero dei vapori di benzina a circolazione naturale le pistole di erogazione devono garantire una tenuta con il bocchettone di carico del serbatoio del veicolo.

3.6 Nei distributori dotati di sistema per il recupero dei vapori e' consentito l'impiego di tubazioni flessibili coassiali o gemellate. La lunghezza massima di tali tubazioni, esterna al distributore, e' pari a 5,00 m.

3.7 Al fine di separare la linea di erogazione del carburante dalla linea di recupero dei vapori e' necessario installare un idoneo ripartitore coassiale, dal quale si dipartono distintamente la linea di erogazione del carburante e la linea di recupero dei vapori.

Se il distributore e' dotato di tubazioni flessibili coassiali il ripartitore coassiale puo' essere installato all'interno o all'esterno del corpo del distributore; se il distributore e' dotato di tubazioni flessibili gemellate il ripartitore coassiale deve essere installato sulla pistola erogatrice.

3.8 Il collegamento tra il distributore e le tubazioni interrate del sistema di recupero dei vapori di benzina puo' essere costituito da un tronco di tubazione flessibile o rigido.

3.9 Le linee interrate di ritorno dei vapori di benzina, nel tratto compreso tra i distributori e gli impianti di deposito, possono assumere le seguenti configurazioni:

    a) linee dedicate (una per ogni distributore), le quali collegano ciascun distributore ad un singolo impianto di deposito;

    b) linee centralizzate (a servizio di piu' distributori), le quali collegano tutti i distributori ad uno o piu' impianti di deposito per mezzo di una rete comune di tubazioni.

3.10. PARAGRAFO SOPPRESSO DAL D.LGS. 30 LUGLIO 2012, N. 125.

3.11. Econsentito immettere i vapori recuperati nella parte superiore degli impianti di deposito, senza gorgogliamento. All'ingresso della linea di ritorno dei vapori di ogni serbatoio deve essere inoltre installato un idoneo dispositivo tagliafiamma. Devono essere installati idonei dispositivi al fine di evitare che il carburante rifluisca nella linea di recupero dei vapori in caso di sovrariempimento degli impianti di deposito. Qualora l'impianto di distribuzione di carburanti sia asservito ad un sistema di piu' impianti di deposito, questi possono essere collegati fra loro in corrispondenza della linea di ritorno dei vapori tramite un collettore comune, a condizione che tutti contengano esclusivamente benzina.

3.12. I requisiti costruttivi delle tubazioni appartenenti alle linee interrate di ritorno dei vapori sono identici a quelli richiesti per le tubazioni per l'adduzione del carburante; i materiali impiegati devono essere compatibili con le caratteristiche fisico-chimiche dei carburanti immagazzinati e devono possedere un'adeguata capacita', robustezza e durata per poter sopportare le pressioni di esercizio, lo stato di tensione strutturale e l'aggressione chimica a cui possono essere sottoposte; devono inoltre assicurare un libero passaggio e nel contempo garantire una bassa resistenza al flusso dei vapori.

3.13. Le tubazioni appartenenti alle linee interrate di ritorno dei vapori devono seguire il percorso effettivo piu' breve dai distributori agli impianti di deposto, con una pendenza uniforme minima del 2% verso gli impianti di deposito stessi.

3.14. Tutti gli elementi metallici appartenenti alla linea di ritorno dei vapori devono essere adeguatamente protetti dalla corrosione.

3.15. Gli impianti elettrici negli impianti di distribuzione di carburanti liquidi devono essere realizzati secondo quanto prescritto dalle norme vigenti in materia. Le tubazioni e tutti gli altri elementi appartenenti alla linea di erogazione del carburante e alla linea di ritorno dei vapori, se di tipo non metallico, devono essere corredati di certificazione prodotta dal costruttore che ne attesti l'antistaticita'. ((118))

4. Controlli periodici dei dispositivi di recupero dei vapori.

4.1. I controlli circa il rispetto dei requisiti di efficienza previsti dai paragrafi 2 o 2-bis devono essere eseguiti con periodicita' almeno annuale dal gestore. I risultati devono essere riportati sul registro di impianto di cui al punto 5.4. Ai fini del controllo, in caso di sistemi di recupero che prevedono il trasferimento dei vapori di benzina in un impianto di deposito presso l'impianto di distribuzione, si verifica che il rapporto V/L rispetti, in condizioni di simulazione di flusso di benzina, l'intervallo previsto dai paragrafi 2 e 2-bis. Si applica il metodo EN16321-2.

4.2. Negli impianti di distribuzione di benzina deve essere installato un gruppo di controllo del funzionamento che segnali visivamente le anomalie del sistema di recupero dei vapori di benzina. In presenza di tali anomalie il gestore e' tenuto ad assumere gli opportuni provvedimenti. La presente disposizione non si applica in caso di installazione del sistema automatico previsto dal punto 4.3.

4.3. I controlli previsti al punto 4.1 possono essere eseguiti dal gestore con periodicita' triennale se e' installato un sistema di controllo automatico. Tale sistema deve rilevare automaticamente i guasti che si verificano nel corretto funzionamento del sistema di recupero dei vapori di benzina e nel sistema stesso di controllo automatico, indicare i guasti al gestore ed arrestare automaticamente il flusso di benzina dal distributore interessato dal guasto se questo non e' riparato entro sette giorni.

5. Obblighi di documentazione.
5.1 PARAGRAFO SOPPRESSO DAL D.LGS. 30 LUGLIO 2012, N. 125.
5.2. Gli impianti di distribuzione di benzina realizzati sulla base di una concessione o di una autorizzazione rilasciata dopo il 30 giugno 1996, ai sensi della normativa vigente al momento del rilascio, installati o da installare su un sito precedentemente non utilizzato quale impianto di distribuzione di carburante, devono essere provvisti di:
  a) omologazione o riconoscimento dei dispositivi componenti il sistema di recupero vapori, da parte del Ministero dell'interno, nonche', per i sistemi di recupero dei vapori di benzina messi in commercio o in esercizio dopo il 30 giugno 2003, anche gli atti di conformita' previsti dal decreto Presidente della Repubblica 23 marzo 1998, n. 126;
  b) approvazione di tipo del distributore provvisto di un sistema di recupero dei vapori omologato, rilasciata dal Ministero dell'interno ai sensi del decreto ministeriale 31 luglio 1934 e nel rispetto delle modalita' di prova previste dalla normativa all'epoca vigente;;
  b-bis) marcatura CE e relativa dichiarazione di conformita' ai sensi del decreto del Presidente della Repubblica 23 marzo 1998, n. 126, in luogo dell'approvazione di tipo di cui alla lettera b), per i distributori messi in commercio o in esercizio dopo il 30 giugno 2003;
  c) certificato di collaudo dell'intero impianto effettuato dalla commissione competente ai sensi della vigente normativa.
5.3 Gli impianti di distribuzione di benzina diversi da quelli del punto 5.2 devono essere provvisti di:
  a) originaria approvazione di tipo del distributore sprovvisto di un sistema per il recupero dei vapori, rilasciata dal Ministero dell'interno ai sensi del decreto ministeriale 31 luglio 1934;
  a-bis) marcatura CE e relativa dichiarazione di conformita' ai sensi del decreto del Presidente della Repubblica 23 marzo 1998, n. 126, in luogo dell'approvazione di tipo di cui alla lettera a), per i distributori messi in commercio o in esercizio dopo il 30 giugno 2003;
  b) omologazione o riconoscimento dei dispositivi componenti il sistema di recupero vapori, da parte del Ministero dell'interno, nonche', per i sistemi di recupero dei vapori di benzina messi in commercio o in esercizio dopo il 30 giugno 2003, anche gli atti di conformita' previsti dal decreto Presidente della Repubblica 23 marzo 1998, n. 126;
  c) certificazione, rilasciata dal costruttore, attestante la conformita' del sistema di recupero di vapori prodotto in serie al prototipo omologato. Tale certificato di conformita' deve attestare la capacita' del sistema di recupero dei vapori prodotto in serie di rispettare, se correttamente installato, il valore di efficienza

prescritto quando sia rispettato il valore V/L, con le relative tolleranze, rilevate in sede di prova del prototipo omologato; la presente lettera non si applica in caso di sistemi di recupero provvisti degli atti di conformita' previsti dal decreto del Presidente della Repubblica 23 marzo 1998, n. 126, e di distributori provvisti della marcatura CE prevista dal tale decreto;
   d) dichiarazione rilasciata dall'installatore del sistema di recupero dei vapori al titolare dell'impianto di distribuzione, attestante che l'installazione del sistema e' stata effettuata seguendo le istruzioni fornite da l costruttore e che le prove funzionali, con verifica del rapporto V/L prescritto, eseguite all'atto della presa in carico del sistema da parte del titolare, hanno avuto esito positivo; la presente lettera non si applica in caso di sistemi di recupero provvisti degli atti di conformita' previsti dal decreto del Presidente della Repubblica 23 marzo 1998, n. 126, e di distributori provvisti della marcatura CE prevista da tale decreto.
   e) copia della notifica, da parte del gestore, circa l'avvenuta installazione del sistema di recupero dei vapori, completa di documentazione comprovante il rispetto della normativa all'epoca vigente.
   5.4. Tutti gli impianti di distribuzione di benzina devono essere dotati di un registro di impianto che deve essere custodito dal gestore. Nel registro devono essere riportati tutti gli interventi di manutenzione ordinaria e straordinaria effettuati sull'impianto, i risultati degli autocontrolli previsti dal paragrafo 4 ed i provvedimenti assunti ai sensi dei paragrafi 4.2 e 4.3.
   5.5 PARAGRAFO SOPPRESSO DAL D.LGS. 30 LUGLIO 2012, N. 125.

Appendice
         APPENDICE SOPPRESSA DAL D.LGS. 30 LUGLIO 2012, N. 125

ALLEGATO IX

Impianti termici civili

Parte I
         PARTE SOPPRESSA DAL D.LGS. 29 GIUGNO 2010, N. 128

Parte II
Requisiti tecnici e costruttivi
   1. Definizioni
   1.1. Agli effetti delle presenti norme valgono le seguenti definizioni:
   a) bocca del camino: sezione terminale retta del camino.
   b) bruciatore: dispositivo che consente di bruciare combustibili liquidi, gassosi o solidi macinati, previo mescolamento con aria comburente.
   c) camera di calma: dispositivo atto a separare dai fumi, essenzialmente per effetto della forza di gravita', le particelle in essi contenute.
   d) camini: porzioni ascendenti dei canali da fumo atte a determinare un tiraggio naturale nei focolari ed a scaricare i prodotti della combustione nell'atmosfera.
   e) canali da fumo: insieme delle canalizzazioni attraversate dai fumi prodotti dalla combustione.
   f) ciclone: dispositivo atto a separare dai fumi, per effetto della forza centrifuga, le particelle in essi contenute.
   g) dispositivo statico o mobile che consente di bruciare combustibili solidi nei focolari, assicurandone il contatto con l'aria comburente, e lo scarico delle ceneri.
   h) impianto termico automatico: impianto termico nel o nei focolari del quale l'accensione, lo spegnimento o la regolazione della fiamma

possa normalmente avvenire anche senza interventi manuali.

i) mitria o comignolo: dispositivo posto alla bocca del camino atto a facilitare la dispersione dei prodotti della combustione nell'atmosfera.

l) registro: dispositivo inserito in una sezione dei canali da fumo che consente di regolare il tiraggio.

m) sezione dei canali da fumo: area della sezione retta minima dei canali da fumo.

n) tiraggio: movimentazione degli effluenti gassosi prodotti da una camera di combustione.

o) tiraggio forzato: tiraggio attivato per effetto di un dispositivo meccanico attivo, inserito sul percorso dell'aria o degli effluenti gassosi.

p) tiraggio naturale: tiraggio determinato da un camino unicamente per effetto della differenza di densita' esistente tra gli effluenti gassosi e l'aria atmosferica circostante.

q) velocita' dei fumi: velocita' che si riscontra in un punto di una determinata sezione retta dei canali da fumo.

r) viscosita': la proprieta' dei fluidi di opporsi al moto relativo delle loro particelle.

2. Caratteristiche dei camini.

2.1. Ogni impianto termico civile di potenza termica nominale superiore al valore di soglia (leve disporre di uno o piu' camini tali da assicurare una adeguata dispersione in atmosfera dei prodotti della combustione.

2.2. Ogni camino deve avere, al di sotto dell'imbocco del primo canale da fumo, una camera di raccolta di materiali solidi ed eventuali condense, di altezza sufficiente a garantire una completa rimozione dei materiali accumulati e l'ispezione dei canali. Tale camera deve essere dotata di un'apertura munita di sportello di chiusura a tenuta d'aria realizzato in materiale incombustibile.

2.3. I camini devono garantire la tenuta dei prodotti della combustione e devono essere impermeabili e termicamente isolati. I materiali utilizzati per realizzare i camini devono essere adatti a resistere nel tempo alle normali sollecitazioni meccaniche, al calore ed all'azione dei prodotti della combustione e delle loro eventuali condense. In particolare tali materiali devono essere resistenti alla corrosione. La sezione interna dei camini deve essere di forma circolare, quadrata o rettangolare con rapporto tra i lati non superiore a 1,5.

2.4 I camini che passano entro locali abitati o sono incorporati nell'involucro edilizio devono essere dimensionati in modo tale da evitare sovrappressioni, durante l'esercizio.

2.5. L'afflusso di aria nei focolari e l'emissione degli effluenti gassosi possono essere attivati dal tiraggio naturale dei camini o da mezzi meccanici.

2.6. Piu' generatori di calore possono essere collegati allo stesso camino soltanto se fanno parte dello stesso impianto termico; in questo caso i generatori di calore dovranno immettere in collettori dotati, ove necessario, ciascuno di propria serranda di intercettazione, distinta dalla valvola di regolazione del tiraggio. Camino e collettore dovranno essere dimensionati secondo la regola dell'arte.

2.7. Oli impianti installati o che hanno subito una modifica relativa ai camini successivamente all'entrata in vigore della parte quinta del presente decreto devono essere dotati di camini realizzati con prodotti idonei all'uso in conformita' ai seguenti requisiti:

- essere realizzati con materiali aventi caratteristiche di incombustibilita', in conformita' alle disposizioni nazionali di recepimento del sistema di classificazione europea di reazione al fuoco dei prodotti da costruzione;
- avere andamento verticale e il piu' breve e diretto possibile tra l'apparecchio e la quota di sbocco;
- essere privi di qualsiasi strozzatura in tutta la loro lunghezza;
- avere pareti interne lisce per tutta la lunghezza;

- garantire che siano evitati fenomeni di condensa con esclusione degli impianti termici alimentati da apparecchi a condensazione conformi ai requisiti previsti dalla direttiva 92/42/CEE del Consiglio, del 21 maggio 1992, relativa ai requisiti di rendimento, nonche' da generatori d'aria calda a condensazione a scambio diretto e caldaie affini come definite dalla norma UNI 11071;
- essere adeguatamente distanziati, mediante intercapedine d'aria o isolanti idonei, da materiali combustibili o facilmente infiammabili;
- avere angoli arrotondati con raggio non minore di 20 mm, se di sezione quadrata o rettangolare;
- avere un'altezza correlata alla sezione utile secondo gli appropriati metodi di calcolo riportati dalla normativa tecnica vigente (norme UNI c norme CEN). Resta salvo quanto stabilito ai punti 2.9 e 2.10,

2.8. Le bocche possono terminare comignoli di sezione utile d'uscita non inferiore al doppio della sezione del camino, conformati in modo da non ostacolare il tiraggio e favorire la dispersione dei fumi nell'atmosfera.

2.9. Le bocche dei camini devono essere posizionate in modo tale da consentire una adeguata evacuazione e dispersione dei prodotti della combustione e da evitare la reimmissione degli stessi nell'edificio attraverso qualsiasi apertura. A tal fine le bocche dei camini devono risultare piu' alte di almeno un metro rispetto al colmo dei tetti, ai parapetti ed a qualunque altro ostacolo o struttura distante meno di 10 metri.

2.10. Le bocche dei camini situati a distanza compresa fra 10 e 50 metri da aperture di locali abitati devono essere a quota non inferiore a quella del filo superiore dell'apertura piu' alta. Le presenti disposizioni non si applicano agli impianti termici a condensazione conformi ai requisiti previsti dalla direttiva 90/396/CE del Consiglio, del 29 giugno 1990, concernente gli apparecchi a gas.

2.11. La parete interna del camino deve risultare per tutto il suo sviluppo, ad eccezione del tronco terminale emergente dalla copertura degli edifici, sempre distaccata dalle murature circostanti e deve essere circondata da una controcanna continua formante intercapedine per consentire la normale dilatazione termica. Sono ammessi nell'intercapedine elementi distanziatori o di fissaggio necessari per la stabilita del camino.

2.12. Al fine di agevolare analisi e campionamenti devono essere predisposti alla base del camino due fori allineati sull'asse del camino con relativa chiusura a tenuta. In caso di impianti con potenza termica nominale superiore a 580 kW, due identici fori devono essere predisposti anche alla sommita' dei camini in posizione accessibile per le verifiche; la distanza di tali fori dalla bocca non deve essere inferiore a cinque volte il diametro medio della sezione del camino, e comunque ad 1,50 m. In ogni caso i fori devono avere un diametro idoneo a garantire l'effettiva realizzazione di analisi e campionamenti.

2.13. I fori di cui al punto 2.12. devono trovarsi in un tratto rettilineo del camino e a distanza non inferiore a cinque volte la dimensione minima della sezione retta interna da qualunque cambiamento di direzione o di sezione. Qualora esistano impossibilita tecniche di praticare i fori alla base del camino alla distanza stabilita, questi possono essere praticati alla sommita' del camino con distanza minima dalla bocca di m 1,5 in posizione accessibile per le verifiche.

3. Canali da fumo.

3.1. I canali da fumo degli impianti termici devono avere in ogni loro tratto un andamento suborizzontale ascendente con pendenza non inferiore al 5%. I canali da fumo al servizio di impianti di potenzialita' uguale o superiore a 1.000.000 di Kcal/h possono avere pendenza non inferiore al 2 per cento.

3.2. La sezione dei canali da fumo deve essere, in ogni punto del loro percorso, sempre non superiore del 30% alla sezione del camino c non inferiore alla sezione del camino stesso.

3.3. Per quanto riguarda la forma, le variazioni ed i raccordi delle sezioni dei canali da fumo e le loro pareti interne devono essere osservate le medesime norme prescritte per i camini.

3.4. I canali da fumo devono essere costituiti con strutture e materiali aventi le medesime caratteristiche stabilire per i camini. Le presenti disposizioni non si applicano agli impianti termici alimentati da apparecchi a condensazione conformi ai requisiti previsti dalla direttiva 92/42/CEE del Consiglio, del 21 maggio 1992, relativa ai requisiti di rendimento, nonche' da generatori d'aria calda a condensazione a scambio diretto e caldaie affini come definite dalla norma UNI 11071.

3.5. I canali da fumo devono avere per tutto il loro sviluppo un efficace e duraturo rivestimento coibente tale che la temperatura delle superfici esterne non sia in nessun punto mm superiore a 50 C. E' ammesso che il rivestimento coibente venga omesso in corrispondenza dei giunti di dilatazione e degli sportelli d'ispezione dei canali da fumo nonche' dei raccordi metallici con gli apparecchi di cui fanno parte i focolari.

3.6. I raccordi fra i canali da fumo e gli apparecchi di cui fanno parte i focolari devono essere rimovibili con facilita' e dovranno avere spessore non inferiore ad 1/100 del loro diametro medio, nel caso di materiali ferrosi comuni, e spessore adeguato, nel caso di altri metalli.

3.7. Sulle pareti dei canali da fumo devono essere predisposte aperture per facili ispezioni e pulizie ad intervalli non superiori a 10 metri ed una ad ogni testata di tratto rettilineo. Le aperture dovranno essere munite di sportelli di chiusura a tenuta d'aria, formati con doppia parete metallica.

3.8. Nei canali da fumo dovra' essere inserito un registro qualora gli apparecchi di cui fanno parte i focolari non possiedano propri dispositivi per la regolazione del tiraggio.

3.9. Al fine di consentire con facilita' rilevamenti e prelevamenti di campioni, devono essere predisposti sulle pareti dei canali da fumo due fori, uno del diametro di mm 50 ed uno del diametro di mm 80, con relative chiusure metalliche, in vicinanza del raccordo con ciascun apparecchio di cui fa parte un focolare.

3.10. La posizione dei fori rispetto alla sezione ed alle curve o raccordi dei canali deve rispondere alle stesse prescrizioni date per i fori praticati sui camini.

4. Dispositivi accessori.

4.1. E' vietato l'uso di qualunque apparecchio od impianto di trattamento dei fumi funzionante secondo ciclo ad umido che comporti lo scarico, anche parziale delle sostanze derivanti dal processo adottato, nelle fognature pubbliche o nei corsi di acqua.

4.2. Gli eventuali dispositivi di trattamento possono essere inseriti in qualunque punto del percorso dei fumi purche' l'ubicazione ne consenta la facile accessibilita' da parte del personale addetto alla conduzione degli impianti ed a quello preposto alla loro sorveglianza.

4.3. L'adozione dei dispositivi di cui sopra non esime dalla osservanza di tutte le prescrizioni contenute nel presente regolamento.

4.4. Gli eventuali dispositivi di trattamento, per quanto concerne le altezze di sbocco, le distanze, le strutture, i materiali e le pareti interne, devono rispondere alle medesime norme stabilite per i camini.

4.5. Il materiale che si raccoglie nei dispositivi suddetti deve essere periodicamente rimosso e smaltito secondo la normativa vigente in materia di rifiuti.

4.6. Tutte le operazioni di manutenzione e di pulizia devono potersi effettuare in modo tale da evitare qualsiasi accidentale dispersione del materiale raccolto.

5. Apparecchi indicatori.

5.1. Allo scopo di consentire il rilevamento dei principali dati caratteristici relativi alla conduzione dei focolari, gli impianti termici devono essere dotati di due apparecchi misuratori delle pressioni relative (riferite a quella atmosferica) che regnano rispettivamente nella camera di combustione ed alla base del camino, per ciascun focolare di potenzialita' superiore ad 1,16 MW.

5.2. I dati forniti dagli apparecchi indicatori a servizio degli impianti termici aventi potenzialita' superiore a 5,8 MW, anche se costituiti da un solo focolare, devono essere riportati su di un quadro raggruppante i ripetitori ed i registratori delle misure, situato in un punto riconosciuto idoneo per una lettura agevole da parte del personale addetto alla conduzione dell'impianto termico.

5.3. Tutti gli apparecchi indicatori, ripetitori e registratori delle misure devono essere installati in maniera stabile e devono essere tarati.

Parte III

Valori di emissione

Sezione 1

Valori limite per gli impianti che utilizzano i combustibili diversi da biomasse e da biogas

1. Gli impianti termici civili che utilizzano i combustibili previsti all'allegato X diversi da biomasse e biogas devono rispettare, nelle condizioni di esercizio piu' gravose, i seguenti valori limite, riferiti ad un'ora di funzionamento, esclusi i periodi di avviamento, arresto e guasti. Il tenore volumetrico di ossigeno nell'effluente gassoso anidro e' pari al 3% per i combustibili liquidi e gassosi e pari al 6% per i combustibili solidi. I valori limite sono riferiti al volume di effluente gassoso secco rapportato alle condizioni normali.

- per gli impianti termici civili di potenza termica nominale pari o superiore al valore di soglia e inferiore a 1 MW e per i medi impianti termici civili di cui all'eccezione prevista all'articolo 283, comma 1, lettera d-bis), si applica un valore limite per le polveri totali pari a 50 mg/Nm³.

- per i medi impianti termici civili di cui all'articolo 284, comma 2-ter, si applica un valore limite per le polveri totali pari a 50 mg/Nm³ e, dalla data prevista dall'articolo 286, comma 1-bis, i valori limite di polveri, ((ossidi di azoto (NOx))) e ossidi di zolfo previsti dall'allegato I alla parte quinta del presente decreto per l'adeguamento dei medi impianti di combustione esistenti di potenza termica inferiore a 3 MW.

- per i medi impianti termici civili di cui all'articolo 284, comma 2-bis, si applicano i valori limite di polveri, ((ossidi di azoto (NOx))) e ossidi di zolfo previsti dall'allegato I alla parte quinta del presente decreto per i medi impianti di combustione nuovi di potenza termica inferiore a 3 MW.

2. I controlli annuali dei valori di emissione di cui all'articolo 286, comma 2, e le verifiche di cui all'articolo 286, comma 4, non sono richiesti se l'impianto utilizza i combustibili di cui all'allegato X, parte I, sezione II, paragrafo I, lettere a), b), e), d), e) o i), e se sono regolarmente eseguite le operazioni di manutenzione previste dal decreto attuativo dell'articolo 4, comma 1, lettere a) e c), del decreto legislativo 19 agosto 2005, n. 192. E' fatto salvo quanto previsto dai punti 3 e 4.

3. Per i medi impianti termici civili il controllo di cui all'articolo 286, comma 2, e' effettuato con frequenza triennale se l'impianto utilizza i combustibili di cui all'allegato X, Parte I, sezione II, paragrafo I, lettere a), b), c), d), e), i), e se sono regolarmente eseguite le operazioni di manutenzione previste dal decreto attuativo dell'articolo 4, comma 1, lettere a) e c), del decreto legislativo 19 agosto 2005, n. 192.

4. Per i medi impianti termici civili di cui all'articolo 284, comma 2-ter, si applica, fino al 31 dicembre 2028, quanto previsto dal punto 2 e, successivamente, quanto previsto dal punto 3. Un controllo e' in tutti i casi effettuato entro quattro mesi dalla registrazione di cui all'articolo 284, comma 2-quater.

Sezione 2

Valori limite per gli impianti che utilizzano biomasse

1. Gli impianti termici che utilizzano biomasse di cui all'allegato X devono rispettare i seguenti valori limite di emissione, riferiti ad un'ora di funzionamento dell'impianto nelle condizioni di esercizio piu' gravose, esclusi i periodi di avviamento, arresto e guasti. I valori limite sono riferiti al volume di effluente gassoso secco rapportato alle condizioni normali.

Medi impianti termici civili messi in esercizio prima del 20 dicembre 2018 alimentati a biomasse solide (valori da rispettare prima della data prevista dall'articolo 286, comma 1-bis) e impianti termici civili di potenza termica inferiore a 1 MW alimentati a biomasse solide. Valori riferiti ad un tenore di ossigeno nell'effluente gassoso del 11%.

Potenza termica nominale MW	(($>0,15 \div \leq 3$))
polveri [1]	100 mg/Nm^3
monossido di carbonio (CO)	350 mg/Nm^3
((ossidi di azoto (NOx))) (NO2)	500 mg/Nm^3
ossidi di zolfo (SO2)	200 mg/Nm^3

[1] Agli impianti di potenza termica nominale compresa tra 0,035 MW e 0,15 MW si applica un valore di emissione per le polveri di 200 mg/Nm^3.

Medi impianti termici civili messi in esercizio prima del 20 dicembre 2018 alimentati a biomasse solide. Valori da rispettare entro la data prevista dall'articolo 286, comma 1bis. Valori riferiti ad un tenore di ossigeno nell'effluente gassoso del 6%.

Potenza termica nominale MW	$>0,15 \div$ ((≤ 3))

polveri [1]	50 mg/Nm³
monossido di carbonio (CO)	525 mg/Nm³
((ossidi di azoto (NOx))) (NO2)	650 mg/Nm³
ossidi di zolfo (SO2) [2]	200 mg/Nm³

[1] Agli impianti di potenza termica nominale compresa tra 0,035 MW e 0,15 MW si applica un valore di emissione per le polveri di 200 mg/Nm³.
[2] Il valore limite si considera rispettato in caso di impianti alimentati esclusivamente a legna.

Medi impianti termici civili messi in esercizio o soggetti a modifica a partire dal 20 dicembre 2018 alimentati a biomasse solide. Valori riferiti ad un tenore di ossigeno nell'effluente gassoso del 6%.

Potenza termica nominale MW	>0,15÷((≤3))
polveri [1]	50 mg/Nm³
monossido di carbonio (CO)	525 mg/Nm³
((ossidi di azoto (NOx))) (NO2)	500 mg/Nm³
ossidi di zolfo (SO2) [2]	200 mg/Nm³

[1] Agli impianti di potenza termica nominale compresa tra 0,035 MW e 0,15 MW si applica un valore di emissione per le polveri di 200 mg/Nm³.
[2] Il valore limite si considera rispettato in caso di impianti alimentati esclusivamente a legna.

Medi impianti termici civili messi in esercizio prima del 20 dicembre 2018 alimentati a biomasse liquide. Valori da rispettare entro la data prevista dall'articolo 286, comma 1-bis. Valori riferiti ad un tenore di ossigeno nell'effluente gassoso del 3%.

Potenza termica nominale MW	>1 ÷ (≤3)
polveri	50 mg/Nm³
monossido di carbonio (CO)	
((ossidi di azoto (NOx))) (NO2)	650 mg/Nm³
ossidi di zolfo (SO2)	350 mg/Nm³

Medi impianti termici civili messi in esercizio o soggetti a modifica a partire dal 20 dicembre 2018 alimentati a biomasse liquide.

Potenza termica nominale MW	>1 ÷ (≤3)
polveri	50 mg/Nm³
monossido di carbonio (CO)	
((ossidi di azoto (NOx))) (NO2)	300 mg/Nm³
ossidi di zolfo (SO2)	350 mg/Nm³

Sezione 3

Valori limite per gli impianti che utilizzano biogas

1. Gli impianti che utilizzano biogas di cui all'allegato X devono rispettare i valori limite di emissione indicati nei punti seguenti, espressi in mg/Nm3 e riferiti ad un'ora di funzionamento dell'impianto nelle condizioni di esercizio piu' gravose, esclusi i periodi di avviamento, arresto e guasti. I valori limite sono riferiti al volume di effluente gassoso secco rapportato alle condizioni normali.

Medi impianti termici civili messi in esercizio prima del 20 dicembre 2018 alimentati a biogas (valori da rispettare prima della data prevista dall'articolo 286, comma 1-bis) e impianti termici civili di potenza termica pari o superiore al valore di soglia e inferiore a 1 MW alimentati a biogas. Il tenore di ossigeno di riferimento e' pari al 15% in volume nell'effluente gassoso anidro in caso di motori a combustione interna, pari al 15% in caso di turbine a gas e pari al 3% in caso di altri impianti di combustione.

	Motori a combustione interna	Turbine a gas	Altri impianti di combustione
carbonio organico totale (COT)	55 mg/Nm³	-	30 mg/Nm³
monossido di carbonio (CO)	800 mg/Nm³	100 mg/Nm³	150 mg/Nm³
((ossidi di azoto (NOx))) (NO2)	500 mg/Nm³	150 mg/Nm³	300 mg/Nm³
Composti inorganici del cloro sotto forma di gas o vapori (come HCI)	10 mg/Nm³	5 mg/Nm³	30 mg/Nm³

Medi impianti termici civili messi in esercizio prima del 20 dicembre 2018 alimentati a biogas. Valori da rispettare entro la data prevista dall'articolo 286, comma 1bis. Il tenore di ossigeno di riferimento e' pari al 15% in volume nell'effluente gassoso anidro in caso di motori a combustione interna, pari al 15% in caso di turbine a gas e pari al 3% in caso di altri impianti di combustione.

	Motori a combustione interna	Turbine a gas	Altri impianti di combustione
carbonio organico totale (COT)	55 mg/Nm³		30 mg/Nm³
monossido di carbonio (CO)	300 mg/Nm³	100 mg/Nm³	150 mg/Nm³
((ossidi di azoto			

	Motori a combustione interna	Turbine a gas	Altri impianti di combustione
(ossidi di azoto (NOx)) (NO2)	190 mg/Nm³	200 mg/Nm³ [1]	250 mg/Nm³
ossidi di zolfo (SO2)	60 mg/Nm³	60 mg/Nm³	200 mg/Nm³
Composti inorganici del cloro sotto forma di gas o vapori (come HCl)	4 mg/Nm³	5 mg/Nm³	30 mg/Nm³

[1] Valore limite applicabile solo in caso di carico di processo superiore al 70%.

Medi impianti termici civili messi in esercizio o soggetti a modifica a partire dal 20 dicembre 2018 alimentati a biogas. Il tenore di ossigeno di riferimento e' pari al 5% in volume nell'effluente gassoso anidro in caso di motori a combustione interna, pari al 15% in caso di turbine a gas e pari al 3% in caso di altri impianti di combustione.

	Motori a combustione interna	Turbine a gas	Altri impianti di combustione
carbonio organico totale (COT)	60 mg/Nm³	-	30 mg/Nm³
monossido di carbonio (CO)	300 mg/Nm³	100 mg/Nm³	150 mg/Nm³
(ossidi di azoto (NOx)) (NO2)	190 mg/Nm³	60 mg/Nm³ [1]	200 mg/Nm³
ossidi di zolfo (SO2)	40 mg/Nm³	40 mg/Nm³	100 mg/Nm³
Composti inorganici del cloro sotto forma di gas o vapori (come HCl)	4 mg/Nm³	5 mg/Nm³	30 mg/Nm³

[1] Valore limite applicabile solo in caso di carico di processo superiore al 70%.

Sezione 4

Metodi di campionamento, analisi e valutazione delle emissioni

1. Per il campionamento, l'analisi e la valutazione delle emissioni previste dalle sezioni precedenti si applicano i metodi contenuti nelle seguenti norme tecniche e nei relativi aggiornamenti:
- UNI EN 13284-1;
- UNI EN 14792:2017;
- UNI EN 15058:2017;
- UNI 10393;
- UNI EN 12619;
- UNI EN 1911-1,2,3.

2. Per la determinazione delle concentrazioni delle polveri, le norme tecniche di cui al punto 1 non si applicano nelle parti relative ai punti di prelievo.

3. Per la determinazione delle concentrazioni di ((ossidi di azoto (NOx))), monossido di carbonio, ossidi di zolfo e carbonio organico totale, e' consentito anche l'utilizzo di strumenti di misura di tipo elettrochimico.

4. Per gli impianti di cui alla sezione II o alla sezione III, in esercizio alla data di entrata in vigore del presente decreto, possono essere utilizzati i metodi in uso ai sensi della normativa previgente.

ALLEGATO X

Disciplina dei combustibili

Parte I
Combustibili consentiti

Sezione 1
Elenco dei combustibili di cui e' consentito l'utilizzo negli impianti di cui al titolo I

1. Negli impianti disciplinati dal titolo I e' consentito l'utilizzo dei seguenti combustibili:
  a) gas naturale;
  b) gas di petrolio liquefatto;
  c) gas di raffineria e petrolchimici;
  d) gas d'altoforno, di cokeria, e d'acciaieria;
  e) gasolio, kerosene ed altri distillati leggeri e medi di petrolio rispondenti alle caratteristiche indicate nella parte II, sezione 1, paragrafo 1;
  f) emulsioni acqua-gasolio, acqua-kerosene e acqua-altri distillati leggeri e medi di petrolio di cui alla precedente lettera e), rispondenti alle caratteristiche indicate nella parte II, sezione 3, paragrafo 1;
  g) biodiesel rispondente alle caratteristiche indicate nella parte II, sezione 1, paragrafo 3;
  h) olio combustibile ed altri distillati pesanti di petrolio con contenuto di zolfo non superiore all'1% in massa e rispondenti alle caratteristiche indicate nella parte II, sezione 1, paragrafo 1, colonne 1, 2, 3, 4, 5, 6, 9 e 10, fatto salvo quanto previsto nella sezione 3;
  i) emulsioni acqua-olio combustibile o acqua-altri distillati pesanti di petrolio, di cui alla precedente lettera h), e rispondenti alle caratteristiche indicate nella parte II, sezione 3, paragrafo 2;
  l) legna da ardere alle condizioni previste nella parte II, sezione 4;
  m) carbone di legna;
  n) biomasse combustibili individuate nella parte II, sezione 4, alle condizioni ivi previste;
  o) carbone da vapore con contenuto di zolfo non superiore all'1% in

massa e rispondente alle caratteristiche indicate nella parte II, sezione 2, paragrafo 1;

p) coke metallurgico e da gas con contenuto di zolfo non superiore in massa e rispondente alle caratteristiche indicate nella parte II, sezione 2, paragrafo 1;

q) antracite, prodotti antracitosi e loro miscele con contenuto di zolfo non superiore all'1% in massa e rispondenti alle caratteristiche indicate nella parte II, sezione 2, paragrafo 1;

r) biogas individuato nella parte II, sezione 6, alle condizioni ivi previste;

s) gas di sintesi proveniente dalla gassificazione di combustibili consentiti, limitatamente allo stesso comprensorio industriale nel quale tale gas e' prodotto.

2. In aggiunta ai combustibili di cui al paragrafo 1, negli impianti di combustione con potenza termica nominale uguale o superiore a 50 MW e' consentito l'utilizzo di:

a) olio combustibile ed altri distillati pesanti di petrolio con contenuto di zolfo non superiore al 3% in massa e rispondenti alle caratteristiche indicate nella parte II, sezione 1, paragrafo 1, colonna 7, fatta eccezione per il contenuto di nichel e vanadio come somma; tale contenuto non deve essere superiore a 180 mg/kg per gli impianti autorizzati in forma tacita ai sensi del decreto del Presidente della Repubblica n. 203 del 1988 e che, nel rispetto della vigente normativa, non hanno completato l'adeguamento autorizzato;

b) emulsioni acqua-olio combustibile o acqua-altri distillati pesanti di petrolio, di cui alla precedente lettera a) e rispondenti alle caratteristiche indicate nella parte II, sezione 3, paragrafo 2;

c) lignite con contenuto di zolfo non superiore all'1,5% in massa;

d) miscele acqua-carbone, anche additivate con stabilizzanti o emulsionanti, purche' il carbone utilizzato corrisponda ai requisiti indicati al paragrafo 1, lettere o), p) e q);

e) coke da petrolio con contenuto di zolfo non superiore al 3% in massa e rispondente alle caratteristiche indicate in parte II, sezione 2, paragrafo 1, riga 7.

3. In aggiunta ai combustibili di cui ai paragrafi 1 e 2, negli impianti di combustione di potenza termica nominale uguale o superiore a 300 MW, ad eccezione di quelli anteriori al 1988 che sono autorizzati in forma tacita ai sensi del decreto del Presidente della Repubblica n. 203 del 1988 e che, nel rispetto della vigente normativa, non hanno completato l'adeguamento autorizzato, e' consentito l'uso di:

a) emulsioni acqua-bitumi rispondenti alle caratteristiche indicate nella parte II, sezione 2;

b) petrolio greggio con contenuto di nichel e vanadio, come somma, non superiore a 230 mg/kg.

4. In aggiunta ai combustibili di cui al paragrafo 1, e' consentito l'utilizzo dei seguenti combustibili purche' prodotti da impianti localizzati nella stessa area delimitata in cui sono utilizzati:

a) olio combustibile ed altri distillati pesanti di petrolio con contenuto di zolfo non superiore al 3% in massa e rispondenti alle caratteristiche indicate nella parte II, sezione 1, paragrafo 1, colonna 7;

b) emulsioni acqua-olio combustibile o acqua-altri distillati pesanti di petrolio, di cui alla precedente lettera a) e rispondenti alle caratteristiche indicate nella parte II, sezione 3, paragrafo 2;

c) gas di raffineria, kerosene ed altri distillati leggeri e medi di petrolio, olio combustibile ed altri distillati pesanti di petrolio, derivanti esclusivamente da greggi nazionali, e coke da petrolio;

d) idrocarburi pesanti derivanti dalla lavorazione del greggio rispondenti alle caratteristiche e secondo le condizioni di utilizzo di cui alla parte II, sezione 5.

5. In aggiunta ai combustibili di cui al paragrafo 1, negli impianti in cui durante il processo produttivo i composti dello zolfo siano fissati o combinati in percentuale non inferiore al 60% con il

prodotto ottenuto, ad eccezione dei forni per la produzione della calce impiegata nell'industria alimentare, e' consentito l'uso di:

   a) olio combustibile ed altri distillati pesanti di petrolio con contenuto di zolfo non superiore al 4% in massa e rispondenti alle caratteristiche indicate nella parte II, sezione 1, paragrafo 1, colonna 8;

   b) emulsioni acqua-olio combustibile o acqua-altri distillati pesanti di petrolio, di cui alla precedente lettera a) e rispondenti alle caratteristiche indicate nella parte sezione 3, paragrafo 2;

   c) bitume di petrolio con contenuto di zolfo non superiore al 6% in massa;

   d) coke da petrolio con contenuto di zolfo non superiore al 6% in massa e rispondente alle caratteristiche indicate nella parte II, sezione 2, paragrafo 1, riga 8.

   6. In aggiunta a quanto previsto ai paragrafi precedenti, nella regione Sardegna e' consentito l'uso di combustibili indigeni, costituiti da carbone e da miscele acqua-carbone, in:

   a) centrali termoelettriche e impianti di produzione, combinata e non, di energia elettrica e termica, purche' vengano raggiunte le percentuali di desolforazione riportate nell'allegato II;

   b) impianti di cui al paragrafo 2.

   7. In deroga ai paragrafi 1, 5 e 6, negli impianti aventi potenza termica nominale non superiore a 3 MW, e' vietato l'uso dei seguenti combustibili;

   a) carbone da vapore salvo l'utilizzo negli impianti di lavorazione del ferro forgiato a mano, in conformita' alla parte II, sezione 2, paragrafo 1;

   b) coke metallurgico salvo l'utilizzo negli impianti di lavorazione del ferro forgiato a mano, in conformita' alla parte II, sezione 2, paragrafo 1;

   c) coke da gas;

   d) antracite, prodotti antracitosi e loro miscele;

   e) gas da altoforno, di cokeria e d'acciaieria;

   f) bitume da petrolio;

   g) coke da petrolio;

   h) olio combustibile ed altri distillati pesanti di petrolio con contenuto di zolfo superiore allo 0,3% in massa e loro emulsioni; tale disposizione si applica soltanto agli impianti autorizzati dopo il 24 marzo 1996, salvo il caso in cui le regioni, nei piani e programmi di cui all'articolo 8 e all'articolo 9 del decreto legislativo 4 agosto 1999, n. 351, ne prevedano l'estensione anche agli impianti autorizzati precedentemente ove tale misura sia necessaria per il conseguimento degli obiettivi di qualita' dell'aria.

   8. I divieti di cui al paragrafo 7 non si applicano ai combustibili prodotti da impianti localizzati nella stessa area delimitata in cui gli stessi sono utilizzati.

   9. Ai fini dell'applicazione dei paragrafi 2, 3 e 7 si fa riferimento alla potenza termica nominale di ciascun singolo impianto anche nei casi in cui piu' impianti sono considerati, ai sensi degli articoli 270, comma 4, 273, comma 9, o 282, comma 2, come un unico impianto.

   10. Senza pregiudizio per quanto previsto ai paragrafi precedenti, e' consentito, alle condizioni previste nella parte II, sezione 7, l'utilizzo del combustibile solido secondario (CSS) di cui all'art. 183, comma 1, lettera cc), meglio individuato nella predetta parte II, sezione 7, che, ai sensi e per gli effetti dell'art. 184-ter, ha cessato di essere un rifiuto (CSS-Combustibile).

Sezione 2
Elenco dei combustibili di cui e' consentito l'utilizzo negli impianti di cui al titolo II

   1. Negli impianti disciplinati dal titolo II e' consentito l'uso

dei seguenti combustibili:
   a) gas naturale;
   b) gas di citta';
   c) gas di petrolio liquefatto;
   d) gasolio, kerosene ed altri distillati leggeri e medi di petrolio rispondenti alle caratteristiche indicate nella parte II, sezione 1, paragrafo 1;
   e) emulsioni acqua-gasolio, acqua-kerosene e acqua-altri distillati leggeri e medi di petrolio di cui alla precedente lettera d) e rispondenti alle caratteristiche indicate nella parte II, sezione 3, paragrafo 1;
   f) legna da ardere alle condizioni previste nella parte II, sezione 4;
   g) carbone di legna;
   h) biomasse combustibili individuate nella parte II, sezione 4, alle condizioni ivi previste;
   i) biodiesel avente le caratteristiche indicate in parte II, sezione 1, paragrafo 3;
   l) LETTERA SOPPRESSA DAL D.LGS. 29 GIUGNO 2010, N. 128;
   m) LETTERA SOPPRESSA DAL D.LGS. 29 GIUGNO 2010, N. 128;
   n) biogas individuato nella parte II, sezione 6, alle condizioni ivi previste.
   1-bis. L'uso dei combustibili di cui alle lettere f), g) e h) puo' essere limitato o vietato dai piani e programmi di qualita' dell'aria previsti dalla vigente normativa, ove tale misura sia necessaria al conseguimento ed al rispetto dei valori e degli obiettivi di qualita' dell'aria.
   2. I combustibili di cui alle lettere l), m) ed n), non possono essere utilizzati negli impianti di cui all'allegato IV, parte I, punti 5 e 6.
   3. PARAGRAFO SOPPRESSO DAL D.LGS. 29 GIUGNO 2010, N. 128.
   4. PARAGRAFO SOPPRESSO DAL D.LGS. 29 GIUGNO 2010, N. 128.

Sezione 3
Disposizioni per alcune specifiche tipologie di combustibili liquidi

1. Olio combustibile pesante.
   1.1. L'olio combustibile pesante di cui all'articolo 292, comma 2, lettera a), utilizzato negli impianti disciplinati dal titolo I, come tale o in emulsione con acqua, deve avere un contenuto di zolfo non superiore all'1% in massa e, nei casi previsti dalla sezione 1, paragrafo 7, non superiore allo 0,3% in massa.
   1.2. In deroga a quanto previsto al punto 1.1, negli impianti di cui alla sezione 1, paragrafi da 2 a 6, e' consentito, in conformita' a tali paragrafi, l'uso di oli combustibili pesanti aventi un tenore massimo di zolfo superiore all'1% in massa nel caso di:
      a) grandi impianti di combustione di cui all'articolo 273, ad eccezione di quelli che beneficiano di una deroga prevista da tale articolo al rispetto dei valori limite fissati per gli ossidi di zolfo all'allegato II alla Parte Quinta;
      b) impianti di combustione non compresi nella precedente lettera a) ubicati nelle raffinerie di oli minerali, a condizione che la media mensile delle emissioni di ossidi di zolfo di tutti gli impianti della raffineria, esclusi quelli di cui alla lettera a), non superi, indipenden-temente dal tipo di combustibile e dalle combinazioni di combustibile utilizzati, il valore di 1700 mg/Nm^3 ;
      c) impianti di combustione non compresi alle precedenti lettere a) e b), a condizione che sia rispettato, per gli ossidi di zolfo, il valore limite previsto nell'autorizzazione.
2. Metodi di misura per i combustibili per uso marittimo.
   2.1. Fatti salvi i casi in cui si applica il decreto legislativo 21 marzo 2005, n. 66, i metodi di riferimento per la determinazione del tenore di zolfo nei combustibili per uso marittimo di cui all'articolo 292, comma 2, lettera d), sono quelli definiti, per tale

caratteristica, nella parte II, sezione 1, paragrafo 1. Per la trattazione dei risultati delle misure e l'arbitrato si applica quanto previsto alla parte II, sezione 1, paragrafo 4.

2-bis. Modalita' di raccolta dei dati e delle informazioni sui combustibili per uso marittimo.

2-bis.1. E' assicurato un numero di accertamenti sul tenore di zolfo dei combustibili marittimi svolto mediante controllo dei documenti di bordo e dei bollettini di consegna del combustibile almeno pari al10% del numero delle navi facenti annualmente scalo presso il territorio italiano. Tale numero corrisponde alla media annuale delle navi facenti scalo sul territorio italiano calcolata sulla base dei dati registrati nei tre anni civili precedenti attraverso il sistema SafeSeaNet (sistema di gestione delle informazioni istituito dalla direttiva 2002/59/CE per registrare e scambiare informazioni sui risultati dei controlli ai sensi della direttiva 1999/32/CE). A tal fine, una nave e' conteggiata una sola volta per ciascun anno in cui ha effettuato uno o piu' scali sul territorio italiano.

2-bis.2. E' assicurato un numero di accertamenti sul tenore di zolfo dei combustibili marittimi svolto anche mediante campionamento e analisi almeno pari al 20% degli accertamenti di cui al punto 2-bis.1. Dal 1° gennaio 2020 tale percentuale e' elevata al 30%.

2-bis.3. E' assicurato l'accertamento, mediante campionamento e analisi, sul tenore di zolfo dei combustibili marittimi al momento della consegna alle navi, per i fornitori di tali combustibili che, nel corso di un anno civile, secondo quanto risulta dai dati del sistema di informazione dell'Unione (sistema che utilizza i dati sullo scalo delle singole navi nell'ambito del sistema SafeSeaNet) o dalla relazione di cui all'art. 298, comma 2-bis, hanno consegnato almeno tre volte combustibili non conforme a quanto indicato nel bollettino di consegna. Tale accertamento deve essere svolto entro la fine dell'anno successivo a quello in cui e' stata riscontrata la consegna di combustibile non conforme.

2-bis.4. In caso di accertamento mediante controllo sui campioni sigillati che sono presenti a bordo e accompagnano il bollettino di consegna del combustibile il prelievo e' effettuato conformemente alla regola 18, punti 8.1 e 8.2, dell'allegato VI della Convenzione MARPOL.

2-bis.5. In caso di accertamento mediante controllo sui combustibili presenti nei serbatoi della nave, si devono effettuare uno o piu' prelievi istantanei nel punto dell'impianto servizio combustibile in cui e' installata un'apposita valvola, secondo quanto e' indicato nel sistema di tubature del combustibile della nave o quanto e' previsto dal piano generale delle sistemazioni, sempre che tale sistema o tale piano siano stati approvati dall'autorita' competente dello Stato di bandiera della nave o da un organismo riconosciuto che agisce per conto dell'autorita' stessa. Per impianto servizio combustibile si intende il sistema a sostegno di distribuzione, filtraggio, purificazione e fornitura di combustibile dalle casse di servizio agli apparati motori ad olio combustibile. Se il punto di prelievo non e' reperibile con le modalita' di cui sopra, il prelievo istantaneo deve essere effettuato in un punto, proposto dal rappresentante della nave (il comandante o l'ufficiale responsabile per i combustibili marittimi e per la relativa documentazione) ed accettato dall'autorita' competente per il controllo, in cui sia installata una valvola per il prelievo dei campioni che soddisfi tutte le seguenti condizioni:

a) e' accessibile in modo facile e sicuro;

b) permette di tenere conto delle differenti qualita' di combustibile utilizzato in relazione a ciascun apparato motore ad olio combustibile;

c) e' situato a valle della cassa di servizio da cui proviene il combustibile utilizzato; per cassa di servizio si intende il serbatoio da cui proviene il combustibile per alimentare gli apparati motori ad olio combustibile che sono situati a valle;

d) e' quanto piu' vicino possibile, in condizioni di sicurezza, all'ingresso dell'apparato motore ad olio combustibile, considerando il tipo di combustibile, la portata, la temperatura e la pressione a valle del punto di campionamento stesso.

In tutti i casi e' possibile effettuare un prelievo istantaneo presso diversi punti dell'impianto servizio combustibile per determinare se vi sia una eventuale contaminazione incrociata di combustibile in assenza di impianti servizio completamente separati o in caso di configurazioni multiple delle casse di servizio.

2-bis.6. I campioni di combustibile prelevati dai serbatoi della nave devono essere raccolti in un contenitore che permetta di riempire almeno tre fiale per campioni rappresentative del combustibile utilizzato. Le fiale per campioni devono essere sigillate dall'autorita' competente per il controllo con un mezzo di identificazione, affisso in presenza del rappresentante della nave (il comandante o l'ufficiale responsabile per i combustibili marittimi e per la relativa documentazione). Il mezzo di identificazione deve essere uguale per tutte le tre fiale in tutti i controlli. Due fiale devono essere avviate alle analisi. Una fiala deve essere consegnata al rappresentante della nave con l'indicazione di conservarla, per un periodo non inferiore a 12 mesi dalla data del prelievo, in modo idoneo nel rispetto delle procedure tecniche attinenti alle modalita' di conservazione di tale tipologia di campioni.

2-bis.7. Con apposita ordinanza l'autorita' marittima e, ove istituita, l'autorita' portuale, prescrive nell'ambito territoriale di competenza:

l'obbligo, per i fornitori di combustibili per uso marittimo, di comunicare a tale autorita', entro il mese di febbraio di ciascun anno, le notifiche e le lettere di protesta ricevute nell'anno precedente riguardo al tenore di zolfo dei combustibili consegnati;

l'obbligo, per il comandante o l'armatore delle navi battenti bandiera italiana che utilizzano metodi alternativi di riduzione delle emissioni e che effettuano il primo scalo in territorio italiano durante l'anno civile, di trasmettere a tale autorita', entro le 24 ore successive all'accosto ed in ogni caso prima della partenza, qualora la sosta sia di durata inferiore, una descrizione del metodo utilizzato; in caso di utilizzo di metodi di riduzione delle emissioni di cui all'art. 295, comma 20, deve essere inclusa la descrizione del rispetto dei requisiti di cui alle lettere a) e b) di tale comma.

3. Trasmissione di dati.

3.1. Al fine di consentire l'elaborazione della relazione di cui all'articolo 298, comma 3, i soggetti competenti l'accertamento delle infrazioni ai sensi dell'articolo 296, comma 2 e comma 9, trasmettono all'ISPRA e al Ministero dell'ambiente e della tutela del territorio e del mare entro il 31 marzo di ogni anno, utilizzando il formato indicato nella tabella I, i dati inerenti ai rilevamenti di tenore di zolfo effettuati nel corso degli accertamenti dell'anno civile precedente sui combustibili di cui all'art. 292, comma 2, lettere a) e b). Per i combustibili per uso marittimo devono essere trasmessi i dati e le informazioni indicati nell'elenco previsto dal punto 3.6. In occasione di ciascun controllo, devono essere registrati gli elementi necessari a fornire i dati e le informazioni previsti. Entro la stessa data i laboratori chimici delle dogane o, ove istituiti, gli uffici delle dogane nel cui ambito operano i laboratori chimici delle dogane, trasmettono all'ISPRA e al Ministero dell'ambiente e della tutela del territorio e del mare i dati inerenti ai rilevamenti di tenore di zolfo effettuati nel corso degli accertamenti dell'anno civile precedente, ai sensi della vigente normativa, sui combustibili di cui all'articolo 292, comma 2, lettere a), b) e d), prodotti o importati e destinati alla commercializzazione sul mercato nazionale. Gli esiti trasmessi devono riferirsi ad accertamenti effettuati con una frequenza adeguata e secondo modalita' che assicurino la rappresentativita' dei campioni rispetto al combustibile controllato e, nel caso di combustibili per uso marittimo, la rappresentativita' dei campioni stessi rispetto al complesso dei combustibili utilizzati nelle zone di mare e nei porti in cui si applica il limite.

3.2. Entro il 31 marzo di ogni anno, i gestori dei depositi fiscali che importano i combustibili di cui al punto 3.1 da Paesi terzi o che li ricevono da Paesi membri dell'Unione europea e i gestori degli impianti di produzione dei medesimi combustibili inviano all'ISPRA e al Ministero dell'ambiente e della tutela del territorio e del mare, tramite le rispettive associazioni di categoria, utilizzando il formato indicato nelle tabelle II e III, i dati concernenti i quantitativi di tali combustibili prodotti o importati nel corso dell'anno precedente, con esclusione di quelli destinati all'esportazione. Entro il 31 marzo di ogni anno, i gestori dei grandi impianti di combustione che importano olio combustibile pesante da Paesi terzi o che lo ricevono da Paesi membri dell'Unione europea inviano all'ISPRA e al Ministero dell'ambiente e della tutela del territorio e del mare, tramite le rispettive associazioni di categoria, utilizzando il formato indicato nella tabella IV, i dati concernenti i quantitativi di olio combustibile pesante importati nell'anno precedente.

3.3. Per depositi fiscali, ai sensi del punto 3.2 si intendono gli: impianti in cui vengono fabbricati, trasformati, detenuti, ricevuti o spediti i combustibili oggetto della parte quinta del presente decreto, sottoposti ad accisa, in regime di sospensione dei diritti di accisa, alle condizioni stabilite dall'amministrazione finanziaria; ricadono in tale definizione anche gli impianti di produzione dei combustibili. Per combustibile sottoposto ad accisa si intende un combustibile al quale si applica il regime fiscale delle accise.

3.4. I dati previsti ai punti 3.1 e 3.2 sono trasmessi all'ISPRA su supporto digitale, unitamente alla lettera di accompagnamento e, per posta elettronica all'indirizzo dati.combustibili@isprambiente.it e al Ministero dell'ambiente e della tutela del territorio e del mare, per posta elettronica all'indirizzo dati.combustibili@minambiente.it

3.5. La relazione elaborata dall'ISPRA sulla base dei dati e delle informazioni di cui ai punti 3.1 e 3.2 deve indicare, per ciascun combustibile, il numero totale di accertamenti effettuati, il tenore medio di zolfo relativo a tali accertamenti ed il quantitativo complessivamente prodotto e importato. Per i combustibili per uso marittimo la relazione deve riportare tutti i dati e le informazioni indicati nell'elenco previsto al punto 3.6.

3.6. Per la trasmissione dei dati previsti al punto 3.1, in relazione ai combustibili per uso marittimo, e' utilizzato il seguente elenco:

Elenco per la trasmissione dei dati relativi ai combustibili marittimi

Parte di provvedimento in formato grafico

Tabella I*

Combustibile	Tenore di zolfo accertato (%m/m)	Metodo utilizzato per la determinazione del tenore di zolfo	Tenore massimo di zolfo previsto dalla legge (1) (% m/m)	Modalita' di accertamento
Olio combustibile				

```
|pesante            |         |              |         |           |
+-------------------+---------+--------------+---------+-----------+
|Gasolio            |         |              |         |           |
+-------------------+---------+--------------+---------+-----------+
|      |    |                                                      |
|      |    |           RIGA SOPPRESSA DAL DECRETO  22 MARZO 2017   |
|Com-  |    |                                                      |
|bu-   |    |------------+--------------+---------+----------------|
|sti-  |    |                                                      |
|bili  |    |           RIGA SOPPRESSA DAL DECRETO  22 MARZO 2017   |
|      |    |                                                      |
|per   |    |------------+--------------+---------+----------------|
|      |    |                                                      |
|uso   |    |                                                      |
|      |    |           RIGA SOPPRESSA DAL DECRETO  22 MARZO 2017   |
|ma-   |    |                                                      |
|rit-  |    |------------+--------------+---------+----------------|
|timo  |    |                                                      |
|      |    |           RIGA SOPPRESSA DAL DECRETO  22 MARZO 2017   |
|      |    |                                                      |
|      |    |------------+--------------+---------+----------------|
|      |    |           RIGA SOPPRESSA DAL DECRETO  22 MARZO 2017   |
+------+----+------------+--------------+---------+----------------+
```

(1) L'indicazione del tenore massimo deve essere accompagnata da quella della disposizione che lo prevede.
(2) NOTA SOPPRESSA DAL DECRETO 22 MARZO 2017.
(3) NOTA SOPPRESSA DAL DECRETO 22 MARZO 2017.
(4) NOTA SOPPRESSA DAL DECRETO 22 MARZO 2017.

* Ciascuna riga si riferisce ad un singolo accertamento

Tabella II

Dati identificativi dell'impianto:		
Combustibili	Quantitativi totali (kt/anno) (2)	Tenore massimo di zolfo previsto dalla legge (%m/m)
Gasolio (come tale o in emulsione) (1)		0,20
		0,10
		0,3
Olio combustibile pesante (come tale o in emulsione) (1)		1
		3
		4

(1) Per le emulsioni e' escluso il quantitativo di acqua.
(2) Nei quantitativi totali sono inclusi i quantitativi di combustibile, prodotti o importati, ed utilizzati all'interno dell'impianto (consumi interni).

Tabella III

Combustibili per uso marittimo	Quantitativi totali (kt/anno)	Tenore massimo di zolfo previsto dalla legge (% m/m)
Gasolio marino qualita' DMA, DMX, DMZ (1)		0,10 Altro
Olio diesel marino qualita' DMB (1)		0,10 1,50 Altro
Altri combustibili per uso marittimo (2)		3,50 0,10 1,50

(1) la distinzione del dato in funzione di ciascuna qualita' di combustibile e' richiesta ove tale informazione sia disponibile.
(2) Combustibili per uso marittimo diversi da gasolio marino e olio diesel marino.

Tabella IV

Dati identificativi dell'impianto:		
Combustibili	Quantitativi totali (kt/anno)	Tenore massimo di zolfo previsto dalla legge (%m/m)
Olio combustibile pesante (come tale o in emulsione) (1)		0,3
		1
		3
		4

(1) Per le emulsioni e' escluso il quantitativo di acqua.

Sezione 4
Valori di emissione equivalenti per i metodi di riduzione delle emissioni

1. Ai fini previsti dall'articolo 295, comma 20, lettera a), si

applicano i seguenti valori di emissione equivalenti ai limiti di tenore di zolfo dei combustibile per uso marittimo:

Tenore di zolfo del combustibile Rapporto emissione per uso marittimo SO_2 (ppm)/CO_2

(% m/m)	(% v/v)
3,50	151,7
1,50	65,0
1,00	43,3
0,50	21,7
0,10	4,3

2. Il rapporto di equivalenza di cui al punto 1 si applica solo se si utilizzano un distillato a base di petrolio o oli combustibili residui. Se si utilizza un altro tipo di combustibile, l'operatore deve individuare un'altra idonea modalita' ai fini prevista all'articolo 295, comma 20, lettera a).

3. In casi in cui la concentrazione di CO2 e' ridotta da un sistema di depurazione dei gas di scarico, la concentrazione di CO_2, puo' essere misurata nel punto di ingresso di tale sistema, purche' l'operatore fornisca una adeguata giustificazione e dimostri che la metodologia e' idonea ai fini della misura.

Sezione 5
Criteri per l'utilizzo dei metodi di riduzione delle emissioni

1. I metodi di riduzione delle emissioni previsti all'articolo 295, commi 19 e 20, devono rispettare, ai fini dell'utilizzo, nelle acque territoriali, nelle zone economiche esclusive e nelle zone di protezione ecologica, appartenenti all'Italia, ivi inclusi i porti, almeno i seguenti criteri individuati in funzione dello specifico tipo di metodo:

Metodo di riduzione delle emissioni	Criteri per l'utilizzo
A. Utilizzo di una miscela di combustibile per uso marittimo e gas di evaporazione (per le navi all'ormeggio)	Si applicano i criteri previsti dalla decisione della Commissione europea 2010/769/UE del 13 dicembre 2010.
B. Sistemi di depurazione dei gas di scarico	Si applicano i criteri previsti dalla risoluzione MEPC.184(59). Le acque di lavaggio risultanti dai sistemi di depurazione dei gas

	di scarico che utilizzano prodotti chimici, additivi o preparati o che creano rilevanti agenti chimici durante l'esercizio, previsti dal punto 10.1.6.1 della risoluzione MEPC.184(59), non possono essere scaricate in mare, inclusi baie, porti ed estuari, eccettuato il caso in cui l'utilizzatore dimostri che tali gli scarichi non producono impatti negativi rilevanti e non presentano rischi per la salute umana e l'ambiente. Se il prodotto chimico utilizzato e' la soda caustica, tali scarichi sono ammessi se rispettano i criteri stabiliti nella risoluzione MEPC.184(59), ed un limite per il pH pari a 8,0.
C. Utilizzo di biocarburanti	Si utilizzano combustibili definiti biocarburanti nella direttiva 2009/28/CE e che rispettano le pertinenti norme CEN e ISO. Restano fermi i limiti di tenore di zolfo previsti dall'articolo 295 per le miscele di biocarburanti e combustibili per uso marittimo.

Sezione 6
Rapporto per la comunicazione prevista all'articolo 296, comma 10-ter

1. Ai fini della comunicazione prevista all'articolo 296, comma 10-ter, si utilizza il seguente rapporto:

Rapporto di indisponibilita' di combustibile a norma (facsimile)

Data:

Campo	Nome del campo	Dati	Note e istruzioni

			di compilazione
1	Nome della compagnia della nave		Inserire il nome della compagnia della nave
2	Nome della Nave		Inserire il nome della nave
3	Paese di bandiera		Inserire il codice paese come da ISO 3166 (Un elenco dei codici e' reperibile al seguente indirizzo) https://www.iso.org/obp/ui/#search
4	Numero IMO		Inserire il numero identificativo IMO assegnato alla nave. Inserire " ND" se non si dispone di un numero identificativo IMO
5	Data prima comunicazione		Inserire la data in cui la nave ha ricevuto la prima comunicazione di dover effettuare un viaggio comportante il transito nelle acque di giurisdizione italiana
6	Luogo di prima comunicazione		Inserire il nome del porto in cui la nave ha ricevuto la prima comunicazione di dover effettuare un viaggio comportante il transito nelle acque di giurisdizione italiana Nota: se la nave ha ricevuto la comunicazione in navigazione, fornire le coordinate della nave al momento della comunicazione
7	Nomi dei porti dopo la prima comunicazione		Inserire i nomi di tutti i successivi porti noti, che la nave dovra' scalare durante il viaggio pianificato, dopo aver ricevuto la comunicazione di dover effettuare un viaggio comportante il transito nelle acque di giurisdizione italiana.
8	Nome dell'ultimo porto prima dell'ingresso in acque Italiane		Inserire il nome del porto precedente a quello di ingresso in acque di giurisdizione italiana Nota: questo porto deve essere riportato anche nel Campo 7
9	Nome del porto in cui si e' verificato il disservizio sul rifornimento di combustibile		Inserire il nome del porto si e' verificato il disservizio sul rifornimento di combustibile. Se non si e' trattato di un disservizio sul rifornimento inserire "ND"
10	Nome del fornitore di carburante che ha originato il disservizio		Immettere il nome del fornitore di carburante previsto nel porto di cui al campo 9 all'unita' che sta attualmente riportando la non conformita' del carburante utilizzato. Se non si e' trattato di un disservizio sul rifornimento

			inserire "ND"
11	Numero di fornitori contattati		Inserire il numero dei fornitori contattati nel porto indicato al Campo 9 dove si e' verificato il disservizio del rifornimento. Se non si e' trattato di un disservizio sul rifornimento inserire "ND". Nota: si prega di inserire le informazioni di contatto dei fornitori
12	Data e orario stimati di arrivo nelle acque di giurisdizione Italiane		Inserire data e ora stimate di ingresso nelle acque di giurisdizione Italiane Formato:anno/mese/giorno/ora
13	Contenuto di zolfo del combustibile non conforme		Inserire il contenuto di zolfo, in percentuale per massa (% m/m) del combustibile non conforme che verra' usato all'ingresso e durante le operazioni nelle acque di giurisdizione Italiana
14	Stima delle ore d'impiego del propulsore principale		Inserire il numero di ore previsto durante le quali i motori principali funzioneranno con il combustibile non conforme, nelle acque di giurisdizione Italiana
15	Nome del primo porto italiano di accosto		Inserire il nome del primo porto italiano di accosto
16	E' disponibile combustibile conforme nel primo porto italiano?		Il primo porto italiano di accosto avente disponibilita' di combustibile conforme? S: Si N: No
17	Piano di rifornimento di combustibile conforme nel primo porto italiano di accosto?		La vostra nave ha pianificato il rifornimento di combustibile a norma nel primo porto italiano? S: Si N: No
18	Numero di fornitori contattati al primo porto italiano		Inserire il numero di fornitori contattati al primo porto di accosto indicato nel Campo 15. Nota: Se il Campo 17 e' "S", allora inserire "ND". Fornire informazioni di contatto dei fornitori
19	Nome del secondo porto italiano di accosto		Inserire il nome del secondo porto italiano di accosto. Nota: Se il Campo 17 e' "S", allora inserire "ND" / Se il vostro successivo porto di accosto non e' in Italia allora inserire "Nessuno"
20	E' disponibile combustibile conforme nel secondo porto		E' disponibile combustibile conforme nel secondo porto italiano di accosto?

	italiano?		S: Si N: No Nota: Se il Campo 17 e' "ND" o il campo 19 e' "Nessuno" allora inserire "ND"
21	Piano di rifornimento di combustibile conforme, nel secondo porto italiano?		La nave ha pianificato il bunker al secondo porto italiano? S: Si N: No Nota: Se Campo 17 e' "ND" o il 19 e' "Nessuno allora inserire "ND"
22	Numero di fornitori contattati al secondo porto italiano		Inserire il numero di fornitori contattati al secondo porto di accosto al Campo 19 Nota: Se il Campo 19 e' "ND" o "Nessuno" allora inserire "ND". Nota: Prego fornire informazioni di contatto dei fornitori
23	Data e orario stimati di uscita dalle acque di giurisdizione Italiana		Inserire data e ora stimate di uscita dalle acque di giurisdizione Italiana Formato: anno/mese/giorno/ora
24	Sono stati presentati analoghi rapporti precedentemente?		Indicare se la compagnia indicata al Campo 1 ha gia' presentato analoghi rapporti per qualsiasi nave nei precedenti 12 mesi S: Si N: No
25	Numero di rapporti presentati		Inserire il numero di Rapporti di indisponibilita' presentati negli ultimi 12 mesi (Includere il presente nel totale) Nota: Se il Campo 24 e' "N", allora inserire "1"
26	Funzionario della Societa' Armatrice Nome, e-mail e telefono		Inserire il nome di un funzionario della Societa' armatrice designato quale punto di contatto (includendo il titolo, es: Dott, Sig., Cap.,ecc.), l'email e il telefono (includendo il prefisso internazionale se non italiano)
27	Descrizione delle azioni intraprese per raggiungere la conformita' , eventuali ulteriori problemi, commenti o altre informazioni		Fornire una descrizione delle azioni intraprese per raggiungere la conformita', eventuali ulteriori problemi, commenti o altre informazioni afferenti alla situazione di non conformita' della nave ai requisiti per il combustibile marino previsti nelle acque di giurisdizione italiana. Nota: Si puo' scegliere di allegare un documento separato che contenga tale descrizione (formato pdf). Se si sceglie di allegare un documento separato, immettere "allegato" in questo campo. Se non si dispone di queste

```
|     |                     |    |informazioni, inserire "ND"        |
|=====|=====================|====|===================================|
```

Parte di provvedimento in formato grafico

Parte II
Caratteristiche merceologiche dei combustibili e metodi di misura

Sezione 1
Combustibili liquidi
  1. Gasolio, kerosene olio combustibile ed altri distillati leggeri, medi e pesanti di petrolio [parte I, sezione 1, paragrafo 1, lettere e) e h), paragrafo 2 lettera a), paragrafo 4, lettera a), paragrafo 5 lettera a) e sezione 2, paragrafo 1, lettere d), e), ed l)]

Parte di provvedimento in formato grafico

[1]) Solo per il gasolio
[2]) Il valore e' di 180 mg/kg per gli impianti di cui alla parte I, sezione 1, paragrafo 2 fino all'adeguamento.

  3) Il metodo UNI E 09.10.024.0 e' utilizzato, in via transitoria, fino alla pubblicazione del metodo 13131.
  4) Il metodo DIN 51527 e' utilizzato, in via transitoria, fino alla pubblicazione del metodo EN 12766.
  5) Tale specifica e' riferita solo al gasolio e si applica a partire dal 1 gennaio 2008.
  [6]) Fino al 31 dicembre 2006, per le miscele con acqua da avviare a successivo trattamento di centrifugazione, filtrazione e miscelazione con idrocarburi e' consentito un contenuto massimo di acqua pari al 15% V/V
  [7]) Fino al 31 dicembre 2006, per le miscele con acqua da avviare a successivo trattamento di centrifugazione, filtrazione e miscelazione con idrocarburi e' consentito un contenuto massimo di ceneri pari all'1,5% m/m

  2. Emulsioni acqua - bitumi [parte I, sezione 1, paragrafo 3, lettera a)]

Caratteristica	Unita'	Emulsioni acqua-bitumi naturali	Emulsioni acqua-altri bitumi	Metodi di analisi
Acqua	%(m/m)	≤35%	≤35%	ISO 3733
				ASTM D
Zolfo	%(m/m)	≤3%*	≤3%*/**	1552
Nichel + Vanadio	mg/kg	≤450*	≤230*	1)

[1]) Fino all'adozione di una metodica ufficiale da parte dei

competenti organismi di normazione, per l'analisi del nichel e vanadio si applica un metodo di comprovata validita' concordato con l'autorita' competente. Fino a tale data non si applica la norma EN ISO 4259 per la trattazione dei risultati.
* I valori limite sono riferiti all'emulsione tal quale.
** Per emulsioni derivanti da greggi nazionali il valore e' ≤8%.

3. - Biodiesel [parte I, sezione 1, paragrafo 1, lettera g) e sezione 2, paragrafo 1, lettera i)]

Proprieta'	Unita'	Limiti		Metodo di prova
		Minimo	Massimo	
Viscosita' a 40 C	mm2/s	3,5	5,0	EN ISO 3104 ISO 3105
Residuo carbonioso (a) (sul 10% residuo distillazione)	%(m/m)	-	0,30	EN ISO 10370
Contenuto di ceneri solfatate	%(m/m)	-	0,02	ISO 3987
Contenuto di acqua	mg/kg	-	500	EN ISO 12937:2000
Contaminazione totale*	mg/kg	-	24	EN 12662
Valore di acidita'	mgKOH/g		0,50	EN 14104
Contenuto di estere (b)*	%(m/m)	96,5		EN 14103
Contenuto di monogliceridi	%(m/m)		0,80	EN 14105
Contenuto di digliceridi	%(m/m)		0,20	EN 14105
Contenuto di trigliceridi *	%(m/m)		0,2	EN 14105
Glicerolo libero (c) *	%(m/m)		0,02	EN 14105 EN 14106
CFPP (d)	°C			UNI EN 116
Punto di scorrimento (e)	°C		0	ISO 3016
Potere calorifico inferiore (calcolato)	MJ/kg	35		DIN 51900:1989 DIN 51900-1:1998 DIN 51900-2:1977 DIN 51900-3:1977
	g iodio/100			

Numero di Iodio	g		130	EN 14111
Contenuto di zolfo	mg/kg		10,0	prEN ISO 20846 prEN ISO 20884
Slabilita' all'ossidazione 110°C	ore	4,0	-	EN 14112

(a) Per ottenere il 10% residuo deve essere utilizzato il metodo ASTM D 1160.

(b) Non e' consentita l'aggiunta di esteri diversi da quelli propri del biodiesel e di altre sostanze diverse dagli additivi.

(c) In caso di controversia sul glicerolo libero, si deve utilizzare il EN 14105.

(d) Per il biodiesel da utilizzare tal quale, il limite massimo coincide con quello previsto dalla UNI 6579.

(e) Il biodiesel destinato alla miscelazione con oli combustibili convenzionali non deve contenere additivi migliorativi della filtrabilita' a freddo.

* In caso di controversia per la determinazione della contaminazione totale, del contenuto di esteri, del contenuto di trigliceridi e del glicerolo libero non si applica il criterio del 2R della UNI EN ISO 4259 rispetto al limite indicato in tabella.

4. Per la determinazione delle caratteristiche dei combustibili di cui alla presente sezione si applicano i metodi riportati nelle tabelle di cui ai paragrafi da 1 a 3 riferiti alle versioni piu' aggiornate. Salvo quanto diversamente disposto nei paragrafi 2 e 3, la trattazione dei risultati delle misure e' effettuata secondo la norma EN ISO 4259. Per l'arbitrato e' utilizzato il metodo EN ISO 14596 - edizione 1998.

Sezione 2
Combustibili solidi
1. Caratteristiche e metodi di prova per i combustibili solidi [parte I, sezione 1, paragrafo 1, lettere o , p) e paragrafo 2, lettera e , paragrafo 5, lettera d)]

Tipo		Materie volatili (b)	Ceneri (b)	Zolfo (b)	Umidita' (b)	Potere calorifico inferiore (c)	
		%	%	%	%	MJ/kg	
Coke metallurgico e da gas	1	≤ 2	≤ 12	≤ 1	≤ 12	≥ 27,63	Coke metallurgico e da gas
	2		≤ 10	≤ 8			

Antracite, prodotti antracitosi e loro miscele	3	≤ 13	≤ 10	≤ 1	≤ 5	≥ 29,31	Antracite, prodotti antracitosi e loro miscele
Carbone da vapore	4	≤ 40	≤ 16	≤ 1			Carbone da vapore
Agglomerati di lignite	5	≤ 40	≤ 16	≤ 0,5	≤ 15	≥ 14,65	Agglomerati di lignite
Coke da petrolio	7(a)	≤ 12		≤ 3			Coke da petrolio
	8(d)	≤ 14		≤ 6		≥ 29,31	
Norma per l'analisi		ISO 562	UNI 7342	UNI 7584	UNI 7340		ISO 1928

(a) - per gli impianti di cui alla parte paragrafo 2
(b) - i valori rappresentano limiti massimi come percentuali di massa sul prodotto tal quale
(c) - valori minimi riferiti al prodotto tal quale
(d) - per gli impianti di cui alla parte I, paragrafo 5

Sezione 3
Caratteristiche delle emulsioni acqua - gasolio, acqua - kerosene e acqua - olio combustibile

1. Emulsione acqua-gasolio, acqua-kerosene o acqua-altri distillati leggeri e medi di petrolio (parte I, sezione 1 paragrafo 1, lettera f) e sezione 2, paragrafo 1, lettera e)
  1.1 Il contenuto di acqua delle emulsioni di cui al punto 1 non puo' essere inferiore al 10%, ne' superiore al 30%.
  1.2 Le emulsioni di cui al punto 1 possono essere stabilizzate con l'aggiunta, in quantita' non superiore al 3%, di tensioattivi non contenenti composti del fluoro, del cloro ne' metalli pesanti. In ogni caso, se il tensioattivo contiene un elemento per il quale e' previsto un limite massimo di specifica nel combustibile usato per preparare l'emulsione, il contenuto di tensioattivo da impiegare deve essere tale che il contenuto totale di questo elemento nell'emulsione, dedotta la percentuale di acqua, non superi il suddetto limite di specifica.
  1.3 Le emulsioni di cui al punto 1 si definiscono stabili alle seguenti condizioni: un campione portato alla temperatura di 20 °C ± 1 °C e sottoposto a centrifugazione con un apparato conforme al metodo ASTM D 1796 con una accelerazione centrifuga pari a 30.000 m/s^2 (corrispondente a una forza centrifuga relativa a pari a 3060) per 15 minuti, non deve dar luogo a separazione di acqua superiore alla percentuale consentita dalla parte II, sezione 1, paragrafo 1, alla voce "Acqua e sedimenti".
  1.4 In alternativa al metodo di cui al comma precedente, per verificare che l'emulsione sia stabile, e cioe' che non dia luogo a separazione di acqua superiore alla percentuale consentita dalla parte II, sezione 1, paragrafo 1, alla voce "Acqua e sedimenti", puo' essere utilizzato il metodo indicato all'articolo 1, comma 1, del decreto direttoriale del Dipartimento delle dogane e delle imposte indirette del Ministero delle Finanze del 20 marzo 2000.
  1.5 La rispondenza delle emulsioni ai suddetti requisiti di stabilita' e composizione deve essere certificata da un laboratorio accreditato secondo le norme UNI-CEI EN 45001 per le prove sopracitate. Il sistema di accreditamento deve essere conforme alla

norma UNI CEI EN 15003 e deve valutare la competenza dei laboratori secondo la norma UNI-CEI EN 42002.

2. Emulsioni acqua-olio combustibile, ed altri distillati pesanti di petrolio [parte I, sezione 1, paragrafo 1, lettera i), paragrafo 2 lettera b), paragrafo 4 lettera b) e paragrafo 5 lettera b) e sezione 2, paragrafo 1, lettera m)]

2.1 il contenuto di acqua delle emulsioni di cui al punto 2 non puo' essere inferiore al 10%, ne' superiore al 30%.

2.2 Le emulsioni di cui al punto 2 possono essere stabilizzate con raggiunta, in quantita' non superiore al 3%, di tensioattivi non contenenti composti del fluoro, del cloro ne' metalli pesanti. In ogni caso, se il tensioattivo contiene un elemento per il quale e' previsto un limite massimo di specifica nel combustibile usato per preparare l'emulsione, il contenuto di tensioattivo da impiegare deve essere tale che il contenuto totale di questo elemento nell'emulsione, dedotta la percentuale di acqua, non superi il suddetto limite di specifica.

2.3 Le emulsioni di cui al punto 2 si definiscono stabili alle seguenti condizioni: un campione portato alla temperatura di 50 °C ± 1 °C e sottoposto a centrifugazione con un apparato conforme al metodo ASTM D 1796 con una accelerazione centrifuga pari a 30.000 m/s2 (corrispondente a una forza centrifuga relativa pari a 3060) per 15 minuti, non deve dar luogo a separazione di acqua superiore alla percentuale consentita alla parte II, sezione 1, paragrafo 1, alle voci "Acqua e sedimenti", "Acqua" e "Sedimenti".

2.4 in alternativa al metodo di cui al comma precedente, per verificare che l'emulsione sia stabile, e cioe' che non dia luogo a separazione di acqua superiore alla percentuale consentita dalla parte II, sezione 1, paragrafo 1, alle voci "Acqua e sedimenti", "Acqua" e "Sedimenti". puo' essere utilizzato il metodo indicato all'articolo 1, comma 2, decreto direttoriale del Dipartimento delle dogane e delle imposte indirette del Ministero delle Finanze del 20 marzo 2000.

La rispondenza delle emulsioni ai suddetti requisiti di stabilita' e composizione deve essere certificata da un laboratorio accreditato secondo le norme UNI-CEI EN 45001 per le prove sopraccitate. Il sistema di accreditamento deve essere conforme alla UNI-CEI EN 45003 e deve valutare la competenza dei laboratori secondo la norma UNI-CEI EN 42002.

Sezione 4
Caratteristiche delle biomasse combustibili e relative condizioni di utilizzo (parte I, sezione 1, paragrafo 1 lettera n) e sezione 2, paragrafo 1, lettera h))

1. Tipologia e provenienza
a) Materiale vegetale prodotto da coltivazioni dedicate;
b) Materiale vegetale prodotto da trattamento esclusivamente meccanico, lavaggio con acqua o essiccazione di coltivazioni agricole non dedicate;
c) Materiale vegetale prodotto da interventi selvicolturali, da manutenzione forestale e da potatura;
d) Materiale vegetale prodotto dalla lavorazione esclusivamente meccanica e dal trattamento con aria, vapore o acqua anche surriscaldata di legno vergine e costituito da cortecce, segatura, trucioli, chips, refili e tondelli di legno vergine, granulati e cascami di legno vergine, granulati e cascami di sughero vergine, tondelli, non contaminati da inquinanti;
e) Materiale vegetale prodotto da trattamento esclusivamente meccanico, lavaggio con acqua o essiccazione di prodotti agricoli;
f) Sansa di oliva disolcata avente le caratteristiche riportate nella tabella seguente, ottenuta dal trattamento delle sanse vergini con n-esano per l'estrazione dell'olio di sansa destinato all'alimentazione umana, e da successivo trattamento termico, purche'

i predetti trattamenti siano effettuati all'interno del medesimo impianto; tali requisiti, nel caso di impiego del prodotto al di fuori dell'impianto stesso di produzione, devono risultare da un sistema di identificazione conforme a quanto stabilito al punto 3:

Caratteristica	Unita'	Valori minimi / massimi	Metodi di analisi
Ceneri	%(m/m)	≤ 4%	ASTM D 5142-98
Umidita'	%(m/m)	≤ 15%	ASTM D 5142-98
N-esano	mg/kg	≤ 30	UNI 22609
Solventi organici clorurati		assenti	*
Potere calorifico inferiore	MJ/kg	≥ 15,700	ASTM D 5865-01

(*) Nel certificato di analisi deve essere indicato il metodo impiegato per la rilevazione dei solventi organici clorurati

g) Liquor nero ottenuto nelle cartiere dalle operazioni di lisciviazione del legno e sottoposto ad evaporazione al fine di incrementarne il residuo solido, purche' la produzione, il trattamento e la successiva combustione siano effettuate nella medesima cartiera e purche' l'utilizzo di tale prodotto costituisca una misura per la riduzione delle emissioni e per il risparmio energetico individuata nell'autorizzazione integrata ambientale;

h) prodotti greggi o raffinati costituiti prevalentemente da gliceridi di origine animale qualificati dal regolamento (CE) n. 1069/2009 del 21 ottobre 2009, dal regolamento (UE) n. 142/2011 del 25 febbraio 2011, modificato dal regolamento (UE) n. 592/2014 del 3 giugno 2014, e da successivi regolamenti attuativi come sottoprodotti di origine animale o prodotti derivati che e' possibile utilizzare nei processi di combustione, purche':

siano applicati i metodi di trasformazione, le condizioni di combustione e le altre condizioni prescritti per l'uso di tali materiali come combustibili dal regolamento (UE) n. 142/2011 del 25 febbraio 2011, modificato dal regolamento (UE) n. 592/2014 del 3 giugno 2014, e da successivi regolamenti attuativi del regolamento (CE) n. 1069/2009 del 21 ottobre 2009;

i materiali rispettino i valori limite previsti dalla seguente tabella:

Proprieta'	Unita' di misura	Valori limite	Metodo di prova
Densita' a 15 °C	(kg/m^3)	850-970	ISO 6883
Densita' a 60 °C	(kg/m^3)	820-940	UNI EN ISO 3675

Caratteristica	Unità	Valori	Metodo
Viscosita' a 50 °C	(cST)	Max. 100	UNI EN ISO 3104
Contenuto di acqua	(%m/m)	Max. 1	UNI EN ISO 12937
Ceneri	(%m/m)	Max. 0.05	ISO 6884
Sedimenti totali	(mg/kg)	Max. 1.500	ISO 10307-1
Potere Calorifico Inferiore	(MJ/kg)	Min. 33	ASTM-D 240
Punto di infiammabilita'	°C	Min. 120	ISO 15267
Stabilita' all'ossidazione 110°C	(h)	Min. 4	ISO 6886
Residuo carbonioso	(%m/m)	Max. 1,5	UNI EN ISO 10370
Acidita' forte (SAN)	(mgKOH/g)	LR	ASTM-D 664
Zolfo	mg/kg	Max. 200	UNI EN ISO 20884
Solventi organici clorurati	mg/kg	LR	EN ISO 16035
Solventi idrocarburici (Esano)	mg/kg	Max. 300	UNI EN ISO 9832

LR: il valore rilevato deve essere inferiore al limite di rilevabilita' specifico per il metodo di analisi indicato

L'utilizzo di tali materiali come combustibili e' in tutti i casi escluso negli impianti termici civili di cui alla parte quinta, titolo II, del presente decreto.

h-bis) Farina di vinaccioli disoleata, avente le caratteristiche riportate nella tabella seguente, ottenuta dalla disoleazione dei vinaccioli con n-esano per l'estrazione di olio di vinaccioli e da successivo trattamento termico ed eventuali trattamenti meccanici e lavaggi, purche' tutti i predetti trattamenti siano effettuati all'interno del medesimo stabilimento; tali requisiti, nel caso di impiego del prodotto al di fuori dello stabilimento stesso di produzione, devono risultare da un sistema di identificazione conforme a quanto stabilito al paragrafo 3.

Caratteristica	Unita'	Valori minimi/massimi UNI 11459:2016	Metodi di analisi
Umidita'	% (m di H2O/m totale)	≤ 15	UNI EN 14774-1/2/3
N-Esano	mg/kg	≤ 30	UNI 22609
Ceneri sul secco	% (m/m)	≤ 5,9	UNI EN 14775

Potere calorifico inferiore sul secco	MJ/kg ss	≥ 16,5	UNI EN 14918
Potere calorifico inferiore sul tal quale (umidita' 15%)	MJ/kg tq	≥ 15,7	UNI EN 14918
Solventi organici clorurati		LR	UNI EN ISO 16035

LR: il valore misurato, espresso in mg/kg, deve essere minore del Limite di Rilevabilita' specifico per il metodo di analisi indicato in colonna

1-bis. Salvo il caso in cui i materiali elencati nel paragrafo 1 derivino da processi direttamente destinati alla loro produzione o ricadano nelle esclusioni dal campo di applicazione della parte quarta del presente decreto, la possibilita' di utilizzare tali biomasse secondo le disposizioni della presente parte quinta e' subordinata alla sussistenza dei requisiti previsti per i sottoprodotti dalla precedente parte quarta.

2. Condizioni di utilizzo

2.1 La conversione energetica della biomassa di cui al paragrafo 1 puo' essere effettuata attraverso la combustione diretta, ovvero previa pirolisi o gassificazione.

2.2 Modalita' di combustione

Al fine di garantire il rispetto dei valori limite di emissione previsti dal presente decreto, le condizioni operative devono essere assicurate, alle normali condizioni di esercizio, anche attraverso:

a) l'alimentazione automatica del combustibile (non obbligatoria se la potenza termica nominale di ciascun singolo impianto di cui al titolo I o di ciascun singolo focolare di cui al titolo II e' inferiore o uguale a 1 MW);

b) il controllo della combustione, anche in fase di avviamento, tramite la misura e la registrazione in continuo, nella camera di combustione, della temperatura e del tenore di ossigeno, e la regolazione automatica del rapporto aria/combustibile (non obbligatoria per gli impianti di cui al titolo II e per gli impianti di cui al titolo I se la potenza termica nominale di ciascun singolo impianto e' inferiore o uguale a 3 MW);

c) l'installazione del bruciatore pilota a combustibile gassoso o liquido (non obbligatoria per gli impianti di cui al titolo II e per gli impianti di cui al titolo I se la potenza termica nominale di ciascun singolo impianto e' inferiore o uguale a 6 MW);

d) la misurazione e la registrazione in continuo, nell'effluente gassoso, della temperatura e delle concentrazioni di monossido di carbonio, degli ((ossidi di azoto (NOx))) e del vapore acqueo (non obbligatoria per gli impianti di cui al titolo II e per gli impianti di cui al titolo I se la potenza termica nominale complessiva e' inferiore o uguale a 6 MW). La misurazione in continuo del tenore di vapore acqueo puo' essere omessa se l'effluente gassoso campionato viene essiccato prima dell'analisi;

e) la misurazione e la registrazione in continuo, nell'effluente gassoso, delle concentrazioni di polveri totali e carbonio organico totale (non obbligatoria per gli impianti di cui al titolo II e per gli impianti di cui al titolo I se la potenza termica nominale complessiva e' inferiore o uguale a 20 MW);

f) la misurazione con frequenza almeno annuale della concentrazione negli effluenti gassosi delle sostanze per cui sono fissati specifici valori limite di emissione, ove non sia prevista la misurazione in continuo.

3. Norme per l'identificazione delle biomasse di cui al paragrafo 1, lettera f) e lettera h-bis)

3.1. La denominazione "sansa di oliva disolcata" o la denominazione "farina di vinaccioli disoleata", la denominazione e l'ubicazione dell'impianto di produzione, l'anno di produzione, nonche' il possesso delle caratteristiche di cui alla tabella riportata al paragrafo 1 devono figurare:
 a) in caso di imballaggio, su apposite etichette o direttamente sugli imballaggi;
 b) in caso di prodotto sfuso, nei documenti di accompagnamento. Nel caso di imballaggi che contengano quantitativi superiori a 100 kg e' ammessa la sola iscrizione dei dati nei documenti di accompagnamento.
 Un esemplare dei documenti di accompagnamento, contenente le informazioni prescritte, deve essere unito al prodotto e deve essere accessibile agli organi di controllo.

3.2. Le etichette o i dati stampati sull'imballaggio, contenenti tutte le informazioni prescritte, devono essere bene in vista. Le etichette devono essere inoltre fissate al sistema di chiusura dell'imballaggio. Le informazioni devono essere redatte almeno in lingua italiana, indelebili e chiaramente leggibili e devono essere nettamente separate da altre eventuali informazioni concernenti il prodotto.

3.3. In caso di prodotto imballato, l'imballaggio deve essere chiuso con un dispositivo o con un sistema tale che, all'atto dell'apertura, il dispositivo o il sigillo di chiusura o l'imballaggio stesso risultino irreparabilmente danneggiati.

Sezione 5
Caratteristiche e condizioni di utilizzo degli idrocarburi pesanti derivanti dalla lavorazione del greggio (parte I, sezione 1, paragrafo 4, lettera d))

1. Provenienza
Gli idrocarburi pesanti devono derivare dai processi di lavorazione del greggio (distillazione, processi di conversione e/o estrazione)
2. Caratteristiche degli idrocarburi pesanti e metodi di misura.
Gli idrocarburi pesanti devono avere le seguenti caratteristiche, da misurare con i pertinenti metodi:

		Metodi di misura
Potere calorifico inferiore sul tal quale	min. 35.000 kJ/kg	
Contenuto di ceneri sul tal quale	in massa max 1%	UNI EN ISO 6245
Contenuto di zolfo sul tal quale	in massa max 10%	UNI EN ISO 8754

3. Condizioni di impiego:
Gli idrocarburi pesanti possono essere impiegati solo previa gassificazione per l'ottenimento di gas di sintesi e alle seguenti condizioni:

3.1 Il gas di sintesi puo' essere destinato alla produzione di energia elettrica in cicli combinati o nella combustione diretta (in caldaie e/o forni), in impianti con potenza termica nominale non inferiore a 50 MW localizzati nel comprensorio industriale in cui e' prodotto. A tal fine si fa riferimento alla potenza termica nominale di ciascun singolo impianto anche nei casi in cui piu' impianti sono considerati, ai sensi dell'articolo 273, comma 9, come un unico impianto.

3.2 Gli impianti di Lui al punto 3.1 devono essere attrezzati per la misurazione e la registrazione in continuo, nell'effluente gassoso in atmosfera, della temperatura, del tenore volumetrico di ossigeno, del tenore di vapore acqueo e delle concentrazioni di monossido di carbonio e degli ((ossidi di azoto (NOx))); la misurazione in continuo del tenore di vapore acqueo puo' essere omessa se l'effluente gassoso campionato viene essiccato prima dell'analisi.

3.3 I valori limite di emissione nell'effluente gassoso derivante dalla combustione del gas di sintesi in ciclo combinato per la produzione di energia elettrica, riferiti ad un tenore volumetrico di ossigeno nell'effluente gassoso anidro del 15%, sono i seguenti:

a) Polveri totali	10 mg/Nm3 (1)
b) ((Ossidi di azoto (NOx))) (espressi come NO2)	70 mg/Nm3 (1)
c) Ossidi di zolfo (espressi come SO2)	60 mg/Nm3 (1)
d) Monossido di carbonio	50 mg/Nm3 (1) (come valore medio giornaliero)

(1) I valori limite sono riferiti al volume di effluente gassoso secco rapportato alle condizioni normali: 0° Centigradi e 0.1013 MPa

3.4 i valori limite di emissione nell'effluente gassoso derivante dalla combustione del gas di sintesi in forni e caldaie, non facenti parte dei cicli combinati, riferiti ad un tenore volumetrico di ossigeno nell'effluente gassoso anidro del 3%, sono i seguenti:

a) Polveri totali	30 mg/Nm3 (1)

b) ((Ossidi di azoto (NOx))) (espressi come NO2)	200 mg/Nm3 (1)
c) Ossidi di zolfo (espressi come SO2)	180 mg/Nm3 (1)
d) Monossido di carbonio	150 mg/Nm3 (1) (come valore medio giornaliero)

(1) I valori limite sono riferiti al volume di effluente gassoso secco rapportato alle condizioni normali: 0° Centigradi e 0.1013 MPa.

Sezione 6
Caratteristiche e condizioni di utilizzo del biogas (parte I, sezione paragrafo 1, lettera r) e sezione 2, paragrafo 1, lettera n))

1. Provenienza:
Il biogas deve provenire dalla fermentazione anaerobica metanogenica di sostanze organiche, quali per esempio effluenti di allevamento, prodotti agricoli o borlande di distillazione, purche' tali sostanze non costituiscano rifiuti ai sensi della parte quarta del presente decreto. In particolare non deve essere prodotto da discariche, fanghi, liquami e altri rifiuti a matrice organica. Il biogas derivante dai rifiuti puo' essere utilizzato con le modalita' e alle condizioni previste dalla normativa sui rifiuti.
2. Caratteristiche
I biogas deve essere costituito prevalentemente da metano e biossido di carbonio e con un contenuto massimo di composti solforati, espressi come solfuro di idrogeno, non superiore allo 0.1% v/v.
3. Condizioni di utilizzo
3.1 L'utilizzo del biogas e' consentito nel medesimo comprensorio in cui tale biogas e' prodotto.
3.2 Per gli impianti di cui al punto 3.1 devono essere effettuati controlli almeno annuali dei valori di emissione ad esclusione di quelli per cui e' richiesta la misurazione in continuo di cui al punto 3.3.
3.3 Se la potenza termica nominale complessiva e' superiore a 6 MW, deve essere effettuata la misurazione e registrazione in continuo nell'effluente gassoso del tenore volumetrico di ossigeno, della temperatura, delle concentrazioni del monossido di carbonio, degli ((ossidi di azoto (NOx))) e del vapore acqueo (la misurazione in continuo del tenore di vapore acqueo puo' essere omessa se l'effluente gassoso campionato viene essiccato prima dell'analisi).

Sezione 7
CARATTERISTICHE E CONDIZIONI DI UTILIZZO DEL CSS-COMBUSTIBILE Parte I, sezione 1, paragrafo 10

La provenienza, le caratteristiche e le condizioni di utilizzo del CSS-Combustibile sono definite con decreto del Ministro dell'ambiente e della tutela del territorio e del mare del 14 febbraio 2013, n. 22, pubblicato nella Gazzetta Ufficiale della Repubblica italiana n. 62 del 14 marzo 2013.

((Allegato I
Attivita' che producono biossido di titanio
Parte 1
Valori limite per le emissioni nelle acque

1. Nel caso di installazioni e stabilimenti che utilizzano il procedimento al solfato (come media annuale): 550 kg di solfato per t di biossido di titano prodotto;
2. Nel caso di installazioni e stabilimenti che utilizzano il procedimento con cloruro (come media annuale):
   a) 130 kg di cloruro per t di biossido di titanio prodotto se si utilizza rutilio naturale;
   b) 228 kg di cloruro per t di biossido di titanio prodotto se si utilizza rutilio sintetico;
   c) 330 kg di cloruro per t di biossido di titanio prodotto se si utilizza "slag". In caso di scarico in acque salate (estuariali, costiere, d'altura) si puo' applicare un valore limite di 450 kg di cloruro per t di biossido di titanio prodotto se si utilizza "slag".
3. Per installazioni e stabilimenti che utilizzano il processo con cloruro e che utilizzano piu' di un tipo di minerale, i valori limite di emissione di cui al punto 2 si applicano in proporzione ai quantitativi di ciascun minerale utilizzato.

Parte 2
Valori limite per le emissioni nell'atmosfera

1. I valori limite di emissione espressi come in concentrazioni di massa per metro cubo (Nm^3) sono calcolati a una temperatura di 273,15 K ad una pressione di 101,3 kPa.
2. Polveri: 50 mg/Nm^3 come media oraria dalle fonti piu' importanti e 150 mg/Nm^3 come media oraria dalle altre fonti.
3. Biossido e triossido di zolfo emessi in atmosfera dalla digestione e dalla calcinazione, compresi gli aerosol acidi, calcolati come SO_2 equivalente:
   a) 6 kg per t di biossido di titanio prodotto come media annuale;
   b) 500 mg/Nm^3 come media oraria per gli impianti di concentrazione dell'acido di scarto.
4. Cloro, in caso di installazioni che utilizzano il procedimento con cloruro:
   a) 5 mg/Nm^3 come media giornaliera;
   b) 40 mg/Nm^3 per qualsiasi intervallo di tempo.

Parte 3
Controllo delle emissioni

Il controllo delle emissioni nell'atmosfera comprende almeno il monitoraggio in continuo di:
   a) biossido e triossido di zolfo emessi in atmosfera dalla digestione e dalla calcinazione da impianti di concentrazione degli acidi di scarto in installazioni che utilizzano il procedimento al solfato;
   b) cloro proveniente dalle fonti principali all'interno di installazioni e stabilimenti che utilizzano il procedimento con cloruro;
   c) polvere proveniente dalle fonti principali di installazioni e stabilimenti.))

ALLEGATI ALLA PARTE SESTA

ALLEGATO 1
ALLEGATO 2
ALLEGATO 3
ALLEGATO 4
ALLEGATO 5
ALLEGATO 1

   a) Convenzione internazionale del 27 novembre 1992 sulla

responsabilita' civile per i danni derivanti da inquinamento da idrocarburi;

b) Convenzione internazionale del 27 novembre 1992 istitutiva di un Fondo internazionale per l'indennizzo dei danni derivanti da inquinamento da idrocarburi;

c) Convenzione internazionale del 23 marzo 2001 sulla responsabilita' civile per i danni derivanti dall'inquinamento determinato dal carburante delle navi;

d) Convenzione internazionale del 3 maggio 1996 sulla responsabilita' e l'indennizzo per i danni causati dal trasporto via mare di sostanze nocive e potenzialmente pericolose;

e) Convenzione del 10 ottobre 1989 sulla responsabilita' civile per i danni causati durante il trasporto di materiali pericolosi su strada, ferrovia o battello di navigazione interna.

ALLEGATO 2

a) Convenzione di Parigi del 29 luglio 1960 sulla responsabilita' civile nel campo dell'energia nucleare e convenzione complementare di Bruxelles del 31 gennaio 1963;

b) Convenzione di Vienna del 21 maggio 1963 sulla responsabilita' civile in materia di danni nucleari;

c) Convenzione di Vienna del 12 settembre 1997 sull'indennizzo complementare per danno nucleare;

d) Protocollo congiunto del 21 settembre 1988 relativo all'applicazione della convenzione di Vienna e della convenzione di Parigi;

e) Convenzione di Bruxelles del 17 dicembre 1971 relativa alla responsabilita' civile derivante dal trasporto marittimo di sostanze nucleari.

ALLEGATO 3

Il presente allegato stabilisce un quadro comune da rispettare per scegliere le misure piu' appropriato cui attenersi per garantire la riparazione del danno ambientale.

1. Riparazione del danno all'acqua o alle specie e agli habitat naturali protetti

La riparazione del danno ambientale, in relazione all'acqua o alle specie e agli habitat naturali protetti, e' conseguita riportando l'ambiente danneggiato alle condizioni originarie tramite misure di riparazione primaria, complementare e compensativa, da intendersi come segue:

a) riparazione "primaria": qualsiasi misura di riparazione che riporta le risorse e/o i servizi naturali danneggiati alle o verso le condizioni originarie;

b) riparazione "complementare": qualsiasi misura di riparazione intrapresa in relazione a risorse e/o servizi naturali per compensare il mancato ripristino completo delle risorse e/o dei servizi naturali danneggiati;

c) riparazione "compensativa": qualsiasi azione intrapresa per compensare la perdita temporanea di risorse e/o servizi naturali dalla data del verificarsi del danno fino a quando la riparazione primaria non abbia prodotto un effetto completo;

d) "perdite temporanee": perdite risultanti dal fatto che le risorse e/o i servizi naturali danneggiati non possono svolgere le loro funzioni ecologiche o fornire i servizi ad altre risorse naturali o al pubblico fino a che le misure primarie o complementari non abbiano avuto effetto. Non si tratta di una compensazione finanziaria al pubblico.

Qualora la riparazione primaria non dia luogo a un ritorno dell'ambiente alle condizioni originarie, si intraprendera' la riparazione complementare. Inoltre, si intraprendera' la riparazione compensativa per compensare le perdite temporanee. La riparazione del danno ambientale, in termini di danno all'acqua o alle specie e agli habitat naturali protetti, implica inoltre che si deve sopprimere qualsiasi rischio significativo di effetti nocivi per la salute umana.

1.1. Obiettivi di riparazione. Finalita' della riparazione primaria.

1.1.1. Lo scopo della riparazione primaria e quello di riportare le risorse naturali c/o i servizi danneggiati alle o verso le condizioni originarie.

Finalita' della riparazione complementare.

1.1.2. Qualora le risorse naturali e/o i servizi danneggiati non tornino alle condizioni originarie, sara' intrapresa la riparazione complementare. Lo scopo della riparazione complementare e' di ottenere, se opportuno anche in un sito alternativo, un livello di risorse naturali e/o servizi analogo a quello che si sarebbe ottenuto se il sito danneggiato fosse tornato alle condizioni originarie. Laddove possibile e opportuno, il sito alternativo dovrebbe essere geograficamente collegato al sito danneggiato, tenuto conto degli interessi della popolazione colpita.

Finalita' della riparazione compensativa.

1.1.3. La riparazione compensativa e' avviata per compensare la perdita temporanea di risorse naturali e servizi in attesa del ripristino. La compensazione consiste in ulteriori miglioramenti alle specie e agli habitat naturali protetti o alle acque nel sito danneggiato o in un sito alternativo. Essa non e' una compensazione finanziaria al pubblico.

1.2. Individuazione di misure di riparazione Individuazione di misure di riparazione primarie

1.2.1. Vanno prese in considerazione altre opzioni, ossia azioni per riportare direttamente le risorse naturali e i servizi alle condizioni originarie in tempi brevi, o attraverso il ripristino naturale.

Individuazione di misure di riparazione complementare e compensativa

1.2.2. Nel determinare la portata delle misure di riparazione complementare e compensativa, occorre prendere in considerazione in primo luogo l'uso di metodi di equivalenza risorsa-risorsa o servizio-servizio. Con detti metodi vanno prese in considerazione in primo luogo azioni che forniscono risorse naturali e/o servizi dello stesso tipo, qualita' e quantita' di quelli danneggiati. Qualora cio' non sia possibile, si devono fornire risorse naturali e/o servizi di tipo alternativo. Per esempio, una riduzione della qualita' potrebbe essere compensata da una maggiore quantita' di misure di riparazione.

1.2.3. Se non e' possibile usare, come prima scelta, i metodi di equivalenza risorsa-risorsa o servizio-servizio, si devono utilizzare tecniche di valutazione alternative. L'autorita' a competente puo' prescrivere il metodo, ad esempio la valutazione monetaria, per determinare la portata delle necessarie misure di riparazione complementare e compensativa. Se la valutazione delle risorse e/o dei servizi perduti e' praticabile, ma la valutazione delle risorse naturali e/o dei servizi di sostituzione non puo' essere eseguita in tempi o a costi ragionevoli, l'autorita' competente puo' scegliere misure di riparazione il cui costo sia equivalente al valore monetario stimato delle risorse naturali e/o dei servizi perduti. Le misure di riparazione complementare e compensativa dovrebbero essere concepite in modo che le risorse naturali e/o i servizi supplementari rispecchino le preferenze e il profilo temporali delle misure di riparazione. Per esempio, a parita' delle altre condizioni, piu' lungo e' il periodo prima del raggiungimento delle condizioni originarie, maggiore e' il numero delle misure di riparazione compensativa che saranno avviate.

1.3. Scelta delle opzioni di riparazione

1.3.1. Le opzioni ragionevoli di riparazione dovrebbero essere valutate, usando le migliori tecnologie disponibili, qualora siano definite, in base ai seguenti criteri:

- l'effetto di ciascuna opzione sulla salute e la sicurezza pubblica;
- il costo di attuazione dell'opzione;

- la probabilita' di successo di ciascuna opzione;
- la misura in cui ciascuna opzione impedira' danni futuri ed evitera' danni collaterali a seguito dell'attuazione dell'opzione stessa;
- la misura in cui ciascuna opzione giova a ogni componente della risorsa naturale e/o del servizio;
- la misura in cui ciascuna opzione tiene conto dei pertinenti aspetti sociali, economici e culturali e di altri fattori specifici della localita'.
- il tempo necessario per l'efficace riparazione del danno ambientale;
- la misura in cui ciascuna opzione realizza la riparazione del sito colpito dal danno ambientale;
- il collegamento geografico al sito danneggiato.

1.3.2. Nel valutare le diverse opzioni di riparazione, possono essere scelte misure di riparazione primaria che non riportano completamente l'acqua o le specie e gli habitat naturali protetti danneggiati alle condizioni originarie o che li riportano piu' lentamente a tali condizioni. Questa decisione puo' essere presa soltanto se le risorse naturali c/o i servizi perduti sul sito primario a seguito della decisione sono compensati aumentando le azioni complementari o compensative per fornire un livello di risorse naturali e/o servizi simile a quello perduto. E' il caso, per esempio, di risorse naturali e/o servizi equivalenti forniti altrove a costo inferiore. Queste misure supplementari di riparazione sono determinate conformemente alle regole precisate nel punto 1.2.2.

1.3.3. In deroga alle disposizioni di cui al punto 1.3.2 e conformemente all'articolo 7, paragrafo 3, l'autorita' competente puo' decidere di non intraprendere ulteriori misure di riparazione qualora: a) le misure di riparazione gia' intraprese garantiscano che non esiste piu' un rischio significativo di causare effetti nocivi per la salute umana, l'acqua, le specie e gli habitat naturali protetti e b) i costi delle misure di riparazione da adottare per raggiungere le condizioni originarie o un livello simile siano sproporzionati rispetto ai vantaggi ambientali ricercati.

2. Riparazione del danno al terreno

Si devono adottare le misure necessarie per garantire, come minimo, che gli agenti contaminanti pertinenti siano eliminati, controllati, circoscritti o diminuiti in modo che il terreno contaminato, tenuto conto del suo uso attuale o approvato per il futuro al momento del danno, non presenti piu' un rischio significativo di causare effetti nocivi per la salute umana. La presenza di tale rischio e' valutata mediante procedure di valutazione del rischio che tengono conto della caratteristica e della funzione del suolo, del tipo e della concentrazione delle sostanze, dei preparati, degli organismi o microrganismi nocivi, dei relativi rischi e della possibilita' di dispersione degli stessi. L'utilizzo e' calcolato sulla base delle normative sull'assetto territoriale o di eventuali altre normative pertinenti vigenti quando si e' verificato il danno.

Se l'uso del terreno viene modificato, si devono adottare tutte le misure necessarie per evitare di causare effetti nocivi per la salute umana. In mancanza di normative sull'assetto territoriale o di altre normative pertinenti, l'uso dell'area specifica del terreno e' determinato, tenuto conto dello sviluppo previsto, dalla natura dell'area in cui si e' verificato il danno. Va presa in considerazione un'opzione di ripristino naturale, ossia un'opzione senza interventi umani diretti nel processo di ripristino.

ALLEGATO 4

Il carattere significativo di un danno che produce effetti negativi sul raggiungimento o il mantenimento di uno stato di conservazione favorevole di specie o habitat e da valutare in riferimento allo stato di conservazione, al momento del danno, ai servizi offerti dai valori ricreativi connessi e alla capacita' di rigenerazione naturale. Gli effetti negativi significativi rispetto alle condizioni

originarie dovrebbero essere determinati con dati misurabili, del tipo:
- numero degli individui, loro densita' o area coperta;
- ruolo di determinati individui o dell'area danneggiata in relazione alla specie o alla conservazione dell'habitat, alla rarita' della specie o dell'habitat (valutata a livello locale, regionale e piu' alto, anche a livello comunitario);
- capacita di propagazione della specie (secondo la dinamica propria alla specie o alla popolazione), sua vitalita' o capacita' di rigenerazione naturale dell'habitat (secondo le dinamiche proprie alle specie che lo caratterizzano o alle loro popolazioni);
- capacita' della specie o dell'habitat, dopo che il danno si e' verificato, di ripristinarsi in breve tempo, senza interventi diversi da misure di protezione rafforzate, in uno stato che, unicamente in virtu' della dinamica della specie o dell'habitat, conduca a condizioni ritenute equivalenti o superiori alle condizioni originarie.

Il danno con un provato effetto sulla salute umana deve essere classificato come significativo.

Non devono essere classificati come danni significativi:
- le variazioni negative inferiori alle fluttuazioni naturali considerate normali per la specie o l'habitat in questione;
- le variazioni negative dovute a cause naturali o risultanti da interventi connessi con la normale gestione dei siti, quale definita nei documenti di gestione o di indirizzo relativi all'habitat, o praticata anteriormente dai proprietari o dagli operatori;
- il danno a specie o habitat per i quali e' stabilito che si ripristineranno entro breve tempo e senza interventi, o nelle condizioni originarie o in uno stato che, unicamente in virtu' della dinamica della specie o dell'habitat, conduca a condizioni ritenute equivalenti o superiori alle condizioni originarie.

ALLEGATO 5

1. Funzionamento di impianti soggetti ad autorizzazione, conformemente alla direttiva 96/61/Ce del Consiglio, del 24 settembre 1996, sulla prevenzione e la riduzione integrate dell'inquinamento. include tutte le attivita' elencate nell'allegato I della direttiva 96/61/Ce, ad esclusione degli impianti o parti di impianti utilizzati per la ricerca, lo sviluppo e la sperimentazione di nuovi prodotti e processi.

2. Operazioni di gestione dei rifiuti, compresi la raccolta, il trasporto, il recupero e lo smaltimento di rifiuti e di rifiuti pericolosi, nonche' la supervisione di tali operazioni e i controlli successivi sui siti di smaltimento, soggetti ad autorizzazione o registrazione, conformemente alle direttive del Consiglio 75/442/Cee, del 15 luglio 1975, relativa ai rifiuti e 91/689/Cee, del 12 dicembre 1991, relativa ai rifiuti pericolosi. Tali operazioni comprendono tra l'altro la gestione di siti di discarica ai sensi della direttiva del Consiglio 1999/31/Ce, del 26 aprile 1999, concernente le operazioni di discarica di rifiuti, e il funzionamento di impianti d'incenerimento ai sensi della direttiva 2000/76/Ce del Parlamento europeo e del Consiglio, del 4 dicembre 2000, sull'incenerimento di rifiuti.

3. Tutti gli scarichi nelle acque interne superficiali che siano soggetti ad autorizzazione preventiva conformemente alla direttiva 76/464/Cee del Consiglio, del 4 maggio 1976, concernente l'inquinamento provocato da certe sostanze pericolose scaricate nell'ambiente idrico della Comunita'.

4. Tutti gli scarichi di sostanze nelle acque sotterranee che siano soggetti ad autorizzazione preventiva conformemente alla direttiva 80/68/Cee del Consiglio, del 17 dicembre 1979, concernente la protezione delle acque sotterranee dall'inquinamento provocato da certe sostanze pericolose.

5. Lo scarico o l'immissione di inquinanti nelle acque superficiali o sotterranee che sono soggetti a permesso, autorizzazione o

registrazione conformemente alla direttiva 2000/60/Ce.
  6. Estrazione e arginazione delle acque soggette ad autorizzazione preventiva conformemente alla direttiva 2000/60/Ce.
  7. Fabbricazione, uso, stoccaggio, trattamento, interramento, rilascio nell'ambiente e trasporto sul sito di:
    a) sostanze pericolose definite nell'articolo 2, paragrafo 2 della direttiva 67/548/Cee del Consiglio, del 27 giugno 1967, concernente il ravvicinamento delle disposizioni legislative, regolamentari cd amministrative relative alla classificazione, all'imballaggio e all'etichettatura delle sostanze pericolose;
    b) preparati pericolosi definiti nell'articolo 2, paragrafo 2 della direttiva 1999/45/Ce del Parlamento europeo e del Consiglio, del 31 maggio 1999, concernente il ravvicinamento delle disposizioni legislative, regolamentari ed amministrative degli Stati membri relative alla classificazione, all'imballaggio e all'etichettatura dei preparati pericolosi;
    c) prodotti fitosanitari definiti nell'articolo 2, paragrafo 1 della direttiva 91/414/Cee del Consiglio, del 15 luglio 1991, relativa all'immissione in commercio dei prodotti fitosanitari;
    d) biocicli definiti nell'articolo 2, paragrafo 1, lettera a) della direttiva 98/8/Ce del Parlamento europeo e del Consiglio, del 16 febbraio 1998, relativa all'immissione sul mercato dei biocicli in quantitativi superiori.
  8. Trasporto per strada, ferrovia, navigazione interna, mare o aria di merci pericolose o di merci inquinanti definite nell'allegato A della direttiva 94/55/Ce del Consiglio, del 21 novembre 1994, concernente il ravvicinamento delle legislazioni degli Stati membri relative al trasporto di merci pericolose su strada, o nell'allegato della direttiva 96/49/Ce del Consiglio, del 23 luglio 1996, per il ravvicinamento delle legislazioni degli Stati membri relative al trasporto di merci pericolose per ferrovia, o definite nella direttiva 93/75/Cee del Consiglio, del 13 settembre 1993, relativa alle condizioni minime necessarie per le navi dirette a porti marittimi della Comunita' o che ne escono e che trasportano merci pericolose o inquinanti.
  9. Funzionamento di impianti soggetti ad autorizzazione, conformemente alla direttiva 84/360/Cee del Consiglio, del 28 giugno 1984, concernente la lotta contro l'inquinamento atmosferico provocato dagli impianti industriali relativamente al rilascio nell'aria di una qualsiasi delle sostanze inquinanti coperte da detta direttiva.
  10. Qualsiasi uso confinato, compreso il trasporto, di microrganismi geneticamente modificati definiti nella direttiva 90/219/Cee del Consiglio, del 23 aprile 1990, sull'impiego confinato di microrganismi geneticamente modificati.
  11. Qualsiasi rilascio deliberato nell'ambiente, trasporto e immissione in commercio di organismi geneticamente modificati definiti nella direttiva 2001/18/Ce del Parlamento europeo e del Consiglio.
  12. Qualsiasi spedizione transfrontaliera di rifiuti all'interno dell'Unione europea, nonche' in entrata e in uscita dal suo territorio, che necessiti di un'autorizzazione o sia vietata ai sensi del regolamento (Cee) n. 259/93 del Consiglio, del 1 febbraio 1993, relativo alla sorveglianza e al controllo delle spedizioni di rifiuti all'interno della Comunita' europea, nonche' in entrata e in uscita dal suo territorio.
  12-bis. La gestione dei rifiuti di estrazione ai sensi della direttiva 2006/21/CE del Parlamento europeo e del Consiglio, del 15 marzo 2006, relativa alla gestione dei rifiuti delle industrie estrattive.
((12-ter. Gestione dei siti di stoccaggio a norma del decreto legislativo di recepimento della direttiva 2009/31/CE in materia di stoccaggio geologico di biossido di carbonio.))

Printed by Amazon Italia Logistica S.r.l.
Torrazza Piemonte (TO), Italy

51395204R00467